ABÍLIO MADEIRA BORDALO
Juiz Conselheiro Jubilado

CRISTINA BORDALO DE MATOS
Licenciada em Direito

ANTOLOGIA DE ACÓRDÃOS DO SUPREMO TRIBUNAL ADMINISTRATIVO E TRIBUNAL CENTRAL ADMINISTRATIVO

ANO IX – N.º 2

Janeiro a Março
2006

ALMEDINA

ANTOLOGIA DE ACÓRDÃOS DO SUPREMO TRIBUNAL ADMINISTRATIVO
E TRIBUNAL CENTRAL ADMINISTRATIVO

AUTORES
ABÍLIO MADEIRA BORDALO
CRISTINA DE MATOS

EDITOR
EDIÇÕES ALMEDINA, SA
Rua da Estrela, n.º 6
3000-161 Coimbra
Tel.: 239 851 904
Fax: 239 851 901
www.almedina.net
editora@almedina.net

PRÉ-IMPRESSÃO • IMPRESSÃO • ACABAMENTO
G.C. – GRÁFICA DE COIMBRA, LDA.
Palheira – Assafarge
3001-453 Coimbra
producao@graficadecoimbra.pt

Julho, 2006

DEPÓSITO LEGAL
124927/98

Acórdãos do Supremo Tribunal Administrativo Pleno

1.ª Secção (Contencioso Administrativo)

ASSOCIAÇÃO DOS TÉCNICOS OFICIAIS DE CONTAS. LEI N.º 27/98, DE 3 DE JUNHO. RECUSA DE INSCRIÇÃO. RESTRIÇÃO PROBATÓRIA ILEGAL.

(Acórdão de 7 de Fevereiro de 2006)

SUMÁRIO:

I – Em face do objectivo visado com a Lei n.º 27/98, de 3 de Junho, de reparação de situações de injustiça, não podem considerar-se compatíveis com ela restrições relativas aos meios de prova que inviabilizem as pessoas que se encontrassem na situação visada de demonstrarem a sua existência para efeitos de inscrição como técnicos oficiais de contas, ao abrigo daquela Lei.

II – Tendo de se presumir que o legislador consagrou as soluções mais acertadas (art. 9.º, n.º 3, do Código Civil), tem de entender-se que está ínsita naquela Lei n.º 27/98 a intenção legislativa de permitir a utilização todos os meios probatórios admissíveis em procedimento administrativo que sejam necessários para prova de qualquer das situações daquele tipo que pudessem existir.

III – Constatando-se que são identificáveis várias situações em que pessoas podem ter sido responsáveis por contabilidade organizada nos termos do Plano Oficial de Contabilidade, de entidades que possuíssem ou devessem possuir esse tipo de contabilidade, durante o período de 1-1-1989 a 17-10-95, e que poderão não ter assinado declarações modelo 22 de I.R.C. ou anexos C de declarações de I.R.S., tem de concluir-se que é incompatível com a Lei n.º 27/98 o art. 3.º de um «Regulamento» aprovado pela Associação dos Técnicos Oficiais de Contas para execução desta Lei em que se determina que aquelas declarações assinadas pelo interessado na inscrição são o único meio de prova admissível da existência das referidas situações de responsabilidade por contabilidade organizada.

IV – Uma interpretação da Lei n.º 27/98 no sentido de ela consagrar uma restrição probatória que se reconduzia a um tratamento distinto, a nível da possibilidade de inscrição, de pessoas que se encontravam essencialmente na mesma situação de injustiça, seria materialmente inconstitucional, por ser ofensiva do princípio da igualdade, plasmado no art. 13.º da C.R.P., pelo que a interpretação conforme à Constituição que aquela Lei pode ter é no sentido da admissibilidade de todos os meios de prova admissíveis em procedimento administrativo.

ACORDAM NO PLENO DA SECÇÃO DO CONTENCIOSO ADMINISTRATIVO DO SUPREMO TRIBUNAL ADMINISTRATIVO:

1. VENILDO BORGES DA CÂMARA interpôs no Tribunal Administrativo do Círculo de Lisboa recurso contencioso do acto praticado pela COMISSÃO DE INSCRIÇÃO DA ASSOCIAÇÃO DOS TÉCNICOS OFICIAIS DE CONTAS, que recusou a sua inscrição nesta Associação.

O Tribunal Administrativo de Círculo de Lisboa declarou-se territorialmente incompetente, enviando o processo ao Tribunal Administrativo e Fiscal de Ponta Delgada.

Este Tribunal Administrativo e Fiscal rejeitou o recurso contencioso, por irrecorribilidade do acto recorrido, decisão esta que veio a ser revogada pelo Supremo Tribunal Administrativo.

Baixando o processo ao T.A.F. de Ponta Delgada, veio a ser concedido provimento parcial ao recurso e anulado o acto recorrido.

Por acórdão deste Supremo Tribunal Administrativo de 10-3-2005 foi negado provimento ao recurso jurisdicional.

Inconformada, a Autoridade Recorrida interpôs o presente recurso jurisdicional para este Pleno da Secção do Contencioso Administrativo, invocando oposição entre o acórdão recorrido e o acórdão daquela Secção de 29-11-2001, proferido no recurso n.º 47211.

Por despacho do Relator foi reconhecida a existência de oposição entre o acórdão recorrido e o acórdão fundamento e decidido o prosseguimento do recurso jurisdicional.

A Entidade Recorrente apresentou alegações com as seguintes conclusões:

29 – O conceito de responsabilidade directa previsto na Lei n.º 27/98 mais não é do que a assunção, por profissionais de contabilidade, no período que foi de 01.01.89 até 17.10.95, da responsabilidade pela fiabilidade de contabilidade de contribuinte sujeito a imposto sobre o rendimento perante a Administração Fiscal, a qual se materializava pela assinatura das declarações de IRC e IRS (mod. 22 e mod. 2, anexo C, respectivamente) na qualidade de "responsáveis pela contabilidade".

30 – O Acórdão recorrido, para além de ter violado o n.º 1 do art. 1.º da Lei n.º 27/98, também violou o espírito da mesma Lei, que mais não quis do que, excepcionalmente, permitir aos profissionais de contabilidade, que, por causa do vazio legislativo ocorrido a partir de 01.01.89, tivessem assumido perante a Administração Fiscal a responsabilidade acima referida no período nela previsto, inscrever-se na CTOC.

31 – A assunção daquela responsabilidade só podia fazer-se pela assinatura, conjuntamente com o contribuinte, das declarações fiscais deste último, na qualidade de responsável pela contabilidade.

32 – Ora, o recd.º não logrou fazer a prova da referida responsabilidade directa, pelo que não estava a mesma abrangida pelo âmbito da Lei n.º 27/98, que, como se alegou teve natureza excepcional.

33 – Releva-se que a rec.te ao exigir para averiguação da responsabilidade directa – requisito previsto no art. 1.º da Lei n.º 27/98 – cópias das declarações fiscais mod. 22 assinadas pela interessada na inscrição apresentadas nos prazos legais, não violou aquele normativo e deu cumprimento ao regulamento interno da CTOC elaborado pela sua Comissão Instaladora e datado de 3 de Junho 1998.

34 – Aquele regulamento, foi um regulamento de execução determinado pela própria Lei n.º 27/98, quando introduziu o conceito de responsável directo por contabilidade organizada e impôs à CTOC o dever de verificar se os futuros interessados na inscrição preenchiam, ou não, o requisito daquela responsabilidade directa.

35 – Acresce, que aquele regulamento como foi entendido já por esse Supremo Tribunal Administrativo em diversos Acórdãos proferidos em matéria idêntica à dos autos, designadamente, no recurso n.º 47 211, era perfeitamente consentido pela Lei n.º 27/98 e não extravasou o âmbito da mesma Lei.

36 – O referido regulamento e, consequentemente, também o despacho recorrido, não violaram os arts 87.º n.º 1 e 88.º n.º 2 do CPA.

37 – Efectivamente quando a Lei n.º 27/98 criou como habilitação técnica específica para a inscrição na CTOC o ser profissional de contabilidade e responsável directo pela contabilidade de sujeito passivo de imposto sobre o rendimento não deixou alternativa a que a demonstração daquela "habilitação" se fizesse através das declarações fiscais referidas no Regulamento.

38 – Isto é, aquele Regulamento mais não fez do que repetir o que já deveria ser óbvio, que a habilitação técnica de responsável directo só se comprovava através da assinatura de declarações fiscais de contribuintes.

39 – Consequentemente, deve o Acórdão recorrido ser revogado.

Não foram apresentadas contra-alegações.

O Excelentíssimo Procurador-Geral Adjunto emitiu douto parecer nos seguintes termos:

A jurisprudência deste Supremo Tribunal, consoante já se deixou expresso no acórdão recorrido, mostra-se consolidada no sentido do entendimento segundo o qual os requisitos de inscrição como técnicos de oficiais de contas, nos termos do artigo 1.º da Lei n.º 27/98, de 3 de Junho podem ser provados por quaisquer meios de prova em direito admissíveis, não sendo juridicamente relevante o "Regulamento" emitido pela Associação dos Técnicos Oficiais de Contas a estabelecer um determinado e único meio de prova – ver, por todos, o acórdão do Pleno da secção de 5/7/05, no recurso n.º 613/03.

Em face disso, aderindo ao bem fundado da douta argumentação jurídica que sustenta esse entendimento jurisprudencial, que por brevidade se dá por reproduzida, abandonamos a posição que anteriormente exprimimos no parecer de fls. 220 e seguinte.

Termos em que se é de parecer que o recurso deverá ser improvido, confirmando-se, em consequência, o acórdão recorrido.

Corridos os vistos legais, cumpre decidir.

2. Na sentença, para que remeteu o acórdão recorrido, deu-se como assente a seguinte matéria de facto:

1) Com interesse para a decisão causa mostra-se apurado que:

O recorrente requereu à Comissão de Inscrição da Associação dos Técnicos Oficiais de Contas a sua inscrição como técnico oficial de contas, tendo juntado os seguintes documentos para prova dos requisitos legais:

a) fotocópia autenticada do bilhete de identidade e de contribuinte;

b) certificado do registo criminal;

c) declaração da sociedade Tipografia Micaelense, Lda., com sede na Rua Castilho, n.º 33-A, em Ponta Delgada, na qual se declara ser o recorrente quem, desde 1992 e até Agosto de 1998, o responsável directo da respectiva contabilidade organizada nos termos do POC, tendo-lhe competido a execução de todos os trabalhos contabilísticos, incluindo os conducentes ao balanço anual e apuramento de resultados de exploração e do exercício;

d) declaração da sociedade ADA – Sociedade de Desenvolvimento Agrícola, S. A., com sede na Rua de Lisboa, n.º 75, em Ponta Delgada, na qual consta ter sido o recorrente, desde 1989 e até Agosto de 1998, o responsável directo pela execução da respectiva contabilidade, tendo-lhe competido a execução de todos os trabalhos contabilísticos, incluindo os conducentes ao balanço anual e apuramento de resultados de exploração e do exercício;

e) declaração da sociedade Joaquim Pereira de Morais Filhos, Lda., com sede na Rua José Bensaúde, n.º 42, em Ponta Delgada, na qual se declara ter sido o recorrente, desde 1989 e até Agosto de 1998, o responsável directo pela execução da respectiva contabilidade, tendo-lhe competido a execução de todos os trabalhos contabilísticos, incluindo os conducentes ao balanço anual e apuramento de resultados de exploração e do exercício.

f) certificado de registo criminal;

g) cheque no valor de 5 000$00 para pagamento da jóia de inscrição.

2) Tal pedido deu entrada na Associação dos Técnicos Oficiais de Contas em 3/9/1998 (fls. 25).

3) Em resposta ao pedido de inscrição a recorrente recebeu uma comunicação, de banda da entidade recorrida, na qual lhe foi solicitada a entrega de 3 cópias autenticadas de declarações modelo 22 do IRC e/ou o anexo C às declarações modelo 2 do IRS, ou certidão por cópia dessas declarações, emitida pela Direcção Distrital de Finanças competente, de onde constasse a assinatura da candidata, o número de contribuinte e a designação da entidade a que respeitam as ditas declarações, referentes aos exercícios compreendidos entre 1989 e 1994, inclusive, cuja data de apresentação não fosse posterior a 17 de Outubro de 1995 (fls. 25/26).

4) Tal solicitação estribou-se em Regulamento elaborado pela Comissão Instaladora da Associação dos Técnicos Oficiais de Contas do qual consta, além do mais, no seu artigo 1.º, que:

«I. O pedido de inscrição na Associação dos Técnicos Oficiais de Contas ao abrigo do disposto na Lei n.º 27/98, de 3 Junho, deve ser instruída com os seguintes documentos:

a) Fotocópia autenticada do bilhete de identidade;

b) Fotocópia do cartão de contribuinte;

c) Cópias autenticadas de declarações modelo 22 do IRC e/ou o anexo C às declarações modelo 2 do IRS, ou certidão por cópia dessas declarações, emitida pela Direcção Distrital de Finanças competente, de onde conste a assinatura do candidato, o número de contribuinte e a designação da entidade a que respeitam as ditas declarações».

E no seu artigo 3.º, que:

«1. Para efeitos do disposto no artigo 1.º da Lei n.º 27/98, de 3 Junho, consideram-se responsáveis directos as pessoas singulares que assinaram como responsáveis pela escrita as declarações tributárias, quer o tenham feito em nome próprio, quer em representação da sociedade.

2. A prova da qualidade de representante da sociedade, para o efeito do número anterior, faz-se, nos termos gerais, mediante apresentação de certidão da conservatória do registo comercial competente, que ateste a existência dessa qualidade nas datas em que foram assinadas as declarações tributárias a que alude o n.º 1 do artigo anterior».

5) Daquela comunicação a recorrente reclamou para o Presidente da Associação dos Técnicos Oficiais de Contas e para o Presidente da Comissão de Inscrição daquela associação, onde alegou a ilegalidade dos requisitos não compreendidos na Lei n.º 27/98 (fls. 30/31).

6) Por carta de 25 de Setembro de 1998 a recorrente recebeu comunicação do Presidente da Comissão de Inscrição da Associação dos Técnicos Oficiais de Contas, com o seguinte teor: «na sequência da nossa carta de 30 de Junho de 98, V.Exa. não juntou a documentação nela assinalada, pelo que se confirma a deliberação de não proceder-se à sua inscrição nos termos do artigo 2.º da Lei n.º 27/98, de 3 de Junho» (fls. 32).

3. Como já se referiu no despacho que decidiu o prosseguimento do presente recurso, deverá entender-se que as normas dos arts. 765.º a 767.º do C.P.C. (redacção anterior à reforma operada pelos Decretos-Lei n.º 329-A/95, de 12 de Setembro, e 180/96, de 12 de Dezembro) continuam a ser aplicáveis aos recursos baseados em oposição de acórdãos no âmbito do contencioso administrativo.

Antes de mais, deve ser apreciada a existência de oposição, pois a decisão relativa à questão preliminar pode ser alterada no julgamento final do recurso, como se prevê no n.º 3 do art. 766.º do C.P.C..

Os recursos com fundamento em oposição de julgados apenas são admitidos quando no acórdão recorrido e no acórdão invocado como fundamento foram perfilhadas soluções opostas, relativamente ao mesmo fundamento de direito e na ausência de alteração substancial de regulamentação jurídica [art. 30.º, n.º 1, alínea b), do E.T.A.F.].

Por outro lado, a jurisprudência do Supremo Tribunal Administrativo tem sido uniforme no sentido de ser exigível também que o acórdão invocado como fundamento tenha transitado em julgado, exigência que consta do n.º 4 do art. 763.º do C.P.C. e se justifica por os recursos com fundamento em oposição de julgados no contencioso tributário, visarem, primacialmente, assegurar o tratamento igualitário e só relativamente a uma decisão transitada em sentido oposto à que foi proferida no processo se poder colocar a questão de desigualdade de tratamento, uma vez que uma decisão não transitada em sentido contrário à proferida no processo pode vir a ser alterada no sentido desta.

No entanto, em sintonia com o preceituado no n.º 4 do art. 763.º do C.P.C., deve entender-se que se deve partir do pressuposto que o trânsito em julgado ocorreu, se o recorrido não alegar que o acórdão não transitou.

É também exigível que os acórdãos recorrido e fundamento tenham sido proferidos em processos diferentes ou incidentes diferentes do mesmo processo, como se prevê no n.º 3 do art. 763.º do C.P.C. e é corolário do preceituado no art. 675.º do mesmo Código.

Por outro lado, apenas é relevante para fundamentar o recurso por oposição de julgados a oposição entre soluções expressas, como vem sendo uniformemente exigido pelo Supremo Tribunal Administrativo[1], exigência esta que é formulada com base na referência a «solução oposta», inserta nos arts. 22.º, alíneas a), a') e a"), e 24.º, alíneas b) e b'), do E.T.A.F.[2].

4. Os acórdãos recorrido e fundamento foram proferidos em processos diferentes e não é posto em dúvida o trânsito em julgado do acórdão fundamento, pelo que se deverá partir do pressuposto de que ele ocorreu.

Por isso, há apenas que apreciar se foi a mesma a questão fundamental de direito apreciada no acórdão recorrido e no acórdão fundamento.

5. Tanto no acórdão recorrido como no acórdão fundamento foram apreciados recursos jurisdicionais de sentenças que apreciaram recursos contenciosos de decisões de recusa de inscrição de candidatos na Associação dos Técnicos Oficiais de Contas.

[1] Neste sentido, entre outros, podem ver-se os acórdãos do Pleno da Secção do Contencioso Administrativo do Supremo Tribunal Administrativo de 27-6-1995, proferido no recurso n.º 32986, de 7-5-1996, proferido no recurso n.º 36829, e de 25-6-1996, proferido no recurso n.º 35577.

[2] Neste sentido, a propósito da expressão idêntica contida no art. 763.º, n.º 1, do C.P.C., podem ver-se os acórdãos do Supremo Tribunal de Justiça de 7-5-1994, proferido no recurso n.º 85910, de 11-10-1994, proferido no recurso n.º 86043, e de 26-4-1995, proferido no recurso n.º 87156.

Em ambos os casos foi apreciada a legalidade da limitação probatória dos requisitos de inscrição, contida num regulamento aprovado pela Associação dos Técnicos Oficiais de Contas, para efeitos do art. 1.º da Lei n.º 27/98, de 3 de Junho, limitação essa que consiste em a responsabilidade directa por escrita organizada só poder ser provada através de declarações fiscais modelos 22 e/ou anexo C ao modelo 2, que tivessem sido apresentadas aos serviços fiscais tivessem sido assinadas pelo candidato à inscrição na qualidade de técnico responsável pela escrita.

No acórdão fundamento entendeu-se que é legalmente admissível a restrição efectuada nesse regulamento à possibilidade de prova dos requisitos de inscrição a determinados tipos de prova.

No acórdão recorrido, entendeu-se que a prova desses requisitos pode efectuar-se por qualquer meio, não sendo legalmente admissível a referida restrição.

Assim, é de concluir que o acórdão recorrido e o acórdão fundamento apreciaram a mesma questão jurídica da legalidade ou ilegalidade da restrição de meios de prova dos requisitos de inscrição previstos no art. 1.º da Lei 27/98, dando-lhe respostas opostas.

6. No acórdão recorrido, remeteu-se para a jurisprudência deste Pleno, adoptada no acórdão de 18-5-2004, proferido no recurso n.º 48397, depois seguida pacificamente.

Antes de mais, importa precisar o alcance da Lei n.º 27/98.

Esta Lei estabelece o seguinte:

Artigo 1.º

No prazo de 90 dias a contar da publicação da presente lei, os profissionais de contabilidade que desde 1 de Janeiro de 1989 e até à data da publicação do Decreto-Lei n.º 265/95, de 17 de Outubro, tenham sido, durante três anos seguidos ou interpolados, individualmente ou sob a forma de sociedade, responsáveis directos por contabilidade organizada, nos termos do Plano Oficial de Contabilidade, de entidades que naquele período possuíssem ou devessem possuir contabilidade organizada podem requerer a sua inscrição como técnicos oficiais de contas na Associação de Técnicos Oficiais de Contas (ATOC).

Artigo 2.º

1 – Verificados os requisitos referidos no artigo 1.º, não pode a inscrição como técnicos oficiais de contas na ATOC, desde que requerida no prazo fixado, ser recusada.

2 – Se a ATOC não proceder a inscrição dos interessados que satisfaçam os requisitos do artigo 1.º, no prazo de 15 dias após a apresentação do respectivo pedido, os mesmos considerar-se-ão automaticamente inscritos naquela Associação e habilitados ao pleno exercício da profissão de técnicos oficiais de contas.

3 – Para tanto, valerá para todos os efeitos como prova bastante o duplicado do requerimento do pedido de inscrição ou cópia notarialmente autenticada, com o carimbo de entrada na ATOC.

Artigo 3.º

1 – Todos os actos dos profissionais de contabilidade que se inscrevam na ATOC ao abrigo do presente diploma ocorridos perante a administração fiscal desde 1 de Janeiro de 1998 são tidos como praticados por técnicos oficiais de contas legalmente habilitados.

2 – São revogadas e consideradas de nenhum efeito todas as normas, directivas, instruções ou despachos que disponham em contrário do estabelecido no número anterior.

Artigo 4.º

A presente lei entra em vigor na data da sua publicação e aplica-se a todo o território nacional.

Esta Lei foi aprovada pela Assembleia da República com base na Proposta de Lei n.º 15/VII, que tem o seguinte teor na sua parte introdutória e exposição de motivos:

Proposta de Lei n.º 154/VII

Permite que, a Título Excepcional, se Admita a Inscrição como Técnico Oficial de Contas de Responsáveis Directos por Contabilidade Organizada, nos Termos do Plano Oficial de Contabilidade, no Período Decorrido entre 1 de Janeiro de 1989 e 17 de Outubro de 1995, de Entidades que Possuíssem ou Devessem Possuir esse Tipo de Contabilidade

Exposição de motivos

Com a entrada em vigor dos códigos dos impostos sobre o rendimento em 1 de Janeiro de 1989, tendo sido revogado o Código da Contribuição Industrial e deixado de ser obrigatória a assinatura dos técnicos de contas inscritos na Direcção-Geral das Contribuições e Impostos ao abrigo da Portaria n.º 420/76, de 14 de Julho, alguns profissionais exerceram funções enquanto tal sem se encontrarem definitivamente inscritos na DGCI.

A versão final do Estatuto dos Técnicos Oficiais de Contas, aprovada pelo Decreto-Lei n.º 265/95, de 17 de Outubro, veio exigir habilitações académicas para o exercício da profissão que muitos dos referidos profissionais não possuem, não contemplando qualquer disposição transitória que lhes permita a respectiva inscrição como técnicos oficiais de contas, contrariamente ao que se verificava em projectos anteriormente apresentados.

Vedar, sem mais, àqueles profissionais a inscrição como técnicos oficiais de contas poderia provocar situações injustas. Mas, simultaneamente, há que ter em consideração que a dignificação da profissão de técnico oficial de contas, em conformidade com a orientação subjacente ao respectivo estatuto, reafirmada nas conclusões aprovadas no I Congresso dos TOC, e atenta a realidade social, implica, no futuro, a exigência de habilitações académicas de nível superior para o exercício da profissão.

Tendo em consideração a realidade enunciada, foi determinada a constituição de um grupo de trabalho, por Despacho n.º 290/97-XIII, de 30 de Junho de 1997, do Ministro das Finanças, com a incumbência de analisar as situações de candidatos a inscrição como técnicos oficiais de contas que não possuíssem os requisitos para tal e pudessem ser consideradas de injustiça flagrante por omissão da lei quanto à definição dos termos e condições extraordinárias em que a inscrição destes candidatos pudesse ser admitida.

Neste contexto, e tendo em consideração as conclusões do referido grupo de trabalho, a presente proposta de lei vem permitir que, a título excepcional e como última e derradeira hipótese, se admita a inscrição como técnico oficial de contas de responsáveis directos por contabilidade organizada nos termos do Plano Oficial de Contabilidade, no período decorrido entre 1 de Janeiro de 1989 e a data de publicação do Estatuto dos Técnicos Oficiais de Contas, de entidades que, naquele período, possuíssem ou devessem possuir esse tipo de contabilidade, através da abertura, no corrente ano, de um concurso extraordinário para o efeito.

Através desta Exposição de Motivos, constata-se com segurança que o concurso extraordinário para inscrição como técnico oficial de contas admitido pela Lei n.º 27/98, independentemente de os candidatos reunirem os requisitos exigidos pelo Decreto-Lei n.º 265/95, de 17 de Outubro, teve um carácter excepcional, visando reparar situações de injustiça.

Essas situações de injustiça que se tinha em vista reparar eram as dos técnicos de contas que no período entre 1-1-89 [data da extinção da Contribuição Industrial e entrada em vigor do Código do Imposto sobre o Rendimento das Pessoas Colectivas (arts. 2.º e 3.º do Decreto-Lei n.º 442-B/88, de 30 de Novembro)] e a data da publicação do Decreto-Lei n.º 265/95 tinham podido exercer a actividade como técnicos de contas, junto de entidades que dispunham de contabilidade organizada, para efeitos fiscais, mas não reuniam os requisitos para se inscreverem como técnicos oficiais de contas, à face do preceituado no Estatuto do Técnicos Oficiais de Contas, aprovado por este Decreto-Lei.

Na verdade, o Código da Contribuição Industrial exigia, no seu art. 48.º, que as declarações dos contribuintes fossem assinadas pelos contribuintes ou seus representantes e «pelo respectivo técnico de contas responsável» e o art. 52.º do mesmo Código estabelecia que «até se proceder à regulamentação legal do exercício da respectiva profissão só poderão ser considerados técnicos de contas responsáveis, para os efeitos do art. 48.º, os que estiverem inscritos como tais na Direcção-Geral das Contribuições e Impostos».

A Portaria n.º 420/76, de 14 de Julho, emitida ao abrigo do disposto no § único daquele art. 52.º do Código da Contribuição Industrial, veio estabelecer as condições de inscrição como técnicos de contas na Direcção-Geral das Contribuições e Impostos, prevendo-se a possibilidade de suspensão e cancelamento da inscrição, e a publicação oficial, na 3.ª Série do Diário da República, da lista dos técnicos inscritos.

Com o Código do Imposto sobre o Rendimento das Pessoas Colectivas deixou de ser obrigatório que os técnicos de contas assinassem as declarações juntamente com os contribuintes (arts. 94.º a 97.º daquele Código, na redacção inicial), deixando de existir um reconhecimento oficial do técnico de contas[3], que só voltou a existir novamente com o Decreto-Lei n.º 265/95, que criou os técnicos oficiais de contas e passou a impor a obrigação de deles disporem as entidades sujeitas aos impostos sobre o rendimento que possuam ou sejam obrigadas a possuir contabilidade regularmente organizada (art. 2.º deste diploma e Estatuto dos Técnicos Oficiais de Contas por ele aprovado).

Nos modelos de declarações para efeitos de I.R.C. e anexo C de I.R.S. continuou a incluir-se um local destinado à assinatura dos técnicos de contas, mas essa assinatura era facultativa[4].

Tendo havido, durante mais de seis anos, a possibilidade de a escrita das entidades que tivessem contabilidade organizada ser assegurada por técnicos de contas que não reunissem os requisitos exigidos quer pela Portaria n.º 420/76, quer pelo Estatuto aprovado pelo Decreto-Lei n.º 265/95, de 17 de Outubro, geraram-se situações de facto em que pessoas que não possuíam os requisitos exigidos por este Estatuto desenvolveram, durante vários anos, essa actividade, com carácter profissional, formando, naturalmente, expectativas de continuarem a poder exercer profissionalmente a sua actividade no futuro, expectativas essas que são de qualificar como legítimas, porque assentes no regime legal então vigente.

Com o Decreto-Lei n.º 265/95 e Estatuto por ele aprovado, veio a gerar-se, na prática, uma situação de proibição de continuação do exercício desta actividade profissional por técnicos de contas que não reuniam os requisitos para se inscreverem como técnicos oficiais de contas, pois a exigência de que as entidades com contabilidade organizada dispusessem de um técnico oficial de contas conduziria, naturalmente, a que estas dispensassem os serviços de técnicos de contas que não estivessem inscritos como técnicos oficiais.

É esta impossibilidade prática de continuação do exercício de tal actividade por técnicos de contas que não reunissem os requisitos para inscrição como técnicos oficiais de contas, operada pelo Decreto-Lei n.º 265/95, que foi considerada como uma situação de injustiça, que se visou reparar com a Lei n.º 27/98.

A forma como se entendeu reparar esta injustiça foi permitir a inscrição como técnicos oficiais de contas às pessoas que tivessem exercido de facto a actividade de técnico de contas, durante três anos, como responsáveis directos por contabilidade organizada, nos termos do Plano Oficial de Contabilidade, independentemente de reunirem os requisitos para tal exigidos pelo Estatuto aprovado pelo aquele Decreto-Lei.

Assim, sendo esta a razão de ser do regime excepcional de admissibilidade de inscrição como técnico oficial de contas, é forçoso concluir que se justifica a aplicação

---

[3] Esta evolução no sentido do reconhecimento e posterior desaparecimento da figura institucional do técnico de contas é expressamente descrita no Preâmbulo do Decreto-Lei n.º 265/95, de que consta o seguinte

A figura do técnico de contas foi institucionalizada através do Código da Contribuição Industrial e tinha em vista melhorar o tratamento contabilístico das contas das empresas através de profissionais devidamente credenciados», sendo a obrigação

Obrigação idêntica foi sendo mantida, expressa ou tacitamente, nos códigos que se lhe seguiram, com especial relevo para a manutenção dessa mesma obrigação no Código do Imposto sobre o Valor Acrescentado.

Admitindo se a necessidade de se proceder a futura regulamentação da sua actividade, foi desde logo imposta a obrigação de o técnico de contas, conjuntamente com o respectivo sujeito passivo, assinar as declarações relativas aos contribuintes do grupo A. Tornou-se obrigatória a inscrição na Direcção-Geral das Contribuições e Impostos como condição para o exercício das suas funções e previu-se ainda a aplicação de sanções disciplinares, incluindo a suspensão ou até interdição da actividade.

Com a aprovação do Código do Imposto sobre o Rendimento das Pessoas Colectivas e o das Pessoas Singulares, que começaram a vigorar em 1989, foi revogado o referido Código da Contribuição Industrial, deixando de ser obrigatória a sua assinatura nas declarações fiscais, desaparecendo, no plano institucional, a figura do técnico de contas.

[4] Este carácter facultativo foi expressamente reconhecido no Ofício-Circulado n.º 55977, de 20/04/1990, da Direcção de Serviços do I.V.A., relativo às declarações de início de actividade e alterações, em que se refere que «*embora se mantenham os campos 8, 9 e 10 do quadro 14, os mesmos devem ser entendidos como de preenchimento facultativo, não cabendo qualquer penalidade aos sujeitos passivos face ao seu não preenchimento*» e se esclarece que a manutenção daqueles campos foi efectuada «*face aos conhecidos apelos das associações profissionais que representam os interesses dos Técnicos de Contas*».

do regime excepcional de admissibilidade de inscrição a todas as pessoas que se encontrassem nessa situação de injustiça, isto é, todas as pessoas que tivessem efectivamente exercido a actividade de técnico de contas nos termos do Plano Oficial de Contabilidade, durante o período referido.

8. Na interpretação da lei importa reconstituir o pensamento legislativo tendo em atenção, entre outros factores, as condições em que a lei foi elaborada (art. 9.º, n.º 1, do Código Civil), pelo que a sua razão de ser, o elemento racional ou teleológico, «constitui um subsídio da maior importância para determinar o sentido da norma»[5].

Conhecendo o desígnio legislativo subjacente a esta Lei n.º 27/98 e tendo de presumir-se que o legislador adoptou nela o regime probatório adequado à concretização desse desígnio e não a impedir que ele seja atingido[6], tem de entender-se que não foram adoptadas nem serão compatíveis com aquela lei restrições de meios probatórios que inviabilizem pessoas que estivessem naquelas situações de injustiça de demonstrarem que foram «responsáveis directos por contabilidade organizada, nos termos do Plano Oficial de Contabilidade, no período decorrido entre 1 de Janeiro de 1989 e 17 de Outubro de 1995, de entidades que possuíssem ou devessem possuir esse tipo de contabilidade»[7].

Na verdade, seria incongruente com a louvável preocupação legislativa em sanar situações de injustiça, tão intensa que justificou a adopção de um regime excepcional de inscrição de técnicos oficiais de contas sem que os interessados reunissem os requisitos considerados adequados, admitir o estabelecimento de restrições probatórias que pudessem inviabilizar tal objectivo, impedindo a prova de situações desse tipo que efectivamente existissem e obstando a que pessoas que estavam naquela situação de injustiça pudessem alcançar a reparação que se pretendia assegurar.

Por isso, tendo de se presumir que o legislador consagrou as soluções mais acertadas (art. 9.º, n.º 3, do Código Civil), tem de entender-se que está ínsita naquela Lei n.º 27/98 a intenção legislativa de permitir a utilização de todos os meios probatórios admissíveis em procedimento administrativo que sejam necessários para prova de qualquer das situações daquele tipo que pudessem existir.

Assim, se se concluir que a restrição probatória adoptada no acto recorrido, aplicando o que consta dos arts. 1.º, n.º 1, alínea d), 2.º e art. 3.º, n.º 1, do referido «REGULAMENTO", elaborado pela Entidade Recorrida para executar a Lei n.º 27/98 (cuja cópia consta de fls. 32 a 34), é incompatível com a concretização da intenção legislativa que a esta está subjacente, terá de considerar-se que aquela restrição é ilegal, por contrariar normas de hierarquia superior.

A tarefa de apurar a legalidade ou não da referida restrição probatória reconduz-se, assim, primacialmente, a averiguar se há ou não situações daquele tipo que não podem ser demonstradas através da apresentação de declarações modelo 22 de I.R.C. e anexos C de declarações de I.R.S.. No entanto, não fica também afastada a possibilidade de a adopção daqueles meios de prova poder ser considerada ilegal em si mesma, por incompatibilidade com aquela Lei, se ela for de considerar inidónea para a comprovação da existência da situação que se pretende demonstrar.

9. Ora, são identificáveis várias situações em que pessoas podem ter sido responsáveis por contabilidade organizada nos termos do Plano Oficial de Contabilidade, de entidades que possuíssem ou devessem possuir esse tipo de contabilidade, durante o período de 1989 a 17-10-95, e que poderão não ter assinado declarações daqueles tipos.

Na verdade, desde logo, havia entidades que eram obrigadas a ter contabilidade organizada no período de tempo referido e que não apresentavam declarações daqueles tipos.

É o que sucedia com as pessoas colectivas que apenas dispunham de rendimentos directamente derivados do exercício de actividades culturais, recreativas e desportivas, que eram obrigadas a ter contabilidade organizada [art. 10.º, n.º 1, alínea c), do C.I.R.C.[8]] mas não tinham de apresentar declaração modelo 22, por estarem isentas, como resulta do preceituado no art. 94.º do mesmo Código, na redacção vigente no período de tempo referido[9].

O mesmo sucedia com grande parte das cooperativas, que estavam isentas de I.R.C. [nos termos previstos no art. 11.º do C.I.R.C.[10]], não tendo de apresentar declarações modelo 22, mas tinham obrigação de manter contabilidade organizada (art. 98.º, n.º 1, do mesmo Código).

Os técnicos de contas que fossem responsáveis pela contabilidade destas pessoas colectivas durante o período de tempo referido, nunca poderiam demonstrar o exercício dessa actividade para efeitos de inscrição, por não terem assinado quaisquer declarações modelo 22, o que, só por si, demonstra que a restrição probatória adoptada pela Entidade Recorrida não se compagina com a Lei n.º 27/98, que também a estas pessoas pretendia assegurar a possibilidade de inscrição como técnicos oficiais de contas.

Por outro lado, sendo facultativa a aposição das assinaturas de técnicos de contas em declarações apresentadas por contribuintes para efeitos tributários, é evidente que podem existir situações em que elas não fossem apostas, apesar de existirem técnicos responsáveis pela contabilidade subjacente às declarações. Trata-se de situações em que, se existia a situação de injustiça que esteve na génese da Lei n.º 27/98, se pretendia também assegurar a possibilidade de inscrição, que não poderia fazer-se com a apresentação das declarações exigidas pela Entidade Recorrida.

Um outro tipo de situações de facto contempladas pela Lei n.º 27/98 em que seria impossível efectuar a prova através de declarações assinadas seria a dos técnicos de contas que exerciam tal actividade no âmbito

[5] Baptista Machado, *Introdução ao Direito e ao Discurso Legitimador*, páginas 182-183.

[6] Será essa, obviamente, a solução mais acertada, em matéria probatória, que tem de se presumir ter sido adoptada, por força do disposto no n.º 3 do art. 9.º do Código Civil.

[7] Cabeçalho e parte final da referida Exposição de Motivos.

[8] Na redacção anterior à Lei n.º 10-B/96, de 23 de Março, que passou alterou aquele art. 10.º, passando a inicial alínea c) a ser a alínea b).

[9] Neste sentido, pode ver-se Pinto Fernandes e Cardoso dos Santos, *Código do Imposto sobre o Rendimento das Pessoas Colectivas Anotado e Comentado*, 3.ª edição, página 547.

[10] Na redacção inicial e nas dadas pelas Leis n.os 75/93, de 20 de Dezembro, e 39-B/94, de 27 de Dezembro, no que concerne ao período que releva para efeitos de inscrição na Associação dos Técnicos Oficiais de Contas.

de sociedades. Na verdade, nestes casos, se a declaração fosse assinada pela sociedade, quem aporia a sua assinatura seria quem tinha poderes de representação externa da sociedade (membros da gerência ou do conselho de administração), independentemente de serem essas pessoas quem tinham de facto sido as responsáveis pela contabilidade. Na verdade, seja quem for a pessoa singular que coloca a assinatura, nos casos em que se está perante a representação de uma sociedade, quem assina, juridicamente, é esta pessoa colectiva e não quem actua em sua representação. Por outro lado, é manifesto que nesta actividade desenvolvida em sociedades não há qualquer razão para se concluir que a pessoa física que subscreveu as declarações em nome da sociedade é a mesma que exerceu a actividade profissional de técnico de contas que a Lei 27/98 considera relevante para efeitos de inscrição, isto é, nada garante que seja essa pessoa e não outra quem estava na situação de injustiça que se visou reparar. Ora a Lei n.º 27/98 expressamente refere no seu art. 1.º que releva para efeitos de inscrição a responsabilidade directa por contabilidade «sob a forma de sociedade», pelo que aceita a possibilidade de ser valorada para efeitos de inscrição a actividade desenvolvida no âmbito de sociedades, apesar de, nestes casos, nunca haver a possibilidade jurídica de as declarações terem sido assinadas pelos técnicos de contas que foram responsáveis pela contabilidade e haver sempre a possibilidade de a pessoa física que assina em representação da sociedade não ser a que se encontrava na situação de injustiça que se pretendia resolver.

A constatação da possibilidade de existirem situações de facto em que técnicos de contas foram responsáveis por contabilidade organizada, nos termos do Plano Oficial de Contabilidade, em entidades que possuíssem ou devessem possuir esse tipo de contabilidade, durante o período de 1989 a 17-10-95 e que não tivessem assinado declarações modelo 22 do I.R.C. e anexo C da declaração modelo 22 do C.I.R.S., leva a concluir pela inconstitucionalidade material das normas do referido «Regulamento» que a impõem [arts. 1.º, n.º 1, alínea d), 2.º e 3.º, n.º 1] e da própria Lei n.º 27/98, se fosse essa a sua interpretação. Na verdade, à face desta interpretação, existiriam técnicos de contas que estiveram nessa situação que poderiam obter a inscrição, por terem assinado declarações referentes a três anos entre 1989 e 1994, e outros que, estando na mesma situação ou, eventualmente, tendo exercido até durante mais de três anos aquela actividade, estariam, impossibilitados de obter a inscrição. Como é óbvio, todos aqueles que tinham exercido de facto aquelas funções se encontravam na situação de injustiça que a Lei n.º 27/98 pretendeu resolver, pelo que um tratamento distinto de uns e outros, a nível da possibilidade de inscrição, derivado da eventualidade de terem ou não assinado aquelas declarações facultativas, que alguns nem sequer poderiam ter apresentado, seria absolutamente arbitrário e, por isso, ofensivo do princípio da igualdade, plasmado no art. 13.º da C.R.P..

Por isso, a única interpretação da Lei n.º 27/98, nomeadamente dos seus arts. 1.º e 2.º, que é conforme à Constituição é a de que não se pretendeu nela restringir às ditas declarações os meios de prova da existência das situações de facto a que se referem.

Outros argumentos, demonstrando a inadequação das ditas declarações para prova de toda a actividade que naquela lei se considera relevante para efeitos de inscrição, confirmam que é esta a interpretação correcta da Lei n.º 27/98

Desde logo, a apresentação daquelas declarações é, em si mesma, um meio de prova pouco fiável da existência de uma actividade de responsabilidade por escrita durante um período determinado, uma vez que não é obrigatório que quem apresenta e subscreve a declaração tenha sido quem ao longo de todo o ano a que ela se refere tenha sido o responsável pela contabilidade. Na verdade, para além das vicissitudes naturais que impusessem a substituição de técnicos de contas (como falecimento ou doença), as entidades obrigadas a manter contabilidade organizada podiam utilizar os serviços dos técnicos de contas que entendessem, nada obstando a que utilizassem os serviços de mais do que um técnico no decurso de um determinado ano, ou no ano subsequente, antes de ser apresentada a declaração referente ao ano anterior. Por isso, ao fim e ao cabo, a aposição da assinatura de um técnico de contas numa determinada declaração só prova directamente que ele era o responsável pela escrita no momento em que ela é apresentada.

Assim, mesmo que se pudesse admitir, como presunção natural cujo suporte estatístico não é evidentemente seguro, que quem assina a declaração referente a um determinado ano é quem foi responsável pela escrita ao longo de todo esse ano, a manifesta falta de fiabilidade de tal presunção sempre imporia a um legislador sensato, que presumivelmente consagra as soluções mais acertadas, que não erigisse aquele meio de prova em único utilizável para prova da existência das situações relevantes para efeito de inscrição.

Esta conclusão é reforçada pela evidência da existência de outros meios de prova mais fiáveis, como é o caso da prova de os interessados terem sido tributados pelo exercício da actividade de técnicos de contas durante o período de tempo referido, que podia ser efectuada através da exibição de cópias das respectivas declarações pessoais de rendimentos apresentadas por esse técnicos para efeitos de liquidação do seu próprio I.R.S.[11] e através dos documentos relativos ao pagamento de remunerações, que permitiam comprovar quais as entidades a quem os serviços foram prestados[12].

Por isso, é de concluir que não haveria sequer razões para erigir as declarações modelo 22 de I.R.C. e os anexos C das declarações modelo 2 de I.R.S. em meios de prova preferenciais das situações de injustiça que a Lei n.º 27/98 visava sanar, pelo que é de repudiar a interpretação segundo a qual é esse o único meio de prova admissível.

Há, assim, abundantes elementos interpretativos que conduzem com segurança à conclusão de que não terá sido consagrado na Lei n.º 27/98 nem será compatível com ela um regime probatório em que as declarações modelo 22 de I.R.C. e os anexos C às declarações modelo 2 de I.R.S. sejam o único meio de prova admissível e, que, se ele tivesse sido aí consagrado, seria materialmente inconstitucional.

[11] Durante todo o período de tempo relevante para a inscrição, a actividade de técnico de contas sempre foi uma das indicadas na lista de profissões anexa ao C.I.R.S., sob o n.º 502.

[12] A emissão destes documentos era obrigatória [art. 107.º, n.º 1, alínea b), do C.I.R.S., na redacção inicial].

Para além deste conjunto de elementos, constata-se que o texto da Lei n.º 27/98 não contém qualquer referência a tal restrição probatória ou qualquer outra.

Ora, quando a lei não distingue não deve o intérprete distinguir também, se não há razões sérias que justifiquem que se efectue uma distinção[13].

Por isso, não há o mínimo suporte textual ou racional para que se conclua pela consagração de qualquer restrição, o que conduz à conclusão de que serão admissíveis todos os meios de prova admitidos em procedimento administrativo, que são todos os meios admitidos em direito (art. 87.º, n.º 1, do C.P.A.).

10 – Conclui-se, assim, que é ilegal o referido «Regulamento», ao restringir, nos termos que restringiu, as possibilidades de prova da responsabilidade directa por contabilidade organizada.

Termos em que acordam neste Pleno de Secção em negar provimento ao recurso e em confirmar a decisão recorrida.

Sem custas, por a Autoridade Recorrida estar isenta (art. 2.º da Tabela de Custas).

Lisboa, 7 de Fevereiro de 2006.

Jorge de Sousa (Relator)
António Samagaio
Azevedo Moreira
Angelina Domingues
Rosendo José
Costa Reis
Adérito Santos
Pais Borges
João Belchior

Recurso n.º 419/04-20

CONCESSÃO DE EXPLORAÇÃO DE TRANSPORTES AÉREOS. SOLICITAÇÃO DE ELEMENTOS INSTRUTÓRIOS. PRINCÍPIO DO INQUISITÓRIO.

(Acórdão de 2 de Março de 2006)

SUMÁRIO:

I – Se a Comunicação da Comissão Europeia, anunciando um concurso para concessão de exploração de uma rota de transportes aéreos, não fazia exigências no tocante à indicação de alguns elementos procedimentais, não podia o INAC (entidade previamente ouvida), nem o Secretário de Estado dos Transportes (órgão decisor) servir-se da inexistência desses elementos para desvalorizar determinada proposta apresentada por um operador aéreo.

II – Tendo o INAC solicitado ao proponente, e dele obtido, o esclarecimento sobre alguns desses elementos, não podia o acto administrativo final deixar de os considerar também ao abrigo dos arts. 56.º e 89.º, ambos do CPA.

III – Se a Comunicação obrigava os interessados à demonstração do cumprimento das "*obrigações de serviço público*", além da apresentação de um "*plano económico comprovativo da sua capacidade de exploração da rota*", somente será de averiguar da legalidade do acto se ele, para indeferir uma determinada proposta, se fundamentou unicamente no não cumprimento das referidas obrigações.

ACORDAM NO PLENO DA 1ª SECÇÃO DO STA

I – RELATÓRIO

"Sata Internacional – Serviços e Transportes Aéreos, S.A.", interessada particular no recurso contencioso interposto neste STA por **"Air Luxor S.A."** contra o despacho proferido em 26/12/2001 pelo **Secretário de Estado Adjunto e dos Transportes"**, que a esta entidade indeferiu o pedido de concessão de exploração dos serviços de transportes aéreos regulares na rota Lisboa/Porto – Ponta Delgada, recorre jurisdicionalmente para o Pleno do acórdão de provimento da 1ª Subsecção.

Concluiu as suas alegações do seguinte modo:

«I. O acórdão recorrido é nulo por os Exmos. juízes *a quo* se terem pronunciado sobre uma questão de que não podiam ter tomado conhecimento: a questão referente ao suposto vício de violação de lei por erro nos pressupostos de facto;

2. Com efeito, o suposto vício de violação de lei por erro nos pressupostos de facto, não foi invocado pela ora Recorrida Air Luxor, SA, nem na petição de recurso, nem nas subsequentes alegações;

3. O Tribunal encontra-se vinculado, por imposição do princípio da limitação do juiz pela causa de pedir, ao conhecimento exclusivo dos vícios invocados e concretizados na petição de recurso, salvo no caso de ocorrerem vícios de conhecimento oficioso;

4. Como, no presente caso, o que está em causa é apenas a alegada anulabilidade do acto (artigo 135.º do Código do Procedimento Administrativo), vício que não é de conhecimento oficioso, a violação de lei por erro nos pressupostos de facto não podia ter sido apreciada Tribunal *a quo;*

5. Assim sendo, a sentença ora recorrida é nula, nos termos do artigo 668.º, n.º 1, alínea d), *in fine* do Código de Processo Civil por excesso de pronúncia;

6. De acordo com o regime jurídico aplicável ao procedimento para a autorização da prestação de serviços aéreos regulares, sem contrapartida financeira, a ora recorrida tinha de ter apresentado, até 30 de Novembro de 2001 um pedido de autorização de exploração que contivesse todos os elementos necessários ao cumprimento das obrigações de serviço publico impostas;

7. Ora, os elementos apenas fornecidos por via do fax de 11 de Dezembro de 2001 ou seja, a definição dos períodos "*antes do natal*" e "*primeiros dias do ano novo*", a indicação relativa ao reforço dos serviços de Páscoa,

[13] Antunes Varela, em *Revista de Legislação e Jurisprudência*, ano 123, página 30, e ano 124, página 39.

com indicação do período abrangido por referência ao Domingo de Páscoa e respectivos horários, a programação de duas frequências por semana durante os meses de Julho e Agosto e o modo como os meios humanos afectos à exploração da rota dariam cumprimento à Portaria n.º 238-A/98, de 1.5 de Abril, constituem elementos essenciais para o cumprimento das obrigações de serviço público;

8. Pelo que, à luz daquele regime, deveriam ter sido entregues com a proposta – e não foram – até 30 de Novembro de 2001;

9. Não se trata, pois, ao contrário do que se defende no acórdão recorrido, de elementos que poderiam ter sido averiguados pela Administração Pública, ao abrigo do artigo 56.º do Código do Procedimento Administrativo, mas sim de elementos que tinham de ter sido entregues, até 30 de Novembro de 2001, com a proposta da AIR LUXOR, SA;

10. Assim sendo, aqueles (impropriamente denominados) esclarecimentos prestados pela ora Recorrida, no dia 11 de Dezembro de 2001, nunca poderiam ser tidos em consideração para efeitos de admissão da proposta, tanto mais que o respectivo conteúdo consubstancia uma alteração significativa do próprio conteúdo essencial da proposta da ora recorrida, após o prazo final para a sua apresentação, ou seja, justamente aquilo que se não admitia;

11. Pelo que o despacho, de 26 de Dezembro de 2001, do Secretário de Estado Adjunto e dos Transportes, ao não considerar os esclarecimentos prestados no dia 11 de Dezembro de 2001, não padece do vício de violação de lei, por erro nos pressupostos de facto;

12. Também no que se refere à apreciação da capacidade de transporte de não houve por parte do INAC e do Secretário de Estado Adjunto e dos Transportes qualquer errada apreciação dos factos em que basearam a sua decisão, tendo estes decidido bem quanto ao indeferimento da pretensão da ora Recorrida;

13. Com efeito, o que estava em causa no despacho, de 26 de Dezembro de 2001, do Secretário de Estado Adjunto e dos Transportes, era apreciar se, à data da entrega da respectiva proposta, a ora Recorrida apresentava as condições necessárias para respeitar todas as obrigações de serviço público constantes da Comunicação da Comissão, não relevando, obviamente, para este, efeito, eventuais intenções de posteriores aquisições de aeronaves pela ora Recorrida;

14. Para além de que não a menção pela ora Recorrida de outras aeronaves (que não inscritas no Certificado de Operador Aéreo) não pode ser entendida, por si só, como uma declaração expressa, firme e inequívoca de afectação das mesmas à rota em apreço;

15. Apenas se podia considerar, em suma, as três aeronaves inscritas no Certificado de Operador Aéreo, sendo certo que, com tais meios materiais, a ora recorrida não poderia, nem poderá, honrar as obrigações de serviço público previstas no n.º 2 da Comunicação da Comissão, seja "*em termos de número de frequências mínimas*" ou "*em termos de capacidades adicionais*"

16. A referência à distribuição da capacidade de carga (e correio) oferecida pelas várias frequências semanais, de acordo com o disposto no 4.º parágrafo do item "*em termos de capacidades adicionais*" do n.º 2 da Comunicação da Comissão, era essencial para que o pedido de exploração da rota em causa, sem compensação financeira, estivesse de acordo com as obrigações de serviço público impostas;

17. Pelo que, ao contrário do que se defende no acórdão recorrido, não se tratava de uma dúvida que pudesse ser clarificada com recurso a prestação de esclarecimentos pela ora recorrida, mas antes de elementos que tinham de constar da proposta, e que deveriam ter sido entregues – e não foram – até 30 de Novembro de 2001;

18. Constitui assim fundamento admissível de indeferimento da pretensão da ora recorrida a não apresentação da distribuição da capacidade de carga (e correio) pejas várias frequências semanais e do valor de capacidade mínima diária assegurada;

19. Muito se estranham as considerações do Tribunal *a quo* sobre a categoria de aeronaves utilizadas, uma vez que a matéria versada no da Informação do INAC, prende-se, obviamente, com o conforto dos passageiros e, por conseguinte, com a qualidade do serviço a prestar;

20. Com efeito, resulta do n.º 1 do artigo 6.º do Decreto-lei n.º 138/99, de 23 de Abril, que as obrigações de serviço público podem revestir a forma de "(...) *padrões mínimos de qualidade* (...)", matéria sobre a qual pode e deve recair a pronúncia do INAC;

21. Por último, não tem também razão o Tribunal *a quo* quando conclui que "*(...) a apreciação sobre a exploração económica, sobre a (in)correcção das estimativas de receitas e despesas, também excede os parâmetros da matéria da apreciação da pretensão*"

22. Com efeito, resulta do n.º 3, 1.º travessão, da Comunicação da Comissão que, "[*a*]*tendendo à importância e à especificidade das rotas em causa e ao carácter excepcional das exigências ligadas à continuidade dos serviços para as Regiões ultraperiféricas, (...) as transportadoras que pretendam dar início à exploração de uma ou várias rotas objecto das presentes obrigações deverão apresentar, previamente, um plano económico que comprove a sua capacidade de exploração dessas rotas durante um ano, de acordo com as obrigações impostas*";

23. Obviamente, a satisfação dessa exigência não se basta com a mera apresentação de um qualquer plano económico, mas antes de um plano económico credível e exequível;

24. Pelo que a apreciação realizada pelo INAC sobre o plano económico de exploração, mesmo na parte relativa à incorrecção das estimativas apresentadas, não excede o âmbito de averiguação exigida, em termos do conceito de cumprimento das obrigações de serviço público impostas;

25. À luz do exposto, é manifesto que o acórdão recorrido aplicou erradamente o direito, tendo anulado o acto, de 26 de Dezembro de 2001, do Secretário de Estado Adjunto e dos Transportes sem que para tanto houvesse fundamento legal; o Tribunal *a quo* decidiu, pois, *contra legem*; as normas jurídicas que o Tribunal *a quo* interpretou e/ou aplicou erradamente são: os *itens* "*em termos de capacidades adicionais*", "*em termos do número de frequências mínimas*" e "*em termos de horários*" do n.º 2 da Comunicação da Comissão; o n.º 3, 1.º e 4.º travessões dessa mesma comunicação; o n.º 10 do Convite; o n.º 20.4 do Programa do Concurso; o n.º 21 do Caderno de Encargos; e os artigos 6.º, n.ºs 1 e 3, e 14.º, n.º 2, do Decreto-lei n.º 138/99, de 23 de Abril;

26. A proposta da AIR, LUXOR, de 30 de Novembro de 2001, é grave e patentemente violadora de relevantes

obrigações de serviço público impostas pela Comunicação da Comissão;

27. Antes de mais, esclareça-se, a esse propósito, que o juízo de apreciação desenvolvido pelo INAC em relação à proposta apresentada pela ora recorrida corresponde a um momento daquilo que a jurisprudência do Supremo Tribunal Administrativo tem consistentemente qualificado de "discricionariedade técnica" (e que alguma doutrina trata como valoração de conceitos indeterminados), de que resulta a sua não sindicabilidade judicial, uma vez observados – como foram – os princípios gerais e os critérios contidos na lei;

28. As violações de obrigações de serviço público de que padece a proposta da ora recorrida, apontadas pelo INAC, encontram-se plasmadas na referida Comunicação da Comissão e respeitam a *i)* capacidades adicionais; *ii)* tripulações; *iii)* capacidade de transporte de passageiros; *iv)* capacidade de transporte de carga ou correio; *v)* categoria das aeronaves utilizadas; *vi)* exploração económica;

29. Não podendo o INAC atender ao conteúdo dos supostos esclarecimentos prestados pela ora Recorrida, no dia 11 de Dezembro de 2001, na referida proposta, em termos de capacidades adicionais, falta a definição em termos de datas e horários: *i)* dos períodos "*antes do Natal*" e "*primeiros dias do ano novo*"; *ii)* do reforço dos serviços de Páscoa; *iii)* e da programação da frequência por semana durante os meses de Julho e Agosto;...

30. ... sendo certo que sem esses elementos o INAC jamais poderia ajuizar da capacidade da transportadora para fazer face ao acréscimo acentuado de passageiros que caracteriza esses períodos, ficando-se na incerteza quanto à qualidade do serviço a prestar;

31. Em termos de tripulações, o INAC constatou a insuficiência dos meios humanos que seriam afectos à exploração da rota, tendo em atenção: *i)* quer a necessidade de dar cumprimento à legislação que define os tempos de serviço e de repouso do pessoal navegante do transporte aéreo; quer ainda para satisfazer os horários propostos;

32 ...o que acarretaria a violação da referida legislação, bem como das obrigações de serviço público elencadas pela Comissão em termos de frequências mínimas e de horários;

33. Quanto à capacidade de transporte de passageiros, a ora Recorrida não demonstrou capacidade para assegurar o horário de Verão, na medida em que, à data da entrega da respectiva proposta, a operadora dispunha, efectivamente, de um número insuficiente de aeronaves, em nada relevando eventuais intenções de aquisições posteriores;

34. Em termos de capacidade de transporte de carga ou correio, como já se referiu, a proposta da ora recorrida era omissa quanto à distribuição da capacidade de carga e correio pelas várias frequências semanais, não indicando o valor da capacidade mínima diária que asseguraria.

35. ...quando é óbvio que a insularidade não dispensa a apontada regularidade no transporte de carga, sendo obviamente insuficiente o (suposto) asseguramento de uma mera capacidade semanal apontado pela ora recorrida;

36. No que se refere à categoria das aeronaves utilizadas, a ora Recorrida não garante o número de polegadas nas aeronaves que tem vindo a ser assegurado na maior parte das ligações aéreas, o que se reflectiria negativamente no conforto dos passageiros e não satisfaria os padrões mínimos de qualidade exigidos para tais serviços aéreos regulares;

37. No que toca à exploração económica, a ora recorrida evidencia, de modo expressivo, a negligência com que equacionou, em toda a sua proposta, as obrigações de serviço público implicadas no funcionamento desta rota, já que o plano económico apresentado carece de credibilidade e exequibilidade, patente, entre outros aspectos, numa sobreavaliação da receita em cerca de 8,3 milhões de Euros;

38. As apontadas insuficiências e violações de obrigações de serviço público conduziram, acertadamente, à rejeição da proposta da ora Recorrida, em rigoroso cumprimento do disposto na mencionada Comunicação da Comissão (2001/C271/03), no Decreto-Lei n.º 138/99, de 23 de Abril, e demais disposições legais aplicáveis, improcedendo, assim, a argumentação da ora recorrida ao invocar a ilegalidade do acto recorrido, por ter rejeitado uma proposta que, na sua perspectiva, cumpriria todas as obrigações de serviço público;

39. Igualmente infundado é o alegado vício de violação da alínea a) do n.º 1, do artigo 103.º do Código de Procedimento Administrativo, uma vez que a dispensa de audiência prévia, por motivo de urgência, se encontra suficiente e coerentemente fundamentada no acto recorrido, em função da obrigatoriedade de entrada em funcionamento do serviço a 1 de Janeiro de 2002, prazo t) peremptório este de todo impossível de cumprir caso, antes do despacho de 26 de Dezembro de 2001, se tivesse aberto uma fase de audiência prévia».

Nas suas contra-alegações, a AIR LUXOR apresentou as seguintes conclusões:

«1. Não tem razão a contra-interessada SATA INTERNACIONAL, nas suas alegações de recurso ao alegar a nulidade do Douto Acórdão proferido por considerar que, não tendo a AIR LUXOR invocado o vicio da violação de lei por erro nos pressupostos de facto, não podia o Tribunal ter conhecido do mesmo. É que a AIR LUXOR sempre invocou o vicio de violação de lei, indicando, em termos precisos e muito concretos, todos os preceitos legais que no seu entendimento estavam a ser violados e sempre colocou em crise todos os pressupostos de facto em que assentou o acto do Senhor Secretário de Estado Adjunto e dos Transportes.

2. Ora, no entendimento da AIR LUXOR, o qual sempre foi claro em todo o processo, o Exmo. Secretário de Estado Adjunto e dos Transporte, não podia, à luz da normas legais aplicáveis e perante o conteúdo do proposta apresentada pela AIR LUXOR e dos esclarecimentos prestados por esta, ter decidido pelo indeferimento da sua pretensão.

3. E, acolhendo esse mesmo entendimento, os Meritíssimos Juízes *a quo* entenderam, e bem, que a pretensão da AIR LUXOR merecia provimento uma vez que estava verificado invocado o vicio de violação da lei.

4. Assim, e salvo o devido respeito, revela-se manifestamente infundada e desprovida de qualquer fundamento a invocada nulidade do Douto Acórdão proferido, uma vez que, contrariamente ao que sustenta a contra-interessada, não foi pelos Meritíssimos Juízes *a quo* conhecida qualquer questão de que não pudessem tomar conhecimento.

5. Para além do questão da nulidade, entende ainda a contra-interessada que, ao contrário do que sustenta o Douto Acórdão proferido, os esclarecimentos prestados pela AIR LUXOR em 11 de Dezembro de 2001 não podiam ser tidos em consideração nem pelo INAC, nem pelo Senhor Secretário de Estado (!!!).

6. Porém, os fundamentos utilizados pelos Senhor Secretário de Estado são os que constam do Informação do INAC, sendo certo que o juízo proferido por aquele Instituto se baseia, como vimos, em dados e factos que não correspondem à verdade pois a AIR LUXOR, na sua proposta, cumpria com todas as obrigações de serviço público legalmente exigidas.

7. A AIR LUXOR forneceu todos os elementos e informações necessários poro responder às duvidas suscitadas pelo INAC na sua Informação, apesar de tais elementos não serem exigidos pela Comunicação da Comissão, conforme é, aliás, admitido na Informação da Auditoria Jurídica, pelo que, contrariamente ao referido pelo INAC, não existiu qualquer ausência dos referidos dados (que, repita-se, não eram exigidos pela Comunicação!), não sendo, assim, legítimo extrair conclusões baseadas numa alegada falta de dados que, afinal, foram efectivamente fornecidos.

8. O INAC pediu à AIR LUXOR meros esclarecimentos sobre questões que, embora constantes do proposto, precisavam de ser, na opinião do INAC, clarificados. A AIR LUXOR satisfez, no prazo imposto, o solicitado pelo INAC, tendo, efectivamente, prestado todos os esclarecimentos solicitados, sem que nada tenha sido acrescentado que alterasse a sua proposta inicial, facto, aliás, de fácil constatação pela simples comparação entre o conteúdo da sua proposta e o conteúdo do seu fax de 1 de Dezembro de 2001.

9. Constitui, por isso, nossa firme convicção que, também neste aspecto, nenhuma razão assiste à contra-interessada já que contrariamente ao que afirma, jamais existiu qualquer alteração ao conteúdo da proposta que, em 30 de Novembro de 2001, foi apresentada pela AIR LUXOR, mas antes meros elementos clarificadores (de dúvidas suscitadas pelo INAC) de uma proposta que em si mesmo já encerrava toda a informação exigida pela Comunicação da Comissão.

10. De igual modo, perfilhamos inteiramente a posição consagrada no Douto Acórdão, já que tendo o INAC solicitado esclarecimentos, (repita-se, apensos clarificadores), nunca os poderia deixar de ter em conta no sua apreciação final, sob pena de os mesmos se revelarem, afinal, totalmente desprovidos de qualquer utilidade.

11. Não existe, assim, ao contrário do que pretende o ora Recorrente, qualquer erro nem de interpretação, nem de aplicação, de qualquer uma das citadas disposições legais (n.os 2 e 3 da Comunicação da Comissão; n.º 10 do Convite; n.º 20.4 do programa do Concurso; n.º 21 do Caderno de Encargos e artigo 14.º, n.º 2 do decreto-lei n.º 138/99. de 23 de Abril).

12. Acresce que as alegações do oro Recorrente nos seus Pontos II. 7 a 11. 14, em nada têm que ver, no seu conteúdo, com o teor das disposições legais que invoca. A ora Recorrente limita-se, em suma, invocar o princípio da intangibilidade das propostas explicando os razões pelas quais, em seu entender, os esclarecimentos prestados pela AIR LUXOR em 11 de Dezembro de 2001 não deveriam ter sido considerados. Porém, os preceitos mencionados pelo ora Recorrente e que, em seu entender, terão sido alvo de uma errado interpretação e/ou aplicação, em nada se prendem com o teor das suas alegações. Acresce que a contra-interessada não explicita, como lhe competia, se o que está em causa, em sua opinião, é, afinal, uma errada interpretação ou uma errada aplicação daquelas normas.

13. No que respeita à alegada insuficiência do número de aeronaves de que dispunha a AIR LUXOR para cumprir com as obrigações impostas de serviço publico, importa referir que tal não corresponde à realidade dos factos, já que à data da proposta apresentada, a AIR LUXOR dispunha de aeronaves em número suficiente para dar cumprimento às imposições legais de serviço publico. Aliás, é o própria o INAC que, na sua Informação, admite não existirem quaisquer problemas no que respeita à capacidade da AIR LUXOR em assegurar a horário de Inverno das frequências sujeitas a obrigações de serviço público, tendo, apenas, suscitado dúvidas quanto a essa mesma capacidade relativamente ao horário de Verão. No entanto, a análise feito pelo INAC assentou em meras probabilidades não demonstradas, já que se limitou a questionar, sem demonstrar e fundamentar, como era sua obrigação, se a AIR LUXOR possui aeronaves em número suficiente paro o horário de Verão.

14. E mesmo que foi demonstração tivesse sido feita (e não foi), tal facto seria totalmente irrelevante, já que o que está em causa na Comunicação da Comissão é a capacidade adicional oferecida em número de lugares disponíveis, e não o número de aeronaves utilizadas para o efeito. Ora, a AIR LUXOR com o sua aeronave Lockheed L 1011 conseguia oferecer uma maior capacidade de passageiros e maiores garantias de poder assegurar o reforço da capacidade do serviço caso, como manda a Comunicação, se verificasse uma interrupção temporária das ligações motivada por condições imprevisíveis.

15. Não tem, pois, qualquer razão a contra-interessada quando refere que as três aeronaves inscritas no Certificado de Operador Aéreo (COA) da ora Recorrida não podiam cumprir com as obrigações de serviço publico, faltando-lhe desde logo o rigor de demonstrar o alegado e de fundamentar a sua conclusão. Repita-se, o que está em causa é a capacidade adicional em número de lugares oferecidos e não o número de frequências mínimas a que a ora Recorrente, certamente por lapso(!), faz referência.

16. Mais uma vez, cumpre-nos louvar o entendimento consagrado no Douto Acórdão, ao qual aderimos inteiramente.

17. Posto isto, igualmente nesta matéria, não tem razão a contra-interessada nas afirmações produzidas. Não existiu qualquer decisão *contra legem* e, ao contrário do que pretende a ora Recorrente, não existiu, no Douto Acórdão recorrido, erro algum na interpretação e/ou aplicação do n.º 2 da Comunicação da Comissão, concretamente nos invocados items "*em termos de número de frequências mínimas*" e "*em termos de capacidades adicionais*", tanto mais que, também aqui, não existe, como facilmente se constata, qualquer correspondência entre o conteúdo das alegações constantes nos Pontos 111.15 a III. 20 e os invocados itens. Mais uma vez a contra-interessada não explicita se o que está aqui em causa, em seu entender, é uma errada interpretação ou uma errada aplicação das normas em causa.

18. Relativamente à alegada errada interpretação e/ou aplicação dos itens constantes do n.º 2 da Comunicação da Comissão (capacidade de transporte de carga e correio) e às afirmações que sobre tal matéria são produzidas pela ora Recorrente nas suas alegações, importa, apenas, relembrar que foi o próprio INAC que reconheceu que o capacidade de carga e correio oferecida pela AIR LUXOR era superior aos mínimos semanais exigidos pela Comunicação e isso é, pois, quanto basta. Se a proposta da AIR LUXOR é omissa quanto à **distribuição dessa capacidade** pelas várias frequências semanais e não indica o valor da capacidade mínima diário que assegura, tal facto é, para o efeito, totalmente irrelevante, já que a Comunicação referente às obrigações de serviço público nada exige a esse respeito.

19. Ainda assim, se o INAC, a título de esclarecimento adicional pretendesse ter acesso a esta informação, podia e devia ter solicitado à AIR LUXOR tais esclarecimentos, os quais lhe seriam, com toda a certeza, fornecidos, à semelhança de todos os outros. Entendimento este, aliás, plasmado no Douto Acórdão, e ao qual aderimos inteiramente.

20. Contrariamente ao pretendido pela contra-interessada, a ora Recorrida não omitiu qualquer referencia à distribuição diária da capacidade de transporte de carga e correio pelas várias frequências semanais pelo simples facto de tal não estar previsto na Comunicação da Comissão. Parece-nos elementar, mas ainda assim não podemos deixar de referir, que só existe omissão de informação, quando esta é exigível e, como já vimos, não era o caso.

21. Também aqui, não assiste, por isso, qualquer razão à ora Recorrente quando entende que o Douto Acórdão recorrido decidiu *contra legem* já que, conforme é nosso entendimento, não existe qualquer norma legal que imponha a obrigação invocada pela contra-interessada. Não se verifica assim, no Douto Acórdão recorrido, qualquer erro de interpretação e/ou de aplicação do 4.º Parágrafo relativo ao item "*em termos de capacidades adicionais*" do n.º 2 da Comunicação da Comissão. Igualmente nesta matéria, a contra-interessada não explica se, no seu entendimento, o que está aqui em causa é uma errada interpretação ou uma errada aplicação das citadas normas.

22. Quanto ao alegado pela contra-interessada, no que concerne à categoria das aeronaves utilizadas, parece-nos suficiente remeter para a Informação do INAC, quando, no seu Ponto 5 refere que a Comunicação não requer um mínimo e o valor do passo dos Airbus A320 da AIR LUXOR está acima do limite de certificação de uma aeronave de transporte público de passageiros. Por outro lado, esse mesmo Instituto, na sua Informação, apenas refere a configuração das aeronaves A320, omitindo por completo que a AIR LUXOR contava igualmente com uma aeronave L 1011, afecta à rota em causa e com um número superior de polegadas.

23. Salvo o devido respeito, parece-nos, deste modo, destituído de qualquer fundamento o alegado pela contra-interessada nos Pontos 28 e 29 dos suas Alegações, já que o pretenso "juízo" do INAC em lodo algum menciona os padrões de qualidade, nem o poderia fazer pois a Comunicação da Comissão não estabelece quaisquer critérios a este propósito. Acresce que, não tendo o INAC invocado a citado disposição legal como fundamento para a sua Informação não o pode agora a contra-interessada fazer em sede de recurso jurisdicional.

24. Mais uma vez, aderimos, pois, por completo à posição consagrada no Douto Acórdão a este respeito, não existindo na decisão que consagra, qualquer erro de interpretação e/ou aplicação do artigo 6.º, n.º 1 do Decreto-Lei n.º 138/99, de 23 de Abril. Também aqui a contra-interessada não explicita se estamos perante um erro de interpretação ou de aplicação do citado preceito legal.

25. Por último, importa dizer que a análise feita pelo INAC no que respeita ao plano de exploração económica apresentado pela AIR LUXOR, padece de uma total falta de objectividade, já que assenta em meras especulações. Ao contrário do que seria expectável, o INAC não fundamentou, como era sua obrigação, as suas a que chegou na sua Informação. E, igualmente, a contra-interessada não fundamenta nem demonstra o que alega sobre a credibilidade e exequibilidade da proposta apresentada pela ora Recorrida.

26. Partilhamos, por isso, o entendimento que, nesta matéria, foi adoptado pelos Meritíssimos Juízes *a quo* no Douto Acórdão recorrido, não se verificando, em nosso entender, o invocado erro na interpretação e/ou aplicação do n.º 3, 1.º travessão, da Comunicação da Comissão, sendo certo que uma vez mais, a contra-interessada não explica se em causa estará um erro de interpretação ou de aplicação da invocada norma.

27. Concluímos, assim, relembrando em suma, que a Air Luxor, ao apresentar a sua proposta, apenas estava vinculada a prestar as informações constantes na Comunicação do Comissão, o que cumpriu na totalidade. Tudo o mais, não sendo possível à Air Luxor prever quais eram as intenções do INAC, podia e devia ter sido alvo de um pedido adicional de esclarecimentos, tal como, de facto, e nalgumas situações, veio efectivamente a acontecer.

28. Ora, tendo a Air Luxor prestado todos os esclarecimentos pedidos por aquele Instituto, não é legitimo, nem sério, que os mesmos tenham, muito simplesmente, sido ignorados, já que não seria razoável exigir que a Air Luxor pudesse, à partida "adivinhar" as intenções e as dúvidas do INAC, contemplando-as na sua proposta, quando é certo que essas informações não eram exigidas pela Comunicação da Comissão, nem foram previamente comunicados pelo próprio INAC» (fls. 387/417).

O digno Magistrado do MP opinou no sentido do improvimento da invocada nulidade de sentença e, bem assim, do recurso (fls. 454).

Por acórdão de fls. 459 foi indeferida a arguida nulidade de sentença.

Cumpre decidir.

II – OS FACTOS

O acórdão recorrido deu por assente a seguinte factualidade:

«Em 26-9-01, foi publicada, no JOCE a comunicação 2001/C271/03 da Comissão, anunciando as obrigações de serviço público para os serviços aéreos regulares entre diversos pontos da Região Autónoma dos Açores e outros pontos do território nacional, incluindo a rota do presente recurso.

Nos JOCE de 28-9-01 e na III série do DR de 15-10-01, foi aberto concurso para apresentação de propostas para a concessão da exploração de serviços aéreos regulares da rota Lisboa – Porto/Ponta Delgada.

Na sequência destes anúncios, a ora recorrente apresentou, em 30-11-01, uma proposta para a exploração de serviços aéreos regulares, sem compensação financeira, pelo período de um ano civil, da rota Lisboa/Porto – Ponta Delgada.

Na indicação dos meios materiais disponibilizados, a ora recorrente refere que à data da apresentação da proposta, tinha, em operação, dois Airbus A320 e um Lockheed Tristar, possuindo uma outra aeronave deste modelo, em *dry lease* a uma outra companhia, podendo ser retomado.

Refere ter, ainda, em processo de *phase in* mais duas aeronaves A330-200, já com matrícula provisória atribuída, com entrega prevista, uma para o mês de Dezembro, e a outra para Janeiro.

Mais refere ter ainda reservado a uma empresa de leasing mais duas aeronaves do mesmo tipo para possível entrega, em Dezembro. (doc. fotocopiado a fls. 104).

A proposta apresentada pela ora recorrente não foi aceite, sendo rejeitada pelo despacho ora impugnado, de 26-12-01, de autoria do SEAT (fls. 36).

Esta decisão fundamenta-se no teor da informação prestada pelo INAC, em 20-1,2-01 (fls.39-43) e da informação 165/01 de 26-12-01 da Auditoria Jurídica do MES (fls. 44-52).

Pelo seu ofício n.º 67844 de 11-12-01, o INAC (fls. 136), solicitou à ora recorrente a prestação de esclarecimentos clarificadores de aspectos relativos a frequências, designadamente relativas aos períodos de Natal/Ano Novo; Páscoa e meses de Julho e Agosto; quanto a tripulações; quanto ao plano económico de exploração e quanto à sobretaxa de segurança.

Por fax da mesma data (fls. 138) a ora recorrente prestou os solicitados esclarecimentos.

III – O DIREITO

1 – Da nulidade

A recorrente advoga a nulidade do acórdão recorrido, com base no art. 668.º, n.º 1, al. d), *in fine*, do CPC, pelo facto de, em excesso de pronúncia, ter apreciado o vício de violação de lei por erro sobre os pressupostos de facto sem que a recorrente contenciosa ***Air Luxor*** o tivesse invocado, nem na petição de recurso, nem nas alegações.

Não tem razão.

Com efeito, tal como decorre dos artigos 22.º e seguintes da petição inicial e das conclusões das alegações finais (ver fls. 179 e sgs.), sempre a ***Air Luxor*** asseverou expressamente *não corresponder à verdade* o teor de alguns pontos da Informação do INAC de que o acto administrativo se apropriou. Ora, mesmo sem o ter assim designado a recorrente contenciosa, isto não é senão a invocação *do erro sobre os pressupostos de facto*, o que, no caso em que é vinculada a actividade administrativa, como aqui sucede, caracteriza o vício de violação de lei. E mesmo que isso não fosse assim, nem por isso se concluiria pela nulidade de sentença, já que se é verdade que às partes incumbe descrever a situação de facto, certo é também que o tribunal não está sujeito às suas alegações no tocante à indagação, interpretação e aplicação das regras de direito (cf. art. 664.º do CPC), estando-lhe, apenas, vedado alterar a substância da relação jurídica controvertida.

Improcede, deste modo, a suscitada nulidade.

2 – Do mérito do recurso

O indeferimento decretado pelo despacho de 26/12/ /2001 do Ex.mo Secretário de Estado Adjunto e dos Transportes, que constituía o objecto do recurso contencioso, de acordo com o teor da **Informação** do **Inac** (Instituto Nacional de Aviação Civil) e da **Informação** da **Auditoria Jurídica do Ministério do Equipamento Social** de que se apropriou, fundamentava-se no facto de a proposta da ***Air Luxor*** não garantir o cumprimento *"de todas as obrigações de serviço público"* para a rota Lisboa/Porto-Ponta Delgada.

Tais obrigações, segundo a Comunicação da Comissão, respeitavam à *frequência mínima, horários, capacidade* e *capacidades adicionais, categoria de aeronaves utilizadas, tarifas, continuidade e pontualidade de serviços, comercialização de voos, serviço postal (fls. 53/55).*

Ora, relativamente a essas obrigações, dizia-se na *Informação do INAC* que, no tocante às *frequências*, e com referência à proposta da ***Air Luxor***:

«**1.1** Relativamente ao período de Natal/Ano Novo – Janeiro de 2002 não estão definidos os períodos antes do Natal e primeiros dias do ANO Novo.

Não é indicado o horário das referidas frequências.

(Ponto 2 da Comunicação sob a epígrafe "em termos de capacidades adicionais, 1.º parágrafo, 1.º travessão).

1.2 Do mesmo modo, não é feita a indicação relativamente ao reforço dos serviços na Páscoa, com indicação do período abrangido por referência ao Domingo de Páscoa (antes e depois). Tão-pouco são indicados os respectivos horários.

(Ponto 2 da Comunicação sob a epígrafe "em termos de capacidades adicionais"; 1.º parágrafo, 1.º travessão).

1.3 Nos meses de Julho e Agosto não aparecem programadas 2 frequências/semana por forma a satisfazer as obrigações de serviço público no ponto em que se exige que, pelo menos três vezes por semana, uma frequência deva ser operada até às 13h00 (Ponto 2 da Comunicação sob a epígrafe "em termos de capacidades adicionais", 2.º parágrafo, 1.º travessão)».

Contudo, como é reconhecido na Informação da Auditoria Jurídica no parágrafo 5.º (fls. 49), a Comunicação não fazia exigência expressa no tocante a horários e datas. E assim, apenas cumpriria à proponente a alusão compromissória de que no período do Natal e Ano Novo haveria que oferecer uma capacidade adicional de 2000 lugares (ver Comunicação: fls. 54), o que a ***Air Luxor*** garantiu (fls. 108). Esta disse reforçar a oferta de lugares nas datas de maior procura em função do calendário das férias escolares com 3 frequências antes do Natal e outras 3 nos primeiros dias do Ano Novo (fls. 108).

Não indicou os dias, nem o horário dos voos, é certo. Mas tal exigência não constava na Comunicação, nem no programa de concurso, nomeadamente no ponto 10.1 (fls. 58 e sgs., em particular fls. 67).

Assim, essa indicação poderia ser solicitada pelo INAC, o que foi feito (fls. 136), tendo a recorrida respondido através de *fax* do mesmo dia (fls.138).

E isto que se acaba de dizer quanto ao período de Natal e Ano Novo, pode afirmar-se do mesmo modo quanto ao período da Páscoa e aos meses de Julho e Agosto.

Na verdade, os elementos em causa (período e horários) não faziam parte do acervo obrigacional inicial. Por conseguinte, não havendo a obrigação de os indicar *ab initio*, nada impedia a Administração de os solicitar. E, uma vez que o fez, a resposta de fls. 138 cumpriu o dever de colaboração.

No que respeita aos meses de Julho e Agosto, a invocação no acto de que não era satisfeita a obrigação de programação de duas frequências por semana no ponto em que se exige que, pelo menos três vezes por semana, uma frequência deva ser operada até às 13h00, também não corresponde à verdade, atendendo ao conteúdo da proposta da ***Air Luxor***, já que, para além do que dela consta a fls. 6, 7 e 10 (fls. 105/106), também o esclarecimento prestado posteriormente é suficiente para a demonstração do compromisso de satisfação da obrigação de serviço público em apreço.

No que concerne às *tripulações*, o ponto 2.1 da Informação do INAC (fls. 40) refere que «*a proposta limita-se a indicar os meios humanos afectos à exploração da rota, mas não evidencia como, com aqueles efectivos, a* ***Air Luxor*** *assegurará o integral cumprimento da legislação aplicável aos tempos de trabalho das tripulações, nomeadamente da Portaria n.º 238-A/98, de 15 de Abril, relativamente à totalidade dos serviços propostos, incluindo os programas de reforço, assim como as frequências em falta assinalados em 1.3*».

Ora, a Comunicação também nada impunha a respeito das tripulações, o que significa que nenhuma menção haveria que ser feita nesta rubrica na proposta. Sendo a questão, aliás, de cumprimento da lei (a referida Portaria n.º 238-A/98), parece óbvio que ela a todos vincularia, não fazendo sentido algum que a proponente afirmasse que a iria cumprir e explicar em que medida o faria.

Em todo o caso, a ora recorrida, face ao pedido de esclarecimento, deu as indicações consideradas pertinentes sobre este tema (fls. 139), para além dos mapas de rotações (fls. 142/144). Não é verdade, pois, que o INAC não tivesse disposto destes elementos, sendo para o caso irrelevante que eles não tivessem sido fornecidos inicialmente com a proposta.

Quanto à *capacidade de transporte* de passageiros (fls. 40), o INAC aludia à circunstância de a ***Air Luxor*** dispor de capacidade de operação no horário de inverno com dois AIRBUS A320-211 e um L1011-385 inscritos no seu COA (Certificado de Operador Aéreo), o que, porém, já não aconteceria para o horário de verão.

Tem razão a recorrida também aqui, quando questiona tais considerações. Com efeito, sobre a *capacidade*, o que a Comunicação assevera é que «*Quando os coeficientes médios de ocupação do conjunto das transportadoras numa rota, numa estação IATA ultrapassem os 75%, a capacidade mínima a oferecer na estação homóloga seguinte será acrescida do diferencial mínimo que permita respeitar aquele coeficiente*» (fls. 53).

Ou seja, no momento da apresentação da proposta, nada permitiria ao interessado operador inferir sobre a necessidade da oferta futura naquela rota. Portanto, seria preciso esperar pelo decurso de uma estação a fim de se aquilatar da taxa de ocupação média e, por conseguinte, da necessidade de reforço na estação homóloga seguinte. Significa que a antevisão neste campo se mostraria despropositada, só relevando a constatação "*a posteriori*". O que vale por dizer que o INAC não podia servir-se deste factor para desvalorizar a proposta.

Em todo o caso, sempre se imporá dizer que na proposta apresentada a ***Air Luxor*** disse que operava imediatamente com dois ***Airbus*** A320 e um ***LocKheed Tristar***, sem prejuízo de mais aeronaves de que brevemente viria a dispor: um segundo ***Lockheed***, «*presentemente em "dry lease" a uma outra companhia, mas que pode ser eventualmente retomado*», um outro ***Airbus*** A330-200 em "*phase-in*" com entrega prevista para Dezembro de 2001, e um outro ***Airbus*** A320-200, com entrega prevista para Janeiro, ambos já com matrícula provisória atribuída pelo INAC. Isto para além de outros dois ***Airbus*** A320 reservados a uma empresa de leasing com «*possível entrega em Dezembro*» (cfr. fls. 104). E seria com este número de aeronaves (presentes e futuras) que a ***Air Luxor*** se candidatou a operar na rota, como o afirmava na proposta, considerando-o suficiente para «*cobrir não só o programa a que nos propomos como ainda situações de manutenção e avaria das aeronaves primariamente afectadas a este contrato*».

Com este número de aeronaves (sete), certamente que a capacidade da proponente estava assegurada para o período de maior tráfego no horário de Verão. A circunstância de não dispor de todas elas no momento da apresentação da proposta não poderia funcionar liminarmente contra si, por não ser lógico, nem razoável do ponto de vista financeiro que dispusesse de aviões "livres" para utilização em rotas às quais haveria de candidatar-se e, portanto, sem garantia de nelas vir a operar.

Quanto à *capacidade de carga ou de correio*, o INAC havia dito que «*Embora a capacidade de carga (e correio) oferecida seja superior aos mínimos semanais na Comunicação, a proposta da* ***Air Luxor*** *é omissa quanto à distribuição dessa capacidade pelas várias frequências semanais, não indicando, portanto, o valor de capacidade mínima diária que assegura*» (fls. 41).

Ora, também neste capítulo a Comunicação é omissa, já que apenas alude à tonelagem de carga e correio a transportar em épocas de terminadas do ano, com incidência na capacidade semanal, nada especificando a respeito da sua distribuição diária (fls. 53/54).

Não era, portanto, dado obrigacional que devesse ter sido fornecido. Não obstante, querendo a recorrida obter esse elemento adicional, poderia tê-lo solicitado, como fizera para outros. Não o solicitou (fls. 136), certamente por não o considerar exigível ou essencial. Logo, não poderia a recorrida servir-se do facto para desvalorizar a proposta.

No que respeita à *categoria das aeronaves*, o INAC disse:

«*Na configuração dos Airbus A320 na versão de 174 passageiros (a considerada na proposta da Air Luxor) este passo situa-se entre as 28 e 29 polegadas. Embora a Comunicação não requeira um mínimo e aquele valor esteja, naturalmente, acima do limite de certificação de uma aeronave de transporte público de passageiros, o passo nas configurações das aeronaves B737 que têm vindo assegurar a maior parte das ligações é superior (consoante as versões 29-29,3 ou 31-32 polegadas)*» (fls. 41).

Este fundamento também se nos afigura improcedente. Na verdade, se a aeronave **Airbus *A320***, na versão de 174 passageiros, está acima do limite de certificação de um avião de transporte público de passageiros e se não há um limite mínimo de polegadas fixado na Comunicação, então não poderia o fundamento ser invocado como impedimento, entrave ou factor de ponderação negativo.

Por outro lado, nenhuma alusão o INAC fez ao facto de a proponente ***Air Luxor*** pretender afectar à rota um avião Lockheed (que, segundo a recorrente, contenciosa, apresenta um número superior de polegadas).

No que respeita ao capítulo "*Exploração Económica*" o INAC dissera que, relativamente à proposta apresentada pela ***Air Luxor***, haveria que corrigir as *receitas*, baixando-

-as em 8,3 milhões de euros (fls. 41: pontos 6.2 a 6.4). E no que concerne aos *custos* da operação da rota, considerava que a proposta não era acompanhada de elementos seguros, «*sendo legítima a dúvida acerca da sua subavaliação*» (fls. 42), além de que «*...os custos com a assistência em escala (handling) indicados não oferecerem a garantia de uma previsão rigorosa (pag. 21) quer na modalidade de auto-assistência, quer através da aquisição a terceiros*» (pag. 42).

E, ainda nesse capítulo, solicitara à proponente o seguinte:

«*No conjunto dos pressupostos indicados figura a taxa média de ocupação prevista para os serviços de 2002.*

No entanto, a apreciação do plano económico-financeiro requer o esclarecimento do "pitch" a utilizar nos serviços regulares propostos – ou do número de passageiros máximo da configuração a adotar – dada a sua influência sobre a taxa média de ocupação prevista» (fls. 137).

Que dizer sobre este ponto?

O acórdão recorrido concluiu:

«*Finalmente, a apreciação sobre a exploração económica sobre a (in)correcção das estimativas de receitas e despesas, também excede os parâmetros da matéria da apreciação da pretensão.*

A questão não foi equacionada, no referido parecer, em termos de averiguação de capacidade financeira da requerente, pelo que os considerandos tecidos excedem o âmbito da sua exigida e pertinente averiguação, em termos de integração do conceito de cumprimento das obrigações modificadas de serviço público» (fls. 322).

Segundo se depreende do texto transcrito, o que o aresto em crise afirmou foi que as considerações expostas na Informação do INAC (e, recorde-se, de que o acto administrativo se socorreu) sobre a exploração económica da rota não tinham que ver com a capacidade financeira da empresa candidata, conforme somente lhe era permitido sondar.

E tem razão o acórdão recorrido. Na verdade, o que se pedia na Comunicação era o fornecimento de dados sobre a capacidade financeira da pessoa colectiva interessada na rota, isto é, sobre a sua posição económico/financeira enquanto agente económico, e não sobre a rentabilidade da exploração. Mas, afinal, o que o INAC fez foi a avaliação sobre a dialéctica "custos/proveitos" no âmbito do programa de exploração da rota. E não era isso o que se visava na Comunicação.

Em segundo lugar, um outro aspecto importa aqui fazer sobressair.

Repare-se: A proposta deveria ser instruída com dois tipos de elementos:

a) os que deveriam demonstrar a garantia de cumprimento das **obrigações de serviço público** – número de frequências mínimas, horários, capacidade semanal mínima de transporte, capacidade adicional em certos períodos do ano, categoria de aeronaves utilizadas, tarifas, comercialização de voos e serviço postal – (ver *ponto 2 da Comunicação da Comissão, a fls. 53*); e

b) o que deveria constituir o **plano económico** com vista a comprovar a capacidade de exploração da rota (ponto 3 da referida Comunicação a fls. 55).

Ou seja, *o plano económico* era coisa diferente das *obrigações de serviço público*. Mas, se é assim, não podia a análise efectuada sobre o *plano económico* (nos moldes efectuados) servir de suporte à conclusão de que a ***Air Luxor*** não cumpria as *obrigações de serviço público*. Quer dizer, se o INAC entendia que a relação "custos/proveitos" ou "despesas/receitas" da exploração foi mal calculada quando não era isso o que se pedia sobre a capacidade económica da interessada, como acima vimos, então não podia ela, nem o acto administrativo decisor, afirmar que a ***Air Luxor*** não garantia as indicadas obrigações.

Afinal de contas, o que se pode concluir é que o INAC, nos termos expostos, não fez censura ao plano económico comprovativo da capacidade de exploração da rota por parte da ***Air Luxor*** e, deveras, apenas opinou sobre o cumprimento das obrigações nos pontos acima estudados.

Note-se, aliás, que o acto sindicado, para justificar o "*indeferimento da proposta*", concluiu não resultar assegurado o cumprimento de todas as obrigações de serviço público (fls. 37). Ou seja, o "indeferimento" apenas se fundava no incumprimento das obrigações, não já ao nível do plano económico ou da capacidade da empresa para proceder à exploração da rota. Circunstância que também se nos afigura decisiva para desvalorizar o item contido no ponto 6 da Informação do INAC, já que ele não faz parte da fundamentação relevante no sentido da sua integração no conceito de "obrigações de serviço público". Portanto, para que esse tipo de fundamentação pudesse ser relevante, deveria o acto ter afirmado que a ***Air Luxor***, por exemplo, não apresentou o plano económico, ao contrário do que lhe cumpria, ou que o apresentou em termos não satisfatórios. Mas nada disso afirmou, como vimos.

Também aqui andou bem, portanto, o acórdão recorrido.

Em suma, o acto administrativo tanto andou erradamente na caracterização da matéria de facto, como não considerou factos que foram carreados para o procedimento com a proposta ou através dos esclarecimentos prestados posteriormente sob solicitação da entidade competente. A respeito deste segundo ponto, aliás, não se diga que a proposta era omissa sobre os pontos acima aludidos. O que o INAC fez foi solicitar o "esclarecimento" de alguns deles a fim de melhor poder elaborar o seu juízo sobre a valia da proposta. E isso que fez, com assento, entre outros, no art. 56.º do CPC, não podia deixar de relevar no âmbito da decisão final expectável. Quer dizer, se o *princípio do inquisitório* ali patente e, também, o art. 89.º do CPA lhe permitiram a obtenção de informações, esclarecimentos e elementos adicionais úteis, não podia a final deixar de os tomar em consideração para a formação da decisão. Foi isto o que o aresto em crise disse, e bem, em nossa opinião.

Assim sendo, importa concluir que o acórdão recorrido, ao anulá-lo, nenhuma censura merece.

IV – DECIDINDO

Face ao exposto, acordam em negar provimento ao recurso, confirmando o acórdão recorrido.

Custas pela recorrente.

Taxa de Justiça: quinhentos euros.

Procuradoria: trezentos euros.

Lisboa, 2 de Março de 2006.

Cândido de Pinho (Relator)
António Samagaio

Azevedo Moreira Santos Botelho
Rosendo José
Angelina Domingues
Pais Borges
Adérito Santos

Recurso n.º 330/02-20

CONSELHO DE OFICIAIS DE JUSTIÇA. PODER DISCIPLINAR. COMPETÊNCIA DO CONSELHO SUPERIOR DO MINISTÉRIO PÚBLICO. DIREITO DE PARTICIPAÇÃO.

(Acórdão de 7 de Fevereiro de 2006)

SUMÁRIO:

I – O poder disciplinar exercido pelo COJ sujeito aos poderes de avocação e revogação pelos CSM, CSTAF e CSMP, consoante os casos, previsto no n.º 2 do artigo 117.º do Estatuto dos Funcionários de Justiça, aprovado pelo DL 343/99, de 26 de Agosto, com as alterações introduzidas pelo DL 96/2002, de 12 de Abril, conforma-se com o disposto no artigo 218.º n.º 3 da Constituição, que na interpretação do Ac. do TC 73/02, não admite que a lei ordinária exclua de todo a competência do CSM para se pronunciar sobre a apreciação do mérito profissional e o exercício da acção disciplinar.

II – A alteração introduzida pelo DL 96/2002 não prejudica a validade da instrução do processo disciplinar até à apreciação e decisão final, uma vez que o COJ podia, e continua a poder, ordenar a instauração do processo disciplinar e a exercer o poder punitivo, agora subordinado aos poderes do conselho que assegura a gestão dos serviços onde o funcionário presta serviço.

III – É legal aproveitar a instrução do processo disciplinar em que foi anulado o acto final por virtude da inconstitucionalidade das normas dos artigos 95.º e 107.º al. a) do EFJ, na redacção do DL 343/99, e exercer de novo o poder disciplinar no âmbito de vigência da lei ordinária modificada e do novo quadro de competências.

ACORDAM NO PLENO DA 1ª SECÇÃO DO SUPREMO TRIBUNAL ADMINISTRATIVO

1. RELATÓRIO

M................................, identificada nos autos, recorreu para o Pleno da 1ª Secção do Supremo Tribunal Administrativo do acórdão proferido na 1ª Subsecção que negou provimento ao RECURSO CONTENCIOSO DE ANULAÇÃO do acto administrativo proferido pelo CONSELHO SUPERIOR DO MINISTÉRIO PÚBLICO, que por seu turno indeferira um recurso hierárquico contra a pena disciplinar de "aposentação compulsiva" aplicada à recorrente pelo Conselho dos Oficiais de Justiça.

Em síntese conclui:

a) O acórdão violou o disposto nos artigos 653.º, n.º 2 e 659.º, n.º 3 do CPC por ter emitido pronúncia sem ter dado como provados os factos que a permitiam;

b) Existe litispendência, pois encontra-se pendente o processo em que era impugnada a deliberação do COJ de 27/6/2002;

c) Foi violado o art. 42.º do Estatuto Disciplinar dos Funcionários e Agentes da Administração Pública Central, Regional e Local, uma vez que o acto punitivo não foi precedido do competente processo disciplinar;

d) Foi violado o art. 45.º do mesmo Estatuto, por não ter havido participação das infracções disciplinares ao Conselho Superior da Magistratura – órgão competente para mandar instaurar o processo disciplinar;

e) Foi violado o art. 133.º, n.º 2 al i) do CPA, uma vez que o acto praticado pelo COJ em 27 de Junho de 2002 é consequente do acto praticado pelo COJ em 7 de Maio de 2001 e que tinha sido anulado pelo Tribunal Administrativo de Circulo de Coimbra;

f) As normas dos artigos 94.º, 95.º, 96.º, 97.º, 98.º e 111.º do Dec. Lei 343/99, de 26 de Agosto, com a Redacção dada pelo Dec. Lei 96/2002, de 12 de Abril são inconstitucionais por violação do art. 218.º, 3 da CRP

Não foram produzidas contra-alegações.

O Ex.mo Procurador-geral Adjunto emitiu parecer no sentido de ser negado provimento ao recurso.

Colhidos os vistos legais foi o processo submetido ao Pleno da Secção para julgamento do recurso.

2. FUNDAMENTAÇÃO

2.1. MATÉRIA DE FACTO

O Acórdão recorrido considerou provados os seguintes factos:

a) Em 7 de Janeiro de 1998 foi proferida a acusação de fls. 23 a 28 do processo instrutor contra a ora recorrente (................................), com base em participação efectuada em 13/10/97, pelo Inspector do COJ, José António Palma Rodrigues, e no âmbito do processo disciplinar 224/D/97.

b) O relatório final do instrutor do processo propôs a aplicação à recorrente da pena de aposentação compulsiva (fls. 121 do instrutor).

c) Em 27.06.2002 o COJ pelo Acórdão de fls. 129-137 do apenso aplicou a pena de aposentação compulsiva à recorrente no Processo disciplinar 224-D/1997.

d) Deste Acórdão a recorrente apresentou recurso para o Plenário do COJ que em deliberação de 19 de Setembro de 2002 deliberou a aplicação à recorrente da pena disciplinar de aposentação compulsiva (fls. 744 do Processo Administrativo).

e) Em 24.7.2002 a recorrente interpôs recurso para o CSMP da deliberação do COJ de 27.06.2002 (fls. 697 do Processo Administrativo).

f) Este recurso foi decidido pelo Acórdão do CSMP de 27 de Novembro de 2002, junto a fls. 9-15 deste processo principal no sentido de confirmar a deliberação recorrida.

2.2. MATÉRIA DE DIREITO

A recorrente insurge-se contra o acórdão recorrido, por entender violadas as seguintes disposições legais: *a*) artigos 653.º, n.º 2 e 659.º, 3 do CPC; *b*) as regras relativas à litispendência; *c*) art. 133.º, 1, al. i) do CPA; *d*) art. 42.º do Dec. Lei 24/84 de 16 de Janeiro; *e*) art. 4.º do Dec. Lei 24/84; *f*) diversas normas constitucionais (inconstitucionalidade material – art. 218.º, n.º 3 – e orgânica – art 165.º, 1, d) e t)).

Abordaremos as questões pela seguinte ordem: começaremos pela análise da invocada a "nulidade" do acórdão e prosseguiremos apreciando a, só agora invocada, litispendência – por se tratarem de questões relativas à subsistência formal da decisão, ou de todos os pressupostos processuais. Salvo qualquer relação de prejudicialidade passaremos a apreciar os invocados erros de julgamento do acórdão, começando pela análise dos vícios (do acto) geradores de nulidade e depois, pela ordem seguida pela recorrente, dos vícios geradores de anulabilidade do acto impugnado.

a) Violação dos artigos 653.º, n.º 2 e 659.º, 3 do CPC.

Alega a recorrente que, para ter sido emitida pronúncia sobre a questão da nulidade invocada por repetição do acto anulado, impunha-se que se desse como assente ainda a seguinte matéria de facto:

"*– que por despacho do COJ de 7 de Maio de 2001 foi aplicada a pena disciplinar de aposentação compulsiva à recorrente;*

– que tal decisão foi anulada pelo Tribunal Administrativo de Círculo de Coimbra;

– Que se encontram pendentes autos de recurso contencioso de anulação a correr termos pelo Tribunal de Círculo de Coimbra para anulação da decisão do COJ de 27 de Junho de 2002 que aplicou a pena de aposentação compulsiva".

Sem estes factos, alega a recorrente, não poderia o acórdão pronunciar-se "sobre a nulidade invocada por repetição do acto administrativo anulado". Daí que entenda ter havido violação do artigos 653.º, 2 e 659.º, 3 do CPC.

Apesar do vício não estar claramente qualificado, julgamos que a recorrente põe em causa a suficiência da matéria de facto. Na verdade, o art. 653.º, n.º 2 do CPC diz-nos que a decisão sobre a matéria de facto declarará quais os factos que o tribunal julga provados e quais os que julga não provados. O art. 659.º, 3 diz-nos, por seu turno, que na fundamentação da sentença o juiz tomará em consideração os factos provados. A violação de tais artigos redundará caso não se tenham recortado os factos bastantes para sustentar uma decisão, *em insuficiência da matéria de facto para a decisão* (situação prevista no art. 712.º, 4 do C.P.Civil).

Enquadrado a alegação do recorrente nesta perspectiva, o acórdão recorrido analisou a questão da nulidade do acto recorrido, conforme se pode ler no mesmo, "*em virtude de, em execução de sentença que tinha anulado acto anterior sobre a mesma matéria ter repetido o mesmo vício*" (fls.52).

E, apesar de não o dizer expressamente, maxime, no local sistematicamente dedicado aos factos provados – o certo é que deu como assente os seguintes factos: "*a sentença que foi efectivamente executada pela deliberação mantida no acto recorrido foi a sentença do TAC de Coimbra de 15 de Abril de 2002, que anulou a deliberação do COJ de 7/5/2001 que impusera a pena de aposentação compulsiva, tendo-se fundado a anulação na inconstitucionalidade da norma com fundamento na qual fora exercido o poder disciplinar punitivo pelo COJ*" – (cfr. fls. 52/53). Como se vê o acórdão deu como assente a existência de uma anterior deliberarão do COJ anulada por sentença do TAC de Coimbra, com fundamento em inconstitucionalidade. Assim, relativamente aos dois primeiros factos, o acórdão recorrido, afinal, deu-os como assentes.

Relativamente ao terceiro facto que a recorrente afirma ser necessária a emissão de um juízo de prova (a pendência de um recurso no TAC de Coimbra *para anulação da decisão do COJ de 27 de Julho de 2002 que aplicou a pena de aposentação compulsiva* (a deliberação da qual foi interposto recurso para o CSMP), também não tem razão. O acórdão recorrido, disse a dado passo: "*como se vê da certidão de fls. 41-47 encontra-se pendente o processo em que era impugnada a deliberação do COJ de 27-6-2002*" (fls. 52).

Do exposto resulta que, apesar dos factos referidos não constarem no local sistematicamente próprio, foram considerados provados pelo acórdão recorrido. Impõe-se, por isso, julgar improcedente a pretendida insuficiência da matéria de facto.

b) Litispendência;

Defende a recorrente que há litispendência por estar pendente recurso contencioso de anulação da deliberação do COJ proferida em 27-6-2002.

É verdade que o Acórdão recorrido disse a dada altura: "*como se vê da certidão de fls. 41-47 encontra-se pendente o processo em que era impugnada a deliberação do COJ de 27-6-2002*".

Também é verdade que, como se deu por assente: "*Em 24.7.2002 a recorrente interpôs recurso para o CSMP da deliberação do COJ de 27.06.2002 (fls. 697 do Processo Administrativo)*". E, note-se, por último, que o presente recurso tem como objecto a decisão do Conselho Superior do Ministério Público, desse recurso.

Contudo, não há aqui uma situação de litispendência, por uma razão simples. Os actos impugnados num e noutro processo são diferentes, como são diferentes os sujeitos da relação jurídica processual (autores dos actos):

– num caso está impugnado um acto do Conselho de Oficiais de Justiça, contra este dirigido;

– no outro caso – no presente processo – está impugnado um acto do Conselho Superior do Ministério Público, formado no recurso daquele.

Sem identidade de sujeitos, nem de pedidos, nem de causa de pedir não pode haver litispendência – como decorre do disposto no art. 497.º e 498.º do CPC. Não se apreende, por outro lado, o que determina a recorrente a invocar a litispendência pugnando pela "absolvição do réu" da instância, isto é, em termos pragmáticos, por ver findo este processo, deixar de poder discutir judicialmente os vícios do acto objecto deste recurso, e ainda por cima pagar as custas.

Neste capítulo a recorrente invoca ainda a nulidade processual decorrente da violação do contraditório (art. 3.º do C.P. Civil), por não ter sido notificado dos documentos juntos a fls. 41 a 47 dos autos.

Julgamos que não se verifica tal nulidade, dado tal junção não ter manifestamente (em abstracto) qualquer projecção na análise das questões destes autos. Os documentos dizem respeito à decisão do TAC de Coimbra que rejeitou o recurso, por entender que da referida decisão cabia recurso hierárquico necessário para o Conselho Superior do Ministério Público, e ao acórdão do Tribunal Central Administrativo que revogou tal decisão mandando apreciar as alegadas inconstitucionalidades. A sua admissão aos autos em nada contribuiria (em abstracto) para a decisão que veio a ser tomada no acórdão recorrido.

Nestas circunstâncias, não sendo o documento utilizável na análise de qualquer das questões levantadas nos autos, era "manifesta a desnecessidade (de) fazer cumprir o contraditório" – cfr. art. 3.º, 3 do CPC – pelo que não ocorreu a violação do referido preceito.

c) Violação do art. Art. 133.º, 1, al. i) do CPA;

Alega a recorrente que a decisão proferida pelo COJ e mantida pelo CSMP é uma decisão consequente de acto administrativo anulado judicialmente e, nessa medida, nula (art. 133.º, 2, i) do CPA).

A decisão impugnada nestes autos foi proferida depois de anulada uma decisão do COJ com idêntico conteúdo, mas tal não significa que seja um "acto consequente de acto anteriormente anulado". Na verdade, nesta categoria de actos, incluem-se todos aqueles que "haviam sido praticados ***antes***, na sequência do acto que agora se anulou ou revogou retroactivamente, e não a dos actos que é preciso praticar **depois** (...)" – Esteves de Oliviera e outros, Código de Procedimento Administrativo anotado, Coimbra, 1997, pág. 650. Tais actos (consequentes) são aqueles que, a devido tempo, foram proferidos por se supor válido um determinado anterior, e em certo sentido, determinados pela sua prática, sendo por isso a sua manutenção incompatível com a decisão anulatória ou revogatória – Freitas do Amaral, A Execução das sentenças dos Tribunais Administrativos, pág. 112 a 116.

No caso dos autos, o acto recorrido é posterior à anulação do acto. Foi proferido partindo do princípio que o acto anulado era inválido, pois foi proferido em sua substituição, preenchendo o vazio causado pela anulação. É portanto um acto consequente, sim, *da anulação*, e não *do acto anulado* – por isso fora da previsão do art. 133.º, 2, i) do CPA.

É por isso improcedente a alegação da recorrente neste ponto.

d) Violação do art. 42.º do Dec. Lei 24/84 de 16 de Janeiro;

Defende a recorrente que o acto recorrido aplicou uma pena disciplinar, sem ser precedido do competente processo disciplinar. Não foi feita a recolha de provas, inquirição de testemunhas e a audiência do arguido. Não foi permitido ao arguido apresentar defesa. Existe, por isso, falta absoluta de processo disciplinar, o que gera nulidade do acto recorrido, nos termos do art. 42.º do Estatuto Disciplinar (Dec. Lei 24/84, de 16 de Janeiro).

A questão, como salientou o acórdão recorrido, de inexistência absoluta de processo disciplinar só se entende quando reportada ao formalismo procedimental *posterior* à anulação do primeiro acto punitivo. E, nesta medida, a questão é a de saber se poderiam aproveitar-se todos os actos procedimentais já praticados anteriores à anulação do acto. A resposta do acórdão recorrido foi afirmativa, porque "(...) *apenas foram declaradas inconstitucionais duas normas do Dec. Lei 343/99 no segmento em que afasta inteiramente do exercício dos poderes de apreciar o mérito profissional e disciplinar os conselhos superiores que têm a responsabilidade de gestão das magistraturas. Permaneceram incólumes as regras que permitiam ordenar o procedimento disciplinar e aplicar sanções disciplinares pelo COJ, mas limitaram-se os seus poderes de decisão independente dos conselhos, de acordo com o texto constitucional, pelo que o exercício dos poderes disciplinares que não consistem na imposição de uma sanção de modo autónomo e definitivo não foram minimamente afectados pela nova solução legislativa, nem ficaram prejudicados os actos procedimentais praticados no domínio das disposições declaradas inconstitucionais* (...)" – cfr. fls. Acórdão recorrido a fls. 58.

Para se poder decidir esta questão, que em termos simples é a de saber se poderiam ser aproveitados todos os actos procedimentais com excepção da decisão do COJ, convém referir as vicissitudes do corpo legal aplicável.

O Tribunal Constitucional declarou a inconstitucionalidade, com força obrigatória geral, das normas constantes dos arts. 98.º e 111.º, al. a), do Estatuto dos Oficias de Justiça aprovado pelo DL 343/99, de 26/8.

Tais normas tinham a seguinte redacção:

"*Art. 98.º*

O Conselho dos Oficiais de Justiça é o órgão que aprecia o mérito profissional e exerce o poder disciplinar sobre os oficiais de justiça de nomeação definitiva, sem prejuízo do disposto no n.º 2 do art. 68.º."

"*Art. 111.º*

Compete ao Conselho dos Oficiais de Justiça:

a) Apreciar o mérito profissional e exercer a acção disciplinar sobre os oficiais de justiça de nomeação definitiva, sem prejuízo da competência disciplinar atribuída a magistrados e do disposto no n.º 2 do art. 68.º.

b) ...."

A declaração de inconstitucionalidade não atingiu a totalidade das normas citadas mas apenas "*a parte em que delas resulta a atribuição ao Conselho dos Oficiais de Justiça da competência para apreciar o mérito e exercer a acção disciplinar relativamente aos oficiais de justiça*".

Na sequência do julgamento de inconstitucionalidade das referidas normas o legislador, "*independentemente da solução definitiva que venha a ser consagrada em sede constitucional,*" sentiu necessidade de evitar "*uma situação de profunda instabilidade e insegurança*" e através do DL 96/02, procedeu a uma "*imediata redefinição de competências quanto à apreciação do mérito profissional e ao exercício do poder disciplinar sobre os oficiais de justiça, que vem sendo exercida pelo Conselho Superior dos Oficiais de Justiça, por forma a que estas percam a sua natureza de competências exclusivas e admitam, em qualquer caso, uma decisão final do conselho superior competente de acordo com o quadro de pessoal que integram.*" – cfr. preâmbulo do referido diploma.

Tais intenções reflectiram-se na nova redacção dos preceitos do Estatuto dos Oficiais de Justiça que haviam sido julgados inconstitucionais, os quais passaram a estatuir o seguinte :

Art. 98.º

"O Conselho dos Oficiais de Justiça é o órgão que aprecia o mérito profissional e exerce o poder disciplinar sobre os oficiais de justiça sem prejuízo da competência disciplinar atribuída a magistrados e do disposto no n.º 2 do art. 68.º".

Art. 111.º

"Compete ao Conselho dos Oficiais de Justiça :

1. – ....

a) Apreciar o mérito profissional e exercer o poder disciplinar sobre os oficiais de justiça, sem prejuízo da competência disciplinar atribuída a magistrados e do disposto no n.º 2 do art. 68.º .

b) ......

2. – O Conselho Superior da Magistratura, o Conselho Superior dos Tribunais Administrativos e Fiscais e o Conselho Superior do Ministério Público, consoante os casos, têm o poder de avocar bem como o poder de revogar as deliberações do Conselho dos Oficiais de Justiça proferidas no âmbito do disposto na al. a) do número anterior."

E, prosseguindo o mesmo desígnio, foi dada uma nova redacção ao art. 118.º do mesmo Estatuto que passou a dispor como se segue :

"1. – .....

2. Das deliberações do Conselho dos Oficiais de Justiça proferidas no âmbito do disposto nas al.s a) e b) do n.º 1 do artigo 111.º, bem como das decisões dos presidentes dos Tribunais proferidas ao abrigo do n.º 2 do art. 68.º, cabe recurso, consoante os casos para o Conselho Superior da Magistratura, para o Conselho Superior dos Tribunais Administrativos e Fiscais ou para o Conselho Superior do Ministério Público, a interpor no prazo de 20 dias úteis."

Poderia ser aplicado o novo quadro legal, aos processos disciplinares em que a punição foi anulada por ter sido proferido à luz das normas declaradas inconstitucionais? Poderia aproveitar-se tudo o que fora feito no processo disciplinar, antes da decisão punitiva?

A resposta a ambas as questões é a nosso ver, e tal como foi decidido no acórdão recorrido, claramente afirmativa.

O *quadro legal* à sombra do qual o acto foi praticado foi *julgado inconstitucional* e, por isso, só o novo quadro legal poderia ser aplicado na execução do julgado. Não teria sentido outra solução, como é óbvio. Defender que um novo acto só poderia ser proferido à *luz do regime jurídico vigente à data da sua emissão*, é, neste caso, absurdo – pois o vício do acto radicava na lei aplicada e aplicável (inconstitucionalidade). Como refere FREITAS DO AMARAL a *"competência para a execução deve ser determinada, não pela consideração do acto impugnado no processo contencioso, mas sim pela consideração dos actos em que houver de consistir a própria execução da sentença. Sabe-se com efeito, que a execução se traduz na prática de um conjunto de actos administrativos e de operações materiais, precisamente aqueles que se mostrem necessários para obter a reintegração efectiva da ordem jurídica violada: pois competente para a execução da sentença será, quanto a nós, quem for competente para a prática dos actos e das operações em que a execução deva consistir"* – A execução das Sentenças dos Tribunais Administrativos, 2ª Edição, Coimbra, 107.

Por outro lado, as regras sobre competência são imediatamente aplicáveis, valendo mesmo na execução do julgado anulatório. É competente para executar o julgado, quem *detiver as atribuições na data da execução* – cfr. art. 174.º, 3 do CPTA. Não há, pois, qualquer obstáculo a que, sendo possível praticar um novo acto punitivo, o mesmo seja proferido *pelas entidades competentes na data da sua emissão.*

Ora, como facilmente se demonstrará, também o procedimento disciplinar anterior à decisão anulada pode e deve ser aproveitado, na *justa medida* em que a anulação do acto o não afecte.

A nova lei, no que respeita ao procedimento disciplinar veio alterar a fase da decisão final, acabando com a competência exclusiva do COJ, consagrando a existência de um recurso das suas deliberações, bem como a possibilidade de avocação do processo e o poder de revogação pelos dos Conselhos Superiores das Magistraturas. A entrada em vigor da lei nova, implica assim sua aplicação aos processos pendentes, *onde ainda não tenha sido proferida a decisão final*, isto é a todos os processos onde ainda seja possível uma intervenção do COJ, sem competência exclusiva, e onde seja dada a possibilidade de recurso para os referidos Conselhos Superiores das Magistraturas.

A anulação da decisão final faz com que esta desapareça da ordem jurídica. A supressão da decisão final vai reconduzir o procedimento ao *momento ontologicamente anterior à ilegalidade cometida e que serviu de fundamento à anulação.*

No presente caso, a anulação do acto radicou na inconstitucionalidade da regra que atribuiu competência punitiva exclusivamente ao COJ. A anulação faz retroceder o procedimento até ao momento anterior a essa decisão. Só essa decisão (anulada) e os actos subsequentes afectados por tal anulação são suprimidos da ordem jurídica. Os actos anteriores não são afectados por tal invalidade.

Podemos concluir, deste modo, que não havia qualquer obrigação de repetição dos actos procedimentais anteriores à decisão anulada, porque o vício que fundamentou a anulação apenas atingia esta. O processo disciplinar anterior à decisão anulada não foi afectado pela anulação. Assim a decisão recorrida deve ser encarada como a decisão final do procedimento disciplinar que serviu para preparar a decisão anulada. Não tem pois razão a recorrente quando afirma que ter sido violado o art. 42.º do Dec. Lei 24/84 de 16 de Janeiro (Estatuto Disciplinar).

Foi esta a decisão do acórdão recorrido, e, portanto, a nosso ver foi a decisão certa.

e) Violação do art. 4.º e 45.º do Dec. Lei 24/84;

Defende a recorrente que a falta de participação das infracções ao CSM – órgão competente para mandar instaurar o processo disciplinar conduz à sua prescrição, nos termos do referido art. 45.º do Estatuto Disciplinar. Não se verificou suspensão do processo. Tendo ocorrido, por isso a prescrição do procedimento disciplinar. Por outro lado a orientação acolhida no acórdão recorrido viola também o art. 4.º do ED.

Vejamos, em primeiro lugar se há violação do art. 4.º do Estatuo Disciplinar.

A alegação deste vício parte de dois pressupostos: a nova lei, exige que (i) as infracções disciplinares sejam participadas ao Conselho Superior do Ministério Público, e que (ii) a falta de participação a este órgão equivale, para efeitos de prescrição, à inexistência do facto referido no n.º 4 do Estatuo Disciplinar, isto é a "instauração do processo disciplinar". A tese da recorrente assenta assim num quadro dogmático, segundo o qual, sem participação das infracções ao Conselho Superior do Ministério Público (ou ao Conselho Superior da Magistratura ou Conselho Superior dos Tribunais Administrativos e Fiscais) o processo não pode considerar-se instaurado.

Ora, como já tivemos oportunidade de ver, *não é isso* que resulta da lei nova, que apenas pretendeu alterar o quadro legal da competência exclusiva do COJ, na fase da decisão. Os Conselhos Superiores das Magistraturas intervêm *depois de ser proferida uma decisão* pelo COJ, sendo o seu poder de avocação e de revogação, limitado a esta fase do procedimento. Assim, não dependendo de tais órgãos a instauração do procedimento, e intervindo no procedimento apenas depois de ter sido proferida decisão pelo COJ, não tem fundamento legal a tese da recorrente, segundo a qual não *existe instauração do processo disciplinar* sem que a infracção lhes seja notificada.

Do exposto resulta que, no caso dos autos, a falta de notificação da infracção ao Conselho Superior do Ministério Público é irrelevante para efeitos de prescrição. Nos termos do art. 4.º do ED o que releva é o prazo de três anos decorrido entre o conhecimento da infracção e a instauração do processo, prazo que a recorrente nem sequer alega ter decorrido.

Vejamos, agora, se houve violação do art. 45.º do Estatuto Disciplinar, e se a mesma pode conduzir à prescrição do procedimento disciplinar.

A invocação da violação do art. 45.º do Estatuto Disciplinar também não é concludente, para efeito de prescrição do procedimento disciplinar, uma vez que é entendimento uniforme deste tribunal que a violação do prazo aí previsto não acarreta esse consequente jurídico (a prescrição do procedimento) – cfr. neste sentido Acórdão de 5-11-2003 (recurso 1053/03), onde é feito um exaustivo apanhado da jurisprudência pertinente:

"(...) *Na verdade, se a violação de qualquer dos vários prazos desse tipo previstos no Estatuto Disciplinar (arts. 45.º, n.º 1, 65.º, n.ºs 1 e 3, e 66.º, n.º 2) pudesse reflectir-se no acto final do procedimento, provocando a sua anulação, ela seria definitiva, pois seria impossível renovar o procedimento disciplinar com observância desse prazo. Assim, a atribuir-se carácter peremptório a todos estes prazos, eles reconduzir-se-iam, em última análise, a verdadeiros prazos de prescrição, por a violação de qualquer deles importar para o titular do poder disciplinar a perda definitiva da possibilidade de o exercer. Ora, é manifesto que uma consequência deste tipo não foi pretendida legislativamente, não só pela evidente desproporção que teria a sua aplicação nos casos de infracções de grande gravidade, como pelo facto de ela não ser indicada no art. 4.º do mesmo Estatuto Disciplinar em que se prevê, pormenorizadamente, o regime da prescrição do procedimento disciplinar.*

Assim, é de qualificar aqueles prazos como meramente ordenadores ou disciplinadores, não derivando da sua violação a extinção do direito de praticar o acto, como tem vindo a entender este Supremo Tribunal Administrativo, a propósito da generalidade dos prazos deste tipo. – neste sentido, podem ver-se pelos seguintes acórdãos: – de 15-6-1993, proferido no recurso n.º 31066, publicado no Apêndice ao Diário da República de 19-8-96, página 3483; – de 3-6-1993, proferido no recurso n.º 30976, publicado no Apêndice ao Diário da República de 19-8--96, página 3093; – de 1-3-1994, proferido no recurso n.º 32104, publicado no Apêndice ao Diário da República de 20-12-96, página 1397; – de 21-4-1994, proferido no recurso n.º 32164, publicado no Apêndice ao Diário da República de 31-12-96, página 2998; – de 22-11-1994, proferido no recurso n.º 33221, publicado no Apêndice ao Diário da República de 18-4-97, página 8243; – de 15-12-1994, proferido no recurso n.º 33856, publicado no Apêndice ao Diário da República de 18-4-97, página 9224; – de 16-4-1996, proferido no recurso n.º 35447, publicado no Apêndice ao Diário da República de 23-10--98, página 2495; – de 18-11-1997, proferido no recurso n.º 40160, publicado no Apêndice ao Diário da República de 25-9-2001, página 8010; – de 17-12-1997, do Pleno, proferido no recurso n.º 30355, publicado no Boletim do Ministério da Justiça n.º 472, página 224, e no Apêndice ao Diário da República de 11-1-2001, página 2301; – de 24-3-1998, proferido no recurso n.º 33459, publicado no Apêndice ao Diário da República de 17-12-2001, página 2247; – de 16-6-1998, proferido no recurso n.º 39946, publicado no Apêndice ao Diário da República de 26-4--2002, página 4417; – de 25-11-1998, proferido no recurso n.º 32232, publicado no Apêndice ao Diário da República de 6-6-2002, página 7379; – de 27-4-1999, do Pleno, proferido no recurso n.º 32115; – de 29-6-1999, proferido no recurso n.º 33385, publicado no Apêndice ao Diário da República de 30-7-2002, página 4300; – de 11-6--1997, proferido no recurso n.º 38760, publicado no Apêndice ao Diário da República de 23-3-2001, página 4515; – de 27-4-1999, do Pleno, proferido no recurso n.º 32155, publicado no Apêndice ao Diário da República de 8-5-2001, página 633; – de 26-6-2001, proferido no recurso n.º 47437, publicado no Apêndice ao Diário da República de 8-8-2003, página 4927; – de 25-2-1999, proferido no recurso n.º 37235, publicado no Apêndice ao Diário da República de 12-7-2002, página 1367."

Assim, podemos concluir com toda a segurança que a violação dos prazos do art. 45.º do Estatuto Disciplinar também não tem a virtualidade, no caso dos autos, de desencadear a prescrição do procedimento, uma vez que a tal violação a lei não associa qualquer efeito prescricional.

Improcedem, deste modo também, os alegados vícios.

f) Violação de diversas normas constitucionais.

Alega a recorrente que as normas legais aplicadas, ou seja, as novas regras resultantes da alteração do Dec. Lei 343/99, de 26 de Agosto, introduzidas pelo Dec. Lei 96/2002, de 12 de Abril, continuam a violar o art. 218.º, n.º 3, na medida em que continuam a atribuir ao COJ o pode de instaurar o processo disciplinar e aplicar as correspondentes penas (inconstitucionalidade material).

Alega ainda que o Dec. Lei 96/2002, de 12 de Abril é organicamente inconstitucional por ter sido aprovado pelo Governo, sem prévia autorização legislativa, violando desse modo o art. 165.º, 1, al. d) e t) da Constituição.

No Acórdão do Tribunal Constitucional n.º 299/2005, proferido no processo 598/2004, foi apreciado um caso idêntico ao presente, onde se levantou a questão de saber se o recurso para o CSMP satisfazia a exigência Constitucional, sobre a intervenção do CSM. Aí se decidiu o seguinte:

"(...)

Na sequência desta declaração de inconstitucionalidade com força obrigatória geral, o Governo editou o Decreto-Lei n.º 96/2002, de 12 de Abril, cujo objectivo foi, como se assinala no respectivo preâmbulo, retirar às competências exercidas pelo COJ quanto à apre-ciação do mérito profissional e ao exercício do poder disciplinar sobre os oficiais de justiça "a actual natureza de competências exclusivas", admitindo-se, "em qualquer caso, uma decisão final do conselho superior competente de acordo com o quadro de pessoal que integram". Assim, continuando a competir ao COJ "apreciar o mérito profissional e exercer o poder disciplinar sobre os oficiais de justiça, sem prejuízo da competência disciplinar atribuída a magistrados e do disposto no n.º 2 do artigo 68.º" (alínea a) do n.º 1 do artigo 111.º do EFJ) e "apreciar os pedidos de revisão de processos disciplinares e de reabilitação" (alínea b) do n.º 1 do mesmo artigo 111.º), passou a estar previsto que: (i) "O Conselho Superior da Magistratura, o Conselho Superior dos Tribunais Administrativos e Fiscais e o Conselho Superior do Ministério Público, consoante os casos, têm o poder de avocar bem como o poder de revogar as deliberações do Conselho dos Oficiais de Justiça proferidas no âmbito do disposto na alínea a) do número anterior" (artigo 111.º, n.º 2); e (ii) "Das deliberações do Conselho dos Oficiais de Justiça proferidas no âmbito do disposto nas alíneas a) e b) do n.º 1 do artigo 111.º, bem como das decisões dos presidentes dos tribunais proferidas ao abrigo ao n.º 2 do artigo 68.º, cabe recurso, consoante os casos, para o Conselho Superior da Magistratura, para o Conselho Superior dos Tribunais Administrativos e Fiscais ou para o Conselho Superior do Ministério Público, a interpor no prazo de 20 dias úteis" (n.º 2 do artigo 118.º).

Nos recursos que, posteriormente à entrada em vigor do Decreto Lei n.º 96/2002, têm sido apreciados por este Tribunal – estando em todos eles em causa funcionários adstritos ao serviços dos tribunais judiciais (que não funcionários dos serviços do Ministério Público ou dos tribunais administrativos e fiscais) –, tem sido uniforme e pacificamente entendido que a concessão dos referidos poderes de avocação e de revogação "permite concluir que a última palavra em matéria disciplinar, no que respeita aos funcionários de justiça, cabe ao Conselho Superior da Magistratura", pelo que deixou de ser possível "continuar a entender que as normas que atribuem competência em matéria disciplinar ao Conselho dos Oficiais de Justiça, neste contexto, infringem o disposto no n.º 3 do artigo 118.º da Constituição", já que "não se encontra nesse preceito, nem a proibição de conferir tal competência em especial ao Conselho dos Oficiais de Justiça, nem a reserva exclusiva ao Conselho Superior da Magistratura do exercício do poder disciplinar sobre os oficiais de justiça", como se escreveu no Acórdão n.º 378/2002, da 3.ª Secção (Acórdãos do Tribunal Constitucional, 54.º vol., pág. 307), cuja doutrina foi reiterada no Acórdão n.º 131/2004, da 1.ª Secção (Diário da República, II Série, n.º 129, de 2 de Junho de 2004, pág. 8542), e no Acórdão n.º 721/2004, da 2.ª Secção (disponível, tal como todos os anteriormente citados, em www.tribunalconstitucional.pt) e nas Decisões Sumárias n.os 42/2004 e 158/2005."

Contudo para a questão dos autos, não é bastante a fundamentação acima aduzida. A mesma só valeria para os casos em que das decisões do COJ coubesse recurso para o CSM Para os casos em que os oficiais de justiça estejam afectos aos serviços do M.P. coloca-se a questão de saber se, a não intervenção do CSM, redundava, ou não, na violação do art. 281.º, 3 da CRP.

O entendimento sufragado, no acórdão o Tribunal Constitucional referido, foi o de que não havia violação da Constituição se, nesses casos, o recurso fosse dirigido ao Conselho Superior do Ministério Público.

"(...)

Para quem (como é, designadamente, o caso do ora relator) adira à posição expressa nos aludidos votos de vencido apostos aos Acórdãos n.º 145/2000, 159/2001, 244/2001, 285/2001 e 73/2002, entendendo que a definição constitucionalmente impostergável da competência do CSM é apenas a que consta do n.º 1 do artigo 217.º da CRP ("a nomeação, a colocação, a transferência e a promoção dos juízes dos tribunais judiciais e o exercício da acção disciplinar" sobre esses mesmos juízes) e que o artigo 218.º, n.º 3, visou tão só legitimar a integração de funcionários de justiça naquele órgão se e quando a lei ordinária alargasse a competência do CSM à apreciação do mérito profissional e ao exercício do poder disciplinar sobre os funcionários de justiça, é óbvio que nenhuma inconstitucionalidade por violação deste última norma existe com a atribuição ao CSMP de competência para conhecer dos recursos interpostos de deliberações do COJ que apreciem o mérito profissional e exerçam a acção disciplinar relativamente aos oficiais de justiça pertencentes aos quadros de pessoal dos serviços do Ministério Público.

Mas mesmo quem adira à corrente jurisprudencial maioritária do Tribunal Constitucional, que culminou no Acórdão n.º 73/2002, chegará à mesma conclusão, atendendo a que esses juízos de inconstitucionalidade tiveram por justificação a necessidade de assegurar a independência dos tribunais – naturalmente, dos tribunais judiciais, únicos sob a égide do CSM. Recuperando formulações do Acórdão n.º 145/2000, foi para colocar "os juízes dos tribunais judiciais [sublinhado acrescentado] (...) a coberto de ingerências do Governo e da Administração" que "a Constituição criou um órgão próprio de governo da magistratura judicial [sublinhado acrescentado] – o Conselho Superior da Magistratura –, que passou a ter como função essencial a gestão e a disciplina" daqueles magistrados, ficando "proibida toda a intervenção externa directa na nomeação, colocação, transferência e promoção dos juízes, bem como na respectiva disciplina" e que "é ainda esta necessidade e finalidade de garantir a independência dos tribunais da forma mais completa possível que vem justificar que ao Conselho Superior da Magistratura seja também atribuída a competência para decidir as matérias relativas à apreciação do mérito profissional e ao exercício da função disciplinar sobre os funcionários de justiça", pois "não pode deixar de se considerar que os funcionários de justiça também fazem parte da estrutura dos tribunais; e, por isso, são elementos fundamentais para a realização prática da garantia constitucional da respectiva independência". Esta justificação vale de pleno para os funcionários de justiça que coadjuvam os magistrados judiciais, mas já não para os funcionários que coadjuvam os magistrados do Ministério Público, actualmente integrados em quadro distinto do daqueles.

Importa recordar que a Lei n.º 47/86, de 15 de Outubro (Lei Orgânica do Mi-nistério Público) – à semelhança do que então ocorria com o CSM relativamente aos funcionários dos tribunais judiciais –, previa que o CSMP exercesse jurisdição sobre os funcionários de justiça do Ministério Público (artigo 14.º, n.º 2), conferindo-lhe competência para apreciar o mérito profissional e exercer a acção disciplinar relativamente aos funcionários de justiça do Ministério Público (artigo 24.º, alínea b)), integrando o CSMP, com intervenção restrita a estas matérias, dois funcionários de justiça eleitos pelos seus pares (artigo 14.º, n.º 4).

Essa competência do CSMP foi extinta com a criação do COJ e a atribuição a este órgão de competência exclusiva para apreciar o mérito profissional e exercer a acção disciplinar sobre os funcionários de justiça, quer estivessem integrados nas secretarias dos tribunais judiciais, quer nos serviços do Ministério Público. Com a declaração de inconstitucionalidade das normas que procediam a essa atribuição, feita pelo Acórdão n.º 73//2002, e com a subsequente publicação do Decreto Lei n.º 96/2002, foi assegurada a intervenção do órgão superior do Ministério Público sempre que estejam em causa funcionários afectos aos serviços do Ministério Público (tal como foi assegurada a intervenção do CSTAF quando estiverem em causa funcionários dos tribunais administrativos e fiscais).

Trata-se de solução que, não sendo constitucionalmente imposta, também não é constitucionalmente proibida.

A este último respeito, importa recordar que no preâmbulo do Decreto-Lei n.º 926/76, de 31 de Dezembro (Lei Orgânica do Conselho Superior da Magistratura), que pela primeira vez atribuiu ao órgão de gestão da magistratura judicial competência para apreciar o mérito profissional e exercer a acção disciplinar sobre os funcionários de justiça, se manifestaram dúvidas sobre a constitucionalidade desta solução, por eventual invasão da competência do Governo, ao afirmar-se: "... em obediência ao facto de o Governo ser o órgão superior da Administração Pública (artigo 185.º da Constituição) e de, nessa qualidade, lhe competir a prática de todos os actos exigidos pela lei respeitantes aos funcionários e agentes do Estado (alínea e) do artigo 202.º), manteve-se na órbita do Executivo a gestão dos funcionários de justiça. Abriu-se tão-só uma excepção para a respectiva acção disciplinar [e apreciação do mérito profissional] por óbvias razões de eficiência e por se ter entendido que não contraria frontalmente a letra do n.º 2 do artigo 223.º da Constituição. Não deixa a excepção, no entanto, de justificar algumas dúvidas".

Entende-se, no entanto, que dos actuais artigos 182.º e 199.º, alínea e), da CRP não resulta a impossibilidade de, relativamente a certas categorias de funcionários (como os funcionários que coadjuvam os magistrados do Ministério Público), alguns actos administrativos a eles respeitantes ser em retirados da competência directa do Governo, quer por razões de eficiência, quer por se entender que assim melhor se tutelam valores constitucionalmente relevantes, como a autonomia do Ministério Público. E igualmente os artigos 219.º, n.ºs 2 e 5, e 220.º, n.ºs 1 e 2, da CRP não impõem, mas também não proíbem o legislador ordinário de prever alguma intervenção do CSMP em actos relativos a funcionários que coadjuvam os respectivos magistrados. E, por último, também o artigo 218.º, n.º 3, da CRP, atenta a justificação subjacente à jurisprudência que culminou no Acórdão n.º 73/2002, não impõe a intervenção do CSM na apreciação do mérito profissional e no exercício da acção disciplinar relativamente aos funcionários dos serviços do Ministério Público. Em suma: cabendo ao CSM a função de assegurar a independência de funcionamento dos tribunais judiciais, mas já não a dos tribunais administrativos e fiscais, nem a autonomia do Ministério Público, compreende-se que se sustente, como o fez a apontada jurisprudência maioritária do Tribunal Constitucional, que não seja irrelevante a exclusão total da intervenção do CSM na avaliação profissional e disciplinar dos funcionários de justiça que coadjuvam os juízes dos tribunais judiciais no exercício das respectivas funções jurisdicionais, funcionários que se encontram na dependência funcional desses juízes. Mas resultando do quadro constitucional vigente que a independência dos tribunais judiciais não exige a colocação dos magistrados do Ministério Público sob a égide do CSM, solução afastada pelo artigo 219.º, n.º 5, da CRP, não pode considerar-se constitucionalmente imposta, em nome do asseguramento da independência dos tribunais, a intervenção do CSM na avaliação profissional e disciplinar de funcionários de justiça colocados na dependência funcional de magistrados (os magistrados do Ministério Público) absolutamente imunes à intervenção daquele Conselho.

Trata-se, pois, de campo em que, quanto aos funcionários dos serviços do Ministério Público, ao legislador ordinário era consentida a opção entre várias soluções, constitucionalmente admissíveis, uma das quais foi a consagrada nas normas ora questionadas."

Aceitando esta jurisprudência, podemos concluir que não se verifica a apontada inconstitucionalidade material.

Sobre a inconstitucionalidade orgânica defende a recorrente que a competência legislativa cabia à Assembleia da República por se tratar de matéria sobre o exercício da competência disciplinar, sobre alteração do regime da função pública, matérias estas da competência legislativa (relativa) da Assembleia da República, nos termos do artigo 165.º, 1, al. d) e t) da Constituição.

O acórdão recorrido refutou as alegadas violações da competência legislativa, por entender que a al. d) do art. 165.º, 1 da CRP estabelece uma reserva relativa de competência sobre o "regime geral de punição das infracções ... e do respectivo processo". Ora, o diploma em causa não estabelece qualquer regime geral, mas de uma norma específica, não contendendo com o instituto das infracções disciplinares. E, por seu turno, a al. d) ao reservar a competência legislativa para as "bases do regime e âmbito da função pública" também não foi violada pelo mesmo motivo. Na verdade a alteração da competência exclusiva do COJ sobre matérias relativas à apreciação do mérito e do exercício da acção disciplinar não pretende modificar as "bases gerais do regime da função pública".

A argumentação do acórdão recorrido parece-nos inquestionável, e tanto é assim que a recorrente nada diz em contrário, limitando-se a reafirmar a existência da inconstitucionalidade orgânica. Na verdade, se a CRP reserva para a AR apenas a regulamentação do "regime geral de punição das infracções disciplinares" (art. 165.º, 1, d) da CRP) e das "bases do regime e âmbito da função pública" (art. 165.º, 1, t) da CRP), como é jurisprudência pacífica do Tribunal Constitucional.

Procurando sintetizar o sentido da jurisprudência do Tribunal Constitucional (quanto ao sentido da expressão bases do regime da função pública) disse-se no acórdão n.º 340/92:

"É hoje em dia pacífico e uniforme o entendimento de que em exclusivo cabe à Assembleia da República – sem prejuízo de delegação no Governo dessa competência – a definição das grandes linhas que hão-de inspirar a regulamentação legal da função pública e demarcar o âmbito institucional e pessoal da aplicação desse específico regime jurídico. No âmbito desta reserva encontra-se apenas o estabelecimento do quadro dos princípios básicos fundamentais daquela regulamentação, cabendo depois ao Governo desenvolver, concretizar e mesmo particularizar esses princípios que constituirão, justamente, o parâmetro e o limite desse desenvolvimento".

E, no mesmo sentido, conclui o acórdão n.º 36/96: "Na esteira desta jurisprudência, que por inteiro se perfilha, poder-se-á dizer, em síntese final, que a reserva legislativa a que se reporta a alínea v) do n.º 1 do artigo 168.º da Constituição remete para uma lei quadro da função pública, na qual se incluirá apenas o que tenha a natureza de regulamentação de princípio, por constituir, ou coenvolver, uma redefinição de princípios jurídicos da respectiva matéria".

Entendimento reafirmado no Acórdão do Tribunal Constitucional, n.º 672/98, de 2-12-98. "O Tribunal Constitucional tem entendido que a reserva estabelecida pela alínea v) do n.º 1 do artigo 168.º da Constituição abrange unicamente o estatuto geral da função pública e o delineamento geral do seu âmbito, mas já não a sua particularização ou concretização. Tal reserva não se reporta, nessa medida, a um tratamento desenvolvido da matéria em causa, mas tão-só à definição dos seus princípios fundamentais (cf. Acórdão n.º 142/85, D.R., II Série, de 7 de Setembro de 1985; e Gomes Canotilho e Vital Moreira, Constituição da República Portuguesa Anotada, 3ª ed., 1993, p. 676).".

Deste modo, e de acordo com o entendimento do Tribunal Constitucional, pode o Governo, no uso da sua competência legislativa própria regular aspectos particulares ou singulares do regime jurídico da função pública, ou de infracções disciplinares, relativamente a certas categorias de funcionários. No caso dos autos o Governo legislou sobre a *competência para apreciar o mérito e exercer o poder disciplinar* dos Oficiais de Justiça não invadindo assim a competência reservada da Assembleia da República.

Improcedem assim todas as críticas feitas ao acórdão recorrido.

3. DECISÃO

Face ao exposto os juízes do Pleno da 1ª Secção acordam em negar provimento ao recurso.

Custas pela recorrente.

Taxa de justiça: 350 €. Procuradoria: 50%.

Lisboa, 7 de Fevereiro de 2006.

São Pedro (Relator)
António Samagaio
Azevedo Moreira
Santos Botelho
Rosendo José
Angelina Domingues
Pais Borges
Costa Reis
Adérito Santos
Pais Borges

Recurso n.º 269/03-20

CONTRATO DE CONCESSÃO DE INCENTIVOS. RESCISÃO. FUNDAMENTAÇÃO DO ACTO ADMINISTRATIVO. ERRO NOS PRESSUPOSTOS DE FACTO. PRINCÍPIO DA PROPORCIONALIDADE.

(Acórdão de 2 de Março de 2006)

SUMÁRIO:

I – O dever de fundamentação dos actos administrativos traduz a exigência de externação das razões ou motivos determinantes da decisão administrativa, tendo como objectivos essenciais os de habilitar o destinatário a reagir eficazmente contra a respectiva lesividade, e assegurar a transparência e imparcialidade das decisões administrativas.

II – Só consubstancia erro nos pressupostos de facto a desconformidade entre os factos referidos e valorados na decisão administrativa e aqueles que, à data a que a decisão se reporta, correspondiam à realidade.

III – O princípio da proporcionalidade, previsto nos arts. 5.º, n.º 2 do CPA e 266.º, n.º 2 da CRP, reporta-se à necessidade de adequação e de harmonia quantitativa da medida administrativa aos objectivos a realizar, em ordem a que essa medida não se revele objectivamente desajustada e desproporcionada à consecução daqueles objectivos, impondo ao particular, dentro dessa ponderação relativa, um sacrifício excessivo e desadequado, em lugar de um sacrifício menor e mais adequado que poderia ter sido conseguido com a adopção de uma outra medida administrativa menos gravosa.

ACORDAM, EM CONFERÊNCIA, NO PLENO DA 1ª SECÇÃO DO SUPREMO TRIBUNAL ADMINISTRATIVO:

RELATÓRIO

I. "SOGONTUR – SOCIEDADE GONDOMARENSE DE GESTÃO E TURISMO, SA", com os sinais de fls. 2, interpôs neste STA recurso contencioso de anulação do despacho conjunto do SECRETÁRIO DE ESTADO DO TURISMO, MINISTRA DO PLANEAMENTO e SECRETÁRIO DE ESTADO DO TRABALHO E FORMAÇÃO, assinado por estas entidades a 20.12.2001, 02.01.2002 e 23.01.2002, respectivamente, pelo qual se procedeu à rescisão do contrato de concessão de incentivos celebrado a 08.03.93 entre a recorrente e o Instituto de Financiamento e Apoio ao Turismo, visando a construção de um conjunto de animação turística em Angra do Douro, concelho de Gondomar.

Por acórdão da 2ª Subsecção, de 22.06.2004 (fls. 156 e segs.), foi negado provimento ao recurso.

É desta decisão que vem interposto para o Pleno da Secção o presente recurso jurisdicional, em cuja alegação a recorrente formula as seguintes conclusões:

1. O acto recorrido em causa é um despacho conjunto que não tem fundamentação própria;

2. A entender-se como fundamentado, a fundamentação só poderá ser per relationem;

3. Não que o acto assim estabeleça mas pela aposição física da decisão do Secretário de Estado do Turismo sobre a informação n.º 395/2001/DAIN;

4. As decisões dos restantes recorridos são de puro "concordo", sem conterem parte dispositiva nem fundamentação;

Acresce que,

5. Nenhuma das "subdecisões" expressa os fundamentos que acolhe;

6. E a informação n.º 395/2001/DAIN propõe a manutenção do contrato "rescindido" por razões de interesse público;

7. Nenhuma das "subdecisões" expressa os motivos de discordância com a informação em referência, nem porque optou pela rescisão do contrato;

Consequentemente,

8. É o acto recorrido ilegal por vício de forma expresso na falta de fundamentação própria, na falta de definição dos motivos que acolhe e por falta de justificação da opção dispositiva realizada;

9. A matéria de facto acolhida na informação n.º 395/ /2001/DAIN não é verdadeira, como se demonstrou;

10. Não era, à data da prolação do acto recorrido; não é, neste momento;

11 A recorrente cumpriu a sua obrigação de realização do empreendimento de animação turística, manifesta na construção integral do "Clube Social" e na construção – e ampliação – da marina turística;

12. Os factos subsumem-se à previsão do § único da cláusula 3ª do contrato e não às alíneas da cláusula 8ª;

13. Verifica-se assim erro nos pressupostos de facto da decisão recorrida que se traduzem na ilegalidade do aresto recorrido;

Finalmente,

14. A decisão recorrida acarreta prejuízos excessivos para a recorrente – atenta a realização dos investimentos em causa –, pelo que desrespeita o princípio da proporcionalidade a que está sujeita a Administração Pública;

Por consequência,

15. E também por este motivo, é ilegal a decisão recorrida e o aresto sob crítica desrespeita, igualmente, o princípio da proporcionalidade.

Em conclusão,

16. Deve o aresto sob crítica ser revogado e, em consequência, retirada da ordem jurídica, pelos motivos indicados, a decisão recorrida.

II. A autoridade recorrida não apresentou alegações dentro do prazo legal, tendo sido ordenado o desentranhamento e devolução do articulado extemporaneamente apresentado (vd. fls. 208).

III. O Exmo magistrado do Ministério Público neste Supremo Tribunal pronunciou-se pelo improvimento do recurso.

***

Foram colhidos os vistos.

FUNDAMENTAÇÃO
OS FACTOS

O acórdão impugnado considerou provados, com interesse para a decisão, os seguintes factos:

1. A SOGONTUR é uma empresa que possui um único empreendimento imobiliário afecto à exploração turística, sito em Angra do Douro, Gondomar, na margem direita do rio Douro, a cerca de 9 Km da cidade do Porto, rotunda do Freixo.

2. Este empreendimento corresponde a oito lotes, titulados por um alvará de loteamento em vigor.

3. Entre estes lotes, alguns estão integralmente realizados – lote Marina, servida por posto de abastecimento de combustível, tudo representando um volume de negócios anual superior a 400 mil Euros.

4. Quanto aos restantes lotes, destaca-se o lote hotel/ /apartamentos turísticos que se encontra integralmente infra-estruturado, e o lote "aldeamento turístico" que apresenta infra-estruturas realizadas em 70% (setenta por cento).

5. Em 8 de Março de 1993, foi celebrado um contrato de concessão de incentivos entre a ora recorrente e o Instituto de Investimento de Apoio ao Turismo documentado a fls. 18-24, aqui dado por reproduzido para todos os efeitos legais.

6. A 22 de Novembro de 2001 é elaborada no Instituto de Financiamento e Apoio ao Turismo a informação de serviço n.º 395/2001/DAIN, documentada nos autos a fls. 25-30, aqui dada por reproduzido, de que se destaca a alusão à vistoria levada a efeito ao empreendimento subsidiado, onde se constatou que o mesmo se não mostrava concluído, "não obstante o prazo para o efeito ter terminado", a 8 de Março de 1995, pelo que se configurava a existência de causa de rescisão do contrato, motivo porque foi ouvido o promotor (recorrente) para os fins do art. 100.º do Código de Procedimento Administrativo, ao que aquele respondeu justificando a verificação do atraso (o qual se relacionava com defeitos que a obra de construção civil apresentava e imputáveis à construtora) e ainda que concorria motivo para prorrogação do prazo.

Mais se refere na informação que tal atraso na execução da obra era de imputar a conduta culposa da recorrente.

Como no entanto a rescisão do contrato não se impõe vinculadamente à Administração, pese embora o incumprimento aparentemente culposo do prazo de execução material e financeira do projecto de investimento, e atendendo ao interesse público de apoio ao turismo e aos montantes ali já investidos, termina a mesma informação por propor o não exercício da faculdade de rescisão, devendo antes proceder-se à "prorrogação do prazo de execução material e financeira do projecto de investimento até data a fixar superiormente e sempre a título de única prorrogação".

7. Em tal informação é exarado, com a data de 02.12.2001, o seguinte parecer:

"Visto.

Em face do que se enuncia na presente informação de serviço é manifesto o incumprimento por parte da promotora da obrigação que sobre si impende de executar o projecto nos termos previstos inicialmente.

Com efeito o prazo para executar o projecto terminou em 8 de Março de 1995, sem que o mesmo se encontre, neste momento, concluído.

Acresce ainda que:

a) não obstante a promotora ter já demonstrado a vontade ao IFT de apenas executar o Clube Social desistindo assim, por agora da execução do Centro Hípico – redução essa que, não obstante, não foi ainda objecto de deliberação por parte do CA em virtude da ausência de perspectivas quanto à possibilidade de execução integral do próprio Clube Social – a verdade é que se constata, por um lado, a não execução integral daquele Clube Social e por outro lado a manutenção de ausência de perspectivas quanto àquela conclusão.

b) a promotora não logrou ilidir a presunção de culpa que onera o seu comportamento faltoso nos termos do artigo 799.º do Código Civil, tal como resulta do teor da presente informação de serviço.

Se é certo que a rescisão não constitui o exercício de um poder funcional vinculado, podendo ou não ser exercido ponderados os interesses em presença também não é menos certo que, tendo já decorrido perto de nove anos desde a data da celebração do contrato de concessão de incentivos, seis anos desde o termo final do prazo de execução do projecto e três anos desde que as obras pararam sem que o projecto – ou mesmo parte do projecto – estivesse concluído, é manifesto que não existe qualquer interesse público susceptível de justificar o não exercício dessa mesma faculdade de rescisão.

Deste modo, e nos termos e com os fundamentos constantes da presente informação de serviço e do presente parecer, propõe-se a rescisão do contrato de concessão de incentivos celebrado com a promotora em 8 de Março de 1993, sendo competente para o efeito os membros do Governo responsáveis pelas áreas do desenvolvimento regional, turismo e emprego.

À consideração superior"

8. Ao lado de tal informação, e com data de 6.12.01, foi exarado: "Considerando os fundamentos constantes do presente parecer, o CA delibera propor aos membros do Governo competentes para o efeito a rescisão do presente contrato."

9. Ainda na mesma informação, com a data de 2001.12.20, é exarado pelo SECRETÁRIO DE ESTADO DO TURISMO o despacho n.º 949/2001/DAIN – "Concordo com a rescisão do contrato de concessão de incentivos. À consideração da Senhora Ministra do Planeamento e dos Senhores Secretários de Estado do Trabalho e Formação" –, e, respectivamente com as datas de 2 de Janeiro de 2002 e 23 de Janeiro de 2002, são exarados os despachos de concordo, pela MINISTRA DO PLANEAMENTO e SECRETÁRIO DE ESTADO DO TRABALHO e FORMAÇÃO.

10. O referido despacho conjunto constitui o ACI.

O DIREITO

O acórdão impugnado negou provimento ao recurso contencioso de anulação interposto do despacho conjunto do Secretário de Estado do Turismo, Ministra do Planeamento e Secretário de Estado do Trabalho e Formação, pelo qual se procedeu à rescisão do contrato de concessão de incentivos celebrado a 08.03.93 entre a recorrente e o Instituto de Financiamento e Apoio ao Turismo (IFAT), para execução de um projecto de investimento anteriormente aprovado, visando a construção de um conjunto de animação turística em Angra do Douro, concelho de Gondomar.

Fundamentou-se o acórdão impugnado na inverificação de todos os vícios imputados pela recorrente ao acto recorrido.

Insurgindo-se contra o decidido pela Subsecção, a recorrente traz a este Pleno a reedição das críticas dirigidas em sede contenciosa ao referido despacho conjunto, sustentando que o acórdão sob censura incorre nos mesmos vícios, agora sob a capa de erros de julgamento, pelo que entende dever ser revogado.

Vejamos.

1. Começa a recorrente por alegar que, contrariamente ao decidido, o acto recorrido não tem fundamentação própria, e que, contendo a Informação em que o acto foi prolatado uma proposta de manutenção do contrato de concessão de incentivos, por razões de interesse público, não se mostram esclarecidas as razões da escolha da outra solução ali enunciada, ou seja, da proposta de rescisão, o que revela incongruência e viola os arts. 124.º e 125.º do CPA.

Nenhuma razão lhe assiste.

Como é sabido, o dever de fundamentação dos actos administrativos traduz a exigência de externação das razões ou motivos determinantes da decisão administrativa, tendo como objectivos essenciais os de habilitar o destinatário a reagir eficazmente contra a respectiva lesividade, e assegurar a transparência e imparcialidade das decisões administrativas.

Segundo a jurisprudência uniforme deste STA, um acto estará devidamente fundamentado sempre que um destinatário normal possa ficar ciente do sentido dessa mesma decisão e das razões que a sustentam, permitindo-lhe apreender o itinerário cognoscitivo e valorativo seguido pela entidade administrativa e optar conscientemente entre a aceitação do acto ou o accionamento dos meios legais de impugnação.

No caso sub judice, o despacho conjunto objecto da impugnação contenciosa encontra-se fundamentado por remissão, tendo a antecedê-lo a Informação de serviço n.º 395/2001/DAIN, transcrita no ponto 6 da matéria de facto, bem como o Parecer de 02.12.2001 e a Informação do CA, de 06.12.2001, nela exarados (pontos 7 e 8 da matéria de facto).

Ora, a referida Informação 395/2001/DAIN dá conta da "vistoria levada a efeito ao empreendimento subsidiado, onde se constatou que o mesmo se não mostrava concluído, "não obstante o prazo para o efeito ter terminado" a 8 de Março de 1995, pelo que se configurava a existência de causa de rescisão do contrato", e que "tal atraso na execução da obra era de imputar a conduta culposa da recorrente".

Porém, atendendo a que a rescisão do contrato não se impõe vinculadamente à Administração, pese embora o incumprimento aparentemente culposo do prazo de execução material e financeira do projecto de investimento, e atendendo ao interesse público de apoio ao turismo e aos montantes ali já investidos, termina a mesma informação por propor, em alternativa, a "prorrogação do prazo de execução material e financeira do projecto de investimento até data a fixar superiormente e sempre a título de única prorrogação".

O Parecer de 02.12.2001, exarado nessa Informação, aludindo a que a promotora demonstrara já a vontade de apenas executar o Clube Social, desistindo do Centro Hípico, e à manifesta ausência de perspectivas de execução integral do próprio Clube Social, e considerando que "é manifesto o incumprimento por parte da promotora da obrigação que sobre si impende de executar o projecto nos termos previstos", pois que "o prazo para executar o projecto terminou em 8 de Março de 1995", termina por considerar que "tendo já decorrido perto de 9 anos desde a data de celebração do contrato de concessão de incentivos, 6 anos desde o termo do prazo de execução do projecto, e 3 anos desde que as obras pararam sem que o projecto esteja, ao menos parcialmente, concluído, é manifesto que não existe qualquer interesse público susceptível de justificar o não exercício dessa mesma faculdade de rescisão", e por propor: "Deste modo, e nos termos e com os fundamentos constantes da presente informação de serviço e do presente parecer, propõe-se a rescisão do contrato de concessão de incentivos celebrado com a promotora em 8 de Março de 1993…".

E, perante estes dois elementos de consulta, o CA do IFT exarou nos mesmos a informação de que "Considerando os fundamentos constantes do presente parecer, o CA delibera propor aos membros do Governo competentes para o efeito a rescisão do presente contrato."

Foi sobre estas informações de serviço que o Secretário de Estado do Turismo despachou "Concordo com a rescisão do contrato de concessão de incentivos", colhendo depois idênticos despachos de concordância dos outros dois membros do Governo subscritores do Despacho Conjunto impugnado.

Este excerto fáctico é elucidativo da suficiência e consistência lógica da fundamentação acolhida no acto contenciosamente recorrido, na qual se não descortina, como bem se decidiu, qualquer incongruência, ou seja, qualquer contradição entre os fundamentos e a decisão.

Com efeito, se é verdade que a informação 395/2001/ /DAIN do IFAT aponta para duas soluções possíveis (a rescisão do contrato ou a sua prorrogação), certo é também que tal informação é complementada com um parecer ali exarado, no qual se conclui ser manifesto que, perante o atraso culposo de quase 9 anos na conclusão do projecto, que não se mostra sequer parcialmente concluído, não existe qualquer interesse público susceptível de justificar o não exercício dessa faculdade de rescisão.

É perfeitamente claro para um destinatário normal o suporte fundamentador do despacho conjunto impugnado, nenhuma dúvida se podendo suscitar quanto às razões determinantes da decisão administrativa prolatada.

Decisão que, podendo ser discutida quanto à correcção dos respectivos pressupostos (questão de que aqui se não cura), se mostra, porém, suficientemente consistente e clara quanto à sua motivação, pelo que afastada fica a invocada violação dos arts. 124.º e 125.º do CPA, como bem se decidiu.

Improcedem as conclusões 1ª a 8ª da alegação.

2. Alega de seguida a recorrente que, contrariamente ao decidido, a matéria de facto acolhida na informação n.º 395/2001/DAIN não é verdadeira ("Não era, à data da prolação do acto recorrido; não é, neste momento"), pois que a recorrente cumpriu as obrigações assumidas no contrato de concessão de incentivos, quanto à realização do empreendimento de animação turística, verificando-se pois erro nos pressupostos de facto da decisão recorrida que se traduzem na ilegalidade do aresto sub censura.

Mas não tem razão.

Antes do mais, importa notar que o acórdão impugnado se limitou a apreciar a alegação da recorrente em sede contenciosa, segundo a qual havia erro nos pressupostos de facto "em virtude de alegadamente os pressupostos de facto referenciados no acto não estarem actualizados, visto que se terão alterado entre a vistoria e a decisão contida no acto recorrido, concretamente não sendo verdade que o clube social não esteja construído, nem que os demais equipamentos turísticos – v.g. a marina – não estejam em pleno funcionamento".

E o acórdão decidiu a questão assim colocada no sentido de que "a ocorrência de uma desconformidade temporal entre os pressupostos de facto referenciados em dada informação (a qual por sua vez alude a situação revelada em vistoria antes levada a efeito), situação que vem assumida pelo posterior acto, e os pressupostos diferenciados que hipoteticamente se verificam aquando da prolação desse acto, não significa, por si só, que os factos em que assentou a sua prolação sejam desconformes com a realidade a que o acto se reportou, sendo que seria nessa desconformidade, e não noutra, que residiria o erro em causa.

Isto sem prejuízo de essa desconformidade (ou falta de actualização, como lhe chama a recorrente) poder eventualmente relevar noutro plano".

Em recurso jurisdicional, o tribunal de recurso apenas tem que apreciar a legalidade da pronúncia emitida pelo tribunal a quo sobre a concreta questão que lhe foi colocada pela recorrente contenciosa, e dentro dos limites da alegação por esta produzida, não podendo alargar o seu conhecimento a questões novas ou alicerçadas em factos anteriormente não invocados e não conhecidos pelo tribunal recorrido, salvo se forem de conhecimento oficioso.

Ora, não vemos que se suscitem dúvidas sobre o acerto da pronúncia emitida sobre a questão da existência de erro nos pressupostos de facto, tal como ela foi colocada à apreciação da Subsecção.

Na verdade, a recorrente não logrou demonstrar que os factos apurados em vistoria efectuada, em Março de 2001, ao empreendimento subsidiado (não conclusão do projecto "não obstante o prazo para o efeito ter terminado" a 8 de Março de 1995), e referidos na Informação 395/ /2001/DAIN, de cujo conteúdo se apropriou o acto recorrido, eram desconformes com a realidade.

Só essa desconformidade, a ser efectivamente demonstrada, poderia consubstanciar a existência de erro nos pressupostos de facto, na justa medida em que a decisão administrativa teria considerado e valorado juridicamente factos desconformes com a realidade.

Coisa diferente é a eventual desconformidade desses factos com os existentes à data da prolação do acto recorrido (desactualização, como lhe chama a recorrente), o que poderia eventualmente, como refere a decisão agravada, relevar noutro plano.

Seja como for, a invocada (mas mesmo essa não demonstrada) conclusão do projecto à data da prolação do acto recorrido, para além de não conduzir, por si só, à pretendida existência de erro nos pressupostos da decisão administrativa, nenhum sentido útil retiraria à decisão agravada, uma vez que permaneceria incólume a constatada não conclusão do projecto dentro do prazo contratualmente determinado, circunstância que foi valorada como causa da rescisão contratual.

A eventual conclusão do projecto para além (muito além, aliás) do prazo contratual não significa que deixe de subsistir a falta de conclusão dentro do referido prazo, e, por conseguinte, a causa de rescisão invocada.

E não faz qualquer sentido a invocação pela recorrente de que os factos apurados se subsumem à previsão do § único da cláusula 3ª do contrato (Não recebimento pelo promotor, antes da entrada em funcionamento do empreendimento, de uma determinada quantia ali prevista), e não às alíneas da cláusula 8ª (causas de rescisão do contrato).

Com efeito, o que está em causa, na situação dos autos não é a não entrada em funcionamento do empreendimento, circunstância que condiciona o recebimento dessa quantia, mas sim uma circunstância mais gravosa, prevista na citada cláusula 8ª como uma das causas de rescisão contratual: o "não cumprimento dos objectivos e obrigações nos prazos estabelecidos no contrato", concretamente a não conclusão do empreendimento subsidiado dentro do prazo fixado, ou seja, até 8 Março de 1995, constatada em vistoria efectuada em Março de 2001.

Improcedem, nesta conformidade, as conclusões 9ª a 13ª.

3. Finalmente, alega a recorrente que a decisão administrativa, ao invés do que se decidiu no acórdão agravado, lhe acarreta prejuízos excessivos, atenta a realização dos investimentos feitos, pelo que desrespeita o princípio da proporcionalidade, violando o art. 5.º, n.º 2 do CPA e 266.º, n.º 2 da CRP.

Também aqui carece de razão.

O princípio da proporcionalidade, previsto nas disposições citadas, reporta-se à necessidade de adequação e de harmonia quantitativa da medida administrativa aos objectivos a realizar, em ordem a que essa medida não se revele objectivamente desajustada e desproporcionada à consecução daqueles objectivos, impondo ao particular, dentro dessa ponderação relativa, um sacrifício excessivo e desadequado, em lugar de um sacrifício menor e mais adequado que poderia ter sido conseguido com a adopção de uma outra medida administrativa menos gravosa.

A medida administrativa deve, em suma, ser proporcional, no sentido de que o sacrifício suportado pelo administrado deve ser proporcional e adequado relativamente ao benefício alcançado para o interesse público.

É evidente, como sublinham M. Esteves de Oliveira, Pedro Gonçalves e Pacheco de Amorim, "Código do Procedimento Administrativo", Almedina, 2ª edição, pág. 104 – após sublinharem que o princípio da separação de poderes exclui o controlo jurisdicional sobre a oportunidade e mérito da actividade administrativa – que "a proposição pacífica da invalidade jurídica do acto desproporcionado (ou inadequado) tem, pois, de ser entendida cuidadosamente: é fácil asseverar que não se pode, para esses efeitos, confundir a proporcionalidade (jurídica) com o mérito (administrativo) de uma decisão, mas é muito difícil determinar através de cláusulas gerais onde acaba uma e começa o outro – salvo tratando-se de um caso de inadequação objectiva da medida tomada à finalidade proposta".

O que impõe, necessariamente, uma averiguação e ponderação casuística dos contornos da situação em presença.

Ora, o que temos na situação dos autos é que a recorrente celebrou com o Instituto de Financiamento e Apoio ao Turismo (IFAT), a 08.03.1993, um contrato de concessão de incentivos financeiros (no montante de 177.740.000$00) para execução de um projecto de investimento anteriormente aprovado, visando a construção de um empreendimento de animação turística, contrato esse que previa a possibilidade de o mesmo ser rescindido por despacho ministerial, sob proposta do Fundo de Turismo, por motivos imputáveis ao promotor, de entre eles o "não cumprimento dos objectivos e obrigações nos prazos estabelecidos neste contrato" (clásula 8ª).

E, como resulta das informações e parecer atrás aludidos, vertidos na matéria de facto, o motivo determinante para a rescisão do contrato, corporizada no acto administrativo impugnado, residiu na circunstância de ter sido largamente excedido o prazo para a conclusão do projecto (aliás ainda não completamente concluído, como reconhece a própria recorrente, ainda que a pretexto de justificações diversas).

Como se referiu já, esse atraso cifrava-se já, à data da deliberação de rescisão, em 6 anos sobre a data prevista para a conclusão do projecto (08.03.1995), e 3 anos sobre a data de paragem das obras, sem que o projecto estivesse, ao menos parcialmente, concluído.

Acresce a isso que, como se refere no Parecer de 02.12.2001, considerado pelo acto recorrido, a promotora demonstrara já a vontade de apenas executar o Clube Social, desistindo do Centro Hípico, o que consubstanciava um desvio ao projecto base de financiamento.

Por outro lado, e como bem se sublinhou, perpassa pelas informações e parecer em que se apoiou o despacho conjunto recorrido uma indisfarçável falta de perspectiva e de determinação da promotora na integral execução do projecto, parcialmente abandonado (Clube Hípico) a pretexto de "inexequibilidade prática", apoiada na evolução da execução do empreendimento de que ali se dá nota elucidativa.

Como se refere no acórdão sob impugnação, "é a própria recorrente que, contestando embora que se não mostra concluída a construção do aludido Clube Social, a par da invocação no sentido de que se verificam situações de conflitualidade com o empreiteiro e dificuldades decorrentes da sua organização interna, admite no entanto que tal se processou com defeitos de construção – cfrt. art. 25.º da p.i.".

Consideramos que, na perspectiva de adequação e ponderação dos interesses em causa, a que atrás se fez referência, e tendo em conta o que se deixou exposto, a decisão administrativa adoptada, de rescisão do contrato de concessão de incentivos, por culposa violação das obrigações assumidas pela promotora, concretamente no que toca aos prazos de conclusão do projecto, como vimos largamente excedidos, sem que o projecto se mostre concluído, não se revela objectivamente desproporcionada, não afrontando pois o princípio da proporcionalidade consignado no art. 5.º, n.º 2 do CPA e 266.º, n.º 2 da CRP.

Ao decidir nesta conformidade, o acórdão impugnado fez correcta aplicação das disposições citadas, não sendo merecedor da censura que a recorrente lhe dirige.

Improcedem, deste modo, as conclusões 14ª a 16ª.

DECISÃO

Com os fundamentos expostos, acordam em negar provimento ao recurso, confirmando a decisão impugnada.

Custas pela recorrente, fixando-se a taxa de justiça e a procuradoria, respectivamente, em

Lisboa, 2 de Março de 2006.

Pais Borges (relator)
António Samagaio
Azevedo Moreira
Angelina Domingues
Rosendo José
Adérito Santos
Jorge de Sousa
J. Simões de Oliveira

***

Acordam, em conferência, no Pleno da 1ª Secção do Supremo Tribunal Administrativo:

O acórdão de fls. 214 é omisso quanto a custas, pois que, embora dele conste a condenação da recorrente nas custas, verifica-se que não foi fixado o montante das mesmas.

Sem vistos, atenta a simplicidade da questão, vêm os autos à conferência.

Proferido acórdão, fica esgotado o poder jurisdicional do tribunal.

Mas se a decisão omitir o nome das partes, for omissa quanto a custas, ou contiver erros de escrita ou de cálculo ou quaisquer inexactidões devidas a outra omissão ou lapso manifesto, pode a mesma ser corrigida a requerimento das partes ou por iniciativa do tribunal (arts. 666.º, 667.º e 716.º do CPCivil, aplicáveis nos termos do art. 1.º da LPTA).

Face ao exposto, acordam em suprir a referida omissão, fixando a taxa de justiça e a procuradoria, respectivamente, em 400 € e 200 €.

Sem custas neste incidente.

Lisboa, 21 de Março de 2006.

Pais Borges (Relator)
António Samagaio
Azevedo Moreira
Santos Botelho
Angelina Domingues
Rosendo José
Adérito Santos
Simões Oliveira
Jorge Sousa

Recurso n.º 2068/02-20

CURSO SUPERIOR DE DESENHO. BACHARELATO. CURSO DE ESTUDOS SUPERIORES ESPECIALIZADOS.

(Acórdão de 19 de Janeiro de 2006)

SUMÁRIO:

Por força do reconhecimento, pelo art. 3.º da Portaria n.º 882/89, de 12 de Outubro, feito sem qualquer restrição, a habilitação com o Curso Superior de Desenho da Cooperativa de Ensino Árvore, tem efeitos correspondentes aos da titularidade do grau de bacharel e preenche a condição de acesso ao curso de Estudos Superiores Especializados, nos termos do disposto no art. 5.º da Portaria n.º 358/90 de 10 de Maio.

ACORDAM EM CONFERÊNCIA NO PLENO DA 1ª SECÇÃO DO SUPREMO TRIBUNAL ADMINISTRATIVO

1.1. José Manuel Rainha Martins (id. nos autos) interpôs, na 1ª Secção do Supremo Tribunal Administrativo, recurso contencioso de anulação do despacho de 2 de Junho de 2001 do Ministro da Ciência e do Ensino Superior, que declarou a nulidade do acto de certificação do Curso de Estudos Superiores Especializados em Novas Tecnologias na Educação da Escola Superior de Educação da Guarda, que aquele frequentou.

1.2. Por acórdão da 1ª Secção, 2ª Subsecção, deste S.T.A., proferido a fls. 148 e segs, foi concedido provimento ao recurso e anulado o acto contenciosamente impugnado.

1.3. Inconformado com a decisão referida em 1.2, interpôs o Ministro da Ciência, Tecnologia e Ensino Superior, que sucedeu nas competências da Ministra da Ministra da Ciência, Inovação e Ensino Superior, o presente recurso jurisdicional, cujas alegações, de fls. 163 e segs, concluiu do seguinte modo:

"I – Vem o presente recurso interposto do douto acórdão da 1ª Sec./2° Sub. do Contencioso Administrativo do Supremo Tribunal Administrativo, datado de 18.01.05, que deu provimento ao recurso interposto pelo Recorrente José Manuel Rainha Martins e, em consequência anulou o despacho de 2 de Junho de 2002, do Senhor Ministro da Ciência e do Ensino Superior, que declarou a nulidade do acto de certificação do Curso de Estudos Superiores Especializados em Novas Tecnologias na Educação da Escola Superior de Educação da Guarda (CESE).

II – O artigo 5.º da Portaria n.º 358/90, de 31 de Maio – que autorizou o Instituto Politécnico da Guarda a conferir o diploma de estudos superiores especializados em Novas Tecnologias na Educação e a ministrar o referido curso –, dispõem, sob a epígrafe «Condições de acesso», que «Podem candidatar-se à matrícula e inscrição no curso os titulares do grau de bacharel ou de licenciado».

III – Ainda que o R. tenha concluído o Curso Superior de Desenho, da Cooperativa Árvore, nunca este curso poderia ser considerado para efeitos da previsão da norma do artigo 5.º da Portaria citada, porquanto, da aprovação naquele Curso e/ou da posse da chamada habilitação própria para a docência (nos termos dos Despachos Normativos n.os 57/83 e 32/84 – cf. artigo 32.º do req. inicial), não pode extrapolar-se que o mesmo pudesse, para efeitos de prosseguimento de estudos, ser equiparado à titularidade de um bacharelato que era o que era exigido como condição para o ingresso no Curso de Estudos Superiores Especializados.

IV – O R. não detinha, para o pretendido efeito de matrícula e ingresso no referido CESE, a titularidade das habilitações necessárias à frequência daquele curso.

V – Para mais, só a partir da publicação da Portaria n.º 882/89, de 12 de Outubro, foram fixados os efeitos correspondentes aos da titularidade de grau de bacharelato do ensino público, a qual se reporta apenas à data da publicação do Despacho n.º 129/MEC/86, ou seja, 28 de Junho de 1986 (cf. parágrafo 3°).

VI – O R. não possuía a habilitação necessária para o ingresso e a matrícula no curso referido e, o mesmo é dizer, não a possuía para a frequência e para a obtenção do diploma que certificou essa frequência e que mais não é que um acto consequente do primeiro e, portanto, nulo e nenhum efeito.

VII – Se, no acto certificativo, por sua própria natureza, enquanto declaração de conhecimento e não da vontade, não se podem verificar vícios quanto ao objecto e ao conteúdo, a verdade é que o acto pode estar viciado no próprio elemento causal enquanto declara factos cuja base é um acto, nulo, como no caso presente, o foi o próprio ingresso e a matrícula no CESE pelo R. (cfr., por todos, J. E. Martinez Jimenez, La función certificante del Estado, Madrid, 1977, pp. 142 e ss.).

VIII – Como se afirmou, aliás, em recente Acórdão desse Venerando Tribunal, datado de 14 de Maio de 2002, «sobre a questão da densificação dos elementos essenciais a que se refere o artigo 133.º do CPA, segundo Esteves de Oliveira e outros, em anotação ao artigo 133.º do CPA, seriam todos "aqueles que se ligam a momentos ou aspectos legalmente decisivos e graves dos actos administrativos, além daqueles a que se refere já o seu n.º 2, e tendo em vista o 'tipo de acto em causa» (itálico nosso) (fonte: http://www.dgsi.pt/).

IX – O despacho ora recorrido mais não fez que aplicar o regime do artigo 134.º do CPA ao declarar, a todo o tempo, a nulidade do acto consequente do acto nulo da matricula – e apontando naturalmente a causa dessa nulidade fazendo-a reportar ao próprio ingresso inválido – justamente para assim conferir maior certeza à certificação de estudos realizados sem o necessário pressuposto de uma matrícula válida, pelo que, improcede o alegado vício de violação de lei.

X – Não se verifica, assim, qualquer vício, no despacho recorrido, designadamente o de violação de lei."

1.4. O recorrido particular contra-alegou, pela forma constante de fls. 176, defendendo o improvimento do recurso.

1.5. O Exm.º Magistrado do M.º Público junto deste S.T.A. emitiu o parecer de fls. 182, que se transcreve:

"Reiterando o parecer emitido anteriormente na Secção, perfilhamos o entendimento que o douto Acórdão recorrido fez correcta interpretação e aplicação de lei, não merecendo qualquer censura.

Assim, improcedendo as conclusões das alegações do recorrente, deverá ser negado provimento ao recurso."

2. Colhidos os vistos legais, cumpre apreciar e decidir.

2.1. Com interesse para a decisão, o acórdão recorrido considerou provados os seguintes factos:

"*a*) No ano lectivo de 1983-1984, o recorrente concluiu o Curso Superior de Desenho da Cooperativa de Ensino Superior Artístico Árvore I, CRL, na cidade do Porto – doc. de fls. 12;

b) Em 1991 ingressou no Curso de Estudos Superiores Especializados em Novas Tecnologias na Educação da Escola Superior de Educação da Guarda – doc. de fls. 13;

c) Curso esse que concluiu em 18 de Outubro de 1993 – doc. de fls. 14;

d) No ano de 2001 a Inspecção – Geral da Educação, no ponto 4.2.2.2 do relatório do processo de inquérito n.º 11.06/01 – 2000, deu nota do seguinte, em relação a José Manuel Rainha Martins:

"Concluiu o Curso Superior de Desenho em 1984.

Pelo Despacho n.º 129/MEC/86 de 28 de Junho, é autorizado o Curso Superior de Desenho da Cooperativa de Ensino Superior Artístico Árvore (ponto 1.). O grau de bacharel do Curso Superior de Desenho será confirmado, por despacho complementar do presente (alínea a) – n.º 5).

A Portaria n.º 882/89 de 12 de Outubro, reconhece ao Curso Superior de Desenho efeitos correspondentes aos da titularidade de grau de bacharelato do ensino público, valendo o presente reconhecimento como o previsto no n.º 5, alínea a) do Despacho n.º 129/MEC/86 de 28 de Junho.

Não há conhecimento de legislação que equipare o Curso Superior de Desenho da Cooperativa Árvore ao grau de bacharelato, para os alunos que o concluíram antes da publicação do Despacho n.º 129/MEC/86 de 28 de Junho."

e) Nesse mesmo relatório, no ponto 5.7. o instrutor propôs o seguinte:

"A análise pelos competentes serviços jurídicos da validade da equivalência ao bacharelato do aluno José Manuel Rainha Martins, tendo por base o que está exposto no ponto 4.2.2.2., Supra"

f) Sobre o relatório referido em b) e e) recaiu a Informação IGE 67/2002, da Inspecção – Geral da Educação, cujo ponto 4. se transcreve:

"Quanto ao referido em 5.7. (fis. 1180), não se me afigura que haja justificação para propor "A análise pelos competentes serviços jurídicos da validade e equivalência ao bacharelato do aluno José Manuel Rainha Martins, tendo por base o que está exposto no ponto 4.2.2.2. Supra", pois, como aí é mencionado, não é conhecida legislação que equipare o Curso Superior de Desenho da Cooperativa Árvore ao grau de bacharelato, para os alunos que o concluíram antes da publicação do Despacho n.º 129/MEC/86, de 26 de Junho.

Nestas circunstâncias, também aqui se verificou que o aluno em causa foi admitido, frequentou e concluiu o CESE sem possuir a habilitação legal exigível, pelo que, à semelhança do caso referido no ponto anterior, se propõe que seja declarada a nulidade dos respectivos actos certificativos com a consequente repercussão nas propostas constantes dos pontos 5.2. e 5.3."

g) Em 2 de Junho de 2004, o Ministro da Ciência e do Ensino Superior exarou, nessa mesma Informação IGE 67/2002, o seguinte despacho:

"Concordo com o proposto nos pontos 2. a 6. da presente Informação""

2.2 O DIREITO

O acórdão recorrido anulou o despacho do Ministro da Ciência e do Ensino Superior contenciosamente impugnado – que declarou a nulidade do acto de certificação do Curso de Estudos Superiores Especializados em Novas Tecnologias na Educação da Escola Superior de Educação da Guarda, frequentado pelo recorrente contencioso (ora recorrido) –, com fundamento em vício de violação de lei, por considerar, em síntese, que, aquando da inscrição do ora recorrido no curso Superior Especializado em Novas Tecnologias da Educação, da Escola Superior de Educação da Guarda, o recorrido era titular do grau de bacharel – contrariamente ao pressuposto pelo despacho anulado – e, por força do disposto no art. 3.º da Portaria 358/90, de 10 de Maio, reunia as condições legais de acesso.

A entidade recorrente diverge do julgado no acórdão sob recurso, continuando a defender o entendimento sustentado no recurso contencioso, coincidente com a interpretação legal subjacente ao despacho recorrido.

Todavia, apesar da desenvolvida exegese levada a cabo no acórdão recorrido, as alegações da entidade recorrente limitam-se, no que ao caso essencialmente importa – saber se o curso de Desenho concluído na Cooperativa Árvore, em 1984, antes da publicação do Despacho n.º 129/MEC/86, está abrangido pelo reconhecimento conferido pelo art. 9.º da Portaria 882/89, de 12.10 – a afirmações de carácter genérico e conclusivo, que não logram pôr em causa aquela exegese do aresto em apreço.

De facto, a este propósito (o único que, afinal, verdadeiramente importa nesta sede), a entidade recorrente alega apenas:

"Ainda que o R. tenha concluído o curso Superior de Desenho da Cooperativa Árvore e que se possa dar como certa a respectiva autorização de funcionamento dos cursos, a que se referem os diplomas citados nas peças processuais anteriores, nunca este curso poderia ser considerado para efeitos da previsão da norma do artigo 5.º da Portaria n.º 358/90 de 10.5.

E, este facto, toma insustentável o alegado vício do despacho recorrido porque, ao contrário, apoiando-se no Relatório do processo de inquérito e na Informação IGE 67/2002, de 27/3/02, que contém, na sua génese e fundamentos, a única leitura possível das normas que sustentam o acesso ao CESE e não padece de qualquer violação de lei por errada interpretação do direito: precisamente porque, afinal, o R. não detinha, para o pretendido efeito de matrícula e ingresso no referido CESE, a titularidade das habilitações necessárias à frequência daquele curso.

Para mais, só a partir da publicação da Portaria n.º 882/89, de 12 de Outubro, foram fixados os efeitos correspondentes aos da titularidade de grau de bacharelato do ensino público. E essa fixação reporta-se no tempo, nos termos da mesma Portaria (parágrafo 3°), apenas à data da publicação do Despacho n.º 129/MEC/ /86, ou seja, 28 de Junho de 1986.

Não se reporta, assim, a norma, ao ano lectivo de 1983-84, ano de conclusão pelo R. do referido Curso. E nada, na respectiva legislação, permite inferir conclusão diversa: donde, é forçoso concluir que o R. não possuía a habilitação necessária para o ingresso e a matrícula no curso referido e, o mesmo é dizer, que a não possuía para a frequência e para a obtenção do diploma que certificou essa frequência e que mais não é que um acto consequente do primeiro e, portanto, nulo e nenhum efeito."

Ora, o acórdão impugnado procedeu, como se disse, à interpretação dos diplomas legais aplicáveis – entre outros, do D.L. 100/B/85 (ao abrigo do qual foi proferido o Despacho n.º 122/MEC/86); deste último Despacho do Ministro da Educação e Ciência; da Portaria 882/89, de 12.10 – usando elementos hermenêuticos de diversa natureza (literal, histórico e racional)

Pondera-se, com efeito, no acórdão recorrido:

"O recorrente concluiu em 1984, o Curso Superior de Desenho da Cooperativa Árvore, na cidade do Porto. À data, a actividade dessa cooperativa de ensino regia-se pelo disposto no DL n.º 441-A/82, de 6 de Novembro. E a Administração considerava que a titularidade do Curso Superior de Desenho conferia habilitação própria para a docência de Educação Visual no Ensino Preparatório [cfr. Despachos Normativos n.º 57/83 (DR. I, de 1983.02.23) e 32/84 (DR, I, de 1984.02.09), sinal claro de que o curso estava devidamente autorizado e cumpria os demais requisitos exigidos pela lei ao tempo em vigor, não sendo clandestinos nem o estabelecimento de ensino, nem o curso.

Em 8 de Abril de 1985 foi publicado o DL n.º 100-B/85 (que – art. 35.º – revogou o DL n.º 441-A/82) cuja finalidade vem, assim, indicada no respectivo preâmbulo:

"O presente diploma pretende, assim, fixar as regras e disposições que devem orientar a autorização de criação e funcionamento de estabelecimentos de ensino particular e cooperativo até à publicação do correspondente Estatuto, bem como regular a fiscalização da sua actividade e o eventual reconhecimento oficial dos seus cursos".

Neste diploma, o legislador, do mesmo passo que fixou as novas regras de autorização de funcionamento dos estabelecimentos (art. 9.º), dos cursos (art. 14.º /c/d) e do reconhecimento oficial destes, não deixou de ter em consideração os cursos anteriormente autorizados, como decorre do disposto no art. 17.º, cujo texto é o seguinte:

O despacho que reconhecer oficialmente curso que já se encontrasse em funcionamento fixará as restrições a que porventura tal reconhecimento esteja sujeito, nomeadamente anos lectivos a que se circunscreve e condições específicas que os diplomados devam satisfazer"

E foi neste quadro que o Despacho 129/MEC/86, de 21 de Junho de 1986 (publicado no DR, II Série de 1986.06.28) veio autorizar a Cooperativa de Ensino Artístico Árvore I, a funcionar nas instalações da Rua do Passeio das Virtudes, 14, Porto, com vários cursos, entre eles o Curso superior de Desenho (ponto 1–) dispondo no ponto 5.:

"Aos diplomas emitidos pela Cooperativa de Ensino Superior Artístico, Árvore I, pela conclusão dos cursos autorizados pelo presente despacho e a seguir indicados é reconhecida a produção de efeitos correspondentes aos da titularidade de grau de ensino público, nos seguintes termos:

(...)

Curso Superior de Desenho

(...)

(a) A confirmar, por despacho complementar do presente, a produção de efeitos correspondentes ao grau de bacharelato do ensino público."

Mais tarde, foi publicada a Portaria n.º 882/89, de 12 de Outubro, em cujo art. 3.º se diz que aos diplomas emitidos pela conclusão do Curso Superior de Desenho "é reconhecida a produção de efeitos correspondentes aos da titularidade de grau de bacharelato do ensino público, valendo o presente reconhecimento como o previsto no n.º 5, alínea a), do citado Despacho n.º 129/MEC/86".

Ora, é no alcance deste acto da Administração que se centra o dissídio das partes.

Na decisão administrativa, ora impugnada, a autoridade recorrida, em entendimento que reitera nesta sede de recurso contencioso, considerou que o curso concluído em 1984, antes da publicação do Despacho n.º 129/MEC/86 não está abrangido pelo reconhecimento.

O recorrente, divergindo, acompanhado do Ministério Público, defende que os efeitos do reconhecimento abarcam aquele curso.

E esta é a melhor interpretação.

A favor deste sentido, milita, desde logo, o texto do ponto 5. do Despacho 129/MEC/86 que, não distingue entre cursos anteriores e cursos a iniciar e utiliza uma flexão – diplomas emitidos – que não é a mais adequada para proclamar uma intenção de restrição aos cursos futuros.

Depois, como vimos, é inequívoco que o Curso Superior de Desenho, antes da publicação do DL n.º 100-B/85, de 8 de Abril, era já ministrado na Cooperativa Árvore, com autorização da Administração, como decorre da circunstância de, por determinação desta constituir habilitação própria para a docência no ensino preparatório. Temos, assim, que a autorização de funcionamento conferida pelo Despacho n.º 129/MEC/86, para regularizar a situação face ao novo regime legal, em relação àquele Curso, se reporta, também ela, a um curso que já existia e funcionava. E esta era uma realidade a merecer, seguramente, a atenção da Administração. Portanto, o Ministro da Educação, quando fez publicar Portaria n.º 882/89, de 12 de Outubro, da sua autoria, reconhecendo aos diplomas emitidos pela conclusão do Curso Superior de Desenho a produção de efeitos correspondentes aos da titularidade do grau de bacharelato do ensino público, não ignorava que alguns desses diplomas emitidos titulavam cursos concluídos antes do Despacho n.º 129/MEC/86.

Neste contexto, a ausência de qualquer limitação ao reconhecimento feito no exercício de uma norma de competência – art. 17.º do DL n.º 100-B/85 de 8.4 – que atribui ao decisor o poder de lhe fixar restrições, "nomeadamente anos lectivos a que se circunscreve e condições específicas que os diplomados devam satisfazer" sugere, com muita força, que a Administração, na valoração própria da sua autonomia conformadora, não quis excluir do âmbito da eficácia do reconhecimento, conferido pelo art. 3.º da Portaria n.º 882/89 de 12.10, qualquer dos diplomas emitidos pela conclusão do Curso Superior de Desenho, independentemente da data da respectiva conclusão.

Posto isto, é forçoso concluir que o recorrente, aquando na sua inscrição no Curso Superior Especializado em Novas Tecnologias da Educação, da Escola Superior de Educação da Guarda, era titular do grau de bacharel e, por força do disposto no art. 3.º da Portaria n.º 358/90 de 10 de Maio, reunia as condições legais de acesso.

O mesmo é dizer que o acto contenciosamente impugnado enferma do vício de violação de lei que lhe vem assacado, por ter considerado, erroneamente, que o impugnante não era titular do grau de bacharel."

Concorda-se, inteiramente, com a interpretação legal e consequente decisão sufragada pelo aresto impugnado, não se justificando aditar, aqui, algo mais, tendo, nomeadamente, em conta a apontada insuficiência de argumentação das alegações da entidade recorrente.

3. Nestes termos, acordam em negar provimento ao recurso, confirmando o acórdão recorrido.

Sem custas, por delas estar isenta a entidade recorrente.

Lisboa, 19 de Janeiro de 2006.

Angelina Domingues (Relatora)
António Samagaio
Azevedo Moreira
Santos Botelho
Rosendo José
Pais Borges
Adérito Santos
Costa Reis

Recurso n.º 821/03-20

DECISÃO DE LOCALIZAÇÃO DE AUTO-ESTRADA. PLANO SECTORIAL. PLANO DIRECTOR MUNICIPAL. PRINCÍPIO DA HIERARQUIA DOS PLANOS.

(Acórdão de 7 de Fevereiro de 2006)

SUMÁRIO:

I – A hierarquia é o mais importante dos princípios jurídicos que disciplinam o relacionamento entre os vários instrumentos de gestão territorial.

II – Nos termos previstos no art. 35.º/2/c) do DL no 380/99 de 22 de Setembro, para efeitos deste diploma, são considerados planos sectoriais as decisões sobre a localização e a realização de grandes empreendimentos públicos com incidência territorial.

III – Tais decisões estão submetidas às regras das relações dos planos entre si e não ao regime da sujeição dos actos administrativos aos instrumentos de gestão territorial.

IV – Sendo divergentes e inconciliáveis as opções de um plano sectorial e de um plano director municipal preexistente, prevalece o plano sectorial, devendo a harmonização normativa fazer-se através da alteração do plano municipal.

ACORDAM NO PLENO DA SECÇÃO DO CONTENCIOSO ADMINISTRATIVO DO SUPREMO TRIBUNAL ADMINISTRATIVO

1. RELATÓRIO

A Junta de Freguesia da Morreira, concelho de Braga, recorre para este Pleno do Acórdão da Secção, de 29 de Abril de 2003, proferido a fls. 379-403, que negou provimento ao recurso contencioso de anulação, por ela intentado, do acto administrativo praticado por meio da Declaração n° 26/2001, de 14/12/2000, do Secretário de Estado Adjunto e das Obras Públicas, que fixou a localização e a zona non aedificandi do troço de auto-estrada A 11-IP 9, entre os nós de ligação de Celeiros e Guimarães Oeste.

1.1. A recorrente apresenta alegações com as seguintes conclusões:

1. O Dec.Lei n.º 222/98, de 17.07, que aprovou o PRN 2000, é um instrumento de gestão territorial que integra o programa nacional de ordenamento do território, e a sua elaboração, alteração ou revisão, compete ao Governo, sob coordenação do Ministério do Equipamento, Planeamento e Administração.

2. Essa elaboração deve ser acompanhada por uma comissão consultiva.

3. Os programas nacionais da política do ordenamento do território, como o PRN 2000, definem o quadro estratégico a desenvolver pelos planos municipais de ordenamento do território.

4. A elaboração dos planos municipais de ordenamento do território é da competência das câmaras municipais, acompanhada, a sua elaboração, por uma comissão mista, aprovados pelas assembleias municipais e ratificados pelo Governo.

5. Estes planos têm natureza regulamentar, visando estabelecer a tradução, no âmbito local, do quadro de desenvolvimento do território, estabelecido nos instrumentos de natureza estratégica de âmbito nacional e regional.

6. Nos planos municipais de ordenamento do território incluem-se os planos directores municipais.

7. As alterações ou revisões dos diversos instrumentos de gestão territorial seguem os procedimentos para a sua elaboração.

8. As alterações aos PDM, mesmo que em regime simplificado, competem às câmaras municipais, com conhecimento à comissão de coordenação regional e com publicidade das mesmas.

9. Assim, o Ministério do Equipamento Social não tinha, nem tem, nem nunca teve competência para alterar o PDM de Braga, seja o de 1993, seja o actual.

10. Logo, o recorrido, que integra aquele órgão, também não tinha, não tem, nem nunca teve, essa competência, também porque a declaração de competências a que aludem os autos nada tem a ver com o acto recorrido.

11. Há pois, incompetência absoluta do recorrido para o acto administrativo em recurso nos autos, o que gera a sua nulidade nos termos e ao abrigo do disposto no art. 133.º, n.º 2, al. b) do C.P.A.

12. Não há, nos termos do supra alegado, qualquer incompatibilidade entre o PRN 2000 e os PDM de Braga, seja o de 1993, seja o de 2001.

13. Aliás, nem o PRN 2000 aprovado depois do PDM, veio alterar ou rever, revogar, qualquer norma do PDM de Braga de 1993, invocando qualquer incompatibilidade nos termos do disposto no art. 97.º do DL no 380/99, o que obrigaria a câmara municipal de Braga a efectuar, através da reformulação de regulamentos e de plantas na parte afectada, o que, como se sabe, não sucedeu.

14. Pelo que, tal como assente na matéria de facto vertida no acórdão recorrido, o acto administrativo recorrido viola o PDM de Braga (pois a localização da auto – estrada ínsita naquele acto viola, em parte, os espaços canais definidos naquele PDM – vide ponto 5. da matéria de facto dada como provada).

15. Nos termos e ao abrigo do disposto no art. 52.º, n.º 1, al. b) do DL n.º 445/91 são nulos os actos que violem um plano director municipal de ordenamento do território.

16. Nos termos e ao abrigo do disposto no art. 103.º do DL 380/99, de 22.09, são nulos os actos praticados em violação de qualquer instrumento de gestão territorial aplicável.

17. Conclui-se, assim, que o acto recorrido é nulo.

18. Termos em que, o acórdão recorrido violou o disposto nos arts. 24.º, n.º 1, 30.º, 31.º, 70.º, al. a), 74.º, n.º 1, 75.º, n.º 2, 79.º, 80.º, n.º 1, 94.º, n.ºs 1 e 2, 97.º e 103.º, todos do Dec.Lei n.º 380/99, de 22.09; art. 52.º, n.º 1, al. b), do DL n.º 445/91 e o art. 133.º, n.º 2, al. b) do CPA, pelo que deve ser revogado, proferindo-se douto acórdão que, decidindo como nas conclusões supra, declara a incompetência absoluta do recorrido para a prática do acto administrativo em apreço e, em consequência, declare a sua nulidade, ou, se assim se não entender, mas também, declare a nulidade daquele acto, com as legais consequências, assim se fazendo a esperada JUSTIÇA.

1.2. A autoridade recorrida contra-alegou, dizendo:

1. Nas suas alegações de recurso, a recorrente aborda unicamente um vector a eventual violação do Plano Director Municipal de Braga.

2. Essa violação consubstanciar-se-ia no facto de não ter sido respeitado o espaço canal previsto naquele plano director para a passagem da estrada em questão.

3. É essa a base a partir da qual a recorrente acaba por concluir pela invalidade do acto recorrido: se o espaço canal não foi respeitado, sendo o PDM violado, não havendo norma superior que permita essa violação, seria nulo aquele acto.

4. É esta, "grosso modo", a sua fundamentação no presente recurso.

5. Só que, pese o seu esforço ao pretender construí-la, ela cai por aquela mesma base que referimos: é que não houve qualquer violação do Plano Director Municipal de Braga na medida em que o traçado da estrada não extravasou do espaço que aquele plano lhe havia destinado.

6. Com efeito, se compulsarmos uma cópia de extracto da planta de ordenamento do Plano Director Municipal de Braga (v. anexo 4 do vol. 4.4 – Estudo de Impacte Ambiental – do Estudo Prévio) e se a conjugarmos com as respectivas legendas, constataremos que os espaços – canais, onde seria possível construir a via em causa, se configuram a branco.

7. Ora, se tivermos presente o capítulo dedicado aos Planos de Ordenamento e Condicionantes, inserido a fls. 144 do 1° tomo, volume 4.2 – Estudo de Impacte Ambiental – do Estudo Prévio, verificamos que houve todo o cuidado em respeitar os espaços-canais em causa,

espaços estes que apresentam alguma amplitude (os PDM não determinam com rigor o traçado das vias "stricto sensu") e que se reflectem na constituição de áreas non aedificandi.

8. Tal será bem nítido, até, se visualizarmos os desenhos BSG 0 – EP – 47-01 e BSG 0 – EP – 47-02 inseridos no volume 4.3 – Estudo de Impacte Ambiental – do Estudo Prévio.

9. E, se levarmos em consideração já o Projecto de Execução, interessará chamar a atenção para as páginas 87 e 88 do Relatório (CEGO – E.210.MI) em que se vincou que havia sido rigorosamente observado o Plano Director Municipal de Braga.

10. Do mesmo modo, no Tomo do Projecto de Execução, titulado de Desenhos (CEGO-E.210.M2) poder-se-ão observar peças desenhadas (CEGO-E.210.09.01 e CEGO-E.210.09.01), em que se configura o traçado final que segue o espaço – canal naquele Plano Director.

11. Identicamente, se compulsarmos o Tomo titulado de Anexos, quanto às peças desenhadas CEGO-E.42.01 a 09 e Anexo 4...

12. Não se alcança, assim, que o PDM em causa tenha sido violado.

13. Dai que se infira em hipótese teórica que, se o douto Tribunal acolhesse a pretensão da recorrente, a médio prazo e em execução de sentença que teria em conta a existência de uma violação do PDM de Braga, a Administração teria dificuldades e perplexidades na execução da decisão perante um traçado que, de facto, não se teria afastado dos espaços-canais.

Termos em que deverá ser negado provimento ao presente recurso, mantendo-se o acórdão recorrido.

1.3. Também o interessado Instituto das Estradas de Portugal apresentou contra-alegações, concluindo:

A) O acto contenciosamente impugnado no viola o Plano Director Municipal de Braga, conforme se comprova no documento já junto com a contestação, como documento n.º 3 e dos que agora se juntam como documentos n.ºs 1 e 2.

B) O concelho de Braga tem o seu PDM aprovado.

C) Na Carta de Ordenamento do PDM de Braga estão considerados os chamados espaços canais reservados para os itinerários previstos da Rede Rodoviária, onde se inclui o troço da A 11, Sublanços Braga Sul (A3) – Celeiros – Guimarães Oeste.

D) Como se pode observar nos desenhos das "Condicionantes – Projecto de Execução", à escala 1:25000 (documento n.º 1), todo o traçado do sublanço se encontra integralmente dentro do espaço canal reservado para esse fim no PDM de Braga.

E) Aliás, mesmo que existisse violação do PDM de Braga, indo de encontro ao afirmado pelos Venerandos Juízes Conselheiros desse ilustre Tribunal, não feria de nulidade o acto impugnado.

F) Este entendimento assenta antes de mais no princípio da hierarquia das normas, já que quando não é possível a sua compatibilização terá de prevalecer a de maior valor.

O) Assim, existindo uma incompatibilidade entre um PDM e um Plano de Ordenamento do Território, o primeiro terá de ceder perante o segun4o, atenta a maior importância deste.

H) Desta forma, in casu, há uma relação hierárquica entre o PDM e o Plano Rodoviário Nacional, sendo que o segundo, atenta a sua natureza, está num plano superior, não podendo aceitar-se outra interpretação.

I) Acresce que, as disposições do PDM não poderão ser interpretadas de forma isolada, mas tendo em conta outras normas que com elas interferem ou mesmo colidem.

J) Neste sentido pronunciando-se a 2ª Subsecção desse douto Tribunal no processo n.º 046819, de 12/12/ /2002: "O plano director municipal (PDM) é um plano de ordenamento do território de âmbito municipal o qual, podendo embora integrar as opções de âmbito nacional e regional com incidência na respectiva área de intervenção, designadamente as relativas ao traçado de auto-estradas, as suas disposições terão de ser interpretadas de acordo com as normas que regem a competência de outras autoridades administrativas designadamente da Administração Central, em assuntos específicos da sua competência como são aquelas grandes vias de comunicação".

K) Tudo a permitir concluir, que no douto Acórdão recorrido se procedeu a uma correcta interpretação dos preceitos legais aplicáveis, devendo manter-se, e, consequentemente ser negado provimento ao recurso."

1.4. O Exmº Magistrado do Ministério Público emitiu o seu douto parecer, nos seguintes termos:

"Vem o presente recurso interposto da decisão da Secção de 29/4/03 que julgou improcedente o recurso com os fundamentos que se expõem sinteticamente:

1) que a autoridade recorrida carecia de competência em absoluto para a prática do acto impugnado, estando, este, assim, ferido de nulidade;

2) que o acto recorrido violou o PDM de Braga.

Estes vícios foram sobejamente tratados no acórdão em recurso com fundamentos que se acompanham na íntegra, dispensando-nos de mais considerações.

De igual modo, as autoridades recorridas pugnam pela improcedência do recurso reforçando os fundamentos do acórdão da Secção.

Assim, na esteira da posição já defendida nos autos, sou de parecer que o recurso não merece provimento." –

Colhidos os vistos legais, cumpre decidir:

2. FUNDAMENTAÇÃO

2.1. OS FACTOS

No acórdão recorrido foram dados como provados os seguintes factos:

1 – A freguesia de Morreira é uma autarquia local pertencente ao concelho de Braga;

2 – No DR —II Série, de 23/1/2001 foi publicada a Declaração nº 26/2001 (28 Série) com o seguinte teor: "Para efeitos do disposto no DL n.º 248-A/99, de 6/7, declara-se que:

1. A localização do troço da auto-estrada A11-IP 9 entre as nós de ligação de Celeiros e Guimarães Oeste foi aprovada por meu despacho de 24/6/2000.

2. A zona de servidão «non aedificandi» a que se refere a al. a) do n.º 1 do art. 4.º do DL n.º 248-A/99, de 6/7, é a que consta do mapa anexo.

3. A faixa de reserva estará patente, durante 30 dias, na AENOR – Auto-Estradas do Norte, AS. – 14 de Dezembro de 2000 – O Secretário de Estado Adjunto e das Obras Públicas, Luís Manuel Parreirão Gonçalves";

3 – No DR, II Série de 25/1/2001 foi publicado o Despacho n.º 1 583 – D (28 série), com o seguinte teor:

"Nos termos do disposto na al. a) do n.º 1 do art. 14.º e do n.º 2 do art. 15.º do Código das Expropriações aprovado pela Lei n.º 168/99, de 18/9, atenta a Resolução do Conselho de Administração do Instituto das Estradas de Portugal de 20/9/2000, que aprovou a planta parcelar e o mapa de expropriações das parcelas necessárias à construção da obra A11-IP9 – Braga-Guimarães – A4-IP4, sublanço Celeiros (PK 2,825) – Guimarães Oeste (PK 14,637), com início previsto no prazo de seis meses, declaro, por delegação do Ministro do Equipamento Social, constante do despacho n.º 18 249/2000, de 22/8, publicado no Diário da República, 2° Série, n.º 208, de 8 de Setembro de 2000, ao abrigo do art. 161.º das Estradas Nacionais, aprovado pela Lei n° 2037, de 19 de Agosto de 1949, atendendo ao interesse público subjacente à célere e eficaz execução da obra projectada; a utilidade pública com carácter de urgência da expropriação das parcelas de terreno necessárias à execução da obra A11-IP9-Braga-Gimarães-A4-IP4, sublanço de Celeiros (PK 2,825) – Guimarães Oeste (PK 14,637), identificadas no mapa em anexo, com os elementos constantes da descrição predial e da inscrição matricial e dos direitos e ónus que sobre elas incidem e os nomes dos respectivos titulares. Os encargos com a expropriação em causa serão suportados pelo instituto de Estradas de Portugal".

4 – Pelo despacho n.º 23 444/99, de 8/11/1999, o Sr. Ministro do Equipamento Social delegou no Sr. Secretário de Estado Adjunto e das Obras Públicas – Luís Manuel Parreirão Gonçalves – a competência para declaração de utilidade pública das expropriações, requerida por organismos e serviços que ficassem na sua dependência directa ou tutela, ou sob a sua dependência ou tutela, bem como a atribuição do carácter e urgência e a autorização de posse administrativa dos bens expropriados (DR, II, de 2/12/1999).

5 – A localização do troço da auto-estrada ínsito no acto recorrido viola, em parte, os espaços-canais definidos no PDM de Braga, para a passagem de tal infra-estrutura.

2.2. O DIREITO

No recurso contencioso, a recorrente invocou, além do mais, a nulidade do acto administrativo impugnado, com fundamento, por um lado, na incompetência absoluta do respectivo autor e, por outro lado, na violação do PDM de Braga.

No acórdão recorrido, proferido a fis. 379-403, a Secção julgou improcedentes todos os vícios invocados e negou provimento ao recurso contencioso.

A impugnante insurge-se contra o acórdão e, na sua alegação, restringe o recurso jurisdicional àquelas duas questões de nulidade, considerando que o aresto enferma de erro de julgamento nas decisões sobre elas tomadas.

Vejamos.

Como se disse no acórdão, a propósito da recorribilidade, o acto administrativo impugnado incorpora a decisão de" localização do troço de auto-estrada A 11-IP 9 entre os nós de ligação de Celeirós e Guimarães Oeste". E o comportamento reactivo da recorrente justifica-se pelo facto assente – vide, supra, ponto 5. de 2.1. – de a localização daquele segmento da via não respeitar "em parte, os espaços – canais definidos pelo PDM de Braga, para a passagem de tal infra-estrutura".

Apreciando as implicações desta circunstância na validade do acto, o aresto da Secção concluiu que o mesmo não padecia da nulidade que lhe vinha assacada, com fundamento no disposto no art. 52.º/I/b) do DL n.º 445/91 de 20 de Novembro.

Para melhor compreensão passamos a transcrever o discurso justificativo da decisão:

"(...)

Adiante-se, desde já, que a verificação, ou não verificação de tal vício, depende da possibilidade de um PDM poder, ou não, ser violado por um Plano Rodoviário.

É o que se passa a analisar.

O art. 65.º da Constituição da República no seu n.º 4 refere que "o Estado, as regiões autónomas e as autarquias locais definem as regras de ocupação, uso e transformação dos solos urbanos, designadamente através de instrumentos de planeamento, no quadro das leis respeitantes ao ordenamento do território e ao urbanismo, e procedem às expropriações dos solos que se revelem necessárias à satisfação de fins de utilidade urbanística".

E acrescenta-se no n.º 2 do artigo seguinte que "para assegurar o direito ao ambiente, no quadro de um desenvolvimento sustentável, incumbe ao Estado, por meio de organismos próprios e com o envolvimento e a participação dos cidadãos «ordenar e promover o ordenamento do território, tendo em vista uma correcta localização das actividades, um equilibrado desenvolvimento sócio económico e a valorização da paisagem»" (al. b).

Esta política de ordenamento do território, consagrada nestes e noutros preceitos constitucionais, foi primeiramente desenvolvida pela Lei n.º 48/98, de 11/8, onde foram estabelecidas as bases da política do ordenamento do território e do urbanismo.

Nesta Lei de Bases referia-se que "a política de ordenamento do território e de urbanismo define e integra as acções promovidas pela Administração Pública, visando assegurar urna adequada organização e utilização do território nacional, na perspectiva da sua valorização, designadamente, no espaço europeu, tendo como finalidade o desenvolvimento económico, social e cultural integrado, harmonioso e sustentável do País, das diferentes regiões e aglomerados urbanos" (art. 1.º, n.º 2).

E esta política assenta no sistema de gestão territorial, organizando-se num quadro de interacção coordenada, em três âmbitos distintos, o nacional, o regional e o municipal (art. 7.º). Para este desenvolvimento territorial existem o programa nacional da política do ordenamento do território, cujas directrizes e orientações fundamentais traduzem um modelo de organização espacial que terá em conta o sistema urbano, as redes, as infra-estruturas e os equipamentos de interesse nacional, bem como as áreas de interesse nacional em termos agrícolas, ambientais e patrimoniais, os planos regionais de ordenamento do território que, de acordo com as directrizes definidas a nível nacional e tendo em conta a evolução demográfica e as perspectivas de desenvolvimento económico, social e cultural, estabelecem as orientações para o ordenamento do território regional e definem as redes regionais de infra-estruturas e transportes, constituindo o quadro de referência para a elaboração dos planos municipais de ordenamento do território, devendo ser acompanhados de um esquema representando o modelo territorial proposto e os planos intermunicipais de ordenamento do território que são de elaboração facultativa, visam a articulação estratégica entre áreas territoriais que, pela sua interdependência, necessitam de coordenação integrada.

Para planeamento territorial existem os planos municipais de ordenamento do território e que compreendem o plano director municipal, o plano de urbanização e o plano de pormenor (art. 90.º). Os instrumentos de planeamento territorial devem prosseguir as orientações definidas pelos instrumentos de desenvolvimento territorial (art. 10.º n.º 1).

Temos, assim, que de acordo com a Lei de Bases da POTU (Lei no 48/98) o PDM, o PU e o PP devem subordinar-se às orientações dos instrumentos de gestão territorial.

As bases da política de ordenamento do território e de urbanismo foram posteriormente desenvolvidas pelo DL. n.º 380/99, de 22/9.

E diz-se no art. 2.º deste último diploma que a política de ordenamento do território e de urbanismo assenta no sistema de gestão territorial, que se organiza, num quadro de interacção coordenada, em três âmbitos: o nacional, o regional e o municipal.

O âmbito nacional é concretizado através do programa nacional da política de ordenamento do território, dos planos sectoriais com incidência territorial e dos planos especiais de ordenamento do território, compreendendo os planos de ordenamento de áreas protegidas, os planos de ordenamento de albufeiras de águas públicas e os planos de ordenamento da orla costeira.

O âmbito regional é concretizado através dos planos regionais de ordenamento do território. O âmbito municipal é concretizado através dos seguintes instrumentos: os planos intermunicipais de ordenamento do território e os planos municipais de ordenamento do território, compreendendo estes últimos: a) os planos directores municipais; b) os planos de urbanização; c) os planos de pormenor.

Embora, todos estes instrumentos de gestão territorial identifiquem os interesses públicos prosseguidos (art. 8.º) e vinculem as entidades públicas (art. 3.º do DL. no 380/ /99), devem assegurar uma harmonização entre eles.

Esta mesma ideia de harmonização está expressa no art. 22.º n.º 2 ao referir que "o Estado e as autarquias locais têm o dever de promover, deforma articulada entre si, a política de ordenamento do território,...".

Pode, todavia, acontecer que não seja possível tal harmonização entre estes vários instrumentos e, por isso, o art. 24.º deste DL. n.º 380/99 consagra uma hierarquia entre eles.

Assim é que no seu n.º 1 se estatui que "o programa nacional da política de ordenamento do território e os planos regionais definem o quadro estratégico a desenvolver pelos planos municipais de ordenamento do território e, quando existam, pelos planos intermunicipais de ordenamento do território" e, acrescentando-se no número seguinte que "nos termos do número anterior, os planos municipais de ordenamento do território definem a política municipal de gestão territorial de acordo com as directrizes estabelecidas pelo programa nacional da política do ordenamento do território, pelos planos regionais de ordenamento do território e, sempre que existam, pelos planos intermunicipais de ordenamento do território".

De tudo o que se acaba de transcrever resulta claramente que os planos municipais de ordenamento não devem colidir com o plano nacional, cedendo quando tal aconteça, representando antes, e no que for compatível, um desenvolvimento do mesmo.

O programa nacional da política de ordenamento do território estabelece as grandes opções com relevância para a organização do território nacional, consubstancia o quadro de referência a considerar na elaboração dos demais instrumentos de gestão territorial, e, designadamente, "as opções e as directrizes relativas à conformação do sistema urbano, das redes, das infra-estruturas e equipamentos de interesse nacional, bem como à salvaguarda e valorização das áreas de interesse nacional, bem como à salvaguarda e valorização das áreas de interesse nacional em termos ambientais, patrimoniais e de desenvolvimento rural" (arts. 27.º e 28.º).

Por sua vez, os planos municipais do ordenamento do território são instrumentos de natureza regulamentar e estabelecem a tradução, no âmbito local, do quadro de desenvolvimento do território estabelecido nos instrumentos de natureza estratégica de âmbito nacional e regional (arts. 69.º e 70.º).

Como se referiu supra, o programa nacional da política de ordenamento do território estabelece as grandes opções com relevância para a organização do território nacional, designadamente, quanto às redes de comunicações e infra-estruturas.

Ora, nesta matéria o primeiro plano rodoviário constava do Decreto n.º 33.916 de 4/9/1944, que devido aos lapsos contidos, tanto no texto como no mapa que o acompanhavam, foi substituído, menos de um ano depois, por novo plano rodoviário, constante do DL. n.º 34 593, de 11/5/1945.

Este novo plano rodoviário, apesar de sucessivas e atempadas vezes alterado, encontrava-se desactualizado e a maioria das estradas portuguesas encontrava-se subdimensionada e incapaz de responder eficazmente à satisfação dos objectivos sócio-económicos dos transportes, exigindo premente reconstrução, por isso surgiu no plano em 1985 (DL. n.º 380/85, de 26/9). Posteriormente, com o DL. n.º 222/98, de 17/7, ainda hoje em vigor, foi revisto este mesmo plano, incluindo-se nele, além de várias inovações, uma rede nacional de auto-estradas com cerca de 3 000 Kms de extensão.

Depois de o n.º 1 do art. 5.º deste diploma legal nos dizer quais os elementos que formam a rede nacional de auto-estradas, o n.º 2 acrescenta que "os lanços da rede nacional de auto-estrados são os que constam da Lista IV anexa a este diploma do qual faz parte integrante". Da rede nacional de auto-estradas descrita nesta lista vem classificado o IP 9, com a seguinte designação: Viana do Castelo (IC 1) – Ponte de Lima. Braga – Guimarães (IP 4).

Ora a construção do lanço da A 11/IP 9 Braga/Guimarães/IP 4/A 4, com a extensão aproximada de 43 Kms foi objecto de concessão à AENOR (Base II n.º 1 al. e) do DL. n.º 248-A/99, de 6/7) e cujo traçado, ordenado pelo acto objecto do presente recurso, viola os espaços canais previstos no PDM de Braga.

Todavia, como já acima se referiu, quando não for possível a compatibilização de um PDM com um Plano Nacional de Ordenamento do Território, aquele tem que ceder perante este, dado a maior importância deste.

Aliás, assim o impõe o art. 60.º da Constituição da República, que consagra o princípio constitucional geral da unidade do Estado (Parecer do Conselho Consultivo da Procuradoria Geral da República de 18/2/2003, DR, II Série, de 7/3/2003).

É que como escreve Jorge Miranda, "a autonomia máxima das autarquias locais não pode significar a contraposição ou irrelevância dos interesses nacionais a pretexto da relevância dos interesses locais (Manual de Direito Constitucional, 3° vol., pág. 217). Há, pois, por parte do legislador, o estabelecimento de relação de inferioridade hierárquica dos planos municipais em relação aos restantes instrumentos de gestão territorial, devendo estes considerar-se revogados na parte que posteriormente for alterada por outros instrumentos de gestão territorial de plano superior (Cfr. Fernanda Paula Oliveira, Direito do Ordenamento do Território, pág. 101).

Aliás, tendo um PDM a natureza de um regulamento, sempre teria de ceder perante uma norma de valor superior como é aquela que aprova um Plano Rodoviário que é um decreto-lei. Assim, e por estas razões, o acto contenciosamente impugnado não sofre de nulidade ao violar o PDM de Braga".

A recorrente discorda desta leitura argumentando, em síntese, que:

(i) não há qualquer incompatibilidade entre o Plano Rodoviário Nacional e o PDM de Braga. Aquele não aprova a localização concreta, no terreno, do lanço de auto-estrada. A única coisa que faz é a definição estratégica de toda a rede rodoviária nacional, incluindo a auto-estrada que identificou como IP 9 Viana do Castelo--Braga-Guimarães-Amarante-Vila Real. Nada mais. Não determinou se essa auto-estrada vai mais à esquerda ou à direita, se por aqui se por ali. Essa tarefa deixou-a para os PDM, a ratificar pelo Governo, sendo que os espaços canais previstos no PDM de Braga são, precisamente, a concretização, por via regulamentar do que aquele PRN define. Portanto, o acto impugnado é nulo, por violar o PDM de Braga, de acordo com o disposto no art. 52.º/1/b) do DL no 445/91;

(ii) se se entender, como pretende o acórdão recorrido, que o acto consubstancia a alteração do PDM de Braga, então o acto é nulo, nos termos previstos no art. 133°/2/b) do CPA, por estar ferido do vício de incompetência absoluta, uma vez que as alterações aos PDM, mesmo que em regime simplificado, competem às câmaras municipais.

São estes os termos do dissídio.

Entrando na apreciação das questões a resolver, cumpre dizer, antes de mais, que, pelas razões supra transcritas e como decorre, ainda, com clareza, do disposto nos artigos 10.º da Lei n.º 48/98 de 11 de Agosto e 23.º a 25.º do DL n.º 380/99 de 22 de Setembro, está certa a ideia do acórdão recorrido de que a hierarquia é o mais importante dos princípios jurídicos que disciplinam o relacionamento entre os vários instrumentos de gestão territorial (cfr, a propósito e neste sentido, Alves Correia, "Manual de Direito do Urbanismo", p. 310 e Fernanda Paula Oliveira, "Os Princípios da Nova Lei do Ordenamento do Território: da hierarquia à coordenação" in Revista do Centro de Estudos de Direito do Ordenamento, do Urbanismo e do Ambiente", Ano III, n.º 1, p. 21 e segs.).

Acertada, também, a asserção de que o legislador estabeleceu uma relação de inferioridade hierárquica dos planos municipais em relação aos restantes instrumentos de gestão territorial. Vejam-se, no DL n.º 380/99 o art. 24.º, n.º 1 e n.º 2, 1ª parte, que estabelece a relação entre o programa nacional de política do ordenamento do território e com os planos regionais; o art. 24.º, n.º 2, 2ª parte que fixa o relacionamento com os planos intermunicipais, o art. 24.º, n.º 3 que determina a superioridade dos planos sectoriais e o art. 24.º, n.º 4, que define a relação com os planos especiais de ordenamento do território.

Mas, afirmada a hierarquia, não pode esquecer-se que a mesma convive com a obrigatoriedade legal – artigos 10.º /5 da Lei n.º 48/98 e 20.º /2 do DL n.º 380/99 – de "na elaboração de novos instrumentos de gestão territorial" deverem "ser identificados e ponderados os planos, programas e projectos com incidência na área a que respeitam, já existentes ou em preparação, e asseguradas as necessárias compatibilizações". A lei determina, portanto, uma certa circularidade de influência recíproca entre as normas dos diversos planos, numa interacção que, quando em sentido ascendente, a nossa doutrina (Alves Correia, in "Manual de Direito do Urbanismo", p. 311 e "O Plano Urbanístico e o Princípio da Igualdade",p. 194, nota 52) denomina de princípio da contra-corrente.

Dito isto, é tempo de responder, com mais pormenor, à argumentação da recorrente.

Esta começa por dizer que não existe a incompatibilidade que o acórdão recorrido surpreendeu entre o Plano Rodoviário Nacional e o PDM de Braga. Do seu ponto de vista, não há qualquer Plano de incidência supramunicipal que incorpore a localização concreta da auto-estrada no âmbito do território do concelho de Braga, sendo que, o que verdadeiramente está em causa é a discrepância entre o PDM deste concelho e o acto administrativo impugnado que decide essa localização, desrespeitando os espaços canais para o efeito previstos naquele e que mais não são do que a concretização a nível local, por via regulamentar e com a concordância do Governo (consubstanciada na ratificação do PDM), da orientação estratégica daquele outro plano de incidência nacional. Isto é, entende que a questão a decidir, tratada pelo acórdão da Secção, como colisão normativa entre distintos instrumentos de gestão urbanística, deve, para correcto enquadramento e boa solução, deslocar-se dessa sede e situar-se no domínio da sujeição dos actos administrativos ao plano director municipal.

Ora, é verdade que o que está em causa, no confronto com o PDM de Braga, é a legalidade da Declaração que fixou a localização e a zona non aedificandi do troço da auto-estrada A 11-IP 9, entre os nós de ligação de Celeirós e Guimarães Oeste, sem que haja espaço para grande perplexidade na respectiva qualificação jurídica como acto administrativo (art. 120.º CPA) e não como acto normativo.

Porém, nos termos do disposto no art. 35.º/2/c) do DL n.º 380/99, "para efeitos deste diploma são considerados planos sectoriais" "as decisões sobre a localização e a realização de grandes empreendimentos públicos com incidência territorial". Isto é, a lei designa estas decisões, que são actos administrativos, como planos sectoriais e submete-as às regras das relações dos planos entre si (cfr. art. 102.º/1) e não ao regime da sujeição dos actos aos instrumentos de gestão territorial (cfr. art. 103.º) [vide, neste sentido, Fernanda Paula Oliveira in "Direito do Ordenamento do Território", cadernos CEDOUA, p. 81].

No caso em apreço, não há, pois, lugar à aplicação da norma do art. 52.º/1/b) do DL n.º 445/9 1 de 20 de Novembro que sanciona com nulidade os actos que violem um plano director municipal de ordenamento do território.

Feito este percurso, à primeira vista fica a ideia que a solução a perfilhar será, ainda assim, a declaração de nulidade da decisão de localização, agora enquanto plano, uma vez que, primeiro, o citado princípio da contra-corrente, consagrado no art. 10.º/5 da Lei n.º 48/98, exige, na elaboração do novo plano sectorial no domínio dos transportes e das comunicações (cfr. arts. 8.º/c e 9.º/3 da Lei n.º 48/98) a ponderação do PDM já existente e que se assegurem as necessárias compatibilizações e, segundo, nos termos previstos no art. 102.º/1 do DL n.º 380/99, "são nulos os planos elaborados e aprovados em violação de qualquer instrumento de gestão urbanística com o qual devessem ser compatíveis". Contudo, num olhar mais penetrante, aquela ideia dificilmente se harmoniza com a coerência do sistema. É que nos termos previstos no art. 25.º/1 do DL n.º 380/99 "os planos sectoriais e os planos regionais de ordenamento do território devem indicar as formas de adaptação dos planos especiais e dos planos municipais de ordenamento do território preexistentes determinadas pela sua aprovação". E não pode a lei, sem fractura da unidade da regulamentação, por um lado, afirmar a supremacia hierárquica dos planos sectoriais sobre os planos de ordenamento do território, consagrando que, quando forem divergentes e inconciliáveis as opções de ordenamento, a harmonização normativa se deve fazer à custa dos planos municipais, com a correspectiva alteração destes, ainda que anteriores (cf. art. 97.º/1/b do DL 380/99 na redacção do DL n.º 310/2003 de 10.12) e, por outro lado considerar, no art. 102.º/1 do mesmo diploma, que aqueles planos da administração central são nulos por não se terem harmonizado com os planos municipais, de âmbito territorial mais restrito e em situação de inferioridade hierárquica.

Consideramos, assim, que, no caso em apreço, não há lugar à aplicação do regime de nulidade previsto no art. 102.º/1 do DL n.º 380/99. Sem outras razões, a mera consagração, no plano sectorial, mais amplo, de relevância supramunicipal, de uma medida que conflitue com os interesses mais restritos da comunidade local, não implica, por si só, a invalidade do acto de localização da auto-estrada. Para resolução deste conflito de interesses, a lei, escolheu como instrumento jurídico mais importante o princípio da hierarquia, a determinar, no caso concreto, a prevalência do plano sectorial e a rejeição da aplicação do PDM por ser hierarquicamente inferior.

Nestes termos, concluímos pela improcedência da alegação da recorrente, devendo manter-se a decisão do acórdão recorrido, nesta parte.

A outra questão que vem posta a este Tribunal Pleno é a da nulidade por incompetência absoluta do Secretário de Estado Adjunto e das Obras Públicas.

O acórdão recorrido, nesta questão, julgando intempestivo o recurso em relação ao vício de incompetência, entendeu que (i) a decisão de localização contida na Declaração n.º 26/2001, foi tomada nos termos e para os efeitos previstos no DL n.º 248-A/99, de 6/7, que (ii) é das atribuições do ministério de que aquela autoridade faz parte, decidir a localização da auto-estrada e que, por consequência, (iii) apesar de os Secretários de Estado não serem titulares de competência própria e ainda que a decisão não estivesse a coberto de delegação de poderes, a haver incompetência, a mesma seria sempre relativa, não dando origem à nulidade prevista no art. 133.º/2/b) do CPA.

A recorrente entende que a Declaração consubstancia a alteração do PDM de Braga, sendo que esta só podia ocorrer seguindo os procedimentos previstos nos artigos 93.º e segs do DL n.º 380/99, de 22.10 e que não é das atribuições do Ministério da autoridade recorrida proceder à alteração do PDM, nem elaborar qualquer um dos outros instrumentos de gestão territorial previstos na lei.

Ora, não há dúvida que, de acordo com o regime jurídico fixado pelo DL n.º 248-A/99, de 6 de Julho, que aprovou as bases "da concessão da concepção, projecto, construção, financiamento, exploração e conservação de lanços de auto-estrada e conjuntos viários na zona norte de Portugal" a decisão é das atribuições do Ministério do Equipamento Social [que, por força da Lei Orgânica do XIV Governo Constitucional, aprovada pelo DL n.º 474-A/99, de 8 de Novembro, sucedeu (vide arts. 14.º/3/aa) e 30.º/1) ao extinto Ministério do Equipamento, do Planeamento e da Administração do Território]. É o que decorre do regime especial fixado nas bases XXVIII/3/b/d) e 7 e XXX/1.

E foi esse poder singular e especial e não qualquer outro que a autoridade recorrida exerceu. Portanto, à margem das implicações que a decisão possa ter no âmbito do ordenamento do território e dos efeitos que projecte sobre planos preexistentes, a autoridade recorrida exerceu uma competência que, nos termos de lei especial, é do seu ministério, sem que nessa medida, tenha invadido a esfera de competências de qualquer outro ministério ou pessoa colectiva.

Improcede, pois, a alegação da recorrente ainda nesta outra parte.

3. DECISÃO

Pelo exposto, acordam em negar provimento ao recurso.

Sem custas.

Lisboa, 7 de Fevereiro de 2006.

António Políbio Ferreira Henriques (Relator)
António Fernando Samagaio
Fernando Manuel Azevedo Moreira
Rosendo Dias José
Maria Angelina Domingues
Luis Pais Borges
João Manuel Belchior
Jorge Manuel Lopes de Sousa

Recurso n.º 47545-20

DGCI. INTEGRAÇÃO NO NSR. PESSOAL DO REGIME GERAL. REQUISIÇÃO E POSTERIOR INTEGRAÇÃO NO QUADRO. REMUNERAÇÕES ACESSÓRIAS.

(Acórdão de 19 de Janeiro de 2006)

SUMÁRIO:

I – **Para efeitos do posicionamento nos escalões do NSR de uma funcionária entretanto integrada no quadro de pessoal da DGCI, a atendibilidade das anteriores remunerações acessórias de montante variável depende da data dessa integração, pois só essa data pode esclarecer se a funcionária foi realmente alvo das regras de transição que atenderam àquelas remunerações e cujos destinatários eram os funcionários da DGCI já integrados no respectivo quadro.**

II – **Só na sequência do despacho do Ministro das Finanças de 19/4/91, prolatado por força do art. 3.º, n.º 4, do DL n.º 187/90, de 7/6, é que o pessoal do regime geral da DGCI foi integrado no NSR.**

III – **Assim, a recorrente, que só em 14/10/96 passou a integrar o quadro do pessoal do regime geral da DGCI, ainda que anteriormente aí houvesse trabalhado como requisitada, entrou directamente naquela data na estrutura remuneratória do pessoal da DGCI, pelo que não foi objecto da transição, dita em I e II, que poderia trazer-lhe o benefício da atendibilidade das remunerações acessórias «supra» referidas.**

ACORDAM NO PLENO DA 1.ª SECÇÃO DO SUPREMO TRIBUNAL ADMINISTRATIVO:

Clarisse Maria Trindade Barradas Andrade, identificada nos autos, recorreu para este Pleno do acórdão da 1.ª Subsecção da Secção de Contencioso Administrativo do STA, proferido em 5/2/04 e constante de fls. 137 e ss. dos autos, dizendo que ele se opusera a dois outros arestos da mesma Secção, prolatados em 29/5/02 e em 25/2/03.

Através do acórdão de fls. 188 e ss., o Pleno considerou que apenas existia a oposição invocada relativamente ao acórdão de 29/5/02, preferido no recurso n.º 48.243, pelo que determinou o prosseguimento do presente recurso nessa restrita parte.

A recorrente apresentou a alegação a que se refere o art. 762.º, n.º 2, do CPC – que continua a ser aplicável a esta espécie de recursos – tendo aí oferecido as conclusões seguintes:

a) Como sustenta o douto acórdão fundamento aqui em causa, embora o DL 187/90, de 7/6, não aluda, no seu art. 3.º, às normas do art. 32.º do DL 353-A/89, nem por isso este último preceito deixa de produzir os seus efeitos naqueles casos, como o dos autos, em que, à data da publicação do DL 187/90, de 7/6, se não tinha ainda produzido a integração no quadro de funcionários que se encontravam então requisitados na DGCI e só mais tarde foram integrados no respectivo quadro.

b) Para efeitos remuneratórios, a situação dos funcionários que não estavam ainda integrados no quadro mas que já exerciam funções na DGCI como requisitados e recebendo as remunerações acessórias tem de ser resolvida pela conjugação das aludidas normas dos dois diplomas, conjugado com o despacho do Sr. SEO, por forma a que, da aplicação do NSR, lhes não resulta qualquer diferenciação de vencimentos em relação aos funcionários já integrados na mesma categoria. A tal obriga o princípio da igualdade de tratamento vertido nos arts. 13.º e 59.º da Constituição, sendo certo que o facto de não estar a recorrente, já integrada no quadro da DGCI, à data de 1/10/89 atento a implementação do NSR só se ter concretizado quanto ao pessoal ao serviço da DGCI após o despacho ministerial de 19/4/91, não justifica esse desigual tratamento com a consequente redução da remuneração efectivamente auferida à data daquela integração e que incluía as remunerações acessórias.

Contra-alegou o ministro das Finanças, defendendo a bondade da solução jurídica adoptada no acórdão recorrido e pugnando, assim, pela sua inteira confirmação.

O Ex.º Magistrado do M.º P.º junto deste Pleno emitiu douto parecer no sentido de que a oposição se resolva através da confirmação do acórdão recorrido.

A matéria de facto pertinente é aquela que o acórdão recorrido considerou provada, pelo que procedemos aqui, com as necessárias adaptações, à remissão genericamente permitida pelo art. 713.º, n.º 6, do CPC.

Passemos ao direito.

«Ante omnia», e porque o acórdão de fls. 188 e ss., não resolveu em definitivo o assunto (cfr. o art. 766.º, n.º 3, do CPC), cumpre ver se efectivamente existe a oposição de julgados nele detectada.

Os arestos em confronto trataram do relevo que as remunerações acessórias anteriores ao NSR deveriam assumir no posicionamento, dentro da respectiva categoria, de funcionários entretanto incluídos no quadro da DGCI. E, enquanto o acórdão recorrido recusou a atendibilidade de tais remunerações, pelo facto fundamental de que a recorrente as não auferia em 1/1/89 nem as recebera nos doze meses anteriores, o acórdão fundamento atendeu a tais remunerações, apesar da evidência de que o funcionário aí em causa também as não auferira no referido tempo. Assim, e tal como o acórdão de fls. 188 e ss. reconheceu, os dois arestos agora em paralelo enunciaram proposições jurídicas contrárias sobre a mesma questão fundamental de direito – pois divisamos neles a afirmação e a negação universais de que a atendibilidade das remunerações acessórias para o aludido efeito depende de elas terem sido auferidas pelo funcionário interessado em 1/10/89 e nos doze meses imediatamente anteriores.

Assente a existência da oposição, cumpre enfrentar o problema «de meritis». Mas, a título preliminar, convém esclarecer desde já que os poderes de cognição deste Pleno não se cingem, «in casu», a uma mera escolha entre as duas soluções opostas acolhidas nos arestos em confronto – como se a decisão a tomar estivesse antecipadamente servida «à la carte». Como o acórdão de fls. 188 e ss. sinteticamente esclareceu, a oposição de julgados só pode dar-se por contradição ou contrariedade entre proposições jurídicas fundamentais. Nos casos, aliás raros, em que as proposições jurídicas em cotejo sejam reciprocamente contraditórias, uma delas será necessariamente verdadeira e a outra será necessariamente falsa, pelo que a oposição de julgados haverá então de se resolver pela adesão do Pleno a uma em detrimento da outra. Mas o mesmo não sucede quando as proposições em apreço sejam mutuamente contrárias, pois a contrariedade entre juízos nunca é garantia da veracidade de, ao menos, um deles – podendo a verdade achar-se algures no espaço discursivo que forçosamente se abre entre os enunciados contrários. Ora, como a presente oposição corresponde a um caso de contrariedade, nada obsta a que decidamos a questão jurídica em causa a partir de razões de direito diversas das convocadas pelos arestos em confronto, por forma a que concluamos por uma proposição jurídica fundamental que se situe entre os extremos que agora se nos apresentam em oposição. Fica, assim, demonstrado o fundamento lógico da liberdade relativa de que este Pleno tem de dispor a fim de eficazmente tratar o actual «thema decidendum».

Postas as anteriores considerações, atentemos de perto no caso dos autos. O acórdão recorrido confirmou um aresto do TCA que mantivera parcialmente na ordem jurídica o indeferimento tácito que recaíra sobre um recurso hierárquico em que a ora recorrente pedira à autoridade aqui recorrida que corrigisse a sua integração no NSR – já que o acto de processamento de vencimentos hierarquicamente impugnado denotaria que ela estava posicionada no 1.º escalão, índice 215, da categoria de Técnico Profissional de 1.ª classe, quando, na sua óptica, deveria encontrar-se, pelo menos, no 4.º escalão, índice 245, da referida categoria. Tanto na ordem graciosa como na contenciosa, a recorrente fundou essa sua pretensão no facto de, ainda antes da introdução do NSR, haver trabalhado para a DGCI nas sucessivas qualidades de tarefeira, contratada e requisitada, acreditando que, por razões de justiça e de igualdade, daí lhe advém o direito a que as remunerações acessórias – que ela não afirmou ter recebido – e as diuturnidades normalmente correspondentes ao exercício daquelas funções sejam consideradas na determinação do escalão em que deve ser posicionada, ainda que a sua integração no quadro de pessoal da DGCI só tenha ocorrido em 14/10/96.

A questão das diuturnidades encontra-se resolvida, pois o TCA concedeu, nessa parte, provimento ao recurso sem que a entidade recorrida contra tal se insurgisse. Assim, já é certo que o acto contenciosamente impugnado será suprimido por essa causa, restando ver se a anulação haverá de ter raízes mais fundas e efeitos mais amplos por dever também basear-se na desconsideração das remunerações acessórias – sendo precisamente isto que a recorrente pretende e a Subsecção denegou.

Ora, demonstraremos seguidamente que a questão sobre que os dois acórdãos em cotejo reciprocamente divergiram – a questão concernente ao relevo que, neste género de casos, se deve dar ao facto de o funcionário haver, ou não, recebido remunerações acessórias em 1/10/89 (e nos doze meses anteriores) – não constitui o «punctum saliens» donde a solução jurídica deva presentemente brotar. Com efeito, este tipo de dissídios reclama uma diferente abordagem legal, que aliás os inclina para um resultado muito mais óbvio e compreensível; e, para melhor entendermos de que abordagem se trata, permitimo-nos extrair, do acórdão deste STA de 15/10/03, proferido no recurso n.º 698/03-13, as considerações que se seguem:

«O desenho genérico do NSR, que começara por ser esboçado no DL n.º 184/89, de 2/6, perfez-se com o DL n.º 353-A/89, de 16/10. Para além de várias outras mudanças, designadamente as que propiciaram acréscimos de natureza salarial, o NSR introduziu uma decomposição das várias categorias profissionais em escalões a que corresponderiam diferentes índices remuneratórios, pelo que houve a necessidade de se estabelecerem regras de transição aplicáveis aos funcionários e agentes por forma a integrá-los na nova estrutura salarial.

O regime geral dessa transição constou do art. 30.º do DL n.º 353-A/89 – sem que se olvidem os artigos 31.º e 32.º, que trataram da transição do pessoal dirigente e do destacado, requisitado e em comissão de serviço – preceito que contém alguns números que merecem uma análise mais pormenorizada. Assim, o n.º 1 desse art. 30.º dispôs que os funcionários seriam integrados «na mesma carreira e categoria» e, dentro desta, no escalão a que correspondesse uma remuneração igual àquela que seria considerada como sendo-lhes devida ou, não havendo essa coincidência, no escalão seguinte em que se previsse «a remuneração imediatamente superior». Os n.ºs 2 e 3 trataram da remuneração a considerar para efeitos da transição. Assim, ela consistiria na remuneração base actualizada a 12% e acrescida das remunerações acessórias que fossem atendíveis (n.º 2); e, para a hipótese de essas remunerações acessórias serem de montante variável, estabeleceu-se que elas entrariam no cálculo referido no n.º 2 pelo valor médio das recebidas nos doze meses imediatamente anteriores à data da produção de efeitos do diploma (n.º 3). O n.º 4 do artigo em apreço previu a possibilidade de a remuneração calculada nos termos dos números anteriores ultrapassar «o valor do escalão máximo da respectiva categoria»; e dispôs que, em tal caso, seria criado «um diferencial de integração correspondente à diferença entre a remuneração indiciária e o montante a que o funcionário ou agente» tivesse direito. Por último, importa também salientar o estatuído no n.º 5 do artigo, que continha uma regra absolutamente fundamental – a de que a aplicação do NSR não poderia conduzir à «redução das remunerações efectivamente auferidas».

Na determinação da remuneração a considerar para efeitos de integração no NSR, a dificuldade mais séria respeitava às possíveis dúvidas acerca do «quantum» atendível das remunerações acessórias de montante variável que o funcionário ou agente porventura viesse auferindo. Vimos que o n.º 3 do art. 30.º mandava atender a um «valor médio» das ditas remunerações acessórias. Ora, percebe-se que a atendibilidade desse «valor» não estava dependente do facto de um concreto funcionário ter exercido funções a que correspondessem tais remunerações acessórias «nos doze meses imediatamente anteriores à data de produção de efeitos» do diploma. Se tal dependência existisse, teríamos que esse funcionário – por ter porventura trabalhado menos de doze meses na categoria em que transitava, auferindo então remunerações acessórias variáveis (e de «valor médio» indeterminado), mas de montante superior a 12% da remuneração base – haveria de sofrer uma «redução das remunerações efectivamente auferidas» por si imediatamente antes da introdução do NSR, em contradição com o princípio nuclear inserto do n.º 5. Portanto, o preceito do art. 30.º, n.º 3 não continha verdadeiramente uma qualquer condição de atendibilidade das remunerações acessórias de montante variável que um determinado funcionário ou agente viesse recebendo, condição essa consistente em ele ter auferido tais remunerações durante, pelo menos, doze meses. Aliás, uma solução desse tipo seria mesmo incompreensível, pois não se detecta a razão por que as remunerações acessórias de valor fixo seriam sempre atendíveis no cálculo da remuneração global enquanto que as de montante variável só o seriam se o seu recebimento tivesse ocorrido durante doze meses. Evidentemente que a razão de ser da particular previsão legal relativa às remunerações acessórias de montante variável tinha unicamente a ver com a sua variabilidade quantitativa; daí que o estatuído no n.º 3 do art. 30.º simplesmente traduzisse uma regra de cálculo tendente a conferir precisão e fixidez ao que variara no tempo. Deste modo, esse cálculo podia prescindir da situação particular de um funcionário concreto e efectuar-se por referência ao que, durante os doze meses atendíveis, fora pago, a título de remunerações acessórias variáveis, aos funcionários ou agentes que integravam a categoria ou situação típicas em que aquele funcionário concreto se incluísse; e, determinado assim o montante a ter em conta, ele integraria a globalidade a considerar nos termos do art. 30.º, n.º 2, para todo o pessoal da categoria em causa, independentemente de alguns dos funcionários com direito à remuneração acessória a não terem recebido durante aqueles doze meses. Diga-se ainda que a antecedente interpretação se mostra plenamente confirmada pelo estatuído no n.º 4 do art. 3.º do DL n.º 187/90, de 7/6 – como melhor veremos «infra».

Consequentemente, o que se apresentava como essencial para que a remuneração acessória de algum funcionário fosse integrada no todo remuneratório a considerar para efeitos de transição era que ele tivesse direito à aludida remuneração – fosse ela fixa ou variável – quando a transição se operasse. Havendo tal direito, ele não podia ser esquecido no cálculo da «remuneração a considerar», até porque, e como vimos, esse esquecimento poderia causar um resultado proibido – o de a integração no NSR vir a implicar uma diminuição da remuneração efectivamente auferida.

Ante o exposto, logo constatamos que, na resolução do caso que nos ocupa, é indiferente que a recorrente tenha trabalhado como requisitada na DGCI durante algum tempo – designadamente o tempo suficiente para que se perfizessem os aludidos doze meses. O que verdadeiramente releva é saber se ela já fazia parte do quadro da mesma DGCI aquando da transição para a nova estrutura salarial e se, imediatamente antes de ser incluída no NSR, tinha direito às remunerações acessórias de montante variável que, segundo diz, não teriam sido consideradas na sua integração.»

Das antecedentes considerações – a que inteiramente aderimos – resulta que a atendibilidade das remunerações acessórias (no tipo de casos de que ora nos ocupamos) respeitava exclusivamente ao modo como se faria a transição do antigo para o NSR. E que, portanto, é descabido invocar as regras definidoras do modo dessa transição sempre que esta não ocorreu – pois, se o funcionário tomou posse de um lugar do quadro da DGCI num momento em que o NSR já estava plenamente em vigor, depreende-se que ele não foi sujeito a um qualquer trânsito daquele género e antes entrou directamente no NSR.

Ora, a transição, do antigo para o NSR, do pessoal da DGCI pertencente às carreiras de regime geral, como era o caso da aqui recorrente, realizou-se muito antes de 14/10/96, data em que ela foi integrada no quadro daquela Direcção-Geral – ainda que não seja exacto que tal transição se deva considerar já efectuada em 1/10/89.

Na verdade, o DL n.º 187/90, de 7/6, para além de ter vindo fundamentalmente estabelecer «o estatuto remuneratório do pessoal da administração tributária» e aprovar «a respectiva escala salarial» (art. 1.º) – pois era a esse pessoal que o diploma fundamentalmente se aplicava (art. 2.º) – dispôs ainda, no n.º 4 do seu art. 3.º, que, para efeitos de aplicação do n.º 3 do art. 30.º do DL n.º 353-A/89 ao pessoal do regime geral da DGCI, se adoptaria critério idêntico ao utilizado para as carreiras de pessoal da administração tributária, «sendo os respectivos montantes fixados por categoria, mediante despacho do Ministro das Finanças» (o que confirma algo que consta da transcrição acima feita – que o «valor médio» das remunerações acessórias de montante variável era de fixar por referência a cada «categoria», e não a partir da situação individual de cada funcionário ou agente). Ora, como aquele despacho ministerial foi proferido em 19/4/91 (ainda que com efeitos reportados a 1/10/89), conclui-se que foi naquela data, embora com referência «ex ante», que se culminou a transição para o NSR do mencionado pessoal do regime geral. E note-se que a demora nesse trânsito não justifica qualquer surpresa: embora o art. 45.º, n.º 1, do DL n.º 353-A/89 reportasse a 1/10/89 a produção de efeitos a que o diploma tendia, o n.º 3 do artigo logo ressalvou que, «relativamente às carreiras e categorias não contempladas neste diploma, o Decreto-Lei n.º 184/89, de 2 de Junho» – isto é, o NSR – entraria em vigor (em «matéria salarial») à medida que fossem publicados os diplomas de desenvolvimento; e o citado DL n.º 187/90 era um destes diplomas, como claramente decorre do seu preâmbulo e do seu texto.

Portanto, o pessoal da DGCI pertencente às carreiras de regime geral transitou para o NSR em 19/4/91, ainda que com efeitos contados desde 1/10/89. Mas, até 19/ /4/91, a recorrente nunca integrara o quadro de pessoal da DGCI, pois limitara-se a aí trabalhar nas sucessivas qualidades de tarefeira, contratada e requisitada. Nesta conformidade, ela nunca foi objecto das regras que, na mesma DGCI, regularam o trânsito do pessoal do respectivo quadro do antigo para o NSR – pois um tal trânsito, ou movimento, só poderia ter, como termo «ad quem», um escalão de uma categoria do quadro (como a recorrente agora pretende, pois não é enquanto requisitada que ela invoca a transição), se o seu termo «a quo» consistisse também num lugar do quadro da anterior estrutura salarial. Esta não era, todavia, a situação da recorrente, já que ela entrou directamente no NSR aplicável ao pessoal do quadro da DGCI através da sua tomada de posse, ocorrida em 14/10/96.

Ora, do facto certo de as ditas regras de transição não serem aplicáveis à aqui recorrente, segue-se a impossibilidade de ela beneficiar das remunerações acessórias cuja atendibilidade somente constava de tais regras; e segue-se ainda a conclusão de que o acórdão «sub judicio», ao confirmar o aresto do TCA que recusara atender a tais remunerações, adoptou a solução jurídica correcta, ainda que estribando-se em motivos que cremos não serem os mais apropriados. Similarmente, não colhe a jurisprudência constante do acórdão fundamento, pois olvidou-se nele um pormenor que agora transparece como fundamental – o da data em que o respectivo interessado tomara posse na DGCI, circunstância que «in limine» excluía que ele tivesse sido alvo da transição de que absolutamente dependia o seu direito à consideração das mencionadas remunerações acessórias.

Nesta conformidade, e embora por fundamentos diferentes dos invocados no acórdão recorrido, merece confirmação o que nele ultimamente se decidiu. E resta aduzir que este Pleno não tem que se pronunciar sobre a alegada ofensa do princípio da igualdade, supostamente advinda da solução ora confirmada, posto que essa matéria, enquanto alheia à contrariedade que detectámos entre proposições jurídicas fundamentais, está fora do âmbito de cognição do tribunal – que exclusivamente respeita à superação da oposição de julgados em presença.

Nestes termos, acordam em negar provimento ao presente recurso por oposição de julgados e em confirmar, pelas razões expostas, o acórdão recorrido.

Custas pela recorrente:
Taxa de justiça: 300 Euros.
Procuradoria: 150 Euros.
Lisboa, 19 de Janeiro de 2006.

Madeira dos Santos (Relator)
António Samagaio
Azevedo Moreira
Santos Botelho
Rosendo José
Angelina Domingues
Pais Borges
Costa Reis
Jorge de Sousa (vencido conforme declaração junta).

Recurso n.º 1826/02-20

Voto de vencido

1 – O Decreto-Lei n.º 184/89, de 2 de Junho, estabeleceu princípios gerais de salários e gestão de pessoal da função pública, que foram regulamentados pelo Decreto-Lei n.º 353-A/89, de 16 de Outubro.

No art. 38.º daquele primeiro diploma determinou-se a extinção de todas as remunerações não previstas ou enquadráveis no art. 15.º, que são a remuneração base, as prestações sociais, o subsídio de refeição e os suplementos.

Nos n.os 3 e 4 do art. 39.º do mesmo Decreto-Lei n.º 184/89, estabeleceu-se que, «*nos casos de percepção de remunerações acessórias extintas pelo artigo anterior, a remuneração a considerar para efeitos de transição resultaria do somatório dos montantes correspondentes à remuneração base, às diuturnidades e às remunerações acessórias*» e que, nos casos em que o montante assim apurado ultrapassasse o valor do escalão máximo da respectiva categoria, seria criado um diferencial de integração de valor correspondente à diferença entre a remuneração indiciária e o montante já percebido, o qual continuaria a ser abonado até ser totalmente absorvido por aumentos decorrentes das actualizações salariais gerais, em termos a definir.

No art. 40.º deste diploma estabelecem-se normas de salvaguarda de direitos, em que se inclui a do n.º 2, de que «*em caso algum pode resultar da introdução do novo sistema retributivo redução da remuneração que o funcionário ou agente já aufere*».

O Decreto-Lei n.º 353-A/89, regulamentando o regime de transição para a nova estrutura salarial, estabeleceu que as remunerações acessórias a considerar seriam aquelas a que eventualmente houvesse direito, com excepção das que fossem consideradas suplementos e que as que fossem de montante variável seriam fixadas no valor médio das remunerações acessórias percebidas nos 12 meses imediatamente anteriores à data da produção de efeitos desse diploma (n.os 3 e 4 do art. 30.º).

No n.º 5 deste artigo, reafirma-se a garantia fundamental constante do art. 40.º, n.º 2, do Decreto-Lei n.º 184/89, estabelecendo-se que «*da aplicação do presente diploma não pode resultar a redução das remunerações efectivamente auferidas*».

Por outro lado, a consideração das remunerações acessórias para determinação do escalão para o qual se realizaria a transição era extensível aos funcionários que se encontravam na situação de requisitados, quer elas apenas fossem auferidas no serviço de origem, quer apenas o fossem no lugar de destino. Na verdade, no art. 32.º do mesmo Decreto-Lei n.º 353-A/89, estabelece-se o «*regime de transição do pessoal destacado, requisitado e em comissão de serviço*», determinando-se que essa transição obedece às regras do art. 30.º e às seguintes:

a) Se o lugar de origem conferir direito a remuneração acessória de qualquer natureza, a remuneração a considerar para efeitos de transição no lugar de origem é apurada nos termos dos n.os 2 e 3 do artigo 30.º, ainda que a remuneração acessória não venha sendo efectivamente abonada;

b) Se o lugar de destino conferir direito a remuneração acessória de qualquer natureza, a remuneração a abonar no lugar de destino, enquanto se mantiverem o destacamento, a requisição e a comissão de serviço, é apurada nos termos dos n.os 2 a 5 do artigo 30.º.

Resulta destas normas que se os funcionários que se encontravam na situação de requisitados no momento da transição para o novo sistema retributivo auferiam remunerações acessórias, elas tinham de ser consideradas para efeitos de enquadramento nos escalões da nova estrutura remuneratória e que da aplicação do novo regime não podia resultar para eles remuneração inferior à que auferiam antes dessa transição.

2 – A data da produção de efeitos novo sistema retributivo estabelecido pelos Decretos-Leis n.os 184/59 e 353-A/89 foi fixada, pelo art. 45.º deste último, em 1-10-89.[1]

No entanto, no n.º 3 deste art. 45.º estabelece-se que «*relativamente às carreiras e categorias não contempladas neste diploma, o Decreto-Lei n.º 284/89, de 2 de Junho, entra em vigor, no que respeita à matéria salarial,*

[1] No n.º 1 do art. 43.º do Decreto-Lei n.º 184/89 estabelece-se que "o presente diploma de princípios gerais será objecto de desenvolvimento e regulamentação e entra em vigor conjuntamente com os diplomas legais de desenvolvimento relativo a matéria salarial".

à medida que forem publicados os respectivos diplomas de desenvolvimento, sem prejuízo de a produção de efeitos se reportar à data prevista no número anterior».

No art. 29.º, n.º 1, deste Decreto-Lei n.º 353-A/89, estabeleceu-se que as estruturas remuneratórias próprias das carreiras de regime especial nele não previstas, em que se incluem as da administração tributária, seriam objecto de diplomas autónomos.

No desenvolvimento deste regime, veio a ser publicado o Decreto-Lei n.º 187/90, de 7 de Junho que estabeleceu o estatuto remuneratório do pessoal das carreiras da administração tributária e aprovou a respectiva escala salarial.

No n.º 4 do seu art. 3.º, relativamente às remunerações acessórias de montante variável, estabeleceu-se que «*ao pessoal do regime geral da Direcção-Geral das Contribuições e Impostos, incluindo o pessoal dirigente abrangido pelo artigo 31.º do referido decreto-lei, adoptar-se-á critério idêntico ao utilizado para as carreiras de pessoal da administração tributária, sendo os respectivos montantes fixados por categoria, mediante despacho do Ministro das Finanças*».

Esta fixação veio a operar-se por despacho da Senhora Secretária de Estado do Orçamento, de 19-4-1991, em que se refere, além do mais, que ele produz efeitos a partir de 1-10-89.

Apesar desta produção de efeitos retroactivos, o momento relevante para efeitos de apurar os direitos remuneratórios que não poderiam ser atingidos pela transição não pode deixar de ser aquele em que se concretizou efectivamente a alteração, que, no caso em apreço, foi aquele em que se tornou eficaz o referido despacho ministerial.

Na verdade, antes de esse despacho se tornar eficaz, todo o pessoal referido era remunerado pela estrutura salarial anterior e foi apenas depois dele que passou a ser remunerado pelo novo sistema retributivo. E a todos os que eram remunerados pela estrutura anterior e que passaram a ser remunerados pela nova, inclusivamente o pessoal em regime de requisição, foi garantido pelos referidos arts. 40.º, n.º 2, do Decreto-Lei n.º 184/89[2] e 30.º, n.º 5, do Decreto-Lei n.º 353-A/89 que não sofreriam uma redução de remuneração, derivada do facto de ter sido alterado o regime remuneratório.

3 – O caso em apreço é de funcionário que, na sequência de requisição, tomou posse na D.G.C.I. antes de ter sido nela introduzido o novo sistema retributivo para as carreiras do pessoal do regime geral, passando a auferir o vencimento correspondente à sua categoria acrescido das remunerações acessórias.

Esta remuneração era atribuída no âmbito da estrutura salarial anterior ao novo sistema retributivo, pois ainda não tinha sido publicado o referido Decreto-Lei n.º 187/90, nem o Despacho de 19-4-91, que fixou os montantes das remunerações relativas às categorias do regime geral da D.G.C.I..

Pelo que ficou dito, não podendo os funcionários sofrer uma redução de remuneração derivada da alteração do sistema retributivo, para determinação do escalão de vencimento em que se enquadraria na nova estrutura remuneratória tinham de ser consideradas todas as remunerações que auferia anteriormente, incluindo as acessórias.

O pagamento do vencimento com estas remunerações tem de manter-se durante todo o período durante o qual se manteve a requisição, por força do disposto no art. 32.º, alínea b), do Decreto-Lei n.º 353-A/89.

A questão que é colocada no presente recurso jurisdicional é a de saber se, finda a requisição, passando o funcionário a integrar o quadro da DGCI, deve ser considerado o escalão de vencimento em que o funcionário foi colocado pelas regras de transição (considerando, por isso, õ facto de ter auferido remunerações acessórias), ou se essa integração deve ser efectuada abstraindo dessas regras (e, consequentemente, abstraindo do facto de terem sido recebidas essas remunerações acessórias) podendo sofrer, no momento da integração no quadro, uma diminuição de vencimento, que era considerada inadmissível pelas referidas regras de transição.

A requisição constitui exercício de funções a título transitório em serviço ou organismo diferente daquele a que pertence o funcionário ou agente, sem ocupação de lugar do quadro, sendo os encargos suportados pelo serviço do destino (art. 27.º, n.º 1, do Decreto-Lei n.º 427/ /89, de 7 de Dezembro).

A requisição faz-se para a categoria que o funcionário ou agente já detém (art. 27.º, n.º 2, do mesmo diploma) e, finda decorrido o prazo máximo legal, com regresso do funcionário ou agente ao serviço de origem ou com transferência para o quadro de pessoal do serviço onde se encontra requisitado (n.os 3 e 4 do mesmo artigo).

Esta transferência, que ocorreu no caso em apreço, faz-se para lugar da mesma categoria e carreira ou de carreira diferente desde que, neste caso, se verifique a identidade ou afinidade de conteúdo funcional e idênticos requisitos habilitacionais e que sejam iguais os índices – correspondentes ao escalão i) da categoria em que o funcionário se encontra e ao escalão i) da categoria da nova carreira.

Em qualquer dos casos, é considerada, para efeitos de transferência, a situação remuneratória que o funcionário detinha na carreira e categoria de origem, pelo que as remunerações acessórias, que foram consideradas para determinação do escalão de vencimento do funcionário requisitado no novo sistema retributivo, acabam também por ter de ser consideradas na transferência com que essa situação termina.

A preocupação legislativa de não provocar diminuição de remuneração aos funcionários derivadas de alteração do sistema retributivo, não podem deixar de manter-se nesta situação de transferência, pois, se se mantivesse o anterior sistema retributivo, as remunerações acessórias próprias da categoria para que o funcionário foi transferido continuariam a ser recebidas após a transferência.

Por isso, a única solução congruente com o reconhecimento legislativo desta garantia fulcral da introdução do novo sistema retributivo (cuja razão de ser, de resto, é óbvia) é a de que o escalão de vencimento na situação de requisitado, determinado com consideração das remunerações acessórias, não pode ser substituído por outro inferior após a situação de requisição cessar, com transferência do funcionário para o serviço em que prestava serviço na situação de requisitado.

4 – Para além da divergência quanto à decisão de mérito, entendo que, apesar de a si fáctica a Recorrente não resultar claramente da decisões recorrida, não há identidade substancial das situações fácticas que são objecto do acórdão recorrido e do acórdão fundamento,

[2] Como se conclui do uso da expressão "*em caso algum*".

pois no acórdão fundamento está-se perante a situação de um funcionário que recebeu ou tinha direito a receber remunerações acessórias no período anterior ao referido despacho de 1991 e no acórdão recorrido está-se perante a situação de um funcionário que não se provou que tenha recebido essas remunerações nem sequer que tivesse direito a recebê-las, pois não se provou que tivesse prestado serviço como requisitado antes da transição para o novo sistema retributivo concretizada por aquele despacho. Aliás, o prazo máximo de 3 anos legalmente admitido para a manutenção de situações de requisição, previsto no art. 27.º do Decreto-Lei n.º 427/89 e o facto de o ingresso da Recorrente no quadro ter ocorrido em 1996, conduzem à conclusão de que ou a Recorrente não ingressou nos quadros na sequência de uma situação de requisição seguida de transferência ou que a situação de requisição se terás iniciado apenas após a transição para o novo sistema retributivo dos funcionários do regime geral da Direcção-Geral das Contribuições e Impostos.

Em qualquer destes casos, a questão que se entrevê colocar-se, à face da relativamente nebulosa matéria de facto, não é a de saber se há remunerações acessórias recebidas pela Recorrente ou que ela tinha direito a receber que devam ser consideradas na transição para o novo sistema retributivo, mas sim a de saber se um funcionário que não as recebeu, por não estar numa situação de requisição antes dessa transição, quando for transferido para a DGCI, já depois dessa transição, tem direito a ser colocado no mesmo escalão dos funcionários que estavam numa situação de requisição antes dessa transição, apesar de nela nunca ter estado.

Por isso, entendo que não existe oposição de julgados que permita o conhecimento de um recurso com fundamento em oposição de julgados.

(Jorge Manuel Lopes de Sousa)

Recurso n.º 1826/02-20

EXECUÇÃO DE ACÓRDÃO ANULATÓRIO. REFORMA AGRÁRIA.

(Acórdão de 25 de Janeiro de 2006)

SUMÁRIO:

I – Em sede de execução de julgado, cabe ao tribunal verificar da compatibilidade do acto de execução com o aresto a executar, em ordem a determinar se os motivos que presidiram à anulação do acto inicial estão devidamente salvaguardados, ou seja, se o acto de execução acolhe integralmente as razões determinantes daquela anulação, conferindo à decisão exequenda os contornos de legalidade anteriormente inobservados.

II – Tendo o acórdão anulatório decidido que o critério da indemnização devida pela privação das rendas era o do cálculo das rendas presumíveis durante o período da ocupação, é adequado, em sede de execução desse acórdão, apurar a evolução previsível das rendas através do critério legal determinativo do aumento médio do rendimento líquido do prédio, somando o valor encontrado ao valor da renda vigente à data da ocupação, e multiplicando depois o resultado obtido pelo tempo de privação do prédio.

III – É indiscutível a previsão da deflação para valores correspondentes ao ano da ocupação das terras, no art. 7.º, n.º 2 do DL n.º 199/88, de 31 de Maio, ao dispor que o valor das indemnizações "deve referir-se à data de ocupação, nacionalização ou expropriação", sendo a taxa de 2,5% a taxa mínima prevista na lei.

ACORDAM, EM CONFERÊNCIA, NO PLENO DA 1ª SECÇÃO DO SUPREMO TRIBUNAL ADMINISTRATIVO:

RELATÓRIO

I. José Joaquim Mendes Cruz, Janiine Louise Cazajous Foulot Cruz, Joaquim Miguel Cruz Mendes, Maria José Cruz Mendes, João José Cruz Mendes e Mário Luis Cruz Mendes requereram, nos termos dos arts. 176.º, n.º 2 do CPTA e 5.º da Lei n.º 15/2002, de 22 de Fevereiro, e por apenso aos autos principais, a execução do acórdão da Subsecção, de 22.10.2003 (fls. 130 e segs. daqueles autos), pelo qual foram anulados os despachos conjuntos do Ministro da Agricultura, do Desenvolvimento Rural e das Pescas e do Secretário de Estado do Tesouro e das Finanças, que fixaram o valor da indemnização devida no quadro das leia da Reforma Agrária.

Por acórdão de 09.02.2005 (fls.120 e segs.), a Subsecção entendeu que o julgado anulatório fora já integralmente executado, julgando extinta a instância executiva.

É desta decisão que vem interposto para o Pleno o presente recurso jurisdicional, em cuja alegação os recorrentes formulam as seguintes conclusões:

1 – O Acórdão exequendo decidiu que aos recorrentes cabe uma indemnização devida pelo não recebimento das rendas devidas pelo arrendamento, art. 14.º n.º 4 do Dec.-Lei 199/88 de 31/05 na redacção do Dec.-Lei 38/95 de 14/02.

2 – Também conforme decidido pelo Acórdão exequendo, o cálculo da indemnização deve ser efectuado com base num juízo de prognose póstuma sobre a previsível evolução das rendas durante o período de tempo em que decorreu a privação do prédio.

3 – O Acórdão recorrido considerou integralmente executado o Acórdão exequendo, através do cálculo da indemnização tendo por base a renda vigente em 1975 acrescida de 40% (média do rendimento líquido do prédio), multiplicado pelo número de anos de ocupação.

4 – O acréscimo de 40% ao valor da renda fixado em 1975 correspondente ao rendimento líquido médio o prédio entre 1975 e 1995, utilizado para o cálculo da indemnização dos prédios expropriados directamente, quadro anexo n.º 4 ao art. 2.º n.º 1 da Portaria 197-A/95 de 17/02.

5 – O cálculo do valor da renda com vista à execução do Acórdão nada tem a ver com o rendimento líquido dos prédios.

6 – A indemnização devida pela perda da renda corresponde aos frutos civis que se produziram em cada

ano da ocupação do prédio, determinando o m. 2 n.º 4 da Portaria 197-A/95 de 17/03, que o cálculo da indemnização é efectuado em função da renda que seria devida durante a ocupação do prédio.

7 – O cálculo do valor da renda em "juízo de prognose póstuma" sobre a previsível evolução das rendas, consiste no cálculo da renda ano a ano, com base no único indicador oficial existente ou sejam as tabelas das rendas do arrendamento agrícola, publicadas anualmente pelo próprio Ministério da Agricultura e que foram aplicadas aos arrendamentos entre particulares e entre estes e o Estado.

8 – O Acórdão exequendo não foi integralmente executado pelo acórdão recorrido.

9 – O Acórdão recorrido repete o critério do cálculo da indemnização considerado ilegal pelo Acórdão exequendo e que deu causa à anulação do acto.

10 – O acto impugnado foi anulado com o fundamento de o critério de cálculo da indemnização devida pelos prédios arrendados, manter inalterável a renda fixada em 1975, durante a privação do prédio.

11 – Pelo cálculo agora apresentado em execução do Acórdão a renda fixada em 75 apenas sofre um aumento de 40%, e continua inalterável, conforme aconteceu com o primeiro cálculo de indemnização, durante todo o período da ocupação do prédio.

12 – O novo critério do cálculo da indemnização com vista à execução do acórdão, apenas acrescentou à indemnização anterior o valor de 208,21 € (PTE 41.744$00), a que corresponde um aumento na percentagem de 2,89% do valor anteriormente atribuído, para 15 anos de privação do prédio.

13 – Entre 1975 e 1989, a evolução dos valores das rendas aumenta cerca de 10 vezes mais, conforme consta das portarias do arrendamento rural periodicamente publicadas pelo Ministério da Agricultura.

14 – Entre 1975 e 1989, a inflação geral do País, Portaria 376/2004 de 14/04, o índice de preços aumentou acerca de 10 vezes.

15 – O acréscimo do valor da indemnização de 208,21 € (PTE 41.744$00), é ridículo e irrisório, não acata o decidido pelo Acórdão exequendo e não contempla os valores das rendas que presumivelmente vigoraram durante 14 anos de ocupação do prédio, como a relação de arrendamento se mantivesse em vigor.

16 – O critério de actualização da renda adoptado pelo Ministério da Agricultura e defendido pelo Acórdão recorrido não acompanha a evolução das rendas que teve lugar durante a privação do prédio, é irrealista e ilegal e não se ajusta às exigências da justa indemnização.

17 – A evolução das rendas conforme foi determinado pelo Acórdão executado é calculada em função das portarias do arrendamento rural e não segundo o rendimento líquido dos prédios que nada tem a ver com cálculos de rendas.

18 – O único critério para a actualização das rendas em consonância com a evolução previsível e presumível das rendas só poderá ser encontrada nas tabelas das rendas das portarias do arrendamento rural.

19 – A deflação no processo de pagamento das indemnizações à taxa de 2,5% ao ano é para adequar o pagamento das indemnizações em títulos do tesouro, que vencem juros previstos nos arts. 19.º n.º 2 e 24 da Lei 80/77 de 26/10.

20 – A deflação no pagamento das indemnizações destina-se aos componentes indemnizatórios calculados a preços reais e correntes da data do pagamento ou a preços de 94/95, art. 3.º a), b) e c) da Portaria 197-A/95 de 17/03.

21 – Não existe qualquer disposição legal na lei especial das indemnizações da Reforma Agrária que preveja a deflação ou desconto nos valores atribuídos aos componentes indemnizatórios, para 1975.

22 – Os componentes indemnizatórios reconstituídos à data da privação dos prédios são depois actualizados para valores reais e correntes da data de pagamento ou para valores de 94/95, art. 3.º a), b) e c) da Portaria 197-A/ /95 de 17/03.

23 – Este é o princípio em matéria de pagamento das indemnizações sempre que a data do pagamento seja excessivamente distante da data da privação dos bens, como é no caso das indemnizações da Reforma Agrária, que estão a ser pagas decorridos 30 anos da privação dos bens e direitos objecto de indemnização.

24 – O Acórdão recorrido ao não proceder à execução do Acórdão exequendo, tendo em conta o cálculo da renda previsível e presumível que vigorou e ao considerar a actualização da renda em função do rendimento líquido do prédio, violou o disposto nos arts. 14.º n.º 4 do Dec.-Lei 199/88 de 31/05 na redacção do Dec.-Lei 38/95 de 14/02, o art. 2.º n.º 4 da Portaria 197-A/95 de 17/03, as Portarias do Arrendamento Rural 363/77 de 18/06, 248/78 de 02/05, 239/80 de 09/05, 246/82 de 03/03, 584/84 de 08/08, 298/86 de 20/06 e 839/87 de 26/10 e os arts. 173.º e 179.º do Código de Processo nos Tribunais Administrativos.

Termos em que deverá ser anulado o Acórdão recorrido e ter lugar o cálculo do valor das rendas segundo as portarias do arrendamento rural.

II. Contra-alegou o Ministro da Agricultura, do Desenvolvimento Rural e das Pescas, nos termos do articulado de fls. 170 e segs., sustentando o acerto da decisão recorrida, quer no que toca ao critério para determinar a previsível evolução das rendas, quer no que toca à aplicação da taxa de deflação de 2,5% ao valor apurado.

III. O Exmo magistrado do Ministério Público, notificado nos termos e para os efeitos do disposto no art. 146.º do CPTA, nada disse.

***

Cumpridas as formalidades legais (art. 92.º, n.os 1 e 2 do CPTA), vêm os autos à conferência para decisão.

FUNDAMENTAÇÃO
OS FACTOS

O acórdão recorrido considerou provados, com interesse para a decisão, os seguintes factos:

1 – Pelo acórdão de 22/10/03, constante de fls. 130 e ss. dos autos principais, este STA anulou os despachos conjuntos "supra" referidos – de 14/1/02 e de 6/2/02, por um lado, e de 12/12/01 e de 24/1/02, por outro – que determinaram a indemnização devida aos recorrentes pela privação temporária de um prédio ocupado no âmbito da reforma agrária.

2 – Esse acórdão transitou em julgado em 13/11/03.

3 – Em 7/7/04, o Chefe de Gabinete do Ministro da Agricultura, do Desenvolvimento Rural e das Pescas enviou ao Advogado dos ora exequentes a proposta de decisão que consta de fls. 13 a 24 deste apenso e que aqui se dá por reproduzida.

4 – Os ora exequentes pronunciaram-se sobre essa proposta nos termos que constam de fls. 29 e 30 deste apenso, que aqui se considera reproduzida.

5 – Por despacho conjunto do Ministro da Agricultura, Desenvolvimento Rural e Pescas e do Secretário de Estado do Tesouro e das Finanças, respectivamente de 14/7/04 e de 16/7/04, foi manifestada concordância com a informação cuja cópia consta de fls. 26 a 28 deste apenso, cujo teor aqui se dá por reproduzido.

6 – Esse despacho conjunto foi notificado aos ora exequentes em 28/7/04 e a presente instância executiva iniciou-se em 11/8/04.

7 – Os requerentes são alguns dos comproprietários do prédio rústico chamado "Melo", inscrito no art. 5.º da freguesia de Expectação, do concelho de Campo Maior.

8 – Esse prédio foi ocupado em 15/10/75.

9 – Uma área de 65,5 hectares de regadio desse prédio estava arrendada à data da ocupação, área essa que não se destinava à cultura de arroz.

10 – A ocupação do prédio manteve-se até 2/2/89, data em que foi devolvida a área referida.

11 – O valor da renda anual dessa área, à data da ocupação, era de 194.666$00.

12 – Em execução do julgado, a Administração procedeu ao cálculo das indemnizações considerando que a evolução presumível das rendas seria idêntica à evolução média do rendimento líquido dos prédios directamente explorados pelos seus titulares, tal como essa evolução decorre dos quadros anexos à Portaria n.º 197-A/ /95, de 17/3.

13 – Para concretizar esse cálculo, a Administração fez as seguintes operações matemáticas:

– fez acrescer 40% ao valor da renda vigente no momento da ocupação, por entender ser esse o aumento médio do rendimento líquido do prédio, que decorre dos quadros anexos à Portaria n.º 197-A/95;

– multiplicou o valor obtido pelo número de anos e fracção durante os quais os requerentes estiveram privados da parte do prédio arrendado;

– ao produto dessa multiplicação deduziu 2,5% por cada ano para encontrar o valor à data da ocupação, sendo sobre este que incidem os juros previstos nos artigos 19.º e 24.º da Lei n.º 80/77, de 26/10.

O DIREITO

O acórdão impugnado considerou que o julgado anulatório se mostrava já integralmente executado, aduzindo, no essencial, a seguinte fundamentação:

"O acórdão exequendo explicou que o critério a usar ... deveria atender "à possibilidade de evolução das rendas" durante o período de privação do prédio, referindo-se depois o valor delas "à data da ocupação".

Portanto, o dito aresto apontou à Administração as duas primeiras operações a realizar com vista à obtenção final da indemnização: "primo", determinar quais as rendas que, não fora a ocupação do imóvel, teriam presumivelmente vigorado durante o tempo dela, ou seja, entre 15/10/75 e 2/2/89; "secundo", calcular o valor que a tais rendas corresponderia em 15/10/75. E o acórdão anulatório explicou ainda que esse "valor global das rendas reportado à data da ocupação" (acrescido dos restantes bens ou direitos) haveria depois de ser actualizado de acordo com a "forma" já irrepreensivelmente usada nos actos anulados, isto é, "nos termos dos artigos 19.º e 24.º da Lei n.º 80/77".

No que toca à primeira operação acima referida, constatámos que o despacho conjunto de Julho de 2004, que se pretende exequendo, intentou apurar a evolução previsível das rendas através do critério legal determinativo do aumento médio do rendimento líquido do prédio.

(...)

Os exequentes admitem que, trinta anos volvidos sobre as datas das ocupações dos prédios, "não é agora possível reconstituir as rendas que vigoraram durante a ocupação" deles (cfr. o n.º 32 do requerimento inicial). Isto significa que, na óptica dos próprios exequentes, a determinação das rendas hipotéticas – que é a primeira tarefa a empreender para se executar o julgado anulatório – não é hoje directamente realizável; e que é vão tudo o que agora se faça no sentido de se tentar captar, com um rigor satisfatório, como teriam evoluído verdadeiramente as rendas se o imóvel nunca tivesse sido ocupado. Mas, se tais rendas presumíveis não podem ser atingidas de um modo directo, que inquira das vicissitudes prováveis do contrato de arrendamento, terão de sê-lo indirectamente ou em termos apenas aproximativos – sem o que o julgado anulatório permaneceria "ad aeternum" por executar.

(...)

Nesta perspectiva, a abordagem do valor das rendas pelo prisma do rendimento líquido já não se apresenta como artificiosa ou arbitrária. E, na medida em que o resultado atingido concerne, afinal, às rendas que presumivelmente vigorariam durante a ocupação, temos que o critério utilizado acaba por se harmonizar com as imposições do acórdão exequendo – que obrigara a considerar essas mesmas rendas. Portanto, o acto exequendo não se desviou verdadeiramente do que o julgado anulatório dissera, pois, e de entre os vários caminhos possíveis para alcançar o fim estabelecido, escolheu um meio objectivamente alcançável – o rendimento líquido – tomando-o como mero suporte da determinação final das rendas hipotéticas que urgia apurar.

Assim, temos que a primeira operação que ao acto exequendo incumbia fazer foi por ele realizada de um modo que não repugna ao título executivo. Com efeito, o acto afastou-se do método ilegal de somente atender ao "quantum" da renda de 1975, e antes determinou, ainda que por critérios indirectos e aproximativos, os valores das rendas que, não fora a ocupação, presumivelmente vigorariam no tempo dela – exactamente como este STA exigira.

Passemos à outra operação que o acórdão anulatório impusera, e que consistia em, depois de apurar o valor das rendas hipotéticas, reportá-lo à data da ocupação do prédio. Também neste particular o acto exequendo deu cabal cumprimento ao que fora imposto no aresto, pois deflacionou as rendas de cada ano de modo a encontrar o valor de cada uma delas em 15/10/75. Aqui, é ainda mais flagrante a consonância do despacho conjunto de Julho de 2004 com o teor do acórdão, o que explica que os ora exequentes nada de assinalável tenham dito em contrário.

Ante o exposto, tem de se concluir que o julgado anulatório fora já integralmente executado aquando da instauração do presente meio executivo – tal e qual a autoridade requerida afirmou na sua contestação. Na verdade, o despacho conjunto que se analisa nos actos de 14 e 16 de Julho de 2004 calculou as rendas presumíveis de uma forma que não briga com o título executivo, reportou-as à data da ocupação, como o aresto impusera, e procedeu à actualização do valor obtido segundo o método que o mesmo acórdão já considerara ser o legal.

Sendo assim, a presente execução está votada "ab initio" ao malogro, pois a obrigação exequenda já estava extinta pelo cumprimento quando a actual instância se iniciou."

As críticas que os recorrentes dirigem ao acórdão impugnado reconduzem-se à aceitação, por este, do critério de determinação das rendas e da aplicação de uma taxa de deflação utilizados pela Administração no acto de execução do julgado anulatório, sustentando que desse modo não se deu integral execução àquele julgado.

Sem razão, porém.

Em sede de execução de julgado, cabe ao tribunal verificar da compatibilidade do acto de execução com o aresto a executar, em ordem a determinar se os motivos que presidiram à anulação do acto inicial estão devidamente salvaguardados, ou seja, se o acto de execução acolhe integralmente as razões determinantes daquela anulação, conferindo à decisão exequenda os contornos de legalidade anteriormente inobservados.

1. Ora, quanto ao primeiro ponto de discordância, alegam os recorrentes que a Administração, no despacho de Julho de 2004, "repete o critério do cálculo da indemnização considerado ilegal pelo Acórdão exequendo" (conclusão 9ª), sustentando que "A evolução das rendas conforme foi determinado pelo Acórdão executado é calculada em função das portarias do arrendamento rural e não segundo o rendimento líquido dos prédios que nada tem a ver com cálculos de rendas", e que "O único critério para a actualização das rendas em consonância com a evolução previsível e presumível das rendas só poderá ser encontrada nas tabelas das rendas das portarias do arrendamento rural" (conclusões 17ª e 18ª).

Mas isso não corresponde minimamente à realidade.

Com efeito, a Administração não repetiu o critério adoptado no acto anulado.

Neste, "O valor da indemnização pelas rendas não recebidas foi calculado de acordo com o valor das rendas do último ano do contrato de arrendamento multiplicado pelo número de anos de ocupação até à sua devolução" (matéria de facto assente do acórdão anulatório).

Já o acto de execução seguiu metodologia diversa: afastou-se do método ilegal de atender somente ao montante da renda de 1975, e buscou a determinação, ainda que por critério aproximativo, dos valores que presumivelmente teriam vigorado durante a ocupação, tal como o acórdão anulatório exigira, apurando a evolução previsível das rendas através do critério legal determinativo do aumento médio do rendimento líquido do prédio, que no caso se estimou em 40%, somando tal percentagem ao valor da renda vigente à data da ocupação, e multiplicando depois o resultado dessa soma pelo tempo de privação do imóvel.

Foram, pois, diferentes os critérios adoptados, chegando-se, aliás, a resultados diferentes.

Por outro lado, importa sublinhar que o acórdão anulatório, embora anulando o acto, não acolheu a tese dos recorrentes, tese que estes agora reiteram quanto ao critério do cálculo, afigurando-se correctas as referências feitas pelo acórdão impugnado aos termos da anulação.

A questão residia em saber se o critério adoptado pela Administração na execução do julgado respeitava os termos da anulação.

Entendeu o aresto que sim, e considera-se que bem, na linha, aliás, de inúmeras decisões deste STA, traduzindo jurisprudência uniforme sobre a matéria.

Afirmou-se, a tal propósito, no Ac. de 01.03.2005 – Rec. 53/03 (A):

"... não se pode reconstituir as rendas de nenhum modo, nem pelo método adoptado pelos requeridos, nem pelo método sustentado pelos autores.

O que é possível, juridicamente, é estabelecer um juízo de probabilidade, ele mesmo, assente, ainda, na presunção de continuação dos arrendamentos até à data da devolução dos prédios.

Por isso, não se podendo formular qualquer juízo de certeza, é apenas o juízo de probabilidade em que se baseou o acto pelo qual os requeridos intentaram respeitar o acórdão anulatório que é necessário verificar se com ele se compatibiliza.

Ora, o critério de prognose do despacho conjunto para a determinação da evolução previsível das rendas relativas aos prédios ocupados, no período que mediou entre a ocupação e a devolução desses prédios, fazendo correspondência com a actualização dos outros rendimentos líquidos dessas explorações, que foi fixada na Portaria n.º 197-A/95, e atendendo, depois, à exigência legal de referência à data das ocupações (art. 7.º, n.º 2, do Decreto-Lei n.º 199/88), afigura-se razoável, assegura "equidade, proporcionalidade e coerência face às outras situações de bens indemnizáveis", e contém-se nos limites do acórdão anulatório.

Não se trata de podermos afirmar que era o único juízo passível de ser realizado, mas de afirmar que é razoável e que, de nenhum modo, contraria o acórdão anulatório, antes se contendo nos limites nele estabelecidos."

Reitera-se integralmente esta orientação jurisprudencial.

2. No que respeita ao outro ponto de discordância – a aplicação da taxa de deflação de 2,5% ao valor das rendas apurado segundo o método atrás referido, alegam os recorrentes que essa deflação não está legalmente prevista.

Também aqui lhes não assiste razão, uma vez que é indiscutível a previsão da deflação para valores correspondentes ao ano da ocupação das terras, no art. 7.º, n.º 2, do DL n.º 199/88, de 31 de Maio, ao dispor que o valor das indemnizações "deve referir-se à data de ocupação, nacionalização ou expropriação", sendo aquela taxa de 2,5% a taxa mínima prevista na lei (art. 19.º, n.º 2 da Lei n.º 80/77, de 26 de Outubro).

Ou seja, as indemnizações encontradas à data das privação dos prédios devem ser actualizadas de acordo com o estabelecido nos artigos 19.º e 24.º da Lei n.º 80/77, de 26 de Outubro, como decidiu o acórdão exequendo, e não para valores reais e correntes da data de pagamento ou para valores de 1994/1995, que aquele acórdão exequendo expressamente afastou, pelo que, em sua execução, não podia ser aplicado outro critério que não o nele estabelecido.

Nos referidos normativos não se distingue, aliás, nenhum caso de indemnização que não haja de ser deflacionada nos termos ali indicados, pelo que tal deflação era obrigatória, como afirmou já este Pleno, perante arguição idêntica, no Ac. de 29.06.2005 – Rec. 1.342 (A), pelo que o despacho de execução atendeu à exigência legal de referência à data das ocupações.

O acórdão impugnado, ao considerar integralmente executado o julgado anulatório, não incorreu, pois, na violação dos aludidos preceitos legais, bem como não violou os arts. 14.º, n.º 4 do DL 199/88, de 31 de Maio, 2.º, n.º 4 da Portaria 197-A/95 de 17/03, as Portarias do Arrendamento Rural citadas pelos recorrentes, e os arts. 173.º e 179.º do CPTA, improcedendo assim toda matéria da alegação dos recorrentes.

DECISÃO

Com os fundamentos expostos, acordam em negar provimento ao recurso.

Custas pelos recorrentes.

Lisboa, 25 de Janeiro de 2006.

Luís Pais Borges (Relator)
António Fernando Samagaio
Fernando Manuel Azevedo Moreira
José Manuel da Silva Santos Botelho
Maria Angelina Domingues
Rosendo Dias José
José Manuel Almeida Simões de Oliveira
Alberto Acácio de Sá Costa Reis
Jorge Artur Madeira dos Santos
Adérito da Conceição Salvador dos Santos
Rui Manuel Pires Ferreira Botelho
António Bernardino Peixoto Madureira
Alberto Augusto Andrade de Oliveira
José Cândido de Pinho
António Bento São Pedro
António Políbio Ferreira Henriques
Fernanda Martins Xavier e Nunes
José António de Freitas Carvalho
Edmundo António Vasco Moscoso
João Manuel Belchior
Jorge Manuel Lopes de Sousa (Vencido nos termos da declaração feita no acórdão recorrido).

Recurso n.º 1164/02-A-20

EXPROPRIAÇÃO POR UTILIDADE PÚBLICA. RESERVA AGRÍCOLA NACIONAL. PARECER PRÉVIO FAVORÁVEL. ÁREA DE SERVIÇO. SCUT. ACTO ADMINISTRATIVO. NULIDADE.

(Acórdão de 7 de Fevereiro de 2006)

SUMÁRIO:

I – A enunciação feita no n.º 1 do art. 9.º do DL 196/89, de 14/6, dos actos administrativos quando relativos a utilização não agrícolas de solos integrados na Reserva Agrícola Nacional (RAN), os quais carecem de prévio parecer favorável das comissões regionais da reserva agrícola, é meramente exemplificativa, pois o decisivo no âmbito da previsão de tal norma é que se trate de acto administrativo que pelo seu conteúdo dispositivo conduza a uma utilização não agrícola de solos integrados na RAN.

II – Cabe assim na previsão de tal norma a declaração de utilidade pública da expropriação de certas parcelas de terreno, integradas na RAN, e destinada a permitir a execução da obra de edificação de uma área de serviço do IC1/Porto – Viana do Castelo.

III – É nulo o acto administrativo consubstanciado na declaração de utilidade pública referida na conclusão anterior, se o mesmo não é precedido de parecer prévio favorável da Comissão Regional, nos termos do art. 9.º, n.º 1, do DL n.º 196/89, de 14/6.

IV – Na situação figurada na conclusão anterior, o acto administrativo nela considerado padece de nulidade (arts. 9.º, n.º 1 e 34.º do DL n.º 196/ /89), não produzindo quaisquer efeitos jurídicos (art. 134.º, n.º 1 do Cód. Proc. Adm.).

ACORDAM NO PLENO DA 1ª SECÇÃO DO SUPREMO TRIBUNAL ADMINISTRATIVO:

Promoções Imobiliárias, AR, Lda, Paulino Alves da Silva, Manuel dos Santos Silva, Álvaro Moreira da Silva, Armindo dos Santos Silva, Fernando Manuel Moreira Mendonça e Manuel Azevedo dos Santos Conde, todos melhor identificados nos autos, vêm recorrer para este Tribunal Pleno do acórdão da Secção, de 4/3/2004 (fls. 166 e segts. dos autos), que negou provimento ao recurso contencioso que junto daquela haviam interposto do despacho do Secretário de Estado das Obras Públicas, de 4/9/2002, na parte em que o mesmo, relativamente às parcelas de terreno nele identificadas sob os n.os 2, 6.1, 7, 5.1, 19 e 4, propriedade, respectivamente, de cada um dos acima referidos recorrentes, tinha declarado a utilidade pública com urgência da expropriação, entre outras, das mesmas parcelas, necessárias à construção da Área de Serviço de Vila do Conde, do IC1/Porto – Viana do Castelo (IP9) – A.S.1.

Nas suas alegações para este Tribunal Pleno concluem os ora recorrentes do seguinte modo, que se transcreve:

«1ª O acto administrativo impugnado foi proferido em desrespeito pelo regime jurídico da RAN;

«2ª E foi-o porque os terrenos estavam inseridos na RNA à data da DUP e não foram dele desanexados como a lei impõe;

«3ª A Consequência de tal violação da lei é a nulidade como resulta do art. 34.º, n.º 1 do regime jurídico da RAN;

«4ª A nulidade não é sanável;

«5ª O acórdão impugnado não teve em conta a "reposição da legalidade" foi posterior à prolação do despacho impugnado».

Contra-alegou a autoridade recorrida, o Secretário de Estado das Obras Públicas, defendendo o improvimento do presente recurso jurisdicional, o mesmo fazendo, por sua parte, a recorrida particular, Euroscut Norte, Sociedade Concessionária da Scut do Norte Litoral, SA.

Posição esta que é secundada pelo Exm.º magistrado do Ministério Público junto deste Tribunal Pleno no seu parecer de fls. 240.

Colhidos os vistos legais, e redistribuído que foi o processo ao presente relator, cumpre decidir, começando por alinhar o essencial da matéria de facto dada por assente no acórdão recorrido, necessária à cabal inteligência da subsequente exposição, matéria essa que, como é sabido, se impõe a este Tribunal Pleno, como tribunal de revista.

***

Os ora recorrentes são proprietários, respectivamente, das parcelas de terreno designadas sob os n.os 2, 6.1, 7, 5.1, 19 e 4 das plantas de fls. 17, 19, 21, 23, 25, 27 e 29, também respectivamente, dos autos, parcelas essas integradas, de acordo com o definido no Plano Director Municipal (PDM) de Vila do Conde, na Reserva Agrícola Nacional (RAN), estando abrangidos pela zona de protecção ao Itinerário Complementar n.º 1 (IC1).

Por despacho do Secretário de Estado das Obras Públicas, de 4/9/2002 (DR, II Série, n.º 223, de 26/9//2002), foi declarada, com carácter de urgência, a utilidade pública da expropriação, entre outras, das parcelas do terreno dos ora recorrentes, já acima identificados, necessárias à construção da área de Serviço de Vila do Conde do IC1 (Porto – Viana do Castelo), via esta incluída na concessão outorgada à ora recorrida particular, "Euroscut Norte, Sociedade Concessionária da Scut do Norte Litoral".

Em 18/11/2002, esta última, nesta sua qualidade, solicitou ao Presidente da respectiva Comissão Regional da RAN, fosse emitido parecer favorável, de acordo com a al. d), do n.º 2, do art. 9.º, do DL n.º 196/89, de 14/6, relativo à utilização não agrícola das parcelas de terreno objecto da declaração de utilidade pública de expropriação por parte do acima referido despacho do Secretário de Estado das Obras Públicas, de 4/9/2002.

Em 7/2/2003, a já acima Comissão Regional da RAN emitiu "parecer favorável" à utilização das referidas parcelas de terreno com vista à implementação neles da área de Serviço acima identificada.

***

Foi perante esta matéria de facto, que agora se deixou reproduzida no seu essencial, que o acórdão da Secção, ora recorrido, começou, como se impunha, de entre os vários vícios que os recorrentes contenciosos assacavam ao despacho expropriativo de 4/9/2002, por conhecer o da sua alegada nulidade, consubstanciada segundo aqueles na circunstância de tal despacho ter sido proferido sem que a respectiva Comissão Regional da RAN tivesse dado parecer favorável à afectação das referidas parcelas de terreno à concreta finalidade expropriativa – edificação da mencionada área de serviço – omissão essa que, ainda segundo os recorrentes, inquinaria aquele despacho expropriativo de nulidade, nos termos combinados dos arts. 8.º, n.º 1, e 34.º, do DL n.º 196/89, de 14/6.

Semelhante vício foi porém desatendido pelo acórdão da Secção, agora em crise, o qual para assim decidir desenvolveu a argumentação que se transcreve:

«Na verdade, tal como decorre (...) da matéria de facto, a Comissão Regional da Reserva Agrícola, pela sua deliberação de 7/2/03[1], deu parecer favorável à utilização dos solos agrícolas em causa para a área de serviço do IC1, nos termos da al. d), do n.º 2, do art. 9.º do citado diploma[2].

«E isto, de resto, sem esquecer que à luz do n.º 3, do art. 11.º do mesmo diploma legal sempre se teria de considerar como tacitamente concedido o mencionado parecer favorável, caso tal Comissão não se tivesse pronunciado expressamente nos moldes já antes expostos».

É precisamente este o segmento decisório do acórdão impugnado que os ora recorrentes, por com ele não concordarem, atacam no presente recurso que daquele aresto agora trazem para este Tribunal Pleno.

Circunscrito pois o tema em debate neste âmbito, é altura de entrar na respectiva apreciação.

Não sem que fique previamente esclarecido que, sendo a questão a nulidade que vem assacada ao despacho contenciosamente impugnado, a única a conhecer no presente recurso jurisdicional, há que reapreciá-la em toda a sua extensão, não estando este Tribunal Pleno circunscrito apenas aos pontos concretamente discutidos pelas partes, sabido como é que a matéria da nulidade dos actos administrativos é de conhecimento oficioso (pelo menos pelos tribunais do respectivo contencioso), o que abrange a apreciação de todas as possíveis questões em que a mesma se desdobra no caso concreto.

***

Já acima se viu que o acórdão da Secção, para afastar a nulidade assacada ao despacho expropriativo – que se ancorava na falta de parecer favorável da respectiva Comissão regional da RAN à afectação das referidas parcelas de terreno à construção da aludida área de serviço no IC1 – ateve-se à circunstância, que resultava da matéria de facto, segundo a qual tal parecer favorável teria sido, no caso, emitido pela referida Comissão regional.

Só que, defendem os recorrentes, tal parecer deveria ter sido prévio ao acto impugnado, como decorre do n.º 1 do art. 9.º do DL n.º 196/89, o que no caso não aconteceu, dado que o despacho expropriativo é de 4/9/2002, sendo que o parecer favorável é posterior, de 7/2/2003, tendo sido até solicitado já depois daquele despacho, em 18/11/2002.

Como, alega-se ainda, a falta de parecer prévio favorável é cominada com a nulidade do acto, como resulta do art. 34.º do mesmo DL n.º 196/89, o despacho expropriativo resultaria nulo, contrariamente ao entendimento perfilhado no acórdão recorrido.

Será assim?

Vejamos.

A nulidade, assim colocada, para ser cabalmente apreciada, impõe o conhecimento das duas seguintes questões.

A de saber se o despacho expropriativo dos autos estava sujeito, sob pena de nulidade, a parecer prévio favorável da respectiva Comissão Regional da RAN, nos termos do n.º 1 do art. 9.º do DL n.º 196/89.

Obtida porventura resposta afirmativa, dado que a negativa a verificar-se só por si afastaria a ocorrência da nulidade, importará então averiguar se, no caso, a nulidade (ou parte dos seus efeitos) não resultaria afastada pelo surgimento posterior ao acto de parecer favorável.

Importa antes de mais transcrever, na parte que interessa ao caso, os preceitos legais pertinentes à questão da nulidade que nos ocupa, preceitos esses do DL n.º 196//89, de 14/6, que estabelece o regime jurídico da RAN.

Dispõe o seu art. 8.º, inserido na Secção II ("Regime da RAN"), sob a epígrafe "Princípio geral":

---

[1] No acórdão recorrido escreveu-se "14/2/03", o que constitui lapso manifesto, pois que da matéria de facto recolhida no mesmo, consta ser a deliberação da Comissão de 7/2/2003 e não de 14/2/2003.

[2] Pelo contexto o aresto da Secção refere-se aqui ao DL n.º 196/89, de 14/6.

«1. Sem prejuízo do disposto nos artigos seguintes, os solos da RAN devem ser exclusivamente afectos à agricultura, sendo proibidas todas as acções que diminuam ou destruam as suas potencialidades agrícolas, designadamente as seguintes:

a) Obras hidráulicas, vias de comunicação e acessos, construção de edifícios, aterros e escavações;

b) ....

c) ....

d) ....

«2...

Por sua vez preceitua o art. 9.º, n.º 1 (epigrafado "Utilização de solos da RAN condicionados pela lei geral"):

«1. Carecem de prévio parecer favorável das comissões regionais da reserva agrícola todas as licenças, concessões, aprovações e autorizações administrativas relativas a utilizações não agrícolas de solos integrados na RAN».

Finalmente o art. 34.º do mesmo DL n.º 196/89, sob a epígrafe "Nulidades", estabelece o seguinte:

«São nulos todos os actos administrativos praticados em violação do disposto no n.º 1 do art. 9.º»

No caso, como resulta da matéria de facto supra, as parcelas de terreno dos ora recorrentes, objecto de expropriação pelo despacho contenciosamente impugnado, encontravam-se integradas na RAN e nessa qualidade estavam assinaladas no PDM do município de Vila do Conde.

E também resulta da mesma matéria de facto que a razão que presidiu ao despacho expropriativo – o fim de utilidade pública (urgente) pelo mesmo prosseguido – foi o de permitir as obras necessárias à construção da área de serviço de Vila do Conde do IC1, a realizar pela concessionária, ora recorrida particular, nas referidas parcelas.

Porém, tal destino assim dado a estas implicava, por natureza, uma utilização não agrícola dos respectivos solos.

Ora o art. . 9.º, n.º 1, já transcrito, exige quanto aos actos administrativos que se enumera ("licenças", "concessões", "aprovações" e "autorizações") que os mesmos carecem de parecer prévio favorável das comissões regionais da RAN quando impliquem a utilização não agrícola de solos integrados na RAN.

Isto sob pena de nulidade, cominada, como se viu, no art. 34.º.

Atento todo este enunciado legal, a questão que se levanta é a de saber se o despacho expropriativo dos autos cabe na previsão do n.º 1 do art. 9.º, por forma a carecer, sob pena de nulidade, do parecer prévio favorável da comissão regional respectiva da RAN.

Desde já se adianta impor-se uma resposta afirmativa a tal questão.

***

É certo que o n.º 1 do art. 9.º, contrariamente ao que acontece com o n.º 1 do precedente art. 8.º (este ao enunciar as acções que são proibidas em solos da RAN), não utiliza o advérbio "nomeadamente" quando se refere aos actos administrativos que devem ser precedidos do referido parecer favorável.

Daí o ser-se tentado, prima facie a ver-se na enunciação dos tipos de actos administrativos constante do n.º 1, do art. 9.º, diferentemente do que se dispõe expressamente no art. 8.º, n.º 1, um quadro fechado, ou seja, taxativo.

Mas não é assim.

Aquilo que substancialmente une ou liga os vários actos administrativos enunciados no n.º 1 do art. 9.º é o de através deles se abrir caminho a utilizações não agrícolas de solos integrados na RAN.

Este critério finalístico é que permite identificar todas as decisões da Administração relativas a solos da RAN que exigem parecer prévio favorável da respectiva comissão regional.

Isto independentemente da tipologia classificatória que porventura possa caber a um concreto acto administrativo.

Aliás o caso dos autos é paradigmático, pois que por virtude da declaração de utilidade pública de expropriação das parcelas de terreno em causa, estas ficam adstritas à satisfação do fim (de utilidade pública) – construção da referida área de serviço –, cessando para os respectivos proprietários o direito de livre disposição, abrindo-se a utilização das mesmas parcelas àquele fim não agrícola.

Há, pois que concluir nesta parte que o decisivo para que um acto da Administração caiba na previsão do n.º 1 do art. 9.º não é que o mesmo se possa subsumir em qualquer dos enunciados típicos que nele o legislador lançou mão ("licenças", "concessões", "aprovações" e "autorizações"), mas antes que se trate de um acto administrativo que pelo seu conteúdo dispositivo conduza a uma utilização não agrícola de solos integrados na RAN.

Contra esta conclusão não se poderá argumentar com a consideração de, no caso sub judice, por se tratar de expropriação com vista à realização de uma obra (edificação), era esta que estava sujeita a licenciamento e então seria este e não o anterior de declaração de utilidade pública de expropriação que carecia de prévio parecer favorável.

Mas também não é assim.

Primeiro porque – e decisivamente –, tal como se entendeu no acórdão deste Tribunal Pleno de 16/3/2001, Proc.º 42268 (publicado nos "Cadernos de Justiça Administrativa", n.º 45, pp. 6 e segts.), o acto expropriativo, em decorrência do princípio da legalidade que deve presidir a toda a actividade administrativa, deve respeitar, sob pena de ilegalidade não o fazendo, os limites à construção no local resultantes de plano de urbanização de âmbito regional ou municipal em vigor (no caso sub judice o PDM de Vila do Conde, onde os terrenos em causa surgiam integrados na RAN).

E depois porque, como resulta da matéria de facto, as obras de construção da área de serviço em questão integram-se no objecto da concessão outorgada à recorrida particular, encontrando-se a realização de tais obras isentas de licenciamento ou autorização nos termos do art. 7.º, n.º 1, al. e) do DL n.º 555/99, de 16/12.

Igualmente não procede também a alegação da autoridade recorrida de que, no caso, só após a prolação do despacho expropriativo é que a recorrida particular (a "Euroscut Norte") podia solicitar – por só então possuir legitimidade para tal – a emissão de parecer favorável à respectiva comissão regional da RAN.

E não procede porque aquela, na sua qualidade de concessionária da Scut em causa, era interessada – directamente interessada – na execução das obras da área de serviço dos autos, por se integrarem no objecto da sua concessão, assistindo-lhes pois legitimidade para requerer o parecer prévio favorável p. no art. 9.º, n.º 1.

Apreciada está pois a primeira das questões que importava dilucidar, e que era, recorde-se, a de saber se o despacho impugnado estava sujeito a parecer prévio favorável nos termos já referidos, questão esta que obteve resposta afirmativa.

Como tal parecer prévio favorável não foi no caso obtido, como se viu, aquele despacho, por violação do n.º 1 do art. 9.º cai na cominação da nulidade do art. 34.º.

O que conduz à análise da segunda questão que essa cominação levanta e que é a de saber, como acima já se disse, se a assim enunciada nulidade não resulta afastada ou limitada nos seus efeitos pela circunstância de, tal como ficou apurado no domínio dos factos, o parecer favorável da Comissão Regional ter sido no caso emitido (e mesmo solicitado) posteriormente ao acto expropriativo.

***

O DL n.º 196/89, cuja cominação do seu art. 34.º está em causa nos autos, é um diploma que, a par de outros, constitui emanação da política de ordenamento do território, a qual, com a do urbanismo, passou a ter, com a 4ª revisão, assento na Constituição [cfr. arts. 65.º, n.º 4, 165.º, n.º 1, al. z) e 228.º, al. g)].

Ora em tal matéria é frequente o legislador ordinário – atenta a preeminência dos interesses colectivos em jogo – cominar com a nulidade actos administrativos que nas aludidas matérias se não conformem com certas regras nesse mesmo âmbito definidas.

De modo exemplificativo, mas longe de ser exaustivo, basta lembrar o art. 103.º do DL n.º 380/99, de 22/9 (regime jurídico dos instrumentos de gestão territorial), relativo à nulidade dos actos praticados em violação de qualquer instrumento de gestão territorial aplicável; art. 15.º do DL n.º 93/90, de 19/3 (regime jurídico da Reserva Ecológica Nacional), nulidade dos actos administrativos que violem o disposto nos arts. 4.º e 17.º; art. 25.º, n.º 7 da Lei n.º 54/2005, de 15/11 (titularidade dos recursos hídricos), nulidade dos actos ou licenciamentos que desrespeitem as restrições de utilidade pública nas zonas adjacentes às águas públicas previstas nos n.os 1 a 6 do mesmo diploma; art. 1.º, n.º 7 do DL n.º 327/90, de 22/10 (ocupação do solo objecto de um incêndio florestal), nulidade dos actos que violem o disposto nos n.os 1 a 6 do seu art. 1.º; e art. 68.º do DL n.º 555/99, de 16/12 (regime jurídico da urbanização e edificação), nulidade das licenças ou autorizações previstas no mesmo diploma, quando preencham a previsão de qualquer das als. a), b) e c) daquele art. 68.º.

Ora, o legislador ordinário, salvo o respeito por determinados princípios constitucionais rectores, como o da proporcionalidade, justiça, igualdade e coerência nacional, é livre em princípio de ligar à desconformidade de certo ou certos actos administrativos com determinados princípios ou regras jurídicas, o efeito da sua nulidade, em obediência a certos valores ou interesses subjacentes às normas cujo desrespeito, envolve aquela cominação legal.

E não cabe ao intérprete substituir assim à valoração operada a sua própria, isto sem embargo do poder de escrutiná-la à luz dos princípios constitucionais já referidos.

Não pode assim deixar de considerar-se o despacho impugnado contenciosamente como nulo, uma vez que o mesmo não foi precedido de parecer favorável da respectiva comissão regional (arts. 9.º, n.º 1 e 34.º do DL n.º 169/89).

Sendo nulo, o mesmo não produziu quaisquer efeitos jurídicos (art. 134.º, n.º 1, do Cód. Proc. Adm.), não podendo consequentemente ser objecto de sanação (art. 137.º, n.º 1, do mesmo diploma).

Mas tendo sido tal acto praticado e sendo de admitir como plausível, no domínio dos factos, atento o tempo entretanto decorrido desde a sua prática (4/9/2002), que as obras cuja pública necessidade de execução ditou a respectiva prática, se encontram já consumadas, e assim integradas no objecto da concessão, não poderá para essa hipótese defender-se estarmos perante uma situação em que os valores da segurança e da confiança autorizam atribuir efeitos jurídicos à mera situação de facto entretanto operada, tudo ao abrigo do n.º 3 do art. 134.º do Cód. Proc. Adm..?

Tanto mais, não se esqueça, como resulta da matéria de facto apurada, que posteriormente ao acto impugnado contenciosamente foi pedido e obtido o parecer favorável da respectiva comissão regional da RAN?

Desde já se adianta que semelhante interrogação merece resposta negativa.

Na verdade, aquele acto, como acto expropriativo, levando à extinção do direito de propriedade dos recorrentes sobre as respectivas parcelas de terreno, é um acto eminentemente agressivo da esfera jurídica daqueles.

E se, nas circunstâncias do caso, a lei exige, como vimos, que o mesmo só possa ser praticado quando precedido de parecer prévio favorável de um órgão independente, como é a comissão regional respectiva, isto só pode significar que tal formalidade funciona também como garantia do particular expropriado.

Pois não são expropriáveis terrenos integrados na RAN sem parecer favorável daquela Comissão ou contra o mesmo.

É caso para dizer que os valores da segurança e da confiança, a poderem ser invocados no caso, postulam antes que um acto expropriativo com a configuração acabada de referir, sendo legalmente nulo como vimos que é, não produza quaisquer efeitos jurídicos.

Termos em que se decide:

a) Julgar procedente o presente recurso jurisdicional, revogando o acórdão recorrido;

b) Julgar em sua substituição procedente o recurso contencioso;

c) Declarar nulo o despacho do Secretário de Estado das Obras Públicas, de 4/9/2002, no mesmo impugnado.

Sem custas.

Lisboa, 7 de Fevereiro de 2006.

Gouveia e Melo (Relator)
António Samagaio
Rosendo José
Azevedo Moreira
Angelina Domingues
Pais Borges
Costa Reis (Vencido, de acordo com a declaração de voto do Cons.º Santos Botelho)
Adérito Santos – Santos Botelho (Vencido, de acordo com a declaração que junto em anexo).

Declaração

Teria negado provimento ao recurso jurisdicional, mantendo o acórdão recorrido e, isto, fundamentalmente, pelas razões enunciadas nas alegações da Entidade recorrida e no Parecer do Magistrado do M. Público, a que se pode acrescentar a circunstância, de a tese acolhida no presente Acórdão, no concernente à integração da situação dos autos na previsão do n.º 1 do art. 9.º da RAN se traduzir, na minha óptica, numa aplicação analógica de um caso de nulidade, o que se me afigura não ser admissível.

José Manuel da Silva Santos Botelho

Recurso n.º 1815/02-20

LEGITIMIDADE PARA INTERPOR RECURSO HIERÁRQUICO. INTERESSE LEGALMENTE PROTEGIDO. ILEGALIDADE DE NORMAS REGULAMENTARES. PODERES DE COGNIÇÃO EM RECURSO DE REVISTA. PROVA DE TRANSMISSÃO DE CENTRO DE INSPECÇÕES DE VEÍCULOS.

(Acórdão de 2 de Março de 2006)

SUMÁRIO:

I – Têm legitimidade para recorrer hierarquicamente os titulares de direitos subjectivos ou interesses legalmente protegidos que se considerem lesados pelo acto administrativo (art. 160.º, n.º 1, do C.P.A.).

II – Há um interesse legalmente protegido quando a lei não protege directamente um interesse particular, mas um interesse público que, se for correctamente prosseguido, implicará a satisfação simultânea do interesse individual.

III – Têm legitimidade para interpor recurso hierárquico de actos administrativos relativos a mudança de instalação de um centro de inspecções de veículos, entidades que são titulares de outros centros idênticos e se consideram lesadas pelos actos referidos.

IV – Pode ser invocada na impugnação de actos administrativos a ilegalidade de actos regulamentares, independentemente da declaração da sua ilegalidade com força obrigatória geral.

V – Não pode basear-se a exclusão da legitimidade para interpor recurso hierárquico em norma regulamentar cuja legalidade é objecto de impugnação nesse recurso.

VI – Embora os poderes de cognição do Pleno da Secção do Contencioso Administrativo do Supremo Tribunal Administrativo estejam limitados a matéria de direito (art. 21.º, n.º 3, do E.T.A.F. de 1984), incluem-se nesses poderes *«o erro na apreciação das provas e na fixação dos factos materiais da causa», quando está em causa a apreciação de meios de prova com valor fixado na lei»* (art. 722.º, n.º 2, do C.P.C.).

VII – Não tem força probatória plena para demonstrar a existência de transmissão de um centro de inspecções um documento em que é referido pela Direcção-Geral de Viação que foi autorizada essa transmissão, nos termos do art. 23.º do Decreto-Lei n.º 550/99, de 15 de Dezembro.

ACORDAM NO PLENO DA SECÇÃO DO CONTENCIOSO ADMINISTRATIVO DO SUPREMO TRIBUNAL ADMINISTRATIVO:

1 – INSPAREDES – C.I.V.A., LDA e CENTRO TÉCNICO DE INSPECCÇÕES DE BRAGA interpuseram neste Supremo Tribunal Administrativo recurso contencioso de anulação do despacho do Senhor Secretário de Estado da Administração Interna de 23-4-2003, que rejeitou o recurso hierárquico que as Recorrentes haviam interposto de quatro actos:

– o despacho do Director-Geral de Viação, de 20-10--1999, que autorizara provisoriamente que a INSPECENTRO – INSPECÇÃO PERIÓDICA DE VEÍCULOS AUTOMÓVEIS, S.A., mudasse para a Póvoa de Lanhoso o centro de inspecção de veículos automóveis que ela tinha em Fafe;

– o despacho do mesmo Director-Geral, de 5-4-2001, que aprovou condicionalmente o projecto de mudança das instalações desse centro;

– o despacho do mesmo Director-Geral, de 8-6-2001, que aprovou condicionalmente o mesmo centro; e

– o despacho do Subdirector-Geral de Viação, de 29-6-2001, que autorizou que se reiniciasse a actividade do aludido centro.

Interveio no recurso contencioso, como recorrida particular, a referida empresa INSPECENTRO.

Por acórdão da Secção do Contencioso Administrativo deste Supremo Tribunal Administrativo foi concedido provimento ao recurso contencioso e anulado o acto recorrido.

Inconformadas, a Autoridade Recorrida e a Recorrida Particular INSPECENTRO interpuseram recursos para este Pleno da Secção do Contencioso Administrativo.

A Autoridade Recorrida apresentou alegações com as seguintes conclusões:

I – O douto acórdão recorrido equivocou-se quanto ao verdadeiro itinerário seguido pela autoridade administrativa para decidir da ilegitimidade das então recorrentes particulares;

II – O douto acórdão recorrido equivocou-se igualmente no tocante ao critério apto para se detectar a existência de um "interesse legalmente protegido";

III – Com efeito, o critério escolhido – "a situação de serem titulares de centros de inspecção de veículos automóveis" e por isso estarem "colocadas numa situação particular relativamente à generalidade das pessoas" – é, isso sim, legalmente adequado para afirmar a existência de um prejuízo "especial e anormal', no quadro da responsabilidade civil extracontratual do Estado e demais entidades públicas por actos lícitos;

IV – O douto acórdão também errou ao sufragar o modo como as recorrentes particulares se propuseram impugnar os despachos do Secretário de Estado Adjunto do Ministro da Administração Interna de 1997 e 1999, que fixavam as condições a que devia obedecer a mudança de instalações dos centros de inspecção já instalados, e que, por isso, tinham uma vocação marcadamente normativa;

V – O douto acórdão errou também, e terá afinal incorrido na previsão do artigo 668.º, n.º 1, alínea d), do Código do Processo Civil, ao concluir que "o despacho contenciosamente recorrido errou ao rejeitar o recurso hierárquico dos autos com fundamento na ilegitimidade das recorrentes", sem que tivesse demonstrado (previamente) que as recorrentes particulares dispunham efectivamente de legitimidade procedimental no caso de os critérios fixados pelos despachos do SEAMAI se manterem firmes na ordem jurídica;

VI – E, por outro lado, o douto acórdão também não demonstrou ou que tais critérios não estariam em vigor ou, simplesmente, que podiam ser atacados em 26 de Outubro de 2001, pela via usada pelas recorrentes particulares.

VII – Nesse sentido, o douto acórdão deixou de pronunciar-se sobre a questão central que lhe cabia apreciar (cfr. artigo 668.º, n.º 1, alínea d), do CPC);

VIII – E incorreu na violação do artigo 160.º, n.º 1, do CPA (cfr. Conclusões II e III), do artigo 120.º do CPA e dos artigos 63.º e seguintes da LPTA (cfr. conclusão IV).

Assim, e com o douto suprimento de Vossas Excelências, deve o douto acórdão de 19 de Janeiro de 2005 ser revogado.

A Recorrida Particular concluiu da seguinte forma:

17.1 – O acto recorrido da autoria do Secretário de Estado da Administração Interna datado de 23/04/03, apropriou-se dos fundamentos e conclusões do parecer da Auditoria Jurídica do M.A.I. de 10/04/03.

17.2 – Desse parecer resulta a demonstração da extemporaneidade dos recursos hierárquicos das Recorrentes, razão pela qual tais recursos foram também rejeitados por terem sido apresentados fora do prazo legal estatuído pelo Art. 168.º do C.P.A., que é de trinta dias.

17.3 – Se o Tribunal recorrido entendia que o tal parecer não havia sido conclusivo sobre esta questão, então deveria ser o mesmo Tribunal a apreciá-lo e decidir quanto à validade ou invalidade do acto recorrido pela extemporaneidade ou não dos recursos hierárquicos.

17.4 – Ao não fazê-lo, o Tribunal "a quo" incorreu em omissão de pronúncia, sendo assim nulo o acórdão recorrido nos termos do Art. 668.º n.º 1, alínea d), do C.P.Civil aplicável ao recurso contencioso "ex vi" Art. 1.º da L.P.T.A..

17.5 – Sendo o regime regra o da anulabilidade dos actos administrativos (Art. 133.º e 148.º do C.P.A.) o acto recorrido mesmo que fosse declarado inválido, nunca poderia ser declarado eivado do vício de nulidade face ao disposto no Art. 134.º do mesmo diploma legal.

17.6 – E assim sendo, deveria entender-se que os recursos hierárquicos foram bem rejeitados pela autoridade recorrida pela sua apresentação fora de prazo legal nos termos dos artigos 168.º e 173.º do C.P.A..

17.7 – As recorrentes não são parte ilegítimas no recurso hierárquico que apresentaram já que não demonstraram lesão de interesses e prejuízos como o exige o Art. 160.º do C.P.A.

17.8 – O tribunal "a quo" ao anular o acto que rejeitou o recurso hierárquico por tal razão, por entender que a mera alusão a danos ou prejuízos ou à mera eventualidade de tais danos ocorrerem, satisfaz os requisitos da legitimidade activa, violou, entre outros, aquele preceito legal do C.P.A..

17.9 – A co-recorrida Inspecentro S.A. à data da interposição do recurso contencioso, já não tinha interesse em agir por haver cedido o centro em causa a terceira entidade que identificou, devendo ser considerada parte ilegítima nos termos do art. 26.º e seguintes do C.P.Civil.

17.10 – Requerendo a intervenção do terceiro interessado de harmonia com o disposto no art. 270.º alínea b) do mesmo diploma legal.

17.11 – Assim como provou nos autos, com documento autêntico exarado pela autoridade pública competente – a Direcção Geral de Viação – de que havia sido autorizada a ceder o referido centro a terceiro.

17.12 – Autorização essa que é a única formalidade essencial que a lei exige nos termos do art. 23.º do Dec. Lei 550/99, de 15 de Dezembro.

17.13 – Ao referir-se no douto acórdão recorrido que a co-recorrida Inspecentro não apresentou documento bastante que provasse o negócio e ao exigir o recurso ao mecanismo legal previsto no art. 271.º do C.P.Civil, viola a um só tempo o Art. 270.º alínea b) do mesmo diploma legal que permite o recurso à intervenção de terceiros o que foi requerido pela co-recorrida e o Art. 23.º do citado Dec. Lei n.º 550/99.

17.14 – Desta forma não se pode dizer como se refere no acórdão recorrido que a Inspecentro, S.A. por ter sido beneficiária no acto recorrido, se terá de manter na instância, já que se foi beneficiária de tal acto, foi-o ao abrigo dum direito que lhe foi reconhecido por um acto praticado pela autoridade pública competente que é a Direcção Geral de Viação.

17.15 – Todavia, o facto de ter sido beneficiária de tal acto, não significa que "ad aeternum" mantenha um interesse em agir, pois esta desapareceu quando cedeu a terceiro o centro em questão e o negócio que dele emergia.

Nestes termos

Deve ser revogado o acórdão recorrido com o que se fará justiça.

As Recorrentes contenciosas contra-alegaram, defendendo que deve ser negado provimento ao recurso jurisdicional.

O Excelentíssimo Procurador-Geral Adjunto emitiu douto parecer nos seguintes termos:

Improcederão, nos termos do douto Acórdão de sustentação, a que inteiramente aderimos, as nulidades arguidas ao douto Acórdão recorrido.

Improcederão também, em nosso parecer, os erros de julgamento que lhe são imputados pela recorrente particular, em matéria de ilegitimidade passiva e de extemporaneidade do recurso hierárquico face, respectivamente, à falta de prova documental da transmissão do seu centro de inspecções a outra sociedade, necessária a fundar a cessação do seu interesse na manutenção do acto contenciosamente impugnado, e à parte dispositiva deste suportada nos pontos 4.10 e 5 do parecer que o precedeu.

Finalmente, improcederá o alegado erro de julgamento de procedência do vício de violação de lei, por erro nos pressupostos de direito, determinante da rejeição do recurso hierárquico em causa, por ilegitimidade das recorrentes contenciosas, entendendo-se, na esteira das razões expendidas no parecer anteriormente emitido na Secção, não merecer o douto Acórdão recorrido a censura que ambas as recorrentes lhe dirigem.

A Secção proferiu acórdão, nos termos do art. 668.º, n.º 4, do C.P.C., em que entendeu que não há nulidades a suprir.

Corridos os vistos legais, cumpre decidir.

2 – No acórdão recorrido deu-se como assente a seguinte matéria de facto:

1 – A recorrente Insparedes – Civa, Ld.ª, é titular dos centros de inspecção de veículos de automóveis n.os 203 e 164, localizados, respectivamente, no Parque Industrial de Sete Fontes, Pavilhão 2, em Braga, e em Ribeiros Altos, freguesia de Mouriz, Paredes.

2 – A recorrente Centro Técnico de Inspecções de Braga, Ld.ª, é titular do centro de inspecção de veículos automóveis n.º 166, localizado no Parque Industrial de Adaúfe, Lote H8, em Braga.

3 – A recorrida particular Inspecentro – Inspecção Periódica de Veículos Automóveis, S A, era titular do centro de inspecção de veículos automóveis n.º 062, localizado em Fafe.

4 – Por despacho de 20/10/99, o Director-Geral de Viação autorizou provisoriamente a mudança de instalações do centro n.º 062, de Fafe para a Póvoa de Lanhoso.

5 – Por despacho de 5/4/01, o mesmo Director-Geral de Viação aprovou condicionalmente o projecto de mudança de instalações daquele centro n.º 062.

6 – Por despacho de 29/6/01, o Subdirector-Geral de Viação autorizou o reinício da actividade do mesmo centro n.º 062.

7 – A localização, na Póvoa de Lanhoso, do centro n.º 062 coloca-o à distância de 10,393 Km e de 10,911 Km dos centros n.os 203 e 166.

8 – Em 19/10/01, as aqui recorrentes interpuseram, para o Secretário de Estado da Administração Interna, recurso hierárquico dos três despachos atrás mencionados e, ainda, do despacho do Director-Geral de Viação, de 8/6/01, «que aprovou condicionalmente o mesmo centro» n.º 062, constando de fls. 49 a 92 dos autos a cópia da respectiva minuta.

9 – A Inspecentro interveio no lado passivo desse recurso hierárquico, aí apresentando a sua resposta.

10 – A propósito desse recurso hierárquico, foi proferido, na Auditoria Jurídica do Ministério da Administração Interna, o parecer cuja cópia consta de fls. 101 a 119 dos autos e que aqui damos por integralmente reproduzido.

11 – No rosto desse parecer, a autoridade recorrida exarou o seguinte despacho:

«Concordo. Nos termos e com os fundamentos do presente parecer, rejeito o recurso hierárquico interposto por Insparedes – Civa, Ld.ª, e Centro Técnico de Inspecções de Braga, Ld.ª, identificadas nos autos. Comunique-se à DGV, que notificará, com urgência, as recorrentes e o respectivo advogado. Entregue-se no STA a resposta, com este despacho e demais elementos de instrução.»

12 – O Director-Geral de Viação remeteu ao STA o ofício junto a fls. 278, com o seguinte teor útil:

«Em cumprimento do ofício identificado em epígrafe, cuja cópia se junta, informa-se Vossa Excelência que o Centro de Inspecções da Póvoa de Lanhoso (cod. 062) da entidade Inspecentro – Inspecção de Veículos automóveis, S A, foi transmitido para a entidade autorizada TOP – Centro de Inspecção Automóvel, S A, após autorização prévia da DGV, concedida por despacho de 27 de Dezembro de 2002.

Mais se informa que a transmissão ocorreu em 1 de Janeiro de 2003, conforme informação da Inspecentro – Inspecção de Veículos Automóveis, S.A.»

3 – A nulidade de sentença por omissão de pronúncia verifica-se quando o Tribunal deixe de se pronunciar sobre questões sobre as quais deveria ter-se pronunciado [art. 668.º, n.º 1, alínea d), do C.P.C., aplicável por força do disposto no art. 1.º da L.P.T.A.].

Esta nulidade está conexionada com os deveres de cognição do Tribunal, previstos no artigo 660.º, n.º 1, do Código de Processo Civil, em que se estabelece que o juiz tem o dever de conhecer de todas as questões que as partes tenham submetido à sua apreciação, exceptuadas aquelas cuja decisão esteja prejudicada pela solução dada a outras.

A autoridade recorrida imputa ao acórdão recorrido nulidade por omissão de pronúncia, por ter concluído que "*o despacho contenciosamente recorrido errou ao rejeitar o recurso hierárquico dos autos com fundamento na ilegitimidade das recorrentes*", sem que tivesse demonstrado (previamente) que as recorrentes particulares dispunham efectivamente de legitimidade procedimental no caso de os critérios fixados pelos despachos do SEAMAI se manterem firmes na ordem jurídica (conclusão V). Refere ainda a Autoridade Recorrida que o acto não demonstrou ou que tais critérios não estavam em vigor ou que podiam ser atacados em 26-10-2001, pela via usada pelas Recorrentes (conclusão VI).

A Recorrida Particular imputa também ao acórdão recorrido nulidade por omissão de pronúncia, por não ter apreciado a questão da extemporaneidade do recurso hierárquico.

No acórdão recorrido, interpretando-se o acto recorrido à luz do parecer de que se apropriou, entendeu-se que a rejeição do recurso hierárquico se baseou unicamente na ilegitimidade procedimental das recorrentes e não também na extemporaneidade do meio impugnatório ou na ilegalidade da sua pretensão.

Definido desta forma o conteúdo do acto impugnado e estando-se num contencioso de mera anulação (art. 6.º do E.T.A.F. de 1984), é apenas a legalidade do fundamento que efectivamente do invocado para rejeição o recurso hierárquico que pode ser apreciada no recurso contencioso, para além de questões de conhecimento oficioso.

Assim, tendo o acórdão recorrido, através de interpretação do acto recorrido, concluído que ele se baseou apenas na ilegitimidade das Recorrentes, e não também na intempestividade do recurso hierárquico ou na ilegalidade das pretensões formuladas, ficou prejudicado o conhecimento destas questões, pois nenhuma delas é de conhecimento oficioso.

Por isso, tendo sido apreciada no acórdão recorrido essa questão da ilegitimidade, definida como a única que havia a apreciar, não há nulidade por omissão de pronúncia. Poderá é haver erro de julgamento, se se puder considerar errada a interpretação do acto recorrido.

Improcedem, assim, as arguições de nulidades feitas pela Autoridade Recorrida e pela Recorrida Particular.

4 – Este Supremo Tribunal Administrativo tem vindo a entender uniformemente, que os recursos contenciosos são de mera legalidade (art. 6.º da L.P.T.A.), visando-se neles apreciar a legalidade da actuação da Administração tal como ela ocorreu, não podendo o tribunal, perante a constatação da invocação de um fundamento ilegal como suporte da decisão administrativa, apreciar se a sua actuação poderia basear-se noutros fundamentos, mesmo que invocados *a posteriori* na pendência do recurso contencioso[1].

Por outro lado, vem também sendo jurisprudência deste Pleno, que «*a interpretação do acto administrativo feita pela Secção, através dos elementos factuais da sua literalidade e das circunstâncias em que foi proferido, constitui matéria de facto, que o Pleno, funcionando como tribunal de revista, tem de acatar (art. 21.º, n.º 3 do E.T.A.F.)*». «*Quando para o resultado interpretativo do acto, alcançado pelo acórdão da Secção, foram também decisivos o tipo legal do acto, ou a interpretação de normas, princípios ou conceitos jurídicos, a que aquele acórdão fez apelo, nada impede, nesse domínio estrito, o exame crítico do Pleno, como tribunal de revista*».[2]

No caso em apreço, o acórdão recorrido entendeu que o único fundamento da rejeição do recurso hierárquico foi a ilegitimidade das Recorrentes para o interporem.

Para fazer esta interpretação, o acórdão recorrido não fez apelo ao tipo legal do acto ou a interpretação de normas, princípios ou conceitos jurídicos, mas apenas à análise dos pontos 4.1, 4.10. e 5 do parecer com que o autor do acto recorrido manifestou concordância, que entendeu conter uma proposta de rejeição apenas com fundamento em ilegitimidade das Recorrentes.

Nestas condições, a questão da interpretação do acto recorrido é uma questão de facto, pelo que, atenta a referida limitação dos poderes de cognição deste Pleno, tem de se considerar assente que foi apenas por esta razão que o acto recorrido rejeitou o recurso hierárquico.

Sendo assim, fica prejudicado o conhecimento da questão, suscitada pela autoridade recorrida e pela Recorrida particular, da extemporaneidade do recurso hierárquico, pois, embora ela tivesse sido objecto de apreciação no parecer em que se baseou o acto recorrido, não foi efectuada proposta de rejeição com esse fundamento, nem o acto recorrido, lhe faz qualquer referência.

5 – A questão a apreciar, assim, é a de saber se é correcta a posição assumida no acto recorrido ao entender que as Recorrentes não têm legitimidade para interporem o referido recurso hierárquico.

A legitimidade para recorrer hierarquicamente é definida no art. 160.º do C.P.A. em que se estabelece que «*têm legitimidade para reclamar ou recorrer os titulares de direitos subjectivos ou interesses legalmente protegidos que se considerem lesados pelo acto administrativo*».

Como resulta da matéria de facto fixada, as Recorrentes Contenciosas e a Recorrida Particular são titulares de centros de inspecção de veículos automóveis.

Pelos despachos do Senhor Director-Geral de Viação e do Senhor Subdirector-Geral de Viação referidos no probatório foi autorizada a mudança de instalações do centro de inspecção de que Recorrida particular para um local a 10,393 Km e 10,911 Km dos locais em que estão situados os centros de inspecção de que são titulares as Recorrentes, foi aprovado condicionalmente aprovado o projecto de mudança dessas instalações e foi autorizado o reinício de actividade do mesmo centro da Recorrida particular.

Foi destes actos que a Recorrentes recorreram hierarquicamente.

O art. 160.º do C.P.A. estabelece que têm legitimidade para recorrer hierarquicamente «*os titulares de direitos subjectivos ou interesses legalmente protegidos que se considerem lesados pelo acto administrativo*».

Está-se perante um direito subjectivo dos particulares perante a Administração quando estes têm interesses próprios protegidos directamente pela lei como interesses individuais, atribuindo-lhes o poder de exigirem da Administração o comportamento necessário para a satisfação desses interesses.[3]

Há um interesse legalmente protegido quando a lei não protege directamente um interesse particular, mas um interesse público que, se for correctamente prosseguido, implicará a satisfação simultânea do interesse individual; neste caso, o particular não pode exigir da Administração a satisfação do seu interesse, apenas podendo exigir-lhe que não o prejudique ilegalmente. Por isso, para ser possível esta exigência, é necessário que exista uma norma que estabeleça a forma de a Administração realizar o interesse público na situação conexa com o interesse particular, com a consequente proibição de esta actuar de forma ilegal. Está-se, aqui, perante um direito à legalidade das decisões da Administração que possam afectar um interesse próprio.[4]

Como se vê pela petição do recurso hierárquico, cuja cópia consta de fls. 49 a 92, para que se remete no ponto 8 da matéria de facto fixada, as ora Recorrentes afirmam serem titulares de centros de inspecção, que têm o direito

---

[1] Essencialmente neste sentido, podem ver-se os seguintes acórdãos deste Supremo Tribunal Administrativo:

– de 1-2-79, recurso n.º 11415, publicado em *Acórdãos Doutrinais do Supremo Tribunal Administrativo*, n.º 210, página 741, e em *Apêndice ao Diário da República* de 24-3-83, página 230;

– de 7-7-83, recurso n.º 17570, publicado em *Apêndice ao Diário da República* de 22-10-86, página 3405;

– de 25-7-85, recurso n.º 20966, publicado em *Apêndice ao Diário da República* de 17-4-89, página 3037;

– de 20-6-89, recurso n.º 27011, publicado em *Apêndice ao Diário da República* de 15-11-94, página 4391;

– de 21-4-94, recurso n.º 33071, publicado em *Apêndice ao Diário da República* de 31-12-96, página 3055;

– de 10-11-98, do Pleno, recurso n.º 32702, publicado em *Apêndice ao Diário da República* de 12-4-2001, página 1207;

– de 19-6-2002, recurso n.º 47787, publicado em *Apêndice ao Diário da República* de 10-2-2004, página 4289; e

– de 9-10-2002, recurso n.º 600/02;

– de 7-7-2004, recurso n.º 567/04.

Em sentido idêntico, podem ver-se:

– Marcello Caetano, *Manual de Direito Administrativo*, volume I, 10.ª edição, página 479 em que refere que é «*irrelevante que a Administração venha, já na pendência do recurso contencioso, invocar como motivos determinantes outros motivos, não exarados no acto*», e volume II, 9.ª edição, página 1329, em que escreve que «*não pode (...) a autoridade recorrida, na resposta ao recurso, justificar a prática do acto recorrido por razões diferentes daquelas que constam da sua motivação expressa*»;

– Mário Esteves de Oliveira, *Direito Administrativo*, Volume I, página 472, onde escreve que «*as razões objectivamente existentes mas que não forem expressamente aduzidas, como fundamentos do acto, não podem ser tomadas em conta na aferição da sua legalidade*».

[2] Acórdão deste Pleno de 28-3-96, proferido no recurso n.º 32268, publicado em *Apêndice ao Diário da República* de 30-1-98, página 271.

Em sentido idêntico, podem ver-se os seguintes acórdãos deste Pleno:

– de 1-10-97, proferido no recurso n.º 12047, publicado em *Apêndice ao Diário da República* de 11-1-2001, página 1830;

– de 10-11-98, proferido no recurso n.º 40848, publicado em *Apêndice ao Diário da República* de 12-4-2001, página 1275; e

– de 6-6-2002, proferido no recurso n.º 45074, publicado em *Acórdãos Doutrinais do Supremo Tribunal Administrativo*, n.º 492, página 1650;

– de 12-11-2003, recurso n.º 41291.

[3] Freitas do Amaral, *Direito Administrativo*, 1988, volume II, página 89.

[4] Essencialmente neste sentido, o Autor, obra citada, páginas 90 e 98.

de explorar. Por outro lado, consideraram-se lesadas pelos actos de que recorreram hierarquicamente, que, em sem entender, ao permitirem o funcionamento do centro de inspecção da Recorrida Particular, terão como consequência redução da actividade dos seus centros em grande percentagem, provocando a sua asfixia (arts. 13.º e 14.º da petição do recurso hierárquico, a fls. 52-53).

As normas sobre criação de centros de inspecção de veículos visam satisfazer, em primeira linha, o interesse público da segurança rodoviária, mas é atendido também o interesse comercial das entidades que exploram os centros, como ressalta de algumas normas sobre os concursos públicos para a sua abertura, como a que condiciona a abertura de um novo centro ao encerramento de outro e a que interdita da localização de novos centros a menos de 20 km de outro, ou de 5 km, se se tratar de centro situado na mesma localidade [alíneas c) e d) do n.º 6.º da Portaria n.º 262/95, de 1 de Abril].

A tutela legal dos interesses comerciais das ora Recorrentes que se constata nestas normas impõe que, no mínimo, se lhes reconheça a titularidade de interesses legalmente protegidos em matéria de criação ou mudança de instalações de centros de inspecção.

Por isso, invocando as Recorrentes que os actos impugnados lhes provocam prejuízos, é inequívoco que se verificam os requisitos exigidos pelo referido n.º 1 do art. 160.º para o reconhecimento da legitimidade para interposição de recurso hierárquico.

Com efeito, o que é relevante, para efeitos de legitimidade para interposição de recurso hierárquico não é que o recorrente ***demonstre*** a lesão de um direito ou interesse legalmente protegido, mas antes que invoque a titularidade de um direito ou interesse legalmente protegido e ***considere*** que ele é afectado pelo acto recorrido.

Saber se essa lesão está ou não demonstrada é matéria que não tem a ver com o pressuposto procedimental da legitimidade, de carácter formal, mas sim com o mérito da pretensão formulada.

São questões diferentes a de saber se os interessados têm legitimidade para discutir no procedimento administrativo se um acto é ilegal e a de saber se essa ilegalidade ocorre efectivamente: as Recorrentes, considerando-se afectadas nas suas esferas jurídicas pelos actos impugnados hierarquicamente, que defendem serem ilegais, têm o direito de discutir no procedimento administrativo se essa ilegalidade existe ou não, pois a eventual anulação dos actos com fundamento em ilegalidade tem potencialidade para satisfazer os seus interesses.

6 – A Autoridade Recorrida defende, porém, que havendo despachos, de natureza normativa, proferidos do Senhor Secretário de Estado da Administração Interna, datados de 13-11-97 e 17-8-99, os considerou firmes ou consolidados, por eles não terem sido impugnados pelas Recorrentes através do processo de impugnação de normas previsto nos arts. 63.º e seguintes da L.P.T.A. e que é à face deles que se tem de desenhar o círculo dos interesses com protecção jurídica.

Os actos normativos dos órgãos da Administração Central podem ser objecto de declaração de ilegalidade com força obrigatória geral, nos termos do art. 66.º da L.P.T.A.[5].

Esta declaração de ilegalidade de normas pode ser pedida ***a todo o tempo***, como decorre do facto de não ser previsto qualquer prazo.

Por isso, não tem qualquer sentido falar, a propósito de normas, em actos firmes ou consolidados, com o sentido que a tais expressões é atribuído a propósito de actos administrativos, que é o de inimpugnabilidade dos actos, pelo decurso de tempo, com fundamento em vícios geradores de mera anulabilidade.

Por outro lado, o facto de poder pedir a declaração de ilegalidade de normas quem for prejudicado pela aplicação da norma ou venha a sê-lo, previsivelmente, em momento próximo, não afasta a possibilidade de qualquer interessado poder invocar essa ilegalidade, sem subsequente declaração com força obrigatória geral, no âmbito da impugnação contenciosa de actos administrativos, com efeitos restritos ao acto impugnado.

Isso mesmo ressalta, aliás, do texto do n.º 1 do art. 66.º, em que até se fixa a obrigatoriedade de o Ministério Público pedir a declaração de ilegalidade de normas com força obrigatória geral quando tenha conhecimento de três decisões de quaisquer tribunais, transitadas em julgado, que recusem a aplicação da norma com fundamento na sua ilegalidade: estas três decisões, naturalmente, não foram proferidas em processos de declaração de ilegalidade com força obrigatória geral, mas sim em processos em que a ilegalidade da norma foi apreciada para efeitos de apreciação da legalidade do acto ou actos que a aplicaram.

A existir ilegalidade de normas regulamentares que sejam aplicadas num acto administrativo, este acto estará afectado de ilegalidade, que pode ser invocada como qualquer outro vício de violação de lei consubstanciado por erro sobre os pressupostos de direito.

Assim, é inquestionável que a ilegalidade de normas de carácter regulamentar que sejam aplicadas por actos administrativos pode ser invocada pelos meios próprios para impugnação de actos administrativos, quer de natureza administrativa, quer de natureza contenciosa.[6]

Sendo assim, tendo as Recorrentes o direito de discutirem, no referido recurso hierárquico, a legalidade desses despachos normativos e tendo pretendido fazê-lo, não pode com base na sua hipotética legalidade «*firme*» ou «*consolidada*» recusar-se àquelas legitimidade para impugnarem os actos que foram objecto do recurso hierárquico.

Trata-se, como se evidencia no acórdão recorrido, de petição de princípio basear em despachos cuja legalidade é impugnada (e que, por isso, não pode considerar-se assente) qualquer conclusão sobre a legitimidade para os impugnar, pois os efeitos que deles podem resultar dependem da sua legalidade.

Por isso, não pode deixar de se reconhecer às Recorrentes legitimidade para impugnarem os actos de que interpuseram o recurso hierárquico.

Sendo assim, o despacho que rejeitou o recurso hierárquico com fundamento na falta de legitimidade das Recorrentes enferma do erro sobre os pressupostos,

[5] O recurso previsto nos arts. 63.º a 65.º aplica-se apenas à impugnação de normas da Administração Regional e local e de concessionários, como resulta da referência ao art. 51.º, n.º 1, alínea *e*), do E.T.A.F. de 1984, que é feita naquele art. 63.º.

[6] Idêntico é o que sucede com as próprias normas legislativas, cuja inconstitucionalidade ou ilegalidade por violação de norma de hierarquia superior é susceptível de invocação como vício do acto administrativo.

que constitui vício de violação de lei, que justifica a sua anulação, pelo que não merece censura o acórdão recorrido.

7 – A Recorrida Particular defende que deve ser considerada parte ilegítima, por carecer de interesse em contradizer, já que, à data de interposição do recurso contencioso, havia cedido o centro de inspecções a terceira entidade, que identificou.

No acórdão recorrido não se dá como provado que tal transmissão tenha ocorrido.

A Recorrida particular defende, porém, que tal prova deve considerar-se efectuada, pois juntou ao processo documento comprovativo de autorização da Direcção-Geral de Viação para efectuar a transmissão e que essa é a única formalidade essencial que o art. 23.º do Decreto-Lei n.º 550/99, de 15 de Dezembro, exige para esse efeito.

Embora os poderes de cognição do Pleno estejam limitados a matéria de direito (art. 21.º, n.º 3, do E.T.A.F. de 1984), o art. 722.º, n.º 2, do C.P.C., que define os fundamentos do recurso de revista, estabelece que «*o erro na apreciação das provas e na fixação dos factos materiais da causa não pode ser objecto de recurso de revista, salvo havendo ofensa de uma disposição expressa de lei que exija certa espécie de prova para a existência do facto ou que fixe a força de determinado meio de prova*».

Assim, a questão de saber se o documento referido basta para dar com provada a transmissão ou se ela deve ser dada como provada à face de qualquer outro documento com força probatória fixada na lei inclui-se no âmbito dos poderes de cognição atribuídos ao tribunal em recurso de revista, pois tem de ser apreciada apenas com base na interpretação da lei.

O documento que a Recorrida Particular juntou ao processo é aquele cuja cópia consta de fls. 253, em que a Direcção-Geral de Viação que informa que por despacho do Senhor Subdirector-Geral de Viação de 27-12--2002 foi autorizada a transmissão daquele centro de inspecções para a entidade TOP, S.A..

Posteriormente, a Direcção-Geral de Viação informou ainda que o referido centro de inspecções foi transmitido para esta entidade em 1-1-2003 «*conforme informação*» da ora Recorrida Particular (fls. 278).

O art. 23.º do Decreto-Lei n.º 550/99, invocado pela Recorrida Particular, estabelece o seguinte:

Artigo 23.º
Transmissão de centros

1 – A transmissão de um centro de inspecção aprovado, por qualquer das formas legalmente previstas, só é permitida entre entidades autorizadas e depende de prévia autorização da Direcção-Geral de Viação.

2 – A autorização referida no número anterior depende da verificação, através da realização das vistorias e auditorias a que houver lugar, nos termos a fixar na portaria prevista no n.º 3 do artigo 26.º, de que estão cumpridos todos os requisitos legais e regulamentares, nomeadamente os previstos no n.º 6 do artigo 26.º.

Os arts 369.º e 372.º do Código Civil estabelecem o seguinte:

Artigo 369.º
Competência da autoridade ou oficial público

1. O documento só é autêntico quando a autoridade ou oficial público que o exara for competente, em razão da matéria e do lugar, e não estiver legalmente impedido de o lavrar.

2. Considera-se, porém, exarado por autoridade ou oficial público competente o documento lavrado por quem exerça publicamente as respectivas funções, a não ser que os intervenientes ou beneficiários conhecessem, no momento da sua feitura, a falsa qualidade da autoridade ou oficial público, a sua incompetência ou a irregularidade da sua investidura.

Artigo 371.º
Força probatória

1. Os documentos autênticos fazem prova plena dos factos que referem como praticados pelo autoridade ou oficial público respectivo, assim como dos factos que neles são atestados com base nas percepções da entidade documentadora; os meros juízos pessoais do documentador só valem como elementos sujeitos à livre apreciação do julgador.

2. Se o documento contiver palavras emendadas, truncadas ou escritas sobre rasuras ou entrelinhas, sem a devida ressalva, determinará o julgador livremente a medida em que os vícios externos dos documentos excluem ou reduzem a sua força probatória.

O referido documento junto pela Recorrida Particular e a posterior informação da Direcção-Geral de Viação foram emitidos em matéria da sua competência, pelo que têm força probatória plena quanto ao facto praticado por esta entidade, que é ter sido dada a autorização referida (art. 371.º, n.º 1, do C.P.C.).

Mas, não têm força probatória plena quanto ao facto de a transmissão autorizada ter vindo a concretizar-se, pois a transmissão não foi efectuada pela Direcção-Geral de Viação nem a informação sobre a sua concretização se baseia nas percepções da entidade que emitiu a informação referida, o que é nela bem claro, ao referir-se que a informação prestada é feita «*conforme informação*» da ora Recorrida Particular.

Por outro lado, o referido art. 23.º apenas prevê uma autorização de transmissão e a concretização da transmissão autorizada é um facto diferente da autorização, não havendo qualquer suporte legal para considerar efectuada a transmissão com a concessão de autorização.

Por isso, não pode, com base nos documentos referidos dar-se como provado, com mera interpretação e aplicação de normas jurídicas, que tenha ocorrido a referida transmissão.

Consequentemente, não pode este Pleno, em face da limitação dos seus poderes a matéria de direito, dar como provado que tal transmissão tenha ocorrido.

Termos em que acordam neste Pleno da Secção do Contencioso Administrativo em negar provimento aos recursos jurisdicionais e em confirmar o acórdão recorrido.

Lisboa, 2 de Março de 2006.

Jorge Manuel Lopes de Sousa (Relator)
António Fernando Samagaio
Adérito da Conceição Salvador dos Santos
Fernando Manuel Azevedo Moreira
Maria Angelina Domingues
José Manuel Almeida Simões de Oliveira
Edmundo António Vasco Moscoso
Pais Borges

Recurso n.º 51/03-20

MILITAR. RESERVA FORA DA EFECTIVIDADE DE SERVIÇO. PENSÃO DE REFORMA.

(Acórdão de 7 de Fevereiro de 2006)

SUMÁRIO:

I – O n.º 3 do artigo 44 do EMFAR/99, aprovado pelo DL 236/99, de 25.6, na redacção introduzida pela Lei 25/2000, de 23.8, ao dispor que o tempo de permanência do militar na reserva fora da efectividade de serviço releva para efeito do cálculo da pensão de reforma e ao aditar um n.º 4 onde se refere a necessidade de serem pagas as diferenças de quota para «a contagem de tempo de permanência do militar na reserva fora da efectividade de serviço, anterior à entrada em vigor do presente estatuto» está sempre a dispor para o futuro, isto é, para os militares que venham a passar à reforma depois da entrada em vigor do novo EMFAR sem que se possa encontrar nestas normas qualquer referência à situação de reforma constituída no domínio da lei anterior.

II – A desigualdade entre os militares reformados até à entrada em vigor do EMFAR/99 e os que passaram à reforma posteriormente, quanto à contagem para a reforma do tempo na reserva fora da efectividade de serviço, resulta da sucessão de regimes estatutários reflectida no diferente momento de constituição da relação jurídica, é uma consequência da necessidade de mudança que não pode ser eliminada, mas apenas minorada pela limitação ao indispensável para se obterem as finalidades que através da alteração estatutária se pretendem alcançar ou, em certos casos, por uma mudança gradual.

ACORDAM EM CONFERÊNCIA NO PLENO DA SECÇÃO DE CONTENCIOSO ADMINISTRATIVO DO STA:

I – RELATÓRIO

ALBERTO ANTÓNIO MARQUES, argento-Ajudante na situação de reforma interpôs no TAC de Lisboa recurso contencioso em que impugnava o despacho de 2805.2001, da autoria de DOIS MEMBROS DA DIRECÇÃO DA CAIXA GERAL DE APOSENTAÇÕES

Que indeferiu o requerimento de contagem do tempo em que permaneceu na reserva, fora da efectividade de serviço, recalculando-se a pensão de reforma em conformidade.

O TAC concedeu provimento ao recurso, mas a entidade recorrida em recurso jurisdicional para o TCA obteve, por Acórdão de 27 de Janeiro de 2005, a revogação daquela decisão, substituída pela que nega provimento ao recurso contencioso.

Inconformado recorreu para o Pleno desta Secção do C.A. com fundamento em oposição entre aquela decisão e a proferida pelo mesmo TCA no Proc. 11206/02, transitada em julgado em 16.9.2003.

O recurso foi admitido e o prosseguimento para conhecimento de fundo determinado pelo Acórdão de 5.7.2005.

Sobre a questão de fundo houve alegação em que são formuladas as conclusões seguintes:

Em contrário, alegou a Caixa Geral de Aposentações no sentido de que deverá vingar a tese do Acórdão recorrido de que o EMFAR99 não é interpretativo do EMFAR90 e a redacção introduzida pela Lei 25/2000 não tem eficácia retroactiva.

O EMMP junto deste STA emitiu parecer em que considera correcta a solução do Acórdão recorrido, sendo inovadora a redacção do n.º 3 do art. 44.º do EMFAR introduzida pela Lei 25/2000, de 23/8. Na falta de disposição expressa será assim, inaplicável a situações passadas. Não existe violação do princípio da igualdade nesta aplicação aos militares reformados depois da entrada em vigor da lei nova porque a igualdade tem de procurar-se com referência ao momento do reconhecimento do direito à aposentação.

II – APRECIAÇÃO

1. A oposição.

Como se escreveu no Acórdão que ordenou o prosseguimento deste recurso existe oposição entre o Acórdão recorrido e o Acórdão fundamento porque ambas interpretaram e aplicaram de modo diferentes a norma do art. 44.º n.º 3 do EMFAR/99 a situações de facto idênticas de militares que tinham passado à situação de reforma antes da entrada em vigor da redacção daquela norma que é objecto de controvérsia.

Nele se diz:

"O Acórdão fundamento foi prolatado em recurso jurisdicional da sentença do TAC que tinha anulado por vício de violação de lei o despacho de 2000.01.11 da Direcção da Caixa Geral de Aposentações de indeferimento a um militar de requerimento em que pedia para ser considerado e contado no cálculo da pensão, o tempo de serviço na reserva.

A solução adoptada pelo TCA foi a de manter o provimento do recurso contencioso decretado pelo TAC, negando provimento ao recurso jurisdicional.

Para assim decidir considerou o TCA que o n.º 3 do artigo 44.º do EMFAR/99 se aplica aos militares que se encontravam na reforma ou na reserva antes da entrada em vigor daquele diploma que dispôs por forma que não exclui as respectivas situações, pelo que as visou abranger, conforme era intuito inscrito na vontade do legislador.

Por seu turno o Acórdão recorrido também foi proferido em recurso de sentença do TAC que conheceu de recurso contencioso em que o recorrente impugnava decisão da Direcção da CGA que lhe indeferira a pretensão de ver contado para o cálculo da pensão o tempo de serviço prestado na situação de reserva, fora da efectividade de serviço.

O TCA decidiu revogar a sentença do TAC que anulara o acto por violação da norma em referência, considerando que a norma não é interpretativa nem dispõe expressamente para o passado e quando entrou em vigor o recorrente já se encontrava reformado, a sua situação jurídica estava constituída ao abrigo da lei vigente à data da reforma que não mandava considerar o tempo de serviço na reserva e a nova lei não pode, salvo disposição expressa, entender-se como aplicável a situações assim constituídas, nem requalificar o que já estava firmado na ordem jurídica."

Estas considerações mantêm-se actuais, havendo por isso que passar a conhecer da oposição enunciada.

2. A Questão de Fundo.

O Estatuto dos Militares das Forças Armadas aprovado pelo DL 236/99, de 25/6 (EMFAR/99) dispõe no artigo 44.º sobre a contagem do tempo de serviço, como serviço prestado ao Estado para efeitos de cálculo da pensão de reforma, do modo seguinte: conta-se como tempo de serviço o tempo de serviço militar, acrescido do prestado no exercício de funções públicas (n.º 1) e releva ainda [para o referido efeito] o tempo de permanência do militar na reserva foras da efectividade de serviço (n.º 3 do mesmo artigo na redacção inicial). Porém, a Lei 25//2000, de 23 de Agosto, alterou estas disposições quanto à contagem do tempo de serviço para a reforma passando o n.º 3 do artigo 44 a ter a redacção seguinte:

"Releva ainda, para efeito do cálculo da pensão de reforma, o tempo de permanência do militar na reserva fora da efectividade de serviço, passando o desconto de quotas para a Caixa Geral de Aposentações a incidir sobre a remuneração relevante para o cálculo da remuneração de reserva."

E foi acrescentado um n.º 4 com a redacção:

"A contagem, para efeitos de cálculo da pensão de reforma, do tempo de permanência do militar na reserva fora da efectividade de serviço, anterior à entrada em vigor do presente estatuto, implica o pagamento de quotas para a Caixa Geral de Aposentações relativas à diferença entre a remuneração de reserva auferida e a remuneração referida no número anterior."

É a interpretação destas disposições dos n.os 3 e 4 do art. 44.º que está na base da oposição de soluções para as idênticas situações submetidas aos tribunais Administrativos.

Num primeiro relance poderia pensar-se que as referencias que estas normas fazem à contagem do tempo de permanência do militar na reserva fora da efectividade de serviço é de aplicar aos militares que já se encontram na situação de reforma por virtude de dois factores: o primeiro, não existir distinção no n.º 3 e o segundo, do n.º 4, ao prever a contagem de tempo "anterior à entrada em vigor do presente Estatuto".

Porém, a interpretação da Lei é uma tarefa eriçada de dificuldades e dúvidas.

Desde logo se pode argumentar que o princípio geral é a aplicação da Lei apenas para o futuro e aos factos futuros.

E também é evidente que o n.º 4 sempre pode aplicar-se exclusivamente aos militares que à data da entrada em vigor do novo regime ainda não tinham passado à situação de reforma, encontrando-se na reserva fora da efectividade de serviço.

Sendo assim, isto é, existindo um sentido útil evidente do n.º 4 do artigo 44.º em análise, que cobre um subconjunto de destinatários potenciais da norma, importa determinar se ela se aplica também aos militares na situação de reforma.

A regra fundamental a observar nesta indagação é a da aplicação da lei no tempo do artigo 12.º do CCiv. Nela se dispõe:

"1. A lei só dispõe para o futuro; ainda que lhe seja atribuída eficácia retroactiva, presume-se que ficam ressalvados os efeitos já produzidos pelos factos que a lei se destina a regular.

2. Quando a lei dispõe sobre as condições de validade substancial ou formal de quaisquer factos ou sobre os seus efeitos, entende-se, em caso de dúvida, que só visa os factos novos; mas quando dispuser directamente sobre o conteúdo de certas relações jurídicas, abstraindo dos factos que lhes deram origem, entender-se-á que a lei abrange as próprias relações já constituídas, que subsistam à data da sua entrada em vigor".

Uma primeira observação se impõe.

Os n.os 3 e 4 da Lei 25/2000, de 23.8.2000, na forma como estão redigidos, isto é, por disposição literal, retroagem o momento da sua aplicação à data da entrada em vigor do EMFAR aprovado pelo DL 236/99, de 25.6.

As dúvidas que se colocam são relativas à aplicação destas normas aos militares que tinham passado à reforma antes da entrada em vigor do novo EMFAR/99.

Um primeiro dado seguro é que as disposições sobre contagem de tempo de serviço para efeitos de cálculo da pensão de reforma não dispõem directamente sobre o conteúdo de certa situação jurídica, no caso, não dispõem directamente sobre a situação de reforma, mas sobre os factos que vão dar origem ou relevar para a definição do conteúdo dessa situação. Deste modo fica afastada a possibilidade de se aplicar a parte final do n.º 2 do artigo 12.º transcrito.

Portanto, a lei que analisamos dispõe sobre os efeitos de certas situações anteriores à reforma no cálculo do montante das pensões, pelo que, em caso de dúvida, tem de entender-se que só visa os factos novos.

De modo que o alcance destas normas é passar a conferir relevância, para o futuro, isto é, na constituição da situação de reforma que venha a ocorrer após a entrada em vigor do EMFAR/99, à permanência do militar na reserva fora da efectividade de serviço.

E, como bem se compreende, se o legislador pretendesse que a contagem do tempo de permanência naquela reserva se aplicasse aos reformados tinha de dispor directamente sobre a situação de reforma e não sobre os factos (no caso o tempo) a considerar relevantes, no novo regime, para a definição daquele status.

Nem o facto de a lei dispor que se passa a contar a permanência na reserva fora da efectividade de serviço anterior ao EMFAR/99 dos militares que passem à reforma depois da respectiva entrada em vigor constitui razão para alterar a situação dos que se encontravam em situação de reforma estabilizada, porque o tratamento igual que é requerido para situações iguais, em matéria estatutária tem sempre de levar em consideração o momento em que ocorre o facto constitutivo e a lei vigente nesse momento não tem de ser exactamente a mesma que vigora em tempo posterior.

Portanto, existe realmente um tratamento desigual entre os militares que estando na reserva fora da efectividade de serviço passaram à reforma imediatamente antes da entrada em vigor do EMFAR/99 e os que passaram a esta situação em datas posteriores, mesmo que próximas.

Mas este efeito resulta necessariamente da alteração de regimes e da aplicação da lei no tempo, cujo sentido último consiste em mudar para o futuro, mudar a partir de certo momento, sem arrastar a mudança de tudo o que está resolvido, estabelecido e assente. Ou seja, o tratamento desigual do estatuto da reforma destes militares tem uma justificação racional e não existe solução satisfatória que elimine estas desigualdades, embora elas devam ser limitadas ao indispensável para se obterem as finalidades que através da mudança estatutária se pretendem alcançar e em certos casos por uma mudança gradual.

Em suma, portanto, o Acórdão recorrido segue a interpretação correcta da lei ao considerar que quando entrou em vigor o EMFAR/99 o recorrente já se encontrava reformado, a sua situação jurídica estava constituída ao abrigo da lei vigente à data da reforma que não mandava considerar o tempo de serviço na reserva e a nova lei não pode, salvo disposição expressa, entender-se como aplicável a situações assim constituídas, nem requalificar o que já estava firmado na ordem jurídica.

III – DECISÃO

Em conformidade como exposto Acordam no Pleno da Secção de C.A. em negar provimento ao recurso mantendo o Acórdão recorrido.

Custas pelo recorrente fixando-se a taxa de justiça de 250 € e procuradoria de 50%.

Lisboa, 7 de Fevereiro de 2006.

Rosendo José (Relator)
Maria Angelina Domingues
Pais Borges
Jorge de Sousa
Costa Reis
Adérito Santos
António Samagaio
Azevedo Moreira
Santos Botelho

Recurso n.º 575/05-20

PLANOS DIRECTORES MUNICIPAIS. RATIFICAÇÃO. LEI. REGULAMENTO. MINISTRO DAS FINANÇAS. LISNAVE.

(Acórdão de 2 de Março de 2006)

SUMÁRIO:

I – A norma do art. 100.º do Cód. Proc. Adm. não é aplicável no âmbito do procedimento administrativo que está na génese dos planos municipais de ordenamento do território, regidos pelo DL n.º 69/90, de 2/3.

II – A Portaria n.º 343/95, de 22/9/95, do Ministro das Finanças (DR II Série, de 14/10/95), constitui um regulamento de execução da disciplina plasmada no art. 11.º da lei n.º 71/93, de 26/11, donde resulta ter aquele Ministro atribuições na matéria regulamentada, por tal resultar do mesmo art. 11.º.

III – Os pressupostos para a recusa de ratificação pelo Governo dos Planos a ela sujeitos, nos termos do n.º 1 do art. 16.º do DL n.º 69/90, de 2/3, são vinculados, constituindo um quadro fechado, bastando o preenchimento de um qualquer desses pressupostos para que a recusa de ratificação surja como efeito legal.

IV – Tal recusa, quando tomada nos termos da conclusão anterior, não belisca o princípio constitucional da autonomia local.

ACORDAM NO PLENO DA 1ª. SECÇÃO DO SUPREMO TRIBUNAL ADMINISTRATIVO:

O Município de Almada recorre para este Tribunal Pleno do acórdão da Secção, de 24/4/2002 (fls. 343 e segts. dos autos), que negou provimento ao recurso contencioso que junto da mesma havia interposto tendo por objecto a Resolução do Conselho de Ministros n.º 5/97 (DR I Série-B, de 14/1/97), na parte em que esta, "ratificando" embora o Plano Director Municipal (PDM) de Almada, exclui de tal ratificação os segmentos do mesmo Plano identificados nos n.os 2, 3 e 4 dessa Resolução.

Nas suas alegações para este Tribunal Pleno conclui o recorrente, Município de Almada, do seguinte modo, que se transcreve:

«I – Em geral

a) O acto recorrido, atento o seu conteúdo, para já não falar no caminho percorrido até chegar a ele, violou o princípio da autonomia local (vertido nos arts. 6.º, 65.º, n.º 4, 237.º, n.º 2, 239.º, e 242.º da CRP) designadamente, na sua dimensão de garantia institucional, com o inerente regime, idêntico aos dos direitos, liberdades e garantias;

b) De igual modo, o acto recorrido violou o princípio da boa fé (art. 6.º, al. a) do CPA);

c) Entendendo de forma diferente, o douto acórdão recorrido violou as disposições legais referidas;

«II – A omissão da audição prévia

d) Quer o itinerário da elaboração e aprovação do PDM, pelo município, quer o da ratificação, pelo governo, se traduzem em procedimento autónomos, cada um com as suas diversas e próprias fases de iniciativa, instrução e decisão, esta consubstanciada no respectivo acto administrativo final (art. 120.º do CPA), de autonomia diversa Assembleia Municipal e o Conselho de Ministros, respectivamente;

e) O município recorrente é, pois, titular da posição substantiva que se traduz no interesse em ver ratificado, e quanto antes, o PDM cuja elaboração e aprovação, através dos seus próprios órgãos, lhe incumbe;

f) A terminologia usada nos arts. 100.º e segts. e 8.º do CPA ("interessados" e, mesmo, "particulares"), para densificar o princípio da participação constante do n.º 5 do art. 267.º da CRP, traduz mera simetria com o paradigma da relação jurídica administrativa, tal como deficientemente "pensada" pelo CPA (art. 54.º), mas de modo algum excludente dos interessados nos "procedimentos públicos", ou de hetero iniciativa pública (no caso, do município recorrente), como de há muito esclareceu consagrada doutrina;

g) O acto recorrido, proferido sem audição prévia do interessado recorrente, e sem que dela tenha havido prévia dispensa, violou o disposto nos arts. 8.º e 100.º e segts. do CPA;

h) Entendendo de forma diferente, o douto acórdão recorrido violou as disposições legais referidas.

«**III** – A natureza do controlo

i) Ao proceder às exclusões da ratificação – a qualquer das exclusões a que se procedeu, sublinhe-se – o acto recorrido fê-lo por motivos que exorbitam do controlo de mera legalidade e, inclusive, do que noutros entendimentos nesta matéria estão cometidos ao Governo pelo que violou o art. 243.º, n.º 1, da CRP (redacção então vigente) ou aplicou a al. c) do n.º 2 do art. 16.º do DL n.º 69/90, em interpretação inconstitucional;

j) Entendendo de forma diferente, o douto acórdão recorrido violou as disposições legais referidas;

«**IV** – A exclusão da área da Margueira

l) A legislação que, no entender do douto acórdão recorrido, constitui base legal para excluir da ratificação a área da Margueira (1ª parte dos n.os 2 e 3 da Resolução n.º 5/97) (a Lei n.º 71/93, de 26 de Novembro e a Portaria n.º 264/95, de 11 de Agosto) são posteriores ao envio do PDM à DGOT com pedido de ratificação);

m) A pretexto do disposto em n.º 4 da Portaria n.º 343/95, do Ministro das Finanças, o acto recorrido invocou acto nulo, por proferido em matéria alheia às atribuições do seu autor (art. 133.º, n.º 2, al. b) do CPA), pelo que violou os n.os 2, al. c) e 3 do art. 16.º do DL n.º 69/90;

n) Sem conceder em relação a quanto se concluiu, mesmo a tese que recusa à ratificação a natureza de acto de tutela de mera legalidade não comporta, seguramente, um acto nulo como parâmetro de aferição de (in)compatibilidade ou (des)articulação do PDM, pelo que o acto recorrido sempre traduziria violação dos n.os 2, al. c) e 3 do art. 16.º do DL n.º 69/90;

o) Em todo o caso, e ainda nessa tese, ao substituir-se ao recorrente na sua competência dispositiva sobre o destino que o PDM atribuiu do solo da área da Margueira, para impor a sua própria opção quanto ao destino do mesmo solo (numa atitude que o Prof. Vieira de Andrade classifica de " oportunismo urbanístico"), o acto recorrido sempre teria violado o princípio da autonomia local;

p) A violação do principio da autonomia local seria tanto mais flagrante quanto é certo que, ao pretender-se substituir ao recorrente na opção pelo destino daquela área, o acto recorrido o fez por inequívoca motivação de índole financeira, vultosa, mas de todo alheia ao ordenamento do território;

q) Finalmente, como quer que se entenda a natureza da ratificação, e ainda que o disposto em n.º 4 da sempre referida Portaria n.º 343/95 relevasse da índole de instrumento planificatório e não constituísse acto nulo, e nem um nem outro é o caso, o verto é que quanto nele se contém não assume dimensão inter ou supramunicipal, pelo que, também deste modo, foram violados os n.os 2, al. c) e 3 do art. 16.º do DL n.º 69/90;

r) Entendendo de modo diferente, o douto acórdão recorrido violou as disposições legais referidas;

«**V** – A exclusão dos terrenos do PIA

s) Ao excluir da ratificação os terrenos da área do PIA (2ª parte dos n.os 2 e 3 da Resolução recorrida), com fundamento no programa cujo regime se conteve no DL n.º 164/93, de 7/5, cuja caducidade ocorreu em 31/12/96 (seu art. 16.º, n.º 1), o acto recorrido enferma de erro quanto aos pressupostos, pelo que incorreu em violação de lei;

t) Atenta a sua caducidade, o mesmo programa não pode ser parâmetro de aferição do PDM, pelo que foi violado o art. 16.º, n.os 2, al. c) e 3 do DL n.º 69/90;

u) Se é certo que o referido DL n.º 164/93 ressalvou a continuação dos empreendimentos já concursados, também o regulamento do PDM, no seu art. 21.º – excluído da ratificação – fez depender de acordo com o IGAPHE a urbanização nessa área pelo que, nessa parte, o acto recorrido enferma de erro quanto aos pressupostos ou, sem conceder, padece de vício de forma;

v) Sem conceder, as invocadas desactualização do PIA e anunciada conveniência da sua revisão, embora acompanhadas da alusão a uns genéricos equipamentos e a uns não revelados projectos, não permitem a compreensão da fundamentação, pelo que o acto recorrido sempre teria incorrido em vício de forma (art. 125.º do CPA);

x)De novo sem conceder em relação a quanto imediatamente antecede quer em relação à conclusão i), quer a invocada desactualização do PIA, quer a futura revisão não consistem uma e/ou outra seja aferida a (in)compatibilidade ou (dês)articulação do PDM pelo que, nesta parte, o acto recorrido sempre teria violado o art. 16.º, n.os 2, al. c) e 3 do DL n.º 69/90;

z) Entendendo de forma diferente, o douto acórdão recorrido violou as disposições legais referidas».

Juntou o ora recorrente, Município de Almada, parecer subscrito por um Ilustre Professor de Direito.

Contra-alegou a autoridade recorrida, o Conselho de Ministros, sustentando o improvimento do presente recurso jurisdicional.

O Exm.º magistrado do Ministério Público junto deste Tribunal Pleno é de parecer contrário, defendendo o provimento do mesmo recurso.

Redistribuído que foi o processo ao presente relator, cumpre decidir.

***

Conforme resulta da exposição que se acabou de fazer, o ora recorrente – Município de Almada – impugnou contenciosamente perante a Secção a Resolução do Conselho de Ministros n.º 5/97 (DR I série – B, de 14/1), que ao ratificar nos termos do art. 16.º, n.º 1, al. a), do então vigente DL n.º 69/90, de 2/3 (alterado pelo DL n.º 211/92, de 8/10 e pelo DL n.º 155/97, de 24/6), o PDM daquele mesmo município, excluiu de tal ratificação, ao abrigo das disposições combinadas da al. c) do n.º 2 e do n.º 3 do referido DL n.º 69/90, que expressamente invocou, os segmentos do respectivo regulamento, que identificou nos n.os 2, 3 e 4 da mesma Resolução, a saber:

a) A área com a classificação de espaço industrial denominada "Margueira", localizada na Unidade Operativa de Planeamento e Gestão 1 (UNOP1) do Regulamento do Plano, bem como os arts. 13.º, 110.º e 111.º do mesmo, que se relacionam com tal UNOP (n.º 2).

b) Os terrenos incluídos no Plano Integrado de Almada (PIA) e localizados na UNOP3 do Regulamento, bem como os arts. 21.º a 28.º e 100.º de tal Regulamento, que dizem respeito àquela UNOP (n.º 3).

c) O art. 18.º do mesmo Regulamento, no qual, incluído na UNOP2, surge como "espaço de uso militar" o Arsenal do Alfeite (n.º 4).

O acórdão da Secção apreciou, como lhe competia, todos os vícios que na perspectiva do ora recorrente, Município de Almada, inquinariam a decisão da Resolução do CM de excluir da ratificação do respectivo PDM os espaços acima identificados do mesmo, bem como as regras jurídicas a eles referentes constantes do correspondente Regulamento.

E, como já se disse, o aresto da Secção todos os vícios afastou, negando provimento ao recurso contencioso.

Ora o Município de Almada, na impugnação que de tal decisão agora traz para este Tribunal Pleno, exclui dela – por ser a esse respeito completamente omisso nas respectivas alegações – a matéria relativa à exclusão da ratificação no que diz respeito ao espaço de uso militar correspondente ao Arsenal do Alfeite.

Daí que semelhante matéria, melhor a decisão do aresto da Secção sobre a mesma, não possa ser apreciada no presente recurso jurisdicional.

Circunscrito que se encontra o seu âmbito, passemos a dele conhecer.

***

E importa começar – dado ser matéria que toca igualmente a decisão de recurso de ratificação no seu todo – pelo que diz respeito à omissão da audiência do órgão autárquico, a Assembleia Municipal de Almada, prévia à decisão de exclusão da ratificação contida na Resolução impugnada, audiência essa que seria no caso devida, por ser aplicável nesse âmbito o disposto no art. 100.º, do Cód. Proc. Adm., como defendia e continua agora a defender o ora recorrente, o Município de Almada.

O acórdão da Secção afastou semelhante tese.

E isto porque, conforme nele se explanou, como resulta quer do art. 267.º da Constituição, quer de vários preceitos do Cód. Proc. Adm. (v.g. arts. 59.º, 61.º e segts, 88.º, n.º 2, 96.º, 97.º e 118.º), o dever de audiência previsto no art. 100.º daquele Código diz respeito às relações (jurídico-administrativas) que intercedem entre os particulares e a Administração e não às que surgem quando estão em causa duas (ou mais) entidades públicas.

Pelo que o Conselho de Ministros não se encontrava adstrito a ouvir a Assembleia Municipal de Almada previamente à sua decisão de recusa (parcial) de "ratificação" do PDM por aquela aprovado.

Também se subscreve semelhante entendimento.

Primeiro porque o Cód. Proc. Adm., como resulta logo do seu art. 54.º, ao falar da iniciativa do procedimento administrativo apenas tem presente a oficiosa e a dos particulares interessados, e não também a que é promovida por um órgão administrativo diferente do que tem competência para decidir (a chamada "iniciativa pública heterónima").

Depois porque, em consonância com semelhante ideia, o Cód. Proc. Adm., sempre que se refere a "interessados" tem em mente os particulares (cfr., a título meramente exemplificativo, os seus arts. 52.º, 54.º, 55.º, n.º 1, 56.º, 59.º, 60.º, 61.º e 74.º).

Daí que o alcance da expressão "interessados", constante do art. 100.º, agora em causa – que confere aos mesmos, no respectivo procedimento, o direito de serem nele ouvidos antes da decisão final, nomeadamente sobre o sentido provável desta – seja equivalente ao de "particulares".

Por outro lado, e finalmente, não se vê razão para, por analogia, aplicar a regra do art. 100.º aos procedimentos quando de iniciativa pública heterónima, como no caso é o da elaboração de um PDM, sujeito ao regime jurídico então aplicável do DL n.º 69/90, de 2/3 (com as alterações introduzidas pelo DL n.º 211/92, de 8/10 e pelo DL n.º 155/97, de 24/6).

Na verdade, como justamente se observa no acórdão recorrido, a elaboração de planos urbanísticos é uma realidade procedimental específica, já que traduz uma harmonização e concertação entre vários sujeitos públicos (da administração autárquica e central), face aos interesses, de âmbito diverso, que prosseguem, nela se compreendendo a participação dos particulares interessados (inquérito público).

Ora, sendo assim, o enxerto puro e simples em semelhante procedimento da formalidade do art. 100.º, do Cód. Proc. Adm., na fase anterior à chamada "ratificação" do PDM por parte da Administração Central, quando esta se proponha recusar aquela no todo ou em parte, poderia levar a dificuldades de difícil superação e de enredar o processo genético do plano urbanístico em formalismos sem justificação.

Conclui-se assim, tal como decidiu o acórdão recorrido, não ser a norma do art. 100.º do Cód. Proc. Adm. aplicável no âmbito do procedimento administrativo que está na génese dos planos municipais de ordenamento do território (PDMs), regidos pelo DL n.º 69/90.

Improcede, assim, a matéria das conclusões d), e), f), g) e h) da alegação.

Vejamos agora o ataque que o ora recorrente desfere contra o acórdão da Secção no que tange à parte do mesmo em que se desatenderam os vícios que aquele atribuía à Resolução impugnada ao recusar a "ratificação" do PDM em causa relativamente à área ("espaço industrial"), denominada "Margueira ".

Antes, porém, interessa fazer história dos dados normativos que estiveram na base de tal recusa de ratificação.

O DL n.º 44708, de 20/11/62, fazendo-se eco do "interesse nacional e urgência na criação de um estaleiro naval para construir docas e reparar grandes unidades", autorizou o Governo, pelo Ministro da Economia, a conceder à Sociedade Lisnave – Estaleiros Navais de Lisboa, S.A.R.L., licença para construir e explorar um estaleiro naval de construção e reparação de embarcações nacionais e estrangeiras na área do porto de Lisboa (art. 1.º), para o que no mesmo, entre Cacilhas e a Base Naval de Lisboa, no Alfeite, foram para o efeito reservadas zonas para construção, protecção e expansão do estaleiro (art. 2.º).

Correndo as obras desse estaleiro à custa da Lisnave (art. 4.º), dispôs o art. 5.º que os locais dessas obras "serão desafectadas do domínio público e vendidas à Lisnave, a requerimento desta sociedade, embora sobre eles se mantenha a jurisdição da Administração-Geral do Porto de Lisboa", preceituando por sua vez o § 2.º do art. 5.º que "a desafectação tornar-se-á efectiva, para todos os efeitos, por despacho do Ministro das Comunicações lançado sobre o requerimento da Lisnave".

Fixemos, agora, a nossa atenção sobre os arts. 6.º e 7.º do mesmo diploma.

Enquanto o primeiro dispunha que os locais vendidos à Lisnave ao abrigo do próprio diploma "reverterão para o Estado se aquela sociedade deixar de exercer a sua actividade tanto de reparação como de construção naqueles locais", o art. 7.º previa que se essa "reversão tiver lugar decorridos dez anos de exploração, o Estado, através do Ministério das Comunicações indemnizará a Lisnave por todas as obras fixas, edifícios e equipamentos, uns e outros indispensáveis ao funcionamento das docas existentes nos locais revertidos", fixando regras para o cálculo da indemnização e instituindo para o efeito uma comissão tripartida cuja composição fixava (2ª parte do art. 7.º e seu § único).

No Orçamento suplementar ao Orçamento do Estado para 1993 (DR I séria, n.º 277, de 26/11/93 – Suplemento), no seu capítulo V, epigrafado " Reestruturação de empresas ", e no art. 11.º do mesmo – único preceito aliás de tal capítulo – dispôs-se, na parte que agora interessa, que no âmbito do plano de reestruturação e reconversão da Lisnave, ficava "o Governo autorizado, através do Ministro das Finanças (...) a pagar à empresa a indemnização prevista no DL n.º 44708, de 20 de Novembro de 1962" (n.º 1), ficando ainda aquele Ministro das Finanças autorizado a " alienar o património da Lisnave revertido para o Estado, pelo valor da indemnização paga à empresa, nos termos e condições a estabelecer " (n.º 4).

Por sua vez, o n.º 6 do referido art. 11.º dispunha que o descrito regime dependia " do acordo da Lisnave e de que os bancos credores da empresa se comprometam a adquirir, pelo valor da indemnização a pagar, o património que reverte para o Estado, através de uma sociedade ou fundo de investimento a constituir com aquele e, eventualmente, com outras entidades".

Segue-se a Portaria n.º 264/95, de 11/8/95, do Ministro das Finanças (DR, II série, n.º 200, de 30/8/95).

No seu preâmbulo, na parte que agora interessa, lê-se que "procede-se à criação de um fundo de investimento imobiliário fechado cuja especificação decorre de tratar-se de uma medida instrumental integrante do plano de reestruturação e reconversão da Lisnave, o qual prevê que o conjunto dos bancos credores da mencionada empresa venham a adquirir o património do estaleiro da Margueira através de um fundo de investimento a constituir para o efeito e do qual serão titulares na proporção dos seus créditos".

Segundo o art. 1.º de tal Portaria, "é autorizada a constituição do Fundo de Investimento Imobiliário Fechado Margueira Capital, cuja administração, gestão e representação serão asseguradas pelo Margueira – Sociedade Gestora de Fundos de Investimento Imobiliário, S.A.".

Finalmente surge a Portaria n.º 343/95, de 22/9 (DR II série, n.º 238, de 14/10) também do Ministro das Finanças.

No seu preâmbulo resume-se a história da desactivação do estaleiro da Margueira, desde a sua criação, com o já referido DL n.º 44708, passando pela Lei n.º 71/93 e culminando com a já também mencionada Portaria n.º 264/95.

Na sua parte dispositiva, e "ao abrigo dos arts. 6.º e 7.º do DL n.º 44708, de 20/11/62", estabelece-se que "o Estado subscreve a totalidade das unidades de participação (...) do Fundo de Investimento Imobiliário Fechado Margueira Capital (...)" – n.º 1, enquanto no seu n.º 2 se preceitua que, "o Estado realiza a subscrição das unidades de participação (...) do Fundo de Investimento Imobiliário Fechado Margueira Capital, com a afectação de todos os terrenos, edifícios, construções e equipamentos (...) que reverteram para o património do Estado, que assim passam a ser propriedade daquele Fundo".

Por sua vez, dispõe-se no art. 4.º da mesma Portaria que, "os terrenos destinam-se à execução de um plano de utilização e urbanização, a elaborar pela sociedade gestora do fundo de investimento em conjunto com o Estado, e em conjunto com a Comissão de Coordenação da Região de Lisboa e Vale do Tejo, a Câmara Municipal de Almada e a Administração do Porto de Lisboa".

***

Da história dos dados normativos relevantes no caso *sub judice*, acabados de fazer, resulta no essencial que a área, com a classificação de "espaço industrial" denominada Margueira e localizada na UNOP1 do Regulamento do PDM de Almada em causa, era propriedade da Lisnave que a adquiriu, depois de desafectada do domínio público do Estado, para o efeito de aí construir um estaleiro de construção e reparação navais que fora licenciado, tudo ao abrigo do DL n.º 44708.

Só que a área referida reverteu para o Estado[1] nos termos deste diploma (art. 6.º), por a Lisnave ter deixado de exercer nela tanto a actividade de reparação como de construção de navios, constituindo-se porém o Estado na obrigação de indemnizar aquela, por se verificar o pressuposto definido no art. 7.º do mesmo DL n.º 44708.

Por força do art. 11.º da Lei n.º 71/93 (Orçamento Suplementar ao Orçamento do Estado para 1993) foi o Ministro das Finanças autorizado a pagar à Lisnave a referida indemnização (n.º 1), bem como a alienar, nos termos e condições a estabelecer, o património entretanto revertido para o Estado (n.º 4 do mesmo art. 11.º), tudo na dependência de acordo da Lisnave e do compromisso assumido pelos respectivos credores de aquisição do património revertido para o Estado pelo valor da indemnização a pagar, através de uma sociedade ou fundo de investimento a constituir.

Fundo este que, sob a espécie de fundo de investimento fechado, denominado "Fundo de Investimento Imobiliário Fechado Margueira Capital", foi constituído através da já referida Portaria n.º 264/95, do Ministro das Finanças (art. 1.º), tendo o Estado, por força da Portaria n.º 343/95 (n.º 1), subscrito a totalidade das respectivas unidades de participação através da entrada para o mesmo Fundo, que assim passa a ser seu proprietário, de todo o património que fora revertido para o Estado, nos termos já assinalados.

***

Estamos em condições de agora apreciar as questões colocadas pelo recorrente, o Município de Almada, a primeira das quais é a alegada nulidade da Portaria n.º 343/95, por falta de atribuições do seu autor, o Ministro das Finanças, uma vez que o nela estatuído serve de fundamento – a par da al. c) do n.º 2 e do n.º 3 do DL n.º 69/90 – para excluir da ratificação, pela Resolução impugnada, do espaço industrial "Margueira", bem como dos correspondentes arts. 13.º, 110.º e 111.º do regulamento do PDM de Almada.

É certo que pelo art. 7.º do DL n.º 44708, como se viu, a atribuição da indemnização à Lisnave pela reversão para o Estado dos terrenos àquela vendidos, em resultado da cessação da actividade de reparação e construção de navios licenciada à mesma, após 10 anos de actividade, foi cometida ao Ministro das Comunicações.

Só que a Lei n.º 71/93, como se vê do mais acima exposto, conferiu competência em tal matéria, diferente-

[1] Integrando-se no seu domínio privado.

mente, ao Ministro das Finanças, bem como ao destino último do património revertido, que passou a poder ser o da sua inclusão num fundo de investimento imobiliário, a título de entrada do Estado, como forma de pagamento (dação) dos credores da Lisnave, como veio a acontecer através das já referidas Portarias n.os 264/95 e 343/95, ambas do Ministro das Finanças, regulamentos estes que colhem o necessário suporte legal (regulamentos de execução) na citada Lei n.º 71/93 (art. 11.º), não padecendo pois de ilegalidade.

Aliás é indiferente – contrariamente ao defendido pelo recorrente – que a Lei n.º 71/93 e a Portaria n.º 264/95 possam ser, como o mesmo alega, "posteriores ao envio do PDM à DGOT com pedido de ratificação", isto porque o que interessa é apenas que aquele regulamento seja posterior à vigência daquela lei, por forma a poder ter respaldo suficiente na mesma, como vimos mais acima que acontece.

Improcede a matéria das conclusões l), m) e n) da alegação.

Vejamos, agora, o que se prende com a alegada violação dos n.os 2, al. c) e 3 do art. 16.º do DL n.º 69/90, ao abrigo dos quais foi recusada a ratificação do PDM no seu segmento agora em apreciação ("área da Margueira"), pela Resolução impugnada.

Também aqui carece de razão o recorrente, como igualmente decidiu o acórdão recorrido.

***

Segundo o art. 16.º, n.º 2 do DL n.º 69/90 a "ratificação" destina-se – no caso, do PDM de Almada – a verificar a conformidade do plano municipal "com outros planos, programas e projectos de interesse para outro município ou supra municipal" [citada al. c)].

Ora já se viu que a Portaria n.º 343/95, juntamente com a antecedente Portaria n.º 264/95, constituem execução da Lei n.º 71/93, pois se contêm nos parâmetros que esta última, com vista à integração da respectiva disciplina, fixou à Administração (no caso ao Ministro das Finanças) no âmbito regulamentar da mesma lei.

Sendo assim, a questão que se coloca é a de saber se tanto a criação do já referido fundo imobiliário – o "Fundo de Investimento Imobiliário Fechado Margueira Capital" – com a consequente integração no mesmo, por parte do Estado, com o património revertido em seu favor, a fim de nele ser executado um "plano de utilização e urbanização", nos termos melhor especificados no n.º 4 da citada Portaria da al. c) do n.º 2 do DL n.º 69/90, é susceptível de integrar a previsão da al. c) do n.º 2 do art. 6.º do DL n.º 69/90, por forma a servir como fundamento da exclusão da área da Margueira da ratificação do PDM em causa, como vimos que aconteceu com a Resolução impugnada.

Trata-se de questão que merece resposta afirmativa.

A possibilidade de criação do Fundo de Investimento (imobiliário) foi, já se viu, aberta pela Lei n.º 71/93 e posta em execução pelas posteriores Portarias n.os 264/95 e 343/95.

Ora tal Fundo, uma vez constituído, supõe a gestão do respectivo património – constituído pelo solo e edificações respectivas –, o que no caso se verificará, nos termos do n.º 4 da Portaria n.º 343/95, através de um plano de utilização e urbanização, a elaborar de acordo com o disposto no mesmo n.º 4 daquela Portaria.

Tudo com respaldo último no art. 11.º da Lei n.º 71/93, que no uso da liberdade constitutiva própria do legislador abriu caminho a semelhante solução.

Alega contudo o recorrente que semelhante entendimento afronta o princípio da autonomia local (arts. 235.º, 237.º e 242.º da Constituição).

Mas também não é assim.

Não vindo questionada directamente a constitucionalidade da norma plasmada na al. c) do n.º 2 do art. 16.º do DL n.º 69/90, de 2/3, do que se trata, afinal, é saber se um PDM – no caso o PDM de Almada – enquanto regulamento administrativo, na sua parte dispositiva tem de respeitar normas de grau hierárquico superior, nomeadamente de natureza legislativa, cujas soluções possam ter incidência, limitando-o, o poder autárquico no que diz respeito às regras vasadas nos planos urbanísticos que promova, questão que, como é evidente, merece resposta afirmativa, atento o princípio da hierarquia das fontes de direito, que resulta do art. 112.º da Constituição.

Ora o que é evidente é que a definição constante do PDM em causa da área denominada "Margueira" como espaço industrial (cfr. os arts. 13.º, 110.º e 111.º desse Plano) conflitua com o art. 11.º da Lei n.º 71/93, cujas soluções abrem a possibilidade de o respectivo solo, bem como o nele edificado, possam vir a ser integrados, como entrada feita pelo Estado, seu proprietário (domínio privado), para um fundo imobiliário, o que, como vimos, veio a ser depois efectivado através das Portarias n.os 264/ /95 e 343/95, que vieram complementar o disposto naquele art. 11.º da Lei n.º 71/93.

Violando os preceitos referidos do PDM de Almada o disposto no art. 11.º da Lei n.º 71/93, com os quais se tinham de conformar, a recusa da sua "ratificação" pela Administração Central também encontraria apoio na al. a) do já citado n.º 2 do art. 16.º do DL n.º 69/90, o qual, na parte que agora interessa, dispõe que a ratificação dos Planos pelo Governo destina-se a verificar a sua conformidade "com as disposições legais e regulamentares vigentes".

E como os pressupostos da recusa de ratificação pelo Governo dos Planos a ela sujeitos são vinculados [als. a), b) e c) do n.º 2 do art. 16.º e do DL n.º 69/90], constituindo um quadro fechado, bastando o preenchimento de um qualquer desses pressupostos para que a recusa da "ratificação" surja como efeito legal, sempre a recusa de ratificação constante na Resolução impugnada, no seu segmento agora em consideração, encontraria fundamento, também, na al. a) do n.º 2 do art. 16.º já referido.

Não se vê, pois, como de tal recusa de "ratificação" possa surgir beliscado o princípio da autonomia local, no caso do Município de Almada.

Improcede deste modo a matéria das conclusões a), i), j) o) p) q) e r) da alegação.

Vejamos, agora, a exclusão da "ratificação" do PDM em causa relativa aos terrenos incluídos no Plano Integrado de Almada e localizados na UNOP3 daquele Plano.

***

Resulta da Resolução impugnada que tais terrenos, bem como a al. c) do art. 8.º e ainda os arts. 21.º a 28.º e 100.º do Regulamento do Plano[2], foram excluídos da "ratificação" concedida em geral por aquela Resolução ao mesmo Plano.

Só que semelhante segmento decisório da Resolução nem padece de falta de fundamentação, nem, tão

---

[2] Isto sem prejuízo, como se lê na Resolução, "do disposto nos arts. 121.º e 124.º sobre as infra-estruturas ferroviárias em construção".

pouco, de erro de direito, tal como entendeu e bem o acórdão ora recorrido, contrariamente ao defendido pelo recorrente tanto perante a Secção como neste Tribunal Pleno no seu presente recurso jurisdicional.

Na verdade, basta ler os 6.º e 7.º parágrafos, largamente transcritos da Resolução impugnada, para facilmente concluir dela resultar explicitadas com suficiência as razões que levaram a Resolução, no seu segmento em causa, a decidir pela exclusão agora considerada.

Quanto ao invocado erro de direito, escreveu-se no acórdão recorrido:

«Atentemos, no entanto, se o enunciado nos aludidos pressupostos do acto padece de erro de direito, concretamente ao referir-se no plano do projecto de intervenção na área abrangida pelo Plano Integrado de Almada (PIA), aos empreendimentos de habitação económica lançados ao abrigo do regime estabelecido no DL n.º 164/93, num total de 1573 fogos, por invocada caducidade de tal diploma.

«Aquele diploma criou o Programa de Construção de Habitações Económicas, visando a construção de habitação a baixos custos nas áreas metropolitanas de Lisboa e Porto, a realizar mediante concurso público promovido pelo IGAPHE – Instituto de Gestão e Alienação do Património Habitacional do Estado (arts. 1.º e 2.º).

«Disse-se no n.º 1, al. b) do art. 16.º daquele DL n.º 164/93, que o aludido regime enunciado no diploma vigoraria até 31/12/96, e daí a invocada caducidade.

«Sucede no entanto que, independentemente de o n.º 2 daquele art. 16.º ressalvar a aplicação do regime enunciado no DL n.º 164/93 aos empreendimentos cujos concursos tivessem sido abertos antes daquela data de 31/12/96, a eventual ratificação da parte do PDM que contendesse com o PIA, apontaria o que oportunamente fora legislado a tal respeito.

«Com efeito, o PIA que fora aprovado em Maio de 1971 (de harmonia com o enunciado no n.º 1 do art. 25.º do DL n.º 576/70, de 24 de Novembro, e art. 12.º do DL n.º 583/72, de 30 de Dezembro), previa construções de 12.500 fogos só na 1ª e 2ª fases (cfr. Resolução do Conselho de Ministros n.º 7/84, in DR de 18/1/84), aprovação deferida à Administração Central, de harmonia com o citado n.º 1 daquele art. 25.º.

E conclui o aresto ora recorrido, nesta sua parte, do seguinte modo:

«Ora, a regulamentação quanto ao uso e classificação dos solos abrangidos pelo PIA não poderia deixar de ter em conta tais conhecimentos legais. Assim sendo, e tendo em vista o enunciado nas als. a) e c) do n.º 2 do art. 16.º do DL n.º 69/90, poderia o Governo como fez através da RCM impugnada, reservar a ratificação no que tange à regulamentação contida no PDM quanto a tais terrenos.»

Concorda-se inteiramente com o entendimento constante dos passos acabados de transcrever do acórdão recorrido.

Improcede assim a matéria das conclusões s), t), u), v) e x) da alegação.

Resta a matéria das conclusões b) e c) da mesma, nas quais se pretende, na esteira do já defendido perante a Secção, ter a Resolução impugnada ofendido o princípio da boa fé (art. 6.º A) do Cod. Proc. Adm.).

Mas também não é assim, como bem se julgou no acórdão recorrido.

É certo que o procedimento que culminou com a prolação daquela Resolução, de 5/12/96, que ratificou o PDM de Almada, com as exclusões já referidas, foi sujeito a delongas.

Pois, como resulta do acórdão da Secção, tudo começou com a aprovação, em 18/6/93, pela Assembleia Municipal de Almada, do respectivo PDM, remetido em 26/ /7/95 à Direcção-Geral de Ordenamento do Território, com pedido de ratificação, ratificação porém recusada através da Resolução do Conselho de Ministros n.º 100/ /95 (DR I Série – B, de 9/10), da qual foi interposto recurso contenciosos para este Supremo Tribunal.

Na pendência deste recurso foi aquela Resolução revogada por outra do Conselho de Ministros (Resolução n.º 5/97, DR I Série – B, n.º 11, de 14/1).

Finalmente surgiu então a Resolução n.º 5/97, impugnada contenciosamente nos presentes autos.

Só que as descritas delongas num procedimento apenas sujeito, quando muito, a alguns prazos meramente ordenadores, desacompanhadas do apuramento de quaisquer outros factos, é insusceptível de por si fundar um juízo de ter no caso a Administração Central agido – face ao Município de Almada – e, no aludido procedimento administrativo, com violação do princípio da boa fé.

Improcede assim também a matéria das conclusões b) e c) da alegação.

Termos em que se decide negar provimento ao recurso jurisdicional.

Sem custas.

Lisboa, 2 de Março de 2006.

Pedro Manuel de Pinho de Gouveia e Melo (Relator)
António Fernando Samagaio
Fernando Manuel Azevedo Moreira
José Manuel da Silva Santos Botelho
Rosendo Dias José
Maria Angelina Domingues
Luís Pais Borges
Jorge Manuel Lopes de Sousa
José Manuel Almeida Simões de Oliveira

Recurso n.º 41891-20

REFORMA AGRÁRIA. INDEMNIZAÇÃO. ARRENDAMENTO. PRINCÍPIO DO INQUISITÓRIO. ÓNUS DA PROVA. ACTUALIZAÇÃO. INCONSTITUCIONALIDADE MATERIAL. JUSTA INDEMNIZAÇÃO.

(Acórdão de 21 de Março de 2006)

SUMÁRIO:

I – Tendo sido alegado no procedimento administrativo, por alguns dos interessados, após a notificação da proposta de decisão, que parte da renda do prédio objecto de ocupação era paga em espécie, mas não tendo sido fornecidos quaisquer meios de prova desses factos,

sendo por aqueles expressamente referida a impossibilidade de quantificação dessa renda e solicitada a audição dos restantes interessados sobre o assunto, o que a Administração satisfez, tendo apenas um se pronunciado, referindo o seu desconhecimento dessa matéria, finda que se encontra a instrução do processo e verificada uma situação de *non liquet*, face à ausência de elementos disponíveis que comprovassem os factos alegados e à reconhecida impossibilidade de os obter, a mesma reverte contra os interessados, face ao disposto no n.º 1 do art. 88.º do CPA;

II – O referido em I, não atenta contra o princípio do inquisitório consagrado no art. 56.º, nem viola o disposto no n.º 1 do art. 87.º, ambos do referido compêndio;

III – A actualização do valor da indemnização pela privação das rendas é efectuada nos termos dos artigos 19.º a 24.º da Lei n.º 80/77, de 26.10.

ACORDAM NO PLENO DA SECÇÃO DO CONTENCIOSO ADMINISTRATIVO DO SUPREMO TRIBUNAL ADMINISTRATIVO:

1.

1.1. Diogo Francisco de Melo e Faro Maldonado Passanha e outros, todos com os sinais dos autos, interpuseram, neste STA, recurso contencioso de anulação do Despacho Conjunto de 07.02.2003, do Ministro da Agricultura do Desenvolvimento Rural e das Pescas e do Secretário de Estado e do Tesouro e das Finanças, proferido no processo de indemnização definitiva n.º 68125--10051 (Reforma Agrária), alegando vício de violação de lei, por erro nos pressupostos de facto e de direito, porque, em síntese, não atendeu – no valor da renda considerada – à parte não pecuniária, não calculou o valor da renda para cada ano de privação de uso e fruição – tendo considerado um valor sempre constante – e não procedeu à actualização do valor das rendas para valores reais e correntes.

1.2. Pelo acórdão de fls. 77-94, foi concedido provimento ao recurso, mas apenas em relação a um dos vícios apontados, e, ainda assim, por razões diversas das apontadas pelos recorrentes.

1.3. Inconformados, os recorrentes vêm deduzir a presente impugnação, em cujas alegações concluem:

"A – Em flagrante desrespeito do princípio do inquisitório, violando, assim, o disposto nos arts. 56.º e 87.º do CPA e os artigos 13.º e 60.º, n.º 2, da CRP, o douto Acórdão recorrido manteve o Despacho Ministerial que não considerou como fazendo parte integrante da renda os bens e serviços que, no âmbito do contrato de arrendamento, eram disponibilizados e prestados pelo arrendatário.

B – O douto Acórdão recorrido não considerou que a Administração, ainda que parcialmente mas levando tão longe quanto os elementos disponíveis o permitissem, devia ter calculado o valor monetário da parte da renda que era paga em espécie. Não dando provimento ao Recurso, neste ponto, manteve a violação do disposto no art. 8.º do Dec. Lei n.º 199/88, de 31 de Maio, na redacção que lhe é dada pelo Dec. Lei n.º 38/95, de 14 de Fevereiro, e os pontos 4 do n.º 2 e 1 do n° 5 da Portaria n.º197-A/95, de 17 de Março, tudo em articulação com o disposto no art. 7.º do Dec. Lei n.º 385/88, de 25 de Outubro, continuando o acto recorrido, assim e nessa parte, e enfermar do vício de violação de lei por erro nos pressupostos.

C – Não dando provimento ao Recurso na parte relativa à actualização do valor das rendas, o douto Acórdão recorrido manteve o Despacho Ministerial recorrido ferido do vício de violação de lei por erro nos pressupostos de direito, nos termos dos arts. 3.º, 5.º, n.º 4 do Dec. Lei 199/88, na redacção do Dec. Lei n.º 38/95, de 14 de Fevereiro, e de inconstitucionalidade por violação dos arts. 13.º e 60.º, n.º 2 da Constituição da República.

Termos em que o presente recurso deve ser julgado procedente e, por via disso, anulado o recorrido despacho conjunto de Suas Excelências o Ministro da Agricultura, do Desenvolvimento Rural e das Pescas e do Secretário de Estado do Tesouro e das Finanças, relativamente às matérias especificadas no final da petição inicial do presente recurso.

Extraindo a Entidade recorrida as devidas consequências do Acórdão a proferir, nomeadamente quanto aos seus fundamentos e critérios de interpretação e integração nele perfilhados".

1.4. O Ministro da Agricultura, Pescas e Florestas contra-alegou, concluindo:

"1 – A administração fez as diligências para comprovar a existência de prestações não pecuniárias pagas pelo rendeiro, inquirindo os demais interessados, não tendo obtido confirmação da existência de tais prestações.

2 – Os recorrentes não carrearam aos autos qualquer tipo de prova de tais prestações, nem requereram diligências de prova além das feitas pela Administração, por sua iniciativa.

3 – Na ausência de prova, a Administração só podia considerar, como considerou, o valor da renda pecuniária.

4 – Cabia aos recorrentes, em primeira mão, fazerem a prova dos factos alegados – art. 88.º, n.º 1 do CPA – e não o fizeram.

5 – Assim o entendeu o douto acórdão recorrido, que fez correcta quaisquer preceitos do D.L. n.º 199/88, de 31/05 na redacção dada pelo D.L. n.º 38/95, de 14/02.

Termos em que, deve ser negado provimento ao presente recurso e confirmar-se o douto acórdão recorrido, com as legais consequências".

1.5. Não foram apresentadas outras alegações.

1.6. O EMMP emitiu parecer no sentido do não provimento do recurso, na linha da posição que já fora assumida pelo Ministério Público no parecer que precedeu o acórdão sob impugnação.Colhidos os vistos, cumpre apreciar e decidir.

2.1. Quanto à factualidade, disse o aresto:

"Consideram-se provados os seguintes factos:

a) Os recorrentes, na qualidade de herdeiros da falecida Matilde Guedes de Vilhena Passanha, são os titulares do direito à indemnização fixado pelo despacho recorrido, no âmbito das leis da Reforma Agrária (cf. processo instrutor).

b) Tal despacho, proferido pela autoridade recorrida, em 23.12.2002, é do seguinte teor: "Concordo" e foi aposto sobre a Informação n.º 777/02-GJ-MCB, da Direcção Regional da Agricultura do Alentejo, que se transcreve:

«1. Nos termos do artigo 8.º, n.º 3 do Decreto-Lei n.º 199/88, de 31 de Maio, do Decreto-Lei n.º 38/95, de 14 de Fevereiro e de acordo com o disposto no art. 8.º, n.º 1, da Portaria n.º 197-A/95, de 17 de Março, foram os herdeiros da titular do processo em epígrafe, notificados da proposta de decisão contida na informação n.º 441/ /02-GJ-MCB, da Direcção Regional de Agricultura do Alentejo, para que dela reclamassem no prazo de 20 dias.

2. Em resposta à notificação recebida e enviada a coberto dos nossos ofícios n.º 021160, 021161 e 021162, de 28/06/02, o cabeça de casal de alguns dos herdeiros, veio declarar aos serviços concordar com o critério e montante apurados, em requerimento datado de 3/7/02. Por outro lado, o mandatário de um outro ramo dos herdeiros, limitou-se a requerer a junção ao processo de procurações passadas a seu favor, não se pronunciando quanto à proposta de decisão formulada na citada informação.

3. Finalmente, o mandatário de um outro conjunto de herdeiros, veio, em resposta à notificação, requerer a concessão de prazo suplementar para melhor fundamentação da reclamação que pretendia apresentar (vide, requerimento datado de 19.07.02), tal como ocorreu no requerimento de 24.10.02.

4. Para tomarem conhecimento do teor da reclamação e para, no prazo fixado, se pronunciarem sobre a mesma, foram notificados os representantes dos demais herdeiros, conforme ofícios a fls. 201 e 202.

5. Perante o conteúdo da única resposta obtida (fls.205 e 206), importa decidir sobre a procedência ou improcedência da reclamação apresentada.

6. Com efeito, a componente mista da renda do prédio "Quinta de S. Vicente" é de tal modo vaga que nem aos interessados foi possível determinar o valor integral da renda.

7. Ademais, sendo certo que se trata de contrato de arrendamento meramente verbal, não é possível aos serviços determinar qual o montante gasto pelo agregado familiar (que se desconhece totalmente) em variáveis como: electricidade, telefone, limpadura para galinhas (?), grão de bico, queijo e leite. Acresce, ainda, a impossibilidade de determinar os gastos com a manutenção do exterior da casa, manutenção do jardim e da horta.

8. Atento, o supra exposto e, ainda, o facto de tal determinação competir aos herdeiros/interessados, deverá entender-se considerar a reclamação improcedente.

Valores a deduzir:

9. A) Esc. 238.000$00 – subsídios mensais recebidos ao abrigo dos Dec. Lei n.º 489/76 e 64/77.

10. O valor total ilíquido da indemnização definitiva é de ESC. 2.994.799$00 (dois milhões, novecentos e noventa e quatro mil, setecentos e noventa e nove escudos), ou € 14.937,99 (catorze mil, novecentos e trinta e sete euros e noventa e nove cêntimos), a que acrescem os juros nos termos do Dec. Lei. N.º 231/79, de 14.07.»

c) Os recorrentes, através do seu advogado, haviam reclamado da anterior informação n.º 441/02-CJ-MCB, nos seguintes termos:

«I – Cálculo do valor das rendas para efeitos indemnizatórios:

São já tantos e com tão variadas fundamentações os Acórdãos do STA, incluindo do Pleno das Secções, que determinaram a actualização do valor das rendas para efeitos de cálculo do valor indemnizatório, que me limito a para elés remeter, esperando que desta vez (e porque não?) o Estado se disponha a acatar a jurisprudência unânime dos Tribunais, neste caso, do STA.

II – Contrato de Arrendamento

1. É verdade que existia um contrato de arrendamento.

2. No entanto, e como era prática corrente ao tempo (1964/1978), a renda era mista, sendo constituída por uma parte em dinheiro e uma parte em espécie.

3. No caso em apreço e sem poder ser exaustivo, a parte da renda, anual, em espécie, eram muitíssimo importante, pois, incluía, nomeadamente:

a) manutenção exterior da casa;

b) manutenção do jardim;

c) manutenção da horta;

d) dois porcos;

e) três borregos;

f) fornecimento de queijo e leite para o consumo da casa;

g) fornecimento de grão de bico (em quantidade que não é possível estimar);

h) fornecimento de azeite (10/15 litros por mês);

i) fornecimento de limpadura de trigo para galinhas;

j) pagamento das contas de luz e telefone da casa.

4. Basta atentar na obrigação de manutenção exterior da casa, do jardim e da horta– para o que se estima a necessidade de trabalhadores correspondentes a dois salários e meio ao longo de todo o ano – para se perceber como o valor em dinheiro estava muito longe do valor real e total da renda.

Não sendo possível aos reclamantes, determinar, com precisão, os bens e serviços, em espécie que integravam a renda, e não dispondo dos elementos necessários à determinação do seu valor monetário – que deverá acrescer ao valor da renda em dinheiro – requere-se a V. Exas. a audição de todos os herdeiros da usufrutuária, a fim de se alcançar a indispensável determinação do valor integral da renda.» – cf. fls. 198/199 do processo instrutor).

d) Na sequência da reclamação/requerimento referida em c), a administração notificou os herdeiros Eng. Vasco J. Maldonado Passanha e o Dr. Gomes Rosa, advogado dos restantes herdeiros (cf. fls.187 a 194), por carta registada com AR, nos termos dos ofícios juntos a fls. 201 e 202 do processo instrutor, do seguinte teor:

«Atendendo à reclamação apresentada pelo mandatário de alguns dos herdeiros da indemnizanda supra referenciada, Dr. Alfredo de Azevedo Soares, na sequência da proposta de decisão constante da informação n.º 441/02-GJ-MCB e porque é necessário (ou não, caso não se aceite a existência de renda mista) determinar o valor integral da renda sobre 50% do prédio "Quinta de S. Vicente, paga por Luís Passanha, somos a solicitar a V. Exa., na qualidade de mandatário de alguns dos herdeiros da titular em causa, que no prazo de 10 dias, declare o que tiver por conveniente.

Para tanto junto segue cópia da reclamação apresentada pelo mandatário Dr. Alfredo de Azevedo Soares. Com os melhores cumprimentos».

e) Só o herdeiro Vasco Passanha se pronunciou nos seguintes termos:

«Quanto à reclamação formulada pelo Exmo Senhor Dr. Alfredo de Azevedo Soares destacamos o seguinte:

A) A reclamação vem 100 dias fora de prazo.

B) A mesma não é exacta porque à data das ocupações o Sr. Luís Passanha já era proprietário de 50% do prédio misto Qta de S. Vicente, da casa de habitação, armazéns, celeiros, horta e jardim.

Em conclusão, apesar de não termos conhecimento desta longa listagem, concordamos que os Serviços lhe atribuam valores de 1975, tomando em consideração que as verbas– a, b, c, só devem ser consideradas a 50%» (cf. fls. 204 e 205 do processo instrutor).

f) Foram então notificados os recorrentes, nos seguintes termos:

«Analisada a reclamação apresentada por V.Exa., em requerimento datado de 24.10.02, somos a informar que a mesma foi considerada improcedente, porquanto, notificados os demais herdeiros para se pronunciarem sobre o seu conteúdo, parte deles nada disseram e um dos conjuntos, embora aceitando – com reticências – a existência da parte mista da renda, não aponta quaisquer valores. Deste modo, sendo a componente mista da renda do prédio em causa de tal modo vaga que nem aos interessados foi possível quantificar, determinando, assim, o valor integral da renda que só a eles competia, nada mais resta aos serviços senão considerar improcedente a referida reclamação. Assim, mantém-se inalterável todo o anteriormente processado, sendo o valor total ilíquido da indemnização definitiva de ESC. 2.994.799$00 ou € 14.937,99, acrescendo juros nos termos do DL n.º 213/79, de 14.07.» (cf. docs. fls. 213 do processo instrutor).

g) No mesmo sentido, foram notificados os referidos em e) supra. (cf. docs. fls. 209 e 210 do processo instrutor).

h) Na fixação do valor da renda, o despacho recorrido seguiu o critério de pagamento da renda existente à data da ocupação multiplicado pelo número de anos da sua privação, considerando o montante global integralmente vencido na data da ocupação e fazendo incidir juros de mora sobre esse montante (art. 12.º da resposta da autoridade recorrida)".

2.2. Decorre com nitidez das alegações de recurso que o acórdão vem atacado em dois segmentos:

– No segmento em que julgou não ocorrer vício do acto contenciosamente impugnado no que à não determinação e consequente não consideração de bens e serviços, que alegadamente integravam a renda devida nos termos do contrato de arrendamento, dizia respeito (conclusões A e B);

– No segmento em que julgou não se verificar vício do acto no que à actualização do valor das rendas dizia respeito (conclusão C).

2.2.1. Do que respeita à não consideração da renda em espécie.

A alegação radica no não acolhimento pelo aresto da violação pelo acto do princípio do inquisitório, pois que a Administração deveria ter realizado mais diligências no sentido de obter elementos para o cálculo do valor monetário da parte da renda que era paga em espécie.

A matéria de facto considerada no aresto, e reproduzida supra, apresenta todo o quadro em que se moveu o Administração e sobre o qual foi proferido o acto.

O aresto, levando à discussão os artigos 56.º e 87.º, n.º 1, do CPA, respeitantes ao dever de averiguação dos factos pela Administração, e o artigo 88.º, n.º 1, do mesmo CPA, respeitante ao ónus de prova, analisou, pormenorizadamente, a situação.

Entre o mais, observou:

"(...) a existência de uma renda em espécie só foi suscitada, pelos recorrentes, no procedimento administrativo, em sede de reclamação da decisão que fixou a indemnização, nada constando anteriormente nesse processo quanto à existência dessa renda, sendo que se trata de um contrato de arrendamento verbal.

Pelo que, não podia a administração antes dessa reclamação ter diligenciado por apurar da veracidade e do quantum dessa renda.

Ora, na reclamação da decisão que fixou a indemnização, os recorrentes efectivamente alegaram, além do mais, que «como era prática corrente ao tempo (1964/ /1978), a renda era mista, sendo constituída por uma parte em dinheiro e uma parte em espécie.

No caso em apreço, e sem poder ser exaustivo, a parte da renda anual, em espécie era muitíssimo importante, pois, incluía, nomeadamente:

a) manutenção exterior da casa;

b) manutenção do jardim;

c) manutenção da horta;

d) dois porcos;

e) três borregos;

f) fornecimento de queijo e leite para o consumo da casa;

g) fornecimento de grão de bico (em quantidade que não é possível estimar);

h) fornecimento de azeite (10/5 litros por mês);

i) fornecimento de limpadura de trigo para galinhas;

j) pagamento das contas de luz e telefone da casa.

Não sendo possível aos reclamantes, determinar, com precisão, os bens e serviços em espécie que integravam a renda e não dispondo dos elementos necessários à determinação do seu valor monetário – que deverá acrescer ao valor da renda em dinheiro – requer-se a V. Exas. a audição de todos os herdeiros da usufrutuária, a fim de se alcançar a indispensável determinação do valor integral da renda.»

E, como se provou, na sequência deste requerimento/ reclamação, a administração ouviu os herdeiros, (...) conforme melhor consta da alínea d) do probatório supra, apenas o primeiro se tendo pronunciado sobre a reclamação, para dizer que era extemporânea e que não era exacta, porque à data das ocupações o Sr. Luís Passanha já era proprietário de 50% do prédio misto, casa de habitação, armazéns celeiros, horta e jardim e que, embora não tenha conhecimento da longa listagem apresentada pelos reclamantes, concordam que os Serviços lhe atribuam valores de 1975 e que as verbas sob as alíneas a) (manutenção da casa), b) (manutenção do jardim) e c) (manutenção da horta) sejam reduzidas a metade.

É certo que nenhum dos herdeiros contrariou a existência da alegada parte da renda em espécie, mas nenhum afirmou conhecer da sua existência e em que se traduzia o seu pagamento.

Por isso, a Administração, considerou que, face à inexistência de qualquer prova que confirme o alegado, à concordância expressa de alguns herdeiros com o critério e montante apurados, ao silêncio dos restantes herdeiros sobre o assunto e à resposta apresentada pelo herdeiro Eng. Vasco Passanha, a reclamação devia improceder, pois se nem os próprios herdeiros, incluindo os reclamantes, conseguem determinar o valor integral da renda, muito menos o conseguirão os serviços, tanto mais que ela é integrada por variáveis como electricidade, telefone, limpadura para galinhas, grão de bico, queijo e leite, tornando-se também impossível determinar os gastos com a manutenção da casa, jardim e horta, sendo certo que tal determinação cabia aos herdeiros.

E, a nosso ver, bem andou a administração, pois não tendo sido fornecidos pelos interessados quaisquer meios de prova dos factos que alegaram, sendo por aqueles expressamente reconhecida a impossibilidade de quantificação dessa renda e tendo apenas solicitado a audição dos restantes herdeiros, o que a administração satisfez, tendo apenas um se pronunciado, referindo o seu desconhecimento dessa matéria, finda que se encontra já a instrução do processo, a verificada situação de non liquet, face à ausência de elementos disponíveis que comprovassem os factos alegados e à reconhecida impossibilidade de os obter, reverte contra os interessados, nos termos do já citado n.º 1 do art. 88.º do CPA.

Não havendo, pois, elementos disponíveis no procedimento administrativo (nem os reclamantes referem quais eram eles, neste recurso contencioso), que permitissem sequer comprovar a existência da parte da renda alegadamente paga em espécie, sendo que não parece bastar o silêncio ou o desconhecimento expressamente manifestado dos restantes herdeiros para se ter tais factos como provados, quanto mais o cálculo do valor monetário dessa renda, não se mostram violados os citados preceitos do CPA, nem se verifica o invocado erro nos pressupostos, por violação do art. 8.º do DL 199/88, de 31.01, na redacção do DL 38/95, de 14.02 e os pontos 4 do n.º 2 e 1 do n.º 5 da Portaria n.º 197-A/95, de 17.03 e art. 7.º do DL 385/88, de 25.10".

Os recorrentes discordam da ponderação assim efectuada. Entendem que a Administração tinha elementos, alguns elementos, e devia ter ido mais longe na detecção dos restantes.

Os elementos de que alegadamente a Administração dispunha são os respeitantes ao valor dos custos de produção e dos produtos.

Dizem:

"Quereria uma das entidades recorridas, sua Excelência o Senhor Ministro da Agricultura, que lhe perguntássemos qual o valor dos custos de produção e das diferentes espécies de bens e serviços, para, de imediato lhes fornecermos esses mesmos valores?

O Ministério da Agricultura não precisava de «averiguar» esses elementos; já os detinha em seu poder" (fls. 3 das alegações).

Afigura-se que a alegação padece de um erro de partida.

Na verdade, o problema não estava em saber qual o valor de certos produtos ou serviços em certa época e em certo lugar; o problema estava em saber em que é que consistia a alegada parte da renda em espécie.

E assim se compreende que, logo a seguir, os recorrentes admitam "*que não fosse possível determinar ou quantificar alguns dos itens por si apresentados. Aceita-se, quanto a estes, a situação de non liquet e, consequentemente, a sua eliminação por os recorrentes não terem sido capazes de produzir a prova necessária*".

Quer dizer, ainda nesta fase, os recorrentes aceitam a eliminação de alguns itens. Mas, nem antes se sabia, nem agora se sabe, e não o adiantam os recorrentes, quais em concreto consideram que estão provados. A indeterminação é total.

Assim, como concluiu o aresto, o processo administrativo não revelava elementos certos sobre nada do que respeita à alegada renda em espécie.

E mais precisamente quanto ao dever de procura e detecção por parte da Administração.

Os preceitos legais foram considerados pelo aresto.

Mas a realidade é que, como nele se exarou, a participação dos recorrentes no objectivo prosseguido pela Administração de verificação dos exactos termos do contrato, se resumiu à produção de uma reclamação. Na sequência da reclamação, a Administração foi até onde poderia ir, indagando junto daqueles que mais proximamente poderiam contribuir parra o esclarecimento. O resultado foi aquele de que o aresto deu conta.

Assim, nada se pode imputar à Administração em termos de incumprimento dos seus deveres de averiguação.

Nessa medida, como, afinal, concluíram os recorrentes quanto aos elementos que aceitaram estar indeterminados, também aqui se haveria de concluir, como o aresto concluiu, nos termos do artigo 88.º, n.º 1, do CPA.

Improcede, pois, a crítica dirigida ao aresto.

2.2.2. Do que respeita à actualização do valor das rendas.

O acórdão começou por observar que, para efeito de se saber qual o valor das rendas a que se deve atribuir relevância para determinar a indemnização, se deve ter "*em conta as rendas que, num juízo de prognose póstuma – formulado com base em considerações de verosimilhança ou de séria probabilidade– os titulares desapossados teriam recebido se não tivesse ocorrido o facto determinante dessa privação*".

Esta apreciação vem posta em crise. Ora, especificamente sobre a actualização dos valores assim obtidos o acórdão perfilhou a tese, que tem sucessivamente feito vencimento neste STA, de que de que "*o regime estabelecido na Lei 80/77 é específico e exaustivo e que, portanto, inexistindo lacuna ou insuficiência legislativa não há que recorrer à analogia ou à aplicação de normas subsidiárias, não se justificando, por isso, a aplicação ao caso do regime do Código das Expropriações*".

E, arrimando-se expressamente à jurisprudência sustentada no acórdão deste Pleno de 28.1.2004, recurso n.º 47391, citou-o:

"(...) *este valor global das rendas reportado à data da ocupação, como o dos restantes bens ou direitos a que se reporta aquele art. 7.º, é actualizado nos termos dos art. 19.º e 24.º da Lei n.º 80/77.*

Aliás, aquela operação de reportar o valor real e corrente dos bens à data da nacionalização, expropriação ou ocupação está em sintonia com este art. 24.º, em que se estabelece que os juros das obrigações em que se consubstancia o pagamento das indemnizações se vencem desde a data da nacionalização ou expropriação ou da ocupação efectiva dos prédios. Isto é, os juros vencem-se a partir desta data porque os valores de indemnização são a ela reportados, através do cálculo deflacionário que impõe o preceituado no n.º 2 daquele art. 7.º".

E ainda sobre uma apontada inconstitucionalidade que derivaria daquele critério voltou a socorrer-se deste Pleno, no acórdão de 28.10.2003, recurso n.º 47991, para concluir "*inexistir qualquer inconstitucionalidade por pretensa violação do art. 62.º, n.º 2 da Constituição, desde logo porque ao caso não é aplicável esse preceito constitucional, nem do art. 13.º, n.º 1 da Constituição por não resultar da interpretação acolhida tratamento desigual de casos iguais*".

Ora, os recorrentes não trazem qualquer argumento que não tenha sido já considerado.

E a jurisprudência que o acórdão seguiu é, como se disse, aquela que tem vindo a ser reiterada neste STA, nomeadamente neste Pleno, como se pode ilustrar, muito resumidamente, pelos seguintes acórdãos, proferidos já depois do aresto sob recurso: de 29.6.2004, recurso 48152, de 9.11.2004, recurso 46547, de 25.01.2005, recurso 47093, de 16.02.2005, recurso 47756.

Não havendo razão para alterar essa jurisprudência firmada, terá que improceder a alegação.

3. Nos termos expostos, nega-se provimento ao presente recurso.

Custas pelos recorrentes.

Taxa de justiça: 400 euros

Procuradoria: 200 euros

Lisboa, 21 de Março de 2006.

Alberto Augusto Oliveira (Relator)
António Samagaio
Azevedo Moreira
Santos Botelho
Rosendo José
Maria Angelina Domingues
Pais Borges
Adérito Santos

Recurso n.º 838-03-20

2.ª Secção (Contencioso Tributário)

CÓDIGO DE PROCESSO TRIBUTÁRIO. APLICAÇÃO DA LEI NO TEMPO. RESPONSABILIDADE SUBSIDIÁRIA.

(Acórdão de 22 de Março de 2006)

SUMÁRIO:

I- O art. 2.º, n.º 1, do Decreto-Lei n.º 154/91, que aprovou o CPT, determina a aplicação imediata apenas das respectivas normas de natureza processual ou adjectiva.

II- Os pressupostos da responsabilidade dos gestores têm natureza substantiva, sendo definidos pela lei vigente ao tempo da respectiva ocorrência.

III- Assim, o art. 13.º do CPT não se aplica às obrigações cujos pressupostos respectivos ocorreram antes da sua entrada em vigor.

ACORDAM NO PLENO DA SECÇÃO DO CONTENCIOSO TRIBUTÁRIO DO SUPREMO TRIBUNAL ADMINISTRATIVO:

1 – António Augusto Cerveira Cardoso recorre para este Pleno do acórdão da Secção do Contencioso Tributário deste Supremo Tribunal Administrativo que negou provimento ao recurso jurisdicional que interpusera de um acórdão do Tribunal Central Administrativo.

O Recorrente invoca como fundamento do recurso oposição entre o acórdão recorrido e o acórdão da Secção do Contencioso Tributário do Supremo Tribunal Administrativo de 29-1-1992, proferido no recurso n.º 12125.

Por despacho do Excelentíssimo Relator na Secção foi decidido existir a invocada oposição de julgados.

O Recorrente apresentou alegações com as seguintes conclusões:

1. O Recorrente deduziu oposição à execução fiscal instaurada inicialmente contra Canivel – Empresa de Construções S.A. que contra si reverteu.

2. Estão em causa neste recurso apenas as dívidas fiscais reportadas aos factos ocorridos no ano de 1983.

3. O oponente renunciou ao cargo de gerente da executada Canivel em 30.04.1990.

4. O processo judicial de execução fiscal instaurado contra a sociedade Canivel -Sociedade de Construções S.A. transitou em julgado em 03.10.1992.

5. O oponente foi citado para a execução em 20.06.1996.

6. O processo foi instaurado em 18.07.1996.

7. Dos autos não resultou provado que o oponente fosse de algum modo responsável pela insuficiência do património da sociedade principal.

8. Considerou o Acórdão recorrido aplicar aos factos em apreciação nos presentes autos o regime o regime de responsabilidade ex lege consagrado no artigo 16.º do CPCI, baseada na presunção de culpa funcional dos administradores ou gerentes de sociedades de responsabilidade limitada, pelo não pagamento das dívidas fiscais desta, segundo o qual assente em termos factuais que o oponente exerceu a gerência no período em que a dívida se constituiu, devia esta ter sido liquidada e paga, o que determina a improcedência da oposição.

9. Contudo, entre o Acórdão recorrido e o Acórdão fundamento, proferido pela 2ª Secção do Supremo Tribu-

nal Administrativo, de 29.01.1992, proferido no Rec. 12125, existe manifesta oposição de julgados.

10. Assim, embora o oponente fosse gerente de facto e de direito no período em causa, 1983, não podemos concluir pela sua culpa funcional, assim o julgando responsável, já que aos factos ocorridos no domínio da vigência do CPCI, como refere o Acórdão fundamento, pode ser aplicado o regime consagrado no artigo 13.º do CPT, aplicando-se este retroactivamente.

11. "1. A partir da entrada em vigor do Código de Processo Tributário, aprovado pelo Decreto Lei n.º 154/91 de 23 de Abril, passou a caber aos gerentes ou administradores de sociedades comerciais de responsabilidade limitada o ónus da prova de que agiram sem culpa na diminuição do património da sociedade em termos de impossibilitar o pagamento de dívidas de contribuições e impostos.

II. Tal regime é de aplicação aos processos pendentes por força do artigo 2.º n.º 1 do Decreto Lei n.º 154/91.

III. Assim, o novo regime é de aplicação retroactiva.

IV. Não tem interesse, em consequência, averiguar qual o regime de responsabilidade que resultou da alteração introduzida no artigo 16.º do CPCI pelo DL 68/87 de 9 de Fevereiro, quando estejam em causa dívidas de contribuições e impostos.

V. O artigo 13.º do CPT deixa em aberto a questão de saber se a responsabilidade dos gerentes cobre as dívidas nascidas no período da sua gerência, no período do pagamento ou ambos os períodos.

VI. Os pressupostos em que assenta a sua responsabilidade apontam para que os gerentes são responsáveis pelas dívidas nascidas ou não pagas no período da sua gerência e insuficiência do património da sociedade causada pelo seu comportamento."

12. Entre 1983 e 1996 passaram mais de dez anos: em 1990 o oponente renunciou à gerência e não ficou demonstrado que tenha sido por sua responsabilidade que na execução contra a sociedade principal a Fazenda Pública não tenha logrado cobrar a divida fiscal por insuficiência de património da sociedade causada pela actuação do oponente.

13. Considerando os factos provados, para julgamento da matéria ainda em apreciação na presente oposição deve ser aplicado o regime consagrado no artigo 13.º do CPT, aplicando-se este retroactivamente, conforme resulta da jurisprudência exarada no Acórdão fundamento, e que necessariamente implica a sua procedência.

14. Assim, deve fazer vencimento a jurisprudência exarada no Acórdão fundamento, procedendo a oposição e assim se fazendo JUSTIÇA.

A Excelentíssima Representante da Fazenda Pública contra-alegou, defendendo a manutenção do acórdão recorrido.

O Excelentíssimo Procurador-Geral Adjunto emitiu douto parecer nos seguintes termos:

1. Oposição de acórdãos

A) São requisitos legais cumulativos do conhecimento do recurso por oposição de acórdãos:

– identidade da questão de direito

– ausência de alteração substancial da regulamentação jurídica

– soluções jurídicas opostas (art. 30.º al. b) ETAF, aprovado pelo DL n.º 129/84, 27 Abril)

A oposição de soluções jurídicas pressupõe identidade substancial das situações fácticas subjacentes, exigindo-se não uma total identidade mas a sua subsunção às mesmas normas legais (acs. STA pleno 22.11.95 recurso n.º 15 284 Apêndice ao DR, 14.04.97 p. 135;19.06.96 Apêndice ao DR 4.12.97 p.109;9.07.97 recurso n.º 20 6421;ac.STJ 26.04.95 recurso n.º 87 156)

B) Sufragamos o entendimento expresso no despacho proferido em 13.12.2005 (fls.207) sobre a verificação dos requisitos legais para a resolução do conflito de jurisprudência, face ao antagonismo das soluções jurídicas consagradas nos arestos em confronto, relativamente à mesma questão fundamental de direito, suscitada no domínio da mesma legislação (CPCI e CPT):

– o acórdão recorrido sustenta que o regime de responsabilidade subsidiária dos administradores e gerentes das sociedades de responsabilidade limitada, previsto no art. 13.º CPT, não é aplicável às situações em que os factos constitutivos dos pressupostos daquela responsabilidade se verificaram na vigência do CPCI (não obstante o despacho de reversão no processo de execução fiscal ter sido proferido na vigência do CPT)

– o acórdão fundamento sustenta a aplicação retroactiva do citado regime legal de responsabilidade subsidiária às situações supra indicadas (com fundamento na norma constante do art. 2.º n.º 1 DL n.º 154/91, 23 Abril, diploma de aprovação do CPT)

2. Conflito de jurisprudência

Deve ser resolvido no sentido da confirmação da doutrina expressa no acórdão recorrido, pela excelência da sua fundamentação (que nos dispensamos de reproduzir), a qual alinha com jurisprudência consolidada do STA sobre a questão.

CONCLUSÃO

O recurso não merece provimento.

O acórdão impugnado deve ser confirmado.

Corridos os vistos legais, cumpre decidir.

2 – Não há controvérsia sobre a existência de oposição de julgados entre o acórdão recorrido e o acórdão invocado como fundamento do presente recurso jurisdicional, que, aliás, é evidente e já foi reconhecida por este Pleno em vários casos semelhantes.

A questão sobre a qual há oposição entre o acórdão recorrido e o acórdão fundamento é a de saber se o art. 13.º do CPT, que fixou um novo regime para a responsabilidade subsidiária de gerentes de sociedades por dívidas fiscais, tem ou não natureza retroactiva: no acórdão recorrido deu-se resposta negativa a esta questão; no acórdão fundamento deu-se resposta positiva.

3 – Depois de ser proferido o acórdão fundamento, esta questão foi já apreciada várias vezes por este Supremo Tribunal Administrativo, tendo-se adoptado sempre a jurisprudência seguida no acórdão recorrido, inclusivamente por este Pleno[1].

É esta jurisprudência que aqui se segue também.

Embora o artigo 2.º, n.º 1, do Decreto-Lei n.º 154/91, de 23 de Abril, refira que o Código de Processo Tributário é aplicável aos processos pendentes, **em tudo** o que não for contrariado nesse mesmo diploma, e nele se não fazer qualquer distinção entre as normas de natureza

[1] Por todos, pode ver-se o acórdão deste Pleno de 24-2-1999, proferido no recurso n.º 21606, publicado em *Apêndice ao Diário da República* de 21-5-2001, página 36.

substantiva e as de natureza processual contidas no Código, tal distinção tem de ser feita, sob pena de inconstitucionalidade de tal disposição, no que concerne à aplicabilidade imediata das normas substantivas.

Na verdade, o Código de Processo Tributário foi emitido ao abrigo da autorização legislativa concedida pela Lei n.º 37/90, de 10 de Agosto, necessária por se tratar de legislação sobre o sistema fiscal e garantias dos contribuintes – artigos 106.º, n.º 2, e 168.º, n.º 1, alínea g) da Constituição.

Por esse motivo, a actuação legislativa do Governo estava sujeita aos limites por traçados por aquela Lei – n.º 2 do artigo 115.º da Constituição, na redacção de 1989, então vigente.

Neste diploma prevê-se a possibilidade de o Governo emitir normas de carácter substantivo, mas a interpretação natural desta autorização, por força do princípio geral de direito consubstanciado no n.º 1 do artigo 12.º do Código Civil, será o de lhes poder conferir apenas efeitos para o futuro.

Por isso, deve entender-se que tal autorização não comporta a possibilidade de conferir natureza retroactiva a normas substantivas.

Consequentemente, se o Governo tivesse legislado nesse sentido, as normas emitidas seriam organicamente inconstitucionais.

Por outro lado, a referida norma do artigo 2.º, n.º 1, do Decreto-Lei n.º 154/91, seria também materialmente inconstitucional, por violação do princípio da igualdade, consagrado no art. 13.º da CRP, por responsabilizar em termos diferentes gerentes de sociedades que exerceram funções no mesmo período de tempo, sem qualquer outro fundamento que não fosse a demora na efectivação da respectiva responsabilidade subsidiária.

Assim, o referido artigo 2.º, n.º 1, do Decreto-Lei n.º 154/91, interpretado à luz das normas constitucionais referidas, deverá entender-se como determinando apenas a aplicabilidade imediata aos processos pendentes das normas de natureza processual.

4 – As normas que fixam o efeito de determinados factos a nível de responsabilidade subsidiária são normas substantivas e não adjectivas, pois são definidoras de obrigações tributárias e não apenas da forma como os direitos podem ser concretizados.

Por isso, o referido art. 13.º do CPT, que define os pressupostos da responsabilidade subsidiária dos gestores de sociedades comerciais por dívidas tributárias, não se inclui entre as normas relativamente às quais aquele art. 2.º, n.º 1, estabelece o regime de aplicação imediata daquele Código.

Assim, uma vez que se deve entender que é regra que, quando a lei dispõe sobre os efeitos de quaisquer factos, só visa os factos novos (art. 12.º, n.º 2, do Código Civil), tem de concluir-se que o art. 13.º do CPT, ao fixar novos pressupostos para a responsabilidade subsidiária, só se aplica a factos que ocorrerem após a entrada em vigor deste Código.

Por isso, reportando-se a dívida exequenda a factos anteriores à vigência do Código de Processo Tributário, não lhe pode ser aplicado o regime previsto naquele artigo 13.º deste diploma, mas antes o vigente ao tempo em que eles ocorreram.

Consequentemente, é correcta a posição assumida no acórdão recorrido.

Termos em que acordam neste Pleno da Secção do Contencioso Tributário em negar provimento ao recurso e em confirmar a decisão recorrida.

Custas pelo recorrente, com procuradoria de 50%.

Lisboa, 22 de Março de 2006.

Jorge de Sousa (Relator)
Brandão de Pinho
Lúcio Barbosa
Baeta de Queiroz
Pimenta do Vale

Recurso n.º 576/04-50

Acórdãos do Supremo Tribunal Administrativo

1.ª Secção (Contencioso Administrativo)

APROVAÇÃO DE LOTEAMENTO. AUDIÇÃO DA DIRECÇÃO GERAL DOS SERVIÇOS DE URBANIZAÇÃO. ACTO CONSEQUENTE.

(Acórdão de 29 de Março de 2006)

SUMÁRIO:

I – Nos termos do n.º 1 do art. 14.º do DL 289/73, de 6/06 – aplicável por vigorar à data em que foi aprovado o loteamento em causa – "*os actos das câmaras municipais respeitantes a operações de loteamento quando não sejam precedidos de audiência da Direcção Geral dos Serviços de Urbanização ou das entidades referidas no n.º 1 do art. 2.º, nos casos em que é devida, ou quando não sejam conformes o seu parecer ou decisão do Ministro respectivo são nulos e de nenhum efeito.*"

II – Deste modo, e porque o PDM de Bragança só entrou em vigor em 4/04/95, a respectiva Câmara Municipal estava obrigada a ouvir aquela Direcção Geral sobre o pedido do referido loteamento, previamente ao seu deferimento, sob pena de, não o fazendo, praticar um acto nulo.

III – Tendo esta obrigação legal sido desrespeitada a deliberação da CM de Bragança que aprovou aquele loteamento é nula.

IV – Sendo assim, e sendo que acto consequente é aquele cuja prática e conteúdo dependem da existência de um acto anterior que lhe serve de causa, base ou pressuposto, a sua manutenção na ordem jurídica está intimamente relacionada com a validade desse acto anterior.

V – Deste modo, e porque as deliberações impugnadas decorrem e são consequência de uma deliberação nula, licenciadora de um loteamento, é forçoso concluir que aqueles actos são consequentes deste acto licenciador e que sendo este nulo, nulas serão aquelas deliberações.

ACORDAM NA 1ª SECÇÃO DO SUPREMO TRIBUNAL ADMINISTRATIVO:

Carlos Alberto de Almeida Pereira e mulher Filomena dos Santos interpuseram no TAC do Porto **recurso contencioso de anulação das deliberações da Câmara Municipal de Bragança, de 08.JAN.96**, que desafectou a parcela de 2100 m2 ao fim de equipamento público que lhe havia sido destinado no alvará de loteamento n.º 6/82; **de 08.JUL.96**, que autorizou a permuta daquela parcela por outra pertencente à empresa "Nordeste--Urbanismo e Construções, Lda"; **e de 26.ABR.00**, que autorizou os Recorridos Particulares Manuel Amadeu Pires e mulher Maria Clementina Fernandes a construir na referida parcela.

Para tanto, e em síntese, alegam que as referidas deliberações são nulas por violarem o disposto nos arts. 14.º/1 e 22.º /1 do DL 289/73, de 06./07/ e 52.º/1-b) do DL 445/91, de 20/11.

Tal recurso foi julgado procedente e, em consequência, declarados nulos os actos impugnados.

Inconformados os Recorridos Particulares Manuel Pires e Mulher agravaram para este Tribunal formulando as seguintes conclusões:

A) A declaração de nulidade da deliberação de 8/01/96 da C.M. Bragança teve por base dispositivos legais há muito tempo revogados e inaplicáveis.

B) O D.L. n.º 289/73, de 6/96, foi revogado pelo D.L. n.º 400/84 de 31/12. – art. 84.º.

C) À data da deliberação declarada nula – 8/01/96 – vigorava o regime jurídico dos loteamentos urbanos aprovado pelo D.L. n.º 448/91 de 29/11, que, por sua vez, revogou o D.L. n.º 400/84 de 31/12.

D) De acordo com o disposto no artigo 72.º do DL n.º 448/91, de 29/11, as alterações aos alvarás emitidos ao abrigo da legislação então revogada (o D.L. n.º 400/84 de 31/12) e dos DL n.ºs 46673, de 29/11/65, e 289/73, de 6 de Junho, REGEM-SE PELO QUE NELE SE DISPUNHA.

E) Nesse sentido, e no que a alterações a alvarás de loteamento dissesse respeito haveria que cumprir o disposto no seu artigo 36.º.

F) A propósito de consultas a outras entidades, a entidade licenciadora do loteamento/alteração (C.M. Bragança), teria que cumprir o disposto no artigo 12.º, dado a operação sujeita se situar em área abrangida por plano municipal de ordenamento do território.

G) A consulta à Direcção Geral do Planeamento do Território (ou entidade sua sucessora) não se encontrava prevista pelo citado artigo 12.º.

H) A alteração da especificação do alvará (finalidade) estava sujeita a autorização de 2/3 dos proprietários dos lotes abrangidos pelo alvará.

I) No caso vertente era apenas uma única pessoa a titular do(s) Lote(s) abrangido(s) pelo alvará.

J) À face do regime jurídico dos loteamentos aplicável à situação dos autos, o parecer vinculativo da CCRN apenas era obrigatório se a operação se localizasse em área não abrangida por plano municipal do ordenamento do território e não urbana; o que manifestamente não ocorre no caso vertente.

K) A deliberação da C.M. de Bragança não se configura, assim, como nula.

L) Como nulos se não configuram os actos administrativos consequentes: as deliberações de 8/7/96 e 26/4//2000, sendo válidas e operantes.

M) A douta decisão ora em recurso, violou, ou aplicou incorrectamente, as seguintes disposições legais:

– Código Civil: artigo 7.º

– D.L. n.º 448/91 de 29/12: artigos 72.º, 12.º, 29.º, 36.º e 40.º.

– D.L. n.º 445/91 de 20/11: artigo 52.º.

Os Recorrentes contra alegaram concluindo do seguinte modo:

Bem andou a douta sentença, sob apreciação, ao declarar a nulidade, por ofensivas do preceituado nos arts. 14.º, n.º 1, e 22.º, n.º 1, do Dec.-Lei n.º 289/73, de 06/06 e art. 52.º, n.º 1, al. b), do DL 445/91, de 20/11, das deliberações da Câmara Municipal recorrida:

– A de 08/01/96 (acta 1/96), que desafectou a parcela de 2.100 m2 do fim de equipamento público, que lhe havia sido destinado na prescrição ou especificação do alvará de loteamento 6/82.

– Pelas mesmas razões, a de 8 de Julho de 1996, que autorizou a troca daquela parcela por uma outra, pertencente à firma Nordeste – Urbanismo e Construções, Lda.

– Ainda, a de 26 de Abril de 2000 que autorizou os recorridos particulares Manuel Amadeu Pires e esposa, a construir na referida parcela,

Com especial pendor ou _incidência, na parte dessa deliberação que deferiu a localização dessa parcela no terreno localizado a poente dos lotes dos Recorrentes terreno este que pertence ao loteamento do alvará 19/78 (e não ao 6/82), em que se integra a parcela «adquirida» pelos Recorridos Particulares (e ali destinada a arruamento).

Era a lei vigente, na altura.

Há que aplicá-la.

A Ilustre Magistrada do MP, apesar de discordar da fundamentação da sentença recorrida, considera que a sua decisão é correcta, pelo que emitiu **parecer no sentido do não provimento do recurso.**

Colhidos os vistos **cumpre decidir**.

FUNDAMENTAÇÃO

I. MATÉRIA DE FACTO

A decisão recorrida julgou **provados os seguintes factos**:

1. Por deliberação da Câmara Municipal de Bragança, datada de 07/96/78, foi licenciada a operação de loteamento referente ao prédio rústico sito em Vale Chorido ou Seixo, Samil, Bragança, inscrito na respectiva matriz sob o art. 2740.º e descrito na competente Conservatória do Registo Predial sob o n.º 36.889 – cf. doc. de fls. 15 e 16;

2. Correspondente a esse licenciamento foi emitido o alvará de loteamento n.º 19/78 – Cfr. doc. de fls. 15 e 16;

3. Por escritura pública de compra e venda, outorgada em 29.0UT.97, a Recorrente mulher comprou o lote n.º 47 do loteamento titulado pelo alvará n.º 19/78 – Cfr. doc. de fls. 20 a 22;

4. De acordo com as especificações desse loteamento, o lote 47 confronta do lado poente com futuro arruamento – Cfr. doc.s de fls. 17 a 24;

5. Por deliberação da Câmara Municipal de Bragança, datada de 31. MAR. 82, foi licenciada a operação de loteamento referente a prédio rústico confrontante com o loteamento, atrás identificado – Cfr. doc. de fls. 33 e 34;

6. Correspondente a esse licenciamento foi emitido o alvará de loteamento n.º 6/82 – Cfr. doc. de fls. 33 e 34;

7. A aprovação desse loteamento foi feita sem audição da Direcção Geral dos Serviços de Urbanização;

8. Mediante deliberação da CM Bragança, datada de 08.JAN.96, foi autorizada a desafectação da parcela de 2.100 m2, referida no alvará de loteamento n.º 6/82, ao fim de equipamento público, aí especificado, para integração do domínio privado do Município de Bragança – Cfr. doc.s de fls. 187 a 190, e 45 e 46, aqui dados por integralmente reproduzidos (1.º acto recorrido).

9. Tal deliberação foi tomada sem audição da Direcção Geral do Planeamento do Território;

10. Por deliberação da CM de Bragança, datada de 8/07/96, foi autorizada a permuta da parcela de terreno, referenciada no despacho antecedente, por uma outra parcela, sita no Bairro Artur Mirandela, a destacar do prédio rústico inscrito na respectiva matriz sob o art. 2740.º e descrito na competente Conservatória do Registo Predial sob o n.º 36.889, propriedade de "Nordeste – Urbanismo e Construção, L.da – Cfr. doc. de fls. 184 a 186, aqui dado por integralmente reproduzido (2.º acto recorrido);

11. Por escritura pública de compra e venda, outorgada em 07.MAI.999, o Recorrido particular Manuel Amadeu Pires comprou a "Nordeste – Urbanismo e Construção, L.da parte da parcela de terreno permutada pela CM de Bragança, com a área de 1.866,5 m2, e que constitui objecto do 1.º acto recorrido – Cfr. doc. de fls. 61 a 69;

12. Mediante deliberação da Câmara Municipal de Bragança, datada de 26.ABR.00, foi licenciada a construção a edificar na parcela de terreno adquirida pelo Recorrido particular Manuel Amadeu Pires, atrás identificada – Cfr. doc. de fls. 301 e segs. e 187 a 190, aqui dado por integralmente reproduzido (3.º acto recorrido); e

13. Correspondente a esse licenciamento foi emitido o alvará de licenciamento de construção n.º 474/00 – Cfr. doc. de fls. 7033 e 34.

II. O DIREITO

O relato que antecede informa-nos que, com fundamento em vício de violação de lei, os Recorrentes **impugnaram** – no TAC do Porto – **a deliberação** da Câmara Municipal de Bragança, de 8/01/96, que desafectou a parcela de 2.100 m2 ao fim de equipamento público que lhe havia sido destinado no alvará de loteamento n.º 6/82, **e as deliberações que se lhe seguiram**, de 08/07/96 e de 26/04/00, respectivamente, que autorizaram a permuta daquela parcela por uma outra pertencente à empresa "Nordeste-Urbanismo e Construções, Ld.ª" e autorizaram os Recorridos particulares Manuel Pires e mulher – que, entretanto, a haviam adquirido – a nela construir.

Recurso que foi julgado procedente, o que determinou **a declaração de nulidade daquelas deliberações, por ter sido entendido que** *de "harmonia com o preceituado pelo art. 14.º /1 do DL 289/73, de 06.JUN, os actos das câmaras municipais respeitantes a operações e loteamento quando não sejam precedidos de audiência da Direcção-Geral dos Serviços de Urbanização ou quando não sejam conformes com o seu parecer são nulos e de nenhum efeito.*

Por outro lado, estabelece o art. 22.º /1 e 2 do mesmo diploma legal que as prescrições constantes do alvará e o projecto das obras de urbanização poderão ser alterados a requerimento dos interessados ou por iniciativa da câmara municipal ou da Direcção Geral dos Serviços de Urbanização sempre que tal seja necessário à regular execução dos planos de urbanização aprovados, seguindo-se o processo previsto para o pedido inicial do loteamento.

Finalmente, de acordo com o estabelecido pelo art. 52.º do DL 445/91, de 20.NOV, são nulos os actos administrativos que não tenham sido precedidos de consulta das entidades cujos pareceres, autorizações ou aprovações sejam legalmente exigíveis ou quando não estejam em conformidade com os mesmos, quando de natureza vinculativa; e/ou violem o disposto em plano regional de ordenamento do território, plano municipal de ordenamento do território, normas provisórias, área de desenvolvimento urbano prioritário, área de construção prioritária ou alvará de loteamento em vigor."

Sendo assim, e sendo que a deliberação de 8/01/96 "*foi tomada sem precedência de consulta das entidades cujos pareceres, autorizações ou aprovações sejam legalmente exigíveis, no caso a Direcção Geral do Planeamento do Território, sendo certo, igualmente que, tendo por objecto a desafectação de parcela de terreno ao fim de equipamento público que lhe havia sido destinado na especificação do alvará de loteamento n.º 6/82, a mesma consubstancia uma violação do referido loteamento e .... configura-se como nula."*

E sendo nula a primeira das deliberações impugnadas, as demais, tratando-se de actos consequentes desta, configuram-se igualmente nulas."

Julgamento que os Recorridos Particulares não aceitam por considerarem que o mesmo se fundamentou em legislação revogada e, por isso, inaplicável e por (contrariamente ao suposto na sentença recorrida) a lei em vigor – arts. 12.º, 36.º /3 e 29.º /1/e) do DL 448/91, de 20/11, aplicável por força do disposto no seu art. 72.º – não sujeitar a impugnada deliberação de 8/01/96 a parecer ou audição prévia de qualquer entidade pública, uma vez que o lote desafectado se situa em área abrangida pelo PDM de Bragança e, de acordo com o disposto nos arts. 3.º e 41.º do citado DL 448/91, localiza-se em área urbana.

Vejamos, pois.

1. Resulta do probatório que a CM de Bragança aprovou, em 7/06/78, uma operação de loteamento, a que correspondeu o alvará n.º 19/78, cujo lote 47 veio a ser adquirido pelos Recorrentes – por escritura pública de 29/10/97 – o qual, de acordo com as especificações constantes do identificado alvará, confrontava do lado poente com futuro arruamento.

E, em 31/03/82, aquela Câmara, sem prévia audição da Direcção Geral dos Serviços de Urbanização, deliberou licenciar uma nova operação de loteamento referente a um prédio confrontante com o anterior loteamento, a que veio a corresponder o alvará n.º 6/82, tendo, em 8/01/96, deliberado autorizar a desafectação de uma parcela de 2.100 m2 desse loteamento – que o referido alvará especificava como destinada a equipamento público – para ser integrada no domínio privado do Município de Bragança, deliberação que, de novo, foi tomada sem prévia audição da Direcção Geral dos Serviços de Urbanização. E, em 8/07/96, a mesma Câmara autorizou a permuta da dita parcela por uma outra pertencente a Nordeste – Urbanismo e Construção, L.da e, concretizada essa permuta, licenciou, em 26/04/2000, a construção de um edifício na parcela permutada que, entretanto, tinha sido adquirida pelos Recorridos Particulares Manuel Pires e Mulher.

Descrita, no essencial, a matéria factual ora relevante **a questão que se nos coloca** é a de saber se o Sr. Juiz a quo decidiu bem quando reputou de ilegais as referidas deliberações de 8/01/96, de 8/07/96 e de 26/04/ /2000 e, com esse fundamento, as declarou nulas ou, dito de outro modo, saber se os actos da referida Câmara que **(1)** autorizaram a desafectação de uma parcela integrante do alvará 6/82 ao fim público a que estava destinada e a sua integração no domínio privado do Município, **(2)** que autorizaram a sua permuta por uma outra parcela pertencente Nordeste – Urbanismo e Construção, L.da e que **(3)** licenciaram a construção de um prédio na parcela desafectada, são legais.

2. Perante a descrita realidade a Ex.ma Procuradora Geral Adjunta emitiu parecer no sentido de que as identificadas deliberações eram nulas e que essa nulidade era *"consequência da própria nulidade do loteamento titulado pelo alvará 6/82"*, o que a levou a sustentar a manutenção do decidido embora com diferente fundamentação.

Será que, de facto, o licenciamento do loteamento titulado pelo alvará 6/82 é nulo e essa nulidade determina a nulidade de todos os actos cuja génese esteja nele inscrita?

Vejamos.

Nos termos do n.º 1 do art. 14.º do DL 289/73, de 6/06 – **aqui aplicável por vigorar à data em que foi aprovado o loteamento que veio a ser titulado pelo alvará 6/82** – "*os actos das câmaras municipais respeitantes a operações de loteamento quando não sejam precedidos de audiência da Direcção Geral dos Serviços de Urbanização ou das entidades referidas no n.º 1 do art. 2.º, nos casos em que é devida, ou quando não sejam conformes o seu parecer ou decisão do Ministro respectivo <u>são nulos e de nenhum efeito</u>*." – sublinhados nossos.

Sendo que, por força do n.º 2 do art. 2.º do mesmo diploma legal, os pareceres daquela Direcção Geral só serão dispensados se as operações de loteamento "*se conformarem com o plano de urbanização aprovado nos termos do DL 560/71, de 17/12, e tenham sido ouvidos os serviços municipais ou o gabinete técnico referido no n.º 1*".

Deste modo, e porque, como informam os ora Recorrentes, o PDM de Bragança só entrou em vigor em 4/04/ /95, a respectiva Câmara Municipal **estava obrigada a**

ouvir a Direcção Geral dos Serviços de Urbanização sobre o pedido de loteamento a que veio a corresponder o alvará n.º 6/82, previamente ao seu deferimento, sob pena de, **não o fazendo, praticar um acto nulo.**

Ora, **esta obrigação legal foi desrespeitada** e, porque assim, **a deliberação, de 31/03/82, da CM de Bragança que aprovou o loteamento titulado pelo alvará n.º 6/82 é nula.**

O acto nulo, como é sabido, *não produz quaisquer efeitos jurídicos, independentemente da declaração da sua nulidade*" (n.º 1 do art. 134.º do CPA), sendo certo que esta "*é invocável a todo o tempo por qualquer interessado e pode ser declarada, também a todo o tempo, por qualquer órgão administrativo ou por qualquer Tribunal*" (n.º 2 do mesmo dispositivo).

Deste modo, e, porque nula, **aquela deliberação é insusceptível de produzir quaisquer efeitos.**

Por outro lado, e pese embora a lei refira que só são nulos os actos consequentes de actos anulados ou revogados – n.º 2, al.ª i) do art. 133.º do CPA – certo é que, como bem refere V. de Andrade, "*num quadro lógico dedutivo pode concluir-se, por maioria de razão, que <u>hão-se ser nulos os actos consequentes de actos nulos</u> – até porque estes, ao contrário dos actos posteriormente anulados, nunca produziram quaisquer efeitos.*" – Vd. CJA, n.º 43, pg. 48, com sublinhado nosso.

Nesta conformidade, e sendo que o **acto consequente é aquele** cuja prática e conteúdo dependem da existência de um acto anterior que lhe serve de causa, base ou pressuposto[1], a sua manutenção na ordem jurídica está intimamente relacionada com a validade desse acto anterior.

No caso *sub judice* as deliberações ora impugnadas decorrem e são consequência da deliberação que licenciou o loteamento que originou o alvará 6/82, uma vez que a inexistir esse loteamento inexistiriam também aqueles actos. E, porque assim, é forçoso concluir que **as deliberações impugnadas são actos consequentes do acto licenciador do loteamento e que sendo este nulo, nulas serão aquelas deliberações.**

Termos em que acordam os Juízes que compõem este Tribunal em **negar provimento ao recurso** confirmando-se, ainda que com outra fundamentação, a douta decisão recorrida.

Custas pelo Recorrente, fixando-se a taxa de justiça em 400 euros e a procuradoria em metade.

Lisboa, 29 de Março de 2006.

Costa Reis (Relator)
Rui Botelho
Azevedo Moreira

Recurso n.º 1149/05-11

[1] Vd., entre outros, M. Caetano, "Manual", 10.ª ed., pg. 1217, F. Amaral "A Execução das Sentenças dos Tribunais Administrativos", pg. 112 a 116, e Acórdãos deste Supremo Tribunal de 14/3/01 (rec. 38.674), de 15/2/01 (rec. 37.225-A), de 7/2/01 (Pleno) (rec. 37.243) e de 14/5/02 (rec. 47.825).

ASSEMBLEIA MUNICIPAL. VOTO DE CENSURA. VEREADORES. ACTO ADMINISTRATIVO. RECORRIBILIDADE DA DELIBERAÇÃO.

(Acórdão de 17 de Janeiro de 2006)

SUMÁRIO:

É contenciosamente recorrível a deliberação de assembleia municipal que aprovou um voto de censura a dois vereadores da câmara por se terem oposto a determinada decisão desta, no exercício do seu estatuto.

ACORDAM NA 1ª SECÇÃO DO SUPREMO TRIBUNAL ADMINISTRATIVO:

JOÃO VEIGA E MOURA e MANUEL ENÉSCIO DE ALMEIDA GAMA, Vereadores da Câmara Municipal de Góis, recorrem da sentença do Tribunal Administrativo de Círculo de Coimbra que rejeitou o recurso contencioso interposto da deliberação da Assembleia Municipal de Góis, de 2002-04-25, a qual aprovou um voto de censura ao comportamento dos Vereadores do PSD da Câmara Municipal.

Nas suas alegações formularam as seguintes conclusões:

1ª No presente recurso contencioso estava em causa apreciar a ilegalidade da deliberação da Assembleia Municipal de Góis que aprovou um voto de censura ao comportamento de vereadores do partido minoritário na Câmara Municipal de Góis.

2ª O Tribunal a quo rejeitou o recurso por entender que a deliberação recorrida era inócua por não afectar o estatuto nem a actuação daqueles mesmos vereadores, pelo que não se estava perante um acto administrativo lesivo de direitos e interesses legalmente protegidos.

Contudo,

3.º Ao rejeitar o recurso contencioso, o aresto em recurso enferma de um claro e grave erro de julgamento, violando frontalmente o direito fundamental à tutela judicial efectiva, consagrado nos arts. 20.º e 268.º/4 da Constituição.

Na verdade,

4.º A decisão em recurso incorpora uma manifestação da vontade da autoridade recorrida, proferida por um órgão da administração (v. aliás nesse sentido o art. 2.º/2/c) do CPA e o art. 41.º. do DL 169/99, de 18/9), ao abrigo de normas de direito administrativo (conforme se comprova por ser um acto unilateral proferido numa sessão ordinária da autoridade recorrida) e que se destinava a produzir efeitos concretos numa situação individual (tanto mais que os seus destinatários estão nominativamente designados), pelo que preenche todos os requisitos exigidos pelo art. 120.º do CPA para se estar presente um acto administrativo.

Acresce que,

5.º A deliberação impugnada lesava, até pela repercussão que teve e pelo simbolismo do dia em que foi proferida – o dia 25 de Abril –, direitos e interesses legalmente protegidos dos recorrentes enquanto vereadores da Câmara Municipal de Góis, os quais viram afectados o seu estatuto e os direitos a ele inerentes, maxime o de discordar da maioria, de fazer oposição e de os seus actos serem apenas julgados pelos eleitores, por parte de um órgão que não tinha qualquer poder para emitir qualquer juízo de valor e, muito menos, de censura sobre a actuação e comportamento dos vereadores da oposição.

Consequentemente,

6ª Ao considerar que toda a prova tinha que ser feita na p.r e ao presumir não existirem outros meios de prova que justificassem o cumprimento do disposto no art. 845.º do C. Administrativo, o aresto em recurso enferma de um claro erro de julgamento, tendo efectuado uma interpretação materialmente inconstitucional deste preceito por violação do direito de acesso à justiça e à tutela judicial efectiva, constitucionalmente consagrados nos arts. 20 e 268.º/3 da Constituição.

Consequentemente,

7ª A deliberação recorrida vai muito para além das competências e atribuições legalmente conferidas à Assembleia Municipal, impondo uma penalidade não permitida pelo estatuto da oposição, pelo que é manifesto estar-se perante um acto administrativo lesivo dos direitos e interesses legalmente protegidos que assistem aos recorrentes enquanto vereadores destinatários de tal deliberação.

A Exma Magistrada do Ministério Público emitiu parecer no sentido da incompetência dos tribunais administrativos, em razão da matéria, por a deliberação em causa não se inserir numa relação jurídico-administrativa.

Notificados os Recorrentes para se pronunciarem sobre o referido parecer vieram os mesmos sustentar que não lhe assiste a menor razão porquanto se trata "de uma relação entre órgãos da mesma pessoa colectiva que ultrapassa as fronteiras dessa mesma pessoa colectiva e que, inquestionavelmente, se reflecte(m) no estatuto interno e externo dos vereadores que foram objecto do voto de censura", pelo que deve ser rejeitada a excepção invocada pela ilustre magistrada do Ministério Público.

Vejamos.

Na sessão ordinária da Assembleia Municipal de Góis, que teve lugar no dia 25 de Abril de 2002, o Grupo Municipal do Partido Socialista, após longa discussão, propôs um voto de censura, o que foi aprovado, "ao comportamento dos Vereadores", ora Recorrentes, do Partido Social Democrata por, na reunião da Câmara Municipal de Góis, de 12 de Março do referido ano, votarem a exclusão da Santa Casa da Misericórdia de Góis do concurso da cessão de exploração do Parque Municipal de Campismo.

A sentença recorrida decidiu que tal deliberação não constituía um acto administrativo no sentido previsto no art. 120.º do CPA, ou seja, "uma decisão de um órgão da Administração que ao abrigo de normas de direito público vise produzir efeitos jurídicos numa situação individual e concreta".

E acrescenta

"Na verdade, de uma tal deliberação não advém para os censurados qualquer efeito negativo susceptível de influenciar o seu estatuto e actividade como Vereadores. Nenhuma norma prevê que isto possa acontecer, pelo que a mesma deliberação, juridicamente é inócua".

"E assim sendo se verifica que não estamos no caso vertente perante um verdadeiro acto administrativo susceptível de lesar juridicamente os recorrentes, isto é, estamos perante um acto que não é susceptível de impugnação contenciosa".

E a sentença recorrida concluiu por rejeitar o recurso por manifesta ilegalidade da sua interposição.

Os recorrentes insurgem-se contra o assim decidido sustentando que a deliberação em causa reúne todos os elementos do acto administrativo, nos termos do art. 120.º do CPA, por se tratar de uma deliberação tomada por um órgão da Administração Pública (Assembleia Municipal), ao abrigo de norma de direito público, com vista à produção de efeitos jurídicos numa dada situação concreta e dirigida a destinatários nominativamente designados, para além de ser lesiva dos direitos e interesses protegidos daqueles porquanto se consubstancia numa censura à actuação como vereadores de uma Câmara Municipal no exercício das suas funções atingindo negativamente a sua esfera jurídica.

Por sua vez a Exª Procuradora-Geral Adjunta sustenta que os tribunais administrativos são incompetentes em razão da matéria para conhecer da deliberação em causa com o seguinte fundamento:

No contexto da justiça administrativa, como escreve Vieira de Andrade, in Direito Administrativo e Fiscal, 1997, pp. 53 e 54, "interessam-nos especificamente as relações administrativas interpessoais (contrapostas a relações intrapessoais), dado que, salvo em casos excepcionalmente previstos na lei, os tribunais só podem conhecer litígios entre partes ligadas por uma relação jurídica externa, não lhes cabendo, portanto, em regra, o conhecimento de questões suscitadas nas relações interiores à própria Administração" esclarecendo, em seguida, que "relações externas não são apenas as que ligam a Administração aos particulares, pois que existem relações entre pessoas colectivas administrativas".

E o mesmo autor dá como exemplo de relações jurídicas internas ou intrapessoais, as relações entre os órgãos administrativos dentro da mesma pessoa colectiva e as relações entre os órgãos administrativos e os respectivos membros e titulares.

No caso vertente, a relação estabelece-se entre um órgão (Assembleia Municipal) da pessoa colectiva (Município) e membros de outro órgão (Câmara Municipal) daquela mesma pessoa colectiva – os dois vereadores, ora recorrentes, do Partido Social Democrata à Câmara Municipal, na oposição.

Trata-se, assim, duma relação administrativa interna ou intrapessoal, circunscrita ao âmbito interno de uma mesma pessoa colectiva, pelo que os tribunais administrativos não são competentes para conhecer do litígio em causa, nos termos do n.º 3 do art. 212.º da Constituição da República e art. 3.º do ETAF.

O DIREITO

Os Recorrentes, vereadores do PSD da Câmara Municipal de Góis, impugnaram a deliberação da Assembleia Municipal que aprovou um voto de censura proposto pelo "Grupo Municipal do Partido Socialista" por, numa das sessões ordinárias daquela, se terem oposto à candidatura da Santa Casa da Misericórdia de Góis num concurso para a concessão da exploração do parque municipal de campismo

Como se referiu, a decisão recorrida rejeitou o recurso por a deliberação impugnada não constituir acto administrativo nos termos definidos no art. 120.º do CPA, por dela não advir para os Recorrentes qualquer efeito negativo susceptível de influenciar o seu estatuto como vereadores, ou seja, por não ser lesiva, e daí concluir pela sua inimpugnabilidade contenciosa.

Simplesmente, e ao contrário do decidido, tal deliberação, como alegam os Recorrentes, satisfaz, em abstracto, os requisitos do acto administrativo, previstos no art. 120.º do CPA, pois foi proferida por um órgão da Administração Pública que ao abrigo de normas de direito público visou produzir efeitos jurídicos numa dada situação concreta.

Com efeito, tal deliberação é lesiva do estatuto dos Recorrentes, como vereadores da câmara, pondo em causa o seu comportamento na prossecução dos interesses do município, afectando, desta forma, o exercício dos seus direitos como vereadores na oposição.

Mas a lesividade da deliberação em causa apenas determina a recorribilidade da mesma tornando-se necessário apurar da procedibilidade ou não dos vícios alegados pelos Recorrentes.

Ao contrário do alegado pela Exª Procuradora-Geral Adjunta não se vê que outro tribunal fosse competente para apreciar a presente questão sendo certo, por outro lado, que é jurisprudência deste STA admitir a competência dos tribunais administrativos para conhecer de actos dos órgãos autárquicos lesivos dos direitos dos seus membros.

Por tudo o exposto, acordam em dar provimento ao recurso, revogando-se a decisão recorrida, e em ordenar a baixa dos autos para conhecimento do vício ou vícios alegados pelos Recorrentes.

Sem custas, por não serem devidas.

Lisboa, 17 de Janeiro de 2006.

António Samagaio (Relator)
J. Simões de Oliveira
Políbio Henriques

Recurso n.º 670/03-12.

CASA PIA DE LISBOA (CPL). RECURSO TUTELAR (ART. 177.º DO CPA).

(Acórdão de 16 de Março de 2006)

SUMÁRIO:

I – A Casa Pia de Lisboa (CPL) "é um instituto público ... dotado de autonomia administrativa, financeira, técnica e pedagógica, sob a tutela do Ministério do trabalho e da Solidariedade" – art. 1.º, n.º 1, do DL 50/01, de 13.2.

II – Nos termos do seu art. 6.º, n.º 1, ao provedor (órgão da CPL de harmonia com o art. 5.º, n.º 1, alínea a)) compete, além do mais, representar a CPL (alínea a)) e assegurar a gestão dos recursos humanos (alínea g)).

III – De acordo com o disposto no art. 2.º, n.º 2, do DL 115/98, de 4.5, "As atribuições do MTS podem ser prosseguidas por organismos dotados de personalidade jurídica, sujeitos à superintendência e tutela do Ministro do Trabalho e da Solidariedade, nos termos das respectivas leis orgânicas", e de acordo com o art. 7.º, n.º 1, a), "1. Prosseguem, ainda, atribuições cometidas ao MTS, sob a superintendência e tutela do respectivo Ministro, os seguintes organismos: a) Casa Pia de Lisboa (...)".

IV – Entre o Governo e a CPL existe uma relação de tutela e superintendência e não uma relação de hierarquia.

V – O recurso tutelar só tem lugar "nos casos expressamente previstos por lei" e tem, normalmente, carácter facultativo (art. 177.º, n.º 2, do CPA).

VI – Assim, não estando previsto recurso tutelar, os actos administrativos praticados pelos órgãos da CPL são imediatamente impugnáveis nos tribunais (arts. 177.º, n.º 5, e 167.º do CPA), sendo meramente facultativo um recurso administrativo interposto para o Ministro.

ACORDAM NA SECÇÃO DE CONTENCIOSO ADMINISTRATIVO DO SUPREMO TRIBUNAL ADMINISTRATIVO:

I – RELATÓRIO

Ana Maria Nogueira Vaz Correia, com melhor identificação nos autos, vem interpor recurso do acórdão do Tribunal Central Administrativo Sul (TCA), de 23.6.05, que negou provimento ao recurso contencioso por si deduzido do despacho do Secretário de Estado da Solidariedade e Segurança Social, de 14.9.01, que rejeitou o recurso hierárquico apresentado contra o despacho do provedor da Casa Pia que lhe negou a possibilidade de ser reconduzida na prestação de serviço lectivo no ano lectivo 2001/2002.

Concluiu a sua alegação formulando as seguintes conclusões:

1. A questão da definitividade dos actos do Provedor da Casa Pia de Lisboa, tem sido já objecto de apreciação pelos Tribunais do foro administrativo;

2. E, como se invocou nas alegações do recurso contencioso interposto, como se decidiu em sentença proferida no p. 654/95 da 1.ª Secção do Tribunal Administrativo do Círculo de Lisboa, apreciando-se acto praticado pelo Provedor da Casa Pia de Lisboa, "o despacho impugnado foi o praticado no exercício de competências próprias mas não exclusivas, face ao regime consagrado no Dec-Lei 329/89, que não alterou a regra fundamental do nosso direito Administrativo de que a competência própria dos Directores Gerais (no caso em apreço o Provedor da Casa Pia de Lisboa por força do disposto no art. 26.º, n.º 2, do Dec-Lei 335/85) se deve incluir na modalidade da "competência separada" e não da competência "reservada ou exclusiva" e carece, por isso, o acto impugnado de definitividade vertical, impondo-se a obrigatoriedade de interposição de recurso hierárquico necessário para o membro do Governo competente para a obtenção de um acto definitivo";

3. Aquela decisão veio depois a ser confirmada pelo Acórdão do Tribunal Central Administrativo de 11 de

Fevereiro de 1999, proferido no p. 1202/98, da 1ª Secção de Contencioso Administrativo, citando decisão no sentido idêntico já proferida por Acórdão do STA, de 21 de Abril de 1998 – BMJ, n.º 376, Pág. 629;

4. Aquelas três decisões pronunciaram-se exactamente sobre casos de recurso contencioso interposto directamente de actos do Provedor da Casa Pia de Lisboa e concluíram nos termos atrás expostos dado que consideraram aqueles actos como não definitivos, negando com esse fundamento provimento aos recursos interpostos;

5. E já então nesses recursos fora suscitada a questão do princípio constitucional favorável à recorribilidade imediata;

6. No Acórdão recorrido vem a decidir-se exactamente em sentido contrário;

7. E nem se diga que os Estatutos da Casa Pia se modificaram, conduzindo a solução diversa, porquanto a equiparação a Director Geral do Provedor da Casa Pia de Lisboa, que constava à data daquelas decisões do art. 26.º, n.º 2, do Dec-Lei 335/85, consta hoje dos arts. 5.º, n.º 1, a) e n.º 2, do Dec-Lei 50/2001;

8. O Acórdão recorrido que rejeitou o recurso por entender que do acto do Provedor da Casa Pia de Lisboa não cabia recurso hierárquico violou assim os arts. 5.º, n.º 1, a), e n.º 2, do Dec-Lei 50/2001, com referência ao Dec-Lei 329/89;

9. Impondo-se deste modo a anulação daquele Acórdão, decidindo-se no sentido de que o recurso contencioso era admissível porquanto do acto do Provedor da Casa Pia cabia recurso hierárquico, como sucedeu, tendo em vista a obtenção de acto com definitividade de que coubesse recurso contencioso e apreciando-se as questões de fundo do recurso interposto.

A autoridade recorrida concluiu assim a sua contra-alegação:

a) O Acórdão de 23 de Junho de 2005 que negou provimento ao recurso contencioso, em tempo, interposto por Ana Maria Nogueira Vaz Correia, não está ferido do invocado vício de violação de lei.

b) O mesmo texto jurisprudencial concluiu pela bondade do despacho ministerial que, em 14 de Setembro de 2001, rejeitou recurso gracioso interposto pela recorrente, não lhe assistindo razão quanto aos vícios assacados ao mesmo.

c) Com efeito, o acto praticado pelo Provedor da Casa Pia de Lisboa, de não recondução da recorrente para o exercício de funções docentes, no ano lectivo de 2001/2002, não é passível de impugnação graciosa.

d) Tal ilação decorre da caracterização legal daquele organismo como instituto público – n.º 1 do art. 1.º do Dec-Lei n.º 50/2001, de 13 de Fevereiro.

e) Daí que se afaste, *in limine*, a hierarquia, uma vez que esta se estabelece no seio da mesma pessoa colectiva. Consequentemente considera-se inviável a interposição de recurso hierárquico.

f) Perfilando-se duas pessoas colectivas públicas distintas – o Estado e a CPL – as relações que se estabelecem entre os seus órgãos – o Ministro da tutela e o Provedor – são de tutela e de superintendência.

g) Por sua vez, a utilização do recurso tutelar está vedada, porque não se observa a exigência legal (art. 177.º n.º 2 do CPA) da sua estipulação.

h) O acto controvertido praticado pelo Provedor insere-se na esfera de poderes específicos enunciados no n.º 1 do art. 6.º do Dec-Lei n.º 50/2001, reconduzindo-se ao disposto na sua alínea g).

i) Tal acto, validamente assumido, para além de próprio, é exclusivo, uma vez que não pode ser objecto de revogação.

j) Constata-se, afinal, não ser o acto sub judice susceptível de impugnação graciosa, quer pela via hierárquica quer tutelar, cabendo dele, tão somente, recurso contencioso.

A Magistrada do Ministério Público junto deste tribunal emitiu o seguinte Parecer:

"O recurso jurisdicional não merece, a nosso ver, provimento.

O acto contenciosamente impugnado foi o acto praticado pelo Senhor Secretário de Estado da Solidariedade e Segurança Social, de 2001.09.14, que rejeitou o recurso gracioso interposto do despacho do Senhor Provedor da Casa Pia de Lisboa (CPL), comunicado por ofício n.º ST//Proc. 15/1100, de 01.06.06, que determinou que a recorrente não fosse reconduzida no desempenho das funções no âmbito da CPL.

Em conformidade com o art. 1.º, n.º 1, do DL n.º 50//2001, de 17.04 (Lei Orgânica da CPL) a CPL é um instituto público dotado de autonomia administrativa, financeira, técnica e pedagógica, sob a tutela do Ministro do Trabalho e da Solidariedade.

E, nos termos do art. 6.º, n.º 1, ao provedor (órgão da CPL de harmonia com o art. 5.º, n.º 1, alínea a)) compete, além do mais, representar a CPL (alínea a)) e assegurar a gestão dos recursos humanos (alínea g)), sendo que o acto do Provedor que aqui está em causa parece inserir-se no âmbito desta competência.

Face ao disposto no citado art. 1.º, n.º 1, conclui-se que a relação entre a CPL e o Ministério do Trabalho e da Solidariedade não é uma relação de hierarquia – que pressupõe subordinação dentro da mesma pessoa colectiva – e sim uma relação de tutela, pelo que dos actos do provedor não cabe recurso hierárquico para o respectivo Ministro.

E também não cabe recurso tutelar, pois só existe recurso tutelar nos casos expressamente previstos por lei, em conformidade com o art. 177.º, n.º 2, do CPA, sendo que neste caso não se encontra previsto, nem à luz do DL 50/2001, de 13.02, nem à luz do DL n.º 115/98, de 04.05 – alterado pelo DL n.º 45-A/2000, de 22.03 (Lei Orgânica do Ministério do Trabalho e da Solidariedade).

O acórdão recorrido decidiu, pois, correctamente ao manter o acto impugnado.

E não procede a alegação de que o provedor é equiparado a director-geral para todos os efeitos legais, nos termos do art. 5.º, n.º 2, do DL n.º 50/2001, de 13.02.

Não obstante esta equiparação, o provedor mantém-se inserido na administração indirecta do Estado, integrado numa pessoa colectiva distinta do Estado, e, por isso, fora da relação de hierarquia estabelecida no âmbito dos órgãos deste. Tal equiparação não tem qualquer relevância para os efeitos pretendidos pela recorrente.

Em razão de todo o exposto, emitimos parecer no sentido do improvimento do recurso jurisdicional."

Colhidos os vistos cumpre decidir.

II – FACTOS

Matéria de Facto dada como assente no TCA:

1. A A. recebeu o seguinte ofício da Casa Pia.

"(..)

ASSUNTO. Não recondução de docentes

Nossa referência ST/Proc 15/1100 Data, 2001-06-06

Para os devidos efeitos informo que V. Exa. não foi reconduzida para prestação de serviço lectiva, no ano de 2001/2002, nesta Instituição, por não terem sido preenchidos todos os requisitos cumulativos essenciais para essa recondução consignados na proposta ST/DS//Proc. 15/621, de 29/01/2001, superiormente homologada por sua Excelência o Senhor Secretário de Estado Adjunto do Ministro do Trabalho e da Solidariedade, por despacho de 13/02/01, nomeadamente porque de acordo com informação do Colégio: – "Não participa nas decisões do grupo. Não planifica as aulas com o grupo. Não segue as orientações das delegadas da disciplina. Desconhece-se a matéria que desenvolve. Não entrega informações. Esta informação foi confirmada pelo Departamento e pela Área de Gestão Outrossim, a Sr.ª Prof. acumula, desconhecendo se solicitou a respectiva autorização"–.

Sem outro assunto de momento, apresento os meus melhores cumprimentos.

O Provedor (assinatura) (..) – fls. 10 dos autos.

2. A A interpôs recurso hierárquico para o Ministro do Trabalho e da Solidariedade do acto do Provedor da Casa Pia constante do ofício discriminado supra em 1.

3. Em 14.09.01 sobre o recurso hierárquico referido supra em 2., por Sua Exa. o Secretário de Estado da Solidariedade e Segurança Social, no uso de delegação de competência, foi proferido o seguinte despacho "Concordo e rejeito o recurso com os fundamentos invocados (assinatura)" – fls.19 dos autos.

4. O despacho de 14.09.01 de Sua Exa. o Secretário de Estado da Solidariedade e Segurança Social foi proferido sobre o Parecer n.º 292/DSJ/2001 datado de 2001-08-23 da Direcção dos Serviços Jurídicos do Ministério do Trabalho e da Solidariedade e Segurança Social, que lhe serve de fundamento, cujo teor é o seguinte.

"(..)

Data: 2001-08-23

Parecer n.º 292/DSJ/2001

De: DIRECÇÃO DE SERVIÇOS JURÍDICOS

Assunto: Recurso gracioso interposto para o Ministro do Trabalho e da Solidariedade de acto praticado pelo Provedor da Casa Pia de Lisboa.

I – Enquadramento

1. Ana Maria Nogueira Vaz Correia que, no ano lectivo de 2000/2001 desempenhou funções docentes no Colégio Pina Manique, da Casa Pia de Lisboa (CPL) não veio a ser reconduzida para "prestação de serviço lectivo no ano de 2001/2002 por despacho do Provedor a CPL (comunicado por ofício na ST/Proc. 15/1100, de 01-06-06).

2. Em resposta à reclamação apresentada pela interessada, o Provedor denegou-lhe razão "para todos os efeitos legais", por entender, fundadamente, estar justificada a sua não recondução (comunicação através do ofício na ST/Proc. 15/1154, de 01-06-28).

3. Inconformada vem apresentar, como "recurso hierárquico", uma petição dirigida a Sua Excelência o Ministro do Trabalho e da Solidariedade (MTS) a solicitar a anulação da decisão sub-judice do Provedor, alegando configurar-se vício de violação de lei.

4. Após ter sido encaminhado (01-07-26) para o Gabinete de Sua Excelência o Secretário de Estado da Solidariedade e Segurança Social (SESSS) foi o respectivo processo remetido, para parecer, à Secretaria-Geral (SG) do MTS – ofício n.º 4412, de 01-08-01.

A fim de dar cumprimento ao despacho que determinou a audição desta Direcção de Serviços, passamos a pronunciar-nos.

II – Apreciação jurídica

1. Como prévia à análise da razão que, eventualmente, assiste à requerente, há que dilucidar a questão atinente à viabilidade de interposição de recurso pela via graciosa.

2. Para o efeito necessário se toma, quanto a nós, perspectivar a relação jurídica que existe entre o MTS ou, por delegação, o SESSS [ponto C, n.º I, IV, do despacho ministerial n.º 7339/2001 (2ª série), de 21.3, publicado in DR II série de 01.04.09] e a CPL, partindo da caracterização legal deste organismo.

3. A CPL é, de acordo com o estipulado no n.º 1 do artigo 1.º do DL n.º 50/2001 de 13.2 (*)[(*) Aprova a Lei Orgânica da Casa Pia de Lisboa], um instituto público, "dotado de autonomia administrativa, financeira, técnica e pedagógica", prosseguindo, nos termos da alínea a) do n.º 1 do artigo 7.º do DL n.º 115/98 de 4.5 (**)[(**) Aprova a Lei Orgânica do Ministério do Trabalho e da Solidariedade], "atribuições cometidas ao MTS".

Daí que os fins que prossegue centrados na "educação, ensino e desenvolvimento integral de crianças e jovens em perigo e em risco de exclusão social" sejam desenvolvidos sob superintendência e tutela do MTS (supracitados preceitos, conjugados com o disposto nos arts. 2.º e 3.º do DL n.º 50/2001).

4. Não se alude, como se constata, a qualquer vínculo hierárquico.

Aliás, sendo a hierarquia administrativa um modelo organizacional de uma pessoa colectiva na qual um órgão (superior) detém o poder de direcção recaindo sobre um outro (inferior) o dever de obediência, há que afastá-la, in limine, na situação em estudo, atenta a natureza de pessoa jurídica autónoma de que a CPL dispõe.

Logo, entre o MTS e, por delegação, o SESSS e a CPL não existe hierarquia, estando, nessa medida, afastada a possibilidade de interposição de recurso hierárquico.

5. Atendo-nos aos poderes que, na realidade, se configuram, vamos perspectivá-los, de um ponto de vista doutrinário, seguindo o Prof. Freitas do Amaral no "Curso de Direito Administrativo" (volume I, Liv. Almedina, Coimbra) e os comentários tecidos por Mário Esteves de Oliveira, Pedro Costa Gonçalves e J. Pacheco de Amorim, a págs. 802 da 2.ª edição, actualizada, revista e aumentada do CPA.

Superintendência, em traços gerais, é o "poder conferido ao Estado" de "definir os objectivos a guiar a actuação das pessoas colectivas públicas de fins singulares colocadas por lei na sua dependência".

Por sua vez, tutela é "o conjunto de poderes de intervenção de uma pessoa colectiva pública na gestão de outra pessoa colectiva, a fim de assegurar a legalidade ou o mérito da sua actuação".

Como se infere, em ambos os casos, estamos perante "relações entre órgãos de pessoas colectivas diferentes".

A propósito, consagra-se a figura do recurso tutelar, cuja sede legal é o artigo 177.º do CPA.

Definido no seu n.º 1 como tendo "por objecto actos administrativos praticados por órgãos de pessoas colectivas públicas sujeitas a tutela ou superintendência", só existe "nos casos expressamente previstos por lei" (n.º 2 do mesmo preceito).

Mais se determina no n.º 4 que "a modificação ou substituição do acto recorrido só é possível se a lei conferir poderes de tutela substitutiva e no âmbito destes".

6. Aplicando estes princípios ao caso sub judice, ressaltamos o seguinte:

a. 6.1. O órgão dirigente máximo da CPL é o Provedor, equiparado "para todos os efeitos legais a director-geral" [artigo 5.º, n.º 1, alínea a) e n.º 2 do DL n.º 50//2001].

Assim, para além das "competências próprias" que, atento o respectivo cargo, detém, constantes do Mapa II anexo à Lei n.º 49/99, de 22.6, cabe-lhe, na especialidade, dirigir todas as actividades da CPL, de que destacamos a de "assegurar a gestão dos recursos humanos" [alínea g) do n.º 1 do artigo 6.º do supracitado decreto-lei].

Logo, a decisão de reconduzir ou não o pessoal docente é poder próprio do Provedor, na observância das regras de recrutamento previamente definidas para cada ano lectivo.

b. 6.2. No tocante ao recurso tutelar, não existe qualquer disposição legal que o consagre.

Daí que, a actuação do MTS ou do SESSS, por delegação (órgão tutelar) relativamente à CPL, cingir-se-á a alertar o Provedor, (órgão tutelado) para a necessidade de cumprimento dos ditames legais, em cada caso, aplicáveis, não podendo, contudo, substituir-se-lhe ou dirigir o seu desempenho.

7. No quadro traçado, julga-se, pois, não haver lugar a impugnação graciosa, por qualquer das vias previstas nas alíneas b) e c) do n.º 2 do artigo 158.º do CPA – recursos hierárquico e tutelar. Logo, face ao disposto na alínea b) do artigo 173.º do referido Código, o recurso "deve ser rejeitado", porquanto o acto impugnado não é recorrível.

III – Em conclusão

1. Entre o MTS, ou o SESSS, no uso de poderes delegados, e o Provedor, como dirigente máximo da CPL, não existe qualquer relação hierárquica.

2. Os poderes governamentais exercidos sobre a CPL são os de superintendência e de tutela e não está, legalmente, consagrado o recurso tutelar.

3. A decisão de não recondução, em funções lectivas para o ano de 2001/2002, de Ana Maria Nogueira Vaz Correia, cabe ao Provedor da CPL, não sendo susceptível de impugnação graciosa, quer pela via hierárquica, quer tutelar.

4. Termos em que deve o presente "recurso" ser rejeitado com fundamento no disposto na alínea b) do artigo 173.º do CPA.

Lisboa, 23 de Agosto de 2001. A JURISTA, (assinatura) (..)" – fls.19/25 dos autos.

III – DIREITO

1. Relembremos a matéria de facto relevante.

Subscrito pelo respectivo Provedor a recorrente recebeu um ofício da Casa Pia onde lhe era comunicada a sua não recondução como docente da Instituição, pelas razões aí referidas (ponto 1); do acto constante desse ofício interpôs recurso hierárquico para o Ministro do Trabalho (2); recurso esse que foi rejeitado pelo Secretário de Estado da Solidariedade e Segurança Social, no uso de delegação de competências, o acto recorrido (3); esse despacho foi proferido sobre o Parecer n.º 292//DSJ/2001 datado de 2001-08-23 da Direcção dos Serviços Jurídicos do Ministério do Trabalho e da Solidariedade e Segurança Social (4).

2. Vejamos. A Casa Pia de Lisboa (CPL) "*é um instituto público destinado ao acolhimento, educação, ensino, formação e inserção social de crianças e jovens em perigo ou em risco de exclusão social, dotado de autonomia administrativa, financeira, técnica e pedagógica, sob a tutela do Ministério do trabalho e da Solidariedade*" – art. 1.º, n.º 1, do DL 50/01, de 13.2. Nos termos do art. 6.º, n.º 1, ao provedor (órgão da CPL de harmonia com o art. 5.º, n.º 1, alínea a)) compete, além do mais, representar a CPL (alínea a)) e assegurar a gestão dos recursos humanos (alínea g)), inserindo-se o acto recorrido no âmbito desta competência. Noutra vertente, do lado do Ministério do Trabalho e da Solidariedade, diz o art. 2.º, n.º 2, do DL 115/98 de 4.5, que "*As atribuições do MTS podem ser prosseguidas por organismos dotados de personalidade jurídica, sujeitos à superintendência e tutela do Ministro do Trabalho e da Solidariedade, nos termos das respectivas leis orgânicas*". Por sua vez, o art. 7.º, n.º 1, a), dispõe que "1. *Prosseguem, ainda, atribuições cometidas ao MTS, sob a superintendência e tutela do respectivo Ministro, os seguintes organismos: a) Casa Pia de Lisboa* (..)".

O despacho contenciosamente impugnado limitou-se a rejeitar um recurso "hierárquico necessário" deduzido contra um acto do Provedor da CPL, por ter entendido que um tal recurso não estava previsto na lei. Concluindo pelo acerto de tal decisão, o acórdão recorrido negou provimento a o recurso contencioso. O objecto do recurso jurisdicional cinge-se, assim, à apreciação da legalidade desse acto de rejeição.

A CPL, como se viu, "é um instituto público ... dotado de autonomia administrativa e financeira", de modo que entre ela e o Governo, "o órgão superior da administração pública" que integra a autoridade recorrida (arts. 182.º e 183.º, n.º 1, da CRP) não existe qualquer relação de hierarquia que, pressupõe subordinação e organização interna em pirâmide, e que só é figurável no âmbito da mesma pessoa colectiva[1]. Não sendo a relação entre a CPL e o Ministério do Trabalho e da Solidariedade uma relação de hierarquia – mas de superintendência ou de tutela, de resto, expressamente assinaladas na supra transcrita alínea a) do n.º 1 do art. 7.º do DL 115/98 de 4.5 – à impugnação administrativa dos actos daquela, a ter lugar, caberá o recurso tutelar e não recurso hierárquico.

Com efeito, nos termos do art. 177.º do CPA,

«*1 – O recurso tutelar tem por objecto actos administrativos praticados por órgãos de pessoas colectivas públicas sujeitas a tutela ou superintendência.*

2 – O recurso tutelar só existe nos casos expressamente previstos por lei e tem, salvo disposição em contrário, carácter facultativo».

De acordo com este preceito, todavia, o recurso tutelar só tem lugar "nos casos expressamente previstos por lei" e tem, normalmente, carácter facultativo[2]. Ora, a recor-

---

[1] Marcelo Caetano, "Manual", 9.ª edição, pag. 241 e ss. e Marcelo Rebelo de Sousa, "Lições", I, pag. 211 e ss.

[2] O despacho de rejeição de um recurso hierárquico ou tutelar *facultativo* não é contenciosamente recorrível, por não ser autonomamente lesivo. Na verdade a natureza facultativa do recurso hierárquico implica, por definição, a recorribilidade contenciosa do acto objecto desse recurso. O recurso hierárquico é necessário quando do respectivo acto não cabe recurso contencioso (art. 167.º do CPA). A decisão de um recurso hierárquico facultativo

rente não identifica a lei que o prevê, que, de resto, também não se vê que exista. Como sublinha a Magistrada do Ministério Público no seu parecer "neste caso não se encontra previsto, nem à luz do DL n.º 50/2001, de 13.02, nem à luz do DL n.º 115/98, de 04.05 – alterado pelo DL n.º 45-A/2000, de 22.03 (Lei Orgânica do Ministério do Trabalho e da Solidariedade)". O acto do Provedor da CPL não estava, assim, sujeito a qualquer impugnação administrativa, não merecendo censura o despacho que a rejeitou. Não estando previsto recurso tutelar, os actos administrativos praticados pelos órgãos da CPL, como aquele, são imediatamente impugnáveis nos tribunais (art. s 177.º, n.º 5, e 167.º do CPA).

A conclusão que se impõe é a de que qualquer recurso dos órgãos competentes deste instituto para o membro do Governo respectivo, tem *natureza facultativa*, e, portanto, a sua rejeição não é contenciosamente recorrível. Não definindo inovadoramente qualquer situação jurídica tal acto não é passível de impugnação contenciosa por carecer de lesividade própria[3]. Tal como se decidiu, entre muitos outros, no acórdão do Pleno deste Supremo Tribunal Administrativo de 20.1.97, no recurso 33343:

«*I – O recurso tutelar só existe quando tenha por objecto actos administrativos praticados por órgãos de pessoas colectivas públicas, sujeitas, nos termos expressamente previstos na lei, a tutela ou superintendência.*

II – O recurso tutelar apenas é necessário, quando previsto como tal na lei.

III – Interposto recurso tutelar facultativo, a decisão sobre o mesmo que mantenha o acto recorrido e que por falta de impugnação contenciosa se firmou na ordem jurídica com força de caso decidido ou resolvido, aquela não é susceptível de recurso contencioso por falta de lesividade».

Improcedem, assim, todas as conclusões da alegação da recorrente.

IV – DECISÃO

Nos termos e com os fundamentos expostos, acordam em negar provimento ao recurso.

Custas a cargo da recorrente, fixando-se a Taxa de Justiça e a Procuradoria em, respectivamente, 400 e 200 euros.

Lisboa, 16 de Março de 2006.

Rui Botelho (Relator)
Cândido de Pinho
Angelina Domingues

Recurso n.º 1264/05-11

não é recorrível contenciosamente, a não ser que seja *revogatória do acto administrativamente impugnado.* Se o recurso hierárquico facultativo for indeferido ou rejeitado, essa decisão em nada altera a situação já definida, pelo que não se abre nova via de recurso contencioso – cfr. neste sentido a jurisprudência deste Supremo Tribunal – Acórdãos de 18.12.03, recurso 1652/02; de 22.1.92, recurso 13062 e de 8.10.03, recurso 1494/03: "*O acto administrativo impugnável através de recurso hierárquico facultativo é directa e imediatamente impugnável por via contenciosa (art. 167.º n.º 1, do C.P.A.). O acto proferido em decisão do recurso hierárquico facultativo que se limita a confirmar o acto recorrido não é acto lesivo, não sendo impugnável contenciosamente*". (acd. STA de 6.7.04, no proc. 517/04)

[3] Acórdãos de 31.1.01, 13.4.00 e 10.4.97, respectivamente nos recursos 39533, 41212, 40674.

CONCURSO INTERNO CONDICIONADO DE ACESSO. NOTIFICAÇÃO. PRAZO DO RECURSO CONTENCIOSO.

(Acórdão de 10 de Janeiro de 2006)

SUMÁRIO:

I – O acto que num procedimento administrativo de tipo concursal define a situação dos oponentes admitidos a tal concurso é a homologação da acta onde é definida a classificação final e fixada a respectiva lista.
Como acto administrativo que é, tal decisão deve ser notificada aos seus interessados. Assim o impõe os arts. 268.º n.º 3 da Constituição da República Portuguesa e 66.º do Código de Procedimento Administrativo.

II – Não constituem actos de notificação constitucionalmente relevantes nem a divulgação, em circular informativa, de que a lista referida em I fora afixada, pois esta publicitação constitui um acto instrumental que apenas alerta genericamente para a publicação do acto, nada informando sobre o respectivo conteúdo e sentido, nem a publicação do acto através da afixação da lista homologada em local público do serviço em causa, pois não garante a certeza jurídica da sua cognoscibilidade pelos seus destinatários individuais.

ACORDAM NA 1ª SECÇÃO DO SUPREMO TRIBUNAL ADMINISTRATIVO:

Ana Maria Vieira Câmara Carvalho Marques Mendes, médica, residente no sítio do Garajau, casa n.º 177, freguesia do Caniço, concelho de Santa Cruz, Madeira, impugnou contenciosamente o despacho do Sr. Secretário Regional dos Assuntos Sociais do Governo Regional da Madeira (doravante: SRASGRM) que homologou a lista de classificação final do concurso interno condicionado de acesso a Chefe de Serviço de Pediatria do Centro Hospitalar do Funchal, por estar inquinado com vários vícios.

Por acórdão do Tribunal Central Administrativo de 20/6//2002 foi rejeitado tal recurso por extemporaneidade (fls. 84 a 87).

Não se conformando com esta decisão da mesma interpôs a recorrente recurso jurisdicional para este STA que por acórdão de 18/3/2003 negou provimento àquele recurso jurisdicional.

Deste acórdão de 18/3/2003 recorreu A..., ao abrigo da al. b) do n.º 1 do art. 70.º da Lei de Organização, Funcionamento e Processo do Tribunal Constitucional, aprovada pela Lei n.º 28/82, de 15/11 e alterada por último, pela Lei n.º 13-A/98 de 26/2 (LTC), para o Tribunal Constitucional, o qual, pelo seu acórdão n.º 383/2005, de 13/7//2005 decidiu: "*a) julgar inconstitucional, por violação do art. 268.º n.os 3 e 4 da CRP, a norma constante do n.º 66.1 do «Regulamento dos Concursos de Habilitação ao Grau de Consultor e de Provimento na Categoria de Chefe de Serviço da Carreira Médica Hospitalar», aprovado pela Portaria n.º 177/97, de 11/3, interpretada no sentido de que o prazo de interposição de recurso contencioso de anulação do acto de homologação da lista de classificação final de concurso interno condicionado se conta, para os funcionários que se encontrem presentes no serviço, da data da sua afixação em local público do mesmo serviço, e, consequentemente; b) conceder provimento ao recurso, determinando-se a reformulação da decisão recorrida, em conformidade com o precedente juízo de inconstitucionalidade*".

Procede-se, assim e de acordo com o decidido pelo Tribunal Constitucional, à reformulação do acórdão de 18/3/2003 deste Tribunal.

Nas suas alegações a recorrente formula as seguintes conclusões:

"I – A Administração Pública, nas suas relações com os particulares, deve agir sempre de acordo com princípios constitucionais de procedimento que são simultaneamente garantias para os particulares;

II – Resulta dos preceitos constitucionais (do art. 268.º n.ºs 3 e 4) e do Código de Procedimento Administrativo (art. 70.º n.º 1 al.d) do CPA) que a notificação deve ser feita directamente aos interessados, na medida em que só se aceita a notificação via edital a título excepcional e quando os interessados forem desconhecidos ou em tal número que torne inconveniente outra forma de notificação;

III – A disposição 66.1 da Portaria 117/97, de 11/3 ao considerar como notificados os interessados concorrentes com a publicação da homologação da lista de classificação final nos «locais de estilo», interpretada no sentido de que o prazo para interpor recurso dessa homologação, conta dessa publicação independentemente de ter sido ou não notificado pessoalmente o interessado recorrente, viola claramente as disposições legais e constitucionais acima referidas;

IV – O acto em causa de que foi negada a possibilidade de recurso, não está fundamentado, violando-se o art. 268.º da CRP, preceito este directamente aplicável;

V – Não houve audiência prévia em relação a esse acto, violando-se os arts.100.º do CPA e 63.º da Portaria 117/97".

Não apresentou contra-alegações a entidade recorrida.

Emitiu douto parecer o Exmo Magistrado do Ministério Público com o seguinte teor:

"A meu ver, a decisão recorrida apreciou correctamente a matéria de facto e aplicou a lei aos factos provados segundo a melhor interpretação, pelo que, não merece censura, devendo o recurso improceder".

Colhidos os vistos legais cumpre decidir.

No acórdão recorrido foram dados como provados os seguintes factos:

a) o presente recurso contencioso foi interposto em 4/1/2000;

b) da circular informativa n.º 123, datada de 13/8//1999, do Centro Hospitalar do Funchal, consta o seguinte: «Nos termos do n.º 66.1 da Secção VII, da Portaria n.º 177/97, de 11/3, faz-se público que a lista de classificação final dos candidatos ao concurso interno condicionado de acesso a Chefe de serviço de Pediatria, da carreira médica hospitalar, aberto por aviso inserto na Circular Informativa n.º 236, de 20/11/97, homologada por despacho do Secretário Regional dos Assuntos Sociais e Parlamentares de 2/8/99, encontra-se afixada no átrio do Hospital da Cruz de Carvalho, onde poderá ser consultada;

c) a recorrente, no ano de 1999, gozou férias nos períodos de 25/8 a 24/9 e de 17/12 a 23/12.

A estes factos acrescentaremos mais o seguinte, por resultar também dos autos e revestir algum interesse para a decisão:

d) a recorrente pertence ao quadro do Centro Hospitalar do Funchal;

e) Por aviso publicado na Circular Informativa n.º 236, de 20/11/1997, foi aberto concurso interno condicionado de acesso a Chefe de Serviço de Pediatria, na carreira médica hospitalar para o Centro Hospitalar do Funchal.

Foi com base nestes factos que o tribunal "a quo" rejeitou o recurso contencioso.

Para tanto refere-se naquele acórdão que *"...havendo que considerar efectuada a notificação em 13/8/99 – data da afixação da lista da classificação final – em 4/1//2000, data da interposição do recurso contencioso, já havia sido ultrapassado o prazo de dois meses para esse efeito estipulado no art. 28.º n.º 1 al. a) da LPTA".*

Nas conclusões IV e V das suas alegações a recorrente defende que o acto contenciosamente impugnado viola os arts. 268.º da CRP, por não estar fundamentado e os arts. 100.º do CPA e 63.º da Portaria n.º 117/97, por não ter havido audiência prévia relativamente a tal acto.

O recurso jurisdicional, sem prejuízo do conhecimento das questões de conhecimento oficioso, tem de circunscrever-se àquilo que foi efectivamente decidido pelo tribunal *a quo*, uma vez que, nos termos dos arts. 676.º e 684.º do CPC, os recursos visam a modificação da decisão, não visam decisões sobre questões novas (Ac. do STA de 28/1/2003-rec. n.º 48 363).

Tendo o acórdão recorrido rejeitado o recurso contencioso por entender que o mesmo for interposto fora de prazo, é esta decisão que constitui o objecto do presente recurso jurisdicional.

Nas conclusões acima mencionadas, a recorrente ao defender que o acto contenciosamente sofre de determinados vícios de violação de lei, está a pretender que este tribunal conheça de questões novas, o que legalmente não é permitido.

Desatendem-se, por isso, estas conclusões.

Nas três primeiras conclusões a recorrente defende que a notificação deve ser feita directamente aos interessados, na medida em que só se aceita a notificação via edital a título excepcional e quando os interessados forem desconhecidos ou em tal número que torne inconveniente outra forma de notificação (arts. 268.º n.ºs 3 e 4 da CRP e 70.º n.º 1 al. d) do CPA), pelo que a disposição 66.1 da Portaria n.º 117/97, de 11/3 ao considerar como notificados os interessados concorrentes com a publicação da homologação da lista de classificação final nos «locais de estilo», interpretada no sentido de que o prazo para interpor recurso dessa homologação, conta dessa publicação independentemente de ter sido ou não notificado pessoalmente o interessado recorrente, viola claramente aqueles preceitos.

Em suma, defende a recorrente que não foi notificada do acto homologação da classificação final do concurso em causa.

O acto que num procedimento administrativo de tipo concursal define a situação dos oponentes admitidos a tal concurso é a homologação da acta onde é definida a classificação final e fixada a respectiva lista.

Como acto administrativo que é, tal decisão deve ser notificada aos seus interessados.

Assim o impõe os arts. 268.º n.º 3 da Constituição da República Portuguesa e 66.º do Código de Procedimento Administrativo.

A forma que deve revestir esta notificação, diz-nos aquele preceito constitucional que é a forma prevista na lei.

Desta norma resulta que a notificação do acto administrativo é obrigatória, ou seja, a administração tem o dever de dar conhecimento aos interessados, mediante uma comunicação oficial e formal, deixando uma certa versatilidade na forma, que deve ser a lei ordinária a defini-la (Cfr. Gomes Canotilho e Vital Moreira, CRP, Anotada, 3ª ed., pág. 935).

Decidiu o Tribunal Constitucional no acórdão acima citado que:

"...No presente caso, não constituem actos de notificação constitucionalmente relevantes nem a divulgação, *em circular informativa, de que a lista fora afixada, pois esta publicitação constitui um acto instrumental que apenas alerta genericamente para a publicação do acto, nada informando sobre o respectivo conteúdo e sentido, nem a* publicação do acto através da afixação da lista homologada *em local público do serviço em causa, pois* não garante a certeza jurídica da sua cognoscibilidade *pelos seus destinatários individuais. Na verdade, nada assegura que o pessoal médico habitualmente consulte os* placards *existentes nos átrios dos hospitais, onde se sobrepõem os mais diversos avisos, na generalidade destinados aos utentes dos serviços de saúde, sendo certo que, no caso, aquela certeza jurídica da cognoscibilidade do acto seria facilmente assegurada, sem custos excessivos para a Administração, com o envio a cada um dos 4 candidatos de uma comunicação escrita dando conta da homologação da lista e contendo os demais requisitos da notificação exigidos pelo art. 68.º do CPA, designadamente a sua fundamentação, insusceptíveis de serem respeitados através de mera afixação da lista...".*

Em suma, como muito bem decidiu o Tribunal Constitucional, o acto contenciosamente impugnado – o despacho do Secretário Regional dos Assuntos Sociais do Governo Regional da Madeira, de 2/8/1999, que homologou a lista de classificação final do concurso interno condicionado de acesso a Chefe de Serviço de Pediatria do Centro Hospitalar do Funchal – tinha de ser notificado aos destinatários, o que não aconteceu, pelo menos, relativamente à recorrente contenciosa, não valendo como tal "a data da afixação da lista da classificação final (13/8/99)".

Sendo o prazo do recurso contencioso de acto anulável de dois meses e começando-se este prazo a contar da notificação de tal acto (arts. 28.º e 29.º da LPTA),

então, o recurso contencioso interposto, em 4/1//2000, daquele despacho de homologação, foi-o atempadamente.

Em concordância com tudo o exposto, e procedendo-se à reformulação do decidido, julgam-se procedentes as conclusões I, II e III das alegações da recorrente, por ser tempestiva a interposição do recurso contencioso, concede-se provimento ao presente recurso jurisdicional e revoga-se o acórdão recorrido, ordenando a baixa dos autos para os fins tidos por legais.

Sem custas.
Lisboa, 10 de Janeiro de 2006.

Pires Esteves (Relator)
António Madureira
Fernanda Xavier

Recurso n.º 1856/02-12

CONCURSO PARA ASSISTENTE ADMINISTRATIVO PRINCIPAL. PODERES DISCRICIONÁRIOS. FACTORES DE PONDERAÇÃO.

(Acórdão de 9 de Fevereiro de 2006)

SUMÁRIO:

I – O controlo jurisdicional da actuação dos júris dos concursos inserida na margem de discricionariedade de que goza a Administração só é possível quanto aos seus aspectos vinculados, ou em caso de erro manifesto ou de adopção de critérios manifestamente desajustados.

II – Num concurso para Assistente Administrativo Principal da Secretaria-Geral da Reitoria da UP, o júri, perante o teor do art. 22.º, n.ºs 1 e 2 do DL n.º 204/98 (em que se faz expressa referência à avaliação das aptidões e do desempenho efectivo de funções na área para que o concurso é aberto), e face ao determinado na acta de fixação dos factores de ponderação e respectiva valoração, nunca poderia ter contado ao recorrente, no ponto relativo ao *item* TscarES (tempo de serviço na carreira de oficial administrativo ou assistente administrativo prestado em estabelecimento de ensino superior), os 3 anos de desempenho funcional do recorrente numa Escola Secundária, que não é, assumidamente, um estabelecimento de ensino superior.

ACORDAM, EM CONFERÊNCIA, NA SECÇÃO DO CONTENCIOSO ADMINISTRATIVO DO SUPREMO TRIBUNAL ADMINISTRATIVO:

I. LAURENTINO DE SOUSA OLIVEIRA, com os sinais dos autos, interpôs no Tribunal Central Administrativo recurso contencioso de anulação do despacho do SECRETÁRIO DE ESTADO DO ENSINO SUPERIOR, de 31.08.2001, que indeferiu o recurso hierárquico por si interposto do despacho do Reitor da UP, de homologação da lista de classificação final do concurso interno geral de acesso para 4 vagas de Assistente Administrativo Principal da Secretaria Geral da Reitoria da Universidade do Porto, aberto pelo Aviso publicado no DR, II Série, n.º 260, de 10.11.2000, imputando ao acto recorrido vícios de violação de lei por erro nos pressupostos.

Por acórdão daquele tribunal, de 25.11.2004 (fls. 71 e segs.), foi negado provimento ao recurso.

É desta decisão que vem interposto o presente recurso jurisdicional, em cuja alegação o recorrente formula as seguintes conclusões:

1. O recorrente frequentou um curso de Dactilografia, Arquivo de Ficheiro e Ditafone, em 1972, como provou em concurso.

2. Quando foi notificado para se pronunciar nos termos do art. 100.º do CPA, ao ver que o mesmo não era contado por não ter o número de horas, apresentou prova da sua duração.

3. Não tendo o júri, na procura da verdade material, solicitado o esclarecimento, prestou-lhe o recorrente.

4. Como também havendo manifesta credibilidade na formação frequentada, não é distância em que a mesma foi realizada que determina a sua pertinência.

5. Errou o Douto Acórdão ao não considerar que houve erro nos pressupostos da classificação do recorrente com estas omissões, não declarando a violação de lei praticada,

6. Como igual erro praticou o Douto Acórdão ao não considerar como violador de Lei, por erro nos pressupostos, o facto de não terem sido contados no item TSCARES os 3 anos em que, destacado da reitoria numa Escola Secundária, teve o mesmo desempenho funcional.

Termos em que deve ser dado provimento ao presente recurso, anulando-se o Douto Acórdão em crise, e anulando-se o acto administrativo subjacente ...

II. Contra-alegou a autoridade recorrida, concluindo nos seguintes termos:

Considerou, e bem, o Acórdão ora recorrido que o Júri agiu correctamente ao não considerar o curso de "Dactilografia, Arquivo, Ficheiro e Ditafone" frequentado em 1972, bem como ao não contar três anos de experiência profissional passados em funções de secretaria do ensino secundário, concluindo, assim, pela inexistência de qualquer erro sobre os pressupostos a inquinar o acto recorrido, tendo em conta que:

1. O Júri, observando os princípios da legalidade, justiça, igualdade, transparência e imparcialidade, entendeu, no âmbito da discricionariedade técnica que preside ao estabelecimento dos factores de ponderação e avaliação curricular (cfr. artigo 27.º do Decreto-lei n.º 204/98, de 11.7) não considerar o curso em questão, como formação profissional adequada ao desempenho do lugar em concurso, uma vez que o considerou obsoleto e ultrapassado.

2. Ao Júri compete adoptar os critérios e fórmulas de avaliação que entendam melhor se adaptarem ao tipo de concurso em causa e às características da categoria a prover, estando o poder de controlo do tribunal limitado à ocorrência de erros grosseiros na actuação do júri, o que, neste caso, manifestamente não ocorreram (cfr. Acórdão do STA, n.º 0187/02, de 20.11.02).

3. O candidato, ora Recorrente, não indicou, no seu *curriculum*, o n.º de horas do curso, violando o aviso de abertura de concurso, e impedindo o Júri, de tipificar o curso, nos termos do artigo 14.º do Decreto-Lei n.º 50/98, de 11.03, caso o quisesse ter validado.

4. O Júri não tinha obrigação, (nem nunca o fez), de solicitar ao candidato documento relativo à duração do curso (cfr. n.º 4 do artigo 14.º do Decreto-Lei n.º 498/88, de 30.12, com a redacção do Decreto-Lei n.º 204/98, de 11.7), uma vez que competia ao candidato, ora Recorrente, não só indicar toda a documentação que considerasse relevante, mas também cumprir o exigido pelo aviso de abertura de concurso.

5. Assim, a junção do documento, relativo à duração do curso, em sede de audiência dos interessados, é extemporâneo, irrelevante e, caso fosse aceite, ser considerado um tratamento desigual em relação aos outros candidatos.

6. A actividade apreciativa e valorativa dos júris, em concursos públicos, deve ser considerada suficiente desde que todas as operações do concurso, que levaram ao resultado atingido, constem das respectivas actas, o que foi o caso (cfr. Acórdão do STA n.º 046052, de 7.5.02).

7. O Júri não considerou, no item "Experiência Profissional", os três anos de serviço no ensino secundário, dado que, nos termos do n.º 1 do artigo 22.º do Decreto-Lei n.º 204/98, de 11.7: "A avaliação curricular visa avaliar as aptidões profissionais do candidato na área para que o concurso é aberto, com base na análise do respectivo currículo profissional".

8. Assim sendo, ao candidato, ora Recorrente, nunca poderiam ter sido contados três anos de experiência profissional em funções na Secretaria de uma Escola Secundária, uma vez que as funções a valorizar, teriam de ser, o tempo de serviço na carreira de oficial administrativo ou assistente administrativo prestado em estabelecimento de ensino superior, a área em que o concurso foi aberto.

III. O Exmo magistrado do Ministério Público neste Supremo Tribunal emitiu o seguinte parecer:

"Laurentino de Sousa Oliveira recorre do douto Acórdão do TCA que negou provimento ao recurso interposto do despacho do Secretário de Estado do Ensino Superior que indeferiu o recurso hierárquico que interpôs do despacho de homologação da lista de classificação final do Reitor da Universidade do Porto no concurso aberto por aviso publicado no DR. 2ª Série, n.º 260 de 1.11.00.

(...)

As questões que o Recorrente discute na apreciação da sua candidatura a esse concurso – que o douto Acórdão recorrido não aceitou – são a não consideração de um Curso de Formação Profissional de Dactilografia, Arquivo, Ficheiros e Ditafone, e a de não ter sido considerado o tempo de 3 anos em que prestou funções no Ensino Secundário.

Conforme o Aviso do Concurso, o item da Formação Profissional era pontuado até o máximo de 20 valores e, conforme esse item, "serão considerados os cursos frequentados com interesse para as funções correspondentes ao lugar posto a concurso".

Ora, conforme se diz no douto Acórdão recorrido, "o júri não ponderou a acção de formação profissional de 1972, constante do currículo do recorrente porque a mesma não continha o número de horas, o que inviabilizava aferição da sua importância, não podendo ter em consideração a indicação feita aquando da reclamação que dirigiu ao júri na sequência do cumprimento do art. 100.º do CPA.

Pelo que, bem andou o júri ao não considerá-la, bastando para tal este fundamento.

Contudo o júri, e a entidade recorrida no acto recorrido, também invocou que o referido curso não se integra no conceito de formação profissional, tal como a mesma é definida no DL 50/98 de 11/3.

Ora está em causa um acto de avaliação curricular, que inclui o estabelecimento dos factores de ponderação e a classificação das funções exercidas pelos candidatos, por forma a integrá-las, ou não, na área em que se situa o lugar a concurso. E esta actividade do júri insere-se na sua margem de livre apreciação ou prerrogativa de avaliação, também apelidada de discricionariedade técnica.

Assim, porque, tal como se diz no douto Acórdão recorrido, a não consideração do referido curso não revela "a existência de erro manifesto ou a adopção de critérios manifestamente desajustados", improcede a conclusão 5ª.

No que se refere à contagem do tempo do serviço prestado uma Escola Secundária, como se diz no douto Acórdão recorrido, "não podia ser considerado no TSCARES o tempo de serviço prestado na Secretaria de uma Escola Secundária, mas tão só o tempo de serviço prestado em estabelecimento de ensino superior, tal como resulta do critério fixado pelo júri e não sindicado", pelo que improcede a conclusão 6ª.

Assim sendo, o recurso não merece provimento."

***

Colhidos os vistos, cumpre decidir.

FUNDAMENTAÇÃO

OS FACTOS

O acórdão impugnado considerou provados, com interesse para a decisão, os seguintes factos:

1. O recorrente foi opositor ao concurso interno geral de acesso para 4 vagas de Assistente Administrativo principal da Secretaria Geral da Reitoria da Universidade do Porto, aberto por aviso publicado no DR 2ª série, n.º 260, de 10/11/00, tendo os factores de ponderação e respectiva valoração sido definidos na acta n.º 1 realizada em 22/12/00, donde se extrai:

"(...)

2) Formação Profissional (FP) sendo pontuado este item até ao máximo de 20 valores.

Neste item serão considerados os cursos frequentados com interesse para as funções correspondentes ao lugar posto a concurso, pontuados da seguinte forma:

a) Sem cursos -10 valores;

b) Por cada hora de formação, até ao máximo de 10 valores, + 0,1 valores.

3) Experiência Profissional (EP)

A classificação neste item, pontuada até ao máximo de 20 valores, será obtida pela seguinte fórmula: EP=10+(Tscat-3)+2(Tscar-3)+3x(TscarES) x 2:6

Em que:

Tscat – representa o tempo de serviço na categoria de 3.º oficial ou assistente administrativo;

Tscar – representa o tempo de serviço na carreira de oficial administrativo ou assistente administrativo;

TscarES – representa o tempo de serviço na carreira de oficial administrativo ou assistente administrativo prestado em estabelecimento de ensino superior (...)".

2. O recorrente apresentou no seu curriculum um curso de dactilografia que frequentou em 1972, sem indicar a duração do mesmo.

3. Aquando do cumprimento do art. 100.º do CPA o recorrente apresenta certificado da Direcção Pedagógica da "Tecla–Formação Profissional", datado de 11/5/01, indicando que o curso de Dactilografia por si frequentado em 1972 tivera a duração de 200 horas.

4. No dia 7/6/01 o júri reuniu para proceder à elaboração da lista de classificação final dos candidatos, da qual resultou a classificação para o recorrente de 12,85 valores, calculados da seguinte forma:

"1) HL – 13 valores

2) FP– a) 10 valores b) O valores

3) EP... tempo considerado

Tscat – 3 anos

Tscar – 3 anos

TscarES – 0

Total ... 10 valores

4) CS-18,40"

5. Por despacho de 8/6/01 do Reitor da UP foi homologada a lista de classificação final, em que o recorrente aparece classificado em 6.º lugar.

6. O recorrente interpôs recurso hierárquico para o Ministro da Educação com os fundamentos constantes de fls. 14 a 18 dos autos e aqui rep.

7. A propósito deste recurso foi emitido o parecer junto aos autos e aqui rep.

8. Sobre este parecer a entidade recorrida profere em 11/8/01 o seguinte despacho:

"Considerando a improcedência das razões deduzidas na petição, indefiro o presente recurso."

O DIREITO

O acórdão sob impugnação negou provimento ao recurso contencioso interposto do despacho do Secretário de Estado do Ensino Superior, de 31.08.2001, que, em sede de recurso hierárquico, confirmou o despacho do Reitor da UP, de homologação da lista de classificação final do concurso interno geral de acesso para 4 vagas de Assistente Administrativo Principal da Secretaria Geral da Reitoria da Universidade do Porto, ao qual o recorrente foi opositor, e em que foi classificado em 6.º lugar.

Para tanto, considerou improcedente o vício de violação de lei por erro nos pressupostos, que o recorrente faz radicar na não consideração pelo júri, no *item* Formação Profissional (FP), de um curso de Dactilografia, Arquivo, Ficheiro e Ditafone, por ele frequentado em 1972, bem como, no *item* Experiência Profissional (EP), do tempo de serviço, de 3 anos, prestado na Secretaria de uma Escola Secundária.

O recorrente vem, na presente impugnação jurisdicional, reproduzir, no essencial, a argumentação esgrimida em sede contenciosa contra o acto recorrido, reafirmando que, contrariamente ao decidido no acórdão impugnado, é ilegal, por erro nos pressupostos, a não consideração pelo júri (sufragada pelo acto recorrido, ao confirmar a homologação da lista de classificação final) dos dois elementos curriculares apontados.

Nenhuma razão lhe assiste, como se verá.

1. No que concerne ao referido curso de Dactilografia, Arquivo, Ficheiro e Ditafone, frequentado pelo recorrente em 1972, ele não foi considerado pelo júri no *item* Formação Profissional, por dois motivos igualmente relevantes: não ter o recorrente indicado no seu *curriculum*, nem constar do seu processo individual, o número de horas de duração do curso; e ter o júri entendido que o referido curso, frequentado há cerca de 30 anos, estaria manifestamente desactualizado, não se enquadrando no conceito de "curso com interesse para as funções correspondentes ao lugar posto a concurso".

Quanto ao primeiro motivo, é evidente que aos candidatos era exigido no aviso do concurso a apresentação dos documentos considerados relevantes para a apreciação do seu mérito, pelo que, ao indicar no seu *curriculum* um curso de Dactilografia sem qualquer indicação da sua duração, o recorrente foi o único responsável pela decisão do júri de não o considerar no *item* formação profissional.

Cabe sublinhar que o disposto no art. 14.º, n.º 4 do DL n.º 204/98, de 11 de Julho, onde se prevê que o júri "pode" exigir dos candidatos a apresentação de documentos comprovativos de factos por eles referidos que possam relevar para a apreciação do seu mérito, configura uma faculdade de actuação e não um dever ou imposição de actuação, sendo certo que o júri entendeu, segundo critério uniforme, não dever fazer a nenhum dos candidatos solicitação ou exigência de quaisquer esclarecimentos.

E considerou também – de forma correcta, a nosso ver – que era extemporânea essa apresentação em sede de audiência de interessados, pois que isso traduziria um desrespeito dos prazos fixados no aviso do concurso e uma manifesta desigualdade de tratamento relativamente aos demais candidatos.

Acresce, de qualquer modo, que o outro motivo seria, só por si, igualmente relevante para a tomada de decisão do júri (como se disse, sufragada pelo acto recorrido, ao confirmar a homologação da lista de classificação final), ao ser entendido que o referido curso de dactilografia, frequentado pelo candidato há cerca de 30 anos, estaria manifestamente desactualizado e desajustado, não se enquadrando decisivamente no conceito de "curso com interesse para as funções correspondentes ao lugar posto a concurso".

É evidente, como bem se refere no acórdão impugnado, seguindo orientação jurisprudencial uniforme, que estamos aqui perante uma actuação inserida no âmbito dos poderes de discricionariedade de que goza a Administração, cujo controlo jurisdicional só é possível quanto aos seus aspectos vinculados, ou em caso de erro manifesto ou de adopção de critérios manifestamente desajustados, o que, *in casu*, se não vê demonstrado, quando está em causa a não consideração de "*um curso de dactilografia realizado em 1972*" num concurso para um lugar de Assistente Administrativo Principal da Secretaria Geral da Reitoria da UP.

2. No que toca à não consideração, no *item* Experiência Profissional, do tempo de serviço (3 anos) prestado na Secretaria de uma Escola Secundária, a decisão do júri, corroborada no despacho recorrido, mostra-se consonante com o conteúdo do aviso do concurso e com os critérios estabelecidos pelo júri na acta n.º 1, que fixou os factores de ponderação e respectiva valoração (cfr. ponto 1 da matéria de facto).

Na verdade, prescrevendo o art. 22.º, n.º 2, al. c) do DL n.º 204/98 que, no item *Experiência Profissional*, se pondera "*o desempenho efectivo de funções na área de actividade para a qual o concurso é aberto, bem como outras capacitações adequadas, com avaliação da sua natureza e duração*", o júri do concurso deliberou na acta n.º 1, em que foram fixados os factores de ponderação e respectiva valoração, que a experiência profissional seria valorada em três aspectos, o último dos quais na área em que o concurso foi aberto, ou seja, em estabelecimento de ensino superior:

(i) *Tscat – tempo de serviço na categoria de 3.º oficial ou assistente administrativo;*

(ii) *Tscar – tempo de serviço na carreira de oficial administrativo ou assistente administrativo;*

(iii) *TscarES – tempo de serviço na carreira de oficial administrativo ou assistente administrativo prestado em estabelecimento de ensino superior*.

Ora, tendo o recorrente, relativamente ao Tscat e ao Tscar, sido pontuado com 3 anos em cada um, insurge-se ele com o facto de não lhe terem sido contados no item TscarES os 3 anos em que esteve destacado numa Escola Secundária, com o mesmo desempenho funcional.

É manifesto que não tem qualquer razão, uma vez que o júri, perante o teor do art. 22.º, n.ºs 1 e 2 do citado DL n.º 204/98 (em que se faz expressa referência à avaliação das aptidões e do desempenho efectivo de funções na área para que o concurso é aberto), e face ao determinado na acta de fixação dos factores de ponderação e respectiva valoração, nunca poderia ter contado ao recorrente, no ponto relativo ao TscarES, os 3 anos de desempenho funcional numa Escola Secundária, que não é, assumidamente, um estabelecimento de ensino superior.

Também aqui se não constata a existência de qualquer erro de julgamento, pelo que o acórdão impugnado, ao decidir pela inverificação do invocado erro nos pressupostos, fez correcta aplicação da lei, não merecendo qualquer censura.

Improcedem pois todas as conclusões da alegação do recorrente.

DECISÃO

Com os fundamentos expostos, acordam em negar provimento ao recurso.

Custas pelo recorrente, fixando-se a taxa de justiça e a procuradoria, respectivamente, em 300€ e 150€.

Lisboa, 9 de Fevereiro de 2006.

Pais Borges (Relator)
Adérito Santos
Azevedo Moreira

Recurso n.º 840/05-11

CONCURSO EXTERNO DE INGRESSO LIMITADO. PREENCHIMENTO DE VAGAS. DESCONGELAMENTO. ORDEM DE CLASSIFICAÇÃO FINAL.

(Acórdão de 22 de Fevereiro de 2006)

SUMÁRIO:

Em concurso "*externo de ingresso com vista ao preenchimento de 175 lugares*", mas com limite de admissão "*até 50 candidatos não vinculados à função pública*", a Administração, no preenchimento, terá que seguir a ordem de

classificação final (artigo 35.º, n.º 1, do DL 498/ /88), sem qualquer distinção, até ao esgotamento do limite de admissões de pessoal não vinculado; se for esgotado esse limite, antes do preenchimento do número absoluto de vagas, deverá continuar o preenchimento, pela ordem de classificação, mas, agora, atendendo só aos candidatos vinculados à função pública.

ACORDAM EM SUBSECÇÃO, NA 1ª SECÇÃO DO SUPREMO TRIBUNAL ADMINISTRATIVO

1.

1.1. Arabela Magda Santa Clara Barros Godinho Garcia, assistente administrativo do quadro de pessoal do Hospital Distrital de Santarém, interpôs, no Tribunal Central Administrativo, recurso contencioso de anulação do indeferimento tácito do Ministro da Economia e das Finanças que se formou sobre o recurso hierárquico necessário do despacho do Sub Director-Geral dos Impostos, de 12 de Outubro de 1999, que nomeou Ana Paula Patrício Branco, na categoria de técnico profissional de 2ª classe da carreira de técnica profissional afecta à área funcional de apoio técnico e utilização de equipamento informático do quadro da DGCI e colocada na Direcção de Finanças de Santarém.

Alegou violação do seu direito de preferência na nomeação.

1.2. Por acórdão daquele Tribunal, de fls. 80-82, foi concedido provimento ao recurso.

1.3. Inconformada, a entidade recorrida vem impugnar o aresto, concluindo nas respectivas alegações:

"*1. O presente recurso jurisdicional vem interposto do douto acórdão de fls... que decidiu dar provimento ao recurso contencioso e anular o presumido acto tácito de indeferimento;*

2. Salvo o devido respeito, o recorrente não pode concordar com o sentido decisório do referido douto acórdão. Com efeito,

3. De acordo com o n.º 2 do aviso de abertura de concurso, só poderiam ser admitidos até 50 indivíduos não vinculados à função pública;

4. A recorrente não se encontrava vinculada à função pública, à data da abertura do concurso ficando, consequentemente, abrangida pelo disposto no n.º 2 do aviso de abertura do concurso;

5. Ora, tendo a quota de descongelamento de admissão do pessoal, não vinculado à função pública, esgotado com a nomeação do candidato não vinculado que ficou em 137.º lugar, não poderia a recorrente contenciosa, que ficou em 153.º lugar, ser colocada".

1.4. A recorrente contenciosa contra-alegou, concluindo:

"*1. A recorrente foi ordenada na lista de classificação final em 153.º lugar e a candidata Ana Paula Patrício Branco em 221.º lugar, do concurso publicado no DR II, Série n.º 286 de 13 de Dezembro de 1995.*

2. Tem direito a ser nomeada naquele lugar com preferência à candidata Ana Paula Patrício Branco;

3. O acto do senhor Subdirector-Geral dos Impostos que nomeou a candidata Ana Paula Patrício Branco na Direcção de Finanças de Santarém violou o disposto no art. 35.º n.º 1 do Dec. Lei n.º 498/88 de 30.12 isto é violou o direito da recorrente de ser nomeada naquele lugar com preferência sobre a candidata Ana Paula Patrício Branco.

4. Se a recorrente, classificada em 153.º lugar da lista de classificação final não era vinculada à função pública, também não o era a candidata Ana Paula Patrício Branco classificada em 221.º da lista e ainda assim nomeada com preferência em relação à recorrente.

1.5. O EMMP emitiu parecer no sentido do provimento do recurso.

Colhidos os vistos, cumpre apreciar e decidir.

2.

2.1.1. O acórdão impugnado apurou a seguinte factualidade, no que não vem controvertido:

"*1 – Por aviso publicado no DR, II Série, n.º 286, de 13 de Dezembro de 1995, foi aberto concurso externo de ingresso na categoria de técnico profissional de 2ª classe da carreira técnica profissional, afecta à área funcional de apoio técnico e utilização de equipamento informático do quadro da DGCI – cfr. doc. n.º 2 junto com a petição de recurso.*

2 – A recorrente requereu a sua admissão ao concurso em 1), tendo nele sido admitida.

3 – A lista de classificação final do concurso, devidamente homologada por despacho do Director-Geral dos Impostos, de 18 de Maio de 1999, foi publicada no DR II Série, n.º 126, de 31 de Maio de 1999 – cfr. doc. n.º 3 junto com a petição de recurso.

4 – Na lista a recorrente foi classificada em 153.º lugar, com 14,687 valores.

5 – Por sua vez, a candidata, Ana Paula Patrício Branco, cujo acto de nomeação na Direcção de Finanças de Santarém – foi objecto do recurso anexo como doc. n.º 1 junto com a petição –, vem ali classificada em 221.º lugar, com 14,307 valores.

6 – A candidata Ana Paula Patrício Branco foi nomeada em lugar da categoria posta a concurso na Direcção de Finanças de Santarém, por despacho de Sub-Director Geral dos Impostos, de 12 de Outubro de 1999 – cfr. doc n.º 4 junto com a petição de recurso.

7 – Inconformada com a nomeação mencionada em 6), a ora recorrente interpôs, em 19 de Novembro de 1999, recurso hierárquico necessário do despacho do Subdirector Geral dos Impostos, de 12 de Outubro de 1999, para o Senhor Ministro da Economia e das Finanças – cfr. doc n 1 junto com a petição de recurso cujo teor aqui se dá por reproduzido.

8 – A autoridade recorrida não se pronunciou sobre o requerimento mencionado no item 7)".

2.1.2. Considera-se apurado, ainda:

– À data da abertura do concurso referido em **2.1.1.**, a recorrente contenciosa não tinha vínculo à função pública;

– A recorrente contenciosa é funcionária do quadro do Hospital de Santarém desde 1.3.00 (cfr. doc. no processo instrutor);

– À data do despacho impugnado, a recorrida particular, Ana Paula Patrício Branco, já havia sido nomeada como auxiliar administrativa da Câmara Municipal de Santarém, por despacho publicado em *DR* III Série de 11.9.1997, pág. 17582 (cfr. doc. a fls. 111).

– "*A quota de descongelamento de admissões de pessoal não vinculado à função pública, em número de 50, autorizado pelo Despacho Normativo n.º 21/95, de 02.05.95, publicado no DR, I Série B, n.º 101, de 02.05.95, a utilizar no processo de concurso de admissão de técnicos profissionais de 2ª classe, da área funcional de apoio técnico e utilização de equipamento informático, aberto por aviso publicado na 2.ª série do DR, n.º 286, de 13.12.95 se esgotou com a nomeação do candidato posicionado em n.º 137 na lista de classificação final publicada no DR n.º 126, de 31 de Maio de 1999*" (cfr. Declaração da Direcção de Serviços de Gestão de Recursos Humanos da DGI, no processo instrutor).

2.2.1. Está em discussão uma nomeação, na sequência de concurso, com alegado desrespeito da ordem de classificação final.

É útil recordar o discurso fundamentador do acórdão impugnado.

"*A recorrente intentou o presente recurso contencioso de anulação do acto de indeferimento tácito do Senhor Ministro da Economia e das Finanças, que se formou sobre o recurso hierárquico necessário interposto, em 19 de Novembro de 1999, do despacho do Subdirector-Geral dos Impostos, de 12 de Outubro de 1999, que, precedendo concurso, nomeou a candidata classificada em 221.º lugar, Ana Paula Patrício Branco, na categoria de técnico profissional de 2ª classe da carreira técnica profissional afecta à área funcional de apoio técnico e utilização de equipamento informático do quadro da DGCI e colocada na Direcção de Finanças de Santarém*

Invoca para tanto que o despacho do Sub-Director-Geral dos Impostos é ilegal eivado do vício de violação de lei por erro de interpretação e aplicação contendendo com o disposto no artigo 35.º, n.º 1, do Dec-Lei n.º 498/88, de 30-12.

Afigura-se-nos assistir razão à recorrente.

Com efeito, conforme aviso, publicado no DR II Série, n.º 286, de 3 de Dezembro de 1995, foi aberto concurso externo de ingresso com vista ao preenchimento de 175 lugares naquela categoria – cfr. documento junto a fls. 11 e 12.

Na lista de classificação final, homologada por despacho do Director Geral dos Impostos, de 18 de Maio de 1999, a ora recorrente foi classificada em 153.º lugar, com 14,687 valores, e a nomeada Ana Paula Patrício Branco em 221.º, com 14,307 valores – cfr. doc. a fls. 13 e 14 dos autos.

A legislação aplicável ao concurso é a contida no Dec.-Lei n 498/88, de 30-12, com a redacção dada pelo art. 1.º do Dec.-Lei n.º 215/95, de 22-8 (cfr. n.º 5 do Aviso de abertura), sendo que o Dec.-Lei n.º 204/98, de 11-7, não se aplica, como é o caso do presente concurso, aos concursos cujo aviso de abertura tenham sido publicitados até à data da sua entrada em vigor (cfr. art 53.º, n.º 1 do Dec.-Lei n.º 204/98)

Nos termos do art. 35.º, n.º 1 do Dec.-Lei n.º 498/88, "os candidatos ao concurso são providos nos lugares vagos segundo a ordenação das respectivas listas de classificação final".

Tendo em conta que a recorrente está ordenada na lista de classificação final em 153.º lugar e a candidata Ana Paula Patrício Branco em 221.º lugar, em conformidade com o citado preceito legal – art. 35.º, n.º 1 do Dec.-Lei n.º 498/88 –, a recorrente tem direito de ser provida em lugar da categoria posta a concurso na Direcção de Finanças de Santarém, respeitando-se a ordenação dos candidatos na lista de classificação final.

Ou seja, a recorrente tem direito de ser ali provida com preferência sobre a sua colega a candidata Ana Paula Patrício Branco, nos termos conjugados do art. 35.º n.º 1, do Dec.-Lei n.º 498/88 e art. 4.º, n.º 3 do Dec.-Lei n.º 427/89, de 7-12.

Conclui-se do exposto, que o acto do Senhor Subdirector-Geral dos Impostos que nomeou a candidata Ana Paula Patrício Branco na Direcção de Finanças de Santarém violou o disposto no art. 35.º, n.º 1, do Dec.-Lei n.º 498/88, de 30-12, ou seja violou o direito da recorrente de ser nomeada naquele lugar com preferência sobre a candidata Ana Paula Patrício Branco.

Procedendo deste modo as conclusões da alegação da recorrente, é concedido provimento ao recurso e anulado o acto impugnado".

Observa-se do discurso do acórdão que ele teve apenas em conta a ordenação dos candidatos, desligada das condições particulares de cada um nessa ordenação – candidatos vinculados à função pública, candidatos não vinculados à função pública.

Aliás, foi, também, nesses singelos termos que o recurso contencioso foi interposto.

Todavia, conforme o aviso de abertura do concurso, o total de vagas a preencher era de 175, podendo "*ser admitidos até 50 indivíduos não vinculados à função pública, a descontar na quota de descongelamento fixada pelo Desp. Norma. 21/95, publicado no DR, 1ª-B, 101, de 2.5.95*"

De acordo com a matéria de facto, a recorrente contenciosa não estava vinculada à função pública.

E, também, conforme matéria de facto apurada, antes de ser atingido o seu lugar na classificação, já estava esgotada a "*quota de descongelamento de admissões de pessoal não vinculado à função pública*".

Assim, como alega o ora impugnante, no que é acompanhado no parecer do Ministério Público nesta instância, não existirá qualquer ilegalidade na não nomeação da recorrente contenciosa.

2.2.2. O problema reside, porém, no invocado não cumprimento da ordem de classificação final do concurso.

Como se viu, o concurso, embora externo, determinava um número máximo de admissões de pessoal não vinculado à função pública.

Afigura-se que o DL 498/88, ao abrigo do qual o concurso foi lançado, não impede a Administração de fixar um limite de admissão de pessoal não vinculado.

O respectivo artigo 6.º, n.º 3, alínea *c*), estipula, mesmo, para o concurso externo, o "*respeito pela legislação vigente sobre restrições à admissão de pessoal na Administração Pública*".

Assim, para se determinar o cumprimento pela Administração da regra de nomeação pela ordem de classificação, terão de se considerar os termos a que o concurso obedeceu.

Quer dizer, num caso como o dos autos, a Administração terá que seguir a ordem de classificação (artigo 35.º, n.º 1, do DL 498/88), sem qualquer distinção, até ao esgotamento do limite de admissões pessoal não vinculado. Se for esgotado esse limite, antes do preenchimento do número absoluto de vagas, deverá continuar o preenchimento, pela ordem de classificação, mas, agora, atendendo só aos candidatos vinculados à função pública.

E, na verdade, outra solução implicaria que, esgotada a quota de admissões de pessoal não vinculado, antes de esgotado o número total de vagas, não se poderia fazer mais nenhuma nomeação. Esta solução, levando ao não preenchimento do número total de vagas, não se afigura razoável e é contrária aos próprios termos do lançamento do curso.

2.2.3. Nas contra-alegações, a recorrente contenciosa considera que tanto ela como a recorrida particular estavam nas mesmas condições, isto é, não estavam vinculadas à função pública, pois o que relevava era a sua condição à data da abertura do concurso. Segundo defende, o facto de, à data da nomeação, a recorrida particular já ter vínculo não releva, antes importam, apenas, as condições à data da abertura do concurso.

Não se afigura ser essa a melhor interpretação.

Resulta do aviso do concurso que a possibilidade de admissão "*até 50 candidatos não vinculados à função pública*" não tem a ver com a admissão ao concurso.

Tratou-se de concurso externo, "*aberto a todos os indivíduos (...) vinculados ou não à função pública*", ou seja, no que se refere à admissão ao concurso não estava, naturalmente, determinado um limite, nem havia qualquer regra de selecção a esse nível.

Por isso, é seguro que aquele limite de 50 candidatos se reporta ao preenchimento de vagas após concurso, reporta-se à admissão à função pública.

Ora, em termos de descongelamento, que é o que está na base do limite estabelecido, não importa a situação no momento de abertura do concurso, mas o momento da própria decisão de admissão. É no momento da decisão de preenchimento de vagas que se verifica quantas, afinal, são atribuídas a título de descongelamento e quantas são a título normal de pessoal já integrado.

De outra maneira, ocorreria que, dentro do pessoal já vinculado à função pública, a Administração acabaria por nomear pessoal menos bem classificado. E diga-se, também nessa hipótese, sem qualquer benefício para os candidatos não vinculados, como a recorrente contenciosa.

2.2.4. Em síntese, por um lado, a recorrente não tinha direito a ser admitida, pois que, não estando vinculada à função pública e estando esgotada a quota de descongelamento, a sua admissão violaria os termos do próprio descongelamento; por outro lado, o exemplo de violação da ordem de preferência não colhe já que a recorrida particular se encontrava vinculada à função pública à data da nomeação.

Assim, não se revela qualquer violação de lei pelo acto objecto de recurso contencioso, tendo o aresto errado quando entendeu em sentido diverso.

3. Pelo exposto, concede-se provimento ao recurso, revogando-se o acórdão impugnado e negando-se provimento ao recurso contencioso.

Custas pela recorrente contenciosa, nas duas instâncias.

Taxa de justiça no TCA de 100 €;
Procuradoria no TCA de 50 €;
Taxa de justiça neste STA de 200 €;
Procuradoria neste STA de 100 €.
Lisboa, 22 de Fevereiro de 2006.

Alberto Augusto Oliveira (Relator)
Jorge de Sousa
Edmundo Moscoso

Recurso n.º 337/05-12

CONFLITO DE COMPETÊNCIA (CPTA). CONFLITO ENTRE TAC LIQUIDATÁRIO E TAF. EXECUÇÃO DE SENTENÇA ADMINISTRATIVA.

(Acórdão de 16 de Fevereiro de 2006)

SUMÁRIO:

I – Em matéria de execução de sentenças administrativas a regra é a de que é competente para a apreciar o tribunal que tiver "proferido a sentença em primeiro grau de jurisdição" (1.ª Instância), e, ainda, que a esses autos é apensado o processo executivo, conforme resulta do disposto no arts. 164.º, n.os 1 e 2, (execução para a prestação de factos ou de coisas) e 176.º, n.os 1 e 2, do CPTA (execução de sentenças de anulação de actos administrativos), como resultava já, aliás, da legislação anterior, o art. 7.º, n.º 4, do DL 256-A/77, de 17.6, e também em conformidade com a regra geral do CPC, o art. 90.º, n.º 1.

II – A pretensão – manifestada por um dos Senhores Juízes em conflito – de afastar estas regras com fundamento no referido n.º 1 do art. 9.º do Decreto-Lei n.º 325/2003 (diploma complementar do ETAF), segundo o qual aos TACs extintos não são "distribuídos novos processos" não tem qualquer fundamento.

III – Em primeiro lugar, porque um processo de execução baseado em sentença condenatória nunca é um processo novo, pois não tem existência (autónoma) sem o processo principal ao qual está umbilicalmente ligado. Em segundo lugar, ainda que se considerasse a execução como processo novo, o certo é que o preceito em causa apenas prevê que não sejam "distribuídos processos novos" quando as execuções deste tipo não são distribuídas mas autuadas por apenso ao processo onde foi emitida a sentença exequenda. Finalmente, as normas dos n.os 2 e 4 do art. 5.º da Lei n.º 15/2002, interpretadas a contrario sensu, demonstram que sem elas, a esses expedientes processuais – providências cautelares e execuções – seriam aplicáveis as disposições da legislação anterior, justamente por se entender, dogmaticamente, que tais providências não são considerados processos novos.

ACORDAM NA SECÇÃO DE CONTENCIOSO ADMINISTRATIVO DO SUPREMO TRIBUNAL ADMINISTRATIVO:

I – RELATÓRIO

A **Magistrada do Ministério Público junto deste Supremo Tribunal Administrativo** veio pedir a resolução de um conflito negativo de competência surgido entre o Senhores **Juízes do Tribunal Administrativo e Fiscal de Lisboa**, enquanto juízo liquidatário, e do **Tribunal Administrativo e Fiscal de Loures**, invocando, para o efeito, o disposto nos arts. 24.º, n.º 1, h) do ETAF, 135.º e ss. do CPTA e 115.º e 117.º do CPC.

Referiu que as decisões emitidas em ambos os tribunais transitaram em julgado, juntando certidão comprovativa.

Identificou o conflito negativo do seguinte modo:

O TAF de Lisboa considerou ser incompetente para o julgamento desta causa – um processo executivo – em virtude de se tratar dum processo novo, porque entrado em 20.10.04, e o disposto no art. 9.º n.º 1 do DL 325/ /2003 determinar que àquele Juízo não são distribuídos processos novos.

Por seu turno o TAF de Loures considerou igualmente ser incompetente para o julgamento da questão porque, conforme dispõe o art. 176.º, n.º 1, do CPTA, a competência para a execução é do tribunal que tenha proferido a sentença em primeiro grau de jurisdição e ainda porque a execução é apensa ao processo em que a decisão exequenda tiver sido proferida, nos termos do art. 176.º, n.º 2, do CPTA.

Cumpre decidir.

II – DIREITO

Estão verificados os pressupostos da ocorrência de um conflito nos termos legais. Por um lado, temos dois tribunais a recusarem a competência para decidirem um processo no âmbito do contencioso administrativo, por outro, as decisões emitidas por ambos não são passíveis de recurso (arts. 1.º e 135.º, n.º 1, do CPTA e art. 115.º do CPC) depois, este STA é o tribunal competente para o apreciar (arts. 24.º, n.º 1, h) do ETAF).

Vejamos então.

O instrumento processual que originou o presente conflito foi o requerimento executivo, dirigido ao juiz do TAF de Lisboa, em 26.1.05, junto a fls. 7 e ss. e por apenso ao processo nele identificado.

O que temos[1], portanto, é que o requerente, tendo interposto em 2000, com êxito, no TAC de Lisboa, um recurso contencioso visando a anulação de um acto administrativo, veio pedir-lhe a execução dessa decisão, em Janeiro de 2005. O que sucedeu, de relevante, e que no fundo está na base do conflito, foi ter havido uma reforma da Administração e Organização Judiciária Administrativa e Tributária cujos aspectos essenciais começaram a vigorar em 1.1.04 (data em que o CPTA entrou em vigor, art. 7.º da Lei n.º 4-A2003, de 19.2, cujo art. 2.º alterou o art. 7.º da Lei n.º 15/2002). O que originou uma sucessão de leis processuais no tempo. À falta de norma expressa, a regra, nesta matéria, é a de que, aos actos processuais se aplica a lei que vigorar no momento da sua prática (art. 142.º, n.º 1, do CPC); já a forma do processo é determinada pela lei vigente na data da propositura (n.º 2).

Sucede, todavia, que o problema foi resolvido por via legislativa, no art. 5.º da Lei n.º 15/2002, de 22.2, ao estatuir que as novas disposições "não se aplicam aos processos que se encontrem pendentes à data da sua entrada em vigor." Definiu, contudo, que os novas disposições se aplicavam de imediato às providências cautelares como incidentes de processos pendentes (n.º 2) e às execuções de sentença instauradas após a entrada em vigor do novo código. O regime jurídico do CPTA é, por isso, aplicável àquele requerimento executivo.

Em matéria de execução de sentenças administrativas a regra é a de que é competente para a apreciar o tribunal que tiver "proferido a sentença em primeiro grau de jurisdição" (1.ª Instância), e, ainda, que a esses autos é apensado o processo executivo, conforme resulta do disposto no arts. 164.º, n.ºs 1 e 2, (execução para a prestação de factos ou de coisas) e 176.º, n.ºs 1 e 2, do CPTA (execução de sentenças de anulação de actos administrativos), como resultava já, aliás, da legislação anterior, o art. 7.º, n.º 4, do DL 256-A/77, de 17.6, e também em conformidade com a regra geral do CPC, o art. 90.º, n.º 1. Portanto, o Tribunal competente para conhecer da execução baseada em sentença é o da emissão da sentença exequenda.

A pretensão – manifestada pelo Senhor juiz do TAF de Lisboa – de afastar estas regras com fundamento no referido n.º 1 do art. 9.º do Decreto-Lei n.º 325/2003 (diploma complementar do ETAF), não tem qualquer fundamento.

Em primeiro lugar, um processo de execução baseado em sentença condenatória nunca é um processo novo, pois não tem existência (autónoma) sem o processo principal ao qual está umbilicalmente ligado. Em segundo lugar, ainda que se considerasse a execução como processo novo, o certo é que o preceito em causa apenas prevê que não sejam "distribuídos processos novos" quando as execuções deste tipo não são distribuídas mas autuadas por apenso ao processo onde foi emitida a sentença exequenda. Finalmente, as normas dos n.ºs 2 e 4 do art. 5.º da Lei n.º 15/2002, interpretadas *a contrario sensu*, demonstram que sem elas, a esses expedientes processuais – providências cautelares e execuções – seriam aplicáveis as disposições da legislação anterior, justamente por se entender, dogmaticamente, que tais providências não são considerados processos novos.

O Tribunal competente para conhecer do processo executivo instaurado, é, assim, o TAF de Lisboa. O despacho do Senhor Juiz desse tribunal é, por isso, ilegal, não podendo manter-se.

III – DECISÃO

Nos termos e com os fundamentos expostos acordam em julgar competente o Tribunal Administrativo e Fiscal de Lisboa.

Sem custas.

Lisboa, 16 de Fevereiro de 2006.

Rui Botelho (Relator)
Cândido de Pinho
Angelina Domingues

Recurso n.º 65/06-11

[1] Segue-se de perto o acórdão proferido no processo n.º 189/05-11, de 7.4.05, que relatámos.

DGCI. ADMISSÃO DE PERITO DE FISCALIZAÇÃO TRIBUTÁRIA DE 2.º CLASSE (DL 200/85, DE 25.6 E DL 388/87, DE 31.12). PROVIMENTO COMO ADJUNTO DE CHEFE DE REPARTIÇÃO DE FINANÇAS DE NÍVEL I (ART. 42.º DO DL 400/93, DE 14.12 NA REDACÇÃO DO DL 42/97, DE 7.2).

(Acórdão de 23 de Março de 2006)

SUMÁRIO:

I- Nos termos do art. 6.º, n.º 2, do DL 388/87, de 31.12, os indivíduos destacados, requisitados ou contratados de acordo o art. 1.º do DL 200/85, de 25.6, não podem ser nomeados para lugares de chefe de repartição ou de adjunto de chefe de repartição de finanças sem que obtenham aprovação nos concursos previstos para o efeito na legislação aplicável à Direcção-Geral das Contribuições e Impostos.

II- Nos termos da b) do n.º 4 do art. 42.º do DL 400/93, de 14.12 na redacção do DL 42/97, de 7.2, o provimento de adjuntos de chefe de repartição de finanças de nível I era feito de entre peritos tributários de 2ª classe e peritos de fiscalização tributária de 2ª classe ... ou, não havendo candidatos nas condições indicadas, de entre funcionários aprovados em concurso para as referidas categorias.

III- Tendo as recorridas particulares sido admitidas como peritas de fiscalização tributária de 2.ª classe e sendo o recrutamento de adjuntos de chefe de repartição de finanças de nível I feito directamente nessa categoria ou nos candidatos aprovados em concurso para ela, a sua nomeação poderia ser feita, como foi, sem necessidade de qualquer concurso.

ACORDAM NA SECÇÃO DE CONTENCIOSO ADMINISTRATIVO DO SUPREMO TRIBUNAL ADMINISTRATIVO:

I - RELATÓRIO

António Carlos Ferreira de Almeida, com melhor identificação nos autos, vem interpor recurso do acórdão do Tribunal Central Administrativo, Sul (TCA), de 9.6.05, que negou provimento ao recurso contencioso que deduziu do acto tácito imputado ao **Secretário de Estado dos Assuntos Fiscais** que se constituiu sobre o recurso hierárquico que lhe apresentou em 23.11.99.

Terminou a sua alegação formulando as seguintes conclusões:

A) O ora recorrente, na sequência da sua aprovação em concurso de promoção, foi nomeada por despacho do Sr. Subdirector-Geral dos Impostos de 27/04/99 publicado no DR II série de 08/05/99, Perito Tributário de 2ª classe.

B) Também na sequência daquela aprovação em concurso de promoção indicara ao Sr. Director-Geral dos Impostos e para efeitos de provimento no cargo de Adjunto de Chefe de repartição de Finanças de nível I, entre outras, as Repartições de Finanças de Vila do Conde, 1ª Repartição de Finanças da Maia e 1ª Repartição de Finanças de Gondomar.

C) Sucede porém que não foi colocado em nenhum dos cargos de chefia pretendidos pelo que requereu, de novo, ao Sr. DGCI a sua colocação em um dos referidos cargos por existirem nas referidas Repartições de Finanças, três funcionárias ilegalmente nomeadas na categoria de Peritos de Fiscalização Tributária de 2ª classe ao abrigo dos processos de selecção instituídos pelo DL 200/85 de 26/06.

D) Ora, de acordo com a norma prevista no art. 6.º n.º 2 do DL 388/87 de 31/12 – a qual, enquanto norma especial, não foi revogada pelo art. 42.º n.º 4 b) do DL 408/93 na redacção do DL 42/97 de 7/2 – a tal pessoal é expressamente proibido a nomeação em cargos de chefia tributária sem prévia aprovação nos concursos previstos para o efeito na legislação aplicável à DGCI, ou seja, para provimento na categoria que detêm.

E) Daí que as nomeações das recorridas particulares para aqueles lugares de chefia sejam totalmente ilegais e mesmo nulas por falta de um elemento essencial do acto (art. 133.º n.º 1 do CPA) qual seja a aprovação em concurso previsto para o provimento na categoria de origem.

F) Ao não entender assim o douto Acórdão recorrido violou o art. 133, n.º 1 do C.P.A.

G) Ainda que tais nomeações ilegais das recorridas particulares fossem meramente anuláveis o que apenas se admite, sem conceder, tais actos seriam revogáveis pelo Sr. DGCI por virtude de à data em que o recorrente os impugnou ainda não ter decorrido o prazo legal de um ano desde a sua nomeação nos cargos, pelo que o douto Acórdão "a quo" também se encontrará inquinado por erro nos pressupostos por considerar que uma tal ilegalidade se encontraria sanada pelo decurso do tempo, violando assim o art. 6.º n.º 2 do DL 388/87 de 31-2 e o art. 141.º n.º 1 do CPA.

A Autoridade recorrida concluiu assim a sua contra-alegação:

1. Ao tempo em que ocorreu a nomeação das recorridas particulares para o cargo de Adjunto de Chefe de Repartição de Finanças de nível I era inteira e somente aplicável a disciplina contida na alínea b) do n.º 4 do artigo 42.º do Decreto-Lei n.º 408/93, de 14 de Dezembro, na redacção introduzida pelo Decreto-Lei n.º 42/97, de 7 de Fevereiro.

2. Considerando essa disciplina, os requisitos estabelecidos para o efeito da nomeação para o cargo de chefia tributária em causa eram a titularidade da categoria de perito tributário de 2ª classe ou a de perito de fiscalização tributária de 2ª classe e a classificação de serviço não inferior a Bom no último triénio.

3. As recorridas particulares preenchiam os dois enunciados requisitos, pois que tinham a categoria de perito de fiscalização tributário de 2ª classe e tinham a classificação de serviço de Muito bom.

4. Face ao preenchimento, pelas recorridas particulares, dos requisitos necessários para o efeito da nomeação

para o cargo em causa, teve lugar a aplicação do disposto na primeira parte da alínea b) do artigo 42.º do Decreto-Lei n.º 408/93.

5. É incorrecto trazer à colação o disposto na segunda parte da alínea b) do artigo 42.º do Decreto-Lei n.º 408/93, por se tratar de norma de aplicação subsidiária, já que a hipótese da sua aplicabilidade só era de considerar se não houvesse candidatos que preenchessem o requisito da titularidade da categoria.

6. O artigo 42.º, n.º 4, alínea b), do Decreto-Lei n.º 408/93 ao estabelecer como requisito de nomeação a titularidade da categoria de perito de fiscalização tributária de 2ª classe não permite estabelecer distinções aferidas pelo diploma ao abrigo do qual ocorrera o processo de selecção para a nomeação nessa categoria.

7. E inócuo, para o efeito do preenchimento do requisito atinente à categoria, que as recorridas particulares tenham sido nomeadas à sombra do disposto no Decreto-Lei n.º 200/85, de 26 de Junho, sendo que qualquer distinção aferida pela base legal que alicerçara a nomeação para essa categoria seria ilegítima, pois que atentaria contra o disposto no artigo 9.º, n.º 2 e 3, do Código Civil.

8. Entre os artigos 6.º, n.º 2, do Decreto-Lei n.º 388/87 e o 42.º, n.º 4, alínea b), do Decreto-Lei n.º 408/93 inexiste a relação de lei especial/lei geral, sendo que ambos contêm normas especiais, por serem de aplicação restrita a funcionários pertencentes a carreiras específicas da DGCI.

9. Como normas especiais que ambas são é inoportuno invocar o disposto no artigo 7.º, n.º 3, do Código Civil.

10. É inteiramente invocável o disposto no n.º 1 do artigo 7.º do Código Civil, à luz do qual é legítimo concluir no sentido de que o artigo 6.º, n.º 2, do Decreto-Lei n.º 388/87 cessou a sua eficácia com a entrada em vigor do artigo 42.º, n.º 4, alínea b), do Decreto-Lei n.º 408/93.

11. Nenhum concurso era exigível para o efeito da nomeação das recorridas particulares para o cargo de adjunto de chefe de repartição de finanças de nível I, pelo que não ocorreu a violação de qualquer norma ínsita no Código do Procedimento Administrativo, designadamente a do artigo 133.º, n.º 1.

12. O douto Acórdão recorrido ao decidir, como decidiu, fez uma correcta aplicação da lei aos factos, pelo que não cometeu qualquer vício de violação de lei, merecendo, em consequência, ser mantido na ordem jurídica.

A Magistrada do Ministério Público junto deste Tribunal pronunciou-se pelo provimento do recurso.

II – FACTOS

Matéria de facto dada como provada no TCA:

1) Em 23-11-99, o recorrente interpôs recurso hierárquico necessário para o SEAF do acto de indeferimento tácito que recaiu sobre o requerimento, que, em 22-06-99, dirigiu ao Director-Geral das Contribuições e Impostos. (Cfr. doc. de fls. 39 e ss. dos autos).

2) Aí pede a revogação da nomeação dos colegas ilegalmente nomeados, no cargo de Adjunto de Chefe de Repartição de Finanças de nível I, na Repartição de Finanças de V. do Conde, 1ª Repartição de Finanças da Maia e 1ª Repartição de Finanças de Gondomar, declarando-se ali aberta mais uma vaga, naquelas repartições de Finanças, numa das quais deverá ser nomeado o recorrente, por reunir os necessários requisitos.

3) Por despacho de 27-04-99, do Subdirector-Geral dos Impostos para os Recursos Humanos, o recorrente foi nomeado Perito Tributário de 2ª classe, na sequência de aprovação no concurso de promoção e colocado na Repartição de Finanças do 6.º Bairro Fiscal do Porto.

4) O recorrente, possuidor da categoria de Técnico Verificador Tributário em 03-02-99, requereu, em 03-02-99, a sua nomeação para um dos cargos de chefia tributária, entre outras, para as Repartições de Finanças de V. do Conde, 1ª Repartição de Finanças da Maia e 1ª Repartição de Finanças de Gondomar.

5) As recorridas particulares foram nomeadas para o cargo de chefia tributária, que exercem por despacho do Subdirector-Geral dos Impostos, de 28-12-98. (DR, n.º 14, II série, de 18-01-99).

Factos que se acrescentam nos termos do art. 712.º do CPC:

6) As recorridas particulares foram admitidas na carreira, a coberto do regime jurídico contemplado no DL 200/85, de 25.6, e no DL 388/87, de 31.12, como Peritos de Fiscalização Tributária de 2.ª Classe, nas datas referidas nos respectivos dados curriculares juntos no PA (31.10.88, 1.6.89 e 19.1.92).

7) No momento da nomeação para os lugares em causa nos autos estavam classificadas com Muito Bom.

II – DIREITO

1. Vejamos o que se decidiu no acórdão recorrido.

"Nas conclusões das suas alegações, o recorrente refere que as nomeações das recorridas particulares para aqueles lugares de chefia foram ilegais – a tal pessoal é expressamente proibido a nomeação em cargos de chefia tributária, sem prévia aprovação nos concursos previstos para o efeito na legislação aplicável à DGCI, ou seja, para provimento na categoria que detêm – por falta de um elemento essencial do acto (art. 133.º, do CPA), qual seja a aprovação em concurso prevista para o provimento na categoria de origem. Ao não entender assim, o indeferimento tácito hierarquicamente recorrido e o que se lhe seguiu objecto do presente recurso contencioso violou o art. 6.º, n.º 2, do DL n.º 388/87, de 31-12, e o art. 133.º, do CPA. Deve anular-se o indeferimento tácito sob recurso. Nas suas contra-alegações, o SEAF refere que o recorrente jamais impugnou o despacho de nomeação das recorridas particulares para o cargo de Adjunto de Chefe de Repartição de Finanças de 1ª classe. O art. 6.º, n.º 2, do DL n.º 388/87, de 31-12, não é especial em relação ao art. 42.º, n.º 4, al. b), do DL n.º 42/97, de 07-02, isto é, ambas as normas são especiais, uma vez que a sua aplicação é restrita a quem pertence a carreiras específicas da DGCI, pelo que é inoportuna a evocação do art. 7.º, n.º 3, do CC.

A nomeação das recorridas particulares para o cargo de Adjunto de Chefe de Repartição de 1ª classe respeitou todos os preceitos legais no caso atendíveis, pelo que não ocorrem os pretensos vícios de violação de lei. O recurso deve ser julgado improcedente. Entendemos que a recorrente não tem razão. Ora, vejamos a lei.

O art. 6.º, n.º 2, do DL n.º 388/87, de 31-12, dispõe que «os funcionários e agentes mencionados no número anterior não podem ser nomeados para lugares de chefe de repartição ou de adjunto de chefe de repartição de finanças sem que obtenham aprovação nos concursos previstos para o efeito na legislação aplicável à DGCI».

Por sua vez o art. 42.º (Pessoal de chefia tributária), n.º 4, al. b), do DL n.º 408/93, de 14-12, na redacção do DL n.º 42/97, DE 07-02, refere o seguinte:

«4 – o provimento do pessoal de chefia tributária é feito pelo director-geral, nos seguintes termos:

b) Chefes de repartição de finanças de nível II e III e adjuntos de chefe de repartição de finanças de nível I e II, de entre peritos tributários de 2ª classe e peritos de fiscalização tributária de 2ª classe com classificação de serviço não inferior a Bom no último triénio...»

Ora, a nomeação das recorridas particulares para o cargo de chefia tributária, por despacho do Subdirector-Geral dos Impostos de 28-12-98, ocorreu ao abrigo do art. 42.º, n.º 4, al. b), do DL n.º 408/93, que na redacção do DL n.º 42/97, de 07-02, não exige concurso para o efeito, seja qual for a categoria dos interessados, prevista no referido normativo.

Daí que o art. 6.º do DL n.º 388/87, de 31-12, face ao disposto nos referidos normativos legais, tenha cessado a sua eficácia, não sendo, no caso, aplicável o disposto no art. 7.º, 3, do CC.

É que o art. 6.º, n.º 2, do DL n.º 388/87, de 31-12, não é especial em relação ao art. 42.º, n.º 4, al. b), do DL n.º 408/93, de 14-12, na redacção do DL n.º 42/97, de 07-02, já que ambas as normas são especiais, uma vez que a sua aplicação é restrita a quem pertence a carreiras específicas da DGCI.

Ou seja, nenhum concurso era exigível para que as recorridas fossem validamente nomeadas para o cargo de Adjunto de Chefe de Repartição de Finanças de 1ª classe.

Mesmo na hipótese de falta de concurso, tal não implicaria a nulidade da nomeação de cada uma das recorridas particulares, como aliás resulta do art. 133.º, 2, do CPA, mas, a existir, uma mera anulabilidade, a qual, tendo em conta o lapso de tempo decorrido, já se encontraria sanada. Não se verifica a violação das normas invocadas pelo recorrente."

2. Como se viu apenas está em causa nos autos a apreciação de uma única questão que se pode resumir do seguinte modo: qual o quadro legal que se aplicava no momento em que foi proferido o acto de nomeação das recorridas particulares (por despacho do Subdirector-Geral dos Impostos, de 28-12-98, publicado no DR, n.º 14, II série, de 18-01-99, ponto 5 dos factos provados), se o art. 6.º, n.º 2, do DL 388/87, de 31.12, (e a exigência do concurso aí referido para a nomeação nos lugares de chefia mencionados) se o art. 42.º, n.º 4, b), do DL 408/93, de 14.12, na redacção do DL 42/97, de 7.2, (e a desnecessidade de um tal concurso para o acesso aos mesmos lugares) ou, numa terceira hipótese, se um é compatível com o outro.

O primeiro dispõe que:

"Art. 6.º – 1 – Aos funcionários e agentes mencionados no n.º 1 do artigo 3.º do presente diploma (Art. 3.º 1 – Os indivíduos **destacados**, **requisitados** ou **contratados** de acordo com o diploma mencionado no artigo anterior[1] podem, após perfazerem um ano de serviço na Direcção-Geral das Contribuições e Impostos, em qualquer das situações indicadas, ser providos em lugares vagos de perito de fiscalização tributária de 2.ª classe, até 50% dos lugares do quadro geral e dos quadros de contingentação daquele departamento correspondentes à referida categoria, desde que reúnam capacidades para o desempenho das funções) *que ingressem nos quadros de pessoal da Direcção-Geral das Contribuições e Impostos será contado, para todos os efeitos, o tempo de serviço prestado na situação de destacados, requisitados, contratados ou de supranumerários.*

2 – ***Os funcionários e agentes mencionados no número anterior*** *não podem ser nomeados para lugares de chefe de repartição ou de adjunto de chefe de repartição de finanças sem que obtenham aprovação nos concursos previstos para o efeito na legislação aplicável à Direcção-Geral das Contribuições e Impostos."*

O segundo preceitua que:

"art. 42.º, n.º 4, b) *O provimento de pessoal de chefia tributária é feito pelo director-geral, nos seguintes termos:*

b) *Chefes de repartição de finanças de nível II e III* ***e adjuntos de chefe de repartição de finanças de nível I e II, de entre peritos tributários de 2ª classe e peritos de fiscalização tributária de 2ª classe*** *com classificação de serviço não inferior a Bom no último triénio ou, não havendo candidatos nas condições indicadas, de entre funcionários aprovados em concurso para as referidas categorias, pela ordem em que se situam nas correspondentes listas classificativas e durante o prazo de validade dos respectivos concursos.*

Do confronto entre os respectivos conteúdos normativos resulta não existir qualquer contradição entre eles, ou melhor, qualquer ponto de sobreposição já que tratam de realidades diferentes. O art. 6.º, n.º 2, do DL 388/ /87, de 31.12, é muito claro ao restringir o seu âmbito de aplicação "aos indivíduos **destacados**, **requisitados** ou **contratados** de acordo com o diploma mencionado no artigo anterior" que mais não são do que aqueles que o art. 1.º do DL 200/85, de 25.6, autorizou o Ministério das Finanças e do Plano "a admitir, em regime de destacamento, requisição ou por contrato além do quadro" que fossem necessários "para o reforço dos meios humanos da DGCI afectos à fiscalização tributária, tendo em vista a implementação do imposto sobre o valor acrescentado (IVA)". E, nesse contexto, bem se compreendia que a esse pessoal pudesse ser exigida a submissão a concurso público para aceder aos referidos lugares de chefia pelo simples facto de a sua admissão inicial na carreira se ter processado sem concurso, exigido como regra geral nas admissões na função pública. Já o art. 42.º, n.º 4, b), 1.ª parte, do DL 408/93, de 14.12, na redacção do DL 42/97, de 7.2, constituindo a regra geral sobre a matéria, se aplica a todo o restante pessoal, onde o concurso não é exigido por em algum momento já o terem realizado.

Como se vê da petição de recurso o recorrente alegou que as recorridas particulares foram admitidas na carreira a coberto do regime jurídico contemplado nos citados DL 200/85 e 388/87. Portanto, para poderem ser nomeadas adjuntas de chefe de repartição de finanças, nos termos do n.º 2 do art. 6.º deste último, as recorrentes teriam de submeter-se, e ser aprovadas, "nos concursos previstos para o efeito na legislação aplicável à Direcção-Geral das Contribuições e Impostos". O recorrente, todavia, no caso das recorridas particulares, não identifica qual seria esse concurso, para que categoria deveria ser realizado, a que regime jurídico estaria sujeito e, de seguida, fundamentadamente, quais as consequências da inobservância do respectivo regime legal.

[1] O DL 200/85, de 25.6 (autorizou o Ministério das Finanças e do Plano a admitir, em regime de destacamento, requisição ou por contrato além do quadro o pessoal que se revele necessário para o reforço dos meios humanos da DGCI afectos à fiscalização tributária, tendo em vista a implementação do imposto sobre o valor acrescentado (IVA).

Por outro lado, para o que aqui nos interessa, de acordo com a supra transcrita alínea b) do n.º 4 do art. 42.º, o **provimento de adjuntos de chefe de repartição de finanças de nível I** – os lugares em que as recorridas particulares foram providas, ponto 6 dos factos provados – **era feito de entre peritos tributários de 2ª classe e peritos de fiscalização tributária de 2ª classe** – as categorias que detinham e com que foram admitidas na carreira – ... **ou, não havendo candidatos nas condições indicadas, de entre funcionários aprovados em concurso para as referidas categorias**, ... Este preceito contemplava, assim, duas hipóteses para o recrutamento de adjuntos de chefe de repartição de finanças de nível I: em primeiro lugar, de entre peritos tributários de 2.ª classe e peritos de fiscalização tributária de 2.ª classe, e, na falta destes, de entre funcionários aprovados em concursos para estas mesmas categorias. Ora, se as recorridas particulares foram admitidas na carreira justamente para uma destas categorias – perito de fiscalização tributária de 2ª classe – a coberto de um regime de recrutamento excepcional que as dispensava da realização de concurso público não era agora, cerca de 10 anos depois, que ia exigir-se-lhes a realização desse concurso para poderem ficar abrangidas pela segunda das assinaladas alternativas. Terá, pois de concluir-se que a obrigação constante do art. 6.º, n.º 2, do DL 388/87, de 31.12, de os funcionários e agentes mencionados no número anterior (n.º 1 do preceito) não poderem ser nomeados para lugares de chefe de repartição ou de adjunto de chefe de repartição de finanças sem que obtivessem aprovação nos concursos previstos para o efeito na legislação aplicável à Direcção-Geral das Contribuições e Impostos não se aplica quando a categoria de recrutamento para o lugar de chefia for a categoria de entrada na carreira.

Tendo as recorridas particulares sido admitidas como peritas de fiscalização tributária de 2.ª classe e sendo o recrutamento de adjuntos de chefe de repartição de finanças de nível I feito directamente nessa categoria, ou nos candidatos aprovados em concurso para ela, é inquestionvel que a sua nomeação poderia ser feita, como foi, sem necessidade de qualquer concurso.

Improcedem, assim, todas as conclusões da alegação do recorrente.

IV – DECISÃO

Nos termos e com os fundamentos expostos acordam em negar provimento ao recurso e em confirmar o sentido do acórdão recorrido, embora com diferentes fundamentos.

Custas a cargo do recorrente, fixando-se a Taxa de Justiça e a Procuradoria em, respectivamente, 300 e 150 euros.

Lisboa, 23 de Março de 2006

Rui Botelho (Relator)
Cândido de Pinho
Angelina Domingues

Recurso n.º 1175/05-11

DIRIGENTE SINDICAL. GREVE. FALTAS.

(Acórdão de 12 de Janeiro de 2006)

SUMÁRIO:

I– Nos termos do disposto no artigo 19.º do DL 100/99, de 31/3 as faltas ocorridas durante o período de greve consideram-se justificadas e presumem-se motivadas pelo exercício desse direito, presunção que, contudo, pode ser ilidida por declaração em contrário do trabalhador.

ACORDAM, EM CONFERÊNCIA, NA 1ª SECÇÃO DO SUPREMO TRIBUNAL ADMINISTRATIVO:

1 – RELATÓRIO

1.1 Helena Maria Arcanjo Coelho Martins, recorre do Acórdão do TCA Sul, de 10-3-05, que negou provimento ao recurso contencioso por si interposto do despacho, de 21-9-01, do Secretário de Estado da Administração Educativa, que indeferiu o recurso hierárquico interposto do acto de indeferimento de sua reclamação, de 13-5-01, com referência ao acto de processamento do seu vencimento do mês de Maio de 2001.

Nas suas alegações formula as seguintes conclusões:

"1ª – Verifica-se uma contradição insanável entre a matéria de facto dada como provada, segundo a qual a Recorrente desempenhava as funções de dirigente sindical na situação de dispensa de 75% do seu serviço, e a conclusão de direito segundo a qual a mesma tinha o dever de ilidir a presunção do art. 19.º, n.º 2, do DL n.º 100/99, de 31 de Março, para evitar o desconto da remuneração correspondente ao dia de greve.

2ª – Com efeito, tal conclusão abstrai do (ou esquece o) facto de que a mesma Recorrente estava legalmente dispensada de comparecer ao serviço no dia da greve (30/03/2003), tendo tal dispensa o seu fundamento legal no regime dos arts. 12.º, n.º 2, 13.º, n.º 2, 14.º e 15.º do DL n.º 84/99, de 19 de Março.

3ª – E que, ao abrigo daqueles normativos, por despacho de 04/08/00 do Subdirector-Geral da Direcção-Geral da Administração Educativa, a Recorrente não tinha o dever legal de comparecer no seu serviço nos períodos de manhã das 2ªs, 3ªs, 4ªs e 5ªs feiras e nos períodos de manhã e de tarde das 6ªs feiras do ano lectivo de 2000/2001, períodos esses que correspondem aos supra referidos 75% de dispensa parcial do seu serviço.

4ª – E não tendo o dever legal de comparecer no serviço no dia da greve (30/03/2001), a ora R. não podia nem devia ilidir a presunção do art. 19.º, n.º 2, do DL n.º 100/99, de 31 de Março, pois a sua ausência não podia ser presumida como significando adesão à greve.

5ª – Em consequência, o Acórdão ora recorrido não deu como provado, quando devia tê-lo feito, que a ora Recorrente não tinha o dever legal de comparecer no seu serviço no período da manhã das 2ªs, 3ªs, 4ªs e 5ªs feiras e nos períodos da manhã e da tarde das 6ªs feiras do ano lectivo de 2000/2001 e que, por conseguinte, não tinha o dever legal de comparecer no seu serviço no dia da greve, 30/03/2003.

6ª – Ao dar como provado que nos dias 09/05/2000 e 30/03/2001 a ora Recorrente aderiu às greves que nessas datas se realizaram, o Acórdão recorrido, para além de partir de pressupostos de facto errados, adulterou o conceito técnico-jurídico do exercício do direito de greve e não teve em conta, como devia ter tido, a impossibilidade jurídica de a Recorrente, encontrando-se na situação de dispensa de serviço, aderir a uma greve.

7ª – Desde logo, o documento de fls. 82 dos autos – um ofício da Direcção do SPRC dizendo que três dirigentes seus, entre os quais a ora Recorrente, tinham aderido a uma greve, cujo teor o Acórdão recorrido invoca como prova de que a ora Recorrente teria "aderido" a uma daquelas greves – refere-se a um dia de greve (09/ /05/2000) diferente do dia (30/03/2001) que foi invocado pela Autoridade Recorrida para supervenientemente fundamentar a dedução da importância de Esc. 9.787$00 do vencimento-base da Recorrente, pelo que a decisão do Tribunal a quo assentou em errados pressupostos de facto.

8ª – Ao que acresce – atenta a supra referida impossibilidade jurídica de a ora Recorrente aderir a qualquer greve quando se encontre na situação de dispensa de serviço – que aquela declaração da Direcção do SPRC carece de qualquer valor e eficácia jurídicas, relevando apenas no plano da solidariedade e dos valores morais.

9ª – Constitui uma inaceitável falta de rigor jurídico do Acórdão aqui recorrido, com o que o mesmo também assenta em pressupostos errados, a sua conclusão, no âmbito da matéria de facto dada como provada, de que a circunstância de a Direcção do SPRC ter declarado que a ora Recorrente, na qualidade de dirigente sindical, esteve envolvida na (empenhada em tarefas de promoção, coordenação e acompanhamento da) greve, significa o mesmo que a Recorrente tenha aderido a tal greve.

10ª – Porquanto o conceito de «envolvimento» numa greve é um conceito da linguagem corrente, sem conteúdo jurídico, além do mais amplo e flexível, no qual cabem as funções concretas já descritas, enquanto o conceito de «adesão» a uma greve é, inquestionavelmente, um conceito jurídico, cujo conteúdo é preciso e perfeitamente delimitado.

11ª – Na verdade, dizer que um trabalhador aderiu a uma greve significa dizer que o mesmo exerceu o seu direito, constitucional e legalmente consagrado, de faltar ao trabalho, ou de se ausentar do seu serviço, durante o período para o qual se encontra legalmente convocada uma determinada greve, sendo que, se nada disser em contrário se presume que a sua falta significa que aderiu à greve, falta que, por isso mesmo, se considera justificada, embora perca o direito à remuneração do período de greve.

12ª – A impossibilidade jurídica de a ora Recorrente ter aderido à greve de 30/03/01 tem afinal a mesma natureza e efeitos da impossibilidade jurídica do trabalhador em situação de baixa por doença aderir a uma greve que se verifique durante a referida situação de baixa, pois um e outro, embora por razões diferentes, encontram-se de forma transitória na mesma situação de legalmente dispensados de comparecerem ao serviço, por conseguinte também transitoriamente desvinculados dos seus deveres de subordinação e assiduidade.

13ª – Ao não ter em conta que a ora Recorrente se encontrava no dia da greve (30/03/2001) dispensada do cumprimento dos seus deveres de obediência e assiduidade e, por conseguinte, juridicamente impossibilitada de aderir à mesma greve, o Acórdão Recorrido – tal como o Parecer n.º 83/2000, da Auditoria Jurídica do Ministério da Educação, erigido em fundamento do acto recorrido – viola o disposto no art. 7.º, n.º 1, das Lei n.º 65/77, de 26 de Agosto (Lei da Greve) e no art. 19.º, n.º 2, do DL n.º 100/99, de 31 de Março, conjugados com os arts. 12.º, n.º 2, 13.º, n.º 2, 14.º e 15.º do DL n.º 84/99, de 19 de Março.

14ª – A comparticipação da ora Recorrente nas reuniões do Conselho Executivo, com perfeito conhecimento do que nelas se deliberou, não sanou as ilegalidades do citado Parecer n.º 83/2000, bem como das deliberações que o mesmo Conselho tomou com fundamento em tal Parecer.

15ª – Ao que acresce que, conforme consta das actas das reuniões do Conselho Executivo do Agrupamento de Escolas de Coimbra, a Recorrente jamais deu a sua concordância às deliberações com fundamento em tal Parecer, antes sempre tendo declarado nas mesmas reuniões a sua intenção de oportunamente impugnar o acto que com fundamento no dito Parecer lhe viesse a deduzir do seu vencimento o montante correspondente à remuneração do dia da greve.

16ª – No procedimento administrativo que culminou com o acto recorrido não se verificou a audiência prévia dos interessados, donde resulta que o acto recorrido padece de ilegalidade, por vício de forma decorrente de preterição de formalidade essencial, em consequência do que o Acórdão ora recorrido violou também o disposto nos arts. 100.º e seguintes do C.P.A.

17ª – Na eventualidade de, no âmbito do presente recurso jurisdicional, a Autoridade Recorrida vir a alegar o facto – aliás falso e sem correspondência com a realidade – de que a dispensa de serviço da ora R. para o desempenho de funções sindicais, ao abrigo do disposto nos arts. 12.º e 15.º do DL n.º 84/99, de 19 de Março, constituiria apenas uma dispensa da componente lectiva, a ora Recorrente desde já invoca a preclusão de tal facto, nos termos do art. 264.º, n.º 2, do C.P.C., conjugado como disposto no art. 1.º da LPTA, para além de que o Acórdão que conhecesse do mesmo seria nulo, nos termos do art. 668.º, n.º 1, al. d), do CPC.

Termos em que deverá o Acórdão recorrido ser revogado, e, com fundamento nos vícios de ilegalidade de que padece o acto recorrido, deve ser concedido provimento ao Recurso e anulando-se aquele acto, com as legais consequências." – cfr. fls. 290v./293v.

1.2 A Entidade Recorrida, tendo contra-alegado, vem pugnar pela manutenção do Acórdão do Tribunal "a quo", uma vez que, na sua óptica, o dito aresto fez correcta aplicação da lei aos factos apurados.

1.3 No seu Parecer de fls. 324-325, o Magistrado do M. Público pronuncia-se pelo não provimento do recurso jurisdicional.

1.4 Colhidos os vistos cumpre decidir.

FUNDAMENTAÇÃO

2 – A MATÉRIA DE FACTO

No Acórdão recorrido deu-se como provado o seguinte:

"*a*) A recorrente é Professora do 1.º CEB do Quadro Distrital de Vinculação de Coimbra e encontra-se colocada, por concurso, na Escola do 1.º CEB do Ingote, Coimbra;

b) A recorrente é dirigente sindical, e membro da Direcção do Sindicato dos Professores da Região Centro – FENPROF;

c) Desempenhando essas funções na situação de dispensa ou redução de 75% do seu serviço;

d) No dia 9 de Maio de 2000 realizou-se uma greve, à qual a recorrente aderiu (cfr. Doc. n.º 13, fls. 82);

e) No dia 30.03.01 realizou-se nova greve convocada pelo Sindicato de Professores da Região Centro, à qual a recorrente também aderiu, conforme foi comprovado pela Direcção do SPRC (cfr. Doc. n.º 11, fls. 79);

f) No mês de Maio de 2001, foi descontado no vencimento da recorrente a quantia de Esc. 9.787$00, correspondente à remuneração do dia de greve de 30.03.2001;

g) Em 15.06.01, a recorrente apresentou à Srª Presidente do C.E. da sua escola reclamação relativa ao acto de processamento do seu vencimento (cfr. Doc. n.º 1, fls. 26 dos autos).

h) Tal reclamação foi indeferida;

i) Em 31.7.01, a recorrente interpôs recurso hierárquico para o Sr. Ministro da Educação, o qual foi, igualmente, indeferido.

3 – O DIREITO

3.1 Em causa está com o presente recurso jurisdicional o Acórdão do TCA Sul, de 10-3-05, que negou provimento ao recurso contencioso interposto pela agora Recorrente.

3.2 Na sua alegação a Recorrente começa por defender aquilo que qualifica como sendo a "contradição insanável entre a matéria de facto dada como provada segundo qual a Recorrente desempenhava as funções de dirigente sindical na situação de dispensa de 75% do seu serviço, e a conclusão de direito segundo a qual a mesma tinha o dever de ilidir a presunção do art. 19.º, n.º 2, do DL n.º 100/99, de 31 de Março, para evitar o desconto da remuneração correspondente ao dia de greve.".

Ora, não assiste razão à Recorrente.

Com efeito, não existe a apontada contradição, sendo que se pode retirar do entendimento acolhido no questionado aresto, que a circunstância de a Recorrente beneficiar da aludida dispensa não implica que, no caso em apreço, a mesma se encontrasse dispensada de ilidir a presunção a que alude o n.º 2, do artigo 19.º do DL 100/99, daí que, não tendo ilidido tal presunção, mediante a indicação em contrário prevista no citado n.º 2, se tivesse de dar como provado, como, de resto, veio suceder, que a mesma aderiu à greve, em nada sendo infirmada tal presunção pelo teor do ofício enviado pela Direcção do Sindicato, e, isto, decisivamente, pelo facto de o ónus de ilidir a enunciada presunção impender sobre a Recorrente e não sobre a Administração, não sendo esta, por isso, obrigada a investigar sobre se a Recorrente fez ou não greve.

Por outro lado, também não procede a censura formulada pela Recorrente quando defende que se deveria ter dado como provado que não tinha o dever legal de comparecer no seu serviço nos períodos que referencia na 5ª conclusão da sua alegação e que, também, não teria o dever legal de comparecer no seu serviço no dia da greve, a 30.3.03.

Na verdade, tal matéria por ser de natureza conclusiva e envolver um juízo de direito não podia, obviamente, constar da matéria de facto dada como provada.

Em suma, não só não existe qualquer contradição entre a matéria de facto dada como provada como também não ocorrem os invocados erros ao nível do julgamento da matéria de facto, neste enquadramento improcedendo as censuras que, sob tais vertentes, a Recorrente formula nas conclusões 1ª, 2ª, 5ª, 6ª, 7ª, 8ª, 9ª, 10ª e 11ª.

3.3 Acresce que, como se verá de seguida, também improcedem as demais críticas que, agora no campo do julgamento da matéria de direito, a Recorrente dirige ao Acórdão, quer na parte da pronúncia nele contida a propósito da legalidade do desconto efectuado no seu vencimento quer no tocante ao que se decidiu em sede da arguida violação do princípio da audiência prévia.

Vejamos, então.

3.3.1 No que se reporta à questão do desconto referente ao dia de greve importa não esquecer que, apesar da Recorrente beneficiar da apontada dispensa ou redução de 75% do seu serviço, daqui não se segue que os vínculos que a ligam à função pública se tivessem rompido ou suspendido, antes, pelo contrário, se mantendo a relação jurídica de emprego público, não estando, por isso, desobrigada dos pertinentes deveres emergentes da respectiva relação laboral.

É, de resto, o que bem se assinala no Acórdão deste STA, de 14-1-04, onde, abordando um caso similar ao dos autos, se refere que durante o exercício da actividade sindical, os dirigentes do Sindicato dos Professores "não rompem os vínculos que os ligam à função pública e porque assim, continuam obrigados aos seus deveres funcionais, designadamente aos deveres de assiduidade e subordinação", mais se salientando que, apesar da dispensa de que beneficie o professor este "continua vinculado à sua escola e aos deveres funcionais decorrentes dessa vinculação, designadamente ao seu dever de assiduidade.".

Acresce que, independentemente da extensão da dispensa ou redução de serviço de que goze o membro do Sindicato, o que é certo é que tal dispensa ou redução não pode, manifestamente, ser vista como obstáculo ao exercício do direito à greve que assista ao funcionário em causa, sob pena de se impedir o trabalhador de exercer o seu direito constitucional à greve.

Aliás, seria no mínimo algo peculiar que, por exemplo, os membros da Direcção de um Sindicato, que tivesse convocado uma greve, se julgassem impedidos de nela participar com a invocação de que estariam dispensados de comparecer no respectivo serviço, podendo, inclusivamente, auferir da remuneração referente ao dia da greve, em claro contraste com o que aconteceria com os demais trabalhadores que, tendo aderido à greve, necessariamente perderiam o direito à remuneração correspondente ao período de duração da mesma greve.

De qualquer maneira, sendo incontroverso que a Recorrente não compareceu na Escola no dia em que se realizou a greve e não tendo ilidido a presunção contida no n.º 2, do artigo 19.º do DL 100/99, de 31-3, daqui se segue que a falta ocorrida nesse dia se tenha de considerar justificada, presumindo-se motivada pelo exercício do direito à greve, implicando, contudo, como já atrás se viu, a perda do direito à remuneração correspondente a esse dia, destarte não se podendo subscrever as censuras que a Recorrente dirige, a este nível, ao Acórdão do Tribunal "a quo", consequentemente improcedendo as conclusões 1ª a 13ª da alegação da Recorrente, não tendo sido violado qualquer dos preceitos nelas indicados.

3.3.2 Por último, também não assiste razão à Recorrente no tocante ao vício de forma por preterição do princípio da audiência.

De facto, cumpre realçar, desde logo, que a Recorrente situa tal preterição ao nível do acto de processamento, sustentando que deveria ter sido ouvida antes do mesmo ser praticado (cfr., em especial, os artigos 162.º a 165.º, da sua petição de recurso).

Acontece, porém, que os actos de processamento de vencimentos de funcionários, pela sua própria natureza, envolvendo um grande número de funcionários e estando vocacionados para o pagamento atempado da remuneração mensal não se compadecem, em princípio, com a prática de actos procedimentais que se apresentem como susceptíveis de comprometer tal desiderato (cfr. a alínea b), do n.º 1, do artigo 103.º do CPA).

Temos, assim que, no caso em apreço, se não verifica o arguido vício de forma, deste modo improcedendo as conclusões 14ª a 16ª da alegação da Recorrente.

3.4 Improcedem, por isso, todas as conclusões da alegação da Recorrente, não tendo o Acórdão recorrido violado qualquer dos preceitos nelas invocados.

4 – DECISÃO

Nestes termos, acordam em negar provimento ao recurso jurisdicional, mantendo o Acórdão recorrido.

Custas pela Recorrente, fixando-se a taxa de justiça em 400 Euros e a procuradoria em 200 Euros.

Lisboa, 12 de Janeiro de 2006.

Santos Botelho (Relator)
Pais Borges
Madeira dos Santos

Recurso n.º 852/05-11

ESTABELECIMENTO COMERCIAL. LICENCIAMENTO. DESPEJO ADMINISTRATIVO. PRINCÍPIO DA LEGALIDADE. ÂMBITO DO RECURSO CONTENCIOSO.

(Acórdão de 7 de Março de 2006)

SUMÁRIO:

I – O despejo sumário previsto no art. 165.º, § 5., do R.G.E.U. reporta-se «*inquilinos e demais ocupantes de edificações ou partes das edificações utilizadas sem as respectivas licenças ou em desconformidade com elas*».

II – Não se inclui na previsão desta norma, o despejo de um estabelecimento comercial que funciona, a céu aberto, num prédio rústico.

III – À face do princípio da legalidade, que deve enformar toda a actividade da Administração nas relações com os particulares (arts. 266.º, n.º 2, da C.R.P. e 3.º, n.º 1, do C.P.A.), não é possível a utilização dos poderes conferidos pelo art. 165.º do R.G.E.U. para despejo administrativo de inquilinos de edificações não licenciadas para determinar o despejo de um estabelecimento comercial que não está instalado numa edificação não licenciada.

IV – Os recursos contenciosos são de mera legalidade (art. 6.º da L.P.T.A.), visando-se neles apreciar a legalidade da actuação da Administração tal como ela ocorreu, não podendo o tribunal, perante a constatação da invocação de um fundamento ilegal como suporte da decisão administrativa, apreciar se a sua actuação poderia basear-se noutros fundamentos, mesmo que invocados *a posteriori* no recurso contencioso.

ACORDAM NA SECÇÃO DO CONTENCIOSO ADMINISTRATIVO DO SUPREMO TRIBUNAL ADMINISTRATIVO:

1 – FERROMADEIRAS – MATERIAIS DE CONSTRUÇÃO, LIMITADA interpôs no Tribunal Administrativo de Círculo de Lisboa recurso contencioso do despacho de 7-8-2001, do Senhor Vereador Mendes do Carmo, da Câmara Municipal de Cascais, que determinou que a Recorrente despejasse um prédio rústico onde tem instalado um estabelecimento de exposição e venda de artesanato, de venda de terras, adubos, flores e plantas, e de fabricação, exposição e venda de fornos e churrasqueiras.

Por sentença de 29-3-2005 foi julgado procedente o recurso e anulado o acto recorrido.

Inconformada, a Autoridade Recorrida interpôs o presente recurso jurisdicional para este Supremo Tribunal Administrativo, apresentando alegações com as seguintes conclusões:

I. Salvo o devido respeito, que é muito, parece-nos que a douta sentença recorrida enferma erro de julgamento, fazendo uma errada interpretação do disposto no art. 165.º do RGEU;

II. Demonstrado ficou que a Recorrente tem em funcionamento no local um estabelecimento comercial de venda e exposição de artesanato, venda de terras, flores e plantas, e fabricação e venda de fornos e churrasqueiras;

III. A disposição contida no art. 165.º do RGEU não pode ser interpretada de forma literal e tão restrita que deixe de fora situações como a do caso vertente, permitindo-se assim a instalação e o funcionamento de um estabelecimento comercial em clara violação das mais elementares normas de direito ao caso aplicáveis, só porque não se trata de uma edificação;

IV. O despejo sumário constitui uma medida de tutela da legalidade urbanística, perpetrada não só com a implantação de construções clandestinas, mas também com o desenvolvimento de actividades não licenciadas;

V. No caso vertente existe desconformidade entre o uso que pode ser dado ao terreno e o uso que efectivamente lhe está a ser dado pela Requerente;

VI. O facto de estarmos perante um estabelecimento a "céu aberto" não dispensa o mesmo de possuir a necessária licença ou autorização municipal. E não impede consequentemente que seja determinado o seu despejo nos termos do preceituado no art. 165.º do RGEU;

VII. Decidindo como decidiu a douta sentença recorrida violou o disposto no art. 165.º do RGEU, impondo-se a sua revogação.

Nestes termos e nos melhores de direito, que V. Ex.ª doutamente suprirá, deve o presente recurso ser julgado procedente por provado, revogando-se a douta sentença recorrida, com o que se fará JUSTIÇA.

A Autoridade Recorrida contra-alegou, concluindo da seguinte forma:

I) As pequenas e insignificativas construções erigidas pela ora Recorrida no terreno em causa – protecção das lenhas e pequeno escritório – já haviam sido destruídas pelos Serviços Municipais de Cascais, antes de ser proferido o acto ora recorrido (como o havia sido o muro de vedação, já existente quando a ora Recorrida tomou o terreno de arrendamento).

II) Igualmente haviam os Serviços Municipais cortado o abastecimento de água e de luz com o que, com as destruições referidas em 1, seria suposto que o estabelecimento em causa cessaria a sua actividade e o terreno ficaria liberto.

III) Os valores de higiene, segurança, salubridade e estética são estritamente respeitados no estabelecimento da ora Recorrida (como os requeridos meios probatórios demonstrarão).

IV) A entidade autárquica não actuou espontaneamente, mas em resultado e na sequência de requerimento da proprietária do terreno, que, para tanto, invocou razões de degradação do ambiente e de estética; certo, contudo, que o que essa proprietária deliberou realizar foi um grande empreendimento imobiliário na zona que abrange o prédio da ora Recorrida, prédio que lhe seria facultado, sem custos, se o acto ora contenciosamente recorrido prevalecesse, como caso resolvido.

V) Não existindo, no local, qualquer construção, não há qualquer base legal para a medida administrativa neste processo contenciosamente recorrida.

VI) Trata-se de um estabelecimento de dimensão familiar, a céu aberto, para o qual nenhuma legislação (nomeadamente a invocada no acto contenciosamente recorrido) exige licença de utilização.

VII) Aliás, caso seja possível o licenciamento, desde sempre a ora Recorrida se mostrou disponível para o requer (desde que a autoridade municipal não exija a autorização da empresa proprietária do terreno – que, evidentemente, nunca será concedida)

Pelo exposto, deve ser entendido que a sentença recorrida fez correctas interpretação e aplicação da lei, pelo que deverá ser negado provimento ao presente recurso jurisdicional.

Assim sendo, se fará JUSTIÇA.

O Excelentíssimo Procurador-Geral Adjunto emitiu douto parecer nos seguintes termos:

A meu ver a sentença não merece censura.

Com efeito, o despejo da recorrente foi ordenado ao abrigo do disposto no art. 165.º do R.G.E.U., que determina que «... as câmaras municipais poderão ordenar ... o despejo sumário dos inquilinos e demais ocupantes das edificações ou partes das edificações utilizadas sem as respectivas licenças».

Porém, no caso concreto, não se trata da utilização de uma edificação ou parte dela, mas do exercício de uma actividade comercial, «a céu aberto», sem a respectiva licença.

Deste modo, a citada norma do art. 165.º do R.G.E.U. não poderia servir de fundamento à ordem de despejo tomada, pelo que existe vício de violação de lei.

Mas também o auto de notícia, em que se baseou o acto recorrido, enferma do mesmo vício, já que o invocado art. 1.º, n.º 1, al. b) do DL n.º 445/91, de 15 de Outubro, estabelece o regime de licenciamento municipal para utilização de edifícios ou suas fracções autónomas e respectivas alterações.

Assim, o recurso jurisdicional deve ser julgado improcedente.

Corridos os vistos legais, cumpre decidir.

2 – Na sentença recorrida deu-se como assente a seguinte matéria de facto:

A) Em 29 de Junho de 2001 foi lavrado auto, pelos serviços de fiscalização da Câmara Municipal de Cascais, dando notícia de que a recorrente mantém "em funcionamento um estabelecimento de exposição e venda de artesanato; venda de terras, adubos flores e plantas e fabricação, exposição e venda de fornos e churrasqueiras, num terreno sito na Av. da República, n.º 1 Casal do Goilão em Alcoitão (...) sem que para o efeito possua Alvará de Licença de Utilização. (...) E tais actos e comportamentos constituem violação da alínea b), n.º 1, artigo 1.º do Decreto-Lei n.º 445/91, de 20 de Novembro, republicado pelo Decreto-Lei n.º 250/94, de 15 de Outubro em vigor na área deste município e constitui contra-ordenação prevista e punida pelo artigo 54.º, n.º 1, alínea c) e n.º 4 do Decreto-Lei n.º 445/91, de ao de Novembro, com a nova redacção que lhe foi dada pela Lei n.º 29/92, de 5 de Setembro, punida com a coima de 100.00$00 a 30.000.000$00" – Documento a fls. 5 e 6 do processo instrutor;

B) Em 29 de Junho de 2001 foi elaborada informação por um fiscal municipal do Sector de Actividades Económicas, da Divisão de Fiscalização, do Departamento de

Polícia Municipal, da Câmara Municipal de Cascais, do seguinte teor: "Após visita efectuada ao local, cumpre-me informar que foi levantado Auto de Notícia à firma Ferro-Madeiras – Madeiras e Materiais de Construção, Lda., com sede na Av. da República, n.º 1, Casal do Goilão em Alcoitão, representada pelo seu sócio-gerente Sr. Artur Dias Duarte, por manter em funcionamento um estabelecimento de exposição e venda de artesanato; venda de terras, adubos, flores e plantas; e fabricação, exposição e venda de fornos e churrasqueiras, num terreno sito na Av. da República, n.º i, Casal do Goilão em Alcoitão, sem que para o efeito possua o respectivo Alvará de Licença de Utilização. (...) Podendo esta Câmara, se assim o entender, proceder ao despejo sumário do terreno em causa, notificando a firma proprietária, BRASFER IMOBILIÁRIA, SA, com sede na Rua General Firmino Miguel, Torre 2, 10.º, A, 1600-100 Lisboa, representada legalmente por Dr. Fernando António da Silva Castro Correia da Silva, bem como a firma inquilina acima descrita, ao abrigo do art. 165.º do RGEU". – Documento a fls. 7 do processo instrutor;

C) Sobre a informação referida em B) recaiu, em 11 de Julho de 2001, despacho do Fiscal Municipal Coordenador, com delegação de competências, dirigido ao Director do Departamento de Polícia Municipal, do seguinte teor: "Levantado o auto junto por fotocópia, pode agora a Câmara notificar o senhorio e o inquilino, ao abrigo do disposto no art. 165.º do RGEU, de 7/8/51, para no prazo de 45 dias procederem ao despejo do prédio rústico onde se encontra instalado o estabelecimento comercial em questão, sob pena de, não cumprindo, ser remetida participação a Tribunal pela prática de crime de desobediência previsto e punido pelo art. 348.º do Código Penal. Como tal deve o expediente transitar à RAGE para que seja promovida a necessária audiência dos interessados, nos termos do art. 100.º e seguintes do CPA." E, na mesma data, despacho do Director do Departamento de Polícia Municipal do seguinte teor: "Concordo. Envie-se à RAGE, para os devidos efeitos". – Documento a fl. 7 do processo instrutor;

D) Pelo ofício n.º 35795, datado de 18 de Julho de 2001, foi o recorrente notificado, na qualidade de inquilino, "nos termos do artigo 101.º do Código de Procedimento Administrativo, que dispõe de 10 dias a contar da data do presente ofício para se pronunciar por escrito sobre o projecto de decisão exarado em 01.07.11, que a seguir se transcreve, podendo igualmente requerer diligências complementares e juntar documentos: "Notifique-se a forma FERRO-MADEIRAS – Madeiras e Materiais de Construção, Lda., na qualidade de inquilino, com sede na Av. da República, Casal Goilão, em Alcoitão, ao abrigo do disposto no artigo 165.º do Regulamento Geral das Edificações Urbanas de 7 de Agosto de 1951, para no prazo de 45 dias, proceder ao despejo sumário do prédio rústico onde se encontra instalado o estabelecimento comercial em questão, sob pena de, não cumprindo ser remetida participação a Tribunal pela prática do crime de desobediência prevista no artigo 348.º do Código Penal". – Documento a fls. 7, 10 e 11 do processo instrutor;

E) Sobre a informação da Chefe de Repartição de Administração Geral, de 3 de Agosto de 2001, no sentido de que "as alegações agora apresentadas quer pela Ferro-Madeiras, quer pela Brasfer Imobiliária, não alteram o motivo da audiência prévia. Nestes termos parece-me ser de proferir despacho de decisão final de igual teor ao nosso ofício n.º 35794 e 35795 do corrente ano" recaiu despacho de concordância do Coordenador do Gabinete de Apoio Municipal, de 6 de Agosto de 2001, e despacho de concordância, de 7 de Agosto de 2001, do Vereador Mendes do Carmo – Documento a fls. 52 do processo instrutor;

F) Pelo ofício n.º 40296, datado de 14 de Agosto de 2001, foi o recorrente notificado, por intermédio da sua procuradora, de que "por despacho de 07.08.01 do Senhor Vereador Mendes do Carmo, no uso de competência delegada, foi proferida decisão final expressa de conteúdo idêntico ao do projecto de decisão levado ao seu conhecimento através do ócio n.º 35795, de 18.07.01 (...) – Documento n.º i a fls. 4 dos autos.

3 – Os recursos jurisdicionais são delimitados pelas conclusões das alegações, como se conclui do preceituado no n.º 3 do art. 684.º do C.P.C..

Assim, a única questão que se inclui é a de saber se o acto recorrido viola o art. 165.º do R.G.E.U., que estabelece o seguinte:

As câmaras municipais poderão ordenar, independentemente da aplicação das penalidades referidas nos artigos anteriores, a suspensão dos trabalhos ou a demolição das obras executadas em desconformidade com o disposto nos artigos 1.º a 7.º, bem como poderão determinar o despejo sumário dos inquilinos e demais ocupantes das edificações ou partes das edificações utilizadas sem as respectivas licenças ou em desconformidade com elas.

§ 1.º A suspensão dos trabalhos será notificada aos donos das obras ou aos seus propostos ou comitidos e caso de estes se não encontrarem no local, aos respectivos encarregados. A notificação, quando não tenha sido precedida de deliberação da câmara municipal, apenas produzirá efeitos durante o prazo de quinze dias, salvo se for confirmada por deliberação de que o interessado seja entretanto notificado.

§ 2.º O prosseguimento de trabalhos cuja suspensão tenha sido ordenada será punido com multa de 200$ a 2.500$.

§ 3.º A demolição das obras executadas sem a respectiva licença, em desconformidade com ela, com os respectivos projectos e com as disposições legais ou regulamentares aplicáveis será decretada pelo tribunal da situação das obras em acção movida pela câmara contra o infractor. Se este não der cumprimento à sentença nos sessenta dias que se seguirem à sua notificação, o tribunal investirá imediatamente a câmara na posse da obra, para que esta proceda à demolição à custa do infractor. A nota das despesas que a câmara efectuar constituirá título executivo.

§ 4.º O despejo sumário terá lugar no prazo de quarenta e cinco dias.

§ 5.º Quando nas câmaras não existam elementos suficientes para verificar a falta de licença ou a sua inobservância, mas se reconheça não possuir o prédio, no todo ou em parte, condições de habitabilidade, será o facto notificado ao proprietário e a este ficará vedado, a partir da data da notificação, firmar novo contrato de arrendamento ou permitir a sublocação para habitação das dependências condenadas, sob pena de ser ordenado o despejo. A notificação será precedida de vistoria, realizada nos termos da primeira parte do § 1.º do artigo 51.º do Código Administrativo, e só se efectuará quando os

peritos verificarem que o prédio ou parte do prédio não oferece condições de habitabilidade.

§ 6.º Nos casos em que for ordenado o despejo, os inquilinos ou sublocatários terão direito a uma indemnização correspondente a doze vezes a renda mensal, a pagar, respectivamente, pelos senhorios ou pelos inquilinos, salvo se estes lhes facultarem casa correspondente à que ocupavam.

No caso em apreço, está-se perante uma situação em que a Recorrente contenciosa explorava, sem licença, um estabelecimento de venda de vários produtos, funcionando a céu aberto, num prédio rústico.

Pelo acto recorrido foi ordenada a notificação da Recorrente contenciosa, na qualidade de inquilina, ao abrigo do referido art. 165.º, para proceder ao despejo sumário desse prédio rústico [alíneas d), e f), da matéria de facto fixada].

No que concerne ao despejo sumário, o texto do referido art. 165.º apenas faz referência aos de «*inquilinos e demais ocupantes de edificações ou partes das edificações utilizadas sem as respectivas licenças ou em desconformidade com elas*».

A Autoridade Recorrida sustenta, porém, que para alem de existirem no local algumas construções de apoio à actividade desenvolvida no terreno, deverá entender-se que o despejo sumário constitui uma medida de tutela da legalidade urbanística, aplicável não só ma construções clandestinas mas também ai desenvolvimento de actividades sem licenciamento ou em desconformidade com ele.

No entanto, esta posição não tem qualquer suporte no texto do referido art. 165.º, pois ele reporta-se ao despejo de edificações ou partes delas.

Por outro lado, não pode admitir-se a utilização do regime legal previsto para determinado tipo de casos a situações distintas, pois a Administração está, actualmente, obrigada a actuar em conformidade com o princípio da legalidade, consagrado no art. 266.º, n.º 2, da C.R.P. e concretizado no art. 3.º, n.º 1, do Código do Procedimento Administrativo.

Este último diploma, definindo tal princípio, estabelece que

Os órgãos da Administração Pública devem actuar em obediência à lei e ao direito, dentro dos limites dos poderes que lhes estejam atribuídos e em conformidade com os fins para que os mesmos poderes lhes forem conferidos.

Neste art. 3.º, o princípio da legalidade deixou de ter «*uma formulação unicamente negativa (como no período do Estado Liberal), para passar a ter uma formulação positiva, constituindo o fundamento, o critério e o limite de toda a actuação administrativa*». [1]

«*A lei não é apenas um limite à actuação da Administração: é também o fundamento da acção administrativa. Quer isto dizer que, hoje em dia, não há um poder livre de a Administração fazer o que bem entender, salvo quando a lei lho proibir; pelo contrário, vigora a regra de que a Administração só pode fazer aquilo que a lei lhe permitir que faça*».[2]

Assim, à face deste princípio da legalidade, a Autoridade Recorrida não podia basear-se no referido art. 165.º para ordenar o despejo referido.

4 – Por outro lado, não releva, para apreciação da legalidade do acto recorrido, a eventualidade de existir outro regime legal sobre o licenciamento de estabelecimentos do tipo do referido nos autos, designadamente o Decreto-Lei n.º 370/99, de 18 de Setembro, e Portaria n.º 33/2000, de 28 de Janeiro, indicados pela autoridade recorrida na sua alegação.

Na verdade, os recursos contenciosos são de mera legalidade (art. 6.º da L.P.T.A.), visando-se neles apreciar a legalidade da actuação da Administração tal como ela ocorreu, não podendo o tribunal, perante a constatação da invocação de um fundamento ilegal como suporte da decisão administrativa, apreciar se a sua actuação poderia basear-se noutros fundamentos, mesmo que invocados *a posteriori* no recurso contencioso[3].

Este entendimento é de manter, pelo menos quando não se esteja perante situações em que a lei preveja

---

[1] Freitas do Amaral, João Caupers, João Martins Claro, João Raposo, Pedro Siza Vieira e Vasco Pereira da Silva, em *Código do Procedimento Administrativo Anotado*, 3.ª edição, página 40.

Em sentido semelhante, pode ver-se o primeiro Autor em *Curso de Direito Administrativo*, volume II, página 42.

[2] Freitas do Amaral, *Curso de Direito Administrativo*, volume II, páginas 42-43.

Em sentido idêntico, podem ver-se:

– Marcelo Rebelo de Sousa, *Lições de Direito Administrativo*, 1999, volume I, página 84, que refere:

«*Com o Estado pós-liberal, em qualquer das suas três modalidades, a legalidade passa de externa a interna.*

A Constituição e a lei deixam de ser apenas limites à actividade administrativa, para passarem a ser fundamento dessa actividade.

Deixa de valer a lógica da liberdade ou da autonomia, da qual gozam os privados, que podem fazer tudo o que a Constituição e a lei não proíbem, para se afirmar a primazia da competência, a Administração Pública só pode fazer o que lhe é permitido pela Constituição e a lei, e nos exactos termos em que elas o permitem.».

– Mário Esteves de Oliveira, Pedro Costa Gonçalves e J. Pacheco de Amorim, em *Código do Procedimento Administrativo Comentado*, volume I, 1.ª edição página 138, em que referem que

«*As fórmulas usadas parecem manifestações inequívocas de que, para o legislador do Código, a actuação da Administração Pública é comandada pela lei, sendo ilegais não apenas os actos (regulamentos ou contratos) administrativos produzidos contra proibição legal, como também aqueles que não tenham previsão ou habilitação legal, ainda que genérica (ou até orçamental)*».

– António Francisco de Sousa, em *Código do Procedimento Administrativo Anotado*, página 56:

«*Ora, este princípio não admite, contrariamente ao que sucede com os particulares, que seja possível à Administração tudo o que a lei não proíbe, antes impõe que apenas lhe seja possível aquilo que positivamente lhe seja permitido.*»

[3] Essencialmente neste sentido, podem ver-se os seguintes acórdãos deste Supremo Tribunal Administrativo:

– de 1-2-79, proferido no recurso n.º 11415, publicado em *Acórdãos Doutrinais do Supremo Tribunal Administrativo*, n.º 210, página 741, e em *Apêndice ao Diário da República* de 24-3-83, página 230;

– de 7-7-83, proferido no recurso n.º 17570, publicado em *Apêndice ao Diário da República* de 22-10-86, página 3405;

– de 25-7-85, proferido no recurso n.º 20966, publicado em *Apêndice ao Diário da República* de 17-4-89, página 3037;

– de 20-6-89, proferido no recurso n.º 27011, publicado em *Apêndice ao Diário da República* de 15-11-94, página 4391;

– de 21-4-94, proferido no recurso n.º 33071, publicado em *Apêndice ao Diário da República* de 31-12-96, página 3055;

– de 10-11-98, do Pleno, proferido no recurso n.º 32702, publicado em *Apêndice ao Diário da República* de 12-4-2001, página 1207.

Em sentido idêntico, podem ver-se:

– Marcello Caetano, *Manual de Direito Administrativo*, volume I, 10.ª edição, página 479 em que refere que é «*irrelevante que a Administração venha, já na pendência do recurso contencioso, invocar como motivos determinantes outros motivos, não exarados no acto*», e volume II, 9.ª edição, página 1329, em que escreve que «*não pode (...) a autoridade recorrida, na resposta ao recurso, justificar a prática do acto recorrido por razões diferentes daquelas que constam da sua motivação expressa*»;

– Mário Esteves de Oliveira, *Direito Administrativo*, Volume I, página 472, onde escreve que «*as razões objectivamente existentes mas que não forem expressamente aduzidas, como fundamentos do acto, não podem ser tomadas em conta na aferição da sua legalidade*».

vinculadamente os pressupostos de actuação da Administração, situações em que por vezes se tem entendido que pode accionar-se o princípio do aproveitamento do acto administrativo praticado no exercício de poderes vinculados.

No caso em apreço, não é de entrever a possibilidade de aplicação de tal princípio, pois, para além de nenhum daqueles diplomas prever um despejo sumário a realizar nos termos e prazo em que foi ordenado, o próprio facto de ter sido invocado o art. 165.º do R.G.E.U. e não qualquer outro, é susceptível de afectar os direitos de impugnação contenciosa da Recorrente que, poderia, se fosse invocado outro regime, discutir a legalidade da sua aplicação e não a do art. 165.º em que centrou a sua impugnação.

Por isso, não merece censura a posição assumida na sentença recorrida.

Termos em que acordam em negar provimento ao recurso e em confirmar a decisão recorrida.

Sem custas, por a Autoridade Recorrida estar isenta (art. 2.º da Tabela de Custas).

Lisboa, 7 de Março de 2006.

Jorge de Sousa (Relator)
São Pedro
António Samagaio.

Recurso n.º 1187/05-12

ESTATUTO DA CARREIRA DOCENTE. FALTA AO SERVIÇO. RECURSO HIERÁRQUICO. AUDIÊNCIA DOS INTERESSADOS.

(Acórdão de 9 de Março de 2006)

SUMÁRIO:

I – O princípio da audiência prévia previsto no art. 100.º, n.º 1 do CPA, representando o cumprimento da directiva constitucional de "participação dos cidadãos na formação das decisões ou deliberações que lhes disserem respeito" (art. 267.º, n.º 5 da CRP), é uma figura geral do procedimento decisório de 1.º grau, não se aplicando, em princípio, aos procedimentos de 2.º grau, como é o caso dos recursos hierárquicos, nos quais a audição dos administrados se reconduz aos contra-interessados (art. 171.º do CPA), e não aos peticionantes do procedimento.

II – Nos procedimentos de 2.º grau só haverá lugar a audiência de interessados quando o acto secundário (como aquele que decide o recurso hierárquico), sendo desfavorável ao particular, se baseie em matéria de facto nova, não considerada na decisão primária.

III – Do preceituado nos arts. 18.º, n.º 1 do DL n.º 100/99, de 31 de Março, e 94.º, n.º 1 do ECD, aprovado pelo DL n.º 139-A/90, de 28 de Abril, na redacção do DL n.º 1/98, de 2 de Janeiro, ressalta uma referência conceptual de "falta" à ausência ou não comparência do funcionário durante a totalidade ou parte do período de trabalho, do que decorre que a sua permanência no local de trabalho é obrigatória durante todo o período de trabalho que lhe está destinado, desde que, naturalmente, essa prestação de trabalho seja possível.

ACORDAM, EM CONFERÊNCIA, NA SECÇÃO DO CONTENCIOSO ADMINISTRATIVO DO SUPREMO TRIBUNAL ADMINISTRATIVO:

RELATÓRIO

I. Paula Cristina da Conceição os Reis, residente na Quinta da Coidiceira, Torre 22, 6.º C – Flamenga, Santo António dos Cavaleiros, interpôs no Tribunal Central Administrativo recurso contencioso de anulação do despacho da SECRETÁRIA DE ESTADO DA ADMINISTRAÇÃO EDUCATIVA, de 09.05.2001, pelo qual foi indeferido o recurso hierárquico interposto do acto do Presidente do Conselho Executivo da Escola E.B. 2/3 da Ramada, que ordenou lhe fosse marcada uma falta a um tempo lectivo no dia 22.11.2000, imputando ao acto recorrido vícios de forma por preterição de audiência prévia e de violação de lei.

Por acórdão daquele tribunal, de 03.03.2005 (fls. 56 e segs.), foi negado provimento ao recurso.

É desta decisão que vem interposto o presente recurso jurisdicional, em cuja alegação a recorrente formula as seguintes conclusões:

1. O douto acórdão recorrido decidiu não dar provimento ao recurso interposto do acto expresso de indeferimento praticado, em 9-5-01, pelo Sr. Secretário de Estado da Administração Educativa.

2. O referido acórdão não procedeu à correcta interpretação e aplicação da lei nem apreciou devidamente a prova constante dos autos.

3. Com efeito, o acto impugnado encontra-se ferido de vício de forma e do vício de violação de lei por contrariar normas legais vigentes e por erro nos seus pressupostos de facto.

4. Encontra-se ferido de vício de forma produzido na falta de audiência prévia prevista no artigo 100.º do C.P.A. ou seja, a decisão final foi tomada sem que a recorrente tenha sido chamada a pronunciar-se.

5. O acto impugnado também enferma de ilegalidade por contrariar o disposto no artigo 18.º do D.L. n.º 100/99, de 31 de Março e no artigo 94.º do E.C.D. aprovado pelo D.L. n.º 139-A/90, de 28 de Abril, na redacção que lhe foi dada pelo D.L. n.º 1/98, de 2 de Janeiro, uma vez que o procedimento da recorrente não integra o conceito de falta contido nas referidas normas.

6- O acto recorrido também contraria o disposto no artigo 10.º do mesmo E.C.D. uma vez que à recorrente não podia ser exigida, na sua actividade lectiva, outra função que não fosse a de proceder à leccionação e o disposto no artigo 59.º, n.º 3 e) do Regulamento Interno da Escola E.B. 2, 3 da Ramada que dispõe que constitui direito do pessoal docente exercer as suas funções com condições adequadas, o que se demonstrou não ter sido o caso.

7. O acto recorrido também enferma de ilegalidade por erro nos seus pressupostos de facto já que se fundamenta numa versão do quadro factual que não corresponde à realidade (baseia-se exclusivamente na versão constante da prova apresentada pelo recorrido sem ter em atenção a prova apresentada pela recorrente) e que chega a confirmar, nalguns aspectos, a posição da recorrente.

8. O acto recorrido enferma do vício de violação de lei por contrariar o disposto no artigo 6.º do C.P.A. que impõe à Administração que na sua actuação aja em conformidade com os princípios da justiça e da imparcialidade.

9. O douto acórdão recorrido deve ser revogado por manifestamente ilegal.

10. O acto impugnado deve ser anulado por padecer de vício de forma ao não dar cumprimento ao disposto no artigo 100.º do C.P.A., por enfermar do vício de violação de lei por contrariar o disposto no artigo 18.º do D.L. n.º 100/99, de 31 de Agosto, na redacção que lhe foi dada pela Lei n.º 11/99, de 11 de Agosto, e pelo D.L. n.º 70/A/2000, de 5 de Maio, nos artigos 10.º e 94.º do E.C.D. aprovado pelo D.L. n.º 139-A/90, de 28 de Abril, na redacção que lhe foi dada pelo D.L. n.º 1/98, de 2 de Janeiro, no artigo 59.º, n.º 3, e) do R.I. da Escola E.B. 2,3 da Ramada e no artigo 6.º do C.P.A. e ainda por erro nos seus pressupostos de facto.

II. Contra-alegou a autoridade recorrida, nos termos do articulado de fls. 91/92, sustentando que a confirmação do acórdão recorrido.

III. O Exmo magistrado do Ministério Público neste Supremo Tribunal emitiu parecer no sentido da improcedência do recurso.

***

Colhidos os vistos, cumpre decidir.

FUNDAMENTAÇÃO

OS FACTOS

O acórdão impugnado considerou provados, com relevância para a decisão, os seguintes factos:

a) A recorrente exerce funções docentes desde 1992;

b) Por decisão do Presidente do Conselho Executivo da Escola E. B. 2/3 da Ramada, foi marcada à recorrente uma falta a um tempo lectivo, no dia 22/11/2000;

c) Através do requerimento constante de fls. 14 a 16 do processo principal, cujo teor aqui se dá por reproduzido, a recorrente interpôs, para o Secretário de Estado da Administração Educativa, recurso hierárquico da decisão referida na al. b);

d) Sobre esse recurso hierárquico, foi emitida a informação n.º 59/DSRH/PD2, de 28/2/2001, constante de fls. 18 e 19 do processo principal, cujo teor aqui se dá por reproduzido;

e) Sobre a informação referida na alínea anterior, a Secretária de Estado da Administração Educativa proferiu o seguinte despacho, datado de 9/5/2001:

"Concordo com a fundamentação referente à injustificação administrativa da falta, pelo que nego provimento ao recurso".

O DIREITO

O acórdão sob impugnação negou provimento ao recurso contencioso interposto pela recorrente do despacho da Secretária de Estado da Administração Educativa, de 09.05.2001, que, em sede de recurso hierárquico, confirmou o acto do Presidente do Conselho Executivo da Escola E.B. 2/3 da Ramada, pelo qual foi ordenada a marcação, à recorrente, de uma falta a um tempo lectivo no dia 22 de Novembro de 2000.

1. Alega a recorrente, em primeiro lugar, que o acórdão errou ao não considerar o acto recorrido ferido do vício de forma por falta de audiência prévia prevista no art. 100.º do CPA, uma vez que a decisão administrativa foi tomada sem que a recorrente tenha previamente sido chamada a pronunciar-se.

É manifesto que lhe não assiste razão.

Segundo jurisprudência de há muito reiterada por este STA, designadamente pelo Pleno da Secção, o princípio da audiência prévia previsto no art. 100.º, n.º 1 do CPA, representando o cumprimento da directiva constitucional de "participação dos cidadãos na formação das decisões ou deliberações que lhes disserem respeito" (art. 267.º, n.º 5 da CRP), é uma figura geral do procedimento decisório de 1.º grau, não se aplicando, em princípio, aos procedimentos de 2.º grau, como é o caso dos recursos hierárquicos, nos quais a audição dos administrados se reconduz aos contra-interessados (art. 171.º do CPA), e não aos peticionantes do procedimento (cfr. Acs. do Pleno de 02.06.2004 – Rec. 1.591/03 e de 09.12.98 – Rec. 32.996, e das Subsecções de 06.10.2001 – Rec. 37.085, de 03.05.2001 – Rec. 47.283, de 31.10.2000 – Rec. 36.507, de 20.10.98 – Rec. 37.471, de 15.10.98 – Rec. 36.508, de 09.06.98 – Rec. 39.004, e de 28.05.98 – Rec. 36.528).

Nos procedimentos de 2.º grau – como nos arestos citados se sublinha – só haverá lugar a audiência de interessados quando o acto secundário (como aquele que decide o recurso hierárquico), sendo desfavorável ao particular, se baseie em matéria de facto nova, não considerada na decisão primária.

Deste modo, e como, in casu, a factualidade considerada no despacho contenciosamente recorrido foi exactamente a mesma que a decisão hierarquicamente impugnada considerou, bem andou o acórdão recorrido ao decidir que não havia lugar à audiência prevista no art. 100.º do CPA.

Improcede, assim, a respectiva alegação.

2. Alega também a recorrente que, contrariamente ao decidido, o acto impugnado viola o disposto no artigo 18.º do D.L. n.º 100/99, de 31 de Março e no artigo 94.º do E.C.D. aprovado pelo D.L. n.º 139-A/90, de 28 de Abril, na redacção que lhe foi dada pelo D.L. n.º 1/98, de 2 de Janeiro, uma vez que o procedimento da recorrente não integra o conceito de falta contido nas referidas normas.

Também aqui carece de razão.

O que está em causa, na situação dos autos, é que a recorrente, professora na Escola E.B. 2/3 da Ramada, no dia 22 de Novembro de 2000, no início do tempo lectivo das 9h 25m, abandonou a sala de aula, dando esta por terminada, na sequência de um inesperado corte de energia eléctrica, problema que veio a ser resolvido 15m depois, pelo que o órgão de gestão da Escola lhe marcou falta a esse tempo lectivo.

Tal como o acórdão impugnado, também entendemos que o comportamento da recorrente, quer à luz do art. 18.º, n.º 1 do DL n.º 100/99, de 31 de Março, quer à do art. 94.º, n.º 1 do E.C.D., preenche o conceito legal de falta.

Dispõe o citado art. 18.º, n.º 1:

Conceito de falta

"Considera-se falta a não comparência do funcionário ou agente durante a totalidade ou parte do período de trabalho a que está obrigado, bem como a não comparência em local a que o mesmo deva deslocar-se por motivo de serviço."

E o art. 94.º, n.º 1 do ECD dispõe:

Conceito de falta

"Falta é a ausência do docente durante a totalidade ou parte do período diário de presença obrigatória no estabelecimento de educação ou de ensino ou em local a que se deva deslocar em exercício de funções."

Em qualquer dos normativos citados se detecta com facilidade a referência conceptual de "falta" à ausência ou não comparência do funcionário durante a totalidade ou parte do período de trabalho, do que decorre que a sua permanência no local de trabalho é obrigatória durante todo o período de trabalho que lhe está destinado, desde que, naturalmente, essa prestação de trabalho seja possível.

Ora, não cremos que tenha fundamento a pretensão da recorrente em considerar que o inesperado corte de energia eléctrica ocorrido no início da aula das 9h 25m era, em definitivo, determinante para dar a aula por terminada e abandonar, sem mais, a sala, considerando-se dispensada da prestação das suas funções naquele tempo lectivo.

Nenhuma razão legal, e muito menos de bom senso (que o direito também reclama), conforta tal pretensão.

Um inesperado corte de energia eléctrica – para mais em período de inverno – acontece com alguma regularidade, sem que isso possa ser entendido como justificação de dispensa imediata de prestação de trabalho (imagine-se esta pretensão levada a rigor em todos os locais de trabalho, públicos e privados), até porque são, por norma, cortes passageiros rapidamente restabelecidos, como, aliás, sucedeu na situação dos autos, em que se verificou o restabelecimento da energia passados 15 minutos, ou seja, antes do meio do tempo lectivo em questão.

A actuação da recorrente, tal como definida no despacho contenciosamente recorrido, integra efectivamente o conceito de falta constante dos preceitos legais referidos, pelo que o acórdão sob impugnação fez correcta aplicação de tais normativos, assim improcedendo esta alegação.

3. Alega ainda a recorrente que, contrariamente ao decidido, o acto recorrido também contraria o disposto no artigo 10.º do mesmo E.C.D., uma vez que à recorrente não podia ser exigida, na sua actividade lectiva, outra função que não fosse a de proceder à leccionação, e o disposto no artigo 59.º, n.º 3 e) do Regulamento Interno da Escola E.B. 2, 3 da Ramada que dispõe que constitui direito do pessoal docente exercer as suas funções com condições adequadas, o que se demonstrou não ter sido o caso.

O que atrás se referiu, relativamente à pretensa violação dos preceitos legais definidores do conceito de falta, bastaria, por si só para demonstrar a improcedência desta alegação.

Mas sempre se dirá algo mais.

Na verdade, a entidade recorrida, ao considerar a conduta da recorrente como integradora de "falta" a um tempo lectivo, no conceito fixado pelos normativos referidos, não está de modo algum a exigir da mesma, "na sua actividade lectiva, outra função que não fosse a de proceder à leccionação", mas – bem pelo contrário – a exigir que ela aguardasse (como aliás fizeram todos os seus colegas) pelo restabelecimento da energia eléctrica, para terminar as suas tarefas de leccionação dentro do horário lectivo a que estava vinculada.

Como, do mesmo modo, confundir um "inesperado corte de energia eléctrica", que veio, aliás, a ser restabelecida em 15 minutos, com falta de "condições adequadas" para o exercício das funções de leccionação, cuja exigência constitui direito dos docentes previsto no Regulamento Interno da Escola é, no mínimo, infundado e totalmente descabido.

Não ocorreu, deste modo, como bem entendeu o acórdão sob censura, qualquer violação dos preceitos legais e regulamentares citados pela recorrente, pelo que improcede a respectiva alegação.

4. Vem também alegado que o acto recorrido, ao invés do decidido, enferma de ilegalidade por erro nos seus pressupostos de facto, já que se fundamenta numa versão do quadro factual que não corresponde à realidade, invocando a recorrente que existiam versões diferentes sobre as condições que se verificavam no início do tempo lectivo das 9h 25m.

Não assiste razão à recorrente.

O erro sobre os pressupostos de facto consiste na consideração e valoração jurídica, por parte da autoridade administrativa, de factos desconformes com a realidade.

Ora, como bem salienta a decisão impugnada, a recorrente não logrou demonstrar essa desconformidade, nem tão pouco identifica os factos sobre os quais incidia a pretendida desconformidade da decisão administrativa com a realidade.

O que se afigura imprescindível a uma correcta apreciação sobre a existência de tal vício.

Repare-se que nem sequer está em causa saber se se via bem, mal ou assim assim, dentro da sala de aula. O que realmente está em causa, e é nuclear na decisão administrativa, é que um "inesperado corte de energia eléctrica", resolvido ao cabo de 15 minutos, não foi considerado causa justificativa para que a recorrente tenha abandonado a sala de aula, dando esta por terminada, face ao que o órgão de gestão da Escola lhe marcou falta a esse tempo lectivo.

Ora, sobre esta factualidade, a recorrente não demonstrou, como bem se decidiu, qualquer divergência ou desconformidade com a realidade, não logrando assim demonstrar a existência de erro sobre os pressupostos.

Improcede pois esta alegação.

5. Por fim, alega a recorrente que o acto recorrido enferma do vício de violação de lei por contrariar o disposto no art. 6.º do CPA, que impõe à Administração que na sua actuação aja em conformidade com os princípios da justiça e da imparcialidade.

Invoca, a propósito, que numa situação de falta de energia ocorrida uns dias mais tarde, o Conselho Executivo da Escola teria decidido que não havia condições para prosseguir com as actividades.

Mais uma vez lhe não assiste qualquer razão.

Como é sabido, e constitui jurisprudência pacífica deste Supremo Tribunal Administrativo, os invocados princípios constitucionais da justiça e da imparcialidade na actuação administrativa funcionam como limites da discricionariedade, só neste domínio encontrando a sua justificação, ou seja, tais princípios só se configuram como fonte autónoma de invalidade quando a Administração goze de liberdade para escolher o comportamento a adoptar, não relevando no domínio da actividade vinculada (cfr. Acs. de 05.12.2002 – Rec. 1.130/02, de 13.01.2000 – Rec. 36.585, e de 13.05.99 – Rec. 42.161, e do Pleno de 20.01.98 – Rec. n.º 34.779).

Como se refere no citado aresto do Pleno:

"Os princípios da igualdade e da justiça constituem postulados ou normas de actuação a serem observados no exercício da actividade discricionária da Administração, na qual esta detenha liberdade para escolha de alternativas comportamentais, funcionando pois como limites internos dessa actividade, não relevando pois no domínio da sua actividade vinculada, consistente esta na simples subsunção à previsão normativa dos comandos legais vigentes de um dado caso concreto."

Ora, como é bom de ver, a situação a que os autos se reportam configura, sem sombra de dúvida, uma actuação vinculada da Administração, por referência ao conteúdo normativo dos preceitos legais atrás referidos e aplicados pela autoridade recorrida, pelo que não pode a mesma incorrer na violação dos citados princípios constitucionais.

Como observa o acórdão impugnado, a autoridade administrativa não tem a liberdade de considerar ou não justificada uma falta, antes actua com estrita vinculação legal ao conteúdo dos apontados preceitos.

Pode incorrer em erro sobre os pressupostos (numa das situações, ou até em ambas). Mas a sua actuação é, neste domínio, vinculada e não discricionária.

Improcede assim, igualmente, esta alegação.

DECISÃO

Com os fundamentos expostos, acordam em negar provimento ao recurso, confirmando a decisão impugnada.

Custas pela recorrente, fixando-se a taxa de justiça e a procuradoria, respectivamente, em 300 € (trezentos Euros) e 150 € (cento e cinquenta Euros).

Lisboa, 9 de Março de 2006.

Pais Borges (relator)
Adérito Santos
Cândido de Pinho

Recurso n.º 789/05-11

FARMÁCIAS. INSTALAÇÃO DE FARMÁCIAS. CLASSIFICAÇÃO DOS CANDIDATOS. RECURSO JURISDICIONAL: OBJECTO.

(Acórdão de 16 de Fevereiro de 2006)

SUMÁRIO:

I – Em concurso para a instalação de novas farmácias, um dos factores classificativos a considerar, segundo o art. 10.º, n.º 1, al.a), da Portaria n.º 936-A/9, de 22/10, é o «*exercício profissional em farmácia de oficina ou hospitalar*».

II – Para efeito do exercício efectivo referido em I e, portanto, em termos classificativos, apenas releva o tempo em que o farmacêutico desempenhou as respectivas funções, independentemente do momento em que obteve a licenciatura em farmácia, da designação da licenciatura e da especialização conferida.

III – O recurso jurisdicional tem por missão a censura das *questões decididas* no tribunal "a quo". Se a sentença, embora tenha começado por analisar o vício de forma, acabou por não o considerar relevante e apenas julgou procedente o recurso contencioso, anulando o acto administrativo impugnado, unicamente com base no vício de violação de lei, não pode o tribunal "ad quem"apreciar o recurso na parte referente ao vício de forma, por não ter constituído objecto da decisão recorrida.

ACORDAM NA 1ª SUBSECÇÃO DA 1ª SECÇÃO DO STA

I – RELATÓRIO

O **Conselho de Administração do Infarmed** e **Lucelinda Maria Picado Salgueiro Maniés Roque**, recorrem jurisdicionalmente da sentença do TAF de Lisboa que, com fundamento em violação de lei, concedeu provimento ao recurso contencioso interposto por ***Maria Madalena Marques Gaspar Aparício*** da deliberação do ***Conselho de Administração do Instituto Nacional da Farmácia e do Medicamento*** de 27/09/2002.

O primeiro recorrente concluiu as suas alegações do seguinte modo (cfr. fls. 339/349):

«1. O júri do presente concurso contabilizou o exercício profissional dos candidatos em farmácia de oficina ou hospitalar, para efeitos de aplicação do critério constante da alínea a) do n.º 1 do artigo 10.º da Portaria 936-A/99, de 22 de Outubro, quando tal exercício se apresentasse acompanhado de licenciatura em ciência farmacêuticas no Ramo A.

2. A interpretação daquele normativo, na qual assentou a deliberação impugnada, é a única correcta, tanto mais que o próprio aviso de abertura do concurso exigia, como condição de candidatura, entre outras: (i) a licenciatura em Ciências Farmacêuticas, opção ou ramo A (para licenciaturas obtidas em data anterior a 1988) ou,

em alternativa, (ii) a licenciatura em Ciências **Farmacêuticas** "*tout court*" (para licenciaturas obtidas posteriormente à entrada em vigor da Portaria n.º 528/88. de 8 de Agosto).

3. Não faria sentido que não fosse admitido ao concurso em apreço um candidato licenciado em ciências farmacêuticas "Ramo de Análises Químico Biológicas", mas, por outro lado, fosse contabilizado o exercício profissional de outro candidato relativamente a um período em que este possuísse formação nesse mesmo ramo, sob pena de se criar, nesse caso, uma manifesta desigualdade entre ambos.

4. Não enferma, portanto, o acto recorrido, de qualquer vício de violação de lei, porquanto o exercício profissional da candidata Maria Madalena Aparício foi correctamente contabilizado, ao abrigo do disposto no artigo 10.º da portaria 936-A/99, na interpretação que lhe é dada pelo ora recorrente, **pelo que a douta sentença ora recorrida enferma de erro** de julgamento.

5. A deliberação do Conselho de Administração do INFARMED, de 27 de Setembro de 2002, que homologou a lista de classificação final dos candidatos, elaborada pelo júri do concurso não carece de ser fundamentada, nos termos do n.º 2 do artigo 124.º do CPA, porquanto tal homologação, enquanto aceitação pura e simples do acto homologado, *in casu* a deliberação do júri do concurso, absorve os fundamentos e conclusões desta.

6. Por seu turno, a deliberação homologada, vertida na acta n.º 5 do Júri do Concurso, é um acto de conteúdo classificatório que remete. expressamente para os critérios descritos na Portaria n.º 936-A/99 de 22 de Outubro, sendo certo que a decisão alcançada em virtude da sua ponderação em concreto consubstancia, *in casu*, uma mera operação matemática.

7. Assim, a deliberação ora impugnada não padece de vício de forma por falta de fundamentação, pelo que também no que concerne a este ponto padece a douta sentença ora recorrida de erro de julgamento».

A recorrente **Lucelinda Roque**, por seu turno, concluiu as alegações da seguinte maneira (cfr. fls. 350/360):

«1. Se é certo que o requisito constante da alínea a) do n.º 1 do artigo 10.º da Portaria n.º 936-A/99, de 22 de Outubro, não é um requisito de ordem académica, não é menos verdade que o *exercício profissional em farmácia de oficina ou hospitalar* pressupõe necessariamente uma específica habilitação académica;

2. Essa habilitação académica, para o caso dos licenciados na vigência do Decreto n.º 111/78, de 19 de Outubro, isto é, entre 1978 e 1993, é a licenciatura em *Ciências Farmacêuticas, Opção ou Ramo A*;

3. Se o que estivesse em causa fosse apenas o exercício profissional, *tout court*, independentemente da formação académica que o enquadra, não faria qualquer sentido que um candidato licenciado em Ciências Farmacêuticas Ramo B ou C (licenciado, portanto, entre 1978 e 1993) não pudesse ser admitido a concurso não obstante exercer funções, na prática, em farmácia de oficina ou hospitalar;

4. Ao perfilhar o entendimento contrário, a douta sentença recorrida violou o disposto na alínea a) do n.º 1 do artigo 10.º da Portaria n.º 936-A/99, de 22 de Outubro;

5. O período em que a candidata Maria Madalena Aparício exerceu funções em farmácias sem ter ainda uma equivalência extracurricular ao "Ramo A" da licenciatura em Ciências Farmacêuticas (**período anterior a 7 de Fevereiro de 1992**) não pode ser considerado, para efeitos deste concurso, como exercício profissional em farmácia de oficina ou hospitalar;

6. A candidata Maria Madalena Aparício só em 7 de Fevereiro de 1992 é que obteve o reconhecimento de uma equivalência extracurricular ao "ramo A" da licenciatura em Ciências Farmacêuticas;

7. Decidiu pois bem o júri do concurso ao atribuir a essa candidata 9 pontos no que se refere ao critério da alínea a) do n.º 1 do artigo 10.º da portaria n.º 936-A/99, de 22 de Outubro, uma vez que, desde 7 de Fevereiro de 1992 até à data da apresentação da candidatura ao concurso, apenas possuía **9 (nove) anos e 5 meses** de exercício profissional em farmácia de oficina e hospitalar.

Termos em que deve ser dado provimento ao presente recurso jurisdicional e, em consequência, a douta sentença ora recorrida ser revogada e substituída por outra que mantenha a deliberação de 27 de Setembro de 2002 que homologou a lista de classificação final dos candidatos admitidos ao concurso para a instalação de uma nova farmácia no lugar da Portela, concelho de Loures, distrito de Lisboa, só assim se fazendo a costumada JUSTIÇA!»

A recorrida **Maria Madalena Aparício,** a propósito de ambos os recursos, apresentou alegações em peça única, que concluiu como segue (cfr. fls. 388/420):

«1ª A deliberação do Conselho de Administração do INFARMED de 27 de 2002 ao classificar a ora recorrida em 2.º lugar enferma de manifesta ilegalidade por violação clara e frontal do disposto nos n.º s 6.º/e) 10.º da Portaria n.º 936-A/99, de 22 de Outubro, tendo ainda feito uma errada interpretação e aplicação das próprias regras de concurso, que no ponto n.º 11 do Aviso de Concurso determinavam que a classificação dos concorrentes seria feita de acordo com "*o método de classificação (...) previsto no n.º 10.º da Portaria n.º 936-A/99, de 22 de Outubro*".

2ª O método de classificação aplicável ao concurso em causa, mandado aplicar por força do referido ponto 11.º do Aviso de Concurso, é o que consta do n.º 10.º da citada portaria n.º 936-A/99, devendo ao "*candidato com exercício profissional em farmácia de oficina ou hospitalar*" ser atribuído "*1 ponto por cada ano completo, até ao máximo de 10 pontos*";

3ª Em lado algum, designadamente, desse n.º 10.º ou de qualquer outro da citada Portaria n.º 936-A/99, se exige que aquele exercício profissional seja precedido de qualquer licenciatura em Ciências Farmacêuticas, no ramo A, tanto mais que no ponto n.º 5, alínea d) do Aviso de Concurso, a par da licenciatura em Ciências Farmacêuticas Ramo A, também se admitiam a concurso os detentores de "*Licenciatura em Ciências Farmacêuticas*" (cf. aviso junto como Doc. n.º 2 à p.r);

4.ª Aliás, a entidade administrativa recorrente expressamente admitiu a concurso a ora recorrida bem como o documento comprovativo de descontos para a segurança social junto por força da imposição constante do n.º 6.º /e) da citada Portaria n.º 936-A/99, descontos esses que ocorreram desde 1988.

5.ª Significa isto que a prova ou demonstração que a Administração Pública elegeu para preencher o requisito do exercício profissional em farmácia de oficina são os comprovativos de descontos para a segurança social por tal exercício profissional (v. n.º 6.º /e) da Portaria n.º 936-A/99) e não qualquer equivalência entre os ramos A ou C da Licenciatura em Ciências Farmacêuticas;

6ª Deste modo torna-se evidente que tendo a recorrida mais de dez anos de exercício profissional em farmácia de oficina e tendo apresentado o respectivo documento comprovativo de tais descontos para a segurança social durante mais de dez anos, dever-lhe-iam ter sido atribuídos, a esse título, 10 pontos, de acordo com o método de classificação previsto para o presente concurso (cf. n.os 6.º /e) e 10.º /1, a) da portaria n.º 936-A/99, de 22 de Outubro, para o qual remete o n.º 11 do Aviso de Abertura do Concurso);

7ª A interpretação e aplicação do citado n.º 10.º da Portaria n.º 936-A/99, no sentido de considerar que só seriam relevantes para efeitos de classificação os anos de experiência profissional em que a ora recorrida era detentora de uma equivalência ao ramo A da licenciatura de Ciências Farmacêuticas é de todo ilegal e injusta, tanto mais que a ora recorrida teve o seu "*exercício profissional em farmácia de oficina ou hospitalar*" antes mesmo de tal equivalência expressamente reconhecido e aceite pela Administração – Ordem dos Farmacêuticos e então Direcção-Geral dos Assuntos Farmacêuticos.

8ª *Não decorre da al. a), n.º 1, do n.º 10.º da Portaria n.º 936-A/99, como não decorre de nenhum outro diploma aplicável ao exercício da profissão de farmacêutico, que a licenciatura em Ciências Farmacêuticas no Ramo A seja habilitação legal necessária para o exercício profissional em farmácia de oficina ou hospitalar* (cf. Decreto n.º 111/78, de 19 de Outubro, Decreto n.º 17/83, de 25 de Fevereiro, Portaria n.º 528/88, de 8 de Agosto, Decreto-Lei n.º 212/79, de 12 de Julho e ainda o Decreto-Lei n.º 288/2001, de 10 de Novembro).

9ª Não obstante, a introdução pelo Decreto-Lei n.º 111/78 de 19 de Outubro dos graus de licenciatura em Ciências Farmacêuticas nas opções de Farmácia de Oficina e Hospitalar (opção A), Farmácia Industrial (opção B) e Análises Químico-Biológicas (opção C) é certo que qualquer licenciado, independentemente da sua opção de licenciatura, podia exercer a sua actividade em farmácia de oficina na qualidade de farmacêutico desde que se encontrasse inscrito na Ordem dos Farmacêuticos.

10ª Devendo a ora recorrida ter sido pontuada com 15 pontos e tendo menor idade que a concorrente Lucelinda Roque, deveria ter sido classificada em primeiro lugar, pelo que a deliberação do Conselho de Administração do INFARMED de 27 de 2002 enferma de erro de facto e de direito ao classificá-la em 2.º lugar no concurso em causa.

11ª Por outro lado, ao calcular a classificação da ora recorrida com base em critérios diferentes daqueles que constam do aviso de concurso e do n.º 10.º, da Portaria n.º 936-A/99 (cf. N.º 11 do Aviso n.º 7968/CD/2001 junto como Doc. n.º 2, junto com a p.r.), a deliberação do Conselho de Administração do INFARMED de 27 de 2002 violou o princípio da legalidade (v. artigos 3.º, n.º 2 e 266.º, n.º 2 da Constituição e 3.º, n.º 1 do Cod. Proc. Adm.), e infringe todos os princípios rectores dos procedimentos adjudicatórios aplicáveis, *maxime* os princípios da igualdade, confiança, concorrência e da transparência e publicidade (v, artigos 13.º, 81.º, al. e), 99.º, al. a), 100.º, al. c) e 266.º, n.º 2 da Constituição e 5.º e 6.º-A do Cód. Proc. Adm.) –v. por todos, o Ac. da 2ª Subsecção do CA do STA, de 03.12.2002. Proc. n.º 01603/02, in www.dgsi.pt.

12ª Finalmente, a deliberação do Conselho de Administração do INFARMED de 27 de 2002 e bem assim, o acto que este homologa, não facultando à recorrida qualquer exposição, ainda que sucinta, das efectivas razões de facto e de direito que conduziram à sua classificação em 2.º lugar, pecam por uma muito deficiente fundamentação, o que equivale à sua falta (cf. art. 125.º/2 do CPA). A concretização do dever de fundamentação não se basta, pois, com a mera remissão para a legislação aplicável, muito menos quando a entidade administrativa dela faz interpretação e aplicação contraditória e ilegal, não alcançável por um destinatário comum da mesma;

13ª Em conclusão, a douta sentença recorrida ao anular a deliberação impugnada com fundamento em violação de lei por infracção ao n.º 10, da Portaria na 936-A/99, de 22 de Outubro, não merece qualquer reparo ou juízo de censura, tendo procedido ao adequado enquadramento jurídico da matéria de facto, com o apoio em criteriosa fundamentação e suporte em pertinente jurisprudência pacífica do Supremo Tribunal Administrativo, sendo totalmente improcedente o alegado pela entidade administrativa recorrente nos pontos 1 a 7 das suas conclusões e o alegado pela recorrente nos pontos 1 a 7 das suas conclusões.

NESTES TERMOS, deve o presente recurso ser julgado não provado e improcedente, com as legais consequências».

O digno Magistrado do MP opinou no sentido do improvimento do recurso.

Cumpre decidir.

II – OS FACTOS

A sentença recorrida deu por assente a seguinte factualidade:

«A) Por Aviso, que aqui se dá por inteiramente reproduzido, publicado com o n.º 7968-CD/2001 (2ª série) no DR, II, n.º 137, de 15 de Junho de 2001, foi aberto concurso público para instalar uma farmácia no lugar de Portela, freguesia de Portela, concelho de Loures, distrito de Lisboa;

B) A esse concurso apresentaram-se, entre outros, as candidatas ora recorrente -Maria Madalena Marques Gaspar Aparício – e recorrida particular – Lucelinda Maria Picado Salgueiro Maniés Roque –, como consta do Aviso n.º 14847-CB/2001 (2ª série), publicado no DR II, n.º 283, de 7 de Dezembro de 2001, que aqui se dá por inteiramente reproduzido;

C) Por Aviso n.º 10712/2002 (2ª série), publicado no DR II, n.º 240, de 17 de Outubro de 2002, que aqui se dá por inteiramente reproduzido, foi publicitada a lista de classificação final dos candidatos admitidos ao concurso público identificado em A), da qual consta, classificada em primeiro lugar, Lucelinda Maria Picado Salgueiro Maniés Roque, nascida a 2 de Maio de 1950, com a classificação final de 15 pontos e, classificada em segundo lugar, Maria Madalena Marques Gaspar Aparício, nascida a 27 de Novembro de 1962, com a classificação final de 14 pontos;

D) A recorrente Maria Madalena Marques Gaspar Aparício concluiu a licenciatura em Ciências Farmacêuticas "Ramo de Análises Químico Biológicas" no dia 7 de Julho de 1988, na Faculdade de Farmácia da Universidade de Lisboa (cfr. doc. junto a fls. 91 do processo instrutor);

E) E obteve aprovação nas disciplinas extracurriculares da licenciatura em Ciências Farmacêuticas, na Faculdade de Farmácia da Universidade de Lisboa, a seguir indicadas: Farmacoterapia I, em 1990; Farmacoterapia II, em 1990; Noções Farmácia Industrial, em 1990; Dermofarmácia e Cosmética, em 1990; e efectuou estágio do ramo de Farmácia de Oficina e Hospitalar, em 1991 (cfr. doc. junto a fls. 93 do processo instrutor);

F) A recorrente Dr.ª Maria Madalena Marques Gaspar Aparício é titular da Carteira Profissional n.º 08015, está inscrita naquela Ordem desde 08-09-1988, com o n.º L-6727 e tem a sua situação devidamente regularizada, conforme consta da Declaração da Secção Regional de Lisboa da Ordem dos Farmacêuticos, junta a fls. 100 do processo instrutor;

G) A recorrente reside na freguesia do Prior Velho há 15 anos, à data de 3 de Julho de 2001, conforme consta do atestado de residência que constitui fls. 94 do processo instrutor;

H) A recorrente prestou "serviço nas seguintes farmácias:

– Farmácia Central no período de 9/88 a 4/90

– Farmácia Correia de Almeida no período de 5/90 a 10/90

– Farmácia Barral no período de 3/91 a 1/96

– Farmácia Central Olivais no período de 2/96 a 12/96

– Farmácia ASME do Estado no período 1/97 a 3/01", como consta da declaração do Centro Distrital de Solidariedade e Segurança Social de Lisboa que constitui doc. junto a fls. 95 do processo instrutor e que aqui se dá por inteiramente reproduzido;

I) O Júri do concurso referido em A), reuniu em 25 de Setembro de 2002, como consta da acta n.º 5 a fls. 66 do processo instrutor que aqui se dá por inteiramente reproduzido, e elaborou a lista de classificação final dos candidatos constante da Tabela anexa à acta n.º 5 a fls. 68 do processo instrutor e que aqui se dá por inteiramente reproduzida;

J) Com data de 20 de Outubro de 2002, a ora recorrente requereu ao presidente do INFARMED "*uma certidão do processo completo (...), uma vez que não concorda com a nota atribuída e pretendendo recurso contencioso*";

K) Com data de 18 de Novembro de 2002, o INFARMED, pela sua directora operacional, Lina Torres Mendes, enviou à ora recorrente certidão por esta solicitada, a coberto do ofício n.º 64292, que consta de doc. 3 junto a fls. 48 e 49 dos autos e que aqui se dá por inteiramente reproduzido, "*...respeitante ao processo da candidata Maria Madalena Marques Gaspar Aparício...*";

L) Com data de entrada no INFARMED de 3 de Dezembro de 2002, a ora recorrente, por intermédio da Senhora Advogada Felismina Silva, requereu ao INFARMED, "*nos termos e para os efeitos do disposto nos artigos 31.º e 82.º da Lei de Processo nos Tribunais Administrativos (...) e artigos 61.º, 66.º e 68.º do Código do Procedimento Administrativo (...) a passagem de certidão de teor integral do acto que decidiu classificar a concorrente Lucelinda Maria Picado Salgueiro Maniés Roque em 1.º lugar da lista dos candidatos....*", constante do doc. 1 junto a fls. 8 dos autos e que aqui se dá por inteiramente reproduzido;

M) Com data de 11 de Dezembro de 2002, o INFARMED, pela sua directora operacional Lina Torres Mendes, enviou à ora recorrente a certidão por esta solicitada, a coberto do ofício n.º 70434, que consta de doc. 1 junto a fls. 9, 10 a 36 e 37 a 45 dos autos e que aqui se dá por inteiramente reproduzido».

III – O DIREITO

1. Sendo dois os recursos jurisdicionais interpostos – um, pelo INFARMED, outro pela recorrida particular Lucelinda Maria Maniés Roque – são, no entanto, essencialmente iguais os argumentos que esgrimem no sentido da demonstração do erro de julgamento em que a sentença recorrida teria incorrido no que concerne ao vício de *violação de lei* que esta deu por consumado.

Desse modo, quanto a essa matéria, conheceremos em bloco ambos os recursos.

2. Em primeiro lugar, o ***vício de violação de lei*** que ela julgou verificado, reportando-o à ofensa do art. 10.º, n.º 1, al. a), da Portaria n.º 936-A/99, de 22/10.

Vejamos o que diz a referida disposição legal:

«*1– A classificação dos candidatos em nome individual obtém-se com base na soma da seguinte pontuação:*

a) Candidato com exercício profissional em farmácia de oficina ou hospitalar – 1 ponto por cada ano completo, até ao máximo de 10 pontos;».

O Júri do concurso considerou que o tempo de exercício profissional em farmácia de oficina ou hospitalar só deveria relevar *quando esse exercício fosse acompanhado de uma licenciatura em ciências farmacêuticas no Ramo A*. E, por isso, não obstante a interessada Maria Madalena Aparício ter concluído a sua licenciatura em Julho de 1988 (*Ramo de Análises Químico Biológicas*) e ser titular de carteira profissional desde 8/09/88, o júri apenas considerou relevante, para este efeito, o tempo de exercício decorrido a partir de 7/02/1992, altura em que a candidata disse ter obtido equivalência ao Ramo A (*Farmácia de Oficina e Hospitalar*), desmerecendo, portanto, o tempo que mediou entre Setembro de 1988 e Abril de 1990 e entre Maio de 1990 e Outubro de 1990, em que havia desempenhado funções nas farmácias Central e Correia de Almeida, respectivamente. Isto é, à recorrente contenciosa apenas contabilizou 9 anos e cinco meses de exercício relevante, atribuindo-lhe, em consequência, 9 pontos nesse item.

A questão é, pois, a de saber se a exigência da norma (exercício profissional em farmácia de oficina ou hospitalar) deveria ser acompanhada de uma licenciatura no mesmo ramo. Por outras palavras, o que importa saber é se o exercício a que a norma se refere tem que ser ou não um exercício assente numa habilitação académica correspondente.

A sentença disse que não e com acerto, como veremos.

Com o Decreto n.º 17/83, de 25/02 (diploma que alterou o plano e regime de estudos do curso de licenciatura em Ciências Farmacêuticas fixado pelo D.L. n.º 111/78, de 19/10) ficou consignado que «*as universidades passam a conferir, em cada uma das suas faculdades de farmácia, o grau de licenciado em Ciências Farmacêuticas, nos ramos de Farmácia de Oficina e Hospitalar, Farmácia Industrial e Análises Químico-Biológicas*».

Em 1988, porém, desapareceram os ramos da licenciatura em Farmácia com a publicação da Portaria n.º 528/ /88, de 8/09, ao estabelecer que as Universidades de Coimbra, de Lisboa e do Porto, através das suas Faculdades de Farmácia, poderiam conferir o grau único de licenciado em *Ciências Farmacêuticas*, fixando as regras gerais a que deveriam obedecer os respectivos cursos.

O facto, porém, de a partir dessa data coexistirem licenciaturas com diferentes designações e especializações, consoante o momento da conclusão do curso, não impedia a inscrição de cada um dos licenciados na Ordem dos Farmacêuticos, pois que para tanto bastaria que fossem «*diplomados em Farmácia por escola superior portuguesa ou estrangeira, desde que, neste último caso, hajam obtido equivalência aos cursos professados em Portugal*» (ver art. 6.º do Estatuto aprovado pelo DL n.º 212/79, de 12/07; de acordo com o DL n.º 288/2001, de 10/11 é semelhante a condição, pois que se permite a inscrição aos «*licenciados em Farmácia ou em Ciências Farmacêuticas», conforme art. 6.º, n.º 1, al.a)*).

O exercício da profissão de *farmacêutico* era permitido, portanto, no quadro da habilitação académica obtida nos moldes referidos, não sendo restringido em caso nenhum em função da nomenclatura do curso ou da especialização conferida.

Diferente desse exercício é o quadro jurídico da disciplina relativa à instalação de novas farmácias. E é nesse domínio que a Portaria em apreço tem que ser estudada.

Ora, tal diploma apresenta três vectores fundamentais que não podem deixar de ser considerados no seu conjunto.

Primeiramente, o articulado fixava o universo dos interessados que podiam concorrer (art. 5.º) e os que a tanto estavam impedidos (art. 7.º). E excluindo agora da discussão o âmbito de incidência da norma proibitiva (cit. art. 7.º) por não vir minimamente ao caso, atente-se que os candidatos à instalação poderiam ser os *farmacêuticos* e as *sociedades em nome colectivo ou por quotas* a quem fosse permitido ser proprietário de farmácia, nos termos da Lei n.º 2125, de 20/03/65 (art. 5.º, n.º 1, da referida Portaria).

Depois, determinava o acervo de documentos instrutórios e probatórios da condição efectiva em que cada um se encontrasse, sem os quais o candidato seria excluído do concurso (art. 6.º, n.º 1 e 2).

Por fim, estabelecia um critério classificativo em que dominavam dois factores: 1.º – o do tempo de exercício de funções em farmácia de oficina ou hospitalar; 2.º – o do tempo de residência habitual no concelho onde a farmácia seria instalada (art. 10.º cit.).

Da concatenação das normas citadas pode, seguramente, concluir-se que, podendo, embora, concorrer todos os *farmacêuticos* em nome individual, a expectativa de um "concurso útil" daria essencialmente guarida àqueles que demonstrassem ter tido um efectivo exercício profissional em farmácia de oficina ou hospitalar, uma vez que os candidatos sem experiência nessas áreas seriam inexoravelmente classificados atrás dos outros que a tivessem. Seria, ainda aí, um problema de ordenação de candidatos em presença do peso desse factor classificativo.

O que se acaba de afirmar, com o total apoio da letra das disposições citadas, sugere que a interpretação do júri no caso concreto foi abusivo, por ter estabelecido confusão entre requisitos académicos e factores classificativos, fazendo uma interpenetração de uns nos outros. E isso não se nos afigura legítimo na economia do diploma em estudo.

E que assim é atesta-o, ainda, a circunstância de o art. 6.º, n.º 1, al. a), da Portaria, acerca da "qualidade" académica dos candidatos, somente exigir, comprovadamente, a titularidade do «*diploma do curso de Farmácia*», sem distinção quanto à designação ou à especialidade obtida (onde lei não distingue, não deve o intérprete fazê-lo: cfr. art. 9.º do C.C.), e, bem assim, apenas impor a demonstração do «*número de anos em que foram efectuados descontos para a segurança social pelo exercício profissional em farmácia de oficina*» (al.e), n.º 1, art. 6.º cit.) ou do «*número de anos de exercício profissional em farmácia hospitalar, se for caso disso*» (al.f), do n.º 1, do cit. artigo). O que à evidência revela que a simples contribuição para a segurança social por esse exercício já era garantia da relevância do respectivo período de tempo para efeito classificativo nesse item.

Assim, se desde 1988 passou a haver uma licenciatura em farmácia e se com a inscrição do licenciado na Ordem dos Farmacêuticos já podia exercer a profissão de *farmacêutico*, conforme arts. 5.º e 6.º do DL 212/79, de 12/07, então nenhum candidato pode ser negativamente discriminado, nem assim ver prejudicado a sua pontuação no concurso, pelo facto de ter obtido a licenciatura no momento em que ainda se fazia a especialização por ramos. O que para efeito de pontuação passa a contar é, simplesmente, o número de anos de exercício efectivo em farmácia de oficina ou hospitalar, independentemente do ramo da especialidade obtida.

Isto quer dizer que a partir desse momento, e no caso particular decorrente da referida Portaria n.º 936-A/ /99, todos candidatos estavam no mesmo plano de igualdade concorrencial desde que farmacêuticos, apenas diferenciados em sede classificatória em função do *tempo* de *exercício profissional* em farmácia de oficina ou hospitalar. Não fazia, aliás, sentido que este diploma de 1999, surgido num tempo em que a licenciatura era única, fosse recuar no tempo para privilegiar os concorrentes dotados de curso de farmácia obtido numa altura em que a licenciatura era concedida por graus de especialização.

Não se argumente a propósito, como o faz o recorrente jurisdicional Infarmed, com o teor do aviso de abertura, como se ele (fls. 46 autos) exigisse, como condição de candidatura, a licenciatura em Ciências Farmacêuticas, opção ou Ramo A, para licenciaturas obtidas em data anterior a 1988, ou a licenciatura em Ciências Farmacêuticas, para licenciaturas obtidas posteriormente à Portaria n.º 522/88, de 8/09.

O aviso não faz, nem podia fazer, aliás, semelhante exigência. Limita-se a definir no ponto 3 o universo dos candidatos possíveis, reproduzindo o art. 5.º da Portaria, e no ponto 4 as condições de candidatura do ponto de vista académico (não era sequer necessário fazê-lo). Também por isso não faz o menor sentido afirmar, como o afirma o recorrente jurisdicional, que o exercício nesse período por quem não fosse habilitado com o curso de farmácia no ramo de Farmácia de Oficina ou Hospitalar não era lícito.

Igualmente não colhe o argumento trazido à colação pelo mesmo recorrente de que, a seguir-se a interpretação da sentença, um licenciado em Ciências Farmacêuticas que antes da licenciatura houvesse trabalhado numa farmácia como *ajudante de farmacêutico* poderia ver esse tempo contado para os efeitos da pontuação prevista na alínea a) do art. 10.º. E não colhe porque parte de um erro de tomo: o de que o tempo de serviço em farmácia de oficina ou hospitalar, na tese da sentença, sempre se teria que contar para aqueles efeitos, independentemente da qualidade profissional em que fosse exercido. E isso não se pode extrair minimamente do julgado, nem do preceito em análise. Na verdade, esse tempo só é contável desde que exercido profissionalmente enquanto *farmacêuticos* – o que exige a licenciatura – e não como «auxiliares» ou «ajudantes de farmácia» (arts. 97.º e 98.º do DL n.º 48547, de 27/08/68). Como se vê, o argumento invocado é falacioso.

Assim, se a simples titularidade do curso de Farmácia era condição suficiente para Maria Madalena se candidatar e se, como factor classificativo, seria contável o tempo de *exercício profissional* como farmacêutica licenciada em farmácia oficinal ou hospitalar, nada permitia ao júri obrigar a que esse exercício apenas pudesse ser levado a cabo enquanto licenciada no Ramo de Farmácia ou Hospitalar ou, tão pouco, a partir do momento em que tivesse vindo a obter a equiparação a esse Ramo.

Deste modo, ao não considerar o tempo que decorreu entre Setembro de 1988 e Abril de 1990 e entre Maio de 1990 e Outubro de 1990, períodos em que havia desempenhado actividade profissional de farmácia de oficina nas farmácias Central e Correia de Almeida, respectivamente, impediu a aqui recorrida jurisdicional de, com mais de 10 anos de tempo relevante para efeito de pontuação nos moldes previstos na alínea a), do n.º 1, do art. 10.º da Portaria n.º 936-A/99, ficar graduada em 1.º lugar, uma vez que, sendo mais nova que a outra candidata que a precedeu na classificação, necessariamente a ultrapassaria face ao n.º 3, do art. 10.º da Portaria em causa («*Em caso de igualdade de pontuação, tem preferência o concorrente de menor idade; se a idade for a mesma, tem preferência o concorrente que tiver melhor classificação de curso*».

Com essa actuação, violou, sim, o referido preceito legal, tal como bem concluiu a sentença recorrida, sendo nessa parte improcedentes as conclusões respectivas de ambos os recursos.

3. O Conselho de Administração do INFARMED acomete, ainda, a sentença no tocante ao ***vício de forma, por falta de fundamentação***, que em seu entender não se verifica no caso concreto.

Pois bem. É certo que o M.mo juiz "*a quo*", no desenvolvimento da análise que começou por fazer ao vício de forma invocado, admitiu que a deliberação do júri do concurso «*mostra-se não fundamentada*», para depois prosseguir no sentido de que «*tal facto, pela aceitação pura e simples do acto homologado, acarreta a falta de fundamentação da deliberação homologatória do Conselho de Administração do INFARMED*» (fls. 315, 6.º parágrafo). Pareceria que, com assento nestas premissas, a sentença iria confluir na correspondente decisão anulatória.

Surpreendentemente, porém, por considerar que a recorrente, através de certidão obtida do processo instrutor, ficou a conhecer «*...as razões pelas quais a entidade administrativa (...) decidiu no sentido em que o fez...*» (loc cit. parágrafo 7.º), acabou por concluir que o vício de forma se revelaria «*irrelevante para a apreciação e eventual procedência do vício ou vício de fundos alegados*» (fls. 316, 1.º parágrafo).

Foi com esta justificação que o M.mo julgador avançou para a apreciação dos fundamentos do recurso reportados ao vício de violação de lei, único que deu por verificado, com base no qual fez o respectivo julgamento e de que somente partiu para decidir «*pela procedência do vício de violação de lei referido em III.C supra, concede-se provimento ao recurso contencioso e, em consequência, anula-se o acto impugnado*» (fls. 323).

Posto isto, se o vício de forma não constituiu fundamento para a decisão recorrida, e sendo certo que os recursos jurisdicionais se destinam apenas, e tão só, ao reexame das questões decididas, regra que só decai quando se está na presença de questões de conhecimento oficioso – vd. n.º 2 do art. 660.º do CPC... (Vd., entre muitos outros, Ac. do Pleno de 23.11.00, rec. 43.299; da Secção de 12/01/2006, Proc. n.º 910/05-11) a análise do referido vício escapa ao poder de censura deste STA, por não poder ser objecto do presente recurso.

Face ao exposto, o recurso do INFARMED nesta parte está igualmente votado ao inêxito.

IV – DECIDINDO

Face ao exposto, acordam em negar provimento a ambos os recursos, confirmando a sentença recorrida.

Custas pela recorrente particular.

Taxa de justiça: 400 euros.

Procuradoria: 200 euros.

Lisboa, 16 de Fevereiro de 2006.

Cândido de Pinho (Relator)
Azevedo Moreira
Adérito Santos

Recurso n.º 789/05-11

FUNÇÃO PÚBLICA. MOBILIDADE. ESCALÃO DE VENCIMENTO. ACTO DE PROCESSAMENTO DE VENCIMENTOS. REVOGAÇÃO. FALTA DE AUDIÊNCIA. APROVEITAMENTO DO ACTO ADMINISTRATIVO.

(Acórdão de 17 de Janeiro de 2006)

SUMÁRIO:

I – As regras estabelecidas nos n.os 2 e 3 do artigo 18.º do DL no 353-A/89, de 16.10, não são aplicáveis às situações de mobilidade voluntária, mediante concurso, entre carreiras, se a mudança se faz para carreira para cujo provimento esteja legalmente estabelecido inferior nível de habilitação.

II – O processamento de vencimentos não assume a natureza de acto administrativo em relação às questões sobre as quais não tenha explícita ou implicitamente tomado posição.

III – Preterida a audiência do interessado, nos termos previstos no art. 100.º do CPA, o tribunal pode limitar a relevância invalidante do vício procedimental, e não decretar a anulação, em honra ao princípio do aproveitamento, se o acto administrativo não tem alternativa juridicamente válida por decorrer do exercício de um poder de estrita vinculação e o resultado se mostra inelutável independentemente das razões que o interessado pudesse ter levado à ponderação da entidade decidente.

ACORDAM NA SECÇÃO DO CONTENCIOSO ADMINISTRATIVO DO SUPREMO TRIBUNAL ADMINISTRATIVO

1. RELATÓRIO

João Oliveira Rodrigues, já identificado nos autos, intentou, no Tribunal Central Administrativo, recurso contencioso de anulação do despacho de 2 de Agosto de 1999 do Secretário de Estado dos Assuntos Fiscais, que negando provimento a recurso hierárquico, não lhe reconheceu o direito à remuneração pelo índice 340, reduzindo-a para o índice 250.

Por acórdão de 5 de Fevereiro de 2003, o Tribunal Central Administrativo concedeu provimento ao recurso.

1.1. Inconformado, o Secretário de Estado dos Assuntos Fiscais interpõe recurso dessa decisão para este Supremo Tribunal apresentando alegações com as seguintes conclusões:

I – Da conjugação do disposto no artigo 18.º do Decreto-Lei n.º 353-A/89, de 16 de Outubro, na redacção conferida pelos Decretos-Leis n.º 420/91, de 29 de Outubro e n.º 404-A/98, de 18 de Dezembro, com o estabelecido no artigo 26.º do Decreto-Lei n.º 184/89, de 2 de Junho, resulta de forma clara e transparente:

a) Regra geral – o ingresso nas carreiras é feito mediante concurso no primeiro escalão da categoria de base.

b) Excepcionalmente, quando o concurso é realizado para a carreira para a qual sejam exigidas legalmente o mesmo nível habilitacional ou nível de habilitações superior, o posicionamento remuneratório na categoria de base da nova carreira é feito em escalão a que corresponde:

i – o mesmo remuneratório:

ii – na falta de coincidência o índice superior mais aproximado na estrutura da categoria.

c) Quando o concurso é feito para a categoria para a qual é legalmente exigido nível de habilitações inferior ao exigido por lei para a carreira da qual o funcionário já é titular aplica-se a regra geral contida no n.º 2 do art. 26.º do Decreto-Lei n.º 184/89, de 2 de Junho.

Ou seja, é posicionado no primeiro escalão da categoria.

II – É inequívoco que as regras do n.º 2 e 3 do art. 18.º do Decreto-Lei n.º 353-A/89 só são de aplicar quando o funcionário se candidata a concurso para carreira para a qual é exigido o mesmo nível de habilitações ou superior às exigidas para a carreira de origem do funcionário.

Dito por outras palavras quando o concurso se destina a carreira de nível de exigência habilitacional inferior, não são de aplicar aquelas regras sendo antes aplicável a regra geral vertida no artigo 26.º do Decreto-Lei n.º 184/89, ou seja, os funcionários são posicionados no primeiro escalão da categoria de base.

III – Interpretação diversa não tem o mínimo de assento na letra da lei e também colide com o seu espírito.

Efectivamente a salvaguarda das situações referidas na alínea b) da conclusão I encontra o seu fundamento e justificação em razões de equidade e também no imperativo constitucional decorrente do princípio da igualdade, na sua vertente de "trabalho igual, salário igual".

E compreende-se que assim seja, na medida em que as carreiras para as quais é exigido o mesmo nível de habilitações ou superior têm, respectivamente, a mesma ou superior complexidade de conteúdos funcionais, o mesmo ou superior nível de responsabilidade e grau de exigência, o mesmo ou superior posicionamento na estrutura geral das carreiras, e como tal justifica-se a manutenção da remuneração anterior ou no caso de não haver coincidência a imediatamente a seguir.

IV – O mesmo já não sucede obviamente na situação do concurso para a categoria para a qual é exigida por lei habilitação de nível inferior, o que significa que a esta carreira corresponde menor complexidade, menor exigência, menor responsabilidade, não se justificando por isso a manutenção da remuneração anterior. Antes pelo contrário se impõe a atribuição de remuneração inferior.

V – Assim a douta sentença, ora recorrida, ao sustentar que o n.º 4 do art. 18.º do Decreto-Lei n.º 353-A/89 e por força deste o n.º 2 do mesmo preceito é também aplicável à mobilidade mediante concurso para a carreira para cujo ingresso é exigido nível de habilitação inferior ao imposto para a carreira de origem do funcionário fez incorrecta interpretação e aplicação da lei.

VI – O princípio da retribuição justa entendido como corolário do princípio de trabalho igual salário igual, este, por sua vez, uma das vertentes do princípio da igualdade consagrado no artigo 13.º do Texto Constitucional, impõe que a trabalho da mesma complexidade, responsabilidade e grau de exigência corresponda salário igual independentemente do nível, maior ou menor, das habilitações possuídas por cada funcionário.

Noutra perspectiva, este mesmo princípio obriga a que se retribua de forma diferente, ou seja, a trabalho de menor complexidade, responsabilidade ou exigências, independentemente das habilitações detidas pelo funcionário, não pode ser atribuída remuneração igual à do trabalho mais complexo e exigente.

VII – E não é seguramente trabalho igual o provimento numa nova carreira em que as funções são diferentes para além se ser igualmente diferente a complexidade, o grau de exigência e responsabilidade, sendo que na Administração Pública, estas características se aferem *"ab initio"* pelo nível de habilitações literárias exigidas por lei para ingresso na correspondente carreira.

VIII – Assim o acórdão, ora impugnado, aplicou aquele princípio exactamente ao contrário do que deve, ao sustentar que trabalho diferente – de menor complexidade e exigência – deve continuar a ser remunerado como se de trabalho igual ao da anterior categoria do funcionário se tratasse.

IX – Por outro lado, correspondendo o posicionamento salarial ao exercício de um poder vinculado – o artigo 18.º do Decreto-Lei n.º 353-A/89 e o artigo 26.º do Decreto-Lei n.º 184/89 estabelecem regras precisas para a determinação do escalão a atribuir no provimento em categoria de ingresso, em resultado de concurso, não deixando à Administração qualquer liberdade para escolher o comportamento a adoptar – não se coloca, tão-pouco, a aplicação do princípio da igualdade ainda que na faceta de trabalho igual salário igual, na medida em que este princípio constitui uma baliza da actividade discricionária da Administração.

No âmbito dos poderes vinculados o princípio da igualdade reconduz-se a mera questão de legalidade e estando a Administração subordinada à lei não pode deixar de cumpri-la, ainda que eventualmente a considere discriminatória ou injusta (cfr. Acórdão do S.T.A. de 7/2/95, Recurso n.º 33 730) o que não é seguramente o caso.

X – Assim, quer numa perspectiva quer noutra, o douto aresto ora impugnado para além de carecer de fundamentação neste particular, faz incorrecta aplicação do princípio da retribuição justa ínsito no princípio de trabalho igual salário igual consagrado no artigo 59.º da Constituição e consequentemente errada aplicação do disposto na alínea d) do artigo 133.º do CPA, por não estar em causa qualquer direito fundamental ou análogo.

XI – "Os actos de processamento dos vencimentos não constituem simples operações materiais, mas actos jurídicos individuais e concretos, sejam ou não verticalmente definitivos, consoante a entidade que os emitiu e que se fixam na ordem jurídica sob a forma de caso decidido ou resolvido se não foram atempadamente impugnados" (cfr. entre muitos, os Acórdãos do STA de 30/6/92, Proc. 30156; de 30/10/01, Proc. 47682; de 3/12/02, Proc. 042/02; de 4/11/03, Proc. 48050; de 13/1/05, Proc. 1237/04 e de 1/2/05, Proc. 1201/04).

XII – Não se formou, pois, caso decidido no "terminus" da comissão de serviço que precedeu a nomeação definitiva, formou-se, isso sim, caso decidido sobre os actos mensais de processamento do vencimento, que embora feridos de ilegalidade por não ser aplicável ao caso o disposto nos n.os 2 e 4 do artigo 18.º do Decreto-Lei n.º 353-A/89, antes estando sujeito ao preceituado no artigo 26.º do Dec-Lei n.º 184/89, acabaram por se firmar na ordem jurídica como caso decidido por não terem sido revogados no prazo limite de um ano nos termos do artigo 28.º, n.º 1 alínea c) da LPTA e artigos 140.º, n.º 1, alínea b) e 141.º do CPA.

XIII – Nestes termos fez, também, o douto Acórdão incorrecta aplicação do artigo 141.º do CPA.

XIV – Nos procedimentos de 2.º grau, como é o caso do recurso hierárquico, não há, em princípio, lugar à audiência prévia dos interessados (cfr. Código do Procedimento Administrativo, Anotado e Comentado, 5ª Edição, José Manuel dos Santos Botelho e outros, página 421 e o Acórdão do STA de 03/05/2001, proferido no Recurso 47 283).

XV – O direito de participação, concretizado através da audiência prévia, nos actos ou decisões que sejam desfavoráveis ou que lesem interesses legalmente protegidos, só se considera verdadeiramente violado, quando através dessa participação, houver a possibilidade de os interessados virem a exercer influência na decisão a proferir, não configurando, pois, um mero rito procedimental (cfr. Acórdãos do STA de 28/05/96, Proc. 36473; de 14/03/2000; Proc. 45158 e de 02/02/05, Proc. 407/02).

XVI – No caso dos autos o posicionamento resulta em termos interpretativos da lei, pelo que o interessado nada poderia trazer ao processo susceptível de influenciar o conteúdo da decisão impugnada contenciosamente.

XVII – Assim julgou mal o Acórdão ora impugnado ao entender que o acto anulado padece de vício de forma por não ter sido permitida, ao recorrente, a audiência prévia nos termos do artigo 100.º e seguintes do CPA.

1.2. A impugnante contenciosa não apresentou alegações.

1.3. O Exm.º Magistrado do Ministério Público emitiu o seu douto parecer nos seguintes termos:

"A meu ver o recurso jurisdicional merece provimento.

Com efeito, o concurso interno de ingresso a que foi admitido o ora recorrido foi aberto para verificador auxiliar aduaneiro de 2ª classe, categoria para que foi nomeado em regime de comissão de serviço, e para a qual é legalmente exigido um nível de habilitações inferior ao legalmente exigido para a carreira que detinha (era Tesoureiro da Fazenda Pública), e assim, deve aplicar-se o disposto no art. 26.º n.º 2 do DL n.º 184/89, de 2 de Junho, segundo o qual "o ingresso em cada carreira faz-se, em regra, no primeiro escalão da categoria de base…".

E isso porque o disposto no art. 18.º n.os 2 e 3 do DL n.º 353-A/89 de 16 de Outubro só é de aplicar em relação a concurso para carreira em que é legalmente exigido o mesmo nível de habilitações ou superior às exigidas para a carreira de origem, conforme determina o n.º 4 do mesmo preceito "As regras estabelecidas nos n.os 2 e 3 são também aplicáveis às situações de mobilidade, mediante concurso, … entre carreiras para cujo provimento esteja estabelecido legalmente o mesmo nível de habilitações ou nível de habilitações superiores".

Aquele n.º 2 prevê que a integração na nova carreira se faça em escalão a que corresponda o mesmo índice remuneratório ou, na falta deste, o índice superior mais próximo, e o n.º 3 acrescenta que, nessas situações, "o tempo de serviço prestado no escalão de origem releva para a progressão na nova carreira".

E compreende-se esta diferenciação. Na verdade, se o concurso é aberto para carreira em que se exige o mesmo ou superior nível de habilitações, é porque essa carreira possui o mesmo nível de conteúdos funcionais, de grau de exigência e de responsabilidade, situação que justifica um grau de remuneração no mínimo idêntico à da carreira de origem. Daí a aplicação das regras previstas no citado art. 18.º.

Porém, se o concurso é para a categoria em que é legalmente exigida, como acontece no caso dos autos, habilitação de nível inferior, que traduz uma carreira de menor exigência, responsabilidade e complexidade, tal já não justifica um grau de remuneração idêntica, mas sim inferior, de acordo com a regra geral estabelecida no citado art. 26.º, não havendo violação do princípio constitucional da igualdade.

Por outro lado, não se formou caso resolvido ou decidido no "terminus" da comissão de serviço (12.02.98), que precedeu a nomeação definitiva, e não houve violação do princípio da audiência pelas razões aduzidas pelo recorrente jurisdicional."

Colhidos os vistos legais, cumpre decidir.

2. FUNDAMENTAÇÃO

2.1. OS FACTOS

No acórdão recorrido foram dados como provados os seguintes factos:

a) O recorrente foi admitido como Verificador Auxiliar Aduaneiro de 2.º classe, na sequência de concurso interno de ingresso;

b) À data da abertura do concurso, e bem assim da nomeação, o recorrente era Tesoureiro da Fazenda Pública.

c) Então posicionado no Escalão 3 daquela carreira, a que corresponde o índice 340 de remuneração.

d) Precedendo aquele concurso, veio o recorrente a aceitar a nomeação, em 12.02.97, na categoria de Verificador Auxiliar Aduaneiro de 2ª classe, em regime de comissão de serviço.

e) Durante o período probatório, que decorreu entre 12.02.97 e 12.02.98, sempre o recorrente foi abonado pelo índice 340.

f) Em 19.03.99 o recorrente verificou que o seu recibo de vencimento apresentava uma redução do índice 340 para o índice 250.

g) E só em 21.4.99 foi notificado das razões de tal redução, decorrentes de analogia com um outro processo relativo a outro funcionário;

h) O recorrente interpôs recurso hierárquico necessário do despacho da Srª Subdirectora Geral das Alfândegas e dos Impostos Especiais sobre o Consumo, que lhe reduziu a remuneração do índice 340 para o índice 250.

i) Tal recurso não obteve resposta pelo que o recorrente presumiu a formação de acto tácito de indeferimento.

j) E interpôs recurso de anulação no TCA, tendo sido proferido acórdão que considerou procedente a questão prévia da existência de acto expresso (cfr. doc. n.º 6 junto com a petição, que aqui se dá por integralmente reproduzido).

l) Em 2.07.2001 foi entregue ao recorrente uma carta procedente da Direcção de Serviços de Gestão de Recursos Humanos da DGAIEC, na qual se notificava o mesmo recorrente do acto expresso de indeferimento (cfr. doc. n.º 9 junto com a petição, para cujos termos se remete).

2.2. O DIREITO

O acórdão recorrido concedeu provimento ao recurso contencioso, tendo considerado que o acto administrativo impugnado padecia *(i)* do vício de violação de lei (art. 59.º da CRP; art. 133.º, al. d) do CPA e art. 18.º do DL 353-A/89, de 16.10, na redacção conferida pelo DL 420/91, de 29.10), *(ii)* de ilegalidade por desrespeito do art. 141.º do CPA e *(iii)* de vício de forma por falta de audiência prévia.

A autoridade ora recorrente discorda das decisões e alega erro de julgamento em relação a todas elas.

Passamos a apreciar, pela ordem indicada.

2.2.1. Começaremos por relembrar o essencial da situação em análise.

O recorrente contencioso, sendo já funcionário público a exercer como Tesoureiro Ajudante da Tesouraria da Fazenda Pública, a vencer pelo índice 340 da escala remuneratória, foi opositor a concurso interno geral de ingresso para preenchimento de lugares da categoria de verificador aduaneiro de 2ª classe. Tendo obtido aprovação, foi nomeado Verificador Auxiliar Aduaneiro de 2ª classe, em regime de comissão de serviço, sendo que no período probatório que decorreu entre 12.02.97 e 12.08.98, continuou a ser abonado pelo índice 340.

Pelo acto impugnado viu definitivamente modificada, com redução, a sua situação remuneratória, tendo sido posicionado no escalão 1, índice 250 da escala salarial relativa à categoria de Verificador Auxiliar Aduaneiro de 2ª classe.

E o que está em causa é saber se esta decisão administrativa tem cobertura legal ou se, ao invés, o recorrente contencioso, como é sua pretensão, tem direito, a manter a remuneração pelo índice 340 que vinha auferindo como Tesoureiro da Fazenda Pública, ao abrigo do disposto no art. 18.º do DL n.º 353-A/89, de 16.10, na redacção conferida pelo DL n.º 420/91, de 29.10.

Conhecendo, convoquemos, antes de mais, o texto da norma, que é o seguinte:

Art. 18.º

(Mobilidade)

1– Para efeitos de determinação da categoria da nova carreira nos casos de intercomunicabilidade horizontal ou vertical ou de mobilidade entre carreiras, a relação de natureza remuneratória legalmente fixada estabelece-se entre os índices remuneratórios correspondentes ao escalão 1 da categoria em que o funcionário se encontre e o escalão 1 da nova carreira.

2 – Nos casos referidos no número anterior, a integração na nova carreira faz-se em escalão a que corresponda:

a) O mesmo índice remuneratório;

b) Na falta de coincidência, o índice superior mais aproximado na estrutura da categoria.

3 – Nas situações previstas na al. a) do número anterior, o tempo de serviço prestado no escalão de origem releva para progressão na nova carreira.

4 – As regras estabelecidas nos n.os 2 e 3 são também aplicáveis às situações de mobilidade, mediante concurso entre carreiras inseridas nos grupos de pessoal operário e auxiliar e, bem assim, entre carreiras para cujo provimento esteja estabelecido legalmente o mesmo nível de habilitação.

O acórdão recorrido considerou que o acto impugnado violou este preceito, colhendo-se a justificação da decisão no extracto do discurso que passamos a transcrever:

"(...) Parece-nos exacta a conclusão de que, tendo a carreira de Verificador Auxiliar Aduaneiro de 2ª classe um nível de habilitações inferior à daquela outra que o recorrente detinha, deveria ser-lhe atribuída a respectiva regra.

O n.º 4 do art. 18 aludido, quer na redacção que lhe foi dada pelo Dec-Lei n.º 420/91, de 29.10, quer na redacção conferida pelo art. 27.º do Dec Lei n.º 404-A/98, de 18.12, não inviabiliza a aplicação das regras de mobilidade ao recorrente, o que aliás seria de todo irracional, na medida em que iria penalizar funcionários providos em categorias cuja habilitação de base é superior à do lugar a prover. Ou seja, a circunstância de a carreira de que o recorrente era oriundo exigir habilitações superiores (11.º ano) à de verificador auxiliar aduaneiro (9.º ano) não constitui obstáculo à mobilidade.

O que constituiria, isso sim, ofensa à lei, seria desrespeitar os critérios remuneratórios de integração na nova carreira, plasmados no n.º 2 do art. 18.º do Dec.Lei 353-A/89, numa interpretação inconstitucional e frontalmente contrária ao disposto no art. 59.º da CRP, que consagra o direito a uma retribuição justa.

Concluímos, assim, que o acto recorrido padece do vício de violação de lei (art. 59.º da CRP; art. 133.º, al. d) do CPA e art. 18.º do DL 353-A/89, de 16.10, na redacção conferida pelo DL 420/91, de 29.10."

A autoridade, ora recorrente, entende que a interpretação perfilhada no acórdão não tem assento na letra da lei e colide com o seu espírito. Do seu ponto de vista, o princípio da retribuição justa entendido como corolário do princípio de trabalho igual salário igual só justifica a manutenção da remuneração se a mudança se fizer para carreira que exija o mesmo nível de habilitações, na medida em que a mesma tem um conteúdo funcional de idêntica complexidade e responsabilidade. Já não há fundamento racional, em nome daquele princípio, para manter a remuneração nas situações em que a mudança ocorre para uma carreira de inferior nível habilitacional. Nestes casos, a trabalho de menor complexidade, responsabilidade e exigência deve corresponder remuneração inferior, independentemente das habilitações detidas pelo funcionário.

São estes os termos essenciais da polémica.

Ora, do que se trata, no caso em apreço, é de uma mudança voluntária de carreira, mediante concurso interno geral de ingresso, tendo o funcionário, por sua iniciativa, optado por abandonar a carreira de Tesoureiro-Ajudante e ingressar na carreira de Verificador Auxiliar Aduaneiro.

E é indiscutível que a habilitação com o curso complementar do ensino secundário ou equivalente é requisito de ingresso e provimento na carreira de Tesoureiro--Ajudante (art. 37.º do DL n.º 519-A1/79, de 29/12) e que a lei é menos exigente e se satisfaz com o curso geral do ensino secundário ou equiparado para ingresso na carreira de Verificador Auxiliar Aduaneiro (art. 77.º do DL n.º 252-A/82, de 28 de Junho).

Certo é também que não decorrendo a mudança da operatividade de quaisquer dos outros instrumentos de mobilidade previstos na lei [intercomunicabilidade vertical ou horizontal (arts. 16.º e 17.º do DL n.º 248/85 de 15.7), transferência, permuta, requisição ou destacamento (arts. 25.º a 27.º do DL n.º 427/89, de 7.12)], a situação é enquadrável no âmbito da previsão do n.º 4 do art. 18.º do DL n.º 353-A/89, preceito que fixa, na vertente remuneratória, o regime de integração na nova carreira.

Dito isto, importa ter presente que, de acordo com o disposto no art. 26.º/2 do DL n.º 184/89, de 2 de Junho (diploma que "estabelece princípios gerais em matéria de emprego público, remunerações e gestão de pessoal da função pública – art. 1.º), "o ingresso em cada carreira faz-se, em regra, no primeiro escalão da categoria de base na sequência de concurso ou de aproveitamento em estágio probatório". O art. 18.º/4 do DL 353-A/89, afasta-se, pois, deste regime geral e protege os funcionários que desejem mudar de carreira, assegurando--lhes, nos termos previstos, que a mudança se fará, sem retrocesso remuneratório. Porém, o texto do preceito, dá um sinal inequívoco que o legislador não quis estender a protecção a toda e qualquer situação de mobilidade mediante concurso, restringindo-a às que ocorram apenas "entre carreiras para cujo provimento esteja estabelecido legalmente *o mesmo nível de habilitações*". E só numa interpretação demasiado desligada da letra, dificilmente enquadrável nos limites fixados pelo art. 9.º/2 do C. Civil, se pode ler este enunciado linguístico com o alcance de que a previsão legal abarca a situação do caso em apreço, na qual a mudança ocorreu, em sentido descendente, entre carreiras para as quais estão legalmente previstos *diferentes níveis* de habilitações.

Além disso, não descortinamos outros subsídios interpretativos a denotar que o legislador disse menos do que quis e que aconselhem a extensão do regime. Na verdade, não há justificação racional para assegurar, sem redução, a remuneração a um funcionário que, no exercício legítimo da sua autonomia privada, sem qualquer imposição ou sugestão da Administração, quis, de acordo com a sua conveniência pessoal, reorientar a vida profissional e passar a prestar serviço noutra carreira, menos exigente e complexa, de inferior nível de habilitação e menor responsabilidade. Sabendo-se que, na função pública, a remuneração varia em razão da categoria do funcionário (art. 4.º/1 do DL n.º 353-A/89), que a categoria é a posição que aquele ocupa no âmbito de uma carreira, fixada de acordo com o conteúdo funcional e que este, por sua vez, é fixado de harmonia com o nível habilitacional (cf. arts. 4.º/2 e 7.º do DL n.º 248/85 de 15.7), o normal é que a mudança para carreira/categoria de inferior nível de habilitação implique, em correspondência, uma redução remuneratória. E não há motivo para que assim não seja se a mudança teve origem única e exclusivamente na vontade livre do funcionário. É o preço a pagar pela escolha. Não há, pois, outros valores que reclamem a intangibilidade remuneratória. A retrocessão, nas circunstâncias descritas, não afecta o direito fundamental a uma retribuição justa que, de acordo com o disposto no art. 59.º /1/a) da CRP deve fazer-se "segundo a quantidade, natureza e qualidade" do trabalho. Tão-pouco se pode dar por verificada a existência, por parte do funcionário, de uma crença plausível de irredutibilidade, em nome da qual se possa conceber o incumprimento das exigências atinentes ao princípio da confiança, ínsito na ideia de Estado de Direito democrático (art. 2.º CRP).

Deste modo, concluímos que assiste razão à autoridade recorrente. O acto recorrido não viola o disposto no art. 18.º/4 do DL n.º 353-A/89, de 16 de Outubro, na redacção do DL n.º 420/91, de 29 de Outubro, sendo que, aquela norma, na interpretação ora perfilhada não afecta qualquer direito fundamental ou princípio constitucional.

O mesmo é dizer que, nesta parte, o acórdão recorrido enferma de erro de julgamento e procede a alegação da autoridade recorrente.

2.2.2. O aresto impugnado julgou ainda que o acto administrativo violou o disposto no art. 141.º CPA.

A respeito, disse:

"Pode ainda considerar-se, de acordo com a argumentação do recorrente, que o acto recorrido é ilegal, por violação do art. 141.º do CPA, uma vez que se formou caso decidido no terminus da comissão de serviço (em 12.02.98), que precede a nomeação definitiva".

A autoridade recorrida alega que a decisão judicial fez incorrecta aplicação do art. 141.º do CPA, argumentando, no essencial que, sobre a matéria, não se formou qualquer caso decidido no fim da comissão de serviço.

Vejamos.

Nos termos da lei – artigos 6.º/4 e 7.º/1/c) do DL n.º 427/89, de 7.12 – o recorrente foi nomeado em comissão de serviço durante o período probatório. Ainda de acordo com o disposto no art. 7.º do mesmo diploma a nomeação em comissão de serviço, converte-se automaticamente em nomeação definitiva, independentemente de quaisquer formalidades, no termo do período probatório.

E não está provado que, precedendo o acto administrativo contenciosamente impugnado neste processo, tenha sido praticado qualquer outro a determinar o posicionamento do funcionário na escala salarial e no índice 340. Ficou demonstrado que, durante o período probatório – 12.02.97 a 12.02.98 – o recorrente foi abonado pelo índice 340 e que, mesmo depois do termo daquele e da conversão automática da nomeação em comissão de serviço, em nomeação definitiva, continuou, até Março de 1999, a ser pago pelo mesmo índice. Mas já não se provou que os actos de processamento dos vencimentos tenham tomado qualquer posição *explícita* quanto à questão do posicionamento do funcionário na escala salarial, depois do ingresso na categoria de Verificador Aduaneiro de 2ª classe. E não há quaisquer elementos de interpretação dos quais resulte que, do primeiro acto após o termo do período probatório, do mero processamento pelo índice 340, decorre, necessariamente, como efeito não declarado, mas querido pela Administração, a decisão daquela questão de posicionamento, com aquele sentido. É, pois, problemático o silêncio sobre este ponto e não pode concluir-se pela existência de um acto administrativo *implícito* (vide, a propósito, art. 217.º/1 do C. Civil, acórdão STA de 2002.10.09 – rec. n.º 600/02 e jurisprudência nele citada).

Neste quadro, não havendo precedente acto administrativo (explícito ou implícito) constitutivo do direito do funcionário a vencer pelo índice 340, não ocorre qualquer revogação ilegal, não havendo lugar à aplicação do art. 141.º do CPA.

Assim, assiste razão à autoridade recorrente, procedendo a sua alegação, também nesta parte.

2.2.3. Por último, em relação ao vício de falta de audiência prévia, afastando-nos, mais uma vez, do acórdão sob recurso, diremos, com a Administração, que não deve anular-se o acto impugnado.

Nesta questão, o TCA disse apenas que o acto é ilegal por "não ter sido permitida a audiência prévia nos termos do art. 100.º e seguintes do CPA".

A autoridade recorrente, contra esta decisão, argumenta, em primeiro lugar que, não havendo lugar a audiência prévia no procedimento administrativo de 2.º grau, não está verificado o vício. Não obstante convergirmos com a jurisprudência deste Supremo Tribunal, por ela citada na sua alegação (cfr. conclusão XIV) no sentido de que nos procedimentos de 2.º grau, como é o caso do recurso hierárquico, não há, em princípio, lugar à audiência prévia, nem por isso, poderemos concluir que não foi posto em causa o direito à participação procedimental. É que resulta da matéria de facto provada (vide, supra, 2.1., als. f) e g)) que a audiência foi preterida no procedimento administrativo de 1.º grau.

Porém, a Administração esgrime ainda com um segundo argumento. Alega que o direito de participação só deve considerar-se verdadeiramente violado, quando através dessa participação, houver a possibilidade de os interessados exercerem influência na decisão legal a proferir e que, no caso dos autos, o posicionamento "resulta em termos interpretativos da lei, pelo que o interessado nada poderia trazer ao processo susceptível de influenciar o conteúdo da decisão impugnada contenciosamente".

Com esta argumentação este Tribunal é chamado a dizer se deve, ou não, aproveitar-se o acto em honra ao princípio do aproveitamento do acto administrativo ou da relevância limitada dos vícios de forma.

A resposta é positiva, uma vez que o acto decorre do exercício de um poder estritamente vinculado, sem poderes de conformação da Administração e não tem alternativa juridicamente válida, sendo de resultado inelutável, independentemente das razões que o interessado pudesse ter levado à ponderação da entidade decidente se tivesse sido ouvido. Estão, portanto, reunidas as condições para que o tribunal limite a relevância invalidante do vício procedimental de falta de audiência prévia e não anule a decisão administrativa contenciosamente impugnada (cf., a propósito, por todos, os acórdãos STA de 1998.05.14 – rec.º n.º 41 373, de 1999.11.24 – rec.º n.º 45 170, de 2000.02.02 – rec.º n.º 45 623, de 2001.11.06 – rec.º n.º 38 139 e de 2005.10.11 – rec. n.º 262/05).

Nesta medida, procede a alegação da recorrente, ainda nesta outra parte.

3. DECISÃO

Pelo exposto, acordam em conceder provimento ao recurso jurisdicional e em negar provimento ao recurso contencioso.

Sem custas neste Tribunal e com custas pelo recorrente contencioso, na 1ª instância.

Taxa de justiça: 300 € (trezentos euros).

Procuradoria: 150 € (cento e cinquenta euros)

Lisboa, 17 de Janeiro de 2006.

Políbio Henriques (Relator)
Rosendo José
António Madureira

Recurso n.º 857/05

INSTITUIÇÃO PARTICULAR DE SOLIDARIEDADE SOCIAL. CONTRATO. EMPREITADA DE OBRAS PÚBLICAS. COMPETÊNCIA DOS TRIBUNAIS ADMINISTRATIVOS. FORO CONVENCIONAL.

(Acórdão de 14 de Março de 2006)

SUMÁRIO:

I – As Instituições Particulares de Solidariedade Social são pessoas colectivas de direito privado, com autonomia, não administradas pelo Estado, que prosseguem os objectivos enunciados nas diversas alíneas do n.º 1 do artigo 1.º do Decreto-Lei n.º 118/83, de 25 de Fevereiro, que estabelece o seu Estatuto legal (artigos 1.º e 3.º desse diploma).

II – Estão sujeitas à tutela do Estado, cuja autorização dos serviços competentes é necessária para a prática de determinados actos, nomeadamente a aquisição de bens imóveis a título oneroso ou a alienação de imóveis a qualquer título (artigo 32.º, n.º 1), os seus orçamentos e contas carecem de vistos pelos serviços com-

petentes (artigo 33.º), que poderão ordenar a realização de inquéritos, sindicâncias e inspecções a estas instituições e seus estabelecimentos (artigo 34.º); as empreitadas de obras de construção ou grande reparação deverão ser feitas em concurso ou hasta pública, conforme for mais conveniente (artigo 23.º, n.º 1).

III – Da conjugação da disciplina estabelecida nos preceitos enunciados no número anterior com a estabelecida no artigo 3.º, n.º 2, alínea *b*), do Decreto-Lei n.º 59/99, de 2 de Março, é de concluir que a sua gestão está sujeita a um controlo por parte do Estado, donde decorre que estas pessoas são de considerar donas de obras públicas, o que significa que os contratos por elas celebrados são contratos de empreitada de obras públicas, regulados pelo referido Decreto-Lei n.º 59/99. São contratos praticados a coberto de uma ambiência de direito público, resultante do predomínio de preocupações de interesse público, que prosseguem, que as leva a não poder adoptar procedimentos diferentes dos nele tipificados (artigo 7.º do mesmo diploma) e a actuar numa posição de supra ordenação que lhes possibilita o estabelecimento de cláusulas exorbitantes, ou seja, são contratos administrativos.

IV – O n.º 2 do artigo 55.º do ETAF de 1984 não confere às partes a possibilidade de afastarem as regras de competência em razão da matéria.

ACORDAM, EM SUBSECÇÃO, NA SECÇÃO DO CONTENCIOSO ADMINISTRATIVO DO SUPREMO TRIBUNAL ADMINISTRATIVO:

1.

1.1. Viana & Conde, SA, intentou, em 03.02.2003, no Tribunal Administrativo do Círculo de Coimbra, e contra o Centro Social de Figueiró do Campo, Instituição Particular de Solidariedade Social, n.º 1294, acção com processo ordinário respeitante a contrato de empreitada entre ambos celebrado, para a "*Construção Civil do Centro de Dia ATL e Pavilhão Desportivo de Figueiró do Campo*".

1.2. Na contestação, o Réu suscitou a incompetência material do tribunal e a excepção de falta de pressuposto processual de prévia propositura de acção judicial de rescisão do contrato.

1.3. Em despacho saneador (fls. 37), o Tribunal desatendeu as duas excepções.

1.4. Desse despacho, o Réu interpôs o presente recurso, em cujas alegações concluiu:

"1ª O Tribunal a quo julgou improcedente a excepção de incompetência suscitada na contestação do Réu por entender que se estava perante um contrato de empreitada de obras públicas, submetido à jurisdição administrativa.

Contudo,

2ª O Tribunal a quo não se pronunciou sobre o facto de as partes terem acordado em submeter os diferendos emergentes daquele contrato à jurisdição do Tribunal Judicial da Comarca de Soure – no que o Réu fundamentava a incompetência do Tribunal Administrativo — o que determina a nulidade do aresto em recurso, ex vi da alínea d) do n.º 1 do art. 668.º do CPC.

Acresce que,

3ª Mesmo que o Tribunal a quo entendesse que no caso sub judice se estava perante um contrato administrativo, não poderia deixar de declarar a sua incompetência por força do foro que as partes haviam elegido para dirimir os seus litígios, pelo que é manifesto que o aresto em recurso enferma de erro de julgamento, violando frontalmente o disposto na cláusula 10ª do contrato de empreitada e no art. 55.º/2 do ETAF de 1984.

Na verdade,

4ª O n.º 2 do art. 55.º do ETAF de 1984 permitia que as partes contratantes convencionassem um determinado foro – diferente mesmo do administrativo – para dirimir os litígios emergentes dos contratos administrativos, tendo inclusive este Venerando Supremo Tribunal entendido como válida a convenção destinada a atribuir competência para a solução dos litígios emergentes do incumprimento de contrato de empreitada de obras públicas a um dado Tribunal judicial (v. acórdão do STA de 14/12/91, BMJ 404/492).

Ora,

5ª A cláusula 10ª do contrato de empreitada junto aos autos pela A. sob o doc. n.º 1 prescreve que "Para todos os questões emergentes deste contrato é estipulado o foro da Comarca de Soure", pelo que é inquestionável que as partes elegeram aquele foro para dirimir os seus diferendos contratuais, fazendo-o ao abrigo da permissão concedida pelo n.º 2 do art. 55.º do ETAF, razão pela qual deveria o aresto em recurso ter declarado a incompetência do Tribunal Administrativo.

Para além disso,

6ª – O Réu não preenchia os requisitos exigidos pelo art. 3.º do DL 55/99 para ser qualificado como "dono de obra pública", o que inviabilizava a qualificação do contrato como empreitada de obras públicas e a relação administrativa subjacente como relação jurídico administrativa, daí resultando a incompetência dos Tribunais Administrativos para dirimir o presente conflito.

Por fim,

7ª O aresto em recurso enferma igualmente de erro de julgamento ao ter julgado improcedente a excepção de falta de um pressuposto processual da presente acção, porquanto,

– com a presente acção a A. pretendia ser indemnizada pelos danos sofridos em consequência de ter exercitado o direito de rescisão que entendia assistir-lhe legalmente (v., nesse sentido, o pedido formulado pelo A., o qual se reconduz ao disposto nos n.ºs 1 e 2 do art. 234.º, que só permite a formulação de tal pedido em caso de rescisão da obra por exercício de um direito do empreiteiro).

– a prévia propositura e procedência de uma acção de rescisão do contrato por parte do empreiteiro constitui um pressuposto processual da acção de indemnização a reclamar os danos decorrentes do exercício desse direito de rescisão (v. art. 238.º/5 do DL 55/99);

– a A. não interpôs nos 66 dias seguintes, nem até à presente data, qualquer acção de rescisão do contrato contra o Réu, pelo que é inquestionável que falta um pressuposto processual para poder ser apreciado o mérito da presente acção de indemnização – o prévio reconhecimento judicial do direito à rescisão do contrato".

1.5. O Autor, recorrido, contra-alegando, concluiu:

"1. A recorrente é uma dona de obra pública (art. 3.º, n.º 2 al. a) do D.L. 59/99, de 2 de Março;

2. O contrato de empreitada que celebrou com a recorrida é um contrato administrativo de empreitada de obra pública (art. 2.º, n.º 5 do D.L. 55/99, de 2 de Março);

3. O contrato remete, expressa e taxativamente, para a sua sujeição ao D.L. 55/99 de 2 de Março;

4. Os art. 4.º e 9.º do ETAF estipulam que tais contratos são submetidos à jurisdição dos Tribunais Administrativos;

5. O art. 55.º, n.º 2 do ETAF determina que as partes podem convencionar outros Tribunais;

6. O art. 253.º, n.º 2 do D.L. 55/99 de 2 de Março, consigna que, para as questões suscitadas sobre contratos de empreitada de obras públicas competentes são apenas os Tribunais Administrativos, ou então, os arbitrais se assim convencionarem as partes;

7. O ETAF é uma lei geral e abstracta, sendo que o D.L. 55/99 é uma lei especial e concreta, logo, as suas disposições derrogam as da lei geral;

8. Ainda que assim não seja entendido, o art. 253.º do D.L. 55/99 apenas estipula os limites da livre escolha fixada pelo ETAF;

9. Não tendo sido convencionado qualquer Tribunal Arbitra! no contrato em referência, o mesmo só poderá ser submetido ao Tribunal Administrativo, como efectivamente foi e bem, devendo, por isso, ser mantido o despacho da Meritíssima Juiz "a quo", na parte em que julgou improcedente a excepção de incompetência material do Tribunal Administrativo do Círculo de Coimbra.

10. A recorrida não tinha necessidade de propor prévia acção de rescisão do contrato porquanto, o contrato encontra-se rescindido pela recorrente, tudo conforme provado documentalmente nos autos e não impugnado pela recorrente;

11. A recorrida não tinha, assim, de solicitar a rescisão de um contrato que já estava, e está, rescindido, não tendo, desse modo, qualquer aplicação ao presente caso, o art. 238.º, n.º 5 do D. L.59/99, de 2 de Março;

12. Por outro lado, não pretende a recorrida a obtenção da rescisão do contrato através da acção a propósito da qual foi levantada a excepção pela recorrente, nem de qualquer direito decorrente de uma eventual rescisão que tivesse feito, e que não fez tudo como afirmado, inequívoca e taxativamente, na sua p. i.;

13. O que a recorrida pretende é a indemnização a que legalmente tem direito (conforme previsto no D. L. 59/99 de 2 de Março) em resultado de um incumprimento contratual levado a cabo pela recorrente, designadamente, a falta de pagamento de facturas emitidas, apresentadas a pagamento e recepcionadas pela recorrente;

14. O que mui doutamente foi entendido pela Meritíssima Juiz "a quo" e, por esse motivo, devendo ser mantido o despacho recorrido também na parte em que julga improcedente a excepção de falta de pressuposto processual – prévia propositura da acção de rescisão do contrato".

1.6. Foi proferido despacho de sustentação.

1.7. O EMMP emitiu parecer no sentido do não provimento do recurso.

Colhidos os vistos, cumpre apreciar e decidir.

2.

2.1.1. Foi dado por assente no despacho saneador da acção, e deve considerar-se provado, que:

"A. Autora e Ré Celebraram entre si, em 04.12.2000, o contrato de empreitada para a

B. construção do centro de dia, ATL e Pavilhão desportivo de Figueiró do Campo.

(...)

N. Em 15.05.2002 a autora requereu no Tribunal Administrativo do círculo de Coimbra – doc. de fls. 92 – a notificação da Ré para tomar posse da obra e para aceitar a rescisão do contrato, com fundamento na duração da suspensão dos trabalhos superior a 1/10 do prazo previsto para a execução dos mesmos, por facto imputável ao dono da obra – não pagamento atempado das facturas referidas em (...)

O. A Autora requereu, em 26.06.2002, tentativa de conciliação extrajudicial no Conselho Superior de Obras Públicas, a qual se frustrou.

P. Em 03.05.2002 a Ré enviou à Autora, por carta registada com aviso de recepção, uma «comunicação de intenção do dono da obra proceder à rescisão do contrato de empreitada» – (...).

Q. Em 10.05.2002 a ré comunicou à autora, por carta registada com aviso de recepção, a rescisão do contrato de empreitada referido em A (...)

R. Em 20.05.2002 a ré tomou posse administrativa da obra, conferida por representante do Governador Civil de Coimbra (...).

S. A ré lançou um novo procedimento concursal para a obra e adjudicou a sua conclusão a outra empresa".

2.1.2. Considera-se assente, ainda:

– A acção referenciada em *N.* do saneador foi julgada extinta por inutilidade superveniente da lide, por despacho de 16.07.2002 (doc. de fls. 241-246).

Passamos a analisar os vícios apontados ao despacho recorrido.

2.2.1. *A nulidade do despacho, por falta de pronúncia quanto à convenção sobre o foro competente* (conclusões 1 e 2 das alegações).

Só existe nulidade por falta de pronúncia se o tribunal deixar de se pronunciar sobre questão que devesse ser apreciada.

A única questão sobre que o TAC de Coimbra se tinha de pronunciar, e pronunciou, no segmento em causa, era a da competência material para a acção. Era essa questão que estava suscitada, como excepção, pelo ora recorrente.

O tribunal pronunciou-se sobre ela e desatendeu-a.

O elemento sobre o qual o tribunal não teve uma palavra expressa, a convenção sobre o foro competente, era um elemento de suporte da posição defendida na contestação, elemento que, aliás, vem renovado no presente recurso.

Se esse elemento, sendo bem ponderado, levar a solução diversa daquela a que chegou o despacho, haverá que concluir que houve erro de julgamento, mas, não, omissão de pronúncia.

2.2.2. Erro de julgamento quanto a competência.

2.2.2.1. *Erro quanto à qualificação do contrato* (conclusão 6ª).

Considera o recorrente que não é "*dono de obra pública*" para os efeitos do artigo 3.º do DL n.º 55/99.

O despacho recorrido, atentando no regime jurídico do Réu, ora recorrente, considerou entre o mais:

"*c) o disposto no art. 3.º n.º 3 do DL. n.º 59/99, de 2 de Março, que estabelece a delimitação subjectiva do seu âmbito de aplicação, pelo qual considera donas de obras públicas as entidades dotadas de personalidade jurídica criadas para satisfazer de um modo específico necessidades de interesse geral, sem carácter industrial ou comercial e em relação às quais se verifique uma das seguintes circunstâncias: a) cuja actividade seja financiada maioritariamente por alguma das entidades referidas no número anterior; b) cuja gestão esteja sujeita a um controlo por parte de alguma das entidades referidas no número anterior ou no presente número; c) cujos órgãos de administração, de direcção ou de fiscalização sejam compostos, em mais de metade, por membros designados por alguma das entidades referidas no número anterior ou no presente número, o que é o caso da Ré, quanto às alíneas a) e b), cuja actividade é financiada pelo Estado e está sujeita a tutela administrativa*".

O recorrente vem dizer que as Instituições Particulares de Solidariedade Social "*não se encontram em qualquer uma das situações mencionadas nas alíneas a), b) ou c) do n.º 2 do art. 3.º do DL 55/99, pelo que não podem ser qualificadas como «dono de obra pública»*" (ponto 4 do corpo das alegações).

Verifica-se que o recorrente não desmente, em concreto, a situação afirmada pelo despacho no respeitante ao preenchimento da alínea a) do n.º 3 do artigo 3.º . Mas a verdade é que os autos também não revelam elementos de facto que possam ter alicerçado o despacho naquela asserção.

Afigura-se, por isso, que se deve seguir, aqui, a doutrina afirmada por este Tribunal no Acórdão de 8.10.2002, recurso n.º 1308/02 e reiterada no Ac. de 1.4.2003, recurso n.º 483/03, doutrina que, no essencial, foi a perfilhada no despacho impugnado.

Disse-se naquele primeiro aresto, tendo em conta um caso similar ao presente (cfr. *Apêndice Diário da República* de 28.2.2004, págs. 5565,5566):

"*Antes do mais, há que partir do facto de que o acto impugnado foi praticado pela Direcção de uma Instituição Particular de Solidariedade Social.*

Estas instituições, reguladas pelo Decreto-Lei n.º 119/ /93, de 25 de Fevereiro, são pessoas de direito privado, com autonomia, não administradas pelo Estado, que prosseguem os objectivos enunciados nas diversas alíneas do n.º 1 do seu artigo 1.º (artigos 1.º e 3.º), que detêm o estatuto de utilidade pública (artigo 8.º), cujo contributo o Estado aceita, apoia e valoriza, e que são apoiadas pelo Estado mediante acordos a estabelecer, que não pode, contudo, constituir qualquer limitação ao seu direito de livre actuação (artigo 4.º, n.os 1 e 4).

Estão sujeitas à tutela do Estado, cuja autorização dos serviços competentes é necessária para a prática de determinados actos, nomeadamente a aquisição de bens imóveis a título oneroso ou a alienação de imóveis a qualquer título (artigo 32.º, n.º 1), os seus orçamentos e contas carecem de vistos pelos serviços competentes (artigo 33.º), que poderão ordenar a realização de inquéritos, sindicâncias e inspecções a estas instituições e seus estabelecimentos (artigo 34.º). As empreitadas de obras de construção ou grande reparação deverão ser feitas em concurso ou hasta pública, conforme for mais conveniente (artigo 23.º, n.º 1).

Esta última estatuição impõe que se traga à liça outro diploma legal. É ele o Decreto-Lei n.º 59/99, de 2 de Março, que estabelece o regime jurídico das empreitadas de obras públicas.

No seu artigo 3.º, ao estabelecer a delimitação subjectiva do seu âmbito de aplicação, e após enumerar, no seu n.º 1, as pessoas que são consideradas donas de obras públicas, entre os quais o Estado, as autarquias locais e outras entidades sujeitas a tutela administrativa, as pessoas colectivas públicas e os concessionários, estatui que são consideradas donas de obras públicas, as entidades dotadas de personalidade jurídica, criadas para satisfazer de um modo específico necessidades de interesse geral, sem carácter industrial ou comercial e em relação às quais se verifique uma das seguintes circunstâncias (n.º 2):

a) Cuja actividade seja financiada maioritariamente por algumas das entidades referidas no número anterior ou no presente número;

b) Cuja gestão esteja sujeita a um controlo por parte de algumas entidades referidas no número anterior ou no presente número;

c) Cujos órgãos de administração, direcção ou de fiscalização sejam compostos, em mais de metade, por membros designados por algumas das entidades referidas no número anterior ou no presente número.

Ora, embora não constem dos autos os estatutos da entidade recorrida, o seu estatuto de instituição privada de solidariedade social garante-nos a verificação do requisito da satisfação de interesses de ordem geral estabelecido no corpo do n.º 2 do preceito em análise.

Os autos também não fornecem elementos que permitam apurar a verificação dos requisitos estabelecidos nas alíneas a) e c) do mesmo número.

A indagação desses requisitos não se nos afigura, contudo, indispensável, na medida em que, bastando, para o efeito, a verificação de um desses requisitos, se nos afigura que se verifica o da alínea b).

Na verdade, da enunciação feita dos vários requisitos das instituições privadas de solidariedade social, nomeadamente da tutela que sobre elas é exercida pelo Estado (referenciados artigos 32.º a 34.º do seu Estatuto) e da imposição de que as empreitadas de obras de construção ou de grande restauro seja feita através de concurso público ou hasta pública (artigo 23.º), que, depois, podem ser sindicadas pelo Estado, através do visto dos serviços competentes aos seus orçamentos e às suas contas ou da realização de inquéritos, sindicâncias ou inspecções, é de concluir que, para efeitos do disposto no n.º 2 do artigo 3.º do Decreto-Lei n.º 59/99, a gestão das instituições privadas de solidariedade social está sujeita ao controlo do Estado.

E, assim sendo, temos que estas pessoas são de considerar donas de obras públicas, o que significa que os contratos por elas celebrados são contratos de empreitada de obras públicas, regulados pelo referido Decreto--Lei n.º 59/99. São contratos praticados a coberto de uma ambiência de direito público, resultante do predomínio de preocupações de interesse público, que prosseguem, que as leva a não poder adoptar procedimentos diferentes dos nele tipificados (artigo 7.º do mesmo diploma) e a actuar numa posição de supra ordenação que lhes possibilita o estabelecimento de cláusulas exorbitantes, ou seja, são contratos administrativos.

Em face do exposto, é de concluir que o contrato em cuja preparação se integra o acto impugnado, é um contrato administrativo de empreitada de obras públicas".

Assim, nos termos da doutrina acaba de evidenciar, improcede a alegação de que o recorrente não é dono de obra pública.

2.2.2.2. Erro da sentença por não valorização do foro convencionado, (conclusões 3 a 5).

Para o recorrente, ainda que o contrato seja considerado de empreitada de obra pública, a jurisdição administrativa ficou afastada pela convenção das partes constante da cláusula 10.ª: "*Para todas as questões emergentes deste contrato é estipulado o foro da comarca de Soure*".

O recorrente alinha a favor da tese de que, nos termos do artigo 55.º, n.º 2, do ETAF, é possível às partes afastar, por convenção, a jurisdição administrativa, o Acórdão deste Tribunal de 14.02.91, recurso n.º 28324.

Ora, como sublinha o parecer do EMMP, naquele aresto considerou-se que a cláusula aposta no contrato ali analisado respeitava à definição da competência territorial, e não à definição da competência material.

E deve interpretar-se o n.º 2 do artigo 55.º do ETAF de 1984 no sentido de que não quis colidir com a regra geral de que a competência material não pode ser afastada por vontade das partes, como decorre do artigo 100.º do C. P. Civil.

Aliás, muito recentemente, o Tribunal dos Conflitos, no seu acórdão de 18.1.2006, processo n.º 20/03, julgou que "*a estipulação do foro da comarca de Barcelos para resolução das questões emergentes do contrato de empreitada (...) não pode ter a virtualidade de afastar a competência dos tribunais administrativos, que é de ordem pública e decorre da aplicação da lei*".

Pelo exposto, não se detecta nenhum erro da sentença ao desatender a excepção que lhe foi suscitada.

2.2.2. *Erro de julgamento por não ter julgado procedente a excepção dilatória de falta do pressuposto processual de propositura pela Autora de prévia acção judicial de rescisão de contrato* (conclusão 7.ª).

Para o recorrente, o que está em causa na acção é alegado direito do autor a ser indemnizado pelos danos emergentes e lucros cessantes na sequência do exercício por ele, autor, do direito de rescisão do contrato. E nessa medida considera que, previamente, se impunha a propositura da acção prevista no artigo 238.º, n.º 5, do Regime Jurídico das Empreitadas de Obras Públicas.

O despacho ponderou que "*a Autora alicerça o seu pedido indemnizatório por incumprimento contratual, não em rescisão do contrato por si operada, mas em rescisão ilícita do contrato efectuada pela Ré, o que resulta dos arts. 34.º a 48.º da Petição Inicial.*

Pelo que improcede a alegada excepção de falta de pressuposto processual – prévia propositura de acção de rescisão do contrato". Ora, como também se anota no parecer do EMMP, corroborando o decidido, verifica-se que integra a causa de pedir da acção a rescisão unilateral e ilícita por parte do dono da obra, e os danos daí decorrentes.

Acresce que, exactamente o processo instaurado pela autora no quadro do disposto no artigo 238.º, concretamente nos termos do seu n.º 3, acabou por ser julgado extinto, por inutilidade superveniente. Assim, o autor já não poderia interpor a acção prevista no n.º 5 do artigo 238.º.

Também aqui, não se vislumbra qualquer erro no despacho recorrido.

3. Pelo exposto, nega-se provimento ao presente recurso.

Sem custas, por o recorrente beneficiar de isenção.

Lisboa, 14 de Março de 2006.

Alberto Augusto de Oliveira (relator)
Jorge de Sousa (com a declaração de que na situação também se expressa no art. 3.º n.º 1, al. b), diploma aplicado)
Edmundo Moscoso

Recurso n.º 976/05-12

LICENÇA DE UTILIZAÇÃO DE ARMAZÉM. ALTERAÇÃO DA UTILIZAÇÃO. LICENCIAMENTO DE ACTIVIDADE INDUSTRIAL. AUTORIZAÇÃO DA ADMINISTRAÇÃO CENTRAL.

(Acórdão de 7 de Março de 2006)

SUMÁRIO:

I – Uma construção realizada e autorizada para ser usada como armazém não pode passar a ser usada como estabelecimento para o fabrico de máquinas industriais, componentes electrónicos e sistemas automáticos de processamento sem autorização de alteração da utilização, nos termos do art. 30.º do DL 445/91, de 20.11.

II – O pedido de alteração da utilização para o fim referido em I, efectuado à Câmara Municipal em 21.08.1992, seguido da inércia e silêncio desta durante vários anos, não deu lugar a deferimento tácito, porque a alteração da utilização e a laboração daquele estabelecimento carecem de autorização da Administração Central, nos termos dos artigos 2.º; 3.º e 8.º do DL 109/91, de 15 de Março e lista anexa ao D.Reg. 10/91, da mesma data.

III – Ao caso são simultaneamente aplicáveis os arts. 52.º n.º 1 – a) e 61.º n.º 2 do DL 445/91 na redacção inicial, sendo o indeferimento o efeito do silêncio e ficando sujeitos à sanção de nulidade os actos que não tenham sido precedidos da autorização.

IV – Por força do regime de nulidade dos actos não precedidos da mencionada autorização, esta invalidade é de conhecimento oficioso no recurso interposto da ordem municipal de

encerramento das instalações enquanto não estiverem a ser usadas de harmonia com o uso permitido.

ACORDAM EM CONFERÊNCIA NA SECÇÃO DO CONTENCIOSO ADMINISTRATIVO DO STA:

I – RELATÓRIO

MAQUIQUADRO – CONSTRUÇÕES ELECTROMECÂNICAS, Ldª.

Propôs em 27 de Dezembro de 1975 recurso contencioso de anulação do despacho da PRESIDENTE DA CÂMARA MUNICIPAL DE SINTRA de 23.10.1995 que ordenou a desocupação e encerramento das instalações da recorrente em Olelas, Sabugo, no prazo de oito dias por falta de licença de utilização.

Imputava ao acto vícios de deficiência de fundamentação e erro nos pressupostos de facto e de direito.

A entidade recorrida contestou, dizendo, em resumo, que se fundamentou na falta de licença de utilização do local em causa e respectiva utilização ilegal contra o disposto nos artigos 1.º e 54.º al. c) do DL 445/91, de 20.11, alterado pelo DL 250/94, de 15 de Outubro, pelo que não encontra razão para o acto ser anulado.

Por sentença do TAC de Lisboa, 1.º Juízo Liquidatário, de 29.11.2004, o recurso foi provido e o acto anulado por falta de fundamentação.

Inconformado o Presidente da CMS recorre para este STA, alega e formula as seguintes conclusões:

– Não existe contradição na informação de que se apropriou o despacho recorrido, dado que refere que a instalação fabril se encontra licenciada como armazém, mas não para os fins pretendidos de fabrico de máquinas industriais, componentes electrónicos e sistemas automáticos de processamento.

– Por outro lado mesmo que se admitisse deferimento tácito do pedido formulado pela requerente em 21.8.92, relativo a alteração do uso para instalações industriais, sempre faltará o respectivo título, alvará de licença de utilização, que é condição de eficácia da licença, nos termos do artigo 26.º n.º 6 do DL 445/91, permitindo a conclusão de se ordenar a desocupação e encerramento.

– O despacho, por via da remissão para a informação remete o interessado para as condições de licenciamento ao dizer: "tratando-se de uma unidade industrial deverá o proprietário ter presente o disposto no DL 109/91, de 15 de Março, alterado pelo DL 282/93, de 17 de Agosto, que estabelece as normas para o exercício da actividade industrial sujeita a licenciamento pela Administração Central.

Não houve contra alegação.

O EMMP junto deste STA emitiu parecer no sentido do provimento do recurso, por o acto estar fundamentado de forma perceptível para um destinatário médio.

II – A MATÉRIA DE FACTO PROVADA

A sentença recorrida considerou provado:

i. A recorrente é uma sociedade comercial que se dedica ao fabrico de máquinas industriais, componentes electrónicos e sistemas automáticos de processamento, que executa e desenvolve na sua unidade industrial, sita na Estrada de Olelas, Travessa da Fábrica, Sabugo, Almargem do Bispo.

ii. Em 4-6-91, a requerente requereu o licenciamento de uma obra nova — edifício destinado a indústria —, a implantar num lote de terreno de sua propriedade, com a área de 2.400 m², sito na Estrada de Olelas, Travessa da Fábrica, Sabugo, Almargem do Bispo [Cfr. doc. constante do processo instrutor apenso, não numerado, cujo teor aqui se dá por integralmente reproduzido].

iii. Esse pedido veio a ser indeferido por deliberação da Câmara Municipal de Sintra, datada de 22.8.91, com o fundamento no facto de contrariar o disposto no artigo 121.º do RGEU, bem como as normas adoptadas na Câmara, designadamente R.0.S., visto o terreno se situar fora da zona industrial, ter a área de 2.400 m² e confinar com zona habitacional [Cfr. doc. constante do processo instrutor apenso, não numerado, cujo teor aqui se dá por integralmente reproduzido].

iv. Em 12-9-91, a recorrente veio pedir a revisão do citado despacho de indeferimento, em virtude de pretender alterar a pretensão de forma a poder aproveitar os terrenos que possuía, com a área de 5.400 m² [Cfr. doc. constante do processo instrutor apenso, não numerado, cujo teor aqui se dá por integralmente reproduzido].

v. Esse pedido veio a ser deferido, por deliberação da Câmara Municipal de Sintra, datada de 17-10-91, sujeito no entanto aos seguintes condicionamentos:

– Pagamento da taxa de construção de Esc. 380$00 por metro quadrado de área bruta de construção;

– Junção a aprovação do projecto de estrutura; e

– Apresentação de termo de responsabilidade de Eng.º Civil ou Eng.º Técnico Civil e alvará de industrial de construção civil de 1ª classe no acto de levantamento da licença [Cfr. doc. constante do processo instrutor apenso, não numerado, cujo teor aqui se dá por integralmente reproduzido].

vi. Em 30-10-91 a recorrente juntou ao processo o projecto de estabilidade, com a respectiva memória descritiva, o termo de responsabilidade, tendo a Câmara Municipal de Sintra procedido à liquidação da competente licença de obras em 6-11-91 [Cfr. docs. constantes do processo instrutor apenso, não numerado, cujo teor aqui se dá por integralmente reproduzido].

vii. Por requerimento entrado nos serviços da Câmara Municipal de Sintra em 23-12-91, a recorrente requereu a junção ao processo de elementos respeitantes a um projecto de alterações e ampliação [Cfr. docs. constantes do processo instrutor apenso, não numerado, cujo teor aqui se dá por integralmente reproduzido].

viii. Esse pedido veio a ser indeferido pela Câmara Municipal de Sintra, na sua reunião de 5-3-92, com fundamento na alínea b) do n.º 1 do artigo 63.º do DL n.º 445/ /91 [Cfr. doc. constante do processo instrutor apenso, não numerado, cujo teor aqui se dá por integralmente reproduzido].

ix. Pretendendo legalizar as obras de alterações levadas a cabo, a recorrente, por requerimento datado de 15-4-92, solicitou a emissão da necessária licença, juntando para o efeito o projecto e a respectiva memória descritiva [Cfr. doc. constante do processo instrutor apenso, não numerado, cujo teor aqui se dá por integralmente reproduzido].

x. A Câmara Municipal de Sintra deferiu tal pedido, por unanimidade, através de deliberação datada de 23.7.92 [Cfr. doc. constante do processo instrutor apenso, não numerado, cujo teor aqui se dá por integralmente reproduzido].

xi. Na sequência desse deferimento, a recorrente juntou ao processo, em 21 e 28 de Setembro de 1992, os projectos de electricidade e de águas e esgotos [Cfr. doc. constante do processo instrutor apenso, não numerado, cujo teor aqui se dá por integralmente reproduzido].

xii. Com data de 15-10.92, um técnico do SMAS propôs se notificasse a recorrente para apresentar novos elementos, nomeadamente definição do tipo de utilização a dar ao edifício e tipo de águas residuais industriais e respectivo projecto de tratamento, tendo em conta que a rede de colectores ainda não se encontrar em funcionamento [Cfr. doc. constante do processo instrutor apenso, não numerado, cujo teor aqui se dá por integralmente reproduzido].

xiii. Em resposta a tal solicitação, a recorrente apresentou em 21.12.92 novo projecto de águas e esgotos, o qual veio a merecer a concordância do SMAS [Cfr. doc. constante do processo instrutor apenso, não numerado, cujo teor aqui se dá por integralmente reproduzido].

xiv. Entretanto, e paralelamente, a recorrente dirigiu um requerimento à Câmara Municipal de Sintra, em 21-8-92, no qual solicitava a alteração do uso da aludida construção de armazém para industrial [Cfr. doc. constante do processo instrutor apenso n.º 11800/92, não numerado, cujo teor aqui se dá por integralmente reproduzido].

xv. Em 3-4-95, e após vicissitudes várias, a recorrente juntou planta de implantação e levantamento topográfico, tendo o Departamento de Urbanismo da Câmara Municipal de Sintra deferido o pedido, por despacho datado de 10-4-95 [Cfr. doc. constante do processo instrutor apenso, não numerado, cujo teor aqui se dá por integralmente reproduzido].

xvi. O Serviço de Topografia e Cartografia da Câmara Municipal de Sintra procedeu a uma vistoria ao local, onde constatou que a planta de implantação apresentada em 8-5-91 continha erros grosseiros, tendo em conformidade proposto que a recorrente procedesse à delimitação da sua propriedade, numa extensão de aproximadamente 70 metros, a partir do pilar que contém o poste de electricidade, salvaguardando uma extensão de 4,0 metros em todo o comprimento, e respeitadas todas as restrições técnicas referentes à linha de água existente no local [Cfr. doc. constante do processo instrutor apenso, não numerado, cujo teor aqui se dá por integralmente reproduzido].

xvii. Expressando concordância com o proposto, o Vereador Álvaro Garcia de Carvalho ordenou, por despacho datado de 24-11-95, a notificação da recorrente para agir em conformidade.

xviii. Desse despacho interpôs a recorrente o correspondente recurso contencioso, a que veio a caber o n.º 250/96, da 1ª Secção deste Tribunal [Cfr. fls. 39/49 dos autos, cujo teor aqui se dá por integralmente reproduzido].

xix. Com data de 18.7.95, uma jurista do Departamento Administrativo da Câmara Municipal de Sintra elaborou a Informação/Proposta n.º 91/95/ADA, com o seguinte teor:

"Assunto: Ocupação de um edifício sem licença de utilização – "Maquiquadro – Construções Electrónicas, Lda

– I –

Foi verificado pela Fiscalização Municipal que se encontra a funcionar uma oficina de montagem de sistemas eléctricos num edifício situado na Estrada de Olelas, Travessa da Fábrica, Sabugo, sem a correspondente licença de utilização.

O edifício está a ser utilizado pela "Maquiquadro – Construções Electrónicas, Ldª'

Foi levantado o Auto de Notícia por Contra-Ordenação por ter sido violado o disposto no artigo 1.º, n.º 1, alínea b) do DL n.º445/91

Foi proposto pela Fiscalização Municipal o encerramento das referidas instalações, dando-se ao interessado um prazo de 10 dias para audiência nos termos do artigo 101.º do CPA – esta informação foi objecto de despacho de concordância do Vereador Responsável pelo Departamento Administrativo em 9-6-95.

Dessa proposta de decisão foi o interessado notificado em 14-6-95.

Em 20 de Junho, pronunciou-se por escrito.

Na exposição apresentada, alega:

– Que o pavilhão em causa foi construído em 1991/92, devidamente licenciado para armazém.

No mesmo ano requereu o interessado a mudança de utilização do pavilhão [processo n.º 11800/92), não tendo obtido ainda resposta da Câmara Municipal a tal pedido. A construção reúne os requisitos exigidos para a utilização que lhe está a ser dada — fabricação de máquinas industriais, componentes electrónicos e sistemas automáticos de processamento; não se trata de uma unidade industrial poluente e já criou 9 postos de trabalho.

O interessado termina a exposição requerendo que seja deferido o pedido de mudança de utilização já formulado, que seja realizada vistoria à unidade industrial e que seja isento de qualquer coima.

Em 5-7-95 foi proposto pela Fiscalização Municipal a confirmação da proposta de decisão de encerramento das instalações, sobre a qual interessado se pronunciou.

– II –

O DL n.º 445/91, com as alterações introduzidas pela Lei n.º 29/92, e DL n.º 250/94, prescreve, no artigo 1.º, n.º 1, alínea b) que a utilização dos edifícios está sujeita a licenciamento municipal

Do disposto no artigo 165.º do Regulamento Geral das Edificações Urbanas – DL n.º 38.382, de 1951, resulta que a Câmara Municipal pode ordenar a desocupação dos edifícios utilizados sem a correspondente licença ou em desconformidade com ela.

Assim, do disposto no artigo 1.º, n.º 1, alínea b) do DL n.º445/91, e no artigo 165.º do RGEU [ainda em vigor], resulta que não podem utilizar-se edifícios sem a respectiva licença de utilização.

Estando o edifício em causa a ser utilizado sem a correspondente licença, foi proposto o seu encerramento, de acordo com o que ficou exposto.

No entanto, impõe-se a análise do alegado pelo interessado em sede de audiência, de forma a saber se existe algum facto susceptível de modificar a proposta de decisão formulada:

A) QUANTO AO FACTO DE O INTERESSADO TER REQUERIDO A MUDANÇA DE UTILIZAÇÃO DO EDIFÍCIO HÁ 3 ANOS [PROCESSO N.º11800/92]

Alega o interessado, em sede de audiência, que requereu a mudança de utilização em 1992, não tendo ainda obtido resposta. Acrescenta que o edifício reúne os requisitos exigidos para a utilização que lhe está a ser dada.

Quanto à circunstância de o referido requerimento não ter ainda obtido a competente resposta, não dis-

pomos, nesta unidade orgânica de elementos que a possam justificar.

No entanto, ainda que venha a verificar-se que tal se deve a causas exclusivamente imputáveis ao município, a sua relevância situa-se no âmbito do processo de contra-ordenação [vd. artigo 54.º, n.º 1, alínea c'), e em sede de deferimento tácito da pretensão ao interessado, nos termos do artigo 61.º, n.º 1 do DL n.º445/91, que prescreve que a falta de decisão, aprovação ou autorização nos prazos fixados pelo DL n.º 445/91, corresponde ao deferimento tácito da respectiva pretensão...

Mas, ainda que tenha decorrido o prazo fixado para que fosse emitido o alvará de licença de utilização e que o edifício reúna os requisitos exigidos para a utilização pretendida, sempre faltará ao interessado o respectivo título, alvará de licença de utilização, que á condição de eficácia da licença, nos termos do artigo 26.º, n.º 6 do DL n.º 445/91.

Assim, ainda que a utilização do edifício tenha sido licenciada tacitamente [questão relativamente à qual não dispomos de quaisquer elementos], sempre faltaria o respectivo título, não podendo o interessado utilizar o edifício nessas condições...

B) QUANTO AO ALEGADO RELATIVAMENTE À APLICAÇÃO DA COIMA

Esclarece-se o interessado que a aplicação de coimas e sanções acessórias tem lugar em sede de processo de contra-ordenações.

As contra-ordenações, embora processadas [relativamente às violações do DL n.º 445/91] pela Câmara Municipal, não têm natureza administrativa – trata-se de um ilícito de mera ordenação social, cuja natureza se aproxima do Direito Penal e Processual Penal.

No âmbito desse Processo [distinto do presente procedimento administrativo] o arguido será ouvido, nos termos do artigo 50.º do Regime Geral das Contra-Ordenações e Coimas – DL n.º 433/82.

– III –

Nestes termos, e com os fundamentos constantes desta informação, propõe-se:

Que o edifício situado na estrada de Olelas, Travessa da Fábrica, Sabugo, utilizado pela "Maquiquadro – Construções Electrónicas, Ldª" para fabricação de máquinas industriais, componentes electrónicos e sistemas automáticos de processamento, sem a correspondente licença de utilização, seja desocupado, nos termos do artigo 165.º do DL n.º 38.382, de 1951, por violação do disposto no artigo 1.º, n.º 1, alínea b) do DL n.º 445/91, com as alterações introduzidas pela Lei n.º 29/92, e DL n.º 250/94.

A desocupação/encerramento, deve ter lugar no prazo de 8 dias a contar da notificação da decisão que a ordenar, devendo o edifício manter-se encerrado até que seja emitido o correspondente alvará de licença de utilização.

Tratando-se de uma unidade industrial deverá proprietário ter presente o disposto no DL n.º 109/91, de 15 de Março, alterado pelo DL n.º 282/93, de 17 de Agosto, que estabelece as normas para o exercício da actividade industrial, sujeita licenciamento pela Administração Central.

Mais se esclarece que em caso de incumprimento no prazo fixado, poderá proceder-se coercivamente.

Deve enviar-se cópia do presente processo ao Departamento de Urbanismo para que esta unidade orgânica responda ao requerido pelo interessado nas alíneas a' e b' da exposição analisada." [Cfr. fls. 11/15 dos autos, cujo teor aqui se dá por integralmente reproduzido].

xx. Sobre essa informação apôs a Presidente da Câmara Municipal de Sintra, em 23-10-95 o seguinte despacho:

"Concordo" [Cfr. fls. 11 dos autos, cujo teor aqui se dá por integralmente reproduzido].

xxi. O despacho recorrido é o identificado em xx..

III – APRECIAÇÃO. O DIREITO

A sentença recorrida considerou contraditório que se tenha constatado que "a instalação fabril da recorrente se encontra licenciada como armazém, mas não já como instalação fabril, admitindo-se mesmo a eventualidade de ter ocorrido, por inércia dos serviços da Câmara, o deferimento tácito de um pedido de alteração do uso .... formulado pela recorrente" para concluir pela ordem de desocupação /encerramento das instalações, uma vez que esta sequência deixa o particular sem possibilidade de se aperceber da validade dos fundamentos uma vez que deixa em aberto a possibilidade de ter beneficiado do deferimento tácito do pedido de alteração do uso.

A sentença considerou também que nestes casos o despacho tem de analisar se a desocupação poderá ser evitada, se o licenciamento for possível e o interessado o requerer, mas no despacho em causa não fica claro se as instalações são susceptíveis ou não de licenciamento.

A decisão que se acaba de resumir vem impugnada com fundamento em que a consideração da hipótese de deferimento tácito do pedido de alteração da utilização, na linha de raciocínio do acto impugnado, não conduzia a habilitação para o uso do local como instalação industrial, por não ter sido emitido o alvará respectivo, tudo constituindo uma fundamentação consequente e apreensível, seja ou não correcta do ponto de vista substancial.

E, a simples apresentação do argumento revela que ele tem validade em sede de fundamentação, porque a informação apropriada pelo despacho recorrido apresenta uma razão que, boa ou má, obstaria aos efeitos do deferimento tácito, e assim, da perspectiva da existência de fundamentação isenta de contradição, o acto mostra-se suportado.

A sentença assentou também a falta de fundamentação no facto de o despacho não determinar se a instalação era susceptível de licenciamento para o fim pretendido.

Mas, a decisão administrativa recorrida, por remissão para a informação a que se reporta, refere que o interessado deveria ter em conta o disposto o DL 109/91 para as actividades industriais sujeitas a licenciamento pela Administração Central e também refere que o edifício deverá manter-se encerrado até que seja emitido o correspondente alvará de licença de utilização.

Portanto, o despacho também neste aspecto apresenta uma fundamentação e uma lógica própria que são susceptíveis de serem entendidas e não se mostram contraditórias nos seus próprios termos, embora possam ou não ser substancialmente correctas, aspecto que não respeita à fundamentação, mas a eventuais vícios de fundo do acto recorrido.

De modo que a sentença recorrida e a anulação do acto por vício de falta de fundamentação não pode manter-se em nenhuma das duas vertentes fundamentadoras que nela se enunciam.

Encontram-se reunidos os elementos de facto necessários e a questão a decidir é essencialmente de direito, pelo que o Tribunal pode conhecer das questões não apreciadas no recurso contencioso, nos termos aplicáveis dos artigos 715.º n.º 2 e 753.º do CPC. Efectivamente, as partes já se pronunciaram sobre as questões a decidir, designadamente quanto às questões indicadas no Acórdão interlocutório de fls. 126. Considera-se especialmente recomendável que se conheça dos diversos aspectos relativos ao fundo da causa quando o recurso contencioso foi interposto há mais de dez anos e a simples cassação teria o efeito de devolver o processo precisamente ao Tribunal onde se manteve à espera de decisão.

Vejamos então se ocorrem os vícios de violação de lei que são apontados ao acto recorrido no recurso contencioso.

O recorrente assenta a impugnação do acto nos termos seguintes: requereu e obteve licença de utilização do seu edifício para armazém e posteriormente requereu à entidade recorrida em 1992 a alteração do licenciamento para passar a utilizar a construção para indústria. Na prolongada falta de resposta sobre esta pretensão considerou deferido o pedido de mudança de utilização, sendo que o parecer de que se apropriou a decisão administrativa impugnada omitiu em absoluto que se tratava de alteração de uso e que o edifício estava licenciado para armazém, desvirtuando assim a natureza dos factos e as suas consequências legais por ter omitido a ponderação desta circunstância específica que no caso determinava a formação de deferimento tácito nos termos do art. 61.º n.º 1 do DL 445/91.

Vejamos.

A informação adoptada como fundamentação do acto recorrido, por concordância expressa refere.

"Alega o interessado, em sede de audiência, que requereu a mudança de utilização em 1992, não tendo ainda obtido resposta. Acrescenta que o edifício reúne os requisitos exigidos para a utilização que lhe está a ser dada.

Quanto à circunstância de o referido requerimento não ter ainda obtido a competente resposta, não dispomos, nesta unidade orgânica de elementos que a possam justificar.

No entanto, ainda que venha a verificar-se que tal se deve a causas exclusivamente imputáveis ao município, a sua relevância situa-se no âmbito do processo de contra-ordenação [vd. artigo 54.º, n.º 1, alínea c'), e em sede de deferimento tácito da pretensão ao interessado, nos termos do artigo 61.º, n.º 1 do DL n.º 445/91, que prescreve que a falta de decisão, aprovação ou autorização nos prazos fixados pelo DL n.º 445/91, corresponde ao deferimento tácito da respectiva pretensão...

Mas, ainda que tenha decorrido o prazo fixado para que fosse emitido o alvará de licença de utilização e que o edifício reúna os requisitos exigidos para a utilização pretendida, sempre faltará ao interessado o respectivo título, alvará de licença de utilização, que é condição de eficácia da licença, nos termos do artigo 26.º, n.º 6 do DL n.º 445/91.

Assim, ainda que a utilização do edifício tenha sido licenciada tacitamente [questão relativamente à qual não dispomos de quaisquer elementos], sempre faltaria o respectivo título, não podendo o interessado utilizar o edifício nessas condições...

O despacho contenciosamente recorrido considerou que mesmo que se tivesse como tacitamente deferido o pedido de mudança de alteração ao uso anteriormente fixado para a construção, na falta do título – alvará de utilização para a indústria – sempre seria de considerar como não autorizado o uso para indústria.

Portanto, a Administração não deixou de ponderar que havia anterior licenciamento de utilização do edifício para armazém, embora refira que a falta de pedido e obtenção do alvará capaz de servir de título à autorização tácita do novo uso que se tivesse formado, destrói todo o efeito do deferimento tácito que o recorrente pretende sobrelevar.

Importa agora decidir se assiste razão à entidade recorrida ou ao recorrente no dissídio sobre a falta de alvará e as consequências desta falta sobre o pretendido deferimento tácito.

O alvará é o título que comprova uma autorização administrativa, com a qual se não confunde, de modo que é em abstracto possível existir uma autorização firme na ordem jurídica a favor de alguém, mas sem estar titulada por alvará, de modo que o acto recorrido sofre de erro quando decide com o fundamento de a falta do alvará determinar a não formação ou a irrelevância do invocado deferimento tácito (da aprovação de alteração de utilização).

Chegados a esta conclusão poderia pensar-se que deveríamos enveredar pela anulação do acto por erro nos pressupostos.

Porém, é patente que o deferimento tácito que a recorrente invoca não existe nem poderia formar-se, porque seria sempre um acto nulo nos termos do artigo 52.º n.º 1 al. a) do DL 445/91, de 20.11 (redacção originária) e por essa via a questão passa a ser de conhecimento oficioso.

Efectivamente, no recurso contencioso a recorrente fundamenta a pretensão anulatória em erro nos pressupostos de facto e de direito, em virtude de o acto impugnado não ter tomado em consideração que o edifício se encontrava licenciado para armazém e que por deferimento tácito foi aprovada alteração da utilização para a indústria.

Passemos pois a analisar este ponto sobre o qual foi ouvido o recorrente.

A este propósito regula o disposto no artigo 30.º do DL 445/91, de 20.11 bem como a remissão que o seu n.º 2 efectua para o artigo 27.º n.º 8 e 61.º do mesmo diploma.

Como o pedido de alteração foi efectuado em 1992 é aplicável a redacção inicial do DL 445/91.

Neste contexto era necessário determinar se a actividade estava ou não sujeita a aprovação da Administração Central, porque na positiva e nos termos do n.º 2 do art. 61.º do DL 445/91, a falta de aprovação da Administração Central impedia a formação de deferimento e o silêncio da câmara municipal valeria como indeferimento, para além de que sempre seria nulo um acto da Administração Autárquica, em matéria urbanística, não precedido da autorização da Administração Central legalmente exigida (cit. art. 52.º n.º 1 – a).

No caso "sub judice"o pedido de alteração do uso foi entregue em 21.8.1992, pelo que eram aplicáveis os artigos 2.º a) e 8.º do DL 109/91, de 15/3 e o DReg. 10/91 da mesma data, que inclui no grupo B a actividade que a recorrente apresenta como: «fabrico de máquinas industriais, componentes electrónicos e sistemas automáticos de processamento». Esta actividade – e os estabelecimentos para a desenvolver – está sujeita a aprovação da Administração Central, pelo que não se formou o deferimento tácito que a recorrente invoca, antes se devendo considerar indeferida a pretensão e sempre inviável sem a referida autorização.

E, sendo assim, impunha-se o indeferimento da pretensão de alteração da utilização, não podendo ser outra a decisão do órgão recorrido.

IV – DECISÃO

Nos termos expostos decide-se:

– conceder provimento ao presente recurso jurisdicional;

– revogar a sentença recorrida e

– negar provimento ao recurso contencioso.

Sem custas neste Recurso jurisdicional atenta a isenção da CM e a não oposição da recorrida. Custas na 1.ª Instância pela recorrente com a taxa de justiça de 250 € e a procuradoria de 60%.

Lisboa, 7 de Março de 2006.

Rosendo José (Relator)
Fernanda Xavier
Alberto Augusto Oliveira

Recurso n.º 406/05-12

LICENÇA DE UTILIZAÇÃO. ACTO DE PUBLICAÇÃO OBRIGATÓRIA. INÍCIO DO PRAZO DE IMPUGNAÇÃO CONTENCIOSA. REGULAMENTO GERAL DO RUÍDO.

(Acórdão de 7 de Março de 2006)

SUMÁRIO:

I – A licença de utilização de um estabelecimento de restauração é um acto com eficácia externa, de publicação obrigatória, nos termos previstos no artigo 91.º da Lei n.º 169/99, de 18.9, na redacção da Lei n.º 5-A/02, de 11 de Janeiro.

II – Assim, apesar da faculdade de impugnação aberta pela norma do art. 29.º /2 da LPTA, não obstante o início da execução, o prazo para recorrer contenciosamente do acto referido em I, só começará a contar quando ocorrer a respectiva publicação.

III – É anulável o acto que licencia a utilização de restaurante que produz acréscimos sonoros superiores aos permitidos pelo art. 8.º /3 do Regulamento Geral do Ruído aprovado pelo DL n.º 292/2000, de 14 de Novembro.

ACORDAM NA SECÇÃO DO CONTENCIOSO ADMINISTRATIVO DO SUPREMO TRIBUNAL ADMINISTRATIVO

1. RELATÓRIO

Condomínio Edifício Pedro da Manta, Jorge Manuel Esteves e esposa Maria Emília dos Santos Frades Esteves e Manuel Augusto Rodrigues, já identificados nos autos, intentaram, no Tribunal Administrativo do Círculo do Porto, recurso contencioso de anulação do despacho de 7 de Março de 2003 do Vereador da Câmara Municipal de Mirandela que concedeu à *Sociedade Brigantina de Hotelaria, Ldª* licença de utilização de estabelecimento de restauração e bebidas nas fracções "A" e "B" do rés-do-chão do Edifício Pedro da Manta, em Mirandela.

Por sentença de 5 de Maio de 2004, o 1.º Juízo Liquidatário do Tribunal Administrativo e Fiscal, "com fundamento em violação de lei e falta de fundamentação", concedeu provimento ao recurso contencioso e anulou o acto recorrido.

1.1. Inconformado, o Vereador da Câmara Municipal de Mirandela recorre para este Supremo Tribunal apresentando alegações com as seguintes conclusões:

1 – O acto recorrido é legal e encontra-se fundamentado.

2 – Em 3/3/2003 apenas poderia ter como pressuposto realidades físicas já percepcionadas.

3 – A mediação efectuada cerca de um mês depois não poderá ser havida como relevante para a apreciação da violação ou não do n.º 3 do artigo 8 do RGR, por parte daquele despacho.

4 – A sentença recorrida não considerou provados, nem relevantes para a decisão da causa, os termos da transacção/sentença proferidos nos Autos de Prov. Cautelar n.º 608/03. 2 – 2.º Juízo do Tribunal de Mirandela, devendo tê-lo feito, sendo por conseguinte nula – n.º 1, d) do artigo 668.º do CPC.

5 – Tais termos constituem elementos de facto suficientes para decisão diversa, considerando-se não existir vício de violação de lei por parte do acto recorrido – n.º 1, alínea a) do artigo 712.º do C.P.C.

6 – O ensaio efectuado pela Amberlab em Outubro de 2002 constitui apenas simulação, não podendo a mesma servir de obstáculo ao licenciamento do estabelecimento.

7 – Só a avaliação posterior, já com o estabelecimento em funcionamento normal e nas condições em que é descrita na informação prestada pela Comissão de Vistorias (fazendo medições em sigilo, ou seja, sem o proprietário do estabelecimento saber) é que poderá comprovar-se se os limites estabelecidos no n.º 3 do artigo 8.º do RGR são ou não ultrapassados.

8 – Preceito legal que assim não foi violado.

9 – O acto recorrido encontra-se fundamentado tendo por suportes fácticos e jurídicos quer os Autos de Vistoria, quer as informações e pareceres prestados, ao longo do ano de todo o procedimento administrativo – conforme o artigo 125.º do CPA.

10 – Com os termos de Transacção/Sentença proferida nos autos de Proc. Cautelar n.º 608/03.2, do 2.º Juízo do T. Mirandela ocorre a inutilidade superveniente desta lide contenciosa administrativa – e) do artigo 282.º do C.P.C.

11 – A sentença recorrida violou, ou não aplicou correctamente as seguintes disposições legais:
– Artigos 267.º, e); 668.º, n.º 1, d) do CPC;
– Artigo 125.º do CPA;
– Artigo 8.º, n.º 3 do R.G.R.

1.2. Também a contra-interessada Sociedade Brigantina de Hotelaria,Ldª recorre da sentença, concluindo as suas alegações do seguinte modo:

1.º O recurso interposto pelos ora recorridos particulares é extemporâneo.

2.º O acto administrativo de licenciamento está devidamente fundamentado pelas razões sobreditas.

3.º Não há violação de lei

Normas Jurídicas Violadas
• Art. 29.º, n.º 3 e 28.º, n.º 1 al. a), 36.º, n.º 1, al. d) LPTA, 27.º, 125.º e 124.º do CPA.
• Art. 342.º, 1 e 1346.º C.C.
• Art. 268.º, n.º 3 C.R.P.

(art. 690.º, n.º 2, al. b), do C.P.C.) o art. 1346.º do C.C. devia ter sido aplicado no sentido de considerar que a ultrapassagem do limite de ruído no quarto da habitação do 1.º andar esquerdo não constituía um prejuízo substancial e, antes, sim resultava da utilização normal do prédio.

1.3. Não foram apresentadas contra-alegações.

1.4. O Exm.º Magistrado do Ministério Público emitiu o seu douto parecer nos seguintes termos:

"A meu ver, os recursos jurisdicionais interpostos não merecem provimento.

Desde logo, não se verifica a invocada extemporaneidade da interposição do recurso contencioso, dado que o acto impugnado não foi publicado, sendo certo que a notificação do mesmo só ocorreu em 02.06.03. Ora, é a partir desta notificação que o prazo para recorrer tem início e não é a partir do dia (21.03.03), em que o estabelecimento começou a funcionar, tal como defende a ora recorrente jurisdicional.

O mero conhecimento do início do funcionamento não representa o conhecimento do conteúdo do acto, nem sequer o conhecimento de que o mesmo foi prolatado.

Por outro lado, não ocorre também a invocada inutilidade superveniente da lide, uma vez que a transacção feita nos autos de providência cautelar n.º 608/03.2, que correu termos pelo 2.º Juízo do Tribunal Judicial de Mirandela, não só não contém os mesmos sujeitos processuais e a mesma causa de pedir, como é, pela sua natureza, irrelevante para o não prosseguimento do recurso.

E os recursos jurisdicionais não devem proceder porque existe, com o acto recorrido de 07.03.2003, violação do disposto no art. 8.º, n.º 3 do DL n.º 292/2000, de 14 de Novembro, com a redacção dada pelo DL n.º 259/ /2002 de 23 de Novembro. Na verdade, a determinação dos níveis de ruído pelo Amberlab, a pedido da Câmara Municipal de Mirandela, efectuada antes da prolação do acto recorrido, em Outubro de 2002, teve como resultado a ultrapassagem do valor limite de 5 db no quarto da habitação do 1.º andar esquerdo durante o período diurno. Ora, tanto bastaria para que a utilização do estabelecimento não fosse licenciada enquanto nível de ruído não fosse corrigido, nível excessivo esse que veio a ser confirmado em Abril de 2003, quando a DRAOT, procedendo à avaliação do ruído, no período nocturno, num quarto da habitação do 1.º andar direito, concluiu estarem a ser excedidos os máximos permitidos por lei".

Colhidos os vistos legais, cumpre decidir.

2. FUNDAMENTAÇÃO

2.1. OS FACTOS

Na sentença recorrida foram dados como provados os seguintes factos:

1) O primeiro recorrente é legítimo representante dos condóminos do Edifício Pedro da Manta – sito no Largo do Cardal, em Mirandela – constituído em propriedade horizontal.

2) Os segundos recorrentes são donos e legítimos proprietários do 1.º andar esquerdo do Edifício Pedro da Manta.

3) O terceiro recorrente é dono e legítimo proprietário do 1.º andar direito do Edifício Pedro da Manta.

4) A recorrida particular arrendou as fracções "A" e "B" do rés-do-chão do Edifício Pedro da Manta e nelas instalou o estabelecimento de restauração denominado Big Bob's.

5) Em Outubro de 2002, o Amberlab – Laboratório de ensaios da AMBERGO – procedeu – a solicitação da CMM – à determinação dos níveis de ruído emitidos pelo funcionamento do estabelecimento para as habitações dos 1.º andar esquerdo e direito durante os períodos diurno e nocturno.

6) No ensaio efectuado pelo Amberlab – referente a uma situação de simulação do ruído que hipoteticamente poderá ser emitido pelo estabelecimento em causa – conclui-se que no quarto da habitação do 1.º andar esquerdo, no período diurno, e para as condições verificadas no dia da amostragem, é ultrapassado o valor limite de 5db, e que nos restantes pontos nos períodos diurno e nocturno não são ultrapassados os respectivos valores limites de 3 e 5db.

7) Em 4 de Fevereiro de 2003 foi lavrado o "Auto de Vistoria n.º 01/2003" – para efeitos de concessão da licença de utilização requerida à CMM pela recorrida particular – no qual a respectiva Comissão conclui que poderá ser concedida a licença de utilização porque satisfaz as condições e acrescenta o seguinte: "regista-se que durante a realização das obras, houve uma sentença do tribunal condenando o requerente a remover o pladur dos painéis envidraçados existentes nos alçados laterais. Por não o terem removido, a anterior vistoria reprovou a emissão da licença de utilização. Verificado agora o cumprimento da sentença, conclui a Comissão que a fracção está apta a funcionar para os fins requeridos, não tendo havido diminuição das condições de utilização".

8) Em 7 de Março de 2003 – e na sequência deste "auto de Vistoria" – a entidade recorrida – ao abrigo de competência subdelegada – proferiu o seguinte despacho: *Deferido, com base nos termos do presente auto e de acordo com a sentença do tribunal* – acto recorrido.

9) Este despacho não foi publicado em Boletim Municipal – que a CMM não edita – nem publicitado por Edital.

10) Desde o dia 21 de Março de 2003 foi concedido ao estabelecimento o horário de funcionamento das 09H00 às 24H00, para todos os dias da semana.

11) Em Abril de 2003 – e na sequência de uma reclamação apresentada pelo aqui terceiro recorrente – a

Direcção Regional do Ambiente e do Ordenamento do Território (DRAOT) procedeu a uma avaliação de ruído ambiente no período nocturno, num quarto da residência do reclamante, tendo concluído que *"No interior da residência de Manuel Augusto Rodrigues, os acréscimos sonoros decorrentes da instalação do estabelecimento de restauração Big Bob's, no período nocturno excedem os máximos permitidos por lei"*.

12) Em 30 de Maio de 2003 – e na sequência de solicitação do 1.º recorrente – foi-lhe enviada pela entidade recorrida fotocópia autenticada do acto recorrido.

13) Conteúdo dos documentos de folhas 66 a 70 e 109 a 113, dado por reproduzido.

14) Em 15 de Setembro de 2003 deu entrada em tribunal o presente recurso contencioso.

2.2. O DIREITO

2.2.1. A autoridade recorrida, ora recorrente, no seu recurso jurisdicional (conclusão 10) suscita, pela primeira vez, a questão da inutilidade superveniente da lide decorrente dos termos da transacção/sentença proferida nos autos de Processo Cautelar n.º 608/03. 2 do 2.º Juízo do Tribunal de Mirandela.

Ora, aquela transacção homologada só poderia cobrar relevo para a utilidade da presente instância de recurso contencioso de anulação na medida em que, porventura, com força de caso julgado e com eficácia em relação aos recorrentes contenciosos, assegurasse a estes interessados o encerramento do estabelecimento, já que, quer no período diurno, quer no período nocturno, foram assinalados níveis de ruído superiores aos legalmente permitidos.

Não é, manifestamente, o caso, uma vez que a transacção, por um lado, é estranha aos impugnantes contenciosos que nela não foram partes (cf. fls. 111-113 dos autos) e, por outro lado, o acordo que contém não vai além do encerramento a partir da 22 h 30 m nos dias úteis e a partir da 22 h aos Sábados, Domingos e Feriados.

Improcede, pois, esta questão prévia.

2.2.2. A autoridade recorrente alega, também, a nulidade da sentença, com fundamento no disposto no art. 668.º /1/d) do C.P.Civil, por não ter considerado provados, nem relevantes para a decisão da causa, os termos da transacção/sentença supra mencionada, devendo tê-lo feito.

Vejamos.

Na petição inicial do recurso contencioso foi pedida a anulação do acto impugnado por este não estar fundamentado, desrespeitar o disposto nos artigos 3.º /3/a)/e) e 4.º /3/a)/b) do DL n.º 292/2000 de 14/11 e 1346.º do C. Civil e estar baseado no resultado de uma Vistoria cuja Comissão foi constituída em violação do previsto no DL 168/97 de 4.7, alterado pelo DL 139/99, de 24.4 e Decreto Regulamentar n.º 4/99 de 1/04.

A transacção/homologação foi invocada pela recorrida particular como meio e motivo para impedir que os impugnantes fizessem valer alguma daquelas causas de pedir, sendo certo que dela não curou a sentença recorrida. Esta outra questão, foi, porém, apreciada antes da sentença, no despacho saneador de fls. 163/164 que a tratou como excepção do "caso julgado" e a julgou improcedente.

Não ocorreu, portanto, a alegada omissão de pronúncia.

2.2.3. A recorrida particular, também ela ora recorrente, diz que a sentença enferma de erro de julgamento por ter julgado improcedente a excepção da intempestividade do recurso contencioso.

Argumenta que, no caso em apreço, nos termos do art. 29.º/3 da LPTA, o prazo de interposição de recurso deve contar-se a partir do conhecimento do início da respectiva execução. Logo, tendo os recorrentes tido conhecimento do princípio da execução em 21 de Março de 2003, data em que o estabelecimento começou a funcionar, é intempestivo o recurso contencioso, apresentado a Tribunal no dia 15 de Setembro de 2003.

Sem razão, porém

O acto administrativo contenciosamente impugnado – despacho de 7 de Março de 2003 que deferiu o pedido de licença de utilização do estabelecimento de restauração – é seguramente, um acto com eficácia externa, natureza que o torna de publicação obrigatória, nos termos previstos no artigo 91.º da Lei n.º 169/99, de 18.9, na redacção da Lei n.º 5-A/02 de 11 de Janeiro. E, como decorre do ponto 9. do probatório (vide supra 2.1.) esse despacho "não foi publicado em Boletim Municipal – que a CMM não edita – nem publicitado por Edital."

Neste quadro, o começo da execução, abrindo embora ao interessado a faculdade de impugnação contenciosa prevista no n.º 2 do art. 29.º da LPTA, não marca o início do prazo de interposição do recurso. Sendo obrigatória a publicação, não há lugar à aplicação do n.º 3 do mesmo preceito, e o prazo só começará a contar quando ocorrer a publicação. Como se disse no acórdão deste Supremo Tribunal de 1994.04.21 – Rec. 33 628, "nos casos de publicação obrigatória, relevante é a data da publicação, pois antes disso o acto administrativo é ineficaz; porém, se, antes da publicação, é executado pela autoridade administrativa (...), o acto, originariamente insusceptível de impugnação contenciosa, passa a ser recorrível."

Assim, tendo em conta a falta de publicação do acto, deve manter-se a sentença que julgou improcedente a excepção de extemporaneidade do recurso contencioso.

2.2.4. A sentença recorrida considerou que o acto administrativo contenciosamente impugnado viola o disposto no art. 8.º 3 do Regulamento Geral do Ruído, aprovado pelo DL n.º 292/2000, de 14 de Novembro, com a redacção dada pelo DL n.º 259/2002, de 23 de Novembro.

Para tanto, deu como assente, primeiro, que no ensaio efectuado, em Outubro de 2002, pelo AMBERLAB – Laboratório de ensaios da AMBERGO, a solicitação da Câmara Municipal de Mirandela, se concluiu, além do mais, que no quarto da habitação do 1.º andar esquerdo, no período diurno e para as condições verificadas no dia da amostragem, é ultrapassado o valor limite de 5 db e, segundo, que no dia 23 de Abril de 2003, a Direcção Regional do Ambiente procedeu a uma avaliação de ruído ambiente no período nocturno, tendo concluído que "no interior da residência de Manuel Augusto Rodrigues, os acréscimos sonoros decorrentes da laboração do estabelecimento de restauração Big Bob's, no período nocturno excedem os máximos permitidos por lei" (cfr. pontos 5, 6 e 11 da discriminação dos factos provados).

As entidades recorrentes alegam, ambas, que a decisão judicial decorre de um julgamento errado.

O autor do acto, argumenta no essencial, que a decisão administrativa apenas poderia ter como pressuposto realidades físicas já percepcionadas à data de 3 de Março de 2003, sendo irrelevante a medição efectuada cerca de um mês depois e que os termos da transacção/sentença proferida nos autos de providência cautelar n.º 608//03.2 – 2.º Juízo do Tribunal de Mirandela constituem elementos de facto suficientes para decisão diversa, nos termos previstos no art. 712.º/1/b) do C. P.Civil.

Mas não lhe assiste razão.

Na verdade, o recorrente, referindo embora, em relação à medição prévia, a ocorrência de um invulgar arrastar de cadeiras, que não ocorrerá habitualmente, não põe em crise a valia técnica de qualquer das acções de avaliação do ruído e/ou a exactidão dos valores dos acréscimos sonoros por elas determinados. Também não dá nota de que o projecto da obra tenha sido modificado ou que as condições de funcionamento não correspondam às projectadas. E é evidente que a avaliação preventiva só pode ser feita por simulação e ensaio.

Deste modo, sendo certo que a legalidade do acto deve apreciar-se em função dos pressupostos de facto existentes à data da sua prática, no caso em apreço, é – nos dado considerar, com um grau de probabilidade tão elevado que permite passar para o campo da certeza, que, sendo idênticas as condições de funcionamento, os valores dos acréscimos sonoros determinados em qualquer das acções de avaliação, são iguais aos existentes, no dia 3 de Março de 2003.

Esta conclusão não é contrariada pela transacção homologada na providência cautelar que, independentemente do âmbito subjectivo do caso julgado e da repercussão que pudesse ter na instância de recurso contencioso, ao nível da utilidade da lide ou do interesse em agir, não actuou, seguramente, sobre as condições físicas do imóvel e do nível de ruído produzido pela laboração do estabelecimento à data em que foi licenciada a respectiva utilização.

Não há, pois, motivo para divergir do juízo da sentença, quer quanto ao julgamento da matéria de facto, quer quanto ao seu enquadramento jurídico.

A contra-interessada, por seu turno, nesta parte, diz ser indefensável o argumento do juiz *a quo* referente ao prejuízo substancial, pois o valor limite de 5 db só é ultrapassado no quarto da habitação do 1.º andar, não sendo a situação abarcada pelo âmbito de aplicação do art. 1346.º do C. Civil.

Ora, a sentença recorrida, considerou que *(i)* o art. 1346.º do C.Civil permite ao proprietário de um imóvel (no caso, de uma fracção predial) opor-se à emissão de ruídos provenientes de prédio vizinho sempre que tais factos importem um prejuízo substancial para o uso do imóvel, que *(ii)* este prejuízo substancial pode consistir na perturbação do direito ao descanso e à tranquilidade – necessários à saúde e ao bem estar das pessoas –, consagrados e protegidos pela constituição – art. 66.º –, Declaração Universal dos Direitos do Homem – art. 25.º –, pelo Código Civil – art. 70.º/1/2 –, e Lei de Bases do Ambiente e que *(iii)* é dentro deste enquadramento legal que deve ser entendido o preceituado no Regulamento Geral do Ruído.

Nada de errado descortinamos nesta abordagem abrangente, votada a demonstrar a inexistência de qualquer desarmonia normativa no contexto global do bloco de legalidade aplicável.

E a alusão ao art. 1346.º do C. Civil não tem outro alcance. O juiz *a quo* não assentou nessa norma, directa e exclusivamente a procedência do vício. O fundamento imediato encontrou-o no artigo 8.º /3 do citado Regulamento.

Ora esclarecida, daquele modo, a razão de ser desta última norma e comprovada a produção de ruído de nível mais elevado do que o que aquele preceito permite, não merece censura a sentença recorrida, enquanto julgou que o acto contenciosamente impugnado padece do vício de violação de lei.

Improcedem, pois, ainda nesta parte, as alegações das entidades ora recorrentes.

2.2.5. E melhor sorte não merece a alegação no que respeita ao erro de julgamento quanto à fundamentação do acto.

A nosso ver, a decisão administrativa contenciosamente impugnada, por ser susceptível de projectar efeitos lesivos sobre os já referidos direitos dos vizinhos e como instrumento da garantia do recurso contencioso está, nos termos previstos no art. 124.º/1/a) do CPA, sujeita ao dever legar de fundamentação (vide, neste sentido, Esteves de Oliveira e outros, *"Código do Procedimento Administrativo",* 2ª ed., p. 594)

Dito isto, sendo a fundamentação feita por reenvio para o auto de Vistoria n.º 01/2003 (vide fls. 23), no qual se afirma que o estabelecimento "satisfaz as condições" e dada a existência da acção de avaliação, levada a cabo pela AMBERLAB, a solicitação da Câmara Municipal de Mirandela e que sinalizava a produção de ruído de nível superior ao legalmente permitido no período diurno, concordamos com a sentença que considerou que, para dar a conhecer, com clareza, as razões que levaram a autoridade decidente a deferir o pedido, era forçoso que esta esclarecesse como ultrapassara o escolho constituído por aquele resultado negativo.

Nos termos do art. 125.º/2 do CPA, esta obscuridade equivale a falta de fundamentação.

3. DECISÃO

Pelo exposto, acordam em negar provimento aos recursos.

Custas pela recorrente particular.

Taxa de justiça: 300 € (trezentos euros)

Procuradoria: 150 € (cento e cinquenta euros)

Lisboa, 7 de Março de 2006.

Políbio Henriques (Relator)
Rosendo José
Alberto Augusto Oliveira

Recurso n.º 1207/05-12

PERITO TRIBUTÁRIO. PROMOÇÃO. SUPRANUMERÁRIO. TRANSIÇÃO PARA NOVA ESTRUTURA DE CARREIRA. APLICAÇÃO DA LEI NO TEMPO.

(Acórdão de 25 de Janeiro de 2006)

SUMÁRIO:

I – O art. 5.º do DL n.º 42/97, de 7/02, veio permitir que funcionários do grupo de pessoal técnico da DGCI pudessem, por promoção, ser nomeados, em regime de supranumerário, para as categorias de perito tributário de 2ª classe e de perito de fiscalização tributária de 2ª classe, desde que possuíssem determinados requisitos habilitacionais (licenciatura em certas áreas) e profissionais (tempo de exercício efectivo e classificação de serviço não inferior a BOM).

II – Com o DL n.º 557/99, de 17/12, foram extintas as ditas categorias, e substituídas pelas correspondentes incluídas nas carreiras de "gestão tributária" (entre as quais a de técnico de administração tributária) e de "inspecção tributária".

III – Por outro lado, a partir deste diploma, o recrutamento para as carreiras do GAT passou a fazer-se de entre indivíduos aprovados em estágio relativamente às categorias de ingresso (art. 27.º) e mediante concurso interno para as categorias de acesso (art. 28.º), desaparecendo o instituto do supranumerário.

IV – O art. 60.º do referido DL n.º 557/99 representa uma regra de transição de forma a salvaguardar os direitos adquiridos em situações consolidadas à sombra do DL n.º 42/97.

V – Assim, só pode "transitar" para inspector tributário quem, no momento da entrada em vigor do DL n.º 557/99, já tiver sido nomeado como perito de fiscalização tributária de 2ª classe na situação de supranumerário ao abrigo do art. 5.º do DL n.º 42/97.

ACORDAM NA SECÇÃO DE CONTENCIOSO ADMINISTRATIVO DO SUPREMO TRIBUNAL ADMINISTRATIVO, 2ª SUBSECÇÃO:

– I –

Maria Quitéria de Jesus Cardoso Terra recorre do acórdão do T.C.A. que negou provimento ao recurso contencioso do despacho de 22.3.02 do SECRETÁRIO DE ESTADO DOS ASSUNTOS FISCAIS que, em vias de recurso hierárquico, lhe indeferiu o pedido de nomeação na categoria de técnico de administração tributária, nível 1, supranumerário, ao abrigo do art. 5.º do Dec-Lei n.º 42/97, de 7.2.

Nas suas alegações a recorrente formulou as seguintes conclusões:

"*a*) A recorrente possui a categoria de Técnico de Administração Tributária-Adjunto do quadro da Direcção-Geral dos Impostos, e presta serviço na Loja do Cidadão do Porto.

b) A recorrente requereu ao Sr. Director-Geral dos Impostos, ao abrigo do disposto no art. 5.º do D.L. 42/97, de 7/2, conjugado com o ar. 52.º do DL 557/99, de 17/12, a sua nomeação na categoria de Técnico de Administração Tributária, nível 1, supranumerário e uma vez que preenchia todos os requisitos previstos para tanto, na disposição legal em causa – requerimento este que foi indeferido pelo despacho de 07/12/01 do Sr. Subdirector-Geral que lhe foi notificado em 10/01/02.

c) Não podendo conformar-se com tal decisão até porque, em casos idênticos foi deferido o pedido, dela interpôs, em tempo, o competente recurso hierárquico para a Autoridade Recorrida.

d) Pelo despacho contenciosamente recorrido foi o seu recurso indeferido com base no Parecer n.º 13-AJ//2002 onde se sustenta que o DL n.º 557/99, de 17/12, veio criar uma nova estrutura de pessoal da DGCI, fazendo desaparecer a estrutura anterior. Assim as anteriores categorias teriam sido extintas e criadas outras para onde transitou o pessoal por elas abrangido, o que determinou a caducidade do art. 5.º do DL n.º 42/97, de 7/2.

e) Ora com tal entendimento não pode o recorrente conformar-se. De facto, com a entrada em vigor do DL 557/99, de 17/12, as categorias de Perito Tributário de 2ª e Perito de Fiscalização Tributária de 2ª foram substituídas pelas categorias de Técnico de Administração Tributária e Peritos de Fiscalização Tributária, nível I, grau 4, mas tal não implica a cessação dos pressupostos de aplicação do art. 5.º do DL 42/97. Apenas a faculdade prevista no referido artigo deve entender-se como feita para as novas categorias.

f) É certo que o douto Acórdão "a quo" afirma que o desaparecimento decorrente da disciplina nova consagrada no DL n.º 557/99 relativamente à reclassificação de categorias de pessoal técnico de administração Fiscal e, bem assim das categorias que o mesmo integrava, designadamente perito tributário de 2ª classe e perito de fiscalização tributária de 2ª classe, inviabiliza a manutenção da vigência do disposto no art. 5.º do DL n.º 42/97.

g) Porém, no entender da recorrente, não resulta qualquer incompatibilidade entre os artigos da nova lei que dispõem sobre o ingresso nas categorias do grau 4 (art. 29.º, n.º 5 e 7 do D.L. 557/99, de 17/12) e os preceitos constantes dos arts. 5.º e 6.º do D.L. 42/97, de 7/2.

h) Antes pelo contrário, o que se verifica é que – neste novo diploma se privilegia o ingresso de indivíduos com curso superior (como é o caso da ora recorrente) sem se esquecer os funcionários que já integram as carreiras do GAT, tal como as regras constantes dos arts. 5.º e 6.º do D.L. 42/97 já favoreciam o acesso a estas mesmas categorias de funcionários com curso superior, em áreas de formação melhor adequadas ao desempenho das funções.

i) Entende pois a recorrente que o douto Acórdão recorrido ao negar provimento ao recurso fez errónea interpretação da lei aplicável com violação do art. 5.º do D.L. 42/97, de 07/02".

O recorrido contra-alegou, defendendo a manutenção do acórdão.

O Ministério Público pronunciou-se no sentido de ser negado provimento ao recurso.

O processo foi aos vistos legais, cumprindo agora decidir.

– II –

Na ausência de controvérsia sobre a matéria de facto, remete-se para a sua fixação pelo acórdão recorrido a fls. 69, nos termos do disposto no n.º 6 do art. 713.º do C.P.C..

A recorrente insiste em que tem direito a ser nomeada ao abrigo do art. 5.º do Dec-Lei n.º 42/97, de 7.2, conjugado com o art. 52.º do Dec-Lei n.º 557/99, de 17.12, para a categoria de técnica de administração tributária, nível 1, supranumerário. Na decisão recorrida entendeu-se, contudo, que este segundo diploma, alterando a estrutura das carreiras do pessoal da DGCI, fez inviabilizar a manutenção em vigor daquela disposição legal.

Afigura-se que a questão não se reveste de particulares dificuldades, e que deve continuar a merecer a solução que lhe foi dada por este Supremo Tribunal, em recente acórdão de que se transcrevem os passos seguintes (Ac. de 24.11.04, proc.º n.º 737/04):

"Com efeito, a promoção a que se refere o normativo invocado inseria-se num contexto específico de ajustamentos no domínio dos recursos humanos (lê-se no preâmbulo). Tratava-se de permitir a nomeação para categorias então existentes (perito tributário de 2ª classe e de perito de fiscalização tributária de 2ª classe), em situação de supranumerário, em função da reunião cumulativa de certos requisitos habilitacionais (posse de curso superior em certas áreas) e profissionais (tempo de exercício efectivo na carreira e classificação de serviço).

Sucede, porém, que ao tempo em que a interessada formulou o pedido de promoção já não existiam aquelas categorias. Em 31 de Julho de 2000 estava já em vigor o DL n.º 557/99, de 17/12. Com ele, as correspondentes carreiras passaram a ser, grosso modo, de gestão tributária (em que se incluía a categoria de técnico de administração tributária) e de inspecção tributária (com diversas categorias e graus).

Isto significa que, num quadro jurídico em que novas carreiras e categorias passaram a constituir o universo do pessoal da DGCI, agora com novo estatuto, perdeu todo o sentido o apelo a disposições legais anteriores em que quase tudo era diferente: inserção sistemática, enquadramentos de qualificação profissional, gestão de recursos, mobilidade e progressão, etc.

Pode mesmo dizer-se que, pelo menos nesse aspecto, o regime anterior caducou e não seria racional, nem obedeceria a nenhum critério de lógica, a promoção de um funcionário a uma categoria que deixou de existir.

É bom não esquecer que a norma só mantém a sua força dispositiva enquanto estatui para as situações de facto que prevê. A previsão (pré-visão: representação de situações pré-vistas, pré-consideradas) da norma é o seu fundamento existencial. Assim como não pode disciplinar ou regular situações futuras não pré-consideradas, não pré-vistas, da mesma maneira não pode a norma subsistir num tempo em que a hipótese da previsão desapareceu. E sem subsunção à hipótese, não pode haver estatuição, como se sabe.

Em situações como a dos autos, a norma só vingaria se norma posterior lhe viesse a conferir eficácia repristinatória, mesmo transitoriamente, e tal não aconteceu.

Ora, o que a recorrente visava era, num momento em que está em curso um novo ambiente jurídico com regime próprio, servir-se de uma normação gizada para situações de facto ultrapassadas. E, por isso, aquilo a que a sua súplica levaria, caso fosse atendida, era transformar um diploma inoperante (DL 42/97) numa espécie de diploma de "reserva" sempre accionável para situações novas (portanto, não pensadas, não pré-vistas) e de utilização futura em caso de necessidade e a gosto do interessado.

E o que acaba de dizer-se serve tanto em relação à extinção das categorias de perito tributário e de fiscalização, como em relação à própria situação funcional de supranumerário a que a recorrente pretendia aceder, por força do citado art. 5.º, n.º 2, do DL n.º 42/97.

A situação de supranumerário, que vinha do Decreto Regulamentar n.º 42/83, de 20/05 (art. 76.º, n.ºs 2 e 3), durou até ao DL n.º 187/90, de 7/06 (aquele art. 76.º foi revogado pelo 14.º do novo diploma, excepto para os supranumerários nomeados até à data da sua entrada em vigor) e nem o DL n.º 408/93, de 14/12 (que aprovou a nova Lei Orgânica da DGCI), a restaurou.

Só o DL n.º 42/97 temporariamente a repôs para os licenciados, vindo, porém, mais tarde a ser abandonada com a publicação do DL n.º 557/99, de 17/12.

Este último diploma, com efeito, prevê que o recrutamento para as carreiras do GAT (Grupo de Administração Tributária) se faz de entre indivíduos aprovados em estágio relativamente às categorias de ingresso (art. 27.º) e mediante concurso interno para as categorias de acesso (art. 28.º).

Por conseguinte, outro é, actualmente, o regime de acesso, incompatível com a situação de supranumerário que a recorrente pretendia alcançar.

Verdade é que o art. 60.º do DL n.º 557/99 estabelece que «Os peritos tributários de 2ª classe e os peritos de fiscalização tributária de 2ª classe supranumerários, nos termos previstos no art. 5.º do Decreto-lei n.º 42/97, de 7 de Fevereiro, transitam, na mesma situação, respectivamente, para as categorias de técnico de administração tributária e de inspector tributário, sendo posicionados no nível I, aplicando-se-lhes, com as devidas adaptações, o disposto no art. 6.º do diploma acima indicado».

Como é bom de ver, trata-se de uma disposição transitória (ver epígrafe da secção II, do capítulo IX, com início do art. 52.º) que arranca de um pressuposto: o de haver à data da entrada em vigor desse articulado legal peritos tributários de 2ª classe e de peritos de fiscalização tributária na situação de supranumerários. Isto é, à semelhança com o que, tempos idos, havia sido estipulado para os "supranumerários" existentes à data do início de vigência do DL n.º 187/90, cuja situação manteve, o que pretende é garantir a salvaguarda dos direitos adquiridos até esse momento.

Aqui, na verdade, a hipótese é em tudo idêntica àquela. O art. 60.º mencionado não visa permitir a utilização no presente da regra da promoção prevista do art. 5.º do DL n.º 42/97 – cujo alcance temporal é o de situações verificadas no passado – a fim de posteriormente, contemplar os interessados com uma transição para as carreiras agora estabelecidas.

Não. O que o inciso legal afirma é uma regra de transição destinada a abranger situações consolidadas ao abrigo daquele art. 5.º, com o declarado objectivo de respeito pelos direitos adquiridos por quem dele na oportunidade beneficiou. Ou seja, ele não cria nem tolera a criação de situações novas de supranumerário, mas, ao invés, limita-se a sancionar as criadas à sombra de diploma anterior. Aliás, a transição é isso mesmo: a mudança de um estado (preexistente) para outro (pós-existente). O mesmo é dizer: só transita a Inspector Tributário, como o pretendia a recorrente, quem já fosse perito de fiscalização tributária. É isso que está patente nos artigos 52.º e 60.º do DL n.º 557/99.

Em última análise, o acolhimento da solução proposta pela recorrente equivaleria a reconhecer-lhe a acumulação de dois benefícios: um, em jeito de retroactividade, derivado do DL n.º 42/97; outro, decorrente de uma regra de transição incluída no DL n.º 557/99.

E isso, manifestamente, não é, possível. Razão pela qual improcedem as conclusões do recurso".

Concordando-se inteiramente com esta fundamentação, que agora se reitera, a única conclusão possível é a de que também o presente recurso jurisdicional está votado à improcedência.

Nestes termos, acordam em negar provimento ao recurso e confirmar o acórdão recorrido.

Custas pela recorrente, com taxa de justiça de 250,00 € e procuradoria de 100,00 €.

Lisboa, 25 de Janeiro de 2006.

José Manuel Almeida Simões de Oliveira (Relator)
António Políbio Ferreira Henriques
Rosendo Dias José

Recurso n.º 552/05-12

PROCESSO DISCIPLINAR. FUNCIONÁRIO DE JUSTIÇA. DEVER DE CORRECÇÃO. DEVER DE ZELO. PENA DE MULTA.

(Acórdão de 29 de Março de 2006)

SUMÁRIO:

I – Uma técnica de justiça principal colocada nos serviços do Ministério Público junto de um tribunal, está sujeita ao poder disciplinar do CSMP, nos termos dos artigos 111.º n.º 2 e 118.º do DL 343/99, na redacção do DL 96/2002, de 12 de Abril, órgão ao qual compete conhecer dos recursos administrativos que os interessados decidam interpor das deliberações do Conselho dos Oficiais de Justiça (COJ), que é o órgão com competência primária para exercer o poder disciplinar sobre os oficiais de justiça.

II – O art. 218.º n.º 3 da Const. deve entender-se como norma cuja finalidade é assegurar, nas matérias de avaliação do desempenho (avaliação do mérito profissional) e de disciplina, a integral intervenção e controle do Conselho Superior que integra os serviços onde o oficial de justiça desempenha funções, como entidade máxima da organização dos serviços de administração da justiça.

III – O art. 218.º n.º 3 da CRP não exige que os funcionários de justiça em serviços não dependentes do CSM – como os dependentes do CSMP e do CSTAF – fiquem todos eles sujeitos, para o exercício do poder disciplinar, ao órgão máximo CSM, antes deve entender-se como admitindo que aquele poder há-de ser conferido aos demais Conselhos relativamente aos funcionários de justiça que desempenham o seu trabalho nos serviço sob a respectiva dependência.
Igualmente não exige aquele dispositivo que algum daqueles Conselhos, para deliberar sobre mérito profissional e disciplina daquele grupo de funcionários, integre como seus membros funcionários de justiça eleitos pelos seus pares, antes contém aquele inciso da lei fundamental uma indicação facultativa dirigida à lei comum, quanto à composição do CSM.

IV – A prova de comportamento social e profissional correctos e a junção ao processo disciplinar de declarações abonatórias não infirma a prova dos elementos da infracção disciplinar efectuada na instrução, antes pode permitir a consideração de atenuantes, designadamente a graduação da pena de multa no seu limite inferior ou próximo.

ACORDAM EM CONFERÊNCIA NA SECÇÃO DO CONTENCIOSO ADMINISTRATIVO DO STA:

I – RELATÓRIO

F...,

Técnica de justiça auxiliar nos serviços do Ministério Público junto do Tribunal da Comarca de Cascais, interpôs a presente *Acção Administrativa Especial*, tendente a obter a anulação da deliberação da deliberação de 26.04.2005 em que o CONSELHO SUPERIOR DO MINISTÉRIO PÚBLICO (CSMP)

Manteve a pena disciplinar de multa, suspensa pelo período de dois anos, que lhe aplicou o Conselho dos Oficiais de Justiça (COJ).

Os fundamentos da acção podem resumir-se assim:

– Após inquérito foi-lhe instaurado processo disciplinar em que lhe foi aplicada, em 19.11.2001, a pena de 20 mil escudos de multa, suspensa pelo período de dois anos. Esta foi impugnada no TAC de Lisboa e anulada por decisão transitada em julgado.

– O COJ repetiu o acto punitivo após a entrada em vigor do DL 96/2002, mas aquela entidade decisora não pode, face ao artigo 218.º n.º 3 da Const. não pode estar concedido sem ofensa da norma constitucional, a competência disciplinar que exerceu, porque se encontra reservada ao Conselho Superior da Magistratura (CSM).

– O DL 96/2002 continua a afrontar a norma constitucional que atribui aquela competência ao CSM, visto que além do mais, o recurso administrativo previsto não é para aquele Conselho, mas para o CSMP no caso de funcionários de justiça naqueles serviços, determinando desconformidade de apreciações e discriminação, devido à apreciação por entidades diferentes, em violação também dos artigos 13.º e 18.º do mesmo diploma fundamental.

– Não se provaram factos integrantes de infracção disciplinar, pelo que a deliberação sofre de erro nos pressupostos de facto.

– E viola também os artigos 92.º do EFJ e 11.º do EDF/84.

– Os erros e adesão a esses erros e conclusões não fundamentadas conduz a vício de falta de fundamentação.

– A recorrente era escrivã-auxiliar, pelo que o seu processo disciplinar deveria correr junto do CSM.

O CSMP respondeu, dizendo, em resumo:

– O Conselho indeferiu recurso administrativo de deliberação do COJ porque a A. era á data da decisão do COJ e à data da interposição do recurso hierárquico técnica de Justiça Adjunta, categoria da carreira dos serviços do Ministério Público e prestava serviço em departamento sob a direcção do Ministério Público, o que, de harmonia com o art. 41.º do EDF/84, lhe conferia aquela competência que a A. impugna.

– A nova redacção dos arts. 98.º e 111.º do EFJ aprovado pelo DL 343/99, de 26.8, introduzida pelo DL 92/2002 é conforme com o disposto no artigo 218.º n.º 3 da Const. que não impõe que do CSM, ou de idêntico órgão como o CSMP ou o CSTAF, façam parte funcionários para deliberar sobre a disciplina relativa aos mesmos, como decidiu o TC no Ac. de 7.6.2005, Proc. 598/04.

– Não existe violação do princípio da igualdade porque a situação fáctica de cada funcionário, em serviços dependentes dos diferentes Conselhos é diferente, como decidiu o Ac. deste STA no Proc. 718/04.

– A materialidade apurada encontra suporte em documentos e depoimentos de testemunhas, houve a devida ponderação das circunstâncias e a sanção é adequada à violação dos deveres de correcção e zelo, pelo que não há erro nos pressupostos.

– Também é patente que o acto do CO J e o recorrido contêm fundamentação de facto e de direito suficiente.

Foram ordenadas alegações uma vez que a matéria de facto relativa à acção não é objecto de controvérsia, e as referências que constam do processo relativas ao julgamento de matéria de facto se reportam à prova produzida no processo disciplinar e à crítica ao respectivo julgamento pela Administração.

E a A. alegou, por remissão para os fundamentos da acção que apresentou na petição, donde passou a formular as conclusões seguintes:

"1. ....

2. Há manifesta discordância entre a CRP – art. 218.º n.º 3 – que atribui competência ao CSM e não ao CSMP, para a aplicação de sanção disciplinar – tal como define o artigo 118.º do EFJ, pelo que a mesma se consubstancia em inconstitucionalidade material desta última norma referida, dado que não há norma na LOMP de igual teor ao n.º 2 do art. 137.º do do EMJ, ou seja, que deste CSMP façam parte oficiais de justiça para discutir e votar matérias acerca do seu estatuto profissional.

3. Há manifesto erro nos pressupostos de facto e de direito para a aplicação de uma sanção disciplinar que o COJ graduou da mesma forma e modo, pela manifesta contradição entre os factos dados por provados e os que constam dos arts. 17.º; 18.º; 19.º e 56.º da petição de recurso.

4. Há manifesto erro de facto e de direito quando os factos apontados para a prolação da decisão são baseados em factos genéricos e sem qualquer tipo de concretização, atento o teor da petição de recurso.

5. Há manifesta violação do art. 139.º do CPA quando o COJ está impedido de acerca de tal procedimento e deliberação que foi declarada nula pelo TACL, volta a produzir nova deliberação.

6. Há violação de lei por erro nos pressupostos de facto e de direito, quando para os factos acusatórios em concreto se dá a valoração correspondente à multa, sendo a medida disciplinar imposta manifestamente exagerada.

7. Dado ainda que a continuidade da recorrente no seu local de trabalho, ainda que noutra secção poria em causa o prestígio que lhe é exigido pelo EFJ e a qualquer funcionário público.

8. Há manifesta vontade de punir a recorrente desta forma exagerada, quando todos os elementos indicam o sentido contrário alicerçados no seu registo disciplinar e notações anteriores, sendo a sua frontalidade demonstrada nos autos de recurso um exemplo cabal da sua lealdade e respeito.

9. Estamos em face da deliberação do COJ e depois da do CSMP em flagrante vício de forma por falta de fundamentação para a prolação da decisão disciplinar aplicada, estando ferida, nos termos expostos, de falta insuficiente (divergência entre os factos e a sua penalização correspondente em multa), contraditória (a recorrente possui as qualidades mínimas para exercer funções, foi até bem classificada) e obscura (pela falta de concretização de factos para a punição da recorrente).

10. Há manifesta ilegalidade na deliberação recorrida, por violação dos art. s 124.º e 125 do CPA."

A entidade autora do acto contra alegou mantendo a posição da resposta.

II – A MATÉRIA DE FACTO PROVADA E RELEVANTE

A) Na sequência da participação de fls. 2 do processo instrutor e de despacho de 14.9.2000 foi aberto processo de inquérito à recorrente Maria de Fátima.

B) Em 29.12.2000 o relator considerou provados os factos que enuncia a fls. 62-63, susceptíveis de configurar ilícito disciplinar e propôs a instauração de procedimento disciplinar.

C) Em deliberação de 12 de Fev. de 2002 o COJ deliberou converter o inquérito em processo disciplinar.

D) Em 9.3.2001 foi deduzida a acusação de fls. 75-79 que se dá por inteiramente reproduzida.

E) O relatório final considerou provada a matéria que enuncia a fls 110.º-112, a qual é descrita como se passa a transcrever, bem como o enquadramento jurídico e a proposta:

1.º No dia 7/6/2000, cerca das 12.40 horas, a arguida (F.........................), que exerce as funções de escrivã auxiliar do Tribunal de Cascais, entrou no gabinete da Mmª Juiz de Direito, Sr.ª Drª Filomena Manso Carvalho, que aí estava a fixar a matéria de facto no processo n.º 58/00, cuja audiência de julgamento havia sido suspensa para o efeito, sem previamente pedir autorização, como estava expressamente determinado, dizendo "a estas horas já não posso ir almoçar a casa". (fls. 56 e 57)

2.º Aquela funcionária não cumprimentava a Mmª Juiz de Direito quando ia ao seu gabinete. (fls. 56 e 57)

3.º Em 16/6/2000 a arguida(F.....................) elaborou e entregou na secção central, onde foi registada sob o n.º 2843, uma exposição dirigida ao Senhor Secretário de Justiça, onde pedia para lhe serem distribuídas outras tarefas, a fim de evitar contactos pessoais e sucessivos com a Mma Juiz de Direito. (fls. 4 a 7)

4.º Nessa exposição e quando fala da Mmª Juiz dc Direito diz: "a Mmª Juiz respondeu-me num tom pouco agradável, que não poderia interromper o julgamento"; Desconhecerá a Mmª Juiz, porventura, que existe uma greve de zelo.... Se desconhece é de lamentar..." ; Terá a Mmª Juiz esquecido de todo....", "Não é a primeira vez que a Mmª Juiz se dirige a mim com modos pouco recomendáveis, e que, salvo o devido respeito, não tem esse direito". (fls. 4 a 7)

5.º No dia 14/6/2000, pelas 16,50 horas, no decurso da audiência do processo n.º 16/00, a arguida (F.........................) informou a Mmª Juiz que teria de ausentar-se às 17.00 horas porque tinha uma consulta médica marcada. (fls. 11 a 21, 56 e 58)

6.º A Mmª juiz disse-lhe então que não podia interromper o julgamento porque tinha mais testemunhas para ouvir o que levou á sua substituição na audiência. (fls. 11 a 21, 56 e 58)

7.º Aquela funcionária não tinha informado o escrivão de direito de que não podia assegurar o serviço depois das 17.00 horas para que fosse providenciada a sua substituição. (fls. 55 e 58)

8.º Na acção sumária n.º 385/99 em que são autor João Ortega Fernando Rodrigues Rebelo, Lª, a arguida (F........................) lavrou seguinte termo:

"Notificação – Em 23/5/00, por se encontrarem presentes os sócios-gerentes da ré, Sr. Fernando Rodrigues Rebelo e Carlos Manuel de Oliveira Rebelo, citei os mesmos c/ o dup.º que antecede bem como da p. i. e respectivos documentos. Por ser verdade vão comigo assinar. ass...." (fls. 42)

9.º Por falta de indicação do prazo para contestar e da cominação respectiva foi aquela citação anulada por despacho de 3/7/2000. (fls. 42 e 43)

10.º A arguida (M........................) desempenhou as funções de escrivã auxiliar no Tribunal do Trabalho de Cascais de Setembro de 1996 a Setembro de 2000.

11.º Na carta precatória extraída da execução por custas n.º 78-B/95 do 5.º Juízo do Tribunal do Trabalho de Lisboa, que o M.ºP.º move contra Daun, Lª, para notificação pessoal desta na pessoa do sócio gerente Nuno Manuel Saldanha Oliveira e Daun, a arguida (E............................), lavrou em 24/3/2000 certidão negativa dando conta que não fez a notificação por ninguém atender e consignou que o notificando residia na referida morada. (fls. 37)

12.º Apesar disso não procedeu á notificação nos termos do art.º 240 do C.P.C., o que veio a ser posteriormente deprecado. (fls. 28 e 29)

13.º A mesma arguida foi encarregada de proceder à deprecada notificação e afixou em 27/5/2000 nota designando o dia 2/6/2000 pelas 12 horas para levar a efeito a mesma. (fls. 38)

14.º No dia 2/6/2000 deslocou-se á morada do notificando e em vez de dar cumprimento á notificação nos termos do art. 240.º do C.P.C. lavrou certidão negativa em que informa ".... não obstante as vezes que ali me desloquei e ter deixado urna nota afixada á porta, a verdade é que nunca encontrei ninguém naquela morada. Tudo quanto apurei o notificando exerce a sua actividade profissional em Lisboa em local que não consegui apurar...". (fls. 39)

15.º Em 16/5/00 foi entregue e registado no livro de registo de correspondência sob o n.º 2132 um requerimento para justificação da falta do Réu Nicolau Veríssimo a uma diligência no Proc. n.º 394/98. (fls. 14 do apenso A)

16.º Aquele requerimento foi entregue à arguida (E....................), que não o juntou ao processo, desconhecendo-se onde o mesmo se encontra. (fls. 12 e 16)

17.º Dos certificados do registo disciplinar das arguidas nada consta em matéria disciplinar.

[...............]

SANÇÃO

A) Considerando as circunstâncias referidas nos artigos 1.º a 4.º, com o seu procedimento a arguida (F............................) cometeu infracção disciplinar prevista no art. 90.º do Estatuto dos Funcionários de Justiça aprovado pelo D.L. 343/99, de 26/8, com violação do dever geral de correcção referido no artigo 3.º n.º 4.º alínea f) e n.º 10 do Estatuto Disciplinar aprovado pelo D.L. 24/84 de 16/1, aplicável por força dos artigos 66.º e 89.º do citado Estatuto dos Funcionários de Justiça, punível pelos artigos 11.º n.º 1 alínea b), 12.º n.º 2 e 23.º n.º 2 al. d), todos do D.L. 24/84, de 16/1, com a pena de multa.

Considerando as circunstâncias referidas nos artigos 7.º a 9.º, com o seu procedimento a mesma arguida cometeu infracção disciplinar prevista no art. 90.º do Estatuto dos Funcionários de Justiça aprovado pelo D.L. 343/99, de 26/8, com violação do dever geral de zelo referido no artigo 3.º n.º 4 alínea b) e n.º 6 do Estatuto Disciplinar aprovado pelo D.L. 24/84 de 16/1, aplicável por força dos artigos 66.º e 89.º do citado Estatuto dos Funcionários de Justiça, punível pelos artigos 11.º n.º 1 alínea b), 12.º n.º 2 e 23.º n.º 1 e 2 al. e), todos do D.L. 24/84, de 16/1, com a pena de multa.

B) Considerando as circunstâncias referidas nos artigos 11.º a 16.º, com o seu procedimento a arguida (M.............................) cometeu infracção disciplinar prevista no art. 90.º do Estatuto dos Funcionários de Justiça aprovado pelo D.L. 343/99, de 26/8, com violação do dever geral de zelo referido no artigo 3.º n.º 4 alínea b) e n.º 6 do Estatuto Disciplinar aprovado pelo D.L. 24/84 de 16/1, aplicável por força dos artigos 66.º e 89.º do citado Estatuto dos Funcionários de Justiça, punível pelos artigos 11.º n.º 1 alínea b), 12.º n.º 2 e 23.º n.º 1 e 2 al. e), todos do D.L. 24/84, de 16/1, com a pena de multa.

AGRAVANTES

Verifica-se a agravante de acumulação de infracções prevista no art. 31.º n.º 1 al. g) e n.º 4, do Estatuto Disciplinar aprovado pelo D.L. 24/84 de 16/1, relativamente á arguida (F......................).

ATENUANTES

Não se verifica qualquer das atenuantes enumeradas no art. 29.º do Estatuto Disciplinar aprovado pelo D.L. 24/84 de 16/1.

Depõem a favor da arguida (F..................) os seguintes factos:

A arguida (F......................) iniciou funções no 2.º Juízo Criminal do Tribunal Judicial de Cascais, ainda no edifício antigo, onde, apesar das difíceis condições de trabalho sempre existiu compreensão e bom ambiente entre funcionários e magistrados.

Em Setembro de 1999 foi transferida para o Tribunal do Trabalho de Cascais, tendo anteriormente sempre trabalhado na área criminal, não tendo experiência das novas funções.

No Tribunal do Trabalho de Cascais o ambiente deteriorou-se em finais de 1998 em virtude de participações entre funcionários, o que gerou um clima de suspeitas e mal-entendidos. Também pela falta de funcionários e em virtude do volume de serviço passou-se a trabalhar sob pressão. Por outro lado, a Mmª juiz não queria ser assessorada nas diligências pela funcionária (M..............) em virtude da falta de qualidade desta, pelo que teria de ser a escrivã auxiliar Fátima a fazer esse serviço. Tal situação também gerava mal-estar uma vez que sobrecarregava os outros funcionários.

A arguida é uma funcionária colaboradora e correcta que aceita com facilidade as instruções que lhe são dadas superiormente.

A arguida reside em Alcabideche, tem um filho com cinco anos e sempre que possível vai almoçar a casa com a família.

A arguida é pontual e assídua e sempre que necessário trabalha para além do horário norma.

Desde que a arguida foi para o Tribunal do Trabalho de Cascais, o quadro de pessoal nunca esteve completo, sendo por isso a sobrecarga de trabalho constante.

A arguida pouco tempo depois de ter sido transferida para o Tribunal do Trabalho de Cascais, esteve doente, necessitando de acompanhamento psiquiátrico que ainda se mantém.

A arguida é uma pessoa educada e respeitadora.

A arguida fez uma exposição ao senhor secretário, para lhe serem atribuídas outras tarefas.

Quando ocorreu o lapso na citação de fls. 42, a arguida que até então só tinha trabalhado nos tribunais criminais, ainda se encontrava em fase de adaptação ao tribunal de trabalho

A arguida não teve apoio nas novas funções, porque o volume de serviço e a falta de funcionários não o permitia.

A arguida posteriormente aos factos participados falou com a Mmª Juiz de Direito participante e reconheceu o modo incorrecto como vinha actuando e ter afirmado que iria modificar o seu comportamento (fls. 56).

Assim, tudo visto e considerado nos termos do art. 28.º do Estatuto disciplinar,

PROPONHO

1. Que á arguida, (F..............................), Escrivã Auxiliar do Tribunal do Trabalho de Cascais, com o número mecanográfico 44.844, seja aplicada, a pena única de **VINTE MIL ESCUDOS DE MULTA**, nos termos doa artigos 11.º n.º 1 alínea b), 12.º n.º 2, 14.º n.º 1, 23.º n.º 1 e 2 als. e) e d), todos do Estatuto Disciplinar aprovado pelo D.L. 24/84, de 16/1.

Ainda considerando as circunstâncias que depõem a favor da arguida e por se considerar que a simples ameaça da pena realizam de forma adequada e suficiente as finalidades da punição, **MAIS PROPONHO A SUSPENSÃO DA PENA PELO PERÍODO DE DOIS ANOS**, nos termos do art. 33.º n.ºs 1 e 2 do D.L. no 24/84, de 16/1.

1. Que á arguida (M...................), actualmente Técnica de Justiça Auxiliar a exercer no Departamento de Investigação e Acção Penal de Lisboa, com o número mecanográfico 25.556, seja aplicada a pena **VINTE MIL ESCUDOS DE MULTA** nos termos dos artigos 11.º n.º 1 alínea b), 12.º n.º 2 e 23.º n.º 1 e 2 al e), todos do D.L. 24/84, de 16/1.

F) Pela deliberação de 19.11.2001, de fls. 118-125, que se dá por reproduzida, o COJ deliberou aplicar a sanção disciplinar à recorrente de 20000$00 de multa, suspensa pelo período de dois anos.

G) Por Acórdão do TAC de Lisboa de 3.3.2003 foi declarada nula a deliberação punitiva com fundamento em que, conforme o Ac. do TC de 20.2.2002, P. 73/2002 tinha sido declara a inconstitucionalidade com força obrigatória geral dos artigos 98.º e 111.º al. a) do EOJ aprovado pelo DL 343/99, de 26.8. Daí retirou aquela sentença a conclusão de a competência para punir estar conferida ao CSM, pelo que dela estava privado o COJ.

H) Com fundamento na alteração legislativa introduzida pelo DL 96/2002, de 12/4 o COJ retomou a apreciação do processo disciplinar e deliberou em 8 de Maio de 2003, conforme o Acórdão de fls. 152-159 do instrutor apenso, considerar provadas as infracções disciplinares descritas sob os n.ºs 1 a 9 que qualificou como infracções aos deveres de correcção e zelo e aplicar a sanção disciplinar de 99,76€ de multa, sanção cuja execução suspendeu por dois anos, tudo nos termos que se dão aqui por reproduzidos.

I) Daquela deliberação a (F................) apresentou recurso para o Conselho Superior do Ministério Público, conforme fls. 168-187, que se dá por reproduzido.

J) Por Acórdão de 26 de Abril de 2005 o CSMP indeferiu o recurso e manteve a decisão punitiva do COJ.

III – APRECIAÇÃO. O DIREITO

A recorrente começa por apontar à deliberação punitiva impugnada inconstitucionalidade material, por violação do art. 218.º n.º 3 da CRP dado que não há norma na LOMP de igual teor ao n.º 2 do art. 137.º do do EMJ, ou seja, que deste CSMP façam parte oficiais de justiça para discutir e votar matérias acerca do seu estatuto profissional, pelo que a competência para a aplicação de sanção disciplinar – tal como define o artigo 118.º do EFJ – é atribuída ao CSM e não ao CSMP.

A questão foi objecto de apreciação neste STA no Ac. do Pleno de 30.11.2004, P. 269/03, tendo-se considerado:

"O EFJ aprovado pelo DL 96/2002 estabelecia na redacção inicial, no artigo 98.º: "O COJ é o órgão que aprecia o mérito profissional e exerce o poder disciplinar sobre os oficiais de justiça ..." bem como a competência do COJ para "Apreciar o mérito profissional e exercer a acção disciplinar sobre os oficiais de justiça ..." – no art. 111.º al. a).

Pelo acórdão do TC n.º 73/2000, de 20 de Fevereiro de 2002, publicado no DR I – Série A de 16 de Março de 2002 foi declarada a inconstitucionalidade com força obrigatória geral destas duas normas.

Em 12 de Abril de 2002, o DL 96/2002 considerou a necessidade imediata de redefinição de competências quanto à apreciação do mérito profissional e ao exercício do poder disciplinar sobre os oficiais de justiça e entre outras alterações relacionadas com a matéria, introduziu nova redacção ao artigo 94.º sobre competências para instaurara e instruir o processo disciplinar contra oficiais de justiça; alterou o artigo 98 que passou a referir sobre a competência: "O COJ é o órgão que aprecia o mérito profissional e exerce o poder disciplinar sobre os oficiais de justiça, sem prejuízo da competência disciplinar atribuída a magistrados e do disposto no artigo 68.º; idêntica redacção foi dada à alínea a) do n.º 1 do artigo 111.º, mas acrescentou-se um número 2 que diz:

"O Conselho Superior da Magistratura, o Conselho Superior dos Tribunais Administrativos e Fiscais e o Conselho Superior do Ministério Público, consoante os casos, têm o poder de avocar bem como o poder de revogar as deliberações do COJ proferidas no âmbito do disposto na al. a) do número anterior."

E, o artigo 118.º passou a conter no n.º 2 a norma seguinte:

"Das deliberações do COJ proferidas no âmbito do disposto nas alíneas a) e b) do n.º 1 do artigo 111.º, bem como das decisões dos presidentes dos tribunais proferidas ao abrigo do n.º 2 do art. 68.º, cabe recurso, consoante os casos, para o Conselho Superior da Magistratura, para o Conselho Superior dos Tribunais Administrativos e Fiscais ou para o Conselho Superior do Ministério Público, a interpor no prazo de 20 dias úteis."

Foi com base nestas novas normas de competência que o COJ tomou a deliberação impugnada administrativamente para o Conselho Superior do Ministério Público e que este proferiu o Acórdão de 17 de Novembro de 2002, objecto do presente recurso contencioso.

A nova deliberação do COJ retomou o procedimento disciplinar anterior adoptando a nova deliberação sem realizar outras diligências e a nova decisão tem também direcção e conteúdo idênticos aos do acto que fora anulado por inconstitucionalidade das normas que estabeleciam a anterior competência.

Deste modo, para determinar se continuam a existir as mesmas razões que determinaram a anterior declaração de inconstitucionalidade, comecemos por verificar os fundamentos da declaração de inconstitucionalidade para saber se eles continuam a ocorrer nas novas normas.

O Ac. do TC 73/2002 declarou a inconstitucionalidade com força obrigatória geral dos artigos 98.º e 111.º al. a) do DL 343/99, de 26 de Agosto com fundamento em que o legislador constitucional decidiu na revisão de 1982 elevar à categoria de princípio jurídico-constitucional a atribuição ao CSM da competência para discutir e votar matérias relativas à apreciação do mérito profissional e ao exercício da função disciplinar sobre os funcionários de justiça.

Depois de repetir a anterior jurisprudência o TC afirma naquele Ac.:

"Da norma do n.º 3 do artigo 218.º da Constituição decorre, indiscutivelmente, a competência do Conselho Superior da Magistratura em matérias relacionadas com a apreciação do mérito profissional e com o exercício da função disciplinar relativamente aos funcionários de justiça.

Perante essa norma, não é, portanto, constitucionalmente admissível que a lei ordinária exclua de todo a competência do CSM para se pronunciar sobre tais matérias.

O que vale por dizer que são materialmente inconstitucionais as normas agora em análise, que atribuem ao Conselho dos Oficiais de Justiça a competência para apreciar o mérito profissional e para exercer a função disciplinar relativamente aos funcionários de justiça, excluindo por completo, neste domínio, qualquer competência do CSM."

Portanto, das palavras usadas pelo TC decorre que os fundamentos da decisão assentaram no afastamento pela lei ordinária da competência do CSM das matérias que a constituição lhe comete no n.º 3 do artigo 218.º .

Mas, com as alterações em seguida introduzidas pelo DL 96/2002, de 12 de Abril, não pode continuar a dizer-se que a lei ordinária não confere competência ao CSM e restantes conselhos (CSTAF e CSMP) nas aludidas matérias relativas aos oficiais de justiça. Efectivamente, o artigo 94.º do DL 343/99 passou a prever a competência do magistrado presidente do tribunal ou coordenador do serviço, bem como dos conselhos superiores respectivos e dos seus inspectores para instaurar o procedimento disciplinar contra funcionários; o artigo 111.º n.º 2 veio conferir aos conselhos superiores das magistraturas competências para avocar a competência e revogara as deliberações do COJ e o artigo 118.º passou a incluir a competência do CSM, do CSTAF e do CSMP, consoante os casos, para conhecer dos recursos interpostos de deliberações do COJ, assim possibilitando o exercício daquele poder de revogação nos recursos administrativos que os interessados decidam interpor.

Portanto, embora seja o COJ que em primeira linha exerce os poderes de avaliação do mérito e disciplinar sobre os funcionários, a última palavra está agora confiada aos conselhos superiores de que dependam os tribunais ou serviços onde o funcionário exerce funções, pelo que a lei passou não só a incluir a competência do CSMP como também lhe confere o poder superior de controle de todas as decisões nas matérias em causa quanto aos funcionários de justiça afectos aos respectivos serviços. De resto, é comum serem os serviços de linha e os seus órgãos dirigentes a decidir primariamente as matérias da competência da Administração central, sendo os órgãos superiores também competentes em virtude de regras próprias, mas essa competência é geralmente de controlo, orientação e supervisão. No caso, do COJ é certo que não existe hierarquia em relação ao CSMP ou aos outros conselhos, mas a lei previu um recurso e uma competência destes órgãos superiores com alguma semelhança com o que se passa na organização hierárquica dos serviços e das competências.

Solução esta que não é original quanto ao recurso nem quanto aos poderes que lhe estão associados, sendo tradicional o chamado recurso hierárquico impróprio, que foi depois regulado expressamente pela artigo 176.º do CPA.

As considerações transcritas são aplicáveis ao caso presente.

E foram confirmadas por Acórdão de 7.2.2006, do Pleno da Secção, no mesmo Processo n.º 269/03.

Por outro lado, não introduz elemento capaz de conduzir a diferente conclusão o facto de intervir o CSMP e não o CSM, uma vez que a competência disciplinar pertence aos órgãos superiores da entidade perante a qual é prestado o serviço, como decorre do art. 41.º do EDF/84, sendo recorrente à data dos factos técnica de justiça adjunta, em serviços do Ministério Público, pelo que a intervenção do Conselho Superior respectivo é conforme à lei comum e à Constituição, cuja referência ao CSM deve ser entendida como proibição de a lei ordinária deixar de submeter ao poder de gestão (no aspecto central, da classificação de serviço) e disciplina dos órgãos superiores de gestão dos tribunais e seus serviços o pessoal das respectivas secretarias afecto especificamente ao serviço de administração da justiça.

Do mesmo passo a Constituição não faz depender a validade das decisões a proferir nestas matérias da existência de representantes daqueles trabalhadores no

Conselho Superior que exercer os indicados poderes, pelo que não é pelo facto de não existirem no Conselho (no caso o CSMP) representantes dos oficiais de justiça nem dos técnicos de justiça que se pode considerar afrontado o dispositivo do art. 218.º n.º 3 da Const.

Aliás, aquela norma começa assim: "A lei poderá prever que do CSM façam parte funcionários de justiça eleitos pelos seus pares ..." o que é impressivo quanto à intenção de deixar margem de escolha ao legislador ordinário quanto a prever ou não que funcionários eleitos integrem o órgão para apreciar o mérito profissional e exercer a disciplina sobre os funcionários de justiça.

2. A recorrente sustenta que "há manifesto erro nos pressupostos de facto e de direito para a aplicação de uma sanção disciplinar que o COJ graduou da mesma forma e modo, pela manifesta contradição entre os factos dados por provados e os que constam dos arts. 17.º ; 18.º ; 19.º e 56.º da petição de recurso".

Para assim concluir apresenta naqueles artigos da petição três declarações de pessoas que abonam o comportamento pessoal e profissional da recorrente. Porém, de tais abonações não resulta nenhuma contradição comos factos dados como provados que são relativos a situações concretas, enquanto aquelas referências abonatórias são de carácter abstracto e geral.

3. A recorrente passa depois a atacar o acto impugnado por "manifesto erro de facto e de direito quando os factos apontados para a prolação da decisão são baseados em factos genéricos e sem qualquer tipo de concretização, atento o teor da petição de recurso".

Os factos descritos na acusação contra a ora recorrente e que foram dados como provados estão concretizados e devidamente situados no tempo e circunstâncias como decorre do confronto com a matéria de facto que na parte II deste Acórdão se transcreveu, como relatório final do relator e que foi a mesma que a decisão punitiva considerou provada, pelo que não pode acolher-se esta conclusão.

4. Prossegue a recorrente assacando ao acto impugnado "manifesta violação do art. 139.º do CPA quando o COJ está impedido de acerca de tal procedimento e deliberação que foi declarada nula pelo TACL, volta a produzir nova deliberação".

Porém, não lhe assiste razão. Como se decidiu também no supra citado Ac. de 30.11.2004:

"... a deliberação do COJ .... mantida pelo acto recorrido foi proferida no domínio de regime legal das competências do COJ modificado, ou seja após a entrada em vigor da alteração do Estatuto dos Funcionários de Justiça (EFJ) introduzida pelo DL 96/2002, de 12 de Abril.

A nova definição de competências pode suscitar novos problemas, mas não existe caso julgado formado sobre um regime legal que nem sequer estava em vigor quando foi proferida a sentença anulatória em causa, pelo que improcede a nulidade que era imputada ao acto por repetir um acto anulado, com base no art. 133.º n.º 1 al. i) do CPA".

Efectivamente, também no caso "sub juditio" como a decisão anulatória se fundava em falta de competência do COJ e a nova decisão deste órgão foi proferida num quadro de competências alterado e portanto diferente, o que há é que avaliar a nova decisão à luz das competências agora definidas, independentemente do que o Tribunal decidiu noutro quadro legal.

5. A recorrente invoca também que o acto impugnado sofre de "violação de lei por erro nos pressupostos de facto e de direito, quando para os factos acusatórios em concreto se dá a valoração correspondente a multa, sendo a medida disciplinar imposta manifestamente exagerada".

Mas, não vem indicada a norma violada e em especial se os factos preenchem a previsão normativa e a pena aplicada se enquadra na moldura prevista, ou se existe nesta operação algum erro e em que consiste, pelo que, na falta dessa indicação, que incumbia à recorrente, apenas se pode dizer que não se detecta erro na integração dos factos e na medida da pena tal como emergem do acto recorrido, o qual considerou que os factos apurados integram a infracção do dever geral de correcção do art. 3.º n.º 4 do EDF/84, aplicável por força dos arts. 66.º e 89.º do EFJ e punível com multa nos termos dos artigos 11.º n.º 1 al. b); 12.º n.º 2 e 23.º n.º 2 d) do cit. Estatuto Disciplinar.

Improcede assim esta conclusão.

6. A recorrente ataca a deliberação impugnada por vício derivado de "manifesta vontade de punir a recorrente desta forma exagerada, quando todos os elementos indicam o sentido contrário alicerçados no seu registo disciplinar e notações anteriores, sendo a sua frontalidade demonstrada nos autos de recurso um exemplo cabal da sua lealdade e respeito".

Parece que a recorrente pretende invocar desvio de poder, por ter sido exercida, na sua perspectiva, uma vontade de punir meramente persecutória. Mas, não existem, nem são indicados pela recorrente, elementos de prova nesse sentido, assim como não podem recolher-se do facto de não constarem punições anteriores no registo disciplinar, nem de ter junto ao processo declarações abonatórias, de modo que também é impossível concluir com objectividade que a punição não obedeça aos fins disciplinares para os quais foi legalmente instituída e improcede esta conclusão.

7. A recorrente também impugna o acto porque "a deliberação do COJ e depois a do CSMP em flagrante vício de forma por falta de fundamentação para a prolação da decisão disciplinar aplicada, estando ferida, nos termos expostos, de falta insuficiente (divergência entre os factos e a sua penalização correspondente em multa), contraditória (a recorrente possui as qualidades mínimas para exercer funções, foi até bem classificada) e obscura (pela falta de concretização de factos para a punição da recorrente)".

Porém, os factos considerados provados encontram nos elementos instrutórios do processo disciplinar suficiente suporte, isto é, as provas recolhidas são no sentido de ter cometido os factos pelos quais foi punida, os factos estão claramente descritos, a sua qualificação como infracção disciplinar ao dever geral de correcção é irrepreensível; a multa é a pena indicada na lei, a sua graduação é benévola, e o anterior bom comportamento e as abonações não revelam nenhuma contradição, antes justificam a medida inferior da pena de multa.

Por outro lado, e como se disse antes a deliberação impugnada assenta na indicação dos factos e na sua apreciação face ao direito aplicável, que é explicitado em pormenor, pelo que também não existe o vício de forma, por violação dos arts. 124.º e 125 do CPA, em face do que é necessário concluir que também improcedem as conclusões 9 e 10.

IV – DECISÃO

Em conformidade com o exposto improcedem os fundamentos da impugnação do acto impugnado, pelo que a acção é julgada improcedente.

Custas pela recorrente, considerando-se o valor da causa indeterminável, e a taxa de justiça de 5 UCs e a procuradoria de 25% da taxa.

Lisboa, 29 de Março de 2006.

Rosendo José (Relator)
Simões de Oliveira
Fernanda Xavier

Recurso n.º 696-05

RATIFICAÇÃO-SANAÇÃO. SUBSTITUIÇÃO DO OBJECTO DO RECURSO.

(Acórdão de 14 de Fevereiro de 2006)

SUMÁRIO:

I – Ocorre ratificação – sanação quando a Administração, confrontada com ilegalidade de um acto administrativo seu, pretendendo mantê-lo válido na ordem jurídica, pratica novo acto, com o mesmo sentido decisório, em que expurga o primeiro de vício formal gerador de invalidade.

II – O acto ratificante substituiu na ordem jurídica o acto ratificado, o que determina a perda do objecto do recurso contencioso interposto deste acto, acarretando a extinção da instância por impossibilidade superveniente da lide, nos termos do artigo 287.º, al. e), do C.P. Civil, aplicável por força do artigo 1.º, da LPTA.

III – O art. 52.º, 1 da LPTA é aplicável aos casos de ratificação – sanação, pelo que é admissível a substituição do objecto do recurso, desde que o interessado pretenda impugnar o novo acto com os mesmos fundamentos e o requeira antes da extinção do recurso.

ACORDAM NA 1ª SECÇÃO DO SUPREMO TRIBUNAL ADMINISTRATIVO

1. RELATÓRIO

PRUST – PROPRIEDADES RÚSTICAS E URBANAS, LDA e outros, inconformados com a decisão que julgou extinta a instância por inutilidade superveniente da lide no RECURSO CONTENCIOSO DE ANULAÇÃO interposto do despacho de 11 de Julho de 2002 da Ex.mo Sra. Vereadora da Câmara Municipal de Lisboa que declarou a nulidade do acto de deferimento do pedido de licenciamento da obra do prédio da Rua do Recolhimento, n.º 8 em Lisboa e ordenou o embargo da respectiva obra.

Em síntese formulou as seguintes conclusões:

– o despacho de ratificação – sanação proferido pela entidade recorrida substitui na ordem jurídica o acto ratificado com efeitos retroactivos;

– o despacho de ratificação – sanação não expurgou de todos os vícios, alegados pelos recorrentes o acto ratificado;

– o despacho de ratificação – sanação continua a manter três dos vícios que podem originar a sua anulabilidade;

– apresente lide continua a ser processualmente útil;

– deve ser aplicável o art. 52.º, 1 da LPTA, ou deve admitir-se a substituição do objecto do recurso nos termos do art. 273.º do Cód. Proc. Civil.

Termina pedindo a revogação da sentença e ordenada a sua substituição por outra que ordena a substituição do objecto da presente lide pelo despacho de ratificação da entidade recorrida, proferido em 20-11-2002.

Respondeu a entidade recorrida defendendo a manutenção da decisão impugnada, por não ser aplicável o regime do art. 51.º, 2 da LPTA aos casos em que o acto recorrido seja objecto de ratificação – sanação, que apenas visa sanar a ilegalidade de um acto anterior, mantendo o seu conteúdo.

A Ex.ma Procuradora Geral Adjunta, neste Supremo Tribunal emitiu parecer no sentido de ser negado provimento ao recurso, invocando a jurisprudência do STA acolhida na sentença recorrida segundo a qual o art. 51.º, 2 da LPTA não é aplicável aos casos de ratificação – sanação.

Colhidos os vistos legais, foi o processo submetido à conferência para julgamento.

2. FUNDAMENTAÇÃO

2.1. MATÉRIA DE FACTO

A decisão recorrida deu como assentes os seguintes factos:

1) em 28/7/1998 foi proferido despacho de deferimento do pedido de licenciamento constante do processo n.º 232/ /OB/RU/96, relativo à obra de construção no imóvel sito no n.º 8 da Rua do Recolhimento, freguesia do Castelo, em Lisboa;

2) Em 11/7/2002, a autoridade recorrida proferiu o despacho que consta de fls. 64 dos autos, cujo teor se dá por integralmente reproduzido, e no qual se concluía nos seguintes termos: "Declaro a nulidade do acto de deferimento do pedido de licenciamento constante do processo n.º 232/OB/RU/96 (despacho de 28/7/98) e determino o embargo da obra, com fundamento na al. a) do n.º 1 do art. 102.º do Dec. Lei 555/99, de 16 de Dezembro e a sua execução imediata pela Polícia Municipal".

3) Em 20-11-2002, a autoridade recorrida proferiu o despacho constante de fls. 78 a 80/99 a 101 dos autos, cujo teor aqui se dá por integralmente reproduzido, do qual se destaca que: "considerando que por despacho de 11 de Julho de 2002, foi declarada a nulidade do acto de deferimento de licenciamento constante do processo n.º 232/OB/RU/96, ao abrigo do art. 52.º, n.º 2 al. b) do Dec. Lei 445/91, de 20 de Novembro, e determinado o embargo da obra, com fundamento na alínea a) do n.º 1

do art. 102.º do Dec. Lei 555/99, de 16 de Dezembro; Considerando que aquele despacho não descrimina os factos passíveis de subsunção às normas cuja violação refere, em violação do disposto no n.º 1 do art. 125.º do Código do Procedimento Administrativo, ratifico o mencionado despacho, com efeitos retroactivos à data da prática do acto ratificado, nos termos do n.º 2 do art. 137.º do Código de Procedimento Administrativo, o qual passa a ter a seguinte redacção: (...) "Declaro, nos termos do n.º 2 do art. 134.º do Código de Procedimento Administrativo, a nulidade do acto de indeferimento do pedido de licenciamento constante do processo n.º 232/ /OB/RU/96 (despacho de 28/7/1998), de acordo com o disposto no art. 52.º, n.º 2, al. b) do Dec. Lei n.º 445/91, de 20 de Novembro, por violação dos artigos 11.º, n.º 1 alíneas f) e g) e n.º 2, 17.º, n.º 1 alínea a) do Regulamento do Plano de Urbanização do Núcleo Histórico de Alfama e Colina do Castelo e dos artigos 31.º, n.º 4, alíneas f) e g) e 33.º, n.º 1, al. c) do Regulamento do Plano Director Municipal, e determino o embargo da obra, com fundamento na al. a) do n.º 1 do art. 102.º do Dec. Lei 555/99, de 16 de Dezembro"

2.2. MATÉRIA DE DIREITO

A sentença recorrida considerou procedente a questão prévia suscitada nos autos e, perante a ratificação – sanação do acto recorrido, julgou extinta a instância por entender que a mesma fez desaparecer o acto ratificado da ordem jurídica ficando o processo a partir de então sem objecto, sendo inadmissível a sua substituição ao abrigo do disposta no art. 51.º, n.º 2 da LPTA.

Argumentou essencialmente com a transcrição de um Acórdão deste Supremo Tribunal, nos seguintes termos:

"(...) *Ora conforme se concluiu no Ac. do STA de 30/11/95 (in BMJ 451.º-178), "a ratificação sanação é figura jurídica distinta da revogação por substituição e não cabe minimamente na letra do n.º 2 do art. 51.º. da LPTA. Este normativo foi pensado apenas para a revogação, e por opção legislativa, não obstante serem já doutrinalmente conhecidas as figuras jurídicas de substituição de actos anteriores (ratificação, reforma e conversão), as quais se entendia terem efeitos de retroacção ao acto primário, e, nomeadamente, no que concerne à ratificação sanação, que por ora nos interessa, este STA também já havia decidido que ela era causa de extinção de instância de recurso, por impossibilidade superveniente da lide, quando o recurso tivesse como objecto o acto ratificado. No caso, no n.º 2 do art. 51.º da LPTA, o legislador não se exprimiu restritivamente, dizendo menos do que pretendia, mas disse precisamente o que queria. E estamos perante norma de natureza excepcional em relação ao regime geral da estabilidade da instância. Actualmente, o legislador, na consagração do regime geral da ratificação, remetendo em parte para o regime da revogação, confinou-o, nesse tocante, às normas que regulam a competência para a revogação de actos inválidos e sua tempestividade (art. 137.º, n.º 2, do CPA). Pelo exposto e atento o disposto nos arts. 9.º e 11.º do C. Civil, o n.º 2 do art. 51.º da LPTA não é directamente aplicável, nem comporta aplicação extensiva ou analógica, à figura jurídica da ratificação sanação*".

Os recorrentes entendem que o art. 51.º, 2 da LPTA deve ser aplicado; então deve admitir-se a substituição do objecto do recurso ao abrigo do disposto no art. 273.º, 1 do C. P. Civil, sob pena de verem frustrada a tutela judicial efectiva dos seus direitos.

Que dizer?

Julgamos que foi correcta a qualificação jurídica do acto secundário, como acto de ratificação – sanação. Esta natureza nem sequer foi controvertida, tendo os recorrentes e a recorrido aceite essa qualificação. E, na verdade, não há dúvida que o acto de 20-11-2002, deve ser qualificado como um acto de ratificação – sanação, não só por ter sido essa a expressa vontade da entidade que o emitiam mas por através dele ter pretendido substituir um acto inválido, através da <u>sanação da falta de fundamentação</u> – cfr. sobre a definição de "ratificação", Esteves de Oliveira e outros, Código de Procedimento Administrativo, pág. 664: "a ratificação para efeitos do Código será assim *o acto através do qual o órgão competente para a prática de um acto administrativo procede à sanação de um vício, relativo à respectiva competência, forma ou formalidade*". Definição semelhante é feita por Freitas do Amaral, Direito Administrativo. VOL. III, p. 414 e segs.: " a ratificação-sanação, é *o acto administrativo pelo qual o órgão competente decide sanar um acto inválido anteriormente praticado, suprindo a ilegalidade que o vicia.* Este Supremo Tribunal segue idêntico entendimento – cfr. a propósito, e por todos, o acórdão do Pleno da Secção de 21/3/00 (rec. 29722).

Há, é certo, uma firme e sólida jurisprudência deste Tribunal no sentido da ratificação – sanação levar à extinção da instância, de que são exemplos, além da jurisprudência citada os seguintes acórdãos: 13-3-2003, processo 046237; – 2-5-2000, processo 043091;15-4-98, processo 039804; 30-11-95, processo 037302; 10/12/96 (Apêndice ao Diário da República de 15/4/99: 2/12/93, processo 31500; 3/7/97 processo 39975; 15/4/98 processo 39804); 2/5/00 processo 43091); 21/03/2000 processo 29722, PLENO.

Alguns acórdãos referem-se a uma possível suspensão da instância, em vez da pura e simples extinção, tendo em vista a possibilidade do <u>acto integrativo</u> da ratificação – sanação estar a ser atacado por vícios próprios e a sua invalidade fazer ressurgir o acto ratificado, ou, então, no caso de ostensiva nulidade daquele acto (cfr. neste sentido Acórdão de 29-5-2003, processo 0367/03, citando e acolhendo a jurisprudência defendida no Acórdão de 15-4-98, processo 039804).

Haveria também algumas reservas à tese da sentença se fosse sustentada a irrecorribilidade do acto de ratificação, v.g. por ser meramente confirmativo (cfr. uma hipótese destas no Acórdão deste Supremo Tribunal de 11-2-2004, processo 01710/03, e também o Acórdão de 7-11-91 (Pleno) recurso 22655.

Contudo, no caso dos autos, não vem questionada, nem se evidencia, a <u>nulidade</u> do acto de ratificação – sanação, não há notícia de que este acto tenha sido <u>impugnado por vícios próprios</u> e, finalmente, julgamos evidente que o acto dotado de nova fundamentação <u>não é irrecorrível,</u> uma vez que não pode (por isso mesmo) considerar-se meramente confirmativo.

Podemos assim, até aqui, acompanhar a decisão recorrida.

Contudo, não nos parece sustentável recusar a aplicação do art. 51.º, 2 da LPTA aos casos em que o acto recorrido, seja objecto de uma ratificação – sanação.

Deve notar-se, desde logo, que a jurisprudência deste Supremo Tribunal – citada na decisão recorrida, não é unânime. No Acórdão de 23 de Setembro de 1998, proferido no recurso n.º 32.434, decidiu-se de modo diverso, com o argumento de que a ratificação – sanação deve merecer o mesmo tratamento processual que a revogação, já que em termos substantivos ambas têm os mesmos efeitos.

Julgamos preferível este entendimento.

Na verdade, o efeito processual da revogação e da ratificação sanação é idêntico quanto à destruição do objecto do acto primário, levando assim à extinção do objecto do recurso contencioso do acto primário. A razão de ser da regra do art. 51.º, 2 da LPTA, que é aproveitar um processo judicial já instaurado, é a economia processual, evitando a duplicidade de processos. Assim, toda a argumentação que leva a concluir que a ratificação – sanação implica a extinção da instância, por ser essa também a consequência da revogação, deve levar também a que se aceite a substituição do objecto do recurso.

O facto do art. 137.º, 2 do CPA mandar aplicar as regras da revogação no que respeita à competência e tempestividade da revogação, não tem intenção de excluir todas as demais regras. Este artigo pretende realçar alguns aspectos, onde a aplicação do regime da revogação pela via subsidiária, pudesse ser discutível, deixando assim clara a posição do legislador, nesse domínio. Nos casos que não estejam especialmente previstos, vale o princípio geral do art. 147.º do CPA, segundo o qual, *às alterações e substituições dos actos administrativos são aplicáveis as regras reguladoras da revogação.*

Não há, por outro lado, qualquer interesse processual ou material que justifique a não aplicação do art. 51.º, 2 da LPTA, aos casos de ratificação – sanação, uma vez que tal aplicação em nada altera a posição das partes, ou seu estatuto jurídico. Se o interessado, não quiser impugnar o acto de ratificação, por entender que este não tem vícios próprios (competência e tempestividade), e pretender *continuar* apenas a pugnar pelos vícios anteriormente invocados e que o acto apesar de ratificado (em seu entender) ainda contém, não se compreende porque não há-de poder, no mesmo processo, *continuar a discutir aquilo que já vinha discutindo...*

Finalmente, o argumento de que a regra do art. 52.º, 1 da LPTA tem natureza excepcional, não podendo ser aplicada por analogia, e não permite uma interpretação extensiva, não nos parece decisivo. Como vimos, são aplicáveis à ratificação – sanação, enquanto acto que substitutivo de anterior acto administrativo, as regras da revogação, por força do art. 147.º do C. P. Adm. É de aceitar que neste conjunto de regras se incluam não só as regras procedimentais, mas também as regras processuais (processo judicial) específicas da revogação. Existe, assim, uma norma *remissiva* que completa o regime da ratificação – sanação.

Neste caso não há lacuna, pois a norma remissiva completa o regime imperfeito da ratificação – sanação, mandando aplicar as regras sobre a revogação, permite interpretar o art. 52.º, 1 da LPTA para além da sua estrita terminologia. A vontade do legislador, expressa no Código de Procedimento Administrativo, ao mandar aplicar à ratificação – sanação o regime da revogação, aliada às razões, de economia processual, que justificam a substituição do objecto do recurso, levam-nos a concluir que no art. 51.º, 2 da LPTA disse, efectivamente menos do que quereria dizer. Justifica-se, assim, uma interpretação extensiva do art. 51.º, 2 da LPTA, aplicando-o não só aos caos literalmente previstos (*revogação por substituição*) mas ainda a todos os casos em que o legislador manda aplicar o regime da revogação.

Daí que, a nosso ver, nada obsta a que seja admissível a substituição do objecto do recurso, nos casos em que o acto primário seja objecto de um posterior acto de ratificação – sanação.

Impõe-se assim conceder provimento ao recurso, ordenando o prosseguimento dos autos, se nada mais obstar.

3. DECISÃO

Face ao exposto, os juízes da 1ª Secção do Supremo Tribunal Administrativo acordam em conceder provimento ao recurso e, consequentemente, revogar a decisão recorrida que, se nada mais obstar, admita a substituição do objecto do recurso nos termos do art. 51.º, 2 da LPTA.

Sem custas.

Lisboa, 14 de Fevereiro de 2006.

São Pedro (Relator)
António Samagaio
J. Simões de Oliveira

Recurso n.º 1128-05-12

RECORRIBILIDADE CONTENCIOSA. RECURSO HIERÁRQUICO FACULTATIVO. DELIBERAÇÕES DOS JÚRIS. (DL197/99, DE 8.6). TUTELA JUDICIAL EFECTIVA. (ART. 268.º, N.º 4 DA C.R.P.).

(Acórdão de 22 de Fevereiro de 2006)

SUMÁRIO:

I – Os recursos hierárquicos das deliberações dos júris dos concursos públicos, regidos pelo DL 197/99, de 8.6, têm natureza facultativa.

II – A decisão tomada em apreciação dos recursos referidos em 1, se nada inovou em relação à decisão do júri, é irrecorrível contenciosamente.

III – A interpretação legal aludida em 2 não viola o direito à tutela judicial efectiva, consagrado no art. 268.º, n.º 4 da C.R.P.

ACORDAM EM CONFERÊNCIA NA 1ª SECÇÃO DO SUPREMO TRIBUNAL ADMINISTRATIVO.

1.1. MW Arquitectura e Design. Ldª, interpôs no Tribunal Central Administrativo recurso contencioso do despacho do Secretário Regional da Educação e Cultura do Governo Regional dos Açores, de 22-1-02, que lhe indeferiu o recurso hierárquico da deliberação do júri do concurso público para elaboração do projecto de remodelação e ampliação do edifício dos Corte-Real para adaptação a biblioteca pública de Angra do Heroísmo, que não reconheceu valor absoluto à sua proposta, considerando-a inaceitável e, em consequência, excluída do concurso.

1.2. Por acórdão do T. Central Administrativo, proferido a fls. 219 e segs, foi negado provimento ao recurso contencioso.

1.3. Inconformada com a decisão, interpôs a Recorrente o presente recurso jurisdicional, cujas alegações constam a fls. 254 e segs..

1.4. Por acórdão deste S.T.A., proferido a fls. 306 e segs., foi suscitada a questão prévia da possível rejeição do recurso contencioso, com fundamento na irrecorribilidade contenciosa do acto impugnado, pelos motivos sintetizados naquele aresto.

Sobre tal questão foram ouvidas as partes e o Ministério Público.

1.5. A recorrente MW – Arquitectura e Design, Lda, pronunciou-se, nos termos constantes de fls. 316 a 321, inc., pela improcedência da questão prévia referida em 1.4, concluindo:

"1ª – Não se aceita a interpretação e o sentido expendidos na decisão a que esta é resposta de que a questão da recorribilidade contenciosa do acto administrativo se afere em função da natureza do recurso hierárquico (obrigatório ou facultativo) que deu origem a decisão da administração.

2ª – Não se aceita que se considere vedado ao particular recorrer contenciosamente de uma decisão administrativa só porque esta foi proferida em procedimento administrativo facultativo.

3ª – A questão colocada – se vier assim a ser sufragada a final – interpretará e aplicará a norma do art. 120.º do CPA em flagrante violação do princípio constitucional da tutela consagrado no art. 268-4 da C.R.P."

1.6. O Exm.º Magistrado do Ministério Público junto deste S.T.A. emitiu o parecer de fls. 323 e 324, do qual se transcreve o excerto seguinte:

"O concurso foi aberto nos termos do Dec. Lei n.º 197/99, de 8 de Junho, conforme consta do aviso da sua abertura.

Nos termos do n.º 1 do art. 184.º desse diploma, "das deliberações dos júris tomadas no acto público cabe recurso hierárquico facultativo, independentemente de prévia reclamação.

E nos termos do art. 185.º desse diploma, "as restantes deliberações dos júris que não sejam tomadas no âmbito do acto público podem ser objecto de recurso hierárquico facultativo, independentemente de prévia reclamação.. ."

Ora, de acordo com o disposto no n.º 1 do art. 167.º do CPA, "o acto administrativo impugnável através de recurso hierárquico facultativo é directa e imediatamente impugnável por via contenciosa."[1]

Assim, "o acto proferido em decisão de recurso hierárquico facultativo que se limita a confirmar o acto recorrido não é um acto lesivo, não sendo impugnável contenciosamente", aplicando-se, também, "esta solução aos recursos hierárquicos impróprios por força do disposto no n.º 3 do art. 176.º do CPA."[2]

Por outro lado, conforme se refere no douto Acórdão citado, "– A inimpugnabilidade da decisão do recurso hierárquico facultativo não é ofensiva do princípio constitucional da tutela judicial efectiva, consagrado nos arts. 20.º, n.º 1, e 268.º, n.º 4, da C.R.P.

Aquele princípio da tutela judicial efectiva, em matéria de impugnação de actos administrativos, apenas exige que seja assegurada a possibilidade de impugnação contenciosa de actos lesivos, como resulta linearmente do texto daquele n.º 4 do art. 268.º, ao indicar como integrando aquela garantia dos administrados «a impugnação de quaisquer actos administrativos que os lesem».

Assim, relativamente a actos praticados pela Administração que não produzam, por si mesmos, qualquer efeito lesivo na esfera jurídica dos particulares, a Constituição não impõe que a lei ordinária tenha de assegurar a sua impugnabilidade contenciosa.

Os actos meramente confirmativos, que se limitam a confirmar um acto lesivo anteriormente praticado, sem nada lhe acrescentar, não provocam qualquer lesão da esfera jurídica dos particulares, pelo que não podem ser considerados actos lesivos e, por isso, a Constituição não impõe que eles possam ser impugnados contenciosamente. (Essencialmente neste sentido, pode ver-se o acórdão do Tribunal Constitucional n.º 159/95, de 15-3-95, proferido no processo n.º 783/93, publicado no Boletim do Ministério da Justiça n.º 446-Suplemento, página 574.).

Assim sendo, o recurso deve ser rejeitado por irrecorribilidade do acto recorrido."

2. Cumpre decidir.

2.1. Transcrevem-se os factos considerados assentes pelo acórdão recorrido, que se revelam com interesse para a decisão a proferir:

a) "Por Anúncio publicado no Diário da República, n.º 108, de 10.05.2001, foi aberto pela Secretaria Regional da Educação e Cultura da R.A. dos Açores, concurso público para elaboração do projecto de remodelação e ampliação do edifício dos Corte-Real para adaptação a biblioteca pública de Angra do Heroísmo;

b) A recorrente foi candidata ao referido concurso;

c) Ao qual se apresentaram dezanove concorrentes; a que foram atribuídos os n.os 1 a 14, por se tratar de concurso de uma fase sujeita a anonimato;

d) Em 24.09.2001, reuniu o júri de selecção para o exame formal dos documentos contidos nos invólucros do "Projecto" apresentados por cada um dos 19 trabalhos dos concorrentes e exigidos nas cláusulas do Regulamento e Caderno de Encargos;

e) Em tal reunião, o júri considerou que oito dos 19 trabalhos apresentados eram inaceitáveis por incumprimento das condições estipuladas no caderno de encargos, justificando as exclusões nos termos da acta-relatório junta sob o doc. n.º 3;

f) Em reunião de 8.10.2001, o júri considerou, por unanimidade, que os restantes onze trabalhos não satisfaziam, de forma adequada, nos termos do n.º 10.9.2 do Regulamento do Concurso, os critérios de avaliação estabelecidos no ponto 9 do mesmo Regulamento, não lhes reconhecendo valor absoluto, considerando-os inaceitáveis e, por conseguinte excluídos do concurso;

[1] Cfr. Acórdão do STA de 8.10.03, rec.º n.º 1494/03.

[2] In mesmo Acórdão.

g) Foram assim, todos os 19 concorrentes excluídos do concurso em apreço;

h) A representante da recorrente, Arquitecta Antonieta Reis Leite, declarou pretender interpor recurso do resultado da análise e decisão do júri, e em 8.11.2001 requereu certidão integral da acta decisória, ao abrigo do disposto no art. 184.º do Dec.-Lei 197/99, de 8 de Junho;

(...)

i) Em 26.11.01 a recorrente apresentou as suas alegações no recurso hierárquico interposto, nos termos do n.º 1 do art. 184.º do Dec. Lei 197/99, da decisão do júri, tomada por unanimidade, da sua exclusão do concurso;

j) Tal recurso hierárquico foi indeferido, em 22.01.01 (...) "tendo em conta que se julga não existirem as irregularidades apontadas, que levem a considerar o processo ferido de ilegalidade, e que o teor da deliberação que qualifica como inaceitável o projecto, tem, nos termos do ponto 1015 do RC e do n.º 4 do art. 173.º do Dec. Lei 197/99, de 8 de Junho, carácter técnico vinculativo e não pode, em nenhuma circunstância, ser alterado depois de conhecida a identidade dos concorrentes, situação já ocorrida."

É este o despacho recorrido"

2.2. O DIREITO

2.2.1. Como resulta do antecedente relato, a recorrente opõe-se à procedência da questão prévia respeitante à rejeição do recurso contencioso, fundada na irrecorribilidade contenciosa do acto administrativo impugnado, suscitada no acórdão interlocutório de fls. 306 e segs.

A respectiva argumentação é, em síntese, a seguinte:

– A recorribilidade contenciosa do acto administrativo não deve ser aferida em função da natureza do recurso hierárquico (obrigatório ou facultativo) que deu origem a decisão da administração.

– O particular não deve ser impedido de recorrer contenciosamente de uma decisão administrativa só porque esta foi proferida em procedimento administrativo facultativo.

– A questão colocada – se vier assim a ser sufragada a final – interpretará e aplicará a norma do art. 120.º do CPA em flagrante violação do princípio constitucional da tutela, consagrado no art. 268.º, n.º 4 da C.R.P.

Não tem, porém, razão.

DE FACTO:

2.2.2. A redacção dos arts. 180.º, n.º 1, 184.º e 185.º do DL 197/99, de 8 de Junho, aplicável ao concurso em análise, é inequívoca quanto à natureza facultativa – designação expressamente usada nos citados dispositivos legais – do recurso hierárquico das deliberações dos juris.

A generalidade da jurisprudência administrativa sempre entendeu – orientação que se tem por correcta – que, sendo o recurso hierárquico facultativo, o acto administrativo graciosamente impugnado em tal recurso é, desde logo, recorrível para os tribunais; e, a decisão que vier a ser tomada sobre o aludido recurso hierárquico, se nada inovar em relação à decisão administrativa que aí é objecto de impugnação, é contenciosamente irrecorrível

Com efeito, tal decisão não é, ao contrario do que pressupõe a argumentação da Recorrente, autonomamente lesiva, visto que a lesividade radica no acto administrativo facultativamente impugnado.

Esta orientação está também consagrada no Código do Procedimento Administrativo, como claramente se infere do disposto no art. 176.º, n.º 1 do CPA, aplicável aos recursos hierárquicos impróprios, por força do art. 176.º, n.º 1 do C.P.C. que dispõe: "O recurso hierárquico é necessário ou facultativo, consoante o acto a impugnar seja ou não insusceptível de recurso contencioso"

O texto do preceito é tão claro, que não deixa margem para qualquer dúvida legítima.

No caso, como se vê, a Recorrente podendo, desde logo, ter impugnado perante o Tribunal, a decisão do júri do concurso, optou por interpor um recurso hierárquico que a própria lei designa de facultativo (ou seja, não obrigatório) e aguardar a decisão de tal recurso, impugnando-a, depois, perante o Tribunal Administrativo de Círculo.

As razões por ela invocadas em abono da recorribilidade contenciosa do despacho do membro do Governo Regional dos Açores que decidiu o recurso hierárquico facultativo, confirmando a decisão do júri do concurso, não merecem, pois, qualquer relevo.

2.2.3. Ao invés do defendido pela Rte, a interpretação legal que aqui se sufraga, não está a aplicar a norma do art. 120.º do C.P.A. – a qual dispõe que "para os efeitos da presente lei, consideram-se actos administrativos as decisões dos órgãos da Administração que ao abrigo de normas de direito público visem produzir efeitos jurídicos numa situação individual e concreta" – com violação do princípio constitucional da tutela judicial efectiva consagrada no art. 268.º, n.º 4 da CRP.

Efectivamente, com a aludida interpretação legal, não se está a cercear à Recorrente o direito de impugnar contenciosamente a decisão administrativa tida por lesiva dos direitos que se arroga, mas, apenas, a perfilhar um entendimento diferente daquele que a Rte defende quanto à identificação desse acto lesivo.

E, conforme repetidamente tem considerado a jurisprudência deste S.T.A. e do T. Constitucional, a/s exigência/s da lei ordinária quanto aos pressupostos da accionabilidade do/s acto/s administrativo/s (designadamente os decorrentes da previsão de recursos graciosos) não contendem com a garantia constitucional do Rte à tutela judicial efectiva (a não ser que o caminho do Rte fique de tal modo eriçado de escolhos que lhe dificulte de modo intolerável o recurso aos tribunais).

No caso, como já resulta do acima exposto, afigura-se ainda mais evidente a improcedência da arguida inconstitucionalidade, porquanto o acto lesivo da autoria do júri do concurso, (cf. f) da matéria de facto), surge a montante do recurso hierárquico e respectiva decisão, podendo, desde logo, ter sido impugnado pela Recorrente.

Do que vem de ser dito, liquida-se:

A decisão do membro do Governo Regional dos Açores impugnada no recurso contencioso apreciado pelo acórdão do T.C.A., aqui em recurso, não é um acto lesivo.

Na verdade, sendo meramente facultativo o recurso hierárquico da deliberação do júri do concurso (arts. 180.º, n.º 1, 184.º, 185.º do DL 197/99, de 8/6), e nada alterando essa decisão em relação ao decidido pelo júri, o acto posto em crise no recurso contencioso não tem aptidão lesiva própria.

Consequentemente, é irrecorrível, sem que esta interpretação e aplicação do direito enfermem da inconstitucionalidade que lhe é apontada pela recorrente.

3. Nos termos e pelas razões expostas, acordam:

a) Revogar o acórdão do T.C.A., proferido a fls. 219 e segs

b) Rejeitar o recurso contencioso, por ilegalidade da respectiva interposição, nos termos do art. 57.º § n.º 4 do Reg. do S.T.A..

Custas pela Recorrente fixando-se:

Taxa de justiça: € 400.

Procuradoria: € 200.

Lisboa, 22 de Fevereiro de 2006.

Maria Angelina Domingues (Relatora)
Adérito Santos
Cândido de Pinho

Recurso n.º 430/05-11

RECURSO HIERÁRQUICO. PRAZO. REMESSA POSTAL.

(Acórdão de 2 de Fevereiro de 2006)

SUMÁRIO:

I – Em matéria de apresentação de requerimentos no âmbito do procedimento administrativo, rege o art. 77.º do CPA, que tem essa epígrafe, e onde se dispõe que "Os requerimentos devem ser apresentados nos serviços dos órgãos aos quais são dirigidos" (n.º 1) "nos serviços locais desconcentrados do mesmo ministério ou organismo" quando aí tenham a sua residência (os interessados) e se dirijam a órgãos centrais (n.º 2) ou nos Governos Civis ou nos gabinetes dos Ministros Regionais, se não existirem serviços na área da residência dos interessados (n.º 3).

II – Como decorre do seu n.º 4 "*Os requerimentos apresentados nos termos previstos nos números anteriores são remetidos aos órgãos competentes pelo registo do correio e no prazo de três dias após o seu recebimento, com a indicação da data em que este se verificou*".

III – Portanto, as normas contidas naquele preceito fixam não só o local de apresentação (prevendo-se diversas hipóteses), mas também a data em que se verificar.

IV – O art. 79.º do CPA limita-se a permitir o envio do requerimento pela via postal, sem todavia introduzir qualquer alteração quanto ao local ou quanto à data (a da recepção).

V – O recurso hierárquico deve dar entrada no serviço competente dentro do prazo estabelecido por lei, mesmo que enviado pelo correio, não relevando neste caso, a data da expedição ou do registo postal.

ACORDAM NA SECÇÃO DE CONTENCIOSO ADMINISTRATIVO DO SUPREMO TRIBUNAL ADMINISTRATIVO.

I – RELATÓRIO

O **Secretário de Estado dos Recursos Humanos e da Modernização da Saúde** vem recorrer do acórdão do Tribunal Central Administrativo Sul (TCA) de 5.5.05, que concedeu provimento ao recurso contencioso interposto por Luís Guilherme Sobreira Leal Pereira, com melhor identificação nos autos, deduzido do seu despacho de 22.12.00, que lhe rejeitara, por extemporaneidade, um recurso hierárquico da deliberação do Conselho de Administração do Hospital Espírito Santo, de Évora, que homologara a Lista de Classificação Final do Concurso Interno Geral de Provimento na categoria de Chefe de Serviço de Medicina Interna do quadro do Hospital.

Terminou a sua alegação formulando as seguintes conclusões:

1 – O CPA regula a matéria do prazo e momento da apresentação de qualquer requerimento perante a Administração, nos arts. 72.º, 77.º, 79.º e 80.º do CPA, pelo que não se verifica qualquer lacuna que requeira a aplicação analógica do regime do n.º 1 do art. 150.º do C.P.Civil, conforme art. 10.º do C. Civil.

2 – A aplicação analógica e a interpretação extensiva da referida disposição legal não é legalmente possível – art. 11.º do C. Civil – dado do seu carácter excepcional face à regra geral dos arts. 279.º e 286.º bem como o disposto no do C.Civil e ao facto de não ser lícito afirmar que o legislador do CPA não previu regime idêntico ao do art. 150.º do C.P.Civil por esquecimento ou por ter ficado inadvertidamente aquém da sua vontade expressa.

3 – O prazo de apresentação de recurso administrativo (hierárquico ou tutelar), caduca no último dia do prazo legalmente previsto para o efeito – dia 22/2/2000 – no caso dos autos, não se podendo considerar como data da entrada do requerimento de recurso o do registo do correio mas sim o da efectiva recepção pela Administração.

4 – Ao decidir de forma diversa, o douto acórdão errou no julgamento e violou as disposições legais acima referenciadas.

Não foram apresentadas contra-alegações.

A Magistrada do Ministério Público junto deste Tribunal emitiu o seguinte parecer:

"O acórdão do TCA sul, ora recorrido, entendeu, à luz do princípio antiformalista, que a rejeição liminar do recurso hierárquico, por inobservância do disposto no artigo 150.º n.º 1 do CPC, aplicável por analogia, se mostrava afectada de vício de violação de lei.

Deste entendimento discorda a entidade recorrente, que nas suas alegações de recurso vem defender a não aplicação do citado preceito, porquanto a matéria do prazo e da apresentação do recurso perante a Administração se mostra regulada nos arts 72.º, 77.º, 79.º e 80.º do CPA, não se verificando, por isso, qualquer lacuna que justifique o recurso à analogia.

A questão objecto do presente recurso jurisdicional consiste assim em saber qual a data que releva para efeitos de apresentação da petição de recurso hierárquico – a da respectiva entrada nos serviços ou a da expedição postal, neste caso por aplicação analógica do disposto no artigo 150.º n.º 1 do CPC.

Sobre esta questão já este STA se tem debruçado em diversos acórdãos em termos contrários aos que vieram a obter acolhimento na decisão sob recurso, como de resto a entidade recorrente bem faz notar.

É o caso, nomeadamente, do acórdão de 15.02.2005, proferido no recurso n.º 1235/04, cujo sumário nos permitimos aqui parcialmente transcrever:

I – Sob pena de extemporaneidade, que conduz à respectiva rejeição, o recurso hierárquico deve dar entrada no serviço competente dentro do prazo estabelecido por lei, mesmo que enviado pelo correio (arts. 79.º e 173.º alínea d) do CPA).

II – Neste caso, não releva a data da respectiva expedição ou registo postal, sendo inaplicável por analogia a regra do artigo 150.º n.º 1 do CPC.

Aderindo nós ao sentido e fundamentação desta jurisprudência para a qual, por razões de economia, remetemos, entendemos que não será de manter o acórdão recorrido."

Colhidos os vistos cumpre decidir.

II – FACTOS

a) por aviso n.º 2460/2000, foi publicada no DR, n.º 33, II série, de 09.02.00, a lista de classificação final, homologada pelo Conselho de Administração do Hospital Espírito Santo, de Évora, do concurso interno geral para provimento de três vagas na categoria de chefe de serviço de medicina interna da carreira médica hospitalar do quadro de pessoal daquele Hospital, aberto pelo aviso n.º 5074/99, publicado no DR n.º 62, II série de 15.03.99;

b) o recorrente ficou classificado em 4.º lugar, em tal concurso;

c) desta classificação o recorrente interpôs recurso dirigido à Ministra da Saúde, nos termos do n.º 67 do Regulamento dos Concursos de Habilitação ao Grau de Consultor e de Provimento na Categoria de Chefe de Serviço da Carreira Médica Hospitalar, aprovado pela Portaria n.º 177/97, de 11.03;

d) a petição de recurso apresentada pelo recorrente, foi enviada pelo recorrente para o Conselho de Administração do Hospital Espírito Santo, em Évora, pelo registo do correio, registo este datado de 22.02.00, efectuado nos serviços dos CTT do Aeroporto, em Lisboa, na mesma data (doc. de fls. 36 e fls. do PA);

e) o expediente referido em d) tem o carimbo do registo postal da distribuição dos CTT de Évora, com data de 23.02.00 (doc. de fls. 37 e fls. do PA);

f) o carimbo aposto no ofício que acompanhou a petição de recurso tem a data de entrada no referido Hospital de 24.02.00, com o n.º 663 (cfr. fls. PA);

g) por despacho do Secretário de Estado dos Recursos Humanos e da Administração da Saúde de 22.12.00, foi rejeitado o recurso interposto pelo recorrente, por extemporaneidade, nos termos e com os fundamentas do parecer n.º 00/276, emitido pela Secretaria Geral do Ministério da Saúde, (doc. fls.16 e fls. do PA)

h) o recorrente foi notificado do despacho referido em g) (despacho recorrido) em 10.01.01 (aviso de recepção fls. PA).

III – DIREITO

1. Vejamos o que se decidiu, de relevante, no acórdão recorrido. Depois de se fazer a enunciação do problema e do seu enquadramento, escreveu-se o seguinte:

"De acordo com este princípio, de que o supra citado art. 79.º do CPA (que prevê o envio do requerimento pelo correio) é uma emanação legal, deve a Administração evitar o *excessivo formalismo,* interpretando as normas de procedimento administrativo segundo o princípio *"in dubio pro actione",* (*princípio do favorecimento do processo*), isto é, de forma favorável à admissão e decisão final das petições dos administrados, o que implicará, em matéria de procedimento administrativo, que os formalismos devam ser interpretados em favor do administrado, consagrando-se uma interpretação mais favorável ao exercício do direito de petição, visando assegurar uma decisão de fundo sobre a questão objecto do procedimento.

Deste princípio antiformalista decorre que o procedimento administrativo não se deverá traduzir em formalismos exagerados conduzindo a uma Administração complicada, deixando o procedimento administrativo de constituir uma garantia dos particulares.

Ora, é precisamente à luz deste princípio, acolhido quer pelo CPC, quer pelo CPA, que se deve admitir, supletivamente, a aplicação do regime jurídico previsto no art. 150.º, n.º 1 do CPC, *na sua totalidade,* isto é, admitir-se que, nos casos de remessa de petições, requerimentos, reclamações, ou outros papéis referentes a actos procedimentais, remetidos pelo correio, como permite o citado art. 79.º do CPA, *a data da efectivação do respectivo registo postal, vale como a data da prática do acto procedimental em causa.*

Assim sendo, procedem as conclusões das alegações da recorrente, mostrando-se o acto recorrido ferido de vício de violação de lei, por inobservância do disposto no art. 150.º, n.º 1 do CPC, ao rejeitar liminarmente a autoridade recorrida o recurso hierárquico apresentado pela recorrente em 22.02.00."

2. Vamos lá a ver. Apenas está em causa a questão da tempestividade da interposição de um recurso hierárquico que foi rejeitado por extemporaneidade. Importa por isso, relembrar os factos que interessam à decisão do presente recurso. A deliberação que homologou a lista que determinou a interposição do recurso hierárquico foi publicada a **9.2.00,** DR, n.º 33, II Série (alínea a) dos factos provados); o prazo para o recurso hierárquico era de **10 dias**, nos termos do art. 67.º do Regulamento aprovado pela Portaria 177/97, de 11.3 (alínea c)); esse recurso foi remetido pelo correio tendo como data do registo o dia **22.2.00** (alínea d); como data de entrada no serviço competente constava o dia **24.2.00** (alínea f)); o recurso foi rejeitado, por extemporaneidade, por ter entrado no serviço competente em 24.2.00 (quando a data limite era o dia **23.2.00**), apesar de ter sido enviado pelo correio, com a data de registo de 22.2.00 (alínea g)).

Este tribunal pronunciou-se já sobre esta matéria, repetidamente, sustentando sempre que "*O recurso hierárquico deve dar entrada no serviço competente dentro do prazo estabelecido por lei, mesmo que enviado pelo correio, não relevando neste caso, a data da expedição ou do registo postal*" (Acórdão STA de 22.2.05, proferido no recurso 595/04, podendo ver-se, também, os acórdãos de 15.3.05 no recurso 1235/04, de 29.4.04 no recurso 1528/03 e de 26.9.04 no recurso 244/02, entre outros).

Vejamos. Em primeiro lugar, aqueles arestos afirmaram-no igualmente, não há que fazer apelo à analogia ou à interpretação extensiva se o quadro legal em que nos movemos não apresenta qualquer lacuna ou omissão (arts. 10.º e 11.º do CC). É o que sucede na situação presente.

Depois, em matéria de apresentação de requerimentos no âmbito do procedimento administrativo – com inteiro cabimento no recurso hierárquico, como decorre do n.º 1 do art. 169.º do CPA, onde se diz que "O recurso hierárquico interpõe-se por meio de requerimento..." – antes de outros, rege o art. 77.º[1] do CPA, que tem justamente essa epígrafe, e onde se dispõe que "Os requerimentos devem ser apresentados nos serviços dos órgãos aos quais são dirigidos" (n.º 1) "nos serviços locais desconcentrados do mesmo ministério ou organismo" quando aí tenham a sua residência (os interessados) e se dirijam a órgãos centrais (n.º 2) ou nos Governos Civis ou nos gabinetes dos Ministros Regionais, se não existirem serviços na área da residência dos interessados (n.º 3). E, como decorre do seu n.º 4 "*Os requerimentos apresentados nos termos previstos nos números anteriores são remetidos aos órgãos competentes pelo registo do correio e no prazo de três dias* ***após o seu recebimento, com a indicação da data em que este se verificou***". Portanto, as normas contidas neste preceito fixam não só o local de apresentação (prevendo-se diversas hipóteses), mas também a **data** em que se verificar, **relevando para esse efeito a data da entrada no serviço que o recepcionou**.

O art. 79.º do CPA não contraria esta construção, antes a complementa. Na verdade, ao permitir que "*Salvo disposição em contrário, os requerimentos dirigidos a órgãos administrativos podem ser remetidos pelo correio,* ***com aviso de recepção***" não se está a definir nem o local para a apresentação do requerimento, nem a data relevante, vindo somente consentir-se uma forma de apresentação alternativa, (apenas) quanto ao meio utilizado, que pode ser pela via postal em vez de ter de ser pessoal. A complementaridade reside, precisamente, na exigência do aviso de recepção nas remessas pelo correio o que só visou significar a relevância que se quis dar à data **da recepção** e não à do envio. Portanto, a data da apresentação continua a ser aquela que está determinada no supra citado artigo 77.º, a da entrada no serviço, determinada, neste caso, pela data da assinatura do aviso de recepção.

O art. 150.º do CPC – que permite a remessa pelo correio de articulados e outras peças em processo judicial, valendo a data do registo[2] – não tem que ser chamado a intervir neste assunto por não ocorrer qualquer omissão que careça de ser colmatada (coincidindo com o art. 79.º do CPA na parte em que consente o envio pelo correio, contraria o art. 77.º (e também o segmento final daquele) na parte em que neste se define a entrada no serviço (a recepção) como o único momento relevante, não atendendo à data do registo postal (a emissão) o único que releva naquele).

A diversidade de regimes jurídicos, num caso e noutro, foi determinada por razões de política legislativa que o intérprete tem de respeitar e acatar.

A invocação dos princípios referidos na sentença mostra-se inteiramente despropositada neste contexto.

[1] E também o art. 78.º cujo n.º 1 permite a apresentação nas representações diplomáticas e consulares e cujo n.º 2 continua a marcar a **data** da apresentação aí como o momento relevante a considerar.

[2] Observe-se que apenas se exige o registo simples o que, só por si, desvia o **momento relevante** da recepção para o da emissão.

A adesão a esses princípios permite, na interpretação de um determinado quadro legal, adoptar os procedimentos que favoreçam o acesso ao direito e o prosseguimento do processo, mas já não permite substituir arbitrariamente esse quadro por outro por forma conseguir esse desiderato.

O acórdão recorrido, não pode, por isso, manter-se.

Procedem, assim, todas as conclusões da alegação do recorrente.

IV – DECISÃO

Nos termos e com os fundamentos expostos, acordam em conceder provimento ao presente recurso, em revogar o acórdão recorrido e em negar provimento ao recurso contencioso.

Custas a cargo do recorrente contencioso, mas apenas no TCA por não ter contra-alegado neste Tribunal, fixando-se a Taxa de Justiça e a Procuradoria em, respectivamente, 200 e 100 euros.

Lisboa, 2 de Fevereiro de 2006.

Rui Botelho (Relator)
Maria Angelina Domingues
Cândido de Pinho

Recurso n.º 1108/05-11

RESPONSABILIDADE CIVIL EXTRACONTRATUAL. PRESUNÇÃO DE CULPA. ÓNUS DE PROVA. ACIDENTE DE VIAÇÃO.

(Acórdão de 16 de Fevereiro de 2006)

SUMÁRIO:

I – É aplicável à responsabilidade civil extracontratual dos entes públicos fundada em acto ilícito, a presunção de culpa estabelecida no art. 493.º, n.º 1 do C. Civil.

II – A regra geral de caber ao lesado a prova da culpa do autor da lesão sofre inversão nas situações em que esteja estabelecida uma presunção de culpa, pois, em tal situação, ao lesado incumbe, apenas, o ónus da prova da base de presunção entendida como o facto conhecido de que se parte para firmar o facto desconhecido.

III – Em tais situações, ao autor da lesão incumbe a prova principal de que não teve qualquer culpa no acidente gerador de danos, mas e também a de que empregou todas as providências exigidas pelas circunstâncias, adequadas a evitar o acidente.

IV – Sendo o acidente causado pelo embate da roda direita dianteira do veículo no fundo de um buraco, existente na via, que não se encontrava

sinalizado, a alegação e consequente possibilidade de prova da inexistência, no caso, de "faute de service" tinha de ser feita a partir de factos que esclarecessem o tribunal sobre as providências que *em concreto* foram tomadas pelos serviços da Ré, para evitar acidentes como o que ocorreu; não tendo a Ré feito a alegação e prova nos referidos termos, não logrou ilidir a presunção de culpa.

ACORDAM EM CONFERÊNCIA NA 1ª SECÇÃO DESTE SUPREMO TRIBUNAL ADMINISTRATIVO.

1.1. JESUVINO MANUEL RAPOSO FAUSTINO intentou, no T.A.C. de Lisboa, acção declarativa de condenação contra a Junta Autónoma de Estradas e o Município de Loures, pedindo a condenação destes a pagar-lhe a indemnização de 372.120$00, dos quais 214.738$00, a título de reparação por danos patrimoniais, 75.000$00, com fundamento em danos não patrimoniais e 25.766$00, de juros de mora vincendos a contar da citação até integral pagamento, incidentes sobre a quantia de 214.738$00.

1.2. Por sentença proferida no 1.º Juízo Liquidatário do Tribunal Administrativo e Fiscal de Lisboa, proferida a fls. 111 e segs, foi absolvida a Ré Câmara Municipal de Loures do pedido e condenado o réu E.P. – Estradas de Portugal, EPE a pagar ao autor a quantia de 1.099, 12 € (mil e noventa e nove euros e doze cêntimos), acrescida de juros moratórios à taxa legal sobre a quantia de 1.071,11 € (mil e setenta e um euros e onze cêntimos), desde 29.04.1999 até integral pagamento.

1.3. O Réu E.P. – Estradas de Portugal, inconformado com a decisão referida em 1.2, interpôs recurso para este S.T.A. concluiu as alegações, de fls. 137 e segs, do seguinte modo:

"1ª A via dos autos é de enorme trânsito automóvel – diariamente percorrida por milhares de automobilistas;

2ª Só a viatura do Agravado sofreu acidente;

3ª Os Serviços de Conservação da JAE actuam diligentemente – resposta ao quesito 20.º e ponto 18 de fls. 114 da sentença"

1.4. Contra-alegaram o Autor e a Câmara Municipal de Loures.

1.4.1. O Autor concluiu as respectivas alegações, de fls. 142 e segs, da seguinte forma:

"1) A Recorrente não agiu como lhe é imposto na manutenção da via em que o veículo do A. circulava no dia do evento sinistral;

2) Tal culpa da Recorrente afere-se com duplicidade de sinais, não só porque não cuidou do piso, evitando (preventivamente) que este ganhasse buracos, como também não sinalizou os que surgiram.

3) Os prejuízos que o A. sofreu foram causa directa e exclusiva da conduta omissiva da Ré, devendo esta ressarcir àquele os danos patrimoniais suportados."

1.4.2. A Câmara Municipal de Loures concluiu as alegações, de fls. 156 e segs, do seguinte modo:

"1ª A douta sentença recorrida, no que concerne ao acidente "sub judice" ocorrido em 22.11.1997 quando o A. circulava com o seu veículo no sentido Odivelas – Lisboa pela R. Pedro Álvares Cabral, considerou que esta faz parte da Estrada Nacional de 3ª classe, com o n.º 250-2, correspondente ao ramal da E.N. 250 para Carriche, que tem como pontos extremos e intermediários, Ponte da Bica – Odivelas – Carriche, tal como consta do Anexo V, ao D.L. 34.593, de 11/5/45, n.º 120, pág. 393, pelo que estaria a cargo da J.A.E., conforme o disposto no seu Art. 7.º, n.º 1, alínea a).

2ª Contudo, foram publicados mais dois diplomas legais (o D.L. 380/85, de 26/9 e o D.L. 222/98, de 17/7) que, em princípio, poderiam alterar a situação, mas, de acordo com os Art. 13.º, dos dois diplomas legais, à data do acidente (22/11/97) a rodovia "sub judice" ainda estava abrangida pelo D.L. 34.593, de 11/5/45, isto é, classificada como Estrada Nacional e a cargo da J.A.E., que era a entidade pública competente para assegurar a conservação e reparação da referida via rodoviária.

3ª Tal conclusão é reforçada pelo facto dos Serviços de Conservação da J.A.E., quando surgiam buracos, repararem o piso, sinalizando, temporariamente, as deficiências, quando as reparações não conseguiam ser feitas ou completadas imediatamente.

4ª É com base nestes factos e diplomas legais supracitados que a douta sentença recorrida considerou que a omissão ocorrida é imputável à J.A.E. (E.P. – E.P.E.), com total exclusão da Câmara Municipal de Loures, que não tinha competência para a gestão da via rodoviária em apreço, absolvendo-a, totalmente, do pedido, por não lhe ser imputável qualquer ilícito.

5ª Ora o presente recurso (nas suas alegações) interposto pela E.P. – E.P.E. não põe em causa, minimamente, a parte da douta sentença que absolveu a, ora, recorrida C.M. Loures, como, aliás, não podia pôr em causa, já que nesse aspecto a douta sentença é intocável e inatacável.

6ª Deverá, assim, considerar-se definitiva a douta sentença no que concerne à absolvição do pedido da Ré – Recorrida Câmara Municipal de Loures."

1.5. O Exm.º . Magistrado do M.º . P.º . emitiu o parecer de fls. 162, do seguinte teor:

"A meu ver o recurso jurisdicional não merece provimento.

Com efeitos, não só não se provou que apenas a viatura do ora recorrido sofreu danos provocados pela passagem no buraco em causa, como também não se provou que o buraco se formou na via tão só pelas 22,30 horas, ou instantes antes do acidente, por circunstância fortuita.

Assim, competindo ao recorrente jurisdicional fazer a prova de que não teve culpa na ocorrência, face ao disposto no art. 493.º n.º 1 do Código Civil, não o tendo feito, não merece a sentença que o condenou."

2. Colhidos os vistos legais, cumpre decidir.

2.1. Com interesse para a decisão, a sentença recorrida considerou assentes os seguintes factos:

"1 – O autor é titular de um contrato de aluguer respeitante ao veículo automóvel da marca SAAB, modelo 900 SE 2-0I-5D, com a matrícula 22-51-IJ.

2 – Esse contrato foi celebrado em 12.08.1997, sob o n.º 5011243, com a empresa Totta Rent, dando-se por reproduzido o teor das cláusulas do contrato, o qual consta de fls. 11.

3 – No dia 22.11.1997, cerca das 22 horas e 30 minutos, o autor circulava com o veículo matrícula 22-51.IJ, no sentido Odivelas-Lisboa, pela Rua Pedro Álvares Cabral.

4 – De repente, de forma imprevista e não visível, a roda do veículo do lado direito dianteira bateu no fundo de um buraco existente na via de circulação.

5 – O buraco situa-se no lado direito da Rua Pedro Álvares Cabral, em frente ao n.º 3, atento o sentido de marcha, após a paragem dos autocarros com os números 7, 36 e 101, no espaço em que torneja (à direita) para a Rua combatentes de 9 de Abril, ficando à esquerda desta via um estabelecimento de móveis com a designação de "Estilo".

6 – Os buracos existentes na via naquele momento não estavam sinalizados, nem identificados como ali existentes.

7 – A via em causa é diariamente percorrida por milhares de automobilistas.

8 – Cerca de 10 dias depois os buracos já tinham sido tapados e remendados.

9 – O automóvel sofreu amachucadela forte na jante e dilatação do pneu com "ganhar de barriga".

10 – O autor conseguiu circular lentamente com o veículo até à sua garagem, porque o carro andava e o seu domicílio situa-se a cerca de 3 ou 4 quilómetros.

11 – Nessa deslocação fez-se logo sentir de forma continuada, um barulho forte do lado direito, "tipo trepidação", sempre que o pneu passava por qualquer desnivelamento do piso.

12 – Como consequência do evento o autor sofreu danos no veículo provocados pelo buraco, tendo a reparação desses danos ascendido a 214.738$00.

13 – Com a revelação das fotografias tiradas ao local o autor despendeu a quantia de 2.616$00.

14 – Nas duas deslocações efectuadas ao local para tirar fotografias em dois momentos diferentes, bem como nas deslocações efectuadas para a oficina para entrega e levantamento do veículo, o autor despendeu a quantia de 4.000$00.

15 – O autor sofreu preocupação, ânsia, inquietude e mal-estar ao sentir esta quebra no veículo poucos meses após a celebração do contrato de aluguer.

16 – O autor ficou impedido de utilizar o veículo durante o período em que esteve na oficina.

17 – O autor pagou os 214.738$00 da reparação em 19.12.1997.

18 – Os Serviços de Conservação da JAE quando surgiam buracos reparavam o piso, sinalizando temporariamente as deficiências quando a tarefa de reparação não conseguiam ser feitas ou completadas no imediato.

19 – A citação da ré Junta Autónoma das Estradas ocorreu em 29.4.1999 e da ré Câmara Municipal de Loures em 21.5.1999."

2.2 O DIREITO

2.2.1 E.P. – Estradas de Portugal, E.P.E. discorda da decisão do T.A.F. de Lisboa (1.º juízo liquidatário), que julgou procedente a acção de responsabilidade civil fundada em acto ilícito, contra si intentada pelo ora recorrido, e a condenou no pagamento de indemnização pelos danos sofridos pela viatura do recorrido – por ter batido com a roda dianteira do lado direito num buraco da Rua Pedro Álvares Cabral em Lisboa –, bem como na indemnização das despesas referentes a fotografias tiradas ao local e deslocações efectuadas para entrega e levantamento do veículo na oficina, e juros de mora à taxa legal, desde a citação até integral pagamento.

Alega, apenas, o seguinte:

"Matéria de facto, apurada na instância:

1 – A via (rodoviária dos autos) em causa é diariamente percorrida por milhares de automobilistas – fls. 113 do processo;

2 – Os Serviços de Conservação da JAE quando surgiam buracos reparavam o piso, sinalizando temporariamente as deficiências quando a tarefa de reparação não conseguia ser feitas ou completadas no imediato – fls.114 do processo;

Equivale a dizer que apenas a viatura do Autor, entre milhares de veículos, foi a única que sofreu danos por causa de um buraco que surgiu na via às 22,30 hs – caso fortuito;

E os Serviços da JAE actuaram diligentemente como resulta do facto n.º 18 de fls 114 dos autos.

Esta a matéria de facto relevante e lógica, entre outra, apurada em 1ª instância.

MATÉRIA DE DIREITO:

a) Não existe ilicitude nem culpa por parte dos Serviços da JAE – hoje E.P.– ESTRADAS DE PORTUGAL–E.P.E. já que se provou a devida actuação dos mesmos — mencionado ponto 18 de fls 114 do processo;

b) Não existiu negligência por via de desleixo ou incúria na actuação dos Serviços da Agravante –, referenciado ponto 18 de fls 114, de novo;

c) Às 22,30 hs, os Serviços da JAE estavam encerrados, sendo o período em que surgiu o buraco na via – acidente fora do horário legal de trabalho dos funcionários públicos da Agravante.

CONCLUSÕES:

1ª A via dos autos é de enorme trânsito automóvel – diariamente percorrida por milhares de automobilistas;

2ª Só a viatura do Agravado sofreu acidente;

3ª Os Serviços de Conservação da JAE actuavam diligentemente – resposta ao quesito 20.º e ponto 18 de fls 114 da sentença."

Não tem, todavia, razão.

Vejamos:

2.2.2 Em primeiro lugar, não são correctas as ilações que a Recorrente retira da matéria de facto provada.

Na verdade, a circunstância de se ter apurado que a via em causa é diariamente percorrida por milhares de automobilistas (7 da matéria de facto provada) de forma alguma *equivale* a dizer que a viatura do Autor foi a única, entre milhares de veículos, que sofreu danos por causa do buraco em questão.

Embora a falta de coincidência entre os dois factos se revele, desde logo, óbvia, sempre se dirá que, tal como alega o recorrido, é perfeitamente admissível que outros veículos tenham embatido no mesmo buraco e, tendo sofrido, menores ou maiores danos, não tenham reclamado ou proposto acções em Tribunal.

Depois, não é possível extrair da matéria de facto apurada pelo Tribunal colectivo que, o buraco "surgiu na via às 22h30m", conforme propõe a Recorrente.

O que ficou provado foi, antes, que a viatura do Autor bateu, com a roda direita dianteira, no fundo de um buraco existente na Rua Pedro Álvares Cabral, não sinalizado, pelas 22h e 30 minutos do dia 22-11-97 (3, 4 e 5 da matéria de facto), o que, como é óbvio, também não tem qualquer equivalência com o que a recorrente refere.

Por último, ainda em matéria de ilações factuais, o conteúdo do n.º 18 da matéria de facto (e fls. 114 dos autos) – "Os Serviços de Conservação da JAE quando surgiam buracos reparavam o piso, sinalizando temporariamente as deficiências quando as tarefas de reparação não conseguiam ser feitas ou completadas de imediato" – não autoriza a conclusão propugnada pela Recorrente, segundo a qual "*Os serviços da J.A.E. actuaram diligentemente*".

Na verdade:

Conforme também se deixou expresso na sentença recorrida, a jurisprudência do S.T.A. encontra-se hoje uniformizada no sentido de que "*a presunção de culpa estabelecida no art. 493.º do C. Civil é aplicável ao regime da responsabilidade civil extracontratual do Estado e demais pessoas colectivas públicas (v. entre outros, os ac.ºs do Pleno de 29-4-98, P.º 36.463; de 3-10-02, 45.160; de 20-3-2002, P.º 45.831).*

De harmonia com o aludido regime de presunção de culpa, verifica-se uma inversão do ónus da prova da culpa que, recaindo em geral sobre o lesado – aliás, na linha geral da repartição do ónus da prova estabelecido no art. 342.º do Código Civil –, passa, por força da aludida presunção, a onerar, em primeira linha, o lesante.

Ou seja, como bem se refere no acórdão deste S.T.A., de 11-4-02, rec. 48.442 "*... sobre o lesado deixa de impender o ónus da prova da culpa do autor da lesão, incumbindo-lhe, apenas, a prova da chamada base da presunção, esta entendida como o facto conhecido donde se parte para firmar o facto desconhecido. (arts. 349.º e 350.º do C. Civil).*

Pelo contrário, sobre o autor da lesão, demonstrada a base da presunção, nos termos ainda do art. 493.º do Código Civil, é que recai o ónus da prova de que não teve culpa na produção do acidente e ainda a de demonstrar o emprego de todas as providências exigidas pelas circunstâncias para evitar o acidente. Esta prova tem carácter de prova principal, visto se destinar à demonstração da não existência do facto presumido e não só a criar dúvidas a tal respeito.

Estamos, assim, no âmbito de uma presunção juris tantum, admitindo prova do contrário, ou seja, a chamada ilisão da presunção, dirigindo-se tal prova contra o facto presumido, visando convencer o julgador que, não obstante a realidade do facto que serve de base à presunção, o facto presumido não se verificou ou o direito não existe"

Na situação dos autos, à Autora, dada a presunção de culpa do Réu, apenas incumbia o ónus da prova da base da presunção, ou seja, o facto conhecido de o acidente ter sido causado pela existência de um buraco, não sinalizado, na via pública, cuja obrigação de vigilância e conservação estava a cargo da Ré, ficando dispensada, assim, da prova da culpa concreta ou de serviço por parte da Ré.

Sobre esta última impendia a prova de adopção de todas as previdências que, segundo a experiência comum e as regras técnicas aplicáveis, fossem susceptíveis de evitar o perigo, prevenindo o dano, o qual não se teria ficado a dever a culpa da sua parte, ou que os danos se teriam igualmente produzido ainda que não houvesse culpa sua.

Ora, o Autor conseguiu desembaraçar-se do ónus que lhe incumbia, nos termos atrás explicitados, e a Ré Recorrente, ao invés do defendido nas respectivas alegações do recurso, não logrou fazer prova de factos suficientes para ilidir a presunção que sobre si impendia.

Para ilidir a presunção de culpa é insuficiente a simples prova, em abstracto, de que a Ré, através dos "Serviços de Conservação da JAE (entidade na qual sucedeu legalmente a ora recorrente E.P.)", quando surgiam buracos reparava(m) o piso, sinalizando temporariamente as deficiências quando as tarefas de reparação não conseguiam ser feitas ou completadas no imediato" (18 da matéria de facto provada).

A alegação e consequente possibilidade de prova da inexistência de "faute de service" tinha de ser feita a partir de factos que esclarecessem o tribunal sobre as providências que *em concreto* foram tomadas pelos serviços da Ré para evitar acidentes como o que ocorreu (neste sentido, entre outros, ac.ºs do STA, de 14.4.05, rec. 86/04, de 5.5.04, rec. 1203/03), alegação e prova que não foi feita.

Ou seja, conforme considerou a sentença recorrida, tem de considerar-se existente a culpa da Ré.

Improcedem, assim, as conclusões das alegações da recorrente.

3. Nos termos e pelas razões expostas, acordam em negar provimento ao recurso, confirmando a sentença recorrida.

Sem custas.

Lisboa, 16 de Fevereiro de 2006.

Angelina Domingues (Relatora)
Adérito Santos
Cândido de Pinho

Recurso n.º 1039/05-11

RESPONSABILIDADE PRÉ-CONTRATUAL. DEVER DE INDEMNIZAR. DANO NEGATIVO.

(Acórdão de 7 de Março de 2006)

SUMÁRIO:

No caso de à adjudicação de uma empreitada de obras públicas não se seguir à celebração do contrato, o lesado tem direito a ser indemnizado apenas pelos danos negativos (dano de confiança), o que abrange o reembolso das despesas relacionadas com a adjudicação, com a obtenção do visto do Tribunal de Contas bem como com os encargos decorrentes da prestação de caução, mas já não daquelas despesas que foram comuns a todos os outros concorrentes preteridos.

ACORDAM NA 1ª SECÇÃO DO SUPREMO TRIBUNAL ADMINISTRATIVO

I – RELATÓRIO

As sociedades Teodora Gomes Alho e Filhos LDA com sede em Santana, Sesimbra, OGB – Obras Gerais de Betão, SA, com sede na Rua Luís Augusto Palmeirim n.º 20 – B em Lisboa e Fametal – Fábrica Portuguesa de Estudos Metálicos, SA, com sede em Caxias Norte, veio interpor recurso da sentença do Tribunal Administrativo de Círculo de Lisboa, de 18 de Dezembro de 2002, que julgou improcedente a acção declarativa de condenação intentada pelas ora Recorrentes, ao abrigo do disposto nos artigos 224.º e 241.º do Decreto Lei n.º 405/93, de 10 de Dezembro, contra o Município de Lisboa.

Nas suas alegações formularam as seguintes conclusões:

"1. A douta sentença recorrida começa por negar o direito a juros de mora, sem, no entanto, explicitar os respectivos pressupostos.

2. O que permitirá concluir pelo direito a tais juros.

3. Com a adjudicação de uma empreitada de obra pública fica estabelecido um contrato preliminar, impondo direitos e deveres recíprocos.

4. Com efeito, a adjudicação é um acto administrativo que produz efeitos na esfera jurídica do dono da obra e na do empreiteiro.

5. Ficando, assim, o dono da obra obrigado a indemnizar o empreiteiro pelos danos emergentes e lucros cessantes.

6. Indemnização a calcular segundo o critério estabelecido no artigo 211.º do Decreto-Lei n.º 235/86, e com referência às despesas que o empreiteiro suportou, designadamente à concepção da empreitada."

O município de Lisboa em sede de alegações apresentou as seguintes conclusões:

"A) Encontra-se devidamente fundamentado o percurso lógico expresso na douta sentença recorrida, permitindo a qualquer destinatário normal conhecer a razão porque se decidiu que o Réu nada deve a título de juros, por despesas relacionadas com a adjudicação e realizadas com vista à celebração do contrato.

B) Não tendo o ora recorrente alegado e provado os factos donde emergia o direito de indemnização que se arroga, resultante da decisão de rescisão, não podem arrogar-se o direito a qualquer indemnização, tomando como referência as despesas com a concepção do projecto, nem sequer alegadas nem quantificadas.

C) Ainda que o recorrente não adira ao enquadramento jurídico em que o Tribunal fundamentou a sua decisão, face aos factos articulados e provados, o juiz a quo limitou-se a proceder à sua interpretação e enquadramento no que toca à sua qualificação jurídica."

A Ex.ma Magistrada do Ministério Público emitiu parecer, a folhas 144 e seguintes, no sentido de que "... a sentença recorrida fez uma correcta apreciação dos factos e aplicação do direito, pelo que, deve ser mantida, negando-se provimento ao presente recurso jurisdicional."

II – FACTOS

Foram dados como provados os seguintes factos:

a) Através da Proposta n.º 192/91, datada de 15 de Maio de 1991 e aprovada por unanimidade em reunião de Câmara Municipal de Lisboa em 22 de Maio de 1991, foi autorizado o lançamento do Concurso Público Internacional para a Empreitada de Concepção/Construção da Cobertura do Parque de Maturação de Composto na Estação de Tratamento de Resíduos Sólidos em Beirolas.

b) Apresentaram-se ao concurso, entre outras as AA Teodoro Gomes Alho e Filhos, LDA, OGB – Obras Gerais de Betão, SA e Fametal – Fábrica Portuguesa de Estudos Metálicos, SA, sob a forma de consórcio de Teodoro Gomes Alho e Filhos, LDA/Obras Gerais de Betão SA/ /FAMETAL.

c) No relatório de Apreciação das Propostas ao Concurso (Concurso 24/CI/91) fotocopiado de fls. 15 a fls. 20 e cujo teor se dá aqui por integralmente reproduzido a Comissão de Apreciação propôs a adjudicação ao referido consórcio.

d) Em reunião de câmara de 15 de Julho de 1992 foi aprovada a proposta n.º 286/92, adjudicando a empreitada ao referido consórcio, pelo valor de 170.435.670$00 acrescido de 8.521.783$00 relativos a 5% de IVA, totalizando 178.957.435$00.

e) A adjudicação foi comunicada à empresa Teodoro Gomes Alho e Filhos, LDA como líder do consórcio candidato, através do ofício n.º 3931NO/92, de 27 de Agosto de 1992, bem como da necessidade de prestação da garantia no valor de 8.521.784$00;

f) Para o efeito foi apresentada apólice de seguro celebrado com a COSEC – Companhia de Seguros de Crédito, SA, em substituição do depósito de garantia;

g) Por fax de 27 de Outubro de 1992 a Câmara Municipal de Lisboa enviou às AA a minuta do contrato, cuja aceitação foi comunicada por fax de 29 de Outubro de 1992.

h) Em 18 de Novembro de 1992 foi enviado à autarquia o contrato de consórcio externo.

i) O consórcio pagou os emolumentos devidos pelo "visto" do Tribunal de Contas no valor de 170.436$00;

j) E em 31 de Agosto de 1993 enviou novos documentos a substituir os que tinham visto a sua validade expirar;

k) Foram apresentados pelo Consórcio todos os elementos necessários à realização do contrato

l) Por carta de 93.08.01 a 1ª solicitou esclarecimentos quanto ao atraso na celebração do contrato.

m) Posteriormente, o local objecto da obra posta a concurso veio a ficar incluído na área de intervenção da Exposição Internacional de Lisboa de 1998 (EXPO/98);

n) Por esse motivo e porque a Estação de Tratamento de Resíduos Sólidos de Beirolas iria ser objecto de desactivação, a CML, em reunião de 25 de Janeiro de 1995, aprovou por unanimidade a Proposta n.º 43/95, revogando a autorização de adjudicação da empreitada referida supra em a) ordenando o reembolso das despesas suportadas pelo Consórcio e "o ressarcimento dos danos comprovadamente verificados e decorrentes da programação da actividade empresarial do concorrente como consequência da legítima expectativa da celebração do contrato";

o) Essa deliberação (n.º 43/CM/95) foi publicada no Boletim Municipal de 14 de Fevereiro de 1995;

p) Por ofício 95/NGOA/170, de 17 de Fevereiro de 1995, a ré CML notificou a A Teodora Gomes Alho e Filhos, LDA para comunicar o valor dos encargos dispendidos com a garantia bancária.

q) Em resposta a esse ofício 95/NGOA/17O, de 17 de Fevereiro de 1995 o Consórcio dirigiu à ré CML a carta fotocopiada a fls 28 e ss, de 28 de Julho de 1995 cujo teor se dá por integralmente reproduzido, referindo que a falta de resposta da Câmara aos pedidos de esclarecimento que efectuara, bem como o ofício referido na alínea anterior, "consubstanciam, perfeitamente a recusa da assinatura do contrato" por parte dessa Câmara» (sic),e,

r) O pagamento das despesas com documentação que suportara, no montante de Esc. 460.183$00, nele se incluindo juros de mora sobre as importâncias dispendidas bem como indemnização pelos benefícios deixados de receber em consequência dessa recusa, e pela elaboração do projecto, que quantificou na proporção de 10% do valor orçamentados de 223.632 contos, reclamando o pagamento de Esc. 22.823.386$00 IVA não incluído;

s) A ré pagou por transferência bancária a quantia de 418.654$00 a título dos encargos dispendidos referentes a garantias bancárias e outros; ...".

III – O DIREITO

As RR. censuram a sentença recorrida, nas conclusões 1ª e 2ª da sua alegação, dizendo começar esta por "*negar o direito a juros de mora sem, no entanto, explicitar os respectivos pressupostos, o que permitiria concluir pelo direito a tais juros*."

Esta censura parece apontar, por um lado, para a invocação da nulidade da sentença por falta de fundamentação (art. 668.º n.º 1, al. b) do CPC) e, por outro lado, para o erro de julgamento.

Sem razão, porém.

Desde já se adianta que, no que respeita ao pedido de juros, a sentença não só está fundamentada como não padece de erro de julgamento.

Em primeiro lugar e, ao contrário do que as RR alegam, a sentença sob recurso reconheceu-lhes o direito a juros.

Com efeito, depois de nela se referir que "*o montante de despesas a reembolsar é de 332.285$00, correspondendo a 170.436$00 do valor de visto do T.C., 60$00 de guias, e 161.789$00 de encargos com a apólice de seguro-caução.*", afirmou-se que, para além do reembolso em singelo das quantias dispendidas, as AA. tinham direito a ser pagas do juros moratórios correspondentes. E acrescentou-se: "*Mas basta confrontar a taxa de juros moratórios relativa aos créditos de que sejam titulares empresas comerciais, prevista no § 3.º do art. 102.º do Código Comercial, introduzido pelo Decreto-Lei n.º 262/83, de 16 de Junho, para se concluir que o montante reclamado pelas AA. a título de juros moratórios é claramente excessivo.*".

A sentença alinhou, seguidamente, as sucessivas taxas de juro e concluiu que, aplicando essas taxas ao montante atrás indicado, o R. nada devia à AA., julgando improcedente o pedido de juros.

É preciso, porém, não esquecer que atrás (a fls. 11) se havia já dito que, no que se refere à importância já paga pelo R., "*não conseguimos apurar donde resultam os 418.654$00 pagos pelo R. às AA, pese embora as várias operações aritméticas realizadas com base nos valores constantes da relação anexa à carta das AA. de fls. 28 e ss. (referida supra em q) e r). Da contestação do R. retira-se que esse valor de Esc. 418.664$00 respeita a encargos decorrentes da prestação de caução; só que, somando os montantes a este respeito indicados pelas AA.) atinge-se a quantia de Esc. 205.381$00 (161.789$00 + 23.564$00+14.04$00+5.998$00), bastante menos que o montante pago. Portanto, esse montante inclui outros que não só as despesas com o seguro-caução.*".

Assim, ao concluir que o R. nada devia às AA., a sentença não estava a negar-lhes o direito a juros mas sim a considerar o pedido de juros já satisfeito por o montante devido a esse título estar incluído nos 418.664$00 já pagos pelo R..

Como bem se explicita na sentença recorrida nas páginas 14 e 15, as taxas de juro foram correctamente aplicadas pelo que tem de concluir-se que a Ré nada deve a título de juros de mora às autoras.

Donde improcederem as conclusões 1ª e 2ª da alegação das RR. uma vez que a sentença, contrariamente ao alegado, reconhece às AA. o direito a juros e está devidamente fundamentada, dando a perceber o percurso lógico percorrido para chegar à conclusão de que o R. nada deve às AA. a título de juros, percurso esse que não merece a censura que lhe vem dirigida.

Quanto às restantes conclusões das alegações também não assiste razão às RR.

Na verdade, no caso em apreço não chegou a ser celebrado qualquer contrato entre as recorrentes e a recorrida pelo que as questões colocadas se situam no âmbito da responsabilidade pré-contratual.

A adjudicação em apreço ocorreu antes da entrada em vigor do Decreto Lei n.º 405/93, pelo que, em matéria de reembolso de despesas ao empreiteiro se aplica a disciplina jurídica prevista no artigo 103.º, n.º 5 do Decreto Lei n.º 236/85, de 8 de Agosto.

Nos termos do estatuído no referido preceito "*Se o dono da obra não promover a celebração do contrato dentro do prazo estabelecido no n.º 1, poderá o adjudicatário recusar-se a outorgá-lo posteriormente, e terá direito a ser reembolsado pelo dono da obra de todas as despesas e demais encargos decorrentes da prestação da caução.*"

O referido artigo prevê, em sede de responsabilidade pré contratual, o reembolso de despesas relacionadas com a adjudicação bem como a relacionada com os encargos decorrentes da prestação de caução, não se incluindo no âmbito das primeiras, aquelas que foram comuns a todos os outros concorrentes que foram preteridos. (Sobre responsabilidade pré-contratual nas relações jurídico-administrativas vejam-se os acórdãos deste Supremo de 13 de Março de 2001 no processo n.º 43874, de 16 de Maio de 2001 no processo n.º46.227 e de 23 de Setembro de 2003 no processo n.º 1527/02).

Quanto ao disposto no artigo 211.º do D.L. n.º 236/85, de 8 de Agosto, este preceito legal apenas se aplica aos casos de rescisão do contrato, e no caso ora em apreço não chegou a ser celebrado qualquer contrato, pelo que não se pode falar em rescisão.

Só se encontra fundamento legal para indemnização antes da celebração do contrato, no estatuído no artigo 103.º, n.º 5 do diploma acima referido que prevê o reembolso de todas as despesas e demais encargos decorrentes da prestação de caução, o que o réu já satisfez.

Pelo que improcedem todas as conclusões das alegações das RR. não merecendo a sentença recorrida qualquer reparo.

DECISÃO

Face ao exposto, acordam em negar provimento ao presente recurso jurisdicional mantendo a sentença recorrida.

Custas pelas recorrentes.
Lisboa, 7 de Março de 2006.

Isabel Jovita (Relatora)
António Samagaio
Azevedo Moreira

Recurso n.º 965/03-12

REVOGAÇÃO DE ACTO CONSTITUTIVO DE DIREITOS. PRIMEIRA REVOGAÇÃO NÃO IMPUGNADA. CADUCIDADE DA REVOGAÇÃO POR ALTERAÇÃO DAS CIRCUNSTÂNCIAS.

(Acórdão de 10 de Janeiro de 2006)

SUMÁRIO:

I – Autorizada a construção de aumentar a altura de um muro, depois revogada por ordem de demolição que foi executada administrativamente, se posteriormente em acção de indemnização a Administração foi condenada a indemnizar pelo prejuízo da demolição considerada ilegal e o particular voltou a construir o aumento do muro, não existe caso julgado uma vez que a acção se reportava a pedido de indemnização por virtude de uma ordem ilegal e sua execução, enquanto no actual recurso se pede a anulação de uma outra, e posterior, ordem de demolição.

II – A revogação da autorização construtiva e a primeira ordem de demolição não impugnadas (embora censuradas por ilegalidade na acção indemnizatória) caducaram pela alteração de circunstâncias incompatíveis com a sua manutenção: a superveniência da execução por demolição e a reconstrução efectuada.

III – A nova ordem de demolição da reconstrução cujo fundamento único é "as razões que justificaram a demolição foram válidas e continuarão válidas" toma como subsistente a autorização e sofre de vício de violação de lei uma vez que não indica, tal acontecia com o anterior despacho, qual a ilegalidade de que sofreria a autorização que pretende revogar.

ACORDAM EM CONFERÊNCIA NA SECÇÃO DO CONTENCIOSO ADMINISTRATIVO DO STA:

I – RELATÓRIO

Fernando Pinto Ferreira,

Propôs no TAC do Porto recurso contencioso de anulação do despacho de 26.11.2000, da autoria da PRESIDENTE DA CÂMARA MUNICIPAL DE FELGUEIRAS,

Que ordenou a demolição da obra de construção de um muro em Sargaça, freguesia de Unhão, no que exceder a altura de 0,90 m.

Por sentença de 12.01.2005 foi negado provimento ao recurso.

É desta sentença que vem interposto o presente recurso jurisdicional.

O recorrente alegou e formula as seguintes conclusões:

1 – Foi pedido o licenciamento da obra, que obteve aprovação, tendo sido emitido o alvará de construção 449/96 e depois ordenada a demolição de duas fiadas de tijolos, ordem que foi considerada ilegal e anulada por Acórdão do STA.

2 – A nova ordem de demolição datada de 26.11.2000 deveria ser anulada nos mesmos termos e decidindo como decidiu a sentença viola o caso julgado e os artigos 140.º e 141.º do CPA e 20.º do DL 445/91.

3 – A sentença é nula por evidente contradição da decisão com os fundamentos.

Contra alegou a entidade recorrida, sustentando a manutenção da sentença.

O Juiz autor da sentença manteve o decidido pelo despacho de fls. 131.

O EMMP emitiu douto parecer em que considera de manter a sentença.

II – A MATÉRIA DE FACTO

A sentença recorrida considerou provado:

1. O recorrente edificou um muro de vedação no seu prédio urbano sito no lugar de Sargaça, freguesia de Unhão, Felgueiras.

2. O qual foi construído em blocos de cimento, com o comprimento de 14,40 m e em altura de 1,50 m.

3. Em 13.6.96 o recorrente requereu ao Presidente da Câmara Municipal de Felgueiras a legalização da construção do muro transversal e a reparação do muro de vedação frontal.

4. Por despacho de 17.6.96 foi aprovado o pedido de licenciamento requerido pelo recorrente e em 8.8.96 foi emitido o alvará de licença de construção n.º 449/96 que consta de fls. 155 do PA apenso – I vol. Cujo teor aqui se dá por reproduzido.

5. Em 22.10.96, o recorrente foi notificado para, no prazo de 15 dias, proceder à demolição de duas fiadas de blocos do muro de vedação que levou a efeito no lugar de Sargaça, freguesia de Unhão, na parte confinante com o vizinho, desde o anexo até ao pilar situado à face do caminho, sob pena de esta Câmara proceder àquelas obras a expensas suas (fls. 160.º do PA – I vol.)

6. A notificação id. em 5 foi realizada na sequência do despacho da Presidente da Câmara Municipal de Felgueiras, de data indeterminada, mas posterior a 31.8.96: "Notifique-se para que retire duas fiadas ao muro de vedação, conforme indicação do Sr. Eng. Fernando Adriano, sob pena de a Câmara mandar executar. Fixa-se para tanto o prazo de 15 dias (fls. 157 do PA apenso – I vol.).

7. Em 31.10.96 a Presidente da Câmara de Felgueiras proferiu novo despacho do qual se extracta o seguinte: "Cumprimento do despacho no sentido de se retirarem as duas fiadas de tijolo na vedação. Falei (recebi) o Sr. Ferreira. Considera-se vítima e pede que seja a Câmara a fazer o que quer e como quer, já que o que fez foi com autorização da Câmara e acompanhado pela Srª. Engª.

e pelo Sr. Silva. Explique ao Sr. Eng.º Almeida e execute-se através do DIU, deixando conforme minha instrução e bem acabado. Faça-se quanto antes (fls. 161 do PA apenso – I vol.).

8. No dia 6.2.98, a CMF procedeu à demolição de duas fiadas do muro.

9. O ora recorrente intentou acção ordinária contra a CMF que correu termos no então TAC do Porto sob o n.º 283/97 (fls. 28-34 destes autos).

10. Nessa acção o ora recorrente pediu a condenação da aí R. no pagamento da quantia global de Esc. 430 000$00, sendo Esc. 30 000$00 com referência à recolocação do muro em função do facto id. em 8. e Esc. 400 000$00 por danos não patrimoniais.

11. Por sentença proferida no Proc. id. em 9, em 20.10.97, a acção foi julgada improcedente e a aí R. absolvida do pedido.

12. Inconformada com a decisão, o ora recorrente interpôs recurso, o que deu origem ao Ac. do STA de 2.12.99, proferido no âmbito do Proc. id. em 9 e que concedeu provimento parcial ao recurso, condenando a Ré a pagar ao recorrente a quantia de 30 000$00 e juros desde a citação até pagamento, à taxa legal.

13. No ano de 2000 o recorrente construiu as duas fiadas de muro que tinham sido demolidas pela Câmara Municipal, repondo o muro com a altura que inicialmente tinha sido objecto de licenciamento.

14. Em 26.11.2000 a recorrida na sequência do parecer que consta de fls. 2-4 do PA apenso (II Vol.) cujo teor aqui se dá por reproduzido e do parecer complementar que consta de fls.11 do PA apenso (II Vol.) proferiu despacho nos seguintes termos: "As razões que justificaram a demolição foram válidas e continuarão válidas pelo que se entende a atitude do infractor de mera provocação inaceitável. Deverá pois o processo de contra-ordenação prosseguir, e atenta a informação da fiscalização e do DP ordena-se a demolição. Dê-se conhecimento ao Sr. Presidente da Junta e ao queixoso e actue-se em conformidade (fls. 11 do Proc. Apenso – II Vol.)

15. O recorrente foi notificado em 11.12.2000 do despacho identificado em 14 na sequência do ofício 7543 de 5.12.2000 (fls. 12 e 15 do PA apenso II vol.)

16. O recorrente intentou o presente recurso contencioso de anulação em 8.2.2001.

III – APRECIAÇÃO. O DIREITO

1. A invocada nulidade da sentença.

A sentença recorrida assentou o não provimento do recurso contencioso no facto de o recorrente ter reconstruído o muro de vedação antes demolido pela CMF sem pedir e obter licença para o efeito, uma vez que a anterior fora revogada e tal revogação se mantinha na ordem jurídica por não ter sido destruída por acto posterior com semelhante efeito, enquanto o recorrente sustenta que tendo sido considerada ilegal por Ac. do STA a revogação da autorização por uma primeira ordem de demolição, a sua revogação implícita por uma segunda ordem de demolição nas mesmas circunstâncias é também ela ilegal nos termos em que foi considerada ilegal, por este STA, a primeira revogação na acção de indemnização.

Vejamos.

Em primeiro lugar a sentença vem atacada por sofrer de nulidade devido a concluir em sentido diferente dos pressupostos que enuncia como premissas do raciocínio judiciário.

Sustenta o recorrente que a sentença tendo declarado que o acto constitutivo de direitos só pode ser revogado com fundamento em invalidade e não tendo o acto agora impugnado indicado qualquer ilegalidade do licenciamento da construção, a conclusão lógica seria a sua anulação.

Não tem, porém, razão.

A sentença, bem ou mal, não importa para decidir a nulidade, não se limitou àquela afirmação que o recorrente aponta, tendo decidido no sentido da improcedência por ter considerado que foi a primeira ordem de demolição não impugnada contenciosamente, nem retirada da ordem jurídica (pela decisão proferida na acção de indemnização), que procedeu à revogação (parcial) da autorização da construção e não o acto recorrido.

Semelhante entendimento da sentença pode sofrer de erro, mas não sofre da nulidade por incongruência que lhe vem apontada.

2. A ilegalidade do acto recorrido.

O Ac. deste STA de 2.12.99, junto a fls. 35-43 decidiu entre as mesmas partes que a concessão da licença ao ora recorrente nunca foi considerada ilegal, designadamente no acto que a revogou, pelo que aquele acto ao retirar da ordem jurídica sem fundamento em ilegalidade, um acto constitutivo de direitos, tinha de considerar-se ilegal.

E, foi com base nesta ilegalidade que aquele Acórdão julgou parcialmente procedente a acção de indemnização através da qual a CMF foi condenada a pagar o montante em dinheiro necessário para recolocar o muro no estado em que se encontrava antes do acto ilegal.

Ou seja, resulta evidente que foi a ilícita demolição que preencheu o fundamento da ilicitude, um dos pilares para o Tribunal determinar o pagamento do valor correspondente à parte do muro demolido. Além, disso, como existia um anterior acto de licenciamento decidiu-se também que tal acto apenas podia ser revogado dentro dos condicionamentos legais, o que não tinha ocorrido aquando da primeira ordem de demolição também executada, pelo que se formulou também um juízo expresso sobre a possibilidade legal de reconstruir o que fora demolido à sombra do tal acto constitutivo de direitos. De outro modo não faria sentido atribuir um montante indemnizatório correspondente à quantia necessária para refazer a parte do muro derrubada.

É certo, por outro lado que, em termos gerais e abstractos, a destruição dos efeitos de um acto administrativo ilegal não impugnado no prazo legal não pode derivar-se da obtenção do reconhecimento da ilegalidade desse acto para efeitos indemnizatórios na acção correspondente.

Porém, no caso dos autos não existe nenhum efeito de caso julgado uma vez que a acção se reportava a uma ordem de demolição e à sua execução, enquanto o presente recurso se refere a uma posterior ordem de demolição. Portanto, este recurso tem um objecto litigioso de base e um pedido diferentes dos que estiveram na origem da acção.

De qualquer modo, o reconhecimento jurisdicional, efectuado pelo Acórdão do STA, de ter existido ilegalidade na primeira revogação, e também de existir um acto primário constitutivo de direitos que é favorável ao interessado de modo que lhe conferiu o direito a ser indemnizado pela demolição ilegalmente efectuada, permitiu-lhe também inferir que era lícita a reconstrução da parte demolida.

Neste contexto, a situação jurídica definida pela primeira ordem de demolição perdeu toda a eficácia, uma vez que o resultado da acção de indemnização e a transformação da situação de facto decorrente da reconstrução da parte do muro demolida, fizeram desaparecer tais efeitos.

É esta nova situação que permitiu ao recorrente sustentar que a nova ordem de demolição, desprovida de invocação de ilegalidade do acto primário estabilizado sofre do mesmo vício que o STA detectou na primeira ordem de demolição.

A situação jurídica a que se dirige a segunda ordem de demolição ainda não existia quando foi emitida a primeira pronúncia do órgão administrativo, pelo que nunca podia ter definido o que apenas posteriormente se apresentou como realidade a tratar juridicamente.

É por isso que afirmamos que os efeitos da execução da primeira ordem se esgotaram inteiramente e os seus efeitos estão definitivamente apagados, de tal modo que o órgão autárquico para obter um efeito semelhante posterior teve de emitir um novo acto ordenando a demolição da parte reconstruída do muro.

Portanto, subsiste o acto primário de licenciamento e esgotaram-se os efeitos da primeira ordem de demolição por virtude da caducidade decorrente da alteração das circunstâncias.

Significa isto que tem razão a sentença quando afirma que da verificação de ilegalidade em acção de indemnização não resulta a destruição do acto, mas tal não exclui, em casos como o dos autos, que o primeiro acto regulador da situação tenha passado ao histórico das relações entre a Administração e o particular sem possibilidade de projectar qualquer efeito sobre a nova realidade que se reconstruiu com elementos posteriores que são incompatíveis com a manutenção dos efeitos definidos por aquele acto que teve a sua relevância definidora de uma relação jurídica temporalmente situada, mas deixou de a ter.

Procuremos agora saber se terá razão o recorrente quando afirma que a sentença erra ao não anular o acto pelo vício que fora detectado na anterior ordem de demolição de implicitamente retirar um acto constitutivo de direitos sem se fundar em ilegalidade.

O despacho impugnado refere que as razões que justificaram a demolição foram válidas e continuarão válidas.

Mas não esclarece que razões, sendo que as do anterior despacho não referindo ilegalidade foram julgadas inválidas pelo STA.

E, o actual despacho aqui impugnado, de 26.11.2000, sendo proferido sobre a informação jurídica de 17.11.2000, não se reporta textualmente à mesma e as razões que nela se expõem também não são válidas. Como se disse antes a decisão anterior não tinha de ser revista ou mantida com os mesmos fundamentos de facto, porque a situação que em 2000 existia continha elementos novos que a diferenciavam da decidida em 1996.

Uma vez que a nova ordem de demolição da reconstrução tem como único fundamento o que se exprime através da afirmação: "as razões que justificaram a demolição foram válidas e continuarão válidas", tem de entender-se que o despacho impugnado toma como subsistente a autorização e o licenciamento expresso favorável ao recorrente e sofre de vício de violação de lei uma vez que não indica, tal acontecia com o anterior despacho, qual a ilegalidade de que sofreria a autorização que pretende revogar. Isto é, retirar o licenciamento ou pretender apagar os respectivos efeitos sem invocar em que aspecto ele se não conforma com a lei é acto revogatório que não se submete aos requisitos legais da revogação, desde logo o de se fundar em ilegalidade do acto revogado.

No caso o conteúdo do acto revogatório objecto de recurso não refere a ilegalidade de que sofreria o acto de licenciamento, limitando-se a dizer que eram válidas as razões que determinaram a primeira ordem de demolição, sem as concretizar, pelo que se mantém a ausência de invocação de ilegalidade do acto revogado e determina que o acto impugnado sofra do mesmo vício de violação de lei que para outros efeitos e noutras circunstâncias o STA tinha detectado na primeira ordem de demolição, em violação dos arts. 140.º n.º 1 – b) e 141.º n.º 1 do CPA.

A sentença que decidiu diferentemente assenta em erro de direito tal como vem invocado pelo recorrente, pelo que procede o recurso jurisdicional e procede também o recurso contencioso.

IV – DECISÃO

Em conformidade com o exposto acordam em Subsecção em conceder provimento ao recurso jurisdicional e ao recurso contencioso e anular o acto recorrido.

Sem custas.

Lisboa, 10 de Janeiro de 2006.

Rosendo José (Relator)
António Madureira
Fernanda Xavier

Recurso n.º 987/05-12

2.ª Secção (Contencioso Tributário)

ACÇÃO ADMINISTRATIVA ESPECIAL. COMPETÊNCIA DO TRIBUNAL CENTRAL ADMINISTRATIVO. PODERES DO RELATOR. CONHECIMENTO DE QUESTÃO OBSTATIVA DO MÉRITO DA ACÇÃO. RECLAMAÇÃO PARA A CONFERÊNCIA. RECURSO JURISDICIONAL.

(Acórdão de 15 de Março de 2006)

SUMÁRIO:

Da decisão do relator da acção administrativa especial intentada no Tribunal Central Administrativo que, nos termos do artigo 87.º n.º 1 do Código de Processo nos Tribunais Administrativos, e por impropriedade do meio processual, absolveu da instância o autor do acto, não cabe imediato recurso jurisdicional para o Supremo Tribunal Administrativo, mas reclamação para a conferência, de acordo com o artigo 27.º n.º 2 do mesmo diploma.

ACORDAM, EM CONFERÊNCIA, NA SECÇÃO DE CONTENCIOSO TRIBUTÁRIO DO SUPREMO TRIBUNAL ADMINISTRATIVO:

1.1. **O BANCO INTERNACIONAL DE CRÉDITO, S.A.**, com sede em Lisboa, recorre do despacho do relator junto do Tribunal Central Administrativo (TCA) que, julgando imprópria para conhecer a questão de fundo a acção administrativa especial que dirigiu contra o **SECRETÁRIO DE ESTADO DOS ASSUNTOS FISCAIS**, não determinou a convolação do processo para a forma de impugnação judicial.

Formula as seguintes conclusões:

«*a*) O objecto da Acção Administrativa Especial não é o acto tributário de liquidação mas sim o acto administrativo de indeferimento do recurso hierárquico e consistindo o pedido na anulação de tal acto recorrido

b) A anulação da liquidação de imposto não constitui, pois, em si mesmo, o objecto nem o pedido da acção. Ela será, outrossim, um efeito ou uma consequência posterior da anulação de um acto ilegal.

c) A Acção Administrativa Especial afigura-se como um meio processual adequado à anulação do acto administrativo em causa.

d) Na notificação de tal acto, a Administração Fiscal, nos termos da lei, informou o Autor e ora recorrente de que, não se conformando com tal decisão, deveria interpôr Acção Administrativa Especial para o Tribunal Central Administrativo.

e) Não se verificando o alegado erro na forma processual utilizada, nada obsta a que se conheça do mérito da questão de fundo e que constitui o objecto da Acção interposta com legitimidade e em tempo.

f) Sob pena de violação do disposto no art. 76.º, n.º 2, do CPPT e nos arts. 20.º, n.º 1, e 268.º, n.º 4 da CRP.

g) Sem conceder, admitindo que se está perante um erro na forma processual, sempre deveria considerar-se que os presentes autos devem ser convolados em processo de impugnação judicial, porque, o direito do ora recorrente mostra-se, em qualquer dos casos, tempestivamente exercido, dentro do prazo legalmente previsto.

h) Porque, para a verificação da tempestividade da petição para efeitos da convolação em impugnação judicial, deve atender-se a que o prazo legal para deduzir impugnação deve ser contado a partir da notificação da decisão de indeferimento do recurso hierárquico, data a partir da qual caberia o prazo de 90 dias para impugnar a decisão, nos termos do art. 102.º, n.º 1, alínea e) do CPPT.

i) Tal como se julgou no **Acórdão do TCA, 2ª Secção, de 29-04-2003, Proc.º 00122/03**, onde foi decidido que, no caso como o dos autos, a admitir-se a sua convolação em impugnação judicial, esta deve ser deduzida no prazo de noventa dias a contar da decisão do recurso hierárquico (art. 102.º, n .º 1, alínea e), do CPPT).

j) Ainda no mesmo sentido vai, também, a jurisprudência contida no **Acórdão do STA – 2ª Secção, de 20-04-2004, Proc.º 02031/03.**

k) Esta mesma interpretação é, aliás, também defendida pelo Senhor Doutor Juiz Conselheiro Jorge Lopes de Sousa *in* "Código de Procedimento e de Processo Tributário, anotado" 4ª ed., Lisboa, 2003, em anotação ao art.º 76.º, e respectiva nota de rodapé, a pág. 362, onde se refere expressamente: "A impugnação judicial, *no caso de decisão expressa de indeferimento de recurso hierárquico pode ser deduzida no prazo de 90 dias a contar da notificação [art. 102.º n.º 1, alínea e), deste Código].*

l) Sendo a decisão de indeferimento do recurso hierárquico notificada ao ora recorrente em 22/04/2004, o prazo de 90 dias para a petição ser deduzida terminaria a 21/07/2004.

m) Uma vez que a petição entrou no Tribunal em 28/06/ /2004, ela não pode deixar de ser considerada tempestivamente deduzida para efeitos de se proceder à sua convolação em impugnação judicial.

n) Assim, em face do que vem exposto, afigura-se-nos não se poder manter a douta decisão ora recorrida que entendeu que a convolação não seria possível, por considerar que a petição deveria ser deduzida no prazo de 15 dias contados a partir da notificação da reclamação graciosa.

Por todo o exposto, deve ser concedido provimento ao presente recurso, por provado, revogando-se a douta decisão recorrida e, conhecendo do mérito da causa, atento o disposto no art. 753.º, n.º 1 do Código de Processo Civil, deverá anular-se o acto impugnado por ser ilegal por enfermar do vicio de violação de lei, ou, em alternativa.

Deverá determinar-se a convolação dos autos em impugnação judicial, tempestivamente deduzida, procedendo-se à sua remessa ao Tribunal Administrativo e

Fiscal de Lisboa onde deverá conhecer-se do mérito da causa, correndo os seus termos até final».

1.2. Contra-alega a entidade recorrida, defendendo a manutenção do julgado, e concluindo deste modo:

«1. Seguindo o Acórdão do STA, de 30.10.2002. Proc. N.º 744/04 a convolação do processo para a forma adequada só é viável se, para além de outros requisitos, a "acção judicial" não estiver caducada, o que remete para a questão do prazo para a impugnação judicial.

2. Não é suficiente afirmar que a impugnação judicial admitida por efeito do instituto da convolação, na sequência da decisão do recurso hierárquico está admitida pelo artigo 102.º, n.º 1, alínea e) porque neste preceito não encontra o mínimo de apoio legal.

3. O artigo 102.º, n.º 1, alínea e), prevê um prazo impugnatório de 90 dias contados da notificação do indeferimento da reclamação graciosa restrito aos actos de autoliquidação de imposto, retenção na fonte e pagamento por conta, isto é, contra os actos que, no dizer da lei, possam ser objecto de impugnação autónoma nos termos deste Código.

4. A previsão do artigo 102.º, n.º 1, alínea e), corresponde, em matéria de prazos impugnatórios, às situações tipicamente previstas para o processo judicial tributário na metade final da alínea a) do n.º 1 do artigo 97.º – actos de autoliquidação, retenção na fonte e pagamento por conta – e cujo regime vem desenvolvido nos artigos 131.º, 132.º e 133.º, abrangendo, ainda, a impugnação autónoma – expressamente referida como tal, e prevista no n.º 3 do artigo 77.º.

5. As situações de impugnação autónoma encontram-se encerradas numa tipicidade fechada, certificada pela própria alínea e) do n.º 1 do artigo 102.º ao referir expressamente que se tratam dos actos susceptíveis de impugnação autónoma nos termos deste Código.

6. Por isso, não se vê como possa ser convocado este normativo para albergar uma situação de impugnabilidade que manifestamente escapa ao recorte típico do processo de impugnação judicial e à própria letra da norma em causa.

7. A menos que isso fosse conseguido por interpretação extensiva – já que literalmente não tem lá cabimento na lei – não se vislumbra itinerário interpretativo para sustentar tal conclusão, uma vez que as garantias dos contribuintes – onde se incorpora o processo de impugnação judicial – estão, nos termos do disposto no artigo 103.º, n.º 2 da Constituição, subordinadas ao princípio da legalidade juntamente com a incidência, as taxas e os benefícios fiscais, com os seus corolários da tipicidade fechada ou taxativa e da proibição da integração analógica.

8. A configuração do princípio constitucional da legalidade em matéria de tributos opõe-se à existência de normas incompletas ou elásticas, também em matéria de garantias dos contribuintes.

9. E por via desse mesmo princípio, que tem também consagração no n.º 4 do artigo 11.º da LGT, esta classe de normas, onde se contam as relativas ao processo de impugnação judicial, não consente a analogia integradora.

10. Notificada da decisão da reclamação graciosa, a A. sabia que do indeferimento cabia impugnação judicial, a apresentar no prazo de 15 dias após a notificação, nos termos do disposto no n.º 2 do artigo 102.º do CPPT, por essa via se cumprindo cabalmente a função assinalada pelo artigo 96.º, n.º 1 ao processo de impugnação judicial que é a tutela plena, efectiva e em tempo útil dos direitos e interesses legalmente protegidos em matéria tributária.

11. Em lugar disso, preferiu suscitar a via hierárquica administrativa em procedimento que a lei declara facultativo. Se optou pelo recurso hierárquico que tem natureza facultativa e se o mesmo lhe foi indeferido, não pode fazer 'renascer' a prerrogativa processual que prescindiu de usar no momento próprio.

12. Assim, precludido o prazo para a impugnação judicial do indeferimento da reclamação graciosa, prescrito pelo n.º 2 do artigo 102.º, não poderá suscitar jurisdicionalmente a legalidade de actos de liquidação de tributos, conforme é o caso.

13. E, por isso, não é já possível a convolação do presente recurso contencioso em processo de impugnação judicial, pois que há um pressuposto que manifestamente não está verificado: o prazo; o qual nunca poderia ser o de 90 dias, previsto na alínea e) do n.º 1 do artigo 102.º.

14. Excluído por imperativo constitucional o recurso à analogia, o sustento para a aplicabilidade à situação do disposto na alínea e) do n.º 1 do artigo 102.º, terá que ser obtido da letra da lei dentro dos limites da interpretação extensiva. É esta que delimita as possibilidades de intervenção interpretativa sobre normas do ordenamento fiscal subordinadas ao princípio da legalidade, conforme é o caso das normas relativas a garantias dos contribuintes.

15. Quem aceite a impugnação após o indeferimento do recurso hierárquico e procure, dentro do elenco legal dos prazos disponíveis para tanto, um que apresente alguma afinidade – remota, diga-se – com a situação carente de regulamentação expressa, só poderá encontrá-la no prazo para a impugnação judicial da decisão da reclamação graciosa, previsto no n.º 2 do artigo 102.º: 15 dias.

16. O que não faria sentido – por não encontrar referência literal ou sistemática na lei – seria dar a quem perdeu o direito de impugnar a decisão da reclamação graciosa, por o não ter feito no tempo próprio, a possibilidade fazer renascer um novo prazo de impugnação, desta feita de 90 dias.

17. Com esta interpretação, o recurso hierárquico teria o condão de transformar um prazo de 15 dias já precludido (recorda-se que o recurso hierárquico até pode ser interposto após a preclusão do prazo da impugnação judicial) num novo prazo de 90 dias.

18. Para além de se apresentar despojada referências na letra da lei, é difícil encontrar nesta hipótese um mínimo de coerência do ponto de vista sistemático.

19. Nestes termos, nem mesmo nestas condições seria de aceitar a convolação do presente processo, por violação do pressuposto relativo ao prazo de impugnação.

20. Por isso, a Acção Administrativa Especial interposta em 28.06.2004, quando a notificação do despacho de indeferimento do recurso hierárquico era de 22.04.2004 não cumpre com o prazo para a impugnação judicial e, portanto, não poderá ser objecto de convolação.

Nestes termos e nos mais de direitos (...), deve ser mantido o despacho saneador recorrido, por não se verificarem no caso dos autos todos os requisitos para que seja admitida a convolação da presente acção administrativa especial em processo de impugnação judicial».

1.3. O Exm.º Procurador-Geral Adjunto junto deste Tribunal é de parecer que não se deve conhecer do recurso, pelas razões aduzidas no despacho do Mm.º Juiz relator no TCA de fls. 76.

1.4. Notificado deste parecer, o recorrente defende que deve apreciar-se o recurso, invocando em seu socorro, além do mais, os princípios *pro actione* e do primado do acesso ao direito e à tutela efectiva das posições subjectivas dos cidadãos.

1.5. O processo tem os vistos dos Exm.ºs Adjuntos.

***

2. O despacho recorrido é do seguinte teor:

«Banco Internacional de Crédito, S.A., identificado nos autos, veio deduzir a presente acção administrativa especial contra o Senhor Ministro das Finanças tendo em vista obter a revogação do despacho proferido pelo Exmo. Secretário de Estado dos Assuntos Fiscais em 5.2.2004, por delegação de poderes, no recurso hierárquico interposto contra a taxa agravada de 60% sobre as despesas não documentadas do exercício do ano de 1999, cuja anulação da correspondente liquidação adicional de imposto e juros compensatórios peticiona e ser a AT condenada a pagar juros indemnizatórios.

Citado o Secretário de Estado dos Assuntos Fiscais, veio o mesmo contestar, invocando além do mais a impropriedade do meio processual utilizado, já que em tal reclamação e recurso hierárquico, o seu objecto consistia na liquidação adicional de IRC do exercício de 1999, cuja anulação peticionava, sendo por isso o meio próprio a impugnação judicial, que não o recurso contencioso (hoje a presente acção administrativa especial), no seguimento do recurso hierárquico, sendo estes apenas para casos em que não comportem a apreciação da legalidade do acto de liquidação, o que não é o caso, não sendo por outro lado, possível, convolar para esta outra forma processual por o respectivo prazo se mostrar esgotado.

Notificado o autor desta posição da entidade recorrida, veio o mesmo defender a aptidão da forma processual utilizada, por lhe ser possível recorrer de todos os actos lesivos, e por outro lado, sempre estaria em tempo para que a presente acção fosse convolada para impugnação judicial.

Cabe assim, nos termos do disposto no art. 87.º do Código de Processo nos Tribunais Administrativos (CPTA), pelo Relator, conhecer desta excepção em sede de despacho saneador, fixando-se para o efeito o seguinte probatório, subordinado às seguintes alíneas:

a) O ora autor fez inscrever na sua declaração de rendimentos relativa ao exercício de 1999, a título de despesas confidenciais e ou não documentadas, o montante de € 407.398,54, a que lhe fez aplicar a taxa de tributação de 32% – cfr. processo instrutor;

b) A Administração Tributária (AT) não concordando com a aplicação dessa taxa, corrigiu a liquidação, tendo-lhe feito aplicar a taxa de 60%, de que resultou a liquidação adicional de € 118.009,40 e os juros compensatórios de € 789.461$ – cfr. mesmo processo;

c) A liquidação supra teve como data limite de pagamento voluntário o dia 3.12.2001 – cfr. mesmo processo;

d) Contra esta liquidação adicional deduziu o ora recorrente reclamação graciosa por requerimento entrado na Repartição de Finanças de Lisboa 18.º Bairro – em 28.2.2002, visando obter a sua anulação – cfr. mesmo processo;

e) A reclamação supra foi indeferida por despacho do Director de Finanças de 17.10.2002, de que foi notificada por carta registada com A/R, o qual se mostra assinado em 24.10.2002 – cfr. mesmo processo;

f) Em tal notificação informava-se o reclamante que poderia deduzir impugnação judicial no prazo de 15 dias, ou interpor recurso hierárquico no prazo de 30 dias — cfr. mesmo processo;

g) Por requerimento entrado no mesmo Bairro Fiscal em 22.11.2002, veio o mesmo ora autor deduzir recurso hierárquico para o Senhor Ministro das Finanças, tendo em vista a revogação do despacho proferido da reclamação supra citada — cfr. mesmo processo instrutor;

h) Por despacho de 5.2.2002, do Exmo. Secretário de Estado dos Assuntos Fiscais, despacho n.º 259/2004-XV, foi negado provimento ao recurso hierárquico, de que foi notificado o ora autor por carta registada com A/R, o qual se mostra assinado em 22.4.2002 — cfr. mesmo processo;

i) Em tal notificação informava-se o recorrente de que poderia interpor acção administrativa especial para este Tribunal no prazo de três meses, caso não tivesse interposto já impugnação judicial – cfr. mesmo processo;

j) A presente acção administrativa especial deu entrada neste Tribunal em 29.6.2004 – cfr. carimbo aposto 2 destes autos.

4. O DIREITO

À hoje denominada acção administrativa especial correspondia o anterior recurso contencioso, que aquela veio substituir, tendo contudo o seu objecto sido ampliado, de molde a nela caber não só a declaração de invalidade ou anulação dos actos recorridos – cfr. arts. 6.º do anterior ETAF e 191.º do CPTA – como também, entre outros, no pedido de condenação à prática de um acto administrativo legalmente devido – art. 46.º e segs do CPTA – e tendo o prazo geral para a sua dedução sido alargado para três meses – seu art. 58.º

Como se pode ver da matéria feita fixar no probatório supra para alicerçar a decisão de direito aplicável ao caso, todos os actos em causa, desde a liquidação adicional que fez despoletar a reclamação graciosa e contra a qual veio reagir, visando a sua anulação, foram praticados no âmbito da vigência das novas leis, quer da Lei Geral Tributária (LGT), entrada em vigor em 1.1.1999, quer do Código de Procedimento e de Processo Tributário (CPPT), entrado em vigor em 1.1.2000.

Logo, a solução de direito poderá não ser a mesma se os mesmos actos tivessem sido praticados no âmbito da legislação anterior, no âmbito do Código de Processo Tributário (CPT)

No âmbito da vigência dos anteriores Códigos, designadamente do CPT, já se fazia apelo ao princípio da impugnação unitária, no sentido em que apenas se admitia a impugnação judicial ou a reclamação graciosa do acto final de liquidação, ainda que na impugnação deste possam/devam ser invocados todos os vícios, quer do acto de liquidação propriamente dita, quer do acto anterior de fixação da matéria tributária, este que assim não era destacável ou autónomo para efeito de um recurso judicial próprio, autónomo, salvo se não desse origem à liquidação de imposto, o que não é o caso, e bem se compreende que assim seja, já que neste caso não existiria outro momento para o efeito, passando aquele a ser o acto final desse procedimento (o de fixação).

Os recursos contenciosos eram, em geral, apenas reservados para os chamados actos destacáveis ocorridos ao longo do procedimento de liquidação, que, senão atacados na forma e momentos próprios, se tornavam caso resolvido ou decidido que a posterior liquidação não poderia deixar de acatar, sendo nesta parte, o acto de liquidação, meramente confirmativo, e como tal, insusceptível de impugnação contenciosa.

Os actos tributários praticados por autoridade fiscal competente em razão da matéria são definitivos quanto à fixação dos direitos dos contribuintes (art. 18.º do CPT), sendo o recurso hierárquico de natureza meramente facultativa e com o efeito meramente devolutivo (art. 92.º do CPT), desde logo podendo assim, ser impugnados contenciosamente através do meio processual de impugnação judicial.

O CPT, por força da norma do seu art. 100.º, designadamente do seu n.º 2, parecia porém acolher uma outra posição mais vasta, e vir permitir ao contribuinte, que tivesse optado pela via da reclamação graciosa seguida de recurso hierárquico, deduzir recurso contencioso, da decisão proferida neste, se desfavorável, caso não tivesse optado por deduzir impugnação judicial contra o acto de liquidação. Ou seja, poderia o contribuinte utilizar uma das duas vias para no fundo, vir atacar o acto de liquidação, já aqui, porém, com uma excepção expressamente prevista na lei: o de acto de fixação da matéria tributável que desse origem à liquidação de imposto – art. 89.º do CPT – em que dele apenas caberia impugnação judicial e não já recurso contencioso.

Esta interpretação por contender com aquele principio da impugnação unitária e de que em princípio, não cabe mais do que uma via judicial de ataque a um mesmo acto, a menos que a lei expressamente o consagre, não foi aceite por parte da nossa jurisprudência, ou, em outros casos, restringiram a aplicação destes preceitos, a apenas algumas situações especificas como seja o caso de limitar tais recursos a actos de tributos da DGCI, como constituem exemplos os inúmeros acórdãos do STA citados, quer pelo autor nos seus articulados, quer pela entidade recorrida, na sua contestação.

Porém, no caso, tal legislação não é a aplicável mas sim a legislação posterior, desde logo a Lei Geral Tributária.

Esta proclama no seu art. 95.º, que o interessado tem o direito de impugnar ou recorrer de todo o acto lesivo dos seus direitos e interesses legalmente protegidos, **segundo as formas de processo prescritas na lei** (sublinhado nosso). E a todo o direito de impugnar corresponde o meio processual mais adequado de o fazer valer em juízo (art. 97.º n.º 2 da mesma LGT), e não, que pode utilizar as formas processuais conforme lhe seja mais favorável, e a seu belo prazer.

Normas estas que têm em conta o princípio de que cada ilegalidade tem o seu meio próprio de ataque e que deve ser accionado logo que a ilegalidade ocorre ou quando da mesma se tem conhecimento, e não por ataque a acto posterior, assente ou derivado do acto inquinado, e que apenas faz transportar o vício existente para momentos posteriores, arrastando-o. Mais do que um meio de ataque a uma mesma ilegalidade, apenas existirá quando a lei expressamente o permitir.

O actual CPPT, veio afirmar expressamente, **o princípio da impugnação unitária**, na norma do seu art. 54.º, para excluir da impugnação contenciosa autónoma os actos interlocutórios do procedimento, sem prejuízo de poder ser invocada na impugnação da decisão final qualquer ilegalidade anteriormente cometida.

E as normas do seu art. 97.º, n.º 1, alíneas d) e p) e n.º 2, vieram de modo claro, delimitar os casos em que existe lugar à impugnação judicial do acto de liquidação dos casos em que existe recurso contencioso do acto interlocutório, só havendo lugar a este recurso se o acto em causa não comportar a apreciação judicial do acto de liquidação. Em suma, o legislador, parece ter querido acabar com aquela dualidade de posições existente na jurisprudência, tendo definido, claramente os actos que deles cabe impugnação judicial daqueles outros, em que deles cabe recurso contencioso, desta forma acabando com a anterior interpretação que entendia caber ao contribuinte escolher um dos dois meios de reacção judicial postos ao seu dispor pelo legislador. Ainda que, esta clareza desta norma sofra alguma entorse com a manutenção da norma do art. 76.º n.º 2, equivalente à norma do art. 100.º n.º 2 do anterior CPT, que parecia permitir recurso contencioso tributário em todos os casos, desde que não tenha sido, contra o mesmo acto, interposta impugnação judicial.

Por isso, a este propósito, escreve Jorge Lopes de Sousa ... A impugnação contenciosa dos actos administrativos proferidos em recurso hierárquico interposto de indeferimento de reclamação graciosa, comportando a apreciação da legalidade de actos de liquidação, é feita através do processo de impugnação judicial, previsto nos arts. 99.º e seguintes deste Código, como resulta do preceituado no art. 97.º n.os 1, alínea d) e p), e n.º 2, deste diploma.

Por isso, a redacção do n.º 2 deste art. 76.º, que, reproduz o n.º 2 do art. 100.º do CPT, mostra-se deficiente, pois não teve em atenção a que agora, no CPPT, é claro que é o processo de impugnação judicial e não o recurso contencioso o meio processual para impugnar contenciosamente uma decisão de indeferimento de uma reclamação graciosa.

E mais adiante: Desta norma resulta claramente que, nos casos em que o acto a impugnar é um acto de liquidação ou um acto que comporta a apreciação da legalidade de um acto de liquidação (acto de indeferimento de reclamação graciosa ou de recurso hierárquico interposto da decisão que a aprecie) o meio adequado é o processo de impugnação.

É que os actos tributários praticados por autoridade fiscal competente em razão da matéria, continuam a ser definitivos quanto à fixação dos direitos dos contribuintes (art. 60.º do CPPT), continuando também o recurso hierárquico a ter natureza facultativa e efeito meramente devolutivo, nos termos do disposto nos arts. 76.º, 66.º e 67.º do mesmo CPPT, desde logo podendo ser atacados judicialmente através da impugnação judicial.

Assim sendo, o meio processual adequado para o autor ver anulada a liquidação adicional do IRC relativo ao exercício de 1999, na parte em que aplicou às despesas não documentadas a taxa de 60%, era a impugnação judicial que não a presente acção administrativa especial, verificando-se, com efeito, um erro na forma de processo, que obsta ao conhecimento do seu objecto, a declarar em sede deste despacho saneador, nos termos do disposto nos arts. 87.º n.º 1 a) e 89.º do CPTA.

Tendo em conta porém, que o erro na forma de processo, desde que seja possível o aproveitamento dos actos praticados, designadamente se a causa de pedir e o pedido forem compatíveis com a nova forma processual, é possível e deve ser efectuada a convolação para a forma processual adequada (art. 98.º n.º 4 do CPTT), como de resto o autor se veio a pronunciar ao responder à matéria da excepção (fls 41 e segs dos autos), é de apreciar se, no caso, tal convolação se apresenta, à partida, com qualquer possibilidade de êxito.

Mas no caso, tal convolação é desde logo de afastar, porque neste caso a petição teria dado entrada no tribunal muito para além do prazo que a lei prevê para ser deduzida a impugnação judicial e que era de quinze dias a contar da notificação do indeferimento da reclamação graciosa ocorrido em 24.10.2002, quando a presente acção deu entrada neste Tribunal em 28.6.2004 – art. 102.º n.º 2 do CPPT – e que por isso, levaria ao seu indeferimento liminar por extemporânea, nos termos do disposto no art. 112.º n.º 1 deste Código.

Mas o direito da ora autora para ver apreciada a questão aqui pretendida apreciar ainda não se mostra totalmente perdido, por a norma do art. 39.º n.º 4 do CPPT, ter vindo introduzir um novo preceito, qual seja o de permitir ao interessado ainda reagir contra o acto notificado, quando se reconheça que o meio de reacção indicado pela AT se mostre errado como no caso acontece, já que no caso de tal recurso hierárquico não cabia recurso contencioso, como erradamente se fez constar nessa notificação da AT – cfr. matéria da alínea i) do probatório – podendo desta forma deduzir a impugnação judicial contra tal liquidação adicional no prazo de trinta dias a contar do trânsito da presente decisão.

Nestes termos, declara-se a impropriedade da presente acção administrativa especial para conhecer da questão de fundo subjacente (se a taxa em causa a aplicar nessas despesas confidenciais, era a de 32% ou a de 60%), por lhe caber o meio processual de impugnação judicial, e que obsta ao seu prosseguimento, absolvendo-se da instância a parte contrária».

***

3.1. Preliminarmente, importa decidir da admissibilidade do presente recurso jurisdicional.

Para o Exm.º Procurador-Geral Adjunto a questão põe-se porquanto a decisão recorrida é um despacho do relator do processo no TCA, do qual cabia reclamação para a conferência, mas não recurso jurisdicional, nos termos do disposto nos artigos 140.º e seguintes do Código de Processo nos Tribunais Administrativos (CPTA) e 700.º n.º 3 do Código de Processo Civil (CPC).

O recorrente contesta este entendimento, mas dos seis artigos do articulado em que o contraria só dois dedica à questão, apoiando o despacho do Presidente deste Tribunal que, nos termos do artigo 688.º do CPC, admitiu o recurso.

Esse despacho baseou-se, essencialmente, nas dúvidas que podem suscitar-se perante os poderes conferidos ao relator do processo pelo CPTA, convindo possibilitar ao tribunal de recurso a sua dissipação, e no princípio *pro actione.*

3.2. O ora recorrente intentou perante o TCA uma acção administrativa especial questionando a legalidade de um acto administrativo respeitante a questão fiscal praticado por um membro do Governo.

A competência para tais acções é atribuída ao TCA pelo artigo 38.º alínea b) do Estatuto dos Tribunais Administrativos e Fiscais (ETAF). Mas também os tribunais tributários de 1ª instância têm competência para estas acções, quando o acto não seja da autoria do Conselho de Ministros ou de um membro do Governo, conforme dispõe o artigo 49.º n.º 1 alínea a) IV do ETAF.

Assim, as acções tanto podem correr sob a direcção de um juiz (de 1ª instância) como de um relator (juiz do TCA ou mesmo, em caso agora desinteressante, do STA), como revela o n.º 1 do artigo 87.º do CPTA.

O despacho saneador, no qual cumpre conhecer das questões que obstem ao conhecimento do objecto do processo e, eventualmente, do mérito da causa, cabe sempre ao juiz singular – no TCA, ao relator (n.º 1 do artigo 87.º citado). Porém, em regra, a apreciação do mérito é atribuída ao tribunal colectivo, caso o processo corra no TCA – artigo 92.º do CPTA.

É, de resto, o que em geral se passa nos tribunais superiores, que funcionam em colectivo, não cabendo ao relator, nos recursos jurisdicionais, mais do que «deferir a todos os termos do recurso até final», na expressão do artigo 700.º n.º 1 do CPC.

Aqui, porém, não estamos – ou não estávamos, quando foi proferido o despacho impugnado – face a um recurso jurisdicional, mas perante uma acção a julgar em primeiro grau.

Ora, se nos recursos jurisdicionais o julgamento compete ao colectivo de juízes, já nos casos em que os tribunais superiores julgam em primeiro grau de jurisdição as coisas não têm que se passar, necessariamente, do mesmo modo, como logo parecem apontar os amplos poderes que o citado artigo 87.º do CPTA atribui ao relator.

Nos recursos jurisdicionais, o relator não exerce, por si, a função de julgador. As suas decisões, porque atribuídas ao tribunal e não a ele, singularmente, são sempre passíveis de reapreciação em sessão conjunta; só valem se não forem contestadas ou se forem confirmadas em conferência. Já no caso das acções que nos ocupam a lei atribui, expressamente, ao relator, poderes e obrigações que aparentemente extravasam os que são confiados ao relator no recurso jurisdicional. Ele não só está obrigado a conhecer, singularmente, das questões que obstem ao conhecimento do objecto do processo, pondo-lhe fim, como, verificados que sejam certos pressupostos, julga de mérito – alíneas a) e b) do n.º 1 do artigo 87.º do CPTA.

O que, tudo, parece apontar para este desfecho: as acções administrativas especiais da competência do TCA podem ser julgadas pelo juiz singular, no exercício de poderes próprios, ou pelo tribunal colectivo; num e noutro caso, a força da decisão é igual; e, a ser assim, de qualquer delas cabe recurso jurisdicional, nos termos gerais em que ele é admitido, sem necessidade de a decisão do relator ser, primeiro, confirmada em conferência. O modo como se expressa o artigo 87.º do CPTA inculca que os poderes atribuídos ao relator, no âmbito destas acções, se configuram como poderes próprios, que lhe são conferidos para exercer enquanto titular do órgão jurisdicional, e não como um membro dele que se limita a deferir os termos do processo até ao julgamento final em colectivo.

3.3. Mas não é assim: o artigo 27.º n.º 2 do CPTA, que genericamente se ocupa dos poderes do relator, diz-nos que dos seus despachos «cabe reclamação para a conferência, com excepção dos de mero expediente, dos que recebam recursos de acórdãos do tribunal e dos proferidos no Tribunal Central Administrativo que não recebam recursos de acórdãos desse tribunal».

É verdade que não é neste artigo 27.º que ao relator são atribuídos os poderes que aqui nos interessam, de conhecer das questões que obstem ao conhecimento do objecto do processo e apreciar o mérito da causa. Essas competências são-lhe conferidas pelo já aludido artigo 87.º.

Todavia, o legislador, ao redigir cada um dos artigos 27.º e 87.º, não esqueceu o outro, agindo em coerência, evidenciada, desde logo, pela referência que no n.º 1 do primeiro desses artigos faz aos «demais poderes que lhe são conferidos neste Código». Ou seja, o legislador do artigo 27.º teve em vista não apenas os poderes que nesse mesmo artigo conferiu ao relator, como os que noutras disposições do Código lhe atribuiu.

E, no n.º 2 do artigo 27.º, ao afirmar a necessidade de reclamação para a conferência, não distinguiu entre o conteúdo dos despachos do relator, ou entre os meios processuais em que são proferidos, ou entre as vestes em que o relator age. Fê-lo indiscriminada e genericamente, escrevendo que «dos despachos do relator cabe reclamação para a conferência», apenas excepcionando casos que aqui nos não importam.

Não pode, pois, respeitando a unidade do sistema, e analisando o modo como o legislador exprimiu o seu pensamento, pretender-se que ele quis furtar à reclamação para a conferência quaisquer despachos do relator, para além dos que expressamente excepcionou: aonde o legislador não distingue, também o intérprete não deve diferençar. A expressão «dos despachos do relator» não pode deixar de ser lida com este sentido: de **todos** os despachos do relator.

De resto, este artigo 27.º contém norma paralela à do artigo 700.º n.º 3 do CPC: quando a parte se considere prejudicada por um despacho do relator que não seja de mero expediente pode requerer que sobre a matéria desse despacho se pronuncie o colectivo de juízes.

A conclusão justa é, pois, diferente daquela a que parecia conduzir-nos o raciocínio desenvolvido: se é verdade que os poderes atribuídos ao relator são mais alargados no âmbito da acção administrativa especial do que no do recurso jurisdicional, verdade não deixa de ser que a lei, ao atribuir ao TCA a competência para julgar essas acções, em atenção à categoria hierárquica do autor do acto, quis que elas fossem julgadas pelo Tribunal, em conferência, e não por um só dos seus juízes. Assim, os poderes que confere a esse membro, que designa por relator, por copiosos que sejam, são para exercer nos mesmos termos que vigoram no recurso jurisdicional.

Numa palavra, dos despachos do relator não se recorre para o tribunal superior, reclama-se para a conferência.

Nada de tudo isto redunda em prejuízo dos princípios *pro actione* e da tutela jurisdicional efectiva. Pode mesmo dizer-se que esses princípios só saem honrados quando se exige que, antes de se recorrer de uma decisão singular, se reclame para uma conferência de juízes.

Procede, pelas razões expostas, a questão levantada pelo Exm.º Procurador-Geral Adjunto junto deste Tribunal.

***

4. Termos em que acordam, em conferência, os juízes da Secção de Contencioso Tributário deste Supremo Tribunal Administrativo em não tomar conhecimento do recurso.

Custas a cargo do recorrente, com 10 UCs (dez unidades de conta) de taxa de justiça e 1/6 de procuradoria.

Lisboa, 15 de Março de 2006.

Baeta de Queiroz (Relator)
Lúcio Barbosa
Brandão de Pinho

Recurso n.º 1173/05-30

ACÇÃO PARA O RECONHECIMENTO DE UM DIREITO. JUROS INDEMNIZATÓRIOS.

(Acórdão de 18 de Janeiro de 2006)

SUMÁRIO:

A acção para o reconhecimento de um direito não é o meio processual adequado para pedir a condenação da Administração no pagamento de juros indemnizatórios, na sequência de anulação judicial de acto tributário de liquidação, em que não foi apreciado tal pedido na impugnação judicial.

ACORDAM, EM CONFERÊNCIA, NA SECÇÃO DE CONTENCIOSO TRIBUTÁRIO DO SUPREMO TRIBUNAL ADMINISTRATIVO:

Teresa Maria Seabra Van Zeller Bettencourt interpôs no Tribunal Tributário de 1ª Instância do Porto acção para reconhecimento do direito a juros indemnizatórios invocando o direito a tais juros por virtude de sentença transitada em julgado que declarou que a Administração Fiscal incorrera em erro na determinação da matéria colectável, o que originara a ilegalidade da liquidação e sua consequente anulação.

Por sentença do M.º Juiz do Tribunal Administrativo e Fiscal do Porto foi julgado procedente a excepção de erro na forma de processo, absolvendo-se a entidade requerida da instância.

Não se conformando com tal decisão recorreu aquela para este Supremo Tribunal Administrativo, tendo formulado as seguintes conclusões:

1ª – Vem o presente recurso interposto da douta sentença de fls. 129/133 que julgou procedente a excepção de erro na forma de processo e, em consequência, absolveu a Fazenda Pública da instância.

2ª – Com a propositura da acção em que foi assim absolvida da instância a Fazenda Pública visou a Autora/Recorrente obter pela via judicial o que não conseguiu pela via administrativa, na sequência do que foi decidido pela sentença proferida no processo de impugnação judicial que correu termos pelo 2.º Juízo, 2ª Secção, do extinto Tribunal Tributário de 1ª Instância do Porto sob o n.º 40/94.

3ª – A ora Recorrente, com efeito, impugnou a liquidação do imposto sucessório que lhe foi feita pela 2ª Repartição de Finanças de Vila Nova de Gaia (proc. 454) de que resultou o valor a pagar de Esc. 2.182.846$//€ 10.887,99 (cfr. 1- 2 e 3 supra,).

4ª – Pagou o imposto liquidado, em 26-01-1987, antes de apresentar a respectiva impugnação (cfr. 1 – 4 e 5 supra).

5ª – Na petição de impugnação, pediu a Impugnante//Recorrente, expressamente, que fossem contados a seu favor os juros (ao tempo) previstos nos §§ 1.º e 2.º do (também ao tempo) CSISSD – cfr. 1 – 6 supra.

6ª – Julgada procedente a impugnação e transitada em julgado a decisão, com a consequente obrigação de pagamento dos juros peticionados, a impugnante/Recorrente não recebia nem o imposto anulado nem os juros que peticionou,

7ª – pelo que requereu esses pagamentos à Repartição de Finanças competente (cfr. 1-8 supra).

8ª – Veio a receber, em restituição, o imposto pago a mais (Esc. 1.248.811$/€ 6.229,04) e a recusa de pagamento dos juros (cfr. I – 11 supra).

9ª – A utilização, no caso, da acção prevista no art. 145.º do CPPT é, no entendimento da Recorrente, o meio processual adequado para lhe poder assegurar uma tutela plena, eficaz e efectiva do seu direito a juros.

10ª – A utilização desta acção (para reconhecimento de direitos) não pode já fazer-se hoje nos termos restritivos afirmados pela sentença sob recurso.

11ª – A evolução verificada na lei e na doutrina (timidamente na jurisprudência) é claramente no sentido do alargamento do campo de aplicação da acção para o reconhecimento de direitos, por forma a dar cumprimento ao princípio constitucional da tutela plena e efectiva dos direitos dos particulares (arts. 20.º/1 e 2, 205.º/1 e 2 e 268.º/4 e 5 da CRP,).

12ª – Pelo que, contrariamente ao decidido na sentença sob recurso, a utilização pela Recorrente da acção para o reconhecimento do seu direito não consubstancia erro na forma de processo.

13ª – De resto, o recurso à acção do art. 145.º do CPPT fê-lo a Recorrente na sequência e em cumprimento necessário da impugnação judicial que deduziu e que foi julgada procedente.

14ª – A sentença recorrida enferma, aliás, de um vício de raciocínio ao conferir ao interessado a possibilidade de fazer uso da acção do art. 145.º do CPPT apenas quando esse é o único meio processual susceptível de lhe assegurar a tutela efectiva do seu direito e ao reconhecer que, no caso, não lhe é possível a convolação porque nem o *recurso contencioso*, nem a *execução de julgado* são viáveis, já só o sendo a acção para o reconhecimento de direitos do art. 145.º do CPPT, o que torna a convolação desnecessária.

15ª – Decidindo corno decidiu, a sentença sob recurso não fez a melhor interpretação do art. 145.º do CPPT, nomeadamente do seu n.º 3; e violou os arts. 20.º/1 e 2, 205.º/1 e 2 e 268.º/4 e 5 da CRP, privando a Recorrente da garantia que ali lhe é atribuída.

Não houve contra-alegações.

Pelo Exmo Magistrado do Ministério Público foi emitido parecer no sentido do não provimento do recurso porque a recorrente só usou a acção para o reconhecimento de direito porque, então, já não podia requerer a execução de sentença mas, ao usar este meio, subverteu o artigo 143.º n.º 5 do CPPT.

Colhidos os vistos legais cumpre decidir.

O presente recurso é praticamente igual aos que correram termos neste Supremo Tribunal Administrativo com os n.ºs 607/05 e 609/05, que foram julgados em 6 de Outubro de 2005 e 16 de Novembro de 2005 e no qual o actual relator foi, respectivamente, adjunto e relator. São idênticas as conclusões das alegações e o probatório da sentença, apenas diferindo quanto à identidade da recorrente, à numeração das páginas que se referem, bem como ao número da impugnação instaurada e respectivos valores. Assim sendo, limitar-nos-emos a transcrever o que naqueles acórdãos se escreveu sobre as questões suscitadas no recurso.

"A recorrente impugnou judicialmente uma liquidação de imposto sucessório, pedindo, além do mais, «os juros a que aludem os 1.º e 2.º do art. 155.º do CSISSD», obtendo sentença que, por reconhecer a existência de «erro na determinação da matéria colectável (...) que fere a liquidação de ilegalidade», a anulou parcialmente, sem nada decidir quanto ao pedido de juros que formulara.

Com esta sentença se conformou a impugnante, não reagindo contra a falta de apreciação do pedido de juros que formulara. Mas veio, mais tarde, a pedir, à Administração «a restituição do imposto pago, com os juros peticionados, vencidos até à data do efectivo pagamento das quantias que lhe são devidas».

A Administração devolveu o imposto correspondente à parte da liquidação anulada, mas, considerando «que não existiu erro de facto, mas sim de direito, imputável aos serviços», entendeu não ser aplicável o § 1.º do artigo 155.º do Código do Imposto Municipal do Imposto sobre as Sucessões e Doações (CIMISSD), pelo que recusou pagar juros.

Perante este circunstancialismo, a recorrente intentou a presente acção, pedindo o reconhecimento do direito a juros indemnizatórios, obtendo a sentença de que agora recorre, e que considerou, em súmula, haver erro na forma de processo, e inexistir a possibilidade de convolação para outra forma processual adequada.

A questão a decidir é, pois, a de saber se, nas relatadas circunstâncias, a recorrente podia ou não utilizar a acção para reconhecimento de direito com vista à obtenção dos perseguidos juros indemnizatórios.

3.2. *Como se aponta na sentença e, também, no parecer do Exm.º Procurador-Geral Adjunto junto deste Tribunal, a recorrente dispunha de outros meios processuais*

para obter a condenação da Administração no pagamento de juros indemnizatórios.

Desde logo, e uma vez que peticionou esses juros na impugnação judicial, sem obter decisão do Tribunal de 1ª Instância sobre tal matéria, podia ter arguido a nulidade da sentença, por omissão de pronúncia sobre questão que o juiz tinha o dever de decidir.

Mas não o fez.

Podia, ainda assim, ter recorrido a juízo para obter a execução da sentença anulatória da liquidação, e requerer, então, que a Administração fosse condenada a pagar juros indemnizatórios.

Também o não fez.

Podia ter recorrido contenciosamente do despacho a que se refere o ponto 4 da matéria de facto dada por provada na sentença.

Não o fez.

Optou por discutir a questão no âmbito administrativo (como, expressamente, reconhece na conclusão 2ª das suas alegações), recorrendo a juízo só quando concluiu que nada obtinha por essa via, escolhendo, então, o único meio processual que o tempo entretanto decorrido lhe não impedia – a acção para reconhecimento de direito.

À escolha da recorrente está subjacente uma concepção segundo a qual a acção para reconhecimento de direito tem cabimento quando, ainda que haja outros meios processuais mais específicos e adequados para obter a tutela jurídica de que carece o interessado, este já não está em tempo para deles lançar mão.

Só uma franja da doutrina, claramente minoritária, perfilha esta concepção, que na jurisprudência não encontra eco.

É que a acção para reconhecimento de um direito está concebida como um meio complementar dos restantes meios contenciosos, destinado a servir os casos em que a lei não faculta instrumentos processuais adequados à tutela jurisdicional efectiva dos direitos e interesses legítimos do administrado, como se diz no acórdão desta Secção de 11 de Dezembro de 2002, proferido no recurso n.º 46283, que refere, no mesmo sentido, da Secção de Contencioso Administrativo deste Tribunal, os arestos de 10 de Fevereiro de 2001, 27 de Julho de 2001, 10 de Julho de 2001 e 1 de Outubro de 2001, nos recursos n.os 46633, 46283, 47462 e 47063, respectivamente. Em sentido aproximado podem ainda ver-se, da Secção de Contencioso Tributário, os acórdãos de 29 de Janeiro de 2003 – recurso n.º 1514/02 –, 12 de Fevereiro de 2003 – recurso n.º 15 16/02 –, 26 de Fevereiro de 2003 – recurso n.º 1906/02 –, 12 de Março de 2003 – recurso n.º 163/03 –, 26 de Março de 2003 – recurso n.º 164/03 –, 2 de Julho de 2003 – recurso n.º 1905/02 –, 8 de Outubro de 2003 – recurso n.º 525/03 –, 12 de Novembro de 2003 – recurso n.º 1237/03 –, e 14 de Janeiro de 2004 – recurso n.º 1698/04.

Apoiando-se em VIEIRA DE ANDRADE, *de que cita as Lições ao 3.º ano 96/97, e em jurisprudência consubstanciada em arestos de 15 de Maio de 1997 – recurso n.º 41922 –, 9 de Outubro de 1997 – recurso n.º 38860 –, e 28 de Outubro de 1997 – recurso n.º 41797 – (todos da Secção de Contencioso Administrativo), afirma o acórdão da mesma Secção de 12 de Outubro de 1999, proferido no recurso n.º 35116, que no contencioso administrativo vigora o princípio da legalidade ou tipicidade dos meios processuais, pelo que havendo acto administrativo cuja impugnação assegure a plena tutela do direito ou interesse legalmente protegido não é admissível o recurso à acção para reconhecimento de direito. No mesmo pendor e, ainda da Secção de Contencioso Administrativo, vão os acórdãos de 14 de Maio de 1996 – recurso n.º 38927 – e 6 de Outubro de 1999 – recurso n.º 45015.*

A Secção de Contencioso Tributário decidiu, em 6 de Outubro de 1999, no recurso n.º 23747, que o deficiente que desconhece o seu direito à isenção de imposto sobre o rendimento das pessoas singulares, consagrado no artigo 44.º do Estatuto dos Benefícios Fiscais, não impugnando a liquidação que não contempla o benefício, não pode socorrer-se da acção para reconhecimento de direito, «uma vez que a impugnação é o modo mais eficaz e que mais garantias dá ao administrado para atacar a liquidação de IRS».

Em caso mais próximo daquele que agora apreciamos julgou a mesma Secção que a acção para reconhecimento de direito não é meio processual idóneo para pedir juros indemnizatórios na sequência de anulação judicial da liquidação em impugnação em que tais juros não foram pedidos – acórdão de 17 de Abril de 2002, recurso n.º 26470, citado, aliás, pela sentença recorrida.

Ora, este carácter de complementaridade instrumental da acção para reconhecimento de direito face aos restantes meios processuais, caracterizado pela esmagadora maioria da jurisprudência e comummente admitido pela doutrina, implica que dela só se possa lançar mão quando os outros meios processuais não dêem tutela plena, eficaz e efectiva ao direito ou interesse a defender.

Não está nessa circunstância, como se viu, o direito que a recorrente pretende fazer valer, pelo que a acção que intentou não pode ter sucesso.

3.3. *Nas conclusões 11ª a 15ª a recorrente defende que esta concepção, perfilhada pela sentença recorrida e acolhida, também, por este Tribunal de recurso, não é conforme «ao princípio constitucional da tutela plena e efectiva dos direitos dos particulares».*

Também a esta questão deu resposta a nosso ver acertada a sentença recorrida, apoiando-se no acórdão do Tribunal Constitucional n.º 435/98, de 16 de Julho.

Se o legislador constitucional exige que a lei ordinária preveja meios de reacção perante os tribunais contra todas as actuações da Administração lesivas de direitos ou interesses legalmente protegidos, já não impõe que a mesma lei coloque ao dispor dos administrados uma pluralidade de meios para esse fim. Deste modo, não há obstáculo constitucional a que o legislador ordinário tipifique os meios processuais que institui, prevendo um a que atribui complementaridade instrumental — ou seja, que pode ser usado quando os outros não dêem tutela bastante ao direito ou interesse em defesa. Longe de ofender o que está constitucionalmente garantido, o legislador ordinário, ao criar a acção para reconhecimento de direito com este carácter complementar, deu completa satisfação ao ditame da Constituição.

Em sentido aproximado podem ver-se os acórdãos de 5 de Junho de 2000 – recurso n.º 41915 – do Pleno da Secção de Contencioso Administrativo deste Tribunal e de 20 de Novembro de 2004 – recurso n.º 1579/03 – da mesma Secção.".

Em conformidade com o exposto e sem necessidade de outras considerações, acorda-se em conferência neste

Supremo Tribunal Administrativo em negar provimento ao recurso, assim mantendo a sentença recorrida.

Custas pela recorrente com 50% de procuradoria.

Lisboa, 18 de Janeiro de 2006.

Vítor Meira (Relator)
Baeta de Queiroz
Brandão de Pinho

Recurso n.º 1152/05-30

ACTO DE LIQUIDAÇÃO. ACÇÃO PARA RECONHECIMENTO DE UM DIREITO. MEIO PROCESSUAL ADEQUADO. VIOLAÇÃO DO DIREITO COMUNITÁRIO. PRAZO PARA REAGIR CONTRA O ACTO DE LIQUIDAÇÃO.

(Acórdão de 25 de Janeiro de 2006)

SUMÁRIO:

I- A acção para reconhecimento de um direito continua a ser, no contencioso tributário, mesmo após a revisão constitucional de 1998, um meio processual de que só é legítimo lançar mão quando outros não haja capazes de tutelar efectivamente os direitos ou interesses legalmente protegidos que o interessado pretende defender.

II- A invocação de vício de violação de lei, por contrariedade com os princípios do direito comunitário da equivalência e da efectividade, não impõe que se admita o interessado a reagir a todo o tempo através da acção para reconhecimento de um direito, bastando àqueles princípios que se lhe permita actuar para além do prazo de 90 dias da impugnação judicial, ou seja, dentro do prazo da revisão oficiosa do acto de liquidação, presentemente, de 4 anos.

ACORDAM, EM CONFERÊNCIA, NA SECÇÃO DE CONTENCIOSO TRIBUTÁRIO DO SUPREMO TRIBUNAL ADMINISTRATIVO:

1.1. CORTICEIRA AMORIM INDÚSTRIA, S. A., com sede em Meladas, Mozelos, Santa Maria da Feira, recorre da sentença da Mmª. Juiz do Tribunal Administrativo e Fiscal Viseu que julgou improcedente a acção para reconhecimento do direito à anulação de liquidação de emolumentos registrais, com restituição da quantia paga e juros legais.

Formula as seguintes conclusões:

«1 – O entendimento do Ex.mo Juiz a quo sobre o carácter residual desta acção está de todo ultrapassado pela mais recente doutrina e jurisprudência como acima se expôs, já que o cabimento desta acção não depende de haver ou não outros meios contenciosos que assegurem a tutela efectiva do direito ou interesse em causa.

2 – A regra do art. 69.º da LPTA (semelhante à norma do 165.º do CPT ora em análise), não consagra um meio processual residual ou complementar que vigorava até à 2ª revisão Constitucional de 8 de Julho de 1998.

3 – A lei constitucional após aquela data tornou evidente que o art. 69.º n.º 2 da LPTA e consequentemente o art. 165 n.º 2 do CPT deverá considera-se inconstitucional.

4 – Tal sentença viola ainda o princípio constitucional da plenitude da garantia jurisdicional administrativa, ao condicionar desta forma esta acção à adopção de meios específicos de impugnação. A autonomização do direito de acesso à justiça impõe constitucionalmente a institucionalização de acções a título principal e não meramente subsidiário.

5 – Contraria ainda os princípios de direito comunitário da equivalência e da efectividade.

6 – O cidadão pode, decorrido o prazo de 90 dias referido no artigo 102.º do CPPT, lançar mão do pedido de restituição das quantias pagas, alegadamente com base em liquidação que viola lei comunitária, em prazos substancialmente mais avantajados.

7 – O direito comunitário não tem norma sobre o prazo para a restituição do indevido;

8 – Aplica-se, assim, o prazo da lei portuguesa (5 anos pelo artigo 35.º do Regime da Administração Financeira do Estado e 4 anos pelo 78.º da lei Geral Tributária;

9 – Um prazo de 4 ou 5 anos respeita os princípios da equivalência e da efectividade do direito comunitário;

10 – Este prazo de restituição do indevido nada tem a ver com o prazo de 90 dias para deduzir impugnação judicial; um prazo é razoável para impugnar e outro é razoável para restituir o indevido;

11 – O prazo de 90 dias previsto no artigo 102.º do CPPT, uma vez ultrapassado não preclude a possibilidade de se obter a restituição das quantias indevidamente liquidadas;

12 – A acção para reconhecimento de um direito é um meio processual válido para a restituição do indevido.

Termos em que deve o presente recurso ser julgado procedente, substituindo-se e revogando-se a douta sentença do Tribunal a quo por outra que mande fazer seguir os trâmites processuais subsequentes da presente acção».

1.2. Não há contra-alegações.

1.3. A Mm.ª Juiz proferiu despacho em que entendeu que «não há lugar a reparação».

1.4. O Exm.º Procurador-Geral Adjunto junto deste Tribunal é de parecer que o recurso não merece provimento, pelas razões que adiante se verão.

1.5. O processo tem os vistos dos Exm.ºs Adjuntos.

2. A matéria de facto fixada é a seguinte:

«A) Em 1995.09.17, a A. pagou a título de emolumentos, na Conservatória de Registo Comercial da Feira, o montante de PTE 3.008.100$00 (cfr. documento a fls. 40 dos autos que aqui se dá por reproduzido);

B) Em 1995.11.17, a A. pagou a título de emolumentos no Registo Nacional de Pessoas Colectivas o montante de PTE 2.501.500$00 (cfr. documento a fls. 41 dos autos que aqui se dá por reproduzido);

C) Em 1996.04.24, a A. pagou a título de emolumentos, na Conservatória do Registo Predial de Santa Maria de Feira, o montante de PTE 235.745$00 (cfr. documento a fls. 36 do processo e que aqui se dá por reproduzido;

D) A petição inicial deu entrada em 1998.09.22, na 2.ª Repartição de Finanças da Feira.

FACTOS NÃO PROVADOS

Dos factos constantes da impugnação, nenhuns mais têm interesse para a boa decisão da causa.

Porém, a Autora não identifica o acto que deu origem à cobrança dos emolumentos, limitando-se a afirmar que o acto recorrido é definitivo e, como tal impugnável (cfr. art. 24.º da p. i. por exemplo), havendo discrepância entre o valor dos actos constantes da p. i. e o dos documentos juntos, sem que tal seja explicado na p. i., dando a ideia que não impugna toda a cobrança emolumentar mas apenas uma fracção das mesmas (cfr. art. 1.º da p. i. Esc. 3.006.000$0, como o documento que juntou sob o n.º 1: PTE 3.008.100$00)».

3.1. A questão a decidir no presente recurso jurisdicional é a de saber se pode o contribuinte socorrer-se da acção para reconhecimento de um direito com vista a obter

– a anulação de um acto de liquidação que reputa de ofensivo de normas constitucionais e comunitárias

– e a restituição da quantia que, em consequência, se viu obrigado a desembolsar.

Este foi o pedido formulado a final da petição que originou o presente processo, sob a forma de acção para reconhecimento de um direito.

A recorrente defende resposta afirmativa, por entender que a revisão constitucional de 1998 obsta a que se interpretem com sentido contrário os artigos 69.º n.º 2 da Lei de Processo nos Tribunais Administrativos (LPTA) e 165.º n.º 2 do Código de Processo Tributário (CPT). Uma tal leitura contrariaria, ainda, «os princípios de direito comunitário da equivalência e da efectividade».

3.2. O entendimento perfilhado pela recorrente não tem obtido acolhimento da jurisprudência deste Tribunal – quer desta Secção de Contencioso Tributário, quer da de Contencioso Administrativo.

Ainda que a recorrente diga apoiar-se nos «nossos mais recentes arestos do S.T.A.», o certo é que não aponta, da última Secção referida, nenhum posterior a 1994.

Mas são vários os exemplos, na mais contemporânea jurisprudência, que não sustentam o pensamento da recorrente.

Sempre da Secção de Contencioso Administrativo podem ver-se os acórdãos de 14 de Janeiro de 2004, 18 de Janeiro de 2005 e 30 de Novembro de 2005, proferidos nos recursos n.os 1125/03, 254/04 e 761/05, respectivamente.

Lê-se no sumário do primeiro:

«A acção para reconhecimento de um direito ou interesse legítimo é um meio processual complementar, destinado a ser utilizado nos casos em que a lei não faculte aos administrados, na situação em que se encontram no momento da propositura da acção, outro meio jurisdicional adequado à efectiva tutela jurisdicional desses direitos ou interesses legítimos.

Assim, não é viável a utilização da acção para reconhecimento de um direito quando existir um acto administrativo impugnável cuja impugnação permita, em execução de julgado, plena satisfação de pretensão formulada à Administração, mas nos casos em que não existe um acto administrativo impugnável, será viável a utilização da acção, não sendo necessário que o interessado provoque a prática de um acto que, depois, possa impugnar».

Do segundo, atente-se neste trecho:

«É certo (pacífico) que (...) a acção para reconhecimento de direitos e interesses legítimos não é meio processual idóneo, sempre que sobre a situação em causa tenha havido um acto administrativo impugnável, *cuja anulação e respectiva execução garanta a tutela jurisdicional do direito ou interesse invocado* – cfr. Ac. de 28/05/2002, 3/3/94, 23/4/96, 9/5/96, 10/10/96, 18/2/97, 19/11/98, 24/3/99, 19/5/99, 6/10/99, 12/10/99 e 24/5/2 001, proferidos nos recursos n.os rec. 048419, 33 290, 36 597, 37415, 37 519, 40 257, 42 223, 42 489, 44 753, 45 015, 44 937 e 47 359, respectivamente) e, na doutrina, Vieira de Andrade, a Justiça Administrativa, pág. 145: "a tendência do sistema deverá, portanto, favorecer a tese estrutural, reservando-se a acção para os casos em que não exista um verdadeiro acto administrativo (incluindo a generalidade dos casos de indeferimento tácito)"».

Transcreve-se, por fim, do terceiro dos identificados arestos:

«(...) no que toca à natureza complementar do meio processual previsto no art. 69.º, n.º 2 da LPTA, e à conformidade deste preceito com o texto constitucional, mesmo após as revisões constitucionais de 1989 e 1997, a jurisprudência deste STA, designadamente do Pleno, tem-se pronunciado reiteradamente nesse sentido, entendimento que colheu igualmente o apoio do Tribunal Constitucional. Dispõe o citado art. 69.º, n.º 2 da LPTA:

"*As acções* (para reconhecimento de direito ou interesse legítimo) *só podem ser propostas quando os restantes meios contenciosos, incluindo os relativos à execução de sentença, não assegurem a efectiva tutela jurisdicional do direito ou interesse em causa*".

A introdução deste novo meio processual, criado pelo ETAF/84 (al. f) do n.º 1 do art. 51.º), e depois regulamentado na LPTA (arts. 69.º e 70.º), na sequência da revisão constitucional de 1982, assentou na ideia de uma avaliação negativa quanto à capacidade do recurso contencioso (meio contencioso de mera anulação ou de mera legalidade) para, em determinadas situações, assegurar uma efectiva tutela dos direitos e interesses legítimos dos particulares lesados por actos ou omissões da Administração.

Daí o surgimento de um novo meio processual que desse garantias de uma tutela efectiva e completa em todas as situações em que o recurso contencioso de anulação, bem como os restantes meios processuais (acções sobre contratos administrativos e acções sobre responsabilidade da Administração) não assegurassem tal finalidade (cfr. Rui Machete, "A Garantia Contenciosa para Reconhecimento de Direito ou Interesse Legalmente Protegido", Lisboa, 1987, p. 227; e Freitas do Amaral, "Direito Administrativo", Vol. IV, p. 289).

A formulação do n.º 2 do art. 69.º da LPTA aponta claramente para a natureza complementar deste meio processual face aos restantes meios contenciosos. Após a revisão constitucional de 1989, e também com a de 1997, e perante a autonomização do tratamento constitucional da tutela dos direitos e interesses legalmente protegidos, agora objecto do n.º 5 do art. 268.º da Constituição, questionou-se a subsistência da natureza subsidiária ou complementar dessas acções.

A jurisprudência deste Supremo Tribunal reflectiu alguma hesitação sobre a subsistência da citada regra da complementaridade da acção, com o sentido que a jurisprudência lhe atribuía ao abrigo do texto constitucional de 1982, tendo-se, porém, sedimentado como largamente maioritária, a tese da subsistência daquela regra, tida por consentânea com o novo texto constitucional (cfr., por todos, os Acs. do Pleno de 05.06.2000 – Rec. 41.915, e de 31.03.98 – Rec. 38.367).

Afirma-se, designadamente, nos referidos arestos:

"Face ao actual art. 268.º, n.º 2 da CRP – redacção da revisão de 1989 – e nomeadamente ao seu art. 5.º, e uma vez que nele se pretendeu manter a efectiva tutela jurisdicional dos direitos ou interesses legalmente protegidos, embora com o esclarecimento de que a referida acção não depende da existência de um acto administrativo ou de esse acto ser recorrível, será em atenção a esse objectivo, segundo as circunstâncias de cada caso concreto, que se decidirá se foi correcta ou incorrectamente feito uso desse novo meio processual".

E acrescenta-se que continua a funcionar o pressuposto processual contido no n.º 2 do citado art. 69.º "sempre que o recurso contencioso e respectiva execução de sentença anulatória se apresente como via adequada a uma eficaz e efectiva tutela jurisdicional dos direitos ou interesses legalmente protegidos", e que, fora destes casos, será lícito ao administrado o recurso àquela acção, "mas tem ele de alegar e provar os factos essenciais que tornam legítimo e necessário, para a efectiva tutela dos direitos ou interesses legalmente protegidos, o uso dessa via judiciária".

O legislador constitucional não pretendeu, com a referida autonomização do tratamento constitucional da tutela dos direitos e interesses legalmente protegidos, consagrar uma utilização irrestrita, indiferente e aleatória do direito de acção para o reconhecimento de direitos.

Como a jurisprudência deste Supremo Tribunal tem salientado, "*o actual n.º 5 do art. 268.º da CRP, com o consequente reforço do princípio "pro actione" ou da accionabilidade, não teve o propósito de subverter a "normalidade" legal e tradicional da necessidade de interposição de recurso contencioso imediato contra actos lesivos expressos ou simplesmente presumidos (fictos) feridos de ilegalidade*".

O n.º 2 do art. 69.º da LPTA, verdadeira "norma de adequação ou racionalização dos meios de tutela processual", é, por conseguinte, consentânea com o novo texto constitucional, e, designadamente, com o reforço do princípio da accionabilidade consagrado no n.º 5 do art. 268.º da Constituição da República.

Trata-se, na expressão do citado Ac. do Pleno de 05.06.2000, da consagração de "*uma ideia de complementaridade instrumental, que não de subalternização ou de secundarização da acção em relação ao recurso*".

Este é também o entendimento jurisprudencial sufragado pelo Tribunal Constitucional, que expressamente considerou que com a revisão constitucional de 1997, e a nova redacção do art. 268.º, n.º 4 da Constituição, "*não se vê que deva concluir-se hoje diferentemente ao decidido nos acórdãos n.ºs 425/95 e 435/98, no que diz respeito às acções para reconhecimento de um direito ou interesse legalmente protegidos*", reafirmando com toda a clareza que a norma do n.º 2 do art. 69.º da LPTA "só seria inconstitucional se, com o estabelecimento desse pressuposto, tornasse impossível ou particularmente onerosa a defesa contenciosa dos direitos ou interesses legalmente protegidos dos particulares (...) porque, num tal caso, violaria a garantia de acesso à via judiciária" (cfr. Ac. n.º 469/99, de 14.07.99 – Proc. N.º 91/98)».

Também a Secção de Contencioso Tributário se pronunciou sobre o tema não há muito tempo – 6 de Outubro de 2005 –, no processo n.º 607/05.

Respiga-se daí:

«(...) a acção para reconhecimento de um direito está concebida como um meio complementar dos restantes meios contenciosos, destinado a servir os casos em que a lei não faculta instrumentos processuais adequados à tutela jurisdicional efectiva dos direitos e interesses legítimos do administrado, como se diz no acórdão desta Secção de 11 de Dezembro de 2002, proferido no recurso n.º 46283, que refere, no mesmo sentido, da Secção de Contencioso Administrativo deste Tribunal, os arestos de (...).

(...) no contencioso administrativo vigora o princípio da legalidade ou tipicidade dos meios processuais, pelo que havendo acto administrativo cuja impugnação assegure a plena tutela do direito ou interesse legalmente protegido não é admissível o recurso à acção para reconhecimento de direito (...).

(...) este carácter de complementaridade instrumental da acção para reconhecimento de direito face aos restantes meios processuais, caracterizado pela esmagadora maioria da jurisprudência e comummente admitido pela doutrina, implica que dela só se possa lançar mão quando os outros meios processuais não dêem tutela plena, eficaz e efectiva ao direito ou interesse a defender.

(...) Se o legislador constitucional exige que a lei ordinária preveja meios de reacção perante os tribunais contra todas as actuações da Administração lesivas de direitos ou interesses legalmente protegidos, já não impõe que a mesma lei coloque ao dispor dos administrados uma pluralidade de meios para esse fim.

Deste modo, não há obstáculo constitucional a que o legislador ordinário tipifique os meios processuais que institui, prevendo um a que atribui complementaridade instrumental – ou seja, que pode ser usado quando os outros não dêem tutela bastante ao direito ou interesse em defesa. Longe de ofender o que está constitucionalmente garantido, o legislador ordinário, ao criar a acção para reconhecimento de direito com este carácter complementar, deu completa satisfação ao ditame da Constituição».

O entendimento reflectido nos arestos respigados em nada colide com o princípio da plenitude da garantia jurisdicional administrativa invocado pela recorrente.

Esse princípio não equivale ao da plenitude da acção para reconhecimento de um direito. Ou seja, se se impõe que haja uma forma de processo capaz de garantir adequadamente todos os direitos e interesses legalmente protegidos, já nada aponta no sentido de que essa forma seja, para todos os casos, a acção para reconhecimento de um direito.

O que importa é que o administrado possa, sempre que vê ofendido um seu direito ou interesse legalmente protegido, lançar mão de um meio processual que assegure uma tutela eficaz.

E, como se viu, esse meio existe, para o caso aqui versado. Mesmo no momento em que a recorrente intentou a presente acção, ainda estava em tempo para requerer a revisão oficiosa da liquidação, como se nota no parecer do Exm.º Procurador-Geral Adjunto junto deste Tribunal.

3.3. Quanto à questão da compatibilidade deste entendimento com a lei comunitária, o que a jurisprudência deste Tribunal tem entendido é diferente do que expõe a recorrente.

O Tribunal tem julgado que é conforme com as exigências do direito comunitário um prazo da lei nacional de 4 ou 5 anos para obter a restituição do pagamento efectuado em consequência de um acto de liquidação ilegal.

Ora, esse prazo não se relaciona com a acção para reconhecimento de direito que, em princípio, pode ser posta sem dependência de prazo – cfr. o artigo 69.º n.º 1 da LPTA.

De acordo, aliás, com os arestos que a recorrente invoca e parcialmente transcreve, o prazo a que a jurisprudência se refere é o da revisão oficiosa da liquidação, de que trata, hoje, o artigo 78.º da Lei Geral Tributária, e de que, antes, se ocupava o artigo 35.º do Regime da Administração Financeira do Estado.

É, de resto, o que acaba por afirmar a própria recorrente, nas conclusões 6 a 11 das suas alegações de recurso, aonde defende, expressamente (conclusão 9), que «um prazo de 4 ou 5 anos respeita os princípios da equivalência e da efectividade do direito comunitário». E esse não é o prazo para intentar acção para reconhecimento de um direito, mas para a revisão oficiosa da liquidação.

Nem conhecemos jurisprudência, quer do Tribunal de Justiça, quer dos tribunais nacionais, que entenda exigível, à luz do ordenamento comunitário, que a restituição do pagamento indevido possa ser obtida a todo o tempo, através de qualquer meio processual.

Improcedem, pelo exposto, as conclusões das alegações de recurso.

4. Termos em que acordam, em conferência, os juízes da Secção de Contencioso Tributário deste Supremo Tribunal Administrativo em, negando provimento ao recurso, confirmar a sentença impugnada.

Custas a cargo da recorrente, com 50% de procuradoria.

Lisboa, 25 de Janeiro de 2006.

Baeta de Queiroz (Relator)
Pimenta do Vale
Lúcio Barbosa

Recurso n.º 994/05-30

ACTO PASSÍVEL DE PROCEDIMENTO JUDICIAL REPRESSIVO. SEU SIGNIFICADO. REGULAMENTO (CEE) N.º 1697/79, DO CONSELHO, DE 24/7/79. CADUCIDADE DA LIQUIDAÇÃO. REENVIO PREJUDICIAL.

(Acórdão de 11 de Janeiro de 2006)

SUMÁRIO:

I – A liquidação e cobrança *a posteriori* de direitos aduaneiros deve ser efectuada no prazo de três anos, a menos que esteja na sua base um acto passível de procedimento judicial repressivo.

II – Esta expressão significa um acto de natureza penal e não contra-ordenacional.

III – Saber se basta que a Fazenda Pública denuncie ao MP a alegada prática de um acto passível de procedimento judicial repressivo para que a acção para cobrança pelas autoridades competentes se exerça em conformidade com as disposições em vigor nos Estados-membros sobre a matéria, ou seja, para além do prazo de três anos, previsto no art. 2.º do Regulamento n.º 1697/79, de 24/7/79, do Conselho ou, se, pelo contrário, é necessária a acusação em processo-crime ou, no limite, a condenação penal do devedor, é questão de interpretação complexa e controversa, que justifica a pronúncia do TJCE

IV – Em tal caso, justifica-se a consulta deste Alto Tribunal Comunitário, com a inerente suspensão de instância do processo tributário.

ACORDAM, EM CONFERÊNCIA, NA SECÇÃO DE CONTENCIOSO TRIBUTÁRIO DO SUPREMO TRIBUNAL ADMINISTRATIVO:

1. ZF – ZEFESER – Importação e Exportação de Produtos Alimentares, Ld., melhor identificada nos autos, impugnou judicialmente, junto do então Tribunal Tributário de 1ª Instância de Setúbal, um acto de liquidação, praticado pela Alfândega de Setúbal.

Alegou vícios de forma e de violação de lei.

O Mm. Juiz daquele Tribunal julgou a impugnação improcedente.

Inconformada, a impugnante interpôs recurso para o TCA.

Este, por acórdão de 12 de Outubro de 2004, julgou procedente o recurso, revogou a sentença recorrida e julgou procedente a impugnação.

Foi a vez da **FAZENDA PÚBLICA** se mostrar inconformada com a decisão. Interpôs recurso para este Supremo Tribunal, formulando as seguintes conclusões nas respectivas alegações de recurso:

1. O acórdão recorrido enferma de erro nos pressupostos de direito porquanto faz errada interpretação do

disposto no artigo 221.º, n.º 3 (actual n.º 4) do Código Aduaneiro Comunitário, ao considerar que o acto de liquidação praticado pela administração depois de decorrido o prazo de três anos é inválido se e na medida em que o indiciado infractor em processo penal vier a ser ilibado, sem possibilidade de nova apreciação judicial.

2. Está certa a posição defendida na sentença do Tribunal Tributário de 1ª Instância de Setúbal segundo a qual é suficiente a mera possibilidade abstracta de procedimento judicial repressivo para que se considere preenchida a condição exigida pelo artigo 221.º, n.º 3 do CAC para efeitos do alargamento do prazo de caducidade do direito à liquidação

3. De resto, se dúvidas houvesse dada a eventual forma equívoca como o preceito se encontra traduzido para a língua portuguesa, resulta claro das versões inglesa e espanhola do artigo 221.º, n.º 3 do CAC a desnecessidade de condenação em processo penal e a irrelevância desta para efeitos do preenchimento da condição necessária para o alargamento do prazo de caducidade do direito à liquidação ali previsto.

4. Do exposto, resulta que, no caso "sub judice", fica afastada a regra geral do prazo de caducidade de três anos, plasmada no n.º 3 do art. 221.º do CAC, caindo-se, pelo contrário, na aplicação da excepção a essa regra que consta do mesmo dispositivo e que alarga o prazo de caducidade para dez anos por força da sua conjugação com os arts. 99.º da Reforma Aduaneira e 34.º do CPT.

5. Porém, tratando-se, como se trata, de uma questão de interpretação de Direito Comunitário, em que o conteúdo da expressão "acto passível de procedimento judicial repressivo" não é unívoca, sempre poderá esse STA, se assim o entender, suspender a instância e suscitar o incidente do reenvio do processo a título prejudicial ao Tribunal de Justiça das Comunidades nos termos do artigo 234.º (ex-artigo 177.º) do Tratado CE.

6. Sendo que entendemos que o recorrido Acórdão de 12-10-2004 da 2ª, Secção do Tribunal Central Administrativo violou o art. 221.º, n.º 3 (actual n.º 4) do CAC e o art. 659.º n.º 2 do Cód1go de Processo Civil.

Contra-alegou a impugnante, que formulou as seguintes conclusões nas respectivas contra-alegações:

1. O douto acórdão recorrido fixou a matéria de facto com interesse para a boa decisão da causa e fez correcta aplicação do direito à mesma, devendo ser integralmente mantido e, consequentemente, julgado improcedente o recurso interposto pela Fazenda Nacional.

2. A interpretação, defendida no recurso pela Fazenda Nacional, do artigo 221.º n.º 1 do CAC, é manifestamente ilegal e contraria a jurisprudência firmada pelo Tribunal recorrido, pelo Supremo Tribunal Administrativo e pelo Tribunal de Justiça das Comunidades.

3. Nos presentes autos não se vislumbra a existência de qualquer dúvida na interpretação da disposição em causa, pelo que não há lugar a colocar qualquer questão ao TJCE.

4. A matéria de facto dada como provada nos autos com a qual a recorrente se conformou, afasta a prática pela recorrida de qualquer acto penalmente punível e, simultaneamente, demonstra que o acto de liquidação está também inquinado de errados pressupostos de facto.

5. O Supremo Tribunal de Justiça, numa pertinente qualificação jurídica dos actos imputados à recorrida, decidiu, que estes, mesmo que se tivessem verificado, o que não foi o caso, não constituiriam qualquer conduta penalmente punível.

6. Mas, mais: da própria fundamentação do acto de liquidação recorrido resulta, sem mais, a ilegalidade da liquidação. Efectivamente, a ter-se constituído a dívida aduaneira nos termos aí expostos, o que não se concede, então essa dívida seria da responsabilidade da pessoa, ou pessoas, que tivessem introduzido as mercadorias no território aduaneiro da Comunidade e as tivessem omitido na apresentação à Alfândega, factos a que a impugnante sempre seria alheia, e que, aliás, nem a notificação do acto impugnado lhe imputa.

O EPGA defende que o recurso não merece provimento.

Colhidos os vistos legais cumpre decidir.

2. O TCA fixou a seguinte matéria de facto:

A. Em 93OUT08 partiu do porto de Diliskelesi, na Turquia com destino ao porto de Setúbal, onde chegou em 93OUT20.

B. Quer no porto de saída, quer no de chegada, foi declarado que o "ART" transportava azeite virgem lampante na quantidade global de 1.498,037T das quais 299.607T se destinavam ao porto de Setúbal, estando o remanescente em trânsito.

C. No porto de Setúbal o "ART" atracou no cais da "URALADA" onde procedeu à descarga da referida quantidade de 299,607T de azeite, com destino à recorrente, em regime de aperfeiçoamento activo, com destino à recorrente.

D. A impugnante utilizava os tanques 1 e 2 da "URALADA" cada um deles com uma capacidade de armazenagem de 300/350 toneladas de azeite.

E. Previamente autorização de descarga foi efectuada visita aduaneira ao navio "ART".

F. Participou na visita a que se alude na alínea precedente a testemunha Maria de Fátima Aiveca, enquanto funcionária da DGAIEC.

G. Na realização de tal diligência (visita aduaneira) não viu fisicamente a mercadoria nem, tão pouco, fez a respectiva medição, ainda que tal constitua procedimento normal.

H. Sem embargo fora advertida pela sua superior hierárquica para ter em atenção a selagem do tanque observar os outros tanques, bem como as torneiras de saída e o painel de controlo.

I. Da mesma forma foi, ainda, advertida para a possibilidade da tubagem de saída ser canalizada para outros depósitos, circunstância que, estando, à data, por comprovar constituía já, no entanto, motivo de suspeita por parte das autoridades aduaneiras.

J. Como os outros navios, o "ART" descarregou em Setúbal, durante a tarde, utilizando as suas próprias bombas à razão de 50/60 toneladas hora.

K. Nos termos do aviso de saída de navio que constitui o doc. de fls. 70 dos autos, estava prevista a saída do "ART" do porto de Setúbal e com a carga declarada em transito no dia imediato ao da chegada (930UT21) às 08.00 horas com destino ao alto mar, aguardando instruções.

L. Na véspera (930UT20) o capitão do "ART" solicitou às autoridades alfandegárias a emissão de alvará de saída, em conformidade com o doc. de fls. 70, a que se alude na alínea que antecede, o que veio a suceder cabendo ao mesmo o n.º 1.037.

M. Segundo informações prestadas pelas autoridades espanholas à UCLAF, por expediente de 950UT25, o "ART" terá atracado em Marrocos (Ceuta), em 930UT23, vazio ("em lastre").

N. A informação a que se alude na alínea que antecede surge na sequência de fax da UCLAF de 96MAI14.

O. O "ART" não foi fisicamente controlado após a descarga em Setúbal, não sendo necessária a intervenção da Alfândega para a sua saída.

P. Quando é caso dos navios zarparem sem carga, saem, no entanto, lastrados com água.

Q. A mercadoria transportada pelo "ART" na viagem em questão, em Setúbal, apenas podia ser descarregada no cais da "URALADA".

R. A impugnante descarregava e, simultaneamente, era a única entidade que, à data, descarregava azeite no cais da "URALADA" em Setúbal.

S. É possível transferir a carga de um navio, para outro, em alto mar, se as condições do mar o permitirem.

T. Segundo documento imputado a agente de navegação nacional, o "ART", no ano seguinte, concretamente em 94JUL23, descarregou, novamente em Setúbal, trezentas toneladas de azeite, necessitando, para o efeito de cinco horas, com início e términus, respectivamente, às 17.30 e 22.40 horas.

U. Por referência aos factos acima referenciados, a DGA, em 97MAR18, remeteu, ao MP, junto do DIAP, a participação criminal, contra, além do mais, a impugnante e seus sócios, que constitui o doc. de fls. 102 a 128, que aqui se dá por reproduzido para todos os efeitos legais, imputando-lhes a prática dos crimes de falsificação de documentos de exportação, burla e associação criminosa.

V. Ao que aqui releva, tal participação consubstanciou-se na seguinte factualidade:

"Em 8 de Outubro de 1993 o navio Art saiu do porto de Diliskelesi, na Turquia, com 1500 tons. de azeite de origem tunisina. Desse carregamento vinham declaradas 300 com destino Setúbal e 1200 tendo como destino os Estados Unidos da América. O navio chegou a Setúbal em 20 de Outubro de 1993, tendo-lhe sido atribuída a contra-marca n.º 968/93 da Alfândega de Lisboa. (...) De acordo com o "Bill of Lading" do navio o carregador da mercadoria na Turquia foi Alemdar Kimia A.S., exactamente o mesmo nome para quem foi emitida, pela LIKA COMMODITIES SA, a factura de venda do azeite exportado pela firma ZF/Zefeser e que posteriormente "apareceu" em Itália. O navio descarregou em Setúbal, para os depósitos da Uralada, a mercadoria que, formalmente, lhe vinha destinada tendo declarado o restante em trânsito – 1200 tons tendo como destino os EUA (...) O navio ART deixa o porto de Setúbal no dia 20 de Outubro de 1993, carregado com 1200 tons. de azeite. No dia 23 de Outubro chega a Ceuta ... vazio! Os documentos comprovativos da chegada do navio a Ceuta foram fornecidos pela Direccion General de la Guardia Civil de Espanha e por aquela entidade transmitida à UCLAF (...). Sendo certo que o navio ART não fez qualquer outra escala entre Setúbal e Ceuta, facilmente se entende que a totalidade da carga terá ficado em Setúbal".

W. Tal participação veio a dar origem ao processo n.º 1/974 ABLSB-0 do Tribunal Judicial de Setúbal – Vara Mista.

X. Julgado tal processo em tribunal colectivo, veio, nele e em 01JAN10, a ser proferido o douto Acórdão que constitui fls. 207 a 277, inclusive, que, aqui, se dá por reproduzido para todos os efeitos legais.

Y. Em tal processo estava em julgamento a acusação deduzida pelo MP contra Giuseppe Gasparini, Jannick Rault, Olivieri Vincenzo Rafaelle Martirano, os sócios da impugnante (José Henriques Borj Santos Fernandes e José Henrique de Jesus Carvalho Santos Fernandes) Nikolaos Dimakis, Gavalas Nikolaos e Carlos Alberto dos Santos Silvestre, bem como pedido de indemnização cível deduzido pelo INGA, contra aqueles mesmos arguidos, bem como contra três empresas, entre as quais a impugnante.

Z. O julgamento criminal apenas incidiu sobre a factualidade imputada aos arguidos enquanto consubstanciadora dos crimes de burla agravada e de associação criminosa.

AA. De fls. 229/249 dos autos constam os factos dados por provados em tal acórdão e de que se respigam, ao que aqui nos importa, os seguintes:

DA ACUSAÇÃO:

«I – (viagens dos navios Art (...) relativamente a transportes de azeite virgem)

I.3 – a. O mesmo navio Art proveniente de Diliskelesi – Deince (Turquia), onde no dia 08.10.93 carregou 299,607 toneladas de azeite e 1.198,430 toneladas também de azeite lampante declarou a descarga no porto de Setúbal em 21.10.93 a descarga de 299,607 toneladas de azeite (...).

b. Foi expedidora a Global Commodities sendo a ZF a destinatária (...)

c. Declarando à saída transportar 1.198,430 toneladas de azeite, sendo certo que no dia 23.10.93 passou no porto de Ceuta com indicação de "en lastre" (...);

d. Não houve controlo efectivo da Alfândega de Setúbal sobre a veracidade desse facto, à saída do navio, procedimento esse que, aliás, não era usual, sendo que a emissão do alvará foi baseada em procedimentos meramente formais.

[...].

DA DEFESA

"B3 A LOYDS não certifica a aportagem de navios a qualquer porto sendo a recolha de qualquer elemento dessa natureza limitada aos portos principais onde têm agentes e com um objectivo meramente informativo.

E3 Os navios ao chegarem ao porto de Setúbal, e antes de obter autorização da Alfândega para começarem a descarga da mercadoria, foram sujeitos a visitas aduaneiras por funcionários aduaneiros.

F3 E em nenhuma das vezes, foi detectada mais mercadoria que a manifestada.

H3 Os navios descarregaram mercadoria noutro porto ou feito transbordo para outro no alto mar.

I3 Os depósitos da URALADA, na altura dos factos, tinham capacidade cada um para trezentas toneladas, num total de doze depósitos e estão afastados uns dos outros, instalados em plataformas de cerca de um metro de altura, sem qualquer parte enterrada ou subterrânea.

J3 E estão equipados com registo exterior de existências, no interior de funcionamento automático visível à vista desarmada, a dezenas de metros de distância.

K3 Quando vazios, têm usualmente a comporta de limpeza instalada lateralmente junto à sua base, aberta.

L3 Previamente às descargas de azeite para a Ré, a Alfândega vistoriou e fiscalizou, pelo menos, os depósitos da URALADA que iriam receber carga, verificando previamente se que estavam vazios e obrigando a abrir a comporta de limpeza dos mesmos.

M3 E, após a descarga, selava, com selos próprios, os depósitos que tinham recebido o azeite, para só os desselar, após o cumprimento das formalidades aduaneiras".

BB. Por outro lado, de fls. 250 a 256 do Acórdão referenciado, constam os factos considerados como não provados, de que se respigam, também, os seguintes;

"5. Estas firmas", *entre as quais a impugnante*, «ainda que constituídas isoladamente por algum ou alguns dos arguidos, actuavam no entanto de uma forma concertada para a prossecução da fraude aduaneira [...].

11. Que tenham sido controlados em Ceuta os navios saídos de Setúbal por ali em escala com verificação efectiva pelas autoridades da existência ou não de carga à chegada e nomeadamente que tal facto tenha sido efectivamente confirmado por elas.

12. Que tenha ocorrido qualquer paragem entre os dois portos ou sido feitos transbordos em alto mar.

13. Que não tenha ocorrido qualquer paragem entre os dois portos ou não hajam sido transbordos em alto mar.

14. Que ao passarem em Ceuta fossem vazios.

15. Que ao saírem de Setúbal iam vazios.

16. Que ao saírem de Setúbal levavam efectivamente o remanescente da carga adquirida na Tunísia e na Turquia (azeite) não declarada em Setúbal".

CC. Na motivação da matéria de facto dada por provada e por não provada consignou-se também e designadamente no que toca ás partidas de azeite, o seguinte:

"1. Foi detectada a legalidade dos transportes declarados para aperfeiçoamento activo. (...) por contrato de aperfeiçoamento activo para efeitos de refinação.

2. Foram mais do que esclarecidas as "facilidades" do controle alfandegário, apenas e na sua grande maioria incidentes sobre os depósitos ditos utilizados.

3. Do depoimento das testemunhas funcionários alfandegários ficou bem claro que tudo era possível acontecer no cais da Uralada.

4. E, nomeadamente, que nas visitas aduaneiras não era feito efectivo controlo físico do produto existente nos tanques antes da descarga, não havia fiscalização contínua, que os depósitos da Uralada não eram todos controlados mas apenas os destinados às partidas do azeite declarado [...]

5. Também o tribunal se viu confrontado com o facto de:

Os alvarás de saída dos navios resultarem de operações e formalidades sem controlo efectivo [...]

O registo Loyd's não ser exacto e não mencionar todas as paragens dos navios [...]

Ser admissível, ainda que porventura com dificuldades técnicas, o transbordo em alto mar.

Não ter havido [...] prova de controlo efectivo em Ceuta sobre a veracidade das declarações em como os navios iam de facto "en lastre" [...]

Incontrolabilidade efectiva dos verdadeiros destinos dos navios".

DD. Na apreciação jurídica empreendida no acórdão do TJSetúbal, delimitaram-se, como questões decidendas, no âmbito da acusação pública, as relativas à importação de óleo de avelã, uma vez que se decidiu estar "[...] afastada (...) a questão da incriminação por contrabando, falsificação ou burla e associação criminosa em relação às importações de azeite – cuja factualidade indiciada não logrou provar-se [...]".

EE. E, no âmbito do pedido cível, consignou-se, nomeadamente, o seguinte:

"A dedução de um pedido cível tem de assentar num ilícito de natureza criminal (...)".

FF. No entendimento de que aquela quantidade de 1.198,430T de azeite fora, também ela, descarregada em Setúbal, juntamente com as restantes 299,607T, a AA procedeu, através do RLiquidação de 97MAR3I, ao apuramento da dívida aduaneira global de Esc. 235.450.137$, sendo 224.238.130$ de direitos niveladores, Esc. 11.211.907$ de IVA eEsc.100$ referente a impresso.

GG. Através do ofício que constitui fls. 48/49 dos autos e que aqui se dá por reproduzido para todos os efeitos legais, o director da Alfândega de Setúbal notificou a impugnante da liquidação referenciada na alínea que antecede, bem como para, querendo efectuar o respectivo pagamento no prazo de dez dias.

HH. É possível proceder ao enchimento simultâneo de dois dos tanques depósito da "URALADA" sendo, no entanto, necessário, para o efeito, que não se encontrem selados, ou seja, com as válvulas abertas. Tal tipo de enchimento processa-se segundo o princípio dos vasos comunicantes.

II. A p.i. dos presentes autos deu entrada em juízo em 97JUL02.

3. Será que caducou o direito do Estado à liquidação?

Vejamos então.

Estamos perante uma liquidação *a posteriori* de dívidas aduaneiras.

Os factos tributários datam de 25/10/93.

A liquidação é de 31/3/97, notificada à impugnante em 9/4/97.

O MM. Juiz *a quo*, decidiu que ocorre a excepção prevista na 2ª parte do art. 221.º, 3, do CAC, por isso que se está perante um acto passível de procedimento judicial repressivo, pelo que a comunicação da constituição da dívida aduaneira pode ocorrer após o prazo de 3 anos. No caso, 10 anos, nos termos do art. 34.º do CPT, pelo que julgou a impugnação improcedente.

Outra e diversa é a perspectiva acolhida no acórdão recorrido, decidindo-se aí a caducidade do direito do Estado à liquidação.

É contra esta decisão que se insurge a Fazenda Pública, defendendo tese idêntica à sufragada pelo Mm. Juiz de 1ª Instância.

Será assim?

Vejamos os normativos legais aplicáveis.

Trazemos à colação desde logo os arts. 98.º e 99.º da RA que, por serem direito especial, se sobrepõem às normas gerais do direito interno português.

Dispõe aquele primeiro artigo:

"A cobrança a posteriori de quaisquer imposições que não constituam recursos próprios ou direitos residuais regula-se pelas disposições da regulamentação comunitária em vigor, com as excepções constantes dos artigos seguintes...".

Dispõe, por sua vez, o art. 99.º da mesma RA:

"Sempre que as autoridades aduaneiras verificarem que não foi possível determinar o montante das imposições a cobrar em consequência de um acto fraudulento, bem como quando verificarem que se encontra em dívida a totalidade das imposições fiscais internas, o prazo para a acção de cobrança é o previsto no art. 27.º do CPCI, aprovado pelo DL n.º 45.005 de 27/4/63".

Estatui, por sua vez, o n.º 3.º do art. 221.º do CAC:

"A comunicação ao devedor não se poderá efectuar após o termo de um prazo de 3 anos a contar da data da constituição da dívida aduaneira.

"Todavia, se, em virtude de um acto passível de procedimento judicial repressivo, as autoridades aduaneiras não puderem determinar o montante exacto das dívidas legalmente devidas, a referida comunicação será efectuada, na medida em que as disposições da lei em vigor o prevejam, após o termo desse prazo de 3 anos".

Porém, à data, não estava em vigor o CAC

Estava em vigor, isso sim, o Regulamento (CEE) n.º 1697/79, do Conselho, de 24/7/79, cujo art. 2.º, n.º 1, dispunha o seguinte:

"1. Sempre que as autoridades aduaneiras verifiquem que a totalidade ou parte do montante dos direitos de importação ou dos direitos de exportação, legalmente devidos por uma mercadoria declarada para um regime aduaneiro que implica a obrigação de pagar os referidos direitos, não foi exigida ao devedor, darão início a uma acção para cobrança dos direitos não recebidos.

"Todavia esta acção não pode ser iniciada depois de findo o prazo de três anos a contar da data do registo da liquidação do montante primitivamente exigido ao devedor, ou, não tendo havido registo da liquidação, a contar da data da constituição da dívida aduaneira, relativa à mercadoria em causa".

Por sua vez, o art. 3.º do mesmo Regulamento rezava assim:

"Não se aplica o prazo previsto no artigo 2.º sempre que as autoridades competentes verificarem que, como consequência de um acto passível de procedimento judicial repressivo, não puderem determinar o montante exacto dos direitos de importação ou dos direitos de exportação legalmente devidos pela mercadoria em causa.

"Neste caso, a acção para cobrança pelas autoridades competentes exercer-se-á em conformidade com as disposições em vigor nos Estados-membros sobre a matéria".

Como resulta de uma análise comparativa dos textos comunitários em questão logo vemos que não há diferenças substanciais entre ambas as disposições comunitárias, no caso o CAC e o dito Regulamento (CEE).

Pois bem.

Estamos perante receitas aduaneiras comunitárias.

Há que ter em conta desde logo que este art. 99.º da RA remete para o art. 27.º do CPCI, que fixava então um prazo prescricional de vinte anos.

Porém, à data dos factos, já estava em vigor o CPT que, no seu art. 34.º, n.º 1, fixava um prazo prescricional de dez anos.

Assim, se for aplicável o direito interno, o prazo prescricional é este último (dez anos).

Avancemos então.

Face ao disposto no art. 98.º do RA, tem aplicação o disposto nos preceitos do dito Regulamento (CEE) n.º 1697/79, do Conselho, de 24/7/79.

Este, por sua vez, e porque estamos perante um acto passível de procedimento judicial repressivo, remete para as disposições da lei em vigor.

Lei que se nos afigura ser a lei do país respectivo, à míngua de referência à lei comunitária.

Mas que lei?

Já vimos que a lei comunitária fixa, normalmente, um prazo de 3 anos para a cobrança *a posteriori*.

Só excepcionalmente fixa um prazo potencialmente mais longo, ou seja, quando se estiver perante *um acto passível de procedimento judicial repressivo*.

E esta referência leva-nos a considerar que se faz aqui apelo ao direito criminal.

Mas apenas para caracterizar o acto, como acto passível de procedimento judicial repressivo.

Mas o que é um procedimento judicial repressivo?

A expressão acto passível de procedimento judicial repressivo abrange apenas os actos que, segundo a ordem jurídica do Estado-membro cujas autoridades competentes reclamam uma cobrança *a posteriori*, são qualificadas de infracções na acepção do direito penal nacional.

Assim, só "aos casos em que seja aplicável um procedimento *penal* e não um procedimento contra-ordenacional se poderá considerar existir um procedimento judicial repressivo".

Vide, a propósito, o acórdão deste STA de 9 de Outubro de 2002 (Rec. n.º 26.416), de que fomos relatores.

Isto aliás de acordo com a doutrina fixada pelo Tribunal da Justiça das Comunidades em 27/11/91 (Processo C-273/90).

Aí se decidiu o seguinte:

"O artigo 3.º do Regulamento (CEE) n. 1697/79 do Conselho, de 24 de Julho de 1979, relativo à cobrança *a posteriori* dos direitos de importação ou dos direitos de exportação que não tenham sido exigidos ao devedor por mercadorias declaradas para um regime aduaneiro que implica a obrigação de pagamento dos referidos direitos, deve ser interpretado no sentido de que a expressão «acto passível de procedimento judicial repressivo» abrange apenas os actos que, segundo a ordem jurídica do Estado-membro cujas autoridades competentes reclamam uma cobrança *a posteriori* são qualificados de infracções na acepção do direito penal nacional".

Reconheça-se, sem embargo, que a imputação feita à impugnante e seus sócios, tem na base um ilícito criminal.

Será que tem aplicação o art. 3.º do Regulamento (CEE) n.º 1697/79, do Conselho, de 24/7/79?

Poder-se-ia desde logo pensar que não.

Desde logo porque não se provou – em sede de processo-crime – ter sido cometido qualquer acto passível de procedimento judicial repressivo.

E se não se provou ter sido cometido esse acto, poder-se-á pensar que não tem aplicação essa excepção à regra geral.

Depois porque se poderá dizer que um entendimento diverso permitiria sempre à autoridade aduaneira, sem mais, fazer prolongar o prazo para essa liquidação adicional.

Bastaria que, sobre o fim do prazo, formulasse a competente denúncia criminal, a pretexto de se indiciar uma infracção penal, para que, sem mais, esse prazo fosse aumentado.

O que parece intolerável.

Porém, no caso, houve até fumos de ilicitude, já que foi deduzida acusação penal. Alterará isto os dados do problema? Não podemos esquecer que a acusação é apenas indiciadora – mas não mais do que isso – de uma infracção criminal, cuja comprovação só pode efectuar-se em julgamento, com a concomitante condenação dos visados.

Há também que acrescentar uma outra ideia, que é também uma asserção juridicamente válida. Como é sabido, a absolvição em processo-crime pode resultar de uma dúvida razoável criada no espírito dos julgadores. É o princípio "*in dubio pro reo*", segundo o qual, na dúvida, o réu deve ser absolvido em processo-crime.

Como é sabido, é à acusação que incumbe o ónus de prova dos elementos integradores do ilícito penal.

Vale isto por dizer que é controversa a interpretação do dito art. 3.º do Regulamento (CEE) n.º 1697/79, do Conselho, de 24/7/79, normativo que suscita várias questões.

Questões que passam pela intervenção do TJCE.

Questões que são as seguintes:

1. Para efeito do art. 3.º do Regulamento (CEE) n.º 1697/79, do Conselho, de 24/7/79, a qualificação de "um acto passível de procedimento judicial repressivo" é a qualificação feita pela autoridade aduaneira, sendo esta bastante, ou torna-se necessário que tal qualificação seja feita pelo competente tribunal criminal?

2. Nesta segunda hipótese, basta a mera acusação feita pela competente autoridade criminal (no caso português, o Ministério Público), ou torna-se necessária a condenação do devedor no respectivo processo-crime?

3. Ainda nesta última hipótese, devem-se extrair conclusões diversas do facto do tribunal absolver o devedor pela aplicação do princípio in dubio pro reo ou o absolver por se ter provado que o devedor não cometeu a infracção respectiva?

4. E se o Ministério Público não deduzir acusação contra o devedor por entender que não há indícios de acto passível de procedimento criminal, que consequências daí decorrem? Será que tal decisão impede se inicie uma acção para cobrança dos direitos não recebidos?

5. E se o Ministério Público ou o próprio tribunal criminal arquivarem o processo-crime por prescrição do procedimento criminal. Será que tal decisão conduz a que não se possa iniciar a respectiva acção para cobrança dos direitos não recebidos?

São tudo questões que demandam a interpretação jurídica do TJCE, cuja pronúncia se solicita, ao abrigo do art. 234.º do Tratado de Roma..

Diga-se, entretanto, num parêntesis final, que este Supremo Tribunal já tomou posição sobre questão idêntica, convocada ao abrigo no n.º 3 do art. 221.º do CAC (Acórdão de 19/10/2005 – rec. n.º 326/05).

Em suma, aí se decidiu que bastava a mera denúncia pela competente autoridade aduaneira, sendo irrelevante o posterior desenlace do processo-crime.

Escreveu-se taxativamente no aresto em causa:

"Nada exige a lei relativamente ao procedimento judicial a que se refere – nem quanto à sua instauração, nem quanto ao seu estado, num dado momento, nem quanto ao seu resultado.

"O "teor literal da norma ... não exige que o juízo sobre a prática do acto passível de procedimento judicial repressivo tenha sido enunciado, de modo definitivo, por um tribunal competente para apreciar criminalmente esse mesmo acto, nem atribui qualquer efeito – tendo em vista a caducidade do direito à liquidação – a uma posterior decisão desse tribunal que não formule o mesmo juízo".

Pese embora o douto aresto em causa, afigura-se-nos decisivo consultar o TJCE, tendo em conta que esta é também uma pretensão da recorrente, e considerando que a posição expressa no acórdão em causa não sufraga um entendimento unânime entre os Tribunais Superiores.

É a perspectiva que temos como mais adequada.

4. Face ao exposto, acorda-se em suscitar o reenvio prejudicial junto do TJCE, nos termos acima expostos, e, em consequência, suspender a instância, nos termos dos arts. 276.º, 1, c) e 279.º, 1, ambos do Código de Processo Civil.

Sem custas.

Lisboa, 11 de Janeiro de 2006.

Lúcio Barbosa (Relator)
Jorge de Sousa
Brandão de Pinho

Recurso n.º 218/05-40

AUTOLIQUIDAÇÃO. CONCEITO. RETENÇÃO NA FONTE. CONCEITO.

(Acórdão de 15 de Fevereiro de 2006)

SUMÁRIO:

I – Autoliquidação é a liquidação de um tributo que não é feita pela Administração Tributária, mas pelo sujeito passivo, seja ele o contribuinte directo, o substituto legal ou o responsável legal (art. s 82.º, n.º 1, 84.º, n.º 2, e 18.º, n.º 3, da Lei Geral Tributária).

II – Retenção na fonte do imposto devido é o único mecanismo pelo qual se efectiva a substituição tributária prevista na lei (art. 20.º, n.º 2, da LGT).

III – Na falta da reclamação graciosa prévia a uma impugnação judicial de autoliquidação (art. 131.º, n.º 1, da LGT).
Improcede a impugnação.

ACÓRDÃO

1.º RELATÓRIO

Com fundamento em vício de violação de lei pelo facto de o acto de liquidação assentar no disposto no art. 3.º da Portaria n.º 313-A/2000, que contraria o disposto no art. 211.º, n.º 2, al. b), do Código dos Valores Mobiliários, bem como o art. 13.º, n.º 2, al. a), da Lei n.º 106/99, de 26 de Julho, SONAE PARTICIPAÇÕES FINANCEIRAS, SGPS, SA, com sede no Lugar de Espido, Via Norte, freguesia e concelho da Maia, deduziu impugnação judicial contra o acto de liquidação de receita designada "taxa sobre operações fora de mercado regulamentado", no montante da 8.978.331$80.

Por sentença de fls. 57 e seguintes, o M.º Juiz do extinto Tribunal Tributário de 1ª Instância de Lisboa julgou a impugnação procedente e anulou o acto de liquidação impugnado.

Não se conformando com esta sentença, dela recorreu a Fazenda Pública para esta STA, tendo apresentado as suas alegações de fls. 68 e seguintes.

A impugnante respondeu com as contra-alegaçes de fls. 120 e seguintes.

O M.º P.º emitiu douto parecer nos termos do qual se deve negar provimento ao recurso.

Por despacho do relator, de fls. 138-v e 139, foi a instância, suspensa até que o TJCE decidisse um reenvio prejudicial relativo a taxas sobre operações fora de bolsa.

Junto o acórdão do TJCE (fls. 293 e seguintes), foi proferido o acórdão deste STA, de fls. 324 e 325, no qual se concedeu provimento ao recurso da Fazenda Pública, se revogou a sentença recorrida e se julgou improcedente a impugnação judicial. Neste acórdão não se tomou posição sobre cada uma das questões colocadas no recurso, tendo-se remetido para o acórdão proferido no Proc.º 26384, de 19 do Maio de 2004, que deu cumprimento decisão do TJCE.

A impugnante arguiu a nulidade do acórdão deste STA de 6 de Outubro de 2004 pelo facto de o mesmo conter manifesto lapso na qualificação jurídica dos factos ou na determinação da norma aplicável.

Por acórdão deste STA de fls. 353 a 357, foi o acórdão anterior declarado nulo, mas suscitada, oficiosamente, a questão prévia da falta de reclamação antes da impugnação judicial, pois a liquidação do tributo não foi feita pela autoridade pública, mas por um banco privado.

Respondendo à questão prévia, veio a impugnante dizer que já precludiu o direito de o tribunal conhecer dessa questão, nos termos dos arts. 7.º e 87.º, n.º 2, do CPTA, pois só se pode conhecer de questões prévias no despacho saneador ou no momento em que este podia ter lugar. Se assim não for entendido, diz a impugnante que não havia lugar a reclamação graciosa necessária, antes da impugnação judicial, pois nem estamos em face de uma autoliquidação nem de uma retenção na fonte mas de uma responsabilidade legal de terceiros associada à cobrança do tributo. Não é uma autoliquidação pelo facto de não ter sido o contribuinte que a fez. Logo, houve uma hetero-liquidação e não uma autoliquidação. *In casu*, foi o BPI que se responsabilizou pela pagamento, pois é o responsável pela liquidação do tributo. Também não houve uma retenção na fonte, pelo facto de não ter havido uma dedução nos rendimentos, pois não se efectuou qualquer pagamento de rendimentos. Se assim não for entendido, suscitou, desde logo, a questão da inconstitucionalidade do art. 132.º do CPPT, nessa interpretação normativa.

A Fazenda Pública não respondeu questão prévia.

O M.º P.º emitiu douto parecer nos termos do qual a questão prévia não pode proceder, pois nem estamos em face de uma autoliquidação nem em face de uma retenção na fonte.

Corridos os vistos cumpre decidir.

2.º FUNDAMENTOS

Começou a impugnante por invocar já ter passado a fase processual em que esta questão podia ser colocada oficiosamente pelo STA. Para o efeito, serviu-se das disposições do CPTA.

De facto, nos termos do art. 87.º, n.º 2, do CPTA, as questões prévias que não tenham sido apreciadas no despacho saneador não podem ser suscitadas nem decididas em momento posterior do processo e as que sejam decididas no despacho saneador não podem vir a ser reapreciadas.

Como escreveu o Prof. Mário Aroso de Almeida, "o tribunal deixa, assim, de poder deixar seguir o processo até ao final, para só então lhe vir a pôr termo com uma decisão de mera forma, como tantas vezes sucedia no passado, optando o Código pela "concentração do saneamento do processo num único momento processual" (cfr. *O Novo Regime do Processo nos Tribunais Administrativos*, 2ª ed., pg. 239). Do mesmo modo, o Prof. Vieira de Andrade escreveu que o objectivo deste caso julgado formal é evitar e prática anterior da reposição em momentos sucessivos de questões formais e de excessivas decisões da absolvições da instância (cfr. *A Justiça Administrativa*, 5ª ed., pág. 293).

Tudo isto está certo, quanto à lei e à doutrina, mas somente se aplica aos processos que não se encontravam pendentes no dia 1.1.2004. Com efeito, nos termos do art. 5.º, da Lei n.º 15/2002, de 22 de Fevereiro, as disposições do CPTA não se aplicam aos processos que se encontrem pendentes à data da sua entrada em vigor. Ora, o CPTA entrou em vigor no dia 1.1.2004, por força do art. 7.º da referida Lei n.º 15/2002, na redacção que lhe foi dada pela Lei n.º 4-A/2003, de 19 de Fevereiro.

In casu, a petição inicial de impugnação judicial foi apresentada em 14.6.2000, conforme carimbo nela aposto.

Logo, não há caso julgado sobre a questão suscitada oficiosamente, pois a mesma pode ser suscitada mesmo neste STA (art. s 660.º, 713.º, n.º 2, 726.º e 749.º, 762.º, n.º 1, do CPC).

Passemos à segunda questão posta pela impugnante. Autoliquidação ou retenção na fonte?

Está assente que o banco BPI interveio na operação de aquisição de acções da BA, limitando-se a sua intervenção ao lançamento a crédito dos títulos escriturais na conta do comprador. O BPI, pela rea1ização dessa operação, cobrou a taxa impugnada, entregando tal quantia nos cofres da CMVM.

Diz a impugnante que esta operação não é uma autoliquidação, mas uma heteroliquição, pois quem a fez no foi o próprio contribuinte, mas um terceiro – o BPI – na qualidade de substituto fiscal por força da lei (art. 211.º do CVM e art. 3.º da Portaria n.º 313-A/2000, de 29 de Fevereiro). Diz que também no uma retenção na fonte porque não houve dedução nos rendimentos. Foi uma substituição tributária sem retenção na fonte.

Vamos começar por este problema da retenção na fonte.

De iure constituendo, são possíveis duas soluções: ou a substituição tributária é efectivada, apenas, através do mecanismo da retenção na fonte do tributo devido, ou a retenção na fonte é, apenas, um dos mecanismos da substituição tributária.

Qual foi a via seguida pela nossa lei?

Segundo o art. 17.º, n.º 2, do *anteprojecto* de Lei Geral Tributária de 25.9.97, "no conceito de substituto estão compreendidos, nomeadamente, aqueles que são obrigados por lei a operar a retenção na fonte quanto aos pagamentos realizados a outras pessoas, com obrigação de entregar tal quantia ao sujeito activo".

Logo, a retenção na fonte era, apenas, uma modalidade de substituição tributária.

Essa redacção manteve-se no *anteprojecto* de LGT de 26.11.1997 (art. 15.º, n.º 2). Do mesmo modo aconteceu com o art. 15.º, n.º 2, do *anteprojecto* de Dezembro de 1997.

Com o art. 14, n.º 2, do *anteprojecto* de 16.2.1998 tudo se alterou. Esse preceito ficou assim redigido: "a substituição tributária opera, *nos termos da lei*, por retenção na fonte do imposto devido pela obtenção dos rendimentos".

A versão que foi a Conselho de Ministros dizia, no art. 20.º, n.º 2, que "a substituição tributária é efectivada *através* do mecanismo da retenção na fonte do imposto devido".

Foi esta última versão que passou para o art. 20.º, n.º 2, da Lei Geral Tributária.

Assim, para a lei portuguesa, o mecanismo de retenção na fonte do tributo devido é a única forma de efectivar a substituição tributária.

Como, no caso, não houve retenção na fonte, tem razão a impugnante quando sustenta que não houve uma substituição tributária por retenção na fonte.

Daí que se não aplique o disposto no art. 132.º do CPPT.

Mas terá havido uma autoliquidação?

Aqui não vamos fazer a história da lei, pois in claris non fit interpretatio.

Nos termos do art. 82.º, n.º 1, da Lei Geral Tributária, a competência para a avaliação directa é da administração tributária e, *nos casos de autoliquidação, do sujeito passivo*.

De acordo com o disposto no art. 84.º, n.º 2, da LGT, *o sujeito passivo que proceda à autoliquidação* deve esclarecer, quando solicitado pela administração tributária, os critérios utilizados e a sua aplicação na determinação dos valores que declarou.

Resulta destas normas que, legalmente, quem faz a autoliquidação é o sujeito passivo.

E quem é o sujeito passivo?

Diz o art. 18.º, n.º 3, da LGT, que sujeito passivo é a pessoa singular ou colectiva, o património ou a organização de facto ou de direito que, nos termos da lei, está vinculado ao cumprimento da prestação tributária, *seja como contribuinte, substituto ou responsável*.

Logo, a autoliquidação não é um acto exclusivo do contribuinte, podendo o mesmo também ser praticado pelo substituto ou pelo responsável.

Substituto ou responsável *nos termos da lei!*

Já vimos que, nos termos do art. 211.º do CVM e do art. 3.º da Portaria 313-A/2000, de 29 de Fevereiro, o BPI era o responsável pela cobrança e entrega ao Estado do tributo em causa.

Por isso, pese embora o brilho sustentado pelo ilustre causídico que defendeu os interesses da impugnante, há autoliquidação não somente quando a mesma seja feita pelo contribuinte, como quando seja efectuada pelo substituto ou responsável legal.

Assim, a liquidação feita pelo BPI é, na verdade, unia autoliquidação e não uma heteroliquidação.

A doutrina fiscal vem sustentado que a autoliquidação é a que é feita por *um particular*, seja ele o contribuinte ou não. Um particular é aquele que não é autoridade pública. Neste sentido pode ver-se o estudo do Dr. Lourenço Vilhena de Freitas, a *Autoliquidação: contributo para uma análise da sua Natureza Jurídica*, in Ciência e Técnica Fiscal n.º 405 (2002), páginas 15, 21 e 47.

A jurisprudência do Tribunal Supremo de Espanha também diz que a autoliquidação é a que é feita por um particular (sentenças de 9.12.1997 e de 15 de Dezembro de 1986).

E foi por tudo isto que, no acórdão onde a questão prévia foi suscitada, se escreveu e sublinhou que *"quem fez a liquidação não foi uma autoridade pública mas um banco privado (Banco BPI, SA"*.

Ora, sendo caso de auto1iquidação, a impugnante tinha que fazer uma reclamação graciosa necessária antes de deduzir a impugnação judicial, nos termos do art. 131.º, n.º 1, do CPPT. Não se conhece qualquer orientação genérica emitida pela administração tributária sobre o assunto, nem ela foi alegada pela impugnante.

A razão de ser da exigência legal da reclamação graciosa prévia à impugnação judicial prende-se com o facto de a autoliquidação não ser um acto tributário da Administração Tributária do qual se possa impugnar directamente. Daí que a lei exija que o sujeito passivo provoque esse acto da Administração Tributária e fim de dele deduzir impugnação judicial.

Não havendo acto tributário da Administração, tinha a impugnante que deduzir uma reclamação graciosa prévia à impugnação judicial. Não tendo feito essa reclamação, falta um pressuposto processual para a impugnação judicial, o que faz com que exista manifesta ilegalidade da sua interposição.

A impugnante, como contribuinte numa autoliquidação feita por terceiro, teria de fazer essa reclamação, pois "só então" podia impugnar (cfr. Prof. Rui Duarte Morais, *A Execução Fiscal*, Almedina 2005, pág. 21).

Procedendo a questão prévia, fica prejudicado o conhecimento de todas as questões postas pela Fazenda Pública nas conclusões das suas alegações, a fls. 109 a 116, nos termos do art. 660.º, n.º 2, do CPC.

3.º DECISÃO

Nestes termos, acordam os juízes deste STA em conceder provimento ao recurso da Fazenda Nacional, ainda que por outro fundamento, em revogar a sentença da 1ª instância e em julgar a impugnação judicial improcedente.

Custas pele impugnante na 1ª instância e neste STA, sendo aqui a procuradoria de 50%.

Lisboa, 15 de Fevereiro de 2006.

Almeida Lopes (Relator)
Pimenta do Vale
Lúcio Barbosa

Recurso n.º 26622-30

CADUCIDADE DO DIREITO À LIQUIDAÇÃO. CADUCIDADE SUSCITADA PELO MINISTÉRIO PÚBLICO. ARTS. 121.º E 124.º, 2, B) DO CPPT. OMISSÃO DA NOTIFICAÇÃO DO PARECER DO M. P. À AUTORIDADE RECORRIDA. NULIDADE. ART. 201.º, 1, DO CPC.

(Acórdão de 08 de Fevereiro de 2006)

SUMÁRIO:

I – A caducidade do direito à liquidação não é de conhecimento oficioso.

II – Mas se o Ministério Público suscitar tal caducidade no seu parecer já o Tribunal pode conhecer dessa alegada caducidade.

III – Porém, tal parecer deve ser notificado às partes, nomeadamente à autoridade recorrida.

IV – A omissão de tal diligência produz a nulidade prevista no art. 201.º, 1, do CPC, com a subsequente anulação da sentença.

ACORDAM, EM CONFERÊNCIA, NA SECÇÃO DE CONTENCIOSO TRIBUTÁRIO DO SUPREMO TRIBUNAL ADMINISTRATIVO:

1. ENGIL – Sociedade de Construção Civil, SA, com sede na Rua Mário Dionísio, 2, Linda-a-Velha, Oeiras, impugnou judicialmente, junto do então Tribunal Tributário de 1ª Instância do Porto, o acto de liquidação das taxas relativas a ocupação da via pública com tapumes na Rua Pedro Homem de Melo, Porto, praticado, por subdelegação, pelo chefe da Divisão Municipal de Receita do Município do Porto.

O Mm. Juiz do TAF do Porto julgou a impugnação procedente, anulando, em consequência a liquidação impugnada.

Inconformada com esta decisão, a **Câmara Municipal do Porto** interpôs recurso para este Supremo Tribunal.

Apresentou as respectivas alegações de recurso.

Por sua vez, a impugnante contra-alegou.

Subiram os autos a este Supremo Tribunal.

Aqui, o EPGA emitiu douto parecer, sustentando que o recurso não merece provimento.

Foram colhidos os vistos legais.

Entretanto, o Mm. Juiz relator proferiu o seguinte despacho:

"Nas suas alegações de recurso, a recorrente, Câmara Municipal do Porto, refere que deveria ter sido ouvida sobre questão suscitada pelo Ministério Público: caducidade do direito à liquidação.

Escreveu a final:

"Pelo que só se poderá concluir que em sede de processo do contencioso tributário parece não poder prescindir da audição de ambas as partes, o que *in casu* não veio a acontecer".

E alcandorou esta temática a *questão* (a apreciar, ao que se crê, pelo tribunal superior) ao escrever a seguir: "A *questão* seguinte ...".

Porém, tal alegação não está vertida nas conclusões.

Quer isto dizer que as conclusões apresentadas não reflectem um dos fundamentos descritos nas alegações.

Convido assim a recorrente a apresentar, em 10 dias, novas conclusões – art. 282.º, 6, do CPPT".

A recorrente apresentou então novas conclusões, que são do teor seguinte:

1. A caducidade do direito à liquidação gera mera anulabilidade pelo que não é do conhecimento oficioso, devendo antes ser invocada pelo impugnante.

2. A caducidade do direito à liquidação suspende-se com a instauração da acção judicial até ao trânsito em julgado da decisão.

3. A arguição de novos vícios do acto impugnado, pelo Ministério Público ou por uma das partes, obriga à audição da parte contrária, de acordo com o princípio plasmado no artigo 98.º da LGT, o que no caso em apreço não veio a suceder.

4. Anulado um acto administrativo por se mostrar inquinado de vício de forma, a Administração está obrigada à prática de um acto tributário legal, que tendo o mesmo objecto, substitua o acto anulado e efective a reposição da legalidade – estando obrigada a proceder à liquidação do tributo.

5. O acto renovado, emitido em execução de sentença de anulação, produz efeitos referidos ao momento da prática do acto anulado e deve tomar em consideração a situação de facto e de direito já existente.

Ouvido, o impugnante manteve o teor das suas contra-alegações, cujas conclusões são do teor seguinte:

A. A agravante não interpreta correctamente o vertido no art. 121.º do CPPT.

B. O Tribunal só deverá ouvir as Partes se o Ministério Público suscitar questão que obste ao conhecimento do pedido (cfr. n.2 do art. 121.º do CPPT).

C. O Ministério Público não suscitou questão que obstasse ao conhecimento do pedido, pois a impugnante pediu que fosse anulada a liquidação da taxa objecto da sua impugnação e o Tribunal anulou a liquidação dessa mesma taxa.

D. A sentença recorrida não é merecedora de qualquer censura pelo facto de ter conhecido da questão da caducidade do direito à liquidação, mesmo não tendo a impugnante suscitado tal questão, mas antes e apenas o Ministério Público.

E. Não é admissível que a agravante pretenda estabelecer confusão entre a presente impugnação judicial e aquela outra que, em 15/09/1997, a agravada apresentou contra um outro acto de liquidação entretanto anulado, aliás.

F. Não é lícito à agravante sustentar que com a dita impugnação judicial apresentada em 15/09/1997 se suspendeu, até ao trânsito em julgado, o decurso do prazo de caducidade do direito à liquidação.

G. A liquidação cuja caducidade se operou e de que ora curamos não é a do direito à liquidação impugnada em 15/09/1997, mas sim a do direito à liquidação que teve lugar em 28/10/2002 e foi impugnada nos presentes autos em 06/02/2003.

H. De 05/09/1996, data em que ocorreu o facto tributário, a 30/10/2002 (data da notificação da dita liquidação), decorreram mais de seis anos!

I. Demonstrada está a caducidade do direito à liquidação, à luz do disposto no n.º 1 do art. 33.º do CPT que é aplicável, atentas as datas envolvidas, *in casu*.

J. A sanação da inconstitucionalidade do R.T.T.L. para o ano de 1996 só ocorreu por via da rectificação efectuada com a publicação do Edital n.º 16/2002; ou seja, em 16/04/2002.

K. E só pode produzir efeitos relativamente aos factos tributários que possam ter ocorrido após a entrada em vigor de tal rectificação; ou seja, após 16/04/2002.

L. O facto tributário *sub judice* ocorreu em 1996 e também terminou em 1996, pois a impugnante levantou os ditos tapumes e deixou de ocupar a referida Rua Pedro Homem de Melo logo em Setembro de 1996, muito antes da liquidação impugnada nos presentes autos e que ocorreu em 28/10/2002.

M. A dita rectificação efectuada pela publicação do Edital n.º 16/2002, de 16/04/2002, não pode aplicar-se ao caso vertente por não ter sido atribuído ao próprio Edital qualquer eficácia retroactiva (como imporia a 2ª parte do n.º 1 do art. 12.º do C. C.), só podendo dispor para o futuro (cfr. 1ª parte do n.º 1 do art. 12.º do CC).

N. Mesmo que lhe tivesse sido atribuída eficácia retroactiva, sempre se ressalvariam os efeitos já produzidos pelo facto tributário em causa (cfr. 2ª parte do n.º 1 do art. 12.º do C.C.).

O. Como o dito Edital dispôs sobre as condições de validade formal do R. T. T. L. para o ano de 1996, não se poderia deixar de considerar que só se aplicava a factos novos (cfr. 1ª parte do n.º 2 do art. 12.º do C.C.).

P. Ainda que se entendesse que o Edital havia disposto "directamente sobre o conteúdo de certas relações jurídicas, abstraindo dos factos que lhes deram origem", então o mesmo só pode abranger "as próprias relações já constituídas, que subsistam à data da sua entrada em vigor" (cfr. 2ª parte do n.º 2 do art. 12.º do C.C.), o que não é o caso dos vertentes autos.

Q. O dito Edital não veio proceder à rectificação de um erro material, mas sim de um erro jurídico, pelo que, ao confrontarmo-lo como disposto no art. 12.º do C.C., só pode resultar a manutenção da inconstitucionalidade do R.T.T.L. para o ano de 1996 quanto à sua aplicação a um facto tributário ocorrido, verificado e cessado em 1996.

O EPGA mantém o seu parecer.

Colhidos vistos complementares, cumpre decidir.

2. É a seguinte a matéria de facto fixada na instância:

A. Em 28/10/2002 foi a impugnante notificada para proceder ao pagamento de 69.683,74 €, referente à liquidação definitiva das taxas relativas a ocupação da via pública com tapumes na Rua Pedro Homem de Melo, verificada em 5/09/1995, conforme participação n.º 2966/96 de Divisão Municipal de Trânsito de 12/09//1996 (fls.11dos autos).

B. Em 05/02/1997 a impugnante tinha sido já notificada da Repartição Administrativa de Licenças e Contencioso Fiscal para proceder ao pagamento da quantia de 69.683,74 € relativa à cobrança coerciva referente a ocupação via sem licença.

C. Em 27/06/1997, a impugnante apresentou reclamação graciosa, a qual veio a ser deferida.

D. Em 15/09/97 foi apresentada impugnação judicial e por sentença de 25/03/99, foi declarada a inconstitucionalidade formal da Tabela de Taxas e Outras Receitas Municipais, e, em consequência, anulado o acto de liquidação, objecto da impugnação.

E. Desta sentença apresentou o Ministério Publico junto do tribunal tributário de 1ª instância do Porto recurso para o Tribunal Constitucional, cujo Acórdão 28/01, de 30 de Janeiro de 2001, concluiu pela inconstitucionalidade formal da Tabela de Taxas e Outras Receitas Municipais, por falta de indicação de lei habilitante.

F. Em 17/02/1997 a impugnante prestou garantia bancária n.º AQ5027228GNP, no montante de 69.852.675$00 junto do Banco Pinto e SottoMayor, tendo requerido a suspensão da cobrança do débito.

G. Em 24/05/01 a impugnante, em consequência das decisões, acima referidas veio requer a devolução da supra identificada garantia bancária.

H. Pelo Edital n.º 16/2002, de 16 de Abril, foi rectificado o regulamento em discussão nos autos, Regulamento da Tabela de Taxas e Licenças para o ano de 1996, aprovado pela Assembleia Municipal do Porto, em 16 de Janeiro de 1996.

3. Na conclusão 1ª das suas alegações de recurso a recorrente defende que a caducidade do direito à liquidação gera mera anulabilidade, não sendo assim de conhecimento oficioso, devendo antes ser invocada pelo impugnante.

É realmente verdade que a caducidade do direito do Estado à liquidação deve ser invocada pela parte – vide, a título de exemplo, o Acórdão do Pleno da Secção de Contencioso Tributário deste STA de 18 de Maio de 2005 (Rec. n.º 1178/04). E não foi.

Sucede, porém, que o MP levantou tal questão no seu parecer, o que permitia ao Tribunal conhecer da dita questão.

Isto decorre do disposto nos arts.121.º e 124.º, 2, b) do CPPT, bem como no art. 27.º, d) da LPTA (então vigente), no tocante aos recursos contenciosos.

Podia pois o Mm. Juiz conhecer de tal questão.

É certo que, como bem refere a recorrente, tal questão, que obstou ao conhecimento do mérito da causa, deveria ser levado ao conhecimento das partes.

E não o foi.

Que consequências?

Pois bem.

Como dissemos acima, o Mm. Juiz considerou caducado o direito à liquidação.

Quer isto dizer que o Mm. Juiz decidiu no sentido propugnado pelo MP, sem que a parte, no caso a ora recorrente, tenha sido ouvida sobre tal questão.

Foi pois omitida uma diligência que patentemente pode influir na decisão da causa.

Vale isto por dizer que tal omissão gera a nulidade prevista no art. 201.º, 1, do CPC.

Que foi tempestivamente arguida – art. 205.º do CPC.

Impõe-se assim a anulação da sentença e termos subsequentes – art. 201.º, 2, do CPC, havendo pois que ouvir, previamente à prolação da sentença, as partes sobre a questão prévia suscitada pelo MP junto do tribunal de 1ª Instância.

4. Face ao exposto, acorda-se em anular os termos processuais subsequentes à apresentação do parecer do MP, prévio à sentença, incluindo, como é óbvio, a dita sentença.

Sem custas.
Lisboa, 8 de Fevereiro de 2006.

Lúcio Barbosa (Relator)
Baeta de Queiroz
Pimenta do Vale

Recurso n.º 810/05-30

CADUCIDADE. ARTIGO 33.º DO CPT. RECLAMAÇÃO. DEFERIMENTO PARCIAL. CORRECÇÃO. NOVO ACTO.

(Acórdão de 22 de Março de 2006)

SUMÁRIO:

I – No domínio do CPT, o direito do Estado à liquidação dos impostos caducava se a liquidação não fosse notificada ao contribuinte no prazo de 5 anos – art. 33.º, 1, do CPT.
II – Praticado tempestivamente um acto de liquidação adicional, que é objecto de reclamação, parcialmente deferida para além daquele prazo de 5 anos, e tendo a administração procedido à correcção que beneficia o contribuinte, muito para além daquele prazo de 5 anos, não ocorre a caducidade do direito do Estado à liquidação.
III – Isto mesmo se a AF praticou um outro acto como consequência daquela correcção.

ACORDAM, EM CONFERÊNCIA, NA SECÇÃO DE CONTENCIOSO TRIBUTÁRIO DO SUPREMO TRIBUNAL ADMINISTRATIVO:

1. ENGIL – Sociedade de Construção Civil, SA, com sede na Rua Mário Dionísio, 2, Linda-a-Velha, Queijas, impugnou judicialmente, junto do então Tribunal Tributário de 1ª Instância de Lisboa, a liquidação de IRC do ano de 1993.

O Mm. Juiz do TAF de Sintra, para onde o processo foi remetido, julgou a impugnação improcedente.

Inconformada, a impugnante interpôs recurso para o TCA – Sul.

Formulou as seguintes conclusões nas respectivas alegações de recurso:

I. A douta sentença recorrida, que julgou improcedente a liquidação adicional referente ao IRC do exercício de 1993 é ilegal, porque recusa a qualificação de acto administrativo (do acto de liquidação impugnado) e, como tal, entende que a liquidação impugnada é uma mera anulação parcial da liquidação anterior.

II. No entanto, o acto de liquidação adicional do IRC de 1993 praticado pela Administração Fiscal contém, em si mesmo, todos os elementos necessários para que se considere a existência de um novo acto administrativo, segundo a doutrina e jurisprudência corrente.

III. Desde logo, o carácter da lesividade, o verdadeiro critério, consagrado em termos constitucionais e legais, que se afere em confronto com os direitos e interesses legalmente protegidos concedidos aos contribuintes.

IV. A liquidação adicional em causa é, igualmente, um verdadeiro acto tributário (um novo acto de liquidação) pela conjugação de outros factores: a existência de uma actuação da Administração na sua vertente pública, à qual foi atribuída um novo número, emitida em nova data, e que concede novo prazo de pagamento ao contribuinte.

V. E o entendimento de que este acto é executivo de um acto anterior é tão mais grave quanto o facto de essa decisão deixar totalmente desprotegido o contribuinte perante uma actuação da Administração Fiscal.

VI. O contribuinte é duplamente lesado, pois, se por um lado é sujeito a uma liquidação ilegal por parte da Administração Fiscal, por ter caducado o direito à liquidação.

VII. Por outro, vem o Tribunal qualificar este acto como executivo do anterior permitindo assim que a Administração Fiscal viole todos os princípios impostos pela lei desde que passe a liquidar sempre ao abrigo do acto correctivo.

VIII. A douta sentença recorrida é ilegal, por aplicar um regime de suspensão do prazo de caducidade não previsto na lei aplicável à situação de facto em apreço.

IX. Não previa o CPT (vide artigo 33.º) qualquer suspensão do prazo de caducidade, em virtude da apresentação de uma reclamação graciosa.

X. Considera também a ora Recorrente, que a douta sentença recorrida é ilegal por violação do disposto no artigo 94.º do CPT, na medida em que o prazo de revisão dos actos, à semelhança do prazo de caducidade, estabelecido, era de cinco anos.

Não houve contra-alegações.

O EPGA junto do TCA – Sul emitiu douto parecer, defendendo que o recurso não merece provimento.

Por despacho do Mm. Juiz relator do TCA foi declarada a incompetência hierárquica desse Tribunal.

Subiram os autos a este STA.

O EPGA remete para o parecer do seu Exm.º Colega.

Colhidos os vistos legais cumpre decidir.

2. É a seguinte a matéria de facto fixa na instância:

1. Em 20.03.1997, a Administração Fiscal procedeu à liquidação adicional de IRC de 1993 do impugnante, com o n. 8310008305, devidamente notificado ao contribuinte, que corrigiu a liquidação n. 8310016585, efectuada em 24.07.1996.

2. Em 20.11.1997, a Administração Fiscal corrigiu a liquidação mencionada em 1, tendo procedido à liquidação n.º 8330024455, em 20.11.1997.

3. Contra a liquidação adicional mencionado em 1, deduziu atempadamente a impugnante reclamação graciosa junto da entidade competente.

4. Em 04.06.2001, foi elaborado o projecto de decisão do pedido formulado em 2,constante de fls. 276 a 298 do P.A anexo, cujo conteúdo se dá aqui por reproduzido, o qual foi comunicado ao reclamante através de notificação feita por carta registada, em 11.06.2001 e para exercer o direito de audição prévia.

5. Não se tendo pronunciado o reclamante sobre a proposta referida em 3, foi proferido, em 12.11.2001, despacho do Director de Finanças competente, no sen-

tido de decidir a reclamação, e em que deferiu parcialmente o pedido formulado, o qual foi notificado ao reclamante, tendo este último recorrido contenciosamente com os fundamentos relativos às provisões não aceites, custos não aceites fiscalmente, a desconsideração do crédito incobrável e a reposição das provisões constituídas nos termos do C.C.I.

6. Em resultado do deferimento parcial referido em 5, foi elaborado o correspondente D.C. 22, em 03.12.2001, cujo conteúdo se dá aqui por reproduzido, no qual se consubstanciou as alterações constantes da Informação prestada no projecto de decisão referido em 4.

7. Em 21.12.2001, a Administração Fiscal procedeu à liquidação n. 8330022431, em resultado do deferimento parcial da reclamação supra mencionada.

8. As importâncias apuradas nas notas de liquidação a que se referem os n.os anteriores, mantêm-se em dívida pelo montante de € 491.810,71, tendo o impugnante prestado garantia bancária nos termos do n.º 5, do art. 199.º do CPPT.

3. A questão a decidir é esta: caducou o direito do Estado à liquidação?

A realidade a considerar é a seguinte:

Foi efectuada a liquidação adicional de IRC do ano de 1993 em 20/3/97, liquidação a que foi atribuído o n.º 8310008305 – ponto 1 do probatório.

Contra tal liquidação foi deduzida, em tempo útil, reclamação graciosa – ponto 3 do probatório.

Em 12/11/2001 foi proferido despacho (o qual foi notificado ao impugnante), que deferiu parcialmente o pedido formulado pelo impugnante – ponto 5 do probatório.

Em 21/12/2001, em resultado desse deferimento parcial, a AF procedeu à liquidação n. 8330022431 – ponto 7 do probatório.

Será que esta última é uma liquidação nova, "autónoma", logo susceptível de ter sido praticada para além do prazo?

Na verdade, se esta for uma nova liquidação, uma liquidação autónoma, verdadeira e própria, então, quando efectuada, já tinha caducado o direito do Estado à liquidação.

Na verdade, à data, o prazo para o Estado notificar a liquidação dos impostos ao contribuinte era de 5 anos – art. 33.º, n.º 1, do CPT, diploma então aplicável.

Numa primeira visão das coisas, a alegação da recorrente impressiona em dois momentos: quando se afirma na notificação que a correcção é passível de reclamação e quando se opta por uma liquidação autónoma, com um número próprio.

Vejamos os termos da notificação:

"Fica V. Ex.ª notificado de que a liquidação do exercício de 1993 foi corrigida, a seu favor, originando uma anulação parcial, pelo que o valor a pagar, no prazo de 30 dias a contar da data da assinatura do aviso de recepção, passa a ser do montante de ...

"Desta correcção poderá reclamar ou impugnar nos termos e prazos estabelecidos no art. 128.º do CIRC ...

"Não sendo efectuado o pagamento no prazo acima devido, haverá lugar a procedimento executivo".

Na verdade, compreende-se mal, e desde logo, a referência à possibilidade de uma reclamação. Na verdade, e se já estamos perante a decisão de uma reclamação, dela cabe, no caso que ora nos ocupa, impugnação que não reclamação.

Por outro lado, seria mais consentâneo que, em vez de uma liquidação autónoma, se anulasse a liquidação anterior, na dimensão respectiva.

Mas terão estas circunstâncias a virtualidade pretendida pela impugnante?

Entendemos que não.

No tocante à primeira, o eventual erro na indicação da possibilidade da reclamação não trouxe quaisquer consequências, pois o ora recorrente impugnou judicialmente a liquidação.

No tocante à segunda, não cremos que se esteja perante uma nova liquidação, na formulação que lhe pretende dar o recorrente.

Na verdade, e desde logo e para além do constante do probatório que já acima referimos – ponto 5 – refere-se expressamente a circunstância de ter havido uma *correcção* da liquidação anterior, e de ter havido uma *anulação parcial.*

Estamos assim não perante uma nova liquidação mas perante uma liquidação corrigida.

Nem sequer vem alegado que a "nova" liquidação seja substancialmente diversa da anterior, sendo curial pensar que daquela foram rectificadas as verbas cujo provimento aconteceu em resultado desse deferimento.

Não estamos assim perante uma nova liquidação, mas antes perante uma liquidação corrigida.

Não há assim caducidade do direito do Estado à liquidação.

A liquidação foi feita em tempo útil. Nem vale apontar com o carácter de lesividade desta "nova" liquidação – conclusão III das alegações de recurso.

A lesividade de tal acto ocorreria sempre desde que não fosse concedido provimento total à reclamação. Ou seja: a lesividade há-de justificar a impugnação, mas daí não resulta que essa lesividade tenha, no caso, a ver com a caducidade. Na hipótese concreta, dir-se-á que a lesividade é anterior, advinda da liquidação adicional de 1997.

E a nova data concedida ao impugnante para efectuar o pagamento – ponto IV das conclusões – não pode ter o efeito pretendido pelo recorrente. Na verdade, após a anulação parcial da liquidação haverá que ser dado um prazo ao reclamante para pagar as quantias que a Administração considera devidas.

Nem vale falar, como faz a recorrente em violação de princípios legais, por a liquidação se fazer ao abrigo do acto correctivo – conclusões V, VI e VII.

É que a liquidação está feita e é nesta que se deve aferir a sua tempestividade.

Nem vale trazer à colação o art. 33.º do CPT – conclusões VIII e IX. Na verdade a liquidação a considerar é a liquidação adicional de 1997, pelo que a reclamação graciosa não contende com o prazo de caducidade. E a referência ao n.º 2 daquele normativo há-de ser lida com referência ao art. 32.º.

Assim deve interpretar-se tal norma como significando que se suspende o prazo de caducidade enquanto pender a acção judicial tendente à anulação ou declaração de nulidade de actos ou negócios jurídicos que integrem factos geradores do imposto[1].

A referência à revisão do acto, com previsão no art. 94.º do CPT – conclusão X –, não é relevante pois, na

[1] Código de Processo Tributário, Comentado e Anotado, 4ª Edição, Alfredo de Sousa e José Paixão, pág. 99.

nossa óptica, o acto de liquidação, no caso, é aquele primeiro acto, que mais tarde foi corrigido, face àquela parcial anulação.

Nem pode falar-se em reforma do acto tributário que se verifica quando a lei manda substituir uma liquidação praticada, por posterior variação da matéria colectável. Aqui, estamos perante uma modificação superveniente do objecto do acto tributário. E, ao contrário do que sucede na anulação parcial, não se mantêm os efeitos produzidos pela liquidação primitiva. Esta é integralmente revogada e substituída por um *acto novo* que reaprecia directamente a situação tributável[2].

A pretensão da recorrente não pode assim obter acolhimento.

4. Face ao exposto, acorda-se, com a presente fundamentação, em negar provimento ao recurso.

Custas pela recorrente, fixando-se a procuradoria em 50%.

Lisboa, 22 de Março de 2006.

Lúcio Barbosa (Relator)
Baeta de Queiroz
Pimenta do Vale

Recurso n.º 1284/05-30

CONTRA-ORDENAÇÃO TRIBUTÁRIA. DECISÃO DE APLICAÇÃO DE COIMA. DESCRIÇÃO DOS FACTOS IMPUTADOS AO ARGUIDO. DIREITO DE DEFESA.

(Acórdão de 29 de Março de 2006)

SUMÁRIO:

I – A «*descrição sumária dos factos*» prevista no art. 79.º, n.º 1, alínea b), do RGIT, como requisito da decisão administrativa de aplicação de coima não consiste na «*a enumeração dos factos provados e não provados, bem como de uma exposição tanto quanto possível completa, ainda que concisa, dos motivos, de facto e de direito, que fundamentam a decisão, com indicação e exame crítico das provas que serviram para formar a convicção do tribunal*», referida no art. 374.º, n.º 2, do C.P.P. para as sentenças proferidas em processo criminal.

II – O que exige aquela alínea b) do n.º 1 do art. 79.º, interpretada à luz das garantias do direito de defesa, constitucionalmente assegurado (art. 32.º, n.º 10, da CRP) é que a descrição factual que consta da decisão de aplicação de coima seja suficiente para permitir ao arguido aperceber-se dos factos que lhe são imputados e poder, com base nessa percepção, defender-se adequadamente.

III – Satisfaz o requisito da descrição sumária, exigido pelo referido art. 79.º, n.º 1, alínea b), a indicação de que o arguido não entregou simultaneamente com uma declaração periódica (que se identifica), apresentada em certa data (que se indica) uma determinada prestação tributária (cujo valor se refere).

ACORDAM NA SECÇÃO DO CONTENCIOSO TRIBUTÁRIO DO SUPREMO TRIBUNAL ADMINISTRATIVO:

1 – O MINISTÉRIO PÚBLICO interpôs o presente recurso jurisdicional para este Supremo Tribunal Administrativo da sentença do Tribunal Administrativo e Fiscal de Loulé que anulou uma decisão administrativa de aplicação de coima.

O Excelentíssimo Magistrado do Ministério Público no Tribunal Administrativo e Fiscal de Loulé apresentou motivação do recurso com as seguintes conclusões:

a) a decisão administrativa que aplicou a coima contém todos os requisitos legais enunciados nas alíneas do n.º 1 do art. 79.º do R.G.I.T: concretamente, os da sua alínea b);

b) já que ali se imputa à arguida a prática de uma conduta – acto/omissão –, referenciada no tempo e no espaço, e a sua integração na norma violada e punitiva;

c) a não enumeração dos factos provados (ou não provados) não é requisito legal na decisão de aplicação da coima, nos termos do art. 79.º do R.G.I.T.;

d) pelo que a sua omissão, quanto à não indicação dos factos provados, não pode ser cominada de nulidade insuprível, nos termos do art. 63.º, n.º 1. al. d) do R.G.I.T.;

e) a decisão de aplicação da coima não tem que obedecer às mesmas exigências de uma sentença criminal, pois, não sendo uma sentença, não implica uma audiência de julgamento, donde resulte a enumeração de factos provados e não provados;

f) não enferma pois, de nulidade insuprível a decisão que aplicou a coima, por alegada ofensa ao disposto no art. 79.º, n.º 1, al. b) e 63.º, n.º 1, al. d), ambos do R.G.I.T.:

g) ao decidir como o fez, a sentença "a quo" violou, por erro de interpretação. O disposto *nos art. 63.º, n.º 1, al. d) e 79.º, n.º 1, al. b) do R.G.I.T. e os art. 374.º, n.º 2 e 379.º, al. a), ambos do C. P. Penal.*

Não foram apresentadas contra-alegações.

Corridos os vistos legais, cumpre decidir.

2 – Na decisão recorrida deu-se como único facto provado a decisão administrativa de aplicação de coima ter dado como provado que o arguido cometeu a infracção não apresentou defesa, pagou antecipadamente nem requereu o pagamento voluntário da coima.

3 – A questão que é objecto do presente recurso jurisdicional é a de saber se a decisão administrativa de aplicação de coima enferma de nulidade insanável por não constarem dela quaisquer factos provados susceptíveis de integrarem uma contra-ordenação.

[2] Conceito e natureza do Acto Tributário, Alberto Xavier, págs. 129 e 130.

Antes de mais, importa referir que, embora na decisão recorrida se tenham referido como factos relevantes a interpretação que se fez da decisão administrativa de aplicação de coima e ela não seja coincidente com a do Excelentíssimo Magistrado do Ministério Público Recorrente, a apreciação da questão que é objecto do presente recurso jurisdicional envolve apenas matéria de direito, pois constando a decisão administrativa do processo, o que está em causa é apenas a questão jurídica de saber se ela, tal com está proferida e não como foi interpretada, satisfaz ou não os requisitos exigidos pelo art. 79.º, n.º 1, alínea b), do RGIT, quanto à indicação dos factos imputados ao arguido.

Por isso, a apreciação da questão referida, insere-se nos poderes de cognição deste Supremo Tribunal Administrativo, restritos a matéria de direito (art. 83.º, n.º 2, do RGIT).

4 – Na referida alínea b) do n.º 1 do art. 79.º do RGIT que «a decisão que aplica coima contém «*a descrição sumária dos factos e indicação das normas violadas e punitivas*».

Trata-se de uma norma especial sobre os requisitos da decisão administrativa de aplicação de coima, que, por isso, afasta a necessidade de aplicação do regime do C.P.P., que é de aplicação meramente subsidiária, nos termos dos arts 3.º, alínea b), do RGIT, e 41.º, n.º 1, do Regime Geral das Contra-Ordenações.

A «*descrição sumária*» referida naquele art. 79.º, n.º 1, alínea b), não exige «*a enumeração dos factos provados e não provados, bem como de uma exposição tanto quanto possível completa, ainda que concisa, dos motivos, de facto e de direito, que fundamentam a decisão, com indicação e exame crítico das provas que serviram para formar a convicção do tribunal*», que é exigida pelo art. 374.º, n.º 2, do C.P.P. para as sentenças proferidas em processo criminal.

Trata-se, naquele art. 79.º, n.º 1, alínea b), de estabelecer um regime de menor solenidade para as decisões de aplicação de coimas comparativamente com as sentenças criminais, regime esse justificável pela menor gravidade das sanções contra-ordenacionais contra-ordenações.

O que exige aquela alínea b) do n.º 1 do art. 79.º, interpretada à luz das garantias do direito de defesa, constitucionalmente assegurado (art. 32.º, n.º 10, da CRP) é que a descrição factual que consta da decisão de aplicação de coima seja suficiente para permitir ao arguido aperceber-se dos factos que lhe são imputados e poder, com base nessa percepção, defender-se adequadamente.

No caso em apreço, ao contrário do que se diz na sentença recorrida, em matéria de descrição factual não consta da decisão de aplicação de coima apenas que «*o arguido cometeu a infracção, não apresentou defesa, pagou antecipadamente nem requereu o pagamento voluntário da coima*», pois nessa decisão refere-se expressamente que o arguido

(...)«***responde pelos seguintes factos que lhe são imputados***:

Não entregou simultaneamente com a declaração periódica (0309T) que apresentou em 2004/08/12, a prestação tributária na quantia de € 12.2.58,15».

Por outro lado, na parte da decisão de aplicação de coima em que se refere na decisão recorrida como matéria de facto provada, não se refere apenas que «*o arguido cometeu a infracção, não apresentou defesa, pagou antecipadamente nem requereu o pagamento voluntário da coima*», mas sim que «*o arguido cometeu a infracção* **supra mencionada**, *não apresentou defesa, não utilizou a possibilidade do pagamento antecipado, nem requereu o pagamento voluntário nos termos do art. 78.º do RGIT*».

Como é óbvio, «a infracção supra mencionada» é a constituída pelos «***factos que lhe são imputados***» que são «*Não entregou simultaneamente com a declaração periódica (0309T) que apresentou em 2004/08/12, a prestação tributária na quantia de € 12.2.58,15*»,

Esta referência aos factos que são imputados ao arguido satisfaz o requisito de «*descrição sumária dos factos*», exigido pela alínea b) do n.º 1, do art. 79.º do RGIT, pois através dela o arguido pode identificar os factos que lhe são imputados que são o de em 12-8-2004 ter enviado a referida declaração periódica e não ter entregue simultaneamente a quantia referida.

Por isso, está-se perante uma «descrição sumária» dos factos imputados ao arguido que é suficiente para assegurar adequadamente o seu direito de defesa, como se comprova, aliás, pela extensa e pormenorizada defesa que apresentou ao Tribunal Tributário no recurso da decisão de coima, bem como no documento que com ela juntou, dirigido ao Senhor Director-Geral dos Impostos.

Assim, tem de se concluir que a decisão de aplicação de clima, não enferma de nulidade por omissão da exigida «*descrição sumária*» dos factos imputados ao arguido.

Termos em que acordam neste Supremo Tribunal Administrativo em

– conceder provimento ao recurso jurisdicional;
– revogar a sentença recorrida;
– ordenar a baixa ao Tribunal Administrativo e Fiscal de Loulé a fim de ser proferida nova decisão que não seja de declaração da nulidade da decisão de aplicação de coima pelo motivo que baseou a declaração contida na sentença recorrida.

Sem custas.

Lisboa, 29 de Março de 2006.

Jorge de Sousa (Relator)
Baeta de Queiroz
Pimenta do Vale

Recurso n.º 143/06-30

ERRO NA FORMA DE PROCESSO. NOTIFICAÇÃO DO PARECER DO MINISTÉRIO PÚBLICO. OMISSÃO DE PRONÚNCIA. REENVIO PREJUDICIAL.

(Acórdão de 8 de Fevereiro de 2006)

SUMÁRIO:

I – É vedado ao autor que, usando dos seus poderes de disposição, escolheu a forma de processo que entendeu adequada para fazer valer os seus interesses em juízo, arguir a nulidade decorrente do erro sobre essa forma, demais quando o processo foi julgado, desfavoravelmente, em terceiro grau de jurisdição, pelo Supremo Tribunal Administrativo, sem que até então a questão tenha sido suscitada.

II – O tribunal de recurso não comete nulidade por omissão de pronúncia se, decidindo todas as questões que lhe são colocadas nas conclusões das alegações, todavia não rebate, um a um, os argumentos do recorrente.

III – A omissão da notificação do parecer dado pelo Ministério antes da decisão final, em processo judicial tributário, não implica nulidade processual se esse parecer se limita a apoiar uma das posições já defendidas no processo, sem suscitar questão nova ou impeditiva da apreciação do mérito da causa.

IV – A preterição, pelo tribunal nacional que julga em última instância, do reenvio prejudicial para o Tribunal de Justiça, porventura obrigatório, não configura nulidade, podendo consubstanciar erro de julgamento.

ACORDAM NA SECÇÃO DO CONTENCIOSO TRIBUTÁRIO DO SUPREMO TRIBUNAL ADMINISTRATIVO:

1.1. SETÓLEO – IMPORTAÇÃO E EXPORTAÇÃO, COMÉRCIO E INDÚSTRIA DE AZEITES E ÓLEOS VEGETAIS, LDA., com sede em Lisboa, vem arguir nulidades do processo e do acórdão de 19 de Outubro de 2005 deste Tribunal que negou provimento ao recurso interposto do acórdão do Tribunal Central Administrativo (TCA) que, em recurso de sentença do Tribunal Tributário de 1ª Instância de Setúbal, concedendo-lhe parcial provimento, anulou algumas das liquidações efectuadas pelo Director da Alfândega de Setúbal, por si impugnadas, e manteve as restantes,

Conclui pedindo que sejam «subsidiariamente apreciadas e decididas:

«*a*) A arguição de erro na forma de processo e anulação de todo o processado com convite à Recorrente para apresentar petição de impugnação.

b) A arguição de nulidade processual com reconhecimento e declaração da nulidade invocada e anulação dos actos subsequentes e, nomeadamente, o acórdão proferido.

c) A arguição de nulidade do acórdão proferido nos autos, por oposição dos fundamentos com a decisão e por omissão de pronúncia».

1.2. A Fazenda Pública contra-alega defendendo a improcedência das questões suscitadas pela requerente e a consequente manutenção do acórdão de 19 de Outubro de 2005.

1.3. O Exm.º Procurador-Geral Adjunto junto deste Tribunal teve vista do processo.

1.4. Este tem novos vistos dos Exm.ºs Adjuntos.

***

2.1. Começa a requerente por arguir a nulidade do processo, por erro na sua forma, peticionando a consequente «anulação de todo o processado com convite à Recorrente para apresentar petição de impugnação».

Também por aqui principiaremos.

Desde logo, para dizer que se nos afigura temerária a arguição, pela parte que lhe deu causa, de uma nulidade processual, tanto mais quando essa arguição surge só no troço terminal de processo, num momento em que é já conhecido o seu desfecho desfavorável à arguente.

No caso, foi a requerente quem, usando dos seus poderes de disposição, escolheu a forma processual que entendeu melhor servir à prossecução dos seus direitos em juízo. E, ao longo de todo o dilatado decurso processual, que se iniciou em 26 de Junho de 1997, nunca veio a terreiro dizer que tinha incorrido em erro nessa sua eleição, e que outra era a forma adequada, pedindo que essa se passasse a seguir.

Daí que consideremos que não é conforme à prudência a arguição, neste momento, do erro na forma de processo.

Recordem-se aqui as mais autorizadas palavras do Professor José Alberto dos Reis: «Não é decoroso admitir que invoque a nulidade a parte a quem a infracção da lei é imputável, a parte que contribuiu para que a lei deixasse de ser observada e cumprida. O contrário equivaleria a consentir que a parte tirasse proveito da sua própria malícia, ou, em linguagem popular, que *fizesse o mal e a caramunha*» – COMENTÁRIO AO CÓDIGO DE PROCESSO CIVIL, vol. 2.º, pág. 495. E um dos exemplos que a propósito indica é, precisamente, o do erro na forma do processo...

Por isso mesmo o artigo 203.º n.º 2 do Código de Processo Civil proíbe a arguição da nulidade à «parte que lhe deu causa ou que, expressa ou tacitamente, renunciou à arguição» – e a requerente acha-se em ambas estas situações.

De todo o modo, o erro na forma de processo consubstancia, no processo judicial tributário, uma questão de conhecimento oficioso, como vem entendendo este Tribunal, pelo que não deixaremos de nos ocupar do tema.

Nem o Tribunal que em primeiro grau de jurisdição apreciou a pretensão da requerente, nem o TCA, que julgou o recurso interposto da sentença respectiva, nem este Supremo Tribunal Administrativo, que conheceu do recurso jurisdicional da decisão do TCA, puseram em causa a bondade da forma que o processo estava a respeitar. Podem assim ter cometido um erro de julgamento, mas não caíram em nulidade, pois quando o juiz não aprecia uma questão que tem o dever de ofício de conhecer, o vício é o de erro de julgamento.

Acontece que, não estatuindo a lei um quarto grau de jurisdição, nem cabendo a hipótese na previsão do artigo 716.º do CPC, com referência aos seus artigos 666.º a 670.º, não se está, agora, a tempo de reparar o possível erro de julgamento do acórdão de 19 de Outubro de 2005.

Assinale-se, ainda, que o processo foi autuado como «recurso de impugnação»; a Fazenda respondeu nos termos dos artigos 129.º e 130.º do CPT; no despacho de fls. 312 afirmou-se que o processo se regia pelo CPT; a fls. 314 novo despacho foi proferido mandando cumprir o artigo 131.º do CPT; e que a própria requerente por várias vezes interveio invocando a sua qualidade de «impugnante», como aconteceu a fls. 290, em que se pronunciou sobre documentos juntos ao processo, e a fls. 392, em que pediu a procedência da impugnação. A sentença, de resto, julgou, também, a impugnação.

Ou seja, apesar de alguma variabilidade terminológica, a que deu azo o modo como a acção foi intentada, a forma do processo seguida corresponde à da impugnação judicial, que é a adequada ao caso – aliás, como entende a requerente.

Deste modo, para além de não haver nulidade do acórdão proferido por este Tribunal, também não existe nulidade processual.

Acrescente-se, por último, que associado a este acusado erro na forma de processo se não verifica, ao contrário do que diz a requerente, qualquer violação do princípio do contraditório e da igualdade das partes, nem do «princípio do processo equitativo e do acesso ao direito».

Se a requerente não pôde apresentar prova testemunhal e requerer prova pericial, como afirma, em resultado da sua opção pelo recurso contencioso, que não admite essas espécies probatórias, só a si o deve, pois é de sua inteira responsabilidade a escolha dessa forma de processo.

E, se foi permitido à Fazenda Pública produzir prova testemunhal, e isso configura uma nulidade processual, a requerente não está, agora, em tempo para a arguir, uma vez que foi notificada (cfr. fls. 324) para a diligência de produção dessa prova, que se realizou em 22 de Fevereiro de 2000, à qual, aliás, compareceu o seu ilustre mandatário judicial, e nada disse no prazo do artigo 205.º do CPC; e continuou a silenciar nas posteriores intervenções no processo – desde logo, para produzir as alegações que antecederam a sentença, em 23 de Março de 2000.

Assim, não ocorre nulidade por erro na forma do processo, nem outra, acusada neste segmento do requerimento em apreciação (alínea a)), que mereça reparação.

2.2. Na alínea b) a requerente argúi, subsidiariamente, a nulidade processual decorrente de lhe não ter sido notificado o parecer emitido pelo Exm.º Procurador-Geral Adjunto junto deste Tribunal antes da prolação do acórdão de 19 de Outubro de 2005.

O Ministério Público não suscitou, nesse seu parecer, nenhuma questão nova, nem que obstasse ao conhecimento do mérito do recurso da agora requerente.

E o artigo 121.º n.º 2 do Código de Procedimento e de Processo Tributário (CPPT), que a requerente invoca a propósito, só obriga à notificação do parecer do Ministério Público quando este suscite «questão que obste ao conhecimento do pedido».

É que, se o Ministério Público se limita a emitir parecer sobre o mérito do recurso jurisdicional, como, no caso, aconteceu, não há nenhuma *novidade* sobre que devam ser ouvidas as partes, pois sobre os fundamentos do recurso já ambas tiveram ocasião de se pronunciar, uma, invocando-os, outra, porventura, contrariando-os. Não há, assim, nenhuma ofensa aos princípios dos artigos 3.º e 3.º -A do CPC. A intervenção do Ministério Público, nesta circunstância, não introduz no processo nenhum desequilíbrio que seja necessário contrabalançar para assegurar um processo equitativo, a igualdade das partes, ou o contraditório.

Não ocorre, pois, a nulidade processual decorrente da falta de notificação do parecer do Exm.º Procurador-Geral Adjunto.

2.3. Quanto às nulidades do acórdão deste Tribunal, são duas as que invoca a requerente.

A primeira emerge da oposição dos fundamentos com a decisão.

Para a requerente, porque da matéria de facto não consta que a Alfândega não pôde proceder à liquidação no prazo de três anos, em resultado de acto passível de procedimento judicial repressivo, a decisão final deveria ter sido oposta à proferida.

Basta ler a alínea R) da matéria de facto provada para constatar que não assiste razão à requerente. Aí se vê que a liquidação impugnada foi feita na sequência de um parecer em que, além do mais, se diz que a requerente terá importado óleo de avelã, e não de girassol, como declarou, «tendo assim efectuado falsas declarações», donde «parece resultar que a empresa pretendeu iludir os serviços aduaneiros não tendo sido liquidada a importância de 1.022.144.299$00».

Foi com base nesta factualidade, e de acordo com ela, que o acórdão ajuizou que a Administração Aduaneira procedeu à liquidação para além do prazo de 3 anos, invocando a prática de acto passível de procedimento judicial repressivo.

Não há, consequentemente, contradição entre o julgamento de direito e os factos em que ele assentou.

2.4. A segunda nulidade do acórdão resulta de omissão de pronúncia. A primeira omissão é sobre as conclusões 3ª a 6ª das alegações do recurso jurisdicional apreciado.

Nessas conclusões, que o acórdão transcreveu, defendia a recorrente que a dívida liquidada não era aduaneira, tratando-se, antes, de uma garantia, pelo que o procedimento a adoptar não era o escolhido – liquidação *a posteriori* – mas o dos artigos 78.º n.º 1 e 71.º do Código Aduaneiro Comunitário.

Respondeu o Tribunal:

(...) basta atentar na matéria de facto, que está definitivamente estabilizada, para concluir pela fatal improcedência deste fundamento: na verdade, vem estabelecido das instâncias que as liquidações em crise apuraram direitos niveladores, imposto sobre o valor acrescentado e custos de impressos, e não o montante de qualquer garantia em falta (alínea N) da matéria de facto fixada).

Ora, os direitos niveladores integram a dívida aduaneira, de acordo com o artigo 4.º n.º 10 do CAC, citado, aliás, pela recorrente.

Estamos, consequentemente, face a tal matéria de facto, perante uma dívida aduaneira, para cuja liquidação são competentes as autoridades aduaneiras, e não o INGA, ao contrário do que pretende a recorrente. Nem, pelo mesmo motivo, se verifica a existência do alegado vício procedimental».

Não se omitiu, como se vê, pronúncia sobre esta questão, mesmo que se não tenham rebatido, um por um, todos os argumentos da recorrente. Mas, se é obrigação do Tribunal decidir todas as questões que lhe são colocadas, já a apreciação de todos e cada um dos argumentos expostos pelas partes lhe não é imposta pela lei.

A segunda fonte de omissão de pronúncia respeita à interpretação do direito comunitário que, para a requerente, cabe ao Tribunal de Justiça, estando os tribunais nacionais que decidem em último grau obrigados a colocar-lhe as «questões prejudiciais de interpretação do Direito Comunitário».

Não parece que se pretenda dizer que este Tribunal omitiu a interpretação do direito comunitário aplicável; o texto do acórdão de 15 de Outubro de 2005 amplamente o desmentiria, bastando-nos, agora, remeter para a sua consulta.

Se pretende dizer-se que o Tribunal, sem consultar o Tribunal de Justiça, a quem cabe a interpretação dos textos legais comunitários, fez ele mesmo essa interpretação, então, mais adequado seria acusá-lo de excesso de pronúncia, ao ter-se debruçado sobre matéria que lhe não competia...

A omissão da consulta a título prejudicial não pode configurar senão como um erro de julgamento: o Tribunal nacional, ou por não ter atendido à lei, ou por lhe ter parecido clara a interpretação das normas de direito comunitário, dispensou-se de fazer o reenvio prejudicial.

O texto do acórdão patenteia que o que aconteceu foi que o Tribunal considerou clara a norma de direito comunitário que aplicou, e que, por isso, não entendeu necessário – e, menos, obrigatório – suscitar a intervenção do Tribunal de Justiça.

Ao assim agir pode ter julgado mal – mas não incorreu em nulidade agora reparável.

***

3. Termos em que acordam, em conferência, os juízes da Secção de Contencioso Tributário deste Supremo Tribunal Administrativo em indeferir o requerimento de fls. 698 a 708.

Custas a cargo da requerente, fixando-se em € 99 (noventa e nove EUR) a taxa de justiça.

Mais se aproveita para, ao abrigo do artigo 667.º n.º 1 do CPC, corrigir o lapso havido a final do acórdão de 19 de Outubro de 2005, em cuja última linha se escreveu «taxa de justiça» querendo escrever-se «procuradoria».

Lisboa, 8 de Fevereiro de 2006.

Baeta de Queiroz (Relator)
Brandão de Pinho
Lúcio Barbosa

Recurso n.º 326/05-40

EXECUÇÃO FISCAL. RECLAMAÇÃO DE ACTO PRATICADO EM EXECUÇÃO FISCAL. PEDIDO DE EXTINÇÃO DA EXECUÇÃO. ERRO NA FORMA DE PROCESSO. CONVOLAÇÃO.

(Acórdão de 8 de Março de 2006)

SUMÁRIO:

I – O meio processual de reclamação de actos praticados no âmbito de processos de execução fiscal, previsto nos arts. 276.º a 278.º do C.P.P.T.. não é aplicável quando o interessado pretende a extinção da própria execução e não a anulação de actos nela praticados.

II – O meio processual adequado para obter a extinção da execução fiscal é o processo de oposição, previsto nos arts. 203.º e seguintes do mesmo Código.

III – Invocando o interessado como fundamentos da reclamação factos que se enquadram entre os fundamentos de oposição à execução fiscal indicados no art. 204.º, do C.P.P.T., é de convolar a petição da reclamação em petição de oposição, nos termos do art. 97.º, n.º 3, da L.G.T. e 98.º, n.º 4, do C.P.P.T..

ACORDAM NA SECÇÃO DO CONTENCIOSO TRIBUTÁRIO DO SUPREMO TRIBUNAL ADMINISTRATIVO:

1 – CRUZ & COMPANHIA, S.A. reclamou para o Tribunal Administrativo e Fiscal de Viseu do despacho do chefe da repartição de finanças de Tondela, de que foi citado em 26/8/2005, que ordenou a instauração de processo de execução fiscal contra si.

O Meritíssimo Juiz daquele Tribunal julgou procedente a questão prévia suscitada pelo Representante da Fazenda Pública no sentido de que nos termos do artigo 278.º, n.º 1, do C.P.P.T., as reclamações de decisões de órgão da execução fiscal só subirão após a realização da penhora e da venda e ordenou a remessa dos autos à repartição de finanças com vista ao prosseguimento dos autos.

Desta decisão interpôs aquela reclamante recurso para este Supremo Tribunal Administrativo, formulando as seguintes conclusões:

1) A decisão recorrida faz aplicação da norma contida no art. 278.º do Código de Procedimento e Processo Tributário na dimensão normativa segundo a qual a subida imediata das reclamações restringe-se aos casos taxativamente previstos no n.º 3.

2) Padecendo essa dimensão normativa encontrada e aplicada de inconstitucionalidade orgânica e material,

3) A sentença recorrida deverá, por isso, vir revogada e substituída por o que é de Direito, com as legais consequências.

Não houve contra-alegações.

O Excelentíssimo Procurador-Geral Adjunto emitiu douto parecer nos seguintes termos:

O julgado é de confirmar, desde logo, porque a instauração de execução fiscal não é acto lesivo causador de prejuízo irreparável, para efeitos do art. 278.º n.º 3 do C.P.P.T., mesmo na sua interpretação mais ampla, como, por exemplo, do sr. Conselheiro Jorge de Sousa. C.P.P.T. Anotado, 4.ª ed., pags. 1049-1050 (cfr. o acórdão de 30-3-05, p.º n.º 256/05).

Termos em que sou de parecer que o recurso não merece provimento.

Corridos os vistos legais, cumpre decidir.

2 – Na sentença recorrida deu-se como assente a seguinte matéria de facto:

A) O Chefe do Serviço de Finanças de Tondela, com base em certidão pela Sra. Directora Coordenadora da Direcção Jurídica do Instituto Nacional de Intervenção e Garantia Agrícola (INGA), ordenou a instauração a ora Reclamante do processo de execução fiscal n.º 2704200501011529 fls. 2B e ss dos autos, cujo teor aqui se dá por integralmente reproduzido:

B) A ora reclamante, foi citada em 26/08/2005 (fls. 58) para os termos da execução fiscal, conforme cota" de fls. 58 verso destes autos (citação que corrigia a citação efectuada em 21 '7/2005).

C) Em 07/09/2005, apresentou a presente reclamação no Serviço de Finanças de Tondela, tendo-lhe sido atribuído o n.º de entrada 323 – cfr. fls. 72;

D) Não foi efectuada a penhora ou a venda de bens da Reclamante.

3 – Por despacho do Relator foi ordenada a notificação das partes para se pronunciarem sobre a possibilidade de existência de erro na forma de processo.

Apenas o Recorrente se pronunciou, nada dizendo que contrarie a existência do referido erro.

De harmonia com o disposto no art. 2.º, n.º 2, do C.P.C., subsidiariamente aplicável no contencioso tributário, por força do disposto no art. 2.º, alínea d), da L.G.T. e 2.º, alínea e), do C.P.P.T., «*a todo o direito, excepto quando a lei determine o contrário, corresponde a acção adequada a fazê-lo reconhecer em juízo, a prevenir ou reparar a violação dele e a realizá-lo coercivamente, bem como os procedimentos necessários para acautelar o efeito útil da acção*».

Em face dessa correspondência entre direito e a acção adequada a fazê-lo reconhecer em juízo, haverá apenas ***um*** determinado meio processual que, em cada caso, pode ser utilizado para obter a tutela judicial.

É à face do pedido ou conjunto de pedidos formulado pelo interessado que se afere a adequação das formas de processo especiais e, consequentemente, se ocorre erro na forma de processo.[1]

No caso em apreço, a Recorrente pretende que seja revogado o acto que ordenou a instauração da execução fiscal o que, obviamente, implicaria a extinção da execução instaurada.

O meio adequado para obter a extinção da execução fiscal é a oposição à execução fiscal.

A reclamação prevista nos arts. 276.º a 278.º do C.P.P.T. destina-se a obter a anulação de actos praticados no processo de execução fiscal, como decorre dos próprios termos daquele art. 276.º e não a extinção do próprio processo de execução fiscal.

Por isso, é o processo de oposição à execução fiscal, e não a reclamação, o meio processual adequado para apreciar a pretensão da Recorrente.

De resto, os fundamentos do pedido formulado pela Recorrente enquadram-se entre os fundamentos da oposição.

Com efeito, a Recorrente invoca os seguintes fundamentos:

– falta de competência da administração tributária para instaurar a execução fiscal;

– falta de requisitos do título executivo;

– ineficácia do acto administrativo em que se baseia a dívida exequenda, por ter sido impugnado judicialmente o acto indicado na notificação referida no título executivo e por não ter sido notificado qualquer outro acto.

Todos os fundamentos indicados enquadram-se na alínea i) do n.º 1 do art. 204.º do C.P.P.T., pois são susceptíveis de serem provados apenas por documento[2] e a sua apreciação não envolve apreciação da legalidade da liquidação da dívida exequenda, nem representa interferência em matéria de exclusiva competência da entidade que houver extraído o título.

Assim, é inequívoco que a oposição à execução fiscal é o meio processual adequado para apreciar o pedido formulado pela Recorrente.

Por isso, ocorre erro na forma de processo.

4 – De harmonia com o preceituado no art. 199.º do C.P.C., o erro na forma de processo importa a anulação dos actos que não possam ser aproveitados, devendo praticar-se os que forem estritamente necessários para que o processo se aproxime, quanto possível, da forma estabelecida pela lei.

É em sintonia com esta norma que o art. 97.º n.º 3, da L.G.T. e o art. 98.º, n.º 4, do C.P.P.T. estabelecem que, o erro na forma de processo será corrigido, convolando o processo para a forma de processo adequada.

Sendo a convolação ditada por razões de economia processual, ela só deverá ter lugar, naturalmente, quando puder ter alguma utilidade, devendo interpretar-se restritivamente aqueles arts. 97.º, n.º 3, e 98.º, n.º 4, reduzindo o seu alcance aos limites traçados pela sua razão de ser.[3]

No caso em apreço, a questão de saber se deve ordenar-se a convolação reconduz-se a saber se há alguma utilidade em fazer prosseguir um processo de oposição à execução fiscal com base na reclamação apresentada.

Pela informação que consta de fls. 59 e seguintes, constata-se que a Recorrente apresentou também uma petição de oposição à execução fiscal em que invoca os fundamentos referidos na presente reclamação, precisamente nos mesmos termos, com excepção do qualifi-

[1] Alberto dos Reis, *Código de Processo Civil Anotado*, volume II, páginas 288-289, ensina:

«*E como o fim para que, em cada caso concreto, se faz uso do processo se conhece através da petição inicial, pois que nesta é que o autor formula o seu pedido e o pedido enunciado pelo autor é que designa o fim a que o processo se destina, chega-se à conclusão seguinte: a questão da propriedade ou impropriedade, do processo especial é uma questão, pura e simples, de ajustamento do pedido da acção à finalidade para a qual a lei criou o respectivo processo especial*».

[2] A existência de hipotética notificação de qualquer outro acto administrativo, para além do indicado no título teria de ser feita pela administração tributária, se eventualmente ele tivesse sido praticado e notificado.

[3] Como ensina Baptista Machado, *Introdução ao Direito e ao Discurso Legitimador*, página 186, «*cessante ratione legis cessat eius dispositio (lá onde termina a razão de ser da lei termina o seu alcance)*»

cado de «*falta de requisitos essenciais do título executivo*» referido nos pontos 17 a 19 da reclamação.

Por isso, é de concluir que, ao menos em relação a esse fundamento, há utilidade em convolar a reclamação em petição de oposição à execução fiscal.

Por outro lado, a citação ocorreu em 21-7-2005 (fls. 59) e reclamação foi apresentada em 2-8-2005 (fls. 41), pelo que não há obstáculo à convolação por razões de tempestividade, uma vez o prazo para deduzir oposição à execução fiscal é de 30 dias a contar da citação [art. 203.º, n.º 1, alínea a), do C.P.P.T.].

Assim, o referido erro na forma de processo justifica a anulação de todos os actos processuais anteriores ao presente acórdão, com excepção da petição da reclamação, que é convolada para petição de oposição à execução fiscal.

Fica prejudicada, com a anulação, a apreciação das questões que são colocadas no presente recurso jurisdicional.

Termos em que acordam em

– conceder provimento ao recurso jurisdicional, por estas razões;

– anular todos os actos anteriores ao presente acórdão, com excepção da petição da reclamação;

– convolar a petição da reclamação em petição de oposição à execução fiscal;

– ordenar a baixa do processo ao Tribunal Administrativo e Fiscal de Viseu a fim de o processo seguir os ulteriores termos do processo de oposição à execução fiscal, se a tal nada obstar.

Custas pela Recorrente, relativamente ao incidente gerado com a errada utilização da forma de processo, com taxa de justiça de 4 uc.

Lisboa, 8 de Março de 2006.

Jorge de Sousa (relator)
Baeta de Queiroz
Pimenta do Vale

Recurso n.º 42/06-30

FUNDAMENTAÇÃO DO ACTO TRIBUTÁRIO. CONCEITO RELATIVO. CPT.

(Acórdão de 2 de Fevereiro de 2006)

SUMÁRIO:

I – O direito à fundamentação do acto tributário, ou em matéria tributária, constitui uma garantia específica dos contribuintes, devendo obedecer aos requisitos expressos nos arts. 82.º do CPT e 125.º do CPA, correspondentes, aliás, no essencial ao art. 1.º, n.os 1 e 2 do DL 256-A/77, de 17 de Junho – cfr. hoje o art. 77.º da LGT.

II – A fundamentação é um conceito relativo que varia em função do tipo legal de acto, visando responder às necessidades de esclarecimento do administrado, pelo que se deve, através dela, informá-lo do itinerário cognoscitivo e valorativo do acto, permitindo-lhe conhecer as razões, de facto e de direito, que determinaram a sua prática e por que motivo se decidiu num sentido e não noutro.

III – Deve considerar-se suficientemente fundamentado o acto de liquidação de IRS efectuado com base em documento fornecido pelo contribuinte que, assim, não pode ignorar nem aquele *iter* nem as razões de facto e de direito que a determinaram.

ACORDAM NA SECÇÃO DO CONTENCIOSO TRIBUTÁRIO DO STA:

A FAZENDA PÚBLICA vem recorrer do acórdão do TCA-Norte que negou provimento ao recurso que interpusera da sentença que, por sua vez, julgou procedente a impugnação judicial deduzida por Carlos Fernando Amorim Teixeira da Silva e esposa Elisabete da Silva Duarte Pina Teixeira da Silva, contra a liquidação de IRS de 1991, consequentemente a anulando.

Fundamentou-se o aresto recorrido na insuficiente fundamentação da liquidação, «já que deixa com incertezas ou dúvidas razoáveis um intérprete normal que se supõe seja o administrado, não lhe proporcionando a escolha entre a aceitação da legalidade do acto e o recurso a procedimentos graciosos e judiciais», nada obstando o facto de aquele acto tributário ter por base documento elaborado pelos impugnantes, «que evidencia os montantes emprestados à sociedade, os juros devidos e o período a que se reportam», dada «a incerteza da verdadeira natureza dos montantes pagos que são referidos nesse documento» pois é sempre necessária a «externação de um discurso fundamentador claro, suficiente e congruente» tendo em conta as funções endógena e exógena da fundamentação.

A Fazenda recorrente formulou as seguintes conclusões:

«1. No acto tributário impugnado, a AT assumiu e aceitou os valores de juros constantes do documento particular da autoria do contribuinte, por estes corresponderem ao resultado final de um cálculo não explicitado mas validado pelo consenso dos intervenientes na cessão de quotas.

2. Não pondo em causa a liquidação de juros feita pelo contribuinte, era inútil e ocioso que a AT cuidasse de apurar qual a taxa aplicada e sobre que montantes incidira, pois estes eram conhecidos pelo contribuinte, correspondiam à sua vontade e o seu resultado último, constituindo rendimento sujeito a IRS, tinha sempre que ser tributado.

3. Ao actuar como se refere, a AT não violou o seu dever de fundamentação.

4. A fundamentação é um conceito relativo, que varia consoante o tipo, natureza e circunstâncias do próprio acto, sendo que, na presente hipótese, ele não demandava uma mais exigente motivação.

5. Os próprios impugnantes, aliás, não vieram arguir qualquer questão relativa à quantificação dos juros, mas apenas quanto à sua natureza e momento de sujeição.

6. E, se invocam vício de fundamentação, fazem-no sem explicarem em que consiste e evidenciando, pelo

teor da sua petição inicial, uma perfeita compreensão do acto tributário.

7. A explicitação dos termos de liquidação aqui em causa não habilitaria o Tribunal a julgar da observância dos princípios de legalidade, imparcialidade e justiça pela AT, mas redundaria em mera sindicância de acto da esfera jurídica – privada do contribuinte.

8. O acórdão recorrido violou o disposto o art. 19.º, b) do CPT e 77.º, 1 e 2 da LGT.

Termos em que deve ser dado provimento ao presente recurso, revogando-se o aresto recorrido, com as legais consequências.»

Não houve contra-alegações.

O Ex.mo magistrado do Ministério Público emitiu parecer no sentido do não provimento do recurso, por o entendimento expresso no acórdão sobre «a deficiente e incompleta fundamentação da quantificação dos juros de suprimentos que configuram o facto tributário, resultante da falta de indicação dos montantes de suprimentos e das taxas aplicadas, correlativas dos diversos períodos temporais considerados» bem como «o incumprimento da função endógena da fundamentação do acto tributário, enquanto garantia da transparência da decisão administrativa e do controlo jurisdicional eficaz da sua legalidade» se inserirem no domínio factual subtraído à sindicância do STA.

E, corridos os vistos legais, nada obsta à decisão.

Em sede factual, vem apurado que:

«A) Em 1996-02-09, no DC2/91, como fundamentação da fixação do rendimento colectável, é referido que «...Das diligências levadas a efeito concluiu-se que no ano de 1991 foram apurados juros de suprimentos feitos pelo sujeito passivo à sociedade "SILVA SANTOS & C. LDA" no total de 32.972.000$00. Como na declaração de rendimentos referente a 1991 não foi mencionado qualquer rendimento de capitais foi aquela importância acrescida ao rendimento colectável declarado...» (cfr. teor de fls. do Processo Administrativo apenso aos presentes autos, cujo teor aqui se dá por integralmente reproduzido);

B) Em 1996-03-05 é proferido despacho no sentido de se proceder «...à tributação do SP pela alteração do rendimento que vem referida...» no relatório da Inspecção Distrital de Finanças de Aveiro, onde se refere «...2.3.1. irmãos Joaquim José e Carlos Fernando: Suprimentos até 31/12/90: 130.029 contos, Suprimentos de 1991: 7.250 contos; Juros anteriores: 38.975 contos; Juros desde 1990: 21.575 contos; Juros 1.º trimestre de 1991: 5.394 contos; TOTAL = 203.223 contos (...).

3.2. Entretanto há um outro aspecto da questão que tem relevância em termos fiscais e que por isso importa trazer à colação. Com efeito prescreve a alínea d) do artigo 6.º do CIRS que são considerados rendimentos de capitais os juros e outras formas de remuneração de suprimentos feitos pelos sócios às sociedades.

Por outro lado do n.º 1 do artigo 8.º do mesmo código diz-se que estes rendimentos ficam sujeitos a tributação desde o momento em que são colocados à disposição do seu titular. Assim os juros determinados aquando da realização do negócio da venda de partes sociais da sociedade "SILVA SANTOS & C. LDA" constituem rendimento enquadrável na categoria E do IRS. Com efeito, os 300.000 contos recebidos pelos irmãos Teixeira da Silva e titulados pelas letras resultaram de encontro de contas. E entre os valores recebidos estão 65.944 contos de juros de suprimentos, valor esse determinado em Julho de 1991.

Nesta conformidade face ao disposto no artigo 8.º n.º 1 do CIRS era neste ano que tais rendimentos deviam ser sujeitos ao englobamento.

No caso do contribuinte Carlos Fernando Amorim Teixeira da Silva, o montante de rendimento sujeito a tributação é de 32.972,00$00, assim calculado – ver ponto 2.3.1: (38.975 +21.575 +5.394)/2 = 32.972 contos...» – cfr. teor de folhas I a 6 do relatório da inspecção que faz parte do Processo Administrativo apenso aos presentes autos, cujo teor aqui se dá por integralmente reproduzido.

C) Em 1996-07-15 a Comissão Distrital deliberou «... prevalecendo a posição da Administração Fiscal, mantém-se a liquidação emitida que esteve em discussão nesta reunião...» com os fundamentos constantes da acta n.º 47, de folhas 28 a 69 dos autos, cujo teor aqui se dá por reproduzido, e que, no essencial, reflectem os acima dados por assentes;

D) Em 1999-05-19 foi proferido despacho no sentido de manter o acto tributário impugnado, e de enviar os autos para o Tribunal Tributário de 1.ª Instância de Aveiro, considerando, resumidamente, que «a peça impugnatória não acrescenta qualquer elemento aos que serviram de base à apreciação pela Comissão de Revisão...» (cfr. fls. 77 e 78 dos autos, cujo teor se dá por integralmente reproduzido).»

Vejamos, pois:

Dispõe o art. 21.º, n.º 1 do CPT, epigrafado «direito à fundamentação», que «as decisões em matéria tributária, que afectem os direitos ou interesses legalmente protegidos dos contribuintes conterão os respectivos fundamentos de facto e de direito».

Tal direito constitui garantia expressa dos contribuintes, nos termos do seu art. 19.º, al. b).

O conteúdo e os requisitos da fundamentação estão, para o que ora interessa, expressos nos arts. 82.º do CPT e 125.º do CPA, correspondentes, no essencial, ao art. 1.º, n.os 2 e 3 do DL n.º 256-A/77 de 17/Jun – cfr., todavia, o art. 77.º da LGT. Pretende-se o reforço das garantias da legalidade administrativa e dos direitos individuais dos cidadãos perante a Administração Pública, considerando-se que a falta de fundamentação das suas decisões dificulta, muitas vezes, a sua impugnação, graciosa ou contenciosa, ou sequer, como expressava o relatório do falado DL, uma «opção consciente entre a aceitação da sua legalidade e a justificação de um recurso contencioso».

Exige-se, pois, em geral, a fundamentação dos actos administrativos – cfr. art. 124.º do CPA – e tributários – art. 82.º do CPT.

Aliás, o referido direito, com relação aos actos que afectem direitos ou interesses legalmente protegidos, constitui hoje, princípio constitucional, de natureza análoga aos direitos, liberdades e garantias enunciados no título II da parte 1.ª da Constituição da República – art. 268.º.

A fundamentação há-de ser expressa, através duma exposição sucinta dos fundamentos de facto e de direito da decisão; clara, permitindo que, através dos seus termos, se apreendam com precisão os factos e o direito com base nos quais se decide; suficiente, possibilitando ao administrado ou contribuinte, um conhecimento concreto da motivação do acto, ou seja, as razões de facto e de direito que determinaram o órgão ou agente a actuar como actuou; e congruente, de modo que a decisão constitua conclusão lógica e necessária dos motivos invocados como sua justificação, envolvendo entre eles um juízo de adequação, não podendo existir contradição entre os fundamentos e a decisão.

Podendo consistir em mera declaração de concordância com os fundamentos de anterior parecer, informação ou proposta, que, neste caso, constituirão parte integrante do respectivo acto (fundamentação por adesão ou remissão).

Pelo que, em tal caso, o despacho integra nele próprio o parecer, informação ou proposta que, assim, em termos de legalidade, terão de satisfazer os mesmos requisitos da fundamentação autónoma.

Por outro lado, é equivalente à falta de fundamentação, a adopção de fundamentos que, por obscuridade, contradição ou insuficiência, não esclareça, concretamente, a motivação do acto.

O que tudo constitui jurisprudência e doutrina tão correntes, que se torna desnecessária a sua enumeração, aqui e agora.

A violação destes requisitos da decisão implica a respectiva ilegalidade, fundamento de subsequente anulação, em sede de impugnação judicial da correspondente liquidação – arts. 89.º e 120.º, al. c) do CPT.

Cfr. Alfredo de Sousa e J. Paixão, CPT Anotado, 2.ª edição, pág. 165.

Assim, a fundamentação é um conceito relativo que varia em função do tipo legal de acto, visando responder às necessidades de esclarecimento do administrado, pelo que se deve, através dela, informá-lo do itinerário cognoscitivo e valorativo do acto, permitindo-lhe conhecer as razões, de facto e de direito, que determinaram a sua prática e por que motivo se decidiu num sentido e não noutro.

Pelo que um acto está fundamentado sempre que o administrado, como destinatário normal, ficar devidamente esclarecido acerca das razões que o determinaram estando, consequentemente, habilitado a impugná-lo convenientemente, não tendo, todavia, a fundamentação de ser exaustiva mas acessível.

Cfr., por todos, o Ac. do STA de 26/05/2004 rec. 742/03.

Como, aliás, se salienta na decisão recorrida, o dever legal da fundamentação tem, a par de uma função exógena – dar conhecimento ao administrado das razões da decisão, permitindo-lhe optar pela aceitação do acto ou pela sua impugnação –, uma função endógena consistente na própria ponderação do ente administrador, de forma cuidada, séria e isenta.

Ora, na hipótese *sub judice,* e como igualmente se salienta naquele aresto, a liquidação em causa foi rigorosamente efectuada com base em documento fornecido pelo contribuinte, «elaborado antes da escritura (de cessão de quotas)», evidenciando «os montantes emprestados à sociedade, os juros devidos e o período a que se reportam», tudo como ali se mostra discriminado – cfr. al. D) do probatório.

Elementos que a Administração aceitou, tomando como válidos os quantitativos expressos no documento particular fornecido pelo contribuinte.

Pelo que se não vê como seja possível este não estar ciente das razões e factos que deram causa à liquidação, de molde a consciente e esclarecidamente tomar a referida opção.

Note-se que, no ponto, estamos em sede de uma fundamentação formal que não tem a ver com a exactidão dos respectivos pressupostos de facto – fundamentação material – cuja inexistência poderia levar a violação de lei.

Se o recorrente pretende que a materialidade subjacente a tal documento não expressa a existência de suprimentos, correspondendo, antes e apenas, a «distribuição das reservas ocultas inerentes às quotas cedidas», tal já se não insere em sede da fundamentação do acto de liquidação mas à exactidão ou veracidade dos respectivos pressupostos – de facto ou de direito.

Digamos que, no caso, a clareza, suficiência e congruência da fundamentação é a resultante, em linha recta, dos próprios elementos fornecidos pelo contribuinte, nomeadamente, o *quantum* dos juros vencidos – o que, sempre para o efeito, dispensava a dilucidação da respectiva taxa bem como o montante sobre que tinha incidido.

Assim, em termos de fundamentação do acto e dadas as expressas circunstâncias em que foi praticado, tem-se a mesma por suficiente – conceito relativo que é, nos apontados termos.

Pelo que se acorda conceder provimento ao recurso, revogando-se o aresto recorrido e, consequentemente, a sentença, para ser proferida nova decisão que, se a tal nada mais obstar, conheça das demais ilegalidades imputadas ao acto recorrido.

Custas, a final, na instância, não sendo devidas neste STA.

Lisboa, 2 de Fevereiro de 2006.

Brandão de Pinho (Relator)
Lúcio Barbosa
Baeta de Queiroz

Recurso n.º 1114/05-30

IMPOSTO AUTOMÓVEL (IA). PEDIDO DE REVISÃO. PRAZO.

(Acórdão de 25 Janeiro de 2006)

SUMÁRIO:

O prazo de revisão oficiosa do acto tributário é, nos termos do artigo 78.º da LGT, de quatro anos, podendo o contribuinte solicitar nesse prazo aquela revisão.

ACORDAM NA SECÇÃO DO CONTENCIOSO TRIBUTÁRIO DO STA:

"Auto Mota & Valente – Comércio de Veículos Automóveis, Lda" impugnou no Tribunal Tributário de 1ª Instância de Aveiro o indeferimento do pedido de revisão dos actos de liquidação de imposto automóvel (IA) relativo a dois veículos automóveis adquiridos na Alemanha.

A Mª Juíza do Tribunal Administrativo e Fiscal de Viseu convolou a impugnação em recurso contencioso e deu-lhe parcial provimento anulando apenas o despacho recorrido praticado em 10 de Abril de 2002 relativo à DVL n.º 98/2743.8.

Inconformada com esta decisão recorreu a Fazenda Pública para este Supremo Tribunal Administrativo, pedindo a sua revogação, formulando a seguinte conclusão:

"A sentença enferma de ilegalidade, por fazer errada aplicação do Direito, porquanto, à data da prática dos actos de liquidação em crise, o respectivo prazo de revisão era de três anos, nos termos dos artigo 236.º, n.º 2, último parágrafo, do Código Aduaneiro Comunitário, atento o disposto no artigo 101.º da Reforma Aduaneira, e não de quatro anos, nos termos do 78.º, n.º 1, da LGT".

Não houve contra-alegações.

Pelo Ex.mo Magistrado do Ministério Público foi emitido parecer no sentido do provimento do recurso por o prazo de revisão ser de três anos, atento o disposto no art. 236.º do CAC que se assume como lei especial face ao art. 78.º da LGT.

Colhidos os vistos legais cumpre decidir.

A sentença recorrida considerou provados os seguintes factos:

A) Em Abril de 1998 comprou na Alemanha por PTE 3.830.000$00, o automóvel ligeiro de passageiros, usado, da marca BMW, modelo Z3, de 1.895 cc., a gasolina, que tinha sido posto em circulação naquele país em 1996.03.26, e procedeu à sua importação, tendo a Alfândega liquidado o IA que fixou em PTE 1.036.063$00 (conforme RLQ. 98/0074037);

B) E em 1998.04.03 foi emitida a declaração de veículo ligeiro (DVL) n.º 98/0027438, relativa a este veículo (a fls. 41 dos autos);

C) Em 2002.04.02, o recorrente pediu a revisão do acto (a fls. 37 dos autos);

D) Em 2002.04.10, na informação elaborada pelo Núcleo de Procedimentos Aduaneiros e Fiscais, o Director da Alfândega de Aveiro exarou o seguinte despacho: *Concordo. Determino o arquivamento do pedido de revisão nos termos do parecer emitido. Dê-se conhecimento ao interessado* (a fls. 36 dos autos);

E) Este despacho foi notificado em 2002.05.20 (certidão de notificação a fls. 35 dos autos);

F) Do parecer emitido naquela informação transcreve-se: *considerando que os pedidos de revisão dos actos de liquidação, por iniciativa do sujeito passivo, têm de ser apresentados no prazo de 90 dias, a contar do termo do prazo para pagamento voluntário (cfr. n.º 1 do artigo 78.º LGT e os artigos 70.º e 102.º do CPPT) e que, se tiver sido ultrapassado esse prazo, não existe dever de decisão, face ao disposto na alínea b) do n.º 2 do artigo 56.º da LGT, afigura-se-nos que o presente pedido de revisão deverá ser arquivado com esse fundamento de direito, uma vez o prazo para pagamento voluntário do IA liquidado na DVL 98/2743.8, expirou em 1998.06.18 e o pedido de revisão do acto de liquidação foi apresentado em 2002.04.02* (a fls. 36 dos autos);

G) Em Maio de 1998 comprou na Alemanha por PTE 6.428.276$00, o automóvel ligeiro de passageiros, novo, da marca Mercedes-Benz, modelo CLK – 200, de 1.998 cc., a gasolina, sem matrícula anterior, e procedeu à sua importação, tendo a Alfândega liquidado o IA que fixou em PTE 1.519.286$00 (conforme RLQ. 98/0099226);

H) O ano de fabrico do veículo é 1998;

I) O veículo não teve matrícula anterior no mercado alemão;

J) E em 1998.04.03 foi emitida a declaração de veículo ligeiro (DVL) n.º 98/0040990, relativa a este veículo (a fls. 58 dos autos);

K) Em 2002.05.09, o recorrente pediu a revisão do acto (a fls. 53 dos autos) com a alegação da qual se extracta: *comprou na Alemanha ... o veículo automóvel ligeiro de passageiros, usado que tinha sido posto em circulação no mercado alemão em 1996.10.13, com matrícula daquele país ...em Maio de 1998, o montante residual do IA incorporado em veículos semelhantes ao do a importados em Outubro de 1996, no estado de novos, era de valor incerto e inferior ao que resultava da percentagem de aplicação da percentagem de redução prevista no DL n.º 40/93; além disso, no IA liquidado, não foi tido em conta o valor de mercado do veículo em causa e a sua desvalorização real, mas apenas a sua idade e cilindrada...;*

L) Em 2002.05.10, na informação elaborada pelo Núcleo de Procedimentos Aduaneiros e Fiscais, o Director da Alfândega de Aveiro exarou o seguinte despacho: *Concordo. Determino o arquivamento do pedido de revisão nos termos do parecer emitido. Dê-se conhecimento ao interessado* (a fls. 53 dos autos);

M) Este despacho foi notificado em 2002.05.20 (certidão de notificação a fls. 52 dos autos);

N) Do parecer emitido naquela informação transcreve-se: *considerando que os pedidos de revisão dos actos de liquidação, por iniciativa do sujeito passivo, têm de ser apresentados no prazo de 90 dias, a contar do termo do prazo para pagamento voluntário (cfr. n.º 1 do artigo 78.º da LGT e os artigos 70.º e 102.º CPPT) e que, se tiver sido ultrapassado esse prazo, não existe dever de decisão, face ao disposto na alínea b) do n.º 2 do artigo 56.º da LGT, afigura-se-nos que o presente pedido de revisão deverá ser arquivado com esse fundamento de direito, uma vez o prazo para pagamento voluntário do IA liquidado na DVL 98/40990, expirou em 1998.07.29 e o pedido de revisão do acto de liquidação foi apresentado em 2002.05.09* (a fls. 53 dos autos).

O) Em 2002.09.16, a petição inicial deu entrada no Tribunal Tributário de 1ª Instância de Aveiro.

Assentes tais factos apreciemos o recurso.

A única questão que nele vem colocada reporta-se ao prazo que o contribuinte dispunha para pedir a revisão do acto tributário aduaneiro em causa. De acordo com a sentença o pedido de revisão era tempestivo e devia ser apreciado. Para a recorrente Fazenda Pública tal prazo era de três anos e estava já ultrapassado.

O imposto automóvel (IA) é, nos termos do DL 40/93 de 18 de Fevereiro, um imposto interno incidente sobre os veículos automóveis ligeiros de passageiros admitidos ou importados no estado de novos ou usados, incluindo os montados ou fabricados em Portugal e que se destinem a ser matriculados (art. 1.º n.º 1). Tal imposto é de natureza específica, monofásica e determinável de acordo com as tabelas publicadas (art. 1.º n.º 3). Sendo um imposto interno o prazo de revisão dos actos tributários praticados será, como para os demais impostos internos, o previsto na Lei Geral Tributária ou no CPT, consoante a data do acto. Neste sentido se pronunciou já este Supremo Tribunal Administrativo no acórdão n.º 960/04 de 16 de Fevereiro de 2005 no âmbito do

CPT. O prazo previsto no artigo 236.º do Código Aduaneiro Comunitário, para o qual remetia o artigo 101.º da Reforma Aduaneira, reporta-se a reembolsos ou dispensa de pagamentos relativos a direitos de importação ou de exportação. Ora não é essa a situação aqui em causa. O reembolso ou a dispensa de pagamento poderão eventualmente ter de ser apreciados no pedido de revisão se a ele houver lugar mas o seu prazo não pode confundir-se com o previsto na lei para a revisão oficiosa do acto tributário.

Prescreve o artigo 78.º da LGT que a revisão dos actos tributários pela entidade que os praticou pode ser efectuada por iniciativa do sujeito passivo, no prazo de reclamação administrativa e com fundamento em qualquer ilegalidade, ou, por iniciativa da administração tributária, no prazo de quatro anos após a liquidação, ou a todo o tempo se o tributo ainda não estiver pago, com fundamento em erro imputável aos serviços. Como este Supremo Tribunal Administrativo já decidiu em vários acórdãos, o facto de o contribuinte ter um prazo mais curto para pedir a revisão não impede que venha pedir à administração, no prazo em que esta o pode fazer, a revisão oficiosa, abrindo o indeferimento de tal pedido a via contenciosa. Nesse sentido pode ver-se o acórdão n.º 1771/02 de 2 de Abril de 2003.

A sentença recorrida julgou procedente o recurso na parte ora recorrida por o pedido de revisão ter sido, atento o probatório, efectuado no prazo de quatro anos em que podia ter lugar a revisão oficiosa. Por isso, atento o disposto no artigo 78.º da LGT, não merece a mesma qualquer censura quanto a tal questão.

Em conformidade com o exposto, acorda-se em conferência neste Supremo Tribunal Administrativo em negar provimento ao recurso, assim mantendo a sentença recorrida.

Sem custas por a recorrente Fazenda Pública delas estar isenta.

Lisboa, 25 de Janeiro de 2006.

Vítor Meira (Relator)
Baeta de Queiroz
Brandão de Pinho

Recurso n.º 1153/05-40

IMPOSTO SOBRE O RENDIMENTO DAS PESSOAS COLECTIVAS. LIQUIDAÇÃO NOTIFICADA POR CARTA REGISTADA SEM AVISO DE RECEPÇÃO. OPOSIÇÃO À EXECUÇÃO FISCAL. INEXIGIBILIDADE DA DÍVIDA.

(Acórdão de 22 de Março de 2006)

SUMÁRIO:

I – A notificação da liquidação de imposto sobre o rendimento das pessoas colectivas relativo ao exercício do ano de 1992, levada a cabo em 17 de Junho de 1997, deve ser efectuada por carta registada com aviso de recepção.

II – Sendo feita por carta registada sem aviso de recepção, a qual veio devolvida, sem prova sobre o motivo de tal devolução, a correspondente dívida é inexigível, o que constitui fundamento de oposição à execução fiscal que vise a sua cobrança.

ACORDAM NA SECÇÃO DO CONTENCIOSO TRIBUTÁRIO DO STA:

1.1. A FAZENDA PÚBLICA recorre da sentença do Mm.º Juiz da 2ª Secção do 2.º Juízo do Tribunal Tributário de 1ª Instância de Lisboa que julgou procedente a oposição à execução fiscal revertida contra o oponente Miguel João Santos Correia, residente em Lisboa.

Formula as seguintes conclusões:

«1) A Administração Fiscal efectuou em 17/06/1997, a emissão da liquidação n.º 8310012927, no montante global de € 980.539,19 referente a IRC do ano de 1992, cujo prazo de pagamento voluntário teve o seu termo em 13/08/1997 à firma Arquiconstroi – Construção Civil e Obras Públicas Lda., por carta simples registada.

2) A Administração Fiscal efectuou em 10/07/1997, efectuou a notificação da referida liquidação à firma executada originária por carta simples registada.

3) As notificações das liquidações oficiosas de IRC desde 01/02/1996 data de entrada em vigor do DL n.º 7/96 de 7/2, até 31/12/1999, entrada do CPPT, exigiam a formalidade de carta simples registada.

4) Sobre a questão em análise já o acórdão do Tribunal Constitucional n.º 130/2002 e acórdão do STA n.º 344/2003, nomeadamente no tocante à formalidade das notificações de IRC.

5) A juntar a este entendimento, mais refere o acórdão do STA de 02/06/99 Rec. 22.259, "... com a regra do id quod plerumque accidit, tratando-se de mandatários constituídos (ou de pessoas que a lei lhes equipara por não terem – art. 255.º do CPCivil') ... é de pressupor um serviço de escritório, de porta aberta e atendimento que normalmente existem e onde se exerce labor diário, o que, em princípio, garantirá a entrega postal ou, pelo menos e bem importante para o efeito, a recepção diária, ou quase diária, da correspondência."

6) Pode portanto concluir-se sem margem para dúvidas que andou bem A. F. quanto à formalidade da notificação.

Nestes termos e nos demais de direito, pelos fundamentos expostos (...), deve ser dado provimento ao presente recurso, anulando-se a douta sentença recorrida (...)».

1.2. Contra-alega o recorrido que deste modo conclui:

«I – Conforme o disposto no n.º 3 do art. 268.º da CRP, "os actos administrativos estão sujeitos a notificação aos interessados, na forma prevista na lei, e carecem de fundamentação expressa e acessível quando afectem direitos ou interesses legalmente protegidos", sendo este direito à notificação de natureza análoga aos direitos, liberdades e garantias.

II – Os actos de liquidação adicional, mormente os decorrentes de correcções efectuadas à matéria tributável, porquanto passam a constituir uma obrigação tributária que não existia anteriormente e cujos pressupostos não estavam definidos, são actos susceptíveis de alterar a situação tributária do contribuinte.

III – As notificações dos actos tributários referidos na conclusão anterior, efectuadas durante o período de vigência do CPT, têm que obedecer à foram estatuída para o efeito pelo n.º 1 do art. 65.º deste diploma.

IV – O disposto no n.º 2 do art. 87.º do CIRC, na redacção que lhe foi dada pelo DL 7/96, de 7 de Fevereiro, aplica-se, apenas e exclusivamente, às liquidações de IRC que não sejam susceptíveis de alterar a situação tributária do contribuinte.

V – Outra conclusão não se poderá retirar do espírito do diploma que aprovou tal norma, no qual se visava a harmonização das soluções normativas consagradas à data pelos vários códigos tributários no âmbito processual em prol da clareza e estabilização do sistema fiscal, o qual é, ou deve ser, um todo unitário e coerente, pelo que, não se coaduna com a arbitrária divergência de situações dentro do mesmo ordenamento jurídico-tributário para questões essencialmente idênticas.

VI – O acto tributário de liquidação da dívida exequenda, por ser, nos termos supra expostos, um acto susceptível de alterar a situação tributária da executada originária, teria, no respectivo prazo de caducidade, sob pena da dívida exequenda se tomar inexigível, que lhe ter sido registado por carta registada com aviso de recepção.

VII – Bem andou, quanto ao aspecto da forma da notificação, o Tribunal a quo na sua decisão.

VIII – Da aplicação a notificação da liquidação da dívida exequenda do preceituado no n.º 2 do art 87.º do CIRC como pretende o recorrente, decorreria, sem margem para dúvidas, a violação dos princípios da legalidade, justiça e igualdade subjacentes ao nosso sistema fiscal e com assento constitucional.

IX – Ainda assim, sempre se concluirá que se esta norma fosse de aplicar ao caso em apreço, o que só por mera hipótese se admite, consubstanciando a mesma uma presunção de notificação da liquidação efectuada por carta registada, tal presunção ter-se-ia que dar por ilidida em virtude da notificação:

– ter como destinatária a própria executada originária, ter sido remetida para um estabelecimento que fora seu e ter ocorrido certa de dois anos depois de ter sido decretada a falência da mesma (facto que era do conhecimento da Administração Fiscal);

– ter a mencionada notificação sido devolvida à Administração Fiscal por motivo, obviamente, não imputável à executada originária ou ao recorrido, pelo que não chegou ao conhecimento destes no prazo de caducidade, não se alcançando o fim da mesma e

– não ter a Administração Fiscal cumprido o disposto no n.º 3 do art. 68.º do CPT, ao não proceder, conforme lhe competia, à notificação do liquidatário ou administrador da massa falida, no respectivo prazo de caducidade, não sendo, pelo exposto, de atender no caso concreto à regra *id quod plerumque accidit*, como pretende o recorrente.

X – Também por estes motivos, não merece acolhimento o entendimento de que não padece de qualquer vício a notificação

XI – Contrariamente ao concluído pelo recorrente mal andou a Administração Fiscal quanto à formalidade da notificação, cujo fim legalmente imposto nunca foi concretizado.

XII – O acto tributário sub judice tem natureza receptícia, configurando-se a notificação como requisito de perfeição do mesmo. Assim, ter-se-á que concluir pela não concretização da mencionada notificação e pela não oponibilidade da mesma ao recorrido, carecendo aquela de eficácia em virtude do CPT exigir para a perfeição da notificação o recebimento efectivo e não presumido do destinatário.

XIII – Não tendo o acto de liquidação da dívida exequenda sido notificado à executada originária, ou ao recorrido, no prazo de caducidade, ter-se-á que concluir, tal como no aresto recorrido, pela inexigibilidade da dívida exequenda.

XIV – Sendo certo que, mesmo que se venha a considerar de aplicar à notificação da mencionada liquidação a forma prescrita no n.º 2 do art. 87.º do CIRC como pretende o recorrente, sempre continuará inexigível a dívida exequenda, porquanto o oponente ilidiu a presunção de notificação, pelo que, embora com um enquadramento jurídico diferente, será de manter o decidido pelo Tribunal a quo.

XV – Ainda que assim não se entenda, o que só por mera hipótese se admite, sempre se dirá que, pelo oponente ora recorrido, foram, em sede de oposição à execução fiscal, submetidas à apreciação do Tribunal a quo outras questões, designadamente a da sua ilegitimidade e da nulidade da citação, cujo conhecimento e decisão ficaram prejudicados pela solução dada à, também arguida, excepção da inexigibilidade da dívida exequenda, pelo que, deverão os autos baixar para apreciação e decisão das mesmas.

Nestes termos e nos mais de direito, requer-se a V.Exas. se dignem considerar improcedente o recurso interposto mantendo-se a douta sentença recorrida;

Caso assim se não entenda, o que só por mera hipótese se admite, deve ser alterado o enquadramento jurídico da matéria de facto efectuado pelo Tribunal a quo, mantendo-se contudo, face ao exposto, a decisão recorrida de extinção da instância fiscal executiva relativamente ao recorrido decorrente da inexigibilidade da dívida exequenda;

Ainda que assim não se entenda, deverão os autos baixar para apreciação pelo Tribunal a quo de outras questões suscitadas pelo então oponente ora recorrido em sede de oposição à execução fiscal, cujo conhecimento e decisão ficaram prejudicados pela solução dada à, também arguida, excepção da inexigibilidade da dívida exequenda (...)».

1.3. O Exm.º Procurador-Geral Adjunto junto deste Tribunal é de parecer que o recurso deve ser provido, por a notificação por carta registada simples, sem se provar que foi recebida, não é válida, para além de ter sido preterida a audição do recorrido.

1.4. O processo tem os vistos dos Exm.ºs Adjuntos.

2. Vem provada a seguinte factualidade:

«1 – A firma executada originária, "Arquiconstrói – Construção Civil e Obras Públicas, Lda.", encontra-se matriculada na Conservatória do Registo Comercial de Lisboa sob o n.º 1901/901217 (cfr. documento junto a fls.120 a 124 dos autos);

2 – Em 16/7/1990, o opoente foi nomeado gerente da firma executada originária (cfr. documento junto a fls.120 a 124 dos autos);

3 – Em 17/6/1997, a D.G.C.I. emitiu a liquidação n.º 8310012927, no montante global de € 980.539,19, referente a I.R.C. do ano de 1992, cujo prazo de pagamento voluntário teve o seu termo final em 13/8/1997, na mesma surgindo como sujeito passivo a firma "Arquiconstrói – Construção Civil e Obras Públicas, Lda." (cfr. documentos juntos a fls. 29 e 141 dos autos; informação exarada a fls. 30 dos autos);

4 – Em 10/7/1997, a Administração Fiscal efectuou a diligência de notificação à firma executada originária da liquidação identificada no n.º 3, sob a forma de registo postal simples (cfr. documentos juntos a fls. 29 dos autos; informação exarada a fls. 30 dos autos);

5 – Em 19/11/1997, a D.G.C.I. emitiu certidão de dívida relativa à liquidação identificada no n.º 3 (cfr. documento junto a fls. 32 dos autos);

6 – Em 30/1/1998, com base na certidão referida no n.º 5, a Fazenda Pública instaurou execução fiscal sob o n.º 3433-98/102533.3, tendo por objecto a cobrança coerciva da dívida titulada pelo mencionado documento, no referido processo figurando como executada a firma "Arquiconstrói – Construção Civil e Obras Públicas, Lda." (cfr. informação exarada a fls. 30 dos autos; documento junto a fls. 32 dos autos);

7 – Em 14/9/1998, devido à inexistência de bens penhoráveis em nome da executada originária, foi exarado despacho de reversão da execução, além do mais, contra o oponente (cfr. documento junto a fls. 33 dos autos; informação exarada a fls. 30 dos autos);

8 – Em 28/11/2000, foi efectuada a citação do oponente no âmbito da execução fiscal identificada no n.º 6 (cfr. documento junto a fls. 34 dos autos; informação exarada a fls. 30 dos autos);

9 – No dia 9/1/2001, deu entrada no 2.º Serviço de Finanças de Cascais a oposição apresentada por Miguel João Santos Correia (cfr. carimbo de entrada aposto a fls. 2 dos autos).

FACTOS NÃO PROVADOS

Dos factos, com interesse para a decisão da causa, constantes da oposição, todos objecto de análise concreta, não se provaram os que não constam da factualidade supra descrita, nomeadamente que a Fazenda Pública tenha procedido à notificação à firma executada originária, ou ao opoente, da liquidação de I.R.C., relativa ao ano de 1992, no montante global de € 980.539,19 e que constitui a dívida exequenda no processo de execução de que o presente constitui apenso».

3.1. A oposição à execução fiscal deduzida pelo ora recorrido foi julgada procedente por a liquidação subjacente não ter sido regularmente notificada – mediante carta registada com aviso de recepção – nem à inicial executada, nem ao recorrido, chamado à execução pela via da reversão.

A sentença recorrida qualificou esta circunstância como consubstanciando uma razão de inexigibilidade da dívida exequenda e, por isso, julgou procedente a oposição à execução.

Vem entendendo a jurisprudência deste Tribunal em que nos inserimos que a liquidação efectuada e notificada depois de decorrido o prazo de caducidade do respectivo direito é ilegal, porque efectuada num momento em que a lei já o não permite. Ilegalidade que não serve de fundamento à oposição à execução fiscal, mas à impugnação judicial, sede própria de discussão em juízo da legalidade dos actos tributários de liquidação.

Já quando o prazo de caducidade está ainda em curso no momento em que se efectua a liquidação mas não ocorre a sua notificação dentro desse prazo não há ilegalidade da liquidação, mas ineficácia.

Reproduz-se aqui o que se escreveu no acórdão de 11 de Maio de 2005, no processo n.º 454/05:

«Daí que só quando a liquidação tenha sido levada a cabo dentro do prazo disponível, e não notificada, seja possível invocar, na oposição à liquidação, a sua ineficácia: a "falta de notificação da liquidação do tributo no prazo de caducidade".

No caso em apreço, o que foi invocado e a sentença constatou, é que a liquidação nunca foi validamente notificada dentro do prazo de caducidade, sendo a execução fiscal instaurada quando tal notificação já não podia impedir essa caducidade. Como assim, tal liquidação não é ineficaz, inoponível ao executado por lhe não ter sido notificada: é ilegal, por força das apontadas disposições legais, que se não bastam com a prática do acto, exigindo a sua notificação para impedir a caducidade.

Neste sentido vem decidindo este Tribunal, como pode ver-se nos acórdãos de 2 de Abril de 2003, recurso n.º 37/03, 31 de Janeiro de 2001, recurso n.º 25498, e 27 de Fevereiro de 2002, recurso n.º 26722.

Lê-se neste último: "(...) a notificação (...) é (...) legalmente considerada como um requisito de validade da própria liquidação, entendida este em sentido lato, que não estrito, isto é, como complexo de actos tendentes à determinação do montante do imposto e imposição da obrigação do seu pagamento ao contribuinte.

Pelo que, contendendo com a legalidade da liquidação que não com a sua eficácia, constitui fundamento de impugnação judicial e não de oposição à execução fiscal. (...). Por um lado, a falta de notificação da liquidação antes de decorrido o prazo de caducidade, implicando a ineficácia daquela e consequenciando a inexigibilidade da divida exequenda, constitui o fundamento de oposição tipificado na dita al. e) do art. 204.º do CPPT. Por outro, decorrido aquele prazo, tal falta de notificação integra-se na própria caducidade concretizando a ilegalidade da liquidação, fundamento típico de impugnação judicial e não de oposição à execução.

(...) Assim, decorrido o prazo de caducidade, a falta de notificação, por integrante daquela, é fundamento de impugnação judicial e a mesma falta, antes do decurso daquele prazo, é fundamento de oposição à execução fiscal já que a primeira respeita à própria legalidade da liquidação e a segunda à inexigibilidade da respectiva obrigação tributária ou, como é usual dizer-se, da dívida exequenda.

Ou de outro modo: instaurada execução fiscal para cobrança coerciva do tributo, antes de decorrido o prazo de caducidade, a falta de notificação da liquidação é fundamento de oposição; se decorrido já aquele prazo, tal falta é fundamento de impugnação judicial".

No presente caso, a liquidação ocorreu dentro do prazo de caducidade, sem que se prove que a carta registada sem aviso de recepção com que se pretendia notificá-la tivesse sido recebida pela destinatária, a inicial executada.

Numa palavra, a falta de notificação da liquidação – a confirmar-se –, configura, tal como entendeu a sentença, razão de inexigibilidade da dívida exequenda e pode, consequentemente, servir de fundamento à oposição à execução fiscal.

3.2. Contrapõe a recorrente à sentença que a Administração Tributária agiu de acordo com a lei então aplicável – decreto-lei n.º 7/96, de 7 de Fevereiro – ao notificar a liquidação mediante simples carta registada sem aviso de recepção. Assim – não o diz expressamente, mas terá pretendido dizê-lo –, essa carta presume-se recebida pela notificando, não tendo a Administração Fiscal o ónus de provar que a notificação chegou efectivamente à notificanda.

Mas sem razão: a notificação devia ter sido efectuada nos termos do artigo 64.º n.º 1 do Código de Processo Tributário (CPT), a que sucedeu o artigo 38.º n.º 1 do Código de Procedimento e de Processo Tributário (CPPT).

O artigo 87.º n.º 2 do Código do Imposto sobre o Rendimento das Pessoas Colectivas (CIRC) não se aplica ao caso por não se tratar de liquidação feita no prazo do artigo 71.º e nos termos do artigo 70.º, ambos do mesmo diploma, ou seja, de acordo com a declaração do contribuinte.

Hoje, o artigo 129.º do CIRC manda que, em caso de correcções, a notificação se faça nos termos do artigo 55.º n.º 2 do mesmo diploma.

Exigindo a lei o aviso de recepção – cuja existência permitiria a prova da recepção da carta –, e não tendo a Administração cumprido essa formalidade, ao remeter a carta registada sem aviso de recepção, cabe-lhe agora demonstrar, por outro meio, o seu recebimento. Na falta dessa prova, a liquidação não pode ter-se por eficaz, ou seja, a quantia liquidada não pode ser exigida coercivamente, e a execução fiscal que visa essa exigência não pode prosseguir.

Improcedem, pelo exposto, as conclusões das alegações da recorrente.

4. Termos em que acordam, em conferência, os juízes da Secção de Contencioso Tributário deste Supremo Tribunal Administrativo em, negando provimento ao recurso, confirmar a sentença impugnada.

Sem custas.

Lisboa, 22 de Março de 2006.

Baeta de Queiroz (Relator)
Pimenta do Vale
Lúcio Barbosa

Recurso n.º 1291/05-30

IMPUGNAÇÃO JUDICIAL DO ACTO DE LIQUIDAÇÃO. PRAZO DE CADUCIDADE. PRETERIÇÃO DE AUDIÊNCIA PRÉVIA. NULIDADE.

(Acórdão de 18 de Janeiro de 2006)

SUMÁRIO:

I – Não é nulo, mas meramente anulável, o acto de liquidação praticado na sequência de um procedimento em que foi omitida a audiência prévia do contribuinte, nos termos previstos no artigo 60.º da Lei Geral Tributária.

II – O direito de audiência prévia não é um direito fundamental cuja preterição acarrete, em geral, a nulidade do acto.

III – Assim, a impugnação judicial do acto de liquidação fundada no vício referido no antecedente ponto 1. deve ser deduzida no prazo estabelecido no artigo 102.º n.º 1 do Código de Procedimento e de Processo Tributário, sob pena de caducidade do direito a essa impugnação.

ACORDAM NA SECÇÃO DO CONTENCIOSO TRIBUTÁRIO DO STA:

1.1. SGV – SOCIEDADE GRANITEIRA DE VALENÇA, LDA., com sede no Porto, recorre da sentença da Mmª. Juiz do Tribunal Administrativo e Fiscal de Braga que, «na procedência da excepção da caducidade do direito de deduzir impugnação judicial», julgou improcedente a que fora instaurada contra a liquidação de imposto sobre o rendimento das pessoas colectivas (IRC) relativo aos exercícios dos anos de 1996 e 1997.

Formula as seguintes conclusões:

«1) A douta sentença recorrida julgou procedente a excepção da caducidade deduzida pela Fazenda Nacional, uma vez que face à fundamentação da mesma, a impugnação teria sido apresentada intempestivamente; ou seja, para além do prazo de 90 dias previsto no art. 102.º n.º 1 CPPT.

2) Por outro lado, considerou-se ainda o entendimento que a falta de audiência prévia prevista no art. 60.º LGT implica apenas a anulação do acto.

3) Todavia, a Recorrente na Resposta à Contestação da Fazenda Nacional invocou que o acto em causa era nulo, pelo que poderia ser invocado a todo o tempo.

4) Com efeito, estabelece o art. 133.º al. d) CPA que os actos que ofendam o conteúdo de um direito fundamental são nulos.

5) Ora, no caso "sub judice" a Recorrente alega que foi violado o art. 60.º LGT, ou seja, o princípio da participação.

6) O princípio da participação tem consagração constitucional, face ao disposto no art. 267.º n.º 5 (CRP) e permite que os cidadãos, neste caso, os contribuintes participem nas decisões e deliberações que lhes digam respeito e que os possa afectar.

7) Nesse sentido, resulta que no caso "sub judice" não foi efectuada a audiência prévia prevista no art. 60.º LGT.

8) A invocação pela Fazenda Nacional da nova redacção prevista na Lei 16/A/2002 de 31/05 não veio alterar violação desta norma, pois a Recorrente pretendia apresentar novos elementos, tanto que chegou a pedir a prorrogação do prazo, para esse fim, e não lhe foi concedido esse direito pela Administração Fiscal.

9) A impugnação foi tempestiva, pelo que a douta sentença recorrida faz errada interpretação do art. 60.º LGT, bem como do art. 267.º n.º 5 CRP e art. 133.º CPA.

Termos em que dando provimento ao presente recurso e considerando nulo o acto de liquidação (...)».

1.2. Não há contra-alegações.

1.3. O Exm.º . Procurador-Geral Adjunto junto deste Tribunal é de parecer que o recurso não merece provimento, nos termos de jurisprudência do Tribunal, de que aponta exemplo.

1.4. O processo tem os vistos dos Exm.ºs Adjuntos.

***

2. Vem fixada a factualidade seguinte:

«1 – A impugnante foi notificada para pagar o IRC do ano de 1996, na importância de € 130.806,96 e cujo prazo para pagamento voluntário ocorreu em 04.01.2002, cfr. doc. de fls 69 e 71 do PA.

2 – Igualmente foi notificada para efectuar o pagamento do IRC do ano de 1997, na importância de € 55.442,88 e cujo prazo para pagamento voluntário ocorreu em 04.01.2002, cfr. doc, de fls. 69 e 72, do PA.

3 – A petição foi apresentada no Serviço de Finanças de Vila Nova de Cerveira em 09 de Abril de 2002».

***

3.1. Pretende a recorrente que é tempestiva a apresentação da petição de impugnação judicial porque a todo o tempo o seria, já que a preterição da sua audição prévia configura um vício gerador de nulidade, e não de mera anulabilidade. É que, defende a recorrente, a participação dos cidadãos na formação das decisões que lhes digam respeito tem consagração constitucional, pelo que a postergação dessa faculdade constitui violação de um direito fundamental.

Pelo contrário, a sentença, debatendo a questão, concluiu que o vício acusado não podia levar senão à anulação do acto – conforme, aliás, o pedido formulado na petição inicial. E que, consequentemente, não era aplicável ao caso a disposição do n.º 3 do artigo 102.º do Código de Procedimento e de Processo Tributário (CPPT), devendo a impugnação ser deduzida dentro do prazo de 90 dias do n.º 1 do mesmo artigo, sob pena de caducidade do direito a impugnar. Caducidade que declarou, por a impugnação ter sido apresentada fora daquele prazo.

3.2. Se é verdade que a Constituição consagra, no n.º 5 do seu artigo 267.º, a participação dos cidadãos nas decisões que lhes digam respeito, já não pode afirmar-se com afoiteza que estamos perante um «direito fundamental» cuja ofensa implique a nulidade do acto final do procedimento em que foi cometida.

Os direitos fundamentais podem definir-se como sendo os que «conferem posições jurídicas subjectivas individuais e permanentes, com a finalidade principal de proteger a liberdade e a dignidade das pessoas», como escreve José Carlos Vieira de Andrade, in *Os Direitos Fundamentais* Na Constituição Portuguesa de 1976, a pág. 87.

Mas o direito à audiência não é um direito absolutamente protegido pela Constituição.

Daí que a Secção de Contencioso Administrativo deste Tribunal tenha considerado que a preterição do direito de audiência prévia apenas constitui vício gerador de nulidade do acto nos casos de procedimentos sancionatórios, ou naqueles em que sejam praticados actos lesivos de direitos fundamentais. Neste sentido se podem ver os acórdãos de 21 de Março de 1995, 6 de Maio de 1999 e 12 de Outubro de 1999, nos processos n.os 32515, 39825 e 44503, respectivamente.

Como se lê no acórdão de 17 de Maio de 2001 do Pleno da mesma Secção, proferido no processo n.º 40860, «o direito de audiência prévia, embora não tendo consagração na CRP como um direito fundamental de participação, atribui, todavia, ao respectivo titular um verdadeiro direito subjectivo procedimental (...), que concretiza o direito à participação procedimental que, nos termos do artigo 267.º n.º 4 da CRP, é um princípio de organização e acção administrativa, por sua vez, concretizador da dimensão participativa do princípio democrático (...)».

Em sentido aproximado se pronuncia Pedro Machete, *A Audição Prévia do Contribuinte, In Problemas Fundamentais do Direito Tributário*, pág. 310: «(...) a participação procedimental não consubstancie(a) em primeira linha um meio de protecção jurídica frente a ameaças definitivas, mas antes uma colaboração constitutiva da determinação do próprio interesse público concreto. O que está em causa é fundamentalmente garantir a objectividade do procedimento, designadamente através de uma mais objectiva representação do interesse público, e não tanto a garantia dos interesses individuais perante a administração». Isto, além do mais, porque «a generalidade dos procedimentos administrativos não tem por objecto uma lide ou litígio; quando muito, a decisão pode originar um litígio». Para concluir, a pág. 331, que o direito de audição do contribuinte não é um direito fundamental, mas só «um direito subjectivo legal-procedimental».

Tudo razões por que o direito de audiência prévia, sendo uma das formas de realizar a participação do contribuinte nas decisões que lhe respeitam, não possa qualificar-se como um direito cujo atropelo acarrete a nulidade do acto administrativo praticado a final do respectivo procedimento. Aquela participação não se insere no campo das garantias, e a audiência prévia não consubstancia, no essencial, um direito de defesa, mas só de pronúncia sobre o objecto do procedimento. A não ser que se trate de um procedimento que culmine com a aplicação de uma sanção, ou com a prática de um acto lesivo de direitos fundamentais pois, nestes casos, o que está em causa não é já, apenas, a violação do direito de participação nas decisões administrativas, mas a preterição de uma realidade diferente, e mais intensamente protegida, pela garantia de defesa do administrado.

Deste modo, a inobservância da audição prévia do contribuinte é vício procedimental gerador de mera anulabilidade, e não de nulidade, como quer a recorrente.

E, assim sendo, a impugnação judicial do acto de liquidação em que se acusa tal vício não pode ser deduzida a todo o tempo, mas só dentro do prazo fixado na lei para impugnação dos actos anuláveis.

Improcedem, consequentemente, as conclusões das alegações de recurso.

***

4. Termos em que acordam, em conferência, os juízes da Secção de Contencioso Tributário deste Supremo Tribunal Administrativo em, negando provimento ao recurso, confirmar a sentença impugnada.

Custas a cargo da recorrente, com 50% de procuradoria.

Lisboa, 18 de Janeiro de 2006.

Baeta de Queiroz (Relator)
Pimenta do Vale
Lúcio Barbosa

Recurso n.º 901/05-30

IMPUGNAÇÃO JUDICIAL. IMPOSTO AUTOMÓVEL. CARRO USADO. ART. 1.º DO DL N.º 40/93, DE 18/2, COM A REDACÇÃO DADA PELO ART. 8.º DA LEI N.º 85/2001, DE 4/8. MÉTODO ALTERNATIVO. SUA CONSTITUCIONALIDADE E CONFORMAÇÃO AO DIREITO COMUNITÁRIO.

(Acórdão de 02 de Fevereiro de 2006)

SUMÁRIO:

I – O DL n. 40/93, de 18/2, sofreu uma alteração com a vigência do art. 8.º da Lei n. 85/2001, de 4/8.

II – Após a vigência deste normativo, que acrescentou ao art. 1.º do referido Dec.-Lei n. 40/93 os n.os 12 e 13, o imposto automóvel (relativo a veículos automóveis usados, originários ou em livre prática nos Estados membros da Comunidade Europeia), liquidado nos termos do referido art. 1.º, não sofre do vício de violação de lei (lei comunitária), desde que a liquidação tenha obedecido aos novos ditames legais, que atende não só ao n.º 7 mas também aos n.os 12 e 13 do já citado art. 1.º.

III – O facto de não ser cobrado IA na venda de automóveis usados nacionais não viola qualquer preceito comunitário ou constitucional, já que esses veículos, ao serem matriculados, pagam IA.

ACORDAM, EM CONFERÊNCIA, NA SECÇÃO DE CONTENCIOSO TRIBUTÁRIO DO SUPREMO TRIBUNAL ADMINISTRATIVO:

1. MITAUTO – Comércio de Automóveis, Ld., com sede na Estrada de Nelas, km. 1.3, Viseu, impugnou judicialmente, junto do então Tribunal Tributário de 1ª Instância de Viseu, a liquidação de IA praticada pela Alfândega de Aveiro.

O M. Juiz daquele Tribunal julgou a impugnação improcedente.

Inconformado, o impugnante interpôs recurso para este Supremo Tribunal.

Formulou as seguintes conclusões nas respectivas alegações de recurso:

1. O acto de liquidação praticado pelo Sr. Director da Alfândega de Aveiro é nulo por ofender o conteúdo essencial dos direitos fundamentais do contribuinte ora recorrente, o direito de propriedade, ao ser-lhe exigido, sem fundamento válido, uma elevada quantia para fazer entrar no consumo interno uma viatura usada adquirida no mercado interno europeu, violando, a liberdade fundamental estabelecida no art. 23.º do Tratado de Roma.

2. O acto de liquidação, em virtude da aplicação, "*in casu*", da tabela prevista no DL 40/93, é manifestamente contrário ao artigo 90.º do Tratado de Roma, que visa garantir a perfeita neutralidade das imposições internas no que se refere às concorrências entre produtos nacionais e produtos importados, mas do mesmo espaço comercial.

3. O imposto liquidado é sempre superior ao imposto residual incorporado nos veículos semelhantes, com o mesmo ano de matrícula, pois que, tendo sido tributados no ano da matrícula, já não o são quando vendidos no mercado de usados.

4. O imposto automóvel (IA) sobre os veículos usados provenientes da CE deverá ser calculado tomando em conta a depreciação real do veículo e de modo a que o imposto a pagar não exceda o montante residual do imposto incorporado no valor dos veículos automóveis usados semelhante já matriculados no país, sob pena de violação do disposto no art. 90.º e 95.º do Tratado de Roma (cfr. por exemplo – Acórdão Proc. C-345/93 do TJ).

5. A cobrança do IA devido por um veículo automóvel usado proveniente da CE, por força da aplicação da tabela, prevista no art. 10.º do DL n.º 40/93, não tem em conta a depreciação comercial real dos veículos automóveis usados provenientes da CE e, em consequência, excede o montante residual do imposto incorporado no valor dos veículos automóveis usados semelhantes já matriculados no país (vide as considerações do Acórdão Proc. C – 375/95, do TJ).

6. A douta decisão recorrida ao entender que a liquidação do IA foi elaborada de acordo com as normas nacionais aplicáveis sem que estas, em si mesmas consideradas, violem legislação comunitária vinculativa do Estado Português, julgando não provada e improcedente a impugnação, fez errada aplicação do disposto nos art. 90.º e 95.º do Tratado de Roma (normas de aplicação directa na ordem jurídica nacional).

7. A não opção pelo método alternativo de cálculo do IA, previsto nos números 12 e 13 do art. 1.º do DL 40/93 de 18.2, aditados pela Lei n. 85/2001, de 4 Agosto, no seu art. 8.º, não concede por si só, validade a um acto de liquidação de imposto apurado de acordo com a aplicação da tabela constante do art. 1.º do referido DL, a qual é ilegal.

8. A não opção por método de cálculo alternativo não dá legalidade ao acto de liquidação de IA.

9. O imposto apurado e liquidado foi obtido através de uma tabela que não tem em conta a depreciação comercial real dos veículos automóveis usados provenientes da CE e, em consequência, excede o montante residual do imposto incorporado no valor dos veículos automóveis usados semelhantes já matriculados no país.

10. Pelo que deverá ser revogada e substituída por outra que reconheça que a aplicação da tabela, em si mesma considerada prevista no n. 7 do art. 1.º do DL 40/93, de 18/2, contraria o disposto no art. 95.º do Tratado de Roma.

11. E, em consequência, declarar como ilegal a liquidação do IA feita pela Alfândega de Aveiro pela importação pela recorrente do veículo automóvel, em estado de usado da Alemanha.

12. Normas Violadas:

§ Art. 95.º do Tratado de Roma na interpretação que dele fizeram os acórdãos do TJH (Tribunal de Justiça das Comunidades Europeias) – Ac. Proc. C-345/93 e C--375/95.

§ Art. 23.º e 90.º do Tratado de Roma

§ Art. 8.º CRP e 103, n.º 3 da CRP

Não houve contra-alegações.

Neste STA, o EPGA defende que o recurso não merece provimento.

Colhidos os vistos legais cumpre decidir.

2. É a seguinte a matéria de facto fixada na instância:

1. Em 2002:07.10, a Impugnante adquiriu pelo valor de Eur. 13.200,00 um veículo automóvel ligeiro de passageiros, usado, de marca Audi, modelo A4 (B5), com 1.896 cc. de cilindrada, a gasóleo, procedente da República Federal da Alemanha e ali posto em circulação em 1998.12.22;

2. O Veículo foi apresentado na Alfândega de Aveiro em 2002.07.17, tendo sido emitida em 2002.07.17 a correspondente declaração aduaneira de veículo (D.A.V.) à qual foi atribuído o n. 2002/004655 3, e preenchido o impresso de liquidação (I.L.), ao qual foi atribuído o n.º de registo 0108265 tendo sido liquidado I.A. no valor de Eur.5.094,14;

3. O imposto foi pago na Tesouraria da Alfândega de Aveiro em 2002.09.12.

4. O impugnante não apresentou na Alfândega de Aveiro requerimento onde declarasse pretender optar pela aplicação de método alternativo de cálculo de Imposto Automóvel.

3. A recorrente imputa à liquidação impugnada vícios de violação de lei, a saber: lei comunitária e lei constitucional.

Será assim?

Vejamos cada questão de per si.

3.1. Da alegada violação de lei comunitária.

O n.º 7 do art. 1.º do DL n.º 40/93, de 18/2, era efectivamente desconforme ao art. 95.º do Tratado de Roma.

Como o reconheceu repetidamente este Supremo Tribunal.

Era esta uma jurisprudência que se crê unânime.

Basta trazer à colação, a título de exemplo o acórdão deste STA de 30/10/02 (Rec. n.º 771/02-40), para o qual se remete.

À luz dos considerandos expendidos pelo TJCE, no seu acórdão de 22 de Fevereiro de 2001 (Proc. C-398/98), e atendendo a que os critérios e as tabelas do referido normativo (art. 1.º do DL n.º 40/93, de 18/2, – com a redacção introduzida pelas Leis n.os 75/93, de 20/12, 39-B/94, de 27/12 e 10-B/96, de 23/3), no tocante ao imposto automóvel sobre os automóveis usados, importados de países da Comunidade Europeia, e aí em circulação, nomeadamente o seu n.º 7, eram insusceptíveis de "garantir que o montante do imposto devido não excede, ainda que apenas em certos casos, o montante do imposto residual incorporado no valor dos veículos similares já matriculados no território nacional", considerou-se que a tabela de redução prevista pelo DL n.º 40/93 não reflectia de modo suficientemente preciso a depreciação efectiva dos veículo. Daí que se concluísse se que a norma em causa violava direito comunitário.

Como aliás o reconhecia o TJCE.

Porém, hoje a situação alterou-se.

Na verdade, o referido art. 1.º do DL n.º 40/93, de 18/2, sofreu um aditamento através do art. 8.º da Lei n.º 85/ /2001, de 4/8, que lhe acrescentou os n.os 12 e 13.

São do seguinte teor os aditamentos referidos:

"12 – Em opção à aplicação da tabela constante do n.º 7, o proprietário do veículo admitido poderá solicitar a utilização de um método alternativo, baseado no valor comercial do veículo, a determinar por comissões de peritos, em que o imposto a pagar seja igual ao IA residual incorporado em veículos da mesma marca, modelo e sistema de propulsão ou, na sua falta, de veículos idênticos ou similares, introduzidos no consumo em Portugal no mesmo ano da data de atribuição da primeira matrícula.

"13 – As comissões de peritos referidas no número anterior são constituídas por um representante da Direcção-Geral de Alfândegas e dos Impostos Especiais sobre o Consumo, por um representante da Direcção-Geral de Viação e pelo proprietário do veículo ou por representante por ele nomeado".

Quer isto dizer que não pode mais dizer-se que os critérios e as tabelas do referido normativo não são susceptíveis de "garantir que o montante do imposto devido não excede, ainda que apenas em certos casos, o montante do imposto residual incorporado no valor dos veículos similares já matriculados no território nacional", por isso que, no dizer da lei, sempre "o proprietário do veículo admitido poderá solicitar a utilização de um método *alternativo*, baseado no valor comercial do veículo, a determinar por comissões de peritos, em que o imposto a pagar seja igual ao IA residual incorporado em veículos da mesma marca, modelo e sistema de propulsão ou, na sua falta, de veículos idênticos ou similares, introduzidos no consumo em Portugal no mesmo ano da data de atribuição da primeira matrícula".

E a Portaria n.º 1291/2001, de 16/11, veio concretizar esse "método alternativo", dizendo-se no preâmbulo deste diploma que "este novo método de tributação assente no valor comercial do veículo a atribuir por uma comissão de peritos constituída para o efeito permite ter em conta a *depreciação efectiva* do veículo avaliado, resultante da consideração na sua avaliação de factores como a marca, o modelo, a quilometragem, o modo de propulsão, o estado mecânico e o estado de conservação do veículo".

Ou seja, quem não aceitar as tabelas referidas no n.º 7 tem ao seu dispor um método alternativo, que dá corpo aos ditames comunitários.

Vale isto por dizer que a lei em causa já não viola qualquer preceito comunitário.

Veja-se no sentido ora apontado, e a título de exemplo, o acórdão deste STA de 12/11/2003 (rec. n.º 1350/03).

Nem se diga que, por os carros usados nacionais, ao serem vendidos, não pagam IA, também os carros usados estrangeiros, ao serem transaccionados no mercado nacional, não o devem pagar.

Na verdade, ao serem matriculados (1ª matrícula), os carros pagam IA (vide n.º 1 do art. 1.º do citado DL n.º 40/93). Ora, quando são transaccionados posteriormente, já usados, não pagam IA, tão só e apenas porque já o pagaram. Assim, e compreensivelmente, os carros usados estrangeiros pagam IA precisamente porque (e quando) são sujeitos à matrícula nacional.

Nem vale dizer que, por não ter sido requerido o método alternativo, a liquidação é ilegal.

Não é assim.

A liquidação, nos termos do normativo em causa, obedece a critérios e tabelas que, na presunção da lei, traduzem a depreciação efectiva dos veículos.

Porém, o contribuinte, se não concordar com a tabela, por entender que, no caso, ela não traduz a depreciação efectiva do veículo, recorre então ao método alternativo, este sim baseado inequivocamente no valor comercial do veículo, a determinar por comissões de peritos.

Assim, e no tocante a este ponto, a pretensão da recorrente não procede.

3.2. Mas será que o normativo em crise (com base no qual foi praticado o acto de liquidação impugnado) viola, como quer a recorrente, os arts. 8.º CRP e 103, n.º 3 da CRP.

Aquele primeiro normativo dispõe, no seu n.º 1, que "as normas e os princípios de direito internacional geral ou comum fazem parte integrante do direito português".

Ora, como é compreensível, e uma vez que entendemos que a disposição em crise está de acordo com os princípios do direito internacional, e não afrontam qualquer norma de direito internacional, é óbvio que tais princípios e normas não foram violados.

Quanto à segunda disposição constitucional, dispõe ela que "ninguém pode ser obrigado a pagar impostos que não hajam sido criados nos termos da Constituição, que tenham natureza retroactiva ou cuja liquidação e cobrança se não façam nos termos da lei".

Ora, é patente que este normativo constitucional não foi infringido. Na verdade, o preceito aqui em causa não tem natureza retroactiva, a liquidação e cobrança do tributo fez-se de acordo com a lei e o imposto foi criado de harmonia com a lei constitucional.

Nem vale falar em acórdãos do TJCE de 1993 e 1995, uma vez que as disposições legais respectivas (n.ºs 12 e 13.º do art. 1.º do DL n.º 40/93, de 18/2, aditados pela Lei n.º 85/2001, de 4/8), do ano de 2001, não pode ter sido compreensivelmente posto em crise por aqueles arestos.

Nem vale falar, como o faz a recorrente, que o acto de liquidação é nulo por ofender o conteúdo essencial dos direitos fundamentais do contribuinte ora recorrente, concretamente, o direito de propriedade.

Na verdade, não se vê em que medida o pagamento de um imposto (no caso, o imposto automóvel), pode violar o direito de propriedade. Quando muito, poderia violar o princípio da proporcionalidade. Mas, a nosso ver, nem isso acontece. E não foi sequer alegado.

Por aqui também falece pois a pretensão da recorrente.

4. Face ao exposto, acorda-se em negar provimento ao recurso.

Custas pela recorrente, fixando-se a procuradoria em 50%.

Lisboa, 02 de Fevereiro de 2006.

Lúcio Barbosa (Relator)
Vítor Meira
Pimenta do Vale

Recurso n.º 1150/05-40

IRC. ART. 4.º DO CIRC. CONTRATO DE KNOW-HOW. CONTRATO DE ENGINEERING. CONTRATO DE ASSISTÊNCIA TÉCNICA.

(Acórdão de 08 de Março de 2006)

SUMÁRIO:

I – No contrato de know-how transfere-se tecnologia, enquanto no contrato de engineering aplica-se tecnologia.

II – O contrato de assistência técnica distingue-se do contrato de prestação de serviços técnicos (engineering), pois enquanto neste último as partes querem a própria execução de um determinado serviço, no primeiro, as partes querem uma informação tecnológica através de um serviço complementar ou acessório relativamente ao objecto principal do contrato, que é a transmissão de uma informação tecnológica.

III – Se do probatório resultar que dos contratos resulta uma simples prestação de serviços, os rendimentos deles resultantes não são tribu-

táveis em Portugal, em sede IRC, por os prestadores não terem estabelecimento estável em Portugal.

ACORDAM, EM CONFERÊNCIA, NA SECÇÃO DE CONTENCIOSO TRIBUTÁRIO DO SUPREMO TRIBUNAL ADMINISTRATIVO:

1. CELULOSE BEIRA INDUSTRIAL (CELBI), SA, identificada nos autos, impugnou judicialmente, junto do então Tribunal Tributário de 1ª Instância de Coimbra, as liquidações adicionais de IRC dos anos de 1989 a 1992.

O Mm. Juiz daquele Tribunal julgou a impugnação procedente, anulando as liquidações impugnadas.

Inconformada, a Fazenda Pública interpôs recurso para o Tribunal Central Administrativo, o qual negou provimento ao recurso.

De novo inconformada, a FAZENDA PÚBLICA interpôs recurso para este Supremo Tribunal.

Formulou as seguintes conclusões nas respectivas alegações de recurso:

1. A decisão de 1ª instância, salvo o muito e sempre devido respeito, é obscura e não passa de um reportório de eufemismos tecidos á base da distinção entre "transmissão de know how", "assistência técnica", "contrato de prestação de serviços, informação tecnológica", "transferência de tecnologia e aplicação de tecnologia" e finalmente de "prestação de serviços".

2. E dela não nasce a luz, antes se aprofunda a confusão.

3. Não podia, por isso, o MD Acórdão recorrido nela procurar valimento, como e na medida em que o fez e motivou o presente recurso.

4. Porque a questão, prestando-se, efectivamente, a aproveitamentos interpretativos é, afinal, muito clara.

5. A impugnante contratou com empresas estrangeiras a obtenção de um resultado que SÓ ELAS e muito poucas empresas no mundo poderiam garantir-lhe.

6. Porque os resultados desejados implicavam a detenção de um conhecimento técnico altamente especializado que só elas detinham.

7. Estava, pois, absolutamente fora de causa a execução desses serviços pela impugnante ou por pessoal por ela contratado e sob a sua orientação.

8. Pois lhes faltavam os conhecimentos técnicos para tanto.

9. E por isso a impugnante se sujeitou ao pagamento de muitos milhões que, de outro modo, pouparia.

10. A impugnante comprou, assim, sem sombra de dúvida um resultado só possível graças aos conhecimentos técnicos das contratadas que, assim, comprou também.

11. É despiciendo que esses resultados sejam o produto do trabalho de pessoas.

12. Porque a não ser que se trata de simples aquisição de bens é sempre assim.

13. Toda a assistência técnica é prestada por técnicos (pessoas).

14. A natureza intrínseca dos contratos não é desvirtuada pela qualificação que as partes lhe atribuam.

15. Está em causa o princípio da verdade material que afasta e remete para o devido lugar a verdade formal.

16. Também não modifica a natureza do contrato o facto de não ter havido, eventualmente, transferência (cedência) para a impugnante de tecnologia, patentes, invenções, marcas, modelos, desenhos industriais, formulas, processos secretos de fabrico ou técnicas específicas.

17. Também carece de qualquer importância para a qualificação dos contractos o modo como se consagrou a respectiva fórmula remuneratória.

18. Porque a verdade é se trata antes de verdadeiros contratos de RESULTADO, em que o USO de uma tecnologia específica e altamente especializada foi determinante.

19. Em que os elementos essenciais são a garantia (compra e venda) de assistência técnica altamente especializada dada a qualidade de detentores de tecnologia e saber próprio das entidades que se propõem o resultado final.

20. E que muito poucas entidades em todo o mundo detêm.

21. E assim, absolutamente insustentável o entendimento de que se estaria perante contratos de simples prestação de serviços.

22. Que não pode, pois, manter-se.

23. Decidindo de modo diferente o MD Acórdão recorrido fez errada interpretação e aplicação da lei, nomeadamente do disposto nos artigos 12.º n.º 3 do DL n.º 494/ /70 de 23 de Outubro, art. 12.º n.º 2 do Modelo de Convenção Fiscal da OCDE, Despacho Normativo n. 86/89, de 24 de Julho, art. 6.º n.º 1 do CIRS, alínea c) do n.º 3 do art. 4.º, alínea a) do n.º 2 do art. 69.º e alínea a) do n.º 1 do art. 75.º, todos do CIRC.

Contra-alegou a impugnante, apresentando as suas contra-alegações, que finalizaram no seguinte quadro conclusivo:

A. O presente recurso é inadmissível, uma vez que a sua admissão consubstanciaria a sujeição das questões em apreço a um triplo grau de jurisdição, limitado nos termos do n.º 2 do artigo 280.º e do ETAF aos recurso por oposição de acórdãos.

B. De facto, as questões relativas à legalidade da liquidação de imposto e de juros de mora discutidas nos autos já foram apreciadas – e sempre com a mesma resposta – pelo Tribunal Tributário de 1ª Instância de Coimbra e pelo Tribunal Central Administrativo Sul.

C. A norma constante do artigo 120.º do ETAF, com a redacção que lhe foi dada pelo Decreto-Lei n.º 229/96 deve ser interpretada no sentido de garantir um terceiro grau de jurisdição aos recursos de decisões de 1ª instância interpostos antes da entrada em vigor da Portaria n.º 398/97 (que instalou o TCA).

D. Mas não no sentido de admitir que as decisões de recursos interpostos após a entrada em vigor da referida portaria possam ser novamente reapreciados pelo STA.

E. De facto, a norma transitória constante do artigo 120.º do ETAF – como todas as normas processuais que regulam e atrasam a entrada em vigor de outras normas adjectivas – destina-se a tutelar a confiança dos actores processuais.

F. Confiança essa que existe e deve ser tutelada nos recorrentes de decisões de 1ª instância que hajam interposto recurso antes da entrada em vigor da supra referida portaria, já que contavam ainda com uma eventual reapreciação pelo STA caso a sua pretensão fosse negada pelo TCA.

G. Pelo contrário, nos casos nos casos que o recorrente interpôs recurso após a entrada em vigor da Portaria n.º 398/97 – como é o caso dos autos – não existe qualquer confiança a tutelar, pois o recorrente já conhecia da eliminação do terceiro grau de jurisdição, eliminação essa que ocorrera há quase um ano no presente caso.

H. Assim sendo o Recurso interposto pelo Digno Representante da Fazenda Pública deveria ter sido recusado, estando vedada ao STA a sua apreciação, devendo antes manter-se o Douto Acórdão proferido pelo TCA em 29 de Março de 2005.

I. Bem como a anulação da liquidação de imposto e de juros de mora realizada pela Sentença proferida em 1ª instância, que o referido acórdão confirmou.

J. Ainda que assim não se entenda, o que apenas se admite por cautela de patrocínio, e sem conceder, sempre se deve entender que a interpretação da lei tributária propugnada pela ora Recorrida e confirmada em 1ª e 2ª instância é a única que pode subsistir.

K. De facto, face à lei aplicável no momento da ocorrência dos factos em apreço, apenas eram tributáveis em Portugal os rendimentos obtidos por entidades não residentes, sem estabelecimento estável em Portugal, que estivessem previstos na enumeração taxativa do n.º 3 do artigo 4.º do Código do IRC.

L. No caso em apreço, e segundo se depreende das alegações de recurso e respectivas conclusões, o Digno Representante da Fazenda Pública socorreu-se da alínea m) do n.º 2 do artigo 6.º do Código do IRS (para o qual remete o ponto 3 da alínea c) do referido n.º 3 do artigo 4.º do Código do IRC) para invocar que estamos perante rendimentos provenientes da assistência técnica.

M. Em suporte da sua afirmação, o Representante da Fazenda Pública apenas referiu a existência, no caso em apreço, de conhecimentos técnicos altamente especializados e de uma garantia de assistência técnica altamente especializada, face às qualidades dos prestadores.

N. Ora salvo melhor opinião, o contrato de assistência técnica não se caracteriza pelo emprego de conhecimentos técnicos especializados, nem pelo facto de os prestadores, tendo em conta as suas próprias qualidades, garantirem qualquer resultado.

O. Se assim fosse, um parecer elaborado por um jurisconsulto – em que conhecimentos técnicos especializados são empregues – seria considerado como assistência técnica, desde que existisse um qualquer tipo de garantia do resultado.

P. Como parece ser esta uma via interpretativa estéril, atentamos antes na letra da lei, e concluímos que o termo assistência remete para a acessoriedade da prestação em relação a uma outra, de carácter principal.

Q. A esta interpretação tem chegado também o STA, sendo exemplo o Acórdão de 8 de Abril de 2003, no Processo n.º 5366/01, onde pode ler-se que *a simples expressão "assistência" revela que a prestação de serviços que é objecto do contrato em causa não tem carácter autónomo e independente, mas complementar ou acessório de outra operação, prevista no mesmo contrato ou em contrato separado.*

R. No mesmo sentido – de considerar a assistência técnica como uma prestação complementar – se pronunciou a doutrina nacional e estrangeira citada ao longo dos autos, e os ilustres juristas que subscreveram os pareceres aí constantes.

S. A mesma jurisprudência e doutrina são também unânimes em considerar que a acessoriedade da assistência técnica se refere a contratos em que seja transmitida tecnologia ou informação especializada.

T. No caso em apreço as prestações contratadas pela ora Recorrida eram pretendidas de forma directa, e não em complemento de outras prestações.

U. Acresce que, como ficou provado nos autos (e admitido implicitamente pelo próprio Representante da Fazenda Pública) nenhum dos contratos em apreço deu origem à transmissão ou cedência do direito de uso de conhecimentos ou informações técnicas especializadas.

V. Assim sendo, ficou provado que a ora Recorrida contratou a prestação de pareceres e estudos vários, sem que em conexão lhe tivessem sido transmitidos conhecimentos ou informações secretas ou não divulgadas.

W. O que permite concluir que inexistiram serviços acessórios e complementares, na implementação desses mesmos – pretensos – conhecimentos técnicos (alegadamente) transmitidos.

X. Consequentemente, não se vê como censurar a decisão constante do Douto Acórdão posto em crise pelo Representante da Fazenda Pública, devendo assim manter-se a douta decisão proferida em 1ª instância nos autos, e a correspondente anulação da liquidação adicional de IRC e de juros de mora.

Neste STA, o EPGA defende que, diferentemente do que sustenta o recorrido, o recurso é admissível, mas não merece provimento.

Colhidos os vistos legais cumpre decidir.

2. No tocante à matéria de facto, e uma vez que a mesma não veio impugnada, remete-se para os termos da decisão da 2ª instância – art. 713.º, 6, do CPC, ex-vi do art. 726.º do mesmo Código.

3. São duas as questões suscitadas nos autos: uma – questão prévia, suscitada pela recorrida – tem a ver com a (in)admissibilidade do recurso. Outra, de fundo, que tem a ver com a qualificação dos contratos celebrados pela impugnante.

Vejamos cada questão de per si.

3.1. Da alegada inadmissibilidade do recurso.

Defende a recorrida que, abolido o 3.º grau de jurisdição, o recurso interposto pela Fazenda Pública não é admissível.

Mas a recorrida não tem qualquer razão.

Vejamos porquê.

Para tanto, impõe-se fixar previamente a data da instauração da presente impugnação.

Pois bem.

Como resulta dos autos, a presente impugnação foi instaurada em 4/4/95.

Vejamos então.

Dispõe o art. 32.º, n.º 1, al. a), do ETAF, na redacção do DL n.º 229/96, de 29/11:

"Compete à Secção de Contencioso Tributário conhecer:

a) Dos recursos de acórdãos da Secção de Contencioso Tributário do Tribunal Central Administrativo, *proferidos em 1.º grau de jurisdição*, ao abrigo da competência estabelecida no artigo 41.º".

Dispõe igualmente o art. 5.º, n.º 1, do citado DL n.º 229/96:

"Sem prejuízo do disposto no número seguinte, o presente diploma *entra em vigor na data do início de funcionamento do Tribunal Central Administrativo*".

Nos termos da Portaria n. 398/97, de 18/6, o Tribunal Central Administrativo entrou em funções no dia 15 de Setembro de 1997.

Dispõe, por sua vez o art. 120.º do ETAF, na redacção do citado Dec.-Lei n. 229/96:

"A extinção do anterior 3.º grau de jurisdição no contencioso tributário operada pelo presente diploma apenas produz efeitos relativamente aos processos instaurados após a sua entrada em vigor".

Daqui decorre, com meridiana evidência, que, na hipótese dos autos, é admissível o recurso para esta Secção de Contencioso Tributário do Supremo Tribunal Administrativo.

Na verdade, aquando da apresentação da impugnação, as partes dispunham da possibilidade de um terceiro grau de jurisdição.

3.2. A questão fulcral que se discute nos autos é qual o tipo de contrato estabelecido entre a impugnante e as entidades estrangeiras contratadas: contrato de *know-how*, contrato de "*engineering*", ou contrato de *assistência técnica*?

E isto tem interesse para efeito de tributação. Tendo em conta que o sujeito passivo é não residente e sem estabelecimento estável em Portugal.

Na verdade, face ao disposto no art. 4.º, n.º 3, al. c) do CIRC, reportado ao art. 6.º, 1, m) do CIRS, consideram-se rendimentos de capitais, nomeadamente os rendimentos provenientes de contratos que tenham por objecto a cessão ou utilização temporária de direitos da propriedade intelectual ou industrial, a prestação de informações respeitantes a uma experiência adquirida no sector industrial, comercial ou científico, quando não auferidos pelo respectivo autor ou titular originário, bem como os derivados de assistência técnica.

Importa anotar igualmente que estamos em momento anterior à vigência do Dec.-Lei n.º 25/98, de 10/2, que aditou o n.º 7 à al. c) do n.º 3 do art. 4.º do CIRC (extensão da obrigação do imposto), com a seguinte redacção: "rendimentos derivados de outras prestações de serviços realizados ou utilizados em território português, com excepção dos relativos a transportes, comunicações e actividades financeiras".

Vejamos então

Convém antes do mais distinguir os vários conceitos.

Comecemos por distinguir entre o contrato de *know-how* e o contrato de *prestação de serviços técnicos*, designado como contrato de *"engineering"*.

Citando Alberto Xavier, diremos que o contrato de *know-how* tem por objecto a "transmissão de tecnologias preexistentes e não reveladas ao público, em si mesmas consideradas, na forma da cessão temporária ou definitiva de direitos, para que o adquirente as utilize por conta própria, sem que o transmitente intervenha na aplicação da tecnologia cedida ou garanta o seu resultado".

Já o contrato de prestação de serviços técnicos ("*engineering*") tem por objecto a execução de serviços que pressupõem, por parte do prestador dos serviços, uma tecnologia, a qual não se destina a ser transmitida, mas apenas aplicada no caso concreto.

De novo, citando Alberto Xavier, no know-how *transfere-se tecnologia*, enquanto no engineering *aplica-se tecnologia*.

Outra distinção é entre contrato de *assistência técnica*, e contrato de *prestação de serviços técnicos* (*engineering*).

A palavra assistência implica, como é óbvio, uma relação de dependência, acessória de uma outra operação.

Como exemplo deste é citado o caso do contrato de venda de equipamentos industriais que prevê cláusulas ou contratos conexos, relativos ao assessoramento na instalação, montagem e colocação em funcionamento.

E a assistência técnica distingue-se do contrato de prestação de serviços técnicos pois enquanto neste último as partes querem a própria execução de um determinado serviço, nos primeiros, as partes querem uma informação tecnológica através de um serviço complementar ou acessório relativamente ao objecto principal do contrato, que é a transmissão de uma informação tecnológica[1].

Ou seja: a *assistência técnica* distingue-se do contrato de *engineering* pois enquanto neste último a prestação de serviços é o objecto principal do contrato, naquele, a prestação de serviços é meramente instrumental relativamente ao objecto principal do contrato, que é a transmissão de uma informação tecnológica

E a Administração Fiscal Espanhola caracteriza a *assistência técnica* como o "facto de uma empresa colocar pessoal qualificado à disposição do cliente, quando tal seja necessário para a própria transferência dos conhecimentos e experiência cedidos e não correspondam a uma obrigação de fazer, que constitua o objecto principal do contrato".

E daí que os contratos de assistência técnica estão sujeitos a tributação, qualificados que são como rendimento de capitais, devido à complementaridade ou carácter instrumental da assistência técnica em relação à transmissão da informação resultante da experiência adquirida.

Reportando-nos ao caso dos autos, e atendendo ao probatório, logo vemos que não está em causa um contrato de *know-how*.

Não há patentemente "transmissão de tecnologias preexistentes e não reveladas ao público, em si mesmas consideradas".

Não se pode igualmente falar em contrato de *assistência técnica*, por isso que a parte não quis "uma informação tecnológica através de um serviço complementar ou acessório relativamente ao objecto principal do contrato, que é a transmissão de uma informação tecnológica".

Na verdade, e no caso concreto, as prestações contratadas pela impugnante eram pretendidas de forma directa, e não em complemento de outras prestações.

Estamos patentemente perante uma simples prestação de serviços.

Consequentemente os rendimentos deles resultantes não são tributáveis, em Portugal, em sede de IRC, por os prestadores de serviços não terem estabelecimento estável em Portugal.

Daí que não tenha havido, no aresto recorrido, violação do art. 4.º, n.º 3, al. c) do CIRC, com referência art. 6.º, 1, m) do CIRS, nas redacções então vigentes, nem dos restantes normativos indicados pelo recorrente.

O acórdão recorrido não merece assim censura.

4. Face ao exposto, acorda-se em:

a) desatender a questão prévia suscitada pela recorrida;

[1] Fiscalidade, 19/20, pág. 149.

b) negar provimento ao recurso interposto pela Fazenda Pública.

Sem custas.

Lisboa, 08 de Março de 2006.

Lúcio Barbosa (Relator)
Baeta de Queiroz
Pimenta do Vale

Recurso n.º 845/05-30

IRC. ART. 57.º-A DO CIRC. PAGAMENTOS A ENTIDADES RESIDENTES EM PAÍSES COM REGIME FISCAL PRIVILEGIADO. DECRETO-LEI N.º 88/94, DE 2 DE ABRIL. REGIME DE TRIBUTAÇÃO CLARAMENTE MAIS FAVORÁVEL.

(Acórdão de 15 de Março de 2006)

SUMÁRIO:

I – Nos termos do art. 57.º-A do CIRC, introduzido pelo Decreto-Lei n.º 37/95, de 14 de Fevereiro, "o regime fiscal claramente mais favorável" é definido pelas presunções dos índices previstos no seu n.º 2.

II – Não valendo, para o efeito, a elencagem constante da Portaria n.º 377-B/94, de 15 de Junho.

ACORDAM NA SECÇÃO DO CONTENCIOSO TRIBUTÁRIO DO SUPREMO TRIBUNAL ADMINISTRATIVO:

O Ministério Público vem recorrer da sentença do Tribunal Administrativo e Fiscal de Braga, que julgou procedente a impugnação judicial deduzida por Rolando da Cunha Melo, SA., contra a liquidação do IRC, de 1997, no montante de €125.013,72, que consequentemente anulou.

Fundamentou-se a decisão em que a Portaria n.º 377-B/94, de 15 de Junho, não é aplicável nos autos, pois e desde logo, "o n.º 1 do art. 57.º-A (do CIRC) não fala em território de fiscalidade privilegiada, mas sim em regime fiscal claramente mais favorável, dizendo-se depois, no n.º 2 do preceito, em que consiste tal regime" pelo que não havia, à época, uma listagem dos territórios tidos como de fiscalidade claramente mais favorável sendo assim mister averiguar da existência dos índices referidos no n.º 2 do mesmo normativo, sendo que "Gibraltar foi sumariamente considerado um território de fiscalidade privilegiada, sem que a Administração Fiscal tenha indagado, como devia, da existência de alguns dos ditos índices".

O recorrente formulou as seguintes conclusões:

1 – O art. 57.º-A do CIRC foi introduzido pelo Decreto-Lei n.º 37/95, de 14 de Fevereiro, sendo aprovado ao abrigo da autorização legislativa concedida pela Lei n.º 75/93, de 20 de Dezembro;

2 – A referida norma legal visou disciplinar os pagamentos a entidades residentes em países com regime fiscal privilegiado para efeitos de determinação do lucro tributável, de modo a evitar a evasão e fraude fiscais;

3 – O Decreto-Lei n.º 88/94, de 2 de Abril, foi aprovado ao abrigo da autorização legislativa concedida pela mesma Lei, tendo por objecto a exclusão de benefícios fiscais a favor das entidades residentes em países, territórios ou regiões cujo regime de tributação fosse claramente mais favorável do que o regime vigente em território português, em matéria de rendimentos resultantes de operações de valores representativos de dívida pública transaccionáveis;

4 – A Portaria n.º 377-B/94, de 15 de Junho, aprovou a lista de países, territórios e regiões cujo regime de tributação dos rendimentos de valores mobiliários representativos da dívida pública considerou claramente mais favorável do que o correspondente à tributação daqueles em território português;

5 – Essa lista foi aprovada com referência ao n.º 1 do art. 3.º do Decreto-Lei n.º 88/94, de 2 de Abril, dela fazendo parte o território de Gibraltar;

6 – O Decreto-Lei n.º 37/95, de 14 de Fevereiro, não contém qualquer norma idêntica à constante do n.º 2 do art. 3.º do Decreto-Lei n.º 88/94, certamente porque o legislador considerou desnecessário regulamentar de novo a mesma matéria;

7 – Quando foi introduzido o art. 57.º-A do CIRC já existia no ordenamento jurídico português um diploma que delimitava o conceito de "regime fiscal claramente mais favorável", fazendo-o através da enumeração taxativa dos países, territórios ou regiões que se encontravam nessas condições, sendo esse diploma a Portaria n.º 377-B/94, de 15 de Junho, que é aplicável ao caso dos autos;

8 – Por isso, a Administração Fiscal não tinha que proceder a qualquer indagação sobre o regime fiscal vigente naquele território, uma vez que o ordenamento jurídico português já o havia reconhecido como estando abrangido por um regime fiscal claramente mais favorável;

9 – Assim, as importâncias pagas pela impugnante à sociedade "Oblique, LTD", sedeada em Gibraltar, no exercício de 1997, no valor de 67.013.370$00 não são dedutíveis para efeitos de determinação do lucro tributável;

10 – A liquidação impugnada resultou apenas da exclusão desses custos, não padecendo de qualquer ilegalidade;

11 – O M.mo Juiz a quo não interpretou correctamente as normas legais referidas nestas conclusões, violando designadamente o disposto no art. 57.º-A do CIRC, bem como a Portaria n.º 377-B/94, de 15 de Junho.

E contra-alegou a impugnante, pugnando pelo acerto da decisão.

E, corridos os vistos legais, nada obsta à decisão.

Em sede factual, vem apurado que:

1 – A Administração Fiscal procedeu a exame da contabilidade da impugnante, com referência a 1997,

tendo, no relatório respectivo, proposto correcções de natureza quantitativa dos valores constantes da declaração fiscal da impugnante – fls. 26 a 35, *maxime* fl. 33, do processo administrativo apenso;

2 – Essas alterações consistiram na não admissão, como custos do exercício, dos valores registados, na contabilidade da impugnante, como comissões pagas a uma sociedade com sede em Gibraltar, que foi considerado *território de fiscalidade privilegiada* – fls. 29 do processo administrativo apenso;

3 – Em 19 de Outubro de 2001, a Administração Fiscal procedeu à liquidação – fls. 30;

4 – Daquelas alterações, levou, em 5 de Dezembro de 2001, a impugnante recurso hierárquico para o Ministro das Finanças – fls. 6 e ss. do processo de reclamação apenso;

5 – A impugnante pagou € 125.013,72, do valor da liquidação, em 27 de Dezembro de 2002 – fls. 48.

Vejamos, pois:

Dispõe o art. 57.º-A do CIRC, aditado pelo Decreto-Lei n.º 37/95, de 14 de Fevereiro:

"1 – Não são dedutíveis para efeitos de determinação do lucro tributável as importâncias pagas ou devidas, a qualquer título, a pessoas singulares ou colectivas residentes fora do território português e aí submetidas a um regime fiscal claramente mais favorável, salvo se o sujeito passivo puder provar que tais encargos correspondem a operações efectivamente realizadas e não têm um carácter anormal ou um montante exagerado.

2 – Considera-se que uma pessoa singular ou colectiva está submetida a um regime fiscal claramente mais favorável quando no território de residência da mesma não for tributada em imposto sobre o rendimento ou, relativamente às importâncias pagas ou devidas mencionadas no número anterior, houver lugar a uma tributação sobre o rendimento nesse território inferior a 20%."

O preâmbulo do diploma consigna que tal se deve ao combate que é decisivo, à fraude e evasão fiscal, dada a sua cada vez maior dimensão internacional, resultante da crescente internacionalização das empresas, da maior mobilidade das pessoas e dos capitais e do próprio desenvolvimento das técnicas utilizadas para o efeito, tomando-se duas medidas anti-abuso e consistindo uma delas na inversão do ónus da prova referido no dito n.º 1, 2ª parte.

O referido diploma legal resulta do uso da autorização legislativa consagrada na Lei n.º 75/93, de 20 de Dezembro (Orçamento de Estado para 1994), no seu art. 28.º, que autorizou o Governo a legislar sobre medidas anti-abuso, "para efeitos de IRS e IRC".

A mesma lei concretizou idêntica autorização legislativa, de que resultou o Decreto-Lei n.º 88/94, de 2 de Abril, visando igualmente combater a fuga aos impostos, agora no domínio dos rendimentos provenientes de valores representativos de dívida pública transaccionável, excluindo os benefícios fiscais ali previstos às entidades residentes em países, territórios ou regiões cujo regime de tributação fosse claramente mais favorável do que o vigente em território português.

Diploma regulamentado pela Portaria n.º 377-B/94, de 15 de Junho, que veio definir, para o efeito, os países, territórios ou regiões que se encontram abrangidos por um "regime de tributação claramente mais favorável", entre os quais se encontra o território de Gibraltar.

Ora, pretende o recorrente que tal listagem valha também para o dito art. 57.º -A do CIRC.

Mas não é assim.

Desde logo, o art. 28.º da Lei n.º 75/93 que concretiza a autorização legislativa, de que resulta o Decreto-Lei n.º 37/95, refere expressamente "para efeitos de IRS e IRC".

Sendo que, relativamente à Portaria, igualmente se refere o âmbito de aplicação – os rendimentos provenientes de valores representativos de dívida pública transaccionável.

Depois, o Decreto-Lei n.º 37/95 não tinha de incluir a lista prevista no art. 3.º, n.º 2, do Decreto-Lei n.º 88/94, uma vez que se limita a alterar os Códigos de IRC e IRS, sendo que o Decreto-Lei n.º 88/94, contém uma regulamentação exaustiva criando "regras próprias para um sistema de liquidação de operações de valores representativos de dívida pública transaccionável".

Acresce que a Portaria não pode revogar o CIRC, sequer interpretá-lo ou integrá-lo – art. 112.º, n.º 6 da Constituição.

Aliás, aquando da introdução no CIRC, do art. 57.º-A – em 14 de Fevereiro de 1995 – já tinha vindo a lume a Portaria n.º 377-B que foi publicada em 15 de Junho de 1994, não obstante o que naquele foi incluído (o dito n.º 2).

Finalmente, refira-se que a expressão "regime fiscal claramente mais favorável", constante tanto daquele art. 57.º-A como do Decreto-Lei n.º 88/94 – cf. art. 3.º – é equivalente à de "regime fiscal privilegiado", como, desde logo, resulta da epígrafe daquele primeiro normativo.

Verifica-se efectivamente uma distorção legislativa mas que, como tal, só ao legislador cumpre reparar.

Temos, assim, um regime diverso para efeitos do art. 57.º-A do CIRC e do Decreto-Lei n.º 88/94.

Aqui um sistema de elencagem – art. 3.º, n.º 2 – concretizado na Portaria.

Ali, a consagração de índices ou pressupostos que à Administração cumpre demonstrar: não tributação em IRC ou inferior a 20%, o que não fez.

Termos em que se acorda negar provimento ao recurso, confirmando-se a sentença recorrida.

Sem custas.

Lisboa, 15 de Março de 2006.

Brandão de Pinho (Relator)
Lúcio Barbosa
Baeta de Queiroz

Recurso n.º 1078/05-30

IRC. ESPECIALIZAÇÃO DE EXERCÍCIOS. JUROS DE MORA DE ACÇÕES JUDICIAIS. PROVEITOS. PROVISÕES.

(Acórdão de 25 de Janeiro de 2006)

SUMÁRIO:

I – O princípio de especialização de exercícios, porque se destina a tributar a riqueza gerada em cada exercício, impõe que os respectivos proveitos e custos sejam contabilizados à medida que sejam obtidos e suportados, e não à medida que o respectivo recebimento ou pagamento ocorram.

II – Porém, não ofende tal princípio a contabilização de juros de mora, referentes a uma acção judicial entretanto intentada, como proveito, em exercício posterior (quando tais proveitos forem efectivamente percebidos) se a não contabilização no exercício em que a acção foi proposta não resultou de omissão voluntária ou intencional.

ACORDAM, EM CONFERÊNCIA, NA SECÇÃO DE CONTENCIOSO TRIBUTÁRIO DO SUPREMO TRIBUNAL ADMINISTRATIVO:

1. CENTROCAR – Centro de Equipamentos Mecânicos, Ld., com sede nos Marcos da Pedrulha – Zona Industrial – Eiras – Coimbra, impugnou judicialmente, junto do então Tribunal Tributário de 1ª Instância de Coimbra, a liquidação adicional de IRC do ano de 1989.

O Mm. Juiz do TAF de Coimbra julgou tal impugnação parcialmente procedente.

Inconformada, a impugnante interpôs recurso para este Supremo Tribunal.

Formulou as seguintes conclusões nas respectivas alegações de recurso:

1. É a partir das regras da contabilidade que, numa primeira fase, deve ser feito o apuramento do lucro tributável para efeitos fiscais, sem prejuízo da posterior realização de correcções que a legislação fiscal determinar ao resultado obtido com base na contabilidade, nos termos do n.º 1 do artigo 17.º do CIRC.

2. Assim, de acordo com o princípio contabilístico da "prudência" a recorrente não devia contabilizar como proveito, como na verdade não contabilizou, um montante de juros de mora objecto de condenação judicial contra um seu cliente, sem que tenha ocorrido o seu pagamento, dado tratar-se de um "activo contingente".

3. O "princípio ou regra da prudência" deve prevalecer, no caso objecto de recurso, sobre o "princípio da especialização dos exercícios", pelo simples facto da contabilização prudente de um activo ser mais relevante, sob o ponto de vista da "true and fair view" do balanço e da "defesa dos credores", do que considerar como proveito um potencial recebimento que está para além da vontade e do controlo da própria empresa, antes dependendo, ao menos em parte, da eficácia da máquina judicial e da existência de bens do devedor.

4. Embora o "princípio da especialização dos exercícios" deva ceder, no caso do recurso, face ao "princípio da prudência", porém, mesmo entendendo-se o contrário, o que apenas se configura como hipótese de raciocínio, tal princípio – o da especialização dos exercícios" – não impede que no caso concreto dos juros de mora de acções judiciais, dada a contingência e imprevisibilidade inerente ao seu recebimento, sejam apenas contabilizados, enquanto proveito, no ano em que tal vier a suceder, tal permitindo o artigo 18.º n.º 2 do CIRC.

5. Acresce que, nos termos do artigo 17.º n.º 1 do CIRC, os juros de acções judiciais não são objecto de variações patrimoniais positivas (cfr. artigo 21.º do CIRC) nem de especiais correcções de acordo com critérios da fiscalidade que determinem que devam ser considerados como proveitos fiscalmente relevantes.

6. O acórdão do TCA Sul de 29.4.03 em que o Senhor Juiz "a quo" se estribou, relatava uma situação completamente diferente da presente, uma vez que nesse caso o contribuinte debitou ("facturou") os juros aos seus clientes e contabilizou tais proveitos na conta de "proveitos diferidos", não tendo sucedido nada disto com a recorrente.

7. Desta forma, salvo o devido respeito, não faz sentido, no caso presente, defender (tal como o fez o Senhor Juiz "a quo") que a recorrente devia antes ter levado a proveito os juros e, consequentemente, criar uma provisão para clientes de cobrança duvidosa.

8. De qualquer forma, ainda que pudesse fazer sentido tal contabilização (debitar ao cliente/levar a proveito e, consequentemente, criar provisão), o que de forma alguma se concede, sempre se diga que os tribunais não podem deixar de ser sensíveis ao encargo administrativo suplementar que tal procedimento trás para as empresas com a gestão do seu contencioso, sem efeitos práticos visíveis, quer para a AF quer para o contribuinte.

9. Por outro lado, a empresa ao "debitar" os juros de mora aos clientes objecto de processo ou execução judicial poderá estar a beneficiar o próprio infractor, pois vai possibilitar ao devedor a contabilização de um custo, com o consequente decréscimo da sua matéria colectável.

10. Foram, pois, violados os artigos 17.º n.º 1 e 18.º n.º 2 do CIRC e, bem assim, o "princípio da prudência" constante do n.º 4 do POC, aprovado pelo DL 410/89, de 21 de Novembro, dos pontos 5.3. e 6. da Directriz Contabilística n.º 26, de 19.5.1999, e, por força da aplicabilidade no direito interno, ex vi Directriz Contabilística n.º 18 (publicada no DR 179, 2ª série de 5.8.1997), do n. 20 e 21 da IAS 37; foi ainda violado o mesmo princípio constante do POC do Sistema Bancário, nos termos Instrução n.º 4/96 do Banco de Portugal, Capítulo VII (Normas Específicas de Contabilização), ponto 4 (Créditos Vencidos), ponto (ii) (contabilização de juros e despesas após o vencimento), aplicável analogicamente ao presente caso.

Não houve contra-alegações.

Neste STA, o EPGA defende que o recurso não merece provimento.

Colhidos os vistos legais cumpre decidir.

2. No tocante à matéria de facto, e uma vez que a mesma não veio impugnada, remete-se para os termos da decisão da 1ª instância – art. 713.º, 6, do CPC, ex-vi do art. 726.º do mesmo Código.

3. A questão a resolver nos presentes autos está em saber se os juros de mora peticionados em acções propostas em tribunal devem ser incluídas ou não na rubrica proveitos, relativamente ao exercício em que a acção foi proposta ou se, pelo contrário, podem ser incluídas no exercício em que tais juros de mora vierem a ser percebidos.

A recorrente coloca a questão do seguinte modo:

"O objecto do presente recurso respeita, pois, à inclusão na matéria colectável de IRC do ano de 1989 dos seguintes valores referentes a proveitos incorridos, na opinião da AF, com juros de mora judiciais".

O que a recorrente entende é que esse montante de juros de mora só pode ser contabilizado no exercício em que venham efectivamente a ser obtidos.

Defende assim que o princípio de especialização de exercícios, deve ceder face ao princípio da prudência. E, mesmo que assim se não entenda, devido à imprevisibilidade e contingência do seu recebimento, só podem ser contabilizados como proveito no ano do respectivo recebimento, como é permitido pelo art. 18.º do CIRC. Também de acordo com o art. 17.º do CIRC não são proveitos fiscalmente relevantes. Acresce que considerar tais juros como proveito e inscrever uma verba igual como provisão (como sustenta o Mm. Juiz), constitui um encargo administrativo para as empresas, a que o Tribunal não pode deixar de ser sensível.

Que dizer?

Pois bem.

É inequívoco que vigora no CIRC o princípio da especialização de exercícios, como decorre do art. 18.º, 1, do CIRC.

Ora, não se percebe porque razão o alegado princípio da prudência deve prevalecer sobre o princípio da especialização de exercícios.

Nada se vê que impeça que a importância em causa seja levada a proveitos (com a correlativa provisão), já que, como bem refere o Mm. Juiz *a quo*, fazendo apelo a este normativo legal, considera que "os proveitos e os custos devem ser reconhecidos quando obtidos ou incorridos, independentemente do seu recebimento ou pagamento".

Na verdade, é sabido que o princípio de especialização dos exercícios visa tributar a riqueza gerada em cada exercício, independentemente do seu efectivo recebimento.

A aplicação deste princípio ganha assim relevância nos casos em que não existe coincidência entre o exercício em que os ganhos ou perdas são contabilizados e o exercício em que os recebimentos ou despesas correspondentes têm lugar.

Aquele princípio vale assim para os casos em que os custos são contabilizados num exercício mas em que a despesa efectiva só é suportada noutro, e para os casos em que o ganho ainda que contabilizado num exercício, só é, de facto, recebido noutro.

Ora, em tais situações, em que existe desencontro entre a contabilização dos custos e dos proveitos e a sua efectiva concretização, a lei ordena que os mesmos sejam contabilizados à medida que sejam obtidos e suportados, e não à medida que o respectivo recebimento ou pagamento ocorram. Daí que se devam imputar ao exercício os encargos que emergem de operações nele realizadas, ainda que nele não suportadas, do mesmo modo que se devem imputar a um exercício os proveitos resultantes de operações nele feitas mesmo que arrecadados noutro[1].

Quer isto dizer que o facto do seu recebimento estar para além da vontade e do controle da própria empresa não significa que não possa ser tido como proveito do respectivo exercício, almofadado com a possibilidade da provisão de igual montante – art. 33.º, 1, a) e 34.º, 1, b) do CIRC, na redacção ao tempo vigente.

Nem se nos afigura – diferentemente do que defende o recorrente – que os juros das acções judiciais não sejam objecto de variações patrimoniais positivas, que impeçam que sejam considerados proveitos fiscalmente relevantes.

Por outro lado, não se vê que uma tal contabilização proveito/provisão signifique encargo administrativo suplementar gravoso, nem onde possa estar o benefício do infractor.

Mas não quer isto dizer, sem mais, que se deva proceder à correcção técnica do proveito em causa, considerando, como se viu, o princípio da especialização dos exercícios.

Sem pôr em causa a relevância fiscal de tal princípio, não haverá impedimento à imputação de custos (ou de proveitos) a exercícios anteriores, quando tal imputação não tenha resultado de omissões voluntárias e intencionais com vista a operar transferência de resultados entre exercícios.

O que está de acordo com o POC – Plano Oficial de Contabilidade, tanto de 1977, como de 1989 – prevendo perdas imputáveis a exercícios anteriores.

Aliás, a própria AF, bastante rígida no entendimento deste princípio da especialização económica dos exercícios (vide ofício-circular C-1/71, de 11/1) flexibilizou a sua posição através do ofício-circular C-1/84, de 18/6, consequência do parecer do Centro de Estudos Fiscais, publicado *in* CTF 307/309, págs. 781 e ss., sobre que recaiu despacho de concordância do SEO, de 8/6/84.

Assim, no caso concreto, afigura-se-nos ser de aceitar, para efeitos fiscais a contabilização efectuada pelo contribuinte, já que não vem ocorre qualquer omissão voluntária ou intencional, com vista a operar transferência de resultados entre exercícios[2].

Sem embargo de se reconhecer a necessidade de contabilizar como proveito o montante dos juros de mora, quando efectivamente forem percebidos.

A pretensão do recorrente merece assim acolhimento.

4. Face ao exposto, acorda-se em conceder provimento ao recurso, revogando-se a sentença recorrida no segmento impugnado, julgando-se nessa parte procedente a impugnação, com a inerente anulação, nessa dimensão, do acto impugnado, com a restituição do montante indevidamente liquidado, acrescido dos competentes juros indemnizatórios.

Sem custas.

Lisboa, 25 de Janeiro de 2006.

Lúcio Barbosa (Relator)
Vítor Meira
Pimenta do Vale

Recurso n.º 830/05-30

[1] Vide Acórdão do STA de 9/2/2000, rec. n.º 22.208.
[2] Vide Acórdão do STA de 23/2/2000, rec. n.º 24.039.

IRC. GRUPO DE SOCIEDADES. TRIBUTAÇÃO PELO LUCRO CONSOLIDADO. AUTORIZAÇÃO. CADUCIDADE. INTEGRAÇÃO DE MAIS UMA SOCIEDADE NO GRUPO.

(Acórdão de 02 de Fevereiro de 2006)

SUMÁRIO:

I – Antes da introdução, pelo decreto-lei n.º 251-A/ /91, de 16 de Julho, do n.º 7 do artigo 59.º do Código do Imposto sobre o Rendimento das Pessoas Colectivas, a autorização para tributação em IRC pelo lucro consolidado não caducava necessariamente pelo facto de a sociedade imperante passar a dominar mais uma sociedade, antes não incluída no grupo considerado naquela autorização.

II – Na vigência do apontado artigo, antes do acrescento do referido n.º 7, a integração de uma nova sociedade no grupo era inconsequente, mantendo-se a autorização nos termos em que fora concedida, ou seja, sem englobar essa nova sociedade.

ACORDAM, EM CONFERÊNCIA, NA SECÇÃO DE CONTENCIOSO TRIBUTÁRIO DO SUPREMO TRIBUNAL ADMINISTRATIVO:

1.1. A FAZENDA PÚBLICA recorre do acórdão do Tribunal Central Administrativo – Sul que manteve sentença da 1ª instância julgando procedente a impugnação de liquidação de imposto sobre o rendimento das pessoas colectivas (IRC) relativo ao exercício do ano de 1991 deduzida por **ASEA BROWN BOVERI, SGPS, S.A.**, com sede em Alfragide, Amadora.

Formula as seguintes conclusões (a seriação é de nossa iniciativa):

«1ª O despacho de 8 de Setembro de 1989 do SEAF, que autorizou a ASEA BROWN BOVERI ELÉCTRICA, LDA, (depois denominada ASEA BROWN BOVERI SGPS, SA), a aplicar o regime de tributação pelo lucro consolidado, no período de 1989 a 1991, teve em conta o grupo de empresas de que eram elementos constituintes a empresa dominante e empresas no seu domínio (na altura a ASEA BROWN BOVERI, Reparações Industriais e Marítimas, Lda e a ASEA BROWN BOVERI, Electronave, Serviços de Assistência Técnica, Lda);

2ª Todas as empresas do grupo detinham as características exigidas na alínea b) do n.º 2 do artigo 59.º do CIRC;

3ª Com a aquisição em 29 de Dezembro de 1989 do domínio total da empresa ASEA BROWN BOVERI, Sociedade de Gestão de Investimento Imobiliário, SA (SGII, SA.), deu-se a alteração da estrutura do grupo situação totalmente desconhecida por parte da Administração Fiscal;

4ª O objecto principal da nova empresa que passou a ser dominada, em domínio absoluto, pela ASEA BROWN BOVERI ELÉCTRICA, Lda, era o arrendamento de imóveis por si adquiridos ou construídos, e/ou ainda a sua venda, estando abrangida por um regime de tributação especial em IRC, assente numa taxa de tributação reduzida (então prevista na alínea a) do n.º 1 do artigo 26.º do Estatuto dos Benefícios Fiscais);

5ª Tal situação teria sido impedimento à concessão de autorização de RTLC à ASEA BROWN BOVERI, Eléctrica, Lda, por não verificação dos pressupostos previstos na alínea b) do n.º 2 do artigo 59.º do CIRC (princípio de "todas as empresas dentro ou todas as empresas fora");

6ª A autorização para aplicação do RTLC não era concedida a um grupo em sentido subjectivo formado pelas empresas que o constituíam ao tempo do pedido de autorização ou da concessão desta, mas sim à empresa dominante para aplicação no conjunto de todas as empresas a ela ligadas pela relação de domínio absoluto;

7ª E uma alteração na composição do grupo económico a funcionar em relações de domínio absoluto (nos termos do artigo 488.º do CSC e sua aplicação para efeitos do artigo 59.º do CIRC) é causa de caducidade do regime autorizado (ainda que apenas para as outras empresas) se implicar a perda de um dos pressupostos essenciais para a concessão;

8ª Só podia ser essa a interpretação do n.º 6, mesmo na sua redacção inicial, do mesmo artigo 59.º sob pena de descarado convite a fraude à lei;

9ª Assim, da redacção inicial do artigo 59.º do CIRC, já decorria tal caducidade, tendo a Circular 4/90, de 9 de Janeiro (ponto 8.2.) apenas desenvolvido e exposto as consequências da interpretação da lei;

10ª Aplicando tal interpretação ao caso concreto, a Administração Fiscal tinha que concluir que a autorização concedida por SEAF tinha caducado no final do exercício no qual a modificação teve lugar, para o caso em presença, 1989, exercício em que se deixou de verificar uma das condições referidas no n.º 2 do artigo 59.º do CIRC (n.º 6 do mesmo artigo).

Assim, deve ser concedido provimento ao recurso, revogando-se o douto Acórdão recorrido por decisão que considere correcta a liquidação impugnada».

1.2. Não há contra-alegações.

1.3. O Exm.º Procurador-Geral Adjunto junto deste Tribunal é de parecer que o recurso não merece provimento, pois nas instâncias «fez-se boa interpretação da lei», na linha de jurisprudência deste Supremo Tribunal Administrativo.

1.4. O processo tem os vistos dos Exm.ºs Adjuntos.

2. Vem provada a matéria de facto que segue:

«A) **ASEA BROWN BOVERI ELECTRICA, Ld.**", alegando possuir o domínio total das duas sociedades acima identificadas. Asea Brown Boveri Serviços de Assistência Técnica, Ld.ª e Electronave – Reparações Industriais e Marítimas, Ld.ª, bem como alegando estarem reunidos os requisitos exigidos pelo art. 59.º do CIRC, requereu autorização para que o lucro tributável em IRC fosse calculado em conjunto para todas as sociedades do Grupo, mediante a consolidação dos Balanços e das demonstrações de resultados das sociedades que o integram, cujo requerimento foi autorizado por despacho de 08/09/89 de Sua Exª o SEAF, conforme informação de fls. 77 a 88, que se dá por reproduzido;

B) O respectivo grupo ficou a ser constituído pelas seguintes sociedades:

– **Asea Brown Boveri Eléctrica, Ld.ª** – pessoa colectiva n.º 500031975, como sociedade dominante

– **Asea Brown Boveri** – Serviços de Assistência Técnica, Ld.ª, pessoa colectiva n.º 502129972

– **Electronave** – Reparações Industriais e Marítimas Ld.ª, pessoa colectiva n.º 502129972, conforme anexo 22-C de fls. 20, dando-se a declaração Mod. 22 e anexos, de fls. 18 a 23-v, por integralmente reproduzida;

C) A impugnante, na qualidade de sociedade dominante, autoliquidou em 28.05.92 o IRC no montante a recuperar de 14.283.103$00, conforme declaração Mod. 22 e anexos, de fls. 18 a 23-v;

D) Em cumprimento da Ordem de Serviço n.º 3000/94 de 26/11/94, os Serviços de Fiscalização procederam à análise do lucro consolidado do grupo "**ASEA BROWN BOVERI ELECTRICA, Ld.ª**", dos exercícios de 1990 e 1991, tendo verificado que a sociedade dominante adquirira, em 29.12.89, o domínio total sobre a sociedade ABB-SGII, S.A., conforme documentos de fls. 75 a 96, que se dão por reproduzidos;

E) Os Serviços de Fiscalização entenderam, então, que a composição do Grupo se modificara, e, em consequência, que a autorização de consolidação referida na al. A), abrangendo os exercícios de 1989 a 1991, caducara em 31.12.89, face ao preconizado na al. c) do ponto 8.2 da circular 4/90 de 9 de Janeiro, conjugado com o ponto 9.2 da mesma circular, conforme documentos referidos na alínea anterior;

F) Por outro lado, a impugnante não apresentou qualquer requerimento, nos termos do disposto no art. 59.º do CIRS, pedindo a autorização para a tributação pelo lucro consolidado, nos exercícios de 1990 e 1991, na sequência da aquisição do domínio sobre a ABB, sendo certo que esta também tinha a sua sede situada no estrangeiro, conforme documentos referidos na al. anterior;

G) Como consequência da alegada caducidade, cada uma das três sociedades que constituíam o **Grupo ASEA BROWN BOVERI ELECTRICA, LDa** foi tributada autonomamente para efeitos de IRC, relativamente aos exercícios de 1990 e 1991, tendo sido emitidos os respectivos DC-22, que para além dos valores constantes das declarações mod. 22 individuais, decorrentes do facto de se ter considerado verificado a anulação da consolidação fiscal, incluíram ainda as correcções resultantes da análise efectuada às referidas declarações mod. 22, conforme documentos referidos alínea anterior.

H) Na sequência da anulação da consolidação fiscal nos exercícios de 1990 e 1991, o grupo deixou de poder beneficiar da absorção automática dos prejuízos verificados nos respectivos exercícios;

I) Em consequência, à impugnante foi liquidado IRC adicional, individualmente, no montante de 50.528.857$00 (que inclui 18.809.822$00 de Juros compensatórios), com data limite de pagamento em 06.12.1995, conforme liquidação de fls. 17 e Mapa de Apuramento DC 22 de fls. 24 a 28, dando-se ambos os documentos por reproduzidos;

J) A impugnação foi deduzida no dia 4 de Março de 1996, conforme carimbo de recepção aposto na primeira folha da p.i., que se dá por reproduzido».

3.1. A questão que no presente recurso se coloca é a de saber se a autorização para tributação pelo lucro consolidado concedida a um dado grupo de empresas caduca, ou não, quando esse grupo sofre alteração em consequência de a sociedade imperante passar a dominar mais uma nova, que aquando daquela autorização não integrava o dito grupo.

No caso, a autorização foi atribuída em 8 de Setembro de 1989, quando o grupo era composto por três sociedades, e a integração da quarta ocorreu em 29 de Dezembro seguinte, data em que, consequentemente, a Administração entendeu caducada a autorização, a que já não atendeu no tocante aos exercícios dos anos de 1990 e 1991.

Estamos, pois, perante factualidade passada num tempo em que ainda não vigorava o n.º 7 do (então) artigo 59.º do Código do Imposto sobre o Rendimento das Pessoas Colectivas (CIRC), uma vez que esse número só foi acrescentado pelo decreto-lei n.º 251-A/91, de 16 de Julho.

A novidade introduzida por este número 7 consiste, para o que aqui importa, no estabelecimento da caducidade da autorização concedida à sociedade dominante «a partir do ano seguinte, inclusive, àquele em que se verificou a alteração da composição do grupo» em consequência, designadamente, de esta sociedade «passar a ter o domínio total de uma ou mais sociedades que satisfaçam as condições do n.º 2» sem que tenha sido pedida nova autorização nos prazos do n.º 3 do mesmo artigo.

Antes, porém, da introdução do falado n.º 7, a lei nada estabelecia sobre a caducidade do direito à tributação pelo regime do artigo 59.º do CIRC, em razão da alteração do grupo, salvo o disposto no n.º 6 do mesmo artigo, a que adiante nos referiremos.

Daí que este Tribunal tenha entendido que, em casos como o presente, essa caducidade não opera em consequência do domínio, pela sociedade dominante, de mais uma nova sociedade, pois não é efeito que estivesse expressamente previsto na lei e não decorre do n.º 1 do mesmo artigo 59.º.

Essa jurisprudência tem corpo, nomeadamente, nos acórdãos de 5 de Abril de 2000, proferido no processo n.º 24732, e de 5 de Julho seguinte, este no processo n.º 24961. Aresto aquele que a sentença recorrida aliás invocou e seguiu de perto.

3.2. É jurisprudência que ainda desta vez acompanharemos, quer por a argumentação da recorrente não se nos apresentar poderosa de molde a derrotar os seus fundamentos, quer por assim se fazer a interpretação e aplicação uniformes do direito que é aconselhada pelo n.º 3 do artigo 8.º do Código Civil.

A pretensão da recorrente Fazenda Pública, de ver mantida a liquidação impugnada, assenta numa interpretação do artigo 59.º do IRC segundo a qual a autorização para a tributação pelo lucro consolidado é concedida à sociedade dominante tendo em vista um grupo em que todas têm as características exigidas pela alínea b) do n.º 2 do falado artigo. Assim, quando entra no grupo uma nova sociedade, sem aquelas características, deixam de se verificar os pressupostos de que dependeu a concessão da autorização, caducando a autorização, mesmo à luz da redacção inicial do n.º 6 do dito artigo.

Este n.º 6 dispunha o seguinte: «A autorização caduca, porém, logo que deixe de se verificar alguma das condições referidas no n.º 2 ou não se satisfaçam os requisitos mencionados no n.º 4».

Vejamos:

O n.º 2 exigia que todas as sociedades do grupo tivessem sede e direcção efectiva em território português, que a sociedade dominante tivesse o domínio de todas as demais, nos termos do Código das Sociedades Comerciais, e que todos os rendimentos das sociedades do grupo estivessem sujeitos ao regime geral de tributação em IRC.

Quanto ao n.º 4 deste artigo 59.º, permitia à Administração condicionar a autorização à observância de determinados requisitos.

No caso, não se noticia que da entrada da nova sociedade no grupo dominado pela recorrida tenha resultado alteração, relativamente ao grupo autorizado à tributação conjunta, das condições referidas no n.º 2; designadamente, não vem provado que alguma dessas sociedades tenha alterado a sua sede, que a dominante tivesse deixado de exercer o seu domínio sobre alguma delas, ou que passassem a ter rendimentos sujeitos a regime especial.

Como também não vem estabelecido que a autorização tenha ficado condicionada à observância de requisitos que, com a inclusão de mais uma sociedade no grupo das dominadas, tenham deixado de se verificar.

Daí que o nosso caso fique fora da previsão do n.º 6 do artigo 59.º do CIRC.

3.3. É certo que o novo grupo económico, tal qual ficou constituído a partir da integração da nova sociedade, face ao que vem provado, não preenchia todos os pressupostos do n.º 2 do artigo 59.º do CIRC, faltando, designadamente, o da sua alínea a), para poder beneficiar do regime de tributação pelo lucro consolidado.

Mas o que aqui está em causa não é o direito à tributação em conjunto das quatro sociedades que integram o novo grupo económico, após inclusão da ABB-SGII, S.A., até porque este grupo não obteve a necessária autorização.

O que nos importa saber é se o direito em que, por força da autorização de 8 de Setembro de 1989, ficou constituída a sociedade Asea Brown Boveri Eléctrica, Ld.ª, de que o seu lucro tributável fosse calculado conjuntamente com o das sociedades Asea Brown Boveri – Serviços de Assistência Técnica, Ld.ª, e Electronave – Reparações Industriais e Marítimas Ld.ª, caducou por força de a primeira ter, entretanto, obtido o domínio daquela ABB-SGII, S.A..

Estando claramente adquirido que esta última sociedade, não estando incluída na autorização de 8 de Setembro de 1989, sempre seria objecto de tributação autónoma, no que toca ao exercício do ano de 1991, aqui em causa.

Como se escreveu no acórdão de 5 de Abril de 2000, citado, «A caducidade é um efeito jurídico que só poderá ser admitido nos precisos termos em que o mesmo está previsto na lei, por atentar contra as legítimas expectativas das partes e contra a segurança ou estabilidade das relações jurídico-tributárias».

Ora, só o aditamento do n.º 7 ao artigo 59.º do CIRC, feito pelo decreto-lei n.º 251-A/91, de 16 de Julho, introduziu esse efeito jurídico como consequência do alargamento do grupo a que antes fora concedida a autorização para tributação pelo lucro consolidado.

Este n.º 7 estabelece que «No caso de se verificar alteração na composição do grupo, designadamente por a sociedade dominante passar a ter o domínio total de uma ou mais sociedades que satisfaçam as condições do n.º 2, deverá obter-se autorização, nos termos do n.º 3, para que o novo grupo seja abrangido pelo regime deste artigo, sob pena de a autorização concedida à sociedade dominante caducar a partir do exercício seguinte, inclusive, àquele em que se verificou a alteração na composição do grupo».

Em consequência, se ao caso em apreciação devesse aplicar-se este n.º 7, a autorização concedida à recorrida teria caducado em resultado do alargamento do grupo, desde logo porque não foi requerida nova autorização.

Porém, como o dito n.º 7 não rege a situação em análise, a sociedade Asea Brown Boveri Eléctrica, Ld.ª mantinha, em 1991, o direito a que o seu lucro tributável em IRC fosse calculado em conjunto com as sociedades Asea Brown Boveri – Serviços de Assistência Técnica, Ld.ª, e Electronave – Reparações Industriais e Marítimas Ld.ª, por esse direito lhe ter sido conferido pelo despacho de 8 de Setembro de 1989, por ainda se estar dentro do período de validade da autorização previsto no n.º 5 do artigo 59.º do CIRC, e por não terem deixado de se verificar as condições ou deixado de ser satisfeitos os requisitos apontados no n.º 6 do mesmo artigo.

Improcedem, pelo exposto, as conclusões das alegações de recurso.

4. Termos em que acordam, em conferência, os juízes da Secção de Contencioso Tributário deste Supremo Tribunal Administrativo em, negando provimento ao recurso, confirmar a sentença impugnada.

Sem custas.

Lisboa, 2 de Fevereiro de 2006.

Baeta de Queiroz (Relator)
Pimenta do Vale
Lúcio Barbosa

Recurso n.º 1071/05-30

IRS. CUSTOS NÃO DOCUMENTADOS. CORRECÇÕES À MATÉRIA TRIBUTÁVEL. TRIBUTAÇÃO POR MÉTODOS INDIRECTOS. TRIBUTAÇÃO PELO RENDIMENTO REAL.

(Acórdão de 2 de Fevereiro de 2006)

SUMÁRIO:

I – Não podem ser considerados custos fiscalmente relevantes as despesas que não são

suportadas em quaisquer documentos, mesmo internos, e que o contribuinte, instado pela Administração, apenas esclarece respeitarem a «(...) pagamentos a pessoal indiferenciado que são contratados verbalmente, por essas serras fora e cujo controle ou documentação se torna impossível obter por parte do contribuinte uma vez que aparecem quando lhes apetece (...)».

II – A Administração Tributária, ao não aceitar a relevância de tais despesas e introduzir as correspondentes correcções técnicas, não está obrigada a socorrer-se de métodos indirectos com vista ao apuramento do montante de custos que o contribuinte suportou, na falta dos pressupostos legais para a adopção de tais métodos.

III – O princípio da tributação pelo rendimento real só seria ofendido, na circunstância, se se provasse que o contribuinte incorrera, de facto, naquela despesa.

ACORDAM, EM CONFERÊNCIA, NA SECÇÃO DE CONTENCIOSO TRIBUTÁRIO DO SUPREMO TRIBUNAL ADMINISTRATIVO:

1.1. António da Conceição Ventura e Isaura da Piedade Pinho, residentes no Casal dos Rios, Lousã, recorrem do acórdão do Tribunal Central Administrativo Norte (TCA) que, revogando decisão de 1ª instância, julgou improcedente a impugnação da liquidação de imposto sobre o rendimento das pessoas singulares (IRS) do ano de 1991.

Formulam as seguintes conclusões:

«1. É insustentável o entendimento segundo o qual, no âmbito da relevação de custos, se sustente que "a prova testemunhal desacompanhada de outro tipo de prova, nomeadamente documentos, não consegue demonstrar quantitativamente o montante dos custos".

2. Nos casos onde se revela impossível obter suporte documental, tal asserção, conjugada com a total irrelevância dos custos e implicando a tributação pelo rendimento bruto, redunda na afirmação de um critério normativo contrário ao princípio da capacidade contributiva e ao princípio da tributação do rendimento real, porquanto em ambos se impõe o respeito pelo rendimento liquido, e, na medida em que tais princípios são constitucionalmente acolhidos (cf. Ac 84103 do Tribunal Constitucional), tal critério será inconstitucional.

3. Sendo inadmissível, ilegal e inconstitucional restringir os meios de prova ao dispor do contribuinte à apresentação de documentos, os custos suportados pelo Recorrente não poderiam deixar de ser relevados, independentemente da qualificação que o contribuinte deles fez, na medida em que, se assuma a existência efectiva daqueles – como se assumiu – e a sua relação causal com a obtenção dos proveitos sujeitos a imposto, sendo certo que, no plano interno, os custos estavam discriminados e, inclusive, constavam das contas que o Recorrente prestou à EDP.

4. As regras de natureza formal que impõem a documentação dos custos têm de ser interpretadas de acordo com a sua teleologia, atendendo, como limite de sua validade, o respeito por uma tributação substancialmente válida.

5. Mesmo no caso de "correcções técnicas", a Administração Fiscal está vinculada à realização de todas as diligências necessárias para o apuramento da verdade material, não podendo impor ao contribuinte um rendimento que reconhecidamente não é verdadeiro e que, manifestamente, é inverosímil.

6. A administração fiscal deve obediência à lei, mas acima de tudo deve obediência à Constituição, e, por isso, esta há-de ser, mesmo para o Fisco, o parâmetro e o cânone que preside à interpretação das normas.

7. Por isso, qualquer norma jurídica que imponha solução oposta – no sentido de considerar a Administração Fiscal desvinculada do dever de obediência à verdade material, e de possibilitar uma totalmente inverosímil tributação pelo rendimento bruto, em desrespeito pelos *supra* citados comandos constitucionais, é também inconstitucional por violação dos mesmos.

8. Em obediência a tais princípios e pelo facto da A.F. estar vinculada à verdade material, ela não goza de qualquer poder discricionário que lhe permita optar entre "correcções técnicas" e "avaliação indirecta" ao sabor das suas conveniências.

9. O procedimento de avaliação indirecta funda-se teleologicamente na ideia de que não é possível conhecer a efectiva e real situação tributária do sujeito passivo, designadamente, quando for impossível quantificar e comprovar de forma directa e exacta o rendimento tributável.

10. Deve haver lugar à avaliação indirecta quando se esteja perante uma manifesta insuficiência ou até mesmo inexistência dos documentos de suporte dos elementos contabilísticos e dos resultados com base neles declarados (cf. artigo 88.º, n.º 1, da LGT): se é assim para os proveitos, será arbitrário, desrazoável e atentatório do princípio da igualdade não o admitir para os custos.

11. Tal resultado é aliás o que se impõe em face da violação dos deveres de colaboração que a A.F. imputa ao contribuinte (cf. art 98.º do CIRC)

12. E tal violação é susceptível de fundar o recurso aos métodos indirectos. Sendo esta a via a considerar adequada, porque, *in casu*, se lograria obter uma tributação mais aproximada à realidade.

13. E determinando essa violação, como a A. F. acaba por reconhecer, a impossibilidade de comprovar de forma exacta o rendimento real efectivo, não podia a A. F. deixar de seguir por essa via, presumindo, atendendo à situação concreta do contribuinte, os custos devidos.

14. A norma conjugada dos artigo 87.º, al. b) e 88.º da LGT, interpretada no sentido de admitir a discricionariedade administrativa quanto ao recurso, ou não, aos métodos indirectos viola abertamente o princípio da legalidade fiscal.

15. Como o violará a consideração de que a imputada violação dos deveres que impendiam sobre o Recorrente não é de molde a considerar legalmente verificada a impossibilidade da avaliação directa.

16. Em todo o caso, o contribuinte não pode nunca ser tributado pelo rendimento bruto.

17. Tal sanção é manifestamente desproporcionada, materialmente infundada, e constitucionalmente vedada.

18. A coerência e unidade do ordenamento jurídico e o respeito pelos princípios constitucionais da proporcionalidade e da igualdade determina a inconstitucionalidade de um critério normativo que permita sancionar mais gravemente quem em menos viola os seus deveres fiscais.

19. Na verdade, é insustentável que a avaliação indirecta conduza à determinação do rendimento real presumido e que, por avaliação directa, se determine a tributação pelo rendimento BRUTO, ilíquido.

20. Por isso, indubitavelmente, não se pode deixar de considerar que qualquer critério normativo que permita que em sede de correcções técnicas – isto é, quando não se põe em causa a verdade das declarações apresentadas – se trate menos favoravelmente um contribuinte que não infringiu – ou infringiu menos extensamente – os seus deveres fiscais do que o tratamento fiscal reservado a quem os infringiu ao ponto da aplicação de métodos indirectos, viola o princípio da igualdade (que impunha relevar "a medida da diferença" aí presente em desfavor do mais grave desrespeito pelas normas tributárias) e, em relação com este, o princípio da proporcionalidade (pois a sanção para a má ou não documentação dos custos determina a tributação pelo rendimento bruto, igualmente em prejuízo pelo respeito da tributação do rendimento líquido e do rendimento real). Critério esse que poderá ser inferido da conjugação dos artigos 23.º, 83.º, n.º 10, 91.º do CIRC e 87.º, al. b), 88.º e 90.º, n.º 1, da LGT.

21. Se o procedimento de quantificação dos rendimentos não é um *aliud* em face da necessidade de se assegurar a tributação de acordo com uma efectiva capacidade contributiva, tem de reconhecer-se que a actividade administrativa desenvolvida nessa sede tem de conformar-se com tal princípio.

Destarte, e perante a opção entre uma perspectiva estritamente filológico-gramatical e formalista de consideração solipsista da lei, num acrítico exercício exegético, e, por outra via, uma outra enucleada no respeito pelo sentido prático-normativo e axiologicamente fundado – dos preceitos legais, a reclamar uma ponderação materialmente cunhada e sistematicamente orientada no respeito pelos princípios fundamentais da tributação firmados na nossa *norma normarum*, caberá a Vossas Excelências julgar com JUSTIÇA, considerando procedente o recurso com a consequente revogação do acórdão recorrido».

1.2. Contra-alega a Fazenda Pública em defesa do julgado, concluindo deste modo:

«1. O nosso sistema tributário assenta no princípio da veracidade da declaração do contribuinte.

2. Estes encontram-se obrigados a dispor de documentos comprovativos das suas declarações, que possam ser facilmente verificados pela administração fiscal.

3. A exigência de comprovação dos elementos declarativos dá consistência e aplicabilidade prática aos princípios constitucionais de tributação do lucro real, da capacidade contributiva e da igualdade tributária, na dupla vertente que todos eles comportam e que cria, em simultâneo, o direito de cada cidadão a ser tributado pelo seu rendimento real mas também a obrigação de pagar o imposto correspondente ao seu efectivo rendimento, permitindo, por esta via, a justa distribuição dos encargos tributários.

4. O art. 42.º, 1, g) do CIRC corresponde, portanto, a uma manifestação desses princípios constitucionais, estabelecendo que o *lucro real* é aquele que se estabelece após a subtracção dos encargos indocumentados, dos quais se alheia a ponto de irrelevar a sua efectiva ocorrência.

5. Aquela norma não implica, porém, o imediato recurso à correcção técnica na hipótese de indocumentação do custo; a administração fiscal deve dar ao contribuinte a probabilidade de recolher prova da sua existência e da operação que lhe subjaz e até prestar a sua colaboração nesse sentido.

6. O ónus da prova da existência do custo indocumentado cabe, no entanto, ao contribuinte.

7. E, não satisfazendo este o seu ónus, a administração fiscal têm motivo legítimo para excluir o custo, ainda que se admita como provável que a actividade desenvolvida pelo contribuinte justifica a ocorrência do encargo.

8. Essa mera probabilidade não justifica, pois, o recurso automático à avaliação indirecta, como pretende o Recorrente e se afirma na sentença da 1ª instância.

9. A avaliação indirecta só deverá ter lugar quando a exclusão dos custos corresponda a uma lesão grave e irremediável da tributação segundo o rendimento líquido.

10. Por se tratar de uma medida excepcional e pôr em causa o princípio da certeza e segurança jurídica, a sua aplicação deve ser excepcional e especialmente parcimoniosa.

11. A administração fiscal deu aos Recorrentes oportunidade de recolher prova da existência e real dimensão do encargo indocumentado e só depois procedeu à correcção técnica em análise.

12. Dos autos não decorre que a exclusão dos custos afronte, de modo grave e manifesto, o princípio do rendimento líquido.

Termos em que deve ser negado provimento ao recurso, com as legais consequências».

1.3. O Exm.º Procurador-Geral Adjunto junto deste Tribunal é de parecer que o recurso não merece provimento: a regra do artigo 42.º n.º 1 alínea g) do Código do Imposto sobre o Rendimento das Pessoas Colectivas (doravante, CIRC) não se «basta com encargos devidamente *provados*, exigindo, antes, *encargos devidamente documentados*», e a regra do artigo 342.º do Código Civil sobre o ónus da prova impõe ao contribuinte a demonstração de que suportou os custos que invoca, pelo que a Administração devia desconsiderar o custo em causa.

1.4. O processo tem os vistos dos Exm.ºs Adjuntos.

***

2. Vem provada a factualidade seguinte:

«*a*) Em 92.04.30, deu entrada no Serviço de Finanças da Lousã a 1ª declaração de rendimentos dos impugnantes do ano de 1991 (cfr. doc. de fls. 153 a fls. 158 v. e cujo teor aqui se dá por reproduzido para todos os legais efeitos), tendo sido aposto no quadro 11 do anexo B1 (despesas gerais e outros custos comerciais, industriais e/ou agrícolas), a quantia de 9.618.500$00 no campo 19 (outras despesas) a quantia de 40.000$00 no campo 22 (menos valias fiscais);

b) Através do ofício n.º 2750, datado de 93.05.03, a Divisão do I.R.S. da Direcção Distrital de Finanças de Coimbra notificou o impugnante para, no prazo de oito dias, apresentar «fotocópias e/ou recibos processados legalmente com a identificação completa e confirmada dos destinatários dos rendimentos» e que constituam justificação» dos custos declarados a título de «outras despesas» (doc. de fls. 160 dos autos).

c) Através de carta datada de 93.05.11 e entrada na mesma Direcção em 13 do mesmo mês, o impugnante respondeu que «Os valores inseridos na referida rubrica referem-se a pagamentos a pessoal indiferenciado que são contratados verbalmente, por essas serras fora e cujo controle ou documentação se torna impossível obter por parte do contribuinte uma vez que aparecem quando lhes apetece e ganham em relação aos metros de vala que abrem, neste contexto, não me é possível qualquer identificação, tendo até em atenção o facto de, durante um ano serem às dezenas os indivíduos que "contrato" neste parâmetros. Assim a verba apresentada refere-se à metragem que foi debitada à E.D.P., durante o exercício de 1991» (doc. de fls. 159 dos autos).

d) Em 93.06.15, foi preenchido o mapa de apuramento Mod. DC2/91, apondo-se no quadro 9 do anexo BI respectivo a seguinte fundamentação:

"1.º O S. P. no apuramento das mais ou menos valias fiscais, não considerou as taxas mínimas de amortização no ano de 1989, conforme determina o n.º 2 do art.º 42.º conjugado com a alínea a) do n.º 5 do artigo 28.º, ambos do C. I. R. C., e informação do SAIR. Assim, verifica-se uma mais-valia fiscal de 100.000$00 e não uma menos-valia fiscal como foi declarado de 40.000$00;

2.º Conforme esclarecimento prestado pelo S. P. em 11/05/93, entrada n.º 014717 de 13-05-93, o S.P. não possuiu documentos inerentes às Outras Despesas declaradas de 9.618.500.00, pelo que nos termos da alínea a) do n.º 3 do art. 98.º do C. I. R. C., tal verba não poderá ser aceite como custos.

Verifica-se assim que: o total dos proveitos é de 15.635.150$00

Total dos custos é de	2.585.623$00
Resultado apurado	13.049.527$00
Resultado declarado	3.331.027$00
Valor da correcção	9.718.500100";

(doc. de fls. 151 a 152 v. dos autos).

e) Em 94.09.20, o Ex.mo Sr. Director Distrital de Finanças de Coimbra fixou o rendimento colectável dos Impugnantes do ano de 1991 na quantia de Esc. 13.281.910$00 com a seguinte fundamentação:

«1.º correcção do rendimento colectável deve-se aos seguintes factos:

1.º O S. P, no apuramento das mais ou menos valias fiscais, não considerou as taxas mínimas de amortização no ano de 1989, conforme determina o n.º 2 do art. 42.º, conjugado com a alínea a) do n.º 5 do artigo 28.º, ambos do C. I. R. C., e ainda art. 19.º do D.R. 2/90, de 12/01, e informação do SAIR, pelo que se verifica uma mais-valia fiscal de 100.000$00 e não uma menos-valia fiscal de 40.000$00 como foi declarado.

2.º Declarou na linha 19 do quadro 11 do anexo B 1 "outras despesas" no montante de 9.618.500$00 sem que haja qualquer documento de suporte legal conforme esclarecimento prestado pelo sujeito passivo, pelo que nos termos do art. 23.º e alínea a) do n.º 3 do art. 98.º do C.I.R.C., tal valor não pode ser aceite como custo" (doc. de fls. 162 a 162 v dos autos).

f) Da fixação do rendimento colectável a que alude o n.º anterior foi o impugnante notificado por carta registada com aviso de recepção (oficio n..º 4709) datada de 94.10.11, "nos termos do art. 67.º do Código do Imposto Sobre o Rendimento das Pessoas Singulares e para "querendo, reclamar nos termos do art. 68.º do mesmo diploma, para a Comissão Distrital de Revisão" (doc.s de fls. 33 – junto pelos impugnantes – e de fls. 161).

g) O impugnante reclamou para a comissão distrital de revisão nos termos a que alude o n.º anterior, a qual reuniu em 94.12.19, conforme acta n.º 39 de que se junta cópia de fls. 163 a fls. 165 e cujo teor aqui dou por integralmente reproduzido para todos os legais efeitos, composta por dois delegados da Fazenda Nacional e por dois delegados nomeados pela Associação dos Industriais da Construção Civil e Obras Públicas do Norte, tendo-se ali decidido por unanimidade não atender a reclamação (cfr. também inf. de fls. 140).

h) Em 95.06.26, é efectuada a correspondente liquidação adicional de I.R.S., à qual foi atribuído o n.º 5320895574, tendo sido fixado em Esc. 4.514.904$00 o imposto em falta e terminado em 95.08.14 o prazo de pagamento voluntário (docs. de fls. 141 e 142 e inf. de fls. 140).

i) A impugnação deu entrada no Serviço de Finanças de Lousã em 95.11.10 (cfr. carimbo aposto no cabeçalho da douta PI (fax)).

j) O impugnante, em 1991, só prestou serviços à E. D. P. (Facto alegado no artigo 25.º, da douta P. I. e confirmado pelas testemunhas ouvidas, sendo a 1ª contabilista da impugnante e, por isso, conhecedora da identidade dos seus clientes. Nada nos autos infirma este facto, antes o confirmando o ponto 3 da própria inf. de fl. 46 dos autos.

l) Os serviços a que alude o n.º anterior consistiam, além do mais, na abertura de valas através de trabalhos à mão, recorrendo para o efeito a trabalhadores indiferenciados residentes, regra geral e na maioria, nos locais onde as obras se faziam (Este facto está alegado no artigo 2.º da douta P. I. e por remissão da parte final daquele articulado para parecer técnico inserto de fls. 30 a fls. 31 dos autos e foi continuado pelas testemunhas ouvidas. Nada dos autos infirma esta factualidade. Pelo contrário, na informação de fls. 46 diz-se, no ponto 3.º que se socorria de trabalhadores indiferenciados admitindo-se assim o recurso a mão de obra não qualificada pare a execução destes trabalhos – recrutados no local das obras).

m) O impugnante pagou a quantia liquidada em 96.11.08 (Facto alegado na parte final da douta PI e confirmado pela inf. de fls. 140 e doc. de fls. 143 dos autos)».

***

3.1. Os agora recorrentes impugnaram a liquidação de IRS relativa ao ano de 1991 por a Administração Fiscal ter introduzido correcções à matéria tributável, ao não aceitar como custos «despesas com mão de obra de trabalhadores indiferenciados residentes, regra geral e na sua maioria, nos locais onde as obras se faziam», na falta de «documentos aceites como idóneos» para comprovação dessas despesas. Defenderam, em súmula, que a Administração devia ter usado métodos indiciários, presumindo custos, em vez de ter optado pelas correcções técnicas.

Na 1ª instância foi considerado não existir nenhum dos vícios formais invocados pelos impugnantes: nem o recurso a correcções técnicas em vez de a métodos indiciários constitui preterição de formalidades legais, nem a desconsideração de custos por falta de documentação integra vício relativo à fundamentação do acto. Concluiu, assim, a sentença, que tudo o alegado se reconduzia ao vício de violação de lei: «a A. F. não podia ter rejeitado integralmente as despesas com mão de obra de trabalhadores declaradas e devia ter recorrido a métodos indiciários». E, apreciando este vício, entendeu que «a A. F. andou bem em não aceitar os custos declarados a título de "Outras despesas" por não estarem documentados. Mas andou mal em cortar cerce, rejeitando quaisquer custos a este título, abstendo-se de os apurar directa ou indirectamente, exacta ou aproximadamente, se reconhecia que existiam e tinham expressão quantitativa na sua actividade».

Assim, a sentença acabou por:

– absolver da instância a Fazenda Pública «na parte em que se pede a anulação do acto impugnado quanto às correcções aos proveitos, no valor de Esc. 100.000$00», por ineptidão da petição inicial:

– julgar, no demais, procedente a impugnação, anulando a liquidação «na parte referente às correcções aos custos no montante de Esc. 9.618.500$00».

A Fazenda Pública não se conformou. Recorrendo para o TCA, defendeu que era aos impugnantes que cabia documentar os custos ou provar a impossibilidade de o fazer, não podendo a Administração, na falta dessa prova, deixar de os ter por não dedutíveis, sem que lhe coubesse presumir outros custos em lugar deles.

O TCA identificou como questão a decidir «apenas a de saber se, desconsiderados pela Administração Tributária os custos declarados pelos impugnantes por inexistência dos respectivos documentos comprovativos, esta estaria obrigada a presumir custos, já que, em princípio, não podem existir proveitos sem custos».

E da resposta negativa que deu a esta questão resultou o provimento do recurso, a revogação da sentença e a manutenção da liquidação impugnada.

É a vez de os impugnantes se insurgirem, pelos motivos que expressam nas suas alegações e sintetizam nas conclusões transcritas no antecedente ponto 1.1..

3.2. A razão única invocada pela Administração Fiscal para não admitir como custos fiscais dedutíveis os 9.618.500$00 declarados pelos recorrentes é a sua indocumentação.

A consequência extraída deste facto emerge, directamente, do estabelecido no artigo 42.º, n.º 1, alínea g) do Código do Imposto sobre o Rendimento das Pessoas Colectivas (CIRC), aqui chamado pelo artigo 32.º do Código do IRS (CIRS), segundo o qual não são dedutíveis para efeito de determinação do lucro tributável os encargos não devidamente documentados e as despesas de carácter confidencial, mesmo quando contabilizados como custos ou perdas do exercício.

No caso, a Administração só retirou essa consequência depois de convidar os ora recorrentes a apresentar justificativos dos custos apresentados, e de ter recebido como resposta que tal lhes não era possível (vejam-se as alíneas b) e c) da matéria de facto constante do acórdão recorrido).

É, pois, seguro, nos termos da factualidade assente, que os custos em questão se não acham documentados, sequer por documentos internos, e que não foi apresentada qualquer prova de que foram efectivamente suportados, nem apontada razão justificativa ponderosa para a inexistência de elementos comprovativos.

Na verdade, convidados a explicar a fonte daquelas despesas, os agora recorrentes limitaram-se a dizer, com algum distanciamento e displicência, quiçá com certa dose de sobranceria, que «Os valores inseridos na referida rubrica referem-se a pagamentos a pessoal indiferenciado que são contratados verbalmente, por essas serras fora e cujo controle ou documentação se torna impossível obter por parte do contribuinte uma vez que aparecem quando lhes apetece e ganham em relação aos metros de vala que abrem, neste contexto, não me é possível qualquer identificação, tendo até em atenção o facto de, durante um ano serem às dezenas os indivíduos que "contrato" neste parâmetros. Assim a verba apresentada refere-se à metragem que foi debitada à E.D.P., durante o exercício de 1991».

Como se o recurso a um factor de produção da escolha do contribuinte, incontrolado ou incontrolável, à margem do sistema fiscal, fosse uma fatalidade cujas consequências devessem ser suportadas ou emendadas por outrem que não o próprio contribuinte!

Não está, pois, cumprido o dever de documentar os custos invocados, ou seja, não estão satisfeitas as exigências formais para a consideração desses custos, e os impugnantes agiram em manifesto desrespeito dos seus deveres de colaboração.

3.3. Face a isto, a posição da Administração é inatacável: convidados os impugnantes a documentar os custos, na falta de apresentação de justificativos, aplicou a regra do artigo 42.º n.º 1 alínea g) do CIRC e não os considerou fiscalmente relevantes, corrigindo em conformidade a declaração e operando a tributação de acordo com a matéria colectável assim apurada.

A questão da admissibilidade da prova da efectivação das despesas mediante outra prova que não a documental, equacionada pelos recorrentes nas primeiras conclusões das suas alegações de recurso, não chega, aqui, a colocar-se.

Com efeito, os recorrentes, quando solicitados a justificar os encargos que haviam invocado, não apresentarem prova deles, nem mediante documentos, nem por outro qualquer meio. E, no âmbito do presente processo, não foi restringido o uso de qualquer meio probatório, tendo, aliás, as instâncias apurado, através de prova testemunhal, o que consta das alíneas j) e l) da factualidade transcrita no antecedente ponto 2..

Nem o Tribunal recorrido afirmou que os custos só podiam relevar fiscalmente se provados através de documentos. O que disse foi, apenas, que «a prova testemunhal desacompanhada de outro tipo de prova, nomeadamente documentos, não consegue demonstrar quantitativamente o montante dos custos». Embora a afirmação esteja redigida de modo que nos não permite alcançar com segurança o que pretendeu dizer-se, o certo é que, no caso, o conjunto de toda a prova produzida, independentemente do meio, não permitiu, nem à Administração Fiscal, nem às instâncias judiciais, apurar se os recorrentes suportaram, na realidade, os custos que indicaram ou, em caso negativo, qual o seu montante. Tudo o que ficou a saber-se foi que contratavam trabalhadores ocasionais para a execução de obras de abertura de valas, nos locais aonde decorriam as obras. Sendo evidente que dessa contratação resultariam encargos, não só não se sabe nada sobre a sua ordem de grandeza, como nem sequer se pode afirmar que eles não foram atendidos na tributação, pois para tanto seria preciso que se tivesse apurado que os custos dessa mão de obra integravam aquele montante de 9.618.500$00 que não foi considerado pela Administração.

Estaríamos perto da conclusão do nosso labor se a questão que neste processo se coloca se restringisse à dedutibilidade de custos não documentados.

Mas a verdade é que, se a Administração actuou, neste pormenor, em conformidade com a lei, a mesma lei a obriga a, mesmo perante a quebra dos deveres de declaração, documentação e colaboração do contribuinte, continuar a agir segundo a legalidade. Não é o facto de o contribuinte faltar aos seus deveres que, por si só, desonera a Administração de cumprir os seus.

E a actuação segundo a legalidade implica, como regra de conduta, a orientação do procedimento de modo a atingir a verdade material, em ordem a permitir a tributação segundo o rendimento real.

Vejamos, então, como estava a Administração obrigada a actuar, no circunstancialismo já caracterizado. Designadamente, se devia socorrer-se de métodos indiciários, como defendem os recorrentes.

3.4. A tributação em IRS faz-se, preferente e normalmente, de acordo com a declaração do contribuinte, como dispõe o n.º 1 do artigo 78.º do CIRS.

Não obstante, essa declaração pode sofrer alterações nos termos do artigo 66.º n.º 4 do mesmo diploma, quer pela correcção de erros ou omissões nela cometidos, quer pela decorrente de divergência na qualificação de actos, factos ou documentos com relevância para a liquidação do imposto.

Só quando a matéria tributável não puder ser apurada mediante a declaração do contribuinte, depois de corrigida, se for caso disso, é possível à Administração afastar-se dessa declaração e tributar o contribuinte mediante o uso de métodos indirectos – vd. os artigos 66.º n.º 2 alínea a) e 38.º n.os 1 e 2 do CIRS.

Como assim, a tributação por métodos indirectos não só não constitui o meio normal, como a possibilidade do seu uso está restringida aos casos em que a lei expressamente a admite, verificados que estejam determinados pressupostos (veja-se, hoje, o artigo 88.º da Lei Geral Tributária).

O que vale por dizer que nem a Administração nem o contribuinte podem, de seu livre alvedrio, optar pela tributação indiciária, ainda que aquela cuide assim arrecadar receita maior, ou que aquele acredite furtar-se a uma tributação mais pesada.

Ora, no nosso caso, viu-se já que os recorrentes apontaram despesas no valor de 9.618.500$00 para cuja justificação não dispunham de documentos de suporte e que, por isso, a Administração não relevou como custos fiscais.

Mas nenhuma razão nos revela o processo para que se procedesse ao apuramento da matéria tributável por métodos indirectos, pois nenhum outro erro ou omissão foi detectado na declaração dos recorrentes, nem nenhuma divergência daquelas a que se refere o artigo 66.º n.º 4 do CIRS se suscitou entre eles e a Administração Fiscal.

No circunstancialismo exposto, nem a Administração, que neste campo age vinculadamente, podia utilizar métodos indirectos, por se não conjugarem os indispensáveis pressupostos, nem aos recorrentes era lícito exigir a tributação de acordo com esses métodos, pois não pode falar-se num direito dos contribuintes a esta modalidade de tributação.

3.5. Diga-se, por último, que o princípio da tributação pelo rendimento real só sairia em crise se se provasse que os recorrentes incorreram, de facto, naquela despesa de 9.618.500$00 que declararam e não foi atendida.

É verdade que, deste modo, aqueles 9.618.500$00, que não puderam ser deduzidos como custos fiscais por não estarem documentados, ficaram fora de toda a consideração. Enquanto que, através do recurso a métodos indirectos, é conjecturável que uma parte de tal montante fosse atendida. Podem, assim, queixar-se os recorrentes, com alguma razão, de que o afastamento dos métodos indirectos (que se não caracterizam por, em regra, serem favoráveis aos contribuintes), no caso, só os prejudicou, ao não permitir que fosse acolhida como custos nenhuma fracção daqueles 9.618.500$00.

Mas é de si que se queixam, pois todo o sucedido decorre da violação dos seus deveres acessórios de documentação e de colaboração.

Veja-se o que as instâncias deram por provado:

– os recorrentes, perguntados sobre a origem daquela declarada despesa, responderam que «Os valores inseridos na referida rubrica referem-se a pagamentos a pessoal indiferenciado que são contratados verbalmente, por essas serras fora e cujo controle ou documentação se torna impossível obter por parte do contribuinte uma vez que aparecem quando lhes apetece e ganham em relação aos metros de vala que abrem, neste contexto, não me é possível qualquer identificação, tendo até em atenção o facto de, durante um ano serem às dezenas os indivíduos que "contrato" neste parâmetros. Assim a verba apresentada refere-se à metragem que foi debitada à E.D.P., durante o exercício de 1991»;

– «O impugnante, em 1991, só prestou serviços à E. D. P.»;

– esses serviços «consistiam, além do mais, na abertura de valas através de trabalhos à mão, recorrendo para o efeito a trabalhadores indiferenciados residentes, regra geral e na maioria, nos locais onde as obras se faziam».

Nem se diga que os recorrentes saem desrazoavelmente *sancionados*: a não documentação das despesas que declararam deve-se, segundo resulta do que afirmam, ao facto de ela corresponder ao pagamento de mão de obra que contratam à margem do sistema, em situação irregular, de modo que de tal despesa não sobra rasto documental. São pois, os recorrentes quem, ao assim proceder, se colocam em posição que o sistema não acalenta, sujeitando-se às medidas *sancionatórias* decorrentes. Mas os recorrentes levaram mais longe a sua ausência de colaboração: é que não há notícia de que se tenham, sequer, dado ao trabalho de elaborar documentos internos justificativos daquela despesa, de onde sempre poderiam constar as datas e locais aonde foi contratada a mão de obra, em que número, por que período de tempo, a que preço, relativamente a que obra... Nem, solicitados, forneceram quaisquer elementos úteis, mesmo que frágeis, limitando-se a dizer, quase sobranceiramente, que deles não dispunham nem podiam dispor.

Improcedem, pelo exposto, as conclusões das alegações do recurso.

***

4. Termos em que acordam, em conferência, os juízes da Secção de Contencioso Tributário deste Supremo

Tribunal Administrativo, em, negando provimento ao recurso, confirmar o aresto impugnado.

Custas a cargo dos recorrentes, com 50% (cinquenta por cento) de procuradoria.

Lisboa, 2 de Fevereiro de 2006.

Baeta de Queiroz (Relator)
Pimenta do Vale
Lúcio Barbosa

Recurso n.º 1011/05-30

IRS. RENDIMENTOS DO TRABALHO AUFERIDOS POR UM DOS CÔNJUGES NA ALEMANHA. RESIDÊNCIA EM PORTUGAL. CONVENÇÃO CELEBRADA ENTRE PORTUGAL E ALEMANHA, CONSTANTE DA LEI N.º 12/82 DE 3/6, PARA EVITAR A DUPLA TRIBUTAÇÃO. AMPLIAÇÃO DA MATÉRIA DE FACTO.

(Acórdão de 22 de Fevereiro de 2006)

SUMÁRIO:

I – Os rendimentos do trabalho auferidos na Alemanha por residente em Portugal, onde permaneceu por período superior a 183 dias, são tributados naquele país.

II – Tendo o impugnante declarado os rendimentos do trabalho auferidos na Alemanha e efectuado a respectiva retenção do imposto, que consta dos valores declarados às finanças alemãs, através do Lohnsteuerkart (declaração de rendimentos), sendo certo que do probatório vertido na sentença recorrida não consta a importância que ali foi retida a título de imposto, impõe-se a ampliação da matéria de facto com vista à obtenção dos factos que suportem a decisão de direito (art. 729.º, n.º 3 do CPC).

III – É que, pago na Alemanha o imposto por rendimentos de trabalho aí auferidos, por residente em Portugal, pode o mesmo imposto ser reduzido ao IRS, de acordo com o disposto no art. 24.º, n.º 1 da "Convenção entre a República Portuguesa e a República Federal da Alemanha para evitar a dupla tributação em matéria de Impostos sobre o Rendimento e sobre o Capital", embora com o limite fixado na última parte do referido artigo.

ACORDAM NESTA SECÇÃO DO CONTENCIOSO TRIBUTÁRIO DO SUPREMO TRIBUNAL ADMINISTRATIVO:

1 – A Fazenda Pública, não se conformando com a sentença do Tribunal Administrativo e Fiscal de Braga, que julgou procedente a impugnação judicial deduzida por Manuel Brito da Silva contra o acto de liquidação de IRS, respeitante ao ano de 1998, no montante de € 2.954,94, dela vem interpor o presente recurso, formulando as seguintes conclusões:

1. Para efeitos do disposto no art. 4.º, n.ºs 1 e 2, al. a) da Convenção entre a República Portuguesa e a República Federal da Alemanha para evitar a dupla tributação em matéria de Impostos Sobre o Rendimento e Sobre o Capital, aprovada pela Lei n.º 12/83 de 3.6, o ora impugnante deve considerar-se residente em Portugal, no ano de 1998, na medida em que essa residência resulta de declaração de rendimentos, relativa a esse ano, por si apresentada à Administração Fiscal portuguesa, bem como do cadastro do n.º fiscal de contribuinte, sendo que a determinação dessa residência se fez pela lei interna portuguesa (CIRS e legislação do n.º fiscal de contribuinte).

2. Não obsta à conclusão anterior o facto de o sujeito passivo haver permanecido na Alemanha no ano de 1998, mais de 183 dias, e aí ter auferido os rendimentos tributários, em causa, provenientes de actividades assalariadas, temporárias, remuneradas por empresa sediada em Portugal e sem estabelecimento estável na Alemanha.

3. Nos termos conjugados da 2ª parte do n.º 1 do art. 15.º, da referida Convenção, os rendimentos do trabalho dependente, em questão, podem ser tributados pelo Estado da residência e pelo estado da Fonte, ou seja, por Portugal e pela Alemanha, competindo ao estado da residência, nos termos do n.º 1, al. a) do art. 24.º da mesma Convenção, proceder à mesma eliminação da dupla tributação, como vem documentado nos autos, tanto mais que a situação tributária do sujeito passivo, com influência na liquidação do imposto a pagar em ambos os Estados, não foi declarada, de forma idêntica, nesses Estados.

4. A competência tributária de Portugal é, no caso, cumulativa com a da Alemanha, tendo em conta o disposto no n.º 1, 2ª p. e no n.º 2 do art. 15.º da referida Convenção, por não se verificarem todas – cumulativamente as condições negativas naquele n.º 2.

5. Assim sendo, compete ao Estado português, como estado da residência do sujeito passivo, eliminar a dupla tributação internacional em causa com isso se justificando a liquidação impugnada decorrente da apresentação da declaração de rendimentos (mod. 3), acompanhada do anexo J, respectivamente, sem menção de retenções na fonte e de imposto pago na Alemanha, face ao disposto no cit. a) do n.º 1 do art. 24.º da Convenção.

6. Ao decidir em sentido contrário, terá a douta sentença violado, por indevida interpretação o n.º 1 2ª p. e o n.º 2 do art. 15.º da mesma Convenção, partindo duma errada determinação, nos termos do cit. art. 4.º/1/2, al. a) da mesma, da residência do sujeito passivo, titular de rendimentos tributáveis em questão.

O impugnante contra-alegou, concluindo do seguinte modo:

1.º O art. 15.º da convenção sobre dupla tributação celebrada entre Portugal e a Alemanha estatui que se o emprego for exercido no outro, neste caso na Alemanha, as remunerações podem nele ser tributadas;

2.º Sendo certo que, o trabalhador permaneceu mais de 183 dias na Alemanha é aqui que deve ser tributado – alínea c) do n.º 2 do artigo em referência;

3.º E a própria administração fiscal portuguesa que aceita o facto de o Impugnante ter trabalhado na Alemanha desde Janeiro a Julho de 1998;

4.º Mais aceita que os respectivos descontos para o Fisco Alemão foram efectuados.

5.º No próprio relatório da Inspecção é admitido tal facto.

6.º Por isso não pode agora a A.F vir alegar que o Impugnante não provou que tivesse pago imposto na Alemanha.

7.º Pelo que a presente liquidação é ilegal e como tal deve ser, como foi, anulada.

O Exm.º Procurador-Geral Adjunto emitiu douto parecer no sentido de a sentença se não poder manter e o recurso merecer provimento, uma vez que "no probatório da sentença recorrida não se estabelece se o Impugnante pagou ou não pagou o imposto na Alemanha; a esse respeito apenas se afirma que a Administração Fiscal admite que o imposto tenha sido pago naquele país por retenção na fonte.

Visto isto (e sendo certo, por outro lado, que a prova do pagamento do imposto na Alemanha se faz, em primeira linha, pela apresentação da nota final da liquidação, designada Besheid) e tendo em conta a jurisprudência deste STA em casos semelhantes, há que mandar ampliar o enquadramento da matéria de facto (cf. as. de 15.12.04, R. 834/04)".

Colhidos os vistos legais, cumpre decidir.

2 – A sentença recorrida fixou a seguinte matéria de facto:

1. De 08/01/1998 a 15/08/1998, o Impugnante foi contratado pela firma «OLITES – Tectos Falsos e Divisórias, Lda.», tendo este contrato uma duração de 220 dias;

2. No decorrer no ano de 2000, a entidade patronal do Impugnante foi alvo de uma inspecção tributária, da qual resultou um relatório elaborado em 07/07/2000;

3. Neste relatório a Administração Fiscal refere, designadamente, que: «Considerando que às finanças alemãs a empresa "Colites" através do seu contabilista alemão, declarou rendimentos de trabalho todos os montantes auferidos, tendo efectuado a respectiva retenção de imposto que consta dos valores declarados às finanças alemãs através do Lohnsteuerkart (declaração de rendimentos)»;

4. Neste relatório refere-se que o Impugnante auferiu rendimentos na Alemanha de Janeiro a Julho de 1998, com retenção de imposto;

5. Mediante ofício de 03/07/2002, foi o Impugnante notificado sobre o projecto de conclusões do relatório de inspecção, no que se refere que o contribuinte auferiu rendimentos na Alemanha no valor de Esc. 2.997.659$00, pelo que deve apresentar a declaração de rendimentos instruída com o anexo J;

6. Em 08/07/2002 o Impugnante apresenta a declaração de rendimentos relativa ao ano de 1998, acompanhada do anexo J, no qual declara ter recebido € 14.952,26 de rendimentos auferidos no estrangeiro;

7. Mediante o ofício n.º 12557, expedido a 26/07/2002 e recebido a 29/07/2002, a Administração Tributária notifica o Impugnante nos seguintes termos: «(..) a acção de inspecção levada a cabo por este Serviço (...) não resultam quaisquer actos tributários ou em matéria tributária que lhe sejam desfavoráveis»;

8. Em 05/09/2002, é emitida a liquidação n.º 4133308531, no valor de € 2.954,54, relativa ao IRS do ano fiscal de 1998 do Impugnante e com data limite de pagamento a 23/10/2002;

9. O Impugnante efectuou o pagamento desta liquidação a 17/10/2002;

10. Em 20/01/2003, foi interposta a presente Impugnação Judicial.

3 – A questão que constitui objecto do presente recurso consiste em saber se os rendimentos do trabalho auferidos pelo impugnante, no ano em questão, na Alemanha devem ser tributados em Portugal ou naquele país.

Dispunha o art. 15.º, n.º 1 do CIRS que "sendo as pessoas residentes em território português, o IRS incide sobre a totalidade dos seus rendimentos, incluindo os obtidos fora desse território".

Por sua vez, estabelece o art. 16.º, n.º 1 do mesmo diploma legal que "são residentes em território português as pessoas que, no ano a que respeitam os rendimentos ... hajam nele permanecido mais de 183 dias, seguidos ou interpolados (al. a) ... ou, tendo permanecido menos tempo, aí disponham, em 31 de Dezembro desse ano, de habitação em condições que façam supor a intenção de a manter e ocupar como residência habitual (al. b)".

E no seu n.º 2 acrescenta que "serão sempre havidas como residentes em território português as pessoas que constituem o agregado familiar, desde que naquele resida qualquer das pessoas a quem incumbe a direcção do mesmo".

Por outro lado, a Convenção celebrada entre Portugal e a Alemanha para Evitar a Dupla Tributação em Matéria de Impostos sobre o Rendimento e sobre o Capital, constante da Lei n.º 12/82 de 3/6, muito embora considere que se o emprego for exercido noutro estado contratante, as remunerações podem aí ser tributadas (cfr. art. 15.º, n.º 1), no n.º 2 deste mesmo preceito ressalva a possibilidade de tributação no Estado de residência das remunerações obtidas noutro Estado, quando o beneficiário permanecer no outro Estado durante um período ou períodos que, no ano civil em causa, não excedam no total 183 dias e as remunerações sejam pagas por entidade patronal que não seja residente do outro Estado e que as remunerações não sejam suportadas por um estabelecimento estável ou instalação fixa que a entidade patronal tenha no outro Estado.

Por último, a referida Convenção explicita os métodos destinados a eliminar a dupla tributação, referindo o modo como se fará a dedução do imposto nos casos em que o contribuinte seja considerado residente em Portugal (n.º 1) e nos casos em que seja considerado residente na Alemanha (n.º 2).

Do que fica exposto e no caso em apreço, muito embora não haja dúvidas de que o impugnante é tido como residente em Portugal, o certo é que resulta também que as remunerações em causa foram obtidas na Alemanha, onde aquele permaneceu por período superior a 183 dias.

Estabelece, porém, o art. 24.º, n.º 1 da predita Convenção que, se o residente em Portugal obtiver rendimentos na Alemanha, será deduzida ao imposto pago em Portugal uma importância igual ao imposto que tenha pago na Alemanha, com um limite de dedução.

Ora e como vimos supra, o Exm.º Procurador-Geral Adjunto, no seu douto parecer, entende que deve ser ampliada a matéria de facto, uma vez que, no probatório da sentença recorrida, não se estabelece se o impugnante pagou ou não o imposto na Alemanha, sendo certo que a prova desse pagamento se faz, "em primeira linha, pela apresentação da nota final da liquidação, designada Besheid".

Salvo o devido respeito por melhor opinião, não lhe assiste razão.

Com efeito e ao contrário do assim afirmado, a verdade é que, do probatório, resulta com evidência que o impugnante declarou os rendimentos do trabalho auferidos na Alemanha de Janeiro a Julho de 1998, tendo efectuado a respectiva retenção do imposto, que consta dos valores declarados às finanças alemãs, através do Lohnsteuerkart (declaração de rendimentos) (vide n.os 3 e 4 do probatório.

Sendo assim, dúvidas não temos de que o impugnante fez a prova de que o pagamento do imposto em causa foi efectuado na Alemanha.

Contudo, o que não consta do probatório vertido na sentença recorrida, isso sim, é a importância que ali foi retida a título de imposto.

E sabemos o quanto se torna necessário esse apuramento, uma vez que e como vimos supra, ao imposto pago em Portugal será deduzida uma importância igual ao imposto que tenha pago na Alemanha, embora com o limite fixado na última parte do referido art. 24.º, n.º 1 da citada Convenção.

Pelo que e com este fundamento há, assim, que ampliar a matéria de facto com vista a obter os factos que suportem a decisão de direito, conforme o disposto no art. 729.º, n.º 3 do CPC.

4 – Deste modo, acorda-se em conceder provimento ao recurso e revogar a decisão recorrida com vista à ampliação da matéria de facto nos referidos termos.

Sem custas.

Lisboa, 22 de Fevereiro de 2006.

Pimenta do Vale (Relator)
Brandão de Pinho
Lúcio Barbosa

Recurso n.º 1021/05-30

IRS. TRIBUTAÇÃO. RESIDENTE EM PORTUGAL AUFERIDOR DE RENDIMENTOS DO TRABALHO NA ALEMANHA. CONVENÇÃO ENTRE A REPÚBLICA PORTUGUESA E A REPÚBLICA FEDERAL DA ALEMANHA PARA EVITAR A DUPLA TRIBUTAÇÃO EM MATÉRIA DE IMPOSTOS SOBRE O RENDIMENTO E SOBRE O CAPITAL.

(Acórdão de 15 de Março de 2006)

SUMÁRIO:

Pago, na Alemanha, imposto sobre rendimentos de trabalho aí auferidos por residente em Portugal, deve o mesmo tributo ser deduzido no IRS aqui liquidado, nos termos do disposto no art. 24.º, n.º 1, última parte, daquela Convenção aprovada pela Lei n.º 12/82, de 3 de Junho.

ACORDAM NA SECÇÃO DO CONTENCIOSO TRIBUTÁRIO DO SUPREMO TRIBUNAL ADMINISTRATIVO:

A Fazenda Pública vem recorrer da sentença do Tribunal Administrativo e Fiscal de Penafiel, que julgou procedente a impugnação judicial deduzida por Vitorino Moreira dos Santos e mulher Maria Teresa Moreira Alves, contra a liquidação de IRS relativa ao ano de 1997, que consequentemente anulou.

Fundamentou-se a decisão em que, nos termos do art. 15.º, n.º 2, da Convenção entre a República Portuguesa e a República Federal da Alemanha para evitar a dupla tributação, constante da Lei n.º 12/82, de 3 de Junho, os rendimentos exclusivamente auferidos pelo impugnante na Alemanha, no exercício da sua actividade, apenas podem ser tributados no Estado onde aquela foi exercida.

A Fazenda recorrente formulou as seguintes conclusões:

A. O cálculo do crédito do imposto para evitar a dupla tributação internacional em matéria de impostos sobre o rendimento, tem por base a Convenção celebrada entre Portugal e a Alemanha, aprovada para ratificação pela Lei n.º 12/82, de 3 de Junho, e publicada no DR, I Série, de 3 de Junho de 1982, com aviso de troca de instrumentos de ratificação e publicado no DR, I Série, de 14 de Outubro de 1982.

B. De acordo com o art. 15.º da CDT, os rendimentos provenientes do trabalho dependente auferidos por emigrantes portugueses naquele país, desde que continuem a ser considerados residentes em Portugal, são tributados em Portugal, sem prejuízo de o poderem ser na Alemanha, se aí for a sua fonte, cabendo ao Estado da residência a eliminação da dupla tributação.

C. Estipula o art. 24.º, n.º 1, al. a) da CTD, que quando um residente de Portugal obtiver rendimentos que de acordo com o disposto na Convenção, podem ser tributados na República Federal da Alemanha, Portugal, deduzirá do imposto sobre os rendimentos desse residente uma importância igual ao imposto sobre o rendimento pago na República Federal da Alemanha, não podendo a importância deduzida exceder a fracção do imposto sobre os rendimentos calculado antes da dedução, correspondente aos rendimentos que podem ser tributados na Alemanha.

D. Conforme probatório, a Administração Fiscal através da Direcção dos Serviços dos Benefícios Fiscais obteve os dados que lhe permitiram afirmar que o montante do imposto retido na Alemanha foi de 473.813$00 (€ 2.362,37), montante esse que foi atendido na liquidação correctiva que deferiu parcialmente a pretensão do impugnante.

E. Razão pela qual se encontra, dentro da medida permitida pela legalidade da actuação administrativa, efectuada a atenuação da dupla tributação internacional e, oficiosamente deferida a pretensão do impugnante na parte consentânea com a interpretação doutrinal e jurisprudencialmente consagrada dos preceitos em que se subsume a situação concreta destes autos, motivo pela qual se não pode manter a decisão recorrida, por ter decidido apenas poderem tais rendimentos ser tributados no país onde foi exercida a actividade, Alemanha, dando assim procedência à impugnação.

Não houve contra-alegações.

O Exmo. Magistrado do Ministério Público emitiu parecer no sentido do não provimento do recurso uma vez que a totalidade do rendimento foi auferida na Alemanha, proveniente de trabalho dependente, e foi aí tributado por retenção na fonte.

E, corridos os vistos legais, nada obsta à decisão.

Em sede factual, vem apurado que:

1. O impugnante apresentou em 6 de Março de 1998 a declaração modelo 3 de IRS referente ao ano de 1997 com o respectivo anexo J, na qual indicava os rendimentos da categoria A obtidos na Alemanha no montante de Esc. 4.672.638$00 e o imposto retido da quantia de Esc. 473.813$00 – cfr. fls. 5/6 do processo de reclamação apenso aos autos.

2. Dessa declaração resultou a liquidação n.º 2000-4343197739, no montante de Esc. 390.049$00 – cfr. fls. 7 do processo de reclamação junto aos autos.

3. Em 9 de Novembro de 2000, veio o impugnante apresentar a reclamação graciosa contra a referida liquidação, alegando já ter feito a retenção na fonte do imposto devido na Alemanha, pelo que, ao abrigo da Convenção para evitar a dupla tributação, já não poderia ser tributado em Portugal.

4. Por ter habitação permanente e porque o cônjuge reside em Portugal, o impugnante foi considerado pela Administração Fiscal, residente em Portugal.

5. Foram consideradas pela Administração Fiscal as pretensões do impugnante quanto às deduções efectuadas no referente a retenção na fonte, contribuições obrigatórias para a segurança social e outras.

6. Quanto ao IRS retido na fonte, só foi considerado parcialmente, após comunicação pela DSBF de que o imposto retido na Alemanha foi de Esc. 265.917$00, montante inferior ao declarado pelo impugnante – cfr. fls. 17 do processo de reclamação junto aos autos.

7. Por despacho do Exmo. Chefe de Finanças de 22 de Fevereiro de 2001, foi deferido parcialmente o pedido.

8. O impugnante foi notificado desse despacho em 7 de Março de 2001, conforme ofício n.º 1858, de 2 de Março de 2001, a fls. 31 do processo de reclamação.

9. A impugnação foi deduzida em 21 de Março de 2001.

Vejamos, pois:

A Lei n.º 12/82, de 3 de Junho, aprovou a Convenção entre a República Portuguesa e a República Federal da Alemanha para Evitar a Dupla Tributação em Matéria de Impostos sobre o Rendimento e sobre o Capital, com aviso de troca de instrumentos de ratificação publicado no Diário da República, I Série, de 14 de Outubro de 1982.

Nos termos do art. 4.º, n.º 1, da Convenção, cumpre ao direito interno, – "à legislação" –, de cada um dos Estados definir a residência do contribuinte, "devido ao seu domicílio, à sua residência, ao local de direcção ou a qualquer outro critério de natureza similar".

O seu n.º 2 dispõe para o caso de uma pessoa singular ser residente de ambos os Estados, enunciando vários critérios de "resolução" da situação; assim, nos termos da alínea a), "será considerada residente do Estado em que tenha uma habitação permanente à sua disposição" e, se a tiver em ambos os Estados sê-lo-á "do Estado com o qual sejam mais estreitas as suas relações pessoais e económicas (centro de interesses vitais)".

No caso, o impugnante tinha habitação permanente em Portugal, onde residia a sua mulher e, consequentemente, o seu núcleo familiar que economicamente sustentava.

Ora, nos termos do art. 16.º, n.º 2, do Código do Imposto sobre o Rendimento das Pessoas Singulares (redacção vigente ao tempo), "serão sempre havidos como residentes em território português, as pessoas que constituem o agregado familiar, desde que naquele resida qualquer das pessoas a quem incumbe a direcção do mesmo".

O agregado familiar é constituído – nomeadamente – pelos cônjuges não separados judicialmente e seus dependentes – art. 14.º, n.º 3, al. a) – e àqueles cabe a respectiva direcção – art. 1671.º, n.º 2 do Código Civil.

Trata-se de uma presunção juris et de jure de residência em Portugal, das pessoas que constituem o agregado familiar, desde que aí resida qualquer das pessoas a quem incumbe a direcção do mesmo.

Cf. Alberto Xavier, Direito Tributário Internacional, Tributação das Operações Internacionais, p. 245 e ss.

"Esta última situação tem como consequência que basta a residência em Portugal, de um dos chefes do agregado familiar, aferido aos critérios do art. 16.º do CIRS, para que esta arraste, por um princípio de atracção da unidade familiar, a residência dos demais (residência por dependência). Assim, por exemplo, o emigrante português que reside efectivamente na Alemanha, mas cuja mulher permanece em Portugal, é aqui sujeito a tributação numa base universal, incluindo portanto os rendimentos obtidos na Alemanha".

Pelo que é de concluir, no ponto, terem os impugnantes residência em Portugal, para efeitos fiscais, nomeadamente de IRS.

Ainda que, face à lei alemã – pois que, como se disse, a caracterização de uma pessoa como residente cabe ao direito interno de cada país – também possa ser considerado como aí residente. É então função das convenções de dupla tributação definir, face a uma dupla residência, qual das duas residências deve prevalecer, sendo que a residência num dos Estados logo exclui a residência no outro.

Determinado o país de residência – Portugal –, diverso do país onde o rendimento é auferido – Estado da fonte –, há que estabelecer qual o competente para a tributação, sobre o que dispõe o art. 15.º da Convenção nos termos seguintes:

a) Competência exclusiva do país de residência se o emprego é aí exercido – n.º 1, primeira parte;

b) Competência cumulativa dos dois Estados se o emprego é exercido no outro Estado, (que não o da residência) – n.º 1, última parte.

Por sua vez, o n.º 2 do art. 15.º prevê a hipótese de competência exclusiva do Estado onde o emprego é exercido – não obstante o contribuinte aí não residir, uma vez verificados cumulativamente os três requisitos negativos aí referidos – "actividades temporárias".

Assim, ao contrário do sentenciado, a dita segunda parte do n.º 1 consagra uma competência cumulativa dos dois Estados para a tributação – cfr. cit. p. 434, Casalta Nabais, Direito Fiscal, 2ª edição, p. 232 e ss., Leite de Campos, Direito Tributário, 2ª edição, p. 332 e Fiscalidade n.os 17-61 e 18-61.

Ou seja, o Estado em que o emprego é exercido só tem competência cumulativa uma vez verificados os ditos requisitos, mas pela positiva e alternativamente.

Nos autos, aplica-se, assim, a última parte do n.º 1 do art. 15.º: competência tributária cumulativa de Portugal e da Alemanha para tributação dos rendimentos em causa.

Cabendo, pois, ao Estado da residência – Portugal – eliminar a dupla tributação, nos termos do art. 24.º da Convenção – al. a) do n.º 1: dedução no imposto pago em Portugal, do imposto pago na Alemanha, não podendo contudo exceder a fracção do imposto, calculado antes da dedução, correspondente aos rendimentos auferidos no estrangeiro, exigindo-se documento comprovativo do imposto aí pago que, na hipótese dos autos, foi de € 2.362,37, montante que foi considerado na liquidação correctiva, atendendo parcialmente a pretensão dos impugnantes.

Cf. no sentido exposto os Acórdãos do STA, de 24 de Março de 2004 Recurso n.º 1872/03, de 15 de Dezembro de 2004 Recurso n.º 834/04 e de 20 de Abril de 2005 Recurso n.º 1254/04.

Termos em que se acorda conceder provimento ao recurso, revogar a sentença recorrida e julgar improcedente a impugnação judicial.

Custas pelos impugnantes solidariamente na 1ª instância, não sendo devidas no Supremo Tribunal Administrativo.

Lisboa, 15 de Março de 2006.

Brandão de Pinho (Relator)
Lúcio Barbosa
Baeta de Queiroz

Recurso n.º 1211/05-30

IVA. RECTIFICAÇÃO E DEDUÇÃO DO IMPOSTO. CRÉDITOS CONSIDERADOS INCOBRÁVEIS.

(Acórdão de 18 de Janeiro de 2006)

SUMÁRIO:

I – Nos termos do art. 71.º do CIVA – n.os 8 e 12 – na vigência do DL n.º 114/98, de 04 de Maio, era indispensável, para a regularidade da rectificação da dedução do imposto, inicialmente efectuada, a comunicação ao adquirente dos bens e serviços, da respectiva anulação.

ACORDAM NA SECÇÃO DO CONTENCIOSO TRIBUTÁRIO DO STA:

Vem o presente recurso jurisdicional, interposto por TOTTA CRÉDITO ESPECIALIZADO-INSTITUIÇÃO FINANCEIRA DE CRÉDITO, S.A., da sentença do TAF de Lisboa, de 14/04/2005, que julgou improcedente a impugnação judicial que deduzira contra a liquidação adicional de IVA n.º 00063736 e respectivos juros compensatórios, respeitantes ao ano de 1998.

Fundamentou-se a decisão em que, devendo o contribuinte comunicar, ao sujeito passivo, a anulação total ou parcial do imposto para efeitos de rectificação da dedução inicialmente efectuada, conforme interpretação conjugada dos n.os 8, 9, 12 e 13 do art. 71.º do CIVA (na redacção do DL n.º 100/95, de 19 de Maio e alterações introduzidas pelos DL n.os 114/98, de 04 de Maio e 418/99, de 21 de Outubro), não o tendo feito, não pode operar tal dedução, sendo que «não é pelo facto de o adquirente do bem ou serviço ter sido declarado insolvente ou falido que a comunicação deixa de se justificar, até porque a massa falida, que inclui os direitos ou obrigações do contribuinte falido, terá sempre um liquidatário judicial para gerir a massa falida».

A recorrente formulou as seguintes conclusões:

«1ª A decisão recorrida procedeu ao indeferimento da pretensão da ora recorrente, então impugnante, por entender que aquela estava, à data da ocorrência do facto tributário, obrigada a comunicar ao adquirente dos bens e serviços a realização das regularizações de imposto, referentes a créditos detidos sobre falidos, respeitantes a Outubro de 1998, sendo que, por essa razão, o IVA em causa havia sido indevidamente deduzido;

2ª Considerou o Tribunal recorrido, à semelhança do que já havia feito a Administração Tributária, que, não obstante verificar-se um vazio legal à data da verificação do facto tributário, o Decreto-Lei n.º 418/99, de 21.10 veio confirmar a referida obrigação de comunicação, sendo que a conjugação da interpretação dada ao n.º 9 do artigo 71.º do CIVA, com a redacção que lhe foi dada pelo Decreto-Lei n.º 100/95, de 19.05, bem como ao n.º 12 do artigo 71.º do CIVA, com a redacção do Decreto-Lei n.º 114/98, de 04.05, já, por si, garantiam tal obrigatoriedade;

3ª A decisão recorrida não pode proceder porque, desde logo, à data da verificação do facto tributário, inexistia qualquer preceito legal que, para efeitos da incidência de IVA, impusesse a comunicação da regularização de imposto ao adquirente dos serviços, nos casos de dedução do IVA relativo a créditos detidos sobre falidos;

4ª De resto, só poderá concluir-se, perante a interpretação da letra do artigo 71.º do CIVA, em vigor à data da ocorrência do facto tributário, que tal obrigação inexistia, nessa data, sendo que só veio a merecer previsão legal para os casos de créditos de falidos com a publicação do Decreto-Lei n.º 418/99 de 21 de Outubro, isto é, um ano após a ocorrência do facto tributário em apreço;

5ª Por outro lado, e em resultado da conclusão anterior, não é admissível, tal como faz a Administração Tributária e, posteriormente, o Tribunal recorrido, a aplicação do Decreto-Lei n.º 418/99, de 21.10, uma vez que a mesma violaria o princípio da irretroactividade da lei fiscal, em virtude de tal diploma apenas ter entrado em vigor em momento posterior ao da verificação do facto tributário;

6ª Da mesma forma, e admitindo que o Tribunal recorrido não procedeu à aplicação retroactiva do referido diploma legal, só restaria, perante tal vazio legal, e uma vez que a sua interpretação não decorre nem da letra nem do espírito das normas vigentes à data da ocorrência do facto tributário, a integração analógica, que está igualmente vedada pelo artigo 11.º da LGT;

7ª Por último, a correcção em causa constitui uma inadmissível sobreposição do formalismo à materialidade das operações que constitui o verdadeiro objecto da incidência do IVA, na medida em que a não aceitação da dedução do IVA, com fundamento na inexistência de uma simples comunicação de que se havia procedido à anulação do imposto, tem como consequência uma penalização excessivamente gravosa do credor.

Por todo o exposto, e o mais que o ilustrado juízo desse Venerando Tribunal suprirá, deve o presente recurso ser julgado procedente por provado e, em consequência, ser a decisão recorrida revogada, anulando-se a liquidação adicional de IVA em questão.»

Não houve contra-alegações.

O Ex.mo magistrado do Ministério Público emitiu parecer no sentido do não provimento do recurso, uma vez que resulta da «análise das sucessivas redacções dos preceitos em causa» que para os sujeitos passivos poderem deduzir «o imposto relativo a créditos considerados incobráveis em processo de execução», «quando for decretada a falência», deve a «anulação do imposto para efeitos de rectificação da dedução inicialmente efectuada» ser comunicada ao adquirente dos bens e serviços.

Tendo a decisão recorrida feito uma interpretação extensiva das referidas normas, que não uma aplicação analógica, «não padece dos vícios que lhe são imputados, designadamente de violação do disposto no art. 11.º da LGT.»

E, corridos os vistos legais, nada obsta à decisão.

Em sede factual, vem apurado que:

«A) A Impugnante efectuou regularizações de IVA a seu favor, na importância de 18.022.483$00, valor que incluiu no campo 40 da sua declaração periódica referente ao período 98/10, respeitante a créditos considerados incobráveis da sociedade Estrela do Lena, S.A., conforme informação de fls. 33 e ss. e certidão de fls. 84, ambos dos autos de Reclamação Graciosa apensa, cujos autos se dão por integralmente reproduzidos;

B) Por douta sentença proferida em 26 de Junho de 1998, nos autos de Acção Especial de Recuperação de Empresas, registados sob o n.º 310/96 do Tribunal Judicial da Comarca de Porto de Mós, foi declarada a falência da sociedade Estrela do Lena, S.A., cuja douta sentença transitou em julgado no dia 21 de Setembro de 1998, conforme certidão de fls. 84 dos autos de Reclamação Graciosa;

C) Na douta sentença referida na alínea anterior foi fixado o prazo de 60 dias para as reclamações de créditos, conforme mesma certidão;

D) A Impugnante não comunicou ao adquirente dos bens que iria proceder às regularizações do imposto referidas na al. A) supra, conforme mesma informação e confissão da Impugnante na sua P.I.;

E) A Administração Fiscal entendeu que a Impugnante estava obrigada a comunicar ao adquirente dos bens que iria proceder às regularizações atrás referidas e, porque não provou tal comunicação, entendeu que deduziu indevidamente o IVA em causa e procedeu à correcção da matéria colectável e de seguida à sua liquidação adicional, conforme documentos de fls. 20 e ss. e documentos de cobrança de fls. 90 a 91, todos da Reclamação Graciosa apensa;

F) A Impugnante deduziu reclamação graciosa contra a liquidação adicional, mas a reclamação foi indeferida, conforme autos apensos;

G) A Impugnante foi notificada no dia 29 de Dezembro de 2003 do indeferimento da reclamação graciosa, conforme documentos de fls. 137 a 138 da Reclamação Graciosa apensa;

H) A Impugnação foi deduzida no dia 8 de Janeiro de 2004, conforme carimbo aposto na primeira folha da douta p.i., que se dá por integralmente reproduzido.

Não se provaram outros factos com interesse para a decisão de mérito.»

Vejamos, pois:

A questão dos autos é a da interpretação do art. 71.º do CIVA, com referência à dedução do imposto relativo a créditos considerados incobráveis em processo de execução especial de recuperação de empresas e falência e insolvência.

E, ainda que a dedução em causa respeite a Outubro de 1998, em que vigorava o DL n.º 114/98, de 04 de Maio, torna-se, todavia, necessário efectuar alguma excursão legislativa, quer anterior quer posterior.

Assim, no ponto, rezava o n.º 8 daquele normativo, na redacção do DL n.º 100/95, de 19 de Maio:

«Os sujeitos passivos poderão deduzir ainda o imposto respeitante a créditos considerados incobráveis em processo de execução, processo especial de recuperação de empresa ou a créditos de falidos ou insolventes, quando for decretada a falência ou insolvência, sem prejuízo da obrigação de entrega do imposto correspondente aos créditos recuperados, total ou parcialmente, no período de imposto em que se verificar o seu recebimento, sem observância, neste caso, do prazo previsto no n.º 1 do art. 88.º.»

E o n.º 9:

«Na hipótese prevista na primeira parte do número anterior, será comunicada ao adquirente do bem ou serviço que seja um sujeito passivo do imposto a anulação, total ou parcial, do imposto, para efeitos de rectificação da dedução inicialmente efectuada.»

A primeira parte do n.º 8 aqui referida respeitava à dedução do imposto, referindo-se a segunda à obrigação de entrega relativamente ao tributo correspondente aos créditos recuperados, total ou parcialmente, no período de imposto em que se verificar o seu recebimento.

Na primeira hipótese e por força do disposto naquele n.º 9, teria de ser feita a comunicação ali referida, sob pena de nulidade das deduções e rectificações efectuadas, como resultava do originário art. 96.º do CIVA (ao depois revogado pelo RJIFNA).

O citado art. 71.º foi alterado, no que ora importa, pelo DL n.º 114/98, de 04 de Maio, ficando o n.º 8 com a seguinte redacção:

«Os sujeitos passivos poderão deduzir ainda o imposto respeitante a créditos considerados incobráveis em processo de execução, processo ou medida especial de recuperação de empresas ou a créditos de falidos ou insolventes, quando for decretada a falência ou insolvência.»

Cingiu-se, assim, à primeira parte do anterior n.º 8 (redacção de 1995).

E a dita segunda parte deste número passou a constituir o n.º 13 do mesmo normativo, do teor seguinte:

«Nos casos em que se verificar a recuperação dos créditos, total ou parcialmente, os sujeitos passivos são obrigados a proceder à entrega do imposto, no período em que se verificar o seu recebimento, sem observância, neste caso, do prazo previsto no n.º 1 do art. 88.º.»

Tendo-se ainda acrescentado o n.º 12 com a seguinte redacção:

«No caso previsto na primeira parte do n.º 8 e na alínea c) do n.º 9 será comunicada ao adquirente do bem ou serviço que seja um sujeito passivo do imposto a anulação, total ou parcial, do imposto, para efeitos de rectificação da dedução inicialmente efectuada.»

Ou seja, o novo n.º 12 continuou a exigir aquela comunicação, continuando embora a referir-se ao «caso previsto na primeira parte do n.º 8», não atentando em que esta constituía agora o dito n.º 13.

Trata-se, assim, de um simples lapso material cuja correcção se impõe em mera interpretação declarativa, sem consequentemente qualquer recurso sequer a interpretação extensiva – em que o legislador minus dixit quam voluit (a situação não está na letra mas está no espírito da lei) – e, muito menos a analogia – situação não contemplada involuntariamente na lei.

Assim, aquele n.º 12 (na redacção do DL n.º 114/98) dever ler-se do seguinte modo:

«Nos casos previstos no n.º 8 e na alínea c) do n.º 9 será comunicada ao adquirente do bem ou serviço que seja um sujeito passivo do imposto a anulação, total ou parcial, do imposto para efeitos de rectificação da dedução inicialmente efectuada.»

Em rigor e na melhor interpretação da lei – dir-se-á mesmo a única plausível –, mantém-se, pois, a necessidade da aludida comunicação da anulação do imposto ao adquirente do bem ou serviço, tal como na redacção anterior resultante do DL n.º 418/99, de 21 de Outubro.

Este não veio senão corrigir o lapsus calami do legislador de 1998, substituindo, no referido n.º 12, a expressão «no caso previsto na primeira parte do n.º 8» pela, como se disse «nos casos previstos no n.º 8».

Como logo resulta do respectivo preâmbulo onde se reforça a intenção de proceder, no ponto, a um mero ajustamento da redacção do art. 71.º, «compatibilizando-a com as alterações verificadas anteriormente em outros preceitos do mesmo artigo».

Repete-se estar, pois, em causa, interpretação declarativa que não extensiva nem aplicação analógica ou retroactiva.

Nem finalmente se pretenda, como a recorrente – cfr. conclusão 6.ª – que «a correcção em causa constitui uma inadmissível sobreposição do formalismo à materialidade das operações...», tendo como «consequência uma penalização excessivamente gravosa do credor».

É que é reconhecido o carácter formalista do IVA, em ordem, nomeadamente, a evitar, o mais possível, a evasão fiscal pelo que as respectivas formalidades o são ad substanciam que não meramente ad probationem.

Termos em que se acorda negar provimento ao recurso.

Custas pela recorrente, com procuradoria de 1/6.

Lisboa, 18 de Janeiro de 2006.

Brandão de Pinho (Relator)
Baeta de Queiroz
Lúcio Barbosa

Recurso n.º 899/05-30

MINISTÉRIO PÚBLICO. MANDATÁRIO JUDICIAL. NOTIFICAÇÃO. ART. 229.º-A DO CPC. CADUCIDADE DA LIQUIDAÇÃO. ART. 45.º DA LGT. SUSPENSÃO DO PRAZO DE CADUCIDADE. ART. 46.º DA LGT.

(Acórdão de 2 de Fevereiro de 2006)

SUMÁRIO:

I – O representante do Ministério Público não deve ser considerada mandatário judicial, para efeito da aplicação do disposto no art. 229.º-A do CPC.

II – A caducidade do direito à liquidação dos tributos ocorre logo que decorrido o prazo de 4 anos, quando a lei não fixar outro.

III – O prazo da caducidade suspende-se com a notificação ao contribuinte da ordem de serviço no início da acção inspectiva.

IV – Terminando a acção inspectiva antes de decorrido o prazo de 6 meses, cessa esse efeito suspensivo a partir da data do términus da inspecção.

ACORDAM, EM CONFERÊNCIA, NA SECÇÃO DE CONTENCIOSO TRIBUTÁRIO DO SUPREMO TRIBUNAL ADMINISTRATIVO:

1. MANUEL JOSÉ DURÃES & FILHOS, LD., com sede no Lugar de Azões, Vila Verde, impugnou judicialmente, junto do então Tribunal Tributário de 1ª Instância de Braga, a liquidação de IRC, relativa ao ano de 1998.

O Mm. Juiz do TAF de Braga julgou a impugnação procedente.

Inconformado, o **MINISTÉRIO PÚBLICO** interpôs recurso para este Supremo Tribunal, tendo o senhor Procurador da República formulado as seguintes conclusões nas respectivas alegações de recurso:

1. A impugnante foi submetida a uma acção de inspecção, a qual decorreu entre 20/12/2002 e 27/3/2003;

2. Na sequência dessa inspecção, no dia 17/7/2003, a impugnante foi notificada da liquidação de IRC e JC, respeitante ao ano de 1998, no montante de 16.486,56 €;

3. A Mm. Juiz *a quo* julgou caduco o direito à liquidação em causa, de acordo com o disposto nos arts. 45.º e 46.º da LGT, considerando que o prazo de caducidade se iniciou a 1/1/99, esteve suspenso de 19/12/02 a 27/3/03 e completou-se a 9/4/03, pelo que a notificação da liquidação a 17/7/03 ocorreu depois de consumada a caducidade;

4. Nos termos do art. 45.º, n.ºs 1 e 4 da LGT, o prazo de caducidade do direito à liquidação é de quatro anos, contando-se esse prazo a partir de 1/1/99, prazo que é aplicável ao caso dos autos *ex vi* do disposto no n.º 5 do art. 5.º do DL n. 398/98, de 17 de Dezembro;

5. Se não ocorresse qualquer suspensão nem interrupção do prazo de caducidade, este completar-se-ia em 31/12/2002;

6. Nos termos do art. 46.º, n.º 1 da LGT, o prazo de caducidade suspendeu-se a 20/12/2002 com a notificação da impugnante do início de acção de inspecção externa, suspensão que não cessou os seus efeitos por a dita inspecção não ter ultrapassado o prazo de seis meses após a notificação;

7. O procedimento de inspecção é contínuo e deve ser concluído no prazo máximo de seis meses a contar da notificação do seu início, conforme o disposto no art. 36.º, n.º 2 do RCPIT (DL n. 413/98, de 31/12);

8. De acordo com o disposto no art. 45.º n.º 5 da LGT, (redacção da Lei n.º 15/2001, de 5 de Junho, em vigor desde 5/7/2001), o direito de liquidar os tributos incluídos no âmbito da inspecção caduca no prazo de seis meses após o termo do prazo fixado para a sua conclusão, razão pela qual o direito de liquidar o IRC aqui em causa só caducaria a 20/12/2003;

9. Por isso, havendo suspensão do prazo de caducidade desde 20/12/2002 e tendo o mesmo prazo sido interrompido a 20/4/2003, com a notificação da decisão de fixação da matéria colectável com recurso a métodos indirectos, nos termos da alínea b) do n.º 3 do art. 46.º da LGT, não se consumou a caducidade do direito à liquidação;

10. Decidindo como decidiu, a Mm. Juiz *a quo* interpretou e aplicou erradamente as normas legais referidas nestas conclusões.

Não houve contra-alegações.

Notificado de que os autos iam ser remetidos ao STA, veio o impugnante dizer que não tinha sido notificado das alegações do MP, pedindo que se convidasse o recorrente MP a comprovar nos autos que dera cumprimento ao disposto nos arts. 229-A, n.º 1, e 260-A, ambos do CPC.

O Mm. Juiz indeferiu tal requerimento.

Foi a vez do **IMPUGNANTE** se mostrar inconformado com esta decisão, dela interpondo recurso para o STA, formulando as seguintes conclusões nas respectivas alegações de recurso:

A. A recorrente não foi notificada das alegações apresentadas nos presentes autos produzidas pelo Digno representante do MP.

B. Esta falta de notificação impede a recorrente de tomar conhecimento se as alegações foram apresentadas ou se o recurso ficou deserto por sua falta, ou mesmo qual o conteúdo das mesmas para a elas poder responder.

C. Quer directamente pelo representante do MP, nos termos do art. 229-A do Código de Processo Civil, quer por carta registada enviada pela secção de processos, a recorrente devia ter sido obrigatoriamente notificada das alegações apresentadas, começando o prazo para a elas responder a contar a partir desta notificação.

D. Só em clara violação dos princípios do contraditório, da equidade e da legalidade se poderia aceitar que um acto processual desta natureza e importância, como as alegações da entidade recorrente, não seja notificado às partes processuais interessadas.

E. O n.º 3 do art. 282.º do CPPT, interpretado com o sentido de que as alegações apresentadas pelo recorrente não têm que ser notificadas ao recorrido, começando o prazo das contra-alegações a contar desta data, é manifestamente inconstitucional.

F. O despacho recorrido violou, entre outros, o disposto nos arts. 40.º e 282.º, n.º 3 do CPPT, os arts. 229-A, n.º 1 e 260-A, ambos do C.P.C. e o n.º 4 do art. 20.º da Constituição da República Portuguesa.

O MP contra-alegou, sustentando que o recurso interposto pelo impugnante não merece provimento.

Colhidos os vistos legais cumpre decidir.

2. É a seguinte a matéria de facto fixada na instância, que serviu de suporte à decisão de fundo:

1. A impugnante foi notificada por carta registada com A/R em 17/7/2003 da liquidação de IRC relativa ao ano de 1998, no montante de € 16.486,56, conforme fls. 5, com limite de pagamento para 27/8/2003.

2. Tal liquidação ocorreu na sequência de uma acção inspectiva realizada à impugnante, determinada pela ordem de serviço n.º 16954/200 de 19/12/2002 e efectuada entre 20/12/2002 e 27/3/2003.

3. O impugnante foi notificado por ofício datado de 9/4/03, recepcionada a 20/4/03, da fixação da matéria tributável com recurso a métodos indirectos.

4. São dois os recursos a apreciar: o interposto pelo impugnante e o que foi interposto pelo MP

Obviamente que o primeiro logra prioridade, pois que, a proceder, o segundo não pode ser imediatamente conhecido.

Vejamos então.

3.1. O recurso interposto pelo impugnante.

Para decidir este recurso convém fixar os factos respectivos, de apreensão processual, a saber:

– Em 15 de Abril de 2005, o Ministério Público interpôs recurso da sentença proferida nos autos.

– Em 28 de Abril de 2005, o Mm. Juiz admitiu o recurso, ordenando a notificação das partes, nos termos do art. 282.º, n.ºs 2 e 3, do CPPT.

– As partes foram notificadas deste despacho por cartas registadas de 2 de Maio de 2005, tendo o MP sido notificado na mesma data.

– Em 17 de Maio de 2005, o Sr. Procurador da República entregou as alegações do MP.

– Em 14 de Junho de 2005 o Mm. Juiz proferiu despacho, ordenando a subida do recurso.

Vejamos então.

Sustenta o impugnante, aqui recorrente, que deveria ter sido notificado, nos termos do art. 229-A do Código de Processo Civil, seja pelo MP, seja pela Secção de Processos, obrigatoriamente por carta registada, das alegações apresentadas por aquele, só então passando a correr prazo para contra-alegar.

Vejamos a lei.

Dispõe o art. 229.º-A do CPC:

“1. Nos processos em que as partes tenham constituído mandatário judicial, todos os articulados e requerimentos autónomos que sejam apresentados após a notificação ao autor da contestação do réu, serão notificados pelo mandatário judicial do apresentante ao mandatário judicial da contraparte, no respectivo domicílio profissional, nos termos do artigo 260.º-A

“2. O mandatário judicial que só assuma o patrocínio na pendência do processo, indicará o seu domicílio profissional ao mandatário judicial da contraparte”.

Refira-se desde logo que o MP não é parte, pelo que, e numa interpretação literal da lei, tal normativo não lhe é aplicável.

Partes são, isso sim, o impugnante e a Fazenda Pública.

Mas mesmo a Fazenda Pública não tinha que dar cumprimento a este normativo.

Na verdade, e como logo se vê, até pelos termos literais do n.º 1, complementado pelo n.º 2 da ora citada disposição legal, tais notificações ocorrem apenas entre mandatários judiciais. E só entre estes.

Assim, só haverá lugar a tal notificação se o representante da FP for considerado mandatário judicial.

E é óbvio que não é.

Na verdade, mandatários judiciais são apenas os advogados e os solicitadores – vide arts. 114.º e 115.º da LOTJ, 61.º, 3, e 62.º, 1, do Estatuto da Ordem dos Advogados e 99.º, 1, do Estatuto da Câmara dos Solicitadores.

E, nas “causas judiciais” tributárias, mandatários judiciais são os advogados – art. 6.º, n.º 1, do CPPT.

O Representante da Fazenda Pública tem uma norma especial – art. 9.º, n.º 4, aí se dizendo que tem legitimidade no processo judicial tributário.

E a sua competência, nos tribunais tributários, está inscrita no art. 15.º do CPPT.

A Fazenda Pública faz parte do Estado-Administração, representando-o em juízo no processo judicial tributários, sendo tal representação diversa da representação legal ou da representação voluntária.

Entendemos assim que o disposto no art. 229.º-A do CPC é inaplicável ao Representante da Fazenda Pública no processo judicial tributário.

No sentido ora exposto, pode ver-se o acórdão deste STA de 25 de Maio de 2005 (Rec. n.º 195/05).

E se isto é assim no tocante ao representante da Fazenda Pública é-o igualmente, e por maioria de razão, no tocante ao Ministério Público.

É certo que, no domínio do CPTA, talvez a questão possa ser repensada, face ao disposto nos arts. 6.º, 8.º e 11.º, n.º 2.

Porém, tendo este processo sido instaurado antes de 1/1/2004, ou seja, antes da vigência do CPTA, há que fazer unicamente apelo à LPTA, então vigente, com as consequências acima indicadas.

De qualquer modo sempre se dirá que o citado art. 229.º-A do CPC só se aplica aos articulados e requerimentos autónomos, que não às alegações de recurso[1].

Mas será que a secretaria deveria notificar o recorrido, ora reclamante, das alegações apresentadas pelo recorrente MP?

Entendemos que não, face ao disposto no art. 106.º da LPTA, aqui aplicável, conjugado com o disposto no art. 282.º, 3, do CPPT.

Nem se vê que estas normas, interpretadas nesta dimensão, possam ser inconstitucionais, sendo que obviamente funcionam para todas as partes, incluindo aqui igualmente o MP.

Nem se vê onde esteja a violação a violação do n.º 4 do art. 20.º da Constituição, na medida em que não há qualquer violação do acesso ao direito ou à tutela jurisdicional efectiva.

Na verdade o impugnante foi notificado do recurso interposto pelo MP, pelo que só tinha que atentar nos prazos fixados peremptoriamente na lei, no sentido de saber quando terminava esse prazo para alegações, começando, a partir daí a correr o seu prazo para apresentar contra-alegações.

O recurso interposto pelo impugnante não procede.

3.2. O recurso interposto pelo Ministério Público.

Defende o MP que à data da liquidação ainda não havia caducado o direito do Estado à liquidação.

Vejamos então.

Dispõe o art. 45.º, n.º 1, da LGT:

“O direito de liquidar os tributos caduca se a liquidação não for validamente notificada ao contribuinte no prazo de quatro anos, quando a lei não fixar outro”.

Por sua vez, a Lei n.º 15/2001, de 5/6, aditou àquele artigo um n.º 5, que é do seguinte teor:

“Instaurado o procedimento de inspecção tributária, o direito de liquidar os tributos incluídos no âmbito da inspecção caduca no prazo de seis meses após o termo do prazo fixado para a sua conclusão, sem prejuízo das prorrogações previstas na lei reguladora daquele procedimento, a não ser que antes dessa ocorra a caducidade prevista no prazo geral fixado no n.º 1”.

Porém, este último normativo foi eliminado pela Lei n.º 32-B/2002, de 30 de Dezembro.

Mas, quando a inspecção foi iniciada, ainda estava em vigor aquele preceito, pelo que, nos termos do n.º 4 do art. 12.º, da LGT, se nos afigura que tal norma é aplicável à hipótese dos autos.

Há também que atender ao art. 46.º da LGT, cujo n.º 1 dispõe o seguinte:

“O prazo de caducidade suspende-se com a notificação ao contribuinte, nos termos legais, da ordem de serviço ou despacho no início da acção de inspecção externa, cessando, no entanto, esse efeito, contando-se o prazo do seu início, caso a duração da inspecção externa tenha ultrapassado o prazo de seis meses após a notificação.

A questão está agora em saber se a cessação da suspensão – vide o citado art. 46.º, 1, da LGT – ocorre após o prazo máximo da inspecção (6 meses – art. 36.º,

[1] Acórdão do STJ de 27/4/2005, in Colectânea de Jurisprudência, n. 184, págs. 69 e ss.

n.º 2 do RCPIT) ou se no termo da inspecção (em prazo obviamente inferior a 6 meses, como no caso concreto efectivamente aconteceu).

O impugnante defende que é este último o prazo a considerar.

Também nos parece ser este o entendimento mais adequado.

E isto é assim, porque o que releva é a inspecção, já que era esta que fazia suspender o prazo de caducidade.

Ora, assim sendo, parece óbvio que a suspensão não pode durar para além do termo da inspecção, pois foi em função dela que tal suspensão foi instituída.

Logo, terminada a inspecção, cessa o motivo da suspensão.

Assim sendo, e tendo em conta que, quando se iniciou a inspecção, faltavam 13 dias para operar a caducidade, e considerando que a dita inspecção terminou no dia 27/3/2003, é óbvio que a caducidade ocorreu no dia 9 de Abril de 2003.

Parece-nos ser esta a melhor interpretação das normas citadas (arts. 45.º e 46.º da LGT e 36.º do RCPIT) com aplicação ao caso concreto.

Mas mesmo que se entendesse que o prazo só começaria a correr decorrido o prazo de seis meses – e não é, como dissemos o nosso caso – mesmo assim, ao que cremos, já teria decorrido o prazo de caducidade.

Na verdade, como nos parece, e é relatado pelo Mm. Juiz na sua sentença, citando o Tribunal Constitucional, o prazo de caducidade (considerando os normativos citados – arts. 45.º e 46.º da LGT) não pode ultrapassar os 4 anos e meio.

Assim sendo, e tendo em conta o probatório, aquando da liquidação tal prazo já fora ultrapassado.

Resulta pois do exposto, que a pretensão do recorrente MP não pode obter acolhimento.

4. Face ao exposto, acorda-se em negar provimento a ambos os recursos.

Custas pelo impugnante, estando o Ministério Público delas isento.

Lisboa, 02 de Fevereiro de 2006.

Lúcio Barbosa (Relator)
Vítor Meira
Pimenta do Vale

Recurso n.º 769/05-30

OPOSIÇÃO À EXECUÇÃO FISCAL. IMPUGNAÇÃO JUDICIAL. LEGALIDADE DA DÍVIDA EXEQUENDA. ERRO NA FORMA DE PROCESSO. CONVOLAÇÃO.

(Acórdão de 8 de Fevereiro de 2006)

SUMÁRIO:

I – **A legalidade, em concreto, da dívida exequenda não pode, em princípio, ser apreciada em sede de oposição à execução fiscal mas, antes, em impugnação judicial da liquidação – art. 204.º do CPPT.**

II – **Nos termos do art. 97.º, n.º 3 da LGT, deve ordenar-se «a correcção do processo quando o meio usado não for o adequado segundo a lei».**

III – **Não deve operar-se – sob pena da prática de actos inúteis, proibida por lei (art. 137.º do CPC) – a convolação da oposição em impugnação judicial se a petição é intempestiva para o efeito, pois logo haveria lugar a indeferimento liminar por extemporaneidade.**

ACORDAM NA SECÇÃO DO CONTENCIOSO TRIBUTÁRIO DO STA:

Vasco José Lança da Rosa vem recorrer do despacho do TAF de Lisboa que lhe indeferiu liminarmente a oposição que deduzira contra a execução fiscal n.º 3158/02/ /150119.4, do 3.º Serviço de Finanças de Loures.

Fundamentou-se a decisão na ineptidão da petição inicial, por obscuridade da causa de pedir; em não ser possível, na oposição à execução, apreciar a «ilegalidade concreta ou relativa da dívida exequenda»; dever o pedido de suspensão da execução ser nesta formulado e mostrar-se inviável a convolação da oposição em impugnação judicial por, à data da respectiva propositura, já ter ocorrido o termo final do prazo previsto no art. 102.º, n.º 1, al. a) do CPPT.

O recorrente formulou as seguintes conclusões:

«1. A ilegalidade concreta da liquidação por erro de interpretação da lei ou da sua aplicação não pode servir de fundamento à oposição em processo de execução fiscal.

2. Contudo, o ora recorrente estaria em prazo, à data da prática do acto judicial, para a apresentação de impugnação judicial.

3. O decurso do mencionado prazo decorre de o despacho liminar objecto do presente recurso ter sido proferido mais de dois anos após.

4. Entende o recorrente não poder ser prejudicado quando não é responsável pelo decurso do prazo de noventa dias previsto no art. 102.º do CPPT.

5. Pelo que, deve o presente processo de oposição ser convolado prosseguindo sob a forma de processo própria, ou seja, impugnação judicial.

6. Entende o recorrente que estão reunidos os requisitos para a aplicação do princípio da economia processual.

7. Apesar de resultar da matéria constante da oposição, qual a causa de pedir, considerando-se que no caso *sub judice* há obscuridade da mesma, deverá o recorrente ser convidado ao aperfeiçoamento da PI, nos termos legalmente consagrados.

Nestes termos, e com o douto suprimento de V. Exa., deve o presente recurso ser julgado procedente, sendo o processo convolado para a forma adequada prosseguindo os seus termos como impugnação judicial.

Mais deverá ser o ora recorrente convidado a proceder ao aperfeiçoamento da petição apresentada.»

Não houve contra-alegações.

O Ex.mo magistrado do Ministério Público emitiu parecer no sentido do não provimento do recurso pois, inexistindo embora a decretada ineptidão, todavia é inadequado o meio processual utilizado pois que o fundamento invocado se reconduz à discussão da ilegalidade da dívida exequenda, mostrando-se impossível a pretendida convolação, pelo decurso do referido prazo que o interposto recurso hierárquico não suspendeu nem interrompeu.

E, corridos os vistos legais, nada obsta à decisão.

Em sede factual, vem apurado que:

«1 – Em 13/6/2002, a DGCI emitiu a certidão de dívida de IRS, relativa ao ano de 1998 e no montante global de € 5.518,55, cujo prazo de cobrança voluntária tivera o termo final no dia 13/3/2002, na mesma surgindo como devedor o opoente Vasco José Lança da Rosa (cfr. documento junto a fls. 12 dos autos);

2 – A Fazenda Pública instaurou processo de execução fiscal, sob o n.º 3158-02/150119.4, tendo por objecto a cobrança coerciva da dívida identificada no n.º 1 (cfr. informação exarada a fls. 35 dos autos; documento junto a fls. 11 dos autos);

3 – Em 23/6/2002, o opoente foi citado no âmbito da execução fiscal identificada no n.º 2 (cfr. informação exarada a fls. 35 dos autos);

4 – No dia 19/7/2002, deu entrada no 3.º Serviço de Finanças de Loures a oposição apresentada por Vasco José Lança da Rosa e que deu origem ao presente processo (cfr. carimbo de entrada aposto a fls. 2 dos autos).»

Vejamos, pois:

Na petição inicial, deve o autor «expor os factos e as razões de direito que servem de fundamento à acção» – art. 467.º, n.º 1, al. d) do CPC.

O facto concreto que serve de fundamento ao efeito jurídico pretendido é que constitui a causa de pedir – cfr. Antunes Varela e outros, Manual de Processo Civil, pág. 245.

Ora, no ponto, o opoente alega, em síntese, – cfr. arts. 6.º a 9.º da petição – ter sido incorrectamente tributado, tendo interposto recurso hierárquico, ainda pendente, e direito ao reembolso das importâncias que lhe foram indevidamente, retidas pedindo a suspensão da execução.

Assim, a petição está formalmente correcta pelo que não há ineptidão (questão diversa, como se verá, é a da procedência da oposição ou a da própria idoneidade do meio processual utilizado).

Impropriedade que o próprio recorrente reconhece apelidando, até, de «manifesto, o erro na forma de processo», uma vez que o que está em discussão é efectivamente a «legalidade da dívida exequenda».

Pelo que pretende a «convolação» da oposição em impugnação judicial.

O art. 97.º, n.º 3 da LGT prescreve, em ordem à «celeridade da justiça tributária» e à concessão de uma tutela jurisdicional efectiva e plena – cfr. n.os 1 e 2 – «a correcção do processo quando o meio usado não for o adequado segundo a lei», procurando evitar-se que, apesar de uma errada eleição da forma processual idónea, o tribunal deixe de pronunciar-se sobre o mérito da causa.

Como escrevem Leite de Campos e outros, LGT Anotada, 2.ª edição, pág. 422, nota 3, «trata-se de uma injunção ao próprio juiz» que «só estará desonerado da obrigação de ordenar a correcção da forma de processo quando ela se mostre, de todo, inviável»

O que tudo não constitui mais do que a aplicação dos princípios anti-formalista, *pro actione* e *pro favoritate instantiae* (favorecimento do processo).

Todavia, nos autos e como bem se explana na sentença recorrida, tal convolação não é possível, dada a extemporaneidade da petição, a ser tida como impugnatória.

Na verdade, terminando o prazo de pagamento voluntário em 13/03/2002 – cfr. n.º 1 do probatório – e sendo o prazo de 90 dias – art. 102.º, n.º 1, al. a) do CPPT –, contados a partir de tal termo, a petição só foi apresentada em 19 de Julho seguinte.

Pelo que a convolação constituiria puro acto inútil, proibido por lei – art. 137.º do CPC – pois logo a petição teria de ser liminarmente indeferida por extemporaneidade.

O exposto, todavia, nenhum prejuízo traz ao recorrente, dada a possibilidade de pedir, na própria execução fiscal, a sua suspensão e deduzir impugnação judicial de eventual indeferimento do recurso hierárquico – art. 76.º, n.º 2 do CPPT.

Termos em que se acorda negar provimento ao recurso, confirmando-se a decisão recorrida.

Custas pelo recorrente, com procuradoria de 50%.

Lisboa, 8 de Fevereiro de 2006.

Brandão de Pinho (Relator)
Lúcio Barbosa
Baeta de Queiroz

Recurso n.º 1135/05-30

PROCESSO DE LICENCIAMENTO. DECRETO-LEI N.º 445/91, DE 21/11. TAXA DEVIDA. CONTRA-ORDENAÇÃO. COMPETÊNCIA DO TRIBUNAL TRIBUTÁRIO. INCONSTITUCIONALIDADE DA NORMA QUE ESTABELECE A OBRIGATORIEDADE DO PAGAMENTO DE UMA TAXA. CADUCIDADE DA LICENÇA DE CONSTRUÇÃO. PROCESSO DE IMPUGNAÇÃO.

(Acórdão de 11 de Janeiro de 2006)

SUMÁRIO:

I – O tribunal tributário é incompetente, em razão da matéria, para conhecer de uma contra-ordenação prevista no art. 54.º do DL n.º 445/91, de 21/11.

II – Mas o tribunal tributário já é competente para conhecer da impugnação de uma taxa urbanística, exigida para emissão de uma licença de construção, taxa arguida de inconstitucionalidade.

III – Isto mesmo que a licença de construção tenha caducado, por não ter sido paga a taxa, que é condição da emissão da licença.

ACORDAM, EM CONFERÊNCIA, NA SECÇÃO DE CONTENCIOSO TRIBUTÁRIO DO SUPREMO TRIBUNAL ADMINISTRATIVO:

1. BANIF IMOBILIÁRIA, SA, com sede na Avenida José Malhoa, Lote 1792, 9.º andar, Lisboa, impugnou judicialmente, junto do então Tribunal Tributário de 1ª Instância de Lisboa, a liquidação de uma taxa urbanística praticada pela Câmara Municipal de Lisboa, bem como uma coima que lhe foi aplicada pela mesma entidade.

O Mm. Juiz do 5.º Juízo daquele Tribunal julgou-se incompetente, em razão da matéria, para conhecer da impugnação, no tocante à coima aplicada, de passo que julgou extinta a instância, por impossibilidade/inutilidade superveniente da lide, no tocante à licença de obras e taxa impugnadas.

Inconformada com esta decisão, a impugnante interpôs recurso para o Tribunal Central Administrativo.

Formulou as seguintes conclusões nas respectivas alegações de recurso:

1. Os tributos exigidos à ora recorrente não consubstanciam "taxas devidas nos termos da lei", conforme foi invocado na presente impugnação judicial, pelo que a falta do respectivo pagamento nunca poderia determinar a caducidade do licenciamento em causa e a inutilidade ou impossibilidade superveniente da lide (v. arts. 21.º/2 e 23.º do RLOP; cfr. art. 297.º/e) do CPC);

2. Os direitos fundamentais de acesso ao direito e tutela jurisdicional efectiva da recorrente (v. arts. 20.º e 268.º /4 da CRP) nunca poderiam ser postos em causa pela aplicação do disposto nos arts. 21.º e 23.º do DL 445/91, de 20 de Novembro, pois a p.i. que deu origem ao presente processo foi apresentada tempestivamente (v. art. 123.º do CPT);

3. Os arts. 21.º e 23.º do DL 445/91, de 20 de Novembro, na interpretação normativa que lhes foi dada pela douta sentença em análise, sempre seriam inconstitucionais, pelo que a sentença em análise violou frontalmente os arts. 20.º e 204.º da CRP (cfr. art. 4.º/3 do ETAF);

4. O Tribunal Tributário de 1ª Instância de Lisboa é competente para apreciar da impugnação da coima sub judice, por força do disposto no art. 213.º/1 do CPT;

5. Contrariamente ao decidido na douta sentença recorrida, a coima aplicada à impugnada encontra-se prescrita, pois desde a data da decisão condenatória – 1996.04.02 – decorreram mais de três anos (v. art. s. 29.º/1/a) e 2 e 17.º/1 do DL 433/82, de 27 de Outubro);

6. A douta sentença recorrida enferma assim de manifestos erros de julgamento tendo violado frontalmente, além do mais, o disposto nos arts. 20.º, 204.º e 268.º/4 da CRP, nos arts. 21.º e 23.º do RLOP, no art. 213.º/1 do CPT e nos arts. 17.º e 29.º do DL433/82, de 27 de Outubro.

Não houve contra-alegações.

No TCA, o EPGA defende que o recurso não merece provimento

Nesse Tribunal Superior, foi proferido acórdão em 12 de Abril de 2005, no qual se julgou que tal Tribunal era hierarquicamente incompetente para conhecer do recurso.

Subiram os autos a este STA.

Aqui o EPGA acompanhou os doutos pareceres dos seus colegas de instância, defendendo que o recurso não merece provimento.

Colhidos os vistos legais cumpre decidir.

2. É a seguinte a matéria de facto fixada na instância:

a) Em 18/12/94 – data em que vigorava o DL n.º 445/ /91, de 21/11 – constatou-se que as obras executadas no imóvel objecto destes autos sito na Rua Rodrigo da Fonseca, n.º 11, estavam em desacordo com o projecto aprovado e licenciado através do Proc. n.º 3480/0B/88 (licença n.º 281 – 13/01/92), o qual fora requerido por Invesfreiras – Investimentos Imobiliários, SA, e sem que o Proc. n.º 1822/OB /92, de alterações àquele, se encontrasse deferido;

b) O processo privativo n.º 2/DMPGU/94 (de contra-ordenação) teve por base o facto de a requerente reconhecer que executou as obras sem que o processo 1822/0B/92 estivesse deferido, o que constitui uma contra-ordenação nos termos da al. b) do art. 54.º do diploma acima referido. Além das obras terem sido executadas sem o respectivo licenciamento, foram instalados no edifício serviços, o que consubstancia uma utilização indevida do mesmo, tendo sido aplicada e fixada a coima de 10 050 000$00 por despacho do Sr. Presidente da CML de 96/04/02;

c) Em 12/06/92 aquela interessada submetera à apreciação da CML através do Proc. n.º 1822/0B/92 um pedido de licenciamento de alterações ao Proc. Camarário n.º 3480/OB /88 a efectuar no imóvel acima identificado, que mereceu despacho de indeferimento do Sr.

Presidente da CML em 93/09/10 – dado o tipo de alterações propostas ao processo n.º 3480/OB/88 serem gravosas para a cidade e consequentemente à CML;

d) Em 16/06/94 através do Proc. 2748/PGU/94 a impugnante requereu a reapreciação do Processo n.º 1822/ /OB/92, pretensão essa que veio a ser deferida por despacho do Sr. Presidente de 14/08/96 na sequência da fixação da coima acima indicada, tendo aquele projecto de alterações sido deferido por despacho do Sr. Presidente em 97/12/21;

e) Através da Inf. 28/DGI/DEI procedeu-se à liquidação inicial da TRIU no montante de 35 168 428$00, a que foi aplicado o factor de majoração dois dado tratar-se de uma legalização donde resultou o montante de 70 336 875$00, que foi actualizado para o montante de 76 016 250$00 conforme consta da Inf. 84/DGI/DEI, tendo-se ainda procedido ao cálculo da licença de obras com taxas agravadas no montante de 5 686 325$00;

f) Para notificação da liquidação das coima, TRIU e licença de obras referidas em b) e e) que antecede à impugnante e para esta proceder ao seu pagamento voluntário no prazo de 30 dias úteis a partir da data do aviso de recepção, expediram os serviços da CML aviso, em 28/07/1999, por correio registado com aviso de recepção;

g) Até à data não procedeu ai impugnante a qualquer um dos diversos pagamentos referidos em f) que antecede.

3. São duas as questões a resolver: Uma tem a ver com a coima aplicada. A outra tem a ver com a taxa urbanística.

Vejamos cada questão de per si.

3.1. A questão da coima.

Já vimos que a recorrente sustenta a competência do Tribunal Tributário para conhecer da coima com base no art. 213.º/1 do CPT .

Dispõe este normativo:

"As decisões de aplicação das coimas e sanções acessórias podem ser objecto de recurso para o tribunal tributário de 1ª instância ...".

Porém, haverá que atentar no ETAF para saber se a competência para conhecer da coima aplicada cabe ao tribunal tributário.

Pois bem.

A chave da questão encontra-se no art. 62.º,1, do ETAF, cuja redacção, à data era a seguinte:

"1. Compete aos tribunais tributários de 1ª instância conhecer:

"...

"Das infracções tributárias de carácter não criminal, directamente ou em recurso...".

Quer isto dizer que só se a infracção imputada à impugnante, ora recorrente, for uma infracção tributária é que é competente o tribunal tributário.

Pois bem.

É manifesto que a infracção em questão não é uma infracção fiscal. Trata-se, como bem se anota na decisão recorrida, de uma contra-ordenação com previsão no art. 54.º, b) do DL n.º 445/91.

Estamos perante um ilícito de mera ordenação social, regulado pelo DL n.º 433/82, de 27/10.

Trata-se pois de uma contra-ordenação a apreciar pelo tribunal de pequena instância criminal de Lisboa, como igualmente se anota na decisão recorrida, face ao disposto nos arts. 59.º a 61.º do RGCO, e 102.º, 2, da Lei n.º 3/99, de 13/1.

Acresce dizer, em nota final, que nem seria o processo de impugnação judicial a forma processual indicada para apreciar da infracção, se se tratasse de uma infracção tributária.

Que, como vimos, não é.

Improcede assim este segmento do recurso.

3.2. A questão da taxa urbanística.

O alvará de licença de construção caducou por força do disposto nos arts. 21.º e 23.º do DL n.º 445/91, de 20/11, na redacção do DL n.º 250/94, de 15/10:

Dispõem os, citados normativos:

Art. 21.º:

"1. O requerente deve, no prazo de um ano a contar da data da notificação da deliberação referida no artigo anterior, apresentar os elementos identificados em portaria conjunta dos Ministros ... para efeitos de emissão do alvará de licença de construção, da qual é condição de eficácia.

"2. A competência para a admissão do alvará de licença de construção é do presidente da Câmara ... emissão que deve ter lugar no prazo de 30 dias a contar da apresentação dos elementos referidos no número anterior e *desde que se mostrem pagas as taxas devidas nos termos da lei.*

"3. ...

"4. A recusa de emissão do alvará só pode basear-se na inexistência ou na caducidade da licença ou no incumprimento das formalidades previstas nos números anteriores".

Art. 23:

"1. A licença de construção caduca:

"*a*) Se no prazo de 1 ano a contar da data da sua notificação, o requerente não der cumprimento ao disposto no n.º 1 do art. 21.º ...".

Interpretando as disposições legais apontadas, a recorrida dá conta do seu modo de procedimento, o que fez nos termos seguintes (pág. 30):

"A obrigação de pagamento das taxas a que alude o n.º 2 do art. 21.º do RLOP – v.g. a taxa devida pela concessão da licença e TRIU – constitui-se com o deferimento do pedido de licenciamento e condiciona a emissão do alvará de licença de construção. Logo o pagamento da taxa devida pela concessão da licença de construção é condição *sine qua non* da emissão do respectivo alvará".

Não há dúvida que, nos termos da lei, o não pagamento das taxas devidas implica a caducidade da licença de construção.

E porque a mesmo caducou daí que o Mm. Juiz tenha entendido haver inutilidade superveniente da lide, pois que, caducada a licença, deixou de haver interesse no conhecimento da questão.

A isto obtempera o recorrente dizendo que a taxa em causa não é devida, sendo inconstitucional a exigência legal, e, em consequência, a ilação retirada pelo tribunal *a quo* dos mencionados preceitos legais. Pelo que, a não se atender a pretensão por si formulada haverá, na sua perspectiva, violação do direito fundamental de acesso ao direito e violação do princípio da tutela jurisdicional efectiva do recorrente, princípios que obtêm assento constitucional.

É óbvio que o recorrente podia ter seguido uma outra via, qual fosse a de pagar a taxa, impugnando-a posteriormente.

Mas já vimos que não foi esse o caminho prosseguido pelo recorrente.

Entendendo que a exigência da taxa era inconstitucional não a pagou.

É inequívoco, para nós, sob pena de violação do princípio de acesso ao direito e do princípio da tutela jurisdicional efectiva do seu direito, que o recorrente pode submeter à apreciação de um tribunal a questão que ora nos ocupa.

Ponto é saber se é este o meio judicial próprio para impugnar a decisão que concretiza a norma alegadamente ferida de inconstitucionalidade.

Para fundamentar a sua decisão – que, como vimos desembocou na extinção da instância, por impossibilidade/inutilidade superveniente da lide –, o Mm. Juiz escreveu nomeadamente o seguinte:

"Efectivamente, o prazo de pagamento ... é de 30 dias ... A este prazo acrescem ainda 10 dias úteis ... possibilitando ao requerente que ... obste à extinção do procedimento – cfr. arts. 72.º e 113.º do CPA. Pois, decorrido este prazo do referido art. 113.º do CPA, extingue-se o procedimento e estas receitas não são passíveis de cobrança coerciva.

"Por consequência, fica prejudicada nesta parte a análise dos fundamentos invocados nos presentes autos, em virtude da verificação da inutilidade superveniente da lide, nos termos do disposto na al. a) do art. 287.º do CPC ...

"E como bem sustenta o magistrado do M. Público, efectivamente o procedimento administrativo do licenciamento extinguiu-se, nos termos do estatuído no art. 113.º, 1, do CPA.

"Ora, extinguindo-se o procedimento já não é mais possível, no âmbito do mesmo, obter a licença de construção ou legalização de obras.

"Portanto, ainda que a impugnante viesse a ganhar a presente acção de impugnação não obteria qualquer efeito útil, pois que nem a Administração poderia exigir naquele procedimento o tributo em causa nem a impugnante o poderia pagar, enquanto *conditio sine qua non* da emissão da licença de construção.

"Salvo melhor opinião, o acto de liquidação da TRIU não é destacável do acto de licenciamento, que se encontra extinto *ex lege*, para efeitos de discussão da sua legalidade".

Que dizer?

Independentemente de sabermos se estamos ou não perante um acto destacável do acto de licenciamento, o que é certo é que estamos patentemente perante um acto lesivo do impugnante, ora recorrente.

Assim, o interessado haverá de ter o direito de impugnar esse acto lesivo dos seus direitos e interesses legalmente protegidos – art. 95.º da LGT – sendo que é (potencialmente) lesiva a liquidação de uma taxa como condição da emissão do alvará, se o interessado, como acontece no caso, entende que tal taxa não é devida, por ser inconstitucional a norma que lhe serve de suporte.

Por sua vez, nos termos do art. 7.º do DL n.º 48.051, de 21/11/67, o direito dos lesados de obterem o ressarcimento e reparação dos danos consequentes de actos causadores do dano "só subsistirá na medida em que tal dano se não possa imputar à falta de interposição de recurso ou a negligente conduta processual da sua parte no recurso interposto".

Daqui decorre que se impunha ao recorrente a necessidade de reagir contra um acto (a seu ver ilegal) que lhe é lesivo.

Ponto é saber se o deve fazer em acção autónoma de ressarcimento dos danos causados, se em processo que questione expressamente a alegada ilegalidade do acto. Neste último caso, a própria impugnação.

Pois bem.

Afigura-se-nos que o modo correcto de atacar essa alegada ilegalidade é o processo de impugnação do acto de liquidação, que, a proceder, permitirá a reconstituição da situação pretendida, ou seja, a emissão do alvará.

Nem vale dizer que o processo administrativo caducou, tendo como resultado a inerente inutilidade da lide.

Na verdade, a eventual procedência da impugnação, opera *ex tunc*, o que permitirá o ressurgimento do processo de licenciamento.

Ou, a não poder acontecer tal, então, aí sim, o recorrente poderá ressarcir, através da competente acção, e já depois de reconhecido o seu direito, o ressarcimento dos seus prejuízos.

Em suma, neste segmento, a decisão recorrida não pode manter-se.

4. Face ao exposto, acorda-se em:

a) Negar provimento ao recurso, no segmento em que se julgou o tribunal materialmente incompetente para conhecer do recurso, no tocante à coima aplicada.

b) Conceder provimento ao recurso, no segmento em que julgou extinta a instância, por impossibilidade / inutilidade superveniente a lide, revogando-se nesta parte a sentença recorrida, e ordenando o prosseguimento dos autos a fim de ser apreciada a alegada ilegalidade da taxa, oportunamente impugnada, se a tal nada mais obstar.

Custas pelo impugnante, aqui e na 1ª instância, mas só na proporção de vencido.

Lisboa, 11 de Janeiro de 2006.

Lúcio Barbosa (Relator)
Vítor Meira
Baeta de Queiroz

Recurso n.º 707/05-30

RECURSO CONTENCIOSO DE ANULAÇÃO. RESTITUIÇÃO DE QUANTIA DEVIDA AO FUNDO SOCIAL EUROPEU E DE INCENTIVOS FINANCEIROS. TRIBUNAL COMPETENTE PARA A SUA APRECIAÇÃO E DECISÃO.

(Acórdão de 2 de Fevereiro de 2006)

SUMÁRIO:

I- Os actos administrativos constantes do despacho proferido pelo SEAF, que determinou a caducidade dos incentivos financeiros provisoriamente concedidos ao contribuinte, no âmbito do SIII – Regime Geral –, bem como do despacho do Director do Departamento para os Assuntos do Fundo Social Europeu do Ministério do Emprego e Segurança Social, que determinou a supressão dos apoios, entretanto, concedidos, não respeitam a questões fiscais, na medida em que não interpretam ou aplicam normas conexionadas com qualquer das categorias legais de tributos: impostos, taxas e contribuições especiais (arts. 3.º, n.º 2 e 4.º da LGT).

II- E não assumem essa natureza de obrigação tributária só por que a cobrança coerciva, resultante do deu incumprimento, ser efectuada em processo de execução fiscal, já que tal resulta do disposto no art. 1.º do Decreto-lei n.º 158/90 de 17/5.

III- Assim, o conhecimento do recurso contencioso de anulação dos referidos despachos não é da competência, em razão da matéria, do Juiz da área de jurisdição tributária, sendo competente para o efeito o Juiz da área de jurisdição administrativa dos Tribunais Administrativos e Fiscais.

ACORDAM NESTA SECÇÃO DO CONTENCIOSO TRIBUTÁRIO DO SUPREMO TRIBUNAL ADMINISTRATIVO:

1 – ALBANO LUÍS GOMES NOVAIS MACHADO, contribuinte n.º 137075391, residente na Avenida dos Combatentes da Grande Guerra, Oliveira, Guimarães e outros, não se conformando com o despacho do Tribunal Administrativo e Fiscal de Braga que rejeitou liminarmente a petição inicial do recurso contencioso de anulação que interpuseram do despacho do Secretário de Estado dos Assuntos Fiscais, o qual determinou a caducidade dos incentivos financeiros provisoriamente concedidos à empresa Ferleite – Indústrias Têxteis, SA, do despacho do Director do Departamento para os Assuntos do Fundo Social Europeu do Ministério do Emprego e da Segurança Social, que ordenara a supressão dos apoios concedidos, no âmbito dos dossiers n.os 870041P1; 881078P3 e 8880P1, à referida empresa e da decisão do Chefe do Serviço de Finanças de Guimarães, que ordenou a instauração da execução fiscal também contra aquela empresa, de que foram gerentes e, em consequência, ordenou a extinção da instância, dele vem interpor o presente recurso, formulando as seguintes conclusões:

1 – Ao "Recurso Contencioso de Anulação" dos actos que determinaram a caducidade de incentivos financeiros e supressão de apoios, bem como do acto que ordenou a instauração da execução fiscal é aplicável a LPTA – Lei de Processo dos Tribunais Administrativos nos termos do art.º 97 n.º al. p) e n.º 2 do CPPT;

2 – A figura jurídica do "Recurso Contencioso de Anulação" não foi substituída para aqueles efeitos, pela "Acção Administrativa Especial" do CPTA, uma vez que o CPPT ainda não foi adaptado à reforma do contencioso administrativo que entrou em vigor em 01/01/04.

3 – Os actos recorridos, são actos administrativos em matéria tributária que não comportam a apreciação da legalidade dos actos de liquidação.

4 – Assim, a douta sentença recorrida, que rejeitou liminarmente a petição, por entender já não existir na ordem jurídica a figura do "Recurso Contencioso de Anulação" violou, por erro de interpretação e aplicação, o disposto no art. 97.º n.º 1 al. p) e n.º 2 do CPPT.

5 – O presente recurso – não obstante o despacho de indeferimento de 02/05/05 do primeiro recurso jurisdicional, por estar desacompanhado das alegações – deve ser admitido, como é jurisprudência corrente, por estar em tempo (30 dias a contar da respectiva notificação – conforme ofício de 08/04/05) e ser acompanhado das respectivas "alegações".

O recorrido SEAF contra-alegou, concluindo do seguinte modo:

a) A douta sentença agora recorrida, não enferma de qualquer ilegalidade nem viola o disposto no art. 97.º do CPPT, uma vez que

b) O recurso de anulação interposto ao abrigo daquele art. 97.º do CPPT, foi correctamente convolado para acção administrativa especial, por imposição dos art. 191.º do CPTA e da alínea e) do art. 6.º da Lei n.º 15/ /2002, de 22 de Fevereiro;

c) Os recorrentes apenas imputaram à douta decisão do tribunal a quo a violação do art. 97.º do CPPT, porém a mesma rejeitou liminarmente a petição inicial por o prazo para sua interposição ser, respectivamente, de dois meses ou três meses a contar da data dos despachos referidos e na data da apresentação do pedido este prazo estava largamente ultrapassado;

d) Decidiu ainda correctamente o mesmo Tribunal quando declarou a impossibilidade de convolar o pedido em impugnação judicial porque não estavam em causa dívidas tributárias;

e) É, do mesmo modo, legal a decisão quando considera que o despacho do chefe de finanças proferido em processo de execução fiscal só é susceptível de recurso jurisdicional, nos termos do CPPT.

f) Suportada nesta fundamentação a douta decisão recorrida rejeitou liminarmente a petição por falta de objecto, situação que seria verificável tanto para o caso de se tratar efectivamente de recurso contencioso de anulação como para o caso de acção administrativa especial.

g) Os recorrentes na petição de recurso apenas atacaram a decisão por violação do art. 97.º do CPPT, o que não se verifica porque o recurso contencioso de anulação foi convolado em acção administrativa especial e foi nesta que foi declarada a inexistência de objecto pelas razões acabadas de expor;

h) Como abundantemente têm vindo a decidir os tribunais superiores, são as conclusões que delimitam objectivamente o âmbito do recurso.

Por sua vez, o recorrido IGFSE também contra-alegou nos termos que constam de fls. 80 e segs. e que aqui se dão por integralmente reproduzidos para todos os efeitos legais, sem que, contudo, tivesse formulado conclusões.

O Exm.º Procurador-Geral Adjunto emitiu douto parecer suscitando a questão prévia da incompetência, em razão da matéria, do Tribunal Administrativo e Fiscal de Braga (área do Contencioso Tributário) para conhecer do recurso contencioso de anulação interposto, já que os actos administrativos constantes dos despachos em causa não respeitam a questões fiscais, "na medida em que não interpretam ou aplicam normas conexionadas com qualquer das categorias legais de tributos: impostos, taxas e contribuições especiais (arts. 3.º n.º 2 e 4.º LGT)", pelo que seria a área do Contencioso Administrativo daquele Tribunal – e não o TAC de Braga como por lapso refere – a competente para a sua apreciação e decisão.

Desta questão prévia foram notificadas as partes (art. 704.º do CPC), tendo respondido, apenas, os recorrentes nos termos que segue:

1. Concordam os recorrentes que o objecto do recurso contencioso não se inscreve na competência, em razão da matéria, dos tribunais de jurisdição tributária;

2. Porém, os tribunais administrativos de círculo foram extintos, a partir de 01/01/04, mantendo-se, como liquidatários, para os processos pendentes àquela data (cfr. Dec. Lei n.º 325/03, de 29/12).

3. Assim, à data em que os recorrentes foram notificados dos actos recorridos através de ofícios datados de 04/12/16, do Serviço de Finanças de Guimarães, já não existiam tais tribunais, pelo que

4. O presente recurso contencioso de anulação foi interposto, em 05/02/07, no Tribunal Administrativo e Fiscal de Braga, em virtude de, na área de jurisdição de Braga, funcionarem agregados o tribunal administrativo e o tribunal tributário (cfr. art. 3.º e mapa anexo, do referido Dec. Lei n.º 325/03).

5. Deste modo tendo o recurso de anulação sido instaurado no tribunal competente, não se percebe a parte final do douto parecer do M.º P.º quando se pronuncia sobre a competência do "Tribunal Administrativo do Círculo de Braga".

Nestes termos, requer a V. Exa. se digne ordenar que o Senhor Procurador-Geral Adjunto esclareça a referência ao "Tribunal Administrativo do Círculo de Braga", como sendo o Tribunal competente.

Colhidos os vistos legais, cumpre decidir a questão prévia assim suscitada pelo Exm.º Procurador-Geral Adjunto, aliás, de conhecimento oficioso.

2 – Antes de mais, importa verificar se existe, no caso em apreço, uma questão de competência.

Conforme a previsão do art. 3.º do Decreto-lei n.º 325/03 de 29/12, "quando funcionem agregados, os tribunais administrativos de círculo e os tribunais tributários assumem a designação unitária de tribunais administrativos e fiscais" (n.º 3).

E acrescenta o seu n.º 4 que "nos tribunais administrativos e fiscais agregados cujo quadro de juízes seja em número superior a dois, os lugares do quadro são identificados por referência à matéria especializada, administrativa ou tributária, em que cada juiz irá exercer funções".

Sendo assim, parece resultar de tal previsão legal que muito embora os tribunais administrativos de círculo e os tribunais tributários funcionem como tribunais agregados, o certo é que são tribunais distintos, sendo apenas unitária a sua designação.

Atente-se que, nos casos em que os tribunais administrativos e fiscais o quadro de juízes seja superior a dois, como acontece com o tribunal "a quo", os lugares do quadro são identificados por referência à matéria especializada, administrativa ou tributária, em que cada juiz irá exercer funções, isto é, os juízes são separados em relação à matéria.

Deste modo, no caso em apreço, está em causa uma questão de competência entre diferentes tribunais, tal como vem suscitada pelo Exm.º Procurador-Geral Adjunto, que, por isso, passaremos a apreciar.

3 – Conforme resulta dos autos, a obrigação exequenda nasceu do facto de ter sido proferido despacho do SEAF, datado de 10/5/95, que determinou a caducidade dos incentivos financeiros provisoriamente concedidos à empresa Ferleite – Indústrias Têxteis, SA, no âmbito do SIII – Regime Geral, bem como do despacho do Director do Departamento para os Assuntos do Fundo Social Europeu do Ministério do Emprego e Segurança Social, datado de 22/02/95 que determinou a supressão dos apoios concedidos à mesma empresa, no âmbito dos dossiers n.os 870041P1; 881078P3 e 8880P1 e respeitantes a acção de formação profissional.

Sendo assim e como bem anota o Exm.º Procurador-Geral Adjunto os actos administrativos constantes dos despachos referidos não respeitam a questões fiscais, "na medida em que não interpretam ou aplicam normas conexionadas com qualquer das categorias legais de tributos: impostos, taxas e contribuições especiais (arts. 3.º n.º 2 e 4.º LGT)".

E não assumem essa natureza de obrigação tributária só por que a cobrança coerciva resultante do seu incumprimento ser efectuada em processo de execução fiscal. Tal resulta do disposto no art. 1.º do Decreto-Lei n.º 158/90 de 17/5.

Deste modo, o conhecimento do recurso contencioso agora interposto não é assim da competência, em razão da matéria, do Juiz da área de jurisdição tributária, sendo competente para o efeito o Juiz da área de jurisdição administrativa do Tribunal Administrativo e Fiscal de Braga, como, aliás, o reconhece os próprios recorrentes (vide fls. 80).

Neste sentido, pode ver-se, entre outros, os acórdãos desta Secção do STA de 3/7/02, in rec. 26.647; de 23/ /6/04, in rec. n.º 380/04 e de 29/6/04, in rec. n.º 369/05.

Por outro lado e como se decidiu no despacho recorrido, o meio processual adequado para atacar a legalidade do despacho do CRF de Guimarães não é o recurso contencioso, mas sim a oposição à execução fiscal, como vem sendo jurisprudência pacífica e reiterada desta Secção do STA (vide, por todos, o Acórdão de 14/3/04, in rec. n.º 1.844/03, ali citado) e do qual os recorrentes já se socorreram (vide fls. 18 e segs.).

4 – Nestes termos e na procedência da questão prévia suscitada pelo Exm.º Procurador-Geral Adjunto, acorda-se em julgar incompetente, em razão da matéria, para o conhecimento do presente recurso contencioso de anulação o Juiz da área tributária do Tribunal Administrativo e Fiscal de Braga, sendo competente o Juiz da área administrativa deste mesmo Tribunal (e não o TAC de Braga como, por lapso, refere aquele Magistrado, no seu douto parecer), anulando-se, em consequência, todo o processado posterior ao registo da petição inicial, incluindo a distribuição.

Sem custas, uma vez que os recorrentes não requereram a distribuição da petição inicial ao Juiz da área tributária do Tribunal recorrido (vide fls. 2 a 5).

Lisboa, 2 de Fevereiro de 2006.

Pimenta do Vale (Relator)
Vítor Meira
Brandão de Pinho

Recurso n.º 1004/05-30

SENTENÇA. VISTA DO M.P.. ARTS. 14.º, 2, E 121.º DO CPPT. NULIDADE. PROCESSO JUDICIAL TRIBUTÁRIO. PRINCÍPIO DO INQUISITÓRIO.

(Acórdão de 15 de Março de 2006)

SUMÁRIO:

I – Antes de proferir sentença em processo de impugnação, impõe-se dar vista ao M.P..
II – Se, aberta vista com tal finalidade, o MP requer uma diligência que o Juiz não entende necessária, proferindo imediatamente sentença, sem tomar posição sobre a diligência requerida, não ocorre nulidade por falta de audição do M.P..
III – O processo judicial tributário não é um processo de partes.
IV – Vigora antes o princípio do inquisitório, devendo o juiz ordenar oficiosamente todas as diligências que se lhe afigurem úteis para conhecer a verdade relativamente aos factos alegados ou de que oficiosamente pode conhecer.
V – Alegando o oponente que não foi notificado da liquidação, que é o fundamento da sua oposição, e não tendo o RFP contestado, deve o Juiz ordenar que a FP, em prazo cominado, faça prova documental dessa notificação, caso ela tenha ocorrido.

ACORDAM, EM CONFERÊNCIA, NA SECÇÃO DE CONTENCIOSO TRIBUTÁRIO DO SUPREMO TRIBUNAL ADMINISTRATIVO:

1. PROCONSTROI – Gabinete de Estudos e Realizações de Obras, SA, com sede na Rua Amílcar Cabral, 11-B, Lisboa, opôs-se, junto do então Tribunal Tributário de 1ª Instância de Lisboa, a uma execução fiscal que lhe foi instaurada.

O Mm. Juiz do TAF de Lisboa julgou a oposição procedente.

Inconformado, o **MINISTÉRIO PÚBLICO** interpôs recurso para este Supremo Tribunal, tendo o senhor Procurador da República apresentado alegações de recurso, cujas conclusões são as seguintes:

1. Quando os autos lhe foram presentes com vista, a fls. 51, o MP promoveu a notificação do RFP para documentar nos autos a notificação a oponente da liquidação do tributo sob cobrança coerciva.

2. E fê-lo, obviamente, por considerar tal diligência imprescindível para uma justa decisão da causa.

3. Isto porque a oponente fundamenta a sua posição na inexigibilidade do tributo por falta de notificação da liquidação, o RFP não contestou nem nada disse ou requereu e da certidão executiva junta a fls. 8 consta que a oponente foi notificada nos termos do artigo 87.º do CIRC.

4. No seguimento de tal promoção, o julgador proferiu, imediatamente, sentença julgando improcedente a oposição, com base no ónus da prova e desconsiderando a promoção do MP.

5. Se o julgador considerava a promoção do M.P. inútil ou dilatória deveria tê-lo decidido em despacho fundamentado, sindicável.

6. E, antes de proferir sentença tinha de dar ao M.P., por imposição legal, a possibilidade de emitir parecer sobre o mérito da causa, atento o estatuído nos artigos 14.º/2, 113.º e 211.º do CPPT.

7. A omissão de tal formalidade, que a lei impõe, influi, decisivamente, no exame e decisão da causa, pelo que constitui nulidade, nos termos do artigo 201.º do CPC, *ex vi* do artigo 2.º/e)do CPPT.

8. É princípio estruturante do processo judicial tributário o princípio do inquisitório pleno, previsto nos artigos 13.º do CPPT e 99.º da LGT.

9. Nos termos do qual o juiz deve ordenar as diligencias necessárias para a descoberta da verdade material.

10. No caso em análise é fundamental apurar se a liquidação do tributo em cobrança coerciva foi ou não notificada a oponente.

11. Pelo que deveria o Sr. Juiz ordenar a notificação do Sr. RFP para documentar tal notificação.

12. Em processo judicial tributário só e licito julgar com base no ónus da prova depois de terem sido ordenadas todas as diligencias necessárias à descoberta da veracidade dos factos de que e licito conhecer, nomeadamente, os alegados pelas partes.

13. A sentença recorrida ao julgar procedente a oposição, com base no ónus da prova, sem saber se a oponente foi ou não notificada da liquidação afronta, clamorosamente, o principia do inquisitório, enquanto princípio estruturante do processo judicial tributário.

14. A sentença recorrida foi proferida contra normas expressas, designadamente, as estatuídas nos artigos 13.º, 14.º/2, 113.º e 211.º do CPP e 99.º da LGT.

Não houve contra-alegações.

Colhidos os vistos legais, cumpre decidir.

2. É o seguinte o quadro factual fixado na instância:

1. A administração fiscal liquidou, em 1999, à oponente IRC94 no montante de 25.424.213$00;

2. Porque não se mostrasse pago o imposto foi instaurada execução fiscal.

3. São duas as questões a apreciar neste recurso: a nulidade, decorrente da não audição do M.P. antes da prolação da sentença (conclusões 1ª a 7ª) e a violação do princípio do inquisitório (conclusões 8ª a 14ª).

Vejamos cada questão de per si.

3.1. Da alegada nulidade.

Consiste tal alegada nulidade na omissão da audição do MP.

Vejamos.

Dispõe o art. 14.º, 2, do CPPT:

"O Ministério Público será sempre ouvido nos processos judiciais antes de ser proferida a decisão final, nos termos deste Código".

Dispõe, por sua vez, o art. 121.º do mesmo Código:

1. Apresentadas as alegações ou findo o respectivo prazo e antes de proferida a sentença, o juiz dará vista ao Ministério Público para, se pretender, se pronunciar expressamente sobre as questões de legalidade que tenham sido suscitadas no processo ou suscitar outras nos termos das suas competências legais.

2. Se o Ministério Público suscitar questão que obste ao conhecimento do pedido, serão ouvidos o impugnante e o representante da Fazenda Pública.

Quer isto dizer que, caso o Ministério Público não seja ouvido antes da sentença, ocorre omissão de formalidade que a lei prescreve, que patentemente pode influir no exame ou decisão da causa.

Ou seja, ocorre a nulidade prevista no art. 201.º, 1, do CPC.

Nulidade que, a ter ocorrido, conduzirá à anulação do processado subsequente, incluindo a sentença – art. 201.º, 2, do CPC.

Vejamos então.

Em 1/6/2004, o Mm. Juiz proferiu o seguinte despacho: "Ao MP".

Tal despacho foi proferido depois de decorrido o prazo para o RFP contestar o pedido formulado pelo oponente.

Ou seja, antes de proferida a sentença, pelo que se deve entender que tal despacho é proferido no cumprimento do disposto no art. 121.º do CPPT

Notificado de tal despacho, o MP formulou o seguinte requerimento:

"Antes do mais, sugiro se notifique o RFP para documentar nos autos a notificação à oponente da liquidação em causa...".

O Mm. Juiz não se pronunciou autonomamente, e nesta fase, sobre tal requerimento, proferindo imediatamente sentença.

Será que o Mm. Juiz deveria obrigatoriamente pronunciar-se sobre o requerimento? E tal omissão constitui a falada nulidade?

Vejamos.

O Ministério Público pode, nos termos do seu estatuto, intervir nos autos com a amplitude com que no caso actuou.

Mas tendo o Mm. Juiz ordenado a vista para cumprimento do disposto no art. 121.º do CPPT, por entender que o processo já continha os elementos necessários para proferir sentença, digamos que cumpriu desde logo o estatuído nos citados arts. 14.º, 2 e 121.º, 1, ambos do CPPT.

É certo que também nada proibia o juiz de ordenar as diligências requeridas pelo MP. E até o deveria fazer, na circunstância concreta, como veremos depois. E, em tal caso, realizadas as mesmas, talvez se pudesse considerar a necessidade de nova vista ao MP, nos termos do citado art. 121.º do CPPT. Isto porque seria o reconhecimento, por parte do Mm. Juiz que o processo não continha ainda todos os elementos necessários a uma boa decisão da causa.

Mas esta é questão que não curamos de aprofundar nem de decidir, por isso que não é questão que tenha sido trazida à consideração deste Supremo Tribunal.

Vale tudo isto por dizer que não ocorre a nulidade suscitada pelo MP, nulidade que – frisá-mo-lo – consiste na omissão de formalidade que a lei impõe: audição prévia do MP antes de ser proferida sentença.

3.2. Da alegada violação do princípio do inquisitório.

Defende o Mm. Juiz *a quo* que o processo judicial tributário é um processo de partes, cabendo à FP o ónus de prova de demonstrar a efectivação da notificação da liquidação.

E porque a FP o não fez, o Mm. Juiz tirou daí as necessárias ilações jurídicas, decorrentes da sua perspectiva jurídica.

Escreveu nomeadamente na sentença recorrida:

"Se o não fez no prazo assinalado (no prazo da contestação) sofre a consequência correspondente aplicável a qualquer parte que não se desincumba do seu ónus.

"O que não pode admitir-se é que, conforme sugerido pelo MP, seja o Tribunal a diligenciar pelo cumprimentos dos ónus das partes, concedendo maior prazo a uma das partes (que nem sequer o solicitou, podendo fazê-lo)".

Acompanhamos o entendimento do Mm. Juiz *a quo* quando refere que compete à FP o ónus de comprovar a notificação da liquidação ao oponente. Como meridianamente decorre do disposto no n.º 2 do art. 74.º da LGT

Mas já não podemos sufragar a tese de que o processo judicial tributário é um processo de partes.

Desde logo há que atentar nos n.ºs 6 e 7 do art. 110.º do CPPT.

Aquele estatui que "a falta de contestação não representa a confissão dos factos articulados pelo impugnante". Este refere que "o juiz aprecia livremente a falta de contestação especificada dos factos".

Por sua vez dispõe o art. 114.º do CPPT que "não conhecendo logo do pedido, *o juiz ordena as diligências de produção de prova necessária*...".

Isto na decorrência do art. 99.º da LGT, subordinado à epígrafe "*princípio do inquisitório* e direitos e deveres de colaboração processual.

Dispõe este normativo:

"1. O tribunal deve realizar ou ordenar oficiosamente todas as diligências que se lhe afigurem úteis para conhecer a verdade relativamente aos factos alegados ou de que oficiosamente pode conhecer.

"2. Os particulares estão obrigados a prestar colaboração nos termos da lei de processo civil.

"3. Todas as autoridades ou repartições públicas são obrigadas a prestar as informações ou remeter cópia dos documentos que o juiz entender necessários ao conhecimento do objecto do processo".

Estamos pois agora em condições de perceber que o processo judicial tributário não é, como refere o Mm. Juiz *a quo*, um processo de partes.

Na verdade, no processo judicial tributário vigora, como vimos, o princípio do inquisitório.

O que significa, passando agora à questão dos autos, que se impunha que o Mm. Juiz notificasse a FP para, em prazo razoável, a fixar, informasse se efectivamente notificou o oponente da liquidação, e, na afirmativa, juntando logo prova documental dessa notificação.

Como aliás foi promovido.

Só face à inacção da FP é que o Mm. Juiz poderia decidir, funcionando agora o ónus de prova nos termos fixados na lei, e que atrás enunciamos.

A sentença recorrida não pode manter-se.

4. Face ao exposto, acorda-se em conceder provimento ao recurso, revogando-se a sentença recorrida e ordenando-se o prosseguimento dos autos, efectuando-se no imediato a diligência acima referida e as demais que, no caso, se mostrem necessárias.

Sem custas.

Lisboa, 15 de Março de 2006.

Lúcio Barbosa (Relator)
Pimenta do Vale
Baeta de Queiroz (voto a decisão mas entendo que ocorre a nulidade invocada pelo recorrente. Na circunstância concreta não resultava claro que a vista aberta ao M.P. era a exigida pelos artigos 14.º, n.º 2 e 121.º do CPPT, pelo que, tendo sido promovida uma diligência, devia a promoção ter sido apreciada e dada nova vista antes da sentença).

Recurso n.º 1090/04-30

SIGILO BANCÁRIO. SUA DERROGAÇÃO. ART. 63.º-B, N.º 2, ALÍNEA C) DA LGT, NA REDACÇÃO DA LEI N.º 30-G/2000, DE 29/12. CRIME DOLOSO EM MATÉRIA TRIBUTÁRIA.

(Acórdão de 18 de Janeiro de 2006)

SUMÁRIO:

A derrogação do sigilo bancário, nos termos da alínea c) do n.º 2 do art. 63.º-B da LGT, na redacção da Lei n.º 30-G/2000, de 29/12 só é possível quando existam indícios da prática de crime doloso em matéria tributária.

ACORDAM, EM CONFERÊNCIA, NA SECÇÃO DE CONTENCIOSO TRIBUTÁRIO DO SUPREMO TRIBUNAL ADMINISTRATIVO:

1. Gorete Marlene Pereira Marques Baptista e marido, Jorge Humberto Lopes Pedrosa, identificados nos autos, interpuseram recurso, junto do TAF de Coimbra, da decisão proferida pelo Sr. Director Distrital de Finanças de Coimbra que autorizou os funcionários da Inspecção Tributária a aceder directamente a todas as suas contas e documentos bancários.

O Mm. Juiz daquele Tribunal concedeu provimento ao recurso, revogando a decisão recorrida.

Inconformado, o **DIRECTOR GERAL DOS IMPOSTOS** interpôs recurso para este Supremo Tribunal, formulando as seguintes conclusões nas respectivas alegações de recurso:

1. O art. 63.º-B da Lei Geral Tributária permite que a Administração Fiscal possa aceder às contas dos contribuintes, quando estejam verificados os pressupostos para a avaliação indirecta da matéria colectável, desde que se verifique a impossibilidade de comprovação e quantificação directa e exacta da matéria colectável;

2. Possibilita também o afastamento do sigilo bancário em IRS quando se verifique o afastamento significativo do rendimento declarado, comparado este com as manifestações de fortuna do art. 89.º-A, sem que o contribuinte apresente justificação dessa divergência;

3. Permite também o acesso às contas bancárias sempre que, da análise efectuada dos factos em causa, possamos estar perante crime doloso em matéria tributária, exemplificando a lei o caso das facturas falsas, mas onde poderemos incluir casos de pedidos de reembolso de IVA por empresas fictícias, retenção de IRS com falta de entrega, etc.

4. Contempla-se ainda o acesso a contas bancárias em todos os casos em que se constata a existência de factos concretamente apurados no comportamento do contribuinte que sejam gravemente indiciadores de falta de veracidade do declarado, incluindo-se aqui todas as situações de falsas declarações nos impressos entregues relativamente aos rendimentos que o sujeito passivo diz estarem sujeitos a tributação, seja qual for o imposto;

5. Ali estarão compreendidas, como é óbvio, as situações de declarações de valor de transmissão para efeitos de sisa quando inferiores aos reais desde que essa constatação resulte de factos já apurados que indiciam seriamente essa realidade, e ainda mais quando apoiados na verificação de regularização da situação por parte de outros adquirentes do mesmo prédio que efectuaram aquisições semelhantes, respeitantes ao mesmo prédio e ao mesmo período de tempo.

6. Como diz a douta sentença recorrida, só após o conhecimento de todos os elementos referentes à transacção é que é possível falar em crime fiscal mas, salvo o devido respeito, a lei não exige que se trate de uma possível situação de crime fiscal mas tão só de falta de veracidade do declarado e a descoberta dos elementos, após o acesso à conta bancária, é que permitirá a verdadeira qualificação jurídica dos factos como uma situação de crime ou como uma situação de contra-ordenação.

7. Ao contrário do que entende a douta decisão, a alínea c) do n.º 2 contém duas situações: uma referente a crimes fiscais relacionados com facturas falsas, com abuso de confiança fiscal e a outra relacionada com a falsidade dos elementos declarados pelo sujeito passivo.

8. Não encontra apoio na lei o entendimento de que na alínea c) só em caso de indícios de crime fiscal é que se pode ser autorizado o acesso à conta bancária.

9. É legítimo concluir que o legislador, admitindo-se mesmo uma má técnica legislativa, ponderou afastar o

sigilo bancário tanto em situações que se prefiguram logo como crime fiscal, como em situações em que esse circunstancialismo não é nem referido nem exigível,

10. Bastará, na prática, que se suspeite, fundadamente, sem que tenha havido a apresentação de justificação credível por parte dos sujeitos passivos em sentido contrário, de falsidade nos valores declarados, ou por simples comparação com uma tabela padrão, ou por constatação da existência de factos concretos que são indiciadores ou nos casos passíveis de tributação por métodos indirectos.

11. Como vemos, na alínea b) também está em causa a não veracidade do declarado, sem que se exija a verificação de crime fiscal, pelo que, salvo o devido respeito, continuamos a entender que o elemento literal da interpretação da alínea c) nos conduz inequivocamente a duas situações distintas, uma de crime fiscal e outra de verificação de "inveracidade" do declarado.

12. Assim, no nosso entendimento, a sentença do Tribunal *a quo* viola o que vem disposto na alínea c) do art. 63-B da LGT.

Não houve contra-alegações.

Neste STA, o EPGA defende que o recurso não merece provimento.

Com dispensa dos vistos, vêm os autos à conferência.

2. No tocante à matéria de facto, e uma vez que a mesma não veio impugnada, remete-se para os termos da decisão da 1ª instância – art. 713.º, 6, do CPC, *ex-vi* do art. 726.º do mesmo Código.

3. Está em causa a interpretação da alínea c) do n.º 2 do art. 63.º-B da LGT, na redacção da Lei n.º 30-G/ /2000, de 29/12.

Dispunha o citado normativo:

"2. A Administração tem o poder de aceder a todos os documentos bancários, excepto as informações prestadas para justificar o recurso ao crédito, nas situações de recusa de exibição daqueles documentos ou de autorização para a sua consulta:

"...

"*c*) Quando existam indícios da prática de crime doloso em matéria tributária, designadamente nos casos de utilização de facturas falsas, e, em geral, nas situações em que existam factos concretamente identificados gravemente indiciadores da falta de veracidade do declarado".

E tudo está em saber se este preceito legal se reporta apenas a crimes dolosos em matéria tributária, ou se, para além dos crimes, também é aplicável às situações em que existam factos concretamente identificados, gravemente indiciadores da falta de veracidade do declarado, mas que não constituam crime.

Tudo está pois em saber se tal normativo se aplica apenas a situações que integram crime doloso em matéria tributária.

Como bem se anota na sentença recorrida, a questão foi abundantemente escalpelizada no acórdão deste Supremo Tribunal de 13/10/2004 (rec. n. 950/04)[1].

Este aresto, de que o ora relator é um dos subscritores, merece o nosso inteiro acolhimento. Por isso para ele remetemos, seguindo de perto, e sucintamente, a doutrina nele veiculada.

[1] Vide Apêndice ao DR de 6/7/2005, fls. 1451 e ss.

Vejamos então.

Importa desde logo notar que a interpretação que do preceito faz a Fazenda Pública (que tem aparentemente arrimo na literalidade do preceito) faria perder o sentido às alíneas a) e b) do mesmo preceito, na medida em que as situações aí descritas encontrariam também tradução na dita alínea c).

Ora, "não faria sentido que o legislador tivesse sido particularmente escrupuloso na descrição de situações concretas em que seria excepcionalmente admitida a derrogação do sigilo bancário (citadas alíneas a) e b) e deixasse, no meio delas, uma cláusula que a permitisse em todas as demais ... em que houvesse indícios de falta de veracidade do declarado. Não faria sentido, designadamente, que o legislador tivesse o cuidado de restringir a derrogação de sigilo bancário aos casos em que estão verificados os pressupostos de avaliação indirecta (na alínea a) para depois a estender à alínea c)".

Nem se diga que o elemento literal leva necessariamente à conclusão de que tal preceito se reporta não só a crimes dolosos em matéria tributária, mas também a outras situações em que existam factos concretamente identificados gravemente indiciadores da falta de veracidade do declarado, mas que não constituem crime.

Para o recorrente é assim. No pressuposto óbvio de que a vírgula, que separa a primeira parte (crime doloso) da segunda (outras situações – que não crimes – gravemente indiciadoras da falta de veracidade do declarado), tem realmente esse significado.

Mas a explicação, mesmo literal, é, e pode ser, outra. Ou seja: trata-se "de utilizar entre vírgulas uma expressão complementar circunstancial".

Assim, temos uma expressão subordinante ou dominante (crime doloso em matéria tributária) exemplificando-se seguidamente os casos daí decorrentes, com subordinação necessária àquele.

Daí que o preceito, mesmo numa interpretação literal, deva ter um outro significado, a saber: "a derrogação do sigilo bancário é permitida quando existam indícios da prática de crime doloso em matéria tributária, designadamente nos casos de utilização de facturas falsas e, em geral, nas demais situações aí previstas".

Acresce que a expressão "designadamente" contempla apenas e tão só todas as situações conexionadas com o crime doloso em matéria tributária. Como não pode deixar de ser.

Neste sentido podem ver-se Leite de Campos, Benjamim Rodrigues e Jorge Sousa *in "Lei Geral Tributária"*, Comentada e Anotada, Adenda à 2ª Edição, página 22). E, neste mesmo sentido, Casalta Nabais, *"Fiscalidade"*, n.º 10, pág. 22.

Movendo-se nestes parâmetros, a sentença recorrida não merece censura.

4. Face ao exposto, acorda-se em negar provimento ao recurso.

Custas pelo recorrente, fixando-se a procuradoria em um oitavo.

Lisboa, 18 de Janeiro de 2006.

Lúcio Barbosa (Relator)
Pimenta do Vale
Vítor Meira

Recurso n.º 2/06-30

Tribunal Central Administrativo

1.ª Secção (Contencioso Administrativo)

ACTO CONFIRMATIVO. ACÇÃO ADMINISTRATIVA ESPECIAL. SUCESSÃO DE LEIS SOBRE PRAZOS DE CADUCIDADE DISTINTOS. FORMA DE PROCESSO. CONTAGEM DOS PRAZOS SUCESSIVOS DE CADUCIDADE. INTERVENÇÃO DO MP – ARTS. 9.º N.º 2, 85.º N.º 2 E 146.º N.º 1 CPTA.

(Acórdão de 16 de Fevereiro de 2006)

SUMÁRIO:

I – Em sede de acto confirmativo, para haver identidade de decisão importa que se verifiquem cumulativamente os seguintes requisitos:
a. identidade da resolução dada ao caso concreto;
b. identidade da fundamentação da decisão;
c. identidade das circunstâncias ou pressupostos da decisão;
d. identidade da disciplina jurídica vigente à data da pratica de ambos os actos.

II – A sucessão no tempo de leis adjectivas estatuindo prazos de caducidade distintos e inexistindo disposição transitória, resolve-se segundo o princípio geral de que a lei não regula os factos pretéritos em ordem a não atingir efeitos já produzidos por estes – art. 12.º C. Civil.

III – A questão resolve-se aplicando a lei nova que admite a interposição da acção em prazo de caducidade mais dilatado, levando em conta o prazo da lei anterior que já tenha corrido – art. 297.º n.º 2 C. Civil.

IV – No tocante à acção administrativa especial sobre acto administrativo notificado no domínio da LPTA, aplica-se a lei nova que prescreve o exercício do direito de acção segundo a nova forma de processo em prazo mais alargado [3 meses – art. 58.º n.º 2 b) CPTA], levando em conta o prazo da lei anterior [2 meses – art. 28.º n.º 1 a) LPTA] que já tenha decorrido no domínio da vigência da forma processual antiga (recurso contencioso do acto administrativo) – arts. 297.º n.º 2 C. Civil; art. 279.º b), c) e e) C. Civil *ex vi* art. 28.º n.º 2 LPTA; art. 144.º n.os 1 e 2 CPC *ex vi* art. 58.º n.º 3 CPTA.

V – A intervenção do Ministério Público sobre o mérito dos recursos é condicionada à existência, no caso concreto, de uma situação que justifique a emissão de parecer em defesa dos direitos fundamentais dos cidadãos, de interesses públicos especialmente relevantes ou de algum dos valores constitucionalmente protegidos que se encontram referidos no artigo 9.º n.º 2 do CPTA – cfr. arts. 85.º n.º 2 e 146.º n.º 1 CPTA.

ACORDAM NO 2.º JUÍZO DO TCA – SUL

FILIPA ROMEU PEDREIRA, com os sinais nos autos, inconformada com a sentença proferida pelo Mmo. Juiz do Tribunal Administrativo e Fiscal de Lisboa, dela vem recorrer concluindo como segue:

a) embora seja perfeitamente compreensível o raciocínio exposto na sentença recorrida a propósito da interpretação do art. 163.º do CPA, é duvidoso se ele conseguirá provar a conclusão tirada, de que a reclamação em apreço seria facultativa;

b) reconhecendo-se que a questão é controvertida, que suscita dúvidas, que há também boas razões para entender em sentido diverso, designadamente que um dos indícios da natureza necessária da reclamação em apreço reside justamente no facto de se lhe ter atribuído eleito suspensivo;

c) por outras palavras, uma das formas de o legislador revelar que queria criar (ou que teria criado) um meio de impugnação administrativa necessária seria essa, afirmando que o exercício do direito de reclamação suspenderia os efeitos do acto reclamado – como é próprio (e o legislador sabe isso) das reclamações necessárias.

d) por outro lado, como a regra é a de que as reclamações necessárias têm efeito suspensivo e as reclamações facultativas, efeito devolutivo (art. 163.º/I e 2 do CPA), assinalando-se a uma determinada reclamação um desses efeitos, para que ela tenha uma natureza excepcional, é dizer, contrária à que resultaria do facto de lhe ir associado um efeito desses, seria necessário, aí sim, nesse caso, que a lei o dissesse expressamente, vg, que, apesar do efeito suspensivo decretado, a reclamação tinha carácter facultativo (ou vice-versa);

e) independentemente disto, a douta sentença recorrida enferma de erro de direito ao julgar que se encontram preenchidos os pressupostos de aplicação do **art. 53.º do CPTA**, pois, como ficou demonstrado, o acto de 22 de Outubro de 2003 não é um acto meramente confirmativo do acto de 18 de Setembro de 2003, por falta de identidade de fundamentação, que é uma das condições para se aferir da natureza (meramente) confirmativa dos actos administrativos.

***

A Recorrida contra-alegou, concluindo como segue:

A. A reclamação única aduzida pela Recorrente seja do despacho de 16/09/2003 ou da exclusão da candidatura não tinha a natureza jurídica de necessária uma vez que tal não resultava expressamente da lei aplicável;

B. Sendo a competência decisória do Director-Geral do Ensino Superior própria em matéria de exclusão e colocação de candidatos ex vi dos arts. 38.º n.º 6, 39.º n.º 1 e 59.º n.º 2, destes actos caberá recurso contencioso;

C. O acto sub judice, proferido em resposta a uma reclamação facultativa da recorrente, configurou acto meramente confirmativo de anterior, e é inimpugnável nos termos do art. 51.º do CPTA;

D. O acto administrativo com eficácia externa e efeitos produzidos na esfera jurídica da Recorrente foi de facto o da exclusão da candidatura datado de 16/9/2003, e não o sub judice, sendo aquele, e não este último, o único susceptível de impugnabilidade nos termos do art. 51.º do CPTA.

E. Sendo aplicável a previsão do art. 89.º n.º 1 al. c) do CPTA, a decisão em crise absolutória da Recorrida não merece censura.

***

O EMMP junto deste TCA Sul emitiu parecer no sentido que se transcreve:

"(...)

1.º A questão controvertida no presente recurso jurisdicional prende-se com a natureza jurídica da reclamação prevista no art. 41.º do Regulamento do Concurso Nacional de Acesso e Ingresso no Ensino Superior Público no Ano Lectivo de 2003/2004, aprovado pela Portaria n.º 606/2003, de 21 de Julho, isto é, importa saber se a dita reclamação é facultativa ou necessária.

2.º A consulta ao normativo em apreço mostra-nos, com efeito, que nenhum sinal ele encerra que permita concluir que se trata de uma reclamação necessária e a mesma, quando analisada à luz do art. 163.º n.º 1 e 2 do CPA, igualmente se há-de entender que tem natureza facultativa.

3.º O acto notificado à ora recorrente, através do ofício n.º 2966, de 18.9.2003, é da autoria do Sr. Director Geral do Ensino Superior, o que vale dizer que, à luz dos art. 268.º n.º 4 da CRP em conjugação com a al. a) do n.º 1 do art. 51.º do ETAF então em vigor, tal acto, para além de ser uma decisão lesiva dos direitos e interesses legalmente protegidos, é um acto horizontal e verticalmente definitivo, o que significa que se estava perante um acto contenciosamente recorrível.

4.º Em face do exposto, sendo manifestamente incontroverso que o acto elencado na al. c) da matéria de facto assume a natureza de acto contenciosamente recorrível, apodíctico se torna concluir que a reclamação antes referida tem carácter facultativo e, nada dizendo a lei em contrário, a interposição da reclamação não suspende o prazo para o recurso contencioso. Neste sentido conf, entre outros, toda a doutrina e jurisprudência aos art. 161.º e 163.º do CPA de Santos Botelho e outros, 2ª edição, de 1992.

5.º Decorrem, pois, de todo o exposto duas conclusões atinentes à rejeição do recurso: a) A primeira é a de que o acto que apreciou a reclamação, da autoria da autoridade que praticou o acto reclamado, em nada tendo alterado o acto reclamado, não tem, por um lado, carácter lesivo, por outro, mantendo o acto reclamado nos seus precisos termos assume natureza confirmativa, o que, em qualquer dos casos, o torna irrecorrível; b) Em 23 de Janeiro de 2004, data em que foi interposta a presente acção especial, já tinha decorrido o prazo para impugnar o acto lesivo de 16.09.2003, da autoria do Sr. Director Geral do Ensino Superior quer o mesmo seja visto à luz dos normativos que regulam os respectivos prazos na LPTA e no CPTA.

6.º Mas, como o acto impugnado é o acto que apreciou a reclamação, al. g) da matéria de facto, manifesto é, pelas razões que antecedem mais as que foram invocadas no julgado, que tal decisão nada inova em relação ao acto reclamado e, não sendo lesivo, ele assume a natureza de acto confirmativo não sindicável.

7.º Por todo o exposto, concordando com o julgado, não invoca o recorrente um só argumento que permita concluir que o acto impugnado é um acto inovatoriamente lesivo e recorrível,

Termos em que, com o douto suprimento, se deve negar provimento ao recurso. (...)".

***

Cumprido o disposto no art. 146.º n.º 2 CPTA, a Recorrente respondeu suscitando a ilegitimidade de pronúncia do MP, nos termos que seguem:

"(...)

1. A pronúncia a que se responde foi oferecida (como teria de ser e se pode logo ler no seu intróito) ao abrigo dos artigos 9.º/2, 85.º/2 e 146.º/l e 2 do CPTA, isto é, das normas que, na nova lei processual administrativa, fixam a legitimidade processual do Ministério Público.

2. Ora, nos termos dessas normas, o "raio de acção" do Ministério Público aparece delimitado, em primeira instância ou em sede ele recurso jurisdicional, aos processos principais ou cautelares em que esteja em causa a defesa de valores e bens constitucionalmente protegidos (art. 9.º/2), de direitos fundamentais dos cidadãos ou de interesses públicos especialmente relevantes (artigos 85.º/2 e 146.º/l).

3. Dito de outro modo, nos termos dos referidos artigos, só há direito de acção e de intervenção do Ministério Público quando esteja em causa a defesa dos bens e dos valores referidos. Desses e de mais nenhuns!

4. Sendo assim, carece legitimidade ao Ministério Público para se pronunciar nos presentes autos.

5. É que estando em causa a apreciação da existência do direito da Recorrente a ser admitida num determinado estabelecimento de ensino público superior com base numa candidatura que efectuou segundo determinados pressupostos que reputava (e reputa) correctos e legais, estando aqui em causa um direito desses, então não há aqui um bem ou valor constitucionalmente protegido legitimante da actuação do Ministério Público, para efeitos dos artigos referidos.

6. Pelo que, com fundamento na ilegitimidade do Ministério Público, deve o parecer do Digníssimo Magistrado, do a que ora se responde, ser mandado desentranhar dos autos e tido como não oferecido.

7. Se, por mera hipótese, assim se não entender, sempre se diga quanto ao seu conteúdo que ele em nada mova relativamente aos fundamentos da decisão de absolvição da instância, consistindo um mero acompanhamento desta, pelo que a sua bondade sempre se deverá considerar prejudicada com base nos fundamentos constantes das alegações deste recurso jurisdicional, que aqui se dão por integralmente reproduzidos.

Termos em que, com o douto suprimento de Vossas Excelências, que se impetra, deve o parecer do Digníssimo Magistrado do Ministério Público a que se respondeu ser mandado desentranhar dos autos e tido por não oferecido, com fundamento na ilegitimidade do Ministério Público para intervir no presente processo.

***

Com interesse para a questão da natureza meramente confirmativa e inimpugnabilidade do despacho de 22.10.2003 e consequente caducidade do direito de acção, pelo Senhor Juiz foi julgada provada a seguinte factualidade:

A. A 01.08.2003 a Autora entregou, junto da direcção Geral do Ensino Superior do Ministério da Ciência e Ensino Superior, devidamente preenchido e assinado, o impresso modelo DAS /2003/A20.º-A, para candidatura ao Ensino Superior Público ao abrigo do art. 20.º-A do DL n.º 296-A/98, tendo manifestado, por ordem decrescente, as seguintes preferências:

i. Universidade Nova de Lisboa, curso de Gestão;

ii. Universidade Nova de Lisboa, curso de Economia;

iii. Instituto Superior de Economia e Gestão da Universidade Técnica de Lisboa, curso de Gestão; – (doc. de fls. 27-28);

B. Em anexo à candidatura a Autora entregou, preenchido, o questionário de fls. 29, onde declarou pretender validar, como prova de ingresso, os exames finais que se constituem como exames finais no país a que respeitam – (doc. de fls. 29);

C. Através de ofício datado de **18.09.2003**, com a referência 2966, a Autora foi notificada de que, através de despacho do Director Geral do Ensino Superior de **16.09.2003**, havia sido aceite o requerimento com vista à aplicação do disposto no n.º 2 do art. 20.º do DL n.º 296-A/98 com a restrição decorrente de o ISEG não ter aderido ao regime previsto nessa disposição legal e considerando o previsto na Deliberação da Comissão Nacional de Acesso ao ensino Superior n.º 437/2003 de 19 de Março – (doc. de fls. 38-40),

D. Durante o mês de Setembro de 2003 a Autora tomou conhecimento de que a sua candidatura havia sido excluída do Concurso Nacional de Acesso ao Ensino Superior, através de consulta ao site de acesso ao Ensino Superior (www.acessoensinosuperior.pt) – (confissão);

E. A 30.09.2003 a Autora apresentou, junto da Direcção Geral do Ensino Superior, reclamação da sua situação de exclusão do Concurso Nacional de Acesso ao Ensino Superior – (cfr. doc. de fls. 41-42),

F. Ao boletim de reclamação referenciado na alínea anterior foi junto, em anexo, o requerimento de fls. 43-48, cujo teor se dá por integralmente reproduzido e em que é referido, em síntese, que,

– a Autora, tendo sido excluída, vem reclamar nos termos e para os efeitos do disposto no art. 41.º/1 do Regulamento do Concurso Nacional de Acesso e Ingresso no Ensino Superior Público para a matrícula e inscrição no ano lectivo de 2003-2004, em virtude de não ter sido considerada a classificação obtida na prova de matemática que constava do certificado de *Baccalauréat* emitido pelo Lycée Français Charles Lepierre e autenticado pelo serviço cultural da Embaixada de França em Portugal,

– mas a classificação que constava de um documento designado por *Releve de notes* emitido pela Académie de Toulouse, que a Autora não juntou ao processo de candidatura.

– Refere que o único documento cuja junção era obrigatória, de acordo com informações prestadas ao Lycée Français, era o certificado de *Baccalauréat*

– e que a consideração das classificações que constam do *Releve de notes* configura uma alteração das regras de candidatura dos alunos do Lycée Français ao Ensino Superior, não divulgadas atempadamente.

– Termina requerendo seja decidido o reconhecimento, para efeito de prova de ingresso no ensino oficial Português, da classificação final por si obtida na disciplina homóloga que consta no certificado e autenticado pelo serviço cultural da Embaixada de França em Portugal de acordo com as regras definidas e vigentes no concurso de acesso ao ensino superior do ano lectivo imediatamente anterior (2002-2003) – (cfr. doc. de fls. 43-48);

G. Através do ofício datado de 22.10.2003 e com a referência n.º 3922, foi a Autora notificada do indeferimento da reclamação por si apresentada a 30.09.2003, mantendo-se a decisão de deferimento da candidatura nos termos exarados no despacho de 16.09.2003. Da fundamentação da decisão sobre a reclamação consta, designadamente,

– que o documento emitido pela Académie de Toulouse foi remetido ao Ministério pelo Lycée Français e que é esse o documento a ter em conta para efeitos da previsão do art. 20.º/2 do DL n.º 296-A/98.

– Refere ainda que as regras de acesso se encontravam definidas no Regulamento aprovado pela portaria n.º 606/2003 de 21.07 e que a circunstância de, em anos anteriores, ter sido considerada a classificação que constava do certificado de *Baccalauréat* emitido pelo Lycée Français Charles Lepierre se deveu ao facto de só recentemente o Ministério ter percebido que esse documento não configurava o certificado emitido pela entidade oficial da qual faz parte o LFCL como estabelecimento integrado na Académie de Toulouse nos termos do Decret n.º 93.º – 1092 de 15.09.1993 – (doc. de fls. 52-60 cujo teor se dá por integralmente reproduzido);

H. A p.i. da presente acção administrativa especial foi apresentada neste TAF a 23.01.2004 – (fls. 2);

Nos termos do art. 712.º n.º 1 a) CPC *ex vi* art. 1.º CPTA adita-se ao probatório o seguinte facto:

I. A Autora foi notificada do ofício datado de 22.10.2003 e com a referência n.º 3922 em 24.10.2003 – fls. s/número, entre fls.87 e 86 do PA apenso.

1. DO DIREITO

1. Direito de acção e de intervenção do MP – arts. 9.º n.º 2, 85.º n.º 2 e 146.º n.º 1 CPTA.

Sustenta o Recorrente que "(...) o "raio de acção" do Ministério Público aparece delimitado, em primeira instância ou em sede ele recurso jurisdicional, aos processos principais ou cautelares em que esteja em causa a defesa de valores e bens constitucionalmente protegidos (art. 9.º/2), de direitos fundamentais dos cidadãos ou de interesses públicos especialmente relevantes (artigos 85.º/2 e 146.º/l).

Dito de outro modo, nos termos dos referidos artigos, só há direito de acção e de intervenção do Ministério Público quando esteja em causa a defesa dos bens e dos valores referidos. (...) Sendo assim, carece legitimidade ao Ministério Público para se pronunciar nos presentes autos (...)".

***

Na acção administrativa especial o legislador da reforma do contencioso administrativo arredou as vistas ao MP para, nos termos dos arts. 52.º e 53.º LPTA, exercer o dever de ofício de pronúncia sobre todas as questões de legalidade que, na circunstância, o processo levantasse, fossem de natureza material ou processual.

As vistas genéricas foram substituídas pela consagração de um poder processual de intervenção, regulado no art. 85.º CPTA.

Tratando-se de matéria que convoca a precisão de conceitos jurídicos, impõe-se ouvir a Doutrina.

***

Segundo Sérvulo Correia, na reforma do contencioso administrativo operada pelo CPTA a actividade do MP no domínio da impugnação contenciosa individual nos exactos termos estatuídos no art. 85.º n.ºs 2 e 3, o MP pode "(...) solicitar a realização de diligências instrutórias, bem como pronunciar-se sobre o mérito da causa, em defesa dos direitos fundamentais dos cidadãos, de interesses públicos especialmente relevantes ou de alguns dos valores ou bens referidos no n.º 2 do artigo 9.º.

Não se trata propriamente do exercício do direito de acção, visto que o Ministério Público não deduz com autonomia qualquer pedido ou causa de pedir.

Mas também já não nos encontramos perante a clássica actuação enquanto *amicus curiae* imparcial, zelando tão só pelas melhores feituras da justiça e aplicação do Direito.

O Ministério Público apoia a concretização da pretensão de uma das partes enquanto defensor seja de *direitos subjectivos, desde que fundamentais*, seja de *interesses públicos*, desde que *especialmente relevantes*, seja de *interesses metaindividuais*, desde que materialmente qualificados para efeitos da tutela da acção popular ou pública.

Pode porventura considerar-se que o n.º 2 do art. 85.º configura uma modalidade *sui generis* de constituição de um *assistente público*, que promove a tutela de princípios, bens e valores fundamentais subjacentes à pretensão deduzida por uma das partes em juízo. (...)

(...) o legislador utilizou o fim da tutela de interesses metaindividuais e públicos e, também, de Direitos Fundamentais, como uma base matricial que, se por um lado potencia, legitimando-se, a iniciativa processual do Ministério Público, por outro lado a cerceia, estabelecendo-lhe um âmbito material de actuação claramente inferior ao da simples promoção do controlo jurídico objectivo.

Como sagazmente anota Carlos Cadilha [vd. *Cadernos de Justiça Administrativa*, 2000, n.º 21, p. 6] tentou-se assim uma maior compatibilização entre a promoção de interesses transcendentes aos da parte e o princípio do dispositivo, protegido na mesma proporção em que se cerceiam as iniciativas do Ministério Público.

O ponto de equilíbrio encontrado, assegura que não fique na simples disponibilidade das partes o interesse na legalidade de um acto administrativo susceptível de afectar interesses públicos ou difusos e produzir efeitos em relação a terceiros, envolvendo questões de magna relevância social, cultural ou patrimonial. (...)"[1].

***

Neste mesmo sentido, segundo Mário Aroso de Almeida, no domínio do art. 85.º n.º 2 "(...) a intervenção do Ministério Público em processos que não tenha desencadeado só se justifica quando nesses processos estejam em causa "valores e bens constitucionalmente protegidos, como a saúde pública, o ambiente, o urbanismo, o ordenamento do território a qualidade de vida, o património cultural e os bens do Estado, das Regiões Autónomas e das autarquias locais" (cfr. artigo 9.º n.º 2), ou (outros) direitos fundamentais dos cidadãos ou interesses públicos especialmente relevantes. (...)

(...) o artigo 85.º introduz diversas limitações aos poderes de intervenção do Ministério Público, em comparação com aquilo que, para o recurso contencioso, resultava do artigo 27.º da LPTA, alterando, assim, a própria natureza dessa intervenção. (...)

"(...) a "*pronúncia sobre o mérito da causa*" a que se reporta o art. 85.º n.º 2, só pode ser emitida, como foi referido e neste preceito claramente se determina, *"em defesa dos direitos fundamentais dos cidadãos, de interesses públicos especialmente relevantes ou de algum dos valores ou bens referidos no n.º 2 do artigo 9.º"*.

Ao contrário do que anteriormente sucedia, no âmbito das vistas inicial e final (previstas nos artigos 42.º e 53.º da LPTA), que eram momentos obrigatórios da tramitação do recurso contencioso, a intervenção do Ministério Público não tem, pois, lugar em todos os processos.

Pelo contrário, o Ministério Público só está habilitado a pronunciar-se sobre o mérito da causa, aconselhando o Tribunal a decidi-la em determinado sentido, quando se preencham os pressupostos do artigo 85.º n.º 2, isto é, para os efeitos de defender que a solução que ele preconiza para o litígio é aquela que melhor acautela ou satisfaz algum dos bens jurídicos que aquele preceito menciona e que têm que estar em causa no processo. (...)

(...) Há-de tratar-se, por isso, de uma intervenção que não ocorre por dever de ofício, mas que apenas tem lugar nos processos que pela natureza das questões que colocam, de acordo com o disposto no art. 85.º n.º 2, justifiquem que o Ministério Público lhes dedique a sua atenção. (...)"

(...) É já no **Tribunal de recurso** que tem lugar a intervenção do Ministério Público, quando não figure no processo nem como recorrente nem como recorrido, intervenção que o Código configura, no art. 146.º n.º 1, em termos que se aproximam dos que, em primeira instância, conhecemos na tramitação da acção administrativa especial, do art. 85.º n.º 2 (cfr. supra, 9.3).

Passou, assim, a fazer-se depender o poder de pronúncia do Ministério Público sobre o mérito dos recursos que não tenha sido ele a interpor da existência, no caso concreto, de uma situação que justifique essa intervenção, em defesa dos direitos fundamentais dos cidadãos,

[1] Sérvulo Correia, *Direito do Contencioso Administrativo – Vol. I*, Lex, 2005, págs. 732/733.

de interesses públicos especialmente relevantes ou de algum dos valores constitucionalmente protegidos que se encontram referidos no artigo 9.º n.º 2. (..)"[2]

***

Com referência ao Autor citado, diz-nos JOÃO RAPOSO no tocante ao art. 85.º CPTA, "(..) Como justamente assinala Mário Aroso de Almeida, este artigo introduz significativas limitações aos poderes de intervenção do Ministério Público, em comparação com aquilo que, para o recurso contencioso, decorria do art. 27.º da LPTA, modificando a própria natureza dessa intervenção (..)", seguindo a citação directa na parte que ora importa do texto do "*O Novo Regime* ...", 2003, pp. 209 – 210.[3]

***

Do mesmo modo se pronuncia VIEIRA DE ANDRADE em sede de ritologia processual da acção administrativa especial v.g. quanto à intervenção do MP, art. 85.º CPTA, "(...) Os seus poderes de intervenção, processuais e sobre o mérito, que foram intencionalmente diminuídos e condicionados, sobretudo com o argumento e na medida em que duplicavam a função judicial, permitem – lhe *intervir apenas em defesa de determinados valores* – dos direitos fundamentais, de interesses públicos especialmente relevantes ou de valores comunitários que lhe caiba defender como actor popular (...)"

(...) Além disso, é notificado no processo para emitir parecer sobre o mérito dos recursos interpostos pelas partes, em defesa dos direitos fundamentais dos cidadãos e de interesses públicos especialmente relevantes ou valores comunitários constitucionalmente protegidos (artigo 146.º n.º 1). (...)"[4]

***

Afirmando a mesma linha doutrinária, segundo MÁRIO ESTEVES DE OLIVEIRA e RODRIGO ESTEVES DE OLIVEIRA, "(..) As disposições dos n.os 2 e 3 do art. 85.º restringem a possibilidade de intervenção do Ministério Público àqueles processos (instaurados por outrem) em que o acto ou norma emitidos ou omitidos mexem com *"direitos fundamentais dos cidadãos"*, com *"interesses públicos especialmente relevantes"* ou com alguns dos *"valores ou bens referidos no n.º 2 do art. 9.º"* – podendo a sua intervenção, portanto, ser recusada pelo juiz com fundamento na falta desse pressuposto ou, se aceite, impugnada pelos restantes intervenientes no processo. (...)"[5]

***

Importa aplicar ao caso dos autos a corrente doutrinária que vem de ser exposta e que subscrevemos.

***

Desde logo e em primeiro lugar, verifica-se que a controvérsia expressa na relação material controvertida entre as partes, tal como decorre da petição inicial, não extravasa do interesse inerente à esfera jurídica privada da Recorrente de receber pronúncia positiva do Tribunal quanto à aceitação da candidatura ao ensino superior público com fundamento nas classificações constantes do certificado de *Baccalauréat* emitido pelo Lycée Français Charles Lepierre.

Em segundo lugar, as questões trazidas a recurso todas elas se movem no domínio da natureza jurídica do acto administrativo impugnado em função do conteúdo e dos meios de impugnação graciosa sem que, quer num quer noutro dos domínios, a controvérsia traga à colação a ofensa de princípios essenciais, nomeadamente o direito à tutela jurisdicional administrativa efectiva expresso no direito subjectivo que a Recorrente pretende fazer valer em juízo.

Em terceiro lugar, do conteúdo do parecer emitido pelo EMMP ressumbra a inexistência de tratamento jurídico de *direitos subjectivos* fundamentais, *interesses públicos* especialmente relevantes ou *interesses meta-individuais* materialmente qualificados para efeitos da tutela da acção popular ou pública.

Pelo que vem dito, na circunstância dos presentes autos e pelas razões de direito expostas nas transcrições doutrinárias supra, conclui-se que falece legitimidade ao Ministério Público para emitir pronúncia de mérito sobre o presente recurso, por inexistência dos pressupostos estatuídos nos arts. 85.º n.º 2 e 146.º n.º 1, *in fine*, CPTA, com a consequência de o parecer emitido e junto aos autos se mostrar juridicamente irrelevante no domínio da presente instância.

2. ACTO CONFIRMATIVO

Sustenta-se na sentença recorrida que o despacho ora impugnado constante do ofício datado de 22.10.2003 proferido pelo Director Geral do Ensino Superior que indeferiu a reclamação deduzida pela ora Recorrente e cuja fundamentação vem referida em síntese na alínea G do probatório, assume a natureza jurídica de "(...) acto decisório de 2.º grau, na medida em que decidiu uma reclamação que teve por objecto outro acto (alíneas E, F e G dos factos assentes), confirmando o teor do acto primário (alínea G). Não foi introduzido qualquer elemento novo na esfera jurídica da Autora com a prática desse acto. ..)", sendo que, na circunstância, é tido como acto primário confirmado o despacho de 16.09.2003 do Director Geral do Ensino Superior, cujo teor foi notificado à ora Recorrente pelo ofício datado de 18.09.2003, a que se refere a *alínea C do probatório.*

Pelas razões a seguir expostas afastamo-nos do enquadramento jurídico sustentado pelo Tribunal *a quo.*

***

Decorre do elenco de matéria de facto julgada provada e não controvertida em sede de recurso, que as situações a que os despachos se reportam (objecto mediato), os efeitos jurídicos neles declarados (objecto imediato) e a motivação de cada um, são substantivamente distintos.

Desde logo porque entre o despacho proferido em 16.09.2003 e o despacho constante do ofício datado de 22.10.2003 se interpõe um *evento juridicamente relevante*, levado ao probatório na alínea D e denominado de "(...) site de acesso ao Ensino Superior (www.acessoensinosuperior.pt) (..)".

No que respeita a este "(..) site de acesso ao Ensino Superior (www.acessoensinosuperior.pt) (..)" não se nos suscitam dúvidas de que se trata de um comportamento cuja autoria, não só, é imputável à Administração, mas também, sendo este o ponto importante, como apto a produzir efeitos lesivos na esfera jurídica da Recorrente,

[2] MÁRIO AROSO DE ALMEIDA, *O novo regime do processo nos tribunais administrativos*, Almedina, 2003, págs. 208/210 e 286/287; MÁRIO AROSO DE ALMEIDA e CARLOS FERNANDES CADILHA, *Comentário ao código de processo nos tribunais administrativos*, Almedina, 2005, págs. 427/428 e 725/726.

[3] JOÃO RAPOSO, *A tramitação da acção administrativa especial*, CJA, 2003, n.º 39 págs. 17/18.

[4] VIEIRA DE ANDRADE, *A justiça administrativa (Lições)* – 5ª edição, Almedina, 2004, págs. 291 e 398/399.

[5] MÁRIO ESTEVES DE OLIVEIRA e RODRIGO ESTEVES DE OLIVEIRA, *Código de processo nos tribunais administrativos – Volume I – Anotado*, Almedina, 2004, pág. 502

pois que, objectivamente, configura a revogação do efeito jurídico anteriormente constituído pelo despacho de 16.09.2003.

Todavia, independentemente de saber se à face da documentação incorporada no PA apenso aos autos é possível dilucidar se estamos face a um acto ou operação material na sequência da prática de acto administrativo anterior ou, pelo contrário, se falta em absoluto qualquer acto administrativo que sustente o conteúdo do ditto "site" – questão que transcende o objecto do presente recurso – no caso dos autos a diferença de conteúdos entre os considerados acto confirmado e confirmativo é patente.

Pelo despacho de 16.09.2003 o requerimento de candidatura da Recorrente ao ensino superior público, ao abrigo do art. 20.º-A do DL 296-A/98 "(...) *o mesmo foi aceite com as restrições e fundamentação expostas no ponto 5. do referido requerimento, que remeto em anexo* (...)", expressa no tocante ao ISEG porque este estabelecimento de ensino superior que não aderiu ao disposto no citado art. 20.º-A do DL 296-A/98 – vd. alínea C do probatório – vd. fls. 38, 39/40 dos autos, fls. 54, 53/52 do PA apenso.

Durante o mês de Setembro de 2003 ocorre o *evento juridicamente relevante* do dito "(...) site de acesso ao Ensino Superior (www.acessoensinosuperior.pt) (...)" nos termos do qual a candidatura da Recorrente ao ensino superior público foi excluída, tendo a Recorrente deduzido a reclamação graciosa contra este efeito jurídico de exclusão da candidatura de acesso ao ensino superior no dito "*site*" www.acessoensinosuperior.pt.

Pelo despacho constante do ofício datado de 22.10.2003, em via da reclamação deduzida pela Recorrente, diz-se que "(...) cumpre-me informar que, após análise do processo no Gabinete Jurídico da DGES e face ao parecer emanado daquele Gabinete, que a seguir se transcreve e que mereceu a minha concordância, o qual reitera a posição assumida por esta Direcção-Geral, nos termos exarados por meu despacho de 16.09.2003, (..) a reclamação foi indeferida por meu despacho de 20.10.2003 (...)" – vd. fls. 52/60 dos autos, fls. 65/57 do PA apenso.

Donde:

– Pelo despacho de 16.09.2003 a candidatura é *aceite*;

– Pelo dito *"site"* de Set./2003 a candidatura é *excluída*;

– Pelo ofício de 22.10.2003 é notificado o despacho de 20.10.2003, de indeferimento da reclamação, mantendo a exclusão da candidatura constante do "site".

***

Em face do exposto, o despacho constante do ofício datado de 22.10.2003 não tem a natureza jurídica de acto confirmativo do despacho proferido em 16.09.2003 porque tais actos não evidenciam a necessária correspondência entre todos os respectivos elementos constitutivos do acto confirmativo e do acto confirmado [competência, pressupostos, forma, objecto mediato, objecto imediato e fim], divergindo, na circunstância, no tocante ao objecto (mediato e imediato) e fundamentação.

Como afirmado por esta mesma formação no Recurso n.º 11097/02, acórdão de 17.JUN.2004, a identidade de decisão no domínio do acto confirmativo importa que se verifiquem cumulativamente os seguintes requisitos:

– identidade da resolução dada ao caso concreto;

– identidade da fundamentação da decisão;

– identidade das circunstâncias ou pressupostos da decisão;

– identidade da disciplina jurídica vigente à data da prática de ambos os actos.

Deste modo, ainda que produzidos ao abrigo da mesma disciplina jurídica, "(...) se não houver identidade de sujeitos, de objecto e de decisão entre os dois actos, o segundo acto não será um acto confirmativo mas sim um acto novo, modificativo do primeiro (...)" acrescendo que "(...) para haver identidade de decisão importa não apenas a existência de identidade da resolução dada ao caso concreto mas também identidade da fundamentação da decisão e identidade das circunstâncias ou pressupostos da decisão (...)"[6]

A relevância desta categoria de acto reside, para além do plano doutrinário, precisamente no facto de não ser susceptível de constituir objecto de recurso contencioso na decorrência de a situação jurídica entre o particular e a Administração já ter ficado definida pelo acto confirmado e daí a consagração legal da inexistência do dever de decidir.

***

Aplicando o exposto ao caso em apreço, temos que o indeferimento da reclamação conforme despacho e fundamentação constantes do ofício datado de 22.10.2003 configura a prática de um acto administrativo de conteúdo lesivo juridicamente inovador no domínio da relação jurídica estabelecida entre a Administração e a Recorrente, cujo primeiro acto foi o requerimento de candidatura ao ensino superior público apresentada em 01.08.2003 – vd. alínea A do probatório.

Por consequência, no tocante ao "(...) conceito operativo de acto administrativo como decisão jurídico – pública da Administração destinada a produzir efeitos jurídicos numa situação individual e concreta (...)"[7], cfr. art. 120.º CPA, o despacho constante do ofício datado de 22.10.2003 configura um acto administrativo recorrível, qualidade evidenciada pelo pressuposto processual da lesão de direitos do particular seu destinatário, nos termos constitucionalmente consagrados no art. 268.º n.º 4 CRP.

3. SUCESSÃO DE LEIS ADJECTIVAS NO TEMPO; FORMA DE PROCESSO E PRAZO DE CADUCIDADE

Importa agora saber da tempestividade de entrada da presente acção administrativa especial, pois houve alteração de lei adjectiva entre a data da prática do acto e o momento em que a acção de impugnação do dito acto foi posta em juízo.

No tocante à impugnação dos actos anuláveis, cabe saber qual o prazo aplicável, se o do art. 28.º n.º 1 a) LPTA (dois meses contados da respectiva notificação, art. 29.º n.º 1 LPTA) vigente aquando do despacho constante do ofício datado de **22.10.2003,** ou se o prazo do art. 58.º n.º 2 b) CPTA (3 meses também contados da respectiva notificação, art. 59.º n.º 1 CPTA) vigente aquando da entrada da petição de impugnação no Tribunal *a quo*.

[6] Freitas do Amaral, *Direito Administrativo*, Vol III, págs. 233 e 234; Mário Esteves de Oliveira, *Lições de direito administrativo*, 1981, págs. 572 a 574; Mário Esteves de Oliveira e Rodrigo Esteves de Oliveira, *Código de Processo nos Tribunais Administrativos – anotado*, Almedina, pág. 357; Esteves de Oliveira, Costa Gonçalves e Pacheco de Amorim, *Código de Procedimento Administrativo – comentado*, Almedina, 2ª ed. págs. 129 e segs.; Mário Aroso de Almeida, *O novo regime do processo nos tribunais administrativos*, 3ª ed. pág. 155.

[7] Vasco Pereira da Silva, *Em busca do acto administrativo perdido*, Almedina, 1998, págs. 675 e 685.

Na inexistência de disposição transitória na Lei que aprovou o CPTA e atento o princípio geral de que a lei não regula os factos pretéritos em ordem a não atingir efeitos já produzidos por estes – art. 12.º C. Civil – a questão resolve-se aplicando a lei nova que admite a interposição da acção em prazo de caducidade (peremptório e preclusivo) mais dilatado [3 meses] mas levando em conta o prazo da lei anterior [2 meses] que já tenha corrido.

Ou seja, aplica-se a lei nova que prescreve o exercício do direito de acção segundo a nova forma de processo (acção administrativa especial) em prazo peremptório e preclusivo mais alargado [3 meses] mas levando em conta o prazo da lei anterior [2 meses] que já tenha decorrido no domínio da vigência da forma processual antiga (recurso contencioso do acto administrativo), conforme o disposto no art. 297.º n.º 2 do C. Civil.

De modo que notificada a 24.OUT.2003 – vd. facto aditado sob a alínea I do probatório – e contando o prazo nos termos do art. 279.º b), c) e e) do C. Civil, o termo inicial ocorre a 25.OUT.2003 e o termo final dos 2 meses no correspondente 25.DEZ.2003 que, sendo feriado (Natal) se difere para 26.DEZ.2003.

A partir deste dia inicia-se a contagem de mais um mês segundo o regime do art. 144.º n.º 1 CPC *ex vi* art. 58.º n.º 3 CPTA, ou seja, segundo a regra da continuidade do prazo e sua suspensão em férias judiciais.

Em 2004 as férias judiciais eram as normais, pelo que o início do decurso do prazo do mês que falta estaria suspenso até 3.JAN.2004 – art. 10.º da Lei 37/87 de 23.12.

Todavia, como 3 e 4 de Janeiro de 2004 caíram a um sábado e domingo, seguindo a regra do art. 144.º n.º 2 CPC o decurso do prazo recomeçou a 5JAN.2004 (2ª feira), atingindo o termo final no dia 5.FEV.2004 (5ª feira).

Como a acção se considera interposta na data da entrada da p.i. na secretaria do Tribunal *a quo*, no caso, no dia 23.01.2004, não se levantam questões de intempestividade.

***

Atenta a solução no sentido da procedência do recurso quanto às questões suscitadas em sede de inexistência de acto confirmativo e caducidade do direito de acção, mostra-se prejudicado o conhecimento da questão envolvendo o efeito e natureza da reclamação graciosa deduzida no caso concreto dos autos – art. 95.º n.º 1 CPTA.

***

Termos em que acordam, em conferência, os juízes da Secção de Contencioso Administrativo do Tribunal Central Administrativo Sul em:

A. Julgar a pronúncia do Ministério Público juridicamente irrelevante no domínio da presente instância de recurso, por inexistência dos pressupostos estatuídos nos arts. 85.º n.º 2 e 146.º n.º 1, *in fine,* CPTA;

B. Julgar procedente o recurso e revogar a sentença recorrida, devendo os autos baixar ao Tribunal *a quo* para a prossecução da instância, nos termos que hajam de ser ordenados,

Lisboa, 16 de Fevereiro de 2006

Cristina dos Santos
Teresa de Sousa
Magda Geraldes

Recurso n.º 710/05

ACTO LESIVO RECORRÍVEL. FALTA AO SERVIÇO. REAL OCORRÊNCIA E EXISTÊNCIA DOS PRESSUPOSTOS DO ACTO.

(Acórdão de 09 de Fevereiro de 2006)

SUMÁRIO:

I – A menção de 15 dias de faltas injustificadas expressa no recibo de quitação do ordenado pago em Março/2002, na rubrica "Ausências/Trabalho", configura a prática de um acto administrativo lesivo na medida em que define de forma inovatória e ablativa com reflexos externos a situação jurídica do funcionário em causa.

II – Para efeitos do art. 18.º n.º 1 do DL n.º 100/99, de 31.03, considera-se falta a quebra da prestação laboral de modo regular e contínuo a que o trabalhador está obrigado, seja essa quebra na vertente da não comparência durante a totalidade ou parte do período de trabalho a que está obrigado ou na vertente da não comparência em local a que deva deslocar-se por motivo de serviço.

III – Entende-se por pressupostos o elenco de circunstâncias de facto e condições de direito de que depende o exercício de um poder ou competência legal para a prática do acto administrativo.

IV – Saber se os pressupostos de facto ou de direito se traduzem, no caso concreto, em factos materiais realmente ocorridos ou factos jurídicos realmente existentes não se confunde com a apreciação do mérito ou demérito do uso da competência administrativa.

V – A validade do acto quanto aos seus pressupostos exige que o órgão administrativo tenha actuado com base em pressupostos legalmente indicados ou escolhidos e que tenham sido dados como ocorridos os factos materiais que realmente se verificaram e factos jurídicos existentes.

ACORDAM NO 2.º JUÍZO DO TCA – SUL

Águas do Sado, SA, com os sinais nos autos, inconformada com a sentença proferida pelo Mmo. Juiz do Tribunal Administrativo do Círculo de Lisboa, dela vem recorrer concluindo como segue:

1. A douta Sentença recorrida é **nula** por violar o Princípio da Separação de Poderes quando se substitui ao órgão administrativo competente face ao art. 71.º do Decreto-Lei n.º 100/99, elegendo certo facto, antes recusado por esse órgão como justificativo da ausência do recorrente contencioso do seu local de trabalho;

2. As alegadas, mas não admitidas, insuficiências formais do acto de notificação operada através do ofício 458, de 20.FEV.2002, no contexto em que o destinatário teve prévia participação procedimental na formação do

acto notificado, permitiam a este a clara percepção do seu conteúdo e efeitos dessa notificação face ao que dispõe o art. 236.º do Código Civil;

3. Por sua vez, perante a aclaração constante do ofício n.º 1288 de 15:ABR.2002, sempre se teriam convertido em meras irregularidades as alegadas insuficiências da notificação operada pelo ofício n.º 458, de 20.FEV.2002;

4. As formalidades legais convertem-se em meras irregularidades não invalidantes desde que, mesmo insuficientemente cumpridas, o resultado pressuposto seja alcançado.

5. Dessa forma, com o recorrente contencioso notificado da decisão lesiva em 20.FEV.2002, ou, mesmo com a aclaração desta em 15.ABR.2002, o recurso contencioso interposto apenas em 17.SET.2002 foi extemporâneo;

6. A douta Sentença recorrida ao decidir diferente incorreu em erro de julgamento com violação do que resultava então do art. 28.º, n.º 1, alínea a) da LPTA;

7. O acto de processamento de vencimento é um acto de execução do decidido no procedimento administrativo e que nada acrescentou a esse decidido;

8. Por isso contenciosamente irrecorrível tal como o entendeu, perante idêntica situação de facto e com o mesmo recorrente contencioso, o TCA por Acórdão de 13.11.2003, no processo n.º 1249/03;

9. Por isso ao decidir diferente a douta Sentença recorrida incorreu em erro de julgamento em violação directa do normativo constitucional constante do art. 268.º, 4;

10. A douta Sentença recorrida inverteu a ordem na valoração dos factos;

11. O facto determinante do conflito foi o da não comparência do recorrente contencioso no seu local de trabalho no período de 17 a 31 de Dezembro de 2001;

12. Não comparência sem apresentação de qualquer justificação o que deu origem à abertura de procedimento administrativo onde decorreu a audiência prévia com comunicação da intenção de injustificação das faltas – doc. Anexo I à p.r.

13. Nesse procedimento foi cumprida a audiência prévia e o recorrente contencioso contrariou a intenção de injustificação das faltas nos termos que constam dos autos – anexo 2 à p.r.;

14. Por decisão final notificada, as faltas foram consideradas injustificadas.

15. A douta Sentença recorrida, valorando onde não podia valorar, decidiu não existir fundamento para a injustificação das faltas e anulou o "acto de processamento de vencimento reportado ao mês de Março de 2002" por vício de violação de lei por erro nos pressupostos de facto;

16. A douta Sentença recorrida incorreu em erro de julgamento por errada valoração da matéria de facto por ter dada como não provada a falta de comparência do recorrente contencioso do seu local de trabalho, sem justificação no período de 17 a 31 de Dezembro de 2001.

17. Com isso violou o art.º 71.º da Lei n.º 100/99, de 31.03 que em nenhuma das suas previsões permite considerar como justificadas as faltas resultantes da não comparência no local de trabalho adequado sem justificação aceite pela correspondente hierarquia do trabalhador em causa.

***

O Recorrido contra-alegou, concluindo como segue:

A. Considerando o conteúdo da notificação constante do oficio n.º 458, datado de 20/02/2002, facilmente se pode concluir que nesse oficio não constam os requisitos essenciais da notificação. Não estamos pois, perante, tal como pretende o ora agravante, "meras irregularidades não convalidantes", mas sim perante o que se designa no douto Acórdão, uma "não notificação". Assim, será de considerar irrelevante a notificação documentada pelo oficio, atrás identificado, no sentido de que aquele não define o termo inicial do prazo de interposição de recurso contencioso. Daquele apenas se infere que faltas ao serviço vão ser consideradas injustificadas, o que pressupõe que o acto administrativo ainda não foi prolatado. Não é claro quem seja o autor do acto, não está referida a data em que terá sido praticado, nem se dão a conhecer quaisquer elementos que permitam ao destinatário, saber qual o texto do acto. E, como refere, Maria Fernanda Maças, in Cadernos de Justiça Administrativa, n.º 13, págs. 22 e seguintes: (...)" A doutrina converge no sentido de que a notificação supõe sempre uma comunicação pessoal, oficial e formal do acto, que tem como objectivo primário ou essencial garantir a certeza jurídica da sua cognoscibilidade pelos destinatários. Para além de uma função informativa (...), a notificação serve ainda uma função de natureza processual, que releva do facto de só depois de notificado o acto se considerar oponível ao interessado e começar a correr o prazo de recurso contencioso. Tomando o ora recorrido, conhecimento da marcação de faltas injustificadas, través do recibo de vencimento do mês de Março de 2002, solicitada a certidão e ou reprodução autenticada do acto que só obteve após sentença de intimação, em 17.09.2002, não foi excedido o prazo de 2 meses, a que se refere a alínea a), do n.º 1, do art 28.º da LPTA, pelo que careceu de fundamento as alegações sobre esta questão da ora agravante e não merece qualquer censura a douta sentença recorrida.

B. Através do oficio n.º 458 de 20/02/2002 não foi definida a posição jurídica do recorrente quanto aos efeitos das faltas em causa, sendo certo que, em tal ofício apenas se informa o interessado que as faltas ao serviço vão ser consideradas injustificadas, não fornecendo os elementos necessários á formação de um juízo, minimamente seguro sobre a oportunidade e o meio de atacar tal decisão. Assim, o acto impugnado, ou seja, o acto de processamento de vencimento, reportado ao mês de Março de 2002, através do qual toma conhecimento que, lhe são marcadas 15 faltas injustificadas, não é um simples acto de execução, mas sim acto lesivo e recorrível, pelo que, nenhum erro de julgamento foi cometido pelo Mmo Juiz "*a quo*".

C. A douta sentença recorrida, não procedeu a qualquer inversão da ordem de valoração dos factos, nem invadiu a esfera de competência de actuação de qualquer órgão administrativo, *in casu*, da empresa concessionária. Na base dos documentos juntos aos autos e do processo instrutor, bem como da matéria admitida pelas partes e dada como assente e provada, o Tribunal "a quo" alicerçou a sua sentença. Está provado que o ora recorrido se apresentou ao serviço, ainda que porventura, em local que a ora agravante considera que não é o dele. Inexiste qualquer registo de faltas na sua assiduidade (cfr. Oficio n.º 188, de 24.01.2002), no sistema informático existente na empresa, o que nos permite concluir, tal como na douta sentença recorrida que não foi violado o dever de assiduidade, pelo que, o acto recorrido se baseou em pressupostos de facto, que na sua realidade não ocorreram, o que faz o padecer de vicio de violação de lei.

***

O EMMP junto deste Tribunal Central Administrativo Sul emitiu parecer no sentido que se transcreve:

"(...)

Vem o presente Recurso Jurisdicional interposto da sentença proferida em 25.2.2005 pelo 1.º Juízo Liquidatário do Tribunal Administrativo e Fiscal de Lisboa que, considerando tempestivo o recurso contencioso interposto por Fernando José Gomes, e entendendo enfermar o acto recorrido (praticado por "Águas do Sado, SA") de vício de violação de lei por erro nos pressupostos de facto, concedeu provimento àquele recurso e anulou a deliberação da referida concessionária.

Pese embora a esforçada argumentação aduzida por "Aguas do Sado, SA" em sentido contrário, afigura-se – me que, no tocante à *recorribilidade* do acto e à *tempestividade* do recurso, não merece censura a decisão recorrida, face à pertinente e legal fundamentação apresentada.

***

Já o mesmo se não poderá curialmente dizer de iniciativa vedada ao M.º Juiz, ao decidir que *"não ocorreram ausências ao serviço a partir de 17 de Dezembro de 2001 até 31 de Dezembro de 2001"* (v. fls. 82).

É que uma tal atitude valorativa e decisória implicou a intromissão em área privativa e discricionária da Administração (artigo 71.º do Decreto-Lei n.º 100/99 de 31 de Março) – sendo claro, de resto, que a prova reunida nos autos (designadamente o ofício de 24.1.2002 da "Águas do Sado, SA" – constante de fls.7) apenas permite concluir no sentido da existência de faltas injustificadas, no período considerado.

Deste modo, substituindo-se ao órgão administrativo competente, incorreu efectivamente a sentença recorrida em nulidade, por violação do princípio de separação de poderes (artigo 668.º n.º 1 alínea d) do Código de Processo Civil).

Face ao exposto e sem necessidade de maiores considerações, emito o seguinte parecer:

Deve conceder-se provimento ao recurso jurisdicional. (...)"

***

Colhidos os vistos legais e entregues as competentes cópias aos Exmos. Juízes Desembargadores Adjuntos, vem para decisão em conferência.

***

Pelo Senhor Juiz foi julgada provada a seguinte factualidade:

1. O recorrente é funcionário do Município de Setúbal e exerce funções na concessionária Águas do Sado, SA.

2. A partir de 17 de Dezembro de 2001 o recorrente apresentou-se ao serviço em local diferente daquele em que a concessionária considera que está obrigado – (art. 22 da contestação conjugado com art. 17.º da petição).

3. Pelo ofício n.º 188, de 24.01.2002, subscrito pela Dra. Manuela Alves, Recursos Humanos, o recorrente foi notificado do seguinte:

"(...)

Assunto: Notificação. Audiência do interessado. Assiduidade.

Informa – nos a sua chefia que, desde 17 de Dezembro transacto, não se apresenta ao serviço nem executa quaisquer "ordens de serviço" diários conforme se encontra organizada a distribuição de trabalho pelos canalizadores dos Serviços Comerciais e Atendimento.

Contudo, não se verificam faltas no registo da sua assiduidade no sistema informático existente na empresa o que nos leva a supor que comparece noutro local de trabalho diferente do que lhe está destinado.

Também não se conhece trabalho realizado já que desde 17 de Dezembro não se encontra ao serviço de nenhum dos sectores da empresa nem exerce qualquer trabalho produtivo.

Esta situação de "ausência" ao serviço é enquadrável no conceito de falta definido no art. 18.º do Dec. Lei n.º 100/99 de 31.03: "considera-se falta a não comparência do funcionário durante a totalidade ou parte do período de trabalho a que está obrigado, bem como a não comparência em local a que o mesmo deva deslocar-se por motivo de serviço".

Não existindo justificação para a registada ausência ao serviço, as faltas são consideradas injustificadas nos termos do n.º 1 do art. 71.º do Dec. Lei n.º 100/99.

As faltas injustificadas têm as consequências disciplinares previstas no Dec. Lei n.º 24/84 de 16.01 punível com pena de demissão.

A presente notificação é realizada nos termos do código de Procedimento Administrativo devendo pronunciar-se por escrito o que se lhe oferecerem sua defesa.

Com os melhores cumprimentos (...)" – cfr. fls. 1 do processo instrutor e fls. 7 dos autos.

4. O recorrente respondeu a esta notificação, pronunciando-se nos termos do requerimento datado de 7.2.2002, cuja cópia consta de fls. 2 a 5 do processo instrutor e de fls. 8 a 11 dos autos e se dá aqui por reproduzido.

5. Por ofício de 20.02.2002, com o n.º 458, subscrito pelo Director Geral da Águas do Sado, SA., foi o recorrente notificado do seguinte:

"(...) Assunto: Ausência ao serviço.

Decorrente da situação de ausência ao serviço desde 17 de Dezembro de 2001 foi realizada Audiência do Interessado nos termos do Código do Procedimento Administrativo ao qual respondeu em 2002.02.08.

Atendendo que as alegações apresentadas não são suficientemente relevantes para a justificação das faltas pretendido em audiência, vão as mesmas ser consideradas injustificadas (...)" – cfr. fls. 6 do processo instrutor e fls. 12 dos autos.

6. Em data não determinada, mas não anterior a 22 Março de 2002, foi entregue ao recorrente cópia do recibo de vencimento pago no mês de Março, onde, na rubrica Ausências/Trabalho, constam 15 faltas injustificadas – cfr. fls. 13 do processo instrutor.

7. Por requerimento de 2.4.2002, o recorrente solicitou ao Presidente da Câmara Municipal de Setúbal a passagem de "(..) certidão ou reprodução autenticada, do acto administrativo, consubstanciado na determinação de marcar 15 (quinze) faltas injustificadas, do qual teve conhecimento através do recibo de vencimento, relativo ao mês de Março de 2002 (...)" – cfr. fls. 15 do processo instrutor e fls. 13 dos autos.

8. Pelo ofício n.º 1267, de 15.04.2002, subscrito pelo Director Geral da Águas do Sado, SA, foi o recorrente notificado do seguinte:

"(...) ASSUNTO: Perdido de notificação formal

Respondendo à sua carta de 22 de Março findo comunico que a decisão que lhe foi comunicada o foi em termos que satisfazem a exigência legal já que estamos perante mero acto de execução vinculado em razão da situação de ausência no local de serviço nas datas em causa (...)" – cfr. fls. 23 do processo instrutor e fls. 31 dos autos.

9. Pelo ofício n.º 1288, de 15.04.2002, subscrito pelo Director Geral da Águas do Sado, SA, foi o recorrente notificado do seguinte:

"(...) ASSUNTO: Perdido de certidão

Respondo ao seu pedido de certidão informando que a decisão de desconto da remuneração correspondente às faltas dadas está materializada no ofício que, com o n.º 458 e a data de 20/02/2002 lhe dirigi (...)" – cfr. fls. 22 do processo instrutor e fls. 14 dos autos.

10. Na sequência desta notificação, o ora recorrente interpôs no Tribunal Administrativo do Círculo de Lisboa um pedido de intimação do Director – Geral da empresa concessionária Águas do Sado, SA para passagem de certidão ou reprodução autenticada do acto administrativo consubstanciado na determinação de marcar 15 faltas injustificadas; este pedido foi deferido por sentença de 12.07.2002, cujo teor consta de fls. 32/39 do processo instrutor e fls. 16/23 dos autos.

11. Em cumprimento desta sentença judicial, em 22.7.2002 foi emitida a certidão de fls. 25 a 31 dos autos, que aqui se dá por reproduzida, a qual foi enviada ao recorrente por ofício da mesma data. (fls. 24 dos autos).

12. O recorrente entregou a petição em juízo no dia 17.9.2002. (fls. 2 dos autos).

DO DIREITO

Vem assacada a sentença de incorrer em violação primária de direito substantivo por erro de julgamento em matéria de:

1. princípio da separação de poderes e consequente nulidade de sentença .... item 1 das conclusões de recurso;

2. natureza jurídica do acto de processamento de vencimento e extemporaneidade do recurso itens 2 a 8 das conclusões;

3. erro de subsunção sobre o conceito de falta injustificada itens 10 a 17 das conclusões.

***

1. NULIDADES DE SENTENÇA;

As nulidades de sentença não se submetem ao regime geral das nulidades processuais antes se mostrando submetidas ao princípio da tipicidade nos termos do art. 668.º n.º 1 CPC.[1]

Não tem, por isso amparo legal a nulidade de sentença assacada no item 1 das conclusões de recurso.

2. ACTO DE PROCESSAMENTO DE VENCIMENTOS; ACTO DE EXECUÇÃO; ACTO LESIVO;

Comparando a matéria de facto provada com o teor das conclusões dos itens 2 a 9 conclui-se que o Recorrente apresenta como questões de recurso matéria que nada tem a ver com o objecto do processo.

O objecto da causa nada tem a ver com a natureza jurídica do acto de processamento de vencimento, questão que nem sequer é aflorada no processo.

O litígio concentra-se, tão só, em dilucidar se os pressupostos de facto subsumíveis em dois conceitos normativos tiveram – ou não – real ocorrência, a saber, os conceitos legais de,

– falta ao serviço;

– falta injustificada.

Está assente no probatório que o recibo de quitação referente ao vencimento pago no mês de Março/2002 contém menção expressa na rubrica "Ausências/Trabalho" ao facto de ao Recorrido serem descontados 15 por faltas injustificadas, faltas essas reportadas ao período entre 17 e 31 de Dezembro de 2001.

É tão só esta a questão controvertida: a imputação da Recorrente ao Recorrido de ter dado 15 faltas injustificadas no período entra 17 e 31 de Dezembro de 2001, objecto de desconto no vencimento pago no mês de Março de 2002.

Também decorre do probatório que a decisão definitiva sobre a qualificação dada aos mencionados 15 dias como "faltas injustificadas" chegou ao conhecimento do Recorrido no recibo de quitação de pagamento do ordenado do mês de Março/2002, com o consequente desconto.

No ofício n.º 458 de 20.2.2002 dirigido ao Recorrido e emitido pela Recorrente o que se declara é uma mera intenção, diz-se que "(...) vão as mesmas ser consideradas injustificadas (...)".

Da expressão *"vão ser consideradas"* retira-se que "ainda não foram", ou seja, que a decisão não foi tomada no momento em que se escreve; sê-lo-á mais adiante no tempo, mas no preciso tempo em que se escreve ainda não o foi.

"Vão ser consideradas" tem um sentido declarativo completamente diferente de *"são consideradas"* e neste domínio de interpretação da declaração negocial – estamos no domínio de uma relação jurídica de emprego público, não cabendo agora saber se o exercício da competência foi bem ou mal assumido, na medida em que dos autos ou do processo administrativo apenso não consta o contrato de concessão e nenhuma das partes em litígio suscitou esta questão – rege o disposto no **art. 258.º n.º 1do Código Civil**, aplicável aos actos jurídicos *ex vi* **art. 295.º** do citado Código.

***

O critério para averiguar da natureza jurídica lesiva do acto em causa reside em saber se pela prática desses actos a Recorrente procedeu à definição inovatória e positiva das circunstâncias, definindo unilateralmente a situação jurídica concreta do Recorrido, seu destinatário, no quadro da relação jurídica duradoura (relação laboral) assumida nos autos como existente entre ambos.

Pelo que vem dito conclui-se que a menção dos 15 dias de faltas injustificadas expressa no recibo de quitação do ordenado pago em Março/2002, na rubrica "Ausências/Trabalho", configura uma definição inovatória e ablativa com reflexos externos na situação jurídica do Recorrido enquanto funcionário do Município de Setúbal exercendo as suas funções na empresa concessionária Águas do Sado SA, ora Recorrente.

A circunstância de essa inovação se apresentar documentada no recibo de quitação do vencimento de Março de 2002 não tem a consequência de fundir num só dois efeitos jurídicos que são completamente distintos.

Dito de outro modo, o efeito jurídico de o devedor (a Recorrente Águas do Sado SA) pagar e o credor (o Recorrido Fernando Gomes) dar quitação de ter recebido o ordenado, não se confunde com o efeito jurídico

[1] Miguel Teixeira de Sousa, *Estudos sobre o novo processo civil*, Lex, pág. 219.

de o credor dos serviços de trabalho (a Recorrente Águas do Sado SA) declarar no recibo de Março/2002 que o devedor desses serviços (o Recorrido Fernando Gomes) faltou 15 dias e por isso lhe é descontado o valor salarial correspondente ao trabalho não efectuado.

***

Por força do disposto no art. 268.º n.º 4 da CRP[2] que estabelece a identidade de natureza entre actos administrativos e actos recorríveis, mostra-se garantida a sindicabilidade de quaisquer actos administrativos e, no tocante ao recurso contencioso de anulação, de *actos lesivos* de direitos dos particulares no sentido de constituírem uma decisão jurídico – pública da Administração que *em si e desde logo encerra a definição substantiva da situação jurídica estabelecida entre a Administração e o particular* e, por isso, configuram actos administrativos destinados a produzir efeitos jurídicos numa situação individual e concreta.

É pela inexistência do pressuposto processual da lesividade de direitos ou interesses legalmente protegidos que os actos que configuram operações materiais são insusceptíveis de ser sindicados, não cabendo, por isso, no âmbito do recurso contencioso de anulação.

Todavia, pelas razões já expostas, na hipótese dos autos não é esta a situação que a matéria de facto provada configura, quer dizer, não estamos face a um acto de execução nem perante mera operação material; por isso que a natureza jurídica do acto de processamento de vencimento é questão que não vem ao caso, sendo antes aplicável, para efeitos contenciosos e no que respeita à decisão cujo efeito jurídico se traduz nas 15 faltas injustificadas e objecto de desconto salarial, o disposto no art. 120.º *ex vi* art. 2.º n.º 3 ambos do CPA – consagrando este último a extensão do regime – regra expresso nas disposições normativas do CPA aos "*actos praticados por entidades concessionárias no exercício de poderes de autoridade*".

***

Em face do exposto e no tocante à questão da extemporaneidade de interposição do recurso contencioso, não assiste razão ao Recorrente pelas razões expostas na fundamentação de direito da sentença recorrida para as quais se remete ao abrigo do disposto no art. 713.º n.º 5 CPC, *ex vi* art. 102.º LPTA e que a seguir se transcrevem:

"(...)

Como resulta da matéria de facto, o recorrente tomou conhecimento, em data não determinada, mas não anterior a 22 Março de 2002, através do recibo de vencimento, de que lhe foram injustificadas as faltas em questão.

Em 03/04/2002, solicitou à entidade recorrida a passagem de "certidão ou reprodução autenticada, do acto administrativo, consubstanciado na determinação de marcar 15 (quinze) faltas injustificadas, do qual teve conhecimento através do recibo de vencimento, relativo ao mês de Março de 2002".

Assim, o pedido de certidão foi requerido no prazo de um mês, nos termos do estatuído no n.º 1 do art. 31.º da LPTA, pelo que o prazo de interposição do recurso contencioso só se conta a partir da entrega da certidão (art. 31.º, n.º 2 da LPTA).

Por decisão de 12/07/2002, deste Tribunal, foi deferido o pedido de intimação para passagem de certidão.

Em 22/07/2002, foi comunicado ao recorrente que poderia proceder ao levantamento da certidão.

Assim, a contagem do prazo para a interposição do recurso iniciou-se em 22/07/2002, pelo que, tendo a petição do recurso entrado em juízo em 17 de Setembro de 2002, não foi excedido o prazo de 2 meses, a que se refere a alínea a) do n.º 1 do artigo 28.º da LPTA, para a interposição de recursos contenciosos de actos anuláveis.

Nesta conformidade, não ocorre a questão prévia da extemporaneidade de interposição do recurso.

(...)".

***

Pelo que vem dito improcedem as questões suscitadas nos itens 2 a 8 das conclusões de recurso.

3. OCORRÊNCIA REAL E JURÍDICA DOS PRESSUPOSTOS DE FACTO E DE DIREITO;

Já foi posto de manifesto que o litígio versa sobre a real ocorrência dos factos que constituem o pressuposto da decisão, ou seja, sobre se o Recorrido faltou ou não faltou naquele período de 15 dias e, portanto, se no seu cadastro laboral podem ser averbados 15 dias de faltas injustificadas.

Como é sabido, para que um acto administrativo seja válido quanto aos seus pressupostos "(...) não basta que o órgão tenha actuado com base em pressupostos legalmente indicados ou escolhidos.

É preciso também que os pressupostos tenham ocorrido na realidade, exigindo a lei que o órgão só actue com base em pressupostos legais, mas que se verificaram em concreto.

Sabido quais são os pressupostos da sua competência – ou porque os colheu na lei ou porque os escolheu discricionariamente – o órgão administrativo tem que verificar se tais condições de facto ou de direito ocorreram na realidade, se são material ou juridicamente existentes.

Para determinar se o acto pelo qual se sanciona um funcionário "porque faltou 5 dias ao serviço" é legal, não basta que a falta (durante esse período) seja um pressuposto da sanção, é preciso também que o funcionário tenha na realidade faltado 5 dias: se não tiver efectivamente faltado (ou se só tiver faltado um período inferior) o acto administrativo é ilegal

E bem se compreende que a real ocorrência dos pressupostos seja um requisito de validade do acto administrativo, que a jurisprudência nunca deixa de verificar: é que, como já dissemos, a actividade administrativa visa a satisfação de necessidades concretas, reais, e estas não existem se os pressupostos são materialmente existentes.

Ora, este requisito do a.a. é sempre vinculado, quer quando os pressupostos são vinculadamente individualizados na lei, quer quando eles são de livre escolha do órgão administrativo (...)

O órgão administrativo não goza de nenhuma liberdade quanto á constatação ou não da realidade ou do direito existente: só podem ser dados como ocorridos factos materiais que realmente se verificaram e factos jurídicos existentes. (...)".[3]

---

[2] **Art. 268.º n.º 4 CRP** – "É garantido aos administrados tutela jurisdicional efectiva dos seus direitos ou interesses legalmente protegidos, incluindo, nomeadamente, o reconhecimento desses direitos ou interesses, a impugnação de quaisquer actos administrativos que os lesem, independentemente da sua forma, a determinação da prática de actos administrativos legalmente devidos e a adopção de medidas cautelares adequadas."

[3] MÁRIO ESTEVES DE OLIVEIRA, *Lições de direito administrativo*, 1980, págs. 621/622.

***

Aliás, nunca houve a mínima dúvida sobre o estar vedado inventar factos ou direito tanto no domínio do agir vinculado como no uso de poderes discricionários pois "(...) quando se venha a verificar que os factos expressamente aduzidos para motivar a decisão discricionária não existem ou não correspondem à realidade, isto é, que houve *erro de facto* quanto aos pressupostos da resolução, o acto é válido? E se não é, qual o vício de que padece? (...)

Como temos ensinado em anteriores edições, se os poderes exercidos forem discricionários, teremos ainda de admitir que a lei é violada, na medida em que ela pressupõe sempre a actuar uma vontade esclarecida por motivos exactos. A ideia falsa sobre os factos em que se fundamenta a decisão traduz violação de lei na medida em que esta confere os poderes discricionários para serem exercidos dada a existência de certas circunstâncias ou de circunstâncias cuja apreciação conduza o agente a optar, entre várias decisões possíveis, pela que considere mais adequada à realização do fim legal. (...)".[4]

***

Nesta matéria, o discurso fundamentador em sede de sentença é o que de seguida se transcreve.

"(...)

Resta apreciar o vício de violação de lei, por erro nos pressupostos de facto, alegando o recorrente que se apresentou ao serviço no período em causa, como o demonstra o registo automático.

Nos termos do artigo 18.º, n.º 1, do Decreto-Lei n.º 100/ /99, de 31 de Março, *"considera-se falta a não comparência do funcionário ou agente durante a totalidade ou parte do período de trabalho a que está obrigado, bem como a não comparência em local a que o mesmo deva deslocar-se por motivo de serviço"*. Resulta dos ofícios acima descritos, nos quais se consubstanciam os fundamentos do acto recorrido, bem como do art. 22.º da contestação que, tal como acima consta da matéria de facto, a partir de 17 de Dezembro de 2001 o recorrente apresentou-se ao serviço em local diferente daquele em que a concessionária considera que está obrigado.

Assim, como alega o recorrente e consta do registo automático da sua assiduidade, não ocorreram ausências ao serviço a partir de 17 de Dezembro de 2001 até 31.12.2001.

Nesta conformidade, o acto recorrido baseou-se em pressupostos de facto que na realidade não ocorreram, pois, o recorrente apresentou-se ao serviço em local que a entidade recorrida considera que não é o dele.

Porém, tal facto não integra o conceito de falta previsto no n.º 1 do art. 18.º do DL n.º 100/99, de 31.3, acima transcrito, pelo que ocorre o alegado erro sobre os pressupostos de facto em que se baseou o acto impugnado.

Na verdade, o recorrente pode ter violado outros deveres da relação de emprego que tem com a entidade recorrida, porventura ainda mais graves, mas não violou o dever de assiduidade, contrariamente ao que é considerado no acto recorrido.

Conclui-se, pois, que o acto impugnado enferma de vício de violação de lei, por erro sobre os pressupostos de facto, o que a acarreta a sua anulabilidade, nos termos do disposto no art. 135.º do CPA. (...)".

[4] Marcello Caetano, *Manual de direito administrativo*, Vol. I, Almedina, págs. 501 e 504.

***

Evidentemente que no domínio laboral a qualificação de falta ao serviço por parte do empregador, seja um sujeito particular ou um sujeito de direito público, traduz **sempre** um poder vinculado, pois não se inventam faltas, o trabalhador esteve ou não esteve ao serviço no período de trabalho diário e local previamente estabelecidos pelo sujeito com competência legal de direcção para fixar o tempo e o local da prestação de trabalho, sendo certo que a competência nunca se presume, decorre sempre de disposição de lei expressa.

Questão diferente é saber se o trabalhador se apresentou ao serviço em lugar onde não era suposto que se apresentasse – ou porque se enganou ou porque desobedeceu a ordem legítima e devidamente entendida por si –, e como integrar estes factos juridicamente.

Todavia, não é nesta vertente que cumpre analisar a realidade ou não da ocorrência dos 15 dias de faltas injustificadas a que os autos se referem, na medida em que sobre esta matéria os únicos factos que os autos apresentam e foram levados, correctamente, ao probatório se limitam à decisão da Recorrente de imputar ao Recorrido 15 dias de faltas injustificadas, objecto de desconto salarial no recibo de quitação de pagamento do ordenado do mês de Março de 2002.

Tecnicamente, **pressupostos** são "(..) as circunstâncias, as condições de facto e de direito de que depende o exercício de um poder ou competência legal, a prática dum acto administrativo (..)"[5] sendo que o vício genericamente denominado por *erro sobre os pressupostos* (de direito ou de facto) não tem a ver com patologias no domínio da formação e manifestação da vontade do órgão administrativo, mas com a falta dos factos materiais ou jurídicos que, juridicamente, são pressupostos do acto administrativo concretamente praticado.

Portanto, saber se os pressupostos de facto ou de direito se traduzem, no domínio do acto administrativo em concreto, em factos materiais realmente ocorridos ou factos jurídicos realmente existentes não tem nada a ver com o apreciar do mérito ou demérito do uso da competência.

E, por isso, não tem sustentação a afirmação da Recorrente quanto à violação do princípio da separação de poderes, no item 1. das conclusões de recurso.

O critério legal com assento no art. 6.º do ETAF, DL 129/84 de 27.4, ao consignar que os recursos contenciosos são de mera legalidade, em via de compromisso entre os princípios da separação de poderes, cfr. art. 114.º CRP e da garantia de controlo judicial da actividade administrativa, cfr. art. 268.º n.º 4 CRP, traduz-se em que "(...) O exercício ilegal de poderes administrativos (ou seja, o comportamento da Administração contrário à lei em toda a medida em que houver vinculação) é susceptível de controlo da legalidade, e este pode ser levado a cabo quer pelos tribunais quer pela própria Administração (...) O mau uso de poderes administrativos (isto é, o seu uso inconveniente em toda a medida em que houver livre decisão) é susceptível de controlo de mérito, e este só pode ser feito pela própria Administração, nunca pelos Tribunais. A autonomia pública administrativa *qua tale* apenas admite, pois, controlo gracioso, não contencioso.(...)"[6]

[5] Mário Esteves de Oliveira, *Lições de direito administrativo*, 1980, pág. 612.

[6] Bernardo Diniz de Ayala, *O (défice) de controlo judicial da margem de livre decisão administrativa*, Lex, 1995, pág. 87.

No domínio do mérito o que os Tribunais verificam concentra-se no conhecimento dos "(...) limites positivos de competência, de finalidade, de imparcialidade e de proporcionalidade (...) porque só existem a discricionariedade e a margem de livre apreciação de conceitos jurídicos indeterminados que a lei especificamente conceder (...).

Apesar da **abertura da norma** – abertura da norma que traduz a discricionariedade – os efeitos de direito produzidos pelo acto hão – de corresponder a um *tipo* a que se reporta a norma de competência. Não há competência sem individualização do tipo de poder concedido e, portanto, a norma deverá fornecer um *quadro ou descrição fundamental* suficiente para demarcar o âmbito de actuação autoritária do órgão sobre as esferas jurídicas dos administrados e para repartir o âmbito de actuação entre os diversos órgãos das pessoas colectivas que integram a Administração. A indeterminação dos efeitos que resulta da abertura do tipo é pois sempre parcial (...) [também] a **abertura da previsão** nunca pode ser total: da norma ou do concurso de normas que regem o acto administrativo tem de poder extrair-se o núcleo essencial do tipo de situação sobre a qual poderá incidir o exercício do poder. Sem tal tipificação faltariam ao executor da norma critérios objectivos da subsistência da necessidade pública a que corresponde o poder (...)" [7].

***

Por tudo quanto vem de ser dito, temos por absolutamente claro que o Tribunal *a quo* não emitiu nenhum juízo valorativo sobre a margem de livre apreciação e decisão da Recorrente no tocante ao modo de qualificação de faltas de exercício ou faltas de comparência ao trabalho por parte do Recorrido.

O que o Tribunal *a quo* afirma em sede de fundamentação de direito e conforme transcrito supra, é que a matéria de facto carreada para o processo e julgada provada não se subsume no conceito legal de falta ao serviço.

Considera-se falta, conforme disposto no citado **art. 18.º n.º 1 do DL n.º 100/99, de 31.3**, a quebra da prestação laboral regular e contínua a que o trabalhador está obrigado, seja essa quebra na vertente de "(...) ***não comparência durante a totalidade ou parte do período de trabalho a que está obrigado*** (...)" ou na vertente de "(...) ***não comparência em local a que deva deslocar-se por motivo de serviço*** (...)"

O facto de em vez de estar num local de trabalho estar noutro não é, só por si, indicativo de falta ao serviço.

As expressões legais "a que está obrigado" e "deva" constantes do citado **art. 18.º n.º 1** indicam que o estar num lado em vez de estar noutro tem de configurar, com assento em factos provados, a **violação de um dever jurídico**, isto é, tem de traduzir um **comportamento ilícito** por incumprimento das orientações do empregador, credor da actividade e disponibilidade do trabalhador, o que, aliás, é comum aos regimes da função pública e do contrato de trabalho subordinado privado.

E tais expressões normativas também indicam que os factos hão-de configurar um comportamento **culposo**, a saber, ter comparecido em local de trabalho indevido, pese embora soubesse e lhe fosse possível comparecer no local de trabalho certo, só não o tendo feito porque não quis.

[7] Sérvulo Correia, *Legalidade e autonomia contratual nos contratos administrativos*, Almedina, Teses, 1987, págs.491/492.

É patente pelo probatório que não há matéria de facto – nem foi carreada para o procedimento administrativo apenso e muito menos para o presente processo – sobre a qual, em juízo de subsunção normativa, concluir pela violação culposa do dever jurídico da prestação laboral de modo regular e contínuo por parte do Recorrido.

***

Donde se conclui pela improcedência das questões suscitadas nos itens 10 a 17 das conclusões.

***

Termos em que acordam, em conferência, os juízes da Secção de Contencioso Administrativo do Tribunal Central Administrativo Sul em negar provimento ao recurso e confirmar a sentença recorrida.

Sem tributação por isenção subjectiva.

Lisboa, 09 de Fevereiro de 2006.

Cristina dos Santos
Teresa de Sousa
António Forte

Recurso n.º 936/05

APOSENTAÇÃO VOLUNTÁRIA. ARTS. 120.º E 127.º DO E.C.D. REGIME DE MONODOCÊNCIA.

(Acórdão de 12 de Janeiro de 2006)

SUMÁRIO:

A expressão docentes em regime de monodocência, constante do Preâmbulo do Dec. Lei n.º 139-A/90 significa que todo o tempo de serviço a considerar para efeitos da aposentação voluntária a que alude o n.º 1 do art. 120.º do E.C.D. tenha sido prestado naquele regime, não bastando que os docentes em causa nele se encontrem à data do acto determinante da sua aposentação.

ACORDAM NO 1.º JUÍZO LIQUIDATÁRIO DO T.C.A. – SUL

1. RELATÓRIO

Maria Costa Godinho Neves Luz, professora do 1.º ciclo do ensino básico, interpôs no T.A.F. de Lisboa recurso contencioso de anulação do despacho de 6.11.2001, da Direcção da Caixa Geral de Aposentações, que lhe indeferiu o requerimento de aposentação, ao abrigo do art. 120.º do Estatuto da Carreira Docente (ECD), aprovado pelo Dec. Lei n.º 139-A/90, de 28 de Abril.

A Mma. Juiza do T.A F. de Lisboa, por sentença de 11.11.04, negou provimento ao recurso.

É de tal sentença que vem interposto o presente recurso jurisdicional, no qual a recorrente enuncia as seguintes conclusões:

1.º) O Ministério da Educação entendeu contabilizar o tempo de serviço dos professores do 1.º ciclo, que leccionaram noutros graus de ensino em regime de colocação especial – destacamento, requisição ou comissão de serviço – para todos os efeitos legais, como se tivesse sido prestado no lugar de origem, nos termos do art. 2.º do D.L. n.º 373/77, de 5 de Setembro;

2.º) A ora agravante nunca beneficiou de qualquer redução da componente lectiva enquanto leccionou no ensino preparatório;

3.º) Por outro lado, o n.º 4 do art. 72.º do mesmo Estatuto prescreve que "A mudança de nível, grau ou grupo de docência não implica por si alterações na carreira, contando-se para todos os efeitos o tempo de serviço nela já prestado ou a ele equiparado;

4.º) A interpretação de só considerar abrangidos os docentes que tenham estado exclusivamente no regime de monodocência, não se afigura como a mais consentânea com a letra e o espírito da lei, tendo em conta a unidade do sistema e as circunstâncias em que a lei foi elaborada:

5.º) Doutro modo, a ora agravante nunca beneficiará de nenhum dos "benefícios" previstos legalmente, quer no regime de monodocência, quer do regime dos docentes do ensino secundário;

6.º) Transpondo no tempo e no espaço, afigura-se que o art. 72.º do E.C.D. acolhe a materialidade do D.L. 373/77, de 5.09, nomeadamente no seu ponto 4: "a mudança ... contando-se para todos os efeitos o tempo de serviço nela prestado ou a ela equiparado.

7.º) O acto recorrido viola, pois, os artigos 72.º e 120.º do E.C.D.

A Caixa Geral de Aposentações contra-alegou, pugnando pela manutenção do acto recorrido.

O Digno Magistrado do M.ºP.º emitiu douto parecer no sentido de ser negado provimento ao recurso.

Colhidos os vistos legais, cumpre decidir.

2. MATÉRIA DE FACTO

A sentença recorrida considerou provada a seguinte factualidade relevante:

a) A recorrente é professora do 1.º ciclo do ensino básico e preencheu o impresso n.º 358 CGA, pedindo a sua aposentação, no dia 7.3.01;

b) No verso do requerimento identificado no número anterior consta que a recorrente prestou funções em escolas do ensino preparatório, no período de 5.4.72 a 31.8.86;

c) Do acto impugnado (cfr. original do doc. de fls. 44 do processo instrutor), praticado no dia 6.11.2001, consta o seguinte:

"A interessada não perfez o tempo mínimo de 36 anos de serviço, para poder beneficiar de uma pensão ao abrigo do n.º 1 do art. 37.º do Estatuto da Aposentação, dado que até 11.10.2001, apenas lhe poderão ser considerados 31 anos, 4 meses e 5 dias no âmbito da função pública.

Por outro lado, a mesma não poderá ser aposentada ao abrigo do art. 120.º do ECD (Dec. Lei n.º 1/98, de 2 de Janeiro), como vem agora solicitar a fls. 32 e 43, porquanto não conta 30 anos de serviço em regime de monodocência, em virtude do o tempo de serviço prestado como professora do Ciclo Preparatório no período de 5.04.72 a 31.08. .86 não relevar para esse efeito".

3. DIREITO APLICÁVEL

A sentença recorrida, atento o disposto no n.º 1 do art. 120.º do E.C.D., e considerando que o regime de monodocência vigora apenas no ensino pré-escolar e no 1.º ciclo do ensino básico (anteriormente designado por ensino primário), uma vez que a recorrente esteve durante 14 anos a leccionar em escolas preparatórias, em que não há regime de monodocência, concluiu que a recorrente não podia beneficiar do regime de aposentação ao abrigo do art. 120.º do Estatuto da Carreira Docente.

Insurgindo-se contra este entendimento, a recorrente invocou o art 2.º do Dec. Lei n.º 373/77, de 5 de Setembro, norma da qual em seu entender se infere que o Ministério da Educação entendeu contabilizar o tempo de serviço dos professores do 1.º ciclo, que leccionaram noutros graus de ensino, em regime de colocação especial – destacamento, requisição ou comissão de serviço – para todos os efeitos legais (sublinhado nosso).

A agravante alega ainda não ter beneficiado, durante o período em que leccionou no ensino preparatório, de qualquer redução da componente lectiva, nem se encontrar abrangida pela previsão dos artigos 30.º e 37.º do Estatuto da Carreira Docente. Por outro lado, concluiu a agravante, o n.º 4 do art. 72.º do mesmo Estatuto preceitua que "A mudança de nível, grau o grupo de docência não implica por alterações na carreira, contando-se para todos os efeitos o tempo de serviço nela já prestado ou a ele equiparado.

Vejamos se lhe assiste razão.

O n.º 1 do art. 120.º do Estatuto da Carreira Docente preceitua o seguinte:

"Os docentes da educação pré-escolar e do 1.º ciclo do ensino básico, em regime de monodocência, com, pelo menos, 55 anos de idade e 30 anos de serviço têm direito à aposentação voluntária, com pensão por inteiro, independentemente de qualquer outro requisito"

Como tem sido entendido, o regime de monodocência implica a existência de um único docente responsável pelo conjunto das disciplinas que constituem o curriculum escolar, tarefa que, naturalmente, implica um maior esforço por parte do docente, com o domínio simultâneo de várias áreas, assim se justificando tal regime excepcional de aposentação.

Por outro lado, e devido a esse mesmo motivo, o regime de monodocência apenas vigora no ensino pré-escolar e no 1.º ciclo do ensino básico (anteriormente designado por ensino primário).

Ora, como salienta a decisão recorrida, é incontroverso que desde 1972 até 1986, a recorrente não exerceu funções como professora do 1.º ciclo do ensino básico, mas sim como professora do ciclo preparatório, ao qual se não aplica aquele regime especial e, assim, não perfaz o tempo de serviço necessário para beneficiar de tal regime.

Acresce, como refere ainda a decisão recorrida, que da circunstância de o art. 34.º do Estatuto da Carreira Docente estabelecer que "o pessoal docente da educação pré-escolar e dos ensinos básico e secundário constitui um corpo especial e integra-se numa carreira única" não pode inferir-se que o tempo prestado no ensino preparatório seja equivalente a tempo prestado na categoria de origem para efeitos da aposentação voluntária prevista no n.º 1 do art. 120.º do E.C.D.

Como bem se nota, a circunstância de uma carreira integrar diversas categorias profissionais não significa uma identidade de regime para todas elas.

E, quanto à previsão normativa constante do n.º 4 do art. 72.º do E.C.D., a mesma reporta-se a realidade diferente da que é contemplada no regime especial de aposentação previsto no art. 120.º do mesmo diploma. Para este não é o tempo de serviço na carreira que está em causa, mas sim o tempo de serviço prestado em determinado nível de ensino em regime de monodocência.

Em suma, pode sintetizar-se a questão concluindo que a expressão regime docentes em regime de monodocência constante do preâmbulo do Dec. Lei n.º 139-A/90 significa que todo o tempo de serviço a considerar o tenha sido em regime de monodocência, não bastando que os docentes em causa se encontrem em tal regime à data do acto determinante da sua aposentação, o que facilmente frustraria o sentido da lei, pois estaria aberta a possibilidade de o docente, em qualquer momento, nomeadamente pouco antes da aposentação, transitar para tal regime (cfr. Ac. TCA de 5.6.03, P. 10985, citado na decisão recorrida).

Improcedem, assim, na integra, as conclusões das alegações da recorrente.

4. DECISÃO

Em face do exposto acordam em negar provimento ao recurso e em confirmar a sentença recorrida.

Custas pela recorrente, fixando a taxa de justiça em 200 Euros e a procuradoria em 100 Euros.

Lisboa, 12 de Janeiro de 2006

as.) António de Almeida Coelho da Cunha (Relator)
Maria Cristina Gallego dos Santos
Teresa Maria Sena Ferreira de Sousa

Recurso n.º 00694/05

ART. 120.º N.º 6 DO CPTA. NORMA DERROGATÓRIA. DESNECESSIDADE DE PROVA DOS REQUISITOS PREVISTOS NAS ALÍNEAS B) E C) DO N.º 1 DO ART. 120.º DO CPTA. ART. 199.º N.º 5 DO CPPT. REQUISITOS DA GARANTIA A PRESTAR.

(Acórdão de 23 de Fevereiro de 2006)

SUMÁRIO:

I – O n.º 6 do artigo 120.º do CPTA constitui uma norma derrogatória do regime geral de que depende a concessão das providências cautelares, estabelecendo um regime especial para os casos em que, no processo principal, apenas se discuta a obrigação de pagar quantia certa.

II – Tal regime dispensa o requerente da providência da necessidade de fazer prova, ainda que sumária, dos requisitos previstos nas alíneas b) e c) do n.º 1 do aludido artigo 120.º.

III – A garantia a prestar, nos termos do número 6 do art. 120.º do CPTA e 199.º n.º 5 do CPPT, para ser válida, deve abranger, não só a dívida existente, mas também os juros de mora e demais montantes previstos no n.º 5 do art. 199.º do CPPT.

ACORDAM NO 1.º JUÍZO DO TCA – SUL

1. RELATÓRIO

Maria da Assunção Carvalho Santo requereu no TAF de Leiria a presente providência cautelar de suspensão de eficácia contra o INGA – Instituto Nacional de Intervenção e Garantia Agrícola, visando o acto praticado em 24.06.2005, que lhe determinou a restituição da quantia de 10.062,15 Euros (dez mil, seiscentos e dois Euros e quinze cêntimos).

O Mmo. Juiz do T.A.F. de Leiria, por decisão de 14.11.05, deferiu o pedido.

É de tal sentença que vem interposto o presente recurso jurisdicional, no qual o INGA enuncia as conclusões seguintes:

1ª) A providência cautelar requerida pela agravante nos presentes autos respeita à suspensão do acto administrativo praticado pelo agravante no sentido de a agravada restituir a quantia de 10.062,15 €

2) Para tanto, a agravada fundou-se exclusivamente no n.º 6 do art. 120.º do CPTA, para o efeito havendo apresentado "Garantia Bancária", na qual figurava como beneficiário o TAF de Leiria;

3) O agravante opôs-se ao decretamento da providência requerida, designadamente por a garantia prestada não poder ser considerada idónea para os fins que a agravada pretendia obter com a sua prestação (suspensão da eficácia do acto administrativo, independentemente da alegação e verificação dos requisitos previstos no n.º 1 do art. 120.º do CPTA;

4) Considerando, em tais circunstâncias, que os autos já forneciam os elementos de prova essenciais para a tomada de decisão final, o Tribunal "a quo" deveria ter logo proferido sentença que, no caso, não poderia deixar de ser a de indeferimento da providência requerida;

5) Por isso, o tribunal "a quo", em tais circunstâncias, não tendo proferido sentença e havendo, antes, proferido decisão interlocutória no sentido de a agravada ser notificada "para, em 10 dias promover a substituição da garantia bancária apresentada, por outra na qual figure como beneficiária a entidade requerida sob pena (de) apreciação da providência exclusivamente com base no disposto nos números 1 a 3 do art. 119.º CPTA", não só omitiu formalidade essencial prescrita no n.º 1 do art. 119.º do CPTA, como também promoveu a prática de acto processual indevido, não se afigurando possível fundar a prática de tal acto processual no disposto no art. 7.º e no n.º 2 do art. 88.º, ambos do CPTA

6) De acordo com o disposto no n.º 6 do art. 120.º do CPTA, "quando no processo esteja em causa o pagamento de quantia certa, sem natureza sancionatória, as providências cautelares são adoptadas, independente-

mente da verificação dos requisitos previstos no n.º 1, se tiver sido prestada garantia por uma das formas previstas na lei tributária";

7) Por um lado, de acordo com o disposto no n.º 1 do art. 199 do CPPT, a "garantia idónea" poderá consistir na prestação de "Garantia Bancária", por outro lado, de acordo com o disposto no n.º 5 deste preceito, o certo é que "a garantia será prestada pelo valor da dívida exequenda, juros de mora até ao termo do prazo de pagamento limite de 5 anos e custas até à data do pedido, acrescida de 25% da soma daqueles valores;

8) No caso concreto dos autos, a "Garantia Bancária" apresentada pela agravada limita-se a caucionar apenas o valor da "dívida exequenda" (a quantia de 10.062,15 Euros), cuja reposição foi determinada pelo Agravante com a prática do acto cuja suspensão se requereu), e não também pelo valor dos juros e custas, acrescida de 25% da soma destes valores;

9) Como tal, não poderá deixar de se concluir que a garantia bancária prestada pela agravada não poderá ser considerada como válidamente prestada para os efeitos decorrentes do disposto no n.º 6 do art. 120.º do CPTA, dado não ter sido prestada nas formas previstas na lei tributária, designadamente nos termos do disposto no n.º 5 do art. 199.º do CPPT, não se revelando, por isso susceptível de assegurar os créditos do INGA, aqui agravante, até ao trânsito em julgado da acção principal de que a presente providência cautelar depende;

10) Como tal, também a garantia bancária prestada pela agravada não poderia ser tida por idónea pelo Tribunal "a quo" na decisão recorrida para os efeitos que a agravada pretenderia obter com a sua apresentação;

11) Ao decidir como decidiu, o Tribunal "a quo", na sentença recorrida, interpretou e aplicou erroneamente o Direito no que respeita ao alcance dispositivo das normas constantes do art. 7.º, n.º 2 do art. 88.º, n.º 1 do art. 119 e n.º 6 do art. 120.º, todos do CPTA, bem como o art. 199.º do CPPT, designadamente o disposto no seu número 5.

A agravada contra-alegou, formulando as conclusões seguintes:

1) A pretensão da agravante envolve ofensa ao princípio da boa fé, por atingir o princípio da protecção da confiança dos particulares no comportamento da Administração;

2) Princípio consagrado no art. 266.º da C.R.P. e no art. 6.º-A do Cod. Procedimento Administrativo;

3) A interpretação do art. 199.º do CPPT tem de ser objecto de uma adaptação de modo a adequar e compatibilizar o disposto nesta norma com as situações dos procedimentos cautelares, nomeadamente as suspensões no foro administrativo.

O Digno Magistrado do M.º P.º emitiu douto Parecer no sentido de ser negado provimento ao recurso.

O recorrente pronunciou-se sobre tal parecer, nos termos do disposto no n.º 2 do art. 146 do CPTA, reafirmando a sua anterior posição.

2. MATÉRIA DE FACTO

A sentença recorrida considerou provada a seguinte factualidade, com relevo para a decisão da causa:

a) O ofício n.º 35052, datado de 22 de Junho de 2005, foi recebido pela requerente no dia 24 seguinte, e subscrito por vogal do Conselho de Administração do INGA – Instituto Nacional de Intervenção e Garantia Agrícola, dirigido à sociedade requerente, e com o seguinte teor:

«Pelo exposto, e para efeitos da reposição voluntária de 10.062,15 Euros, fica V. Ex.ª notificada de que a mesma poderá ser efectuada por meio de cheque a enviar para a Tesouraria deste Instituto, ou deverá V. Ex.ª dirigir-se à Rua Castilho, n.º 5, no prazo de trinta dias a contar da data da recepção do mesmo".

b) Com data de 7 de Novembro de 2005, foi emitido, pelo Banco Espírito Santo, o termo de garantia bancária n.º 322480, que aqui se dá por integralmente reproduzido, a favor da entidade requerida, garantindo o pagamento da quantia de 10.062,15 Euros, "à primeira solicitação", sem termo certo e irrevogável.

3. DIREITO APLICÁVEL

Na providência cautelar conservatória em causa, a decisão recorrida considerou, no essencial, que por força do estatuído no art. 120.º n.º 6 do C.P.T.A., por estar apenas em causa o pagamento de quantia certa, sem natureza sancionatória, se tornava dispensável a verificação dos requisitos previstos no n.º 1 da mesma norma, desde que fosse prestada garantia por uma das formas previstas na lei tributária.

Efectivamente, escreveu-se na decisão "a quo" que, "estando em causa a restituição de uma quantia na decorrência de irregularidade detectada no processo de concessão de ajuda comunitária, encontra-se comprovado nos autos a apresentação pela recorrente, de termo de garantia bancária, assegurando o pagamento da importância cuja restituição foi exigida pelo requerido, sem termo certo e à "primeira solicitação" (ou "on first demand", expressão que significa que o Banco garante deverá efectuar o pagamento do valor garantido a simples solicitação do beneficiário, sem poder exigir-lhe qualquer justificação para tanto).

Com base em tal constatação, o Mmo. Juiz "a quo" julgou validamente prestada a garantia bancária para o efeito visado e, considerando ainda que não resulta demonstrada a prevalência do interesse público sobre o interesse privado, deferiu a requerida suspensão de eficácia.

É contra este entendimento que o recorrente INGA – Instituto Nacional de Intervenção Agrícola-se insurge.

Depois de criticar a tramitação processual (despacho do Mmo. Juiz que ordenou a substituição da garantia inicialmente, cfr. conclusão 5ª), o INGA defendeu a inidoneidade de tal garantia, por esta não obedecer às formas previstas na lei tributária, designadamente o disposto no n.º 5 do artigo 199.º do CPPT.

Concluiu, por isso, o recorrente que a decisão "a quo" violou o disposto nos artigos 7.º, do n.º 2 do artigo 88.º, do n.º 1 do art. 119.º e do n.º 6 do artigo 120.º do C.P.T.A., bem como o disposto no artigo 199.º do CPPT, designadamente o seu n.º 5.

É esta a questão a analisar.

Quanto ao despacho de fls. 69, que ao abrigo do n.º 2 do artigo 88.º e 7.º do C.P.T.A. ordenou a notificação do requerente para promover a substituição da garantia bancária apresentada, por outra na qual figurasse como beneficiário a entidade requerida (ou seja, o INGA, e não o tribunal), entendemos que o mesmo não é censurável, por se conter nos poderes de direcção do juiz, que no contencioso administrativo, deve exercer um papel activo, contribuindo para superar as limitações irracionais à decisão de fundo que possam resultar das falhas de conhecimento ou da diligência processual das partes (cfr. Ac. STA de 5.3.98, Rec. 42111; J. C. Vieira de Andrade, "A Justiça Administrativa", Almedina, pág 205 e seguintes; Ac. TCA de 6.07.00, Rec. 4016/00; Ac. T.C.A de 18.11.2004, Rec. 578/04, in "Antologia de Acórdãos do STA e do TCA, Ano VIII, n.º 1, pág. 242 e seguintes).

O despacho de fls. 59 destinou-se, em suma, a que fosse possível promover a emissão de pronúncia sobre o mérito da pretensão formulada, por aplicação do princípio da promoção do acesso à justiça consagrado no art. 7.º do C.P.T.A.

Já quanto à decisão final se torna necessária uma análise mais detalhada.

É certo, como nota a sentença do Mmo. Juiz do TAF de Leiria, que o número 6 do artigo 120.º permite a adopção deste tipo de providências independentemente da verificação dos requisitos previstos no n.º 1, se tiver sido prestada garantia por uma das formas previstas na lei tributária.

Trata-se de uma norma derrogatória do regime geral de que depende a concessão das providências, estabelecendo um regime especial para os casos em que, no processo principal, apenas se discuta uma obrigação de pagar quantia certa que não tenha sido imposta por acto sancionatório. Na verdade, o preceito dispensa o requerente da providência da necessidade de fazer prova, ainda que sumária, dos requisitos das alíneas b) e c) do n.º 1, desde que tenha prestado garantia por alguma das formas previstas no art. 199.º do CPPT (cfr. Mario Aroso de Almeida e C. A. Fernandes Cadilha, "Comentário ao Código de Processo nos Tribunais Administrativos", Almedina, 2005, pág. 604).

Ora, o artigo 199.º do CPPT preceitua o seguinte:

«1. Caso não se encontre já constituída garantia, com o pedido deverá o executado oferecer garantia idónea, a qual consistirá em garantia bancária, caução ou seguro – caução ou qualquer meio susceptível de assegurar os créditos do exequente.

2. A garantia idónea referida no número anterior poderá consistir, ainda, a requerimento do executado e mediante a concordância da administração tributária, em penhor ou hipoteca voluntária, aplicando-se o disposto no art. 195.º com as necessárias adaptações.

(...)

5. A garantia será prestada pelo valor da dívida exequenda, juros de mora até ao termo do prazo de pagamento limite de 5 anos e custas a contar até à data do pedido, acrescida de 25% da soma daqueles valores.

Em face da norma transcrita, designadamente do seu número 5, verifica-se que a garantia prestada não satisfaz o valor exigido.

Com efeito, e como resulta da garantia número 322479, prestada pelo Banco Espírito Santo e tendo como beneficiário o Instituto Nacional de Intervenção e Garantia Agrícola, ficou estipulado que a responsabilidade "referente a esta Garantia, não pode, em caso algum, exceder a quantia indicada, isto é, Eur. 10.062,15 (Dez Mil e Sessenta Euros e Quinze Cêntimos" (cfr fls. 88 dos autos).

Conclui-se, pois, que o valor garantido não corresponde ao exigido pelo número 5 do citado artigo 199.º do CPPT, visto não abranger os valores respectivos a juros e à percentagem fixada naquele normativo.

Ou seja, não estamos perante uma garantia validamente prestada por qualquer das formas previstas na lei tributária, (designadamente no número 1 do artigo 199.º do CPPT), nos termos do disposto no número 6 do artigo 120.º do C.P.T.A., visto que a mesma não assegura na totalidade os créditos do INGA até ao trânsito em julgado da acção principal.

Procedem, assim, as conclusões 6ª a 11ª das alegações do recorrente.

4. DECISÃO

Em face do exposto, acordam em revogar a decisão recorrida e em indeferir a providência requerida.

Custas pela requerente em ambas as instâncias, reduzidas a metade, nos termos da alínea f) do n.º 1 do art. 73.º-E do Código das Custas Judiciais.

Lisboa, 23 de Fevereiro de 2006

as.) António de Almeida Coelho da Cunha (Relator)
Teresa Maria Sena Ferreira de Sousa
Maria Cristina Gallego dos Santos – Vencida, na medida em que o n.º 5 do art. 199.º do CPPT tem como âmbito de aplicação, salvo o devido respeito pela tese que obteve vencimento, apenas em sede de execução de quantia exequenda. Logo só abrange, a remissão feita pelo art. 120.º CPTA, [para] o n.º 1 do citado 199.º CPPT.

Recurso n.º 01377/06

ART. 120.º N.º 2 DO C.P.T.A. PONDERAÇÃO RELATIVA DE INTERESSES. FUNCIONAMENTO DE UM CENTRO METEOROLÓGICO. HORÁRIO DOS TRABALHADORES.

(Acórdão de 30 de Março de 2006)

SUMÁRIO:

I – Ainda que se verifiquem os requisitos nucleares da adopção de uma providência cautelar ("fumus boni juris" e "periculum in mora"), o decretamento da mesma pode ser recusado quando o prejuízo para o interesse, num juízo de proporcionalidade, se mostrar superior ao prejuízo que se pretende evitar com a providência.

II – Estando em causa o eficaz funcionamento de um Centro Meteorológico, de apoio a um aeroporto, cuja actividade exige um horário de prevenção das zero às cinco horas, o interesse público em causa, sobrepõe-se, em princípio, a um horário mais benévolo para os trabalhadores, podendo admitir-se que estes sofram alguma penalização.

ACORDAM NO 2.º JUÍZO DO TCA – SUL

1. RELATÓRIO

Alexandra Maria de Fraga Borges Pacheco, observadora meteorológica do Instituto de Meteorologia, a exercer as suas funções no Centro Meteorológico de Santa Maria, Açores, requereu no TAF de Ponta Delgada a suspensão da eficácia do Despacho n.º 19/2005, de 15 de Junho, do Vice-Presidente do referido Instituto, que introduziu um novo horário de trabalho.

O Mmo. Juiz do TAF de Ponta Delgada, por sentença de 12.10.2005, indeferiu a providência requerida.

É de tal sentença que vem interposto o presente recurso jurisdicional, em cujas alegações a recorrente enuncia as conclusões seguintes (em síntese útil):

1ª) A sentença recorrida não se pronunciou sobre as ilegalidades do despacho recorrido, em clara violação do art. 668.º n.º 1, alínea d) do Cod. Proc. Civil, aplicável "ex vi" do CPTA, art. 1.º, o que a torna nula;

2ª) Resultou provado que desde a entrada em vigor do horário imposto pelo Despacho requerido (20 de Junho de 2005), a recorrente e seus colegas não gozam um dia de férias completo, em clara violação do art. 9.º n.º 2, al. b), e n.º 3 do Dec.-Lei n.º 259/98, de 18 de Agosto;

3ª) Aquele novo horário foi imposto a meio do mês e sem prévia audição dos funcionários;

4ª) Conforme resulta do horário constante do Despacho cuja suspensão foi requerida, este impõe à requerente (e restantes funcionários daquele Centro Meteorológico) que cumpra (na situação de quatro elementos), dois turnos por dia, separados entre si quatro a cinco horas, e ainda, nos restantes horários de mais elementos, são previstos turnos de oito horas nocturnas seguidas, em clara violação do previsto no art. 20.º do Dec. Lei n.º 259/98, de 18 de Agosto;

5ª) Ponderados os interesses em causa, não se aceita que se dê prevalência ao interesse do Instituto requerido, que se recusa a contratar mais funcionários, fazendo "tábua rasa" dos direitos laborais dos funcionários daquele Centro, bem como do seu direito ao repouso e qualidade de vida; assim, a sentença recorrida violou o art. 120.º n.º 2 do CPTA.

O recorrido Instituto de Meteorologia contra-alegou, pugnando pela manutenção do julgado.

O Digno Magistrado do M.º P.º não emitiu parecer sobre o mérito do recurso.

2. MATÉRIA DE FACTO

A sentença recorrida considerou indiciariamente adquirida a seguinte factualidade relevante:

1ª) A requerente Alexandra Maria de Fraga Borges Pacheco é funcionária do requerido "Instituto de Meteorologia", detendo a categoria de Observadora Meteorológica Especialista, e exerce as suas funções no Centro Meteorológico de Santa Maria, pertencente à Delegação Regional dos Açores do referido Instituto;

2ª) Tal Centro é, neste momento, composto por sete elementos – dois dos quais ausentes com graves problemas de saúde – que trabalham em regime de turnos com a duração semanal de trinta e cinco horas e diária de sete, sendo que até ao fim do corrente ano de 2005, haverá sempre um funcionário ausente de férias;

3ª) Por isso que, neste momento e previsivelmente até ao final do ano, o Centro Meteorológico de Santa Maria está encerrado diariamente das zero horas às cinco horas;

4ª) Funcionando neste período das zero às cinco o chamado horário de prevenção, em que um funcionário tem de permanecer contactável, embora fora do local de trabalho;

5ª) Entretanto, pelo Despacho n.º 19/2005, de 15 de Junho, e com efeitos a partir de 20 de Junho seguinte – proferido pelo Sr. Vice-Presidente do Instituto requerido, com delegação de competências – foi ordenado que "os horários em vigor em todos os Centros Meteorológicos da DRA (Delegação Regional dos Açores) passem a ser os constantes do Anexo ao presente despacho" (consoante o número de elementos disponíveis: quatro, cinco ou seis);

6ª) Tal Despacho foi depois objecto de correcção quanto aos horários para quatro e seis elementos através do Despacho n.º 23/2005, da mesma entidade, de 7 de Julho de 2005 e com entrada em vigor a 15 de Julho seguinte, conforme o documento de fls. 48 e 49 dos autos;

7ª) A requerente e o ora contra – interessado António Manuel Fraga Borges Pacheco – seu irmão – não fazem trabalho extraordinário por terem pedido essa dispensa para cuidados a filhos menores;

8ª) O presente processo cautelar foi instaurado em 13 de Julho de 2005.

3. DIREITO APLICÁVEL

Nas conclusões das suas alegações, a recorrente alega, em primeiro lugar, a nulidade da sentença recorrida (art. 668.º n.º 1, al. d) do Cod. Proc. Civil) por a mesma não se ter pronunciado sobre as invocadas ilegalidades do despacho requerido.

Na sua óptica tal despacho é, manifestamente ilegal, designadamente porque não permite que os funcionários do Centro Meteorológico da Santa Maria gozem os dias de descanso e de folga, em clara violação do artigo 9.º, n.º 2, alínea b) e n.º 3 do Dec. Lei n.º 259/98, de 18 de Agosto.

Por outro lado, tal horário foi imposto a meio do mês e sem prévia audição dos funcionários, em clara violação do estipulado no artigo 6.º n.º 1, als. a) e b) e n.º 2 do Dec. Lei n.º 259/98, de 18 de Agosto.

E, ao impor à requerente e restantes funcionários daquele Centro Meteorológico, dois turnos por dia, separados entre si quatro a cinco horas (na situação de quatro elementos), bem como oito horas nocturnas nos restantes horários de mais elementos, o aludido despacho viola claramente o previsto no art. 20.º do Dec. Lei n.º 259/98, de 18 de Agosto.

Finalmente, a recorrente alega que a decisão recorrida, ao dar prevalência aos interesses do requerido Instituto de Meteorologia, ofendeu o n.º 2 do art. 120.º do CPTA.

Vejamos se lhe assiste razão.

Em primeiro lugar, parece-nos claro que se não verifica a nulidade da sentença, por alegada omissão de pronúncia sobre questões que devesse apreciar (art. 668.º n.º 1, al. d) do Cód. Proc. Civil), designadamente as invocadas ilegalidades do despacho cuja suspensão se requer.

É que, como detalhadamente se explica na decisão recorrida, não se podem confundir os planos do processo principal e da providência cautelar, sendo certo que não devem ser apreciadas e decididas nesta providências questões atinentes à legalidade do acto administrativo (neste caso, legalidade ou ilegalidade do horário de trabalho), sob pena de antecipar na própria providência o resultado que se pretende obter na acção principal.

Acresce que na decisão recorrida também se afirma não ser *nada evidente a procedência da pretensão formulada ou a formular no processo principal*, para o efeito previsto no art. 120.º n.º 1, alínea a), do C.P.T.A., de poder ser adoptada, sem mais indagação, a providência requerida. Do mesmo modo, não resulta claro o contrário, isto é, que esse sucesso esteja comprometido.

Logo se conclui, portanto, que o Mmo. Juiz "a quo" não incorreu na nulidade invocada e, por outro lado, que é óbvia a inverificação do requisito previsto na alínea a) do n.º 1 do art. 120.º do C.P.T.A. que, como é sabido contém uma norma derrogatória para situações excepcionais, do regime de que depende a concessão das providências em circunstâncias de normalidade (cfr. Mário Aroso de Almeida e C. A. Fernandes Cadilha, "Comentário ao Código de Processo nos Tribunais Administrativos", Almedina, 2005, p. 602).

Isto posto, cumpre analisar os restantes critérios de decisão previstos no art. 120.º do C.P.T.A.

A ora recorrente alegou que o horário imposto pelo Despacho n.º 19/2005, de 15 de Junho, lhe causa graves prejuízos de saúde e afecta a sua vida pessoal e familiar, privando-a do direito ao repouso e de tempo para os seus afazeres domésticos.

Não parece, contudo, que tal alegação seja suficiente para integrar o conceito de prejuízo de difícil reparação, pois que, como diz a sentença recorrida, "a visada nem sequer está sujeita à obrigatoriedade de prestação de trabalho fora do seu horário, pois que a mesma e o irmão (o contra – interessado António Manuel Fraga Borges Pacheco) não fazem trabalho extraordinário por terem pedido essa dispensa para cuidados a filhos menores", de onde se conclui pela existência de uma menor penalização do novo horário para a requerente, em relação aos restantes trabalhadores.

Por outro lado, está assegurado o limite de 35 horas semanais, sendo de excluir a verificação do "periculum in mora" (cfr. als. b) e c) do art. 120.º do CPTA).

Vejamos, por último, se procede a alegada violação do n.º 2 do art. 120.º do CPTA, no tocante à ponderação relativa de interesses.

Como é sabido, de acordo com o disposto no n.º 2 do art. 120.º do C.P.T.A., ainda que se verificassem os requisitos nucleares da adopção da providência ("fumus boni juris" e "periculum in mora") – o que, como se viu, não é o caso – sempre prevaleceria o dever de recusa do decretamento da mesma quando o prejuízo para o interesse público, num juízo de proporcionalidade, se mostrasse superior ao prejuízo que se pretende evitar com a providência (cfr. entre outros, o Ac. TCA de 3.06.2005, in "Antologia de Acórdãos do STA e do TCA", Ano VII, n.º 3, p. 278 e seguintes).

Ou, como escreve Vieira de Andrade, (...) "Avaliam-se, num juízo de prognose, os resultados de cada uma das alternativas, e não se concede a providência, mesmo que se verifiquem os requisitos, quando os prejuízos da concessão sejam superiores aos prejuízos que resultariam da não concessão" (cfr. "A Justiça Administrativa", 4ª ed., Almedina, p. 301 e 302; "Cadernos de Justiça Administrativa", "Tutela Cautelar", n.º 34, pág. 45 e seguintes).

No caso concreto, a ponderação relativa dos interesses em confronto conduz à prevalência dos interesses do recorrido Instituto de Meteorologia, por razões de ordem financeira e administrativa, e em função da relevância do serviço prestado.

Com efeito, há que reconhecer a razão do recorrido, ao salientar nas suas alegações que "o serviço prestado no Centro de Santa Maria, de apoio ao aeroporto, é um serviço público, no qual o recorrido, na qualidade de autoridade meteorologica nacional, está sujeito ao cumprimento de obrigações em matéria aeronautica e marítima".

E há que reconhecer, como o faz a decisão recorrida, que o chamado horário de prevenção (sempre penalizador) se verifica, tão somente, das zero às cinco horas, período durante o qual um funcionário tem de permanecer contactável, embora fora do local de trabalho, o que atenua a penalização sofrida.

Conclui-se, pois, que embora as mudanças de rotina impostas pelo novo horário possam implicar algum prejuízo, este não pode sobrepor-se ao interesse derivado da actividade do Instituto, a que o Mmo. Juiz "a quo", com toda a justeza, deu prevalência no caso concreto.

Não se mostra, pois, violado o n.º 2 do art. 120.º do CPTA.

4. DECISÃO

Em face do exposto acordam em negar provimento ao recurso e em confirmar a sentença recorrida.

Lisboa, 30 de Março de 2006

as.) António de Almeida Coelho da Cunha (Relator)
Maria Cristina Gallego dos Santos
Teresa Maria Sena Ferreira de Sousa

Recurso n.º 01416/06

CAIXA GERAL DE DEPÓSITOS. DL 287/93, DE 20.08. PENA DE DEMISSÃO. MEIO DE REACÇÃO JUDICIAL.

(Acórdão de 09 de Março de 2006)

SUMÁRIO:

I – Não tendo o trabalhador admitido ao serviço da Caixa Geral de Depósitos, mediante contrato, por tempo indeterminado e posse de 15/10/76, optado pelo regime jurídico do contrato individual de trabalho, conforme art. 7.º n.º 2 DL 287/93 de 20.08, continuou sujeito ao regime jurídico do funcionalismo público, nos termos do artigo 9.º, n.º 3, DL 287/93, de 20.08, e do artigo 31.º, n.º 2, DL 48.953, de 05.04.1969.

II – Aplicada ao trabalhador em causa a pena de demissão por deliberação de 24.01.2001 do Conselho de Administração da CGD, a relação jurídica de trabalho emergente do contrato de provimento tal configura a prática de um acto administrativo sancionatório disciplinar.

III – À face da lei em vigor à data da notificação de tal deliberação, verificada em 02.02.01 – ETAF e LPTA –, o recurso contencioso de anulação

constitui o meio processual adequado para reagir judicialmente.

IV – A transformação da CGD em sociedade anónima de direito privado não interfere com a natureza jurídica dos actos societários praticados no domínio das relações jurídicas administrativas em que seja parte – art. 14.º DL 558/99, de 17.12.

ACORDAM NO 2.º JUÍZO DO TCA – SUL

José Lopes Ferreira, com os sinais nos autos, inconformado com a sentença proferida pela Mma. Juiz do Tribunal Administrativo e Fiscal de Lisboa dela vem recorrer, concluindo como segue:

1. Nos termos do disposto no artigo 120.º do Código do Procedimento Administrativo, o acto administrativo supõe uma decisão proferida ao abrigo de normas de direito público.

2. Com efeito, é acto administrativo aquele em que um órgão da Administração age no exercício de um poder público, ao abrigo de normas de direito administrativo e aplicando o direito público no caso concreto, sendo que o direito administrativo é o conjunto de normas jurídicas especiais que regem a actividade da Administração e são aplicadas pelo juiz administrativo.

3. Ora, no caso, está em causa uma deliberação da Caixa Geral de Depósitos proferida ao abrigo do *regime jurídico que rege a relação individual de trabalho, fundando-se no Direito do Trabalho e aplicando normas jurídicas desse ramo do direito privado.*

4. Assim, o juiz administrativo, no caso, para conhecer do mérito da causa, não pode aplicar qualquer norma de direito público, tendo antes de interpretar e aplicar, aos factos que vierem a provar-se, as normas de direito privado que a Ré também interpretou e aplicou, para decidir o despedimento do Autor,

5. Isto é, tem de interpretar e aplicar aos factos o regime jurídico da LCT e da LCCT, aprovados pelo Decreto-Lei n.º 49.408, de 24 de Novembro de 1969, e pelo Decreto-Lei n.º 64-A/89, de Fevereiro, respectivamente.

6. Isso significa que, nesta acção, o Tribunal *"a quo"* foi chamado a pronunciar-se sobre se, face às normas, de direito privado, do contrato individual de trabalho – as quais, em regime contratual peculiar, integram o contrato de provimento *sub judice*, entre o Autor e a Ré –, a Ré cumpriu ou não esse regime de direito privado que integra o contrato.

7. A presente acção não implica, portanto, o conhecimento e aplicação de qualquer norma de direito administrativo.

8. Mas sim das normas de direito privado que foram aplicadas pela Ré com o efeito de uma resolução contratual.

9. Sendo que o Autor tem tal resolução por ilícita, nula e de nenhum efeito, face ao contrato e à lei que à sua execução e resolução se aplica.

10. Assim, o Tribunal "*a quo*" tendo entendido que a questionada deliberação da Ré constitui um acto administrativo, julgou erroneamente e contra a lei.

11. Tal erro radica, desde logo, na falácia que levou o Tribunal "*a quo*" a afirmar que a Ré adoptou a sua deliberação ao abrigo do Regulamento Disciplinar dos Funcionários Públicos.

12. Tal afirmação não corresponde à realidade, como se alcança do teor da referida deliberação, a fls. 71 da certidão, constante dos autos, extraída do processo n.º 184/01, do 3.º Juízo, 3ª Secção, tribunal do trabalho de Lisboa.

13. De facto, o Tribunal "*a quo*" confundiu a natureza do contrato entre o Autor e a Ré, que é de provimento, com a *natureza privada das normas jurídicas que a Ré, efectivamente, aplicou, e ao abrigo das quais a Ré decidiu unilateralmente resolver o contrato.*

14. Não se tratando de um acto administrativo, a deliberação da Ré não pode destacar-se do contrato para ser objecto de recurso de anulação, ao contrário do que o Tribunal "*a quo*" afirma.

15. Antes tem a referida deliberação de ser considerada como um acto unilateral de resolução contratual, imputável à Ré, o qual o Autor considera violador de normas de direito privado que integram o contrato, fazendo parte do seu conteúdo.

16. De resto, o mérito da causa depende da produção de prova tendo por objecto os factos alegados pelas partes.

17. E até pela natureza desses factos se vê que o recurso contencioso de anulação não seria apto ao fim que o Autor visa com a presente acção.

18. Já a presente forma de processo é perfeitamente adequada à causa de pedir e ao pedido, bem como à tramitação processual que se torna necessária para atingir a verdade e a boa decisão da causa.

***

A Recorrida contra-alegou, concluindo como segue:

1. A demissão do Autor foi decretada por deliberação do Conselho de Administração da Recorrida, de 24 de Janeiro de 2001, *comunicada ao Autor* por carta de 30 de Janeiro de 2001, *carta essa que o Autor recebeu em 2 de Fevereiro de 2001* (cf. artigo 125.º da p.i. e Does. n.os 1, 2 e 3 juntos com a contestação).

2. A referida deliberação constitui um acto administrativo, definitivo e executório, susceptível de impugnação contenciosa, face à lei então vigente e ao presente caso aplicável.

3. Ora, como se disse na contestação era pacífica a jurisprudência dos Tribunais Administrativos no sentido de que a acção para reconhecimento de um direito não era o meio processual adequado quando o recurso contencioso de anulação, seguido da execução do julgado, se mostrasse idóneo à tutela do direito reclamado (*i.a.*, ACS. STA, de 4.7.02, de 6.6.00, de 26.6.97 e de 14.5.92, in AD, respectivamente, n.º 479, págs. 1425 e segs., n.º 472, págs. 497 e segs., n.º 430, págs. 113 e segs., e n.º 375, págs. 277 e segs.), como sucedia no caso *sub-judice.*

4. Pedindo vénia à Excelentíssima Julgadora da 1ª Instância, remetemos aqui para a fundamentação contida na douta sentença recorrida, que damos por reproduzida, concluindo, como na referida douta sentença se concluiu, que: "O A. deveria ter interposto, no prazo de dois meses, após a notificação de tal deliberação – a deliberação punitiva – (ocorrida em 02.02.01), recurso contencioso de anulação da mesma (cf. artigo 28.º da LPTA – então em vigor e não a presente acção (proposta em 15 de Junho de 2001)",

5. Esclarecendo-se que *a data de 15 de Junho* mencionada no trecho da douta sentença acima transcrita, se reporta, não à da instauração da acção no "Tribunal Administrativo", mas à data em que foi instaurada a acção no "Tribunal do Trabalho".

6. Com efeito, como se verifica do carimbo aposto na petição inicial da presente acção, esta foi instaurada em *10 de Janeiro de 2002.* Assim,

7. Desde a data em que a deliberação punitiva foi notificada ao Autor (**02.02.01**), até à data em que foi instaurada a acção no Tribunal do Trabalho (**15.06.01**), mediaram **mais de quatro meses**, e, mais ainda, entre a data em que o Autor foi notificado da deliberação punitiva (**02.02.01**) e a data em que foi instaurada a presente acção (**10.01.02**), mediaram **mais de onze meses**, o que significa que o Autor deixou decorrer, sem ter recorrido ao Tribunal (quer ao Tribunal do Trabalho, quer ao Tribunal Administrativo), muito mais dos dois meses de que dispunha para interpor o recurso contencioso de anulação que ao caso se adequava.

8. Verifica-se assim, como bem se decidiu na douta sentença recorrida, uma inadequação da forma processual utilizada pelo Autor, e, por conseguinte, verifica-se também uma excepção dilatória que obsta ao conhecimento do mérito, tal como se pronunciou e decidiu a douta sentença recorrida.

***

O EMMP junto deste Tribunal Central Administrativo Sul emitiu parecer no sentido que se transcreve:

"(...)

2. Em meu entender, o recurso deverá improceder, por se verificar correcta interpretação e aplicação dos factos e do direito, pela douta sentença recorrida, em termos isentos de qualquer censura ou reparo, que nem o próprio recorrente sequer ousou sindicar, omitindo até o elementar ónus e a menção obrigatória das normas jurídicas violadas, que o art. 690.º, n.ºs 1 e 2 do CPC lhe impõe.

Como afirma o parecer do Ministério Público e tal como a douta decisão recorrida sustenta, o acto administrativo porque lhe foi notificado e que não foi impugnado, nem hierárquica nem contenciosamente e que é a deliberação do conselho de administração da R., configura um acto administrativo destacável, cujo adequado meio processual de defesa era o recurso contencioso, pelo que não pode agora o recorrente lançar mão da acção, tanto mais que só de si podendo queixar-se e "sibi imputet", pois no caso concreto, a forma de exercício de direito fora do recurso contencioso, pode configurar uma situação de "venire contra factum proprium" e mesmo de ofender os princípios da boa fé.

Afinal, a acção declarativa proposta, nos termos do art. 72.º da LPTA, tal como a acção de reconhecimento de direito a que alude o art. 69.º, n.º 2 da LPTA não constitui meio contencioso supletivo ou subsidiário dos restantes, mas sim deles complementar no sentido em que, exista ou não acto administrativo, o recurso não se mostre necessário para assegurar no caso concreto a tutela judicial efectiva.

Em termos práticos, a acção não será utilizada se os outros meios garantirem uma igual ou melhor tutela, como afirmam por exemplo os Acs. do TCA de 4.7.01, R. 4070; de 15.3.01, R. 317/00; de 11.10.01, R. 3721; de 5.6.03; R. 6101; de 17.6.04, R. 12650; de 30.9.04, R. 6846; de 18.11.04, R. 6364. De resto, uniformemente, tanto o STA como o Tribunal Constitucional há muito declararam que este entendimento é conforme à CRP.

Também o STA ensina que se o interessado, com vista ao reconhecimento de um direito ou de um interesse legalmente protegido, em vez de propor a acção prevista nos artigos 69.º e 70.º da L.P.T.A., tiver intentado, para o mesmo efeito contra o Estado uma acção declarativa de condenação, verifica-se uso de meio processual impróprio com a consequente absolvição do Réu da instância, porque as referidas acções são substancialmente diferentes, seja quanto ao que cada uma delas está sujeita, seja quanto à legitimidade das partes, seja quanto à natureza da causa de pedir e do pedido, não pode aproveitar-se a, forma de processo inicialmente escolhida pelo autor, ao abrigo do disposto no n.º 3 do artigo 474.º do C. Processo Civil, cfr. o Ac. do STA de 3.1.05, R. 37363.

3. Em conclusão, porque a sentença recorrida não merece qualquer reparo, até porque o próprio recorrente se dispensou do o produzir e do ónus de qualificação jurídica, deverá improceder o recurso, segundo o meu parecer. (...)"

***

Colhidos os vistos legais e entregues as competentes cópias aos Exmos. Juízes Desembargadores Adjuntos, vem para decisão, em conferência.

***

Pela Senhora Juiz, com interesse para a decisão da excepção da inadequação do meio processual utilizado, foi julgada provada a seguinte factualidade:

1. O A foi admitido ao serviço da Caixa Geral de Depósitos, por contrato, por tempo indeterminado, tendo tomado posse em 15/10/76 no lugar de contínuo de 2ª da (cfr. doc. de fls. 20 do seu processo individual).

2. O A não optou pelo regime do contrato individual de trabalho, nos termos do n.º 2 do artigo 7.º do Decreto-Lei n.º 287/93, de 20 de Agosto (admitido por acordo).

3. Na sequência do processo disciplinar instaurado contra o A, mediante deliberação do Conselho de Administração da Caixa Geral de Depósitos, datada de 24 de Janeiro de 2001, foi-lhe aplicada a pena disciplinar de despedimento com justa causa (cfr. doc. de fls. 76 dos autos).

4. O A tomou conhecimento desta deliberação no dia 02.02.01 (cfr. docs. de fls. 72 e 73 do processo individual do A).

5. O A intentou a presente acção em **15 de Junho de 2001 no Tribunal de Trabalho** (cfr. artigo 17.º da pi).

DO DIREITO

O discurso jurídico fundamentador em sede de sentença é o que se transcreve:

"(...)

Cumpre apreciar e decidir a excepção da inadequação do meio processual utilizado. A presente acção está classificada e foi distribuída como acção sobre contratos.

O artigo 71.º da LPTA, aprovada pelo Decreto-Lei n.º 267/85, de 16 de Julho (em vigor à data da propositura da acção) prevê no âmbito do contencioso administrativo, em matéria de contratos administrativos, a existência de acções.

Contudo, a previsão do n.º 3 do artigo 9.º do ETAF, aprovado pelo Decreto-Lei n.º 129/84, de 27 de Abril (em vigor igualmente à data da propositura da acção), determina que a existência de acções sobre contratos administrativos, não exclui o recurso contencioso dos actos administrativos destacáveis respeitantes à formação e à execução dos contratos administrativos.

A relação de emprego estabelecida entre o A e o R constituiu-se através de um contrato.

Quando o A foi admitido ao serviço na Caixa Geral de Depósitos, vigorava a Lei Orgânica aprovada pelo

Decreto-Lei n.º 48.953, de 5 de Abril de 1969, à luz da qual a CGD era uma pessoa colectiva de direito público.

Estabelecia o n.º 2 do artigo 31.º do Decreto-Lei n.º 48.953:

"O referido pessoal continua sujeito ao regime jurídico do funcionalismo público, com as modificações exigidas pela natureza específica da actividade da Caixa como instituição de crédito, de harmonia com o disposto no presente diploma e nos restantes preceitos especialmente aplicáveis ao estabelecimento."

Em matéria disciplinar, o artigo 36.º do Decreto-Lei n.º 48.953, de 5 de Abril de 1969, estabelecia:

"O pessoal continua sujeito ao regulamento disciplinar actualmente aplicável, incumbindo ao conselho de administração exercer, em relação ao mesmo pessoal, a competência atribuída aos Ministros por aquele regulamento."

O regime disciplinar a que se encontravam submetidos os funcionários da anterior CGD, Crédito e Previdência, era o constante do Regulamento Disciplinar dos Funcionários Civis do Estado, em vigor com o Decreto de 22 de Fevereiro de 1913, publicado no Diário do Governo, n.º 44, de 24 de Fevereiro de 1913 (artigo 31.º n.º 2 do Decreto-Lei n.º 48.953, de 5 de Abril de 1969, artigo 36.º n.º 2 deste diploma, na redacção que lhe deu o artigo 1.º do Decreto-Lei n.º 461/77, de 7 de Novembro, artigo 279.º do Decreto-Lei n.º 8162, de 29 de Maio de 1922, e artigo 116.º n.º 1 do Regulamento da CGD, Crédito e Previdência, aprovado pelo Decreto-Lei n.º 694/70, de 31 de Dezembro, na redacção que lhe deu o artigo 2.º do Decreto-Lei n.º 461/77).

Trata-se de um regime disciplinar de direito público.

O Decreto-Lei n.º 287/93, de 20 de Agosto, transformou a Caixa Geral de Depósitos, Crédito e Previdência, pessoa colectiva de direito público (nos termos do Decreto-Lei n.º 48.953, de 5 de Abril de 1969), em sociedade anónima de capitais exclusivamente públicos.

Nos termos do n.º 2 do artigo 7.º do Decreto-Lei n.º 287/93, de 20 de Agosto, os trabalhadores que se encontravam ao serviço da Caixa na data da entrada em vigor desse diploma continuaram sujeitos ao regime que até aí lhes era aplicável, tendo podido, contudo, optar pelo regime jurídico do contrato individual de trabalho, mediante declaração escrita feita nos termos e em prazo a fixar pela Administração da CGD.

Como resulta dos factos assentes, o A não optou pelo regime jurídico do contrato individual de trabalho, pelo que, continuou sujeito ao regime jurídico do funcionalismo público, nos termos do artigo 9.º, n.º 3 do Decreto-Lei n.º 287/93, de 20 de Agosto, e do artigo 31.º, n.º 2 do Decreto-Lei n.º 48.953, de 5 de Abril de 1969.

Pelo que, entre o A e o R vigorava, à data da deliberação de 24 de Janeiro de 2001 do conselho de administração da CGD, uma relação jurídica de emprego público e não uma relação jurídica enquadrada pelo direito do trabalho, cujo título constitutivo era um contrato administrativo de provimento.

Proferida no âmbito dessa relação jurídica pública, regulada pelo regime específico do funcionalismo público aplicável à A (a que supra se aludiu), a deliberação do conselho de administração referida configura um acto administrativo, ao contrário do defendido pelo A.

Na verdade, o facto de a R se ter transformado em sociedade anónima de direito privado não implica que deixe, por via disso, de praticar actos administrativos e de praticá-los no domínio das relações jurídicas administrativas em que se envolve, como é bem elucidativo o artigo 14.º do Decreto-Lei n.º 558/99, de 17 de Dezembro, que estabelece o regime do sector empresarial do Estado.

Cumpre apreciar se tal deliberação do conselho de administração da CGD de 24/01/01 é um acto administrativo destacável no âmbito do contrato administrativo de provimento celebrado entre a A e o R, ou, por outras palavras, se a fonte do direito que o A diz assistir-lhe reside em acto unilateral e autoritário da R ou no acordo de vontades livremente negociado entre ambos.

A aplicação de uma pena no âmbito de um contrato administrativo de provimento, neste caso, a pena de demissão, não é algo que tenha sido produto da fonte negocial entre o A e a R aquando da celebração do contrato de provimento, antes resulta do regime disciplinar de direito público aplicável a tal contrato (a que supra se fez referência), o qual, por ser imperativo, nem sequer era susceptível de ser negociado.

A fonte do direito que o A diz assistir-lhe não reside, portanto, no acordo de vontades negociado entre este e a R.

De acordo com o artigo 180.º do CPA, que preceitua sobre os poderes da administração no âmbito dos contratos administrativos, entre os poderes daquela, figura a aplicação das sanções previstas para a inexecução do contrato, sendo certo que as penas disciplinares são, por excelência, as sanções previstas para o contrato administrativo de pessoal.

Segundo Mário Esteves de Oliveira, *in Código do Procedimento Administrativo Comentado*, 2.º edição, página 827 *"Pode afirmar-se também que a previsão legal ou contratual das sanções leva a considerá-las, no seio dos contratos administrativos, como objecto de poderes de decisão e aplicação unilateral pelo contraente público, mediante acto administrativo (dito destacável do contrato"*.

A deliberação do conselho de administração da R, em causa, configura, pois, um acto administrativo destacável, sendo, à face da lei em vigor à data da mesma (ETAF e LPTA), o recurso contencioso de anulação o meio processual de defesa adequado para dela reagir judicialmente.

Assim, o A deveria ter interposto, no prazo de dois meses, após a notificação de tal deliberação (ocorrida em 02.02.01), recurso contencioso de anulação da mesma (cfr. n.º 1 do artigo 28.º da LPTA) e não a presente acção (proposta em 15 de Junho de 2001).

Há, pois, uma inadequação da forma processual utilizada pelo A e, por conseguinte, há uma excepção dilatória que obsta ao conhecimento do mérito da causa. (...)"

***

Diga-se, desde já, que a sentença recorrida é para confirmar *in totum*, de acordo com a explanação doutrinária e jurisprudencial dela constante e consequente sentido decisório, que a presente formação deste TCA Sul também sufraga sem qualquer declaração de voto e se confirma inteiramente, ao abrigo do disposto no art. 713.º n.º 5 CPC *ex vi* art. 102.º LPTA.

Pelo que vem de ser dito, improcedem as questões suscitadas nos §§ 1 a 8 das conclusões de recurso

***

Termos em que acordam, em conferência, os juízes da Secção de Contencioso Administrativo do Tribunal Central Administrativo Sul em negar provimento ao recurso e confirmar a sentença recorrida.

Custas a cargo do Recorrente, fixando-se a taxa de justiça em € 200 (duzentos) e a procuradoria em metade.

Lisboa, 09 de Março de 2006,

Cristina dos Santos
Teresa de Sousa
Xavier Forte

Recurso n.º 1223/05

CARREIRA DE FISCAL DE OBRAS. CARREIRA VERTICAL.

(Acórdão de 23 de Março 2006)

SUMÁRIO:

A carreira de Fiscal de Obras não é uma carreira horizontal, porque não consta da enumeração taxativa das que são assim classificadas, pelo art. 38.º, n.º 1, do DL n.º 247/87, de 17-06, devendo, por isso, ser classificada como carreira vertical.

ACORDAM NO 2.º JUÍZO DO TCA – SUL

Autor: O Sindicato Nacional dos Trabalhadores da Administração Local (STAL), pessoa colectiva, com sede na R. Frei Manuel Cardoso, n.º 16, 1749-093 Lisboa.

Réu: Município de Oeiras.

O Autor, em representação e defesa do seu associado, António Gonçalves de Moura, veio propor acção administrativa especial de impugnação, sob a forma de processo ordinário, sendo o acto impugnado o despacho de 07-01-04, da Presidente da Câmara Municipal de Oeiras, contra o Município de Oeiras.

A fls. 84 e ss, foi proferida douta sentença, no TAF de Sintra, datada de 14-12-04, pela qual foi foi decidido o seguinte:

a) anular o despacho proferido, em 07-01-2004, pela Srª Presidente da CMO, na parte em que indeferiu o pedido de consideração da carreira do funcionário António Gonçalves de Moura como horizontal:

b) condenar o Réu a reconhecer a carreira de fiscal de obras em que está integrado o referido funcionário como vertical;

c) condenar o Réu a realizar os actos e operações necessários à reconstituição da progressão na categoria do referido funcionário, nos termos prescritos no art. 19.º, n.º 2, al. b), do DL n.º 353-A/89, de 18-10, a partir da data em que reuniu as condições aí prescritas, e desde que o mesmo funcionário não tenha tido no período em causa, a classificação de serviço de não satisfatório ou equivalente;

d) condenar o Réu ao pagamento de juros de mora sobre a diferença de remuneração a atribuir nos termos do decidido em c), à taxa legal, contados desde 01-10-03.

***

Inconformado com a sentença, o Réu veio dela interpor recurso, apresentando as suas alegações de fls. 100 e ss, com as respectivas conclusões, de fls. 104, que de seguida se juntam por fotocópia extraída dos autos.

A fls. 109 e ss, o A., ora recorrido veio apresentar as suas contra-alegações, com a conclusão de fls. 112, que de seguida se juntam por fotocópia extraída dos autos.

No seu douto parecer, de fls. 124, o Sr. Procurador-Geral Adjunto entendeu que o recurso jurisdicional não merece provimento.

MATÉRIA DE FACTO

Nos termos do art. 713.º, n.º 6, do CPC, remete-se a fundamentação de facto para a constante da sentença recorrida.

O DIREITO

Na conclusão g), da alegações de recurso, o recorrente veio dizer que ao decidir como decidiu, a douta decisão em recurso violou a lei (art. 5.º, do DL n.º 248/85) sendo em conformidade a restante decisão condenatória também ela ilegal.

Ora, a questão fulcral que importa resolver consiste em saber se a carreira de fiscal de obras a que pertence o associado do Autor, é uma carreira horizontal como entende como entende a autoridade demandada ou uma carreira vertical, como assume o Autor.

Tal questão, à semelhança do já decidido nos Acs. deste TCAS, de 21-11-02, in Rec. 6175/02, de 21-12-05, in Rec. 1104/05 (publicado em Ant. de Acs. do STA e TCA, Ano VI, n.º 1, págs 235 e 236) e Ac. deste TCAS, de 09-02-06, in Rec. 918/05, impõe a conclusão de que tal carreira é vertical, pelos fundamentos constantes no Ac. do TCAS, de 21-12-05, in Rec. n.º 1104/05, cujo entendimento aqui se perfilha.

Na verdade, o art. 38.º – Carreiras horizontais –, 1, do DL n.º 247/87, ao referir que «são consideradas carreiras horizontais» as que de seguida se enumera sem que se utilize qualquer advérbio, como designadamente, faz supor que se pretendeu efectuar uma enumeração taxativa e não meramente exemplificativa.

Além disso, uma enumeração tão extensa como a constante do preceito, que inclui vinte e sete carreiras, seria desnecessária se o legislador não pretendesse proceder à fixação taxativa das carreiras horizontais.

Esta interpretação é também perfilhada por Veiga e Moura, in «Função Pública Regime jurídico; Direitos e Deveres dos Funcionários e Agentes», 1999, 1.º Vol., pág. 69 e 70, que argumenta ainda com a nossa tradição legislativa ao escrever o seguinte:

«Na verdade, o art. 19.º, 4, do DL n.º 191-C/79, de 26-06, o art. 24.º, do DL n.º 466/79, de 07-12 (ambos já revogados), o art. 38.º,1, do DL n.º 247/87, de 17-06, e o n.º 4, do art. 15.º, do DL n.º 404-A/98, de 18-12, permitem concluir que foi intenção do legislador definir pela positiva as carreiras horizontais e mistas e pela negativa as carreiras verticais.

O legislador optou por enumerar expressa e taxativamente as carreiras que considerava como horizontais, recusando-se, por certamente serem em maior número e se revelar desnecessário, a proceder à listagem das que reputa como verticais.

Só serão, como tal, carreiras horizontais e mistas aquelas que por força de disposição legal assim estejam classificadas, sendo verticais todas as demais que não estejam incluídas naquela enumeração taxativa».

Assim, porque a carreira de *fiscal de obras* – al. b), da matéria fáctica provada – não é legalmente classificada como horizontal ou mista deve ser considerada como uma carreira vertical.

Este critério para classificar as carreiras como verticais ou horizontais é o único que permite superar as dificuldades resultantes da existência de carreiras desprovidas de categorias ou com uma só categoria, como é o caso, segundo alega o recorrente, da carreira de fiscal de obras.

«Na verdade, como escreve o referido Autor (ob. cit., pág. 70, nota 103), se as carreiras são verticais ou horizontais consoante categorias que fazem ou não apelo a diferentes exigências e responsabilidades, como classificar uma carreira que não integra categorias?

Se se tiver presente que, para efeitos de progressão, todas as carreiras do regime geral se têm de classificar como verticais, horizontais ou processando-se como tal, não se negará que só se essa classificação decorrer da lei é que se consegue qualificar uma carreira desprovida de categorias ou de categoria única».

Tal como a sentença recorrida refere, a fls. 90, é certo a carreira do recorrente, fiscal de obras, é unicategorial de acordo com o Anexo II, do DL n.º 412-A/98, de 30-12, que adaptou o DL n.º 404-A/98, de 19-12, à administração local.

Contudo, tal não afasta a classificação legal das carreiras horizontais, constante do art. 38.º, do DL n.º 247/87, de 12-06.

Aliás, o legislador no art. 25.º, do citado DL n.º 412-A//98, revogou os arts. 36.º e 37.º do DL n.º 247/87, respeitantes, respectivamente, às carreiras verticais e mistas, mantendo-se em vigor o art. 38.º, do DL n.º 247/87, onde estão previstas as carreiras que são consideradas horizontais.

Naquela data o legislador conhecendo que a existência de carreiras unicategoriais e que mesmo as constantes do referido art. 38.º tinham também passado a unicategoriais, com o DL n.º 353-A/89, manteve, ainda, assim, o referido artigo.

Assim sendo, de acordo com o elemento sistemático e literal do art. 38.º, do DL n.º 247/87, a interpretação a fazer, em conformidade com o art. 9.º, do CC, é a de que aquele preceito se mantém em vigor, no que toca ao elenco das carreiras horizontais em sede da administração local, e que não constando a carreira dos associados do recorrente do elenco aí estabelecido e mantido pelo legislador, no DL n.º 412-A/98, então tal carreira só poderá ser considerada vertical. (Cfr., entre outros o Ac. do TCA, de 16-03-06, Rec. n.º 1249/05).

Este entendimento é compatível com a regra de prevalência do art. 44.º, do DL n.º 353-A/89, na medida em que este diploma não define quais as carreiras verticais ou horizontais, como também o DL n.º 184/89, de 02-06, nada estipula a este respeito.

Cita-se, a propósito, o Ac. do TCAS, de 21-11-02, proferido no Recurso n.º 6175/02, onde no sumário se pode ler:

«A carreira de Fiscal de Obras não é uma carreira horizontal, porque não consta da enumeração taxativa das que são classificadas pelo art. 38.º, n.º 1, do DL n.º 247/87, de 17-06, devendo, por isso, ser classificada como carreira vertical.

Quanto ao argumento de se tratar de uma carreira unicategorial, Paulo Veiga e Moura, na obra citada, pág. 72, escreveu na nota 103: «Pensa-se, aliás, que só este entendimento permitirá superar as dificuldades que, para a classificação das carreiras como verticais, decorrem do reconhecimento legal da existência de carreiras desprovidas de categorias ou com uma só categoria.

(...) Se se tiver presente que, para efeitos de progressão todas as carreiras do regime geral se têm de classificar como verticais, horizontais ou processando-se como tal, não se negará que só se essa classificação decorrer da lei é que se consegue qualificar uma carreira desprovida de categorias ou de categoria única».

Pelo exposto, não constando a carreira de fiscal de obras do elenco das carreiras horizontais, constante do art. 38.º, do DL n.º 247/87, deve ser classificada como vertical, o que acarreta progressão automática ao fim de três anos, conforme resulta das disposições conjugadas dos arts. 19.º, 2, al. b), e 20.º, n.º 1, ambos do DL n.º 353--A/89, de 16-10.

Em suma, a sentença recorrida mostra-se amplamente fundamentada, de forma que se nos afigura correcta, pelo que se impõe a sua confirmação integral, por adesão aos respectivos fundamentos, de facto e de direito, nos termos do art. 713.º, 5, do CPC.

DECISÃO

Acordam os Juízes do TCAS, em conformidade, em negar provimento ao recurso jurisdicional, confirmando-se a sentença recorrida.

Custas pelo recorrente, com a taxa de justiça que se fixa em 8 UC, nos termos do art. 73.º-D, n.º 3, do CCJ, e reduzida a metade, de acordo com o disposto no art. 73.º-E, n.º 1, al. b), do mesmo Código.

Lisboa, 23 de Março de 2006.

António Forte
Carlos Araújo
Fonseca da Paz

Recurso n.º 00817/05

COMPETÊNCIA INTERNA MATERIAL DOS TRIBUNAIS ADMINISTRATIVOS E FISCAIS. CAIXA CENTRAL DE CRÉDITO AGRÍCOLA MÚTUO. SUSPENSÃO DE DIRECÇÃO E NOMEAÇÃO DE NOVOS DIRECTORES.

(Acórdão 02 de Fevereiro de 2006)

SUMÁRIO:

I – Os Tribunais administrativos são incompetentes em razão das matéria para a apreciação do

pedido de suspensão da eficácia de decisão do CA da Caixa Central de Crédito Agrícola Mútuo que decidiu suspender a direcção duma Caixa de Crédito Agrícola Mútuo e nomear novos directores provisórios pelo período de um ano porquanto se trata de litígio que não emerge de uma relação jurídica administrativa mas duma relação de direito privado.

II – A Caixa Central de Crédito Agrícola Mútuo e as Caixas de CAM são instituições de crédito de natureza privada.

III – A referida Caixa Central exerce os seus poderes para garantir a solvabilidade da instituição de crédito que representa e em que se integra, ou seja, para salvaguarda de um interesse particular, ao invés do que sucede com a actuação do Banco de Portugal enquanto entidade pública e no uso de poderes de supervisão do sistema financeiro.

ACORDAM NO 2.º JUÍZO DO TCA – SUL

Mário Dias Lopes, com os sinais nos autos, inconformado com a sentença proferida pelo Mmo. Juiz do Tribunal Administrativo e Fiscal de Castelo Branco que julgou procedente a excepção da incompetência absoluta dos Tribunais Administrativos na matéria em causa, dela vem recorrer concluindo como segue:

A. O presente recurso jurisdicional vem interposto da douta decisão de fls., datada de 15.03.2005, proferida no processo cautelar n.º 601/04.8BETCB, pelo Tribunal Administrativo e Fiscal de Castelo Branco, no qual o ora Recorrente solicitava, a título principal, a anulação de um acto da autoria do Conselho Geral da Caixa Central – Caixa Central do Crédito Agrícola Mútuo, CRL, datado de 26.07.2004, pelo qual "se deliberou suspender os membros da *Direcção* da Caixa de *Castelo* Branco" – Ponto Dois e se deliberou ainda "proceder à nomeação dos *Directores Provisórios"* – Ponto Três.

B. A decisão recorrida, prende-se com um acto praticado pela Recorrida, no âmbito de um procedimento de deliberação enquadrado e com socorro no art. 77.º-A do RJCAM, em que a Recorrida deliberou suspender os membros da Direcção da da Caixa de Crédito Agrícola Mútuo de Castelo Branco e nomear seus substitutos pelo prazo de um ano.

C. A decisão recorrida pronunciou-se sobre a matéria da excepção (questão prévia) de (in)competência material dos tribunais administrativos, tendo concluído que "Em face do exposto, *julgo* procedente *a invocada excepção dilatória da incompetência* matéria/ dos tribunais administrativos, designadamente a incompetência matéria/do *Tribunal Administrativo e Fiscal de Castelo Branco, para conhecer do pedido de suspensão da eficácia formulado nos presentes autos que, em consequência, se rejeita.".*

D. A excepção de incompetência material radica na qualificação do acto em causa, como um acto não administrativo, designadamente tomando em conta a natureza não administrativa da Caixa Central – Caixa Central do Crédito Agrícola Mútuo, CRL, ora Autoridade Recorrida. Como decorre dos Acórdãos mencionados na Decisão Recorrida, essa qualificação da Autoridade Recorrida parte da compreensão dos seus poderes e dos interesses que esses servem, como poderes e interesses particulares.

E. Caso as normas do RJCAM – em particular o art. 77.º-A, porque se trata do expoente máximo do poder exorbitante da Caixa Central – fossem interpretadas e aplicadas como normas de direito privado, essa interpretação normativa seria nitidamente inconstitucional.

F. As normas referentes aos poderes e funções do Banco de Portugal são similares àquelas existentes para as funções da Caixa Central, assumidas como as "funções e *poderes em matéria de representação, orientação, fiscalização e intervenção no sistema",* com o que não procede, a argumentação sobre a distinção de interesses prosseguidos pelo Banco de Portugal e pela Caixa Central, entendida como prosseguindo, o Banco de Portugal, interesses públicos e a Caixa Central, interesses privados.

G. De entre as várias teses que podem existir para identificar a presença de relações ou de poderes – logo de actos-administrativos, a Autoridade Recorrida e os contra-interessados escolheram aquela que lhes servia: a tese da posição dos sujeitos, apesar de ser esta hoje absolutamente ultrapassada e a Decisão Recorrida aderiu a essa posição.

H. Existem, nos autos, provas materiais de que a Autoridade Recorrida sabe que é o direito administrativo o aplicável e que os procedimentos que levam à aplicação do art. 77.º-A do RJCAM são procedimentos administrativos, logo que tais actos são actos administrativos, embora pareça que a Decisão Recorrida passou por cima desse facto. Existe nos autos uma deliberação do Conselho Geral da Caixa Central (seu órgão máximo), datada de 26 de Julho de 2004, onde se refere explicitamente a aplicação do Código do Procedimento Administrativo no procedimento referente ao Recorrente, o que põe a nu o *venire contra factum propriu* que constituem as actuais alegações dos requeridos quanto à alegação que faziam: ser um lapso a menção à aplicação do CP A ao procedimento pela própria Autoridade Recorrida.

I. A tese subjacente à posição dos recorridos, é a de que os tribunais administrativos não são os tribunais competentes para apreciar os pedidos em causa, por não se estar perante uma relação jurídico-administrativa, mas sim uma relação jurídica privatística. Esta é, também, a tese subjacente à Decisão Recorrida. Suportam-se na natureza jurídica das partes (Caixa Central, Caixa de Crédito Agrícola Mútuo de Castelo Branco, Requerente e demais contra-interessados), bem como numa qualificação das normas aplicáveis, que aponta para a sua proveniência do direito privado, que não do direito público.

J. A natureza jurídica de uma situação ou relação pode ser e, em muitos casos, como no presente, é, de direito público, ainda que os sujeitos intervenientes sejam sujeitos privados. Mais, as regras jurídicas aplicáveis, em concreto, aquelas resultantes do Regime Jurídico do Crédito Agrícola Mútuo e das Cooperativas de Crédito Agrícola, não são normas de direito privado, mas sim normas de direito público.

K. Para a teoria da qualidade ou posição de sujeitos – relacionada com a mais antiga teoria da sujeição – estaremos na presença de direito público (administrativo), quando se compreenda que o complexo de normas que qualificação a posição das partes, impliquem que uma seja dotada de poderes que possa impor à outra, devendo a outra sujeitar-se a essa intervenção ou ablação. Para esta teoria, não releva a natureza das partes, mas sim a sua posição segundo as normas que definem o regime dessa relação. Neste ponto, este critério ou tese, toca e identifica-se com a tese ou critério dos poderes exorbitantes, como qualificando uma relação de tipo jurídico-administrativo.

L. No caso dos autos, a Autoridade Recorrida – Caixa Central – surge na posição de entidade dotada de poderes públicos, pois que a mesma surge em posição similar àquela que desempenha o Banco de Portugal, como esta própria foi forcada a admitir e comprovámos pela comparação de redacção de normas atributivas de competências.

M. Segundo uma teoria de interesses, a actuação da Autoridade Recorrida pauta-se pela necessidade de protecção de interesses públicos, já que a sua intervenção corresponde a uma supervisão bancária sobre as caixas de crédito agrícola mútuas, de forma semelhante ao que poderia fazer o Banco de Portugal – entidade inequivocamente pública e regida pelo direito administrativo quando actua dotada de poderes de autoridade – pois que também recorre a poderes de autoridade para dirigir e corrigir a actuação destas instituições bancárias no mercado.

N. Também as regras em presença são nitidamente orientadas para a protecção de fins públicos – fins de subsistência, equilíbrio e disciplina da actividade mutualista orientada para o sector agrícola e das pescas visando contribuir para o correcto financiamento e promoção das actividades do sector primário da economia, pela via da organização da poupança ou aforro (depósitos e investimentos) destinada a concessão de crédito bonificado a essas áreas de actividade. Estamos na presença de um regime jurídico criado com intuitos de protecção de interesses públicos, sendo que os poderes conferidos pela letra da lei à Autoridade Requerida também são típicos de um exercício de prerrogativas de autoridade, só justificáveis à luz do direito público.

O. As especificidades da relação jurídica estabelecida entre a Caixa Central e as suas Associadas e do regime jurídico aplicável ao Crédito Agrícola Mútuo decorrem da adopção, por estas instituições de crédito, de um modelo organizativo (em que se inserem apenas a Caixa Central e as suas Associadas), denominado sistema integrado do crédito agrícola mútuo ("SIGAM"), representado e coordenado pela Caixa Central, pelo qual se pretende criar uma estrutura de co-responsabilidade entre a Caixa Central e as suas Associadas – cfr. arts. 62.º a 65.º do RJCAM. Tal modelo organizativo caracteriza-se pela atribuição legal à Caixa Central de prerrogativas específicas que lhe permitam exercer a supervisão do SIGAM e das caixas que o integram, por forma a permitir que esta disponha dos poderes aptos a *"assegurar o cumprimento das regras de solvabilidade e liquidez do sistema integrado do crédito agrícola mútuo e das caixas agrícolas a ele pertencentes, bem como orientá-las e fiscalizá-las, nos termos dos artigos 75.º e 76,º* (cfr. n.º 3 do art. 74.º do RJCAM).

P. A Caixa Central dispõe de um poder de orientação das Associadas, gerador de um verdadeiro dever de subordinação das mesmas às orientações emitidas pela Caixa Central nos termos da alínea a) do n.º 1 do art. 75.º do RJCAM. Em acréscimo, a Caixa Central dispõe de um verdadeiro poder de fiscalização das suas Associadas em conformidade com o disposto no art. 76.º do RJCAM. Como poder sancionatório, a Caixa Central encontra-se legalmente autorizada a impor sanções às respectivas Associadas, em caso de incumprimento grave dos respectivos deveres legais ou estatutários, as quais poderão assumir a forma de suspensão dos direitos associativos ou de exclusão da Caixa Central e do SIGAM (cfr. art. 69.º do RJCAM e arts. 8.º e 9.º dos Estatutos da Caixa Central).

Q. Na sequência da descrição dos poderes da Caixa Central face às suas Associadas, não podemos deixar de concluir que estamos perante *"verdadeiros poderes de supervisão"*, tendo em conta que a estrutura do crédito agrícola mútuo se encontra alicerçada sobre a posição privilegiada da Caixa Central como *"organismo ceniraldo* S/C/AM' com as competências necessárias para *"assegurar o cumprimento das regras de solvabilidade e liquidez do SICAM e das caixas agrícolas a ele pertencentes"* (cfr. arts. 50.º, n.º 1 e 74.º n.º 3 do RJCAM), comportando-se a Caixa Central, por isso, como uma verdadeira instituição de supervisão bancária, dotada dos poderes públicos de autoridade que lhe permitem impor condutas e sanções ou acções de fiscalização próprias das entidades públicas, às associadas do SIGAM, nestes poderes públicos se contando a possibilidade suspensão 1ª substituição dos membros das Direcções das Caixas de Crédito Agrícola Mútuo, como aqui sucedeu.

R. Em conclusão, no caso em apreço, estando em causa o exercício de % poderes de orientação, fiscalização e intervenção, a Caixa Central exerce *"poderes de tutela"* típicos de uma autoridade pública e de uma entidade de supervisão perante as suas Associadas, ou seja, assume poderes de supervisão bancária, levando à inelutável conclusão de que estamos perante uma *"relação jurídico-administrativa"*, porque tecida no âmbito de poderes públicos arredios à igualdade de posições que caracteriza o direito privado.

S. Os poderes de supervisão (inicialmente) atribuídos à Caixa Geral de Depósitos foram transmitidos para o Banco de Portugal e, posteriormente, criou-se a Caixa Central a que os autores acima referidos se referiam e que correspondia a uma ideia já antiga, para aplicação ao sistema. Tal fenómeno de transição de poderes não pode deixar de denotar que os poderes e competências actualmente exercidas pela Caixa Central correspondem à prossecução de fins públicos e devem ser atribuídos a entidades dotadas de poderes de autoridade, pois que de outro modo não se compreenderia tal evolução legislativa.

T. Passando a ponderar um critério de índole sistemática, facilmente se demonstra a falência argumentativa da tese da incompetência dos tribunais administrativos para apreciar a questão *subjudice.* Passando a considerar o paralelismo e analogia existentes entre as competências do Banco de Portugal e da Caixa Central, temos que a Lei Orgânica do Banco de Portugal, aprovada pela Lei n.º 5/98, de 31 de Janeiro, na sua versão actualizada, esta entidade administrativa assume-se como a entidade de supervisão ou de tutela do sistema financeiro. Tem competência genérica para *"velar pela estabilidade do sistema financeiro nacional,* devendo para o efeito *"exercer a supervisão das instituições de crédito (...), nomeadamente estabelecendo directivas para a sua actuação e para a assegurar os serviços de centrali-*

zação de riscos de crédito, nos termos da legislação que rege a supervisão financeira". No seio da estrutura do crédito agrícola mútuo alicerçada na posição privilegiada da Caixa Central, esta entidade não é senão uma primeira entidade de supervisão como *"organismo central do SICAM"* com as competências necessárias para *"assegurar o cumprimento das regras de solvabilidade e liquidez do SICAM e das caixas agrícolas a ele pertencentes"*.

U. Prosseguindo na tarefa comparativa dos poderes exercidos pela Caixa Central relativamente às respectivas Associadas acima expostos nos artigos supra, com mediana clareza se poderá demonstrar o paralelismo entre os poderes de supervisão do Banco de Portugal e da Caixa Central, em particular no que respeita aos poderes de supervisão financeira. No que respeita ao poder de orientação das Associadas, o mesmo constitui um poder paralelo à competência do Banco de Portugal para emitir regras vinculativas dirigidas às instituições de crédito e sociedades financeiras, designadamente, por meio de aviso ou circular, tendo por finalidade assegurar o desempenho das suas competências de supervisão prudencial e financeira, em conformidade com o disposto no art. 17.º da Lei Orgânica e nos arts. 94.º a 114.º do RGIC.

V. O poder de fiscalização pela Caixa Central das suas Associadas, em conformidade com o disposto no art. 76.º do RJCAM, mais não é do que um primeiro momento da tarefa fiscalizadora empreendida, de igual modo, pelo Banco de Portugal, de acordo com o estabelecido nos arts. 116.º a 120.º do RGIC, sendo certo que as duas entidades dispõem de idênticos poderes de inspecção, auditoria e consulta de documentação. Mais, os poderes sancionatórios da Caixa Central revelam-se, de igual modo, como um indício caracterizador dos poderes típicos de uma entidade administrativa tendo em conta a competência do Banco de Portugal para aplicar sanções às instituições de crédito em geral. No que respeita aos poderes de intervenção sob a forma de intervenção na gestão das Associadas, nos seus diversos graus, estamos perante poderes análogos às competências do Banco de Portugal para impor providências extraordinárias de saneamento, proceder à designação de administradores provisórios e de comissões de fiscalização ao abrigo do disposto nos arts. 141.º a 147.º do RGIC – normas estas cuja finalidade, pressupostos e procedimentos conexos inspiraram o disposto no art. 77.º-A do RJCAM.

W. A propósito da natureza jurídica dos interesses protegidos pelo regime jurídico aplicável a o crédito agrícola mútuo, urge reiterar a caracterização legal da Caixa Central como *"organismo central do SICAM"* com as competências necessárias para *"assegurar o cumprimento das regras de solvabilidade e liquidez do SICAM e das caixas agrícolas a ele pertencentes"*. Tais objectivos inserem-se no círculo de interesses constitucionalmente protegidos pelo disposto no art. 101.º da Constituição da República Portuguesa (adiante "CRP"), ao prever que "O *sistema financeiro é estruturado por lei, de modo a garantir a formação, a captação e a segurança das poupanças, bem como a aplicação dos meios necessários ao desenvolvimento económico e social"*.

X. No que concerne ao acto da Caixa Central *subjudice* praticado ao abrigo dos poderes de intervenção estabelecidos no art. 77.º-A do RJCAM que permite a suspensão dos Directores das suas Associadas e a designação de Directores Provisórios, não podemos deixar de realçar que quer o Banco de Portugal quer a Caixa Central actuam como entidades de supervisão revestidas de poderes típicos de jus *imperii*.

Y. Por fim, e em comprovação da competência material dos tribunais administrativos para apreciar actos praticados similares àquele em causa ou em matéria de decisões relativas a caixas de crédito agrícola, veja-se a abundante jurisprudência do STA existente nessa matéria retratada nas alegações que antecedem e que põem em causa as decisões arguidas nos autos como modelos decisórios.

Z. Em conclusão, requer-se a V. Exas. que revoguem a Decisão Recorrida e, em consequência, determinem a baixa dos autos para tramitação ulterior da acção administrativa especial.

***

A Recorrida contra-alegou, concluindo como segue:

I. Os poderes que o Decreto-Lei n.º 24/91, de 11 de Janeiro (RJCAM) outorgou à Caixa Central – Caixa Central de Crédito Agrícola Mútuo, CRL no seio do Sistema Integrado de Crédito Agrícola Mútuo (SIGAM) não são poderes de natureza pública, nem se destinam à prossecução de interesses públicos.

II. Os poderes, funções e competências atribuídos àquela Instituição são outrossim "solução que se deve ao respeito devido às formas de auto-organização características do cooperativismo", como é claramente referido no preâmbulo do Diploma, e não bulem com os poderes, funções e competências do Banco de Portugal, que ficam devidamente identificados e salvaguardados.

III. Idêntica salvaguarda é feita nos artigos concretos do DL n.º 24/91 que regulamentam o exercício dos poderes de fiscalização e orientação do SICAM, designadamente os art.s 74.º/I, 2 e 3, 75.º/I, 76.º/I, 77.º/7 e 8 e 77.º-A/I, 2 alínea c) e 8, os quais reservam para o Banco de Portugal a definição das relações e limites prudenciais aplicáveis ao SICAM, a supervisão prudencial do mesmo Sistema e submetem os próprios actos praticados pela Caixa Central ao escrutínio, controlo e aprovação do Banco de Portugal, enquanto, ele sim, entidade pública de supervisão do Sistema Bancário, o que é expressamente reconhecido no preâmbulo e no corpo do RJCAM.

IV. Ademais, a associação no SICAM é inteiramente voluntária, dela não dependendo a possibilidade do exercício da actividade de Crédito Agrícola, o que afasta necessariamente a possibilidade dos poderes atribuídos à Recorrida Caixa Central decorrerem de *"ius imperii"*, como pretende o Recorrente.

V. O SICAM, tal como está configurado na lei, corresponde a uma das formas da "auto-organização" cooperativista, de que uma das características mais importantes é o facto da Caixa Central garantir as obrigações contraídas pelas Caixas Agrícolas Associadas "nos termos em que o fiador garante as obrigações do afiançado" e sem benefício de excussão (art. 78.º/I e 2 do RJCAM), relação que apenas se pode configurar no âmbito do Sector Cooperativo e que subjaz aos poderes de fiscalização e orientação que são atribuídos à Caixa Central.

VI. Na verdade, o SICAM mais não é do que "o conjunto formado pela Caixa Central e pelas caixas agrícolas suas associadas" (artigo 63.º do RJCAM), ou seja, uma organização complexa composta por uma entidade central e organizações dotadas de algum grau de autonomia e órgãos próprios, mas também parcialmente subordinadas e hierarquizadas o que, no essencial, representa apenas uma forma mais integrada de prossecução do tipo de interesses particulares, designadamente dos associados das Caixas Agrícolas que o compõem.

VII. Ao longo das décadas, o Crédito Agrícola tem sido sempre excluído do sector público, o que sucedeu mesmo no período em que toda a restante banca foi nacionalizada, o que atesta o cuidado que o Legislador tem tido em respeitar a sua natureza cooperativa.

VIII. Não é invocável nos presentes autos douta jurisprudência formada sob regime legal totalmente diverso do actual, em que nem estavam previstos o SICAM ou a Caixa Central nos seus moldes e com as suas funções e características hodiernas.

IX. O simples facto dos poderes de orientação e fiscalização da Caixa Central serem eventualmente susceptíveis de sobreposição aos do Banco de Portugal não lhes atribui natureza pública, uma vez que têm natureza e alcance muito diferentes das funções do Banco de Portugal, estas sim radicadas no *itis imperii* inerente à sua condição de entidade que prossegue exclusivamente o serviço público, integrada na Administração Pública porque é um instrumento do poder político, ao contrário da Caixa Central.

X. A singela referência ao CPA feita numa acta da Recorrida não tem o condão de alterar disposições legais, nem constitui motivo para que se alegue a existência de "*venire contra factum proprium*" nos termos em que isso é feito pelo Recorrente, pois, como referido a assunção de um comportamento qualquer não derroga ou revoga a lei, como é óbvio.

***

O EMMP junto deste Tribunal Central Administrativo Sul emitiu parecer no sentido que se transcreve:

"(...)

O magistrado do M.º P.º notificado nos autos à margem referenciados para se pronunciar sobre o objecto do recurso vem alertar V. Exa. para o facto de o despacho que admitiu o recurso jurisdicional, de fls. 549, não ter sido notificado ao M.º P.º na primeira instancia, como o impõe o art. 258.º do CPC, aqui aplicável por força do art. 1.º do CPTA, motivos por que foi mandado subir o processo sem que o despacho que admitiu o recurso se mostrar transitado.

Deste modo, importando assegurar aquela formalidade essencial, sugere o requerente que a Exma. Relatora ao abrigo dos art. 700.º n.º 1 al. a) e 701.º do CPC, ordene que os autos baixem ao Tribunal "*a quo*" para ser sanada tal omissão. (...)".

***

Colhidos os vistos legais e entregues as competentes cópias aos Exmos. Juízes Desembargadores Adjuntos, vem para decisão em conferência.

***

Pelo Senhor Juiz foi julgada provada a seguinte factualidade:

A) O Autor Mário Dias Lopes foi eleito, em Assembleia Geral da Caixa de Crédito Agrícola Mútuo de Castelo Branco, CRL, no dia 29 de Dezembro de 2003, para o cargo de presidente da Direcção daquela Caixa de Crédito Agrícola Mútuo, para g mandato do triénio 2004--2006 (cfr. doc. 3 junto com a petição inicial, que aqui se da por inteiramente reproduzido);

B) O Autor, Mário Dias Lopes, tomou posse como Presidente da Direcção daquela dl. Caixa de Crédito Agrícola Mútuo de Castelo Branco, CRL, no dia 15 de Janeiro de 2004 (cfr. doc. 4 junto com a petição inicial, que aqui se dá por inteiramente reproduzido);

C) A Caixa de Crédito Agrícola Mútuo de Castelo Branco, CRL, comunicou ao Banco de Portugal, em 13/02//2004, os elementos relativos aos novos elementos dos Órgãos Sociais (Direcção e Conselho Fiscal) da Caixa de Crédito Agrícola Mútuo de Castelo Branco, CRL (cfr. doc. 5 junto com a petição inicial, que aqui se dá por inteiramente reproduzido);

D) O Banco de Portugal, em ofício n.º 2038/04/DSBRE, com data de 04/03/2004, enviou fotocópia do requerimento referido em C) à Caixa Central de Crédito Agrícola Mútuo, CRL, "a fim de ser dado o parecer a que se refere o n.º 3 do art. 10.º do Regime Jurídico do Crédito Agrícola Mútuo e das Cooperativas de Crédito Agrícola" (cfr. doc. 6 junto com a petição inicial, que aqui se dá por inteiramente reproduzido);

E) O Banco de Portugal, em ofício n.º 2039/04/DSBRE, com data de 04/03/2004, solicitou à Caixa de Crédito Agrícola Mútuo de Castelo Branco, CRL, entre o mais, a indicação dos "...elementos da Direcção que irão desempenhar as funções de Gestão Corrente dessa CCAM" (cfr. doc. 7 junto com a petição inicial, que aqui se dá por inteiramente reproduzido);

F) A Direcção da Caixa de Crédito Agrícola Mútuo de Castelo Branco, CRL, em ofício com data de 10/03/2004 e em resposta ao solicitado em E), informaram, entre o mais, designadamente, que "os elementos da Direcção que irão desempenhar as funções de Gestão Corrente são: Presidente: Eng.º Mário Dias Lopes (...) Vogal: Vogal: Eng.º Rui Manuel Duarte (...)" (cfr. doc. 8 junto com a petição inicial, que aqui se dá por inteiramente reproduzido);

G) O Banco de Portugal, com data de 25/03/2004, enviou à Caixa Central de Crédito Agrícola Mútuo, CRL, ofício n.º 2802/04/DSBRE, do seguinte teor, designadamente: "Não tendo sido recebida, até à presente data, qualquer resposta à carta deste Banco n.º 2038/04/DSBRE, de 04.03.2004, cuja fotocópia se anexa, solicitamos a V. Ex.as que, com a brevidade possível, seja dada satisfação ao pedido nela formulado" (cfr. doc. 9 junto com a petição inicial, que aqui se dá por inteiramente reproduzido);

H) A Caixa Central – Caixa de Crédito Agrícola Mútuo, CRL, sob a referência DIR/99/2004, com data de 21/04//2004, e referido ao "ASSUNTO: Registo Especial – C.C.A.M. de Castelo Branco, CRL – órgãos Sociais para o mandato de 2004/2006 V. Ref. 2038/04/DSBRE – PROC. 530/04 de 20'04/03/04" emitiu "parecer sobre os membros efectivos e suplentes resgistandos dos Órgãos Sociais da C.C.A.M. de Castelo Branco", que consta do doc. 10 junto com a petição inicial, que aqui se dá por inteiramente reproduzido, designadamente: "Nas contas de Dezembro de 2003 verifica-se que os resultados apresentados pela Caixa, um lucro de € 316 102, não correspondem aos da Auditoria (Relatório, de 31/12//2003), os quais demonstram um prejuízo de € 1.259.601, devido a reforço de provisões.

I – A C.C.A.M., nos seus documentos de 31/12/2003, apresenta Fundos *Próprios* em montante apenas marginalmente superior a 1,5 milhões de Euros. No entanto, o Relatório da Auditoria às contas de Dezembro de 2003 confirma que existe uma insuficiência de provisões de cerca de 1,5 milhões de Euros, encontrando-se assim a C.C.A.M. em grave incumprimento prudencial que põe inclusivamente em causa a sua existência enquanto entidade autónoma, uma vez que os seus Fundos Próprios são ajustados para € 216.696, valor inferior ao mínimo legal.

II – No respeitante à Direcção, é emitido parecer negativo ao registo dos seguintes membros efectivos da mesma:

– Sr. Eng.º Mário Dias Lopes;

– Sr. Eng.º Rui Manuel Duarte.

Uma vez que exerceram funções como membros efectivos da Direcção sendo o Presidente da Direcção Eng.º Mário Lopes, o responsável pela gestão corrente nos últimos mandatos de forma preponderante na C.C.A.M.. (...)

III – Face ao exposto entende-se que os referidos membros da Direcção e Conselho Fiscal não satisfazem os requisitos exigidos para o cumprimento do disposto no art. 30.º do Regime Geral das Instituições de Crédito e Sociedades Financeiras porquanto não dão garantias de vir a exercer uma gestão sã e prudente da C.C.A.M..

No tocante aos restantes membros da Direcção e do Conselho Fiscal da C.C.A.M. de Castelo Branco no temos conhecimento de qualquer facto que determine a emissão de parecer desfavorável; (...)".

I) I – O Banco de Portugal, por ofício n.º 5009/04//DSBRE, de 08/06/2004, notificou o ora Autor Mário Dias Lopes do seguinte, designadamente: "Tendo a Caixa de Crédito Agrícola Mútuo de Castelo Branco, CRL, requerido o registo de V. Exa. como Presidente da Direcção, solicitamos que, para efeitos do disposto nos artigos 100.º e 101.º do Código do Procedimento Administrativo (...) nos informe no prazo de dez dias, do que houver por conveniente sobre a possível recusa de registo por, de acordo com o parecer de cujas partes relevantes se envio fotocópia, emitido pela Caixa Central de Crédito Agrícola Mútuo, CRL, nos termos do artigo 10.º do Regime Jurídico do Crédito Agrícola Mútuo (RJCAM foi aprovado pelo Decreto-Lei n.º 24/91, de 11 de Janeiro, não preencher os requisitos exigidos pelo artigo 30.º do Regime Geral das Instituições de Crédito e Sociedades Financeiras, aprovado pelo Decreto-Lei n.º 298/92, de 31de Dezembro (redacção dada pelo Decreto-Lei n.º 201/02, de 26 de Setembro) – (cfr. doc. 14 junto com a petição inicial, que aqui se dá por inteiramente reproduzido

J) O Banco de Portugal, por ofício n.º 5008/04/DSBRE, de 08/06/2004, dirigido à Caixa de Crédito Agrícola Mútuo de Castelo Branco, CRL, junto com a petição inicial como doe. 17 e que aqui se dá por inteiramente reproduzido, comunicou o seguinte, designadamente: "Em satisfação do solicitado na carta acima mencionada, informamos V.Ex[as] de que procedemos ao registo dos membros dos órgãos sociais dessa CCAM eleitos para o mandato em epígrafe, com excepção de Mário Dias Lopes e de Rui Manuel Duarte (...) solicitamos que, para efeitos do disposto nos artigos 100.º e 101.º do Código do Procedimento Administrativo (...) nos informem, no prazo de dez dias, do que houver por conveniente sobre a possível recusa de registo por, de acordo com o parecer cuja fotocópia anexamos, emitido pela Caixa Central de Crédito Agrícola Mútuo, CRL, nos termos do artigo 10.º do Regime Jurídico do Crédito Agrícola Mútuo (RJCAM) aprovado pelo Decreto-Lei n.º 24/91, de 11 de Janeiro, Mário Dias Lopes e Rui Manuel Duarte não preencherem os requisitos exigidos pelo artigo 30.º do supra citado Regime Geral.";

K) O Banco de Portugal, pelo ofício n.º 5007/04//DSBRE, de 08/06/2004, junto com a petição inicial como doc. 18 e que aqui se dá por inteiramente reproduzida, comunicou à Caixa Central de Crédito Agrícola Mútuo, CRL, designadamente: "...informamos V. Ex[as] de que procedemos ao registo dos membros dos órgãos sociais dessa CCAM eleitos para o mandato em epígrafe, com excepção de Mário Dias Lopes e de Rui Manuel Duarte (...);

L) A Caixa Central de Crédito Agrícola Mútuo, CRL, pelo ofício n.º DFOA/1053/2004, de 24 de Junho de 2004, junto com a petição inicial como doe. 19 e que aqui se dá por inteiramente reproduzido, comunicou ao Banco de Portugal, designadamente: "1. Face às irregularidades de gestão praticadas pela direcção da CCAM identificadas no Relatório de Auditoria, nomeadamente desequilíbrios ao nível da estrutura financeira e patrimonial e incumprimentos generalizados dos limites prudenciais (...) torna-se necessário intervir na gestão da CCAM, de acordo com o disposto no art. 11.º do R.J.C.A.M.. Assim, vem a Direcção da Caixa Central, em conformidade com a decisão do Conselho Geral em sua sessão de 15/06/2004, requerer a V.Ex[as], nos termos do disposto no art. 77.º-A do Regime Jurídico do Crédito Agrícola Mútuo, que: a) Autorizem, nos termos do n.º 1 do art. 77.º-A do Regime Jurídico do Crédito Agrícola Mútuo, a intervenção na C.C.A.M. de Castelo Branco, CRL; b) Autorizem a Caixa Central, nos termos previstos do n.º 3 do art. 77.º-A do R.J.C.A.M., a suspender do exercício do cargo de Directores da C.C.A.M. de Castelo Branco, CRL, a totalidade dos membros eleitos da Direcção da C.C.A.M. 2. O fundamento para a presente proposta resulta do exposto no Relatório de Auditoria (...)";

M) Por carta datada de 24 de Junho de 2004, dirigida ao Banco de Portugal e subscrito pelo ora Autor Mário Dias Lopes e ainda por Rui Manuel Duarte e Fernando Manuel da Silva P. Monteiro, "A Caixa de Crédito Agrícola Mútuo de Castelo Branco, CRL (...)Mário Dias Lopes, Rui Manuel Duarte e Fernando Manuel da Silva Pereira Monteiro, notificados nos termos e para os efeitos do disposto nos artigos 100.º e 101.º do Código do Procedimento Administrativo..." disseram o que consta do doc. 20 junto com a petição inicial e que aqui se dá por inteiramente reproduzido, designadamente: "(...) o registo dos membros da Direcção e do Conselho Fiscal da Caixa já se encontra efectuado – de forma perfeita – por deferimento tácito (...) o deferimento tácito verificou-se em 30 de Abril de 2004 (...) 24. (...) o parecer da Caixa Central, por não ter em consideração as informações e esclarecimentos prestados pela Caixa, não pode fundamentar a eventual recusa de registo por não traduzir a real situação da caixa. (...) 28. Conforme *é* justificado na carta enviada pela Caixa à Caixa Central, está a ser feito um grande esforço para corrigir as insuficiências apontadas e proceder aos ajustamentos que se tornem necessários de modo a que, num curto prazo, a Caixa possa cumprir todas as determinações legais e regulamentares em vigor. 29. Em anexo, *é* enviado um plano de reequilíbrio dos indicadores prudenciais da Caixa (...)", dando-se aqui por inteiramente reproduzido esse Plano que constitui doc. 21 junto com a petição inicial, designadamente: "É objectivo deste documento sistematizar as acções que estão já a ser concretizadas pela Direcção desta Caixa com vista a obter, no mais curto período possível, o reequilíbrio dos principais indicadores prudenciais da Caixa, uma vez que as correcções que já se introduziram nas contas – de acordo com as recomendações que se entendeu ser de adoptar – conduziram esta Caixa ao incumprimento de alguns dos valores mínimos exigíveis.";

N) Do doc. 22 junto com a petição inicial e aqui se dá por inteiramente reproduzido consta, designadamente, o seguinte: "Face À degradação da situação desta CCAM, conforme vem mencionado nesta Nota Informativa e complementado com a ficha de acompanhamento reportada a Março/2004 (Inf. 2118/04) (...) também sou de entendimento que se deverá autorizar a Caixa Central a intervir na CCAM de Castelo Branco (...) à consideração do Senhor Vice Governador, Dr. António Marta, Igualmente com o meu acordo a que, ao abrigo do art. 77.º-A do RJCAM, a Caixa Central seja autorizada a intervir na CCAM de Castelo Branco, com suspensão de todos os directores eleitos (...I Autorizada a intervenção da Caixa Central, ao abrigo do art. 77.º-A do RJCAM, conforme e nos termos propostos e pelas razões aduzidas. 2. Para ratificar em Conselho de Administração. (...) Ratificado em Conselho da Administração de 20 de Julho de 2004.";

O) Do doc. 23 junto com a petição inicial, tendo como epígrafe o "Assunto: CCAM de Castelo Branco – Pedido de intervenção ao abrigo do art. 77.º-A do RJCAM", e que aqui se dá por inteiramente reproduzido, consta, designadamente, o seguinte: "A auditoria realizada pela Fenacam à CCAM de Castelo Branco, com reporte a 31.12.2003, constatou que as contas analisadas reflectiam, deficientemente, a situação financeira e patrimonial da instituição, tendo o resultado do exercício sido ajustado de um lucro de 316 m € para um prejuízo de 1.260 m €, resultante, fundamentalmente da insuficiência de provisões. Considerando o reportado pelos auditores, a Caixa Central deliberou emitir parecer negativo ao registo do Presidente e Vogal efectivo da Direcção da CCAM e a um membro de Conselho Fiscal, face à responsabilidade na gestão corrente nos últimos mandatos. Na sequência daquela decisão e por forma a assegurar o normal funcionamento da CCAM, vem solicitar ao Banco de Portugal a autorização em apreço. Refere-se que, em 31.05.2004, a CCAM constituiu parte das provisões recomendadas pelos auditores da Fenacam, situação com forte impacto nos rácios e limites prudenciais pruciençiais aplicáveis, face ao apuramento de um resultado líquido negativo. Em face do exposto, e s.m.o., entende-se que o Banco de Portugal não deverá opor-se à pretensão da Caixa Central, autorizando assim que esta proceda á intervenção na CCAM de Castelo Branco nos termos previstos no artigo 77.º-A do RJCAM, com a suspensão da Direcção no seu todo.";

P) A Caixa Central de Crédito Agrícola Mútuo, CRL, por ofício n.º DIR/184/2004, de 12 de Julho de 2004, que constitui doe. 26 junto com a petição inicial e aqui se dá por inteiramente reproduzido, comunicou ao Banco de Portugal, designadamente, o seguinte: "Mantém-se, no seu todo, a Informação prestada pela Caixa Central, através do ofício de 21/04/04, sobre «Registo Especial – CCAM de Castelo Branco, CRL – Órgãos Sociais para o mandato de 2004/2006». Os factos levados àquela informação e que sustentam o parecer negativo mantêm-se válidos não havendo razões objectivas que possam alterar a posição manifestada.";

Q) O Banco de Portugal, por ofício n.º 6122/04/DSBSD, de 16/07/2004, que constitui doe. 27 junto com a petição inicial e aqui se dá por inteiramente reproduzido, comunicou à Caixa Central de Crédito Agrícola Mútuo, CRL, designadamente, JD seguinte: "...o Banco de Portugal autoriza a intervenção, pelo prazo de una ano, na CCAM de Castelo Branco, ao abrigo do disposto no art. 77.º-A do Regime Jurídico do Crédito Agrícola Mútuo, com suspensão, na totalidade, dos membros eleitos da Direcção da Instituição. A Caixa Central deverá providenciar no sentido de ser enviado ao Banco de Portugal: – o mais breve possível, uma informação actualizada e circunstanciada sobre a efectiva situação económico – financeira da CCAM, bem como as perspectivas de recuperação e sua calendarização; – semestralmente, um relatório sobre a evolução dos indicadores da CCAM e das medidas tomadas ou a tomar para a correcção da situação existente.";

R) O Conselho de Administração do Banco de Portugal, na sessão de 3 de Agosto de 2004, tomou a deliberação constante do documento junto com a petição inicial como doe. 29, que aqui se dá por inteiramente reproduzida, designadamente o seguinte: "Deliberado em Conselho de Administração: a) Considerar tacitamente efectuado, em 10/4/2004, o registo de Mário Dias Lopes, Rui Manuel Duarte e Fernando Manuel da Silva Pereira Monteiro, respectivamente, como Presidente da Direcção, Vogal da Direcção e Vogal do Conselho Fiscal da CCAM de Castelo Branco, para o mandato 2004/2006; b) Notificar a CCAM de Castelo Branco e as pessoas indicadas na alínea anterior, nos termos e para os efeitos do disposto nos arts. 100.º e 101.º do Código do Procedimento Administrativo, do eventual cancelamento do seu registo, tendo em atenção o previsto nos n.os 1 e 4 do citado art. 70.º do RGICSF, pelo facto de a Caixa Central ter emitido parecer negativo sobre o mesmo registo. (...)",

S) O teor da deliberação indicada em R) foi dado a conhecer à Caixa de Crédito Agrícola Mútuo de Castelo Branco, CRL, pelo ofício do Banco de Portugal n.º 6732/ /04/DSBRE, de 09/08/2004, quanto à alínea a), e quanto à alínea b) pelo ofício n.º 6763/04/DSBRE, de 09/08/ 2004 (cfr. doc. 30 e doe. 35 juntos com a petição inicial e que aqui se dão por inteiramente reproduzidos);

T) O teor da deliberação indicada em R), quanto à sua alínea a), foi dado a conhecer à Caixa Central de Crédito Agrícola Mútuo, CRL, pelo ofício do Banco de Portugal n.º 6733/04/DSBRE, de 09/08/2004 (cfr. doc. 31 junto com a petição inicial e que aqui se dá por inteiramente reproduzido);

U) O teor da deliberação indicada em R), quanto à sua alínea a), foi dado a conhecer ao ora Requerente Mário Dias Lopes, pelo ofício do Banco de Portugal n.º 6736/04/DSBRE, de 09/08/2004, e quanto à sua alínea b), pelo ofício n.º 6764/04/DSBRE, de 09/08/2004 (cfr. doc. 32 e doe. 36 juntos com a petição inicial e que aqui se dão por inteiramente reproduzidos);

V) Às notificações indicadas em S) e U) responderam a Caixa de Crédito Agrícola Mútuo de Castelo Branco, CRL, e Mário Dias Lopes, entre outros, pela comunicação constante de doc. 37 junto com a petição inicial e aqui se dá por inteiramente reproduzida, designadamente: "Os notificados encontram-se registados desde lá de Abril de 2004 como Presidente e Vogal efectivos da Direcção e Vogal efectivo do Conselho Fiscal da Caixa (...)";

W) A Caixa Central de Crédito Agrícola Mútuo, CRL, por ofício n.º DFO A/1316/2004, dl 25 de Agosto de 2004, junto com a petição inicial como doc. 38, que aqui se dá por inteiramente reproduzido, comunicou ao Banco de Portugal, Departamento de Supervisão Bancária, designadamente o seguinte: "Na sequência de autorização concedida para a intervenção ao abrigo do art. 77.º-A do Regime Jurídico de Crédito Agrícola na CCAM de Castelo Branco vimos solicitar o registo dos Srs. Agostinho de Sousa Fernandes e Dr. Nélio André Marques como Directores Provisórios daquela CCAM para a condução da citada intervenção.", o que foi deferido por despacho de 26/08/2004, de "Carlos Santos", como consta do doc. 40 junto com a petição inicial e aqui se dá por inteiramente reproduzido;

X) A Caixa Central de Crédito Agrícola Mútuo, CRL, por ofício n.º DFOA/1322/2004, de 26 de Agosto de 2004, junto com a petição inicial como doe. 41, que aqui se dá por inteiramente reproduzido, comunicou ao Banco de Portugal, Departamento de Supervisão Bancária, designadamente o seguinte: "Em aditamento à nossa carta, ontem enviada, informamos que, tal como havíamos solicitado aquando da autorização do pedido de intervenção na CCAM de Castelo Branco, se procederá à suspensão dos Directores eleitos da CCAM.";

Y) O Banco de Portugal, por ofício n.º 7361/04/DSBRE, de 27/08/2004, junto com a petição inicial como doc. 42, que aqui se dá por inteiramente reproduzido, comunicou à Caixa Central – Caixa Central de Crédito Agrícola Mútuo, CRL, designadamente o seguinte: "Em referência às cartas acima mencionadas, informamos V.Ex^as^ de que efectuamos a inscrição no registo dos Srs. Dr. Nélio André Marques e Agostinho de Sousa Fernandes como Directores Provisórios da Caixa de Crédito Agrícola Mútuo de Castelo Branco, CRL pelo prazo de um ano, bem como o averbamento da suspensão de todos os membros da sua Direcção eleitos para o mandato de 2004/2006.";

Z) O Banco de Portugal, por ofício n.º 7469/04/ /DSBDR, de 31/08/2004, dirigido à Caixa Central – Caixa Central de Crédito Agrícola Mútuo, CRL, junto com a petição inicial como doc. 45 e aqui se dá por inteiramente reproduzido, comunicou designadamente o seguinte: "... confirmamos que, por despacho proferido em catorze de Julho de dois mil e quatro pelo Exm.º Vice-Governador Dr. António Martins Pereira Marta e ratificado em Conselho de Administração de vinte de Julho de dois mil e quatro, foi autorizada, ao abrigo do n.º 1 do art. 77.º-A do Regime Jurídico do Crédito Agrícola Mútuo, aprovado pelo Decreto-Lei n.º 24/91, de 11 de Janeiro, a intervenção da Caixa Central de Crédito Agrícola Mútuo na Caixa de Crédito Agrícola Mútuo de Castelo Branco e concedido o acordo à designação de dois directores provisórios, pelo prazo de um ano, com suspensão de todos os directores eleitos. (...)";

AA) O Conselho de Administração do Banco de Portugal, com data de 14/09/2004g deliberou, designadamente, o seguinte: "Aprovado o cancelamento do registo de Mário Dias Lopes, Rui Manuel Duarte e Fernando Manuel da Silva Pereira Monteiro enquanto, respectivamente, Presidente, Vogal da Direcção e Vogal do Conselho Fiscal da CCAM de Castelo Branco, conforme proposto e pelas razões aduzidas" (doc. 47 junto com a petição inicial que aqui se dá por inteiramente reproduzido);

BB) A deliberação do Conselho de Administração do Banco de Portugal indicada em AÃ) foi notificada ao ora Requerente por carta datada de 17/09/2004, junta com a petição inicial como doe. 48, que aqui se dá por inteiramente reproduzida.

DO DIREITO

Vem assacada à sentença de incorrer em violação primária de direito adjectivo por erro de julgamento em matéria de:

– competência interna material dos Tribunais Administrativos e Fiscais .... ítens A a Z das conclusões de recurso.

***

O discurso jurídico fundamentador e decisão exarados em sede de sentença é o que de seguida se transcreve:

"(...)

II.2. Da excepção da incompetência material

Na sua contestação vem a Entidade Ré arguir, entre outras, a excepção dilatória da incompetência material do Tribunal.

Contra as deduzidas excepções nem o Autor nem o Ministério Público se manifestaram, apesar de devidamente notificados da apresentação da contestação.

Com estes sinais, sendo a competência do tribunal a medida do respectivo poder jurisdicional e uma vez que o âmbito da jurisdição administrativa e a competência dos tribunais administrativos, em qualquer das suas espécies, é de ordem pública e o seu conhecimento precede o de qualquer outra matéria (art. 13.º do Código de Processo nos Tribunais Administrativos – CPTA), impõe-se, antes do mais, estabelecer se os Tribunais administrativos, *in casu* o Tribunal Administrativo e Fiscal de Castelo Branco é materialmente competente para conhecer do pedido formulado nestes autos.

***

Vejamos pois.

Para a determinação da competência são relevantes os elementos identificadores da causa (pedido fundado na causa de pedir e partes) tal como o autor os configura (ver por todos Ac. S.T.A., Conflitos, de 03-02-2004, Rec. n.º 023/03).

Ora, em causa está um pedido de anulação das "deliberações constantes do Ponto Dois e do Ponto Três, da Deliberação datada de 26.07.2004, do Conselho Geral da Caixa Central – Caixa Central de Crédito Agrícola Mútuo, C.R.L., titulada pela Acta n.º 26/2004.

***

A questão não é nova e foi já objecto de decisão por parte dos tribunais superiores, designadamente os **Acórdãos do Tribunal Central Administrativo Norte**, proferidos, em **22-06-2004**, no processo n.º **0006/04**, e, em **15/07/2004**, no processo n.º **00057/04**, ambos no sentido de declarar, ou manter a declaração, da incompetência dos tribunais administrativos para aplicar pedido de suspensão da eficácia de deliberação do Conselho de Administração da Caixa Central – Caixa Central de Crédito Agrícola Mútuo, CRL.

Nesses dois Acórdãos foi sumariado:

1. Os Tribunais administrativos são incompetentes em razão das matéria para a apreciação do pedido de suspensão da eficácia de decisão do CA da Caixa Central de Crédito Agrícola Mútuo que decidiu suspender a direcção duma Caixa de Crédito Agrícola Mútuo e nomear novos directores provisórios pelo período de um ano porquanto se trata de litígio que não emerge de uma relação jurídica administrativa mas duma relação de direito privado.

2. A Caixa Central de Crédito Agrícola Mútuo e as Caixas de CAM são instituições de crédito de natureza privada.

3. A referida Caixa Central exerce os seus poderes para garantir a solvabilidade da instituição de crédito que representa e em que se integra, ou seja, para salvaguarda de um interesse particular, ao invés do que sucede com a actuação do Banco de Portugal enquanto entidade pública e no uso de poderes de supervisão do sistema financeiro.

***

Pela total identidade das razões quanto aos elementos de facto e de direito que relevam para o conhecimento da invocada excepção da incompetência material do tribunal e que, para além do óbvio conteúdo específico e próprio, serviram ali e servem nestes autos à decisão desta excepção dilatória, designadamente, ali como aqui, deliberação ou deliberações do Conselho de Administração da Caixa Central – Caixa Central de Crédito Agrícola Mútuo, CRL, sendo esse um elemento decisivo, com acima já se deixou dito, na determinação da competência dos tribunais, e porque nos identificamos totalmente com aquela posição jurisprudencial, a ela aderimos, fazendo nosso, com a devida vénia, todos os argumentos e fundamentação ali vertidos, que aqui se dão por inteiramente reproduzidos e, porque publicados, nos escusamos de aqui repetir (publicação em www.dgsi.pt/jtcn.nsf).

III. DECISÃO

Em face do exposto, julgo procedente a invocada excepção dilatória da incompetência material dos tribunal administrativos, designadamente a incompetência material do Tribunal Administrativo e Fiscal de Castelo Branco, para conhecer dos pedidos de anulação e de condenação formulados nos presentes autos e, em consequência, abstendo-se o Tribunal de conhecer dos pedidos, absolve-se a Ré da instância (arts. 493.º, n.º 2, 494, alínea a), e 288.º, n.º 1, alínea a), todos do CPC, *ex vi* art. 1.º do CPTA).(...)"

***

Diga-se, desde já, que a sentença proferida é para confirmar, em face das razões de direito expostas e supra transcritas, cuja explanação doutrinária e consequente sentido decisório a presente formação deste TCA Sul também sufraga sem qualquer declaração de voto e se confirma inteiramente, ao abrigo do disposto no art. 713.º n.º 5 CPC, ex vi art. 140.º CPTA.

***

Termos em que acordam, em conferência, os juízes da Secção de Contencioso Administrativo do Tribunal Central Administrativo Sul em negar provimento ao recurso e confirmar a sentença proferida.

Custas a cargo do Recorrente, fixando-se a taxa de justiça em 12 (doze) UC (arts. 73.º-A e 73.º-D, n.º 3, CCJ).

Lisboa, 02 de Fevereiro de2006

Cristina dos Santos
Teresa de Sousa
Xavier Forte

Recurso n.º 1120/05

DECLARAÇÃO DE INCONSTITUCIONALIDADE DO ART. 9.º DA LEI N.º 32-B/2003. REPRISTINAÇÃO DO REGIME JURÍDICO CONSTANTE DO DEC. LEI N.º 116/85. REFORMA DO ACTO PELA C.G.A.. PODERES VINCULADOS.

(Acórdão de 16 de Março de 2006)

SUMÁRIO:

I – A declaração de inconstitucionalidade do art. 9.º da Lei n.º 32-B/2003 pelo Ac. do T.C. n.º 360/ /2003, determinou a repristinação do regime jurídico constante do Dec. Lei n.º 116/85, de 19 de Abril.

II – Operada tal repristinação já depois de ter sido apresentado requerimento para aposentação ao abrigo do art. 37.º-A do E.A., deve a C.G.A. proceder à reforma do acto à luz do Dec. Lei n.º 116/85, de 19 de Abril.

III – O Despacho 867/03/MEF da Ministra do Estado e das Finanças possui carácter de orientação interna, não podendo sobrepor os seus critérios aos existentes na lei, nomeadamente no tocante à integração do conceito de "inexistência de prejuízo para o serviço".

ACORDAM NO 2.º JUÍZO DO TCA – SUL

1. RELATÓRIO

Josefina da Silva Gonçalves, assessora principal da carreira de jurista do Instituto da Vinha e do Vinho, intentou no TAF de Sintra acção administrativa especial contra a Caixa Geral de Aposentações, pedindo a declaração de nulidade ou anulação do despacho de 16.02.2004, que revogou o despacho de 11.07.2003 que havia reconhecido à A. o direito à aposentação e a condenação da entidade demandada a reconhecer-lhe tal direito, com base no Dec. Lei n.º 116/85, de 19 de Abril.

O tribunal "a quo", por douto Acórdão de 6.06.05, julgou a acção procedente.

É de tal Acórdão que vem interposto o presente recurso jurisdicional pela C.G.A., em cujas alegações se enunciam as conclusões seguintes:

1ª) Por Acórdão de 8.07.2003, publicado no Diário da República, I Série, n.º 232, de 7.10.2003, foi declarada a inconstitucionalidade, com força obrigatória geral, das normas constantes dos n.ºs 1 a 8 do artigo 9.º da Lei n.º 32-B/2002, de 30 de Dezembro.

2ª) A declaração de inconstitucionalidade contida em tal acordão retroagiu à data em que a norma declarada inconstitucional entrou em vigor, ou seja, 1 de Janeiro de 2003.

3ª) O que significa que a A. não pode beneficiar da modalidade de aposentação antecipada, prevista no art. 37.º-A do E.A que, por força da Lei n.º 32.º-B/2002, de 30 de Dezembro, foi aditado ao Estatuto da Aposentação.

4ª) Por conseguinte, no caso em apreço, o despacho de 11 de Julho de 2003 – que no caso da A. aplicou o disposto no artigo 37.º-A do Estatuto da Aposentação, preceito aditado pela Lei n.º 32 – B/2002 – é ilegal, já que a requerente não poderia ter optado por essa modalidade de aposentação.

5ª) Assim, a C.G.A., entidade obrigada ao princípio da legalidade, não podia ter deixado de revogar o despacho de 11.07.2003, uma vez que este, por ter aplicado uma norma inconstitucional, era manifestamente ilegal.

6ª) Por conseguinte, o despacho de 16.02.2004, que revogou o referido despacho, não padece de nenhum vício, devendo manter-se na ordem jurídica.

7ª) Também deve improceder o pedido de condenação da Ré na prolação de um novo acto que reconheça à A. o direito à aposentação, por se verificarem os pressupostos previstos no art. 1.º do Dec. Lei 116/85, de 16 de Abril.

8ª) Contrariamente ao que alega a A., a Ré não pode, por repristinação, aplicar o Dec. Lei n.º 116/85, de 19.04, sob pena de violação do art. 282.º n.º 1 da C.R.P.

9ª) Desde logo, verifica-se que a A. nunca requereu à C.G.A. a sua aposentação ao abrigo do Dec. Lei n.º 116/ /85, de 19 de Abril, sendo certo que agora já não o poderá fazer, uma vez que a Lei n.º 1/2004, de 15 de Janeiro, revogou, com efeitos retroagidos a 1 de Janeiro, o referido diploma.

10) No entanto, mesmo que a A. tivesse oportunamente requerido a aposentação ao abrigo do Dec. Lei n.º 116/85, de 19.04, isso não significa que tal pedido viesse a ser deferido.

11) É que o deferimento do pedido de aposentação ao abrigo do Dec. Lei n.º 116/85, de 19 de Abril, não depende apenas de os subscritores da Caixa Geral de Aposentações contarem com 36 anos de serviço e apresentarem uma declaração certificativa da inexistência de prejuízo para o serviço.

12) Reconhecendo que o Dec. Lei n.º 116/85 exigia uma disciplina e um maior rigor na sua aplicação, foi proferido pela Sra. Ministra do Estado e das Finanças o Despacho n.º 867/03/MEF, o qual faz depender a apreciação dos pedidos de aposentação formulados ao abrigo do citado Dec. Lei n.º 116/85, da fundamentação do deferimento pelos serviços do activo com base nos elementos que aí claramente se discriminam.

13) O processo de aposentação da A. não se encontra instruído nos termos do Despacho n.º 867/03/MEF, pois do mesmo não consta qualquer declaração do seu dirigente máximo que fundamente a inexistência de prejuízo para o serviço, de acordo com a alínea a) do n.º 1 e n.º 3 do Despacho n.º 867/03/MEF.

14) Portanto, ainda que a A. tivesse requerido oportunamente a sua aposentação ao abrigo do Dec. Lei n.º 116/85, o que não fez, o deferimento do seu pedido sempre dependeria de se encontrar cumprido o disposto no referido Despacho n.º 867/03/MEF, de 5 de Agosto.

15) Pelo exposto, é manifesta a improcedência de qualquer um dos pedidos formulados pela Autora.

A recorrida contra-alegou, pugnando pela manutenção do julgado.

O Digno Magistrado do Ministério Público não emitiu parecer sobre o mérito do recurso.

Colhidos os vistos legais, cumpre decidir.

2. MATÉRIA DE FACTO

A matéria de facto é a fixada na decisão de 1ª instância, para cujos termos se remete na íntegra (art. 713.º n.º 5 do Cód. Proc. Civil).

3. DIREITO APLICÁVEL

O Acórdão recorrido anulou o despacho revogatório de 16.02.2004 (que revogou o despacho de 11 de Julho de 2003, que havia reconhecido à A. o direito à aposentação) e condenou a Caixa Geral de Aposentações a reformar o acto administrativo praticado em 11 de Julho de 2003, concretamente na parte relativa ao cálculo da pensão de aposentação a que a A. tem direito.

Contra tal decisão se insurgiu a C.G.A., nos termos das alegações supra transcritas, das quais se extrai, em síntese, a seguinte argumentação:

– A Autora não pôde beneficiar da modalidade de aposentação antecipada prevista no artigo 37.º-A do E.A que, por força da Lei n.º 32.º-B/2002, de 30 de Dezembro, foi aditado ao Estatuto da Aposentação.

– Por conseguinte, o despacho de 11 de Julho de 2003, que no caso da A. aplicou o disposto no art. 37.º-A do Estatuto de Aposentação, é ilegal (por ter sido aditado pela Lei n.º 32.º-B/2002).

– Logo, a C.G.A. não podia ter deixado de revogar o despacho de 11.07.2003, por este ter aplicado uma norma inconstitucional.

– Também a C.G.A. não podia, por repristinação, aplicar o Dec. Lei n.º 116/85, de 19 de Abril, sob pena de violação do art. 282.º n.º 1 da C.R.P., visto que a A. nunca requereu a aposentação ao abrigo do Dec. Lei n.º 116/85, de 19 de Abril

– E, mesmo que o tivesse feito, o seu pedido não poderia ser deferido, em face do disposto no Despacho n.º 867/03/MEF da Sra. Ministra das Finanças, que exige a fundamentação do deferimento no tocante à inexistência de prejuízo para o serviço, de acordo com a alínea a) do n.º 1 e 3 do Despacho n.º 867/03/MEF.

– Não sendo cumpridas as normas do aludido Despacho, relativas à fundamentação, a aposentação antecipada nunca poderia ser concedida.

Cumpre analisar, na sua globalidade, esta argumentação.

Como é sabido, o Ac. do Tribunal Constitucional n.º 360/ /2003, proferido no Proc. 13/2003, declarou inconstitucionais, com força obrigatória geral, as normas constantes dos números 1 a 8 do artigo 9.º da Lei n.º 32.º-B/2003, de 30 de Dezembro, sendo assim reposta, por repristinação, a vigência do Dec. Lei n.º 116/85, de 19 de Abril.

Os efeitos da declaração de inconstitucionalidade são os previstos no art. 282.º da C.R.P., que dispõe:

«A declaração de inconstitucionalidade ou de ilegalidade com força obrigatória geral produz efeitos desde a entrada em vigor da norma declarada inconstitucional ou ilegal *e determina a repristinação das normas que* ela, eventualmente havia revogado" (Sublinhado nosso).

Ou seja: a repristinação traduz-se na reentrada em vigor das normas revogadas pela norma declarada inconstitucional, portanto, neste caso, pela reentrada em vigor do Decreto-Lei n.º 116/85, de 19 de Abril.

E a repristinação decorre automaticamente da declaração de inconstitucionalidade, pelo que o Tribunal Constitucional não tem de decidir «expressis verbis" efeitos repristinatórios, nem tem de especificar quais as normas repristinadas" (cfr. Gomes Canotilho, "Direito Constitucional e Teoria da Constituição", Almedina, 1997, p. 903).

Logo se vê, pelo exposto, que a Caixa Geral de Aposentações deveria ter reformado o despacho de 11.07.03 considerando a vigência do Dec. Lei n.º 116/85, de 19 de Abril.

Com efeito, o Despacho n.º 867/03/MEF, proferido pela Sra. Ministra das Finanças, é inovador e mais exigente, quanto aos pedidos de aposentação, impondo novas condições que não se verificam no Dec. Lei 116/ /85, designadamente no tocante à forma da fundamentação da inexistência de prejuízo, o que implica o controlo, por parte da C.G.A., do recrutamento do pessoal na área funcional do funcionário, descongelamento de vagas e contratação a termo certo nos últimos dois anos (cfr. alíneas a), b) e c) do ponto 1 do mencionado Despacho 867/03/MEF).

Todavia, é de notar que tal Despacho, não publicado no Diário da República, é juridicamente inexistente ou, pelo menos, ineficaz, constituindo, tão sómente, um Despacho de orientação interna para os serviços, e não podendo sobrepor-se ao disposto no Dec. Lei 116/85, impondo condições mais gravosas e inesperadas.

E, nomeadamente, não se descortina qual a norma habilitante que, na avaliação da inexistência para o serviço, permita à C.G.A. sobrepor o seu critério ao do serviço a que o requerente da aposentação pertence, conhecedor directo e imediato da situação.

Ora, não havendo quaisquer dúvidas sobre a repristinação do Dec. Lei n.º 116/85, recordemos que o seu artigo 1.º n.º 1 prescreve o seguinte: «Os funcionários e agentes da administração central, regional e local, institutos públicos que revistam a natureza de serviços personalizados ou de fundos públicos e organismos de coordenação económica, seja qual for a carreira ou categoria em que se integrem, poderão aposentar-se com direito à pensão completa, independentemente de apresentação à Junta Médica e desde que não haja prejuízo para o serviço, qualquer que seja a sua idade, quando reunam os 36 anos de serviço".

E o artigo 3.º, relativo à tramitação do processo, determina que, após o requerimento dar entrada no departamento onde presta serviço, "No prazo de trinta dias (...) os processos serão informados pelo respectivo departamento, designadamente quanto à inexistência de prejuízo para o serviço" (n.os 1 e 2), sendo certo que, uma vez recebidos os processos na C.G.A., os mesmos "deverão ser submetidos a despacho para efeitos de desligação para aposentação" (n.º 3).

Resulta das normas transcritas que, nesta matéria, a C.G.A. detém poderes vinculados no tocante ao pedido de aposentação dos funcionários, não possuindo competência para aferir da verificação, em concreto, de outras circunstâncias que não as previstas no Dec. Lei n.º 116/85.

Embora se compreendam as razões subjacentes ao Despacho n.º 867/03/MEF, nomeadamente quanto à falta de rigor na fundamentação da inexistência de prejuízo para o serviço, o certo é que só a lei pode fixar a competência, e a lei não pode ser posta em causa por mero despacho de orientação interna para os Serviços.

Isto posto, recordemos que, no caso concreto, a C.G.A. reconheceu, inicialmente, em 11.07.2003, o direito à aposentação antecipada da A. (cfr. alíneas a) a f) do probatório fixado em 1ª instância), embora reduzindo a pensão em 22,5% (alínea h) do probatório) e, por despacho de 16.02.2004, revogou o anterior deferimento, sob o pretexto de que o acto praticado em 11.07.2003 era ilegal por ter aplicado uma norma inconstitucional (o art. 37.º-A do Estatuto da Aposentação). Tal revogação ocorreu seis meses após o reconhecimento inicial do direito, tendo o funcionário sido aposentado com base na legislação vigente, ou seja, com base no art. 37.º-A do Estatuto da Aposentação.

Uma vez que, como se viu, foi declarada inconstitucional a norma constante desse art. 37.º-A, e tendo sido operada, por força do disposto no n.º 1 do art. 282.º da C.R.P., a decisão recorrida concluiu, com inteira justeza, que a C.G.A deveria reformar o despacho de 11.07.2003, visto que a ora recorrida reunia as condições para ser aposentada (tinha mais de 36 anos de serviço e a sua aposentação não acarretava prejuízo para o serviço) ao abrigo do Dec. Lei 116/85.

A nosso ver, e como diz o recorrente, o argumento da C.G.A. de que a funcionária não requereu a aposentação ao abrigo do Dec. Lei n.º 116/85, é irrelevante, pois que compete à C.G.A., na qualidade de entidade administrativa competente, emitir pronúncia sobre o requerimento de aposentação, e determinar ou corrigir, se for caso disso, o regime jurídico aplicável (cfr, neste sentido, o Ac. do TCA de 21.04.05, Proc. 00492/04, in "Antologia de Acórdãos do STA e do TCA", Ano VIII, n.º 3, pág. 222 e seguintes).

Bem andou, pois, a decisão recorrida, ao condenar a recorrente a reformar o acto nos termos em que o fez, fazendo concreta e justa aplicação do princípio da tutela jurisdicional efectiva consagrado no artigo 282.º da C.R.P.

4. DECISÃO

Em face do exposto, acordam em negar provimento ao recurso e em confirmar o Ac. recorrido.

Custas pela entidade demandada, fixando a taxa de justiça em 6 UC, com redução a metade (artigos 73.º-D n.º 3 e 73.º-E, n.º 1, al. b) do C.C. Jud).

Lisboa, 16 de Março de 2006

as.) António de Almeida Coelho da Cunha (Relator)
Maria Cristina Gallego dos Santos
Teresa Maria Sena Ferreira de Sousa

Recurso n.º 01146/05

DL 223/01, DE 09.08 E DL 197/99, DE 08.06. ÂMBITOS DE APLICAÇÃO RESPECTIVA QUANTO A EMPRESAS PÚBLICAS. CONCEITO DE PROPOSTA INACEITÁVEL.

(Acórdão de 19 de Janeiro de 2006)

SUMARIO:

I – O DL 223/01, de 09.08, estabelece os procedimentos a observar na contratação de empreitadas, fornecimentos e prestações de serviços nos sectores da água, da energia, dos transportes e das telecomunicações, tendo procedido à transposição para o direito interno português das Directivas n.º 93/38/CEE, do Conselho, de 14.06, com as alterações introduzidas pela Directiva n.º 98/4/CE, do Parlamento Europeu e do Conselho, de 16.02, estabelecendo tal DL 223/01 o regime geral de contratação pública aplicável às entidades que operam nos referidos sectores.

II – De acordo com o disposto nos arts. 2.º e 3.º do DL 223/01, de 09.08, sendo certo que o art. 2.º define o âmbito da aplicação subjectiva do diploma, a EPAL, enquanto entidade adjudicante com actividades no sector da água, e com a qualidade de sociedade anónima de capitais públicos, está abrangida pelo constante no DL 223/01, de 09.08.

III – A EPAL, empresa pública constituída sob a forma de sociedade anónima (cfr. art. 3.º DL 558/99, de 17.12 e estatutos da EPAL), está expressamente excluída do âmbito de aplicação pessoal do regime geral previsto no DL 197/99, de 08.06, o que vai de encontro com a previsão constante do art. 2.º, n.º 1, do DL 223/01, de 09.08, já referido, quando aqui se prevê a aplicação deste diploma ás entidades referidas no art. 2.º do DL 197/99, de 08.06, com inclusão das empresas públicas que exerçam uma ou várias das actividades referidas nos artigos seguintes.

IV – O DL 197/99, de 08.06 tem dois objectos: regula a realização de despesas públicas relativas à locação e aquisição de bens e serviços e estabelece o regime de contratação pública relativa a tais locação e aquisição de bens e serviços (cfr. art. 1.º do diploma); por seu turno, o DL 233/01, de 09.08, cinge o seu objecto à contratação de empreitadas, fornecimentos e prestação de serviços nos sectores da água, energia, transportes e telecomunicações. Assim sendo, a remissão constante do art. 1.º, n.º1 do DL 233/01, de 09.08 para o DL 197/99, de 08.06 não pode ser entendida como total, mas apenas quanto ao que não estiver especialmente regulado no DL 233/01, de 09.08, relativamente aos procedimentos a observar na contratação de empreitadas, fornecimentos e prestação de serviços nos sectores referidos.

V – O conceito de "proposta inaceitável", independentemente de ser alcançado através de meras questões de legalidade das propostas, ou, pelo contrário, por referência ao mérito das mesmas, tem necessariamente de ser sempre aferido no sentido de "proposta inaceitável em termos absolutos", isto é, "tão fraca ou tão deficiente que se torna inconcebível ou inviável celebrar um contrato em que figurasse uma cláusula correspondente a esse aspecto ou prestação."(cfr. Mário Esteves de Oliveira e Rodrigo Esteves de Oliveira in Concursos e outros Procedimentos de Adjudicação Administrativa, Almedina, 1998, pag.510).

ACORDAM NO TCAS, SECÇÃO CONTENCIOSO ADMINISTRATIVO, 2.º JUÍZO

S.....SA, identificada nos autos, interpôs recurso jurisdicional da sentença do TAF de Sintra que julgou improcedente a acção administrativa especial de contencioso pré-contratual, por si interposta contra **E.....SA e P....., SA.**

Em sede de alegações, formulou as seguintes conclusões:

"1. É inequívoca a intenção do legislador em aplicar, *in totum*, os DL 59/99 e 197/99 às entidades adjudicantes abrangidas pelo DL 223/2001, para que o regime a que estas estão submetidas seja em tudo idêntico ao regime a que estão submetidas as entidades adjudicantes abrangidas por aqueles diplomas (cfr. preâmbulo do DL 223/2001).

2. Daí que o art. 1.º n.º 1 do DL 223/2001, com as alterações introduzidas pelo DL 234/2004, de 15 de Dezembro, estabeleça que "A *contratação de empreitadas, de fornecimento de bens móveis e de prestação de serviços pelas entidades adjudicantes rege-se pelo disposto no presente diploma e, em tudo o nele não especialmente regulado, pelo disposto nos Decretos-Leis n.º 59/99, de 2 de Março, e 197/99, de 8 de Junho, consoante se trate de empreitadas ou de fornecimento de bens e prestação de serviços."*

3. O DL 223/2001 é aplicável à EPAL porquanto esta entidade exerce a sua actividade no sector da água. (cfr. art. 2.º, 2.º-A e 3.º alínea a) do DL 223/2001, de 9 de Agosto com a redacção dada pelo DL 234/2004, de 15 de Dezembro).

4. O DL 197/99 de 8/6 é, *in totum*, aplicável à EPAL (cfr. art. 1 .º n.º 1 do DL 223/2001).

5. Nos termos do disposto no art. 17.º al. b) do DL 197/ /99 de 8/6, os órgãos máximos das entidades adjudicantes dotadas de autonomia administrativa e financeira só têm competência para autorizar despesas até 199.519,16E/ /40 000 contos (não inclui IVA – cfr. art. 202.º n.º 2 do DL 197/99).

6. O valor global do contrato celebrado entre a E... e a P... é de E 763.894,71 (cfr. alínea U) dos factos provados).

7. As decisões de autorização da despesa e consequente abertura do presente concurso público e de adjudicação à P.... dos serviços de vigilância dele objecto são da autoria do Conselho de Administração da E... (cfr. alíneas E) e U) dos factos provados).

8. Das disposições conjugadas dos artigos 17.º alíneas b) e c) do DL 197/99 de 8/6 e do art .º 25.º n.º 5 da Lei Orgânica do XVI Governo Constitucional (DL 215-A/ /2004 de 3/9) resulta que a entidade competente para autorizar a despesa com a aquisição dos serviços de vigilância objecto do presente concurso público e, consequentemente, para praticar o acto de adjudicação não é o Conselho de Administração da EPAL mas o Ministro do Ambiente.

9. O Despacho de 30 de Setembro de 2004 de abertura do Concurso Público e a Deliberação de 30 de Março de 2005 de adjudicação à P... dos serviços de vigilância objecto do referido concurso, ambos da autoria do Conselho de Administração da E..., são, pois, actos estranhos às atribuições da E...., estando assim feridos do vício de incompetência absoluta (cfr. art. 133.º n.º 2 alínea b) do Código do Procedimento Administrativo).

10. O que gera a sua nulidade (cfr. citada disposição legal), nulidade que inquina necessariamente todo o Concurso Público, desde a sua abertura até à adjudicação.

11. Nulidade que inquina também o Contrato n.º 449 que a EPAL celebrou com a PRESTIBEL (art. 185.º do C.P.A.).

12. A douta sentença recorrida faz uma interpretação errada da disposição do Art. 1 .º n.º 1 do DL 223/2001.

13. A disposição do Art. 1.º n.º 1 do DL 223/2001 remete para o DL 197/99 em bloco; não faz uma remissão para certas e determinadas disposições DL 197/99.

14. Pelo que *ubi lex non distinguit nec nos distinguere debemus.*

15. E o legislador teve a oportunidade de distinguir aquando da alteração ao DL 223/2001 feita pelo DL 234/ /2004, de 15 de Dezembro.

16. Porém, e apesar de a disposição do art. 1.º n.º 1 do DL 223/2001 ter sido alterada pelo DL 234/2004, a remissão continuou a ser feita em bloco para o DL 197/99.

17. Não é correcto o entendimento da douta sentença recorrida de que a norma constante do artigo 17.º do DL 197/99 e as competências nele previstas não abrange o sector empresarial do Estado atento o respectivo regime jurídico.

18. O Decreto-Lei n.º 197/99 de 8/6 transpôs para a ordem jurídica interna a Directiva n.º 97/52/CE do Parlamento Europeu e do Conselho de 13 de Outubro e por isso deve ser interpretado e aplicado em conformidade com a aludida Directiva, bem como com as Directivas 92/50/CEE, 93/36/CEE e 93/37/CEE (que aquela Directiva alterou).

19. Interpretação diversa ficará ferida de inconstitucionalidade por violação do artigo 8.º n.º 3 da Constituição que consagra o Primado do Direito Comunitário sobre o Direito Interno.

20. Deste modo, para qualificar uma determinada entidade como ***"organismo de direito público"*** para efeitos das directivas comunitárias relativas à coordenação dos processos de adjudicação de serviços públicos, de fornecimentos públicos e de empreitadas de obras públicas é irrelevante quer a forma jurídica de que se reveste quer o regime jurídico a que está sujeita nos termos do direito nacional. (cfr. Acórdão do Tribunal de Justiça das Comunidades Europeias de 15/5/2003, C – 214/00)

21. O que releva é, apenas e só, a circunstância de a entidade ter sido criada para satisfazer necessidades de interesse geral, sem carácter industrial ou comercial, ser dotada de personalidade jurídica e ser dependente do Estado, de autarquias locais ou de outros organismos de direito público.

22. Não há que buscar no regime das empresas públicas resposta à questão de saber se é ou não aplicável a disposição do art. 17.º do DL 197/99 de 8/6 às sociedades anónimas de capitais exclusivamente públicos.

23. Para se saber se o DL 197/99 de 8/6 é ou não aplicável às sociedades anónimas de capitais exclusivamente públicos, há unicamente que recorrer às suas próprias disposições que definem o seu âmbito subjectivo de aplicação.

24. Dessa actividade interpretativa, resulta que o DL 197/99 de 8/6 se aplica *in totum* (logo, também a disposição do seu Art. 17.º) às sociedades anónimas de capitais exclusivamente públicos.

25. Ao não julgar procedente o vício de incompetência absoluta e, em consequência, os pedidos de declaração de nulidade do Concurso Público Internacional no âmbito da União Europeia para a prestação de serviços de vigilância lançado pela EPAL e do Contrato n.º 449 celebrado entre a EPAL e a PRESTIBEL violou a douta sentença recorrida as disposições doart. 1.º n.º 1 do DL 223/2001 de 9 de Agosto, do art. 17.º al. b) e c) do DL 197/99 de 8/6 e do art. 133.º n.º 2 alínea b) do Código do Procedimento Administrativo.

26. É requisito exigido pelo Programa do Concurso que os concorrentes apresentem nota justificativa do preço proposto para cada posto de vigilância identificado no Anexo I.

27. Só assim a entidade adjudicante pode verificar, face à discriminação dos encargos suportados pelo concorrente em cada posto de vigilância, se o mesmo cumpre ou não os encargos legais, designadamente, salários e segurança social de cada vigilante.

28. A nota justificativa do preço constante da proposta da PRESTIBEL não foi apresentada por posto de vigilância.

29. É impossível pela análise da nota justificativa do preço proposto que constitui o Anexo 1 da proposta da P... retirar os preços unitários constantes da Lista de Preços Unitários que constitui o Anexo 2.

30. Pelo que, não cumprindo um dos requisitos exigidos no Programa do concurso deveria a proposta da P... ter sido excluída nos termos das disposições conjugadas dos art. 47.º, n.º 1 e 104.º, n.º 3 alínea b) do DL 197/ /99, de 8 de Junho e dos art. 8.2 al. b) e c) e 15 al. a) do Programa do Concurso.

31. Ao não julgar procedente o vício da ilegalidade da adjudicação à P.... por falta de cumprimento de um dos requisitos exigidos no Programa. do concurso e, consequentemente, ao não julgar procedente o pedido de anulação da decisão de adjudicação à P.... e do contrato celebrado entre a EPAL e a P..., violou a douta sentença recorrida as disposições dos art. 47.º, n.º 1 e 104.º, n.º 3 alínea b) do DL 197/99, de 8 de Junho e dos art. 8.2 al. b) e c) e 15 al. a) do Programa do Concurso.

32. Na nota justificativa do preço proposto, a P... discrimina diversos custos indirectos mensais (Equipamento, Inspecção e Supervisão (Despesas c/ pessoal), Seguros (Instalações, viaturas, rádios, Alvará, etc.), Custos Administrativos (pessoal administrativo, instalações, transportes, gasolinas, expediente, água, luz, telefones), para os quais indica o valor de 0E (cfr. fls. 6 e fls. 9 da proposta da P...).

33. É impossível que seja igual a zero os custos indirectos mensais indicados pela P.... na sua proposta.

34. Ao atribuir 0E a custos que obviamente não têm esse valor, a P... propõe um preço que é manifestamente insuficiente para suportar os encargos legais a que está adstrita, designadamente, e em primeira linha, os encargos com o pessoal.

35. O que torna a sua proposta inaceitável na medida em que é impensável à entidade adjudicante celebrar o contrato com uma concorrente quando sabe à partida que o preço por ela proposto é insuficiente para fazer face aos encargos legais a que está adstrita, designadamente, aos encargos com o pessoal afecto à prestação dos serviços objecto do concurso. (cfr. Mário Esteves de Oliveira e Rodrigo Esteves de Oliveira, in "Concurso e outros Procedimentos de Adjudicação Administrativa", Das Fontes às Garantias, Almedina, pág. 509-510)

36. Desta forma, deveria ter sido excluída a proposta da PRESTIBEL nos termos das disposições conjugadas dos art. 47.º, n.º 1 e 104.º, n.º 3 alínea b) e 106 n.º 3 do DL 197/99, de 8 de Junho e dos art. 8.2 al. b) e c) e 15 al. b) do Programa do Concurso.

37. Ao não entender assim violou a douta sentença recorrida as disposições dos art. 47.º, n.º 1 e 104.º, n.º 3 alínea b) do DL 197/99, de 8 de Junho e dos art. 8.2 al. b) e c) e 15 al. a) do Programa do Concurso.

38. Resulta do DL 197/99 de 8/6 que a entidade adjudicante só pode fazer cessar a prestação de serviços assegurada pelo anterior adjudicatário se for efectuada nova adjudicação que tenha sido precedida por um procedimento legal.

39. Uma contratação pública que desrespeite as regras e os princípios estabelecidos no DL 197/99 de 8/6 é ilegal pelo que não deverá subsistir na ordem jurídica, devendo cessar de imediato a locação ou a aquisição ilegais.

40. *Quid iuris* enquanto não for reposta a legalidade através da abertura de novo procedimento e da prática de nova adjudicação? Tratando-se de fornecimentos ou prestações de serviços que não podem parar sob pena de grave lesão do interesse público, não resta outra alternativa senão continuar a adquirir tais fornecimentos ou serviços ao adjudicatário do concurso anterior ao abrigo de ajuste directo, estribando-se n.º 1 do art. 86.º do DL 197/99 de 8/6.

41. Se não estão directamente contemplados no art. 86.º n.º 1 do DL 197/99 de 8/6 certo é que esta norma deverá ser aplicada analogicamente aos casos como o *sub judice* de forma a preservar a teleologia e a coerência do regime do DL 197/99 de 8/6 (cfr art. 10.º do Código Civil).

42. O que não se pode, porque manifestamente contrário ao espírito do diploma, é permitir à entidade adjudicante continuar a adquirir bens ou serviços ao abrigo de uma adjudicação ilegal.

43. Nem se diga, como faz a douta sentença recorrida, que o Tribunal não poderia impor essa condenação à Ré no respeito pelo princípio da separação de poderes.

44. O processo administrativo actual não é um processo cassatório mas um processo de plena jurisdição (cfr. Mário Aroso de Almeida, in "O Novo Regime do Processo nos Tribunais Administrativos", 2ª Edição, Revista e Actualizada, Almedina, págs. 14 e 15).

45. A condenação à prática de um acto administrativo com um conteúdo determinado pode ter lugar nas situações em que, embora a lei confira, em abstracto, à Administração poderes discricionários, de conformação do conteúdo do acto, a verdade é que, no caso concreto, se deve, objectivamente reconhecer que só lhe resta praticar um acto com um determinado conteúdo ... o respeito pelas normas ou princípios violados só consente que a Administração adopte um único tipo de decisão e, portanto, exige que ela pratique um acto administrativo com um determinado conteúdo, o único que ainda é possível face às circunstâncias (Mário Aroso de Almeida, in "Comentário ao Código de Processo nos Tribunais Administrativos", Almedina, pág. 366-367)

46. Situação que se verifica no caso *sub judice:* perante uma adjudicação ilegal, a única solução legalmente possível é cessar de imediato a aquisição de serviços feita ao abrigo dessa adjudicação ilegal e adquirir esses serviços ao anterior adjudicatário mediante ajuste directo até que seja proferida nova adjudicação que não padeça de ilegalidades.

47. Termos porque deverá a douta sentença recorrida ser revogada assim se fazendo a Costumada Justiça!"

Foram apresentadas contra-alegações pela recorrida E.....SA., com as seguintes conclusões:

"1) O artigo 2.º do Decreto-Lei n.º 197/99 exclui expressamente do seu âmbito de aplicação subjectivo às empresas públicas;

2) O disposto no artigo 1.º alínea b), da Directiva n.º 92/50/CEE (do Conselho), transposta para a ordem jurídica interna pelo Decreto-Lei n.º 197/99, não inclui as empresas públicas no seu âmbito de aplicação subjectivo;

3) Não existindo, consequentemente, qualquer desconformidade entre o D.L. n.º 197/99 e a Directiva n.º 92/ /50/CEE, que implique uma desconsideração da exclusão das empresas públicas para efeitos daquele Decreto-Lei, não é possível aplicar o seu regime directamente à E...;

4) A E... está, na qualidade de empresa pública que presta serviços no sector da água, sujeita

aos procedimentos de contratação pública previstos no Decreto-Lei n.º 223/2001;

5) A remissão para o Decreto-Lei n.º 197/99, operada pelo n.º 1 do artigo 1.º do Decreto-Lei n.º 223/2001, não pode ser entendida como uma remissão *in totum* para o regime jurídico constante do Decreto-Lei n.º 197/99;

6) Assim sendo, o regime de autorização de despesas previsto no D.L. n.º 197/99, não é aplicável a quaisquer empresas públicas, inclusivamente àquelas que, em virtude do sector em que prestam actividade, como é o caso da EPAL, se enquadrem no âmbito subjectivo de aplicação do D.L. 223/2001;

7) A não sujeição das empresas públicas ao regime, qualquer que ele seja, de autorização de realização de despesas que passe pela intervenção do Estado, resulta da sua própria natureza. Nos termos do D.L. n.º 558/99, a tutela exercida pelo Estado é de mera legalidade, ficando vedada qualquer intromissão daquela que passe pela autorização de despesas ou permissão de actos de gestão.

8) Sendo o Conselho de Administração da E... o órgão competente "*para gerir as negócios sociais e praticar todos os actos e operações relativas ao objecto social que não caibam na competência de outras órgãos da sociedade*" (cfr. artigo 13.º alínea c) dos Estatutos da E..., os actos de abertura do Concurso Público (de 30 de Setembro de 2004) e de Adjudicação (30 de Março de

2005) não enfermam de qualquer vício de incompetência que importe a sua nulidade.

9) A proposta da P.... não estava obrigada, nos termos do programa do concurso, a apresentar nota justificativa da lista de preços unitários por cada posto de vigilância, porquanto no referido programa apenas se exigia a apresentação de uma nota justificativa do preço total;

10) Consequentemente, tendo sido pontualmente cumprido o prescrito pelo programa do concurso, não há qualquer fundamento que sustente a exclusão da proposta, nos termos das disposições conjugadas dos arts. 47.º e 104.º, n.º 3, alínea b), do D.L. n.º 197/99 e dos artigos 8.2 alínea b) e c) e 15 alínea a), do programa do concurso;

11) Do mesmo modo, a apresentação de um valor nulo para os custos indirectos na proposta da P.... não implica qualquer violação do programa do concurso, dado que este não obrigava à quantificação das despesas, directas ou indirectas;

12) Da não contabilização dos custos indirectos da proposta para efeitos do preço global apresentado não resulta que a concorrente não possa fazer face aos encargos legais, tanto mais que se tratam de encargos aos quais a empresa sempre estaria adstrita, com ou sem a celebração do contrato em causa;

13) Donde, não há qualquer fundamento que sustente a exclusão, nos termos das disposições conjugadas dos artigos 47.º e 104.º, n.º 3, alínea b) e 106.º, n.º 3 do D.L. n.º 197/99 e dos artigos 8.2 alínea b) e c) e 15 alínea a) do programa do concurso;

14) A adjudicação posta em crise foi o culminar de um concurso inteiramente legal;

15) Não resulta da «*ratio legis*» do D.L. n.º 197/99 qualquer obrigatoriedade de "repristinação" dos contratos já cessados para os casos em que os novos contratos sejam anulados ou declarados nulos, em virtude da violação das regras de contratação pública constantes do D.L. n.º 197/99, ou de qualquer outro diploma que lhes seja legalmente aplicável;

16) O contrato n .º 173, celebrado entre a E... e a S..., cessou por efeito do decurso do tempo, aquando do término do prazo previamente apara a última renovação, e não pela comunicação de cessação da prestação dos serviços que continuaram a ser prestados para além da vigência do referido contrato;

17)Nestes termos, a eventual anulação do contrato nunca poderia operar a revalidação do mesmo, que há muito havia cessado;

18) Mais, não se enquadrando o presente caso no disposto no artigo 86.º do Decreto-Lei n.º 197/99, e sendo o elenco das situações ali previstas em que é permitido o recurso ao ajuste directo taxativo, não é possível invocar a referida norma como fundamento para o dever de revalidação do contrato n.º 173;

19) Não existe, pois, qualquer fundamento legal que permita retomar o contrato ou identificar um dever de celebração do mesmo, por parte da E...;

20) Ainda que se admitisse estarmos perante um acto legalmente devido, nos termos e para os efeitos do disposto no n.º 2 do artigo 71.º do CPTA, jamais poderia o tribunal determinar o conteúdo do acto a praticar nos temos pretendidos pela recorrente, uma vez que se trata de um acto dependente da formulação de valorações próprias do exercício da função administrativa, não se identificando, no caso concreto, apenas uma solução como legalmente possível;

21) Na ausência de qualquer fundamento legal susceptível de justificar a necessidade de retomar o contrato n.º 173 celebrado com a S.... e não enfermando o contrato celebrado entre a E... e a P.... de qualquer invalidade, não pode a E... ser condenada a cessar este último."

Neste TCAS, o Exm.º Magistrado do M.ºP.º emitiu parecer no sentido de o recurso não merecer provimento.

OS FACTOS

Nos termos do disposto no art. 713.º, n.º 6 do CPC, remete-se a fundamentação de facto para a constante da sentença recorrida.

O DIREITO

No presente recurso jurisdicional impugna-se a decisão recorrida, quanto aos seus fundamentos de direito, pretendendo-se a revogação de tal decisão, sendo suscitadas nas conclusões das respectivas alegações as seguintes questões:

1ª – alegada incompetência absoluta do Conselho de Administração da E... para autorizar a despesa e decidir abrir o concurso público internacional no âmbito da União Europeia para a prestação de serviço de vigilância, concurso em causa nos autos e, consequentemente, para praticar o acto de adjudicação à P.... – conclusões 1 a 25, inclusive, das alegações de recurso;

2ª – alegada ilegalidade da adjudicação por desrespeito da proposta da recorrida P.... pelo programa de concurso – conclusões 26 a 37, inclusive, das alegações de recurso;

3ª – anulação da decisão da E... de cessação do contrato de prestação de serviços n.º 173 e consequente pedido de condenação da E... a cessar, de imediato, a aquisição dos serviços de vigilância à P...., bem como a retomar a execução do contrato de prestação de serviços n.º 173 celebrado com a STRONG – conclusões 38 a 46 das alegações de recurso.

Vejamos.

Quanto à **1ª questão**, a decisão recorrida decidiu não assistir razão à recorrente, tendo para tanto adiantado os seguintes fundamentos, e em síntese:

– a E... é uma sociedade anónima de capitais exclusivamente públicos (cfr. art. 1.º DL 230/91, de 21.06), sendo as deliberações impugnadas da competência do seu Conselho de Administração de acordo com o art. 13.º – c) dos seus Estatutos, aprovados pelo DL 230/91, não sendo aplicável à E... enquanto sociedade anónima de capitais exclusivamente públicos, as competências definidas no art. 17.º do DL 197/99, de 06.99.

Considerou ainda a sentença recorrida, quando assim entendeu tal questão, que a remissão efectuada pelo DL 223/01, de 09.08, para o regime contido no DL 197/99, de 06.99, *"(...) é feita para o regime de contratação de serviços e fornecimentos de bens, não é feita qualquer remissão para o regime da realização das despesas públicas. Em todo o caso, mesmo admitindo que a remissão a que alude o art. 1.º, n.º 1, do Dec.Lei n.º 233/2001, abrange todo o diploma, ou seja o Dec.Lei n.º 197/99, ainda assim, a referida remissão deve ser efectuada de modo sistemático e com as devidas cautelas. (...)."* Assim, afastou a alegação da recorrente no sentido de que o regime do DL 197/99, de 06.99, se aplica *in totum* às entidades adjudicantes abrangidas pelo DL 223/2001.

A E.....S.A., é uma sociedade anónima de capitais exclusivamente públicos – cfr. art. 1.º, 1, do DL 230/91, de 21.06 –, regendo-se pelo disposto neste DL, nos seus estatutos, pelas normas de direito privado aplicáveis às sociedades anónimas e pelas normas especiais, cuja aplicação decorra do objecto da sociedade – cfr. art. 1.º, 2, do 230/91, de 21.06 (DL que transformou a EPAL – Empresa Pública das Águas Livres, em sociedade anónima de capitais exclusivamente públicos).

De acordo com o disposto no art. 3.º – 1 – dos seus Estatutos, anexos ao DL 230/91, de 21.06, a EPAL tem por objecto "*a captação, tratamento, adução e distribuição de* ***água*** *para consumo humano e, bem assim, quaisquer outras actividades industriais, comerciais, de investigação ou de prestação de serviços, designadamente respeitantes ao ciclo da água, que sejam complementares daquelas ou com elas relacionadas*."

Por seu turno, o DL 223/01, de 09.08, estabelece os procedimentos a observar na contratação de empreitadas, fornecimentos e prestações de serviços nos **sectores da água**, da energia, dos transportes e das telecomunicações, tendo procedido à transposição para o direito interno português das Directivas n.º 93/38/CEE, do Conselho, de 14.06, com as alterações introduzidas pela Directiva n.º 98/4/CE, do Parlamento Europeu e do Conselho, de 16.02, estabelecendo tal DL 223/01 o regime geral de contratação pública aplicável às entidades que operam nos referidos sectores.

Tal transposição tem como objectivo acolher no ordenamento jurídico nacional as regras comunitárias referentes aos processos de celebração de contratos nos **sectores da água**, da energia, dos transportes e das telecomunicações, "*que, na perspectiva daquelas directivas constituem sectores especiais e como tal são por elas tratados*." (cfr. preâmbulo DL 223/01). Por outro lado, com a publicação do DL 223/01, observou-se a necessidade de harmonização e compatibilização, atenta a identidade de matérias a regulamentar, com os regimes gerais de contratação pública de empreitadas e de aquisição de serviços e bens já constantes, respectivamente, dos DL 59/99, de 02.03 e DL 197/99, de 08.06.

Assim, o legislador nacional optou por considerar também aplicáveis estes diplomas, nas contratações a efectuar nestes sectores, e contemplar no DL 223/01, de 09.08, apenas as questões que, em função da referida Directiva, impõem tratamento diferenciado e especial, com vista a uma aproximação coerente dos referidos regimes (cfr. preâmbulo DL 223/01).

De tal preocupação resultou que no art. 1.º, n.º 1 do DL 223/01, de 09.08, ficasse previsto que "*1 – A contratação de empreitadas, fornecimentos e prestação de serviços nos sectores da água, da energia, dos transportes e das telecomunicações rege-se pelo presente diploma e, em tudo o nele não especialmente regulado, pelos Decretos-Leis n.ºs 59/99, de 2 de Março, e 197/99, de 8 de Junho, consoante se trate de empreitadas ou de fornecimento de bens e prestação de serviços.*"

Ora, de acordo com o disposto nos arts. 2.º e 3.º do DL 223/01, de 09.08, sendo certo que o art. 2.º define o âmbito da aplicação subjectiva do diploma, a E..., enquanto entidade adjudicante com actividades no sector da água, e com a qualidade de sociedade anónima de capitais públicos, está abrangida pelo constante no DL 223/01, de 09.08. E estará a EPAL, de igual forma, sujeita ao regime total previsto no DL 197/99, de 08.06?

A resposta não pode deixar de ser negativa. Desde logo, porque a remissão constante no art. 1.º do DL 233/ /01, de 09.08, para o regime contemplado pelo DL 197/99, de 08.06, não é uma remissão total, mas parcial: o regime contemplado pelo DL 197/99, de 08.06, só é aplicável em tudo o que não estiver especialmente regulado no DL 233/01, de 09.08, como decorre da própria letra da lei. Depois, porque, nos termos do disposto no art. 2.º – b) do DL 197/99, de 08.06, o regime de realização de despesas públicas e aquisição de bens móveis e serviços, regulado por este diploma, aplica-se a "*b) Organismos públicos dotados de personalidade jurídica, com ou sem autonomia financeira, que não revistam natureza, forma e designação de empresa pública;*".

Por outro lado, haverá que atender-se ao facto de o DL 197/99, de 08.06 ter dois objectos: regula a realização de despesas públicas relativas à locação e aquisição de bens e serviços e estabelece o regime de contratação pública relativa a tais locação e aquisição de bens e serviços (cfr. art. 1.º do diploma), e, por seu turno, o DL 233/01, de 09.08, cingir o seu objecto à contratação de empreitadas, fornecimentos e prestação de serviços nos sectores da água, energia, transportes e telecomunicações. Assim sendo, a pretendida remissão não pode ser entendida como total, mas apenas quanto ao que não estiver especialmente regulado no DL 233/01, de 09.08, relativamente aos *procedimentos* a observar na contratação de empreitadas, fornecimentos e prestação de serviços nos sectores referidos.

Ora, a E..., empresa pública constituída sob a forma de sociedade anónima (cfr. art. 3.º DL 558/99, de 17.12 e estatutos da E...), está assim, expressamente, excluída do âmbito de aplicação pessoal do regime geral previsto no DL 197/99, de 08.06, o que vai de encontro com a previsão constante do art. 2.º, n.º 1, do DL 223/01, de 09.08, já referido, quando aqui se prevê a aplicação deste diploma ás entidades referidas no art. 2.º do DL 197/99, de 08.06, com inclusão das empresas públicas que exerçam uma ou várias das actividades referidas nos artigos seguintes, como é o caso da EPAL, cuja actividade é exercida no sector da água. Tal decorre das especificidades dos sectores em questão – água, energia, transportes e telecomunicações –, sendo o âmbito de aplicação subjectiva do regime a observar na contratação de empreitadas, fornecimentos e prestações de serviços, mais amplo do que o previsto no regime geral da contratação pública estabelecido pelo DL 197/99, o que está de acordo com o âmbito de aplicação da Directiva n.º 93/38/CEE do Conselho, supra referida.

Assim sendo, e definido que está o âmbito de aplicação subjectiva do regime previsto no DL 223/01, de 09.08, no que ao caso interessa, estando a EPAL sujeita às regras estabelecidas nos arts. 1.º, 2.º e 3.º do DL 223/01, enquanto entidade adjudicante na actividade do sector da água, está sujeita ao disposto no art. 7.º deste mesmo diploma, norma que regula a aplicação objectiva do diploma, estabelecendo os valores mínimos dos montantes dos contratos a celebrar, e a partir dos quais o regime do DL 223/01 é de aplicação obrigatória.

Ora, nos termos do disposto no n.º 1, b) – iii), do art. 7.º do DL 223/01, de 09.08, e atenta a matéria de facto apurada nos autos, designadamente o valor do contrato em causa – 763 894,71 Euros –, a sua adjudicação estava sujeita à disciplina do DL 223/01: "*1 – O presente diploma aplica-se aos contratos cujo valor estimado, sem IVA, seja igual ou superior aos seguintes montantes: (...); b) Contratos celebrados por entidades adjudicantes dos sectores da produção, transporte ou distribuição de água potável (...); iii) E 400 000 nos contratos de prestação de serviços não incluídos na subalínea antecedente;"* Isto é, estava a EPAL obrigada às regras dos procedimentos de contratação pública constantes do DL 223/01, de 09.08, não tendo de obedecer às regras constantes do DL 197/99, de 06.08, designadamente, não estava sujeita, no procedimento concursal em causa, ao estabelecido no art. 17.º deste DL 197/99, preceito legal que fixa a competência das entidades para autorizar as despesas com locação e aquisição de bens e serviços.

Assim sendo, e posta que foi em causa, pela recorrente, a competência do Conselho de Administração da EPAL para tomar as decisões de autorização da despesa e consequente abertura do concurso público em causa e respectiva adjudicação à P... dos serviços de vigilância dele objecto, visto terem sido da autoria do Conselho de Administração da E... (cfr. alíneas E) e U) dos factos provados), tendo sido arguida a incompetência absoluta, por falta de atribuições do Conselho de Administração da E..., o que determinará a nulidade do Despacho de 30 de Setembro de 2004 de abertura do Concurso Público e da Deliberação de 30 de Março de 2005 de adjudicação à P... dos serviços de vigilância objecto do referido concurso, importa dizer que vício de incompetência absoluta se não verifica, inexistindo a arguida nulidade dos actos de abertura do concurso e adjudicação do contrato à recorrida particular, porque a previsão legal de tal competência se há-de procurar nos Estatutos da E....

E, de acordo com o disposto no art. 13.º – c) dos Estatutos da E..., aprovados pelo DL 230/91, de 21.06, compete ao Conselho de Administração, *"Gerir os negócios sociais e praticar todos os actos e operações relativos ao objecto social que não caibam na competência atribuída a outros órgãos da sociedade;"*

Não se verifica, assim, a nulidade arguida, nem se mostra inquinado necessariamente todo o Concurso Público, desde a sua abertura até à adjudicação, como pretende a recorrente.

De igual modo, não está o Contrato n.º 449 que a E... celebrou com a P.... inquinado de tal nulidade.

Assim sendo, atentos os fundamentos referidos, a sentença recorrida não fez uma interpretação errada da disposição do art. 1.º n.º 1 do DL 223/2001, improcedendo as conclusões 1 a 25, inclusive, das alegações de recurso.

2ª questão a apreciar – alegada ilegalidade da adjudicação por desrespeito da proposta da recorrida P... pelo programa de concurso.

A este respeito a sentença recorrida considerou *"(...) O ponto 8.2, alínea b) do Programa do Concurso (alínea G) do probatório) não exige nota justificativa para cada posto de vigilância, apenas exige nota justificativa do preço proposto, sendo que a alínea b) segue-se à alínea a) onde se exige que na proposta deve o concorrente indicar o preço total, pelo que a nota justificativa do preço proposto tem por referente o preço total da proposta apresentada. Na Nota justificativa deve o concorrente concretizar a forma e/ou fórmula como obtém o referido preço. A lista de preços unitários a que alude a alínea c) do ponto 8 do Programa do Concurso deve ser efectuada de acordo com os serviços pretendidos e indicados no Anexo I do Caderno de Encargos (alíneas G) e I) do probatório). Ora, confrontando as referidas normas concursais com a Proposta da Prestibel (alínea L do probatório), verifica-se que na Nota Justificativa do Preço Proposto a mesma contém os elementos base para o cálculo do respectivo custo (como sejam os encargos sociais, horários de trabalho, n.º de vigilantes, etc. (pág. 202 e segs. dos autos). No Anexo 2, Lista de Preços Unitários (fls. 209 a 212) a mesma foi elaborada contendo os encargos conforme local de trabalho e dentro deste por posto de vigilância, em conformidade com os serviços pretendidos indicados no Anexo I do Caderno de Encargos (fls. 89 a 91 dos autos), por remissão do ponto 8.2., alínea c) do Programa do Concurso.*

Assim ao contrário do invocado pela Autora no Programa concursal não era exigida a apresentação de nota justificativa do preço proposto em conformidade com o anexo I do caderno de encargos, mas somente a Lista de preços Unitários.

Assim, a nota justificativa apresentada pela proposta vencedora respeita o programa do concurso (alíneas b) e c) do ponto 8.2) tendo apresentado Nota Justificativa do Preço Proposto (total) e uma outra Lista de Preços Unitários por cada local de vigilância como consta do Anexo I do Caderno de Encargos.

Termos em que também aqui falece razão à Autora quanto à invocada ilegalidade da Proposta da Prestibel em virtude de se verificar que a mesma cumpriu os requisitos exigidos no Programa do Concurso, pelo que não é possível concluir que a mesma devesse ter sido excluída nos termos das disposições conjugadas dos artigos 47.º, n.º 1 e 104, n.º 3, alínea b) do DL 197/99, e dos artigos 8.2.b) e c) e 15, alínea b) do Programa do Concurso."

O entendimento contido na sentença sob recurso e ora transcrito não merece a censura que lhe é dirigida. Com efeito, tendo em atenção a matéria de facto apurada nos autos, aliás não posta em causa pela recorrente, e na qual a sentença se estriba, outra interpretação dos factos não podia ser efectuada.

Com efeito, refere o art. 8.º, n.º 2, do Programa do Concurso que: *"Na proposta o concorrente deve indicar os seguintes elementos:*

a) Preço total e condições de pagamento;

b) Nota justificativa do preço proposto;

c) Lista de preços unitários conforme anexo I do caderno de encargos."

Da simples leitura deste artigo facilmente se depreende que a exigência da nota justificativa do preço proposto, contida na al. b), refere-se ao preço total e condições de pagamento. E estes são os referidos na al. a), tal como a sentença recorrida não podia deixar de entender, pois, tal como refere a recorrida, *"A Interpretação sufragada resulta das mais elementares regras de interpretação dos normativos legais."*

Por outro lado, a não apresentação da nota justificativa por preço unitário nunca poderia importar a exclusão do concurso, como pretende a recorrente, pois a proposta apresentada cumpriu o disposto no Programa do Concurso, Programa que acolheu o disposto no art. 47.º, n.º 1 – a), do DL 197/99, de 08.06, que refere *"1 – Nas propostas os concorrentes devem indicar os seguintes elementos: a) O preço total e condições de pagamento;"*, sendo que a a referência à apresentação da nota justificativa respeita ao preço total, uma vez que tal disposição legal nem faz referência aos preços unitários como elemento a constar na proposta do concurso. Por outro lado, decorre também do referido art. 47.º, n.º 1 – d), que a exigência de apresentação da nota justificativa do preço das propostas apresentadas está na disponibilidade da entidade adjudicante, quando se aí se refere que "*I – Nas propostas os concorrentes devem indicar os seguintes elementos: (...) d) Outros elementos exigidos, designadamente nota justificativa do preço.*"

Assim sendo, esta exigência é passível de ter por referência, quer o preço total, quer o preço unitário, conjunta ou isoladamente.

Atento o exposto, tendo a referida proposta cumprido pontualmente o prescrito peto Programa do Concurso, não há qualquer fundamento que sustente a sua exclusão, nos termos das disposições conjugadas dos arts. 47.º e 104.º, n.º 3, al. b), do DL 197/99 e dos arts. 8.2 al. b) e c) e 15 al. a), do programa do concurso, não tendo a sentença recorrida violado tais normas, merecendo nesta parte também confirmação.

Quanto à alegação de que devia ser excluída a proposta da PRESTIBEL nos termos das disposições conjugadas dos arts. 47.º, n.º 1 e 104.º, n.º 3, b) e 106.º, n.º 3 do DL 197/99, e dos arts. 8.2.b) e c) e 15.al. b) do Programa do Concurso, por a P... apresentar como custos indirectos um valor de 0 Euros, a mesma improcede.

Como se refere na sentença recorrida, desde logo, porque "*de acordo com o anexo 3 da sua Proposta, esta afectará um inspector e quatro supervisores, os quais obviamente envolvem custos. Aos quais acresce os dos seguros de responsabilidade civil contra roubo e furto, além dos equipamentos e dos custos administrativos.*"

Por outro lado, nos termos do Programa do Concurso não consta que as propostas devessem indicar os custos indirectos na nota justificativa do preço proposto ou na lista de preços unitários.

Também a P... podia apresentar um valor nulo para os custos indirectos, como fez, pois não estava obrigada a contabilizar as despesas indirectas para efeitos do valor total proposta, estando apenas obrigada a apresentar o preço total e respectiva nota justificativa, como já se referiu.

Assim sendo, carece a recorrente de razão ao invocar que tais elementos ou parâmetros deveriam constar da Proposta da P..., e que tal conduta acarreta a inaceitabilidade da proposta.

Como refere a sentença recorrida a este respeito, e a não merecer reparo, secunda-se a fundamentação aí contida, por não ser abalada pelos argumentos da recorrente: "*(...) No que concerne, à omissão no Programa de Concurso, na cláusula 19.1, de quais as propostas consideradas inaceitáveis, a serem excluídas, tal expressão é a mesma usada pelo legislador no art. 106.º, n.º 3 do DL 197/99.*

O legislador assim como a entidade adjudicante, fizeram uso de um conceito indeterminado."

Ora, independentemente de o conceito de "proposta inaceitável" ser alcançado através de meras questões de legalidade das propostas, ou, pelo contrário, por referência ao mérito das mesmas, no caso dos autos, para que a alegação da recorrente a este respeito merecesse procedência, era necessário que a apresentação do valor nulo para os custos indirectos tornasse a proposta da PRESTIBEL "*inaceitável em termos absolutos*", isto é, "***tão fraca ou tão deficiente** que se tornasse inconcebível ou inviável celebrar um contrato em que figurasse uma cláusula correspondente a esse aspecto ou prestação.*" (cfr. Mário Esteves de Oliveira e Rodrigo Esteves de Oliveira, in Concursos e outros Procedimentos de Adjudicação Administrativa, pag. 510).

Ora, tendo em atenção a matéria de facto apurada nos autos, e de acordo com os fundamentos contidos na sentença recorrida, não se vislumbra, no caso dos autos, em que medida a indicação de custo zero, nos encargos indirectos que não relacionados directamente com os postos de vigilância a contratar, indicação que estava na disponibilidade da concorrente vencedora, torna a sua proposta inaceitável, por forma a tornar inviável a celebração do contrato, sendo certo que a referida proposta respeitou o prescrito no Programa do Concurso.

Assim sendo, não merece censura a sentença recorrida quando julgou improcedente o vício de que a proposta do concorrente PRESTIBEL deveria ter sido excluída nos termos das disposições conjugadas dos arts. 47.º, n.º 1 e 104.º, n.º 3, alínea b) e 106.º, n.º 3 do Dec.-Lei n.º 197/99, e dos artigos 8.2.b) e c) e 15.alin. b) do Programa do Concurso, improcedendo as conclusões 26 a 37, inclusive, das alegações de recurso.

3ª questão em apreciação – anulação da decisão da EPAL de cessação do contrato de prestação de serviços n.º 173 e consequente pedido de condenação da EPAL a cessar, de imediato, a aquisição dos serviços de vigilância à PRESTIBEL, bem como a retomar a execução do contrato de prestação de serviços n.º 173 celebrado com a STRONG – conclusões 38 a 46 das alegações de recurso.

A ora recorrente alega que, tendo a celebração do contrato com a PRESTIBEL sido precedida de um procedimento pré-contratual ilegal, deve a EPAL não só ser condenada na obrigação de fazer cessar o referido contrato, como ainda na de retomar o contrato de prestação de serviços de vigilância n.º 173 celebrado com a STRONG, para tanto devendo ser anulada a decisão de 31.03.2005 da EPAL de cessação do contrato de prestação de serviços celebrado com a ora recorrente.

Tais pretensões carecem, em absoluto, de qualquer fundamento legal.

Como se vem referindo e por tudo o que se disse, a adjudicação dos autos não enferma das ilegalidades que lhe foram imputadas pela recorrente, nem o procedimento concursal sofreu das ilegalidades que lhe foram imputadas.

Defende a recorrente que "*Resulta do DL 197/99 de 8/6 que a entidade adjudicante só pode fazer cessar a prestação de serviços assegurada pelo anterior adjudicatário se for efectuada nova adjudicação que tenha sido precedida por um procedimento legal.*

39. Uma contratação pública que desrespeite as regras e os princípios estabelecidos no DL 197/99 de 8/6 é ilegal pelo que não deverá subsistir na ordem jurídica, devendo cessar de imediato a locação ou a aquisição ilegais.

40. Quid iuris enquanto não for reposta a legalidade através da abertura de novo procedimento e da prática de nova adjudicação? Tratando-se de fornecimentos ou prestações de serviços que não podem parar sob pena de grave lesão do interesse público, não resta outra alternativa senão continuar a adquirir tais fornecimentos ou serviços ao adjudicatário do concurso anterior ao abrigo de ajuste directo, estribando-se n.º 1 do art. 86.º do DL 197/99 de 8/6.

41. Se não estão directamente contemplados no art. 86.º n.º 1 do DL 197/99 de 8/6 certo é que esta norma deverá ser aplicada analogicamente aos casos como o sub judice de forma a preservar a teleologia e a coerência do regime do DL 197/99 de 8/6 (cfr art. 10.º do Código Civil)."

Ora, não resulta do regime previsto no DL 197/99 qualquer obrigatoriedade de "repristinação" dos contratos já cessados para os casos em que os novos contratos venham a ser anulados ou declarados nulos, em virtude da violação das regras de contratação pública constantes de tal diploma, nem a recorrente fundamenta tal pretensão em qualquer norma legal, dentro ou fora do âmbito do DL 197/99, de 08.06.

Quanto à aplicação do disposto no art. 86.º deste mesmo diploma – artigo que regula os casos do ajuste directo – ainda que analogicamente, tal aplicação está de todo arredada de qualquer possibilidade. Com efeito, o elenco das situações em que tal recurso é permitido é taxativo, não sendo passível de enquadrar outras situações não previstas, precisamente para defender os princípios da concorrência e da imparcialidade, ou seja, os princípios que devem nortear os procedimentos regulados pelo DL 197/99, sendo o concurso público o "procedimento regra" do regime de contratação pública e o ajuste directo o regime de "excepção".

Como refere a recorrida nas suas contra-alegações *"(...) da taxatividade das situações elencadas neste artigo decorre que a EPAL não podia, ainda que o quisesse, retomar o contrato findo em 2004, por não lhe ser permitido o recurso ao ajuste directo. Pelas mesmas razões, não poderá o tribunal condenar a recorrida a praticar um acto manifestamente ilegal."*

De igual modo, não se está perante uma situação susceptível de configurar a condenação à prática de acto legalmente devido, tal como considerou a sentença recorrida, embora por outros motivos, uma vez que inexiste qualquer dever de celebração do contrato por parte da EPAL: como defende a recorrida "a decisão de contratar serviços de vigilância reconduz-se claramente à esfera de livre decisão administrativa. A EPAL não só é livre para determinar a necessidade e o momento de celebração de contratos de prestação de serviços para o exercício das funções referidas, como lhe assiste, em última análise, a faculdade de exercer directamente aquela actividade, sem recurso a contratação externa."

Acresce que, como consta da matéria de facto dada como assente o contrato de prestação de serviços n.º 173 celebrado em 30.04.01, entre a EPAL e a STRONG, foi celebrado pelo prazo de um ano, apenas podendo ser objecto de duas renovações de igual período. Donde, o referido contrato cessou automaticamente a 30.04.04. Todavia, não obstante a cessação do contrato de prestação de serviços de vigilância n.º 173, a recorrente continuou a prestar os serviços de vigilância, autorizada pela recorrida.

Assim sendo, conforme se refere na sentença recorrida, o referido contrato já havia cessado automaticamente, por mero decurso do tempo, não consistindo a respectiva comunicação, de que o contrato n.º 173 havia cessado, uma decisão da EPAL de cessação do contrato de prestação de serviços n.º 173, como a sentença recorrida considerou. Não pode, assim, pretender-se, como pretende a recorrente, que se opere qualquer revalidação do contrato n.º 173.

Improcedem, assim, as conclusões 38 a 46 das alegações de recurso, devendo a sentença recorrida manter-se, também nesta parte, por não ter feito errada aplicação do direito aos factos.

Pelo exposto, atentos os fundamentos invocados, improcedendo todas as conclusões das alegações de recurso, o mesmo não merece provimento, devendo a sentença recorrida ser confirmada, por não incorrido nos erros de julgamento que a recorrente lhe imputou.

Acordam, pois, os juizes do TCAS, Secção Contencioso Administrativo, 2.º Juízo, em:

a) negar provimento ao recurso jurisdicional, confirmando a sentença recorrida;

b) condenar a recorrente nas custas com 3/10 de procuradoria.

Lisboa, 19 de Janeiro de 2006

Magda Geraldes
Gonçalves Pereira
Rogério Martins

Recurso n.º 01255/05

EXECUÇÃO DE JULGADO. CAUSAS LEGITIMAS DE INEXECUÇÃO. RECONSTITUIÇÃO DA SITUAÇÃO ACTUAL HIPOTÉTICA.

(Acórdão de 30 de Março de 2006)

SUMÁRIO:

I – Só constituem causa legítima de inexecução a impossibilidade absoluta e o grave prejuízo para o interesse público na execução de uma sentença do tribunal administrativo.

II – Não obstante a extinção da DRIES (Direcção Regional de instalações e Equipamentos de Saúde) de Lisboa, os concursos em curso à data de tal extinção mantiveram-se para efeitos de colocação dos candidatos vencedores nos serviços de integração, designadamente na ARSLVT (art. 21.º n.º 1 do Dec. Lei n.º 158/2003).

III – Deste modo, não é impossível a reconstituição da situação actual hipotética, retornando um concurso ao momento em que foi cometida a ilegalidade que deu causa à anulação judicial do acto de homologação da lista de classificação final, e repetindo-se efectivamente os actos de avaliação do Júri considerados necessários.

ACORDAM NO 2.º JUÍZO DO TCA – SUL

1. RELATÓRIO

Maria Leonor Zagallo Peres de Vasconcelos veio, ao abrigo do disposto no n.º 6 do art. 176.º do C.P.T.A., manifestar a sua discordância em relação à causa legítima de inexecução do Acórdão deste Tribunal, de 24.06.2004, invocada pela autoridade requerida, ora requerida, no ofício de 14.07.2004 (doc. n.º 1, que se juntou) e, em consequência, requerer a declaração de causa legítima de inexecução do mencionado Acórdão, bem como a declaração dos actos e operações a adoptar pela requerida para integral execução do mesmo.

A requerida contestou, alegando que tendo sido extinto o lugar a concurso na DRIESLVT e não tendo sido nem podendo ser criado outro na ARSLVT, torna-se impossível prosseguir o procedimento no concurso, já que ele deixou de ter objecto, que era o provimento de 1 (um) lugar de engenheiro, sendo certo que tal não aconteceu por vontade da Administração, mas sim do Legislador. Assim, entende a requerida que existe causa legítima de inexecução do Acórdão de 24.6.2004, do T.C.A.

E, quanto ao pedido de execução, alega ainda a requerida que, para o caso de ser entendido que não existe causa legítima de inexecução, se o procedimento do concurso fosse retomado, poderia a exequente ficar ou não classificada em 1.º lugar, e se ficasse em tal posição na lista de classificação final, teria de seguida que ser afecta ao quadro de supranumerários.

A exequente replicou, dizendo que no caso concreto não se verifica impossibilidade de execução absoluta e definitiva, por não haver nenhuma causa que impeça definitivamente que o concurso em causa seja retomado.

O Digno Magistrado do M.ºP.º emitiu parecer no sentido da procedência do pedido.

2. MATÉRIA DE FACTO

Emerge dos autos a seguinte factualidade relevante:

a) Na sequência do Acórdão do T.C.A. de 24.06.2004, que anulou o despacho do Secretário de Estado dos Recursos Humanos e da Modernização da Saúde de 13.02.2001, que havia negado provimento ao recurso hierárquico interposto do acto de homologação da lista de classificação final do concurso interno geral de acesso para provimento de um lugar de assessor de carreira de engenheiro civil do quadro de pessoal da DRIES de Lisboa e Vale do Tejo, veio a autoridade requerida, por ofício de 14.07.2004, invocar a existência de causa legítima de inexecução do aludido Acórdão.

b) Tal ofício era do seguinte teor (cfr. doc. 1).

«Como é do conhecimento de V. Exª, no âmbito do processo n.º 10575/01 do Tribunal Central Administrativo Sul – 1.º Juízo Liquidatário – 1ª Secção, foi proferido e notificado às partes o Acórdão de 24.06.2004, em que foi dado provimento ao recurso contencioso por V. Exª interposto. No entanto, o Dec. Lei n.º 158/2003, de 18 de Julho, que aprovou a nova orgânica da DGIES, procedeu à extinção das direcções regionais de instalações e equipamentos de saúde (DRIES), entre os quais se conta a DRIES de Lisboa e Vale do Tejo (art. 17.º).

Com a extinção da DRIES de Lisboa e Vale do Tejo, extinguiram-se os lugares do respectivo pessoal, incluindo o lugar a prover pelo concurso acima referenciado.

Daqui decorre a impossibilidade legal e objectiva de o lugar a concurso vir a ser provido na sequência de eventual reinstrução do processo de concurso, pelo que se verifica a existência de causa legítima de inexecução do acórdão do TCA – Sul.

c) Em 14.01.2005, a requerente intentou a presente execução.

3. DIREITO APLICÁVEL

Vejamos, em primeiro lugar, se existe a invocada causa legítima de inexecução do Acórdão do TCA – Sul de 24.06.2004.

O n.º 1 do artigo 163.º do CPTA prescreve que:

"Só constituem causa legítima de inexecução a impossibilidade absoluta e o grave prejuízo para o interesse público na execução da sentença".

A impossibilidade tem de ser absoluta, não sendo suficiente a mera dificuldade ou onerosidade da prestação. Ou seja, e como assinalam Mário Aroso de Almeida e C. A. Fernandes Cadilha, "é necessário que se oponha, em absoluto, um impedimento irremovível" (cfr. Comentário Ao Código de Processo nos Tribunais Administrativos, Almedina, 2005, p. 807).

Trata-se de conceito já bem definidos na doutrina anterior. Já Freitas do Amaral escrevia que: "Não se confunde, portanto, a impossibilidade com a dificuldade ou com a onerosidade da prestação que se haja de realizar: Só pode ter-se por impossível aquela a que em absoluto se oponha um impedimento irremovível" (cfr. "A execução das Sentenças dos Tribunais Administrativos", Almedina, 2ª edição, p. 125 e seguintes).

No caso concreto não se verifica uma impossibilidade desta natureza.

Não obstante a extinção da DRIES de Lisboa e Vale do Tejo, com a passagem das respectivas atribuições para a ARSLVT, não pode concluir-se, como faz a entidade requerida que "tendo sido extinto o lugar a concurso na DRIESLVT e não tendo sido nem podendo ser criado outro na ARSLVT, se torna impossível prosseguir o procedimento do concurso, já que ele deixou de ter objecto, que era o provimento de 1 (um) lugar de engenheiro".

Na verdade, não estamos perante uma extinção pura e simples.

O diploma que operou a extinção das DRIES, o Dec. Lei n.º 158/2003, ressalvou no seu artigo 21.º n.º 1, expressamente, os concursos em curso à data dessa extinção, esclarecendo que os mesmos produziriam efeitos nos quadros de pessoal dos serviços de integração, ou seja, que a colocação dos candidatos vencedores poderia ser feita nos serviços de integração.

Deste modo, e como refere a exequente, "se a lei salvaguardou os concursos abertos antes da extinção das DRIES (...) poderá ser retomado um concurso aberto pela DRIES de Lisboa e Vale do Tejo, cujo acto final foi entretanto judicialmente anulado, podendo o candidato vencedor do mesmo ser colocado no serviço de integração da DRIES de Lisboa e Vale do Tejo, ou seja, na ARSLVT.

Quanto à invocada desnecessidade de integração de engenheiros no quadro de pessoal da ARSLVT, que se verificariam à data da extinção da DRIES de Lisboa e Vale do Tejo (Julho de 2003), a mesma não é definitiva, podendo verificar-se uma carência em momento ulterior (cfr. art. 14.º do Dec. Lei n.º 193/02, além de que o candidato vencedor sempre terá direito a ser afecto ao quadro de supranumerários (arts. 7.º, 10.º e 11.º do Dec. Lei 193/2002).

Conclui-se, pois, que nenhuma causa impede definitivamente que o concurso seja retomado, pelo que inexiste causa legítima de inexecução.

Passemos, agora, à especificação dos actos de execução a praticar.

Nos termos do disposto no artigo 173.º n.º 1 do CPTA, "(...) a anulação de um acto administrativo constitui a Administração no dever de reconstituir a situação que existiria se o acto anulado não tivesse sido praticado, (...), por referência à situação jurídica e de facto existente no momento em que deveria ter actuado".

No caso concreto, a reconstituição da situação actual hipotética implica que o concurso retorne ao momento em que foi cometida a ilegalidade que deu causa à anulação judicial do acto de homologação da lista de classificação final. E o facto de o Ministério da Saúde apenas ter capacidade, nos termos da lei, para remeter a decisão judicial à ARSLVT para nomeação de novo júri, não constitui qualquer especial dificuldade ou impossibilidade.

Em face do exposto, e nos termos do disposto no n.º 1 do artigo 179.º do C.P.T.A, acordam os Juizes do 2.º Juízo do Tribunal Central Administrativo – Sul em especificar os actos e operações a adoptar pela autoridade recorrida, nos seguintes termos:

1 – Ordenar que o concurso em causa retorne ao ponto em que foi cometida a ilegalidade que deu causa à anulação judicial do acto de homologação da respectiva lista de classificação final, repetindo-se efectivamente todos os actos de avaliação do júri a partir daí;

2 – Devendo o "iten" avaliação do trabalho ser valorado pelo Júri, em sede de Entrevista Profissional;

3 – Para o efeito, deverá o Júri realizar novas entrevistas a todos os candidatos, sendo o trabalho apresentado pela requerente objecto de valorização autónoma nesse, tal como foi decidido no Acórdão exequendo ;

4 – Na sequência de tal actuação, deverá o Júri reformular as pontuações parcelares e finais dos candidatos em conformidade com as avaliações efectuadas, estabelecendo a proposta de classificação final do concurso e facultando-a para audiência prévia dos candidatos, antes da decisão final;

5 – Fixa-se em 30 dias o prazo para a autoridade recorrida proceder aos referidos actos e operações materiais;

6 – Declarando nulo o acto de nomeação da Eng. Zita Maria dos Santos Urbano, 1ª classificada do concurso, no cargo de assessora;

7 – Nos termos dos artigos 179.º n.º 3 e 169.º do CPTA, condena-se a executada na sanção pecuniária compulsória de 5% de 374.70 (valor do salário mínimo nacional mais elevado), por cada dia de atraso, em relação ao prazo acima referido, que eventualmente se venha a verificar na execução do ora decidido.

8 – Condena-se o executado nas custas, com procuradoria no mínimo.

9 – Esclarece-se, porém, que, alternativamente, a execução do Acórdão poderá passar pela criação de um lugar supranumerário na categoria de assessor, destinado a ser provido pela requerente, de acordo com o disposto no art. 51.º do Dec. Lei n.º 204/98, de 11 de Julho.

Lisboa, 30 de Março de 2006

as.) António de Almeida Coelho da Cunha (Relator)
Maria Cristina Gallego dos Santos
Teresa Maria Sena Ferreira de Sousa

Recurso n.º 00533/05

HIERARQUIA. TUTELA. SUPERINTENDÊNCIA. ACTO LESIVO. ACTO RECORRÍVEL.

(Acórdão de 09 de Março de 2006)

SUMÁRIO:

I – Os poderes de tutela e superintendência excluem a hierarquia, na medida em que esta pressupõe o poder de direcção por meio de comandos concretos, a tutela o poder de controlo sobre a regularidade ou adequação da actuação e a superintendência o poder de orientação por orientações genéricas e conselhos.

II – O princípio constitucional favorável à recorribilidade imediata – art. 268.º n.º 4 CRP – só é posto em causa quando a lei determine inequivocamente de outro modo.

III – A questão da lesividade do acto administrativo à luz do princípio vazado no art. 268.º n.º 4 CRP resolve-se em sede adjectiva e não substantiva.

ACORDAM NO 2.º JUÍZO DO TCA – SUL

Albertina Pedro Duarte Fernandes e Maria Fernanda Patrocínio Mendes, com os sinais nos autos, inconformadas com a sentença proferida pelo Mmo. Juiz do Tribunal Administrativo de Círculo de Lisboa que rejeitou o recurso de anulação por si deduzido, dela vêm recorrer para o que formulam as seguintes conclusões:

1. Objectivamente, a pretensão das recorrentes incidiu sobre a aplicação do novo sistema retributivo NSR por força do D.L. 404-A/98 conjugado com o disposto no D.L. 353-A/89 de 16/11. Com efeito, observando-se o requerimento apresentado pelas recorrentes, dirigido ao Centro, ora recorrido, verifica-se que em 1998, encontravam-se posicionadas no 2.º escalão, índice 310, e perante este facto, foram posicionadas no 1.º escalão, índice 330, decorrente das normas do D.L. 404-A/98.

2. Perante a materialidade ali expressa, fazendo-se o respectivo enquadramento das normas dos dois diplomas, e no âmbito do D.L. 353-A/89, as recorrentes posicionadas em 1/4/96 no 2.º escalão, decorridos 3 anos, ou seja em 1/4/99, progrediram ao 3.º escalão, índice 330 e pela aplicação das normas do D.L. 404-A/98, de acordo com o n.º 7, b) do artigo 21.º, deviam ser posicionados no índice 350 e não 330, como o foram pela entidade recorrida.

3. Sendo ficcionado, o efeito perverso, sustentado na factualidade do que outros/os chefes de secção, com menos antiguidade e tempo de carreira foram posicionados por aplicação do D.L. 404-A/98, no 2.º escalão, índice 350, enquanto que, as recorrentes, como já vimos, foram-no no 1.º, 330.

4. Estamos, assim, com duas vertentes da justa pretensão das recorrentes, sendo que, quanto à primeira **a entidade recorrida, tem competência para praticar o acto, que é recorrível**, quanto à segunda, levanta-se a

questão **do recurso para a tutela**, que foi acolhido na douta sentença o que determinou a rejeição do recurso jurisdicional em razão da não interposição de recurso hierárquico, à tutela.

5. Contudo, considerando-se que a 1ª versão é a que melhor se enquadra da materialidade constantes nos documentos, tem de ser no sentido de anulação da douta sentença e ordenar-se a baixa à 1ª instância por conhecer do mérito de causa.

***

A AR contra-alegou concluindo como segue:

1. Da decisão que posicionou as recorrentes cabia o recurso administrativo necessário previsto no n.º 5 do art. 21.º do DL 404-A/98 de 18 de Dezembro, que dispõe que os recursos apresentados com fundamento na inversão das posições relativas detidas pelos funcionários ou agentes à data da publicação do diploma acima identificado, violadoras dos princípios da coerência e da equidade que presidem ao sistema de carreiras, serão resolvidas por despacho conjunto do ministro da tutela, das finanças e do membro do governo responsável pela Administração Pública.

2. O acto recorrido não traduz a última decisão da Administração, pelo que importa concluir que o mesmo, por carecer de definitividade vertical e por isso não ser lesivo dos direitos e interesses legítimos das recorrentes, não é contenciosamente recorrível, nos termos do 25.º da LPTA e n.º 4 do art. 268.º da Constituição da República Portuguesa.

***

O EMMP junto deste TCA Sul emitiu parecer no sentido da notificação das Recorrentes para apresentação de conclusões, sob cominação legal de deserção do recurso.

***

Colhidos os vistos legais e entregues as competentes cópias aos Exmos. Juízes Desembargadores Adjuntos, vem para decisão em conferência.

***

Para apreciação da questão prévia da irrecorribilidade, pelo Senhor Juiz foi julgada provada a seguinte factualidade:

1. A Chefe de Repartição de Administração de Pessoal Centro Regional de Segurança Social de Lisboa e Vale do Tejo elaborou a *informação, constante do proc. instrutor, não numerado, para efeitos de aplicação do DL 404-A/98, de 18.12,* na qual refere que se procedeu ao estudo individual das situações de todos os funcionários, por categorias, conforme consta dos mapas anexos à informação e que dele fazem parte integrante, constando desse mapa o nome das ora recorrentes, Chefes de Secção, para posicionamento no 1.º escalão, índice 330, desde 01.01.98.

2. Sobre esta informação, a Directora de Serviços de Gestão de Pessoal Centro Regional de Segurança Social de Lisboa e Vale do Tejo lavrou, com data de 12.1.1999, parecer de concordância do seguinte teor: *"Concordo, pelo que proponho seja autorizado o* proced*imento proposto, tendo em vista a aplicação do Dec.-Lei identificado nesta informação "* (proc. instrutor).

3. Com data de 12.1.1999, o **Vogal do Conselho Directivo do Centro Regional de Segurança Social de Lisboa e Vale do Tejo**, J. G.Macedo Fernandes, após mencionar "Por *Delegação do Conselho Directivo"* lavrou despacho do seguinte teor: ***"Concordo"*** (proc. instrutor).

4. As recorrentes, Albertina Tomás e Maria Fernanda Mendes, respectivamente em 06.07.2000 e 06.06.2000, solicitaram ao Presidente do Conselho Directivo do CRSS de Lisboa e Vale do Tejo, que ordenasse o reposicionamento das recorrentes no 2.º escalão, índice 350, em igualdade com funcionários com a mesma categoria profissional (docs. de fls. 9 e 13).

5. As recorrentes informadas do sentido de indeferimento do requerido em 6/7/00 e 06/06/00, tendo-se pronunciado em sede de audiência prévia (cfr. docs. de fls. 17 e 20, que aqui se dão por reproduzidos).

6. Ambas as recorrentes foram notificadas do indeferimento do pedido de reposicionamento, por ofício assinado pela Directora de Serviços de Gestão de Pessoal, onde se lê: "Assunto: reclamação – Aplicação do D.L. n.º 404-A/98. de 18 de Dezembro – Relativamente ao assunto em epígrafe e uma vez que a sua pretensão não se encontra contemplada no Acórdão n.º 254/2000, publicado no Diário da república n.º 119, II Série, de 23 de Maio, junto se anexa a Inf n.º 510/2000 (513/2000) de 26 de Set.º (de 27 de Set.º), da Divisão de Gestão, onde consta exarado o despacho de 14.11.2000, do Vogal do Conselho Directivo proferido por delegação, já que a eventual situação de injustiça que refere, quanto ao posicionamento do escalão/índice, resultante da aplicação do D.L. n.º 404-A/98, poderão ser resolvidas no âmbito da aplicação do ponto 5 do art. 21.º do diploma em causa. (docs. de fls. 23 e 24, cujo teor aqui se dá por reproduzido).

DO DIREITO

O discurso jurídico fundamentador em sede de sentença é o que se transcreve:

"(...)

Nos termos do art. 25.º, n.º 1, da LPTA *"Só é admissível recurso dos actos definitivos e executórios"*

Este preceito terá de ser, porém, interpretado à luz do regime decorrente do n.º 4, do art. 268.º da CRP, na redacção posterior à revisão constitucional de 1989, passando a recorribilidade contenciosa dos actos administrativos a assentar, não na sua definitividade e executoriedade, mas na sua lesividade, assim se pretendendo consagrar uma garantia de accionabilidade em relação aos actos que lesem direitos ou interesses legalmente protegidos dos particulares *(cfr. ac. de 02.06.99 e de 09.12.99, Rec. n.º 44652 e 42383, do STA).*

Acrescente-se ainda que, no que concerne à definitividade, ela se reporta apenas aos actos de que caiba recurso hierárquico ou tutelar necessário, o que não contraria o referido n.º 4 do art. 268.º da CRP, pois se trata de um condicionamento legítimo do direito de recurso contencioso, e não de uma sua restrição, dado que o acto é recorrível mediatamente, incorporado no acto expresso ou silente, que decide o recurso hierárquico *(cfr. Ac. do STA, de 17.12.1999 – Rec. 45163).*

Idêntica opinião defendem J. C. Vieira de Andrade, para quem "a *exigência legal deste pressuposto (a impugnação administrativa necessária) não contraria o n.º 4 do artigo 268.º da CRP, tratando-se antes de um condicionamento legítimo do direito de recurso contencioso",* e Mário Esteves de Oliveira, P. Costa Gonçalves e J. Pacheco de Amorim, que consideram que a exigência do recurso hierárquico necessário não é incompatível com o n.º 4 do artigo 268.º da CRP naqueles casos em que a lei confira efeito suspensivo à sua interposição.

Vejamos se no caso em apreço há lugar, ou não, a recurso hierárquico ou tutelar necessário.

O Centro Regional de Segurança Social de Lisboa e Vale do Tejo é um organismo de âmbito regional e prossegue atribuições cometidas ao Ministério do Trabalho e da Solidariedade Social, sob superintendência e tutela do respectivo Ministro *(cfr. o disposto no art. 6.º, al. c) do DL 115/98, de 4.5 (Lei Orgânica do Ministério do Trabalho e da Solidariedade Social)*

Dispõe o art. 31.º, desse diploma legal, que os Centros Regionais de Segurança Social são organismos dotados de personalidade jurídica de direito público, com autonomia administrativa, financeira e patrimonial, que tem por objectivo garantir, na respectiva área geográfica de actuação, o reconhecimento dos direitos e o cumprimento das obrigações decorrentes dos regimes de segurança social, o exercício da acção social e a execução de programas e acções de inserção social e desenvolvimento social.

Idêntica qualificação jurídica é conferida aos referidos Centros pelo DL 260/93, de 23.7, artigo 1.º, n.º 1 e 2, que os caracteriza como institutos públicos.

Dessas disposições resulta que os Centros Regionais de Segurança Social têm personalidade jurídica de direito público própria, estabelecendo-se entre eles e o Ministério do Trabalho e da Solidariedade Social uma relação de tutela ou superintendência.

A regra, relativamente a pessoas colectivas sujeitas a uma relação de tutela ou superintendência, é a de que os actos administrativos por estas praticados são verticalmente definitivos e executórios e, por isso, contenciosamente recorríveis e que só quando a lei expressamente o preveja existe recurso para o órgão de tutela, o qual se qualifica de recurso tutelar.

O art. 177.º do Cód. Procedimento Administrativo define o recurso tutelar dizendo, no seu n.º 1, que tem por objecto actos administrativos praticados por órgãos de pessoas colectivas sujeitas a tutela ou superintendência.

O art. 177.º, n.º 2 do mesmo Código determina que o recurso tutelar só existe nos casos expressamente previstos na lei e tem, salvo disposição em contrário, carácter facultativo.

O art. 21.º n.º 5 do DL 404-A/98, de 18-12 dispõe que: *"Os recursos apresentados com fundamento na inversão das posições relativas detidas pelos funcionários ou agentes à data da publicação do presente diploma e que violem o princípio da coerência e da equidade que presidem ao sistema das carreiras serão resolvidos por despacho conjunto dos ministros da tutela, das finanças e do membro do Governo responsável pela Administração Pública".*

Importa, pois, determinar se tal recurso é necessário ou facultativo.

Tem-se entendido que, onde a lei prevê, em norma expressa, recurso hierárquico, se está perante recurso necessário, pois a possibilidade de ser interposto recurso hierárquico facultativo já decorre da própria relação hierárquica.

Tal critério não revela utilidade quando o recurso não é hierárquico próprio, pois, quer os recursos hierárquicos impróprios, quer os tutelares só podem ser intentados se a lei os previr de modo expresso.

No caso de recurso tutelar, o próprio art. 177.º, n.º 2 do CPA esclarece que ele é, em regra, facultativo, e só será necessário mediante disposição em contrário.

Importa, por conseguinte, analisar mais detalhadamente o n.º 5 do referido art. 21.º do DL 404-A/98, de 18.12, para apurar se dele se retira algum sinal de disposição em contrário.

Esse preceito, que não tem correspondência na legislação que o diploma veio revogar e substituir (DL 248/85, de 15.7), insere-se num capítulo de disposições transitórias e num artigo de situações especiais.

A leitura dos outros números desse artigo 21.º mostra que se trata de regras que visam corrigir efeitos incoerentes ou de injustiça que possam advir da pura e simples aplicação das regras que regem a matéria de posicionamento dos escalões e índices das carreiras, cuja estruturação constitui o objectivo essencial do diploma *(que se aplica directamente também aos institutos públicos, como resulta do seu art. 2.º, n.º 1).*

Essa é, claramente, a intenção, pelo menos, dos quatro primeiros números do art. 21.º.

Poderá suceder que, apesar dessas regras ou pela sua não aplicação, as injustiças relativas existam, violando os princípios da coerência e da equidade que presidem ao sistema de carreiras.

Em tal situação, o n.º 5, já acima transcrito, determina que os recursos serão resolvidos por despacho conjunto dos ministros da tutela, das Finanças e da Administração Pública.

Assim, mesmo nas situações em que o funcionário pertença a um serviço da administração directa do Estado, inserido numa pirâmide hierárquica cujo topo seja um membro do Governo, o recurso administrativo não é decidido pelo ministro respectivo, mas sim por três ministros, dois dos quais são sempre o das Finanças e o responsável pela Administração Pública, o que permite chegar à conclusão de que, mesmo nessas situações, não se trata de um verdadeiro recurso hierárquico próprio, pois, normalmente não existe relação hierárquica entre o funcionário e respectivo serviço e dois (ou um) dos ministros com competência conjunta para decidir o recurso.

Essa competência conjunta demonstra ainda que o legislador pretendeu que as decisões a dar aos diversos recursos administrativos constituíssem soluções o mais possível uniformes, isto é, seguindo critérios idênticos, qualquer que seja o serviço ou pessoa colectiva em que os recorrentes estejam integrados.

Ora, esse desiderato é contraditório, quer com a possibilidade de o responsável pelos actos recorridos alterara sua decisão em sede de reclamação graciosa para o autor do acto, quer com a imediata recorribilidade contenciosa desse acto.

Assim, tal norma atributiva de uma competência conjunta para decisão do recurso administrativo evidencia que houve o propósito de, em casos em que seja invocada a ocorrência de injustiças relativas, pela atribuição de posicionamentos relativos que violem os princípios da coerência e da equidade que presidem ao sistema de carreiras, relegar para um colectivo restrito informal de três ministros a última palavra da Administração sobre a matéria.

Entende-se, pois, que a disposição do n.º 5 do art. 21.º constitui um caso de disposição em contrário que o n.º 2 do art. 177.º do CPA exige para a legitimar a excepção à regra do carácter facultativo do recurso tutelar.

Sendo o recurso qualificado como necessário, impõe-se concluir que o acto impugnado, por não ser verticalmente definitivo, não é recorrível, pelos fundamentos já expostos sobre a recorribilidade dos actos administrativos.

Também o Tribunal Constitucional se tem pronunciado no sentido da não inconstitucionalidade do recurso hierárquico necessário, considerando que o facto de não se poder recorrer contenciosamente de certas decisões administrativas não viola a garantia constitucional da accionabilidade dos actos administrativos ilegais por ser possível obter uma tutela eficaz ao nível da Administração (c/r, *entre outros, o acórdão n.º 603/95 de 7.11.1995, publicado no DR, IISérie n.º 63, de 14.3.1996, pág. 3484).*

Uma vez que, relativamente ao acto impugnado não foi esgotada a via do recurso administrativo, importa concluir que desse acto não cabe recurso contencioso, sendo manifesta a ilegalidade da interposição do presente recurso, face ao disposto no art. 25.º da LPTA e art. 268.º, n.º 4 da CRP, o que leva à rejeição do mesmo, nos termos do disposto no art. 57.º, § 4.º do RSTA.

Aliás esse parece ter sido o entendimento das recorrentes que, na reclamação apresentada junto do Presidente do Conselho Directivo do CRSS referem, expressamente que apresentaram requerimento reclamando o reposicionamento da sua carreira, ao Sr. Ministro do Trabalho e Solidariedade Social, sendo informadas, que o Ministério "se encontra a estudar o assunto" *(cfr, artigos 1.º e 2.º dos requerimentos referidos em 4 (facto).*

No sentido de carecer de definitividade vertical e por isso não ser lesivo dos direitos ou interesses da recorrente, sendo contenciosamente irrecorrível o despacho do Vogal do Conselho Directivo do Centro Regional de Segurança Social de Lisboa e Vale do Tejo do qual cabe a interposição do recurso previsto no art. 21.º, n.º 5, do D.L. n.º 404-A/98, podem ver-se os *Acórdãos do TCA: de 22.05.03, Rec. 12130/03; de 03.06.04, Rec. 06210/02 e de 22.09.04, Rec. 11199/02.*

DECISÃO:

Pelo exposto, em conformidade com o preceituado nos artigos 268.º, n.º 4, da C.R.P., 25.º, n.º 1, da LPTA e 57.º, § 4.º, do RSTA, rejeito o recurso por manifesta ilegalidade de interposição. (...)"

***

A sentença recorrida é para confirmar pelas razões de direito que seguem.

O despacho recorrido, da autoria do vogal do Conselho Directivo do CRSS de Lisboa e Vale do Tejo no uso de delegação de competências publicada no DR, II Série, n.º 255 de 04.11.96, data de **12.01.99**, pelo que é à luz do regime legal vigente nesta data que cumpre saber do âmbito e pressupostos das garantias contenciosas accionáveis pelos interessados, em consonância com o princípio da contemporaneidade da lei vigente à data da prática do acto para aferir da sua validade.

Àquela data e conforme disposto nos **arts. 6.º e 31.º n.º 1 do DL 115/98 de 4.5**, os Centros Regionais de Segurança Social "(...) são organismos dotados de personalidade jurídica de direito público, com autonomia administrativa, financeira e patrimonial (...)", que "prosseguem atribuições cometidas ao Ministro do Trabalho e Solidariedade, sob superintendência e tutela do respectivo Ministro (...)".

Em consonância com o modelo funcional administrativo estatuído no **art. 1.º do DL 260/93 de 23.7**, segundo o qual, os CRSS, enquanto institutos públicos dotados de autonomia administrativa e financeira "(..) funcionam sob a tutela do Ministro do Emprego e da Segurança Social".

***

Em termos elementares, "(...) existe administração autónoma quando uma determinada esfera da administração está confiada, em maior ou menor medida, aos próprios interessados, que assim se auto-administram, em geral por intermédio de um órgão ou organismo representativo. (...)" reflectindo-se a **autonomia administrativa** na capacidade de praticar actos jurídicos susceptíveis de surtir efeitos jurídicos imediatos na esfera jurídica dos destinatários individualizados, cfr. art. 120.º CPA, os denominados actos lesivos, art. 268.º n.º 4 CRP, pelo tanto, apenas sujeitos a controlo judicial, e a **autonomia financeira** na "(...) garantia de receitas próprias e [n]a capacidade de as afectar segundo orçamento próprio às despesas definidas e aprovadas com independência (..)"[1].

Se entendermos a **hierarquia** como um "(...) conjunto de órgãos administrativos ligados por um vínculo de subordinação que se revela no agente superior pelo poder de direcção e no subalterno pelo dever de obediência(...)", a **tutela** como consistindo no "(...) conjunto dos poderes de intervenção de uma pessoa colectiva pública na gestão de outra pessoa colectiva, a fim de assegurar a legalidade ou o mérito da actuação(..) daqui resultando que a tutela administrativa pressupõe a existência de duas pessoas colectivas distintas e a **superintendência** como "(...) o poder conferido ao Estado, ou a outra pessoa colectiva de fins múltiplos, de definir os objectivos de guiar a actuação das pessoas colectivas públicas de fins singulares colocadas por lei na sua dependência (...)[2], vemos que os poderes de tutela e superintendência excluem a hierarquia, na medida em que esta pressupõe o **poder de direcção** por meio de comandos concretos, a tutela o **poder de controlo** sobre a regularidade ou adequação da actuação e a superintendência o **poder de orientação** por orientações genéricas e conselhos.

***

Cotejando o disposto nos arts. 166.º e 177.º ambos do CPA, define-se o âmbito de aplicação do **recurso hierárquico** como o meio gracioso em sede de actos praticados por órgãos administrativos numa relação de hierarquia e o **recurso tutelar** em sede de actos praticados por órgãos de pessoas colectivas públicas sujeitas a tutela ou superintendência.

O despacho a que se reportam os autos insere-se no domínio de aplicação do **DL 404-A/98 de 18.12**, cumpre determinar a natureza do meio de impugnação graciosa previsto no **art. 21.º n.º 5**.[3]

À luz do disposto no art. 177.º n.os 2 e 3 do CPA "(..) Não basta ... que a lei preveja a existência de uma relação de tutela: é preciso que essa tutela abranja especificamente poderes de supervisão (revogação ou recurso) do órgão tutelar em relação aos actos do tutelado (ou outros poderes que o pressuponham).(...)" – "(...) O recurso tutelar – sem qualificativo legal especial –, é um recurso respeitante à legalidade do acto administrativo, só se estendendo ao seu mérito se a relação tutelar em

[1] Vital Moreira, *Administração autónoma e associações públicas (reimpressão)* Coimbra Editora, págs. 46, 194 e 199.

[2] Freitas do Amaral, *Curso de direito administrativo*, Vol. I, Almedina/1992, págs.636, 692 e 709.

[3] **DL 404-A/98 de 18.12, art. 21.º n.º 5** – "Os recursos apresentados com fundamento na inversão das posições relativas detidas pelos funcionários ou agentes à data da publicação do presente diploma e que violem o princípio da coerência e da equidade que presidem ao sistema de carreiras serão resolvidas por despacho conjunto dos ministros da tutela, das Finanças e do membro do Governo responsável pela administração pública."

que esse recurso se insere respeitar também à conveniência ou oportunidade administrativa da actuação do ente tutelado. Ou seja: desde que a lei admita (directa ou indirectamente) o recurso tutelar, já não é necessário que se diga que ele também abrange o mérito dos actos do tutelado, se a relação tutelar for legalmente (...) extensiva ao mérito da actividade do órgão infra-ordenado (...)"[4].

Do que vem dito se conclui que o meio impugnatório gracioso previsto no **art. 21.º n.º 5 do DL 404-A/98 de 18.12** tem natureza de **recurso tutelar necessário em matéria de legalidade e mérito** na medida em que, naquela específica matéria em sede de gestão de recursos humanos, o **citado normativo comete** ao despacho conjunto ministerial **competência revogatória** dos actos praticados pelo conselho directivo do CRSS ou pelo v ogal com competência delegada – cfr. arts. 5.º b), 9.º n.º 1, 10.º n.º 6 e 11.º todos do DL 260/93 de 23.7, requisito necessário nos termos do art. 177.º n.os 2 e 3 CPA.

***

Avançando na análise do despacho de **12.01.99** temos que, de um ponto de vista substantivo, **em princípio** aquele despacho está apto a projectar de imediato os efeitos jurídicos inerentes sobre a esfera jurídica do ora Recorrente, atenta a concreta relação jurídica de emprego público que titula ambas as partes, o ora Recorrente e a Administração.

E diz-se "**em princípio**" porque, de um ponto de vista processual, os efeitos não se repercutirão na esfera jurídica do destinatário caso por este seja accionado o meio impugnatório do recurso tutelar necessário previsto no art. 21.º n.º 5 DL 448-A/98 de 18.12, atento o efeito suspensivo do art. 170.º n.º 1 *ex vi* art. 177.º n.º 5 CPA.

Pelo que vem dito e na medida em que vigora desde 1989 "(...) um princípio constitucional favorável à recorribilidade imediata que só é posto em causa quando a lei vier determinar inequivocamente de outro modo (...)"[5], a questão da lesividade do acto e suas implicações à luz do princípio vazado no art. 268.º n.º 4 CRP há-de resolver-se em sede adjectiva e não substantiva.[6]

***

Donde se conclui pela irrecorribilidade contenciosa do despacho de 12.01.99.

Consequentemente, não assiste razão às Recorrentes no tocante aos erros de julgamento imputados no domínio das questões de recurso suscitadas sob os pontos 1 a 5 das conclusões.

***

Termos em que acordam, em conferência, os juízes da Secção de Contencioso Administrativo do Tribunal Central Administrativo Sul em negar provimento ao recurso e confirmar a sentença recorrida.

Custas pelas Recorrentes, com taxa de justiça que se fixa em € 200 (duzentos) e procuradoria em metade.

Lisboa, 09 de Março de 2006

Cristina Santos
Teresa de Sousa
Xavier Forte

Recurso n.º 1071/05

[4] ESTEVES DE OLIVEIRA, COSTA GONÇALVES, PACHECO DE AMORIM, *CPA Comentado*, 2ª edição, Almedina, 1998, pág. 803.

[5] ANTÓNIO CÂNDIDO DE OLIVEIRA, *O silêncio e a última palavra da administração*, CJA/19, pág. 24.

[6] MÁRIO AROSO DE ALMEIDA, *Implicações de direito substantivo da reforma do contencioso administrativo*, CJA/34, págs. 71/72;*O novo regime do processo nos tribunais administrativos*, Almedina, 2003, págs.58/59.

INTIMAÇÃO PARA PASSAGEM DE CERTIDÕES E PRESTAÇÃO DE INFORMAÇÕES. ARTIGOS 104.º A 108.º DO C.P.T.A. PODERES DO JUIZ. FISCALIZAÇÃO DO CUMPRIMENTO DA CONDENAÇÃO.

(Acórdão de 19 de Janeiro de 2006)

SUMÁRIO:

I – O processo de intimação para a prestação de informações, consulta de processos ou passagem de certidões, previsto nos art. 104.º a 108.º do CPTA pode considerar-se de plena jurisdição, visto não ser seguido de uma fase ulterior de actos e operações de execução.

II – Em tal meio processual, o poder jurisdicional do juiz não se esgota com a prolação do despacho que defere o pedido de intimação, antes competindo ao julgador a verificação do cumprimento de tal despacho.

III – Verificando a falta de elementos informativos constantes ou implícitos na condenação proferida, o juiz pode ordenar a sua junção aos autos, sem que tal constitua segunda decisão, ou corresponda a pedido novo.

ACORDAM NO 2.º JUÍZO DO TCA – SUL

1 – RELATÓRIO

«ADAI – Associação para o Desenvolvimento da Aerodinâmica Industrial, requereu no TAF de Lisboa a intimação do Presidente do Conselho de Administração do IFADAP – Instituto de Fomento e Apoio ao Desenvolvimento da Agricultura Portuguesa – para a emissão de certidões sobre documentos relativos ao processo de concessão de subsídios ao abrigo do Programa de apoios financeiros para 2004 do Fundo Florestal Permanente, área prevista no ponto 5 do Anexo ao Despacho Normativo n.º 36/2004 de 30.07 – Apoio a acções específicas de investigação aplicada, demonstração e experimentação".

O Mmo. Juiz do TAF de Lisboa, por decisão de 5.09.05, julgou procedente o pedido formulado.

No cumprimento da decisão referida, o Presidente do Conselho de Administração do IFADAP remeteu ao requerente uma certidão composta por um conjunto de 12 (doze) documentos, identificados a fls. 80 e 81.

Considerando que as informações prestados pelo requerido não correspondiam ao determinado na decisão condenatório, o requerente solicitou, ainda, ao Tribunal, a resposta aos pedidos de informação referidos a fls. 82, a fim de obter o integral cumprimento da decisão referida.

Alegando que tal requerimento continha pedidos novos, o requerido pronunciou-se no sentido do indeferimento do mesmo.

Todavia, o Mmo. Juiz, por despacho de fls. 128 e 129, considerando que a condenação não havia sido integralmente cumprida, impôs ao requerido IFADAP a obrigação de prestar à requerente as informações referidas no novo requerimento formulado, com a menção do disposto no artigo 108.º n.º 2 do CPTA.

Inconformado com tal despacho (fls. 129 e 130), interpôs recurso jurisdicional para este T.C.A., alegando a nulidade da sentença por excesso e omissão de pronúncia, erro de julgamento e condenação por objecto diverso do pedido inicial.

A recorrida ADAI contra-alegou, pugnando pela manutenção do julgado.

O Digno Magistrado do Ministério Público emitiu douto parecer no sentido de ser negado provimento ao recurso, em ordem à satisfação do direito à informação da recorrida.

2. MATÉRIA DE FACTO

A matéria de facto é a fixada na decisão de 1ª instância, para cujos termos se remete integralmente (art. 713.º n.º 6 do Cód. Proc. Civil).

3. DIREITO APLICÁVEL

No presente processo para prestação de informações, a requerente, pretendendo impugnar judicialmente o procedimento de escolha dos concorrentes ao Programa de Apoios Financeiros para 2004, do Fundo Florestal Permanente, ao abrigo dos artigos 104.º a 108.º do CPTA, requereu no T.A.F. de Lisboa a intimação do requerido IFADAP a prestar-lhe informações relativas ao seguinte:

– Critérios que presidiram à selecção dos projectos;

– Critérios que presidiram à opção pelo imediato financiamento dos projectos 021, 001, 009, 345, e 215 – FEP – 2004, bem como os termos da celebração de contratos de financiamento;

– Composição do júri, comissão de análise das candidaturas ou outra designação com indicação dos órgãos que emitiram pareceres no âmbito do procedimento de escolha dos projectos;

– Identidade e composição do órgão que tomou a decisão final em cada procedimento de candidatura;

– Se a Sr.a Engenheira Inês de Sousa Teixeira integrou algum dos órgãos supra referidos;

– Quais os valores concretos correspondentes a cada uma das percentagens mencionadas no quadro constante do último parágrafo do Anexo ao Despacho Normativo n.º 36/2004

Na sua resposta, o requerido alegou que as informações solicitadas já tinham sido prestadas por si em 1.07.2005 através do Ofício n.º 36932, e em 6.7.05, através do Ofício n.º 40725, prestou à A. todas as informações requeridas, e no recurso jurisdicional interposto para este T.C.A. alega a nulidade da decisão, tanto por excesso de pronúncia como por omissão de pronúncia, considerando que na segunda decisão proferida o Mmo. Juiz condenou o recorrente a prestar informações adicionais, correspondentes a novos pedidos, efectuados pelo requerente, que abrangem informações que originariamente não haviam sido solicitadas.

Vejamos se é assim.

Já no domínio da LPTA se entendia que o meio processual de intimação para passagem de certidões ou prestação de informações, revestindo carácter de urgência, era de plena jurisdição, por não ter sequência em qualquer processo ulterior de execução (cfr. Raquel Carvalho, "O direito à informação procedimental", Univ. Católica, 1999, p. 290; Ac. STA de 21.12.93, Rec. 33 210; Ac. TCA de 11.03.04, in "Antologia de Acórdãos do STA e do TCA", Ano VII, n.º 2, p. 251 e seguintes).

Em tal meio processual o poder jurisdicional do juiz não se esgota com a prolação do despacho que defere o pedido de intimação, antes abrangendo a verificação do cumprimento da mesma e a determinação das diligências necessárias a assegurar tal cumprimento, inclusive, se for caso disso, a aplicação de sanções (cfr. acórdão citado do TCA).

Foi o que sucedeu no caso dos autos.

O Mmo. juiz "a quo", após análise do requerimento de fls. 80, verificou que a notificação integral da certidão de um conjunto de documentos relativos ao procedimento administrativo de atribuição de subsídios no âmbito do Fundo Florestal Permanente não continha todos os elementos necessários e que haviam sido pedidos, não tendo assim sido satisfeita a pretensão informativo "in judicio".

Os elementos em falta, enunciados pelo Mmo. Juiz a fls 128 são os seguintes.

a) Que critérios presidiram à escolha dos projectos 012, 001, 009, 345 e 215 para serem financiados?

b) Quantos projectos já estavam seleccionados para homologação nessa data – 11.12.04?

c) Qual a data de aprovação dos critérios referidos no Doc. 1, fls. 1?

d) Qual a forma de aprovação de aprovação desses critérios: foram aprovados por deliberação da comissão de análise constante de acta?

e) Em que data foram esses critérios comunicados às entidades que apres

f) Qual a composição da "estrutura afecta", pois não são referidos os nomes por cada titular mencionado – apenas a Eng. Inês Teixeira?

g) Qual a data da listagem de candidaturas com parecer positivo?

h) Qual a forma e data da sua publicitação?

i) Quem homologou essa listagem? E porque forma, pois aquele documento não está assinado?

Não se trata de satisfazer novos pedidos, pelo que não há excesso de pronúncia, nem se pode concluir que o Mmo. Juiz proferiu uma segunda decisão. Antes, no âmbito de um processo que, como se viu, é de plena jurisdição, o Mmo. Juiz verificou a decisão proferida não foi totalmente cumprida e, como tal, ordenou o fornecimento de elementos informativos que, normalmente, integrariam os documentos que foram inicialmente requeridos, sendo prática normal, num procedimento desta natureza (selecção e escolha de co-contratantes em contratos de financiamento).

Nomeadamente, é evidente o interesse em conhecer a data e a forma como foram divulgados os critérios supramencionados, e em que data e por que forma foram divulgados ou comunicados aos concorrentes, bem como a identidade dos elementos que compõe a "estrutura afecta", visto que foi esta quem tomou as decisões no procedimento.

Aliás, como refere o Digno Magistrado do Ministério Público, as normas relativas ao direito à informação devem ser interpretadas de acordo com o texto constitucional, mormente com o disposto no art. 268.º da C.R.P, e apenas admitem restrições quando estejam em causa dados do foro íntimo ou relativos a segurança interna ou externa ou investigação criminal ou segredo comercial, o que não é, manifestamente, o caso dos autos.

Com efeito, vigora no nosso sistema jurídico o princípio do arquivo aberto (open file), traduzido no reconhecimento a qualquer pessoa do direito de acesso às informações constantes de documentos, dossiers e arquivos administrativos, desde que tais informações não incidem sobre as matérias reservadas acima mencionadas, verificando-se na jurisprudência uma tendência para o alargamento deste direito de acesso, em ordem a assegurar o cumprimento dos princípios da transparência e imparcialidade (cfr. Ac. T.C. n.º 176/92, in D.R. II Série, de 18.09.92; Ac. STA de 25.01.2005, Proc. 0690/04; Ac. do T.C.A. de 3.06.2004, Proc. 00154/04).

Conclui-se, pois, que o despacho recorrido, ao ordenar a prestação das informações supra referidas não enferma de erro de julgamento, nem cometeu qualquer nulidade por excesso ou omissão de pronúncia.

4. DECISÃO

Em face do exposto, acordam em negar provimento ao recurso e em confirmar a decisão recorrida.

Sem custas em ambas as instâncias, por delas estar isento o presente processo de intimação (art. 73.º-C, n.º 2, al. b) do C.C. Jud.). – Entrelinhei: "pedidos"

Lisboa, 19 de Janeiro de 2006

as.) António de Almeida Coelho da Cunha (Relator)
Maria Cristina Gallego dos Santos
Teresa Maria Sena Ferreira de Sousa

Recurso n.º 01226/05

PENSÃO DE APOSENTAÇÃO POR VELHICE. PENSÃO DE APOSENTAÇÃO ESPECIAL PREVISTA NO DEC. LEI 362/78. INEXISTÊNCIA DE PEDIDO SUBSIDIÁRIO.

(Acórdão de 23 de Fevereiro de 2006)

SUMÁRIO:

Solicitada a atribuição de uma pensão de aposentação ordinária por velhice, ao abrigo do art. 37.º n.º 2, alínea h) e 3 do Estatuto da Aposentação, não pode a Administração indeferir o pedido por extemporaneidade, ao abrigo do disposto no Dec. Lei n.º 210/90. Mesmo que o requerente, no seu requerimento, tenha feito alusão à possibilidade de obter a pensão de aposentação especial prevista no Dec. Lei 362/ /78 de 28.11.78, tal não pode considerar-se um pedido subsidiário.

ACORDAM NO 2.º JUÍZO DO TCA – SUL

1. RELATÓRIO

A Direcção da Caixa Geral de Aposentações veio interpor recurso jurisdicional da sentença do T.A.F. de Lisboa que anulou a sua decisão de 22.05.02, que indeferiu ao recorrido, ex-Funcionário Público, de nacionalidade cabo-verdiana, o pedido formulado em 28.09.01 no sentido de lhe ser atribuída uma pensão de aposentação ordinária por velhice, prevista nas disposições conjugadas dos artigos 37.º n.º 2, alínea b) e n.º 3 do artigo 37.º do Estatuto da Aposentação, dos artigos 1.º, números 1 e 2 e 16.º do Dec. Lei n.º 134/79, de 18 de Maio de 1979 e do artigo 9.º n.º 2 do Dec. Lei 362/78, de 28.11.78 e diplomas de prorrogação subsequente.

Nas conclusões das suas alegações, formula as conclusões seguintes:

1) Tal como afirma o Mmo. Juiz "a quo", o recorrente requereu, em 28 de Setembro de 2001 (fls. 1 a 13 do proc. instrutor), a aposentação ao abrigo do Decreto-Lei n.º 134/79 de 18 de Maio;

2) Porém, também subsidiariamente, aquele requereu, contrariamente ao que se afirma na douta sentença, a aposentação ao abrigo do regime previsto no Dec. Lei n.º 362/78, de 28 de Novembro, e legislação complementar;

3) Por o requerimento ter dado entrada nesta Caixa muito depois do termo do prazo previsto pelo regime instituído no Decreto-Lei n.º 362/78, de 28 de Novembro, cujo último prazo para requerer havia sido estabelecido pelo Dec. Lei n.º 363/86, de 30 de Outubro, foi proferido, como competia a esta Caixa, o despacho de indeferimento de 19.10.2000, com fundamento na extemporaneidade do pedido;

4) Quanto ao pedido formulado ao abrigo do regime instituído pelo Dec. Lei n.º 134/79, de 18 de Maio, embora, de facto, não tivesse sido abrangido pelo indeferimento do acto impugnado, acabou por ser posteriormente apreciado por esta Caixa;

5) Em sede de audiência prévia, o recorrente foi esclarecido que o tempo de serviço prestado no ex-Ultramar poderia vir a ser considerado para efeitos de atribuição do subsídio vitalício, desde que devidamente comprovado, em conformidade com o disposto no artigo 1.º do Dec. Lei n.º 315/88, de 8 de Setembro;

6) O recorrente nunca apresentou os documentos em conformidade com o estipulado por lei, quanto à prova material, e não em conformidade com o disposto no art. 365.º do Código Civil, que se reporta apenas à aceitação formal dos documentos, pelo que o pedido nunca podia ter sido apreciado em função deste regime;

7) Nesta conformidade, o despacho ora em crise, por ter observado todos os pressupostos legais, não enferma de qualquer vício de violação de lei.

O recorrido contra-alegou, formulando as conclusões seguintes:

1ª) O ora agravado requereu à CGA pensão de aposentação ordinária ao abrigo do Dec. Lei 134/79, de 18 de Maio, conjugado com o Estatuto de Aposentação;

2ª) O ora agravado não requereu, nem sequer subsidiariamente (como parece pretender a agravante CGA), pensão de aposentação ao abrigo de Dec. Lei n.º 362/78 de 28 de Novembro;

3ª) O pedido de aposentação formulado ao abrigo do regime instituído pelo Dec. Lei n.º 134/79, não foi objecto de despacho de indeferimento;

4ª) A própria agravante CGA aceita que o pedido de aposentação formulado pelo ora agravado não foi objecto do despacho de indeferimento proferido;

5ª) O despacho de indeferimento da ora agravante CGA enferma de vício de violação de lei por erro nos pressupostos de facto.

A Digna Magistrada do M.º P.º pronunciou-se no sentido da procedência das alegações da entidade recorrente, devendo ser revogada a sentença de 1ª instância, por não ter feito correcta apreciação dos factos e devida aplicação do direito.

Colhidos os vistos legais, cumpre decidir.

2. MATÉRIA DE FACTO

A decisão recorrida considerou provada a seguinte matéria de facto relevante:

a) Em 28.09.01, deu entrada na Caixa Geral de Aposentações um requerimento do recorrente pedindo, no seu ponto 9.º, a atribuição de pensão ordinária, por velhice, prevista nas disposições conjugadas dos artigos 37.º n.º 2, alínea b) e n.º 3 do Estatuto da Aposentação, dos artigos 1.º n.os 1 e 2 e 16.º do Dec. Lei n.º 134/79, de 18 de Maio e do art. 9.º n.º 2 do Dec. Lei n.º 362/78, de 28 de Novembro e diplomas de prorrogação subsequentes (cfr. doc. junto a fls. 1 a 11 do proc. instrutor);

b) Por ofício, datado de 8.05.2002, da C.G.A., foi o requerente informado do seguinte: "Assunto: Audiência Prévia (art. 100.º do C.P.A.). Aposentação nos termos do Dec. Lei 362/78, de 28 de Novembro. "Informo V. Exª que da análise dos elementos constantes do processo e em face da legislação em vigor, o pedido formulado irá ser, em princípio, indeferido, com base nos seguintes fundamentos: – Por se verificar que o pedido deu entrada nesta Caixa fora do prazo estabelecido pelo Dec. Lei n.º 210/00, de 27 de Junho. Aproveito para informar que o Dec. Lei n.º 247/99, de 2 de Julho, apenas permite a contagem do tempo de serviço prestado após a independência dos novos Estados e é aplicável aos funcionários e agentes da ex-Administração Ultramarina que continuassem a exercer funções posteriormente àquela independência e vieram a ingressar na Administração Pública Portuguesa, adquirindo, por este motivo, a qualidade de subscritores da C.G.A. Esclareço, ainda, que o tempo de serviço prestado no ex-Ultramar poderá vir a ser considerado para efeitos de subsídio vitalício, nos termos do Dec. Lei 134/79, de 18.5, desde que devidamente comprovado de conformidade com a nota anexa. Todavia, nos termos dos artigos 100.º e seguintes do C.P.A, tem V. Exª o prazo de 10 dias úteis a contar desta notificação, para, querendo, informar do que se lhe oferecer sobre o assunto, assistindo-lhe ainda o direito de consulta do respectivo processo, nesta Caixa, na morada abaixo indicada. Com os melhores cumprimentos. O chefe do Serviço, João Gomes Gonçalves" (cfr. doc. junto a fls. 14 do proc. instrutor);

d) Em 22.05.2002 é prestada a seguinte informação: "Pelos motivos abaixo assinalados, parece ao Serviço ser de indeferir o Pedido. Por se verificar que o pedido deu entrada nesta Caixa, fora do prazo estabelecido pelo Dec. Lei n.º 210/90, de 27 de Junho. Audiência prévia – fls. 14. À consideração superior – SAC – 3, 22.05.2002. O Chefe do Serviço. Assinatura ilegível" (cfr. doc. junto a fls. 15 do proc. instrutor).

e) No canto superior direito da informação referida no ponto anterior, consta o seguinte: "Por delegação de poderes do Conselho de Administração, Diário da República, II Série, n.º 62, de 14.03.2002. Concordamos. 22.05.2002. Os directores. Assinaturas ilegíveis". (cfr. doc. junto a fls. 15 do proc. instrutor);

f) Por ofício de 29.05.02, foi dado conhecimento ao requerente do despacho constante do ponto anterior (cfr. doc. junto a fls. 16 do proc. instrutor).

3. DIREITO APLICÁVEL

A sentença proferida pelo Mmo. Juiz do T.A.C. de Lisboa anulou a decisão da Direcção da Caixa Geral de Aposentações de 22.05.2002, por a mesma haver indeferido o pedido do recorrente (Funcionário Público, de nacionalidade cabo-verdiana) datado de 28.09.01 no sentido de lhe ser atribuída uma <u>pensão de aposentação ordinária, por velhice</u>, prevista nas disposições conjugadas dos artigos 37.º n.º 2, al. a) e n.º 3 do artigo 37.º do Estatuto da Aposentação, dos artigos 1.º números 1 e 2 e 16.º do Dec. Lei n.º 134/79, de 18.05.1979 e do art. 9.º n.º 2 do Dec. Lei n.º 362/78 de 28.11.1978 e diplomas de prorrogação subsequentes.

Entendeu a sentença recorrida que o acto impugnado incorreu em violação de lei por erro nos pressupostos, uma vez que o seu pedido foi formulado ao abrigo do Estatuto da Aposentação e do Dec. Lei n.º 134/79 de 18.5.79, não devendo ser apreciado, como foi, nos termos do Dec. Lei 210/90 de 27 de Junho e do Dec. Lei n.º 362/78, e por esta via indevidamente considerado extemporâneo.

A Direcção da Caixa Geral de Aposentações, todavia, entende que a decisão recorrida deve ser revogada, por assentar em errada interpretação e aplicação da lei, designadamente do artigo 1.º do Decreto-Lei n.º 362/78, de 28 de Novembro, e legislação complementar, e dos artigos 1.º a 4.º, 16.º e 18.º do Decreto-Lei n.º 134/79, de 18 de Maio.

Mais exactamente, a C.G.A. alega que o recorrente requereu, em 28.09.2001, a aposentação ao abrigo do Dec. Lei n.º 134/79, de 18 de Maio, mas também, subsidiariamente, e ao contrário do que se afirma na sentença recorrida, requereu a aposentação ao abrigo do regime previsto no Decreto-Lei n.º 362/78, de 28.11 e, por o requerimento ter entrado na C.G.A. muito depois do prazo previsto pelo regime instituído no Dec. Lei n.º 362/78, de 28 de Novembro, foi proferido o despacho de indeferimento de 19.10.2000, com fundamento na extemporaneidade do pedido (conclusões a) a c).

Quanto ao pedido formulado ao abrigo do regime instituído pelo Dec. Lei n.º 134/79, de 18 de Maio, embora, de facto, não tivesse sido abrangido pelo indeferimento do acto impugnado, acabou por ser posteriormente apreciado pela C.G.A (conclusão d), tendo o recorrente sido esclarecido que o tempo de serviço prestado no ex – Ultramar poderia vir a ser considerado para efeitos de atribuição do <u>subsídio vitalício</u>, desde que devidamente comprovado de conformidade com o disposto no art. 1.º do Dec. Lei n.º 315/88, de 8 de Setembro, e sendo certo que o recorrente nunca apresentou os documentos necessários (conclusões E e F).

Cumpre, a nosso ver, determinar qual foi, na verdade, o pedido formulado pelo recorrente.

Como resulta do processo instrutor e da factualidade provada em 1ª instância, o requerimento do recorrente de 28.09.01 pedia a a atribuição de uma pensão ordinária por velhice.

Mais exactamente, logo no artigo 9.º da petição inicial, esclarece que requereu a atribuição de pensão ordinária, por velhice, prevista nas disposições conjugadas dos arts. 37.º n.º 2, alínea b) e n.º 3 do art. 37.º do Estatuto da Aposentação, bem como dos artigos

E, a nosso ver, não corresponde a qualquer pedido subsidiário a referência efectuada no artigo 10.º da petição inicial de, oportunamente, poder ser definida no Tribunal Constitucional a questão da tempestividade do requerimento para obtenção de pensão de aposentação especial prevista no Dec. Lei n.º 362/78 de 28.11.78

E note-se que a matéria articulados nos números 1 a 9 da referida petição se destina a demonstrar o preenchimento das condições para a pensão de aposentação por velhice.

A verdade é que o recorrido não fez qualquer requerimento ao abrigo do Dec. Lei n.º 210/90 sobre o dito regime especial, pelo que se não compreende o despacho de indeferimento efectuado com base em extemporaneidade e pressupondo indevidamente como feito o pedido de aposentação especial cuja caducidade ficou prevista no Dec. Lei n.º 210/90, de 27.06.90.

Em face desta realidade, e salvo o devido respeito, é pertinente a observação do parecer de fls. 53 no sentido de que "o acto recorrido não se pronuncia, concretamente, acerca do pedido de aposentação ordinária por velhice, apenas se referindo aos pressupostos de atribuição da pensão prevista no Dec. Lei n.º 362/78, verificando-se, assim, haver erro de facto, que fere de invalidade o acto praticado", o que necessariamente conduz à procedência do recurso (cfr. parecer do EMMP a fls. 53).

Ou, como justamente acentua a decisão recorrida, "o acto administrativo impugnado tem como única fundamentação a extemporaneidade do pedido ao abrigo do disposto no Dec. Lei n.º 210/90 de 27 de Junho.

Ora, tendo sido o pedido formulado para a atribuição de uma pensão de aposentação ordinária por velhice, era à luz dos diplomas invocados pelo recorrente que o mesmo teria de ser apreciado, e nunca de quaisquer outros diplomas, nomeadamente sobre um pedido de pensão ao abrigo do disposto no Dec. Lei 362/78, de 28 de Novembro, com as sucessivas alterações, e cujo último prazo de requerimento foi o estabelecido no Dec. Lei n.º 210/90, de 27 de Junho, diploma que revogou o Dec. Lei n.º 362/78.

Nada há, portanto, que censurar a decisão recorrida, por ter concluído que o acto impugnado enferma de vício de violação de lei por erro nos pressupostos de facto, o que conduz à sua anulação.

Improcedem, por isso, na íntegra, as conclusões das alegações da agravante

4. DECISÃO

Em face do exposto, acordam em negar provimento ao recurso e em confirmar a sentença recorrida.

Sem custas.

Lisboa, 23 de Fevereiro de 2006

as.) António de Almeida Coelho da Cunha (Relator)
Maria Cristina Gallego dos Santos
Teresa Maria Sena Ferreira de Sousa

Recurso n.º 01242/05

PORTARIA N.º 101-A/96, DE 4/6. ABONO DE AJUDAS DE CUSTO. DESLOCAÇÕES ACOMPANHANDO FUNCIONÁRIO QUE AUFIRA AJUDA DE CUSTO SUPERIOR. ABONO PELO ESCALÃO IMEDIATAMENTE SUPERIOR.

(Acórdão de 30 de Março de 2006)

SUMÁRIO:

I – A Portaria n.º 101-A/96, de 4/6, veio proceder à revisão anual das remunerações dos funcionários e agentes da administração central, regional e local, actualizando igualmente os índices 100 e as escalas salariais em vigor, bem como as tabelas de ajudas de custo, subsídios de refeição e de viagem e marcha e comparticipações da ADSE.

II – Depois de no n.º 8 da citada Portaria se proceder à actualização dos montantes das ajudas de custo previstas no DL n.º 519-M/79, de 28 de Dezembro, o n.º 10 dispôs que "*no caso de deslocações em que um funcionário ou agente acompanhe outro que aufira ajuda de custo superior, aquele terá direito ao pagamento pelo escalão de ajudas de custo imediatamente superior*".

III – À data dos factos, o regime jurídico do abono de ajudas de custo pelas deslocações em serviço público no território nacional encontrava-se previsto no DL n.º 519-M/79, de 28/12, o qual, diferentemente do estabelecido no diploma que procedeu à sua revogação – o DL n.º 106//98, de 24/4 – não contemplava uma norma idêntica à do artigo 34.º deste último diploma, ou seja, a de que "*ao pessoal envolvido em missões que impliquem deslocações conjuntas em território nacional são abonadas ajudas de custo pelo escalão correspondente ao da categoria mais elevada*".

IV – A única referência legal a "*deslocações conjuntas*" é a que se encontra plasmada no n.º 10 da Portaria n.º 101-A/96, de 4/6, que prevê o abono pelo escalão de ajudas de custo imediatamente superior ao auferido pelo funcionário ou agente em causa.

V – A situação de acompanhamento a que alude o n.º 10 da Portaria n.º 101-A/96, terá necessariamente como pressuposto uma "*deslocação conjunta*", ou seja, aquela que, muito embora não sendo motivada numa missão comum em que ambos os funcionários ou agentes estejam envolvidos, há-de ser determinada por despacho superior e motivada pelo interesse do serviço e não pelo interesse ou conveniência dos funcionários envolvidos.

VI – Não ocorrendo esse pressuposto, que fundamenta materialmente a distinção justificadora

do abono da ajuda de custo pelo escalão imediatamente superior, a pretensão do recorrente de lhe serem pagos esses abonos não podia ser deferida pela entidade recorrida.

ACORDAM EM CONFERÊNCIA, NA 1ª SECÇÃO DO TRIBUNAL CENTRAL ADMINISTRATIVO SUL

I. BRÁULIO FERRÃO SILVA FLOR, topógrafo de 1ª classe do quadro de pessoal do Instituto Português de Cartografia e Cadastro, interpôs o presente ***RECURSO JURISDICIONAL*** da sentença do Tribunal Administrativo do Círculo de Coimbra que negou provimento ao recurso contencioso de anulação que interpôs do despacho do ***Vice-Presidente do Instituto Português de Cartografia e Cadastro***, então no exercício de funções de Presidente, de 13-1-97, que lhe havia indeferido o pedido de pagamento de ajudas de custo pelo escalão imediatamente superior ao seu nas deslocações efectuadas no mês de Novembro de 1996.

Em alegações de recurso apresentou as seguintes conclusões:

"*1ª – O artigo 10.º da Portaria n.º 101 – A/96, de 4/6, apenas exige como requisito para a verificação do direito a ajuda de custo pelo escalão imediatamente superior: (1) – a existência de deslocação; (2) – o acompanhamento [só isso] de um funcionário por outro; (3) – e que um desses funcionários aufira ajudas de custo superior ao outro.*

2ª – O direito a ajudas de custo pelo escalão superior tem como referência e estende-se a todas as situações até ao limite máximo sinalizado pela palavra "acompanhe".

3ª – O douto acórdão recorrido ao ter decidido que só há lugar àquela ajuda de custo superior nos casos em que tenha sido "ordenada a formação de uma equipe ou missão, com uma relação de subordinação ou dependência de um funcionário a outro", decidiu com base em requisitos ilegais, pois que extravasam e não encontram qualquer alicerce na lei, com ela não tendo a menor correspondência verbal.

4ª – A douta decisão impugnada, fundamentando-se em tais requisitos ilegais, viola os artigos 8.º e 10.º da Portaria n.º 101-A/96, e artigo 9.º, n.º 2 do Código Civil, deles fazendo errada interpretação e aplicação".

A entidade recorrida não apresentou contra-alegações.

O M.º Juiz manteve a decisão.

Neste TCA Sul, o Digno Magistrado do Ministério Público pronunciou-se pela manutenção do decidido em 1ª instância.

Colhidos os vistos legais, vem o processo à conferência para julgamento.

II. É o seguinte o teor da sentença recorrida, na parte relevante:

"*[...]*

Mostram-se provados os seguintes factos:

1 – Oportunamente o recorrente requereu o pagamento de ajudas de custo pelo escalão imediatamente superior ao seu por motivo de deslocação em serviço no Concelho de Santa Maria da Feira, "acompanhado" pelo Eng.º agrónomo José Araújo.

2 – Esse pedido foi indeferido por motivo de a deslocação do recorrente não ter carácter de missão, tratando-se apenas de uma deslocação de diversos funcionários que realizam tarefas distintas, a qual, por razões logísticas é feita em comum.

* * * * * *

Este o factualismo relevante, importando agora verificar se ocorrem as ilegalidades imputadas ao acto recorrido.

Desde logo é manifesto que não ocorre a arguida falta de audiência, pois que esta tem lugar, como preceitua o artigo 100.º, n.º 1 do CPA, após a instrução e antes da decisão final. Mas no caso vertente não houve qualquer instrução, sendo esta constituída pelo conjunto de diligências necessárias à prova dos factos – artigo 87.º do CPA. Houve apenas um requerimento do recorrente que foi objecto de decisão em conformidade com a proposta dos serviços da entidade recorrida. Assim sendo não ocorre manifestamente a ilegalidade arguida neste domínio, que improcede.

Quanto á questão de fundo, ou seja o direito do recorrente a perceber ajudas de custo nos termos por ele pretendidos, verifica-se que, para além de o recorrente não caracterizar as circunstâncias da sua deslocação para o fim referido, [limitando-se a dizer que "foi acompanhado" pelo Eng.º agrónomo José Araújo, e que se deslocaram por motivo de serviço],os autos permitem concluir suficientemente que não foi efectivamente ordenada a formação de uma equipe ou missão, com uma relação de subordinação ou dependência de um funcionário a outro, mas apenas uma deslocação que, por motivos logísticos, se realizou em conjunto, efectuando cada funcionário a sua tarefa de modo autónomo.

Não ocorre pois o condicionalismo legal invocado pelo recorrente, sendo irrelevante, que a deslocação tenha tido lugar em serviço e acompanhando outro funcionário que auferia ajudas de custo de montante superior, por não ser esse o espírito da lei, mas antes aquele que ficou referido e que pressupõe uma especial relação entre funcionários que aqui não se verifica.

Assim sendo improcede também a ilegalidade arguida neste aspecto.

Em face do exposto nego provimento ao recurso, não anulando o acto impugnado".

III. O recorrente discorda do decidido por entender que o n.º 10 da Portaria n.º 101-A/96, de 4/6, apenas exige como requisito para a verificação do direito a ajuda de custo pelo escalão imediatamente superior (1) a existência de deslocação, (2) o acompanhamento [só isso] de um funcionário por outro e (3) que um desses funcionários aufira ajudas de custo superior ao outro, e tem como referência e estende-se a todas as situações até ao limite máximo sinalizado pela palavra "*acompanhe*".

Por isso, a sentença recorrida é passível de censura quando decidiu que só há lugar àquela ajuda de custo superior nos casos em que tenha sido "*ordenada a formação de uma equipe ou missão, com uma relação de subordinação ou dependência de um funcionário a outro*", ou seja, decidiu com base em requisitos ilegais, que extravasam e não encontram qualquer alicerce na lei, com ela não tendo a menor correspondência verbal, violando os n.os 8 e 10 da Portaria n.º 101-A/96, e artigo 9.º, n.º 2 do Código Civil, deles fazendo errada interpretação e aplicação.

Vejamos se lhe assiste razão.

A Portaria n.º 101-A/96, de 4/6, veio proceder à revisão anual das remunerações dos funcionários e agentes da administração central, regional e local, actualizando igualmente os índices 100 e as escalas salariais em vigor, bem como as tabelas de ajudas de custo, subsídios de refeição e de viagem e marcha e comparticipações da ADSE.

Depois de no n.º 8 da citada Portaria se proceder à actualização dos montantes das ajudas de custo previstas no DL n.º 519-M/79, de 28 de Dezembro, o n.º 10 dispôs que "*no caso de deslocações em que um funcionário ou agente acompanhe outro que aufira ajuda de custo superior, aquele terá direito ao pagamento pelo escalão de ajudas de custo imediatamente superior*".

À data dos factos, o regime jurídico do abono de ajudas de custo pelas deslocações em serviço público no território nacional encontrava-se previsto no DL n.º 519-M/79, de 28/12, o qual, diferentemente do estabelecido no diploma que procedeu à sua revogação – o DL n.º 106/98, de 24/4 – não contemplava uma norma idêntica à do artigo 34.º deste último diploma, ou seja, a de que "*ao pessoal envolvido em missões que impliquem deslocações conjuntas em território nacional são abonadas ajudas de custo pelo escalão correspondente ao da categoria mais elevada*".

Assim, a única referência legal a "*deslocações conjuntas*" é a que se encontra plasmada no n.º 10 da Portaria n.º 101-A/96, de 4/6, que prevê o abono pelo escalão de ajudas de custo imediatamente superior ao auferido pelo funcionário ou agente em causa, sem especificar contudo o que se deva entender com a expressão "*...em que um funcionário ou agente acompanhe outro que aufira ajuda de custo superior...*".

Não obstante o que acima se deixou dito, ou seja, que o DL n.º 519-M/79, de 28/12, não previa a situação a que o DL n.º 106/98, de 24/4, veio consagrar expressamente no seu artigo 34.º, entendemos, à semelhança do entendimento sufragado na sentença recorrida, que a aludida expressão não pode ser interpretada no sentido pretendido pelo recorrente, pois que esta não tem na letra da lei um mínimo de correspondência verbal, ainda que imperfeitamente expresso [***cfr. artigo 9.º, n.º 2 do Cód. Civil***].

Com efeito, a situação de acompanhamento a que alude o n.º 10 da Portaria n.º 101-A/96, terá necessariamente como pressuposto uma "*deslocação conjunta*", ou seja, aquela que, muito embora não sendo motivada numa missão comum em que ambos os funcionários ou agentes estejam envolvidos, há-de ser determinada por despacho superior e motivada pelo interesse do serviço e não pelo interesse ou conveniência dos funcionários envolvidos.

É neste contexto que ***Paulo Veiga e Moura, in "Função Pública", 1.º volume, 1999, a págs. 350*** [embora já por referência ao citado DL n.º 106/98, de 24/4, e à Portaria vigente para o ano de 1999 – Portaria n.º 147/99, de 27/2] refere que "*se a deslocação **for conjunta** e um funcionário ou agente acompanhar outro que aufira ajuda de custo superior, terá aquele direito a ser abonado com a ajuda de custo correspondente ao escalão imediatamente superior* [negrito nosso], transferindo o nascimento do direito na esfera jurídica do funcionário para a natureza da deslocação – o ser conjunta a deslocação inculca a ideia de que superiormente tal foi determinado – e não para o facto do acompanhamento.

E esse entendimento sai reforçado quando o citado autor esclarece que "*não se devem confundir estas situações com aquelas em que a **deslocação conjunta** de dois funcionários ou agentes se motiva numa missão comum em que ambos estejam envolvidos. Nessa hipótese, o funcionário de categoria menos elevada tem direito a receber uma ajuda de custo idêntica à auferida pelo funcionário de maior categoria*", querendo com isto significar-se que a deslocação conjunta de funcionários há-de ser sempre motivada pelo interesse público, expresso na conveniência do serviço, e não pelos interesses pessoais dos funcionários ou agentes visados.

Ora, no caso presente, não ocorrendo esse pressuposto, que fundamenta materialmente a distinção justificadora do abono da ajuda de custo pelo escalão imediatamente superior, a pretensão do recorrente não podia ser deferida pela entidade recorrida.

Por conseguinte, a sentença recorrida, ao negar provimento ao recurso contencioso interposto pelo recorrente, fez um correcto enquadramento dos factos às normas jurídicas aplicáveis "in casu", não violando pois o disposto nos n.os 8 e 10 da Portaria n.º 101-A/96, de 4/4, e o artigo 9.º, n.º 2 do Cód. Civil, assim improcedendo todas as conclusões das alegações.

IV. Termos em que acordam em negar provimento ao presente recurso jurisdicional, confirmando a sentença recorrida.

Custas pelo recorrente, com taxa de justiça que se fixa em € 150,00 e com procuradoria que se fixa em € 75,00.

Lisboa, 30 de Março de 2006

Rui Fernando Belfo Pereira
António Paulo Esteves de Vasconcelos
Magda Espinho Geraldes

Recurso n.º 3951/2000

PROFESSORES. 10º ESCALÃO. INDEFERIMENTO TÁCITO.

(Acórdão de 16 de Fevereiro de 2006)

SUMÁRIO:

I – O indeferimento tácito do requerimento em que uma docente pede o acesso ao 10.º escalão não revoga os actos que (por erro) atribuíram àquela os 8.º e 9.º escalões e, portanto, não incorre na violação que lhe é assacada do artigo 141.º do CPA.

II – O indeferimento tácito mais não é do que um "silêncio" (uma não declaração) a que a lei atribui, em certo contexto, um sentido jurídico. E exactamente por ser uma não declaração o indeferimento tácito é por natureza desprovido de outro conteúdo que não o sentido jurídico

que a lei convencionou conferir-lhe. Como tal, não contém nem pode conter qualquer fundamentação, improcedendo assim o vício de forma invocado.

ACORDAM NO 1.º JUÍZO LIQUIDATÁRIO DO TCAS:

MARIA ...., professora do Conservatório de Música do Porto, interpôs recurso contencioso de anulação do indeferimento tácito que se formou na sequência do requerimento dirigido ao Ministro da Educação, em 08-02-2001, solicitando o acesso ao 10.º escalão da carreira docente.

Em resposta, além de preconizar a improcedência do pedido, o Recorrido suscitou a questão prévia da ilegalidade do recurso por carência de objecto idóneo.

Pelo douto acórdão do Supremo Tribunal Administrativo a fls. 119 e seguintes foi considerada improcedente a referida questão prévia e revogado o acórdão deste Tribunal Central Administrativo que havia decidido diversamente. Deste modo há que conhecer de mérito.

Na alegação de recurso a Recorrente formulou as seguintes conclusões:

A) Em 01/01/93, a ora recorrente foi, pelo Conservatória de Música do Porto, integrada no 8.º escalão, como se de um licenciado se tratasse, sem que para isso tenha contribuído através de qualquer elemento falso ou qualquer informação que fosse menos verídica.

B) Decorridos que estavam 3 (três) anos sobre essa integração a ora recorrente solicitou, em devido tempo, e como qualquer licenciado, a passagem ao 9.º escalão.

C) O Conservatório começou a ter dúvidas se a ora recorrente estaria a fazer a progressão certa, uma vez que, de facto, não era licenciada, já que o Curso Superior de Música, não era, até então, conferente de grau académico.

D) E foi então que os serviços administrativos daquela instituição resolveram avisar a ora recorrente que a iriam fazer retroceder na carreira para o 7.º escalão, patamar de onde, na sua opinião, não poderia mais sair, segundo o Despacho n.º 152/ME/91, de 11 de Setembro.

E) Não se conformando com isso, a ora recorrente de tudo fez para ver satisfeita a sua pretensão, acabando por receber, do Gabinete do Secretário de Estado da Administração Educativa, o ofício n.º 003694, a dar-lhe, finalmente, razão.

F) É que, ainda que com base num acto que se dizia ser inválido, a recorrente sempre fez a carreira dos licenciados e, por isso, tem a sua situação consolidada na ordem jurídica por força do artigo 141.º do Código de Procedimento Administrativo – convalidação dos actos inválidos pelo decurso do tempo (1 ano).

G) Esta é, aliás, também a opinião já demonstrada e verdadeiramente assumida pelo próprio Ministério da Educação (veja-se a propósito que até na própria resposta a entidade recorrida assume, no ponto 3 da mesma, a integração da recorrente na carreira dos licenciados, sendo que é essa a situação que se encontra consolidada na ordem jurídica, e donde decorre a passagem ao 8.º e ao 9.º escalão).

H) Com efeito, está há muito esgotado o tempo em que poderia ter havido lugar a revogação ou alteração do acto que integrou a recorrente na carreira dos licenciados, acto esse que é suporte daquele que a integra no 8.º escalão, em 1 de Janeiro de 1993, que lhe dá acesso ao 9.º escalão, como aconteceu em 1 de Janeiro de 1996, e ao 10.º escalão como é pretensão da ora recorrente, já que o mesmo se tem de convalidar em toda a sua plenitude.

I) Estava assim o Senhor Ministro da Educação vinculado a deferir o pedido formulado pela ora recorrente, pelo que, ao indeferi-lo, feriu o acto de que ora se recorre de vício de violação de lei.

J) Por outro lado, sempre se dirá que, tratando-se de um acto que nega uma pretensão formulada por um particular, está obrigado a fundamentação (artigo 124.º n.º1 alínea c) do CPA), o que não aconteceu, uma vez que não houve qualquer resposta do Senhor Ministro da Educação a quem o requerimento foi dirigido (o que levou à constituição de acto tácito) pelo que, também por esta via, é inválido por vício de forma por falta de fundamentação.

Em contra alegação e quanto à matéria relevante, o Recorrido formulou as seguintes conclusões:

A) O facto de o Ministério da Educação ter permitido que a recorrente acedesse ao 8.º e 9.º escalão previstos no Anexo I do D.L. n.º 409/09, de 18-11, como se tratasse de uma licenciada porque esses actos já se tinham consolidado na ordem jurídica, como se pode constatar no ofício 537 de 15-1-99, que a recorrente aliás apresenta no recurso, não lhe dá direito de aceder ao 10.º escalão, conforme é jurisprudência pacífica do S.T.A. (Proc. n.º 30532, Acórdão de 17-10-96).

B) Refira-se também que, não existe por enquanto, legalmente o estatuto de individualidade de reconhecida competência, pelo que o pedido de avaliação curricular de momento não faz sentido.

O Ministério Público emitiu o douto parecer de fls. 83 e 84 desfavorável ao provimento do recurso.

Cumpre decidir.

FUNDAMENTAÇÃO
DE FACTO

Estão provados os seguintes factos:

1 – A ora recorrente tem o Curso Geral dos Liceus.

2 – Diplomou-se, posteriormente, com o Curso Superior de Canto no Conservatório de Música do Porto.

3 – Em 1965 foi nomeada professora do Curso Superior de Canto, através de concurso de Provas Públicas e aprovada por unanimidade.

4 – Após a publicação do Decreto-Lei n.º 310/83, de 1 de Julho, ingressou nos Quadros Transitórios por ele criados.

5 – Em 01/01/93, a ora recorrente foi, pelo Conservatória de Música do Porto, integrada no 8.º escalão, como se de um licenciado se tratasse.

6 – Decorridos que estavam 3 (três) anos sobre essa integração a ora recorrente solicitou, em devido tempo, e como qualquer licenciado, a passagem ao 9.º escalão.

7 – E foi então que os serviços administrativos daquela instituição resolveram avisar a ora recorrente que a iriam fazer retroceder na carreira para o 7.º escalão, patamar de onde, na sua opinião, não poderia mais sair, segundo o Despacho n.º 152/ME/91, de 11 de Setembro.

8 – Não se conformando com isso, a ora recorrente de tudo fez para ver satisfeita a sua pretensão, acabando por receber, do Gabinete do Secretário de Estado da

Administração Educativa, o ofício n.º 003694, a dar-lhe razão – cfr. documento de fls. 36.

9 – Em 08-02-2001 a Recorrente dirigiu ao Ministro da Educação um requerimento em que pedia o 10.º escalão da carreira docente – cfr. documento de fls. 11/14.

10 – Sobre tal requerimento não incidiu decisão expressa.

DE DIREITO

Vício de violação de lei

A Recorrente reconhece que possui como habilitações académicas o Curso Geral dos Liceus e o Curso Superior de Canto do Conservatório de Música os quais não conferem grau académico de licenciatura.

E admite ainda que para efeitos remuneratórios foi integrada por erro dos serviços, nos 8.º e 9.º escalões previstos no Anexo I ao DL 409/89 de 18 de Novembro, como se fosse possuidora do grau de licenciada.

Não obstante, pretende ascender ao 10.º escalão, argumentando fundamentalmente que "sempre fez a carreira dos licenciados e, por isso, tem a sua situação consolidada na ordem jurídica por força do artigo 141.º do Código de Procedimento Administrativo". O "acto" recorrido teria violado esta disposição legal por estar "esgotado o tempo em que poderia ter havido lugar a revogação ou alteração do acto que integrou a recorrente na carreira dos licenciados".

Enfim, a Recorrente pressupõe neste raciocínio que o indeferimento da sua pretensão de acesso ao 10.º escalão corresponde à revogação dos actos que determinaram a sua integração nos 8.º e 9.º escalão.

Sem razão. É consabido que «a revogação é um "acto sobre acto" ou "acto secundário", que tem por objecto imediato um acto administrativo anterior, destruindo-lhe os seus efeitos e eliminando-o da ordem jurídica» (Cfr. Acórdão do Supremo Tribunal Administrativo de 28-04--2005, Proc. 01233/04). Ora, o indeferimento do requerimento em que a Recorrente solicita a ascensão ao 10.º escalão não toma por objecto os actos anteriores que determinaram a sua transição para o 8.º e 9.º escalões, não destrói os respectivos efeitos nem os elimina da ordem jurídica, não implicando por isso a respectiva revogação.

A Recorrente introduz uma subtileza de raciocínio, como se o erro dos serviços significasse atribuir-lhe o grau de licenciada e daí devesse extrair-se todas as consequências. Nesta perspectiva, só com o acesso ao 10.º escalão os actos anteriores que a integraram no 8.º e 9.º escalões se poderiam "convalidar em toda a sua plenitude". Tal raciocínio é sofístico porque os actos que integraram a Recorrente no 8.º e 9.º escalões não tiveram por objecto atribuir-lhe o direito ao grau de licenciatura, mas apenas (supostamente) partiram do pressuposto de facto errado de que ela era portadora desse grau académico.

No fundo, a Recorrente pretende adquirir um direito novo ("novo" por não existir qualquer acto administrativo que tivesse projectado na sua esfera jurídica os efeitos correspondentes ao 10.º escalão) como se a Administração devesse incorrer no erro de facto anteriormente cometido apenas estarem firmados na ordem jurídica, pelo decurso do tempo, os actos administrativos em que tal erro se revelou. Pelo contrário, da Administração que fez um erro irreparável espera-se que o não repita.

De resto, a jurisprudência do Supremo Tribunal Administrativo já desautorizou pretensão similar, no essencial, à agora formulada pela Recorrente, relativamente aos efeitos para futuro de erro na contagem do tempo de serviço de um professor: «Tendo o docente progredido à 3ª fase por força de despacho que erradamente considerou estar completado o necessário tempo de serviço, sem que tal despacho tenha sido oportunamente revogado, o docente apenas adquiriu o direito a ser mantido na 3ª fase, só devendo progredir à 4ª fase quando completar 17 anos de serviço» – Cfr. Acórdão de 17-10-96, Processo 030532.

Assim, o "acto" recorrido não enferma do vício de violação de lei que lhe é assacado.

Vício de forma

O objecto do presente recurso contencioso – indeferimento tácito – mais não é do que um "silêncio" (uma não declaração) a que a lei atribui, em certo contexto, um sentido jurídico. E exactamente por ser uma não declaração o indeferimento tácito é por natureza desprovido de outro conteúdo que não o sentido jurídico que a lei convencionou conferir-lhe. Como tal, não contém nem pode conter qualquer fundamentação. Assim, improcede também este vício de forma.

DECISÃO

Pelo exposto, acordam em negar provimento ao recurso.

Custas pela Recorrente, fixando-se em 200 e a taxa de justiça e 50% a procuradoria.

Lisboa, 16 de Fevereiro de 2006

João Beato de Sousa
António Forte
Carlos Araújo

Recurso n.º 11053/01

RECONSTITUIÇÃO DA CARREIRA MILITAR. LEI N.º 43/99, DE 11/6. VÍCIOS NÃO INVOCADOS NAS ALEGAÇÕES FINAIS.

(Acórdão de 19 de Janeiro de 2006)

SUMÁRIO:

I – Se o recorrente não levar às conclusões da sua alegação vícios invocados na petição de recurso, deve-se considerar abandonada a sua arguição, não podendo o Tribunal apreciá-los, salvo se se tratar de vícios de conhecimento oficioso.

II – Assim, se o recorrente, nas suas alegações, omitiu qualquer referência ao vício que na petição designara de "usurpação de poder" – mas que, na realidade consubstanciava uma incompetência relativa – e aos vícios de forma, por falta de fundamentação e por preterição da formalidade prevista no art. 100.º do C.P.A., deve

o Tribunal recusar a sua apreciação, por não se tratar de vícios de conhecimento oficioso.

III – Resulta do n.º 1 do art. 6.º da Lei n.º 43/99, de 11/6, que a reconstituição da carreira militar, tomando em consideração a respectiva idade do titular, se deve processar por referência à carreira dos militares colocados à sua esquerda, à data em que mudou de situação e que foram normalmente promovidos aos postos imediatos.

IV – Deste modo, se só em 8/3/98 é que um militar à esquerda do recorrente foi promovido ao posto de Coronel, quando ele já se encontrava na reserva por ter atingido o limite de idade legalmente estabelecido para o posto de Tenente – Coronel, é este o posto máximo da sua progressão.

ACORDAM, EM CONFERÊNCIA, NA 1ª SECÇÃO, 1.º. JUÍZO, DO TRIBUNAL CENTRAL ADMINISTRATIVO SUL

1. MÁRIO RODRIGUES LISBOA, Tenente-coronel da Força Aérea na situação de reforma, residente no Largo Vasco da Gama, 2, 7.º D^{to}, em Sintra, interpôs recurso contencioso de anulação do despacho Conjunto n.º 441/2003, de 16/4, da Ministra do Estado e das Finanças e do Ministro de Estado e da Defesa, pelo qual foi promovido ao posto de Tenente-coronel, com a antiguidade fixada em 21/11/86.

Imputou ao despacho recorrido os seguintes vícios:

– usurpação de poder, por as entidades recorridas terem decidido de modo diverso do que havia sido deliberado, com efeito vinculativo, pela Comissão de Apreciação do Direito à Reconstituição da Carreira;

– violação de lei, por o recorrente ter direito a ser promovido ao posto de Coronel com efeitos reportados a 1/1/93;

– vício de forma, por as entidades recorridas não terem dado cumprimento à formalidade da audiência prévia prevista no art. 100.º do C.P.A.;

– vício de forma, por falta de fundamentação, em virtude de a decisão ter sido diversa do que havia pedido.

O Ministro do Estado e da Defesa Nacional apresentou resposta, onde concluíu que se deveria negar provimento ao recurso, por o despacho recorrido não padecer de qualquer dos vícios que lhe eram imputados.

Cumprido o preceituado no art. 67.º, do R.S.T.A, o recorrente alegou, tendo formulado a seguinte conclusão:

"Vício de violação de lei: – Ao posicionarem o recorrente no posto de Tenente-Coronel nos termos expressos no acto recorrido violaram as autoridades recorridas o disposto designadamente nos arts. 1.º, 2.º e 6.º da Lei n.º 43/99, de 11/6, e ainda o estatuído no n.º 2 do art. 2.º do DL n.º 197/2000, de 24/8".

O Ministro do Estado e da Defesa Nacional também alegou, mantendo a sua posição já expressa nos autos.

O digno Magistrado do M.P. emitiu parecer, onde concluíu pela procedência do recurso, por o despacho impugnado enfermar do vício de violação de lei que lhe é imputado pelo recorrente

Colhidos os vistos legais, foi o processo submetido à Conferência para julgamento.

2.1. Consideramos provados os seguintes factos:

a) Através de requerimento registado com a data de entrada de 18/10/99, o recorrente solicitou, ao Ministro da Defesa Nacional, a revisão da sua situação militar nos termos da Lei n.º 43/99, de 11/6;

b) A Comissão de Apreciação, na reunião de 19/4//2001, deliberou o seguinte:

"Dar como válida a fundamentação apresentada pelo requerente e a apreciação processual e demais averiguações realizadas pelo vogal relator, devendo ser reconstituída a carreira militar do Major Mário Rodrigues Lisboa, de acordo com o n.º 1 do art. 6.º da Lei n.º 43/99, de 11/6";

c) O Chefe de Repartição de Carreiras e Promoções da Direcção de Pessoal, em 14/1/2002, emitiu informação que consta do processo administrativo apenso e cujo teor aqui se dá por reproduzido e onde concluía que, considerando a data de promoção ao posto de Coronel do militar imediatamente à esquerda (em 8/3/98), verificava-se que o recorrente atingia o limite de idade legalmente estabelecido para o posto de Tenente-Coronel em data anterior (em 25/11/95), pelo que era este o posto máximo para a sua progressão;

d) No D.R., II Série, de 5/5/2003, foi publicado o despacho conjunto n.º 441/2003, de 16/4, que consta de fls. 10 do processo principal e cujo teor aqui se dá por reproduzido.

2.2. Objecto do presente recurso contencioso, é o despacho referido na al d) do número anterior, pelo qual o recorrente foi promovido ao posto de Tenente-Coronel com antiguidade desde 21/11/86.

Na petição inicial, o recorrente imputou a esse despacho um vício que designou por usurpação de poder, um vício de violação de lei e dois vícios de forma (um por falta de fundamentação e outro por preterição da formalidade do art. 100.º do CPA).

Porém, nas alegações finais, quer no seu texto, quer na conclusão, o recorrente apenas manteve a arguição do referido vício de violação de lei, omitindo qualquer referência aos restantes vícios que havia invocado na petição de recurso.

Ora, como é jurisprudência uniforme (cfr., entre muitos, os Acs. do STA de 28/3/85 in B.M.J. 345.º – 273, de 26/4/90 in B.M.J. 396.º – 415, de 7/6/90 in B.M.J. 398.º – 554, de 18/10/98 – Rec. n.º 34722 e de 5/11/98 – Rec. n.º 35738), se o recorrente não levar às conclusões da sua alegação vícios invocados na petição, deve-se considerar abandonada a sua arguição, não podendo o Tribunal apreciá-los, salvo se se tratar de vícios de conhecimento oficioso.

Assim, porque, tanto os vícios de forma como o denominado de "usurpação de poder" mas que na realidade consubstancia um vício de incompetência relativa – por não se traduzir em qualquer violação do princípio da separação de poderes, com usurpação do poder legislativo ou judicial, mas sim na pretensa prática por um órgão de uma pessoa colectiva pública de um acto que pertence à competência de um outro órgão da mesma pessoa colectiva –, são geradores da mera anulabilidade do acto recorrido, nos termos do art. 135.º do C.P.A., não pode este Tribunal deles conhecer.

Deste modo, é o vício de violação de lei invocado na petição de recurso e cuja arguição foi mantida nas alegações finais do recorrente e levado às respectivas conclusões, o único que se deve analisar.

Vejamos então se ele se verifica.

A Lei n.º 43/99, de 11/6, "determina a revisão da situação dos militares dos quadros permanentes dos três ramos das Forças Armadas que participaram na transição para a democracia iniciada em 25/4/74 e, em consequência do seu envolvimento directo no processo político desencadeado pelo derrube da ditadura, foram afastados ou se afastaram ou cuja carreira tenha sido interrompida ou sofrido alteração anómala" – cfr. art. 1.º, n.º 1.

Nos termos do art. 2.º do mesmo diploma, "a revisão da situação militar implica cumulativamente:

a) A reconstituição da carreira militar do requerente nos termos e condições previstos na presente lei;

b) O direito à contagem, como tempo de serviço efectivo, do tempo decorrido entre a data da mudança de situação e a da produção dos efeitos da decisão que ordenar a revisão da sua situação militar, devendo as operações consequentes levar em conta a antiguidade, promoções e cálculo das remunerações no activo ou na reserva, ou das pensões de reforma e de sobrevivência, consoante os casos, sem todavia dar lugar a pagamento de quaisquer retroactivos;

c) A assunção por parte do Estado Português do encargo dos pagamentos das quotas e diferença de quotas devidas à Caixa Geral de Aposentações relativas ao tempo a que se refere a alínea anterior".

Por sua vez, "a reconstituição da carreira militar, tendo sempre em consideração a respectiva idade do titular, faz-se por referência à carreira dos militares colocados à sua esquerda, à data em que mudou de situação, e que foram normalmente providos aos postos imediatos", embora sem poder ultrapassar o posto de capitão – de – mar – e – guerra ou de coronel – cfr. n.os 1 e 2 do art. 6.º.

Resulta do exposto que a reconstituição da carreira militar do recorrente, tomando em consideração a sua idade, se deveria processar por referência à carreira dos militares colocados à sua esquerda (mais modernos), à data em que mudou de situação e que foram normalmente promovidos aos postos imediatos.

Porque, na data em que foi promovido a Major, o recorrente tinha à sua esquerda João Manuel Barreto Damas Mora, o qual veio a ser promovido a Tenente-Coronel em 21/11/86, o despacho recorrido promoveu o recorrente a este posto com a antiguidade fixada naquela data. E uma vez que só em 8/3/98 é que um militar à esquerda do recorrente foi promovido ao posto de coronel, quando aquele já se encontrava na reserva (desde 25/11/95) por ter atingido o limite de idade legalmente estabelecido para o posto de Tenente-Coronel, era este o posto máximo da sua progressão.

O recorrente, não contestando a reconstituição da sua carreira até à data de 21/11/86, nem que só em 8/3/98 é que um militar à sua esquerda foi promovido a Coronel, entende que deveria ter sido promovido a este posto com efeitos reportados a 1/1/93, pois com a passagem à reforma, em 31/12/92, de um dos coronéis do seu Quadro Especial TMMT foi aberta uma vaga que deveria ter sido por ele preenchida por reunir os requisitos necessários para o efeito.

Mas não tem razão.

Efectivamente, o citado art. 6.º, n.º 1, demonstra claramente que a reconstituição da carreira militar do recorrente se fará tomando em consideração a sua idade e por referência à carreira dos militares colocados à sua esquerda que foram normalmente promovidos aos postos imediatos, sendo, por isso, irrelevante a existência de vagas no posto de Coronel em data anterior àquela em que um militar colocado à sua esquerda ascendeu a este posto.

Assim, e não contestando o recorrente os pressupostos de facto de que partiu o despacho impugnado para proceder à reconstituição da sua carreira militar, improcede o alegado vício de violação de lei.

3. Pelo exposto, acordam em negar provimento ao recurso, mantendo o despacho recorrido.

Custas pelo recorrente, fixando-se a taxa de justiça e a procuradoria em, respectivamente, 180 e 90 Euros.

Lisboa, 19 de Janeiro de 2006

as.) José Francisco Fonseca da Paz (Relator)
António Ferreira Xavier Forte
Carlos Evêncio Figueiredo Rodrigues de Almada Araújo

Recurso n.º 07181/03

2.ª Secção (Contencioso Tributário)

IMPUGNAÇÃO DE IMPOSTO SOBRE DOAÇÕES. INAPLICABILIDADE DO REGIME DO CANCELAMENTO REGISTAL NOS TERMOS DO ART. 8.º DO CRPREDIAL AO PROCESSO DE IMPUGNAÇÃO.

(Acórdão de 28 de Março de 2006)

SUMÁRIO:

I – O registo não atribui quaisquer direitos, apenas constitui um presunção, ilidível por meio de prova em contrário de que os direitos pertencem ao titular inscrito.

II – O pressuposto da tributação em imposto das sucessões e doações é o de haver uma real e efectiva transmissão a título gratuito de bens (cfr. art. 3.º do Código do Imposto Municipal de Sisa e do Imposto sobre as Sucessões e Doações) e, sendo a teleologia das leis fiscais a de detectar as manifestações da capacidade contributiva dos cidadãos que tais factos, actos ou situações jurídicas encobrem, que ao direito fiscal interessa fundmentalmente o seu substracto económico.

III – Sob esse prisma, era ónus do impugnante apenas provar que, como alegara, o acto tributário impugnado padecia de ilegalidade por inexistência de facto tributário já que não houve a real e efectiva transmissão a título gratuito de bens naquele pressuposta.

IV – E, como no recurso contencioso o pedido consiste apenas na anulação do acto objecto do recurso, não é admissível o pedido de cancelamento de registo do acto anulando não sendo, em consequência, aplicável a esse recurso o disposto no n.º 1 do art. 8.º do CRPre.

V – Logo, o regime daquele normativo não é aplicável à impugnação judicial de acto tributário por se tratar de um genuíno "recurso contencioso de anulação".

ACORDA-SE, EM CONFERÊNCIA, NA 2ª SECÇÃO DO TCA:

1. – Fernando António Silveira Guimarães impugnou judicialmente no Tribunal Tributário de 1ª Instância de Braga a liquidação de imposto sobre sucessões e doações liquidado pela repartição de finanças de Guimarães.

Por despacho do M.º Juiz daquele Tribunal foi decidido que a impugnação ficaria a aguardar a prova do cancelamento do registo da propriedade do automóvel que não podia ter lugar neste processo, tendo sido indeferido pedido de aclaração subsequente.

Não se conformando com tais despachos recorreu o impugnante para o Supremo Tribunal Administrativo pedindo a sua revogação, formulando as seguintes conclusões:

1 – O aqui recorrente foi notificado da instauração oficiosa de um processo de liquidação do Imposto Sobre as Sucessões e Doações, por a sua mãe, supostamente, lhe ter doado um veículo automóvel.

2 – A liquidação foi impugnada judicialmente, tendo-se provado em audiência que o veículo em causa era propriedade da mãe do aqui recorrente, já que não ocorreu qualquer doação e o veículo sempre esteve na posse material e jurídica da verdadeira proprietária.

3 – Ora, como o veículo automóvel se encontra registado em nome do aqui recorrente, entendeu o Mmo. Juiz *a quo* suspender a presente impugnação até o impugnante fazer prova do início de um processo tendente a obter o cancelamento do registo.

4 – No entanto, tal não se afigura nem necessário, nem útil, nem admissível, uma vez que:

a) o registo não atribui quaisquer direitos, apenas constitui um presunção, ilidível por meio de prova em contrário, já feita, de que os direitos pertencem ao titular inscrito.

b) é pressuposto da tributação em imposto das sucessões e doações o de haver uma real e efectiva transmissão a título gratuito de bens (cfr. art. 3.º do Código do Imposto Municipal de Sisa e do Imposto sobre as Sucessões e Doações), o que se provou, em audiência, não ter ocorrido.

c) a teleologia das leis fiscais é a de *"detectar as manifestações da capacidade contributiva dos cidadãos que tais factos, actos ou situações jurídicas encobrem (...). Decerto, pois, que ao direito fiscal interessa fundamentalmente, não o revestimento jurídico-privado desses factos ou situações, mas antes o seu substracto económico"* (Cardoso da Costa, in Curso de Direito Fiscal, 1970, p. 119).

d) tendo em conta que o cancelamento do registo só pode ser obtido por despacho judicial, a suspensão do presente processo ordenada pelo Mmo. juiz *a quo* traduz-se numa obrigação do aqui recorrente em intentar uma acção judicial destinada a obter esse cancelamento, o que viola o princípio do dispositivo consagrado na lei adjectiva portuguesa (cfr. Acórdão da Relação de Évora, in Colectânea de Jurisprudência, Ana XIII, 1988, Tomo III, p. 285), e, ao exigir a propositura de uma acção, sem conflito entre as partes, obriga-as à prática de um acto simulado.

5 – Os despachos recorridos violam o art. 7.º do Código do Registo Predial conjugado com o art. 350.º do Código Civil, o art. 3.º do Código do Imposto Municipal de Sisa e do Imposto sobre as Sucessões e Doações e, por fim, o art. 64.º do Código de Processo Civil.

Não houve contra alegações e o M.º Juiz sustentou a sua decisão.

Foi declarada a incompetência em razão da hierarquia pelo Supremo Tribunal Administrativo para conhecer do recurso por o mesmo, e remetidos os autos a este TCA, a EPGA pronunciou-se pelo improvimento do recurso.

Colhidos os vistos legais, cumpre decidir.

***

2. – Julgam-se provados os seguintes factos relevantes para a questão a decidir:

a) Em 06/05/1997 a AF instaurou oficiosamente um processo de liquidação do Imposto Sobre as Sucessões e Doações, contra o ora recorrente com fundamento em que a mãe deste lhe "fez a doação de um veículo automóvel marca Mercedes Benz, usado, matrícula 30-70--FD, cujo preço alfandegário atribuído foi de 8 205 191$00(...) sem que até à (...) data o donatário tivesse participado tal facto, conforme determina o art. 60.º do Código do Imposto Municipal e do Imposto Sobre as Sucessões e Doações..." – cfr. pág. 2 do processo de liquidação apenso.

2 – Foi feita a liquidação do imposto no valor de 711.623"00 e dos juros compensatórios, no montante de 140.785$00, o que tudo totaliza 852.408$00 – vd. fls. 8 e 9 do apenso.

3 – A liquidação foi impugnada judicialmente, por petição entrada em 12/09/1997 – vd. carimbo aposto no frontispício da p.i., apresentando-se prova testemunhal e documental – cfr. parte final da p.i. e fls. 7 a 11.

4 – Foram ouvidas nos autos as testemunhas arroladas (fls. 20 a 23.

5 – Após o impugnante produziu alegações nos termos do art. 139 do CPT e ordenadas e cumpridas outras diligências instrutórias – cfr. fls. 27, 31, 32,36ª 3943, 4447, 48,52, 5455, 56,58 a 61.

6 – O MP emitiu parecer no sentido da improcedência da impugnação – vd. fls. 34 v.º e 42.

7 – Na sequência da diligência documentada a fls. 58 a 61, através da qual se documentou que a propriedade do veículo identificado em 1. está registada em nome do impugnante, ora recorrente, foi proferido o seguinte despacho, exarado a fls. 61:

"O impugnante impugna aqui, implicitamente, um facto, propriedade, comprovado por registo.

Nos termos do art. 8.º, 1 do Código do Registo Predial, aplicável por força do disposto no art. 29.º do DL 54/75, de 12.02, essa impugnação não pode ser feita sem que, simultaneamente, seja pedido o cancelamento do registo.

Esta norma está, porém, pensada para aqueles casos em que o objecto da acção é o facto comprovado pelo registo (donde bastar o mero pedido de cancelamento do registo, a formular na própria acção), o que não é aqui o caso, não podendo neste processo, designadamente porque nele não intervém a pessoa a quem se atribui a propriedade do veículo, pedir-se aquele cancelamento.

Assim, esta impugnação irá aguardar a prova do cancelamento do registo da propriedade do automóvel em questão, em nome do impugnante, devendo ele, sem prejuízo do disposto no art. 51.º, 2.b) do Código das Custas Judiciais, fazer aqui prova do início do processo nesse sentido.

Notifique ao impugnante."

***

3. – Atenta esta factualidade e aquelas conclusões que delimitam o objecto do recurso, a questão que se impõe aqui apreciar e decidir é se é legal o despacho recorrido ao entender que, estando o veículo automóvel registado em nome do aqui recorrente, há motivo para suspender a presente impugnação até o impugnante fazer prova do início de um processo tendente a obter o cancelamento do registo.

O recorrente insurge-se contra esse entendimento na consideração de que a decretada suspensão não se afigura nem necessário, nem útil, nem admissível, uma vez que:

a) o registo não atribui quaisquer direitos, apenas constitui um presunção, ilidível por meio de prova em contrário, já feita, de que os direitos pertencem ao titular inscrito.

b) é pressuposto da tributação em imposto das sucessões e doações o de haver uma real e efectiva transmissão a título gratuito de bens (cfr. art. 3.º do Código do Imposto Municipal de Sisa e do Imposto sobre as Sucessões e Doações), o que se provou, em audiência, não ter ocorrido.

c) a teleologia das leis fiscais é a de *"detectar as manifestações da capacidade contributiva dos cidadãos que tais factos, actos ou situações jurídicas encobrem (...). Decerto, pois, que ao direito fiscal interessa fundmentalmente, não o revestimento jurídico-privado desses factos ou situações, mas antes o seu substracto económico"* (Cardoso da Costa, in Curso de Direito Fiscal, 1970, p. 119).

d) tendo em conta que o cancelamento do registo só pode ser obtido por despacho judicial, a suspensão do presente processo ordenada pelo Mmo. juiz *a quo* traduz-se numa obrigação do aqui recorrente em intentar uma acção judicial destinada a obter esse cancelamento, o que viola o princípio do dispositivo consagrado na lei adjectiva portuguesa (cfr. Acórdão da Relação de Évora, in Colectânea de Jurisprudência, Ana XIII, 1988, Tomo III, p. 285), e, ao exigir a propositura de uma acção, sem conflito entre as partes, obriga-as à prática de um acto simulado.

Quid Juris?

Em nosso critério assiste completa razão ao recorrente.

Na verdade e em primeiro lugar, como ele sustenta, o registo não atribui quaisquer direitos, apenas constitui um presunção, ilidível por meio de prova em contrário de que os direitos pertencem ao titular inscrito.

A natureza declarativa do registo não tem aptidão para gerar ou eliminar os direitos a que se refira.

É que, sendo o Recorrente, titular inscrito, está em condições de beneficiar da referida presunção, sob pena de negação desta (tal presunção não se coaduna com a imposição ao recorrente do ónus de provar os factos constitutivos do seu direito, já que impor este ónus ao recorrente, titular inscrito, equivale a negar aquela), sem que isso se mostre autorizado nem pela letra nem pelo espírito do art. 7.º, do C.R.Pr., destinado a fazer valer a fé pública do registo – daí que aquele regime especial decorrente do art.. 343.º, n.º 1, do C.C. ceda perante a força da presunção a que se refere aquele art. 7.º, fazendo operar, por respeito a esta, uma inversão do ónus da prova.

Mas, em processo de impugnação, o impugnante está onerado com tal encargo nos termos do art. 342.º do CC na medida em alegara que o veículo era propriedade da sua mãe, que não ocorreu qualquer doação e que o veículo sempre esteve na posse material e jurídica da verdadeira proprietária.

Assim, no âmbito desta acção, competia-lhe ilidir aquela presunção, alegar e provar factos demonstrativos de que a titularidade da propriedade inscrita não corresponde à verdade.

Nem, aliás, se compreenderia que, constituindo o "registo" feito uma simples presunção de que o direito existe e pertence ao titular inscrito (artigo 7 do Código do Registo Predial), como o recorrente reconhece, ou seja, uma mera presunção "iuris tantum" – susceptível de afastar por prova em contrário (artigo 347 do Código Civil) –, pudesse ser de outra maneira. Como, na verdade, se, sendo dada ao impugnante a possibilidade de impugnar a realidade dos factos registados e, portanto, a versão da AF quanto à propriedade do automóvel constante do registo ou como tal se havendo, lhe era permitido fazer a prova do por ele mesmo alegado?

Consiste em averiguar se a presunção derivada do registo predial que se consigna no citado artigo 7.º abrange ou não a globalidade do mesmo, designadamente quanto à propriedade do automóvel descritos.

Examinemo-la então.

Anotou-se já que o identificado veículo se encontra inscrito na mesma a favor do impugnante, onde figura como proprietário.

O registo predial destina-se essencialmente, conforme se diz no artigo 1.º do Código do Registo Predial e ninguém ignora, a dar publicidade à situação jurídica dos prédios, tendo em vista a segurança do comércio jurídico.

Ao pronunciar-se sobre ele, escreveu Vaz Serra que a sua função "é assegurar a quem adquire direitos de certa pessoa sobre um prédio que esta não realizou em relação a ele actos susceptíveis de prejudicar o mesmo adquirente" (Revista de Legislação e Jurisprudência, 97/57).

A isto se limitando, no entanto, o registo predial – é até usual dizer-se, dada a sua natureza declarativa e não constitutiva no nosso sistema jurídico, que "o regime não dá direitos, mas apenas os conserva" (Teoria Geral das Relações Jurídicas, II/19, de Manuel de Andrade) – que não já a garantir que "o direito pertença, na realidade, à pessoa que figura no registo como seu titular ou que esse direito não esteja desfalcado no seu valor por alguns encargos: em primeiro lugar, porque não estão sujeitos a registo todos os actos que o deviam estar; em segundo lugar, porque o registo não sana radicalmente os defeitos de que porventura enfermem os títulos apresentados para o registo" (ainda o Prof. Vaz Serra, citado pelo Prof. Antunes Varela (Revista de Legislação e Jurisprudência, 118/312, nota 2)), forçosa parece ser a conclusão de que o artigo 7 do Código de Registo Predial, ao preceituar que "o registo definitivo constitui presunção de que o direito existe e pertence ao titular inscrito, nos precisos termos em que o registo o define", se propõe firmar apenas esta dupla presunção: a) a de que o direito registado existe; e b) a de que o mesmo pertence ao titular inscrito, nos precisos termos em que o registo o define.

A presunção que a lei estabelece sobre esta "situação jurídica" (que a inscrição visa tornar conhecida – artigo 91.º, n.º 1 do Código do Registo Predial), situação só respeitante, como se vê, à existência do direito registado e à identificação do titular inscrito, nos termos em que o registo o define.

A inclinar-nos neste sentido está o facto de só os factos jurídicos e as acções e decisões indicados nos artigos 2.º e 3.º do Código do Registo Predial, estarem sujeitos a registo, sendo que os "factos jurídicos" a registar se têm de basear em "documentos que legalmente os comprovem" (artigo 43.º do Código do Registo Predial actual, artigo 95 do Código do Registo Predial de 1967, artigo 94.º do Código do Registo Predial de 1959 e artigo 191.º do Código do Registo Predial de 1929).

E, pois, compreensível que os particulares confiem no registo e na sua correcção, que quem consulte o registo admita haver correspondência entre a realidade substancial e a realidade registal, tal como esta resulta do registo larvado em relação a certo prédio. Para o sistema ser coerente, esta confiança, a denominada *fé pública registal* – tem de envolver uma tutela dos interesses daqueles que fundam os seus actos na realidade registal pois só assim se prossegue a finalidade própria do registo que é a segurança do comércio jurídico (art. 1.º do Crpre.), sendo o meio técnico através do qual se viabiliza tal resultado as já referidas *presunções registais* – cfr. nesse sentido *Carvalho Fernandes, Lições de Direitos Reais, 4ª ed., pág. 122.*

Ora, como se disse, decorre do art. 7.º do CRPre. que *«o registo constitui presunção de que o direito existe e pertence ao titular inscrito, nos precisos termos em que o registo o define».*

E é incontroversa a ilibilidade de tal presunção, convocando-se nesse sentido e desde logo o regime geral do art. 350.º, n.º 2, do CC, de acordo com o qual as presunções se têm como ilidíveis, a menos que o contrário resulte da lei e,, nesta, não só não estabelece a inilibilidade das presunções do art. 7.º do CRPre, como outros factores apontam em sentido consonante com o regime geral, a saber: – o art. 8.º do mesmo Código, *a contrario*, e os arts. 3.º, al. b) e 13.º, todos do CPRe, que prevêem que os interessados são admitidos a intentar acções pedindo a extinção de registos, por não corresponderem à realidade – cfr. art. 16.º, al. a) do dito Código.

Nesse contexto, a lei apenas impõe que tal pedido seja acompanhado do de cancelamento do correspondente registo (n.º 2 do art. 8.º), o que vale por dizer que o registo de título falso ou viciado não é, *a se,* fonte autónoma de aquisição.

De resto, a favor da ilibilidade de tal regime, milita ainda o facto de o contrário permitir que, sem mais, um registo inexistente, nulo ou incorrecto, por vício resgistal ou substantivo, prevalecesse sobre a realidade substancial, afectando a posição jurídica do verdadeiro titular do direito.

E é por isso mesmo que dos arts. 4.º e 5.º do CRPre decorre o princípio de que, quanto á relevância do registo no regime de efeitos dos factos a ele sujeitos, está apenas em causa *a eficácia desse factos, e não a sua validade.*

A ser assim, por não interferir com a eficácia *inter partes* dos factos a ele sujeitos, *o registo predial não tem, em regra, efeito constitutivo*, o que significa, segundo uma expressão corrente, que *«o registo não dá nem tira direitos»*, ou seja, a inscrição registal de certo facto não lhe acrescenta nada de novo, no plano da sua relevância substantiva.

No caso concreto esse afirmação é correcta já que os efeitos do registo não se projectam de modo relevante na eficácia dos actos inscritos pois a inscrição em causa se limita à sua função primitiva de *publicitação do facto*, ou, dito de outro modo, estamos perante o *registo enunciativo* que é aquele que se limita a *enunciar,* – i. é, dar conhecimento da sua existência – facilitando a terceiros o acesso aos correspondentes factos jurídicos.

Aplicando esse princípio ao caso concreto, diremos, pois, que o registo não assegura a bondade dos títulos inscritos ou do próprio acto de inscrição, que os primeiros ou o segundo não sofrem de vício que os afectem no seu valor jurídico pois, como refere *Carvalho Fernandes, Ob. Cit., pág. 139, "Isso envolveria uma intolerável sobrevalorização do registo e acabaria por resultar numa negação da finalidade de segurança das relações jurídicas que a ele preside. Com efeito, ninguém estaria seguro de não vir a perder os seus direitos, mesmo que tivesse diligentemente registado os respectivos factos constitutivos, por alguém conseguir registar um título falso e de seguida alienar o respectivo direito a terceiro.*

A presunção fundada no registo não pode ir tão longe. Como salienta Vaz Serra, ela visa «assegurar a quem adquire direitos de certa pessoa sobre um prédio que esta não realizou em relação a ele actos susceptíveis de prejudicar o mesmo adquirente»; mas já não pode «assegurar ao adquirente a inexistência de quaisquer outros direitos sobre o prédio (não lhe garante, por ex., que o prédio pertença ao transmitente e não a outrém», como não lhe garante que o registo do transmitente não tenha vícios).

Ora, a lei registal permitindo muito embora a impugnação dos factos registados, estabelece que os factos comprovados pelo registo não podem ser impugnados em juízo sem que simultaneamente seja pedido o cancelamento do registo, não tendo seguimento, após os articulados, as acções em que não seja formulado o pedido de cancelamento – cfr. art. 8.º n.ºs 1 e 2 do CRPre..

Assim, tendo em conta que, como se demonstrou exaustivamente, o registo não atribui quaisquer direitos, apenas constitui um presunção, ilidível por meio de prova em contrário, de que os direitos pertencem ao titular inscrito, importa determinar se o recorrente, ao impugnar judicialmente o acto tributário de liquidação de imposto sobre doações que lhe foi efectuado pela AF para o que teve de impugnar os factos registados, tinha de pedir o cancelamento do registo e, não tendo feito, após os articulados, não deveria a acção ter seguimento segundo o regime do art. 8.º citado.

No despacho recorrido considera-se que esta norma está pensada para aqueles casos em que o objecto da acção é o facto comprovado pelo registo (donde bastar o mero pedido de cancelamento do registo, a formular na própria acção), o que não é aqui o caso, não podendo neste processo, designadamente porque nele não intervém a pessoa a quem se atribui a propriedade do veículo, pedir-se aquele cancelamento.

A melhor doutrina concebe a impugnação judicial como recurso contencioso de anulação, que tem por objecto, em princípio, o acto tributário e que visa, numa primeira linha, a declaração da sua ilegalidade com base no vício expressamente alegado pelo impugnante pois, como expende Alberto Xavier, Aspectos Fundamentais do Contencioso Tributário, C.T.F. n.ºs 157-158, pág. 66, "o processo de impugnação reveste a natureza de um processo no qual se exerce um recurso de anulação, isto é, de um processo constitutivo tendente a obter ou autorizar uma mudança na ordem jurídica existente, que se traduz na anulação do acto tributário inquinado por um vício que afecta a sua ilegalidade. Deste modo, objecto necessário do processo já não é a relação jurídica de imposto ou um direito subjectivo que se reputa lesado, mas um acto jurídico – o acto tributário – de que se requer a declaração da sua ilegalidade, ou melhor, a declaração de um vício expressamente alegado, o que se traduz no reconhecimento do direito potestativo do autor (contribuinte ou outro interessado) de promover a anulação do referido acto».

A impugnação é o meio judicial de defesa do administrado contra o acto tributário, que é o acto de aplicação de uma norma tributária material por um órgão da Administração, com carácter definitivo e executório (cfr. sobre a noção de acto tributário e suas espécies *A. Xavier, Conceito e Natureza do Acto Tributário, p. 83 e sgs.*), pelo que o contencioso tributário se liga a questões de estrita legalidade em termos de se poder afirmar que é função dos Tribunais Tributários conhecer na sede própria – a impugnação judicial – dessas questões sempre que se levante o contencioso entre contribuinte e a administração e só das conclusões em que a impugnante aponte ao acto de liquidação levados a efeito pelos Serviços de AF vícios quanto à forma ou quanto à substância se deve ocupar este Tribunal.

Ou seja, estamos em presença de um acto administrativo e, como tal e nos termos do n.º 1 do art. 25.º da LPTA (ao tempo aplicável) cuja epígrafe é *«Actos recorríveis»:* 1. – Só é admissível recurso dos actos definitivos e executórios.

A distinção básica, para efeitos de recorribilidade, é a que separa os actos administrativos em *definitivos* e *não definitivos.*

Os actos definitivos são as resoluções finais que definem a situação jurídica da Administração ou dos particulares e só elas são contenciosamente recorríveis.

Segundo a teoria geral do acto administrativo, a possibilidade de impugnação de um acto administrativo (no qual se filia o acto tributário de liquidação), implica que se trate de uma resolução tomada pela autoridade competente no uso de poderes jurídico-administrativos visando a produção de consequências jurídicas externas sobre determinado caso concreto, o que, em regra, afasta a recorribilidade dos actos internos e dos actos preparatórios.

Como expendem *Gomes Canotilho e Vital Moreira na sua CRP Anotada, Coimbra, 3ª ed., 1993, p. 939,*

«Nestes casos não existem efeitos externos ou existem apenas efeitos prodrómicos de um acto procedimental que só se torna acto decisório através do acto conclusivo do procedimento; só assim não será, se estes forem idóneos para produzir efeitos imediatamente lesivos (e, por conseguinte, efeitos externos) porque então, sendo actos preparatórios dotados de efeitos próprios de um acto administrativo, já são susceptíveis de impugnação contenciosa».

No mesmo sentido se pronuncia o *Tribunal Constitucional,* designadamente no seu *Acórdão n.º 9/95, publicado no D.R., 2ª Série, de 22 de Março de 1995,* onde se alude a uma ***«purificação do conceito»*** de acto administrativo contenciosamente impugnável, segundo a qual:

«O que a garantia constitucional da accionabilidade dos actos administrativos ilegais procura assegurar é que haja sempre a possibilidade de sindicar judicialmente, com fundamento na sua ilegalidade, todo e qualquer acto de autoridade que produz ofensa de situações juridicamente reconhecidas (isto é, que tenha efeitos externos)».

Contudo, no âmbito do contencioso de anulação, como demonstra *Rogério E. Soares, in «O acto administrativo», Scientia Iuridica, t. XXXIX, 1990, p. 32,* tem de excluir-se todo e qualquer acto que não esteja a concretizar lesões, todo o acto que no procedimento serve apenas actos de primeira grandeza.

O acto recorrido não representava a última palavra da Administração Fiscal sobre a matéria pois podia ser a decisão então tomada revista, revogada ou reformada na resolução final que viesse a ser tomada no processo em causa o que vale por dizer que tal acto era provisório por natureza e a sua impugnabilidade contenciosa implicava uma directa produção de efeitos jurídicos externos que ele não produziu.

É que mesmo que se entenda que os actos administrativos contenciosamente impugnáveis são ***mais*** do que os actos administrativos definitivos e executórios, serão todos os ***actos lesivos*** mesmo que não definitivos e executórios (vd. *Mário Torres, «Garantia constitucional do recurso contencioso», in Scientia Iuridica, T. XXXIX, pág. 48*), o certo é que é a directa e imediata lesão da esfera jurídica do administrado, resultante da produção de efeitos jurídicos externos do acto, que serve de pedra de toque da impugnabilidade, já que, como defende *Rogério Soares* no local referido, não há que destacar mas sim dela excluir, *«todo e qualquer acto que não esteja a concretizar lesões, todo o acto que no procedimento serve apenas actos de primeira grandeza»*.

Assim, para poder recorrer-se contenciosamente de um acto (e/ou impugná-lo judicialmente em atenção ao caso concreto), é necessário que este seja lesivo de direitos ou interesses legalmente protegidos do interessado, i. é, que ele produza uma ofensa de uma situação ou posição subjectiva de natureza substantiva pois não basta que tal acto seja um *«...daqueles que pela sua natureza concretiza um comando perturbador da ordem jurídica, é preciso que o seu estado de virulência seja actual, não apenas potencial» (vd. ainda Rogério Soares, loc. cit. p. 34)*.

Em suma: – sempre que exista um acto da Administração que defina a situação jurídica de terceiros, causando-lhe uma lesão efectiva dos seus direitos ou interesses legalmente protegidos, assiste o direito de impugná-lo contenciosamente, com fundamento em ilegalidade. Mas se aquele acto não produz efeitos externos ou produz uma lesão de direitos ou interesses apenas potencial, tal direito de impugnação contenciosa já não existe.

Como se disse já, o objecto material da impugnação é o acto da liquidação, o acto tributário em sentido estrito (arts. 120.º e seguintes do novo C.P.T. e art. 62.º, n.º 1, al. a) do ETAF) porque é esse o acto administrativo do qual resulta, com carácter definitivo e efeitos executórios, a declaração do direito do Estado a um determinado quantitativo pecuniário.

E, nos termos do n.º 1 do art. 97.º do CPPT, o processo judicial tributário tem por função a tutela judicial dos direitos e interesses legalmente protegidos em matéria fiscal.

Acresce que nos termos da al. a) do art. 120.º do CPT, constitui fundamento de impugnação judicial qualquer ilegalidade na errónea qualificação e quantificação dos valores patrimoniais.

Como refere o Recorrente é pressuposto da tributação em imposto das sucessões e doações o de haver uma real e efectiva transmissão a título gratuito de bens (cfr. art. 3.º do Código do Imposto Municipal de Sisa e do Imposto sobre as Sucessões e Doações).

E a teleologia das leis fiscais é a de *"detectar as manifestações da capacidade contributiva dos cidadãos que tais factos, actos ou situações jurídicas encobrem (...). Decerto, pois, que ao direito fiscal interessa fundmentalmente, não o revestimento jurídico-privado desses factos ou situações, mas antes o seu substracto económico"* (Cardoso da Costa, in Curso de Direito Fiscal, 1970, p. 119).

Teria sido, então, afrontado o princípio da tributação dos rendimentos efectivos e reais invocado pelo recorrente, o qual se encontra consagrado no art. 104.º da CRP.

Em nosso entender o despacho recorrido, ao determinar que esta impugnação irá aguardar a prova do cancelamento do registo da propriedade do automóvel em questão, em nome do impugnante, devendo ele, sem prejuízo do disposto no art. 51.º.2.b) do Código das Custas Judiciais, fazer aqui prova do início do processo nesse sentido, não privilegia a justiça formal, sobre a justiça material, aproximando-se do princípio da tributação do rendimento real de que fala o recorrente.

A justiça material não é, por força do princípio da legalidade fiscal, a justiça no exclusivo interesse de qualquer das partes mas a justiça distributiva, que é a visada pelo direito fiscal.

Com efeito, a justiça tributária alcança-se pela tributação de cada um, de acordo com a sua capacidade contributiva. (art. 103.º – I da CR, versão actual, anterior art. 106.º – I).

É claro, que o conceito de justiça, tal como o conceito de capacidade contributiva, por serem a transposição jurídica de axiomas éticos, não têm uma definição exacta e precisa, antes surgindo, como princípios orientadores do ordenamento jurídico tributário.

É que, como ensina Alberto Xavier in *Manual de Direito Fiscal* – vol. I, pág. 183, "para o conceito fiscal de transmissão mais importante que a circulação jurídica entre patrimónios é o resultado económico da circulação de poderes efectivos sobre bens que sejam reveladores de capacidade contributiva".

Para José Manuel M. Cardoso da Costa *in A Invalidade dos Negócios Jurídicos – Ciência e Técnica Fiscal n.º 199/201 in Curso de Direito Fiscal, Coimbra – 1972,* desde que o Fisco tenha diante de si um acto ou contrato susceptível de, em abstracto, operar uma transmissão não pode deixar de efectuar a liquidação. Tal susceptibilidade abstracta existe quando uma certa roupagem das estipulações – «de figuração exterior do acto» – se ajusta a um certo figurino desenhado na lei como modo formal de poder operar uma transmissão. Desde que a roupagem da realidade se ajuste à do figurino legal, o Fisco terá de efectuar a liquidação na convicção de que tal realidade se esconde por detrás da roupa.

Já Pinto Fernandes *in Código do Imposto Municipal de Sisa e do Imposto sobre as Sucessões e Doações,* expende que:

"Conforme referimos no artigo 1.º, o conceito de transmissão, para efeitos de sisa é mais amplo que o que resulta da lei civil.

Em tese geral, e em face da inexistência de um conceito de transmissão entre as normas respeitantes à sisa, ao contrário do que acontece quanto ao imposto sobre as sucessões e doações no § 1.º do art. 3.º, teremos de caracterizá-la de harmonia com os princípios que afloram dos artigos 1.º, 2.º, 8.º e 152.º, em face dos quais a transmissão compreende não só a transmissão civil como também a transmissão económica, ou de facto, mesmo que despida de formalidades legais ou ferida de nulidades ou anulabilidades não reconhecidas judicialmente, salientando-se a situação material resultante da simples mudança dos possuidores dos bens."

Foram estas situações que levaram o legislador a criar as ficções de transmissão fiscal contempladas nos §§ 1.º e 2.º do artigo 2.º do CSisa, que não envolvendo, embora, transmissão jurídica da propriedade dos bens, proporcionam ao «adquirente» direitos de uso e fruição, equivalentes, do ponto de vista económico, ao direito de propriedade e susceptíveis de conduzirem, na prática, a resultados idênticos aos da transmissão, e que a usucapião poderá consolidar.

A relação jurídica constitui-se com a verificação do facto tributário previsto na lei, independentemente quer da vontade dos particulares nesse sentido dirigida, como da actuação da administração fiscal, irrelevando a autonomia da vontade para moldar a obrigação fiscal ao invés do que sucede nas obrigações privadas, princípio que está consagrado no art. 36.º da LGT ao dispor que *"a relação jurídica tributária constitui-se com o facto tributário"* – n.º 1 –; *"os elementos essenciais da relação jurídica tributária não podem ser alterados por vontade das partes"* – n.º 2 – e *"a qualificação do negócio jurídico efectuada pelas partes, mesmo em documento autêntico, não vincula a administração tributária"* – n.º 3. Daí que se possa afirmar que não é o regime da nulidade, sem mais, o estatuído pelo legislador português para atalhar às situações prevenidas no inciso legal em apreço, pois, nos termos referidos, é irrelevante, para o Direito Fiscal, a invalidade ou ineficácia dos negócios jurídicos, importando, antes, os resultados económicos envolvendo a transmissão do direito de propriedade e das suas figuras parcelares.

O artigo 10.º da LGT estabelece que a tributação é valorativamente neutra, devendo atender apenas às circunstâncias reveladoras da capacidade contributiva do facto ou acto, irrelevando, pois, os imperativos jurídicos ou éticos como pressuposto ou medida da tributação a qual assentará no resultado económico dos negócios ou actos jurídicos ainda que estes sejam ilícitos ou contra os bons costumes. E ao consagrar a vertente da consideração económica dos factos ou actos com relevância jurídica tributária, o direito fiscal está em consonância com o direito civil no sentido de que, por exemplo, quando os negócios jurídicos são de objecto físico ou legalmente impossível à ordem pública ou contrários aos bons costumes, juscivilisticamente são nulos (cfr. art. 280.º do Ccivil) mas, apesar disso, esse vício será ignorado quando é invocado pela pessoa que o praticou por forma a impedir que essa pessoa seja beneficiada; também assim no direito fiscal, em que quem actua de modo ilícito não pode fruir de protecção jurídica, devendo sofrer a tributação prevista na lei.

É esse princípio que subjaz ao disposto no art. 38.º n.º 1 da LGT em que se prevê a tributação dos efeitos económicos pretendidos pelas partes que tenham sido produzidos apesar da ineficácia do negócio: tal como no direito civil[1], o negócio não produz os efeitos que tenderia a produzir por uma circunstância intrínseca que juntamente com o negócio válido integra o tipo legal e que é o de o ***único ou principal objectivo ter sido evitar ou reduzir a tributação.***

[1] Vd. Mota Pinto, *Teoria Geral do Direito Civil*, 3ª ed., Coimbra, 1985, pág. 605.

Como refere O Prof. Leite de Campos, in Problemas Fundamentais do Direito Tributário – Evasão Fiscal, Fraude Fiscal e Prevenção Fiscal, pág. 211 e ss, "na infracção tributária há uma violação aberta e directa de normas jurídicas, enquanto que na fraude á lei não se produz tal violação. Pois se evita, mediante expedientes jurídicos, a realização dos pressupostos de facto de que nasce o tributo. Na fraude à lei não se realiza o facto tributário, antes se ilude a sua verificação, não surgindo por isso qualquer obrigação tributária ligada ao pressuposto de facto iludido".

No caso de fraude, estaremos perante uma situação em que se praticam actos com vista aos resultados que normalmente são obtidos por outra via jurídica, inexistindo qualquer discrepância entre a vontade real e a aparência já que as partes querem efectivamente o que fazem. Note-se que a fraude á lei pode ter lugar nos negócios jurídicos unilaterais ou em actos jurídicos, não sendo necessária a existência de negócios jurídicos bilaterais.

Consideremos o «**negócio indirecto**» do qual *Manuel de Andrade, in Teoria Geral da Relação Jurídica, Vol. II, 4ª Reimpressão, pág. 179*, nos dá a seguinte definição: «pode um negócio típico (venda, etc.) cujos efeitos são realmente queridos pelas partes, ser concluído por um motivo ou para um escopo ulterior diverso dos que estão de acordo com a função característica (causa) desse tipo negocial e correspondente a outro negócio típico ou tipificável (doação, qualquer negócio de garantia creditória, etc.).

Assim, «O fim ulterior há-de..., ser indirecto em face do negócio adoptado, autónomo em face das respectivas consequências normais, mas derivar imediatamente da própria actuação do negócio « (*cfr. Orlando de Carvalho, Negócio Jurídico Indirecto, Bol. Fac. De Direito, Suplem., pág. 36)*.

Como refere o Recorrente, o registo não atribui quaisquer direitos, apenas constitui um presunção, ilidível por meio de prova em contrário, já feita, de que os direitos pertencem ao titular inscrito e é pressuposto da tributação em imposto das sucessões e doações o de haver uma real e efectiva transmissão a título gratuito de bens (cfr. art. 3.º do Código do Imposto Municipal de Sisa e do Imposto sobre as Sucessões e Doações) e, sendo a teleologia das leis fiscais é a de *"detectar as manifestações da capacidade contributiva dos cidadãos que tais factos, actos ou situações jurídicas encobrem (...). Decerto, pois, que ao direito fiscal interessa fundmentalmente, não o revestimento jurídico-privado desses factos ou situações, mas antes o seu substracto económico"* (Cardoso da Costa, in Curso de Direito Fiscal, 1970, p. 119), era ónus do impugnante apenas provar que o acto tributário impugnado padecia de ilegalidade por inexistência de facto tributário já que não houve a real e efectiva transmissão a título gratuito de bens naquele pressuposta.

E, como no recurso contencioso o pedido consiste apenas na anulação do acto objecto do recurso, não é admissível o pedido de cancelamento de registo do acto anulando não sendo, em consequência, aplicável a esse recurso o disposto no n.º 1 do art. 8.º do CRPre.

Nesse sentido, o Parecer emitido no Processo 78/87 pelo Conselho Técnico do Registo e Notariado, in Pareceres do Conselho Técnico, Vol. I.º, pág. 261.

Logo, o regime daquele normativo não é aplicável à impugnação judicial de acto tributário por se tratar de um genuíno "recurso contencioso de anulação".

A ser assim, o despacho recorrido não pode manter-se na ordem jurídica, não podendo conhecer-se do fundo da causa nos termos do art. 715.º do CPC pois o despacho recorrido não tem o valor de sentença, devendo esta ser proferida dentro da normal tramitação.

3. Termos em que acordam, em conferência, os juizes da Secção de Contencioso Tributário deste Tribunal Central Administrativo em conceder provimento ao recurso, revogar o despacho recorrido e ordenar a baixa dos autos à 1ª instância para o prosseguimento normal dos autos.

Sem tributação.

Lisboa, 28 de Março de 2006.

Gomes Correia
Eugénio Sequeira
Casimiro Gonçalves

Recurso n.º 6213/02

IMPUGNAÇÃO JUDICIAL EM MATÉRIA ADUANEIRA. ACTO PASSÍVEL DE PROCEDIMENTO JUDICIAL REPRESSIVO. ART. 221.º, N.º 3 DO CAC. ERRO DE JULGAMENTO SOBRE A MATÉRIA DE FACTO.

(Acórdão de 14 de Março de 2006)

SUMÁRIO:

I – Tendo a Administração Tributária proceder ao acto de liquidação, ponderado o prazo de caducidade por referência a uma conduta meramente indiciada de ilícito criminal, nos termos do art. 221.º, n.º 3 do CAC, e segundo o qual é necessária uma decisão transitada em julgado proferida em processo crime, tal não invalida que esse mesmo acto tributário venha a ser sindicado contenciosamente, sempre que ultrapassado o prazo permitido para o efeito, se, e na medida em que o indiciado infractor venha a ser dela judicialmente ilibado, sem possibilidade de nova apreciação judicial.

II – A referência feita no art. 221.º, n.º 3 do CAC a "acto passível de procedimento judicial repressivo", circunscreve a sua concretização ao direito penal e, por consequência, com exclusão do direito contra-ordenacional, atendendo a que o mesmo, no entendimento do TJCE compreende tão só os actos que na ordem jurídica interna do Estado-membro em questão sejam por ele qualificadas de infracções na acepção do direito penal.

III – E, nos termos daquele art. 221.º, n.º 3, verifica-se a caducidade do direito à prática do acto tributário de liquidação porque a impugnante foi dele notificada mais de três anos após a constituição da dívida aduaneira.

ACORDA-SE, EM CONFERÊNCIA, NESTA 2ª SECÇÃO DO TCA

1. – TEOPORT – Importação e Exportação, Ldª e o Exm.º Procurador da República, com os sinais dos autos, inconformados com a sentença proferida pelo Mm.º Juiz do TT1ª Instância de Lisboa, que julgou improcedente a impugnação que deduziu contra o acto de liquidação da receita tributária aduaneira, dela interpôs o presente recurso pedindo a sua revogação.

Como corolário das suas alegações formulou as seguintes conclusões:

O M.ºP.º:

1. – Até à entrada em vigor do CAC, a lei aduaneira não previa o instituto da caducidade do direito de liquidação, mas apenas o da prescrição da obrigação tributária aduaneira (artigo 105.º da RA);

2. – O artigo 221.º, n.º 3, do Código Aduaneiro Comunitário veio estabelecer que a comunicação ao devedor dos direitos não pode efectuar-se após o termo de um prazo de três anos a contar da data de constituição da dívida aduaneira, excepto se, em virtude de um acto passível de procedimento judicial repressivo, as autoridades aduaneiras não puderem determinar o montante exacto dos direitos legalmente devidos;

3. – Todavia, a ausência no CAC de um prazo de caducidade para a hipótese de existir um acto passível de procedimento judicial repressivo deve ser suprida, não pelo recurso ao prazo de prescrição, mas sim pelo recurso ao prazo geral de caducidade fixado no artigo 33.º do CPT;

4. – Com efeito, com o CPT o instituto da caducidade passou a ser um instituto geral do direito fiscal e abrangeu também as relações jurídico-aduaneiras;

5. – O prazo de caducidade fixado no artigo 33.º do referido CPT é de 5 anos;

6. – Uma vez que os factos tributários (importação de mercadorias) ocorreram em 25.03.92 (através dos D.Us 2556, 2561 e 2562), em 04.05.92 (D.U 3630) e em 28.05.92 (D.Us 4322 e 4323), datas em que se constituiu a dívida aduaneira respectiva e que a comunicação/notificação à impugnante dos direitos objecto da liquidação é de 11.09.97, à data em que esta foi efectuada já havia decorrido o mencionado prazo de caducidade de 5 anos;

7. – Assim sendo, deveria o M.º Juiz "a quo" considerar procedente a invocada excepção de caducidade do direito de liquidação dos direitos aduaneiros relativos às importações efectuadas pela impugnante através da Alfândega de Alcântara Norte e decretar a anulação desses direitos;

8. – Decidindo de outro modo, violou a douta sentença o disposto nos artigos 33.º do CPT e 221.º do CAC;

9. – Deve, pois, nesta parte ser revogada e substituída por outra que julgue procedente a referida excepção de caducidade do direito de liquidação e, em consequência, decrete a anulação dos direitos aduaneiros relativos às importações efectuadas pela impugnante através da Alfândega de Alcântara Norte.

Assim decidindo, estarão Vossas Excelências, Senhores Juizes Desembargadores, a fazer, como sempre, a costumada **JUSTIÇA.**

A IMPUGNANTE:

I – O Tribunal a quo deveria ter decidido pela verificação da caducidade do direito à liquidação, por decurso do prazo de 3 anos estabelecido pelo n.º 3 do art. 221.º do CAC, por inexistência de acto integrador de infracção criminal.

II – A existência ou não de acto integrador de infracção criminal não foi determinado por qualquer autoridade judiciária e a mera instauração de processo de inquérito não pode bastar para entender verificada a existência de acto integrador de infracção criminal, na acepção de *procedimento judicial repressivo,* como estabelece a 2ª parte do n.º 3 do art. 221.º do CAC.

III – A sentença recorrida incorreu na violação dos princípios constitucionais da presunção de inocência e do tratamento mais favorável ao arguido (in dúbio pro reo) – estabelecidos pelo art. 32.º, n.º 2 da CRP pois, supôs a prática pelo agente económico de um *acto integrador de infracção criminal,* sem que o mesmo tivesse sido objecto de aferição da sua legalidade pelas autoridades judiciais em presença – o Tribunal (sentença condenatória ou absolutória) e o Ministério Público (acusação ou arquivamento).

IV – No caso dos autos, nem sequer houve submissão de uma acusação ao contraditório e posterior julgamento, nem sequer houve pronúncia do Ministério Público quanto à existência de indícios da prática de ilícito criminal, o que determinaria sempre ser proferido despacho de acusação.

O inquérito veio a ser arquivado, por prescrição o que implicou que o Ministério Público não chegou a apreciar da existência dos tais indícios. Deveria o Tribunal recorrido ter decidido pelo decurso do prazo prescricional de 3 anos, estabelecido pelo n.º 3 do art. 221.º do CAC.

V – Quanto à responsabilidade tributária da recorrente pela dívida, a sentença recorrida não fez a melhor interpretação da lei aos factos que se provaram. Discorda-se da douta sentença quando considera que não se provaram os factos descritos nos arts. 3.º a 6.º da p.i. de impugnação e que mesmo que se tivessem provado seria igualmente de improcedência a decisão a tomar.

VI – Entende a recorrente que se provaram os factos constantes dos arts. 3.º a 6.º, conforme actas dos depoimentos prestados em audiência e que perante essa prova, deveria o Tribunal ter julgado pela procedência da impugnação.

VII – Quem se encarregou de processar as declarações foi o Despachante contratado, mandatado e pago pela George Gouveia, utilizando sem autorização o nome da recorrente.

VIII – Da factualidade provada (e constante dos depoimentos das testemunhas) resulta que, a relação da recorrente com a operação aduaneira é meramente formal, não tendo praticado materialmente qualquer acto que a responsabilizasse pela dívida aduaneira.

IX – Não pode a recorrente ser considerada sujeito passivo da relação tributária – art. 10.º do Cód. Proc. Trib. que se estabeleceu quando a George Gouveia introduziu irregularmente a mercadoria no território aduaneiro nacional – art. 202.º, 1 a) e 2 e 203.º, todos do CAC.

***

Não pode a recorrente ser responsabilizada solidariamente com a George Gouveia pela dívida, por aplicação do art. 11.º do CPT, pois não existe qualquer forma de subsidariedade na responsabilidade fiscal neste caso, entre a George Gouveia e a recorrente.

XI – Ao ter sido provada a cessão, por compra-e-venda, das licenças de importação da carne pela recorrente à George Gouveia, a decisão recorrida não retirou as devidas ilações do que essa venda implicava. Designadamente, todas as despesas resultantes do contrato e outras acessórias ficaram a cargo do comprador, a George Gouveia – art. 878.º do C. Civil.

XII – Existindo ainda irregularidades praticadas pela cessionária, às quais a recorrente foi perfeitamente alheia e ignorante, não pode ser responsabilizada por actos que não praticou (e a responsabilidade resultante da prática penal ou contra-ordenacional, mesmo na forma fiscal, é sempre pessoal).

XIII – A recorrente não é devedora.

O acto constitutivo da dívida aduaneira foi a irregular introdução da mercadoria em livre prática. Irregularidade emergente do não pagamento dos direitos aduaneiros.

XIV – O devedor é o declarante, n.º 3 do art. 201.º do CAC. E o declarante não foi a recorrente, mas um Despachante Oficial mandatado pela George Gouveia, que à revelia da recorrente utilizou o seu nome para processar as declarações.

XV – Estipula ainda o n.º 3 do art. 221.º do CAC, que: «Em caso de representação indirecta, a pessoa por conta de quem a declaração aduaneira é feita é igualmente considerada devedora.» O que o n.º 3 do art. 221.º do CAC pretende é determinar que o responsável pela dívida aduaneira é aquele que a declara ou por conta de quem a declaração é processada.

XVI – Não foi a recorrente que declarou a mercadoria.

A declaração não foi realizada por sua conta.

A recorrente não é a devedora, mas sim a George Gouveia.

A recorrente não é sujeito passivo da relação tributária subjacente – art. 10.º do CPT.

Está a liquidação impugnada viciada de violação de lei.

Termos em que, sustenta que a sentença recorrida não fez a melhor aplicação da lei aos factos provados e deveria ter julgado procedente a impugnação apresentada, pelo que deve ser julgado procedente por provado o presente recurso, revogando-se em conformidade a sentença recorrida, declarando-se a caducidade do direito à liquidação e a ilegalidade da liquidação por violação de lei.

Preceitos violados: os contidos nas conclusões.

Contra-alegou a AA defendendo, em substância, a existência de procedimento judicial repressivo no caso concreto e, assim, a manutenção do julgado.

E EPGA aderiu inteiramente à fundamentação fáctica e jurídica da sentença em parecer emitido a fls. 174 e v.º.

Os autos vêm à conferência depois de colhidos os vistos legais.

2. – Na sentença recorrida deram-se como provados os seguintes factos e ocorrências com base na documentação junta aos autos:

FACTOS PROVADOS

1. A Ite dedica-se e dedicava-se, em 1992, à actividade de importação e exportação de carne, utilizando, para o efeito, licenças de importação, que anualmente

obtém, com isenção de direitos niveladores, no âmbito do regime do contigente GATT (o qual fixa plafonds máximos de importação a nível comunitário e procede à sua repartição por operador económico).

2. As licenças aludidas em I. eram, em 1992, emitidas pela Direcção Geral do Comércio, entidade que determinava, além do mais, a forma de utilização e as quantidades fixas de mercadoria a importar.

3. Em nome da Ite, no decurso do ano de 1992, foram importadas várias partidas de "carne da espécie congelada desossada", da posição pautai 020230900099.

4. A importação e introdução em livre prática da mercadoria identificada em 3. efectivou-se pelos D.Us. n.os 2556, 2561, 2562 de 25.3.1992, 3630 de 4.5.92, 4322 e 4323 de 28.5.92, todos da Alfândega de Alcântara Norte e n.os 271711, 271715 de 19.10.92, 277646 de 6.11.92, 276723 de 4.11.92 e 292556 de 31.12.92, estes da Alfândega de Alverca.

5. Com referência à mercadoria indicada em 3. e 4., a Ite foi notificada, através do ofício n.º 1 135, datado de 11.9.1997, proveniente da Direcção das Alfândegas de Lisboa (rectificado nos termos do ofício n.º543 de 10.3.1998), para proceder ao pagamento da dívida no montante total de 41.507.621$00" relativa a direitos aduaneiros CEE, direitos niveladores, MCM, IVA e juros compensatórios.

6. A titulo de fundamentação foi indicado no primeiro dos identificados ofícios que, na sequência de uma inspecção à sociedade George Gouveia, Lda., se havia constatado terem ficado em divida nos D.Us. (identificados em 4.), em nome da Ite, as quantias apuradas no respectivo relatório.

7. No ano de 1992, os representantes legais da Ite permitiram que a sociedade George Gouveia, Lda., utilizasse licenças do tipo das identificadas em I., passadas em nome daquela, para importação de carne.

8. Os certificados de prefixação (importação) n.os 600, 887, 1117, 710 e 1262, que foram juntos com os D.Us. indicados em 4., contêm a respectiva casa n.º 6 em branco, sem que aí tenha sido aposta qualquer inscrição ou averbamento da Direcção Geral do Comércio no sentido de permitir e validar a transmissão do direito de importar a carne respectiva para outra entidade que não a Ite; maxime a identificada George Gouveia, Lda.

9. Os procedimentos aduaneiros relativos à importação indicada em 4. foram assumidos por um despachante oficial, mandatado e pago pela sociedade George Gouveia, Lda.

10. Os legais representantes da Ite diligenciaram no sentido de que a sociedade George Gouveia, Lda. procedesse ao pagamento da dívida indicada em 5., o que não tendo sucedido, motivou a apresentação, em 24.3.1998, de queixa crime contra esta.

11. Em 18.9.1996, a Divisão de Apoio à Prevenção e Repressão da Fraude, da Direcção das Alfândegas de Lisboa, elaborou a participação que se mostra junta a fls.21/26 e que aqui se dá por reproduzida, entre outras contra a Ite, a qual remetida ao DIAP de Lisboa, deu origem à instauração de processo de inquérito crime, posteriormente, da competência do MP da comarca de Vila Franca de Xira.

12. Por decisão de 14.6.2000, com relação ao processo identificado em 11., foi ordenado o arquivamento dos autos, por extinção do procedimento criminal em curso, devido a prescrição, apontando-se como indiciados ilícitos de falsificação contrabando (qualificado) de importação e de exportação, aguardando-se a produção de melhor prova, quanto a eventual crime de associação criminosa.

FACTOS NÃO PROVADOS

Para a decisão da causa, sem prejuízo de "factos" prejudicados pelos que resultaram provados, conclusivos, sem interesse ou encerrando matéria de direito alegados na p.i. e na resposta, nada mais se provou, nomeadamente, o alegado nos arts. 3.º a 6.º do articulado inicial.

***

A convicção do Tribunal no estabelecimento deste quadro factológico fundou-se, em primeira linha, no teor da informação de fls. 16 segs., conjugado com o dos documentos que a acompanham, bem como no conteúdo da demais documentação disponível nestes autos e nos apensos.

Relevou, ainda, o conteúdo dos depoimentos das duas testemunhas inquiridas – cfr. fls. 48 e 49, ex-funcionários de escritório da Ite, com relação ao item 7.

3. – Atentas a factualidade apurada e as conclusões dos recursos delimitativas do objecto destes, a questão a decidir nos presentes autos é a de saber:

A) – Qual o prazo de caducidade do direito de liquidação nas dívidas aduaneiras (recurso do MP e conclusões I a IV do recurso da impugnante);

B) – Natureza da relação constituída entre e declarante e o Despachante que processou os Despachos alfandegários (conclusões V a XVI do recurso da impugnante)

***

Para julgar que não ocorria a invocada da caducidade do direito de liquidação da dívida expendeu-se na sentença a seguinte fundamentação:

"Estabelece o art. 221.º n.º 3 do Cód. Aduaneiro Comunitário (CAC) que a comunicação ao devedor dos direitos não pode efectuar-se após o termo de um prazo de três anos a contar da data de constituição da dívida aduaneira.

Esta comunicação detendo a virtualidade de tomar a dívida certa, líquida e exigível, apresenta-se, contudo, submetida ao respeito pelo indicado prazo, o qual encerra a natureza de prazo de caducidade que extingue o direito do Estado respectivo de proceder à liquidação dos montantes de direitos. Isto, precisamente, defende a Ite haver acontecido no seu caso e ora em apreciação. Vejamos se lhe assiste razão.

Sem prejuízo de se poder questionar a aplicabilidade ou não à situação em apreço do regime positivado no versado CAC, cuja vigência só se iniciou em 1.1.1994, o supra citado normativo, depois de, em primeira linha, fixar o indicado prazo de três anos para comunicação ao devedor dos direitos, abre uma excepção recondutível às hipóteses em que as autoridades aduaneiras não puderam determinar o montante exacto dos direitos legalmente devidos, em virtude de serem confrontadas com a existência de um acto passível de procedimento judicial repressivo.

A jurisprudência, tanto comunitária *(Ac. TJ de 27.11.1991, publ. no JO n.º C – 331 de 20.12.91* como nacional *(cfr. v.g. Ac. STA de 22.9.99, rec.22 318 é* unânime na fixação do sentido que deve ser conferido à expressão "acto passível de procedimento judicial repressivo". Tal conceito deve ser entendido, exclusivamente, enquanto alusão a acto integrador de uma infracção criminal, o que, por referência ao ordenamento jurídico sancionatório português, desde logo, implica excluir-se da versada categoria de actos as contra-ordenações, independentemente, da natureza que possam revestir e sem prejuízo de admitirem a possibilidade de recurso jurisdicional da decisão proferida pela entidade administrativa.

Fixados estes elementos determinantes da análise e decisão da questão suscitada pela Ite, perscrutada a matéria de facto apurada, apontando no sentido de que no seguimento de inspecção foi instaurado procedimento contra aquela, no qual, tendo sido recolhidos indícios da prática de um crime, se procedeu a competente comunicação aos serviços respectivos da Procuradoria Geral da República, com base na qual foi contra a aqui Ite instaurado processo de inquérito, pela eventual prática de crimes de falsificação, de contrabando (qualificado) de importação e de exportação e de associação criminosa que, por despacho de 14.6.2000, veio a ser arquivado, por extinção do procedimento criminal, em resultado do decurso do prazo de prescrição (quanto aos primeiros dois tipos de crime indiciados), impõe-se concluir pela existência de um acto passível de procedimento judicial repressivo, justificativo da liquidação de receitas tributárias, efectuada à Ite e a ela comunicada para lá do prazo geral e normal de três anos.

Registe-se que, ressalvado o respeito devido, não entendemos, que para funcionar esta possibilidade de alargamento do prazo de caducidade se exija a condenação do devedor por decisão judicial com força de caso julgado.

Mais se consigna, por relevante, que, nos termos das disposições específicas da Reforma Aduaneira, sempre que as autoridades aduaneiras forem confrontadas com a impossibilidade em determinar o montante das imposições a cobrar em consequência de acto fraudulento, o prazo para liquidação dos direitos aduaneiros e outras imposições cobradas na importação é alargado e equiparado ao prazo de prescrição; de 10 anos, no enquadramento temporal da situação "sub judice".

Falece, nestes termos, a invocação de vício de violação de lei por caducidade do direito à liquidação que, na perspectiva da Ite, a tornaria ineficaz quanto a si."

Vê-se, pois, que para julgar que não ocorria a invocada caducidade do direito à Liquidação de Direitos Aduaneiros, Direitos Niveladores, Montantes Compensação Monetária e IVA impugnados previsto no art. 2.º do Regulamento (CEE) 1697/79 (de três anos), o M.º Juiz fundamentou a partir da matéria de facto que se deixou fixada que esse prazo não tem aplicação quando a falta de pagamento da prestação tributária aduaneira foi consequência de um «do *passível de procedimento judicial repressivo,* entendido este como referido a actos passíveis de serem qualificados como crime e não como contra-ordenação, embora não seja necessária a demonstração (pela condenação com trânsito em julgado) da prática do crime, sendo bastante a formulação de um juízo, pelas autoridades aduaneiras, da verificação de factos susceptíveis de serem integrados num tipo criminal, como acontece no caso, em que em face da matéria provada é evidente a ocorrência de factos integradores dos crimes de falsificação, de contrabando (qualificado) de importação e de exportação e de associação criminosa, causais da não cobrança da totalidade dos direitos.

Sobre esta matéria já neste Tribunal se pronunciaram, entre outros, os Acórdãos de 25/01/2005, no Recurso n.º 981/03, de 12-10-2004, Recurso n.º 118/04[1] e de 07/03/2005, Recurso n.º 1020/06.

Aderimos inteiramente e sem reservas à fundamentação aduzida naquele primeiro acórdão, que, com a devida vénia e por identidade de razões de facto e de direito, iremos seguir.

E, visto que a recorrente só discorda da sentença na parte em que aprecia e julga essa questão da caducidade, conclui-se que as questões a resolver neste recuso são as de saber: a) – se a liquidação do IVA está sujeita ao prazo de caducidade das dívidas aduaneira ou ao previsto no Código do IVA; e b) – se os factos provados na sentença são susceptíveis de qualificação como crime, nomeadamente de falsificação, ou antes de qualificação como contra-ordenação aduaneira prevista e punida nos arts. 35.º e 36.º do RJIFA.

Adaptando o fundamentado no citado aresto:

Quanto à primeira questão, de saber se ao IVA liquidado em 1992 relativamente a importação ocorrida em 1989 é aplicável o CIVA ou as normas especiais da legislação aduaneira, nomeadamente o artigo 2.º do Regulamento (CEE) n.º 1697/79, importa desde já salientar que aderimos à doutrina *professada, no Acórdão do STA de 10 de Abril de 2002, proferido no Processo n.º 26.528,* dada a bondade e mestria da respectiva argumentação e que, pôr isso, se passa a reproduzir.

«A questão dos autos é a de saber se ao IVA liquidado pela Alfândega com referência à importação de

---

[1] Deste aresto se destaca a parte do discurso fundamentador que faz luz sobre a questão *sub judice* e a solução jurídica que sufragamos: "A recorrente sustenta ainda (...) a verificação da caducidade do direito à prática do acto de liquidação impugnado, ao abrigo do preceituado no art. 221.º/3 do CAComunitário.

Sobre esta matéria e antes do mais importa referir que sem entrarmos na questão, abordada na decisão recorrida, de, nos termos do referido art. 221.º/3 do CAC, ser necessária a indispensabilidade de uma decisão transitada em julgado proferida em processo crime, ou, antes ser suficiente a mera possibilidade abstracta de tal tipo de procedimento, o que temos por incontroverso é que, mesmo nesta última hipótese, ela não contende, como temos por axiomático, com o *"maior valor"* ou *"valor reforçado"* daquela decisão judicial transitada, quando exista, por reporte ao mero indício, ainda que suficiente para sustentar a acusação, da prática da conduta ilícita.

Ou seja, se a administração proceder, no âmbito de tal tese, ao acto de liquidação, ponderando o prazo de caducidade por referência a uma conduta meramente indiciada de ilícito criminal tal não invalida que esse mesmo acto tributário venha a ser sindicado contenciosamente, com suporte em tal figura jurídica, sempre que ultrapassado o prazo permitido para o efeito (*quando se trate de conduta não reprimível penalmente*), se e na medida em que o indiciado infractor vier dela a ser judicialmente ilibado, sem possibilidade de nova apreciação judicial.

– E feito este considerando, é nosso entendimento, ao invés do sustentado pela decisão recorrida que, no caso vertente a atendendo às datas relevantes – *chegada, descarga do azeite e partida do "ART", do cais da «U...», entre 20/21 de Out. de 1993 e concretização e notificação da liquidação impugnada a partir de MAR97* –, se encontrava, com efeito, caducado o direito à prática do acto de liquidação que aqui se controverte.

– Assim e secundando o Ac. do STA, de 02OUT09 (3), tirado no Proc. n.º 26.416, por apelo aos art.s 98.º e 99.º da RA e 221.º/3 do CAC, entende-se que com a referência que neste último normativo se faz a *«acto passível de procedimento judicial repressivo»* se circunscreve a sua concretização ao direito penal e, por consequência, com exclusão do direito contra – ordenacional, atendendo a que o mesmo, no entendimento do TJCE compreende tão só os actos que na ordem jurídica interna do Estado – membro em questão sejam por ele qualificadas de infracções na acepção do direito penal.

(...)

E, a ser assim, a conclusão forçosa é a de que nos termos do preceituado no aludido art. 221.º/3 do CAC, se verifica a caducidade do direito à prática do acto tributário de liquidação aqui em questão, uma vez que a impugnante apenas foi dele notificada mais de três anos depois da, eventual, constituição da dívida aduaneira."

mercadorias efectuada em Abr e Mai 87 é aplicável o art. 88.º do CIVA que estabelece a caducidade do direito à liquidação respectiva ou, como sustenta a recorrente, as normas especiais da legislação aduaneira, nomeadamente a Reforma Aduaneira.

Ora,os arts. 100.º e seguintes desta, na redacção, ora e infra, do Dec. Lei n.º 4/83, de 11 Jan., aplicável aos autos, referem-se latamente a importâncias indevidamente cobradas, importâncias cobradas a menos, quantias a mais recebidas, quantias recebidas a menos.

Não se faz, pois, qualquer restrição ou limitação pelo que, logo literalmente, tal legislação aduaneira se aplica a toda e qualquer quantia ou importância liquidada ou cobrada pelas Alfândegas, seja qual for a sua natureza ou proveniência.

Depois, e como se dá nota do Ac. deste STA, de 25 Jun 97 Rec. 19.474, "sempre se entendeu que as receita tributárias aduaneiras se caracterizam por um critério orgânico e não por um critério material: são aduaneira as receitas liquidadas e cobradas pelas Alfândegas e não as receitas materialmente aduaneiras", que seriam apenas os direitos aduaneiros, os encargos de efeito equivalente e os direitos niveladores agrícolas.

Nem se pode pretender que o dito art. 88.º do CIVA revogou a Reforma Aduaneira.

Pelo contrário, ele tem de interpretar-se harmonicamente com esta.

Assim, aquele normativo aplica-se ao IVA liquidado pela Administração Fiscal deixando intocado o campo aduaneiro que tem regime próprio, uniforme para as respectivas receitas.

O próprio CIVA (redacção original) da disso indicação segura.

Assim, o art. 7.º n.º 1 al. c) diz exigível o imposto, "nas importações, no momento em que for numerado o bilhete de despacho ou se realize a arrematação ou venda".

E, bem assim, o n.º 3 do art. 27.º estabelece que "o imposto devido pelas importações será pago aos serviços aduaneiros competentes no acto do desembaraço alfandegário"».

As receitas tributárias aduaneiras caracterizam-se, pois, por um critério orgânico e não por um critério material, sendo aduaneiras as receitas liquidadas e cobradas pelas Alfândegas e não as receitas materialmente aduaneiras (no *mesmo sentido o Acórdão do STA de 9/10/00, proferido no Proc. n.º 19474),* pelo que o IVA liquidado e cobrado pelas alfândegas é uma receita tributária aduaneira.

Em suma, o art. 88.º do CIVA, que estabelece a caducidade do direito à liquidação não é aplicável ao IVA liquidado pelas Alfândegas, aplicando-se, antes, a legislação aduaneira.

Assim sendo, há que atender ao disposto no art. art. 221.º n.º 3 do CAC, segundo o qual a comunicação ao devedor da liquidação dos direitos não se pode efectuar após o termo do prazo de três anos a contar da data da constituição da dívida aduaneira, estabelecendo uma **excepção para a hipótese da falta da liquidação se dever a um acto passível de procedimento judicial repressivo**, ao dispor que "Todavia, se, em *virtude* de um acto *passível de procedimento judicial repressivo, as autoridades aduaneiras não puderam determinar o montante exacto dos direitos legalmente devidas, a referida comunicação será efectuada, na medida em que as disposições em vigor o prevejam após o termo do prazo de três anos",* caso em que, por força do art. 3.º do Regulamento (CEE) n.º 1697/79 "a *acção para cobrança pelas autoridades competentes exercer-se-á em conformidade com as disposições em vigor nos Estados – membros sobre a matéria.*

Deste modo, a lei comunitária fixa, normalmente, um prazo de 3 anos para a cobrança *a posteriori* e só excepcionalmente fixa um prazo potencialmente mais longo, ou seja, quando se estiver perante um **acto passível de procedimento judicial repressivo.**[2]

Isto é, por razões de respeito pela soberania política dos Estados-Membros na definição da respectiva política criminal, o legislador comunitário delegou no legislador nacional de cada Estado a regulação dos termos em que deve ter lugar a acção de cobrança *a posteriori,* entre eles se contando o **prazo de caducidade do direito de liquidação quando esta seja consequência de um acto passível de procedimento judicial repressivo.**

Pelo que importa passar à análise da segunda questão, apurando se a materialidade fáctica apurada é susceptível de integrar uma contra-ordenação aduaneira, ou se, como se entendeu na sentença recorrida, é susceptível de integrar crimes de falsificação, contrabando (qualificado) de importação e de exportação e de associação criminosa, sabido que, conforme vem sendo jurisprudência uniforme do STA, acolhida na sentença, o conceito de acto passível de procedimento judicial repressivo deve ser entendido, em face do direito português, como referindo-se apenas a acto integrador de uma Infracção criminal, não abrangendo o ilícito contra-

---

[2] Já no *Acórdão do TT 2ª Instância de 25/02/97, tirado no Recurso n.º 61 887,* por nós relatado, se considerava que "Face ao que se provou, não hesitamos em considerar que no caso concreto houve contra – ordenação aduaneira (...).

Nesse sentido, importa fixar o conceito de ***«acto passível de procedimento judicial repressivo»*** já que o art. 3.º do Regulamento n.º 1697/79, dispondo sobre a cobrança *«a posteriori »* dos direitos de importação ou de exportação, estabelece a citada excepção nos casos da acção para cobrança quando a determinação dos direitos legalmente devidos haja sido impedida por ***um «acto passível de procedimento judicial repressivo».***

Entendemos que o citado normativo apenas abrange os actos que, segundo a ordem jurídica do Estado – membro cujas autoridades competentes reclamam uma cobrança *«a posteriori»*, sejam qualificados de infracções na acepção do direito penal português.

É certo que o direito comunitário não distingue entre crime e contra – ordenação pelo que poderia entender-se, como o fazem o M.º Juiz «a quo» e a FªPª que, na acepção do referido preceito, estão abrangidas as contra – ordenações fiscais.

Todavia, no nosso ordenamento jurídico, por razões de política jurídica, as contra – ordenações foram expressamente separadas do domínio dos crimes.

Tais razões radicaram na evolução doutrinária do conceito de contra – ordenação (denominação que tem origem germânica) em que se utilizaram, sucessiva e concomitantemente, os vocábulos de ***«ilícito penal de polícia » ou «transgressões ou contravenções de polícia, ilícito penal administrativo ou infracções ou transgressões penais administrativas e finalmente transgressões ou infracções da ordem pública ou social».***

Assim sendo, teremos de concluir, na esteira do decidido no douto Acórdão do Tribunal de Justiça das Comunidades (Sexta Secção) de 27/11/ /1991, tirado no processo n.º C-273/90 que o legislador comunitário deixou ao legislador nacional a incumbência de determinar quando é cometido um crime, havendo, pois, que considerar, para efeitos de aplicação do art. 3.º do citado Regulamento, os critérios que definem a noção de crime, tal como se aplicam em Portugal, o que vale por dizer que a derrogação prevista no mencionado art. 3.º do Regulamento n.º 1697/79 não se aplica às contra-ordenações previstas no nosso ordenamento jurídico.

É que e como já se aventou, na acepção do direito penal português as contra – ordenações fiscais são ***«infracções puníveis ou pressuposto de medida de polícia aplicável independentemente de culpa»*** *(vd. Cavaleiro Ferreira, Lições de Direito Penal, 1987 – 50),* ficando sujeitas ao respectivo processo, como decorre do regime próprio das contra-ordenações fiscais aduaneiras previsto no DL n.º 376-A/89, de 25 de Outubro, as infracções sem natureza criminal."

-ordenacional (este sentido foi, alias, admitido expressamente pelo TJCE no seu acórdão de 27/11/91 – Sexta Secção, proferido no Proc. C-273/90).

Ora, sobre esta matéria há que ter em consideração a factualidade levada ao probatório sob os pontos 11 e 12, da qual resulta que pelos factos que estão na base da liquidação impugnada, foi em 18.9.1996, a Divisão de Apoio à Prevenção e Repressão da Fraude, da Direcção das Alfândegas de Lisboa, elaborou a participação que se mostra junta a fls.21/26 e que aqui se dá por reproduzida, entre outras contra a Ite, a qual remetida ao DIAP de Lisboa, deu origem à instauração de processo de inquérito crime, posteriormente, da competência do MP da comarca de Vila Franca de Xira e que por decisão de 14.6.2000, com relação ao processo identificado em 11., foi ordenado o arquivamento dos autos, por extinção do procedimento criminal em curso, devido a prescrição, apontando-se como indiciados ilícitos de falsificação contrabando (qualificado) de importação e de exportação, aguardando-se a produção de melhor prova, quanto a eventual crime de associação criminosa.

Assim, sem necessidade de entrar na problemática de saber se à luz do art 221.º do CAC é indispensável uma decisão transitada em julgado proferida em processo crime ou se é suficiente a mera ocorrência de factos susceptíveis de integrar um ilícito criminal (caso em que terão de existir, necessariamente, indícios suficiente para sustentar a acusação da prática desse tipo de ilícito), mostra-se arredada, no presente caso, a verificação de qualquer acto passível de procedimento judicial repressivo, posto que o inquérito instaurado com vista ao apuramento da eventual existência de um ilícito criminal foi arquivado pelo M.ºP.º por falta de indícios da prática de qualquer crime, tendo-se concluído que a comparticipação dos arguidos (onde se incluía o aqui recorrente) assentava em meras suspeitas, "não se reunindo elementos probatórios bastantes para deduzir acusação».

Ora, a importação e introdução em livre prática da mercadoria efectivou-se no decurso do ano de 1992 (pontos n.ºs 3 e 4 do probatório) e a impugnante foi notificada, através do ofício n.º 1 135, datado de 11.9.1997, proveniente da Direcção das Alfândegas de Lisboa (rectificado nos termos do ofício n.º543 de 10.3.1998), para proceder ao pagamento da dívida no montante total de 41.507.621$00" relativa a direitos aduaneiros CEE, direitos niveladores, MCM, IVA e juros compensatórios (ponto n.º 5 do probatório)

E, assim sendo, ocorre a alegada caducidade do direito do Estado à liquidação e cobrança, já que não tem aqui aplicação, em função das razões atrás expendidas, o direito interno, mas sim o disposto no art. 221.º n.º 3 do CAC, e visto que o impugnante apenas foi notificado da liquidação mais de três anos depois da constituição da dívida.

E o assim decidido, acarreta a prejudicialidade de cognição dos demais fundamentos dos recursos que procedem nos termos da fundamentação acabada de aduzir.

4. – Face ao exposto, acorda-se em conceder provimento aos recursos, revogando-se a sentença recorrida, julgando-se procedente a impugnação, com a inerente anulação dos actos impugnados.

Sem custas.

Lisboa, 14 de Março de 2006.

Gomes Correia
Lucas Martins
Pereira Gameiro

Recurso n.º 6591/02

IMPUGNAÇÃO JUDICIAL. IRC. CONTABILIDADE. DECLARAÇÃO. PRESUNÇÃO DE VERDADE. CONTROLO DA ADMINISTRAÇÃO FISCAL. DEDUTIBILIDADE DO CUSTO. PRESSUPOSTOS DA LIQUIDAÇÃO. ÓNUS DA PROVA.

(Acórdão 14 de Fevereiro de 2006)

SUMÁRIO:

I – A matéria colectável em IRC é determinada na base da declaração do contribuinte, suportada nos elementos da contabilidade, e com o controlo da Administração Fiscal.

II – A contabilidade engloba, não só livros e registos, mas também os respectivos documentos justificativos ou de suporte.

III – Nos termos da alínea a) do n.º 3 do artigo 98.º do Código do IRC, todos os lançamentos da contabilidade devem estar apoiados em documentos justificativos, datados, e susceptíveis de serem apresentados sempre que necessário.

IV – A contabilidade do contribuinte tem relevo ou "valor probatório", nos termos do artigo 78.º do Código de Processo Tributário, presumindo-se a veracidade dos dados e apuramentos dela decorrentes, "salvo se se verificarem erros, inexactidões ou outros indícios fundados de que ela não reflecte a matéria tributável efectiva do contribuinte".

V – A dedutibilidade fiscal do custo deve depender apenas de uma relação justificada com a actividade produtiva da empresa.

VI – De harmonia com o disposto no artigo 121.º do Código de Processo Tributário, cabe à Administração Fiscal, fora de toda a dúvida fundada, o ónus da prova material de todos os pressupostos da respectiva liquidação tributária.

ACORDA-SE, EM CONFERÊNCIA, NESTA 2ª SECÇÃO DO TCA

1.1 "Intersismet – Sociedade de Gestão de Projectos Internacionais, SA", devidamente identificada nos autos, vem interpor recurso jurisdicional da sentença do Tribunal Tributário de 1.ª Instância de Lisboa, de 1-4-2002, na parte em que julgou improcedente a impugnação judicial por si deduzida contra a liquidação adicional de IRC do exercício do ano de 1993 – cf. fls. 414 e ss..

1.2 Em alegação, a recorrente formula, entre outras, as seguintes conclusões – cf. fls. 433 a 458.

a) Na impugnação judicial tributária são admissíveis todos os meios de prova, podendo os contribuintes demonstrar a errada quantificação da matéria colectável por recurso a prova testemunhal.

b) A Meritíssima Juiz *a quo*, ao dispensar a prova testemunhal relativamente a uma parte significativa da matéria impugnada, não podia, dentro da livre apreciação da prova, dar os factos invocados pela Administração Fiscal, como provados, quando se dispensou da avaliação da prova testemunhal oferecida quanto a esta matéria.

c) Desta forma, e porque a sentença a aprecia negativamente e contra a recorrente e apresentante da prova testemunhal, factos assim seleccionados, ofende o disposto no n.º 1 do artigo 134.º do Código de Processo Tributário (hoje n.º 1 do artigo 115.º do Código de Procedimento e de Processo Tributário), é nula, salvando-se apenas a parte em que é favorável à recorrente (artigo 684.º do Código de Processo Civil, e n.º 1 do artigo 144.º do Código de Processo Tributário (hoje n.º 1 do artigo 125.º do Código de Procedimento e de Processo Tributário).

d) Também a sentença recorrida está ferida de nulidade, atenta a nulidade invocada sob a decisão de fls. 375, que violou o caso julgado formado pela decisão de fls. 178, no processo (cf. artigos 196.º, 666.º, n.º 1, e 668.º, n.º 1, alíneas b) e c), e n.º 3, e 367.º e 675.º do Código de Processo Civil).

e) É inadequada a invocação da alínea h) do artigo 41.º do Código do IRC, para se fundamentar de direito a conclusão de que os custos incorridos pela recorrente com o pagamento dos honorários e ajudas de custo dos seus "colaboradores externos" não se encontram documentados.

f) Os pagamentos realizados pela recorrente, relativamente a honorários e ajudas de custo, aos colaboradores externos, que, estando deslocados em países estrangeiros, não puderam emitir recibos, encontra-se suficientemente documentada, pela conjugação das transferências bancárias ou com a emissão de cheques com os correspondentes contratos de prestação de serviços celebrados com os beneficiários daqueles pagamentos.

g) Deve considerar-se que tais pagamentos constituem encargos devidamente comprovados, para efeitos da formação do rendimento tributável, uma vez que é possível à Administração Fiscal determinar os destinatários dos rendimentos que esses contratos consubstanciam e a sua utilidade em termos de realização dos proveitos.

h) Constituem custos fiscalmente relevantes todos os custos cuja realização se mostram indispensáveis à realização dos proveitos (n.º 1 do artigo 23.º do Código do IRC).

i) A não consideração pela sentença recorrida e pela Administração Fiscal como custo de exercício de encargos suportados com a realização de despesas de representação ou com a aquisição de pequenas ofertas carece de ser fundamentada.

1.3 Não houve contra-alegação.

1.4 O Ministério Público neste Tribunal emitiu o parecer constante de fls. 464 e 465.

1.5 Colhidos os vistos, cumpre decidir, em conferência.

Em face do teor das conclusões da alegação, bem como da posição do Ministério Público, as questões que aqui se põem são as de saber se no caso constituem custos do exercício da impugnante, ora recorrente, «o pagamento dos honorários e ajudas de custo dos seus "colaboradores externos"» e os «encargos suportados com a realização de despesas de representação ou com a aquisição de pequenas ofertas» – ficando prejudicado o conhecimento de qualquer outra, em caso de resposta afirmativa a estas.

2.1 Com interesse para a decisão julgamos provada a seguinte matéria de facto.

a) A liquidação adicional em causa diz respeito a IRC referente ao exercício do ano de 1993, da impugnante, ora recorrente, na importância global de 42 395 445$00, incluindo juros compensatórios – cf. o documento de fls. 21.

b) A liquidação dita em a) foi efectuada no seguimento de correcções, de «carácter técnico», em IRC, no montante de 61 956 536$00, «referentes a despesas indevidamente documentadas e outras não enquadráveis como custos fiscais no termos do artigo 23.º do CIRC» – cf. o relatório da Inspecção Tributária a fls. 167.

c) Do montante dito em b), 20 945 560$00 respeitam a «honorários não devidamente documentados – art. 41.º, h) do CIRC»; 37 374 136$00 respeitam a «ajudas de custo não devidamente documentados – art. 41.º, h) do CIRC»; 2 793 735$00 respeitam a «deslocações e estadas – art. 23.ºdo CIRC»; 830 755$00 respeitam a «ofertas – art. 23.ºdo CIRC»; e 12 350$00 respeitam a «despesas de representação – art. 23.ºdo CIRC» – cf. o relatório da Inspecção Tributária a fls. 168.

d) O montante de 20 945 560$00, dito em c), é relativo a «indivíduos que não emitem recibos, e os quais a empresa discrimina como sendo "Honorários no Estrangeiro"» – cf. o relatório da Inspecção Tributária a fls. 172.

e) O montante de 37 374 136$00, dito em c), respeita a "ajudas de custo" que têm como documento de suporte «uma relação mensal individualizada do montante atribuído» – cf. o relatório da Inspecção Tributária a fls. 172.

f) Do montante de 2 793 735$00, dito em c), de «deslocações e estadas», diz a Administração Fiscal, «justifica-se o facto de este valor ser elevado, dado que os principais clientes da empresa se localizam no estrangeiro» – cf. o relatório da Inspecção Tributária a fls. 172.

g) Do montante de 830 755$00, dito em c), de «ofertas», diz a Administração Fiscal, que «verificou-se existir toda uma série de artigos que terão sido adquiridos para oferta, mas que revestem um carácter de natureza pessoal e que nada tem a ver com o tipo de actividade desenvolvida pela empresa, nomeadamente roupas e peças para automóveis» – cf. o relatório da Inspecção Tributária a fls. 172 e 173.

h) Do montante de 12 350$00, dito em c), de «despesas de representação», diz a Administração Fiscal, que «verificou-se que foi contabilizado como custo o montante de 12 350$00, relativo a uma aquisição de sapatos» – cf. o relatório da Inspecção Tributária a fls. 173.

2.2 No âmbito do sistema fiscal em vigor a partir de 1989, a contabilidade deverá estar organizada designadamente nos termos da lei comercial e fiscal, e de acordo com a normalização contabilística e outras disposições legais em vigor para o respectivo sector de actividade, reflectindo todas as operações realizadas pelo sujeito passivo, de molde a permitir o controlo do lucro tributável – cf. as alíneas a) e b) do n.º 3 do artigo 17.º, e o n.º 1 do artigo 98.º do Código do IRC.

Nos termos do artigo 78.º do Código de Processo Tributário (aqui aplicável), a contabilidade assim organizada tem relevo ou "valor probatório", presumindo-se a veracidade dos dados e apuramentos dela decorrentes, "salvo se se verificarem erros, inexactidões ou outros indícios fundados de que ela não reflecte a matéria tributável efectiva do contribuinte".

Obviamente que a primeira condição para a relevância da contabilidade é que ela exista e esteja em condições de justificar os movimentos que reflecte e que afectam o património e os resultados da empresa em causa.

Ora, em termos de suportes materiais, a contabilidade engloba, não só livros e registos (alguns dos quais são obrigatórios e devem obedecer a determinadas formalidades), mas também documentos justificativos.

Neste sentido, dando expressão a uma regra já consagrada pelos princípios geralmente aceites e que, por isso, se pode dizer que já vigorava anteriormente, o Código do IRC dispõe que "todos os lançamentos devem estar apoiados em documentos justificativos, datados e susceptíveis de serem apresentados sempre que necessário" – cf. a alínea a) do n.º 3 do artigo 98.º do Código do IRC.

Quanto aos documentos justificativos, eles podem ser de origem externa (é a regra geral quanto aos que justificam as aquisições de bens e serviços), e de origem interna (é a regra geral quanto aos que justificam as vendas de bens e as prestações de serviços).

A inexistência de documento externo destinado a comprovar uma operação para a qual ele devia existir afecta necessariamente, e em princípio, o valor probatório da contabilidade e essa falta não pode ser suprida pela apresentação de documento interno. É que o valor probatório de uma contabilidade assente essencialmente nos respectivos documentos justificativos e, quanto aos que o devam ser, é a origem externa que lhes confere um carácter que se pode designar por presunção de autenticidade. Um documento de origem interna só pode substituir um documento de origem externa quando sejam reunidas provas adicionais que confirmem a autenticidade dos movimentos nele reflectidos.

Cf. o que vem de ser dito no Parecer n.º 3/92, de 6-1-1992, do Centro de Estudos Fiscais, proferido por Manuel Henrique de Freitas Pereira, publicado na *Ciência Técnica e Fiscal* n.º 365, pp. 343 a 352, e cuja doutrina foi sancionada por despacho do Director Geral das Contribuições e Impostos, de 2-1-1992.

A questão da comprovação do custo exigida pelo corpo do artigo 23.º do Código do IRC tem levantado alguns pomos de discórdia e discussão na doutrina, sobretudo em torno dos requisitos formais do documento justificativo e dos meios de prova admitidos.

Trata-se de um requisito que se reporta à efectividade da realização dos custos. A prova que se exige no artigo 23.º do Código do IRC "é a prova da efectiva realização dos factos constitutivos dos encargos; prova que concretamente consiste nas variáveis formas de apoio escritural aos lançamentos contabilísticos dos custos" – como sublinha Vítor Faveiro, em *O Estatuto do Contribuinte: A Pessoa do Contribuinte no Estado Social de Direito*, Coimbra, 2002, p. 848.

O sujeito passivo não pode, por isso, deduzir componentes negativas ao rendimento que não figurem nas suas contas. Ou seja, o sujeito passivo está impossibilitado de, por mero acto de vontade, no momento da autoliquidação do imposto, proceder a quaisquer modificações ao resultado contabilístico, para além das inerentes às correcções fiscais expressamente preceituadas na lei. Esta conclusão deriva do vínculo formal ou relação de dependência existente entre o balanço comercial e o balanço fiscal.

Por outro lado, a exigida indispensabilidade entre custos e proveitos deve ser aferida a partir de um juízo positivo da subsunção na actividade societária. Os custos indispensáveis equivalem, assim, aos gastos contraídos no interesse da empresa. A dedutibilidade fiscal do custo deve depender apenas de uma relação justificada com a actividade produtiva da empresa e esta indispensabilidade justifica-se sempre que, por funcionamento da teoria da especialidade das pessoas colectivas, as operações societárias se insiram na sua capacidade, por subsunção ao respectivo escopo societário e, em especial, desde que se conectem com a obtenção de lucro ainda que de forma indirecta ou mediata, como as despesas com publicidade, por exemplo.

Cf. o que vem de ser dito em António Moura Portugal, *A Dedutibilidade dos Custos na Jurisprudência Fiscal Portuguesa*, Coimbra Editora, 2004, especialmente pp. 108 a 127.

Portanto, a liquidação de IRC é, em regra, baseada na avaliação directa da matéria colectável patenteada na declaração do contribuinte, eventualmente corrigida pela Administração Fiscal, quando houver fundamento para tal.

Com efeito, a liquidação de IRC pode ser corrigida pela Administração Fiscal nomeadamente em consequência de erros de facto ou de direito ou omissões verificados em exame à contabilidade da empresa contribuinte – cf. especialmente os artigos 70.º, 71.º e 77.º do Código do IRC.

Nos termos do n.º 1 do artigo 23.º do Código do IRC, consideram-se custos ou perdas os que comprovadamente forem indispensáveis para a realização dos proveitos ou ganhos sujeitos a imposto ou para a manutenção da fonte produtora, tais como, nomeadamente, os encargos relativos à produção ou aquisição de quaisquer bens ou serviços (como matérias utilizadas, mão-de-obra, energia e outros gastos gerais de fabricação, conservação e reparação); e os encargos de distribuição e venda, abrangendo os de transporte, publicidade e colocação de mercadorias.

Os custos ou perdas, indicados no artigo 23.º do Código do IRC, consistem em decréscimos patrimoniais comprovadamente indispensáveis para a realização dos proventos ou ganhos sujeitos a imposto ou para a manutenção da fonte produtora reflectidos no resultado líquido do exercício.

A pedra de toque da noção de custo para efeitos fiscais consiste em saber se, perante uma despesa, esta é ou não indispensável para a realização dos ganhos ou proveitos sobre que recai a tributação.

Cf. José Casalta Nabais, *Direito Fiscal*, 2.ª edição refundida e aumentada, Almedina, 2003, pp. 529 a 568.

Como sucedia com a norma do artigo 23.º do Código da Contribuição Industrial (quanto à expressa menção a certos e determinados factos qualificáveis como proveitos ou ganhos), e com o artigo 26.º do mesmo Código (quanto à enumeração que faz de certos factos havidos como custos ou perdas), também as normas do artigo 20.º do Código do IRC (quanto a proveitos ou ganhos que indica), e do artigo 23.º deste mesmo Código do IRC (quanto a custos ou perdas) são meramente exemplificativas ou explicativas na enumeração que fazem de certos factos havidos, quer como proveitos ou ganhos, quer como custos ou perdas.

Essas normas estabelecem exemplos de tipos de factos tributários positivos, que constituem os componentes igualmente positivos de lucro fiscal; e estabelecem também uma tipologia não exaustiva dos factos tributários negativos.

Tal como sucede com os proveitos ou ganhos, também a lei não define o sentido absoluto de nenhum dos conceitos de custos ou perdas que emprega indistintamente em sentido comum.

De onde resulta que deverão considerar-se como custos ou perdas todos os gastos ou depreciações de valor que seja indispensável suportar para a realização dos proveitos, ou para a manutenção da respectiva fonte produtora.

Cf. a propósito do conceito de custos e proveitos em IRC, *v. g.*, os acórdãos desta Secção deste Tribunal Central Administrativo, de 20-3-2001, e de 8-6-2004, proferidos nos recursos n.º 3669-00, e n.º 776-03, publicados na *Antologia de Acórdãos do Supremo Tribunal Administrativo e do Tribunal Central Administrativo*, ano IV, n.º 2, pp. 307 a 310, e ano VII, n.º 3, pp. 301 a 307.

2.3 No caso *sub judicio*, a liquidação impugnada diz respeito a IRC referente ao exercício do ano de 1993, da impugnante, ora recorrente, na importância global de 42 395 445$00, incluindo juros compensatórios.

A liquidação em causa, e segundo o relatório da Inspecção Tributária, foi efectuada no seguimento de correcções, de «carácter técnico», em IRC, no montante de 61 956 536$00, «referentes a despesas indevidamente documentadas e outras não enquadráveis como custos fiscais no termos do artigo 23.º do CIRC».

Deste montante de 61 056 536$00, e de acordo também com o relatório da Inspecção Tributária, respeitam a «honorários não devidamente documentados – art. 41.º, h) do CIRC» 20 945 560$00; respeitam a «ajudas de custo não devidamente documentados – art. 41.º, h) do CIRC» 37 374 136$00; respeitam a «deslocações e estadas – art. 23.º do CIRC» 2 793 735$00; respeitam a «ofertas – art. 23.º do CIRC» 830 755$00; e respeitam a «despesas de representação – art. 23.º do CIRC» 12 350$00.

Ainda em consonância com o referido relatório da Inspecção Tributária, o montante de 20 945 560$00 («ajudas de custo não devidamente documentados»), respeita a «indivíduos que não emitem recibos, e os quais a empresa discrimina como sendo "Honorários no Estrangeiro"»; o montante de 37 374 136$00 (também «ajudas de custo não devidamente documentados»), tem como documento de suporte «uma relação mensal individualizada do montante atribuído»; o montante de 2 793 735$00 («deslocações e estadas») «justifica-se (...), dado que os principais clientes da empresa se localizam no estrangeiro»; a respeito do montante de 830 755$00 («ofertas»), «verificou-se existir toda uma série de artigos que terão sido adquiridos para oferta, mas que revestem um carácter de natureza pessoal e que nada tem a ver com o tipo de actividade desenvolvida pela empresa, nomeadamente roupas e peças para automóveis»; quanto ao montante de 12 350$00 («despesas de representação»), «verificou-se que foi contabilizado como custo o montante de 12 350$00, relativo a uma aquisição de sapatos».

Como se vê, a Administração Fiscal não aponta os requisitos em falta nos documentos respeitantes a «ajudas de custo não devidamente documentados»; diversa e contraditoriamente a Administração Fiscal chega até a falar, a este respeito, em «uma relação mensal individualizada do montante atribuído».

Mas o certo é que a Administração Fiscal não explicita de modo nenhum as razões por que serão dispensáveis à formação dos proveitos as ditas despesas relativas a «ajudas de custo», a «deslocações e estadas», a «ofertas», e a «despesas de representação».

Sendo esta a parcimoniosa e lacunar fundamentação da Administração Fiscal para ter procedido à liquidação adicional de IRC em questão, a essa fundamentação contrapõe a impugnante, ora recorrente, mormente:

– que os pagamentos relativos a honorários e ajudas de custo aos colaboradores externos encontram-se suficientemente documentados, pela conjugação das transferências bancárias ou com a emissão de cheques com os correspondentes contratos de prestação de serviços celebrados com os beneficiários daqueles pagamentos;

– pelo que deve considerar-se que tais pagamentos constituem encargos devidamente comprovados, para efeitos da formação do rendimento tributável, uma vez que é possível à Administração Fiscal determinar os destinatários dos rendimentos que esses contratos consubstanciam e a sua utilidade em termos de realização dos proveitos;

– também a não consideração pela Administração Fiscal como custo de exercício de encargos suportados com a realização de despesas de representação ou com a aquisição de pequenas ofertas carece de fundamento;

– pois que constituem custos fiscalmente relevantes todos os custos cuja realização se mostram indispensáveis à realização dos proveitos (n.º 1 do artigo 23.º do Código do IRC).

E tem razão a impugnante, ora recorrente.

Com efeito, a Administração Fiscal nestas situações não goza de uma presunção de dispensabilidade dos custos incorridos.

À Administração Fiscal, enquanto entidade fiscalizadora, cabe o ónus de prova da verificação dos pressupostos das correcções técnicas, cumprindo-lhe demonstrar não só a factualidade que a leva a desconsiderar determinada verba como custo, mas também que essa materialidade é apta a abalar a presunção de veracidade das operações constantes da escrita da impugnante e dos respectivos documentos de suporte – sendo certo que o critério para aferir da dedutibilidade dos custos é simplesmente a sua correlação com a obtenção dos proveitos, aferida de acordo com critérios de gestão, pelo que, provada que esteja essa relação, a sua indispensabilidade presume-se.

E o que vemos no presente caso é que não se faz prova de que a Administração Fiscal tenha fundamentos que baseiem a liquidação de IRC impugnada – e o certo é que o ónus da prova material dos pressupostos de facto da liquidação tributária, fora de toda a dúvida fundada, de harmonia com o disposto no artigo 121.º do Código de Processo Tributário, cabe à Administração Fiscal, e esta, no caso, segundo julgamos, não se desonera cabalmente de tal encargo.

Estamos, deste modo, a concluir – e em resposta ao *thema decidendum* – que a Administração Fiscal não apresenta fundamentação substancial para, na liquidação de IRC do ano de 1993, desconsiderar como custos do exercício os suportados pela impugnante, ora recorrente, com «o pagamento dos honorários e ajudas de custo dos seus "colaboradores externos"» e os «encargos suportados com a realização de despesas de representação ou com a aquisição de pequenas ofertas».

E, assim, não apresentando fundamento legal a liquidação impugnada, a sentença recorrida, que não laborou neste entendimento, deve, consequentemente, ser revogada, na medida em que está em crise no presente recurso.

2.4 De todo exposto podemos extrair, entre outras, as seguintes proposições, que se alinham em súmula.

I. A *matéria colectável em IRC* é determinada na base da *declaração do contribuinte*, suportada nos elementos da *contabilidade*, e com o *controlo da Administração Fiscal*.

II. A *contabilidade* engloba, não só *livros* e *registos*, mas também os respectivos *documentos* justificativos ou de suporte.

III. Nos termos da alínea a) do n.º 3 do artigo 98.º do Código do IRC, *todos os lançamentos da contabilidade devem estar apoiados* em documentos justificativos, datados, e susceptíveis de serem apresentados sempre que necessário.

IV. A *contabilidade do contribuinte* tem relevo ou "valor probatório", nos termos do artigo 78.º do Código de Processo Tributário, presumindo-se a *veracidade dos dados e apuramentos dela decorrentes*, "salvo se se verificarem erros, inexactidões ou outros indícios fundados de que ela não reflecte a matéria tributável efectiva do contribuinte".

V. A *dedutibilidade fiscal do custo* deve depender apenas de uma *relação justificada com a actividade produtiva da empresa*.

VI. De harmonia com o disposto no artigo 121.º do Código de Processo Tributário, cabe à Administração Fiscal, fora de toda a dúvida fundada, o *ónus da prova material* de todos os *pressupostos* da respectiva liquidação tributária.

3. Termos em que se decide:

– conceder provimento ao recurso;

– e, em consequência, revogar a sentença recorrida, na parte impugnada;

– julgando-se procedente a impugnação judicial;

– e anulando-se a liquidação impugnada.

Sem custas.

Lisboa, 14 de Fevereiro de 2006

Jorge Lino
Eugénio Sequeira
Joaquim Gameiro

Recurso n.º 7148-02

IMPUGNAÇÃO JUDICIAL. IRRELEVÂNCIA DA NULIDADE DA DECISÃO RECORRIDA. CADUCIDADE DO DIREITO DE LIQUIDAR. ERRO EVIDENCIADO NA DECLARAÇÃO. IRC. RETENÇÃO NA FONTE A TÍTULO DEFINITIVO. IMPOSTO DE OBRIGAÇÃO ÚNICA.

(Acórdão de 28 de Março de 2006)

SUMÁRIO:

I – O Tribunal de recurso tem o *poder-dever de resolução das questões do fundo ou do mérito da causa* (finalidade de todo o processo judicial), e deixar prejudicada, por inutilidade, a decisão acerca de qualquer outra questão – de harmonia com o que se dispõe no n.º 2 do artigo 660.º do Código de Processo Civil (irrelevância, *v. g.*, da nulidade da decisão recorrida).

II – Opera-se a *caducidade do direito de liquidar os tributos* se a liquidação não for validamente notificada ao contribuinte no *prazo de quatro anos*, quando a lei não fixar outro – nos termos do n.º 1 do artigo 45.º da Lei Geral Tributária.

III – Porém, nos casos, designadamente, de *erro evidenciado na declaração* do sujeito passivo, o *prazo de caducidade* referido no número anterior é de *três anos* – de acordo com o n.º 2 do mesmo artigo 45.º da Lei Geral Tributária.

IV – Pela *expressão legal*, de "erro evidenciado na declaração do sujeito passivo", deve entender-se aquele *erro detectável mediante simples análise* dessa declaração.

V – Os *rendimentos devidos a entidades não residentes*, que não sejam imputáveis a estabelecimento estável situado em território português, estão sujeitos a IRC e à *obrigação de retenção na fonte, a título definitivo*, do imposto devido – de acordo com o artigo 75.º do Código do IRC.

VI – O *IRC* decorrente de obrigação de *retenção na fonte a título definitivo* tem a natureza de *imposto de obrigação única*.

VII – O *prazo de caducidade*, nos *impostos de obrigação única*, conta-se *a partir da data em que o facto tributário ocorreu* (e não, como nos impostos periódicos, a partir do termo do ano em que se verificou o facto tributário) – de harmonia com o n.º 4 do artigo 45.º da Lei Geral Tributária.

VIII – Como assim, verifica-se a *caducidade do direito de liquidar IRC* em relação a rendimentos de juros e de *"royalties"*, evidenciados na respectiva declaração do contribuinte, e postos à disposição de *entidades não residentes* no dia 31-3-1999, quando a notificação da correspondente liquidação tenha sido operada apenas em dia do mês de Novembro de 2003.

ACORDA-SE, EM CONFERÊNCIA, NESTA 2ª SECÇÃO DO TCA

1.1 "Quadriga UK Limited Sucursal em Portugal", devidamente identificada nos autos, vem interpor recurso jurisdicional da sentença do Tribunal Administrativo e Fiscal de Lisboa, de 7-3-2005, que julgou improcedente a impugnação judicial por ela deduzida contra a liquidação adicional de IRC n.º 6420002939, no montante de 31.514,38€ – cf. fls. 83 e seguintes, e a petição inicial.

1.2 Em alegação, a recorrente formula conclusões que se apresentam do seguinte modo – cf. fls. 98 a 116.

a) Estamos em presença de omissão de pronúncia sobre questões de que o M.m.º Juiz devia ter tomado conhecimento, ou seja, sobre aplicação à situação dos autos do prazo de caducidade de três anos, previsto no n.º 2 do artigo 45.º da Lei Geral Tributária, às correcções que decorreram da análise dos elementos constantes das declarações apresentadas pela recorrente.

b) O silogismo da sentença assenta em pressupostos erróneos, pois parte da premissa (por presunção) que o imposto é devido até ao termo do respectivo exercício, contando-se a partir dessa data o prazo legal de caducidade do direito à liquidação do imposto.

c) Apesar de se reconhecer estarmos em presença de imposto de obrigação única, por a retenção na fonte de rendimentos obtidos por não residentes constituir uma excepção ao referido na conclusão anterior.

d) Nos termos da alínea b) do n.º 8 e do artigo do Código do IRC "...o facto gerador se considera verificado na data em que ocorra a obrigação de efectuar aquela".

e) Na situação *sub judicio*, a lei fixa de modo cristalino que o prazo de caducidade da liquidação deve ser contado desde a data em que ocorreu o facto tributário, ou seja, o momento do nascimento da obrigação de efectuar a retenção, e não da entrega da retenção na fonte.

f) Ao contrário do afirmado na douta sentença recorrida, a recorrente invocou e provou que a obrigação de efectuar a retenção ocorreu em 30-3-99.

g) O procedimento da Administração Fiscal, outrossim, padece de falta de fundamentação por omissão da indicação dos períodos de impostos considerado em falta.

h) Prevendo as CDT – normas de valor hierárquico superior às de direito interno – taxas de 10% e 5%, a aplicar às entidades com sede ou residência nos países delas signatárias, a fim de evitar a dupla tributação, não pode a Administração Fiscal portuguesa mediante "meras" Circulares criar obrigações acessórias, como são as do preenchimento de um formulário, em violação do disposto no artigo 8.º da Lei Geral Tributária.

i) Todavia, o M.mo Juiz entendeu que o exercício dos direitos conferidos pelas Convenções está sujeito ao preenchimento de requisitos formais impostos por Circulares, cujo não cumprimento implica a preclusão dos direitos nelas previstos.

j) Não estando previsto no texto das CDT quaisquer limitações de ordem formal, os sujeitos passivos apenas têm de provar, por qualquer meio em direito permitido, que podem ser exercidos, por estarem verificados os seus pressupostos, em estrita obediência ao princípio da liberdade de prova.

1.3 Não houve contra-alegação.

1.4 O Ministério Público neste Tribunal emitiu parecer «no sentido do improvimento do recurso» – cf. fls. 140.

1.5 Colhidos os vistos, cumpre decidir, em conferência.

A ora recorrente, nas conclusões anotadas supra no ponto 1.2 de a) a j), vem atacar de nulidade a sentença recorrida designadamente «por omissão de pronúncia sobre questões de que o Mm.º Juiz devia ter tomado conhecimento, ou seja, sobre aplicação à situação dos autos do prazo de caducidade de três anos, previsto no n.º 2 do artigo 45.º da Lei Geral Tributária, às correcções que decorreram da análise dos elementos constantes das declarações apresentadas pela recorrente».

A (quase) unanimidade da jurisprudência dos nossos tribunais superiores muita laboração tem produzido no tratamento de (sensivelmente sempre as mesmas) questões *in procedendo* – ainda quando prejudicadas pela solução que deva ser dada às questões *in judicando*, respeitantes ao fundo ou mérito da causa.

Ora, pode suceder que o recorrente, além de basear o recurso num dos seus fundamentos específicos, invoque a própria nulidade da decisão recorrida (artigos 668.º, n.º 3, 2.ª parte; 716.º, n.º 1; e 752.º, n.º 3, do Código de Processo Civil), hipótese em que se coloca o problema de saber se a apreciação dessa nulidade deve preceder a revogação ou confirmação da decisão por razões atinentes ao mérito do recurso.

A resposta a esta questão parece dever ser negativa.

O Tribunal *ad quem* pode considerar o recurso procedente ou improcedente sem que haja apreciado a nulidade da decisão recorrida (irrelevância da nulidade da decisão).

Isto significa que essa nulidade não constitui uma condição prévia da apreciação do mérito do recurso.

Se o Tribunal superior conclui que, mesmo com a sanação da eventual nulidade a decisão deve ser revogada por motivo concernente ao mérito da causa, parece não fazer sentido decretar a sua revogação ou anulação prévia por mor da ocorrência dessa invocada nulidade.

Imagine-se – diz, a este respeito, Miguel Teixeira de Sousa – que a Relação considera que os fundamentos que constam da sentença condenatória (ou absolutória) são insuficientes para justificar a procedência (ou improcedência) da acção, e que, por isso, ela deve ser revogada; neste caso, não parece que se deva exigir que se aprecie primeiramente, se, por exemplo, existe uma contradição entre esses fundamentos e a decisão ou se essa decisão padece de um excesso ou de uma omissão de pronúncia, pois que, mesmo que elas existam e sejam sanadas, aquela decisão condenatória ou absolutória deve ser revogada.

A resposta também parece dever ser a mesma, quando o Tribunal de recurso possa confirmar a decisão impugnada com um fundamento distinto daquele que foi utilizado pelo Tribunal recorrido.

Estas construções são compatíveis com o direito positivo. Segundo este, a nulidade da decisão constitui um possível fundamento de recurso (artigos 668.º, n.º 3, 2.ª parte; 716.º, n.º 1; e 752.º, n.º 3, do Código de Processo Civil), mas a circunstância de o Tribunal *ad quem* reconhecer essa nulidade não impede, em regra, de controlar a sua correcção, ou seja, não obsta a que esse Tribunal tenha de se pronunciar sobre se deve revogá-la ou mantê-la (artigos 715.º, n.º 1; 722.º, n.º 3, 1.ª parte; 731.º, n.º 1; 752.º, n.º 3; e 762.º, n.º 1, do Código de Processo Civil); a excepção a este regime consta dos artigos 722.º, n.º 3, 2.ª parte; e 731.º, n.º 2, do Código de Processo Civil.

Portanto, o direito positivo admite expressamente que o Tribunal superior supra a nulidade da decisão recorrida e passe a apreciar se esta deve ser confirmada ou revogada.

Mas isso não obsta à conclusão de que esse suprimento é uma actividade inútil, quando, qualquer que seja a posição desse Tribunal sobre a nulidade, a decisão deva ser revogada ou confirmada, situação em que se deve dispensar a apreciação prévia dessa nulidade. É ilógico exigir essa apreciação, quando, qualquer que seja o seu resultado, o Tribunal superior tem de revogar ou confirmar (ou anular) a decisão recorrida.

Cf. o que vem de ser dito (a bem dizer textualmente) em Miguel Teixeira de Sousa, *Estudos sobre o Novo Processo Civil*, Lex, 1999, pp. 470 e ss.

Na esteira deste entendimento é que se escreveu em certo acórdão desta Secção deste Tribunal Central Administrativo que «em sede de julgamento do recurso jurisdicional pelo Tribunal Central Administrativo, uma questão como a da nulidade da sentença do Tribunal de 1.ª instância só terá relevo e autonomia, se o processo não tiver (...) os elementos suficientes para a decisão da questão de fundo»; «segundo nos parece, a decisão de questões de tal natureza poderá estar prejudicada pela solução que vier a ser dada ao julgamento da lide, uma vez que, por regra, o Tribunal Central Administrativo tem o poder-dever de conhecimento da totalidade das questões do mérito ou do fundo da causa, em substituição do Tribunal de 1.ª instância – e, assim, ao exercitar esse seu poder-dever, conhecendo e resolvendo as questões do mérito (finalidade de todo o processo judicial), o Tribunal Central Administrativo poderá deixar prejudicada (inutilizada, sem utilidade nem sentido prático) a decisão sobre outra qualquer questão, de harmonia com o que se dispõe no n.º 2 do artigo 660.º do Código de Processo Civil».

Como assim, não conheceremos, por prejudicada, e inútil, da aventada questão da nulidade da sentença recorrida.

E, então, julgamos que, em face do teor das conclusões da alegação da recorrente, bem como da posição do Ministério Público, a questão essencial que aqui se põe – ficando prejudicado o conhecimento de qualquer outra na hipótese de resposta afirmativa a esta – é a de saber se ocorre no caso a caducidade do direito de liquidar o imposto impugnado.

2.1 Com interesse para a decisão julgamos provada a seguinte matéria de facto.

a) A liquidação impugnada diz respeito a IRC, e respectivos juros compensatórios, na importância total de 31.514,38€ – cf. a petição inicial, e o documento de cobrança a fls. 43.

b) A liquidação dita em a) apresenta-se estribada na «descrição dos factos e fundamentos das correcções meramente aritméticas à matéria colectável», do modo que segue – cf. o relatório da Inspecção Tributária, no processo administrativo apenso.

«*Tendo esta acção o objectivo de verificar, em sede dos impostos sobre os rendimentos, os elementos constantes da declaração modelo 130 (rendimentos pagos a não residentes), do ano de 1999, constatou-se que:*

O sujeito passivo entregou a declaração modelo 130, onde constam rendimentos de juros e rendimentos de royalties.

Dos rendimentos de juros e royalties, as retenções foram sujeitas à taxa de 10% e 5%, no entanto, o sujeito passivo não cumpriu o estipulado no n.º 8 do artigo 75.º do Código do IRC, em que para redução da taxa, com base na Convenção sobre Dupla Tributação existente entre Portugal, USA e Bélgica, teria o contribuinte de possuir formulários autenticados pelas autoridades fiscais competentes do Estado membro das Comunidades Europeias, de que é residente a entidade beneficiária dos rendimentos.

Nestes termos, por inexistência de formulário, é devido imposto pelo substituto tributário, ao abrigo do n.º 3 do artigo 28.º da Lei Geral Tributária (...)».

c) Os «rendimentos pagos a não residentes durante o ano de 1999», referidos em b) são os seguintes: 9.919,95€ de juros pagos a "Thom France" dos USA; e 233.730,89€ de *royalties* pagos a "T.B. Belgium" da Bélgica – cf. o relatório da Inspecção Tributária, no processo administrativo apenso.

d) Os juros e *royalties*, ditos em c), foram pela impugnante, ora recorrente, transferidos para os seus titulares na data de 31-3-1999 – cf. os documentos de fls. 57 e 58.

e) A liquidação impugnada, dita em a), foi notificada à impugnante, ora recorrente, no mês de Novembro de 2003, com data limite de pagamento em 31-12-2003 – cf. o documento de cobrança a fls. 42.

2.2 Sob a epígrafe "Caducidade do direito à liquidação", o artigo 45.º da Lei Geral Tributária estabelece que o direito de liquidar os tributos caduca se a liquidação não for validamente notificada ao contribuinte no prazo de quatro anos, quando a lei não fixar outro (n.º 1).

E o n.º 2 do mesmo artigo 45.º diz que, nos casos de erro evidenciado na declaração do sujeito passivo (...), o prazo de caducidade referido no número anterior é de três anos.

Por sua vez, o n.º 4 do mesmo dispositivo legal reza que o prazo de caducidade conta-se, nos impostos periódicos, a partir do termo do ano em que se verificou o facto tributário e, nos impostos de obrigação única, a partir da data em que o facto tributário ocorreu (...).

Assim, a caducidade do direito à liquidação dos impostos de obrigação única verifica-se, se a liquidação não for notificada ao contribuinte em prazo, a contar a partir da data em que ocorreu o respectivo facto tributário.

Importa dizer que, para efeitos da caracterização do imposto como periódico ou de obrigação única, se deve atender, não ao imposto globalmente considerado no conjunto das suas regras jurídicas, mas à natureza de cada prestação tributária em si considerada.

São de obrigação única, por exemplo, as retenções na fonte a título definitivo, pelo menos quando o sujeito passivo do imposto não tiver a possibilidade legal de opção pelo englobamento. De facto, ulteriormente à retenção a título definitivo, inexistem quaisquer deveres acessórios ou do pagamento do substituído tributário – cf. António Lima Guerreiro, na *Lei Geral Tributária Anotada*, Rei dos Livros, em anotação 1. ao artigo 45.º.

Os rendimentos devidos a entidades não residentes, que não sejam imputáveis a estabelecimento estável situado em território português, estão sujeitos a IRC e à obrigação de retenção na fonte, a título definitivo, do imposto devido (cf. o artigo 75.º do Código do IRC).

O IRC decorrente de obrigação de retenção na fonte a título definitivo (e não por conta de imposto devido a final) tem a natureza de imposto de obrigação única – cf., por todos neste sentido, o acórdão desta Secção deste Tribunal Central Administrativo, de 14-3-2006, proferido no recurso n.º 364-03.

Pela expressão legal, constante do supracitado n.º 2 do artigo 45.º da Lei Geral Tributária, de "erro evidenciado na declaração do sujeito passivo", deve entender-se aquele erro que é detectável mediante simples análise dessa declaração – cf. Diogo Leite Campos, e outros, em *Lei Geral Tributária comentada e anotada*, 1999, Vislis, em anotação 8. ao artigo 45.º.

No mesmo sentido, aliás, pode dizer-se, ainda com António Lima Guerreiro, na *Lei Geral Tributária Anotada*, Rei dos Livros, em anotação 2. ao artigo 45.º, que o erro evidenciado na declaração do sujeito passivo é o que a Administração Fiscal possa detectar por um mero exame de coerência dos seus elementos, sem recurso a qualquer outra documentação externa, mesmo quando esta esteja em poder da Administração Fiscal, e obtida por inspecção interna ou externa ou por meios de qualquer outra natureza. Só quando o erro resultar exclusivamente do exame da declaração e seus anexos se justifica o previsto encurtamento do prazo de caducidade, porque o próprio contribuinte pôs de imediato à disposição da Administração Fiscal os meios necessários a uma atempada detecção do erro (de resto, considerações idênticas valem sobre juros compensatórios devidos nos termos do n.º 7 do artigo 35.º da Lei Geral Tributária).

2.3 No caso *sub judicio*, consoante se assenta no probatório e melhor se colhe dos elementos dos autos, a liquidação impugnada diz respeito a IRC, e respectivos juros compensatórios, e fundamenta-se em factualidade constante de uma «descrição dos factos e fundamentos das correcções meramente aritméticas à matéria colectável», em que a Administração Fiscal deixou expressamente exarado, além do mais, o seguinte:

– que «o sujeito passivo entregou a declaração modelo 130, onde constam rendimentos de juros e rendimentos de royalties»;

– que «o sujeito passivo não cumpriu o estipulado no n.º 8 do artigo 75.º do Código do IRC, em que para redução da taxa, com base na Convenção sobre Dupla Tributação existente entre Portugal, USA e Bélgica, teria o contribuinte de possuir formulários autenticados pelas autoridades fiscais competentes do Estado membro das Comunidades Europeias, de que é residente a entidade beneficiária dos rendimentos»;

– que, «nestes termos, por inexistência de formulário, é devido imposto pelo substituto tributário, ao abrigo do n.º 3 do artigo 28.º da Lei Geral Tributária»;

– e que os «rendimentos pagos a não residentes durante o ano de 1999», são 9.919,95€ de juros pagos a "Thom France" dos USA; e 233.730,89€ de *royalties* pagos a "T.B.Belgium" da Bélgica.

Quer dizer: a ora recorrente fez entrega da declaração modelo 130, donde constavam rendimentos de juros e rendimentos de *royalties*; e a Administração Fiscal pôde concluir, exclusivamente pelo exame dessa declaração modelo 130, sem ter necessidade de recorrer a qualquer outra documentação externa a essa mesma declaração, que «o sujeito passivo não cumpriu o estipulado no n.º 8 do artigo 75.º do Código do IRC, em que para redução da taxa, com base na Convenção sobre Dupla Tributação existente entre Portugal, USA e Bélgica, teria o contribuinte de possuir formulários autenticados pelas autoridades fiscais competentes do Estado membro das Comunidades Europeias, de que é residente a entidade beneficiária dos rendimentos».

Isto é: da declaração modelo 130, apresentada pela ora recorrente, donde constavam rendimentos de juros e rendimentos de *royalties*, a Administração Fiscal pôde concluir, através da simples análise da mesma declaração, que «por inexistência de formulário, é devido imposto pelo substituto tributário, ao abrigo do n.º 3 do artigo 28.º da Lei Geral Tributária».

Como assim, e uma vez que no caso o erro que justifica a liquidação está evidenciado na declaração do sujeito passivo, de harmonia com o disposto no n.º 2 do artigo 45.º da Lei Geral Tributária, o direito à liquidação do imposto que no caso seja devido caduca no prazo de três anos.

Sendo certo ainda que tal prazo (de três anos) conta-se, de acordo com o disposto no n.º 4 do artigo 45.º da Lei Geral Tributária, a partir da data em que ocorreu o respectivo facto tributário (o pagamento dos rendimentos).

E o certo é também que no caso (de liquidação de IRC, por retenção na fonte de imposto devido por entidade não residente nem com estabelecimento estável em território português) estamos em presença de um imposto de obrigação única, já que a liquidação decorre da obrigação da ora recorrente de retenção na fonte do imposto devido, a título definitivo, e não por conta de imposto que seja devido a final.

Deste modo, tendo o facto tributário na situação presente ocorrido no dia 31-3-1999, por virtude da transferência pela impugnante, ora recorrente, dos juros e *royalties* para a disponibilidade dos seus titulares [consoante se assente na alínea d) do probatório], e havendo a liquidação impugnada sido notificada à mesma impugnante, ora recorrente, no mês de Novembro de 2003 [conforme se regista na alínea e) do probatório], logo se conclui que nesta última data, da notificação da liquidação em causa à impugnante, ora recorrente, haviam já decorrido mais de três anos sobre aquela data de ocorrência do facto tributário relevante.

Pelo que havemos de concluir que – e em resposta ao *thema decidendum* – ocorre no caso a caducidade do direito de liquidar o imposto impugnado (ficando, portanto, prejudicado o conhecimento de qualquer outra questão).

E, por conseguinte, assim sendo, deve ser revogada a sentença recorrida, que não laborou neste entendimento.

2.4 De todo o exposto, podemos extrair, entre outras, as seguintes proposições, que se alinham em súmula.

I. O Tribunal de recurso tem o *poder – dever de resolução das questões do fundo ou do mérito da causa* (finalidade de todo o processo judicial), e deixar prejudicada, por inutilidade, a decisão acerca de qualquer outra questão – de harmonia com o que se dispõe no n.º 2 do artigo 660.º do Código de Processo Civil (irrelevância, *v. g.*, da nulidade da decisão recorrida).

II. Opera-se a *caducidade do direito de liquidar os tributos* se a liquidação não for validamente notificada ao contribuinte no *prazo de quatro anos*, quando a lei não fixar outro – nos termos do n.º 1 do artigo 45.º da Lei Geral Tributária.

III. Porém, nos casos, designadamente, de *erro evidenciado na declaração* do sujeito passivo, o *prazo de caducidade* referido no número anterior é de *três anos* – de acordo com o n.º 2 do mesmo artigo 45.º da Lei Geral Tributária.

IV. Pela *expressão legal*, de "erro evidenciado na declaração do sujeito passivo", deve entender-se aquele *erro detectável mediante simples análise* dessa declaração.

V. Os *rendimentos devidos a entidades não residentes*, que não sejam imputáveis a estabelecimento estável situado em território português, estão sujeitos a IRC e à *obrigação de retenção na fonte, a título definitivo*, do imposto devido – de acordo com o artigo 75.º do Código do IRC.

VI. O *IRC* decorrente de obrigação de *retenção na fonte a título definitivo* tem a natureza de *imposto de obrigação única*.

VII. O *prazo de caducidade*, nos *impostos de obrigação única*, conta-se *a partir da data em que o facto tributário ocorreu* (e não, como nos impostos periódicos, a partir do termo do ano em que se verificou o facto tributário) – de harmonia com o n.º 4 do artigo 45.º da Lei Geral Tributária.

VIII. Como assim, verifica-se a *caducidade do direito de liquidar IRC* em relação a rendimentos de juros e de *"royalties"*, evidenciados na respectiva declaração do contribuinte, e postos à disposição de *entidades não residentes* no dia 31-3-1999, quando a notificação da correspondente liquidação tenha sido operada apenas em dia do mês de Novembro de 2003.

3. Termos em que se decide:
– conceder provimento ao recurso;
– e, em consequência, revogar a sentença recorrida;
– julgando-se procedente a impugnação judicial;
– e anulando-se a liquidação impugnada.

Custas pela Fazenda Pública na 1.ª Instância (onde contestou).

Lisboa, 28 de Março de 2006

Jorge Lino
Lucas Martins
Gomes Correia

Recurso n.º 656/05

INTIMAÇÃO PARA UM COMPORTAMENTO. NOTIFICAÇÃO ÀS PARTES. PRESUNÇÃO LEGAL DE NOTIFICAÇÃO. RECURSO JURISDICIONAL. PRAZO. MULTA.

(Acórdão de 7 de Março de 2006)

SUMÁRIO:

I – Em *processo judicial tributário de intimação para um comportamento* (previsto no artigo 147.º do Código de Procedimento e de Processo Tributário), o *recurso jurisdicional* deve ser interposto no *prazo de dez dias* por meio de requerimento juntamente com a respectiva alegação – por força do artigo 283.º do Código de Procedimento e de Processo Tributário.

II – As *notificações às partes em processos pendentes* são feitas na pessoa do respectivo *mandatário judicial*, de harmonia com o disposto no artigo 253.º do Código de Processo Civil.

III – O artigo 254.º do Código de Processo Civil estabelece a *presunção de efectiva notificação do mandatário judicial* no terceiro dia posterior ao do registo, ou no primeiro dia útil seguinte a esse, quando o não seja – presunção ilidível só pela *prova de que a notificação não foi efectuada ou ocorreu em data posterior à presumida, por razões não imputáveis ao notificando.*

IV – De acordo com os termos do artigo 145.º do Código de Processo Civil, o prazo é dilatório ou peremptório (n.º 1); *o decurso do prazo peremptório extingue o direito de praticar o acto* (n.º 3); o acto poderá, porém, ser praticado fora do prazo, em caso de *justo impedimento* (n.º 4).

V – Independentemente de *justo impedimento*, pode o acto ser praticado dentro dos *três dias úteis subsequentes ao termo do prazo*, ficando a sua validade dependente do *pagamento imediato de uma multa*, de montante a fixar de harmonia com o disposto no n.º 5 do mesmo artigo 145.º do Código de Processo Civil.

VI – De conformidade com o disposto no n.º 6 do artigo 145.º do Código de Processo Civil, «*praticado o acto em qualquer dos três dias úteis seguintes, sem ter sido paga imediatamente a multa devida, logo que a falta seja verificada, a secretaria, independentemente de despacho, notificará o interessado para pagar a multa (...)*».

ACORDA-SE, EM CONFERÊNCIA, NESTA 2ª SECÇÃO DO TCA

1.1 "Mondilã – Indústria de Fios, L.da", devidamente identificada nos autos, vem interpor recurso jurisdicional do despacho do Tribunal Administrativo e Fiscal de Leiria, de 8-11-2005, proferido nos presentes autos de intimação para um comportamento, que decidiu indeferir o requerimento de «dar sem efeito o acto processual notificado para pagamento de multa nos termos do n.º 6 do artigo 145.º do CPC» – cf. fls. 178 e ss..

1.2 Em alegação, a recorrente formula conclusões, onde termina pedindo a este Tribunal Central Administrativo que «deve o presente recurso ser julgado procedente por provado, revogando-se o despacho recorrido, que considerou o acto praticado fora de prazo e não admitido o recurso jurisdicional (...)» – cf. fls. 191 a 196.

1.3 Não houve contra-alegação.

1.4 O Ministério Público neste Tribunal emitiu o parecer de que «a recorrente vem interpor dois recursos, um quanto à questão de fundo e outro quanto à tempestividade da apresentação do requerimento de recurso»; que «deve este recurso improceder»; e que o «recurso quanto à questão de fundo», «deve o mesmo ser rejeitado por extemporâneo»; «mas caso se entenda que ainda pode pagar a multa a que se refere o artigo 145.º n.º 6 do CPC, deve o mesmo ser também rejeitado já que a intimação solicitada não razão que a justifique (...) – cf. fls. 215 a 217.

1.5 Colhidos os vistos, cumpre decidir, em conferência.

De modo muito claro, e em contrário do parecer do Ministério Público, devemos dizer liminarmente que, para este Tribunal Central Administrativo, vem interposto e admitido, não dois, mas apenas um recurso, que é aquele relatado supra em 1.1, em relação ao despacho, de 8-11-2005, de indeferimento do requerimento de «dar sem efeito o acto processual notificado para pagamento de multa nos termos do n.º 6 do artigo 145.º do CPC».

Em divergência com a recorrente (que pede neste recurso que se revogue «o despacho recorrido, que considerou o acto praticado fora de prazo e não admitido o recurso jurisdicional»), deve dizer-se também que não existe nos autos algum despacho a considerar que o acto foi praticado fora de prazo e a não admitir o recurso (o despacho recorrido, diversamente, considera que o recurso foi interposto nos «três dias subsequentes ao termo do prazo») – pelo que tal questão (a intempestividade e não admissão do recurso) não foi decidida no despacho em causa, e, assim, por aparecer agora como uma "questão nova", não pode a mesma ser resolvida no presente recurso.

Como assim, a única questão que aqui se põe, e que compete resolver, é a de saber se deve, ou não, ser dado «sem efeito o acto processual notificado para pagamento de multa nos termos do n.º 6 do artigo 145.º do CPC».

2.1 Com interesse para a decisão julgamos provada a seguinte matéria de facto.

a) O despacho recorrido recaiu sobre requerimento entrado no Tribunal *a quo* no dia 1-6-2005, onde a ora recorrente pedia «se digne dar sem efeito o acto processual notificado para pagamento de multa nos termos do n.º 6 do artigo 145.º do CPC», com a alegação de não ser devido o pagamento da multa «nos termos do acto notificado» – cf. o documento de fls. 164 e 165.

b) O acto notificado que se refere em a) é «para proceder ao pagamento da multa, nos termos do artigo 145.º, n.º 6, do CPCivil, cujas guias se remetem» – cf. o documento de fls. 158.

c) A multa dita em b) é referente à apresentação pela ora recorrente de requerimento no presente processo de recurso jurisdicional entrado no dia 11-5-2005 – cf. o documento de fls. 139 a 147.

d) O recurso dito em c) respeita ao recurso jurisdicional interposto da sentença proferida no presente processo, e de cujo respectivo despacho de aclaração a ora recorrente foi notificada, na pessoa da sua mandatária judicial, e para o escritório desta, por registo postal do dia 21-4-2005 – cf. os documento de fls. 110 a 134.

2.2 A prática dos actos processuais está normalmente sujeita a determinados prazos, isto é, restringida a um período de tempo delimitado entre um termo inicial (*dies a quo*) e um termo final (*dies ad quem*). Os prazos processuais podem ser dilatórios ou peremptórios (artigo 145.º, n.º 1, do Código de Processo Civil). São prazos dilatórios ou iniciais aqueles que fixam o momento antes do qual o acto não deve ser praticado (*ne ante quem*) ou o momento após o qual o acto pode ser praticado (*terminus post quem*) (artigo 145.º, n.º 2, do Código de Processo Civil).

Os prazos peremptórios ou preclusivos são aqueles que fixam o momento até ao qual o acto pode ser realizado (artigo 145.º, n.º 3, do Código de Processo Civil).

No entanto, a prática de actos sujeitos a um prazo peremptório pode verificar-se fora do prazo em duas situações:

– em caso de justo impedimento (artigos 145.º, n.º 4, e 146.º do Código de Processo Civil);

– e, em qualquer hipótese, dentro dos três dias úteis subsequentes ao termo do prazo, embora a validade do acto fique dependente do pagamento imediato de uma multa (artigo 145.º, n.º 5, do Código de Processo Civil).

Cf. o que vem de ser dito em Miguel Teixeira de Sousa, *Introdução ao Processo Civil*, 2.ª edição, Lex, Lisboa, 2000, pp. 101 e 102.

Nos termos do artigo 145.º do Código de Processo Civil, o decurso do prazo peremptório extingue o direito de praticar o acto (n.º 3); o acto poderá, porém, ser praticado fora do prazo, em caso de justo impedimento (n.º 4).

Independentemente de justo impedimento, diz o n.º 5 do artigo 145.º do Código de Processo Civil, o acto pode ser praticado com o pagamento de multa, dentro dos três primeiros dias úteis subsequentes ao termo do prazo.

Praticado o acto em qualquer dos três dias úteis seguintes sem ter sido paga imediatamente a multa devida, logo que a falta seja verificada, a secretaria, independentemente de despacho, notificará o interessado para pagar a multa de montante igual ao dobro da mais elevada prevista no número anterior, sob pena de se considerar perdido o direito de praticar o acto, não podendo, porém, a multa exceder 10 UC – cf. o n.º 6 do citado artigo 145.º do Código de Processo Civil.

O prazo para a interposição de recurso jurisdicional é um prazo peremptório, pois o decurso do mesmo extingue o direito de praticar o acto, nos termos do n.º 3 do artigo 145.º do Código de Processo Civil.

O processo judicial tributário de intimação para um comportamento está previsto no artigo 147.º do Código de Procedimento e de Processo Tributário.

Este tipo de processos tem carácter urgente, por isso que neles deve haver decisão final em 1.ª instância em prazo nunca superior a 90 dias – cf. o n.º 3 do artigo 96.º do Código de Procedimento e de Processo Tributário.

E, neste tipo de processos, o recurso jurisdicional segue o regime previsto nos artigos 279.º a 289.º do Código de Procedimento e de Processo Tributário.

Diz o artigo 283.º do Código de Procedimento e de Processo Tributário que os recursos jurisdicionais nos processos urgentes serão apresentados por meio de requerimento juntamente com as alegações no prazo de dez dias.

De outra banda, reza o n.º 1 do artigo 253.º do Código de Processo Civil que as notificações às partes em processos pendentes são feitas na pessoa dos seus mandatários judiciais.

De acordo com o artigo 254.º do Código de Processo Civil, os mandatários judiciais são notificados por carta registada dirigida para o seu escritório ou para o domicílio escolhido (n.º 1); a notificação postal presume-se feita no terceiro dia posterior ao do registo, ou no primeiro dia útil seguinte a esse, quando o não seja (n.º 2); a notificação não deixa de produzir efeito pelo facto de o expediente ser devolvido, desde que a remessa tenha sido feita para o escritório do mandatário ou para o domicílio por ele escolhido; nesse caso, ou no de a carta não ter sido entregue por ausência do destinatário, juntar-se-á ao processo o sobrescrito, presumindo-se a notificação feita no dia a que se refere o número anterior (n.º 3); as presunções estabelecidas nos números anteriores só podem ser ilididas pelo notificado provando que a notificação não foi efectuada ou ocorreu em data posterior à presumida, por razões que lhe não sejam imputáveis (n.º 4).

2.3 No caso *sub judicio*, estamos claramente no âmbito do processo judicial tributário de intimação para um comportamento, pois que a requerente, ora recorrente, pede, a título principal, que «deve o Senhor Chefe da Repartição de Finanças (...) ser intimado a adoptar a conduta requerida (...)».

Consoante se assenta no probatório, a ora recorrente foi notificada, na pessoa da sua mandatária judicial, e para o escritório desta, por registo postal do dia 21-4-2005, do despacho de aclaração da sentença proferida no presente processo.

E só no dia 11-5-2005 é que a ora recorrente veio apresentar, por meio da sua Advogada, recurso jurisdicional da referida sentença.

Assim, sendo o registo postal do dia 21-4-2005, o terceiro dia posterior ao registo é o dia 24-4-2005. O dia 24-4-2005, porém, foi um domingo, e o dia seguinte (25 de Abril) foi feriado nacional.

Então, no caso, a data relevante para início de contagem do prazo de 10 dias, para a apresentação do recurso interposto da sentença, é o dia 27-4-2005, pois que a respectiva notificação se presume efectuada no dia 26-4-2005 (uma vez que nenhuma prova foi apresentada de que a notificação tenha ocorrido em data posterior).

Como assim, o prazo de 10 dias para a apresentação do respectivo requerimento de recurso terminou no dia 6-5-2005 (que foi uma sexta-feira).

Apresentado o respectivo requerimento no dia 11-5-2005, o recurso da sentença foi interposto no 3.º dia útil subsequente ao termo do prazo.

Portanto, justifica-se a notificação em causa feita à ora recorrente «para proceder ao pagamento da multa, nos termos do artigo 145.º, n.º 6, do CPCivil» – pois que, nos termos do supracitado n.º 6 do artigo 145.º do Código de Processo Civil, «praticado o acto em qualquer dos três dias úteis seguintes, sem ter sido paga imediatamente a multa devida, logo que a falta seja verificada, a secretaria, independentemente de despacho, notificará o interessado para pagar a multa de montante igual ao dobro da mais elevada prevista no número anterior, sob pena de se considerar perdido o direito de praticar o acto, não podendo, porém, a multa exceder 10 UC».

Pelo que, e em resposta ao *thema decidendum*, diremos que não deve ser dado «sem efeito o acto processual notificado para pagamento de multa nos termos do n.º 6 do artigo 145.º do CPC».

E, por conseguinte, deve, ao invés, ser confirmado o despacho recorrido, de indeferimento do requerimento da ora recorrente, de «dar sem efeito o acto processual notificado para pagamento de multa nos termos do n.º 6 do artigo 145.º do CPC».

2.4 De todo exposto podemos extrair, entre outras, as seguintes proposições, que se alinham em súmula.

I. Em *processo judicial tributário de intimação para um comportamento* (previsto no artigo 147.º do Código de Procedimento e de Processo Tributário), o *recurso jurisdicional* deve ser interposto no *prazo de dez dias* por meio de requerimento juntamente com a respectiva alegação – por força do artigo 283.º do Código de Procedimento e de Processo Tributário.

II. As *notificações às partes em processos pendentes* são feitas na pessoa do respectivo *mandatário judicial*, de harmonia com o disposto no artigo 253.º do Código de Processo Civil.

III. O artigo 254.º do Código de Processo Civil estabelece a *presunção de efectiva notificação do mandatário judicial* no terceiro dia posterior ao do registo, ou no primeiro dia útil seguinte a esse, quando o não seja – presunção ilidível só pela *prova de que a notificação não foi efectuada ou ocorreu em data posterior à presumida, por razões não imputáveis ao notificando.*

IV. De acordo com os termos do artigo 145.º do Código de Processo Civil, o prazo é dilatório ou peremptório (n.º 1); *o decurso do prazo peremptório extingue o direito de praticar o acto* (n.º 3); o acto poderá, porém, ser praticado fora do prazo, em caso de *justo impedimento* (n.º 4).

V. Independentemente de *justo impedimento*, pode o acto ser praticado dentro dos *três dias úteis subsequentes ao termo do prazo*, ficando a sua validade dependente do *pagamento imediato de uma multa*, de montante a fixar de harmonia com o disposto no n.º 5 do mesmo artigo 145.º do Código de Processo Civil.

VI. De conformidade com o disposto no n.º 6 do artigo 145.º do Código de Processo Civil, «*praticado o acto em qualquer dos três dias úteis seguintes, sem ter sido paga imediatamente a multa devida, logo que a falta seja verificada, a secretaria, independentemente de despacho, notificará o interessado para pagar a multa (...)*».

3. Termos em que se decide negar provimento ao recurso, e, em consequência, confirmar o despacho recorrido.

Custas pela recorrente.

Taxa de justiça: cinco unidades de conta (n.º 3 do artigo 73.º-D do Código das Custas Judiciais).

Lisboa, 7 de Março de 2006

Jorge Lino
Joaquim Gameiro
Gomes Correia (voto a decisão mas não acompanho a fundamentação porquanto entendo que o presente recurso não tem natureza urgente e, assim, o prazo (que é o mesmo) é o previsto no art. 280.º do C.P.P.T.).

Recurso n.º 1038-06

IRC E IVA. ILEGAL CUMULAÇÃO DE PEDIDOS. CONSEQUÊNCIAS.

(Acórdão de 07 de Fevereiro de 2006)

SUMÁRIO:

I – Em processo de impugnação judicial, podem ser cumulados pedidos sobre tributos com identidade de natureza.

II – Sendo o IVA um imposto geral sobre a despesa e o IRC um imposto sobre o lucro, por tal que não comungam da mesma natureza.

III – A ilegal cumulação de pedidos constitui uma excepção dilatória inominada que obsta a que se conheça do mérito da causa e importa a absolvição da instância da parte contrária.

ACORDA-SE, EM CONFERÊNCIA, NA 2ª SECÇÃO DESTE TRIBUNAL:

1. A FAZENDA PÚBLICA, vem interpor recurso jurisdicional da sentença do Tribunal Administrativo e Fiscal de Loulé que julgou procedente a impugnação judicial deduzida por **CERVEJARIA SNACK – BAR O LAGAR, LDª.**, contra as liquidações de IRC e de IVA do ano 1998 e respectivos juros compensatórios.

Em alegação, a recorrente formula conclusões que se apresentam do seguinte modo:

1.º Decidiu o Meritíssimo Juiz recorrido anular na totalidade a liquidação sub judice, e, em apoio do seu veredicto invoca que os valores da matéria colectável apurados pela inspecção não correspondem à realidade pôr não terem tido em consideração os dias em que o estabelecimento esteve encerrado.

2.º Acontece que, o fundamento da anulação vale apenas em relação a uma parte do acto tributário, pois o erro em causa não afecta a existência de toda a matéria colectável.

3.º Pelo que, o acto tributário não devia ter sido anulado na totalidade mas apenas na parte correspondente à matéria colectável inquinada de ilegalidade.

4.º Na verdade, quando o vício do acto tributário apesar de consistir numa violação de lei, apenas se refere à medida do imposto, deve o tribunal proceder à anulação parcial da liquidação.

5.º Pois, o acto tributário, enquanto acto divisível, tanto pôr natureza como pôr definição legal, é susceptível de anulação parcial.

6.º É esta a jurisprudência que tem predominado e que certamente mais uma vez vai ser estabelecida por V. Exas, ao decidir esta questão.

7.º Com efeito, entre outros, o STA em ac. de 16 – 5 – 2001 assim o entendeu.

8.º Nesta conformidade, a douta decisão do tribunal a quo violou o artigo 100 da Lei Geral Tributária, que admite poder a sentença do juiz fiscal assumir um de dois conteúdos: anulação total ou parcial dos actos tributários.

Assim, pelo exposto entende que deve ser dado provimento ao presente recurso e revogada a sentença, como é de JUSTIÇA.

Contra-alegou a recorrida rematando a sua minuta com as seguintes conclusões:

1.º – O M.º Juiz a quo julgou procedente a impugnação, e anulou, na totalidade, o acto impugnado.

2.º – Para tanto considerou que os valores apurados pela Administração Fiscal não tinham correspondência com a realidade, porquanto

3.º – A Administração Fiscal considerou como de plena laboração os meses de Agosto e Setembro de 1998, quando o estabelecimento esteve encerrado de 21 de Setembro a 8 de Outubro.

4.º – Entende o Digno representante da Fazenda Pública que a douta sentença recorrida deveria ter anulado parcialmente o imposto impugnado.

5.º – O que não pode ser, dado que aqueles valores apurados erradamente, serviram para a construção de uma fórmula rectificativa, cujo resultado percentual, necessariamente errado, foi aplicado às receitas declaradas de todos os meses do ano.

6.º – Além do mais, ao M.º Juiz não compete substituir-se à Administração Fiscal, no apuramento e fixação da matéria tributável, e na elaboração da sequente liquidação, conforme Ac. do STA, in Antologia de Acórdãos, Ano VI, nº 9.2, págs. 217.

Nestes termos e nos demais de Direito, sustenta que deve ser julgado improcedente o recurso interposto pelo Mui Digno Representante da Fazenda Publica, mantendo-se a douta sentença recorrida, com todas as consequências legais Só assim, se fará JUSTIÇA.

A EPGA pronunciou-se no sentido do improvimento do recurso, em parecer emitido a fls. 235, do seguinte teor:

"I – A Fazenda Pública vem interpor recurso da sentença do Mmo Juiz do TAF de Loulé que julgou procedente a impugnação deduzida por "Cervejaria Snack – Bar O Lagar, Lda" contra a liquidação de IRC e IVA do ano de 1998.

Pretende nas conclusões do recurso a revogação da sentença recorrida pêlos fundamentos que invoca e que se dão por reproduzidos.

A recorrente discorda da sentença por entender que esta contem erros de interpretação dos preceitos legais aplicados determinantes da respectiva revogação.

A sentença apoia-se nos factos que considera provados e que refere a fls. 199/202 dos autos.

II – Da prova produzida nos autos decorre que a impugnante pôs em causa os valores tributáveis finais demonstrados pela AT na sequência da inspecção tributária; esses valores basearam-se em pressupostos errados relativamente aos dias de laboração efectiva da impugnante, ou seja, não foi tomado em conta o período de tempo em que esteve encerrado o estabelecimento comercial para férias, de 28 de Setembro a 08 de Outubro.

Entendeu a sentença recorrida, pôr interpretação desses factos e pôr aplicação do disposto no art. 74.º n.º 3 da LGT, que a impugnante provou que esses valores estavam errados e eram excessivos, pelo que tal determinaria a anulação da liquidação em causa.

Esta interpretação dos factos e dos preceitos legais aplicáveis não merece censura, pelo que se emite parecer no sentido do improvimento do recurso."

Na consideração de que nos presentes autos a ora recorrida deduziu a presente impugnação judicial contra as liquidações de IVA e IRC, foram as partes notificadas do despacho do Relator de fls 237, para se pronunciarem, querendo, sobre a possível ilegal cumulação de pedidos, tendo a mesma recorrida vindo pugnar pela não ilegal cumulação de pedidos, por os impostos liquidados terem nascido da mesma base tributária, determinada com assento nos mesmos fundamentos de facto e de direito; mas, se assim não for entendido, deverá apreciar-se o mérito ao menos quanto a um dos impostos, que propõe seja o IRC, conforme é facultado pelo n.º 5 do art. 47.º do Código de Processo dos Tribunais Administrativos, aplicável subsidiariamente, nos termos do art. 2.º al. c) do CPPT.

Os autos vêm à conferência com dispensa de vistos.

***

2. – Na sentença recorrida deu-se como assente o seguinte circunstancialismo fáctico considerado com interesse para a decisão da causa e cuja motivação também consta, matéria factual ordenada numericamente, por nossa iniciativa:

1. Factos provados relevantes.

1) – A impugnante uma Sociedade Comercial pôr Quotas, de Responsabilidade, Limitada, constituída pôr escritura lavrada no Cartório Notarial de Olhão, em 2 de Março de 1984, de folhas 142 a 143 v.º do Livro de Notas para escrituras diversas n.º A-147.

2) – E está matriculada na Conservatória do Registo Comercial do mesmo concelho sob o n.º 918, a folhas 68 do L.º C-3.

3) – O seu objecto consiste no comércio de cervejaria-Snack-Bar-Restaurante.

4) – No âmbito dessa actividade, foi objecto de inspecção e exame à escrita pôr parte dos Serviços competentes da Administração Fiscal, que decidiu apurar a mataria tributável de IRC e IVA, por métodos indirectos, relativamente ao exercício de 1998.

5) – Em resultado do exame, foi elaborado o respectivo relatório de que a Impugnante foi notificada.

6) – Nele consta o apuramento dos seguintes indicadores:

– Lucro tributável de IRC l2.895.953$00;

– IVA corrigido 6.346.682$00.

7) – Oportunamente, a Impugnante reclamou da mataria tributável para a Comissão Distrital de Revisão, tendo sido indicados peritos pelas partes e nomeado perito independente.

8) – Como os peritos não chegaram a acordo, o Senhor Director Distrital de Finanças de Faro proferiu decisão, mantendo aqueles valores apurados pela inspecção tributária.

9) – Para tal, reproduziu os argumentos expendidos no dito relatório, argumentos esses que também foram utilizados pelo perito da Administração Fiscal que interveio em sede de Comissão de Revisão Tributária.

10) – No ponto 5.1. daquele documento, datado de 20-09-2000, é referido que se estimou como prestação de serviços para Agosto e Setembro de 1998, os valores de 12.960.000$00 e 9.600.000$00, respectivamente.

11) – Acontece que aquele valor de 12.960.000$00 já vinha de trás, pois pelo oficio n.º 5202, de 28-09-98, o contribuinte tinha sido notificado do volume de negócios daquele montante, para efeitos de IVA respeitante a Agosto de 1998, apurado na sequência de visita efectuada pelo Serviço de Prevenção e Inspecção Tributária, para que o contribuinte declarasse de conformidade.

12) – O que aliás não fez.

13) – Surge então, passados dois anos, o exame escrita, que incidirá não só sobre o IVA, mas também sobre o IRC, e que se reflectirá em todos os meses do ano, para agravamento do contribuinte.

14) – A inspecção, por forma a validar os valores declarados em 1998 pelo sujeito passivo, e após conferir que o apuramento diário das receitas era efectuado tendo por base o resumo extraído no final do dia da máquina registadora, o qual correspondia ao total das facturas constantes do rolo interno da referida máquina, procedeu ao relacionamento entre as facturas e créditos bancário, nomeadamente depósito bancário de cheques e recebimentos via máquina POS (cartões de débito).

15) – Relativamente aos cheques, foram escolhidos os períodos compreendidos entre os dias 6/1/98 e 3/2/98 e ainda entre 11/12/98 e 29/12/98.

16) – Quanto aos recebimentos via máquina PÔS, foram escolhidos nos meses de Abril, Agosto e Outubro e, dentro destes, os dias em que o número de operações era superior a dez.

17) – Após esta selecção procedeu-se à localização dos montantes em causa nos rolos internos da máquina registadora, os quais são constituídos pêlos duplicados das facturas emitidas.

18) – Foi constatado que diversos cheques e recebimentos via máquina POS não correspondiam quaisquer facturas.

19) – Foi a ora Impugnante notificada para relacionar os recebimentos com facturas emitidas.

20) – Em resposta à referida notificação, o contribuinte também não conseguiu relacionar todos os recebimentos.

21) – Efectuada análise aos documentos de 1998 referentes à compra de matérias-primas, foi detectada a quase inexistência de compras de legumes frescos e, ainda, a aquisição uma única vez de come de javali, em quantidade bastante insuficiente face às vendas declaradas deste tipo de produto.

22) – Foi aquela notificada para justificar esta situação, tendo declarado a sua impossibilidade de obter comprovativos da primeira situação e que as aquisições de come de javali foram efectuadas a particulares, não sendo por isso obter documentos legais comprovativos dessas aquisições.

23) – Foi ainda constatado que:

– A conta de «li-Caixa» foi escriturada pôr contrapartida da conta «255-Empréstimo de sócios», com suporte em documento interno, tendo sido detectada a existência de um lançamento a débito, em Fevereiro de 1998, no montante de 3.500.000$00.

Caso o referido valor não tivesse sido contabilizado, o saldo da conta "11-Caixa" apresentar-se-ia credor até final do exercício;

— Os suprimentos em 31-12-97 ascendiam a 25.612$00. São de montante superior aos rendimentos brutos declarados pelos sócios desde 1989 até àquela data, que foram de metade daquele valor. Para a determinação do lucro tributável no exercício com recurso a métodos indirectos, os quais só incidiram sobre o restaurante, foram utilizados os elementos recolhidos na acção de prospecção realizada em Agosto e Setembro, do ano em análise, os quais se resumem a:

a) Número de lugares: 150;

b) Refeições servidas: almoços e jantares (para efeito de cálculos, foi atribuído a cada tipo de refeição servida o valor um):

c) Preço médio por refeição: 2.000$00;

d) Dias de funcionamento:

- Agosto: 2 7 dias;
- Setembro: 25 dias.

e) Taxa de ocupação:

- Agosto: 80%;
- Setembro: 64%.

24) – Foram estimados como prestações de serviços para Agosto e Setembro, os seguintes valores:

Agosto: AxBxCxD1xEl = 150x2x 2.000$00x 27 x 80% = 12.960.000$00 Setembro: AxBxCxD2 x E2 =150x2x2. OOOSOO x 25 x 64% = 9.600.000$00

25) – Com comparação com a estimada na acção de prospecção, foi determinado o factor correctivo para as prestações de serviços, da seguinte forma:

prestações de serviços estimadas x 100
prestações de serviços estimadas

12.960.000$00+9.600.000$00x100=197,62
7.891.604$00 + 3.524.220$00

26) – Procedeu a inspecção à aplicação de um rocio, que contempla os montantes relativos a volume de negócios, custo das mercadorias vendidas e das matérias consumidas e ainda fornecimentos e serviços externos.

27) – O rácio em causa é o denominado RI 7, e é calculado da seguinte forma:

RI 7= Volume de negócios – (CMVMC+FSE)
Volume de negócios

28) – Para o exercício de 1998 o valor da mediana do R17, em termos distritais, é de 26,67%.

29) – O estabelecimento esteve encerrado para férias de 21 de Setembro a 8 de Outubro.

2. Factos não provados (além dos que imediatamente contraditados por aqueles).

A inspecção não tomou em conta os preços de outros pratos constantes da emente diária, de 800$00 e 900$00.

3. Fundamentação do julgamento.

3.1. Os meios de prova.

A decisão da matéria de facto fundou-se no relatório da inspecção, documentos juntos e, ainda, nos depoimentos testemunhais produzidos em audiência.

Das testemunhas ouvidas, Maria Celeste Gago de Matos Martins, Angela Martinha Gago Bitoque e Júlio Arroja Neves, aquelas empregadas e este sócio-gerente do gabinete contabilidade denominado Sistema Dois Mil que faz a contabilidade da Impugnante, sabiam que esta encerrou entre 21 de Setembro a 8 de Outubro, como, aliás, acontece todos os anos em igual período.

Esse facto não foi contraditado pela testemunha Paulo Sequeira, inspector tributário que procedeu à inspecção à Impugnante.

No que concerne ao preço médio por refeição de 2.000$00, esta testemunha justificou o seu achamento com as muitas facturas que viu relativamente a todos os meses do ano de 1998, tendo verificado que era esse o valor médio por refeição facturada.

Quando efectuou a inspecção, a testemunha ignorou que o estabelecimento encerrou entre 21 de Setembro a 8 de Outubro.

3. – Suscita-se a questão prévia da ilegal cumulação de pedidos, entre IVA e IRC, excepção dilatória que obsta à apreciação do mérito da causa.

Tal excepcionalidade foi oficiosamente suscitada pelo relator desta formação nos seguintes termos:

Como se colhe da p.i., foram impugnadas as liquidações de IRC e de IVA referentes ao exercício de 1998, nessa medida, a recorrente e o M.º Juiz entenderam que o art. 104.º do CPPT, não é obstáculo à cumulação de pedidos que formulou.

Todavia, no processo de impugnação judicial, esta cumulação de pedidos relativa a mais do que um acto só pode suceder quando estes se reportem a um mesmo tributo, sejam idênticos os fundamentos de facto e de direito e seja o mesmo o tribunal competente para a decisão.

Assim, atento o disposto no artigo 104.º do CPPT não é possível a cumulação de impugnações judiciais dos actos de liquidação do IRC e de IVA, a que a Administração Tributária proceder na sequência de fiscalização nos elementos de escrita do sujeito passivo, por serem diferentes os tributos.

A violação desta regra configura uma excepção dilatória inominada (cumulação de pedidos) e, consequentemente, impõe a absolvição da Fazenda Nacional da instância – cfr. art. 494.º n.º 1, al. f) do CPC.

Ouvidas as partes sobre esta questão prévia nos termos do art. 3.º do CPC, aplicável ex-vi da al. e) do art. 2.º do CPPT, veio a recorrida sustentar que não ocorre ilegal cumulação de pedidos, por os impostos liquidados terem nascido da mesma base tributária, determinada com assento nos mesmos fundamentos de facto e de direito; mas, se assim não for entendido, deverá apreciar-se o mérito ao menos quanto a um dos impostos, que propõe seja o IRC, conforme é facultado pelo n.º 5 do art. 47.º do Código de Processo dos Tribunais Administrativos, aplicável subsidiariamente, nos termos do art. 2.º al. c) do CPPT.

Quid juris?

Sobre esta temática já se pronunciaram vários acórdãos deste TCA de que se destacam os proferidos nos Recursos n.º 07382/02, em 11-03-2003, e n.º 01149/03, em 06-12-2005, seguindo-se, com a devida vénia, a fundamentação expendida neste último.

Assim, a presente impugnação judicial foi deduzida em 19.06.2001, como se vê do carimbo aposto na sua petição inicial, ou seja em plena vigência do Código de Procedimento e de Processo Tributário (CPPT), que como se sabe entrou em vigor em 1.1.2000, em cuja norma do seu art. 104.º permite a **cumulação** de pedidos quando, *em caso de identidade de natureza de tributos, dos fundamentos de facto e de direito invocados e do tribunal competente para a decisão.* Ou seja, *a contrário*, não é desde logo possível a **cumulação** de pedidos sobre tributos que não comunguem entre si desta *identidade da natureza dos tributos.*

Esta norma do art. 104.º constitui uma norma especial para o processo de impugnação judicial, que afasta a possibilidade de aplicação subsidiária da regra do art. 38.º da LPTA, segundo a qual é viável a **cumulação** de impugnação de actos que estejam entre si numa relação de dependência e de conexão.

Ora, como não sofre dúvidas, o IVA constitui um imposto geral sobre o consumo de bens, enquanto que o IRS constitui um imposto que incide sobre os rendimentos, não comungando pois, os dois impostos, da *identidade de tributos*, prevista naquela norma do art. 104.º, o que desde logo afasta que, na mesma impugnação judicial, possa ser pedida a anulação de ambos os impostos, ainda que ambos resultem da mesma acção inspectiva e de idênticos pressupostos para a sua liquidação.

Não cabe também neste caso, ao tribunal, optar pelo aproveitamento da petição quanto a um dos impostos em detrimento do outro, mandando seguir a impugnação quanto àquele, por os direitos do recorrente sempre se encontrarem assegurados com a instauração de novas impugnações no prazo de um mês a contar desta decisão, nos termos do disposto no art. 38.º n.º4 da LPTA, ex vi do art. 2.º c) do CPPT.

Também não constitui qualquer impedimento o facto de tal questão não ter sido conhecida até ao presente, designadamente na fase liminar e na fase de saneamento do processo, porque tal conhecimento não fica precludido nos termos do n.º 5 do art. 234.º do CPC, na actual redacção, correspondente à do art. 479.º n.º 3 do CPC na redacção anterior a 1.1.1997, e que correspondem à reprodução do 2.º do art. 483.º do CPC de 1939, não se havendo formado sobre a mesma caso julgado formal (art. 672.º do CPC).

É assim de julgar procedente a excepção dilatória inominada de ilegal **cumulação** de pedidos e de não conhecer do objecto do recurso.

4. – Nestes termos, acorda-se, em julgar procedente a excepção dilatória de ilegal cumulação de pedidos e de absolver da instância a Fazenda Pública, não se conhecendo do objecto do recurso.

Custas pela recorrida, em ambas as Instâncias, fixando-se nesta em 4 UCs a taxa de justiça.

Lisboa, 07 de Fevereiro de 2006.

Gomes Correia
Casimiro Gonçalves
Ascensão Lopes

Recurso n.º 812/05

IRC. NOTIFICAÇÃO DESACOMPANHADA DE FUNDAMENTAÇÃO. FALTA DE FUNDAMENTAÇÃO E FALTA DE COMUNICAÇÃO DOS FUNDAMENTOS. ART. 37.º DO CPPT.

(Acórdão de 14 de Fevereiro de 2006)

SUMÁRIO:

I – A notificação não é um elemento intrínseco do acto e, portanto, não é um requisito da sua validade, mas simples condição da sua eficácia, aliás, suprível por outras formas de conhecimento (cfr. Código do Procedimento Administrativo, art. 67.º).

II – A recorrente podia lançar mão da faculdade do n.º 1 do artigo 37.º do CPPT, para se habilitar com todos os dados de que precisasse para se esclarecer sobre a legalidade dos actos recorridos e se decidir pela apresentação ou não apresentação da impugnação, não sofrendo dúvida de que só a falta de fundamentação do acto constitui preterição de formalidade legal.

III – A faculdade consentida pelo art. 37.º do CPPT é o modo único de sanação da deficiência da notificação, com diferimento do início do prazo para uso dos meios graciosos ou contenciosos de impugnação, não constituindo condição para o acesso a esses meios.

IV – A falta de uso daquela faculdade terá como consequência a impossibilidade de invocar o vício de forma por falta de fundamentação como causa de pedir da impugnação judicial deduzida contra o acto cuja fundamentação não tenha sido comunicada ao contribuinte.

V – A falta de comunicação dos fundamentos de uma liquidação apenas determina a anulabilidade desse acto, visto que não contende com a validade, mas apenas com a eficácia do acto.

ACORDA-SE, EM CONFERÊNCIA, NA 2ª SECÇÃO DESTE TRIBUNAL:

1. – **SCHNEIDER ELECTRIC PORTUGAL** vem interpor recurso jurisdicional da sentença do Tribunal Administrativo e Fiscal de Sintra que julgou improcedente a impugnação judicial por si deduzida contra a liquidação adicional de IRC respeitante ao exercício do ano 1998.

Em alegação, a recorrente formula conclusões que se apresentam do seguinte modo:

MATÉRIA DE FACTO

1) – A Recorrente efectuou, em Abril de 1998, o pagamento de dividendos à Schneider Electric, SA, sociedade residente, para efeitos fiscais, em França, no valor de Euros 1.653.711,32, tendo aplicado, a esses dividendos, a taxa reduzida de retenção na fonte de 10% prevista no Acordo para Evitar a Dupla Tributação celebrado entre Portugal e a França;

2) – Foi a ora Recorrente notificada, em 21 de Agosto de 2002, das conclusões finais resultantes da acção inspectiva interna que incidiu sobre os exercícios de 1997 e 1998, havendo recebido, subsequentemente, a liquidação adicional de IRC identificada com o n.º 6420003250, no montante de Euros 396.000,43, referente ao ano de 1998, mas por lapso pela Administração Tributária associada ao exercício de 1997;

3) – A ora Recorrente contestou a legalidade da liquidação adicional identificada no ponto precedente, tanto em sede de reclamação graciosa como em sede de impugnação judicial;

4) – A sentença proferida em sede da impugnação judicial do acto tributário identificado no ponto 2 destas conclusões determinou, em 11 de Maio de 2004, *"(...) a extinção da Instância por impossibilidade superveniente da lide, por ter sido anulado o acto de liquidação adicional de IRC ao impugnante relativo ao apuramento das retenções na fonte do ano de 1998, e por ter caducado o direito à liquidação de imposto determinando a sua invalidade.";*

5) – Em 27 de Dezembro de 2002, foi entregue à ora Recorrente um *print* do sistema de consultas de Imposto sobre o Rendimento, através do qual se podia constatar a existência de liquidação adicional identificada sob o n.º 6420003845, referente ao exercício de 1998, emitida em 26 de Dezembro de 2002, pelo montante de Euros 360.056,00;

6) – Concomitantemente, foi a ora Recorrente notificada, para proceder ao pagamento da importância de Euros 360.056,00, referente a imposto alegadamente em dívida, com origem na supra referida liquidação adicional n.º 6420003845, identificada *no print* do sistema de consultas mencionado no ponto 5;

7) – No momento em que recebeu o *print* do sistema de consultas de Imposto sobre o Rendimento, não dispunha a Recorrente de quaisquer meios para inferir a substituição do acto tributário consubstanciado na liquidação adicional n.º 6420003250, no montante de Euros 396.000,43, pela liquidação adicional n.º 6420003845, referente ao exercício de 1998, emitida em 26 de Dezembro de 2002, pelo montante de Euros 360.056,00;

8) – Atentos os moldes em que se processou a notificação da liquidação adicional n.º 6420003845 e o conteúdo do *print* do sistema de consultas de Imposto sobre o Rendimento recebido, não procedeu a ora Recorrente ao reconhecimento automático de uma revogação da liquidação adicional n.º 6420003250;

9) – A ora Recorrente contestou a legalidade da liquidação adicional n.º 6420003845, tanto em sede de reclamação graciosa como em sede de impugnação judicial, com recurso a argumentos de cariz formal, os únicos de que então dispunha, visto desconhecer os fundamentos do acto tributário em questão;

10) – O Tribunal Administrativo e Fiscal de Sintra não teve em consideração, no âmbito da sentença proferida no processo à margem identificado, as circunstâncias de facto supra descritas que presidiram à notificação da liquidação adicional n.º 6420003845, cuja atipicidade não permitiu à ora Recorrente o reconhecimento automático da revogação da liquidação adicional n.º 6420003250;

11) – Neste contexto, deu o Tribunal Administrativo e Fiscal de Sintra como provado que:

– a Recorrente foi notificada para exercer o direito de audição sobre o projecto de conclusões em 1 de Julho de 2002;

– relativamente ao projecto de conclusões, a Recorrente exerceu o direito de audição em 11 de Julho de 2002;

– a Recorrente foi notificada do relatório de inspecção em 21 de Agosto de 2002;

12) – Sobre os factos acima elencados, entende a Recorrente não existirem dúvidas que se verificaram;

13) – Contudo, em corolário dos mesmos, foi a recorrente notificada em 3 de Dezembro de 2002, da liquidação adicional n.º 6420003250;

14) – Conforme anteriormente descrito, a liquidação adicional n.º 6420003250 foi objecto de reclamação e impugnação por parte da Recorrente;

15) – Neste contexto, quando foi notificada, nos termos anteriormente descritos, em 27 de Dezembro de 2002, da liquidação adicional n.º 6420003845, não podia razoavelmente a Recorrente inferir que a mesma era efectuada em resultado da acção inspectiva acima mencionada e que vinha substituir a liquidação adicional n.º 6420003250;

16) – É que, clarifique-se, a Administração Fiscal nada comunicou à ora recorrente relativamente à anulação da liquidação adicional n.º 6420003250, processo este que prosseguiu os seus trâmites conforme já anteriormente mencionado, e da notificação relativa à liquidação adicional n.º 6420003845 nada permitia retirar quais os fundamentos da mesma, nem que se tratava de uma liquidação que visava substituir a anterior;

17) – A ora Recorrente só tomou conhecimento da substituição da liquidação adicional n.º 6420003250 pela liquidação adicional n.º 6420003845 no momento em que foi notificada da sentença de que interpõe o presente recurso;

18) – Os meios probatórios das circunstâncias que presidiram à notificação da liquidação adicional n.º 6420003845 à ora Recorrente foram juntos à petição inicial da impugnação judicial do acto tributário em apreço e encontravam-se identificados no articulado em apreço sob a designação de Documento n.º 1 e de Documento n.º 2.

MATÉRIA DE DIREITO

19) – A exigência prevista no número 2 do artigo 36.º do CPPT destitui a Administração Tributária de qualquer legitimidade no que concerne à exigência liminar do reconhecimento automático da substituição da liquidação adicional n.º 6420003250 pela liquidação adicional n.º 6420003845 e consequente remissão dos fundamentos de suporte à sua emissão para o relatório de conclusões de que havia sido notificada em 21 de Agosto de 2002;

20) – Nos termos do disposto no artigo 45.º da LGT, a Administração Tributária dispõe de quatro anos para liquidar imposto adicionalmente;

21) – Conforme decorre da sentença proferida no âmbito do processo de impugnação judicial em epígrafe identificado, a liquidação adicional n.º 6420003845 substitui a liquidação adicional n.º 6420003250 e tem por base a mesma acção inspectiva e os mesmos fundamentos;

22) – Assim, conforme já decidido pelo Tribunal Administrativo e Fiscal de Sintra no âmbito do processo que correu sob o número 165/04, relativo à impugnação judicial da liquidação adicional n.º 6420003250, não pode a Recorrente deixar de constatar que o direito da Administração Tributária a liquidar adicionalmente o imposto objecto da liquidação adicional n.º 6420003845 já havia caducado em 27 de Dezembro de 2002, data em que a ora Recorrente foi notificada do acto tributário em apreço;

23) – A notificação da liquidação adicional n.º 6420003845 não obedeceu ao disposto no número 2 do artigo 36.º do CPPT.

24) – Deste modo, e sem prejuízo do anteriormente exposto, de acordo com o disposto no número 1 do artigo 36.º do CPPT, a liquidação adicional n.º 6420003845 não teria produzido efeitos em relação à Recorrente.

TERMOS EM QUE REQUER

a) A anulação da decisão recorrida e, consequentemente, a anulação da liquidação adicional de IRC n.º 6420003845, no valor de Euros 360.056,00, referente ao exercício de 1998, com as devidas consequências legais;

b) Ordenada a restituição da totalidade do valor das custas suportadas pela Recorrente;

c) Tudo o mais de lei.

Não houve contra-alegações.

O EPGA emitiu o seguinte douto parecer (fls. 290):

"Parece-nos que a sentença recorrida não merece censura.

Com efeito, tal como resulta do processo administrativo junto, a liquidação original foi anulada e substituída pela ora impugnada porque "por erro de digitação, esta liquidação assumiu como ano a que respeitavam os rendimentos o ano de 1997, quando deveria constar o ano de 1998" (fls. 148 do processo instrutor), com o consequente erro em relação ao montante de juros compensatórios. Porém, teve origem nos mesmos factos tributários que a liquidação anulada.

A recorrente não assaca a essa liquidação qualquer ilegalidade para além da caducidade e da irregularidade da notificação.

Ora, como bem se refere na sentença, a irregularidade da notificação, sendo um acto exterior e posterior à liquidação não interfere na sua legalidade, sendo certo que, uma vez que, segundo a recorrente, tal notificação não era acompanhada da fundamentação, deveria ter requerido que lhe fossem notificados os elementos em falta.

E não se verifica a caducidade, uma vez que, sendo o imposto de 1998, a liquidação foi notificada em Dezembro de 2002, portanto antes do decurso do respectivo prazo.

A sentença recorrida não merece censura. Somos de parecer que o recurso não merece provimento."

Os autos vêm à conferência com dispensa de vistos.

2. – Na sentença recorrida deu-se como assente e não assente o seguinte circunstancialismo fáctico considerado com interesse para a decisão da causa com a motivação que indica:

***a*) – Factos provados**

1. – A Impugnante foi objecto de acção de inspecção interna efectuada pela Direcção – Geral dos Impostos, a fim se ser verificado o cumprimento das obrigações fiscais inerentes ao pagamento de rendimentos a não residentes, relativas aos exercícios de 1997 e 1998 (cfr. Relatório de Inspecção de fls. 88 e seguintes do p.a., em apenso);

2. – Na sequência da acção inspectiva referida em 1., a ora Impugnante foi notificada para exercer o direito de audição sobre o projecto de correcções à declaração de rendimentos vertido no projecto de conclusões do respectivo relatório de inspecção, mediante ofício de 2002.07.01 (cfr. fls. 64 a 71 do p.a., em apenso);

3. – A notificação referida em 2. foi recebida em 03.07.2002, vindo a Impugnante a exercer o direito de audição por escrito, através de documento entregue nos serviços de inspecção tributária da DGCI em 11.07.2002 (cfr. fls. 64, 65, e 72 a 85, do p.a., em apenso);

4. – A Impugnante foi notificada do relatório de inspecção em 21.08.2002, por ofício registado com aviso de recepção (cfr. fls. 86 a 96 do p.a., em apenso, cujo teor aqui se dá por integralmente reproduzido);

5. – Do ofício para notificação aludido em 4. consta, que: "Os *factos, motivos, fundamentos e bem assim os critérios e cálculos, expressamente desenvolvidos no(s) Relatório(s)/Doc.(s) de Correcção, que faz(em) parte integrante da presente notificação, serve(em) de fundamentação* ***para todas as liquidações*** *que vierem a ser efectuadas em resultado da presente acção inspectiva",* constando ainda que, *"A(s) liquidação(ões) associada(s) a esta(s) correcção(ões) será(ão), a breve prazo, notificada(s) pelos serviços competentes com a indicação dos prazos e meios de defesa contra a liquidação"* (cfr. fls. 86 do p.a., em apenso);

6. – Em 27 de Dezembro de 2002 foi lavrada por dois funcionários da Direcção-Geral dos Impostos, a seguinte certidão de notificação: *"Certifico que notifiquei hoje, pelas 12h15m, o Sr. José Leitão de Campos (Shneider Elect. Port. Apar. Eléctrica) nipc 179102494, residente em Av do Forte N.º 3 – 2.º piso – 3ª – Ed. Suécia – Camaxide, por1ador(a) do B. I n.º 4486285, emitido em 12/07/99, pelo arquivo de identificação de Lisboa, na qualidade de Responsável pela Contabilidade de todo o conteúdo do mandado que antecede de que lhe dei cópia, e de como ficou ciente, vai comigo assinar"* (cfr. fls. 30 do processo de reclamação, em apenso);

7. – Do mandado a que se faz referência na certidão de 6., consta que:

"Mando ao (...) que (...) notifique Shneider Electril Portugal Aparelhagem Eléctrica Lda, NIPC 500281858, com morada/sede em R. do Forte 3 II Piso 3A Edifício Suécia-Camaxide, para efectuar o pagamento da importância de 6 360.056,00 até à data limite de pagamento de –/–/–, proveniente de liquidação de IRS – Retenções – exercício de 1998, liquidação n.º 6420003845, efectuada pelos Serviços nos termos do artigo 91.º do CIRC.

Findo esse prazo, sem que se mostre efectuado esse pagamento, proceder-se-á nos termos do a/t.º 88.º do CPPT à extracção da Certidão de Dívida, para instauração do processo executivo.

Da liquidação efectuada poderá v. Ex.ª apresentar Reclamação Graciosa ou Impugnação Judicial no prazo de 90 dias, de harmonia com os artigos 70.º e 102.º do CPPT." (cfr. fls. 29 do processo de reclamação, em apenso);

8. – Em 25 de Março de 2003 a Impugnante apresentou reclamação graciosa da liquidação adicional referida em 6., a qual não foi decidida (cfr. doe. 3, junto à p.i., e processo de reclamação, em apenso);

9. – Em 23 de Dezembro de 2003 a petição inicial dos presentes autos deu entrada no Serviço de Finanças de Oeiras – 3 (cfr. carimbo aposto a fls. 2 dos autos).

b) – **Factos Não Provados** Nada mais se provou com interesse para a decisão da causa.

***

Motivação da Decisão de Facto

A decisão da matéria de facto efectuou-se com base no exame das informações e dos documentos, não impugnados, constantes dos autos, conforme referido no probatório.

3. – Esquematizados os factos provados e delimitado objectivamente o recurso pelas conclusões da alegação da recorrente – arts. 684.º, n.º 3 e 690.º, n.º 1, ambos do CPC e al. f) do art. 2.º e art. 169.º, estes do CPT – verifica-se que as questões a decidir consistem em saber se ocorrem a irregularidade da notificação e a caducidade do direito à liquidação do imposto.

Na petição inicial alegara a impugnante, ora recorrente, que foi deficiente a notificação do acto tributário, por a mesma não conter a *"fundamentação clara e perceptível, a "indicação das normas legais aplicáveis"*, a *"data para o pagamento voluntário do imposto liquidado adicionalmente"*, e a *"indicação dos meios de defesa do contribuinte"*.

Apreciando e decidindo essa questão, expendeu-se na sentença recorrida o seguinte:

"Cabe referir que, neste segmento da douta p.i., a Impugnante reage não contra o acto tributário, mas apenas contra a(s) notificação(ões) que do mesmo lhe foram efectuadas. Ora, neste considerando, importa realçar que eventuais vícios que afectem a operação material de notificação não se transmitem ao próprio acto administrativo objecto de notificação, pois que constituem realidades diversas. Os vícios que afectam o acto administrativo (tributário no caso), geram, consoante as circunstâncias, a respectiva inexistência, nulidade, ou anulação (cfr. art. 124.º n.º 1 do CPPT). Por seu turno, a deficiente notificação do acto administrativo, em termos tais que a afectem decisivamente, com excepção dos casos referenciados no n.º 8 do artigo 39.º do CPPT, só gera a ineficácia do acto que é, ou deveria ser, levado ao conhecimento do interessado (cfr. artigos 77.º n.º 6 da LGT, e 36.º n.º 1 do CPPT).

A propósito, veja-se o Acórdão do Venerando STA, de 30.04.2003, proferido no processo n.º 0241/03, disponível para consulta em

http://www.dgsi.pt. de que se transcreve parte do respectivo sumário:

"I – A notificação, ao contribuinte não integra o acto tributário, pelo que a sua falta ou irregularidade não afecta a validade deste mas apenas a sua eficácia.

II – Assim, fundamentação do acto e notificação da fundamentação são realidades diversas, apenas a primeira constituindo vício de forma determinante da sua anulabilidade.".

A propósito, veja-se ainda o recente Acórdão do Venerando TCA Sul, de 16.12.2004, proferido no processo n.º 07340/02, igualmente disponível para consulta em http://www.dgsi.pt. de que também se transcreve parte do sumário:

"A falta ou insuficiência de comunicação dos fundamentos da liquidação não se confunde com a falta de fundamentação do acto, sendo que só esta é que constitui vício que invalida o acto tributário (cfr. art. 77.º da LGT) e que é susceptível de determinara sua anulação (desde que pedida dentro dos prazos legais para o efeito)".

Atento o exposto, constituindo o processo de impugnação judicial um meio processual de reacção contra um acto tributário que enferme de vício, cuja arguição, procedendo, conduza a uma das consequências previstas no referenciado art. 124.º do CPPT, conclui-se que os vícios da notificação, porque não afectam o acto tributário, não constituem fundamento de impugnação.

Neste sentido já decidiu o Venerando TCA, em Acórdão de 20.05.2003, proferido no processo n.º 06229/02, igualmente disponível em http://www.dgsi.pt. de que se transcreve o seguinte excerto:

"Como temos vindo a afirmar só terá sentido atacar o acto tributário com fundamento em preterição de vícios formais, quando estes respeitem a qualquer formalidade intrínseca à formação do acto ou do acto em si e não actos externos, embora fazendo parte da cadeia de formação não entram na constituição do acto.

Neste sentido, a notificação, ela própria, constitui um outro acto, totalmente autónomo (neste âmbito) do acto tributário, passível de outros

tantos vícios conducentes à sua respectiva nulidade ou anulação mas não mais que isso; a existência de um qualquer vício ou irregularidade ocorrida na notificação só poderá ter como consequência a anulação do acto de notificação mas não do acto tributário.

Em consequência, a anulação da notificação não é idónea para acarretar vício de forma do acto tributário em si nem constitui fundamento de impugnação.".

Perante a eventual deficiente notificação do acto tributário, por omissão da comunicação dos elementos essenciais referidos no n.º 2 do artigo 36.º do CPPT, caberia à ora Impugnante diligenciar na respectiva obtenção, nos termos do n.º 1 do artigo 37.º do CPPT, em nada ficando prejudicada no seu direito de defesa, já que o prazo para tal se conta a partir da notificação ou da entrega da certidão que tenha sido requerida (cfr. art. 37.º n.º 2 do CPPT)."

E foi com base nesta fundamentação que o Tribunal «a quo» julgou a presente impugnação judicial totalmente improcedente, e em consequência, manteve o acto de liquidação objecto do presente processo.

O EPGA adere à fundamentação da sentença ao professar o entendimento de que a irregularidade da notificação, sendo um acto exterior e posterior à liquidação não interfere na sua legalidade, sendo certo que, uma vez que, segundo a recorrente, tal notificação não era acompanhada da fundamentação, deveria ter requerido que lhe fossem notificados os elementos em falta.

Esse ponto de vista corresponde ao que é jurisprudência pacífica dos tribunais superiores, incluindo este Tribunal Central Administrativo Sul.

Como resulta das conclusões de recurso a recorrente alega vícios de forma consistentes na omissão de fundamentação na notificação derivados do facto de não ter apreendido as razões que conduziram à liquidação pois nas notificações não constavam os fundamentos que lhe permitissem perceber que, tal como resulta do processo administrativo junto, a liquidação original haver sido anulada e substituída pela ora impugnada porque "por erro de digitação, esta liquidação assumiu como ano a que respeitavam os rendimentos o ano de 1997, quando deveria constar o ano de 1998" (fls. 148 do processo instrutor), com o consequente erro em relação ao montante de juros compensatórios e que o acto teve origem nos mesmos factos tributários que a liquidação anulada.

Assim, sustenta antes de mais a recorrente que a notificação que lhe foi dirigida foi efectuada sem que viesse acompanhada da respectiva fundamentação.

Sobre a notificação diremos que estamos plenamente de acordo com o expendido pelo M.º Juiz, secundado pelo EPGA, quando sustentam que a notificação é exterior ao acto, não constituindo a sua falta ou os vícios de que enferme, vício susceptível de implicar a anulação do acto administrativo, tornando apenas inexigível o que houver sido liquidado.

É que, a ineficácia do acto tributário não pode reconduzir-se à sua ilegalidade, pois que, face ao art. 268.º, n.º2 da Constituição da República, todas as liquidações adicionais, enquanto actos administrativos fiscais «de eficácia externa» destinados a produzir efeitos na esfera jurídica do contribuinte estão sujeitos a notificação e a falta desta notificação não afecta a existência e validade do acto, mas é uma condição da sua eficácia (cfr. Esteves de Oliveira, «Direito Administrativo»,Vol. I, p á. 517 e 593). Por isso essa falta não constitui vício da própria liquidação, relevando, apenas, em sede de execução.

O que tudo impõe a conclusão de que a notificação se refere simplesmente à exigibilidade do tributo efectivamente liquidado, não se integrando a sua realização na formação do acto tributário e não podendo, assim mesmo, constituir a sua omissão ou nulidade um vício – fundamento do presente processo de impugnação.

Assim, a notificação tem de ser encarada não com o conteúdo que a recorrente pretende atribuir – lhe, mas como mero aviso de pagamento.

A liquidação traduz-se, pois, numa declaração de vontade da Administração, através dos seus órgãos competentes, no sentido de exercer o seu direito concretizado na exigência de um determinado tributo. Deste modo, ela traduz-se em uma das fases que a relação jurídica aduaneira comporta a qual, regulando-se por regras e princípios próprios, conserva a sua autonomia em relação às demais, designadamente quanto à cobrança.

A declaração de direitos tributários, depende unicamente das formalidades estabelecidas nas leis de tributação, e de entre essas formalidades sobressaem necessariamente a descrição dos elementos, materiais e pessoais, que em cada caso concreto integram o facto, ou seja, a situação da vida social enquadrável na moldura criada pelo legislador .

A ser assim e tendo-se por pacificamente aceite que a liquidação não é constitutiva de direitos, mas tão só um acto declarativo, será que a notificação é elemento integrador e portanto imprescindível desse acto?

A questão assim posta tem revestido especial acuidade em matéria de caducidade por razões de certeza e segurança jurídicas.

Decorre do disposto no art. 228.º, do CPC que a notificação se insere numa preexistência de uma acção e por isso ela se classifica de informativa ou convocatória e, sendo subsequente a uma acção, desde logo se alcança o seu carácter exterior, donde pode dizer-se que ela não é um elemento integrador do acto tributário ou aduaneiro "stricto sensu", salvo quando a lei disser o contrário.

Donde que, daquele preceito decorre que a notificação apenas tem de dar conhecimento ao interessado da prolação efectuada do acto donde emerge a obrigação de pagamento.

E o acto de liquidação e a notificação dele são realidades jurídicas distintas: – o primeiro é a resolução definitiva e executória da Administração sobre a aplicação de uma norma material num caso concreto e a segunda é o acto de comunicação do acto anterior, ou seja, o acto através do qual o particular toma conhecimento do acto anterior; os vícios daquele afectam a sua validade e a irregularidade formal deste afecta simplesmente a eficácia do primeiro mas não a sua validade, não se produzindo, sem a notificação ao seu destinatário, as consequências que o acto da liquidação encerra.

Como expende *Rogério Soares no seu Direito Administrativo, Lições ao Curso Complementar de Ciências Jurídico – Políticas da Faculdade de Direito de Coimbra no ano lectivo de 1977/78, págs. 171*, a «***energia operativa***» do acto não é libertada ao destinatário sem o acto de comunicação (notificação), dependendo a eficácia do acto da sua notificação.

Donde que assiste completa razão o M.º Juiz quando afirma que a notificação não é um elemento intrínseco do acto e, portanto, não é um requisito da sua validade, mas simples condição da sua eficácia, aliás, suprível por outras formas de conhecimento (cfr. Código do Procedimento Administrativo, art. 67.º), como acontece na situação dos autos, em que tendo a recorrente recebido as notificações para pagamento da tributação devida, nada a impedia de lançar mão da faculdade do n.º 1 do artigo 37.º do CPPT, para se habilitar com todos os dados de que precisasse para se esclarecer sobre a legalidade do acto impugnado e se decidir pela apresentação ou não apresentação de impugnação, pois não sofre dúvida de que só a falta de fundamentação do acto constitui preterição de formalidade legal.

A faculdade consentida pelo art. 37.º do CPPT é o modo único de sanação da deficiência da notificação, com diferimento do início do prazo para uso dos meios graciosos ou contenciosos de impugnação, não constituindo condição para o acesso a esses meios.

A falta de uso daquela faculdade terá como consequência a impossibilidade de invocar o vício de forma por falta de fundamentação como causa de pedir da impugnação judicial deduzida contra o acto cuja fundamentação não tenha sido comunicada ao contribuinte.

A falta de comunicação dos fundamentos de uma liquidação apenas determina a anulabilidade desse acto, visto que não contende com a validade, mas apenas com a eficácia do acto.

Outrossim, não ocorre a caducidade do direito à liquidação porquanto, sendo o imposto de 1998, a liquidação foi notificada em Dezembro de 2002, portanto, antes do decurso do respectivo prazo nos termos previstos no art. 45.º da LGT: – a liquidação foi validamente notificada à contribuinte no prazo de quatro anos.

Deve assim decidir-se pela procedência das conclusões sob apreciação.

4. Termos em que, acordam os Juizes deste Tribunal, em negar provimento ao recurso confirmando a sentença recorrida.

Custas pelo impugnante, fixando-se em dez U.Cs. a taxa de justiça.

Lisboa, 14 de Fevereiro de 2006.

Gomes Correia
Casimiro Gonçalves
Ascensão Lopes

Recurso n.º 872/05

IRS. RENDIMENTO TRIBUTÁVEL. REMUNERAÇÃO PRINCIPAL. REMUNERAÇÃO ACESSÓRIA: DESPESAS ACRESCIDAS POR CAUSA DA PRESTAÇÃO DO TRABALHO. AJUDAS DE CUSTO: LIMITE LEGAL. EXCLUSÃO DE TRIBUTAÇÃO. PRESSUPOSTOS DA LIQUIDAÇÃO. ÓNUS DA PROVA.

(Acórdão de 14 de Março de 2006)

SUMÁRIO:

I – Em regra, a *prestação do trabalho* realizada pelo trabalhador é paga pela sua entidade patronal por meio de uma *remuneração principal*.

II – A *remuneração acessória*, como as *ajudas de custo*, tem causa jurídica na *compensação* da adiantada cobertura de *despesas acrescidas* feitas pelo trabalhador por causa da prestação do trabalho (*v.g.*, por deslocação da terra natal, por deslocação para fora do local habitual de trabalho).

III – Todos os *direitos*, benefícios ou regalias *não incluídos na remuneração principal*, que sejam auferidos devido à prestação de trabalho ou em conexão com esta e constituam para o respectivo beneficiário uma vantagem económica, designadamente as *ajudas de custo*, constituem *remuneração acessória*, e, como tal, consideram-se ainda *rendimentos do trabalho dependente* – de harmonia com a definição da alínea b) do n.º 3 do artigo 2.º do Código do IRS (na redacção do Decreto Lei n.º 198/2001 de 3-7), e com a disposição genérica do artigo 2.º do Código do IRS (na sua redacção originária).

IV – Contudo, a alínea e) do n.º 3 do mesmo artigo 2.º do Código do IRS (na mesma redacção originária) – verdadeira *norma de delimitação negativa de incidência* ou de exclusão de tributação em IRS – traduz uma *restrição ao conceito de remuneração* em relação a *ajudas de custo* até certo limite.

V – Certamente por razão de igualdade fiscal dos trabalhadores por conta de outrem com os trabalhadores da função pública, essa norma estabelece a *exclusão de incidência em IRS* de montantes de *ajudas de custo* que não excedam o *limite legal fixado* anualmente para os servidores do Estado (cf. também o n.º 6 do artigo 2.º do Código do IRS, na sua versão originária).

VI – As *ajudas de custo* não entram no campo de *incidência da norma*, se não houver *excesso* desse limite legal.

VII – O *ónus da prova* de tal excesso recai sobre a Administração Tributária – de harmonia com o disposto no artigo 121.º do Código de Processo Tributário.

ACORDAM, EM CONFERÊNCIA, OS JUIZES D SECÇÃO DE CONTENCIOSO TRIBUTÁRIO (2ª SECÇÃO) DO TRIBUNAL CENTRAL ADMINISTRATIVO SUL:

1.1 Jacques Francois Brenant, Jean Francois Morvan, e Bernard Pierre Marie Etcheves, devidamente identificados nos autos, vêm interpor recuso jurisdicional da sentença do Tribunal Administrativo e Fiscal do Funchal, de 29-3-2005, que julgou improcedentes as impugnações judiciais pelos mesmos deduzidas contra liquidações adicionais de IRS dos anos de 1995 a 1997 (em relação o 1.º impugnante) e de 1997 (em relação aos dois outros impugnantes) – cf. fls. 396 e seguintes.

1.2 Em alegação, os recorrentes formulam conclusões que se apresentam do seguinte modo – cf. fls. 438 a 533, 535 a 567, e 568 a 599.

a) A correcta análise e valoração da prova constante dos autos não permitia concluir de forma inequívoca e irrefutável que as quantias atribuídas a título de ajudas de custo consubstanciavam um complemento de remuneração.

b) Os montantes em causa apenas foram pagos como ajudas de custo e apenas em situações em que o trabalhador se encontrava deslocado ao serviço da entidade patronal, o que nunca implicou uma mudança dos eu local de trabalho, em Lisboa.

c) Ao proceder à fundamentação das liquidações com base em elementos que não haviam sido relevados no relatório de Inspecção, fica demonstrada a insuficiência da mesma fundamentação.

d) E incorre o Tribunal recorrido, na medida em que se substitui à própria Administração Fiscal, em manifesta fundamentação *a posteriori* do acto tributário.

e) Por outro lado, a decisão recorrida viola também o disposto no artigo 100.º do Código de Procedimento e de Processo Tributário, designadamente porque compete à Administração Fiscal, e não ao contribuinte ou a qualquer outra entidade, tal como entende o Tribunal *a quo*, demonstrar a existência do facto tributário, bem como a sua quantificação.

1.3 A Fazenda Pública contra-alegou para defender a sentença recorrida – cf. fls. 603 a 609 (cf. ainda fls. 618 a 627).

1.4 O Ministério Público neste Tribunal emitiu o parecer de que o recurso não merece provimento – cf. fls. 617, e 236.

1.5 Colhidos os vistos, cumpre decidir, em conferência.

Em face do teor das conclusões da alegação dos recorrentes, da contra-alegação da Fazenda Pública, bem como da posição do Ministério Público, a questão que aqui se põe – ficando prejudicado o conhecimento de qualquer outra na hipótese de resposta negativa a esta – é a de saber se se prova, ou não, estarmos em presença no caso de quantias recebidas a título de 'complementos de vencimento' (e, como tal, tributáveis em IRS).

2.1 Com interesse para a decisão julgamos provada a seguinte matéria de facto.

a) As liquidações em causa respeitam a IRS dos anos de 1995, 1996 e 1997, e juros compensatórios, em relação ao 1.º impugnante, nos montantes totais, respectivamente, de 1 847 342$00, 1 069 597$00, e 2 641 520$00; e do ano de 1997, e juros compensatórios, em relação aos outros dois impugnantes, respectivamente, nos montantes totais de 1 413 984$00 e 1 970 938$00 – cf. os processos administrativos apensos.

b) As ditas liquidações foram levadas a efeito com base em «alteração dos elementos declarados para efeitos de IRS», «nos termos do n.º 4 do artigo 66.º do Código do IRS» – cf. os processos administrativos apensos, em especial o despacho lançado sobre o relatório da Inspecção Tributária.

c) As ditas liquidações incidiram sobre valores recebidos pelos impugnantes, ora recorrentes, a título de ajudas de custo nesses mesmos anos de 1995, 1996, e 1997 – cf. o relatório da Inspecção Tributária existente nos processos administrativos apensos.

d) As ditas liquidações apresentam, todas, essencialmente, a fundamentação que segue – cf. os processos administrativos apensos:

«(...) a referida importância foi – lhe atribuída em virtude da mudança de local de trabalho (transferência da sede da empresa em França para o estabelecimento estável em Portugal) e não por motivos de deslocação do S. P. do seu domicílio profissional (sede do estabelecimento) a qualquer obra ou para contactar clientes ou fornecedores (...)».

e) A "política de atribuição de ajudas de custo" da entidade patronal dos impugnantes, ora recorrentes, é a seguinte – cf. os parágrafos 1.º, 4.º, 5.º e 6.º do documento de fls. 86.

«(...) as mesmas são devidas em situações de deslocação e em situações de transferência de local de trabalho».

«Sempre que existe lugar a uma deslocação, paga-se uma ajuda de custo por dia de deslocação, em valores que são anualmente estipulados e que normalmente se encontram muito próximo dos limites de isenção de IRS aprovados no Orçamento Geral do Estado».

«Nos casos de transferências, pagam-se valores de ajudas de custo mais personalizadas e que se prendem com o sobrecusto previsível que a situação de transferência acarretará ao trabalhador. Na negociação destes valores, atende-se à situação familiar do trabalhador, ao custo de vida (nomeadamente ao nível de alimentação e alojamento) no local de destino, à dimensão do período que se perspectiva que a transferência durará e à categoria profissional do trabalhador. Nestes casos, a ajuda de custo é paga por dia de estada».

«No que respeita ao tratamento do pessoal estrangeiro, normalmente de nacionalidade francesa, que fica adstrito a Portugal, considera-se que o mesmo se encontra transferido pois o local de trabalho de origem é a sede da empresa em França. Este pessoal poder-se-ia considerar destacado e manter a remuneração paga pela sede. Todavia, e como a legislação fiscal portuguesa e o regime previsto na Convenção de Dupla Tributação celebrada entre Portugal e França obrigam a declarar e a tributar em Portugal os rendimentos auferidos por trabalhadores dependentes, segundo as regras aplicáveis aos residentes em território nacional (...), entendeu-se conveniente que as remunerações fossem pagas também a partir da sucursal em Portugal. Assim, para além da remuneração normal paga, atribui-se uma ajuda de custo nos termos acima referidos para o pessoal transferido».

2.2 Estamos claramente em face de rendimentos obtidos em conexão directa ou indirecta com a prestação de trabalho por conta de outrem, ou seja, de rendimentos resultantes da existência de um vínculo laboral.

Todos os direitos, benefícios ou regalias não incluídos na remuneração principal que sejam auferidos devido à prestação de trabalho ou em conexão com esta e constituam para o respectivo beneficiário uma vantagem económica, designadamente as ajudas de custo, constituem remunerações acessórias, considerando-se, como tal, ainda rendimentos do trabalho dependente – nos termos da definição da alínea b) do n.º 3 do artigo 2.º do Código do IRS (na redacção do Decreto Lei n.º 198/2001 de 3-7).

Há um princípio básico geralmente relevado pelos autores que se debruçam sobre a temática das vantagens acessórias, e que, aliás, tem consagração na quase generalidade das legislações fiscais, segundo o qual todos os benefícios em numerário ou em espécie, auferidos pelo trabalhador em resultado dos serviços prestados ou a prestar à entidade patronal, devem concorrer para a formação do seu rendimento tributável.

O peso relativo das vantagens acessórias na remuneração global é muito variável, podendo atingir percentagens mais ou menos expressivas, nomeadamente quando os beneficiários exercem funções de gerência ou de administração na empresa em causa. Pode até suceder, nos casos em que a parte fixa da remuneração seja reduzida ao salário mínimo, que a parte variável se transforme, afinal, na sua componente principal.

Cf. Maria dos Prazeres Rito Lousa, *Aspectos Relativos à Tributação das Vantagens Acessórias*, na Ciência Técnica Fiscal n.º 374, pp. 8 e ss.

A sujeição a IRS das chamadas «vantagens acessórias» poderá resultar da definição ampla de rendimentos do trabalho fornecida pela lei.

No artigo 2.º do Código do IRS (logo na sua redacção originária) encontra-se uma referência expressa à consideração como remunerações, *v. g.*, de subsídios, prémios, emolumentos e outras remunerações acessórias [n.º 2], e de benefícios ou regalias auferidos pela prestação ou em razão da prestação do trabalho dependente [alínea c) do n.º 3].

Com efeito, a alínea e) do n.º 3 do mesmo artigo 2.º do Código do IRS reza do seguinte modo: «consideram-se ainda rendimentos do trabalho dependente as ajudas de custo (...) na parte em que (...) excedam os limites legais».

Parece que o n.º 3 deste artigo 2.º do Código do IRS vem alargar o âmbito dos rendimentos tributáveis do trabalho dependente.

Isso acontece em relação a algumas situações. Em relação a outras, porém, esse dispositivo limita-se a confirmar o que já decorreria das disposições anteriores do mesmo artigo.

Mas em relação a ajudas de custo (que é a situação que nos interessa agora), o dispositivo em foco expressa, pelo contrário, restrições ao conceito de remuneração, constituindo, deste modo, uma norma de incidência negativa ou de exclusão de incidência do IRS.

Na verdade, a previsão da alínea e) do n.º 3 do artigo 2.º do Código do IRS, quanto a ajudas de custo, assenta no raciocínio de que a entrada no património do trabalhador de determinadas importâncias não corresponde propriamente a rendimento do trabalhador, mas a uma compensação dos serviços prestados ou a prestar por ele à sua entidade patronal, quando essas importâncias não excederem o limite legal anualmente fixado para os servidores do Estado (cf. também o n.º 6 do mesmo artigo 2.º do Código do IRS).

Aqui intervém fundamentalmente uma razão de igualdade fiscal dos trabalhadores por conta de outrem com os trabalhadores remunerados através do regime da função pública.

O regime decorrente da alínea e) do n.º 3 do artigo 2.º do Código do IRS, se aplicado cegamente, pode até enfermar de uma excessiva rigidez, na medida em que ignora o facto de trabalhadores poderem necessitar de ajudas de custo de montantes muito diferentes consoante a actividade por si exercida.

Esta rigidez foi temperada administrativamente através da Circular da DGCI 12/91 de 29-4, em que se estabelece que o limite para as ajudas de custo conferidas por entidades não públicas aos seus trabalhadores e titulares de órgãos sociais pode tomar como referência o valor estabelecido para as ajudas de custo atribuídas a membros do Governo, sempre que as funções exercidas ou o nível remuneratório não sejam comparáveis às dos funcionários públicos.

Cf. André Salgado de Matos, *Código do Rendimento das Pessoas Singulares (IRS) Anotado*, revisão de Rodrigo Queiroz e Melo, Instituto Superior de Gestão, 1999, na anotação 18. ao artigo 2.º.

O artigo 87.º do Regime Jurídico do Contrato Individual de Trabalho, aprovado pelo Decreto Lei n.º 49 408, de 24-11-1969, não considera retribuição «as importâncias recebidas a título de ajudas de custo, abonos de viagem, despesas de transporte, abonos de instalação, e outras equivalentes».

Ora, é evidente que essas importâncias representam uma compensação ou reembolso pelas despesas a que o trabalhador foi obrigado pelo facto de deslocações ao serviço da empresa. Não há, pois, na sua percepção qualquer correspectividade relativa ao trabalho. A causa jurídica da atribuição está na indemnização da adiantada cobertura de despesas efectuadas pelo trabalhador por facto de serviço.

A parte final do referido artigo 87.º exceptua certas situações especiais. Na verdade, em certas actividades as deslocações do trabalhador são constantes e os abonos respectivos estão estruturados em termos de cobrir com largueza as respectivas despesas. Ora, nesse caso, e na medida em que excedem as despesas normais, tais abonos podem fazer parte da retribuição.

Cf. Bernardo da Gama Lobo Xavier, *Curso de Direito do Trabalho*, 2.ª edição, Verbo, pp. 389 e 390.

Diremos ainda do nosso entendimento de que, dentro do limite legal de ajudas de custo, e de recebedoria a título de utilização de automóvel próprio em serviço da entidade patronal, estamos, não no plano de isenção de imposto, mas no domínio de incidência da norma de tributação (*rectius*: no campo de delimitação negativa da norma de incidência, ou no âmbito de não incidência da norma ou de exclusão de tributação).

E, se é certo que é sobre o contribuinte que recai o ónus da prova de preenchimento dos pressupostos de isenção do imposto, não há dúvida de que – de harmonia com o disposto no artigo 121.º do Código de Processo Tributário, aplicável ao caso – é sobre a Administração Tributária que impende o ónus da prova da verificação dos pressupostos de incidência da norma de tributação (balizada pela delimitação negativa que a si própria faz a mesma norma de incidência).

Cf. tudo o que vem de ser dito nos acórdãos desta Secção deste Tribunal Central Administrativo, de 18-2-2003 (n.º 7280-02); de 25-2-2003 (n.º 7485-02); de 4-11-2003 (n.º 490-03); e de 12-10-2004 (n.º 10 – 04).

Cf. ainda, e sobretudo, os acórdãos desta Secção deste Tribunal Central Administrativo, de 25-2-2003 (n.º 7364-02), e de 22-11-2005 (n.º 773-05), proferidos em processos de impugnação judicial em tudo idênticos ao presente.

Porém, em sentido contrário, com um voto de vencido, pode ver-se, entre outros, o acórdão desta Secção deste Tribunal Central Administrativo, de 7-3-2006, proferido no recurso n.º 772-05, apresentado por outro trabalhador da mesma empresa, "Spie Batignoles, SA" (e onde as questões essenciais de facto e de direito são as mesmas que se põem nos presentes autos).

2.3 No caso *sub judicio*, como se retira do probatório e melhor se colhe dos elementos dos autos, prova-se que a entidade patronal dos impugnantes, ora recorrentes, paga as remunerações aos seus trabalhadores a partir da sua sucursal em Portugal.

Diga-se, desde já, que não se compreende muito bem que seja a sucursal, e não a sede, a pagar importâncias aos trabalhadores, como diz a Administração Fiscal, «em virtude da mudança de local de trabalho (transferência da sede da empresa em França para o estabelecimento estável em Portugal)».

Para além da remuneração, a mesma sucursal atribui ajudas de custo em situações de deslocação, e em situações de transferência de local de trabalho.

Sempre que existe lugar a uma deslocação, paga uma ajuda de custo por dia de deslocação, em valores que são anualmente estipulados e que normalmente se encontram muito próximo dos limites de isenção de IRS aprovados no Orçamento Geral do Estado.

Nos casos de transferências, a entidade patronal dos impugnantes, ora recorrentes, paga valores de ajudas de custo mais personalizadas e que se prendem com o sobrecusto previsível que a situação de transferência acarretará ao trabalhador. Na negociação destes valores, atende-se à situação familiar do trabalhador, ao custo de vida (nomeadamente ao nível de alimentação e alojamento) no local de destino, à dimensão do período que se perspectiva que a transferência durará e à categoria profissional do trabalhador.

Isto é o que se prova, em face dos numerosos e credíveis elementos de facto constantes do processo principal e dos seus nove apensos – em especial aqueles elementos de facto que se deixaram assentes no probatório.

A Administração Fiscal, todavia, sem nada dizer quanto às premissas factuais em que estriba tão peremptória afirmação, conclui, em todos e cada um dos casos, invariavelmente, que «(...) a referida importância foi-lhe atribuída em virtude da mudança de local de trabalho (transferência da sede da empresa em França para o estabelecimento estável em Portugal) e não por motivos de deslocação do S. P. do seu domicílio profissional (sede do estabelecimento) a qualquer obra ou para contactar clientes ou fornecedores (...)».

Mas o que é certo é que a Administração Fiscal não apresenta mais do que a sua repetida afirmação, despida de qualquer prova, de que os valores auferidos a título de ajudas de custo pelos impugnantes, ora recorrentes, serviram, na sua interpretação, apenas para indemnizá-los por terem sido transferidos da sede da empresa em França para o estabelecimento estável em Portugal.

Na verdade, a Administração Fiscal apenas conclui, e não apresenta prova alguma, de que os montantes em questão, recebidos a título de ajudas de custo pelos impugnantes, ora recorrentes, não tenham realmente sido pagos a estes para o efeito de compensá-los de despesas acrescidas causadas por deslocação ou deslocações para fora da sede da sua entidade patronal e por causa do serviço a prestar a esta.

A este respeito nada se encontra nos autos, a não ser o que se assenta na alínea e) do probatório, que é credível, razoável, e muito aceitável: a entidade patronal dos impugnantes, ora recorrentes, para além da remuneração, atribui-lhes «uma ajuda de custo nos termos acima referidos para o pessoal transferido». Ou seja: atribui ajudas de custo aos seus trabalhadores, quer por deslocação para fora do local de trabalho, quer por despesas acrescidas por motivo de transferência para o estrangeiro.

E, assim, na percepção dos montantes acrescidos ao rendimento tributável aqui em causa, não há, segundo parece, uma necessária correspectividade em relação ao valor do trabalho prestado – pois que para o estabelecimento desta correspectividade serve a "remuneração principal" e não a "remuneração acessória" como as ajudas de custo.

No caso, a causa jurídica de atribuição aos impugnantes, ora recorrentes, das ajudas de custo, ou "remuneração acessória", está, não na prestação do trabalho em si mesma (paga pela "remuneração principal"), mas, sim, na compensação da adiantada cobertura de despesas acrescidas, especialmente por se encontrarem os impugnantes, ora recorrentes, ou fora do seu local de trabalho, ou fora da sua terra natal (onde só por este puro facto seguramente terão despesas adicionais) – ou ainda por uma e por outra das razões.

Deste modo, parece evidente que as importâncias recebidas pelos impugnantes, ora recorrentes, a título de ajudas de custo, nos anos a que respeitam as liquidações de IRS em causa, representam, não uma remuneração pelo trabalho que prestam, mas uma compensação ou reembolso de despesas extraordinárias, por eles efectuadas, na qualidade de trabalhadores, por virtude do serviço que prestam em benefício da sua entidade patronal.

Portanto, e decisivamente: sendo os fundamentos das liquidações em causa aqueles parcos acima assinalados, evidencia-se que a Administração Tributária não apresenta fundamentos com validade legal para fundamentar substantivamente as liquidações impugnadas.

Para poder sustentar-se a bondade das liquidações em causa, era necessário que se provasse (e não vem alegado sequer) que os montantes recebidos pelo impugnantes, ora recorrentes, a título de ajudas de custo nesses anos de 1995, 1996 e 1997, tinham excedido o limite legal respectivo fixado para os servidores do Estado respeitantemente a esses mesmos anos.

Na medida desse limite máximo de ajudas de custo, estamos, como já se disse, no âmbito de exclusão de tributação ou de não incidência da norma, e, por isso, de não tributação.

E não sofre dúvida que é sobre a Administração Tributária que impende o ónus da prova da verificação dos pressupostos da norma de incidência da tributação – de harmonia com o disposto no artigo 121.º do Código de Processo Tributário, aplicável ao caso.

Como essa prova não ocorre no presente caso, devemos concluir – e em resposta ao *thema decidendum* – que, não apresentando a natureza de 'complemento de vencimento', não são tributáveis em IRS os valores recebidos pelos impugnantes, ora recorrentes, a título de ajudas de custo, nos anos de 1995, 1996 e 1997.

Razão por que deve ser revogada a sentença recorrida que não laborou neste entendimento.

2.4 De todo o exposto, podemos extrair, entre outras, as seguintes proposições, que se alinham em súmula.

I. Em regra, a *prestação do trabalho* realizada pelo trabalhador é paga pela sua entidade patronal por meio de uma *remuneração principal.*

II. A *remuneração acessória*, como as *ajudas de custo*, tem causa jurídica na *compensação* da adiantada cobertura de *despesas acrescidas* feitas pelo trabalhador por causa da prestação do trabalho (*v.g.*, por deslocação da terra natal, por deslocação para fora do local habitual de trabalho).

III. Todos os *direitos*, benefícios ou regalias *não incluídos na remuneração principal*, que sejam auferidos devido à prestação de trabalho ou em conexão com esta e constituam para o respectivo beneficiário uma vantagem económica, designadamente as *ajudas de custo*, constituem *remuneração acessória*, e, como tal, consideram-se ainda *rendimentos do trabalho dependente* – de harmonia com a definição da alínea b) do n.º 3 do artigo 2.º do Código do IRS (na redacção do Decreto Lei n.º 198/2001 de 3-7), e com a disposição genérica do artigo 2.º do Código do IRS (na sua redacção originária).

IV. Contudo, a alínea e) do n.º 3 do mesmo artigo 2.º do Código do IRS (na mesma redacção originária) – verdadeira *norma de delimitação negativa de incidência* ou de exclusão de tributação em IRS – traduz uma *restrição ao conceito de remuneração* em relação a *ajudas de custo* até certo limite.

V. Certamente por razão de igualdade fiscal dos trabalhadores por conta de outrem com os trabalhadores da função pública, essa norma estabelece a *exclusão de incidência em IRS* de montantes de *ajudas de custo* que não excedam o *limite legal fixado* anualmente para os servidores do Estado (cf. também o n.º 6 do artigo 2.º do Código do IRS, na sua versão originária).

VI. As *ajudas de custo* não entram no campo de *incidência da norma*, se não houver *excesso* desse limite legal.

VII. O *ónus da prova* de tal excesso recai sobre a Administração Tributária – de harmonia com o disposto no artigo 121.º do Código de Processo Tributário.

3. Termos em que se decide:
– conceder provimento aos recursos;
– e, em consequência, revogar a sentença recorrida;
– julgando-se procedentes as impugnações judiciais;
– e anulando-se as liquidações impugnadas.
Sem custas.
Lisboa, 14 de Março de 2006

Jorge Lino
Gomes Correia
Joaquim Gameiro

Recurso n.º 964-06

IVA. CAUÇÃO POR DEPÓSITO EM DINHEIRO/PENHOR. CEDÊNCIA DE EXPLORAÇÃO DE HOTEL.

(Acórdão de 28 de Março de 2006)

SUMÁRIO:

I – É de qualificar como caução a entrega de uma quantia em dinheiro, para garantia das obrigações da Cessionária, quando a Cedente apresenta também uma garantia bancária first demand, irrevogável, para garantia das suas obrigações.

II – A referida entrega não perde a qualificação de caução quando ambas as garantias, da Cessionária e da Cedente, vão sendo reduzidas anualmente, proporcionalmente, até ficar extinta com o pagamento da última renda por parte da Cessionária.

ACORDAM, EM CONFERÊNCIA, OS JUIZES D SECÇÃO DE CONTENCIOSO TRIBUTÁRIO (2ª SECÇÃO) DO TRIBUNAL CENTRAL ADMINISTRATIVO SUL:

A. O RELATÓRIO

A ERFP, inconformada com a sentença proferida pelo Mmo. Juiz do Tribunal Tributário de 1ª Instância de Faro que julgou procedente a impugnação do IVA do ano de 1998 e juros compensatórios, no montante global de 190.058.816$00 (fls. 2), em que é impugnante Falésia – Urbanização das Praias do Algarve, AS, dela vem recorrer para este Tribunal, para o que formula as seguintes:

CONCLUSÕES:

1 – O tribunal recorrido erradamente considerou que os descontos a efectuar pela Riusa no pagamento do preço da cessão, previstos na cláusula 15 n.º 4 do contrato sub judice, eram sobre uma garantia bancária, quando o foram sobre uma quantia em espécie entregue à impugnante.

2 – É manifestamente infundada a qualificação como caução da aplicação feita da quantia de 1.200.000.000$00 acima referida.

3 – Os factos concretos revelam antes, estarmos perante a figura jurídica dum adiantamento, pois,

4 – A caução é um meio, serve apenas para assegurar a satisfação da responsabilidade do devedor, seja pelo cumprimento da obrigação contratual, seja pela reparação dos prejuízos causados ao credor por um eventual incumprimento daquela.

5 – Daí, ter de se manter incólume até ao cumprimento da obrigação que pretende garantir, ou até à ocorrência de qualquer vicissitude que extinga a relação obrigacional.

6 – O que não acontece no caso corrente.

7 – Desde logo, porque a quantia questionada ficou na disponibilidade fáctica do credor, a impugnante, ao ser-lhe entregue.

8 – Depois, porque os descontos no preço a pagar pela Riusa, previstos na cláusula 15, n.º 4, do contrato sub judice, implicam uma diminuição da quantia entregue à Falésia sob a designação de caução.

9 – Por outro lado, a operação de redução, de abatimento no preço a pagar, da quantia anteriormente entregue, integra ao contrário do decidido, o conceito de adiantamento, bem como, nos parece suficiente para a caracterizar como tal.

Assim, pelo exposto e pelo muito que V. Exas doutamente suprirão, deve ser dado provimento ao presente recurso, revogando-se a sentença ora recorrida.

*****

Foi admitido o recurso para subir imediatamente, nos próprios autos, com efeito devolutivo (fls. 207).

*****

A Recorrida apresentou alegações, onde formula as seguintes conclusões:

A) Não assiste qualquer razão à recorrente, quando alega que pelo facto de a caução ter sido prestada em espécie e a modalidade de descontos operada diminuir a garantia do credor, não estamos perante uma verdadeira caução, mas sim um adiantamento;

B) O modo como é prestada determinada caução, em primeiro lugar, *obedece ao acordado pelos interessados*, podendo ser efectuada nos termos que as partes considerem idóneos, *designadamente através de depósito em dinheiro* (por aplicação do disposto nos artigos 623.º/1 e 3 e 624.º/1, ambos do Código Civil);

C) Não é o facto de haver sido prestada em espécie que retira à quantia entregue o carácter de caução, na medida em que tal prestação obedece aos dispositivos legais que a regulam, pelo que não assiste qualquer razão à recorrente.

D) Não há previsão legal que estatua a necessidade da caução se manter incólume até ao cumprimento da obrigação, determinando-se, isso sim, por analogia do disposto no número 2 do artigo 625.º do Código Civil, que a garantia se limita ao necessário para assegurar os direitos do credor, na exacta medida em que os mesmos existirem;

E) A caução prestada à impugnante destina-se a garantir *"o bom e pontual pagamento das suas obrigações contratuais"* (suas – da RIUSA) – cfr. cláusula 15.ª/3 do contrato promessa celebrado, entre as quais se inclui a obrigação de pagamento do preço.

F) Atendendo ao longo prazo convencionado para a cessão (10 anos), atendendo ao prazo de amortização do investimento realizado pela impugnante, certo é que, caso a exploradora violasse o acordo celebrado, o direito a indemnização, por parte da impugnante, seria mais elevado nos primeiros anos de cessão, e menos elevado nos últimos, daí que houvesse sido acordado pelas partes um mecanismo de redução gradual da caução;

G) E, naturalmente, que tal caução poderá ser executada, caso a exploradora viole qualquer outra obrigação contratual, e, ao sê-lo, sê-lo-á na exacta medida do prejuízo do credor, a ora impugnante, prejuízo esse que será superior nos primeiros anos de exploração, por comparação com os últimos.

H) O facto de haver sido previsto um mecanismo de redução da garantia prestada, em nada colide com a natureza da caução, antes sim a reforça, na medida em que dá cumprimento ao princípio da satisfação dos direitos do credor na medida em que estes existirem – adequação da caução aos prejuízos decorrentes para a impugnante da violação contratual por parte da exploradora;

I) A reforçar o carácter de caução, acrescerá o facto de ter sido entregue garantia bancária, pela impugnante à RIUSA, destinada a garantir a devolução do montante entregue a título de caução, caso, por motivo imputável à impugnante, a RIUSA se visse impossibilitada de explorar o estabelecimento.

J) Assim, não decorre da lei, nem das circunstâncias, que o facto da caução se reduzir ao longo dos anos, lhe retira tal carácter, passando a configurar um adiantamento.

K) A quantia entregue à impugnante, não consubstancia um adiantamento, mas sim uma caução.

L) Nestes termos, as liquidações efectuadas, violaram o disposto no artigo 8.º/1 – alínea c) do C.I.V.A, na medida em que a quantia entregue pela RIUSA à impugnante não é um adiantamento, mas sim uma caução.

Nestes termos, nos melhores de Direito e sempre com o Mui Douto suprimento de V.Ex.ªs, deverá ser mantida a Douta decisão proferida, pois assim será feita JUSTIÇA.

*****

Os autos foram com vista ao MP, cuja DPGA promoveu que a recorrente fosse notificada para dar cumprimento ao disposto no artigo 690.º, n.os 1 e 2 do CPC, o que foi feito, tendo a ERFP apresentado as seguintes novas:

CONCLUSÕES:

1 – O tribunal recorrido erradamente considerou que os descontos a efectuar pela Riusa no pagamento do preço da cessão, previstos na cláusula 15 n.º 4 do contrato sub judice, eram sobre uma garantia bancária, quando o foram sobre uma quantia em espécie entregue à impugnante.

2 – É manifestamente infundada a qualificação como caução da aplicação feita da quantia de 1.200.000.000$00 acima referida.

3 – Os factos concretos revelam antes, estarmos perante a figura jurídica dum adiantamento do pagamento tributado nos termos do art. 8.º n.º 1 al. c) do CIVA.

4 – A caução prevista no art. 624.º do C. Civil, é um meio, serve apenas para assegurar a satisfação da responsabilidade do devedor, seja pelo cumprimento da obrigação contratual, seja pela reparação dos prejuízos causados ao credor por um eventual incumprimento daquela.

5 – Daí, ter de se manter incólume até ao cumprimento da obrigação que pretende garantir, ou até à ocorrência de qualquer vicissitude que extinga a relação obrigacional.

6 – O que não acontece no caso corrente.

7 – Desde logo, porque a quantia questionada ficou na disponibilidade fáctica do credor, a impugnante, ao ser-lhe entregue.

8 – Depois, porque os descontos no preço a pagar pela Riusa, previstos na cláusula 15, n.º 4 do contrato sub judice, implicam uma diminuição da quantia entregue à Falésia sob a designação de caução.

9 – Por outro lado, a operação de redução, de abatimento no preço a pagar, da quantia anteriormente entregue, integra ao contrário do decidido, o conceito de adiantamento, bem como, nos parece suficiente para a caracterizar como tal.

Assim, pelo exposto e pelo muito que V. Exas doutamente suprirão, deve ser dado provimento ao presente recurso, revogando-se a sentença ora recorrida.

*****

Os autos foram de novo ao M.P., que deu o seu douto parecer de fls. 233 a 234, que se dá por reproduzido e onde, em síntese, entende:

Pelo que consta dos autos, verifica-se que houve duas Garantias Bancárias (doc.s de fls. 149 e150) e uma entrega em espécie.

Ao contrário do que foi dado como provado o valor entregue pela RIUSA à recorrente em cumprimento da clausula 15, n.os 3 e 4, do contrato promessa, foi de 1.200.000$00, e a garantia prestada pela CGD à RI USAII, a pedido da recorrente foi de 1.020.000$00.

Em nosso entender, a quantia de 1.200.000$00, entregue em espécie pela RIUSA à falésia no âmbito do contrato de cessão de exploração, não poderá ser considerada senão como um adiantamento do pagamento. É de salientar que a sentença não teve em conta que quando foram efectuados os descontos, já não existia a garantia bancária prestada pela RIUSA à FALÉSIA, pois havia sido substituída pelo pagamento em espécie."

Colhidos os vistos legais, importa decidir.

B. FUNDAMENTAÇÃO

As questões decidendas: A importância no montante de 1.200.000.000$00 entregue pela RIUSA à Recorrida tem a natureza de caução ou tem a natureza de adiantamento e, como tal, sujeita a IVA? Constituindo adiantamento, há que liquidar IVA sobre a quantia em causa ou apenas juros compensatórios a fim de prevenir duplicação de colecta?

Existe erro no ponto 5 da matéria de facto fixada na sentença recorrida?

MATÉRIA DE FACTO

Na decisão recorrida deram-se como provados os seguintes factos, que se submetem a números:

1 – Por contrato particular de 24/07/96, a impugnante celebrou com Riusa 11, S.A. o contrato-promessa de cessão de exploração de fls. 28 a 50.

2 – De tal contrato, porém não veio depois a ser celebrado o respectivo contrato definitivo.

3 – Todavia, a promitente – cessionária entrou na posse do aí referido Hotel – apartamento, aceitando os termos de tal contrato como definitivos.

4 – Aí ficou estipulado que a cessão tinha início em 01/04/98 e era válido pelo período inicial de 10 anos e que a contraprestação anual era de 275.000.000$00, mais IVA, sendo o seu pagamento feito em quatro prestações trimestrais, com vencimento no primeiro dia útil do trimestre a que dissesse respeito, podendo ainda esse pagamento ocorrer nos cinco dias seguintes.

5 – A Riusa, no cumprimento da cláusula 15ª n.º 3 e 4 do contrato, entregou à impugnante garantia bancária no valor de 1.020.000$00 que foi prestada por Caixa Geral de Depósitos em favor de Riusa 11, Sucursal Portugal, S.A. sucessora contratual da RIUSA 11, S.A. (cfr. 52 e 53), como caução pelo bom e pontual cumprimento das obrigações decorrentes do referido contrato.

6 – Nas facturas constantes de fls. 55, 59, 64, 69 e 72, respeitantes às prestações dos 2.º, 3.º e 4.º trimestres de 1998 e 1.º e 2.º trimestres de 1999, a impugnante procedeu ao desconto da quarta parte de 15.º% do valor da caução estipulada no contrato – de 1.200.000.000$00 – no valor de 45.000.000$00, para pagamento da contrapartida do respectivo trimestre, que era do montante de 68.750.000$00.

7 – E aí liquidou o IVA respectivo.

8 – Em 30/09/99 e 27/10/99, a impugnante pagou por conta das liquidações impugnadas o valor de 173.400.000$00 (cfr. 86 e 88).

***

Porque os factos fixados no tribunal a quo são, por um lado, insuficientes e por outro lado, porque no facto fixado sob o n.º 5 se verifica um erro, como defendem aliás a Recorrente e o M.P., nos termos do disposto no artigo 712.º, n.º 1, al. a) do CPC, aditam-se os seguintes factos:

9 – Na cláusula 15.º, n.os 3, 4, 5, 6, 7 do contrato-promessa celebrado entre a Recorrente e a RIUSA, de fls. 28 a 50, ficou estipulado que:

"3 – No acto de recepção pela RIUSA do Hotel, esta entregará à FALÉSIA a quantia de Esc. 1.200.000.000$00, a título de caução do bom e pontual cumprimento das suas obrigações contratuais.

4 – A RIUSA fica, desde já autorizada a descontar, independentemente da identidade do Cedente, no preço a pagar anualmente, o equivalente a 15% do depósito de caução, ou seja 180.000.000$00 por ano, durante os cinco primeiros anos da vigência da cessão de exploração, e o equivalente a 5% do depósito, isto é de Esc. 60.000.000$00 por ano, durante os últimos cinco anos do contrato. Este desconto será feito trimestralmente no momento do pagamento das parcelas do preço.

5 – Para garantia da devolução da referida caução, caso a RIUSA fique impossibilitada por decisão judicial de explorar o Hotel nas condições acordadas, por motivo imputável à FALÉSIA, a FALÉSIA prestará no acto da entrega do referido montante uma garantia bancária "first demand", à ordem da RIUSA, irrevogável, no montante de 1.020.000.000$00, emitida por um banco de primeira ordem, a qual sofrerá reduções parciais à medida que a Riusa proceda aos descontos previstos no número anterior, isto é o valor da referida garantia será reduzido para 840.000.000$00 no quarto ano e 300.000.000$00 no quinto e último ano.

Esta garantia continuará a vigorar ainda que a FALÉSIA transmita a titularidade do imóvel ou a sua posição de cedente a um terceiro.

6 – No prazo de 30 dias a contar da assinatura deste contrato, a RIUSA entregará à FALÉSIA uma garantia bancária "first demand" de que esta será beneficiária, irrevogável e incondicional, válida até 1 de Abril de 1999, emitida por um Banco Internacional de primeira ordem a qual se destina a assegurar a entrega pela RIUSA à FALÉSIA do montante de Esc. 1.200.000.000$00 na data e após verificação das condições previstas nos números um e dois desta cláusula.

7 – A RIUSA obriga-se a suportar o custo financeiro anual de 1% do montante garantido em cada um dos anos e durante o período de validade da garantia bancária a prestar pela FALÉSIA. – fls. 45 a 46;

10 – A garantia referida no n.º 6 da cláusula 15ª, a favor da Recorrente, foi prestada, conforme documento de fls. 51;

11 – A garantia referida no n.º 5 da mesma cláusula, da Recorrente a favor da RIUSA, foi prestada, conforme documento de fls. 52 a 53;

12 – Nas facturas de fls. 55, 59, 64, 69 e 72 foi liquidado IVA, à taxa de 17%, sobre a quantia de 68.750.000$00 (¼ de 275.000.000$00), embora em cada uma delas tenham sido deduzidas as quantias de 10.312.500$00, relativa a retenção na fonte de 15%, e de 45.000.000$00, relativa à dedução nos termos da cláusula 15.º, n.º 4;

O DIREITO

O Mmo. Juiz a quo fundamentou assim a procedência da impugnação:

B – O Direito e sua aplicação aos factos. Dispõe o art. 624.º do C. Civil que em caso de negócio jurídico pode ser prestada caução por meio de qualquer garantia, real ou pessoal.

A garantia bancária é uma forma de garantia pessoal.

Tal caução é uma garantia especial de uma obrigação assumida, vindo assim designada no capítulo VI do livro 11 do C. Civil.

Assim, tal caução destinou-se, "prima facie" a garantir o cumprimento das obrigações que a Riusa 11, sucursal, Portugal assumiu no contrato em causa, entre as quais se incluía o pontual pagamento das contra prestações devidas.

E não é o facto da garantia bancária prestada poder ser consumida, em parte, no pagamento de tal contraprestação que lhe retira tal natureza.

Não pode, assim, considerar-se tal caução como um adiantamento no pagamento de parte (75%) do preço devido nos cinco anos da sua validade pois podia muito bem acontecer que esse valor de caução ficasse integralmente comprometido em qualquer momento pela violação de qualquer outra obrigação contratual da cessionária.

Foram, portanto, ilegais as liquidações efectuadas."'

Apreciando

A Recorrida celebrou um contrato-promessa de cessão de exploração de um hotel futuro, isto é, quando o respectivo edifício ainda não estava construído e cujo projecto inicial, a pedido da cessionária, teve de ser alterado substancialmente de modo a que o mesmo correspondesse ao nível e características dos hotéis da cadeia de que a Cessionária era exploradora. Após a entrega do hotel, o preço a pagar pela Riusa, cessionária, seria de 275.000.000$00 anuais, a pagar me quatro vezes, isto é, trimestralmente.

No respectivo contrato-promessa, na cláusula 15.º, n.os 3, 4, 5, 6, 7, ficou estipulado entre a Recorrente e a RIUSA que:

"3 – No acto de recepção pela RIUSA do Hotel, esta entregará à FALÉSIA a quantia de Esc. 1.200.000.000$00, a título de caução do bom e pontual cumprimento das suas obrigações contratuais.

4 – A RIUSA fica, desde já autorizada a descontar, independentemente da identidade do Cedente, no preço a pagar anualmente, o equivalente a 15% do depósito de caução, ou seja 180.000.000$00 por ano, durante os cinco primeiros anos da vigência da cessão de exploração, e o equivalente a 5% do depósito, isto é de Esc. 60.000.000$00 por ano, durante os últimos cinco anos do contrato. Este desconto será feito trimestralmente no momento do pagamento das parcelas do preço.

5 – Para garantia da devolução da referida caução, caso a RIUSA fique impossibilitada por decisão judicial de explorar o Hotel nas condições acordadas, por motivo imputável à FALÉSIA, a FALÉSIA prestará no acto da entrega do referido montante uma garantia bancária "first demand", à ordem da RIUSA, irrevogável, no montante de 1.020.000.000$00, emitida por um banco de primeira ordem, a qual sofrerá reduções parciais à medida que a Riusa proceda aos descontos previstos no número anterior, isto é o valor da referida garantia será reduzido para 840.000.000$00 no quarto ano e 300.000.000$00 no quinto e último ano.

Esta garantia continuará a vigorar ainda que a FALÉSIA transmita a titularidade do imóvel ou a sua posição de cedente a um terceiro.

6 – No prazo de 30 dias a contar da assinatura deste contrato, a RIUSA entregará à FALÉSIA uma garantia bancária "first demand" de que esta será beneficiária, irrevogável e incondicional, válida até 1 de Abril de 1999, emitida por um Banco Internacional de primeira ordem a qual se destina a assegurar a entrega pela RIUSA à FALÉSIA do montante de Esc. 1.200.000.000$00 na data e após verificação das condições previstas nos números um e dois desta cláusula.

6 – No prazo de 30 dias a contar da assinatura deste contrato, a RIUSA entregará à FALÉSIA uma garantia bancária "first demand" de que esta será beneficiária, irrevogável e incondicional, válida até 1 de Abril de 1999, emitida por um Banco Internacional de primeira ordem a qual se destina a assegurar a entrega pela RIUSA à FALÉSIA do montante de Esc. 1.200.000.000$00 na data e após verificação das condições previstas nos números um e dois desta cláusula.

7 – A RIUSA obriga-se a suportar o custo financeiro anual de 1% do montante garantido em cada um dos anos e durante o período de validade da garantia bancária a prestar pela FALÉSIA. – fls. 45 a 46;"

A garantia referida no n.º 6 da cláusula 15ª, a favor da Recorrente, foi prestada, conforme documento de fls. 51 (10), tal como foi prestada a garantia referida no n.º 5 da mesma cláusula, da Recorrente a favor da RIUSA, conforme documento de fls. 52 a 53 (11);

Por outro lado, nas facturas de fls. 55, 59, 64, 69 e 72 foi liquidado IVA, à taxa de 17%, sobre a quantia de 68.750.000$00 (¼ de 275.000.000$00), embora em cada uma delas tenham sido deduzidas as quantias de 10.312.500$00, relativa a retenção na fonte de 15%, e de 45.000.000$00, relativa à dedução nos termos da cláusula 15ª, n.º 4 (12);

Quid juris quanto à natureza da entrega, pela Riusa à Recorrida, da quantia de 1.200.000.000$00 que as partes qualificaram como caução e a qual substituiu a garantia bancária de igual montante que vigorou até à entrega do hotel e consequente entrega da referida quantia de 1.200.000.000$00? Deverá ser qualificada como caução ou como adiantamento? A Recorrida entende que tal quantia deve ser considerada caução porque assim foi contratada pelas partes no respectivo contrato e pelos motivos indicados nas suas conclusões. A resposta a dar à questão tem implicação em sede de IVA, uma vez que o *adiantamento* do pagamento está sujeito a IVA nos termos do disposto no artigo 8.º, n.º 1.

Dispõe o artigo 623.º, n.º 1 do C.C. que " Se alguém for obrigado ou autorizado por lei a prestar caução, sem se designar a espécie que ela deve revestir, pode a garantia ser prestada por meio de depósito e dinheiro, títulos de crédito, pedras ou metais preciosos, ou por penhor, hipoteca ou fiança bancária".

Por outro lado, dispõe o artigo 624.º, n.º 1 do C.C que "Se alguém for obrigado ou autorizado por negócio jurídico a prestar caução, ou esta for imposta pelo tribunal, é permitido prestá-la por meio de qualquer garantia, real ou pessoal" e nos termos do artigo 625.º, n.º 2 do C.C., A garantia limita-se aos bens suficientes para assegurar o direito do credor."

Deste modo, face ao disposto nas normas transcritas, não é, salvo melhor opinião, o facto de ter sido prestada por meio de depósito em dinheiro, nos termos contratuais, que aquela quantia deixa de ter a qualificação de caução para passar a ter a qualificação de pagamento adiantado de rendas da exploração.

Por outro lado, a caução por meio de depósito em dinheiro é considerada penhor, nos termos do disposto no artigo 666.º, n.º 2 do C.C. e a obrigação garantida pelo penhor pode ser futura ou condicional – art. 666.º, n.º 3 do C.C.

O penhor confere ao credor o direito à satisfação do seu crédito, bem como dos juros, se os houver, com preferência sobre os demais credores, pelo valor de certa coisa móvel, ou pelo valor dos créditos ou outros direitos não susceptíveis de hipoteca, pertencentes ao devedor ou a terceiro – art. 666.º, n.º 1 do C.C. –, cujo penhor, porque de uma coisa (aqui de dinheiro) só produz os seus efeitos pela entrega da coisa empenhada, ou de documento que confira a exclusiva disponibilidade dela, ao credor ou a terceiro – artigo 669.º, n.º 1 do C.C. – o que significa que a quantia estabelecida como caução não podia deixar de ser entregue à Recorrida a partir do momento em que acordaram que a caução seria prestada por depósito em dinheiro.

O credor pignoratício é obrigado a guardar e administrar como proprietário diligente a coisa empenhada, respondendo pela sua existência e conservação; a não usar dela sem consentimento do autor do penhor, excepto se o uso for indispensável à conservação da coisa; a restituir a coisa, extinta a obrigação a que serve de garantia (artigo 671.º do C.C.), extinguindo-se o penhor pela restituição da coisa empenhada (art. 677.º do C.C.).

Quanto à dedução, faseada, daquela quantia de 1.200.000.000$00 nos pagamentos efectuados pela Cessionária, Riusa, entendemos que, salvo melhor opinião, não é argumento válido para se qualificar tal entrega como "pagamento adiantado" porque se o penhor pode ser extinto mesmo antes de extinta a obrigação que visava garantir (já que a extinção da obrigação não é exigida nos termos do disposto no artigo 677.º do CC), nada impede, salvo melhor opinião, que o penhor possa ir sendo reduzido ao longo do tempo e na proporção acordada pelas partes, pois estas têm a faculdade de fixar livremente o conteúdo dos contratos, celebrar contratos diferentes dos previstos no código civil ou incluir nos mesmos as cláusulas que lhes aprouver. (art. 398.º, 405.º e 406.º, todos do C.C.). Para além disso, dada a natureza da coisa empenhada, dinheiro, nada impede que o penhor se possa ir reduzindo gradualmente, à medida que as obrigações da devedora, a Cessionária, se vão também reduzindo por obra/consequência da redução dos anos de contrato.

As partes poderiam até nem fixar qualquer caução, quer do lado da Cessionária Riusa quer da parte da Cedente, a aqui Recorrida, e se a hipoteca pode ser reduzida [artigo 719.º e 720.º, n.º 2, al. a) do C.C.], porque não pode, também, o penhor ser reduzido voluntariamente?

Aliás, até nem é de estranhar que a caução fosse sendo reduzida, como aliás era reduzida a própria garantia bancária entregue à Cessionária pela Cedente, aqui Recorrida, uma vez que o período de exploração também ia sendo reduzido. Não se justificaria que as garantias se mantivessem nos mesmos valores se as obrigações que pretendiam garantir também iam diminuindo à medida que o tempo ia passando, uma vez que convém não esquecer que o prazo do contrato era de 10 anos. Para além disso, ambas as garantias, quer a da Cessionária quer a da Cedente, só ficam extintas, nos termos contratuais, com o pagamento da última renda pela Cessionária. Se a caução é constituída por depósito em dinheiro, dada a natureza deste, porque não pode a mesma caução ir sendo reduzida na medida da redução das prestações a cargo da entidade que prestou a caução?

Ainda a favor da qualificação daquela entrega a título de caução/penhor, há ainda o facto de aquela quantia ter sido entregue quando a Recorrida entregou o hotel, para exploração, à Cessionária Riusa e, em simultâneo com a entrega, pela Cedente (aqui Recorrida) à Cessionária de uma garantia bancária. Com a entrega simultânea de garantia e contra-garantia, as partes quiseram garantir que as prestações de cada uma delas viria a ser cumprida, isto é, a Recorrida (Cedente) ficaria salvaguardada na medida em que a Cessionária não iria querer perder a quantia entregue e, por outro lado, a Cessionária também não correria o risco de a Cedente não cumprir as suas obrigações, uma vez que esta também entregou um garantia bancária first demand irrevogável.

Salvo melhor opinião, também o facto de o valor das garantias não ser exactamente igual ao das obrigações que pretendiam garantir também não é argumento suficiente para se deixar de qualificar como caução/penhor aquela quantia de 1.200.000.000$00. É que as partes poderiam até nem contratar qualquer garantia de parte a parte!

E quanto à diferença de valores das duas garantias, 1.200.000.000$00 para a Cessionária e 1.020.000.000$00 para a Cedente (aqui Recorrida), não se vê como é tal diferença pode ser argumento para qualificar aquela quantia como de pagamento antecipado, uma vez que a própria Recorrida teria muito mais a perder com o incumprimento das obrigações por parte da Cessionária do que esta teria a perder com o incumprimento da Cedente. Não nos esqueçamos que a Recorrida tinha projectado construir um hotel com determinadas características (hotel-apartamento, mais modesto) e acabou por construir um hotel completamente diferente por exigência da Cessionária, cujo produto final ficou com as características de qualquer hotel da cadeia de hotéis da Cessionária, mais requintado e que, em caso de incumprimento por parte da Cessionária, obrigaria a Cedente a fazer novas obras de remodelação se o quisesse explorar, directa ou indirectamente.

Sendo assim, também por este facto, entendemos que o que as partes pretenderam com tal entrega foi constituir uma garantia por parte da Cessionária a favor da Cedente e não pagar adiantadamente parte do preço da cedência da exploração. Aliás, se fosse adiantamento, o mesmo constituir quase 50% do preço, o que, convenhamos, não seria muito normal.

Deste modo, entendemos que, salvo melhor opinião, e com todo o respeito por opinião contrária, nomeadamente do DPGA, entendemos que o recurso não merece procedência, ainda que com fundamentação diversa da da sentença recorrida.

Por outro lado, ainda, se se considerasse aquela importância como de "adiantamento", ainda assim, não seria de liquidar IVA relativamente às facturas aqui em causa, sob pena de se verificar duplicação de colecta, a qual era e é de conhecimento oficioso (artigos 175.º e 205.º, ambos do CPPT).

Com efeito, como se pode ver pelas facturas juntas aos autos, de fls. 55, 59, 64, 69 e 72, foi liquidado IVA, à taxa de 17%, sobre a quantia total de 68.750.000$00 (¼ de 275.000.000$00), embora em cada uma delas tenham sido deduzidas as quantias de 10.312.500$00, relativa a retenção na fonte de 15%, e de 45.000.000$00, relativa à dedução nos termos da cláusula 15ª, n.º 4.

Ou seja, nas facturas em causa nestes autos, foi liquidado IVA pela totalidade da importância recebida e acordada a título de rendas. Se tivesse fosse ainda liquidado IVA sobre aquela quantia de 1.200.000.000$00, das duas uma: ou era liquidado IVA, em cada pagamento, trimestral, apenas pela diferença de 23.750.000$00 (68.750.000$00 – 45.000.000$00), quantia deduzida nos primeiros cinco anos do contrato, ou, então, haveria duplicação de colecta, porque se estariam a tributar as quantias de 45.000.000$00, em cada um dos pagamentos nos primeiros cinco anos de contrato, ou a quantia de 15.000.000$00, em cada um dos pagamentos nos últimos cinco anos do contrato, duas vezes, uma vez a título de adiantamento e outra vez a título de pagamento de rendas.

Questão diferente, seria quanto à liquidação de Juros Compensatórios pois, se se considerasse aquela quantia de 1.200.000.000$00 como pagamento adiantado, os mesmos teriam de ser liquidados.

Deste modo, também por este fundamento, quanto à liquidação de IVA, o recurso teria de julgado improcedente.

A. DECISÃO

Termos em que se nega provimento ao recurso e, em consequência, se confirma a sentença recorrida ainda que com fundamentação diferente.

Sem custas.

Lisboa, 28 de Março de 2006

Ivone Martins
Jorge Lino
Joaquim Gameiro

Recurso n.º 4877/01

OPOSIÇÃO À EXECUÇÃO FISCAL. FUNDAMENTOS. PRESUNÇÃO DE CULPA. PRINCÍPIO DA INVESTIGAÇÃO. FACTUALIDADE ESSENCIAL. ANULAÇÃO DA SENTENÇA.

(Acórdão de 7 de Março de 2006)

SUMÁRIO:

I- Diversamente da falta de fundamentação do respectivo despacho, a *falta de audição prévia na reversão da execução* não constitui fundamento de oposição à execução fiscal, mas sim de *recurso judicial* - nos termos dos artigos 355.º, n.º 1, do Código de Processo Tributário (cf. actualmente os artigo 285.º, n.º 1; e 204.º, n.º 1, ambos do Código de Procedimento e de Processo Tributário).

II- O artigo 13.º do Código de Processo Tributário estabelece uma *presunção de culpa* do gerente - impondo-se a este o risco de ter de suportar as consequências desfavoráveis de não se ter provado a sua diligência (ou falta de culpa).

III- A *culpa* consiste na omissão reprovável de um dever legal de diligência, que é de aferir em abstracto, tendo como padrão o zelo do *bonus pater familiae* colocado na veste de um *gerente competente e criterioso*.

IV- Em *processo tributário*, seja qual for a fase processual, deve o Tribunal oficiosamente realizar ou ordenar todas as diligências necessárias ou úteis à descoberta da *verdade material* relativamente ao *objecto do processo* - de acordo com os termos do disposto nos artigos 99.º da Lei Geral Tributária, e 13.º do Código de Procedimento e de Processo Tributário.

V- A *falta de elementos de facto* indispensáveis à boa decisão da causa - como, *v. g.*, os relativos a uma conclusão razoável sobre a culpa do oponente na insuficiência patrimonial da executada originária - determina a *anulação* da sentença recorrida, e a remessa do processo ao Tribunal *a quo*, para nova decisão assente em melhor apuramento da *matéria de facto* pertinente.

ACORDAM, EM CONFERÊNCIA, OS JUIZES D SECÇÃO DE CONTENCIOSO TRIBUTÁRIO (2ª SECÇÃO) DO TRIBUNAL CENTRAL ADMINISTRATIVO SUL:

1.1 ISABEL MARIA DA CUNHA MARQUES, devidamente identificada nos autos, vem interpor recurso jurisdicional da sentença do Tribunal Tributário de 1.ª Instância de Setúbal, de 5-6-2002, que julgou improcedente a oposição à execução fiscal por si deduzida – cf. fls. 442 e seguintes.

1.2 Em alegação, a recorrente formula conclusões, que se apresentam do seguinte modo – cf. fls. 453 a 465.

a) A sentença recorrida é nula por incorrer nos vícios de falta de especificação dos fundamentos de facto e de direito que justificam a decisão e de omissão de pronúncia.

b) A sentença incorre também no vício de violação de lei, o artigo 13.º do CPT, na interpretação a aplicação que fez do mesmo, uma vez que considera motivo de improcedência da oposição a culpa na existência da dívida fiscal e não a culpa na insuficiência patrimonial da sociedade.

c) O despacho que ordena a reversão da execução é o primeiro acto de um novo processo, o que manda instaurar execução contra um novo sujeito passivo.

d) Neste caso, o único meio processualmente admissível para atacar tal despacho é a oposição à reversão de execução fiscal, onde, nos termos da alínea i) do artigo 204.º CPPT, pode ser levantada a questão da falta de fundamentação do despacho, questão esta que devia ter sido, mas não apreciada pelo Tribunal *a quo*.

e) Nos termos do n.º 6 do artigo 60.º da LGT, a Administração Fiscal tinha a obrigação legal de se pronunciar sobre as razões alegadas pela recorrente em sede de audiência prévia.

f) Acresce que a ora recorrente logrou apresentar prova suficiente em juízo para ilidir a presunção de culpa do artigo 13.º do CPT.

1.3 Não houve contra-alegação.

1.4 O Ministério Público neste Tribunal emitiu o parecer de que deve ser negado provimento ao recurso – cf. fls. 468.

1.5 Colhidos os vistos, cumpre decidir, em conferência.

Em face do teor das conclusões da alegação da ora recorrente, bem como da posição do Ministério Público, a questões que aqui se põem – ficando prejudicado o conhecimento de qualquer outra, e suposto que os autos forneçam elementos de facto bastantes para o efeito – são essencialmente as de saber:

a) se estão verificados, ou não, os pressupostos de que depende a reversão da execução fiscal contra a oponente, ora recorrente;

b) e se a mesma oponente, ora recorrente, prova, ou não, que não teve culpa na situação de insuficiência do património da sociedade executada para pagamento das dívidas exequendas.

2.1 Com interesse para a decisão julgamos provada a seguinte matéria de facto.

a) Pelo Serviço de Finanças do Barreiro corre termos um processo de execução fiscal, em que é executada originária a sociedade "Petodan – Confecções, L.da", para cobrança de contribuições para a Segurança Social dos anos de 1996 e 1998, no montante total de 25 688 154$00 – cf. a informação oficial 389.

b) No dia 9-10-2000, foi, nesse processo de execução fiscal, a oponente, ora recorrente, citada, por reversão, tendo, no dia 9-11-2000, apresentado a respectiva petição de oposição – cf. a informação oficial de fls. 389, e o carimbo de entrada a fls. 2.

c) A referida execução fiscal reverteu contra a oponente, ora recorrente, nos termos do despacho do Chefe da Repartição de Finanças, de 7-12-1999, em que foi considerado «que se encontra indiciado nos autos a inexistência de bens por parte da executada "Petodan – Confecções, L.da"» – cf. o documento de fls. 407.

d) O despacho de reversão, dito em c), foi precedido de audição prévia da revertida – oponente, ora recorrente – cf. o documento de fls. 404 e 405.

2.2 Para além dos sujeitos passivos originários, a responsabilidade tributária, como se sabe, pode abranger outras pessoas, solidária ou subsidiariamente. A responsabilidade tributária por dívidas de outrem é, salvo determinação em contrário, apenas subsidiária. E as pessoas solidária ou subsidiariamente responsáveis poderão reclamar ou impugnar a dívida cuja responsabilidade lhes for atribuída nos mesmos termos do devedor principal devendo a notificação ou citação conter os elementos essenciais da sua liquidação, incluindo a fundamentação nos termos legais – cf. o artigo 22.º da Lei Geral Tributária.

A responsabilidade subsidiária efectiva-se por reversão do processo de execução fiscal. A reversão contra o responsável subsidiário depende da fundada insuficiência dos bens penhoráveis do devedor principal e dos responsáveis solidários, sem prejuízo dos benefícios da excussão. A reversão, mesmo nos casos de presunção legal de culpa, é precedida de audição do responsável subsidiário nos termos da presente lei e da declaração fundamentada dos seus pressupostos e extensão, a incluir na citação – cf. o artigo 23.º da Lei Geral Tributária.

A lei faz depender o exercício do direito de reversão, em todos os casos, de despacho fundamentado, antecedido da audição prévia dos responsáveis.

A falta de audição prévia, porém, não constitui fundamento de oposição à execução fiscal, mas, quando for o caso, de recurso judicial, nos termos do artigo 355.º, n.º 1, do Código de Processo Tributário, que tem correspondência no actual artigo 285.º, n.º 1, do Código de Procedimento e de Processo Tributário. Na verdade, ela não se integra em algum dos fundamentos da oposição previstos no artigo 204.º, n.º 1. do Código de Procedimento e de Processo Tributário. Quanto à falta de fundamentação entendemos já ser passível de invocação na oposição – cf. António Lima Guerreiro, *Lei Geral Tributária Anotada*, Rei dos Livros, na anotação 9. ao artigo 23.º.

Por outro lado, de harmonia com o preceituado no artigo 13.º do Decreto-Lei n.º 103/80 de 9-5, e 13.º do Código de Processo Tributário, pressuposto essencial para a responsabilização do gerente pelas dívidas da sociedade de responsabilidade limitada é que ele tenha efectivamente exercido a gerência da sociedade.

O administrador ou gerente de uma sociedade, uma vez nomeado e iniciado o exercício das suas funções passa a ter direitos (entre eles, por exemplo, o de remuneração pelo seu cargo) e obrigações para com a sociedade e para com terceiros. Há-de cumprir obrigações emergentes dos estatutos da sociedade e de outra origem interna, e obrigações de variados preceitos legais. Tem o dever de administrar a empresa de modo a que ela subsista e cresça, para tal desenvolvendo os negócios adequados; e, orientando a demais actividade daquela, deve cumprir os contratos celebrados, pagar as dívidas da sociedade e cobrar os seus créditos, e sempre de molde a evitar que o património social se torne insuficiente para satisfação das dívidas da empresa; e, quando houver risco de o património social se tornar insuficiente para pagamento do passivo da sociedade, tem ainda a obrigação de pedir em Tribunal a convocação dos credores sociais para que estes e o juiz decidam o destino da empresa – cf., entre outros, os artigos 171.º a 177.º do Código Comercial, 71.º a 84.º e 252.º a 262.º do Código das Sociedades Comerciais, 1140.º do Código de Processo Civil, e Decreto-Lei n.º 177/86 de 2/7 (cf., neste sentido, e quase textualmente, o acórdão do Tribunal Tributário de 2.ª Instância de 12/11/91, na *Ciência Técnica e Fiscal* n.º 365, p. 259 e ss.).

De acordo com o disposto no artigo 16.º do Código de Processo das Contribuições e Impostos, por todas as contribuições, impostos, multas e quaisquer outras dívidas ao Estado, que forem liquidadas ou impostas a empresas ou sociedades de responsabilidade limitada, são pessoal e solidariamente responsáveis, pelo período da sua gerência, os respectivos administradores ou gerentes. Os termos desta disposição legal estabelecem claramente um regime especial de responsabilidade, muito mais favorável ao credor Estado do que o regime geral para os restantes credores. É que, enquanto o regime geral exige culpa subjectiva dos administradores ou gerentes na situação deficitária das sociedades, este regime especial contenta-se com uma simples culpa inerente ao exercício da função administradora, uma culpa funcional – cf. Teixeira Ribeiro, em anotação ao acórdão do Supremo Tribunal Administrativo de 28/11/90, na *Revista de Legislação e Jurisprudência* n.º 3815, p. 46 e ss.; e Ruben A. Carvalho, e Francisco Rodrigues Pardal, no *Código de Processo das Contribuições e Impostos*, 2.ª edição, vol. I, p. 131.

Com a entrada em vigor do Decreto-Lei n.º 68/87 de 9/2 afirmou-se, no campo tributário, em matéria de responsabilidade subsidiária dos gerentes ou administradores das sociedades de responsabilidade limitada, o princípio da culpa real (não ficcionada, nem presumida).

Com efeito, o Decreto-Lei n.º 68/87 de 9/2 dispõe, no seu artigo único, que à responsabilidade dos gerentes ou administradores de sociedades de responsabilidade limitada prevista no artigo 16.º do Código de Processo das Contribuições e Impostos, aprovado pelo Decreto-Lei n.º 45005 de 27/4/63, e no artigo 13.º do Decreto-Lei n.º 103/80 de 9/5 é aplicável o regime do artigo 78.º do Código das Sociedades Comerciais, aprovado pelo Decreto-Lei n.º 262/86 de 2/9.

Este artigo 78.º do Código das Sociedades Comerciais estabelece, por seu turno, que os gerentes, administradores ou directores respondem para com os credores da sociedade quando, pela inobservância culposa das disposições legais ou contratuais destinadas à protecção destes, o património social se torne insuficiente para a satisfação dos respectivos créditos.

A culpa – como é sabido – consiste na omissão reprovável de um dever de diligência, que é de aferir em abstracto (a diligência de um bom pai de família), quer no que respeita à responsabilidade extracontratual, quer no domínio da responsabilidade contratual – cf. os artigos 487.º, n.º 2, e 799.º, n.º 2, do Código Civil; e Vaz Serra, na *Revista de Legislação e Jurisprudência* n.º 110, p. 151. Culpa, no sentido restrito, traduz-se na omissão da diligência exigível. O agente devia ter usado de uma diligência que não empregou. Devia ter previsto o resultado ilícito, a fim de o evitar, e nem sequer o previu. Ou, se previu, não fez o necessário para o evitar, não usou das adequadas cautelas para que ele se não produzisse – cf. Galvão Teles, *Direito das Obrigações*, 2.ª edição, p. 328.

A culpa exprime um juízo de responsabilidade pessoal da conduta do agente: o lesante, em face das circunstâncias específicas do caso, devia e podia ter agido de outro modo. É um juízo que assenta no nexo existente entre o facto e a vontade do autor, e pode revestir duas formas distintas: o dolo, e a negligência – cf. Antunes Varela, *Das Obrigações em Geral*, I, p. 559.

Em suma: a culpa, em qualquer das suas modalidades, traduz-se sempre num juízo de censura em relação à actuação do agente: o lesante, pela sua capacidade, e em face das circunstâncias concretas da situação, podia e devia ter agido de outro modo.

Na aplicação, quer do Decreto-Lei n.º 68/87 de 9/2, quer do Código de Processo Tributário, a culpa relevante é – não a que eventualmente respeite apenas ao incumprimento da obrigação de pagamento do imposto relaxado exequendo –, mas só aquela que se reporte substantivamente ao incumprimento das disposições legais destinadas à protecção dos credores, quando desse incumprimento resulte, em nexo de causalidade adequada, a insuficiência do património da sociedade para a satisfação dos créditos fiscais (cf., neste sentido, os acórdãos do Supremo Tribunal Administrativo de 29/1/90, nos *Acórdãos Doutrinais* n.º 372, pp. 323 e ss., e de 12/ /11/97, recurso n.º 21469).

No regime do artigo 16.º do Código de Processo das Contribuições e Impostos, há uma responsabilidade do gerente inextricavelmente ligada ao exercício efectivo do cargo de gerência – exercício do qual decorre uma presunção de culpa pela falta de pagamento de todas as contribuições, impostos, multas e quaisquer outras dívidas ao Estado.

No domínio temporal de vigência do regime de responsabilidade saído do Decreto-Lei n.º 68/87 de 9/2, é preciso que se prove a culpa do gerente, e não pesa sobre este o ónus de provar que não teve culpa – cf., neste sentido, os acórdãos do Tribunal Tributário de 2.ª Instância, de 1/7/97, recurso n.º 63764, e do Pleno da Secção de Contencioso Tributário do Supremo Tribunal Administrativo, de 9/9/97, recurso n.º 19066.

Diferentemente, nos termos do artigo 13.º do Código de Processo Tributário, os administradores e outras pessoas que exerçam funções de administração nas empresas e sociedades de responsabilidade limitada são subsidiariamente responsáveis em relação àquelas e solidariamente entre si por todas as contribuições e impostos relativos ao período de exercício do seu cargo, salvo se provarem que não foi por culpa sua que o património da empresa ou sociedade de responsabilidade limitada se tornou insuficiente para a satisfação dos créditos fiscais. No regime do artigo 13.º do Código de Processo Tributário está, assim, estabelecida uma presunção de culpa do gerente – o que faz pesar, materialmente, sobre este o risco de não conseguir produzir-se a prova do contrário (cf., em sentido semelhante, os acórdãos do Supremo Tribunal Administrativo de 12/11/97, recurso n.º 21469, e do Tribunal Central Administrativo de 16/12/97, recurso n.º 69/97).

Assim, os gerentes ou administradores das empresas serão responsabilizados pelo pagamento das dívidas fiscais, ou equiparadas, sempre que, material e objectivamente, se prove – ou sempre que legalmente seja de presumir – que a sua actuação foi censurável, sem causas de justificação ou de escusa, no tocante ao incumprimento de disposições legais destinadas à protecção dos credores de que resulte insuficiência do património da sociedade para o pagamento dessas aludidas dívidas (cf., por todos, o acórdão desta Secção do Tribunal Central Administrativo, de 20-1-98, na *Antologia de Acórdãos do Supremo Tribunal Administrativo e Tribunal Central Administrativo*, n.º 2, pp. 280 e ss.).

De outra banda, e como é sabido, o princípio do inquisitório é uma das características fundamentais do processo fiscal, de acordo com o artigo 13.º do Código de Procedimento e de Processo Tributário, que dispõe que aos juízes dos tribunais tributários incumbe a direcção e julgamento dos processos da sua jurisdição, devendo realizar ou ordenar todas as diligências que considerem úteis à descoberta da verdade material.

Esse poder deve ser levado à prática e exercido em qualquer fase do processo, portanto, também, e sobremaneira, na fase de recurso jurisdicional, em que seja necessário investigar factos ou recolher prova – cf., a este respeito, por exemplo, o acórdão da Secção de Contencioso Tributário do Supremo Tribunal Administrativo, de 2-7-1997, proferido no recurso n.º 2102; e, também neste sentido, entre outras deste relator, as decisões sumárias dos recursos n.ºs 4829-01, 6104-01, 6886-02, 7068-02, 7110-02, e 7205-02, desta Secção deste Tribunal Central Administrativo; e ainda, por mais recente, pode consultar-se o acórdão desta Secção deste Tribunal Central Administrativo, de 8-6-2004, proferido no recurso n.º 1196-03, publicado na *Antologia de Acórdãos do Supremo Tribunal Administrativo e Tribunal Central Administrativo*, ano VII, n.º 3, pp. 322 a 324.

2.3 Fazendo aplicação ao caso em presença da doutrina legal apontada em 2.2, e em resposta ao *thema decidendum* apontado supra em 1.5, alínea a), que estão verificados, no caso, os pressupostos de que depende a reversão da execução fiscal contra a oponente, ora recorrente.

Com efeito, a Repartição de Finanças competente para a execução fiscal verificou «a inexistência de bens por parte da executada "Petodan – Confecções, L.da"», devedora e executada originária, antes de proferir o despacho de reversão da execução contra a oponente, ora recorrente – cf. o documento de fls. 407, consoante se assenta na alínea c) do probatório.

E, verificado esse pressuposto (inexistência de bens da originária executada), só depois é que o Chefe da

Repartição de Finanças proferiu despacho de reversão da execução, em vista do qual previamente foi ouvida a executada – oponente, ora recorrente – cf. o que se deixou consignado na alínea d) do probatório.

Nem se diga que o despacho de reversão da execução contra a ora recorrente não está fundamentado – pois que o (único) fundamento legal do despacho de reversão é o da insuficiência dos bens penhoráveis do devedor principal e dos eventuais responsáveis solidários para satisfazer os fins da execução. E essa insuficiência foi verificada e está bem expressa no despacho de reversão, quando no mesmo se diz que «que se encontra indiciado nos autos a inexistência de bens por parte da executada "Petodan – Confecções, L.da"» (inexistência de bens que não vem contrariada pela oponente, ora recorrente).

Já em relação ao *thema decidendum* apontado supra em 1.5, alínea b), não poderá pensar-se o mesmo.

Ou seja, relativamente ao problema da culpa da oponente, ora recorrente, na situação de insuficiência do património da sociedade executada para pagamento das dívidas exequendas, já a resposta não poderá ser líquida de momento.

A oponente, ora recorrente, a este respeito, dá a entender que a insuficiência patrimonial da executada originária para satisfazer os seus débitos fiscais fica a dever-se a razões alheias à oponente e exógenas à empresa.

Mas a Fazenda Pública diz no artigo 9.º da sua resposta, a fls. 413, «no que respeita à alegada não culpa, a mesma não se encontra provada nos autos sendo o ónus da prova da responsabilidade da oponente tendo em atenção o período temporal a que as dívidas de reportam (1996 e 1998), limitando-se a oponente a divagar àcerca de situações estruturais do funcionamento da sociedade, as quais são alheias à presente lide».

E acrescenta-se (na informação oficial de fls. 389 e 390) que «o saldo das contas bancárias constante dos extractos não é coincidente com o constante dos balancetes (docs. 5 e 6 anexos à p.i.), sendo o valor do saldo contabilístico (muitíssimo superior ao dos extractos), se acrescido dos montantes utilizados na liquidação dos empréstimos dos sócios, suficiente para pagamento das dívidas ao Estado».

A conclusão a retirar acerca da culpa, ou não, da oponente, ora recorrente, na insuficiência do património da executada originária para a satisfação dos seus débitos fiscais têm necessariamente de estribar-se em uma melhor investigação da pertinente base factual para uma inferência razoável sobre o ponto.

É que no probatório da sentença recorrida (seu ponto 9.) assenta-se que «os resultados dos exercícios, a partir do ano de 1993, resultam do facto de as encomendas, por parte dos melhores clientes, terem diminuído e não se terem conseguido novos clientes».

Ora, assim sendo, não se vê como pôde, sem contradição, a mesma sentença concluir que «o gerente de direito não provou que não teve culpa na insuficiência do património» – quando assenta que «os resultados dos exercícios, a partir do ano de 1993, resultam do facto de as encomendas, por parte dos melhores clientes, terem diminuído e não se terem conseguido novos clientes».

Então – e usando a terminologia da sentença – «os resultados dos exercícios, a partir do ano de 1993, resultam do facto de as encomendas, por parte dos melhores clientes, terem diminuído e não se terem conseguido novos clientes», e a oponente, ora recorrente, mesmo assim, «teve culpa na insuficiência do património»?

Na verdade, a boa decisão da causa reclama, no caso, de modo imprescindível e necessário, uma indagação e ponderação coerente sobre a factualidade contraditória aduzida quer pela oponente, ora recorrente, quer pela Fazenda Pública.

Assim, é forçoso concluir que, por falta de consideração devida de elementos de facto absolutamente necessários à conveniente solução da lide, a sentença recorrida deve ser anulada, e o processo remetido ao Tribunal *a quo*, para nova decisão baseada na factualidade emergente da destrinça e consideração separada da factualidade respeitante a cada uma das impugnações judiciais deduzidas no caso – de harmonia com os termos do disposto no artigo 712.º do Código de Processo Civil.

2.4 De todo o exposto, podemos extrair, entre outras, as seguintes proposições, que se alinham, em súmula.

I. Diversamente da falta de fundamentação do respectivo despacho, a *falta de audição prévia na reversão da execução* não constitui fundamento de oposição à execução fiscal, mas sim de *recurso judicial* – nos termos dos artigos 355.º, n.º 1, do Código de Processo Tributário (cf. actualmente os artigo 285.º, n.º 1; e 204.º, n.º 1, ambos do Código de Procedimento e de Processo Tributário).

II. O artigo 13.º do Código de Processo Tributário estabelece uma *presunção de culpa* do gerente – impondo-se a este o risco de ter de suportar as consequências desfavoráveis de não se ter provado a sua diligência (ou falta de culpa).

III. A *culpa* consiste na omissão reprovável de um dever legal de diligência, que é de aferir em abstracto, tendo como padrão o zelo do *bonus pater familiae* colocado na veste de um *gerente competente e criterioso.*

IV. Em *processo tributário*, seja qual for a fase processual, deve o Tribunal oficiosamente realizar ou ordenar todas as diligências necessárias ou úteis à descoberta da *verdade material* relativamente ao *objecto do processo* – de acordo com os termos do disposto nos artigos 99.º da Lei Geral Tributária, e 13.º do Código de Procedimento e de Processo Tributário.

V. A *falta de elementos de facto* indispensáveis à boa decisão da causa – como, *v. g.*, os relativos a uma conclusão razoável sobre a culpa do oponente na insuficiência patrimonial da executada originária – determina a *anulação* da sentença recorrida, e a remessa do processo ao Tribunal *a quo*, para nova decisão assente em melhor apuramento da *matéria de facto* pertinente.

3. Termos em que se decide anular a sentença recorrida, e ordenar a remessa do processo à 1.ª instância para nova decisão, com preliminar ampliação da matéria de facto, após a aquisição de prova, conforme acima se indica.

Sem custas.

Lisboa, 7 de Março de 2006

Jorge Lino
Gomes Correia
Joaquim Gameiro

Recurso n.º 210-03

OPOSIÇÃO À EXECUÇÃO. REVERSÃO. GERÊNCIA DE DIREITO. GERÊNCIA DE FACTO. PROVA TESTEMUNHAL.

(Acórdão de 10 de Janeiro de 2006)

SUMÁRIO:

I – Segundo o regime legal aplicável à prova por testemunhas (art. 396.º do Ccivil) a força probatória dos respectivos depoimentos é apreciada livremente pelo tribunal.

II – É à Fazenda Pública, como titular do direito de reversão da execução fiscal contra o responsável subsidiário, que compete fazer a prova da gerência como pressuposto da obrigação de responsabilidade subsidiária.

III – O que, face ao registo, se presume não é a gerência efectiva, mas, sim, a gerência nominal, ficando terceiros dispensados de a provarem. E provada esta gerência de direito e ainda que dela se possa inferir a gerência de facto, esta é já uma presunção judicial que, como tal, pode ser afastada por mera contraprova, a efectuar por qualquer meio de prova e não se exigindo a prova em contrário.

ACORDAM, EM CONFERÊNCIA, NA SECÇÃO DE CONTENCIOSO TRIBUTÁRIO (2ª SECÇÃO) DO TRIBUNAL CENTRAL ADMINISTRATIVO SUL:

RELATÓRIO

1.1. Jaime da Cunha Tavares, com os sinais dos autos, recorre da sentença que, proferida pelo Mmo. Juiz do TAF de Almada, lhe julgou improcedente a oposição que deduziu contra a execução fiscal n.º 3697 – 93/107173.4 e apensas, do Serviço de Finanças do Seixal – 2, por dívidas de IVA e juros compensatórios dos anos de 1992 e 1993.

As execuções foram inicialmente instauradas contra a sociedade Leite & Fernandes, Lda. e, posteriormente foi ordenada a reversão contra o oponente.

1.2. O recorrente alegou o recurso e termina formulando as Conclusões seguintes:

1. A sentença recorrida enferma de errado julgamento da matéria de facto pontos 8 e 9, face à prova produzida;

2. A mesma sentença incorre, ainda, na errada interpretação do art. 13.º do CPT, que foi violado, ao considerar suficiente para a responsabilização do oponente que o oponente seja gerente de direito e ter continuado a trabalhar na empresa em causa, apesar de não exercer a gerência de facto.

3. Os depoimentos das testemunhas Feliciana da Conceição Vieira Palma Cardoso e Maria Fernanda Maia Alpalhão Dias, empregadas na empresa Leite e Fernandes Lda., registados na acta de inquirição de testemunhas, por súmula, a fls. 63 a 65 dos autos, inquiridas sobre toda a matéria da P.I., permitem concluir, sem qualquer margem para dúvidas, que o Oponente não exercia a gerência de facto, pois, essa função era exclusivamente assumida pelo Sr. Agostinho Fernandes e que o Oponente era apenas vendedor e ajudava no corte.

4. Transcreve-se parte do depoimento da testemunha Feliciana: "Disse que o oponente era vendedor e que por vezes estava nas instalações da empresa e ajudava no corte. Quanto às funções relacionadas com a contabilidade, entrega de salários, abertura de correspondência, contacto com bancos e controlo de produtividade dos empregados, a testemunha afirmou que eram funções exclusivas do Sr. Agostinho, não tendo o oponente qualquer intervenção. A instâncias do Exmo. Representante da Fazenda Pública, a testemunha acrescentou que apenas recebia ordens do Sr. Agostinho, nunca do Sr. Jaime. Por último a testemunha precisou a este Tribunal que o atendimento dos clientes da empresa era efectuado sempre pelo Sr. Agostinho e nunca pelo Sr. Jaime."

5. Transcreve-se parte do depoimento da testemunha Maria Fernanda:

Interrogada disse que quem efectuava os pagamentos dos ordenados era a D. Feliciana, encarregada da produção, que era incumbida dessa função pelo Sr. Agostinho, pagamentos esses que eram sempre em dinheiro. Esclareceu que o Sr. Agostinho Fernandes admitia os trabalhadores, recebia os clientes, estava à frente do escritório, dava as ordens aos trabalhadores por intermédio da D. Feliciana, precisando que o oponente nunca exerceu essas funções. Acrescentou que o oponente ajudava no corte quando estava na empresa e levava as mercadorias depois de confeccionadas para os vários pontos do país. Por último acrescentou que considerava como patrão o Sr. Agostinho e quando houve salários em atraso foi com este que foi ter para pedir o pagamento dos mesmos."

6. Pelo exposto, e salvo melhor opinião, atendendo à prova testemunhal atrás referida, e em conformidade com o disposto no artigo 712.º do Código de Processo Civil, impõem-se considerar que "Ponto 8 – "Após a celebração do referido contrato o ora oponente continuou a trabalhar na sociedade, exercendo exclusivamente funções de vendedor, transporte das mercadorias depois de confeccionadas para os vários pontos do país, ajudante de corte, quando se encontrava na empresa, não tendo qualquer intervenção nas funções assumidas pelo Sr. Agostinho".

7. E, ainda que, Ponto 9 – "A partir da celebração do contrato mencionado em 5 Agostinho Abel Moreira Fernandes passou a exercer a gerência de facto, de forma exclusiva, nomeadamente, contabilidade, admissão dos trabalhadores, atendimento de clientes, controlo da produção, pagamento de salários, contactos com os bancos, correspondência, entre outras."

8. A sentença recorrida incorre em erro de julgamento, por errada interpretação do art. 13.º do CPT, que foi violado.

9. Considera ser suficiente para a responsabilização do oponente, o facto do oponente ser gerente de direito, continuar a trabalhar na empresa em causa e pelo facto de lhe caber sancionar ou aprovar os actos praticados pelo Agostinho, apesar de ter sido produzida prova directa de que outra pessoa exercia a gerência de facto da empresa, de forma exclusiva, à data da falta de pagamento do imposto em causa.

10. Devendo ter sido dado como provado que a partir da celebração do contrato promessa referido em 5, era o

Agostinho Fernandes que passou a exercer de facto a gerência – devia o tribunal " a quo" considerar que o Oponente logrou afastar a presunção de que não exercia a gerência de facto.

11. Isto, não obstante ter dado como provado, e bem, que tinha sido nomeada outra pessoa para a gerência, apesar de tal facto não ter sido levado a registo – Facto provado 7.

12. Para a responsabilização do oponente não basta ter sido designado gerente no pacto social e estar obrigado, por esse contrato, a exercer os direitos e obrigações nele previstos, nomeadamente aprovação ou não dos actos praticados em nome da gerência.

13. E a assunção desse cargo societário não é, por si, suficiente para efeitos de responsabilização subsidiária pelo pagamento das dívidas fiscais da sociedade.

14. O que releva para efeitos da sua responsabilização é o cometimento de um facto ilícito por culpa funcional do gestor.

15. Pela interpretação que o tribunal faz do art. 13.º do CPT, nunca o gerente nominal de direito poderia afastar a presunção de não exercício da gerência de facto, apenas pelo facto da sociedade se obrigar com a sua assinatura.

16. De harmonia com o art. 13.º do CPT, correctamente interpretado, para que possa ocorrer a responsabilidade subsidiária dos gerentes das sociedades de responsabilidade limitada é necessário que estes exerçam, de forma real, a gerência da sociedade, sendo suficiente a gerência de facto, ainda que não revestida dos poderes jurídicos que a gerência de direito confere), mas não bastando a mera gerência nominal ou de direito, pois que esta, desacompanhada do exercício efectivo do cargo, não releva para efeitos da citada responsabilização.

17. A responsabilidade do gerente ou administrador societário pela violação das normas que impõem o cumprimento da obrigação fiscal radica na responsabilidade por facto ilícito assente em culpa funcional, isto é, em responsabilidade civil extracontratual (e não contratual), que tem por pressuposto o dever funcional do gestor pela satisfação das obrigações da pessoa colectiva perante terceiros.

18. O vínculo de responsabilidade subsidiária do gerente ou administrador é de natureza pessoal e não orgânica, pelo que não releva para a sua responsabilização o facto de ele se ter voluntariamente demitido do exercício efectivo do cargo.

19. Para afastar a presunção de gerência de facto, de natureza judicial, são admissíveis todos os meios de prova ao alcance do oponente, designadamente a prova testemunhal, tal como estabelece o artigo 351.º do Código Civil.

20. Da materialidade fáctica apurada resulta que quem exercia a gerência de facto era o Senhor Agostinho Fernandes, sendo ele quem estava no escritório, fazia a contabilidade, atendia os clientes, quem efectuava pagamentos de salários, quem contratava funcionários, quem mantinha contactos com os bancos, quem dava ordens aos empregados, quem controlava a produção e quem recebia a correspondência.

21. Essas funções eram exclusivas do Sr. Agostinho, não tendo o oponente qualquer intervenção.

22. O oponente era vendedor, sendo ele quem transportava as mercadorias confeccionadas pelos vários pontos do país. Quando, por vezes, estava nas instalações da empresa, ajudava no corte.

23. Não ficou demonstrado que o oponente aprovara e ratificara os actos praticados pelo gerente de facto (cfr. artigo 268.º do Código Civil), nem as concretas razões que levaram a que a nomeação do Abel Agostinho não tenha sido levada a registo.

24. Em sentido favorável ao Recorrente citam-se os seguintes Acórdãos: Acórdão da Relação do Porto, (Dulce Manuel Conceição Neto), de 2004.12.09, in www.lexportugal.com. Acórdão do Supremo Tribunal Administrativo, (Costa Reis), 1998.04.15, in Diário da República, Apêndice de 2001.11.30, pág. 1198, Acórdão do Tribunal Central Administrativo, (Fernanda Martins Xavier Nunes), de 1999.04.20, in Boletim do Ministério da Justiça, 486, pág. 382, e Acórdão do Tribunal Central Administrativo, (Fernanda Xavier Nunes), de 09.12.1998, in Boletim do Ministério da Justiça, 482, pág. 316;

25. Pelo exposto, tendo em conta que o oponente logrou provar que não exerceu a gerência de facto, no período a que se reporta a dívida exequenda, e que não foi por culpa sua que o património da originária executada se tornou insuficiente para o pagamento das mesmas, a oposição deveria ter sido julgada procedente.

26. Assim, deve ser revogada a sentença recorrida, que viola o art. 13.º do CPT, substituindo-a por douto Acórdão, através do qual se considere verificado o fundamento de oposição à execução previsto na alínea b) do n.º 1 do art. 204.º do CPPT, considerando-se o Recorrente como parte ilegítima na execução por reversão contra ele movida.

Termina pedindo que se dê provimento ao recurso, revogando-se a sentença recorrida, por violação do art. 13.º do CPT, substituindo-a por acórdão em que se considere verificado o fundamento de oposição à execução previsto na alínea b) do n.º 1 do art. 204.º do CPPT.

1.3. Não foram apresentadas contra-alegações.

1.4. O EMMP emite Parecer no qual se pronuncia pelo não provimento do recurso por entender que dos autos resulta que o recorrente não logrou demonstrar que não foi por sua culpa que as dívidas exequendas não foram pagas.

1.5. Corridos os Vistos legais, cabe decidir.

FUNDAMENTOS

2.1. A sentença recorrida julgou provados os factos seguintes:

1 – Em 5/11/1993 foi instaurado no Serviço de Finanças de Seixal 2 o processo de execução fiscal n.º 3697 – 93/107173.4 e apensos em nome da sociedade Leite & Fernandes, Lda., para efeitos de cobrança coerciva de IVA e juros compensatórios referentes a diversos períodos dos anos de 1992 e 1993, no montante total de € 18.506,66, (3.710.252$00) cujo prazo de pagamento terminou em 15/10/1993, 2/11/1993, 02/12/1993, 04/1//1994, 17/1/1994 e 16/2/1994 (como consta das certidões de relaxe de fls. 23/34 e informação do Serviço de Finanças de fls. 43).

2 – Em 27/5/1981 foi registada a constituição da sociedade Leite & Fernandes, Lda., constituída por dois sócios, sendo ambos gerentes e obrigando-se a sociedade com a assinatura dos dois gerentes (cfr. fls. 41).

3 – Em 26/11/1991 foi registada na Conservatória do Registo Comercial de Seixal a aquisição por parte de

Jaime da Cunha Tavares de uma quota na sociedade Leite & Fernandes, Lda. (cfr. fls. 42).

4 – A sociedade Leite & Fernandes, Lda., a partir de 26/11/1991 passou a ter dois sócios – Maria de Fátima Sabino Vieira Simões e Jaime da Cunha Tavares, com uma quota de 1.500.000$00 cada, sendo ambos gerentes da referida sociedade (como consta da certidão da Conservatória do Registo Comercial de Seixal de fls. 40/42).

5 – Em 25/11/1991 foi celebrado um contrato através do qual Jaime da Cunha Tavares e Maria de Fátima Sabino Vieira Simões prometem dividir o capital da sociedade Leite & Fernandes, Lda., em três quotas sociais, uma das quais prometem ceder a Agostinho Abel Moreira Fernandes, (cfr. consta do contrato de fls. 10/13 dos presentes autos)

6 – No contrato acima referido foi acordado ainda que o prometido cessionário Agostinho Abel Moreira Fernandes era nomeado gerente da Leite & Fernandes, Lda., sendo ainda acordado ser necessário as assinaturas de dois gerentes para obrigar a sociedade em todos os actos e contratos, com excepção dos de mero expediente, em que bastaria apenas a assinatura de um dos gerentes (cfr. cláusula sétima do referido contrato).

7 – O contrato referido nos pontos anteriores, e a respectiva nomeação nunca foram registados (fls.40/42).

8 – Após a celebração do referido contrato o ora oponente continuou a trabalhar na sociedade (cfr. depoimentos das testemunhas constantes da acta de inquirição de testemunhas de fls. 63/65).

9 – Agostinho Abel Moreira Fernandes estava nas instalações da sociedade Leite & Fernandes, Lda, dava ordens aos trabalhadores e contactava clientes (cfr. depoimentos das testemunhas)

10 – Em 24/11/2003 foi proferido despacho pelo Chefe do Serviço de Finanças de Seixal 2 nos seguintes termos" (...) Face às diligências de fls. 92 e 93 e estando concretizada a audição dos responsáveis subsidiários, prossiga-se a execução com a reversão contra Jaime da Cunha Tavares e Maria de Fátima Sabino Vieira, contribuintes 170383652 e 131248294, na qualidade de gerentes, relativamente à dívida a que se referem os autos, sendo que o prazo legal de pagamento terminou no período da sua gerência (...)." (cfr. fls. 37 dos autos)

11 – Com data de 26/11/2003 foi emitido o ofício n.º 18432 pelo Serviço de Finanças do Seixal 2 e dirigido a Jaime da Cunha Tavares para efeitos da sua citação por reversão no processo de execução fiscal n.º 3697 – 93/107173.4 e aps. (cfr. doc. de fls. 38).

12 – Em 29/12/2003 foi apresentada no Serviço de Finanças de Seixal 2 a petição de oposição constante de fls. 2/5 dos presentes autos.

2.2. E em sede de motivação da matéria de facto, a sentença exarou: «A convicção do tribunal formou-se com base no teor dos documentos juntos ao processo e dos depoimentos produzidos e acima expressamente referidos em cada um dos pontos do probatório.»

2.3. Perante esta factualidade, a sentença julgou improcedente a oposição, com fundamento em que resulta do probatório que o oponente era gerente de direito da Leite & Fernandes, Lda., no período da constituição da dívida e do seu pagamento voluntário, sendo que, presumindo-se a gerência de facto, o oponente não logrou provar que não exerceu esta.

3. De acordo com as Conclusões do recurso, o recorrente imputa à sentença erro de julgamento de facto, nomeadamente quanto à matéria de facto julgada provada e especificada nos n.os 8 e 9 do Probatório e imputa-lhe erro de julgamento de facto e de direito quanto à interpretação que faz do disposto nos arts. 13.º e 204.º, n.º 1, b), ambos do CPT.

As questões a decidir, são, portanto, a de saber se ocorre o alegado erro de julgamento de facto, nomeadamente por ilegal aplicação do regime probatório aplicável à prova testemunhal, e a de saber se ocorre erro de julgamento quanto à subsunção dos factos provados, ao regime do art. 13.º do CPT, nomeadamente quanto à questão da gerência de facto e da culpa do oponente na posterior insuficiência do património da sociedade executada para solver a dívida exequenda.

Vejamos.

3.1. Quanto ao alegado erro de apreciação da matéria de facto provada e não provada:

A sentença julgou provado (nos referidos n.os 8 e 9 do Probatório) que, após a celebração do contrato promessa celebrado em 25/11/1991, em que o oponente e a também sócia Maria de Fátima Sabino Vieira Simões prometeram dividir o capital da sociedade em três quotas e ceder uma delas a Agostinho Fernandes, o oponente continuou a trabalhar na sociedade; e que o Agostinho Fernandes estava nas instalações da sociedade Leite & Fernandes, Lda, dava ordens aos trabalhadores e contactava clientes. Porém, o recorrente sustenta que, atendendo à prova testemunhal produzida (em especial aos depoimentos das testemunhas Feliciana e Maria Fernanda), o que ali se devia ter tido como provado é que «Após a celebração do referido contrato o ora oponente continuou a trabalhar na sociedade, exercendo exclusivamente funções de vendedor, transporte das mercadorias depois de confeccionadas para os vários pontos do país, ajudante de corte, quando se encontrava na empresa, não tendo qualquer intervenção nas funções assumidas pelo Sr. Agostinho» e que «A partir da celebração do contrato mencionado em 5 Agostinho Abel Moreira Fernandes passou a exercer a gerência de facto, de forma exclusiva, nomeadamente, contabilidade, admissão dos trabalhadores, atendimento de clientes, controlo da produção, pagamento de salários, contactos com os bancos, correspondência, entre outras».

E, na verdade, é isso que resulta dos depoimentos prestados pelas testemunhas Feliciana Cardoso e Maria Fernanda Dias.

A testemunha Feliciana Cardoso, que como razão de ciência indica a circunstância de ter sido empregada na sociedade executada Leite & Fernandes, Lda., tendo conhecimento dos factos em virtude dessa sua qualidade de trabalhadora em que exercia as funções de encarregada de produção, disse que o oponente era vendedor e que por vezes estava nas instalações da empresa e ajudava no corte. Declarou, ainda, que, as funções relacionadas com a contabilidade, entrega de salários, abertura de correspondência, contacto com bancos e controle de produtividade dos empregados, eram funções exclusivas do sr. Agostinho, não tendo o oponente qualquer intervenção. E que apenas recebia ordens do sr. Agostinho, nunca do sr. Jaime e que o atendimento dos clientes da empresa era efectuado sempre pelo sr. Agostinho e nunca pelo sr. Jaime.

E, por sua vez, a testemunha Maria Fernanda Dias, que como razão de ciência indica a circunstância de ter sido empregada (entre 1993 e até há 4 anos atrás) na sociedade executada Leite & Fernandes, Lda., tendo conhecimento dos factos em virtude dessa sua qualidade de trabalhadora, disse que quem efectuava os pagamentos dos ordenados era a D. Feliciana, encarregada de produção, que era incumbida dessa função pelo sr. Agostinho, pagamentos estes que eram sempre em dinheiro; que era o sr. Agostinho Fernandes quem admitia os trabalhadores, recebia os clientes, estava à frente do escritório, dava as ordens aos trabalhadores por intermédio da D. Feliciana, e o oponente nunca exerceu estas funções. Este ajudava no corte quando estava na empresa e levava as mercadorias depois de confeccionadas para os vários pontos do país. Considerava como patrão o sr. Agostinho e quando houve salários em atraso foi com estes que foi ter para pedir o pagamento dos mesmos.

Ora, segundo o regime legal aplicável à prova por testemunhas (art. 396.º do Ccivil) a força probatória dos respectivos depoimentos é apreciada livremente pelo tribunal e, no caso, não foi deduzida qualquer contradita (instituto legal que visa, precisamente, abalar o crédito das afirmações produzidas pela testemunha, em razão de uma qualquer circunstância que nela se verifique e que não lhe permita ter tido conhecimento dos factos tal como os relatou, ou que faz duvidar da imparcialidade desse relato – cfr. Rodrigues Bastos, Notas ao Código de Processo Civil, 1972, Vol. III, pag. 196), nem se verificam razões para pôr em causa a razão de ciência das testemunhas.

É certo que da prova documental resulta que o recorrente continuou como gerente inscrito. Mas essa circunstância não implica, só por si, a desconsideração dos depoimentos das testemunhas quanto àquela matéria, isto é a conclusão de que o Agostinho Fernandes não exercesse na empresa as funções que determinavam a prática dos actos e decisões referidos pelas testemunhas, sendo certo que, embora no que se refere ao título e extensão do exercício, por parte do Agostinho Fernandes, de tais funções (se as exercia porque lhe tinha sido prometida a cessão de uma quota na sociedade e a sua nomeação como gerente desta, ou por qualquer outra razão) nada se tenha provado, as testemunhas são unânimes em afirmar que as funções relacionadas com a contabilidade, entrega de salários, abertura de correspondência, contacto com bancos, controle de produtividade dos empregados e atendimento dos clientes da empresa eram funções exclusivas do sr. Agostinho, não tendo o oponente qualquer intervenção.

E, se assim é, então não pode deixar de julgar-se provado que o recorrente tenha deixado de ter qualquer intervenção nas funções assumidas pelo sr. Agostinho nem que este, a partir da celebração do contrato promessa, passou a exercer a gerência de facto, de forma exclusiva.

E a tal também não obstam, nem a circunstância de o oponente ter continuado a ser sócio e gerente de direito da executada, nem a circunstância de ter celebrado o aludido contrato-promessa. Este contrato (com cópia a fls. 10 a 13), embora tenha as respectivas cláusulas redigidas em termos afirmativos (dividem as quotas, acordam em nomear gerente o terceiro outorgante, aceitam que o terceiro assuma os direitos e responsabilidades na sociedade), não pode deixar de ser interpretado (como consta do seu cabeçalho e atendendo, também, a que não foi outorgado em escritura pública) como mero «contrato-promessa» de cessão de quotas e não como efectiva cessão de quotas e efectivo acto de renúncia e nomeação de gerente. Mas, ainda assim, as circunstâncias nele mencionadas [(i) que os dois primeiros outorgantes nomeiam gerente o terceiro outorgante como gerente, sendo necessária a assinatura de dois gerentes para obrigar a sociedade e que (ii) o terceiro outorgante – Agostinho Fernandes – assuma os direitos e responsabilidades na sociedade a partir de 30/8/1991], nada acrescentam em termos de prova do exercício de facto da gerência e acabam, mesmo, por ser concordantes com a factualidade que resulta dos depoimentos das testemunhas. Acresce que, a nosso ver, o facto de tal contrato não ter sido objecto de registo (com a consequência da não vinculação de terceiros) se mostra irrelevante para efeitos desta prova do exercício de facto da gerência. E, face ao teor da prova testemunhal, também daquelas circunstâncias não parece legítimo retirar a conclusão de que, se o oponente continuou a ser gerente de direito da sociedade, então a eventual gerência de facto exercida por este terceiro outorgante (Agostinho Fernandes) não poderia deixar de ser considerada como uma gerência consentida pelos dois gerentes de direito e em seu nome (o oponente e a outra sócia gerente) tanto mais que para obrigar a sociedade era, como se disse, necessária a assinatura destes dois gerentes.

Na verdade, não pode confundir-se a situação jurídica definida no registo – a gerência «in nomine», ou nominal –, com o efectivo exercício dessa gerência. O que, face ao registo, se presume não é a gerência efectiva, mas, sim, tal gerência nominal, ficando terceiros dispensados de a provarem. Esta é uma presunção legal que só por via de competente prova documental pode ser ilidida, dado que os actos de constituição ou de cessação da gerência (naquela acepção), sendo actos formais, como decorre dos arts. 63.º, n.º 1, 252.º, n.º 2 e 258.º, todos do CSC, vêem afastada a possibilidade da respectiva prova ser feita testemunhalmente.

É certo que da prova documental resulta que o recorrente continuou como gerente inscrito. Mas, essa circunstância, apesar de levantar dúvidas quanto ao título e extensão do exercício, por parte do Agostinho Fernandes, de tais funções (se as exercia porque lhe tinha sido prometida a cessão de uma quota na sociedade e a sua nomeação como gerente desta, ou por qualquer outra razão) não implica, só por si, a conclusão de que o Agostinho Fernandes não exercesse na empresa as funções que determinavam a prática dos actos e decisões referidos pelas testemunhas. E se ele exercia as funções porque lhe tinha sido prometida a sua nomeação como gerente, ou por qualquer outra razão) é factualidade que não foi apurada, mas que, de todo o modo, seria inócua para afastar a relevância da prova testemunhal, no sentido de que o oponente deixou, a partir daquela data de 25/11/91, de intervir na gestão da executada.

E, se assim é, então, tem que julgar-se provado que o recorrente deixou de ter qualquer intervenção nas funções assumidas pelo sr. Agostinho e que, a partir da celebração do contrato promessa o Agostinho Fernandes passou a exercer a gerência de facto, de forma exclusiva.

Assim sendo, altera-se o teor dos n.os 8 e 9 do Probatório, julgando-se, relativamente a esses Pontos, ao abrigo do disposto no art. 712.º do CPC, provado o seguinte:

N.º 8 – Após a celebração do referido contrato o ora oponente continuou a trabalhar na sociedade, exercendo exclusivamente funções de vendedor, transporte das mercadorias depois de confeccionadas para os vários pontos do país, ajudante de corte, quando se encontrava na empresa, não tendo qualquer intervenção nas funções assumidas pelo Sr. Agostinho.

N.º 9 – A partir da celebração do contrato mencionado em 5, Agostinho Abel Moreira Fernandes passou a exercer a gerência de facto, de forma exclusiva, nomeadamente, contabilidade, admissão dos trabalhadores, atendimento de clientes, controlo da produção, pagamento de salários, contactos com os bancos, correspondência, entre outras.

3.2. Quanto ao alegado erro de julgamento na subsunção dos factos provados ao regime do art. 13.º do CPT:

3.2.1. Do que decorre das restantes Conclusões, o recorrente imputa à sentença erro de julgamento, por errada interpretação do disposto no art. 13.º do CPT, ao considerar ser suficiente para a responsabilização o facto de o oponente ser gerente de direito, continuar a trabalhar na empresa em causa e pelo facto de lhe caber sancionar ou aprovar os actos praticados pelo Agostinho, apesar de ter sido produzida prova directa de que outra pessoa exercia a gerência de facto da empresa, de forma exclusiva, à data da falta de pagamento do imposto em causa, apesar de ser certo que o que releva para efeitos da responsabilização é o cometimento de um facto ilícito por culpa funcional do gestor, apesar de para afastar a presunção de gerência de facto serem admissíveis todos os meios de prova, designadamente a prova testemunhal, e apesar de, no caso, se ter provado que quem exercia a gerência de facto era o sr. Agostinho Fernandes, sendo ele quem estava no escritório, fazia a contabilidade, atendia os clientes, quem efectuava pagamentos de salários, quem contratava funcionários, quem mantinha contactos com os bancos, quem dava ordens aos empregados, quem controlava a produção e quem recebia a correspondência, funções que eram exclusivas do sr. Agostinho, não tendo o oponente qualquer intervenção.

Ora, porque as dívidas exequendas em causa nos presentes autos respeitam aos anos de 1992 e 1993 e porque as normas com base nas quais se determina a responsabilidade subsidiária dos administradores e gerentes das sociedades de responsabilidade limitada e as condições da sua efectivação são as que estiverem em vigor no momento em que se verificam os pressupostos de tal responsabilidade (art. 12.º do CCivil, o regime legal de responsabilidade subsidiária dos gerentes aplicável é o que estava definido no art. 13.º do CPT, antes da redacção da Lei n.º 52-C/96, de 27/12 – OE para 1997). E este normativo dispunha o seguinte:

«Os administradores, gerentes e outras pessoas que exerçam funções de administração nas empresas e sociedades de responsabilidade limitada são subsidiariamente responsáveis em relação àquelas e solidariamente entre si por todas as contribuições e impostos relativos ao período de exercício do seu cargo, salvo se provarem que não foi por culpa sua que o património da empresa ou sociedade de responsabilidade limitada se tornou insuficiente para a satisfação dos créditos fiscais.»

3.2.2. Daqui decorre, desde logo, que, à luz deste art. 13.º do CPT (tal como anteriormente à luz do art. 16.º do CPCI), esta responsabilidade dos gerentes tem pressuposta a efectividade do exercício do cargo respectivo. Isto é, tal como já se entendia no domínio do CPCI, também nos termos deste normativo (art. 13.º do CPT) a responsabilidade subsidiária dos gerentes das sociedades de responsabilidade limitada continua a não se bastar com a gerência nominal ou de direito, exigindo-se também a gerência efectiva ou de facto no período a que se referem as dívidas.

E é sabido que é à Fazenda Pública, como titular do direito de reversão da execução fiscal contra o responsável subsidiário, que compete fazer a prova da gerência como pressuposto da obrigação de responsabilidade subsidiária.

No caso, a Fazenda fez prova de que o recorrente estava inscrito como gerente de direito (cfr. N.º 4 do Probatório). Mas, provada que está a gerência de direito, poderá concluir-se, dos restantes factos provados, que ficou também demonstrada a gerência de facto?

A resposta é, a nosso ver, negativa.

Como se escreve no ac. de 20/1/2004, deste TCA, rec. n.º 1172/03, «constitui dever dos gerentes praticar não só os actos que os preceitos legais lhes impõem, a eles se dirigindo, como ainda todos os actos necessários para o cumprimento de deveres que as leis impõem à sociedade, a esta se dirigindo, a não ser que outro órgão social seja claramente encarregado desse cumprimento. O art. 259.º do CSC refere-se a deveres dos gerentes, mas a estes correspondem outros tantos poderes; não podem ser cumpridos deveres por quem não tenha os poderes necessários para tanto.

«A gerência é, por força de lei e salvo casos excepcionais, o órgão da sociedade criado para lhe permitir actuar no comércio jurídico, criando, modificando, extinguindo relações jurídicas com outros sujeitos de direito.

O núcleo básico dos poderes representativos dos gerentes é constituído pelos actos e negócios celebrados com terceiros no desenvolvimento da actividade que forma o objecto social. Como terceiros para este efeito, entendem-se todas as pessoas, não sócios ou sócios, que com a sociedade entram em relação jurídica diferente das nascidas do contrato de sociedade» (cfr. ac. de 23/5//2000, deste TCA, rec. n.º 3463/00).

As funções de gerente subsistem enquanto não terminarem por destituição ou renúncia ao cargo (art. 256.º do CSC). A designação e cessação de funções, por qualquer causa que não seja a resultante do decurso do tempo, dos membros dos órgãos de administração e de fiscalização das sociedades, está sujeita a registo obrigatório, sob pena de não produzir efeitos, relativamente a terceiros (arts. 3.º, n.º 1, al. m), 14.º e 15.º, n.º 1, todos do CRC) e o registo comercial, quando definitivo, constitui presunção de que existe a situação jurídica, nos precisos termos em que ali está definida (art. 11.º do CRC).

Mas, como acima já se disse, não pode confundir-se a situação jurídica definida no registo – a gerência «in nomine», ou nominal –, com o efectivo exercício dessa gerência. O que, face ao registo, se presume não é a gerência efectiva, mas, sim, tal gerência nominal, ficando terceiros dispensados de a provarem. Esta é uma presunção legal que só por via de competente prova documental pode ser ilidida, dado que os actos de constituição ou de cessação da gerência (naquela acepção), sendo actos formais, como decorre dos arts. 63.º, n.º 1, 252.º, n.º 2 e 258.º, todos do CSC, vêem afastada a possibilidade da respectiva prova ser feita testemunhalmente.

Ora, quer se entenda (como sucede na sentença ora recorrida) que da provada «gerência nominal», poderá, através de uma (outra) «presunção judicial» dar-se como provada também a gerência efectiva por parte do gerente inscrito (bastando, nesse caso, a este a alegação e prova de factos que suscitem fundada dúvida acerca do exercício dessa gerência, ainda que com essa prova seja feita com recurso a prova testemunhal), quer se entenda que, na ausência de preceito que estabeleça neste âmbito, uma presunção legal, a formulação do juízo relativo ao exercício da gerência da executada tem, então, de fundamentar-se em factos trazidos ao processo pelas partes e constitui ela própria também uma conclusão de facto fundada na prova que foi produzida (cfr. Acs. do STA, de 4/2/98 e de 25/2/98, Recs. n.os 22.007 e 21.809, respectivamente), o que é verdade é que, no caso dos autos, essa contra-prova foi feita[1], já que, como acima também se disse, quer do teor dos depoimentos das testemunhas e da factualidade que, com base nesses depoimentos, ficou provada, quer do teor da prova documental, resulta claro que, no caso vertente, o recorrente logra, através da factualidade provada sob os n.ºs 8 e 9 do Probatório, fazer a prova do não exercício da gerência de facto da sociedade executada (ou, ao menos, com a prova daquela factualidade sempre o recorrente teria logrado criar dúvida sobre aquele exercício de facto da gerência).

E, por isso, não se concorda com a conclusão retirada pela sentença, no sentido de que o oponente não logrou provar que não exerceu a gerência de facto.

E, também pela mesma razão, não colhe a alegação de que, uma vez que o oponente continuou a ser um dos gerentes da sociedade executada (e vinculando-se esta ao cumprimento das suas obrigações mediante a assinatura dos dois gerentes), então, apesar da celebração do contrato-promessa, a eventual gerência de facto exercida pelo Agostinho Fernandes não poderia deixar de ser considerada como uma gerência em nome dos outros dois outorgantes no contrato-promessa (o oponente e a outra sócia gerente) tanto mais que era necessária a assinatura de ambos para obrigar a sociedade. Com efeito, como se disse, essa circunstância, apesar de levantar dúvidas quanto ao título e extensão do exercício, por parte do Agostinho Fernandes, das respectivas funções (se as exercia porque lhe tinha sido prometida a cessão de uma quota na sociedade e a sua nomeação como gerente desta, ou por qualquer outra razão) não implica, só por si, nem a conclusão de que o Agostinho Fernandes não exercesse na empresa as funções que determinavam a prática dos actos e decisões referidos pelas testemunhas, nem a conclusão de que as exercia em nome do oponente. E se ele exercia as funções porque lhe tinha sido prometida a sua nomeação como gerente, ou por qualquer outra razão) é factualidade que não foi apurada, mas que, de todo o modo, seria inócua para afastar a relevância da prova testemunhal, no sentido de que o oponente deixou, a partir daquela data de 25/11/91, de intervir na gestão da executada.

Concluímos, pois, que, no caso dos autos, o recorrente logrou fazer a aludida contra-prova quanto ao não exercício de facto da gerência da sociedade executada originária.

Procedem, pois, quanto a esta matéria, as Conclusões do recurso.

4. E, procedendo o recurso com este fundamento, fica prejudicada a apreciação da questão atinente à prova da inexistência de culpa na insuficiência posterior do património da executada sociedade, para solver a dívida exequenda.

DECISÃO

Termos em que acordam, em conferência, os juizes da Secção de Contencioso Tributário deste Tribunal Central Administrativo em, dando provimento ao recurso, revogar a sentença recorrida e julgar procedente a oposição.

Sem custas.

Lisboa, 10 de Janeiro de 2006

Casimiro Gonçalves
Ascensão Lopes
Luas Martins

Recurso n.º 705/05

PRESCRIÇÃO CONTRA-ORDENAÇÃO FISCAL.

(Acórdão de 21 de Março de 2006)

SUMÁRIO:

I – Nos termos do disposto no artigo 35.º, n.º 1 do CPT, o procedimento contra-ordenacional prescreve no prazo de cinco anos a contar da prática da infracção;

II – As causas de interrupção do referido prazo são as previstas no n.º 4 do do mesmo artigo 35.º do CPT;

III – Se desde a prática da infracção tiver decorrido o prazo de sete anos e meio, descontado que seja o período de suspensão nos termos artigo 182.º do CPT, deve julgar-se prescrito o procedimento contra-ordenacional, face ao disposto no artigo 121.º, n.º 3 do CP.

[1] Por isso não há, no presente caso, que fazer apelo à jurisprudência constante do ac. do TCA, de 25/5/99, rec. n.º 1510/98, onde se afirma que não bastam para ilidir aquela presunção os depoimentos testemunhais que afirmam que era uma outra pessoa que no dia a dia se encontrava frente da sociedade, quando a mesma sociedade tinha apenas dois gerentes, sendo necessária a assinatura de ambos para a obrigar e desenvolvia a sua actividade de forma regular; bem como do ac. do TCA, de 19/4/2005, rec. n.º 418/04, onde se afirma que quando os gerentes nomeados, voluntariamente consentem que outrem em seu nome pratique a generalidade dos actos necessários ao giro da sociedade e a quem o terceiro presta contas, tais actos praticados pelo representante se repercutem na esfera jurídica dos representados, como se por estes fossem praticados.

ACORDAM, EM CONFERÊNCIA, NA SECÇÃO DE CONTENCIOSO TRIBUTÁRIO (2ª SECÇÃO) DO TRIBUNAL CENTRAL ADMINISTRATIVO SUL:

A. O RELATÓRIO

Transportes Aéreos Portugueses, S.A, inconformada com a decisão proferida pelo Mmo. Juiz do 5.º Juízo, 1ª Secção do Tribunal tributário de 1ª Instância de Lisboa, dela vem interpor recurso, que foi admitido com efeito meramente devolutivo (95), formulando as seguintes:

CONCLUSÕES

Em face do que antecede conclui-se do seguinte modo:

– dispõe o artigo 27.º da referida LQCO que o procedimento por contra-ordenação se extingue por efeito da prescrição logo que sobre a prática da contra-ordenação haja decorrido o prazo de *dois anos,* quando se trate de contra-ordenação a que seja aplicável uma coima superior ao montante máximo previsto no n.º 1 do artigo 17.º;

– o procedimento contra ordenacional encontra-se **prescrito** em virtude do decurso dos prazos previstos na lei, conforme resulta da conjugação do disposto nos arts. 33.º, n.º 3 do RGIT, 4.º n.º 2 do RJIFNA e 27.º e 28.º, n.º 1, al. a), da LQCO, aprovada pelo Decreto-lei n.º 433/82, de 27 de Outubro, pelo que nenhuma coima lhe deveria ter sido fixada;

– a douta sentença recorrida **omitiu a necessária pronúncia** sobre a violação do disposto no artigo 63.º al. d) do RGIT quanto à falta de evidenciação dos requisitos legais da decisão de aplicação da coima – especificamente por que se decidiu aplicar montante superior ao limite legal – o que constitui **nulidade insuprível** no processo de contra-ordenação tributário;

– quando é inequívoco que tal nulidade, com fundamento em manifesta violação de lei, é de **apreciação oficiosa;**

– falta, ainda, no processo de contra-ordenação, a indicação das provas que serviram para fundamentar a convicção de quem decide, tanto na sentença, como na decisão proferida pela autoridade administrativa, o que constitui **nulidade,** nos termos da jurisprudência e doutrina dominantes;

Circunstâncias pelas quais, tendo em conta os fundamentos ora invocados e nos mais que Vossas Ex.as melhor suprirão, deve a Sentença *a quo* ser anulada e a Recorrente ser absolvida do processo de contra-ordenação à margem identificado, com todas as legais consequências e atendendo a que só assim se concretizará na sua plenitude o ideal de **Justiça.**

O **Ministério Público** contra-alegou, de fls. 98 a 101, mas onde não formula conclusões, mas onde entende que, se entre 15/10/1999 (data da suspensão do processo) e o prazo limite para pagamento voluntário da liquidação tiver decorrido um prazo inferior a um mês e vinte e cinco dias, a prescrição do procedimento contra-ordenacional já tinha ocorrido em 25/2/2002, uma vez que o facto ocorreu em 31.12.1996. Se tiver decorrido um prazo igual ou superior, então a prescrição não operou porque, em 25/02/2002 o respectivo prazo interrompeu-se, começando a correr novo prazo.

Na sua douta resposta, o M.P. entende que deve ser pedida ao Serviço de Finanças informação sobre a data em que terminou o prazo para pagamento voluntário da liquidação a fim de se decidir a questão.

No despacho de sustentação, de fls. 102, em 03/11//03, o Mmo. Juiz a quo entendeu que se se mostrasse necessário pedir a referida informação o TCA poderia pedir a mesma e isto porque se corria o risco de o procedimento prescrever em 30/06/2004.

Os autos foram ao DPGA junto deste Tribunal, tendo ele consignado que, face à intervenção do M.P. se abstinha de emitir parecer.

Foram colhidos os vistos dos Exmos Adjuntos.

FUNDAMENTAÇÃO

Questão decidenda: se a prescrição do procedimento contra-ordenacional operou e, em caso negativo, se a sentença recorrida sofre de nulidade.

OS FACTOS

Na sentença recorrida deram-se como provados os seguintes factos:

a) No dia 08/03/1999 foi levantado auto de notícia contra a arguida por, para além do mais que não põe em causa (a arguida pagou a coima de € 75,00 – cfr. fls. 45), no exercício de 1996, ter pago e contabilizado valores a título de seguro-poupança, a favor de membros do Conselho de Administração, considerados rendimentos da categoria A, não tendo a empresa arguida procedido à respectiva retenção na fonte, infringindo o n.º 4 do art. 29.º do RGIFNA (actualmente 114.º do RGIT) e punida pelo n.º 2 do mesmo artigo do RGIFNA – cfr. fls. 6 a 11;

b) A arguida foi notificada em 09/11/1999, através de carta registada com aviso de recepção, do despacho de suspensão dos presentes autos, nos termos do disposto no art. 182.º do CPT, proferido em 15/10/1999, pelo Chefe do S. Finanças de Lisboa 14 – cfr. fls. 14 a 16;

c) Aposta informação nos autos que estavam reunidas as condições para o processo prosseguir, por despacho de 18/02/2002 foi ordenada a notificação da arguida do auto de notícia referido em a) que antecede e para, em prazo, apresentar a sua defesa, a qual foi recebida em 25/02/2002 – cfr. fls. 23 a 25;

d) Em 27/02/2002 veio a arguida requerer o pagamento voluntário da coima que viesse a ser fixada – cfr. fls. 26;

e) Em 05/03/2002 acaba por vir apresentar a defesa, requerendo a dispensa da coima e subsidiariamente o pagamento voluntário desta – cfr. fls. 27 a 34;

f) Por despacho de 10/05/2002, que constitui fls. 35 e 36 dos autos e que aqui se dá por reproduzido para todos os efeitos legais, foi a arguida condenada na coima de € 1 500,00 e custas no valor de € 39,90,o qual lhe veio a ser notificado em 23/05/2002 – cfr. fls. 37 e 38;

g) Em 11/06/2002 veio interpor o presente recurso – cfr. fls. 46 e 47.

Nos termos do disposto no artigo 712.º, n.º 1, al. a) do CPC, adicionam-se os seguintes factos:

h) A liquidação ocorreu no dia 20-10-1999, conforme documentos de fls. 20 a 21;

i) A liquidação foi paga no dia 29-04-2000, com juros de mora, conforme mesmos documentos;

j) Não foi feita qualquer instrução até ser proferido o despacho de suspensão do processo – fls. 2 a 10;

l) Não resulta dos autos que tenha havido reclamação ou impugnação.

******

Não se prova em que data ocorreu a data limite para pagamento voluntário da liquidação.

O DIREITO

O Mmo. Juiz fundamentou, de direito, assim a improcedência da impugnação:

Quid juris?

O facto, como se refere no probatório, que motivou a infracção contra-ordenacional, ocorreu, o mais tardar, em 31/12/1996.

"O procedimento por contra-ordenações fiscais prescreve no prazo de cinco anos a contar do momento da prática da infracção" – art. 35.º, n.º 1, do CPT.

Porém, nos presentes autos, estamos ante uma situação em que a existência da contra-ordenação depende da liquidação da prestação tributária – cfr. art. 114.º do RGIT, pelo que, por mais favorável à arguida, lhe é aplicável o prazo de 4 anos previsto no n.º 2, do art.º 33.º, do RGIT.

Ocorreria tal prescrição em 31/12/2000 se, entretanto, não se verificar alguma causa suspensiva ou interruptiva de tal prescrição.

Ora, como se vê do probatório, na sua alínea b), a arguida foi notificada em 09/11/1999 que, nos termos do disposto no art.º 182.º do CPT os autos foram suspensos e, consequentemente, suspenso o prazo de prescrição contra-ordenacional, que a essa data estaria decorrido em 2 anos, 10 meses e 8 dias. Tal prazo de prescrição recomeçaria a sua contagem em 25/02/2002, data em que a arguida foi notificada do prosseguimento dos autos. Porém, como também resulta do probatório, na sua alínea c), nessa mesma data é-lhe notificado o teor do auto de notícia e para apresentar a sua defesa pelo que, nos termos das disposições conjugadas dos arts. 33.º, n.º 3, do RGIT e 28.º, n.º 1, al. a), da LGCO, tal prazo interrompeu-se.

Com esta interrupção, volta a iniciar-se a contagem do prazo de 4 anos, desprezando-se o tempo decorrido até à interrupção, pelo que, quando em 23/05/2002 lhe foi notificado o despacho de aplicação da coima, de que ora recorre, ainda tal prazo decorria, não se mostrando assim prescrito o prazo contra-ordenacional. (...)

Apreciando:

Como muito bem entendeu o Mmo. Juiz a quo, relativamente à prescrição do procedimento contra-ordenacional, em 1996, aplicavam-se os artigos 35.º e 182.º, ambos do CPT e não a LQCO, uma vez que esta apenas se aplicava e aplica nos caos omissos. Com efeito, na vigência do RJIFNA, em matéria de prescrição, depois da entrada em vigor do CPT, em 01.07.1991, passou a aplicar-se o disposto no CPT e não subsidiariamente o DL 433/82 de 27/10.

Ora dispunha o artigo 35.º, nos n.os 1, 2, 3 e 4 do CPT:

1 – O procedimento por contra-ordenações fiscais prescreve no prazo de cinco anos a contar do momento da prática da infracção.

2 – Sempre que o processo por contra-ordenações fiscais for suspenso por motivo da instauração de processo gracioso ou judicial onde se discuta situação tributária de que dependa a qualificação da infracção, fica também suspenso o prazo de prescrição do respectivo procedimento.

3 – No caso de pedido de pagamento da coima antes de instaurado o processo de contra – ordenação fiscal, o prazo de prescrição suspende – se desde a apresentação do pedido até à notificação para ao pagamento.

4 – A prescrição do procedimento por contra-ordenações fiscais interrompe-se com qualquer notificação ou comunicação ao arguido dos despachos, decisões ou medidas contra ela tomados, com a realização de quaisquer diligências de prova ou com quaisquer declarações que o arguido tenha proferido no exercício de audição e defesa.

No caso dos autos, não se aplicaria nem o n.º 2 nem o número 3, uma vez que as situações aí previstas não tiveram lugar.

Todavia, dispunha o artigo 182.º, n.º 1, als. a) e b) do CPT que:

1. Sempre que uma contra-ordenação fiscal implique a existência de facto tributário pelo qual seja devida contribuição ou imposto ainda não liquidado, o processo de contra-ordenação será suspenso depois de instaurado ou finda a instrução, quando necessária, e até que ocorra uma das seguintes circunstancias:

a) Ser paga a colecta no prazo de pagamento voluntário;

b) Haver decorrido o referido prazo sem que tenha sido paga, reclamada ou impugnada a liquidação.

No caso dos autos, a liquidação foi paga, mas em data posterior ao termo do prazo para pagamento voluntário, uma vez que a liquidação foi paga com juros de mora, desconhecendo-se, contudo, em que data ocorreu o termo do prazo para pagamento voluntário.

Quid juris?

Nos termos do disposto no artigo 97.º do CIRS, vigente quer à data da infracção quer à data da liquidação, o pagamento da liquidação, quando não se procedesse à liquidação no prazo previsto no artigo 79.º, seria o sujeito passivo notificado para satisfazer o imposto devido no prazo de 30 dias a contar da notificação.

No caso dos autos também se desconhece quando foi a Recorrente notificada da liquidação e para proceder ao pagamento, sendo certo que, regra geral, a notificação é feita automática e informaticamente após a liquidação.

Todavia, atendendo ao tempo entretanto decorrido, entendemos que não é necessário obter tais esclarecimentos para se decidir o recurso.

Como consta dos factos provados, no dia 08/03/1999 foi levantado auto de notícia contra a arguida por, para além do mais que não põe em causa (a arguida pagou a coima de € 75,00 – cfr. fls. 45), no exercício de 1996, ter pago e contabilizado valores a título de seguro-poupança, a favor de membros do Conselho de Administração, considerados rendimentos da categoria A, não tendo a empresa arguida procedido à respectiva retenção na fonte, infringindo o n.º 4 do art. 29.º do RGIFNA (actualmente 114.º do RGIT) e punida pelo n.º 2 do mesmo artigo do RGIFNA.

A arguida foi notificada em 09/11/1999, através de carta registada com aviso de recepção, do despacho de suspensão dos presentes autos, nos termos do disposto no art. 182.º do CPT, proferido em 15/10/1999, pelo Chefe do S. Finanças de Lisboa 14.

A liquidação teve lugar no dia 20-10-1999 e foi paga no dia 29-04-2000, com juros de mora.

Só em 18/2/2002 foi aposta informação nos autos que estavam reunidas as condições para o processo prosseguir e, por despacho de 18/02/2002, foi ordenada a notificação da arguida do auto de notícia e para, em prazo, apresentar a sua defesa.

Até ser levantado auto de notícia, desde a prática do facto, que se tem por praticado em 31-12-1996, decorreram *dois anos, dois meses e oito dias.*

Resulta dos autos que não foi feita qualquer instrução até ser proferido o despacho de suspensão do processo. Todavia, só decorridos *8 meses e 7 dias* foi proferido despacho a suspender o processo, o que significa que, até ao despacho de suspensão decorreram **dois anos, dez meses e quinze dias.** Esta suspensão suspendeu, também, o prazo de prescrição nos termos do transcrito artigo 35.º, n.º 2 do CPT.

Nos termos do artigo 182.º, n.º 1, als. a) e b) do CPT, acima transcrito, a suspensão mantém-se até que ocorra uma das seguintes circunstancias:

a) Ser paga a colecta no prazo de pagamento voluntário;

b) Haver decorrido o referido prazo sem que tenha sido paga, reclamada ou impugnada a liquidação.

Salvo melhor opinião, se tem de ser proferido o despacho a suspender o processo, entendemos que a suspensão termina, automaticamente, assim que ocorra uma das circunstâncias atrás referidas, isto é, até ser paga a colecta no prazo de pagamento voluntário ou, não sendo paga em tal prazo, haver decorrido o referido prazo sem que tenha sido paga, reclamada ou impugnada a liquidação.[1]

A liquidação não foi paga no prazo de pagamento voluntário, uma vez que foi paga com juros de mora.

Todavia, ainda que se considerasse que a suspensão tinha terminado na data do pagamento, ainda assim, de 29-04-2000 (data do pagamento) até à notificação à Recorrente do auto de notícia, bem como para apresentar defesa, em 25/02/2002 (fls. 23 a 25), decorreram mais **um ano, nove meses e 26 dias** que, a somar àqueles dois anos, dez meses e quinze dias, dá ***quatro anos, oito meses e onze dias.***

Porque a Recorrente pediu esclarecimentos sobre a decisão de aplicação da coima, que lhe foi notificada no dia 07/06/2002, temos que, nesta data, já tinham decorrido, desde 25/2/2002, mais 3 meses e 13 dias, o que significa que, à data da notificação da decisão de aplicação da coima, já tinham decorrido, pelo menos, quatro anos, onze meses e 24 dias, descontando o tempo de suspensão.

Porque a liquidação foi paga com juros de mora, e atendendo ao valor dos mesmos, é quase certo que a mora foi superior a seis dias, os necessários para perfazer os cinco anos de prescrição, aplicando o CPT. Tal significa que o procedimento já estaria prescrito à data da notificação da decisão administrativa que aplicou a coima.

Todavia, ainda que o procedimento não estivesse, então, prescrito, a decisão de aplicação de coima ainda não transitou em julgado, na medida em que foi interposto recurso, primeiro judicial e agora este, jurisdicional. Ora, desde a notificação da decisão de aplicação da coima, em 07/06/2002, já decorreram mais três anos, oito meses e catorze dias o que significa que, desde a data do facto ilícito até agora, mesmo descontando o tempo de suspensão, já decorreram, pelo menos, oito anos, sete meses e vinte e oito dias, bem mais do que o prazo de prescrição (cinco anos) acrescido de metade.

Com efeito, às contra-ordenações, inclusive tributárias, é aplicável (ex vi do disposto no art. 2.º, al. e) do CPT) o disposto no art. 121.º, n.º 3 do CP, que estabelece que "a prescrição do procedimento criminal tem sempre lugar quando, desde o seu início e ressalvado o tempo de suspensão, tiver decorrido o prazo normal de prescrição acrescido de metade" – Cfr. Ac. do STA de 09.07.2003, Rec. 0540/03; Ac. De 6/10/2005, Rec. 0595/05, disponíveis em www.dgsi.pt e Ac. do STJ n.º 6/2001, publicado no DR, I Série, de 30/3/2001.

Sendo assim, o procedimento contra-ordenacional já se encontra prescrito.

****

Em Julho de 2001, entrou em vigor o RGIT, cujo regime foi aplicado pelo Tribunal recorrido. Importaria, assim, averiguar se o novo regime se revelava mais favorável à arguida. Todavia, salvo melhor opinião, no caso dos autos, o novo regime não é mais favorável do que o acima aplicado, o do CPT e RJIFNA, como se verá.

O artigo 33.º do RGIT dispõe que:

1 – O procedimento criminal por contra-ordenação extingue-se, por efeito da prescrição, logo que sobre a prática do facto sejam decorridos cinco anos.

2 – O prazo de prescrição do procedimento por contra – ordenação é reduzido ao prazo de caducidade do direito à liquidação da prestação tributária quando a infracção depender daquela liquidação.

3 – O prazo de prescrição interrompe-se e suspende-se nos termos estabelecidos na lei geral, mas a suspensão da prescrição verifica-se também por efeito da suspensão do processo, nos termos previstos no n.º 2 do art. 42.º, no artigo 47.º e no artigo 74.º, e ainda no caso de pedido de pagamento da coima antes de instaurado o processo de contra-ordenação desde a apresentação do pedido até à notificação para o pagamento.

Embora o prazo de prescrição seja o mesmo nos dois regimes, o n.º 2 do artigo transcrito contém uma inovação que importa analisar, uma vez que as infracções ao CIRS aqui em causa dependiam da liquidação do IRS em falta e juros compensatórios.

O imposto em causa, IRS, respeita a 1996, pelo que, porque as normas relativas à caducidade do direito à liquidação dos impostos têm natureza substantiva, aplica-se ao imposto dos autos o disposto no artigo 33.º do CPT, vigente ao tempo do nascimento da obrigação tributária, e que dispunha que:

""1. O direito à liquidação de impostos e outras prestações tributárias caduca se a liquidação não for notificada ao contribuinte no prazo de cinco anos contados, nos impostos periódicos, a partir do termo daquele em que ocorreu o facto tributário ou, nos imposto de obrigação única, a partir da data em que o facto tributário ocorreu.

2. (...........),

pelo que o prazo do direito à liquidação do IRS é igual ao da prescrição do procedimento contra – ordenacional, nos dois regimes, no do CPT e no do RJIT.

Por outro lado, como se viu acima, a contra-ordenação em causa implicava a existência de facto tributário pelo qual era devido imposto e a própria coima variava em função do montante da prestação tributária (art. 31.º e

[1] Ver CPT Comentado e Anotado por Alfredo José de Sousa e José da Silva Paixão, 4ª Ed., pag. 410 a 411.

114.º do RGIT), pelo que teria de ser observado o disposto no artigo 55.º do RJIT, o qual, no seu n.º 1, als. a) e b) tem a seguinte redacção:

1. Sempre que uma contra-ordenação fiscal implique a existência de facto tributário pelo qual seja devido tributo ainda não liquidado, o processo de contra-ordenação será suspenso depois de instaurado ou finda a instrução, quando necessária, e até que ocorra uma das seguintes circunstancias:

a) Ser o tributo pago no prazo previsto na lei ou no prazo fixado administrativamente;

b) Haver decorrido o referido prazo sem que o tributo tenha sido pago, nem reclamada ou impugnada a liquidação.

Analisando as normas citadas, e transcritas algumas, o regime previsto no RGIT não se mostra, nem em abstracto, nem em concreto, mais favorável à Recorrente, já que, pelo menos no caso concreto, os prazos de suspensão e de prescrição, bem como as causas de suspensão e de interrupção do prazo de prescrição são as mesmas nos dois regimes.

DECISÃO

Nestes termos acordam os Juizes da Secção de Contencioso Tributário do TCAS em julgar extinto, por prescrição, o procedimento contra-ordenacional e, consequentemente, a respectiva responsabilidade da recorrida e determinar o arquivamento dos autos, ficando, assim, prejudicado o conhecimento do restante objecto do presente recurso.

Sem custas.

Lisboa, 21 de Março de 2006

Ivone Martins
Casimiro Gonçalves
Joaquim Gameiro

Recurso n.º 01212/03

PROCESSO DE CONTRA-ORDENAÇÃO FISCAL. RECURSO DE DECISÃO QUE APLICA COIMA. PRAZO DE INTERPOSIÇÃO DE RECURSO EM FÉRIAS.

(Acórdão de 10 de Janeiro de 2006)

SUMÁRIO:

I – A interposição de recurso judicial do despacho de entidade administrativa que aplica uma coima pode ser remetido via CTT, valendo, neste caso, como data processual da prática do acto, a do respectivo registo nos CTT (cfr. art. 150.º, n.º 2, al. b) do CPC, subsidiariamente aplicável; cfr. também, neste sentido, o assento (STJ) n.º 1/ /2001, de 8/3/2001, in DR, I série, de 20/4/2001).

II – Em processo de contra-ordenação fiscal, os termos dos prazos de interposição de recursos ou impugnações judiciais de decisões administrativas que terminam em férias transferem-se para o primeiro dia útil seguinte ao termo destas, independentemente de o acto dever ser praticado perante autoridades administrativas, que servem de intermediários para recepção dos requerimentos de interposição.

ACORDAM, EM CONFERÊNCIA, NA SECÇÃO DE CONTENCIOSO TRIBUTÁRIO (2ª SECÇÃO) DO TRIBUNAL CENTRAL ADMINISTRATIVO SUL:

RELATÓRIO

1.1. Trisan Distribuição-Vídeo, Cinema e Distribuição, Lda., com os sinais dos autos, recorre da decisão que, proferida pelo Mmo. juiz do TAF de Lisboa – 2, lhe rejeitou liminarmente o recurso interposto da decisão administrativa de aplicação de coima no montante de € 3.600,00, proferida pelo chefe do Serviço de Finanças de Vila Franca de Xira – 2.

1.2. A recorrente alega o recurso e termina formulando as Conclusões seguintes:

1ª – A Recorrente foi notificada pelo Serviço de Finanças de Vila Franca de Xira – 2 da decisão de aplicação da coima dos autos, em 16/08/04, como consta da sentença ora recorrida, tendo desta decisão interposto recurso em 15/09/04, e não em 16/09/04 como erradamente se refere na mesma.

2ª – Na verdade, ao contrário do decidido na sentença recorrida, a entrega do recurso objecto de rejeição, ocorreu em 15/09/04, data em que o mesmo, foi enviado para o Serviço de Finanças de Vila Franca de Xira – 2, sob registo (carta registada), efectuado nos Correios dos Restauradores, em Lisboa.

3ª – Portanto, e por força da aplicação do disposto no artigo 150.º, n.º 2, alínea b) do Código de Processo Civil, e do entendimento uniforme da Jurisprudência do Tribunal Central Administrativo e STA, considera-se como data de entrada, e apresentação, do recurso em análise, no Serviço de Finanças de Vila Franca de Xira – 2, o dia 15/09/04, e não 16/09/04 como se encontra plasmado na douta sentença ora recorrida.

4ª – Por outro lado, quanto à contagem e términus do prazo para interposição do recurso em análise não nos poderemos socorrer unicamente do preceituado no artigo 60.º do DL n.º 433/82 de 27/10 (com a redacção dada pelo DL 244/95 de 14/09), aplicável por força do n.º 3, alínea, b) do RGIT, olvidando por completo o disposto no artigo 279.º do Código Civil. Porquanto,

5ª – Nem o número 1 do referido art. 60.º prevê a suspensão da contagem do prazo em férias, nem o número 2 deste preceito contempla a ocorrência do termo do prazo em período de férias, limitando-se este, no que ao termo do prazo respeita, a prever a situação de o Serviço de Finanças estar impossibilitado, durante o seu período normal de funcionamento, de receber o recurso, por se encontrar encerrado, por qualquer motivo, como seja, um caso de força maior, uma greve, tolerância de ponto, Sábado, Domingo ou Feriado, situações em que a entrega poderá ocorrer no primeiro dia útil seguinte.

6ª – Sendo tão só isto que este preceito legal quer significar, não estando as férias abrangidas pela previsão do mesmo, considerando que os Serviços de Finanças não têm férias, e que portanto nunca se encontram encerrados, por este motivo.

7ª – Pelo que, sendo o recurso em apreço um acto a praticar em juízo terminando o prazo de apresentação do mesmo no período de férias judiciais, e considerando, no caso em apreço, que os serviços de Finanças funcionam como um mero receptáculo, uma extensão do tribunal, ao qual é dirigido o recurso da decisão de aplicação da coima, teremos forçosamente de nos socorrer da al. e), 2ª parte, do artigo 279.º do Código Civil, para contagem e fixação do termo final do prazo legal para impugnação judicial (recurso) da decisão administrativa de aplicação da coima fiscal dos autos.

8ª – Com efeito, e por força da aplicação da referida disposição legal, como é entendimento unânime da jurisprudência do STA, tendo o prazo para interposição do recurso dos autos terminado em férias, transferiu-se o mesmo para o primeiro dia útil seguinte, ao caso, o dia 15/09/04, considerando que o último dia de férias judiciais ocorreu em 14/09/04.

9ª – Portanto, tendo o recurso dos autos sido expedido sob registo no dia 15/09/04, considera-se este dia como o da prática do acto, ou seja o da entrega do recurso, que assim foi atempadamente apresentado.

10ª – Ao não entender assim, o Meritíssimo Juiz "a quo" fez errada interpretação e aplicação da lei aos factos, violando nomeadamente o disposto nos artigos 80.º, n.º 1 do RGIT, 60.º do RGCO, 150.º do CPC e 279.º do CC. Pelo que, a decisão recorrida deve ser anulada e substituída por outra que julgue o recurso interposto em tempo.

Termina pedindo que seja dado provimento ao recurso e requerendo que, caso o tribunal entenda ser necessário corroborar a prova documental ora apresentada, relativamente à forma e data de remessa do recurso, seja oficiado o Serviço de Finanças de Vila Franca de Xira – 2 para vir aos autos confirmar o recebimento do recurso pela via postal registada, e se disso for caso, os próprios Correios, para confirmarem a veracidade dos documentos ora juntos sob os números 2 e 3, referentes ao registo n.º RR 711716455PT.

1.3. Não foram apresentadas contra-alegações.

1.4. O MP junto do TCA teve vista nos autos e emite Parecer no qual se pronuncia pelo não provimento do recurso.

Sustenta, para tanto e e, síntese:

Nos termos do art. 80.º n.º 1 do RGIT as decisões de aplicação de coimas e sanções acessórias podem ser objecto de recurso para o TT de 1ª instância, no prazo de 20 dias, após a sua notificação, a apresentar no serviço tributário onde tiver sido instaurado o processo de contra-ordenação.

Também o art. 59.º n.º 3 do DL 433/82, de 27/10, com a redacção dada pelo DL n.º 244/95, de 14/09, aplicável supletivamente por força do art. 3.º al. b) do RGIT, refere que o recurso é apresentado à autoridade administrativa que aplicou a coima no prazo de 20 dias após o seu conhecimento.

Nos termos do art. 60.º n.os 1 e 2 deste mesmo diploma, aplicável também supletivamente, o prazo para a impugnação da decisão da autoridade administrativa suspende-se aos sábados, domingos e feriados e quando o termo do prazo caia em dia durante o qual não for possível, durante o período normal, a apresentação do recurso, transfere-se para o primeiro dia útil seguinte.

Ora o termo do prazo contado nestes termos terminou no dia 13 de Setembro de 2004 (Segunda Feira).

Como o requerimento do recurso só deu entrada no dia 15 de Setembro de 2004, nesta data já tinha terminado o prazo legal para a sua entrega.

É certo que antes da data da entrada do actual RGIT, aprovado pela Lei n.º 15/2001, de 5 de Junho, era entendimento que se aplicava o art. 279.º do CC, entendimento esse perfilhado uniformemente pela Jurisprudência do STA. Segundo este art. 279.º al. e) do CC quando o prazo termine em domingo ou dia feriado transfere-se para o primeiro dia útil, e que as férias judiciais são equiparadas aos domingos e feriados.

Assim terminando o prazo em férias judiciais o mesmo é transferido para o primeiro dia útil a seguir ao termo das mesmas.

Ora terminando as férias em 14 de Setembro de 2004 (nos termos do art. 12.º da Lei de Organização e Funcionamento dos Tribunais Judiciais – Aprovada pela Lei n.º 3/99, de 13 de Janeiro, as férias de Verão decorrem de 16 de Julho a 14 de Setembro) o prazo transferia-se para o dia 15 seguinte (Quarta Feira). Jorge Lopes de Sousa e Manuel Simas Santos no seu RGIT Anotado – 2ª Edição a fls. 485, elencam uma lista de acórdãos daquele Tribunal onde se perfilha o entendimento que nos processos de contra-ordenações fiscais aduaneiras e não aduaneiras quando os prazos de interposição de recursos ou impugnações judiciais de decisões administrativas que terminem em férias se transferem para o primeiro dia útil seguinte ao termo destas, prendendo-se esta solução com a razão de ser da transferência do prazo prevista no artigo 279.º alínea e) do CC, já que embora os tribunais se encontrem abertos durante as férias judiciais, tal prende-se com a movimentação dos processos urgentes.

Na verdade o artigo 49.º n.º 2 do CPT contemplava a aplicação do artigo 279.º do CC aos recursos de aplicação de coimas, preceito que não foi transcrito para o actual artigo 20.º n.º 2 do CPPT face à necessidade de unificar o regime das contra-ordenações fiscais aduaneiras e não aduaneiras, o que foi feito através do actual RGIT (veja-se Jorge Lopes de Sousa no seu CPPT Anotado – 3ª Edição a fls. 93 em anotação ao artigo 20.º).

Mas o certo é que o regime anterior não foi seguido no actual RGIT já que não contém artigo semelhante àquele artigo 49.º do CPT.

Refira-se que o artigo 20.º n.º 1 do actual CPPT refere que o artigo 279.º do CC se aplica ao procedimento tributário e à impugnação judicial, pelo que se infere que deixou de se aplicar aos recursos das decisões da AF de aplicação de coimas por infracção às normas tributárias.

Ao caso é aplicável, além do RGIT, o RGCO acima referido.

E quanto a este aspecto é bem elucidativo o Acórdão do TC n.º 473/2001, de 24-10-01, proferido no processo n.º 370/01, em que este não se pronunciou pela inconstitucionalidade dos artigos 59.º n.º 3 e 60.º n.os 1 e 2 do RGCO, na interpretação de que, terminando em férias judiciais o prazo para a interposição de recurso nele previsto, o mesmo não se transfere para o primeiro dia útil após o termo destas (Veja-se a menção deste acórdão na página 485 do RGIT Anotado – 2ª Edição, de Jorge Lopes de Sousa e Manuel Simas Santos).

Face ao exposto e porque o recurso judicial deu entrada fora do prazo legal deve o presente recurso jurisdicional ser indeferido.

1.5. Corridos os Vistos dos Exmos. adjuntos, cabe decidir.

FUNDAMENTOS

2.1. Para julgar da intempestividade do recurso interposto, a decisão recorrida considerou as seguintes ocorrências processuais, documentadas nos autos:

a) Por despacho de 18/06/04, proferido pelo Chefe do Serviço de Finanças de Vila Franca de Xira – 2, foi proferida a decisão sob recurso, que consta de fls. 9 dos autos e que aqui se dá por integralmente reproduzida, a qual, considerando praticada a infracção prevista nos arts. 40.º, n.º 1, al. b) e 26.º, n.º 1, do CIVA e punida pelos arts. 114.º, n.º 2 e 26.º, n.º 4, do RGIT, aplicou à arguida a coima de € 3.600,00;

b) A recorrente foi notificado da decisão, referida em a), em 16/08/04;

c) O requerimento de interposição de recurso, correspondente aos presentes autos, deu entrada, no S.F. de Vila Franca de Xira – 2, em 16/09/04.

2.2. E perante esta factualidade, a decisão recorrida julgou pela intempestividade do recurso, fundamentando-se em que:

Segundo o disposto no art. 80.º, n.º 1, do RGIT (aprovado pela Lei n.º 15/2001 de 5/6), as decisões de aplicação das coimas e sanções acessórias podem ser objecto de recurso para o tribunal tributário de 1ª instância, no prazo de 20 dias após a sua notificação, a apresentar no serviço tributário onde tiver sido instaurado o processo de contra-ordenação.

Por seu turno, o art. 60.º do DL n.º 433/82 de 27/10 (com a redacção dada pelo DL n.º 244/95 de 14/9), aplicável por força do art. 3.º, al. b) do RGIT, prescreve que o prazo para a impugnação da decisão da autoridade administrativa se suspende aos sábados, domingos e feriados e que o termo do prazo que caia em dia durante o qual não for possível, durante o período normal, a apresentação do recurso, se transfere para o primeiro dia útil seguinte.

Ora, não sendo, o prazo em questão, um prazo judicial, não lhe são aplicáveis as regras dos arts. 144.º e 145.º, do CPC.

No caso dos autos, tendo a recorrente sido notificada da decisão de aplicação da coima em 16/8/04, aplicando o regime supra transcrito, conclui-se que o prazo de interposição do recurso terminou em 13/9/04.

E tendo o respectivo requerimento dado entrada no S.F. de Vila Franca de Xira – 2, em 16/9/04, é extemporânea a interposição respectiva, circunstância que leva, necessariamente, à sua rejeição, nos termos do disposto no art. 63.º, n.º 1, do RGCO (DL n.º 433/82 de 27/10, aplicável por força do art. 3.º, al. b) do RGIT).

3. É do assim decidido que a recorrente discorda.

E, ao que resulta das Conclusões apresentadas, sustenta, por um lado (nas Conclusões 1ª a 3ª), que há erro de facto quando se diz que o recurso foi interposto em 16/8/04, pois que, o que é certo é que o mesmo foi interposto em 15/9/04, e não em 16/9/04, dado que é esta a data em que o mesmo foi enviado para o Serviço de Finanças de Vila Franca de Xira – 2, sob registo (carta registada), efectuado nos Correios dos Restauradores, em Lisboa.

Nas restantes Conclusões (4ª a 9ª) a recorrente sustenta que há erro de direito por parte da decisão recorrida, pois que, quanto ao regime de contagem e términus do prazo para interposição do recurso em análise não podemos socorrer-nos unicamente do disposto no art. 60.º do DL n.º 433/82 de 27/10 (redacção do DL 244/95 de 14/9), aplicável por força do n.º 3, alínea, b) do RGIT, mas há, também, que aplicar o disposto no art. 279.º do Código Civil [é que nem o n.º 1 do referido art. 60.º prevê a suspensão da contagem do prazo em férias, nem o número 2 deste preceito contempla a ocorrência do termo do prazo em período de férias, limitando-se este, no que ao termo do prazo respeita, a prever a situação de o Serviço de Finanças estar impossibilitado, durante o seu período normal de funcionamento, de receber o recurso, por se encontrar encerrado, por qualquer motivo, como seja, um caso de força maior, uma greve, tolerância de ponto, Sábado, Domingo ou Feriado, situações em que a entrega poderá ocorrer no primeiro dia útil seguinte. E sendo tão só isto que este preceito legal quer significar, não estando as férias abrangidas pela previsão do mesmo, considerando que os Serviços de Finanças não têm férias, e que portanto nunca se encontram encerrados, por este motivo, então, sendo o recurso em apreço um acto a praticar em juízo e terminando o prazo de apresentação do mesmo no período de férias judiciais, e considerando, no caso em apreço, que os serviços de Finanças funcionam como um mero receptáculo, uma extensão do tribunal, ao qual é dirigido o recurso da decisão de aplicação da coima, teremos forçosamente de nos socorrer da al. e), 2ª parte, do artigo 279.º do CCivil, para contagem e fixação do termo final do prazo legal para impugnação judicial (recurso) da decisão administrativa de aplicação da coima fiscal dos autos].

Por isso, conclui a recorrente, considerando que o último dia de férias judiciais ocorreu em 14/9/04, o recurso dos autos, expedido sob registo no dia 15/09/04, é tempestivo.

A questão aqui a decidir é, portanto, a de saber se ao recurso interposto da presente decisão administrativa de aplicação de coima é, ou não, aplicável o regime previsto no art. 279.º do CCivil.

Vejamos:

4.1. Quanto à questão atinente à data em que deve considerar-se interposto o recurso, não sofre dúvida a razão da recorrente.

Com efeito, dos docs. ora juntos a fls.47 e 48, cujo teor não foi sequer impugnado pela recorrida Fazenda Pública, resulta que o requerimento de recurso foi remetido por via postal (carta registada em 15/9/2004 na estação de correios dos Restauradores, em Lisboa), para o Serviço de Finanças de Vila Franca de Xira – 2.

Ora, sendo certo que a interposição de recurso judicial do despacho de entidade administrativa que aplica uma coima pode ser remetido via CTT, valendo, neste caso, como data processual da prática do acto, a do respectivo registo nos CTT (cfr. art. 150.º, n.º 2, al. b) do CPC, subsidiariamente aplicável; cfr. também, neste sentido, o assento (STJ) n.º 1/2001, de 8/3/2001, in DR, I série, de 20/4/2001, bem como, entre outros, o ac. do

TCA, de 29/3/2005, rec. n.º 478/05) temos que concluir que o recurso em questão foi interposto em 15/9/04, e não em 16/9/04 como julgou a decisão recorrida.

E, assim sendo, em concordância com a prova ora efectuada, altera-se a matéria de facto julgada provada sob a al. c) do Probatório, passando a mesma a ter a redacção seguinte:

c) O requerimento de interposição de recurso, correspondente aos presentes autos, deu entrada, no S.F. de Vila Franca de Xira – 2, em 15/9/04.

4.2. Quanto à questão atinente à tempestividade do recurso.

Como se viu, a recorrente sustenta que, quanto ao regime de contagem e términus do prazo para interposição do recurso, não podemos socorrer-nos unicamente do disposto no art. 60.º do DL n.º 433/82 de 27/10 (redacção do DL 244/95 de 14/9), aplicável por força do n.º 3, alínea, b) do RGIT, mas há, também, que aplicar o disposto no art. 279.º do CCivil.

E, a nosso ver, assiste-lhe razão legal.

Não sofre dúvida que, não sendo o prazo de interposição de recurso da decisão administrativa que aplica uma coima, um prazo de natureza judicial, não lhe são aplicáveis as regras privativas dos prazos judiciais, como é a do n.º 5 do art. 145.º, do CPC.

Todavia, no que se reporta à contagem e ao termo de tal prazo, apesar de, como diz a decisão recorrida, nos termos do disposto no art. 60.º do citado DL n.º 433/82, de 27/10 (com a redacção dada pelo DL n.º 244/95 de 14/9), aplicável por força do art. 3.º, al. b) do RGIT, o prazo para a impugnação da decisão da autoridade administrativa se suspender aos sábados, domingos e feriados e o termo do prazo que caia em dia durante o qual não for possível, durante o período normal, a apresentação do recurso, se transferir para o primeiro dia útil seguinte, também é certo que vimos entendendo ser aqui aplicável o disposto na al. e) do 279.º do CCivil (cfr., neste sentido, aliás, o ac. da Secção de Contencioso Tributário, deste TCA, de 9/4/2002, rec. n.º 6428/02). E, como refere o Cons. Jorge Lopes de Sousa (RGIT, Anotado, 2ª Edição, 2003, pag. 485, Anotação 10 ao art. 80.º), também o STA «tem vindo a entender uniformemente, para os processos de contra-ordenações fiscais aduaneiras e não aduaneiras, que os termos dos prazos de interposição de recursos ou impugnações judiciais de decisões administrativas que terminam em férias se transferem para o primeiro dia útil seguinte ao termo destas, independentemente de o acto dever ser praticado perante autoridades administrativas, que servem de intermediários para recepção dos requerimentos de interposição.

Esta solução prende-se com a razão de ser da transferência do prazo prevista no art. 279.º, alínea e), do Código Civil, que não é o encerramento dos tribunais, que mesmo em férias continuam com os serviços de secretaria abertos ao público, mas com o facto de durante as férias não serem praticados actos processuais nos processos não urgentes.

Por isso, sendo o requerimento de interposição de recurso ou impugnação judicial dirigido ao tribunal, apesar de apresentado à autoridade administrativa, que é mero intermediário entre o recorrente e o tribunal, deverão aplicar-se as regras de contagem do prazo como se aquele fosse apresentado neste. Neste sentido, podem ver-se os seguintes acórdãos da Secção do Contencioso Tributário do Supremo Tribunal Administrativo:

– de 6-5-98, proferido no recurso n.º 22496;
– de 17-3-99, proferido no recurso n.º 23467;
– de 17-6-98, proferido no recurso n.º 22459;
– de 25-6-98, proferido no recurso n.º 22445;
– de 10-4-99, proferido no recurso n.º 23464;
– de 21-4-99, proferido no recurso n.º 23469; e
– de 21-4-99, proferido no recurso n.º 23468»[1].

E porque, por um lado, não vemos razões para alterar tal entendimento; porque, por outro lado, a apresentação do requerimento de interposição de recurso judicial de uma decisão de aplicação de coima em processo de contra-ordenação fiscal não aduaneira (embora o requerimento de interposição do recurso deva ser apresentado no serviço de finanças onde foi instaurado o processo de contra-ordenação) é acto a praticar em juízo (pelo que tal recurso tem natureza judicial); e porque, finalmente, no caso vertente, a recorrente foi notificada da decisão de aplicação de coima, em 16/8/04 e o requerimento de interposição de recurso deu entrada em 15/9//2004, sendo que as férias judicias de Verão ocorriam, à data, de 16 de Julho a 14 de Setembro (cfr. art. 12.º da Lei n.º 3/99, de 13/1 (LOTJ), aplicável aos Tribunais Administrativos e Fiscais por força do art. 7.º do respectivo Estatuto (aprovado pela Lei n.º 13/2001, de 22/2), concluímos que o prazo aqui em causa, porque terminava em período de féria judiciais, se transferiu para 15/9//2004, primeiro dia útil seguinte ao termo destas.

E, assim sendo, também é forçoso concluir pela tempestividade do recurso interposto da decisão administrativa de aplicação da coima aqui em causa.

3. DECISÃO

Termos em que acordam, em conferência, os juizes da Secção de Contencioso Tributário deste Tribunal Central Administrativo em, dando provimento ao recurso, revogar o despacho recorrido, que deverá ser substituído por outro que, se outro obstáculo não existir, determine a prossecução do processo.

Sem custas.

Lisboa, 10 de Janeiro de 2006

Casimiro Gonçalves
Ascensão Lopes
Lucas Martins

Recurso n.º 822/05

[1] É certo que, como este autor também refere, no acórdão n.º 473//2001, de 24-10-2001, proferido no processo n.º 371/2001 (publicado no Diário da República, II Série, de 28-11-2001) o Tribunal Constitucional não considerou inconstitucional o disposto nos arts. 59.º, n.º 3, e 60.º, n.ºs 1 e 2, do RGCO, na interpretação de que, terminando em férias judiciais o prazo para a interposição de recurso neles previsto, o mesmo não se transfere para o primeiro dia útil após o termo destas. Mas, contrariamente ao alegado pelo MP no seu Parecer, julgamos que esta jurisprudência constitucional em não afasta aquela citada posição da jurisprudência do STA e do TCA.

Índice

SUPREMO TRIBUNAL ADMINISTRATIVO PLENO

1.ª SECÇÃO

2.ª SECÇÃO

ACÓRDÃOS DO SUPREMO TRIBUNAL ADMINISTRATIVO

1.ª SECÇÃO

2.ª SECÇÃO

TRIBUNAL CENTRAL ADMINISTRATIVO

1.ª SECÇÃO

2.ª SECÇÃO

Boletim de Assinatura

Antologia de Acórdãos do Supremo Tribunal Administrativo e Tribunal Central Administrativo

Solicito a assinatura anual de "Antologia de Acórdãos do STA e TCA", constituída por três números dos seguintes anos:

					N.º 1	N.º 2	N.º 3
Ano I	☐	€ 50,00	N.º Avulso	€ 20,00	☐	☐	☐
Ano II	☐	€ 50,00	N.º Avulso	€ 20,00	☐	☐	☐
Ano III	☐	€ 50,00	N.º Avulso	€ 20,00	☐	☐	☐
Ano IV	☐	€ 50,00	N.º Avulso	€ 20,00	☐	☐	☐
Ano V	☐	€ 50,00	N.º Avulso	€ 20,00	☐	☐	☐
Ano VI	☐	€ 50,00	N.º Avulso	€ 20,00	☐	☐	☐
Ano VII	☐	€ 50,00	N.º Avulso	€ 20,00	☐	☐	☐
Ano VIII	☐	€ 50,00	N.º Avulso	€ 20,00	☐	☐	☐
Ano IX	☐	€ 50,00	N.º Avulso	€ 20,00	☐	☐	☐

Os exemplares devem ser enviados para:

Nome: ....

Morada: ....

Código Postal: .... Localidade: ....

N.º de Contribuinte: ....

Telefone: .... Fax: .... E-mail: ....

O recibo deve ser emitido em nome de:

Nome: ....

Morada: ....

Código Postal: .... Localidade: ....

Telefone: .... Fax: .... E-mail: ....

O pagamento pode ser efectuado:
Por cheque em nome da Livraria Almedina
Por transferência bancária para:
Banco Espírito Santo – NIB 000702020038396000144

Enviar para:

Livraria Almedina
Arco de Almedina, 15
3004-509 Coimbra

Telefone: 239 851900
Fax: 239 851901
www.almedina.net

Encontram-se disponíveis todos os números publicados